आज़ादी के दस्तावेज़

भाग-1

भारत में ब्रिटिश उपनिवेशवाद

आज़ादी के दस्तावेज़

भाग-एक

भारत में ब्रिटिश उपनिवेशवाद

ज़हूरबख़्श
ख़्वाजा हसन निज़ामी

वाणी प्रकाशन

वाणी प्रकाशन

4695, 21-ए, दरियागंज, नयी दिल्ली 110 002

फ़ोन : +91 11 23273167 फ़ैक्स : +91 11 23275710

शाखाएँ

अशोक राजपथ, पटना 800 004, बिहार

कॉफ़ी हाउस कैम्पस, महात्मा गांधी मार्ग, इलाहाबाद 211 001, उत्तर प्रदेश

महात्मा गांधी अन्तरराष्ट्रीय हिन्दी विश्वविद्यालय, वर्धा 442 001, महाराष्ट्र

सुल्तानिया रोड, मोतिया पार्क, भोपाल 462 001, मध्य प्रदेश

www.vaniprakashan.com
marketing@vaniprakashan.in
sales@vaniprakashan.in

AAZADI KE DASTAVEZ-1
by Zahoorbakhsh & Khwaza Hasan Nizami

ISBN : 978-81-88599-84-4
History

संस्करण 1997, 2009
तृतीय संस्करण 2021

मूल्य (प्रति खण्ड) : ₹ 1500
मूल्य (दो खण्ड) : ₹ 3000

सिटी प्रेस, दिल्ली-110 095 में मुद्रित

वाणी प्रकाशन का लोगो मक़बूल फ़िदा हुसेन की कूची से

अनुक्रम

खंड-1

मुस्लिम महिला-रत्न

सुलताना रज़िया बेगम

भारतवर्ष में सन् 1206 ई. से सन् 1290 ई. तक गुलाम ख़ानदान के अफ़ग़ान बादशाहों का राज्य था। इस ख़ानदान की जड़ जमानेवाला, एक तुर्की गुलाम कुतुबुद्दीन ऐबक था। सन् 1210 ई. में पोलो खेलते समय, घोड़े पर से गिरने के कारण जब इस बादशाह की मृत्यु हो गई, तब इसका बेटा आरामशाह गद्दी पर बैठा। परंतु वह राज्य करने के योग्य न था। न तो उसकी भुजाओं में बल था और न मस्तिष्क में बुद्धि। संसार में बलहीन का निर्वाह नहीं हो सकता। इसलिए बलवान बनने की चेष्टा करनी ही चाहिए। निर्बल को जिस प्रकार नाना प्रकार के रोग अपना क्रीड़ा-स्थल बना लेते हैं, उसी प्रकार कमज़ोर शासक के भी अनेक शत्रु उत्पन्न हो जाते हैं। आरामशाह पूरे एक वर्ष भी राज्य-सुख का भोग न करने पाया था, कि शमसुद्दीन अल्तिमश, उसे गद्दी से उतार, आप स्वयं बादशाह बन बैठा ! पहले यह कुतुबुद्दीन का गुलाम था। उसने इसे बहुत अधिक रुपयों में मोल लिया था। परंतु पीछे उसने इसकी योग्यता देख, इसे अपनी बेटी भी ब्याह दी थी। जिस समय अल्तिमश ने दिल्ली का राज्य लिया, उस समय वह बिहार का सूबेदार मात्र था। अपने बाहुबल से अंत में गुलाम-ख़ानदान का सबसे बड़ा और वैभवशाली सम्राट हो गया। इसने देहली की बादशाहत को बहुत विस्तृत किया। सुलताना रज़िया इसी प्रतापी बादशाह की बेटी थीं। सन् 1236 ई. में इस प्रतापी बादशाह का देहांत हो गया। तब उसकी जगह उसका बेटा, रुकनुद्दीन फ़ीरोज़शाह तख़्त पर बैठा। इसमें राजा के गुण थे ही नहीं। इसने प्रजा को खूब सताया[1]। ईसका परिणाम यह हुआ, कि लोगों ने आज़िज आकर माँ-बेटे दोनों ही को क़ैद कर लिया और रुकनुद्दीन की बहन रज़िया को तख़्त पर बैठाया ! पाठक ! आप जानते हैं, इतने बड़े और गुरुतर पद पर एक अबला क्यों प्रतिष्ठित की गई ? इसका कारण था–उसकी

1. राजा शिवप्रसाद सितारेहिन्द अपने इतिहास तिमिर नाशक में इसके विषय में लिखते हैं–"इसे रात-दिन भाँड़ और कस्बियों से काम था। नशा और तमाशबीनी यही शगल आठों जाम था। सल्तनत माँ के भरोसे छोड़ दी थी। ख़ज़ाना बिलकुल वाहियात में लुटाता था। इसकी माँ भी बड़ी जालिम थी।"

राज्य-शासन-संबंधी योग्यता।

रज़िया बहुत ही योग्य और चतुर विदुषी थीं। इसलिए पिता भी इन्हें ख़ूब चाहते थे। ये बड़ी धूम-धाम से 'सुल्तान' पदवी धारण कर, देहली के राज-सिंहासन पर बैठीं।

'सुल्तान' मुसलमान बादशाह को कहते हैं; पर रज़िया अपने लिए स्त्री होकर भी 'सुल्ताना' नहीं, 'सुल्तान' कहलाना पसंद करती थीं। दिल्ली के सिंहासन पर रज़िया के सिवा आज तक किसी दूसरी महिला को बैठने का सौभाग्य नहीं प्राप्त हुआ। उनके सिक्कों में उनका पूरा नाम इस तरह लिखा जाता था, 'सुल्ताने आज़म, दीन और दुनिया की शोभा।' फ़रिश्ता अपनी तवारीख़ में लिखता है, ''रज़िया में अच्छे राजाओं के सभी गुणों का समावेश हुआ था। यदि उनमें कोई दोष था, तो यही, कि वे स्त्री थीं।'' पर इसमें उनका नहीं, ईश्वर का दोष था। परंतु स्त्री होने से ही किसी के व्यक्तित्व में कमी नहीं आ सकती। यदि व्यक्ति में गुण हैं, तो उसका मान सभी को करना पड़ेगा, फिर चाहे वह पुरुष हो, या स्त्री।

अल्तिमश के कई बेटे-बेटियाँ थीं, पर वे रज़िया को ही अधिक चाहते थे। इसका कारण रज़िया की सुशीलता, सज्जनता और उनका अलौकिक गुण-युक्त होना ही था। अल्तिमश ने उन्हें स्त्री-जनोचित शिक्षा के साथ-साथ राजकुमारों के सदृश शिक्षा भी दिलायी थी। रज़िया को विद्या से बड़ा प्रेम था। वे क़ुरान-शरीफ़ बख़ूबी पढ़ सकती थीं। इसके सिवा उन्हें साहित्य का भी शौक़ था। उन्हें राजनीति की शिक्षा भी दी गई थी, जिससे वे राजकार्य का तत्त्व अच्छी तरह समझने लगी थीं और समय-समय पर अपने पिता को भी यथेष्ट सहायता देती थीं ! यही नहीं, उन्हें युद्ध-विद्या भी सिखलाई गई थी। वह युद्ध-कला में कुशल हो गई थीं और तीर-तलवार उसी प्रकार चला सकती थीं, जिस प्रकार कि उनके भाई। इससे सिद्ध होता है कि उस समय स्त्री-शिक्षा के संबंध में समाज में उदारता थी। उस गए-गुज़रे ज़माने में भी स्त्रियों को पुरुषों के समान सभी प्रकार की शिक्षा दिए जाने का नियम था। जब स्त्रियाँ युद्ध-शिक्षा भी प्राप्त कर सकती थीं, तब तो यह स्पष्ट ही मालूम हो जाता है कि उस समय रमणियों के लिए पर्दे की इस भयंकर प्रथा की विशेष आवश्यकता न होती थी। जब उस समय की स्त्रियाँ पुरुषों के समान शिक्षा पाने का अधिकार रखती थीं, तब इस समय उन्हें शिक्षा क्यों नहीं दी जा सकती ? किसी समय समझा जाता था 'स्त्री आँख में' पर यह समय है—परिवर्तन और उन्नतिशील। वर्तमान में हमारा सिद्धांत होगा—'स्त्री साथ में', क्योंकि परिस्थिति ही ऐसी हो रही है। बिना ऐसा किए अब भारत तो क्या, किसी भी देश का निर्वाह नहीं हो सकता ! रही पर्दे की बात, सो यह प्रथा कैसी है, यह यदि पुरुष स्वयं पर्दे में रहकर मालूम करें तो अच्छा हो !

रज़िया बहुत ही सुंदरी थीं। एक तत्कालीन लेखक का कथन है कि उनकी सुंदरता के कारण बालियों में अनाज तक पक जाता था। हमें तो यह अतिशयोक्ति के सिवा और कुछ नहीं जान पड़ता। वे सुंदरी चाहे जैसी रही हों पर इसमें संदेह नहीं कि उनका आचरण और उनके कार्य बड़े सुंदर थे। मनुष्य का कर्तव्य है कि वह बाह्य-सौंदर्य को नहीं, अंतरंग-सौंदर्य को पहचानना सीखे। रज़िया आँख मींचकर ही किसी बात को न मान लेती थीं, उनका विचार था कि ईश्वर ने मनुष्य को बुद्धि इसलिए दी है कि वह किसी के पीछे भेड़ों के मानिंद न चले। वह स्वयं हर काम की अच्छाई-बुराई सोचे, तब कहीं उस पर अमल करे। इसीलिए वे किसी बात का चट-से-पट उत्तर न दे देती थीं। प्रत्येक बात पर विशेष विचार के बाद अपनी स्वतंत्र सम्मति प्रकट करती थीं। विद्याभ्यास में ही उनका प्रायः सारा समय व्यतीत होता था। उनका कहना था कि ऐसा करने से एक तो समय निरर्थक व्यतीत नहीं होता, दूसरे चित्त-वृत्ति एकाग्र और शुद्ध रहती है और तीसरे विद्याभ्यास से ज्ञान की भी वृद्धि होती है। उदारता और दया में यह महिला देवी के समान थीं। उदारता और दया ही वास्तव में स्त्री के सच्चे आभूषण हैं। स्त्री के कोमल हाथों की शोभा दीन-दुखियों पर दया दर्शाने में ही है। रज़िया का सिद्धांत था—"दया धर्म का मूल है।" ऐसे-ही-ऐसे गुणों के कारण उनके पिता और सारे दरबारी उन्हें सम्मान की दृष्टि से देखते थे। निस्संदेह रज़िया स्त्रियों के लिए गौरव की सामग्री थीं।

आइए पाठक, ज़रा आप उन्हें शासक के रूप में भी देख लीजिए। जब रज़िया की अवस्था छोटी थी, तभी अल्तिमश को एक बार राजधानी छोड़, दक्षिण की ओर राजपूतों से युद्ध करने के लिए जाना पड़ा। वे जानते थे कि मुझे इस मुहिम से लौटने में कदाचित् बहुत दिन लगेंगे, इसलिए राज-कार्य सुचारु-रूप से चलाने के लिए किसी को सिंहासन पर बैठा देना उचित है। बादशाह को उस समय अपनी संतानों में रज़िया से योग्य और कोई न जान पड़ा ! इसलिए उन्होंने उसे ही राज्य-भार सौंपना निश्चय किया। पर उनके सरदार अपने ऊपर किसी स्त्री की सत्ता न चाहते थे ! उन लोगों की धारणा थी कि स्त्री कैसी ही योग्य क्यों न हो, आखिर है तो स्त्री ही। आज भी हमारे समाज की यही दशा है। हम आज भी स्त्रियों को सम्मान की दृष्टि से नहीं देखते—देशहित के कार्यों में साथ ले चलना तो दूर की बात है। नहीं जानते, पुरुष कब तक स्त्रियों की इस प्रकार अवहेलना करते रहेंगे ! ख़ैर, सरदार लोगों ने बादशाह से कहा, "जहाँपनाह ! आप अपने किसी पुत्र को गद्दी पर बैठा दीजिए।" इस पर अल्तिमश ने उनसे कहा, "मित्र ! राजकार्य का भारी बोझा मेरे लड़के न सँभाल सकेंगे। इस गुरुतर कार्य के करने की योग्यता उनमें नहीं। वे सब विषयी और आराम-तलब हैं। यद्यपि रज़िया छोटी अवस्था की लड़की है सही। पर उसमें वीर पुरुषों के सभी गुण वर्तमान हैं और उसके अन्य

गुण आपसे छिपे नहीं हैं। मेरी समझ में वह राजकार्य अच्छी तरह सँभाल लेगी। इसलिए मैं उसे अनेक लड़कों से अच्छा समझता हूँ।''

कहिए पाठक ! रज़िया की योग्यता का इससे अच्छा और उदाहरण क्या हो सकता है ?

सम्राट अल्तिमश छः वर्ष तक बाहर रहे। रज़िया ने इस समय में बड़ी चतुराई और सावधानी से साम्राज्य का शासन किया। उनकी वृत्ति बड़ी धार्मिक थी। वे नित्य प्रति ईश्वर से यही प्रार्थना करती कि 'मुझे बुद्धि और बल दे, जिससे मैं सत्कार्य करने में प्रवृत रहूँ।' रज़िया ने कभी किसी पर बेजाँ ज़ुल्म और अन्याय नहीं किया। उनके सुशासन से सभी संतुष्ट थे। यहाँ तक कि शाहज़ादे भी कहा करते कि वालिद साहिब ने यह बहुत अच्छा किया, जो बहन को बादशाह बनाया। क्योंकि उनकी पेंशन जल्दी मिल जाती और उन पर किसी प्रकार की सख़्ती न की जाती थी। पाठक ! इसी से आप रज़िया की योग्यता और सच्चरित्रता की महत्ता समझ सकते हैं। जब अल्तिमश युद्ध में विजय प्राप्त कर लौट आए, तब रज़िया ने राज्यभार पिता के सुपुर्द कर दिया और आप फिर आज्ञाकारिणी बेटी बनकर महलों में रहने लगीं।

इसके चार वर्ष के बाद सन् 1236 ई. में सम्राट अल्तिमश, मुलतान की ओर जा रहे थे कि राह में ही उनका देहांत हो गया। इससे पितृभक्त रज़िया को जो दुःख हुआ, वह वर्णनातीत है। रज़िया की योग्यता के कारण अपने अंतिम समय में उनके पिता ने इच्छा प्रकट की थी, कि वही राजगद्दी पर बैठे। परंतु रज़िया को राज्य का विशेष लोभ न था। वह पिता के शोक से निवृत्त भी न होने पाई थी कि उसके भाई रुकनुद्दीन ने अपने बादशाह होने की घोषणा कर दी। माँ भी बेटे की सहायक थीं। अमीर और उमरा रज़िया के सुशासन को भलीभाँति जानते थे। पहले तो उन्होंने रुकनुद्दीन की इस बेजा कार्रवाई को भय के मारे सह लिया, पर जब वे माँ-बेटे के कुशासन से परेशान हो गए, तब उनका ध्यान उसी कोमलांगिनी अबला रज़िया की ओर गया और उन्होंने बादशाह को तख़्त से उतार, रज़िया को बादशाह बनाया।

राजा शिवप्रसाद सितारे-हिन्द ने अपने इतिहास में इस स्त्री-बादशाह के विषय में यों लिखा है—''नित बादशाहों की तरह क़बा और ताज़ पहनकर तख़्त पर दरबार करती थी। नक़ाब मुँह पर कभी नहीं डालती और बड़े अद्ल-इंसाफ़ के साथ लोगों की नालिश-फ़रयाद सुनती थी ! युद्ध के समय वह सब सेना के आगे हाथी पर सवार होकर चलती और स्वयं उनका परिचालन करती थी। वह राज्य का सारा कारोबार स्वयं देखती थी, जिससे अन्य कर्मचारियों को असावधानी करने का अवसर ही न मिलता था। उसने कितने ही अच्छे और नवीन सुधार किए तथा अच्छे-अच्छे क़ानून बनवाए थे। सबको वह क़ानून के अनुसार चलाने का प्रयत्न करती थी।

दीन-दुखियों पर उसे बड़ी दया आती थी। वह उनके साथ बड़ी हमदर्दी के साथ न्याय करती और एक उदार सम्राट् के समान शासन करती थी।"

बहुतेरे लोगों को स्त्रियों की योग्यता में विश्वास नहीं है। वे समझते हैं कि स्त्रियाँ कभी पुरुषों के समान काम नहीं कर सकतीं। फिर वे राज्य-शासन एवं राजनीति सरीखे गुरुत्वपूर्ण कार्यों में कैसे भाग ले सकती हैं ? ऐसे लोगों के लिए रज़िया का चरित्र मुँहतोड़ जवाब है ? रज़िया ही क्यों नूरजहाँ, चाँदबीबी और अहिल्याबाई के चरित्र भी उनका मुँह बंद करने के लिए काफ़ी हैं। महारानी विक्टोरिया का उदाहरण तो अभी कल का है। कौन कह सकता है कि ये देवियाँ राजकार्य में पटु न थीं ?

रज़िया अभी तक कुँवारी ही थी। अब उन्होंने अपना विवाह करना चाहा। याक़ूत नामक एक सरदार जो उनके रिसाले का सेनापति था, सब तरह से रज़िया के योग्य था। देखने में वह बड़ा ही सुंदर था। यदि उसमें कोई दोष था, तो यही कि वह जाति का हब्शी था और किसी समय दास रह चुका था। परंतु अभिमानी तुर्की सरदारों को यह संबंध पसंद न आया। वे स्वार्थी यही चाहते थे कि रज़िया हमीं लोगों में से किसी के साथ विवाह करें। पाठक, कह सकते हैं कि रज़िया को अपने दरबार की लोक-रुचि का भी तो ख़याल रखना उचित था। पर रज़िया पुरुष नहीं, स्त्री थीं और शायद आप भी यह बात स्वीकार करेंगे कि रज़िया इस बात में स्वतंत्र थीं। स्त्री जिसे वर ले, वही उसका पति होना चाहिए और यह प्रथा उस समय प्रचलित भी थी। सरदारों का वह दबाव बड़ा ही अनुचित था।

जब सरदारों ने देखा कि रज़िया हम लोगों की बात नहीं मानतीं, तब उन लोगों ने बग़ावत कर दी। रज़िया भी अपना यह अपमान सहन न कर सकीं। उन्होंने याक़ूत को साथ लेकर उन बाग़ी सरदारों पर चढ़ाई कर दी। बड़ा ही कठिन अवसर था। एक ओर निर्बल अबला थी और दूसरी ओर अनेक शक्तिशाली और अन्यायी सरदार थे। परंतु धन्य अबला का बल ! दोनों ओर से ख़ूब कसकर युद्ध हुआ। परंतु अंत में अन्याय की ही विजय हुई। रज़िया ने अच्छी वीरता दिखाई, इसमें संदेह नहीं, पर अंत में पुरुष-नामधारी अकृतज्ञ और विश्वासघाती जीवों के सामने उनकी हार हो गई। सरदारों ने उन्हें बंदी कर लिया। याक़ूत भी युद्ध में मारा गया। इन बाग़ियों का नेता अल्तूनियाँ नामक एक तुर्की सरदार था। उसे सम्राज्ञी की यह बन्दी-अवस्था देख रंज हुआ और उसने उन्हें छोड़ दिया। अल्तूनियाँ ने उनसे यह भी कहा कि यदि तुम मेरे साथ विवाह कर लो, तो मैं अन्य सरदारों से लड़ूँ और फिर तुम्हें बादशाहत दिला दूँ। रज़िया ने उसकी यह राय मान ली।

इसी बीच में अन्य सरदारों ने रज़िया के एक भाई बहराम को गद्दी पर बिठा दिया था। यह भी निकम्मा बादशाह था। रज़िया और उनके पति अल्तूनियाँ ने फिर एक बार देहली की बादशाहत पर अधिकार जमाना चाहा। दोनों ने बड़ी वीरता

से युद्ध किया। पर वे लगातार दो युद्धों में परास्त हो गए।

कृतघ्न और अभिमानी सरदार इतनी जल्दी रज़िया की उदारता, बहादुरी और उनके सुशासन को भूल गए ! रज़िया उनकी स्वामिनी थीं। उनपर उन्हें दया करनी चाहिए थी।

खेद ! राजा शिवप्रसाद सितारेहिंद रज़िया की मृत्यु का हाल यों लिखते हैं–"रज़िया मर्दानी पोशाक में भागी थी। रास्ते में सो गई। किसी किसान ने उसकी पोशाक के नीचे ज़री और मोती टँकी अँगिया देख ली। जाना, कि औरत है, मारकर कपड़े उतार लिये। लाश ज़मीन में गाड़ दी।"

इस देवी ने कुल साढ़े तीन वर्ष तक राज्य किया। सन् 1240 ई. में उनका देहांत हो गया। यद्यपि उन्होंने थोड़े ही दिन राज्य किया। पर इसमें संदेह नहीं कि अपनी योग्यता के कारण ही वे स्त्रियों के लिए आदर्श हो गईं।

बीदर की बेगम

किसी समय दक्षिण में 'बहमी' राजघराने का बड़ा दौर-दौरा था। इस ख़ानदान में कई प्रतापी सुल्तान हुए, दो-एक स्त्रियाँ भी थीं। प्रसिद्ध सुल्ताना चाँद इसी घराने की थीं। इनके शौर्य, प्रताप और राजनीतिक ज्ञान आदि बातों का वृतांत पढ़ने ही योग्य है। इन सुल्ताना के पहले भी इस ख़ानदान में एक वीर, चतुर और राज्यकार्य-पटु सुल्ताना हो गई हैं।

इस घराने की मुख्य राजधानी पहले इतिहास-प्रसिद्ध बीदर नगर गें थी। यह नगर अहमदशाह नामक सुल्तान ने बसाया था। बीदर, भीमा-नदी के तट पर एक अच्छे, सुंदर और रमणीक स्थान में बसाया गया था। इसमें सुल्तान, अमीरों तथा उच्च राज कर्मचारियों के अनेक विशाल भवन शोभायमान थे। सड़कें चौड़ीं और विशाल बनाई गई थीं तथा सर्वदा स्वच्छ रखी जाती थीं। गाड़ी-घोड़े और पैदल चलनेवालों को किसी प्रकार की असुविधा न होती थी। बीदर समृद्धिशाली और सुंदर शहर था। उत्तर-भारत के नगरों से उसकी छटा कहीं निराली थी। पर काल-चक्र की गति विचित्र है ! वह बड़ा निर्दयी है। संसार में ऐसा कौन होगा, जिस पर इस दुष्ट का आक्रमण न हुआ हो ? इसी के आघात से, बहमनी-सुल्तानों का प्यारा बीदर आज अस्त-व्यस्त हो गया है। आज वहाँ न तो सुल्तानों और अमीरों के वे गगन-भेदी भवन हैं और न वे सुंदर सुहावनी सड़कें। आज न तो वहाँ वे स्वाधीनता के परमोपासक सुल्तान हैं और न स्वतंत्रता की प्राप्ति के लिए प्राणों को तृण की तरह त्याग देनेवाले भव्य भारतीय। आज बीदर अपना-विशाल-वैभव खो, छोटा-सा क़स्बामात्र रह गया है। इस दशा को प्राप्त हो मानों वह कह रहा है—"ऐ स्वतंत्रता की मधुर वीणा बजाकर दूसरों को मुग्ध करके परतंत्रता के जाल में बाँधनेवाले, भारतभूमि का ख़ून चूसनेवाले अत्याचारियो ! क्षणिक उन्नति पर ऐंठनेवाले घमंडियो ! किसी दिन तुम्हारा पतन भी मेरे ही समान अनिवार्य है ! क्योंकि 'सबै दिन नाहिं बराबर जात' !" वह और भी कहता है—"प्यारे भारतीयो ! यह वही भारत है, जहाँ प्रताप और शिवा ने स्वतंत्रता के लिए अपनी ज़ान कुर्बान कर दी थी। उनका आदर्श ग्रहण कर आगे बढ़ो; नहीं तो मुझ जड़ के ही समान पड़े रह

जाओगे !'' पराधीन बीदर की ये गूढ़ोक्तियाँ ठीक हैं। बीदर के नाश का मुख्य कारण वहाँ की फूट थी। यह फूट देशी और विदेशी दलों में पैदा हुई थी। जो मुसलमान वहाँ बहुत समय से रहते थे, वे देशी और रोज़गार, नौकरी आदि के लिए आए हुए ईरानी, क़ाबुली आदि विदेशी कहलाते थे।

द्वितीय अलाउद्दीन की मृत्यु के पश्चात्, उनके पुत्र, हुमायूँ, बहमनी-राज्य के उत्तराधिकारी हुए। यही हुमायूँ हमारी चरित-नायिका के प्रति थे। इनके समय में देशी और विदेशी दलों में परस्पर बड़ी ही कलह मची हुई थी। देशी दल का नेता ख़्वाजा-जहाँ और विदेशी दल का महमूद-गवाँ था। इन दोनों में स्वभावतः प्रतिस्पर्द्धा रहती थी। गवाँ अपनी विलक्षण योग्यता से बढ़ते-बढ़ते हुमायूँ का प्रधानमंत्री हो गया था। यह बात भला ख़्वाजा-जहाँ को कैसे सहन हो सकती थी ? क्रमशः उनकी ईर्ष्या बढ़ती ही गई !

हुमायूँ बड़े कठोर शासक थे। वे मूर्खता की मूर्ति थे। उनके समान अयोग्य शासक दक्षिण में कदाचित् ही दूसरा कोई हुआ हो ! उनकी वृत्ति बड़ी ही दानवी थी। एक बार आप कहीं दौरे पर गए। यहाँ राजमहल में कुछ गड़बड़ हो गई। बस, आपके क्रोध का फिर क्या पूछना था ? एकबारगी दस हजार हतभागे मनुष्य जीते-जी जलते कड़ाहों में डाल दिए गए। आपने अपने एक सगे भाई को भी जीते-जी व्याघ्र के सम्मुख छोड़ दिया ! संसार का यह सनातन नियम है कि कर्म के अनुसार फल मिलता है। अच्छे कर्म का अच्छा फल मिलता है और बुरे का बुरा। फिर भी यह आश्चर्य की बात है कि इन बातों को जानते हुए भी मनुष्य बुरे कर्मों की ही ओर अधिक झुकता है और उसका उचित फल मिलने पर अपना सिर पीटता है। सुल्तान को भी शीघ्र ही अपने इन दानवी कर्मों का प्रायश्चित करना पड़ा। कुछ ही दिन बाद वे ऐसे अस्वस्थ हुए कि उनका अच्छा होना मुश्किल हो गया। मृत्यु ने ऐसे दुराचारी नरेश को अपनी गोद में उठा लेने में ही प्रजा की कुशल समझी। मरते समय सुल्तान अपने आठ वर्ष के पुत्र को अपना उत्तराधिकारी युवराज, गवाँ को प्रधानमंत्री, ख़्वाजा को सहायक और बेगम को वारिस बना गए। हम यहाँ इन्हीं बेगम साहिबा के विषय में कुछ लिखेंगे।

हुमायूँ की मृत्यु बहमनी राज्य के लिए सचमुच बहुत ही अच्छी हुई ! यदि वे जीते रहते, तो न जाने राज्य और प्रजा का क्या-क्या अनिष्ट होता। वे जितने कठोर और संकुचित हृदय थे, उनकी बेगम उतनी ही दयावती, सदाचारिणी और उदाराशया थीं। सचमुच यह संयोग कीचड़ और कमल के सदृश था। हुमायूँ के मरते ही इन्होंने युवराज को गद्दी पर बिठा, उसका राज्याभिषेक किया और अपनी उत्कृष्ट राजनीतिक योग्यता के बल तथा गवाँ की सहायता से राज्य के बिगड़े हुए प्रबंध को शीघ्र ही सुधार लिया। इधर हुमायूँ की मृत्यु का समाचार सुनते ही मालवे के सुल्तान के मुँह में पानी भर आया। उसने सोचा, बीदर विजय करने का ऐसा

अच्छा अवसर और न मिलेगा। अतएव वह शीघ्र ही एक बड़ी भारी सेना ले, बीदर पर चढ़ आया ! एक असहाय अबला का राज्य छीनने के लिए मालवेश्वर का यह प्रयत्न निस्संदेह लज्जा की बात थी ! परंतु लोभ मनुष्य का परम शत्रु है। यह सामान्य मनुष्य से लेकर बड़े-बड़े सम्राटों तक को कलंकित किए बिना नहीं छोड़ता। इसी लोभ से कितनों की बर्बादी हुई, न जाने इसने कितनों का अपमान कराया और अनेक को ख़ाक में मिला दिया। पर फिर भी मनुष्य इसके फेर में पड़ ही जाते हैं ! शोक ! जो लोग इससे बचते हैं, वे धन्य हैं। उनका मानसिक बल तथा दमन-शक्ति प्रशंसनीय है। मनुष्य-मात्र का कर्तव्य है कि जहाँ तक हो सके, इस दुष्ट से अपने को दूर ही रखे। इसी दुर्दमनीय शत्रु के वशीभूत हो मालवेश्वर ने एक अनाथ अबला से संग्राम-रूपी निंद्य-कार्य करने के लिए बीदर पर चढ़ाई कर दी। मालवेश्वर ! तुम्हारी इस क्रूरता को—तुम्हारे इस कलंकित हृदय को—शत बार धिक्कार है ! और धिक्कार है, तुम्हारे जैसे उन मनुष्यों को भी, जो लोभांगना के अस्पृश्य तथा अपवित्र शरीर का आलिंगन करने में उचित-अनुचित का ज्ञान खो बैठते हैं।

यह विपद-समाचार सुनते ही बेगम की आँखें जल उठीं। क्रोध के मारे उनके होंठ फड़कने लगे, मालवेश्वर से युद्ध करने के लिए उन्होंने अपने सेनापति को शीघ्र ही सेना तैयार करने की आज्ञा दी और आप स्वयं सेनापति बनकर युद्ध-क्षेत्र में जा डटीं। अपनी स्वामिनी का यह साहस देख, सैनिक क्यों न उनके लिए प्राण देने को तैयार हो जाते ? प्राचीन शासकों में यही तो एक बड़ा भारी गुण था, कि वे अपने कर्मचारियों से कार्य लेने में अपने बड़प्पन का कुछ भी ख़याल न कर, उनका पूरा-पूरा साथ देते थे। इसीलिए उनके कर्मचारी भी उनमें भक्ति रखते तथा उनके लिए प्राण देने को सदैव प्रस्तुत रहते थे। पर हाय ! अब समय के फेर से वे सब बातें जाती रहीं ! आजकल की दशा तो सभी जानते हैं। इस ओर उन बड़े सरदारों को ध्यान देना चाहिए, जो अपने ही देश में, अपने ही अधीनस्थ कर्मचारियों या नौकरों का नित्य खून चूसा करते हैं। यह सब हमारी कायरता तथा अकर्मण्यता से हुआ है। जब तक हम कर्मक्षेत्र में वीरतापूर्वक अपने पैर न जमाएँगे, तब तक हमारे लिए पहले की बातें स्वप्नवत् ही रहेंगी। अतएव वीरो ! आवश्यकता है, साहस-पूर्वक कर्मक्षेत्र में कूद पड़ने की ! आवश्यकता है, कर्मक्षेत्र में प्राणार्पण करने की ! तभी हमें सफलता प्राप्त होगी और तभी हम अपना संरक्षण कर स्वदेश-हित-साधन में समर्थ हो सकेंगे !

बेगम ने मालवेश्वर को अपने शौर्य से एकबारगी चकित कर दिया। उन्होंने मालवाधिपति को रण में भारतीय नारी के बलविक्रम का पूर्ण परिचय दे दिया ! मालवाधिपति, इस वीर नारी के सामने अपनी कुछ भी चलती न देख, अपना-सा मुँह लिये, चुपचाप स्वदेश लौट गए ! यदि बेगम को स्वदेश-प्रेम, राजनीति, वीरता

आदि गुणों की उचित रूप से शिक्षा न मिली होती, तो कहिए, वे अपने इस प्रबल शत्रु को कैसे परास्त कर सकतीं ? हम प्रायः सदैव प्राचीन भारतीय शिक्षिता स्त्रियों के उज्ज्वल चरित्र पढ़ा करते हैं, पर फिर भी हम उन्हें मूर्ख बनाए रखने में ही अपनी सभ्यता और नीतिज्ञता समझते हैं। यह कितनी लज्जा की बात है ! हाय, काल का भी कैसा विलक्षण प्रभाव है ! जो स्त्रियाँ किसी समय सब प्रकार की उत्कृष्ट शिक्षा प्राप्त करने की अधिकारिणी थीं, वे ही आज अक्षरों से भी अपरिचित रखी जाती हैं। जिस देश की स्त्रियों की यह दशा हो, उसके उत्थान की आशा रखना, व्यर्थ ही नहीं मूर्खता भी है। ऐसे देश का जितना पतन हो, थोड़ा है। मज़ा तो यह है कि हम लोग अर्द्धांगिनियों को अशिक्षिता तथा अवनति के अंधकार में ही छोड़, उन्नति की दौड़ में और देशों से आगे निकल जाने का उपहासास्पद प्रयत्न कर रहे हैं ! भला यह कभी संभव है ? बतलाइए तो सही, ऐसा कौन राष्ट्र है, जो स्त्रियों को हमारे समान नीची श्रेणी में छोड़, उन्नति-शिखर पर पहुँचने में समर्थ तथा सफल हुआ है ? इस समय आवश्यकता है कि हमारे साथ हमारी स्त्रियाँ भी उन्नति-पथ की पथिका बनें। इसके लिए उन्हें सब प्रकार की सुशिक्षा देने के साथ-ही-साथ वीरता और साहस का पाठ भी पढ़ाना होगा। ऐसा होने से ही वे अपनी संतान को तदनुकूल बना सकेंगी। उनके ही प्रयत्न से हमारे सारे उद्देश्यों की सिद्धि सहज ही और निस्संदेह हो जाएगी।

परमात्मा क्या सचमुच अन्यायी है ? वह दुराचारी और अधर्मी को तो सुखी करता है और सदाचारी धर्मात्मा को दुःखी ! पत्थर में रत्न और कीचड़ में कमल उत्पन्न करना, उसका अन्याय नहीं, तो और क्या है ? एक तो वह धर्मात्मा, वीर और साहसी मनुष्यों को यों ही कम उत्पन्न करता है और यदि करता भी है, तो उन्हें प्रायः दुःख में ही अपना समय व्यतीत करना पड़ता है। बेगम ने बड़े यत्न से उपर्युक्त आपत्ति को टाला ही था कि थोड़े ही दिन बाद उन पर दूसरी आपत्ति आ टूटी। नववयस्क सुल्तान के विवाह का सब ठीक-ठाक हो चुका था कि अकस्मात् उनकी मृत्यु हो गई ! माता पर वज्र आ टूटा। परंतु उनका धैर्य अद्भुत था, वे ज़रा भी न घबराईं ! छाती को पत्थर बनाकर, उन्होंने अपने द्वितीय पुत्र मुहम्मद को गद्दी पर बैठाया और अपनी प्रजा की हितकामना से फिर पूर्ववत् राजकार्य में दत्तचित्त हो गईं।

हम ख़्वाजा-जहाँ और महमूद-गवाँ के पारस्परिक द्वेष के विषय में पहले ही लिख आए हैं। गवाँ सच्चा स्वामिभक्त, ईमानदार और सदाचारी था। परंतु जहाँ स्वभावतः क्रूर और कुटिल था। बेगम को इस प्रकार आपत्ति में पड़ते देख, उसने अपनी क्रूरता आरंभ कर दी। गवाँ सरीखा सज्जन और बेगम जैसी सती-साध्वी भला एकाएक उसके छल-छिद्रों को कैसे समझ लेतीं ? यद्यपि पहले जहाँ के षड्यंत्र को कोई न समझ सका, पर अंत में उसका परिणाम बहुत ही

भयंकर हुआ। धूर्त जहाँ ने ख़ास बीदर का राज्य-प्रबंध तो अपने हाथ में कर लिया और गवाँ को देशभर के राज्य-प्रबंध का भार सौंप दिया। इसलिए उसे प्रायः बीदर से बाहर ही रहना पड़ता था। ख़्वाजा नगर में ही रहकर राज्य-प्रबंध करता और धीरे-धीरे राज्य के सब तरह के शाही अधिकार अपने हाथ में करता जाता था। उसे इस बात का पूरा-पूरा विश्वास था कि चतुर गवाँ बाहर ही रहता है, सुल्तान अभी कल का छोकरा ही है, फिर भला महलों में रहनेवाली यह साधारण बेगम मेरे छल-छिद्रों को क्या समझेगी ? परंतु उसे क्या मालूम था कि महलों में रहनेवाली, पर राजनीति की अच्छी शिक्षा पाए हुई वही साधारण बेगम मेरे कार्यों को सूक्ष्म-दृष्टि से देखती रहती है ? जब बेगम ने देखा कि यह धूर्त अपनी धूर्तता का जाल फैलाता जाता, तब उन्होंने सुल्तान से कहा, "बेटा ! यह आदमी बड़ा विश्वासघाती है, न जाने कब क्या कर बैठे ? अतः कल ही भरे दरबार में इसका फ़ैसला कर दो।"

दूसरे दिन, सारे अमीर-उमराओं के सामने सुल्तान ने जहाँ के विश्वासघात की पोल खोल दी और उनके इशारे पर एक सैनिक ने भरे दरबार में उसका सिर उतार लिया। इस प्रकार बेगम की चतुराई से बीदर का यह बड़ा प्रबल शत्रु सहज ही नाश को प्राप्त हो गया। उस विश्वासघाती दुरात्मा ने अपने किए का यथोचित दंड पाया। इसमें बेगम और सुल्तान को कोई दोष नहीं दिया जा सकता। हाँ, उनकी चतुराई की प्रशंसा करने को अवश्य ही जी चाहता है। इस प्रकार सहज ही ऐसे प्रबल शत्रु का उच्छेद कर देनेवाले की प्रशंसा भला, कौन न करेगा ? जहाँ की मृत्यु होती देख, उसके सहयोगी तथा अन्य बेईमान सरदार भी सँभल गए। यह क्यों हुआ ? शिक्षा के कारण स्त्रियों की ऐसी बुद्धिमत्ता तथा नीतिमत्ता देखकर भी क्या आप उन्हें शिक्षा देने के विरोधी ही बने रहेंगे ?

बेगम मनुष्यों को खूब पहचानती थीं। उन्होंने ख़्वाजा को प्राणदंड देकर बुद्धिमानी का कार्य तो किया ही था, इससे भी बढ़कर उनका यह कार्य हुआ कि उन्होंने राज्य का सारा भार गवाँ को सौंप दिया और आप सब कार्यों से निस्पृह हो, परमात्मा के चिंतन में लग गईं। गवाँ बेगम को अपनी माता के सदृश समझता था। वह उनके मरण काल तक उन्हीं की सम्मति से राज्य का कारोबार चलाता रहा। गवाँ की यह ईमानदारी तथा निस्पृहता परम श्लाघनीय है।

बेग़म की राजकार्य-पटुता का इससे अच्छा और क्या प्रमाण हो सकता है कि उन्होंने दो सुल्तानों की बाल्यावस्था में सारा राज-कार्य आप ही सँभाला और मालवेश्वर के समान प्रबल शत्रु और जहाँ के से आस्तीन के साँप से अपने राज्य की रक्षा कर ली। बेग़म ! तुम धन्य थीं और धन्य थी, तुम्हारी शिक्षा ! आज ज़रा स्वर्ग से आकर अपनी देश-बहनों की यह हीन दशा तो देख जाओ। देखो तो कि इस उन्नतिशील युग में भी उनकी दशा कितनी हीन है !

गुलशन

मुग़ल-कुल-तिलक सम्राट अकबर की राज-पद्धति चाहे जितनी उदारता और चतुराई से भरी हुई क्यों न रही हो; परंतु दूसरे की स्वतंत्रता का नाश करने की उनकी नीति बड़ी ही उग्र, कठोर और नीच थी। ख़ासकर स्त्री-शासकों के लिए तो वे काल-स्वरूप ही थे, चाहे वे विधवा और ग़रीब ही क्यों न रही हों। विधवा स्त्रियों के राज्य पर आक्रमण कर उनकी स्वतंत्रता नष्ट करना, अकबर जैसे प्रतापी और नीतिज्ञ सम्राट् के लिए अत्यंत नीचता की बात है—यह उनका अमिट कलंक है। सुल्ताना चाँद बीबी और महारानी दुर्गावती को नष्टकर अकबर ने अपने साम्राज्य की सीमा विस्तृत की थी। उन्हीं के कोपानल में इस लेख की नायिका गुलशन और उनके पति की स्वतंत्रता तथा सर्वस्व की भी आहुति हुई। गुलशन ने मालवे में एक साधारण सरदार के यहाँ जन्म लिया था। यौवनावस्था में, मालवे के स्वतंत्र नवाब बाज़बहादुर ने गुलशन से परिणय की प्रार्थना की, पर गुलशन ने उन्हें रूखा उत्तर दे दिया। नवाब साहब ने बहुतेरे प्रयत्न किए। पर चतुर गुलशन के सामने उनकी एक न चली। बात यह थी कि गुलशन ने मन में, मालवे के एक वीर सरदार, उमरअली सोहानी को, उनकी वीरता देख अपना पति मान लिया था। ऐसी अवस्था में बाज़बहादुर को अपना पति बनाना धर्म के विरुद्ध समझती थीं। यह बात बहुत ठीक है; क्योंकि पातिव्रत-धर्म ही स्त्रियों का एक-मात्र धर्म और आभूषण है।

सोहानी अपने समय के वीर-केसरी थे। उन्होंने अपने बाहुबल से, ईदलगढ़ दुर्ग लेकर एक छोटा-सा स्वतंत्र राज्य बना लिया था। इस प्रकार मालवे में बाज़बहादुर और अली सोहानी दो नवाब बन गए थे। सम्राट् अकबर ने ईदलगढ़-दुर्ग लेने के लिए बहुतेरे प्रयत्न किए; पर सोहानी के सामने उन्हें हर बार मुँह की खानी पड़ी। इतिहास में हमें अकबर के प्रसिद्ध प्रतिद्वंद्वी महाराणा प्रताप का स्वातंत्र्य-प्रेम तथा देश-प्रेम पढ़ने को खूब मिलता है। पर उनके दूसरे प्रतिद्वंद्वी वीर-केसरी, सोहानी और बाज़बहादुर का नाम बहुत ही कम दिखाई देता है। कदाचित् इसका कारण यह हो कि प्रताप एक बड़े राज्य के अधीश्वर थे और

मालवे के ये दोनों नवाब छोटे-से राज्यों के अधिपति थे। दूसरा कारण यह भी हो सकता है कि प्रताप ने सम्राट् से 25 वर्ष तक युद्ध किया और अपनी स्वतंत्रता को अक्षुण्ण रखा था। पर इन नवाब-द्वय ने भी अपनी स्वतंत्रता नहीं बेची। इन्होंने भी मृत्यु-समय तक अपनी स्वतंत्रता पर आँच नहीं आने दी। राजस्थान में मुग़लों की जो दशा प्रताप ने की थी, वही सोहानी ने मालवा में भी की थी। यदि इस वीर की अकाल-मृत्यु न हो जाती, तो न जाने अक़बर को मालवे में क्या-क्या कठिनाइयाँ उठानी पड़तीं और वे कभी मालवा-विजय कर पाते या नहीं इसमें भी संदेह है।

सौभाग्य से ही सोहानी जैसे सिंह को गुलशन सी वीर-नारी भी मिल गई थी। इससे उनका बल द्विगुण हो गया था। वास्तव में सोहानी को अपनी स्वतंत्रता की रक्षा के लिए गुलशन से समय-समय पर अच्छी सहायता मिलती थी। समय-समय पर बेगम ने ऐसे-ऐसे कृत्य किए थे कि मुग़ल सोहानी की अपेक्षा, उसी से अधिक डरते थे। एक बार अकबर ने सोहानी पर विजय प्राप्त करने के लिए अपने प्रसिद्ध सेनापति मुहब्बतख़ाँ को भेजा। दिन भर युद्ध करके सोहानी ने मुग़ल-सैन्य को खदेड़ दिया, परंतु रात्रि के समय उन लोगों ने फिर दुर्ग घेर लिया। सोहानी इस समय निद्रादेवी की गोद में विश्राम कर रहे थे। यह समाचार प्राप्त होते ही गुलशन दुर्ग की दीवार पर आ पहुँचीं और उन्होंने चतुराई से मुग़ल-सैन्य को दुर्ग-द्वार पर खाई के पास क़ैद कर दिया ! मुहब्बत ख़ाँ अपने को क़ैद देख, बहुत ही विस्मित हुआ। सामने ही गुलशन को देख उसका मुँह और भी नीचा हो गया। बेगम ने कड़ककर कहा—"क्यों, मुहब्बतख़ाँ ! यहाँ तुम किसकी आज्ञा से आए ? क्या तुम मेरे स्वामी को क़ैद करोगे ? गीदड़ ! दिन को भागते समय तुम्हें शर्म नहीं आई, अब रात को यहाँ चोर की तरह आए हो ? यदि तुममें वीरता का कुछ भी गर्व था, तो दिन को ही मैदान में आते और मेरे स्वामी तथा पठान-सैन्य की तलवार की धार परखते ! ख़ैर, यदि तुम्हें प्राणों का कुछ भी मोह हो, तो अभी अपना ताज और तलवार मेरे हवाले कर भाग जाओ। नहीं तो प्रातःकाल होते ही पठान-सेना तुम्हारे टुकड़े-टुकड़े कर डालेगी अथवा मैं ही खाई में पानी भरकर तुम्हारे प्राण ले लूँगी।"

अहा, यदि भारत में गुलशन जैसी नारियाँ प्रचुरता से हो जाएँ, तो हे देश ! निश्चय ही तेरा उत्थान हो जाए, और तू स्वर्ग-सदन बन जाए। तेरा आधार पुरुष ही नहीं, देवियाँ भी हैं। यह कभी संभव नहीं कि आधा बोझ सँभालनेवाला अंग दुर्बल रहे और आधा सबल। दोनों अंग एक से शक्तिशाली बनाने पड़ेंगे, तभी काम चलेगा।

ख़ाँ साहब ने देखा कि खाई में धीरे-धीरे पानी भर रहा है और अब किसी तरह बचने की आशा नहीं है। बस, उनके प्राण सूख गए और उन्होंने शीघ्र ही

अपना ताज़ और तलवार गुलशन के सुपुर्द कर दी। मुहब्बतख़ाँ को जाते देख, गुलशन ने कड़ककर कहा, "ख़ाँ साहब ! आपकी ये वस्तुएँ मेरे यहाँ बंधक रहीं। यदि आपको वीरता का थोड़ा भी गर्व हो, तो इनका उद्धार कर लेना और यदि यह शक्ति न हो, तो अपना काला मुँह फिर न दिखलाना !"

धन्य देवी ! ये वाक्य सचमुच तुम्हें ही शोभा देते हैं। स्त्री की तो कौन कहे, तुम्हारे जैसे साहसी पुरुष भी आज भारत में कितने हैं ?

कुछ ही दिनों बाद अकबर ने दूत द्वारा एक तलवार और एक जंज़ीर भेजकर सोहनी की इच्छा जाननी चाही। सोहानी ने तड़पकर जंज़ीर फेंक दी और ज़ोर से कहा, "तुम अपने बादशाह से कह देना, कि तुम भी एक मुसलमान हो और मैं भी मुसलमान हूँ। तुम्हें जो भी अधिकार भारत पर है, वही अधिकार मुझे भी मालवा पर है। तुम मेरी तलवार को भी जानते हो। याद रखो, जिस दिन तुम ईदलगढ़ पर चढ़ आओगे, उस दिन यहाँ भी तुम्हारी वही दशा होगी, जो प्रताप ने हल्दीघाटी में की थी ! सोहानी मरते दम तक अपनी स्वतंत्रता बेचने का नहीं !" पर सोहानी ! यदि तुम आज भारत में आओ, तो तुम्हें मालूम होगा कि भारत में आज स्वतंत्रता कितनी सस्ती बिक रही है। थोड़े से चाँदी के नहीं, काग़ज़ के टुकड़ों पर ही हम अपना शरीर, जीवन, मान और स्वतंत्रता बड़ी खुशी से बेच देते हैं। और की तो बात ही क्या, इन काग़ज़ के निरे टुकड़ों ने हम पर वह जादू डाल दिया है कि हम कठपुतले की भाँति, स्वतंत्रता की पुकार मचानेवाले अपने भाइयों के ही सीने पर दन से गोली चला देते हैं। सोहानी ! यदि आज भारत में आओ तो निश्चय ही यह दृश्य देख, तुम्हारी अंतरात्मा काँप उठेगी और तुम कभी यहाँ रहना नहीं चाहोगे।

सोहानी का उक्त संदेशा सुन अकबर मारे क्रोध के जल उठे। उन्होंने तुरंत ही अपने नवीन सेनापति इस्कंदरख़ाँ को आज्ञा दी, "तुम शीघ्र ही 50 सैनिक लेकर ईदलगढ़ जाओ और जैसे बने वैसे, सोहानी को बंदी बनाकर लाओ। मैं सोहानी और उसकी स्त्री को चाहता हूँ। यदि तुम कृतकार्य हुए, तो एक प्रदेश के नवाब बना दिए जाओगे, अन्यथा तुम जानना।" इस्कंदर ने सम्राट की आज्ञानुसार शीघ्र ही ईदलगढ़ का रास्ता लिया। यहाँ यह भी लिख देना असंगत न होगा कि सोहानी और इस्कंदर रूप-रंग में एक-दूसरे से बिलकुल मिल जाते थे।

ईदलगढ़ में एक वृद्ध पठान की सराय थी। यात्री लोग उसी में आकर ठहरा करते थे। इस्कंदर भी ईरानी सौदागर के भेष में वहीं ठहरा। उसके अन्य सैनिक भी नगर में जहाँ-तहाँ ठहर गए। यह बात नहीं कि सोहानी ने जासूसी प्रबंध न कर रखा हो। पर अबकी बार मुग़लों ने अपनी कार्रवाई बहुत ही पोशीदा तौर से की थी, इसी से शीघ्र उनके सफलीभूत होने का मौक़ा आ गया।

सोहानी कभी-कभी उस वृद्ध शेख़ की सराय में आते और उसकी तरुण स्त्री

कुलसम के हाथ की बनी चाय-कॉफ़ी पीकर चले जाते थे। इस कारण वृद्ध शेख़, सोहानी और कुलसम से मन-ही-मन जलता था ! पर कुलसम वृद्ध को अवश्य चाहती थी। एक दिन इस्कंदर की असावधानी से उसके कुछ काग़ज़ात कुलसम के हाथ पड़ गए, जिससे उसका सारा भेद वृद्ध और उसकी पत्नी को मालूम हो गया। ये दुष्ट ईदलगढ़ के विभीषण निकले ! उन्होंने लालच-वश इस्कंदर को सहायता देने का निश्चय कर लिया। वृद्ध शेख़ पहले से सोहानी से मन-ही-मन जलता था। अब उसने बदला लेने का अच्छा अवसर पाया। सराय से दुर्ग तक एक गुप्त मार्ग था, जिसे सोहानी, गुलशन, वृद्ध और कुलसम के सिवा कोई न जानता था। एक दिन, जबकि सोहानी ने दुर्ग में उत्सव कर अपने सब सैनिकों को छुट्टी दे दी थी, तब मौक़ा देखकर शेख़, इस्कंदर को लेकर, गुप्त मार्ग से दुर्ग में जा पहुँचा। इस्कंदर के साथ उसके सब सैनिक भी थे। इस्कंदर को दुर्ग द्वार तक भेज, शेख़ मारे डरके भाग गया। इस समय दुर्ग में सोहानी, गुलशन और कुछ बाँदियों के सिवाय और कोई न था।

सोहानी वीर-केसरी होने पर भी मदिरा पीकर उन्मत्त हो रहे थे। हाय रे नशा ! तेरा बुरा हो ! जो व्यक्ति अपने बाहुबल के भरोसे सदैव दिल्लीश्वर को ललकारा करता था, वही आज तेरे वश में पड़कर उसके एक तुच्छ दास के हाथों बंदी होना चाहता है। यदि सोहानी होश में होते, तो यह कभी संभव न था कि यह अघटित घटना घट जाती ! इस्कंदर, दुर्ग के कमज़ोर हिस्से से किवाड़ तोड़कर भीतर घुस गया। ढूँढ़ते-ढूँढते वह सोहानी के शयनागार के निकट जा पहुँचा। द्वार पर पहुँचते ही उसने देखा कि सामने एक अनुपमेय और अद्वितीय सुंदरी खड़ी है। इस्कंदर का मन हाथ से जाता रहा। वह सोचने लगा कि यदि यह मेरी पत्नी बन जाए, तो कैसा अच्छा हो ! गुलशन पति के लिए मदिरा लेने आई थी। उन्होंने स्त्री-सुलभ लज्जा से घूँघट निकालकर ज़ोर से कहा—"तुम कौन हो ? अपना परिचय दो। तुम मेरे महल में चोर की भाँति क्यों आए ?" इस्कन्दर ने उत्तर दिया—"मैं मुग़ल-सेनापति इस्कन्दर हूँ। शीघ्र बतलाओ, सोहानी कहाँ है ? मैं अभी तुम दोनों को क़ैद करूँगा !" गुलशन ने ज़ोर से कहा—"शायद तुम्हें यह मदद बूढ़े शेख़ और उसकी बीबी से मिली है। सवेरा होते ही उन्हें इसकी माक़ूल सज़ा दी जाएगी। मैं तुम्हें हुक्म देती हूँ कि अगर तुम्हें अपनी ज़ान की ज़रा भी फ़िक्र हो, तो अभी अपना रास्ता लो।" इस्कंदर ने कहा, "अब ये बातें छोड़ो, आज तुम्हारे इस ख़ाली क़िले को 500 मुग़ल सैनिक घेरे हुए हैं। शीघ्र बतलाओ कि सोहानी कहाँ है ?"

झूठ बोलकर देवी को धोखा दिया गया, पर सेनापति की यह बात सुनकर भी गुलशन ने साहस नहीं छोड़ा। देवी ने दिव्य-दृष्टि से देखा कि मेरे पति का सौभाग्य-सूर्य अस्ताचल पर पहुँच गया है। पर आशा ने मीठा आश्वासन दिया।

देवी ने बड़ी नम्रता से अनुनय-विनय के साथ कहा—"इस्कंदर ! तुम वीर पुरुष जान पड़ते हो। क्या मेरे पति को एक भिक्षा दोगे ?" इस्कंदर ने कहा, "क्या चाहती हो ? तुम्हें और भिक्षा। यह असंभव है !" गुलशन ने कहा, "इस्कंदर ! तुम वीर पुरुष हो। तुम मेरे स्वामी की तलवार का विक्रम अच्छी तरह जानते हो ! इस समय वे मदिरा पीकर मस्त हैं। मैं नहीं चाहती कि मेरे ऐसे वीर स्वामी इस उन्मत्तावस्था में पकड़े जाएँ। इससे संसार में उनकी वीरता पर कलंक लगे। मैं चाहती हूँ कि तुम उन्हें सवेरे तड़के तक का अवकाश दो। तब तक वे सचेत भी हो जाएँगे। उस समय तुम उन्हें प्रसन्नता से बंदी बना लेना। तुम्हारी सेना दुर्ग घेरे पड़ी है। इससे हम लोग भाग भी नहीं सकते। क्या तुम वीर पुरुष होकर भी एक वीर के लिए इतनी सी भिक्षा न दोगे ? इस्कंदर ! मैं एक क्षुद्र राज्य की अधीश्वरी होने पर भी तुमको तो क्या, तुम्हारे सम्राट तक को कुछ नहीं समझती थी ! समय-चक्र से आज मैं ही पतिदेव के लिए तुमसे गिड़गिड़ाकर भिक्षा माँग रही हूँ। सेनापति ! भिक्षा दो ! मैं तुम्हें इस भिक्षा का बदला चुका दूँगी।"

गुलशन की यह वीर-प्रार्थना सुन, इस्कंदर विचलित हो गया। उसने मन-ही-मन सोचा कि जिसे मैं कल हृदयेश्वरी बनाऊँगा, उसे यह क्षुद्र भिक्षा देने में हानि ही क्या ? यह सोच, उसने गुलशन की प्रार्थना स्वीकार कर ली। तब हर्षोत्फुल्ल हो, गुलशन ने कहा, "सेनापति ! थोड़ी देर ठहरिए। मैं अभी आती हूँ। स्वामी मेरी प्रतीक्षा कर रहे होंगे। आपके आतिथ्य के लिए उनसे आज्ञा लेनी भी आवश्यक है।" ऐसा कहती हुई वह चली गईं। रूपलुब्ध इस्कंदर देखता ही रह गया। थोड़ी ही देर में दो दासियों के साथ आकर गुलशन ने कहा, "सेनापति ! आप शत्रु होकर भी हमारे अतिथि हैं। कृपया आतिथ्य-सत्कार स्वीकृत कीजिए।" बेगम का व्यवहार देख, इस्कंदर ने समझा कि अब इस रमणी-रत्न के प्राप्त होने में विलंब नहीं है। बेगम का संकेत पाते ही एक दासी ने इस्कंदर के हथियार तथा कपड़े-लत्ते उतारकर पास ही के एक कोच पर रख दिए और सुगंधित जल से उसका मुँह-हाथ धुलवाया। बेगम ने हाल ही के तैयार किए हुए सोहानी के कपड़े इस्कंदर को पहनाए। तत्पश्चात उसे अच्छे-अच्छे स्वादिष्ट भोजन कराए गए। भोजन कर इस्कंदर आराम करने के लिए पलँग पर लेट गया। गुलशन बीन बजाकर सुस्वर राग-रागिनियों द्वारा उसका चित्त प्रसन्न करने लगी। बड़े आग्रह से आपने उसे थोड़ी-सी शराब भी पिला दी। थोड़ी ही देर में वह सो गया। स्वप्न में उसे गुलशन-ही-गुलशन नज़र आने लगी। पाठक ! आप इन बातों से गुलशन पर संदेह न कीजिए। स्त्रियाँ असंभव को भी संभव कर देती हैं। इसमें संदेह नहीं कि वे अपने प्राणाधार के लिए जीवनोत्सर्ग करने तक को उपस्थित रहती हैं। चाहे जैसे हो, वे अपने मान-अपमान का किंचित भी ख़याल न कर, अपने प्राण-वल्लभ का हितसाधन अवश्य करती हैं। परंतु आज उन्हीं महिलाओं पर पाशविक अत्याचार कर पुरुष-समाज ने कृतघ्नता की हद कर

दी है। पौ फटते ही इस्कंदर हड़बड़ा कर उठ बैठा। पास देखा, तो वहाँ न तो गुलशन है और न कोई दास-दासी। चारों ओर के किवाड़ भी बंद हैं। वह गुलशन-गुलशन पुकारने लगा। सिरहाने की ओर देखते ही उसकी दृष्टि एक पत्र पर पड़ी। पत्र में लिखा था—

"इस्कंदर ! तुमने मेरी प्रार्थना स्वीकार की तथा आतिथ्य-सत्कार स्वीकृत किया, अतएव तुम्हें अनेक धन्यवाद ! परंतु इसके लिए मैं तुम्हारी प्रशंसा न करूँगी। तुमने उदारतावश नहीं, बल्कि मेरे रूप पर लुब्ध होकर यह समय-दान दिया। इसलिए मैं तुम्हें बहुत ही घृणित समझती हूँ। वास्तव में तुम न तो वीर पुरुष हो और न कर्तव्य-परायण ! वीर पुरुष को रूप से क्या काम ? वे तो अपने कर्तव्य-पालन को ही सर्वांग सुंदर समझते हैं। कर्मवीरों को कर्तव्य-पालन में ही सच्चा आनंद मिलता है। तुम मेरे जिस रूप पर लुब्ध हुए थे, उसी के बल पर मैंने अपने स्वामी को छुड़ाकर अपना कर्तव्य-पालन किया है। यद्यपि हाल में मुझे अपना राज्य और अपना प्यारा दुर्ग छोड़ना पड़ा है, परंतु मुझे इसका कुछ भी दुःख नहीं है। मैंने अपने कर्तव्य का पालन किया, इसी का मुझे बड़ा भारी संतोष है। इससे तुम्हें कर्तव्य-पालन की शिक्षा लेनी चाहिए। विश्वासघाती ! तुमने अपने स्वामी से विश्वासघात किया, सो भी एक सामान्य रमणी के रूप-जाल में फँसकर ! तुमसे बढ़कर नीच और कौन होगा ? जब तक तुम इस पत्र को पढ़ोगे, तब तक हम लोग बहुत ही दूर निकल जाएँगे। अब तुम हम लोगों को पकड़ने की चेष्टा न करना। हाँ, मैं तुम्हारे उपकार को न भूलूँगी। समय आने पर मैं उसका रत्ती-रत्ती बदला चुका दूँगी। उपकार का बदला न चुकाना मैं नीचता समझती हूँ। जो अपने उपकारी का उपकार भूल जाते हैं, वे सचमुच पापी हैं। परमेश्वर उन्हें इसका दंड अवश्य देता है।"

इस घटना से विदित होता है कि गुलशन केवल वीर और पतिव्रता ही नहीं बल्कि बड़ी विदुषी, समझदार, कर्तव्य-परायण और राजनीतिज्ञा भी थीं। 51 शत्रुओं के बीच में से निकल जाना, सचमुच प्रशंसा की बात है। यदि वे इस प्रकार सोहानी की सहायता न करतीं, तो उनके बन्दी होने में किसी प्रकार की शंका न थी।

इस्कंदर ने उसी समय सोहानी को पकड़ने के लिए चारों ओर सैनिक दौड़ाए। वह स्वयं भी कुछ सवारों को साथ ले, एक पहाड़ी की ओर चला। पहाड़ी के उस ओर एक नदी अपनी कल-कल धारा से बह रही थी। इस्कंदर ने वहाँ पहुँचते ही देखा कि सोहानी धरती पर पड़े हैं और गुलशन विक्षिप्त की भाँति विलाप कर रही हैं। उनका विलाप सुन इस्कंदर अपना क्रोध भूल गया। गुलशन की यह दशा देख, उसे बहुत ही दुःख हुआ। दुःखिनी बेगम ने आवेग में आ इस्कंदर की ओर देखकर कहा, "सेनापति ! जिसे मैंने तुम्हारे हाथ से छुड़ाया, उसे मृत्यु के हाथ से न छुड़ा सकी ! हा ! मेरे जो प्राण-प्रिय स्वामी एक दिन राजसिंहासन पर सुशोभित होते

थे, जिन्हें फूलों की सेज भी चुभती थी, वे ही आज समय के फेर से इस पथरीली भूमि पर इस प्रकार प्राण-शून्य होकर पड़े हैं। पहाड़ पर से पैर फिसल जाने से ही यह दुर्घटना हुई है।'' इस्कंदर ने आँसू बहाते हुए कहा, ''श्रीमती ! अब मेरे लिए क्या आज्ञा है ?'' गुलशन ने उत्तर दिया, ''अब तुम अपना कर्तव्य-पालन करो। तुम्हें सम्राट की आज्ञा है कि यदि सोहानी जीवित न मिले, तो उनका शव ही ले आना। अतएव मुझे बन्दी बना, मेरे स्वामी का शव तुम आगरे ले चलो। पर देखो, मेरे स्वामी के शव का ज़रा भी अपमान न होने पावे।'' इस्कंदर बड़े आदर से सोहानी के शव को आगरे ले चला। साथ ही एक पालकी में बैठी हुई गुलशन तथा कुलसम भी चलीं। शेख़ भी साथ हो लिया। इस्कंदर के आगरे पहुँचने के पहले ही अकबर को उसकी कर्तव्य-परायणता मालूम हो गई थी। वे उसे नवाब बनाने का आयोजन कर रहे थे ! अकबर ने सोहानी की अंतिम क्रिया अपने द्रव्य से करनी चाही। पर गुलशन ऐसी मानिनी और पतिव्रता अकबर की यह कृपा क्योंकर स्वीकार करतीं ? उन्होंने स्पष्ट रूप से कह दिया–''जिसने मेरा सर्वनाश किया है, मैं उस दुष्ट का उपकार नहीं चाहती। जो स्वामी सदैव सम्राट् के प्रतिद्वंद्वी रहे, वे क्या अंतिम समय उसके ऋणी होंगे ? नहीं, नहीं, यह कभी न होगा। सम्राट् जितना व्यय उनके मृत्यु के कर्म में करेंगे, उससे कहीं अधिक दान उन्होंने एक-एक याचक को दे डाला है। यद्यपि स्वामी मुझे अनाथिनी कर गए हैं, पर उन्होंने मुझे द्रव्य-हीन नहीं छोड़ा है। फिर मैं ही अपने व्यय से उनका अंत्येष्टि-संस्कार क्यों न करूँ। सम्राट् को इस पर क्या अधिकार है ?''

धन्य स्वाभिमानिनी ! ठीक है, विदुषी स्त्रियों में दूसरा ही जीवन होता है।

निदान सोहानी का अंत्येष्टि-संस्कार बड़े समारोह से हुआ। आगरे में जहाँ शाही-परिवार के मृतक दफ़नाए जाते थे, वहीं सोहानी का शव भी दफ़नाया गया। शव का सम्मान करने के लिए स्वयं बादशाह क़ब्रिस्तान तक गए। शव के चारों ओर बड़े अदब से शाही सेना खड़ी थी। मतलब यह कि जिस प्रकार किसी बादशाह का मृतक-संस्कार होना चाहिए, उसी प्रकार सोहानी का किया गया। मिट्टी देते हुए अकबर ने इस्कंदर को संबोधन कर कहा, ''यदि तुम कर्तव्य-पालन में त्रुटि न करते, तो आज मुझे यह दुःखदायक दृश्य न देखना पड़ता। यदि आज सोहानी मेरे सामने जीवित होते, तो मैं उन्हें मित्र कहकर अपने गले लगाता। इस भारत में मेरा मुक़ाबला करनेवाले सिर्फ़ प्रताप हैं और दूसरे ये महावीर सोहानी थे। हाय ! आज मेरा एक प्रतिद्वंद्वी जाता रहा ! यदि भाग्यवशात् इनकी मृत्यु न हुई होती, तो आज ये सैन्य-संग्रह कर मुझसे कभी का युद्ध ठान देते। इस्कंदर ! तुम एक रमणी के रूप-जाल में फँसकर कर्तव्यच्युत हुए। खेद ! तुम्हारी इस ग़फ़लत से ही सोहानी जैसे वीर-पुरुष की मृत्यु हुई। अतएव उनकी बेगम गुलशन की फ़र्याद पर तुम्हें आजन्म कारावास का दंड दिया जाता है।''

पाठक संदेह कर सकते हैं कि बादशाह अकबर के ये उद्गार कहीं कुटिलता से भरे हुए तो न थे ? पर अकबर ऐसे वीर का सोहानी ऐसे वीर की मृत्यु पर खेद करना उचित ही है। गुणी ही गुण की क़दर करते हैं। इसलिए अक़बर के मुँह से सोहानी को गले लगाने की बात ठीक थी। आज भारत में ऐसे कितने पुरुष हैं, जो अपने शत्रु से मित्रवत् व्यवहार करने को तैयार हैं ? उस समय पारस्परिक फूट होने पर भी लोगों के हृदय आज के समान काले नहीं हुए थे। पर अब तो यह स्नेह-बंधन इतना ढीला हो गया है, फूट ने वह रंग दिखलाया है कि कभी-कभी तो पिता-पुत्र भी एक-दूसरे के खून के प्यासे हो जाते हैं।

कारादंड की आज्ञा सुन इस्कंदर सिहर उठा। कहाँ तो वह एक प्रदेश का नवाब बनकर गुलशन को महिषी बना, स्वर्ग-सुख लूटने का आशा-स्वप्न देख रहा था और कहाँ यह वज्रपात हुआ ! परंतु इसमें अकबर का क्या दोष ? उसने कर्तव्यपालन न करने का ही यथोचित दंड पाया ! उसने रूप-लुब्ध हो, प्रभु से विश्वासघात किया। उसी की त्रुटि से सोहानी की मृत्यु हुई। उसका कर्तव्य था कि वह गुलशन की प्रार्थना पर ध्यान न देता। पर देता क्यों नहीं। वह तो उन्हें अपनी हृदयेश्वरी बनाना चाहता था।

जब धीरे-धीरे सब लोग क़ब्रिस्तान से चले गए, तब गुलशन ने रोते-रोते समाधि पर लेटकर कहा, "प्राणेश ! इस नश्वर देह से आज हमारा-तुम्हारा संबंध छूट गया, पर यह अभागी तुम्हें खोकर कब तक जीवित रह सकेगी ?"

पाठक ! कल्पना-चक्षु से गुलशन की इस दयनीय दशा का स्मरण कीजिए। संध्या होते-होते सम्राट की आज्ञा से गुलशन को लौट आना पड़ा। अकबर ने कहा, "गुलशन ! तू मेरी पुत्री के समान है, कुछ दिन मेरे यहाँ रह। ईदलगढ़ तेरा ही है।" गुलशन ने उत्तर दिया, "शाहंशाह ! आप ठीक कहते हैं। पर अब मैं ईदलगढ़ लेकर क्या करूँगी। जो मेरे सर्वस्व थे, वे तो आपकी कृपा से...। अब मुझे ईदलगढ़ की चाह नहीं है। अब मुझे संसार में रहने का क्या काम है ? अब मैं पथ की भिखारिणी हूँ। मैं संसार में संन्यासिनी होकर ही इस क्षणिक जीवन को व्यतीत करूँगी।"

अकबर गुलशन की यह दशा देख, बड़े दुखी हुए। पर अब सिर्फ़ दुःखी होने से क्या हो सकता था ? गुलशन पथ की भिखारिणी हो ही चुकीं। अब उनका सच्चा राज्य लौटाने में कौन समर्थ है ?

पाठक ! अब हम गुलशन का वह चरित्र लिखेंगे, जिससे आपको उनके विशाल-हृदय, अद्भुत क्षमा-शीलता, उपकार-कुशलता तथा दानशीलता आदि सद्गुणों का पता चलेगा। यह चरित्र लिखते हुए हम जातीय-गौरव से मुग्ध हो रहे हैं, पर आप हमें पक्षपाती मत समझ लेना। जब हम देखते हैं कि गुलशन अपने उस शत्रु को, जिसने उनका सर्वनाश कर उन्हें सुल्ताना के पद से नीचे गिरा, पथ की

भिखारिणी बना दिया था, किस सहृदयता के साथ क्षमा कर दिया और उसके साथ अनेक उपकार किए, तब हमारा मन भक्ति से गद्गद हो जाता है ! गुलशन के लिए 'धन्य-धन्य' शब्द निकल पड़ते हैं। गुलशन के इस गुण को देख, हम महारानी द्रौपदी के क्षमा-गुण को भूल जाते हैं। द्रौपदी ने अपने पुत्रहंता अश्वत्थामा को केवल क्षमा ही किया था। अश्वत्थामा ने द्रौपदी के पुत्रों की हत्या करने के सिवाय उनका कुछ भी नहीं बिगाड़ा था। पर इस्कंदर ने तो गुलशन का सर्वनाश ही कर दिया था। इतने पर भी उसे क्षमा कर, उस पर उपकारों की वर्षा कर देना, विशाल-हृदय होने का प्रमाण नहीं, तो और क्या है ? सचमुच जिनके हृदय में इतनी क्षमा है, उनसे बढ़कर महात्मा और कौन हो सकता है ? क्या गुलशन के इस गुण से हमें कुछ भी शिक्षा न लेनी चाहिए ?

जो इस्कंदर कुछ घंटों पहले विशाल-भवन में सुख-पूर्वक वास करता था। कुछ समय पहले षट्रस-व्यंजन भी जिसकी तृप्ति नहीं कर पाते थे। दुग्धफेनवत् शय्या पर भी जिसे निद्रा नहीं आती थी, वही इस्कंदर अब अँधेरे कारागार की एक मलिन कोठरी में फटे-पुराने दुर्गंध-युक्त वस्त्रों से लिपटा हुआ पड़ा था ! समय ! सचमुच तेरी महिमा अपरंपार है। कहाँ इस्कंदर कल सम्राट् से एक प्रदेश के साथ गुलशन को पुरस्कार में पाने की आशा रखता था, गुलशन के साथ भोगविलास के सुखमय स्वप्न देख रहा था और कहाँ कारागार की अँधेरी कोठरी में रहना पड़ा ! पलक मारते क्या-से-क्या हो सकता है, इसका उदाहरण इससे अच्छा और क्या हो सकता है ? काल बड़ा बली है। जो कार्य अच्छे-अच्छे चक्रवर्ती सम्राट भी नहीं कर सकते, उसे काल सहज ही कर डालता है। रात्रि के लगभग बारह बज चुके थे, इस्कंदर अपने भविष्य पर विचार करता हुआ करवटें बदल रहा था, एकाएक उसे पैरों की आहट सुन पड़ी। बेचारे के प्राण सूख गए। उसे स्पष्ट भासने लगा कि कोई गुप्त घातक आकर मेरी जीवनलीला समाप्त किया चाहता है। हा ईश्वर ! क्या तेरी यही इच्छा थी कि अकबर का सेनापति इस दुर्दशा से मारा जाए ! शाही कारागारों में ऐसी घटनाएँ अक्सर हुआ करती थीं। ऐसे आजन्म क़ैदी शीघ्र ही गुप्त घातकों द्वारा यमसदन भेज दिए जाते थे। इस्कंदर प्रत्यक्ष ही मृत्यु का दर्शन करने लगा। वह सँभलकर बैठ गया और भावी मृत्यु की प्रतीक्षा करने लगा।

धीरे-धीरे किवाड़ खुलने लगे। इस्कंदर एकदम भय विह्वल हो उछलकर खड़ा हो गया। परंतु सामने, उसने जो देखा, उससे उसे भय और हर्ष दोनों ही हुए। भय इसलिए कि कदाचित् गुलशन मेरे प्राण लेने ही आई है, और हर्ष इसलिए कि क्या यह मुझसे अब भी प्रेम करती है ? वह एकदम आर्तस्वर से बोल उठा, "गुलशन ! गुलशन !! क्या तुम मुझे प्यार करती हो ? पिशाची ! तुम्हारे ही कारण मेरी यह दशा हुई। यदि प्राण लेने ही आई हो तो ले लो ! मेरे प्राण ले लो।"

गुलशन ने उत्तर दिया, "हाँ इस्कंदर ! मैं तुम्हें प्यार करती हूँ। तुम मेरे भाई हो ! भगिनी का कर्तव्य है कि विपत्ति में भाई की सहायता करे। तुमने उस दिन जो मुझे समय की भिक्षा दी थी, उसी के बदले में मैं तुम्हारी सहायता करने आई हूँ। भैया, तुमने कर्तव्य-पालन करने में जो त्रुटि की थी—मुझे पापदृष्टि से देखा था—उसका यथोचित दंड मैं तुम्हें सम्राट् से दिला चुकी। अब शीघ्र भागो ! समय नहीं है। मैंने धन देकर संतरियों को वश में कर लिया है। सरिता तट पर नौका तैयार मिलेगी। तुम उसी में बैठकर नदी पार कर जाना। राह-खर्च के लिए यह द्रव्य लो।"

इस्कंदर मंत्र-मुग्ध की भाँति गुलशन के पीछे-पीछे चलने लगा। थोड़ी ही देर में दोनों दुर्ग के बाहर हो गए। गुलशन ने कहा, "भाई अब तुम चले जाओ, मैं भी जाती हूँ।" यह सुन इस्कंदर ने पूछा, "क्यों गुलशन ! तुम न चलोगी ?" परंतु वे इस प्रश्न का उत्तर देने के पूर्व ही अंधकार में लीन हो गई। गुलशन ! तुम्हारी क्षमा-वृत्ति धन्य। यदि शत्रु के प्रति राग-द्वेष ही रहा, यदि हम उसे सच्चे हृदय से क्षमा न कर सके, तो मनुष्यत्व ही कैसा ? क्षमा-वृत्ति का सबसे बड़ा उदाहरण पृथ्वी है। उसी से हमें इस गुण की शिक्षा लेनी चाहिए।

इस्कंदर सोचता-विचारता यमुना के किनारे पहुँचा। गुलशन की चिंता करते हुए उसने नदी पार की। रास्ते में तरह-तरह के कष्ट झेलता हुआ वह कुछ दिनों बाद मालवा पहुँच गया। एक दिन वह राजधानी के बाहर एक टूटी-फूटी मस्जिद में ठहरा हुआ था। रात्रि को मालवेश्वर बाज़बहादुर भी घूमते हुए वहाँ आ निकले। दुर्भाग्यवश उन्हें कुछ शत्रुओं ने घेर लिया। उनकी बातें सुन, इस्कंदर ने मन में सोचा कि मेरे रहते हुए यहाँ राज-रक्त बहे, यह बड़े ही कलंक की बात है। यदि मैं अब भी अपने कर्तव्य का पालन न करूँगा, तो परमात्मा न जाने मुझे कौन-सा नया दंड देंगे। कर्तव्य की अवहेलना करने से ही आज मैं चोर की भाँति यहाँ छिपा बैठा हूँ। अब कर्तव्य-पालन से मुँह न मोड़ूँगा। इन विचारों के आते ही इस्कंदर बिजली की भाँति शत्रुओं पर टूट पड़ा और एक के हृदय में तलवार भोंक ही दी। शत्रु इस आकस्मिक सहायता को देख भाग गए। मालवेश्वर अपने प्राणरक्षक की यह वीरता देख, कृतज्ञता से मुग्ध हो गए और उन्होंने इस्कंदर को गले लगा लिया। इसके बाद वे उसे आग्रहपूर्वक अपने महलों को ले गए और परिचय पाकर उसे अपने महलों का रक्षक तथा सेनापति बनाया। इस्कंदर का भाग्य फिर चमक उठा। वह बार-बार परमात्मा को धन्यवाद देने लगा। परमात्मा ! तुम्हारी महिमा सचमुच अपरंपार है। परसों जो सम्राट् अकबर का सेनापति था, कल तुमने उसे राह का भिखारी बनाया और आज फिर उसे पूर्वावस्था के समकक्ष कर दिया। फिर भी हम लोग तुम्हारी लीला को भूले रहते हैं। नाथ ! दुख के ही समय तुम याद आते हो। कदाचित् इसीलिए हम लोग कष्ट से शीघ्र परित्राण नहीं पाते और यही ठीक

भी है।

इस्कंदर को मुक्त कर गुलशन ने भी उसी रात को कुलसम तथा उसके पति सहित मालवे की राह ली। वे अपने स्वामी की राजधानी ईदलगढ़ में नहीं गईं, उन्होंने सोचा, 'हाय ! एक दिन मैं ईदलगढ़ के स्वतंत्र नवाब की बेगम थी और आज अनाथिनी हूँ। जिस ईदलगढ़ में मैंने प्यारे स्वामी के साथ नाना प्रकार के सुख भोग किए थे, जो ईदलगढ़ एक दिन वैसा श्री-संपन्न था, वही आज सोहानी बिना श्री-विहीन एवं निर्जीव-सा हो रहा होगा। जिन स्वामी के नाते मैं वहाँ की अधीश्वरी थी, जब वे ही नहीं रहे, तब वह स्थान मेरे किस काम का ? पतिविहीन होकर मुझे राज्य-सुखभोग करना उचित नहीं है। संसार यही कहेगा कि विधवा राज्य-सुख भोगती है ! अब तो मुझे कठोर ब्रह्मचर्य व्रत धारण कर अपने पतिव्रत-धर्म की रक्षा करते हुए ईश-भक्ति में ही अपना समय व्यतीत करना चाहिए।' गुलशन ! तुम धन्य हो ! तुम्हारे विचार धन्य हैं !

गुलशन इस्कंदर से भी पहले मालवे पहुँचीं और कुलसम तथा उसके पति के हेतु बाज़बहादुर से मिलीं। बाज़बहादुर गुलशन की दशा देख बड़े दुःखी हुए और उन्होंने गुलशन से पूछा कि मेरे लिए क्या आज्ञा है ? गुलशन ने स्वाधीन भाव से कहा, "बाज़बहादुर ! मेरे स्वामी मेरे लिए राज-पाट, धन-दौलत सभी कुछ छोड़ गए हैं; पर आज उनके न होने से ही मैंने उस वैभव को लात मार संन्यास धारण किया है। संन्यासिनी तुमसे कुछ सहायता लेने नहीं आई है। यदि तुम मुझ पर कृपा ही करना चाहते हो, तो मेरी इस सखी कुलसम को अपने राजभवन में स्थान दो। इसका पति भी यहीं है। देखो, इसे बड़े आदर से रखना। इसे कुछ कष्ट न होने पावे।" बाज़बहादुर ने गुलशन की यह बात स्वीकार कर ली और कुलसम को अपनी पुत्री रूबिया की सहचरी बना दिया। कुलसम सुख से अपने दिन व्यतीत करने लगी। पाठक देखते हैं, जिस कुलसम ने गुलशन को इस अवस्था में पहुँचाने के लिए इस्कंदर की सहायता की थी—जिस कुलसम और शेख़ को गुलशन ने उस काल-रात्रि को भयंकर दंड देने की बात कही थी, उसी के साथ उन्होंने कैसा सुव्यवहार किया। परमात्मन्, तुमने गुलशन को इतनी उदार और इतनी गुणवती क्या इसीलिए बनाया था कि वे राजमहिषी होकर भी ऐसी विपत्ति में पड़ें ? भगवन् ! तुम्हारे नियम ऐसे क्यों हैं ? जिसे तुमने इतना रूप दिया, जिसे इतना गुणयुक्त बनाया, जिसे इतने ऊँचे पद पर पहुँचाया, उसे इस प्रकार दुःखी करने में तुम्हें कुछ भी संकोच न हुआ ? जैसे तुमने उन्हें इतना ऊँचा बनाया था, वैसे ही यदि उन्हें सदा सौभाग्यशालिनी बनाए रखते, तो तुम्हारी क्या हानि थी ? तुम जितने दयालु हो, उतने ही कठोर भी हो। क्या यह लीला तुमने, गुलशन के पवित्र चरित्र की परीक्षा लेने और उनका चरित्र उज्ज्वल तथा आदर्श बनाने के लिए ही दिखाई थी ?

मालवेश्वर की राजधानी के निकट ही एक वन में शाहजलाल नामक एक

अति वृद्ध महात्मा रहते थे। वे बड़े ही पहुँचे हुए योगी थे। सम्राट् अकबर तथा बाज़बहादुर, दोनों ही महात्मा के चरणों में अपना सिर झुकाते थे। देवी गुलशन इन्हीं महात्मा के पास आकर रहने लगीं। ये महात्मा गुलशन को तरह-तरह के उपदेशों द्वारा धैर्य दिलाते और पुत्री के समान स्नेह करते थे।

रहते-रहते घटनाचक्र से इस्कंदर और बाज़बहादुर की एकमात्र कन्या रूबिया का परस्पर प्रेम हो गया। बाज़बहादुर रूबिया का ब्याह अहमदनगर के सुल्तान से करना चाहते थे। पर शाहज़ादी को यह संबंध पसंद न था। वह तो हृदय से इस्कंदर को ही चाहती थी। यह बात मालूम होते ही बाज़बहादुर ने इस्कंदर, रूबिया और कुलसम तीनों को क़ैद कर लिया।

यह समाचार सुन, गुलशन से न रहा गया। वे झटपट इस्कंदर और कुलसम की सहायता करने को तैयार हो गई। दूसरे ही दिन शाहजलाल समेत वे बाज़बहादुर के दरबार में पहुँचीं। महात्मा तथा गुलशन की बातों का प्रभाव बाज़बहादुर पर अच्छी तरह पड़ा। वे इस्कंदर और रूबिया का विवाह करने के लिए तैयार हो गए। तीनों आदमी बंधन-मुक्त कर दिए गए। गुलशन ने स्वयं इस्कंदर की ओर से ब्याह की तैयारियाँ कीं। शुभ समय में बड़ी धूमधाम से यह विवाह हो गया। नवाब बाज़बहादुर को रूबिया के सिवाय और कोई संतान नहीं थी। अतएव प्रसन्नतापूर्वक उन्होंने इस्कंदर को अपना युवराज बनाया।

इस्कंदर ने गुलशन से प्रेमपूर्वक कहा, ''बहन ! तुम्हारी ही कृपा से मैं मृत्यु-मुख से छूटा और तुम्हारी ही कृपा से आज यह राज्य मुझे प्राप्त होगा। अतएव तुम्हीं अपनी रुचि के अनुकूल इसका शासन करना।'' गुलशन ने उत्तर दिया, ''भैया ! मुझे राज्य लेकर क्या करना है ? तुम्हारे ही कारण मेरी यह दशा हुई। यदि मुझे राज्य की ही चाह होती, तो मैं अपना ईदलगढ़ ही क्यों छोड़ती ? तुम्हीं राज्य करो। आज तुम्हारे प्रति मेरा ऋण-परिशोध हो गया।'' इस्कंदर ने गुलशन के पैरों पर सिर रखकर रोते-रोते कहा, ''प्यारी बहन ! मुझे क्षमा करो। निस्संदेह तुम मानवी नहीं, स्वर्ग की देवी हो।''

दूसरे ही दिन महात्मा शाहजलाल और गुलशन ने मक्के की यात्रा कर दी। फिर उनका कोई समाचार न मिला। इस्कंदर अपनी बहन के लिए सदैव ही रोया करता था।

कहिए पाठक ! यह कैसा बदला है ? क्या आज भी भारत में ऐसी सहृदय और उदार महिलाएँ हैं ? हमारे लिए गुलशन का चरित्र सब प्रकार से अनुकरणीय है। यदि हम कहें कि गुलशन का आदर्श अपने ढंग का एक ही है, तो अतिशयोक्ति न होगी। आशा है, हम लोग इस पवित्र चरित्र से कुछ-न-कुछ अवश्य ही सीखेंगे। भगवन् ! एक दिन वह था, जब भारत में ऐसी-ऐसी देवियाँ जन्म लेती थीं, और आज यह शोचनीय दृश्य है ! पाठक ! क्या आप चाहते हैं कि हमारे भारत में

फिर भी ऐसी देवियाँ जन्म लें ? यदि चाहते हैं, तो आइए, स्त्रियों के अज्ञानांधकार को दूर भगाइए। उन्हें समुचित शिक्षा दीजिए। उन्हें समाज का मुख्य अंग समझ, उनके साथ बराबरी का व्यवहार कीजिए—उन्हें दासियाँ ही न समझते रहिए। जब तक हमारे देश में ऐसी सहस्रों वीर स्त्रियाँ जन्म न लेंगी, तब तक इसका उद्धार न होगा। यदि आपको देश से कुछ भी प्रेम है, तो स्त्रियों की शिक्षा का समुचित प्रबंध कीजिए।

गुलशन के समान आदर्श कदाचित् ही और किसी देश के इतिहास में मिलेगा। भारत जननी ! तू धन्य है, यह तेरा ही सौभाग्य था कि तेरी कोख से ऐसी-ऐसी आदर्श देवियाँ जन्म लेती थीं। पर आज तेरे भाग्य-विधाता न जाने कहाँ सोए हुए हैं !

रूपवती बेगम

स्वतंत्रता मनुष्य-मात्र का ही नहीं, प्राणिमात्र का जन्म-सिद्ध अधिकार है। किसी को पराधीन रखने का अधिकार प्रकृति ने किसी को नहीं दिया। और किसी को यह अधिकार नहीं है कि वह किसी दूसरे की स्वाधीनता में हस्तक्षेप करे। स्वतंत्रता के अधिकार की रक्षा करने के लिए समय-समय पर संसार में प्रबल आंदोलन हुए हैं। पराधीन रहना किसी को पसंद नहीं हो सकता। समय और अवसर पाते ही युगों से पराधीन रहनेवाली जातियाँ भी अपनी स्वातंत्र्य पुकार से संसार को गुँजा देती हैं। हमारे भारतवर्ष में स्वातंत्र्य-रक्षा के ख़ूब प्रयत्न हो चुके हैं। परंतु उन आंदोलनों में एकता नहीं थी, उनका कोई संगठन नहीं था और यही उनकी विफलता का मुख्य कारण था! जिस समय अकबर को दिल्ली का सिंहासन प्राप्त हुआ, उस समय उनके पास बहुत थोड़ा भूभाग था। अवसर पाते ही उन्होंने सभी स्वाधीन राजाओं को दबाने का प्रयत्न किया। कई स्वाधीनचेता नरेशों ने उनकी पराधीनता को पसंद न कर स्वाधीनता के लिए पूर्ण उद्योग भी किया। मालवेश्वर बाज़बहादुर ऐसे ही स्वाधीन-चेता नरेशों में थे। मरते दम तक उन्होंने अकबर के प्रति पराधीनता का भाव प्रकाशित नहीं किया। रूपवती इन्हीं स्वाधीन प्रकृति नवाब की प्यारी बेगम थी।

उज्जैन नगर से 55 मील दूर काली नदी के तीर सारंगपुर नामक एक ग्राम है। यही स्थान रूपवती की जन्मभूमि है। उसकी माता एक वेश्या थी। उसने अपने धर्मानुसार आरंभ से ही रूपवती को गाने-बजाने की शिक्षा दी थी। यद्यपि रूपवती विशेष रूपवती न थी, पर गाने-बजाने में उसकी अच्छी प्रगति हो गई। रूपवती स्वाभाविक कवि थी। वह बहुत अच्छी कविता करती थी। अक्सर वह अपने बनाए हुए पद ही गाया करती थी। रूपवती विशेष बुद्धिमती और गुणवती थी। नवाब बाज़बहादुर को उसका गाना-बजाना बहुत पसंद था। आप रूपवती के भोलेभाले, शीलनिधान, सुंदर छटायुक्त मुखड़े और बुद्धिमत्ता, गायन, वाद्य, कविता आदि गुणों के कारण उस पर अनुरुक्त हो गए। आप उसे हृदय से चाहने लगे ! वह चौबीसों घंटे उनका मनोरंजन किया करती थी। प्रेम की यह मात्रा यहाँ तक बढ़ी, कि आपने

रूपवती के साथ निकाह कर उसे अपनी बेगम बना लिया। बेगम यद्यपि विशेष रूपवती न थीं; पर नवाब के लिए वह प्राणाधिक थीं। आप उन्हें रूपवती कहकर ही पुकारते थे। अब तो बाज़बहादुर भ्रमर बनकर रूपवती रूपिणी कमलिनी का मकरंद पान करने लगे ! नवाब बेगम को ज़रा भी आँखों के ओझल न होने देते थे। यहाँ तक कि यदि तनिक भी विछोह हो जाता, तो वे चकवे के समान विकल हो जाते ! धीरे-धीरे बाज़बहादुर को राज्य-कार्य से विरक्ति हो गई। उनका सारा राज्यपाट एकमात्र रूपवती ही थी। रूपवती बिना आपको क्षणभर भी चैन न पड़ता था। दिन-रात उनकी यही चेष्टा रहती थी, कि बेगम को किसी प्रकार का कष्ट न होने पावे। वह प्रसन्न रहे, यही नवाब का अभीष्ट था। इसी प्रकार लाड़-प्यार में उनका सारा दिन व्यतीत हो जाता था। बाज़बहादुर ने उनके लिए एक सुंदर महल भी बनवाया था, जिसके खंडहर आज भी उनके स्वर्गीय प्रेम की गवाही दे रहे हैं। वे आज भी अपने टूटे-फूटे इकतारे में प्रेम का मधुर गान संसार को सुना रहे हैं। उन दोनों का स्नेह यहाँ तक बढ़ गया था कि वे वास्तव में एक प्राण दो देह हो गए थे। दोनों की एक ही सी अवस्था थी, एक ही से विचार थे। दोनों ही की कविता एवं गायन-वाद्य का शौक़ था। यह समानता भी उनकी प्रेम-वृद्धि में विशेष सहायक हुई। प्रेम समान-विचारों के ही कारण बढ़ता है। आजकल के स्त्री-पुरुषों में विशेष प्रेम नहीं होता—यह एक आम शिकायत है और इसका कारण भी स्पष्ट है। इधर पति दुनिया की बातों की चिंता कर रहे हैं और उधर बीवी खाने-पकाने एवं पहनने-ओढ़ने की समालोचना करना ही दुनिया का सार समझ रही हैं। अब कहिए, ऐसी हालत में प्रेम हो तो कैसे हो ?

अस्तु, समय आने में तो देर लगती है, पर वह कब चला जाता है, यह मालूम नहीं होता। बाज़बहादुर और रूपवती को विलास-सुख लूटते सात वर्ष ऐसे बीत गए, मानों, कल ही विवाह हुआ हो ! परंतु दोनों प्रेमियों का सुख-सूर्य धीरे-धीरे अस्ताचल पर आ पहुँचा। अब उसके डूबने में देर नहीं है। अंत में विलास ही अस्ताचल पर्वत बन गया। जिस बाज़बहादुर ने अपने बाहुबल से स्वतंत्रता की रक्षा कर इतना नाम कमाया था, जिसने अपने बाहुबल से दिल्लीश्वर जैसे प्रतापी सम्राट् का सामना किया था, आज वही विलासिता के समुद्र में डूब गया है। अब उसके बचने की आशा नहीं। विलासिता ने उसे उदरस्थ कर लिया है। संसार ! आँखें खोलकर आगे विलासिता का परिणाम देख ले। विलासी मनुष्य, भला स्वतंत्रता के कंटकाकीर्ण मार्ग में कैसे पैर रख सकता है ? सच है, अति सबकी बुरी होती है। बाज़बहादुर अकबर की आँख के काँटे थे। वे सदैव उस काँटे को निकाल फेंकने की कोशिश किया करते थे। अब उनको संतोष हुआ। उन्होंने देखा, वीर बाज़बहादुर स्त्री के प्रेम में पड़कर एकदम वीरत्व-शून्य हो गया है। यही दाँव है, दाँव पड़ने पर शत्रु को छोड़ देना मूर्खता होगी। बस, आपने सन् 1590 ई. में सरदार अहमदख़ाँ को एक विशाल सेना देकर मालवे भेज दिया। मालवेश्वर ने भी अपनी सेना सज्जित की। पर अब उनकी भुजाओं

में निर्बलता आ गई थी, मन में उत्साह नहीं था। अब उनमें स्वाधीनता के स्थान में विलासिता का ही दौरदौरा हो रहा था। अब मजनू से तलवार चलाने की उम्मीद व्यर्थ थी—वह तो अपनी लैला का ही शौदा हो रहा था। बाज़बहादुर, प्यारी रूपवती से विदा लेने पहुँचे। दोनों ही नेत्रों से नीर बहाने लगे। मुख से बोली नहीं निकलती थी। भावी आपत्ति की आशंका से दोनों के ही हृदय धड़क उठे। हाय ! यही उनका अंतिम मिलन था ! रूपवती ने रोते-रोते छाती पर वज्र रख, हृदय को पत्थर बना स्वामी को विदा किया। बाज़बहादुर सर्द आहें भरते खिन्न मन से युद्धक्षेत्र की ओर चले। युद्ध में अहमदख़ाँ की विजय हुई और वही नवाब जिसने एक बार प्राणों की बाज़ी लगाकर स्वतंत्रता की रक्षा की थी, आज विलासिता की आँधी में तिनके की तरह उड़ गया। अहमदख़ाँ ने मूँछों पर ताव देते हुए नगर में प्रवेश कर राजकोष और राजमहल पर अधिकार कर लिया।

बाज़बहादुर ने युद्धक्षेत्र को प्रयाण करते समय राजमहलों की रक्षा के लिए कुछ सेना नियत कर दी थी और उसे हुक्म दे दिया था कि यदि मैं युद्ध में परास्त होकर भाग जाऊँ तो तुम लोग मेरे महलों की सब बेगमों को शत्रु के हाथों से बचने के लिए तुरंत मार डालना। बाज़बहादुर की यह संभावना पूर्ण हुई। जब उन स्वामिभक्त सेवकों ने विश्वस्त सूत्र से पता लगा लिया कि हमारे स्वामी युद्धक्षेत्र छोड़कर भाग गए हैं, तब उन लोगों ने साहस कर हरम-सरा की सब स्त्रियाँ काट डालीं। रूपवती भी काट डाली गईं। अहमदख़ाँ ने इस बेगम की प्रशंसा पहले से ही सुन ली थी। उसने युद्धक्षेत्र को प्रयाण करते समय रूपवती को अपनी स्त्री बनाने का निश्चय कर लिया था। इसलिए उसने अपने कुछ सैनिक महलों के समाचार लेने के लिए भेजे। जब उसे बेगमों के कत्ल का हाल मालूम हुआ, तब वह स्वयं राज-महल में आया और मोह-वश उसने रूपवती के शव की परीक्षा की। रूपवती ने अब तक अपने प्राण नहीं त्यागे थे—उसकी साँस चल रही थी। नाशकारी घाव लगने से वह मूर्च्छित हो गई थी। अहमदख़ाँ के हृदय में आशा का संचार हुआ। वह रूपवती को उठाकर अपने ख़ेमे में ले गया। अच्छे-अच्छे वैद्यों और हक़ीमों द्वारा सावधानी से चिकित्सा होने लगी। थोड़ी देर में बेगम को चेत हुआ और उन्होंने ख़ाँ से चिकित्सा न करने की प्रार्थना करते हुए कहा, "मैं पतिविहीन होकर जीवित नहीं रहना चाहती। आप मुझे चुपचाप मरने दीजिए।" तब ख़ाँ ने आश्वासन देते हुए कहा, "बाज़बहादुर अभी जीवित हैं, तुम दुःख न करो। मैं आरोग्य होते ही तुम्हें उनके पास भिजवा दूँगा।" यह सुन रूपवती को संतोष, आशा और प्रसन्नता हुई। फिर दवा कराने में उसने कोई आना-कानी नहीं की।

थोड़े ही दिनों में वह आरोग्य हो गई। वह बहुत चाहती थी कि अहमदख़ाँ उसे बाज़बहादुर के पास भेज दे, पर वह इस ओर ध्यान ही नहीं देता था। अबकी उसने अपना असली रूप दिखाया। उसने रूपवती को कहला भेजा कि "अब आप

मुझे अपना पति बना दुनिया के आराम लूटिए। बाज़बहादुर तो न जाने कहाँ भाग गया। इसीलिए तो मैंने इतनी हैरानी-परेशानी उठाकर आपको अच्छा कराया है। इसमें हर्ज ही क्या है ? देखिए, मुझे नाउम्मीद न कीजिए।" अहमदख़ाँ का यह कपट देख, रूपवतो की आत्मा को बड़ा कष्ट हुआ। वह थोड़े ही जानती थी, कि मेरे साथ दग़ाबाज़ी की जा रही है ? यदि जानती, तो उसी समय प्राण त्याग देती। उसे रह-रहकर बाज़बहादुर की याद आती थी। जिसने उसे वेश्या से नवाब की बेगम के पद पर पहुँचा दिया, जिसका सदैव यह अभीष्ट रहता था कि बेगम किस तरह ख़ुश रहें, जिसने उसके प्रेम में पड़कर उस पर अपना राज्य तक न्यौछावर कर दिया था, उस प्यारे पति को वह कैसे भूल सकती थी ? दूसरे पुरुष के साथ पापाचरण कर वह कैसे अपने को नरकगामिनी बनाती ? फिर जिसने मेरे पति से विरोध किया, उन्हें राज्यभ्रष्ट किया, उसे ही अपना पति बनाना ! छि ! छि ! ऐसे विचार आते ही रूपवती की अंतरात्मा काँप उठती थी। अहमदख़ाँ का नाम सुनते ही उसे घृणा हो जाती थी। बन्दिनी ने कई बार उससे अपने छुटकारे की प्रार्थना की, पाप-पुण्य का पाठ पढ़ाया, पर उसके पत्थर के से हृदय पर कुछ भी असर न हुआ। वह नित्य ही रूपवती को अपनी बेगम बनाने के लिए सताया करता। पर वह एक न सुनती। अंत में आज़िज़ आकर एक दिन बड़े ही दुःख से उसने ख़ाँ साहब की इच्छापूर्ण करने का वचन दिया।

बेगम ने खूब मलमल कर नहाया। सुंदर रेशमी वस्त्र परिधान किए। बालों में इत्र मला, आँखों में सुरमा लगाया और मुँह में पान का बीड़ा दिया। अपने सब आभूषण पहन लिये। बहुत दिनों बाद अपना प्यारा सितार उठाकर उन्होंने बड़ी देर तक ख़ूब गाया-बजाया। गान, प्रेम और वियोग से भरे हुए थे। यह शुभ संवाद सुन, अहमदख़ाँ की ख़ुशी का ठिकाना न रहा। आज इतने दिन बाद यह रमणी-रत्न, हाथ आएगा, यह सोच आप फूले न समाए। आपने भी अपना खूब श्रृंगार किया। हजामत कराकर अपना सुंदर मुँह और भी सुंदर बना लिया। सुंदर-सुंदर वस्त्र परिधान किए। सुंदर हरे रंग का रेशमी साफ़ा अलग ही बहार देने लगा। आँखों से शराबी सुरख़ी के साथ-ही-साथ प्रिय मिलन की ख़ुशी टपक पड़ती थी। आख़िर आप शीराज़ी के नशे में मस्त, झूमते-झामते, इठलाते प्रेमरस का एक गान गुनगुनाते रूपवती के शयन-मंदिर में पहुँचे। मन में सोच रहे थे, "अहा ! मैं क्या ही सुंदर हूँ ! मैं कैसा भाग्यशाली हूँ। यह मुमकिन नहीं, कि आज मेरी ख़ूबसूरती देख, रूपवती मुझ पर आशिक न हो जाए। अहमदख़ाँ ! तुम इतने सुंदर और रसिक हो, यह मैंने आज ही जाना।" यही सब विचार करते आप रूपवती के कमरे में पहुँचे। देखा, बेगम साहिबा सुंदर रेशमी कपड़े से मुँह ढाँके सो रही हैं। अहमद ने सोचा, "हाय ! बेगम मेरी याद करते-करते सो गईं। मैंने नाहक़ इतनी देर लगाई। वे मन में क्या कहती होंगी ? ख़ैर, मैं अभी माफ़ी माँगकर उन्हें खुश किए लेता हूँ। आपने बाँदी को हुक्म

दिया कि बेगम को जगा दें ! बाँदी ने बेगम को जगाया ! वह बदन छूते ही ठिठक कर खड़ी हो रही ! उसने देखा कि बेगम का बदन ठंडा हो गया है—शरीर में गरमी का नाम भी नहीं है, नश्वर शरीर पलंग पर रह गया है—आत्मा अपने प्रभु के पाद-पद्मों में चली गई है। हाय, बेगम ने ज़हर खा लिया था। अपने सौंदर्य का, अपने गुणों का आज उन्होंने बलिदान कर दिया ! बैगम ने आज बाज़बहादुर की प्रेममय स्मृति पर अपने को न्यौछावर कर दिया। साथ-ही-साथ अहमदख़ाँ की आशा का भी ख़ून हो गया ! पाठक, यही कथा है सती के सच्चे आत्मोत्सर्ग की, यही कथा है, बाज़बहादुर की अतिविलासिता की और यही कथा है अहमद के कलंक की। ख़ाँ ने रूपवती के सिरहाने एक पत्र में यह दोहा लिखा पाया—

रूपवती दुखिया भई, बिना बहादुरबाज़।
सो अब जियरा तजति है, यहाँ नहीं कछु काज।।

इतिहास-लेखकों का कथन है कि रूपवती ने अहमदख़ाँ को देखते ही उक्त दोहा कहते-कहते अपने हृदय में कटार भोंक ली थी। जो कुछ भी हो, हमें इन ऐतिहासिक समस्याओं के हल करने की आवश्यकता नहीं। आवश्यकता यह है कि पाठिकाएँ इस चरित्र से शिक्षा लें। यद्यपि रूपवती अच्छी कविता करती थीं, पर उसका कोई काव्य-ग्रंथ नहीं पाया जाता। हाँ, मालवे में आज भी उसकी कविताओं का प्रचार है, जिनमें प्रेम, वियोग और उपदेशों का अच्छा परिपाक हुआ है।

यह है भारत के गौरव का धन ! यद्यपि रूपवती वेश्या-पुत्री से बेगम हो गई थीं; पर इस देश के इतिहास में पतिव्रता वेश्याओं के उदाहरण भी पाए जाते हैं। प्रवीणराय पातुरी इन्हीं रूपवती की समकालीन थी। वह बुंदेलखंड में ओड़छे के राजा इन्द्रजीत सिंह की वेश्या थी। रायप्रवीण रूपवती होने के अतिरिक्त काव्यविषय की ज्ञाता भी थी। उसकी प्रशंसा सुन, सम्राट अकबर ने राजा को लिख भेजा कि शीघ्र ही रायप्रवीण को देहली भेज दो। राजा कर ही क्या सकते थे ? उन्होंने तुरंत वेश्या को बुला भेजा। वह राजा के पास आई और इस सवैये द्वारा अपना संकट प्रकट किया—

आई हौं बूझन मंत्र तुम्हें निज सासन सों सिगरी मति गोई।
देह तजौं कि तजौं कुल-कानि, हिये न लजौं लगते सब कोई।।
स्वारथ औ परमारथ को गथ, चित्त विचार कहो अब सोई।
जामें रहे प्रभु की प्रभुता अरु मोर पतिव्रत भंग न होई।।

अंत में लाचार रायप्रवीण देहली गई और दरबार में पहुँचने पर उसने बादशाह को यह दोहा सुनाया, जिसे सुनकर वे लज्जित हो गए और रायप्रवीण को सादर ओड़छे चले जाने की आज्ञा दे दी—

विनती रायप्रवीण की, सुनियो साह सुजान।
जूठी पातर भखत हैं, वारी, वायस, श्वान।।

मल्का चाँद बीवी

कहा ज़ाता है कि भारतवर्ष स्वराज्य पाने योग्य नहीं है। यदि यह कथन हमारे विपक्षियों का ही होता, तब तो कुछ बात ही नहीं थी, पर इस प्रगतिशील समय में हमारे ही कई विचारशील भाई ऐसा कहा करते हैं ! उनके इस कथन का निरसन अच्छी तरह किया जा चुका है। हमारा कहना तो यह है कि समय और साधन मिलने पर सभी लोग सभी तरह के कार्य कर सकते हैं। बीस वर्ष पहले कौन कह सकता था कि फ़िलिपाइन के जंगली लोगों में भी स्वराज्य चलाने की शक्ति छिपी हुई है ? फिर भारतवर्ष, जिसे आज महात्मा गांधी, अलीबंधु, महर्षि मालवीय जैसे कर्णधार प्राप्त हैं, क्यों न स्वराज्य-संचालन कर सकेगा ? भारतवर्ष के बच्चे-बच्चे में शासन करने की शक्ति छिपी हुई है—भारतवर्ष के पुरुषों में ही नहीं, स्त्रियों में भी राज्य-कार्य करने की उत्कृष्ट योग्यता है। अहल्याबाई, नूरजहाँ, रज़ियाबेगम आदि वीर महिलाएँ, जिनको राज-कार्य-पटुता का लोहा विदेशियों ने भी मान लिया है, इसी भारतवर्ष की संताने थीं। यहाँ हम जिस देवी का पवित्र चरित्र पाठकों की भेंट कर रहे हैं, यदि हम कहें, कि वह अपने समय में भारत-महिलाओं की मुकुटमणि थी, तो भी अतिशयोक्ति न होगी। उस देवी का नाम था सुल्ताना चाँद। पाठक आगे चलकर देखेंगे कि यह देवी कितनी राजकार्य-पटु थी और उसने समय आने पर एक नहीं दो-दो राज्यों का सूत्र-संचालन किस योग्यता से किया था तथा अपनी मातृभूमि की सेवा करते हुए उसने किस प्रकार अपने प्राण न्यौछावर कर दिए थे। पाठक, यह भी देखेंगे कि पर्दे में रहनेवाली उस कोमलांगी अबला ने पुरुष नामधारी जीवों के, जो स्त्रियों की व्यर्थ निंदा करना भी अपना वीर-धर्म समझते हैं—दाँत खट्टे कर उन्हें किस प्रकार नीचा दिखाया था।

बहुत पहले, दक्षिण में बहमनी बादशाहत का दौर-दौरा था। आगे चलकर इस विशाल राज्य के पाँच खंड हो गए। अहमदनगर इसी राज्य का एक हिस्सा था। चाँद इसी अहमदनगर के सुल्तान की प्यारी पुत्री थी। वे सारी बातें, 'जो होनहार बिरवान के होत चीकने पात' में छिपी रहती हैं। आरंभ से ही बालिका चाँद में दीखने लगी थीं। इसलिए सुल्तान ने उसे सुशिक्षा दिलाने का पूर्ण प्रबंध कर दिया।

विलक्षण-बुद्धि, बालिका चाँद ने शीघ्र ही अरबी, फारसी, तुर्की और उर्दू आदि भाषाओं में अच्छी योग्यता प्राप्त कर ली। उसके गुरुओं को भी उसके इस गंभीर भाषा-ज्ञान पर आश्चर्य होता था ! संगीत वह शक्ति है, जिसके द्वारा मनुष्य ही नहीं, पशु-पक्षियों तक की हृद्-तंत्री के तार हिल उठते हैं। कहा जाता है कि इस शक्ति के द्वारा मनुष्य ईश्वर को भी प्राप्त कर लेता है। चाहे यह अतिशयोक्ति भले ही समझी जावे; पर इसमें संदेह नहीं कि मनुष्य उसके द्वारा सच्चा आत्मानंद प्राप्त कर लेता है। बिना इसके मानव-जीवन रूखा ही रहता है। मनुष्य की प्रवृत्ति स्वभावतः संगीत की ओर झुकती है और उसके ज्ञाता समय-समय पर उससे अच्छा लाभ भी उठाते हैं। उस समय के मनुष्यों ने इस कला का अच्छा महत्त्व समझा था। इसलिए चाँद को भी अच्छी संगीत-शिक्षा दिलाई गई। उसे चित्रकला का भी अच्छा अभ्यास कराया गया। चाँद अवकाश का समय सुंदर-सुंदर भावपूर्ण चित्र चित्रित करने एवं वीणा बजाकर सरल अरबी-फ़ारसी के गीत गाने में ही व्यतीत किया करती थी। साहित्य-शिक्षा के साथ-ही-साथ उसे राजनीति और युद्ध-कला की भी अच्छी शिक्षा मिली थी। स्त्री होने पर भी उसमें पुरुषों की अपेक्षा अधिक वीरोचित गुण थे। घोड़े पर बैठने और अस्त्र-शस्त्र चलाने में वह बहुत ही कुशल थी, बाण के द्वारा आखेट करने में उसने अनेक बार अच्छे-अच्छे वीर पुरुषों को भी लज्जित कर दिया था। सेना-संचालन भी वह बहुत अच्छी तरह करती थी। इसीलिए उसने मराठी और कनाड़ी भी सीख ली थी। क्योंकि उसके सिपाही ये बोलियाँ बोला करते थे। समय आने पर चाँद ने अपने गुणों का बहुत ही प्रशंसनीय उपयोग किया था।

खूबसूरती में चाँद दरअसल चाँद ही थी। उसकी शारीरिक गठन बड़ी ही मनोहर थी। उसका सुंदर गौरवर्ण, गौरवपूर्ण छटायुक्त गोलमुख, लंबी नाक, मृग जैसे विशाल और सरल नेत्र, धनुषाकार भृकुटि, सुविस्तीर्ण कपाल, काले-काले कमर तक लटकते हुए रेशम जैसे मुलायम लच्छेदार बाल सभी के मन को मोह लेते थे ! उसके मुखमंडल का अपूर्व तेज घूँघट-पट में नहीं छिप सकता था। देखने से ही जान पड़ता था कि यह कोमलांगी अबला दृढ़-प्रतिज्ञ, वीरता की राशि, मानसिक क्षमता में अपूर्व और चातुर्य में अद्वितीय हैं। ऐसी योग्य और सुंदरी बेगम को पाकर बीजापुर के सुल्तान अली-आदिलशाह ने अपने को धन्य माना। सुल्ताना उनके हृदय की एकमात्र अधीश्वरी थी। सुल्तान उन्हें प्राणों से भी अधिक चाहते थे। इस विवाह-संबंध से बीजापुर और अहमदनगर का मेल बहुत ही बढ़ गया और इन दोनों राज्यों ने मिलकर दक्षिण के बहुतेरे-हिंदू राज्यों को विध्वंस कर डाला !

मालिक की मरज़ी किस बात में क्या है, यह कोई नहीं जान सकता। जिसे उसने इतना ऐश्वर्य, इतना रूप और इतने अद्वितीय गुण दिए थे, उसे ही उसने परमदुःखिनी भी बनाया। चाँद का जीवन अशान्तिमय था। चाहे सुख के कितने

ही साधन क्यों न प्राप्त हों, पर यदि मनुष्य को शांति प्राप्त नहीं हुई, तो उसका जीवन ही व्यर्थ है। बेचैनी उसे चैन नहीं लेने देती। ईश्वर ने चाँद को दुःख और बेचैनी सहने के लिए ही उत्पन्न किया था। संसार का इतिहास पढ़ने से मालूम होता है कि असाधारण व्यक्ति कष्ट भी असाधारण ही पाते हैं। ठीक यही बात चाँद के संबंध में भी हुई। वे जैसी असाधारण थीं, उन्हें वैसा ही असाधारण कष्ट भी सहने पड़े ! सच है, संसार में मनुष्य जीवन पाकर कभी भी कोई सुखी न हुआ। सुख और दुख दोनों ही उसका पीछा किया करते हैं। चाँद को सबसे बड़ा दुःख यही था कि उनकी गोद सूनी थी। स्त्री के लिए सबसे बड़े दुःख की बात यही है। बिना पुत्र-रत्न प्राप्त किए, स्त्री जीवन की सार्थकता नहीं होती। परंतु हाय ! काल की चाल बड़ी कुटिल है ! कहाँ तो चाँद अभी पुत्र का मुख देखने और इसके कोमल स्पर्श से अपनी छाती को ठंडा करने की अभिलाषा से ही व्यथित हो रही थीं और कहाँ दुःख की एक प्रबल आँधी और आ गई। उसने चाँद की धुँधली सुख-चंद्रिका को बिलकुल ही ढँक लिया। उसने चाँद के सुख के टिमटिमाते हुए दीपक को एक ही झकोरे में ठंडा कर दिया। उन पर निरभ्र वज्रपात हो गया। वह सौभाग्य-सूर्य अस्त हो गया। वे विधवा हो गईं। अभी उनकी अवस्था 25 वर्ष की ही थी कि सन् 1580 ई. में अली आदिलशाह स्वर्गवासी हो गए। चाँद निस्संतान तो थीं ही, स्वामी को भी खो बैठीं।

पर उन्हें शोक मनाने का अवसर भी न मिला। राज्य शासन की चिंता ने उन्हें चूर कर दिया। उन्हें अपनी विपत्ति भूलकर अनाथ-प्रजा का मुँह देखना पड़ा। अपने पति के अल्पवयस्क भतीजे इब्राहीम आदिलशाह को राज्यसिंहासन पर बिठाकर वे राज्य का सारा प्रबंध स्वयं करने लगीं। उनकी परीक्षा का यहीं से प्रारंभ हुआ। इतने में दुःख की एक आँधी फिर आई। पर सुल्ताना ने अपनी प्रबल योग्यता के बल पर वह प्रबल झोंका भी सह लिया। जिन मंत्रियों और सरदारों की अपनी स्वामिनी की भक्ति और सहायता करनी चाहिए थी, वे ही उसके विरुद्ध हो गए। सबको लालच ने आ घेरा। सभी अल्प-वयस्क सुल्तान और उसकी अभिभाविका चाँद को मारकर अपने आप सुल्तान बनने का स्वप्न देखने लगे। इन नमकहरामों ने लोभ के पीछे कर्तव्य को तिलांजलि दे दी ! किशवरख़ाँ नामक एक सरदार ने तो अन्याय और कृतघ्नता की हद ही कर दी। उसने चाँद और अल्पवयस्क सुल्तान का अपमान कर उन्हें महल से निकलवा, सितारे के दुर्ग में उनके रहने का प्रबंध कर दिया। इसके बाद उसने अपना अधिकार जमाकर प्रजा को शांत करने के बहुतेरे प्रयत्न किए, पर उसकी एक न चली। प्रजा उससे ऐसी नाराज़ हुई कि उसे प्राण लेकर भागना पड़ा। इसी आपत्ति के समय किसी शत्रु ने उसको इस दुनिया से ही दूर कर दिया। पापी ने अपने किए का फल पाया। किसी कवि ने सच कहा है, "क्या ख़ूब, सौदा नक़द है, इस हाथ दे उस हाथ ले।"

इस प्रकार यह आँधी तो शांत हो गई, पर तो भी शांति न हुई। सरदार लोग अपना कर्तव्य भूल, स्वार्थ-वश धाँधली मचाए ही जाते थे। इसी से राजधानी में कई पक्ष हो गए और परस्पर की कलह में ही उनका सारा समय व्यतीत होता था। इस घर फूट को देख, बाहरी शत्रु भी बीजापुर पर दाँत लगाए रहते और जब-तब आक्रमण कर दिया करते थे। परंतु इकलासख़ाँ नामक एक स्वामिभक्त सरदार की चतुराई के कारण किसी शत्रु की दाल न गलने पाती थी। यह एक बड़े पक्ष का नेता था और अपने विद्रोहियों को ख़ूब सताया करता था।

एक बार कई बाहरी शत्रुओं ने मिलकर बीजापुर पर चढ़ाई कर दी। प्रसंग बड़ा ही कठिन था। घर में ही तेरह मते हो रहे थे। पर सुल्ताना ने जैसे-तैसे तैयारी कर सेना युद्धक्षेत्र में भेज दी। उन्होंने स्वयं भी युद्धक्षेत्र में बड़ा कौशल दिखलाया ! शत्रु ने क़िले की एक दीवार तोड़ डाली। मूसलाधार वर्षा होने से द्वार और भी बढ़ने लगा। दुर्ग में प्रवेश करने के लिए दल-के-दल शत्रु आक्रमण कर रहे थे। चाँद दुर्ग-रक्षा के लिए तलवार ले डट गईं। उनकी और उनकी सेना की मार खाकर शत्रु पीछे हट जाते थे। साथ-ही-साथ टूटी दीवार की मरम्मत भी होती जाती थी। अपनी स्वामिनी की ऐसी वीरता देख, सैनिकों को भी ख़ूब जोश आ गया और उन्होंने इतनी तेज़ी से मार-काट करनी आरंभ की कि थोड़ी ही देर में शत्रु प्राण लेकर भाग गए ! वे दरबारी अमीर-उमरा, जो अभी तक कलह मचाते आ रहे थे, चाँद की यह वीरता देख डर गए और उन लोगों ने सोच लिया कि ऐसी वीर नारी से वैर ठानना, मौत का सामना करना है। इसके बाद थोड़े समय तक शांति रही और चाँद ने राज्य का अच्छा प्रबंध कर लिया। परंतु थोड़े ही दिन बाद फिर शत्रुओं ने सिर उठाया और एक शत्रु ने धोखे से सुल्ताना के परम सहायक, वीर इकलासख़ाँ की आँखें फोड़, उसे पदच्युत कर दिया। चाँद ने बड़ी मुश्किल से इस उपद्रव का ऐसा दमन किया कि फिर कभी शत्रुओं ने सिर उठाने का साहस न किया। उनके शासन से प्रजा बड़ी ही प्रसन्न थी। वह उन्हें अपनी माता के सदृश समझती थी। जब वे घोड़े पर सवार होकर बाहर निकलतीं, तब प्रजा के लोग उनके दर्शन कर मुग्ध हो जाते थे और उनके हृदय में सुल्ताना के प्रति बड़ा ही भक्तिभाव उदय हो जाता था। चाँद ने बीजापुर की अच्छी उन्नति की। उस समय बीजापुर भारत के बड़े नगरों में गिना जाता था। एक विशाल दुर्ग के भीतर सुंदर, राज-प्रासाद, अमीर-उमरावों के विशाल भवन, सुंदर पुष्पोद्यान, साफ-सुथरे राज-पथ, मस्जिदें एवं विस्तीर्ण हाट-बाज़ार बीजापुर नगर की शोभा बढ़ा रहे थे। चाँद के सुशासन और उद्योग से बीजापुर की कीर्ति उन दिनों भारत-व्यापिनी हो रही थी। बीजापुर की ऐश्वर्य-कथा सुन, बड़े-बड़े राज्यों की लार टपक रही थी। उन्होंने उसे लेने के बहुतेरे प्रयत्न किए। पर चाँद के जीते जी वे बीजापुर का बाल भी बाँका न कर सके ! यह था अबला का बल, यह थी अबला की राज्य-कार्य-पटुता और यह था अबला

का प्रबल पराक्रम ! कौन कह सकता है कि स्त्रियाँ देशभक्त, वीर, सच्चरित्र और राज्यकार्य कुशल नहीं हो सकतीं ?

जब इब्राहिम आदिलशाह बालिग़ हो गए और उनमें राज-कार्य सँभालने की योग्यता आ गई, तो चाँद उन्हें राज्य सौंप शांति से अपना जीवन बिताने लगीं। पर इस शांति में उन्हें सुख न था, बेचैनी ही अधिक थी। भला, बंध्या और विधवा स्त्री को सुख कहाँ ? पर चाँद छाती पर पत्थर रखकर सब दुःख सहती और भतीजे को राज्य-कार्य में सहायता देती थीं। जब सुल्तान आखेट खेलने या राज्य में दौरा करने जाते, तब वे अपनी माता तुल्य चाची चाँद को ही राज्य सौंप जाते थे, और वे भी सब बातें ख़ूब सोच-समझकर राज्य-कार्य करती थीं, जिससे लड़के के मन में किसी प्रकार के ऐसे कुविचार उत्पन्न न हों जिससे आपस में फूट पैदा हो।

पर इन दुखिया देवी के भाग्य में शांति-पूर्वक दिन काटना बदा ही न था। उनके विवाह के बाद ही से अहमद-नगर में कई कारणों से अशांति फैल रही थी। तत्कालीन सुल्तान ने उसे दबाने की बड़ी चेष्टा की। परंतु वे अपने उद्योग में निष्फल हुए और युद्ध करते ही करते उनकी मृत्यु हो गई। अहमद नगर अशांति का क्रीड़ास्थल हो गया। सारे राज्य में कुप्रबंध फैल गया। मनमानी-घरजानी का बाज़ार गर्म हो गया। सभी अमीर-उमरा अपने-अपने मन की करने लगे। सभी को राज्य लोभ सताने लगा। वे परस्पर की फूट में लड़-लड़कर तबाह हो रहे थे और बाहरी शत्रुओं को मानों, निमंत्रण दे रहे थे ! सारी रियासत में अराजकता फैल रही थी। सुमति ने मानों, अहमद नगर से विदा ले ली थी। जहाँ देखिए, वहीं फूट और पारस्परिक कलह नज़र आती थी। इस अशांति का मुख्य कारण मृत सुल्तान के उत्तराधिकारी का निर्वाचन ही था। अमीर-उमरावों के दो दल हो गए थे। पहला दल, जो स्थानीय कहा जा सकता है, एक बनावटी बालक का पक्षपाती था और उसने ज़बर्दस्ती उक्त बालक को राज्य-सिंहासन पर बिठा दिया था। दूसरा दल, जो विदेशी कहा जाता था, सच्चे सुल्तान-पुत्र के अधिकार का यह अन्याय-पूर्ण अपहरण न देख सका। उसने मृत सुल्तान के सच्चे बालक का पक्ष लिया। बस, घोर अशांति उठ खड़ी हुई। दोनों दल परस्पर कलह करते और लड़ते थे; पर यह न होता था कि परस्पर संधिकर उचित मार्ग पर चलें।

दिल्लीश्वर अकबर, पहले से ही दक्षिणी राज्यों की ओर टेढ़ी दृष्टि से देख रहे थे। आपने उनकी इस फूट से लाभ उठाने का पक्का निश्चय कर लिया और शाहज़ादा मुराद को एक विशाल सेना दे दक्षिण की ओर रवाना कर दिया। वहाँ पहुँच मुराद मौका देख रहे थे कि इतने में स्थानीय दलवालों ने विदेशी दल से हार होती देख, उस बनावटी सुल्तान की रक्षा के लिए मुराद से सहायता की प्रार्थना की। अब तो मुराद की बन आई और आपने स्थानीय दल की मुराद पूरी करने

के लिए बड़े जोर-शोर से अहमद नगर पर चढ़ाई कर दी। इतने में स्थानीय दलवालों को प्रमाण मिला कि विदेशी दल का कहना ठीक है और हम व्यर्थ ही झूठे बालक का पक्ष ले रहे थे। इसलिए उन लोगों ने परस्पर मेल कर अपना घरू झगड़ा मिटा लिया। इसके बाद मियाँ मुराद से लौट जाने की बहुत प्रार्थना की गई; पर आप क्यों मानने लगे ! वे तो अहमद नगर की छाती पर दाल दलने को ही आए थे। स्थानीय दलवाले अपने ही हाथों अपने पैर में कुल्हाड़ी लगते देख पछताने लगे, पर अब हो ही क्या सकता था ? इसलिए सब लोगों ने मिलकर चाँद से प्रार्थना की, "आप कृपया आकर अपने पितृ-वंश और पितृ-राज्य की रक्षा कीजिए। हम लोग आपकी सेवा करने को तैयार हैं। आपके सिवाय हमें ऐसा कोई नज़र नहीं आता; जो इस राज्य की डूबती हुई नैया को किनारे लगा सके।" प्रसंग बड़ा ही कठिन था। एक ओर विशाल दिल्ली-राज्य और दूसरी ओर क्षुद्र अहमद-नगर एवं उसकी रक्षा करनेवाली एक कोमलांगी अबला ! पर मातृ-भूमि का सच्चा प्रेम कुछ और ही जादू है। जिसके हृदय में मातृ-भूमि का सच्चा प्रेम हिलोरें ले रहा है, वह उसकी रक्षा के लिए सहज ही अपने प्राण अर्पण कर सकता है—वह उत्साह-युक्त आत्मा बड़ी-से-बड़ी शक्ति का मुकाबला करने के लिए तैयार रहती है। यही हालत सुल्ताना की हुई। उन्होंने सोचा—'मैं अवश्य अपनी मातृभूमि की रक्षा कर अपना कर्तव्य पालन करूँगी, आगे ईश्वर की जैसी इच्छा !'

सुल्ताना के आगमन से सारे अहमद नगर में हर्ष की बधाइयाँ बजने लगीं। दोनों दलों ने बड़ी धूम-धाम से उनका स्वागत किया। सब लोगों ने अपने मन से चिंता को दूर कर दिया। सेना में नवीन उत्साह का संचार हो आया। सब लोग मातृ-भूमि की रक्षा करने के लिए शत्रु से युद्ध करने को सन्नद्ध हो गए। सेना का अच्छी तरह संगठन कर चाँद ने अपने भतीजे को राजसिंहासन पर बिठलाया, जिससे सारा नगर जागृति के आलोक में हर्ष-नाद से गूँज उठा। इसके बाद चाँद ने आस-पास के राजाओं को यह सुझाया कि अहमद नगर के पतन से आप लोगों का पतन भी निश्चित ही है। इसलिए न सिर्फ़ अहमद नगर की रक्षा के लिए; बल्कि अपनी रक्षा का भी विचार कर इस युद्ध में आप लोग वीरता-पूर्वक मेरा साथ दीजिए। सब राजाओं ने प्रसन्नता-पूर्वक चाँद की यह बात मान ली और अपनी-अपनी सेनाएँ अहमद नगर को भेज दीं। इन सेनाओं ने आस-पास की पहाड़ियों में फैलकर मुग़ल-सेना का मार्ग अवरुद्ध कर दिया।

इसके बाद चाँद ने शाहज़ादा मुराद को एक पत्र लिख भेजा, जिसका मतलब यह था, "आप प्रतापी दिल्लीश्वर के समझदार सिपहसालार और शाहज़ादा हैं। आपको एक कमज़ोर रियासत पर इस तरह दाँत गड़ाना शोभा नहीं देता। अगर आपका भाव शुद्ध है तो हमलोग सच्चे हृदय से आपका स्वागत करने को तैयार हैं। परंतु याद रखिए, यदि आप दुश्मन की हैसियत से अहमद नगर में आना चाहते

हैं, तो मैं आपसे युद्ध किए बिना न रहूँगी। मेरे पास काफ़ी फ़ौज है। अच्छी तरह सोच लीजिए, एक औरत से जीतने पर भी आपकी कुछ तारीफ़ न होगी और अगर मेरे ये नाजुक हाथ आपकी सेना को भगा सके, तो फिर आपको संसार में मुँह दिखलाते हुए भी शर्म आएगी।'' परंतु हाय ! लालच बुरी बला है। लालच के मारे आज एक सबल मुसलमान दूसरे निर्बल मुसलमान को नष्ट करने जा रहा है। दिल्लीश्वर इतना विस्तृत राज्य पाकर भी संतुष्ट न हुए ! लालच ने इतने पर भी उनका पीछा न छोड़ा। सच है, मनुष्य की तृष्णा का दमन नहीं होता, यदि वह सारी पृथ्वी का भी राज्य पा जावे, तो भी संतुष्ट न होगा। यदि उसे इस पृथ्वी से सहस्रगुनी पृथ्वी का राज्य भी दे दिया जाए, तो भी उसका लोभ ज्यों-का-त्यों बना रहेगा। वह फिर निखिल ब्रह्मांड का अधिकार प्राप्त करने की चेष्टा करेगा। परंतु सच मानिए, इतने पर भी उसकी आत्मा सुखी न होगी—दुःख की विभीषिका उसका पीछा न छोड़ेगी। सच्चा सुख समृद्धि में नहीं, संतोष में है। सच्चा सुख ऐश्वर्य में नहीं, आत्मा और ईश्वर के चिंतन में है। अस्तु, शक्ति-मद से अंधे मुराद ने इस पत्र की पूर्ण अवहेलना ही नहीं की, प्रत्युत एक पत्र द्वारा चाँद को बहुत ही झिड़का और डाँट बताई। तब तो चाँद ने अपने स्वामिभक्त वीर सरदार अब्बासख़ाँ के साथ युद्ध की तैयारियाँ तुरंत आरंभ कर दीं। दुर्ग में बहुत दिन तक के लिए खाद्य-पदार्थों का पूर्ण संग्रह कर लिया गया। सुल्ताना स्वयं घूम-घूमकर सारी तैयारियों का निरीक्षण करती थीं। बार-बार लिखने पर भी बीजापुर से सेना आने में विलंब हो गया। यह सेना, बड़े बेमौक़े पर आई और मुग़लों ने इसे रास्ते में ही मारकर भगा दिया। इस प्रकार मुग़लों ने दुर्ग तक अपना रास्ता ठीक कर लिया और शीघ्र ही बड़े ज़ोर-शोर से अहमद नगर पर आक्रमण किया। चाँद की सेना भी तैयार थी। सैनिक, अपनी स्वामिनी का आश्वासन और उत्तेजन पा, बड़े ही उत्साह से अपनी मातृ-भूमि की रक्षा के लिए युद्ध कर रहे थे। मुग़लों ने सुरंगों द्वारा दुर्ग गिराने का बहुतेरा प्रयत्न किया; पर चाँद के कौशल के आगे उनकी एक न चली। युद्ध करते-करते कई दिन हो गए। तब शाहज़ादा मुराद अपनी सेना की असमर्थता और रसद आदि की कमी के कारण बहुत ही चिंतित हुआ।

एक दिन रात्रि को सुल्ताना दुर्ग की दीवार पर खड़ी अपने कुछ सैनिकों के साथ शत्रु की गतिविधि का निरीक्षण कर रही थीं कि इतने में ही नीचे से एक मुग़ल-सरदार ने कहा, ''ऐ सुल्ताना ! तू बेशक दिलेर और जवाँमर्द है। पर मुग़ल-फ़ौज से तू कब तक पेश आएगी ? देख ! क़िले में चार सुरंगें लगा दी गई हैं, और एक सुरंग तो तेरे ही नीचे है, बस, ज़्यादा खून-खराबी मत कर। जल्दी शाहज़ादे की ख़िदमत में हाज़िर हो और अपने हथियार डाल दे।'' परंतु बिना सोचे-विचारे चाँद ने बड़ी चतुराई से जवाब दिया, ''दरअसल आप बड़े ही होशियार जान पड़ते हैं; पर ऐसी पस्त-हिम्मती की बातें सुनकर मैं या मेरी फ़ौज डरनेवाली

नहीं। मैं अपनी कोमल अँगुलियों से अभी इन सुरंगों को खोदे डालती हूँ।'' यह सुन उनके सैनिकों ने भी ज़ोर से कहा, ''माँ ! हम तुम्हें दग़ा न देंगे। दुश्मन के सामने सिर झुकाने से, तो मैदाने-जंग में मर जाना ही बेहतर है। इसके बाद ही चाँद ने अपने कोमल हाथों में गैंती ले सुरंग खोदना आरंभ कर दिया। अपनी स्वामिनी का यह साहस और मातृ-भूमि के प्रति प्रेम देख हज़ारों सैनिकों ने गैंतियाँ उठा लीं। सुल्ताना अपने हाथों से सैनिकों को शरबत और ठंडे जल के प्याले दे रही थी। सैनिक प्रेम-मग्न हो 'माता की जय' और 'मातृ-भूमि की जय' के आह्लाद-प्रद हर्ष-नाद से सारे दुर्ग को गुंजायमान कर रहे थे। अहा ! चाँद का मातृ-भूमि-प्रेम कितना उत्कट है। यह आदर्श कितना शिक्षा-प्रद है ! कहाँ सुल्ताना और कहाँ गैंती से ज़मीन खोदना ! पर मातृ-भूमि के प्रेम की मदिरा में मस्त व्यक्ति कौन-सा कठिन या असाध्य काम नहीं कर डालता ? स्त्रियाँ मातृ-भूमि की सेवा कितनी तत्परता से कर सकती हैं, यह इस उदाहरण से प्रकट है। हमारा तो ख़याल यह है कि देवियाँ, यदि उन्हें राष्ट्रीय शिक्षा दी जावे, तो पुरुषों से कहीं अधिक देश-भक्ति कर सकती हैं। अस्तु। प्रातःकाल होते-न होते तीन सुरंगें खोद डाली गईं। पर समय न मिलने से एक सुरंग फूट गई और दुर्ग की एक दीवार का कुछ अंश टूट गया !

यह देख, चाँद ज़िरह-बख़्तर पहन, मुँह पर नकाब डाल और हाथ में तलवार ले, यह कहती हुई टूटी दीवार की ओर दौड़ी—''ऐ मेरे बहादुर सिपाहियो ! दौड़ो, अभी दुश्मन को मारकर भगा दो ! अपनी और मुल्क की आबरू बचा लो। आबरू बरबाद कर जीने से तो मरना ही बेहतर है।'' ऐसा सेनापति पा, सेना भी प्राणों का मोह त्याग, दीवार की ओर दौड़ी। 'दीन-दीन' की ध्वनि से आकाश गुंजायमान हो गया। हवा में हज़ारों तलवारें और भाले चमकने लगे। भालों की सपासप और तलवारों की झनझनाहट से वीरों में जोश और नपुंसकों में भय बढ़ने लगा। जहाँ भय की आशंका होती, वहीं चाँद झपटे से पहुँच सैनिकों को उत्साहित करती थीं। मुग़लों ने लाख सिर पटका; पर वे दुर्ग में प्रवेश न कर सके ! चाँद और अब्बास की स्त्री ज़ोहरा के युद्ध-कौशल के कारण सारे दिन युद्ध होता रहा और मुग़लों के सहस्रों सैनिक खेत रहे। अंत में घबराकर मुग़ल सेना भाग खड़ी हुई और दुर्ग पर से छूटते हुए गोलों ने दूर तक उनका पीछा कर उन्हें और भी हानि पहुँचाई। दो स्त्रियों के पराक्रम से अपनी यह हार होती देख, मुराद को बड़ा दुःख हुआ और उसने उसी क्षण संधि-पत्र लिखकर सुल्ताना के पास भेज दिया। उसमें मुख्यतया दो शर्तें थीं। पहली तो यह कि लौटती हुई मुग़लसेना का पीछा न किया जाय और दूसरी यह कि बरार-प्रांत दिल्लीश्वर को प्रदान कर दिया जाए। सुल्ताना ने देखा कि दुर्ग इतना मज़बूत नहीं है कि वह अधिक आक्रमण सह सके और सेना भी बहुत दिन तक लड़ने योग्य नहीं है, इसलिए उन्होंने शर्तें दरबार में पेश कर मंजूर

करा लीं। इस प्रकार इस देवी ने बुद्धिमानी से अहमद नगर को सर्वनाश से बचा लिया। आज हमें अपने देश की रक्षा के लिए ऐसी ही कर्तव्यपरायण देश-भक्त देवियों की ज़रूरत है, जो अपने बच्चों को वीर-हृदय के बनावें, उन्हें जापान की माता के सदृश मातृ-भूमि के यज्ञ में बलि हो जाने का उपदेश दें और संसार की गति-विधि को भली-भाँति समझें-बूझें, तभी इस देश का उद्धार हो सकेगा।

अकबर को यह हार बुढ़ापे में बहुत खटकी और उन्होंने फिर शीघ्र ही अहमद नगर पर चढ़ाई करने का आयोजन शुरू कर दिया। संधि के बाद कुछ दिनों तक अहमद नगर में शांति रही। चाँद ने प्रजा के सुख के बहुतेरे काम किए। राज्य में क्रमशः उन्नति हो रही थी। पर सदैव का रोग, जो हाल में चाँद ने बड़ी कठिनाई से दबा पाया था, फिर भड़क उठा। अहमद नगर में फूटदेवी की सवारी आ पहुँची। अमात्य लोग, अलग-अलग दल बना, उसकी अभ्यर्थना करने लगे। सभी दल इस महोत्सव में आगे बढ़ने की चेष्टा में एक-दूसरे को नीचा दिखा रहे थे। सम्राट् अकबर को भेदियों द्वारा यह हाल मालूम हो गया। आप ऐसे मौक़े की बाट देख ही रहे थे। महाप्रतापी सम्राट् एक दफ़े अनाथिनी विधवा चाँद से करारी हार खा चुके थे, अबकी फिर उसी से युद्ध छेड़ते उन्हें शर्म न आई ! पुरुष होकर स्त्रियों से हारना, फिर दुबारा उनका सामना करना और वीरता का दम भरना, निस्संदेह बेशरमी और स्वार्थ-परता की हद थी। वह ख़ुद एक विशाल सेना लेकर दक्षिण की ओर चले और उन्होंने बुरहानपुर में डेरा डाला। उन्होंने बहुत-सी सेना लेकर शाहज़ादा दानियाल और प्रधान सेनापति अब्दुलरहीम खानख़ाना को अहमद नगर की ओर भेजा। हाय ! अब चाँद के वे दिन न थे। अहमद नगर की शक्ति क्षीण हो गई थी। पहले ही युद्ध में बहुतेरे स्वामिभक्त वीर काम आ चुके थे। राज्य-परिमाण कम हो जाने से प्रजा का बल भी घट गया था, सेना भी थोड़ी रह गई थी, पर अब भी उस महिला के वीर-हृदय में मातृ-भूमि का प्रेम हिलोरें ले रहा था, अब भी उसमें मातृ-भूमि की रक्षा करने का उत्साह शेष था। इसलिए उसने उदास होते हुए भी शीघ्रता से साहस-पूर्वक युद्ध की तैयारियाँ प्रारंभ कर दीं। वीर अब्बास-दंपति भी उन्हें बड़ी तत्परता से सहायता देने को तैयार हो गए। चाँद ने हमीदख़ाँ नामक एक जनरल को बड़ा ही विश्वस्त और स्वामिभक्त समझकर उसे ही दुर्ग-रक्षा का सारा भार सौंपा था; पर इस बेईमान ने आगे चलकर इस देवी के साथ बड़ा ही रोमांचकारी विश्वासघात किया।

कुछ दिन तक तो बड़ी भयंकरता से युद्ध होता रहा; पर चाँद का पक्ष बराबर निर्बल ही होता गया। अहमद नगर की रक्षा की आशा निराशा में परिणत हो गई। स्वामिभक्त सरदार अब्बास ने चाँद को बहुत ही समझाया। उसने गिड़गिड़ाते हुए कहा, ‘‘माता ! यह समय बड़ी ही आपत्ति का है। धर्म की हार और अधर्म की विजय हो रही है। बेदर्द दुश्मन अपनी हरकतों से बाज़ नहीं आते। निरीह प्रजा

अनाथ की भाँति दुःख पा रही हैं। मुग़ल-दल आगे बढ़ता ही आ रहा है। सेना थक गई है। हमारे अगणित वीर काम आ चुके हैं। हाय ! अब मातृ-भूमि की रक्षा होती नहीं दिखती। इसलिए माता ! अब आप, अपने धर्म की रक्षा के लिए बीजापुर चली जाइए। अब आपके यहाँ रहने से लाभ की आशा नहीं है। हम लोग प्राण देकर भी मातृ-भूमि की रक्षा करेंगे।'' पर चाँद का देश-प्रेम भी धन्य था। उन्होंने अब्बास को उत्तर दिया, ''अब्बास ! तुम वीर-पुरुष होकर भी ऐसी पस्त-हिम्मती की बातें करते हो ? अफ़सोस ! मेरी मातृ-भूमि पर संकट पड़ा है और मैं अपनी प्रजा को भेड़-बकरी की तरह कटने के लिए छोड़ प्राण लेकर भाग जाऊँ ? नहीं, दम-में-दम रहते यह कभी न होगा ! अब्बास ! मैं वीर-पिता की वीर-पुत्री, वीर-नारी हूँ। इस जहान में किसी की ताक़त नहीं, जो मुझे धर्म-भ्रष्ट कर सके ! मैं धर्म की रक्षा में मातृ-भूमि की रक्षा में हँसते-हँसते ये तुच्छ प्राण दे डालूँगी।'' इसमें संदेह नहीं कि वीर और कर्तव्य-परायण व्यक्ति चाहे उन पर कैसी ही आपत्ति क्यों न आ जावे, कभी धैर्य और साहस का त्याग नहीं करते। अपितु उनका साहस और भीं बढ़ता जाता एवं उनका लक्ष्य सदा उद्देश्य-सिद्धि पर ही रहता है। अहमद नगर की प्रजा को अपनी स्वामिनी के वीर-व्रत पर पूर्ण विश्वास था और वह उनकी अँगुली के इशारे पर मातृ-भूमि की रक्षा के लिए मुग़लों की कौन कहे, यम से भी युद्ध करने को तैयार थी।

परंतु हाय ! मातृ-भूमि की रक्षा के समय सभी जगह विभीषण आड़े आते हैं ! अहमद नगर में भी उनकी कमी न थी। उसमानवेग नामक एक सरदार मुग़लों से मिल गया। इसका एकमात्र कारण यह था कि वह अब्बास की सुंदरी पत्नी ज़ोहरा को हथियाना चाहता था ! इस तरह उसने एक रमणी के रूप-जाल में फँसकर अपने देश और अपनी स्वामिनी के प्रति भीषण विश्वासघात किया। उसने दुर्ग का सारा कच्चा चिट्ठा मुग़लों को सुना दिया ! हमीदख़ाँ के मन में पहले से ही ईर्ष्या धधक रही थी। वह अब्बास पर बहुत ही जलता था। सुलताना ने दुष्ट हमीद को छुटपन से ही पुत्र के समान पाल-पोस कर बड़ा किया था, उसे सुशिक्षा दिलाई थी और दुर्ग रक्षक के पद पर नियत किया था। वे उस पर पुत्र के समान ही विश्वास करती थीं; पर वह पूरा एहसान-फ़रामोश निकला। उसने कृतघ्नता की हद कर दी। वह सदैव ही सुल्ताना और अब्बास पर मन-ही-मन जलता और उनके सर्वनाश की युक्तियाँ सोचा करता था। चाँद ने अब्बास की योग्यता और स्वामिभक्ति के कारण उसे प्रथम सेनापति का पद दिया था। यही हमीद की ईर्ष्या और जलन का प्रधान कारण था। वह इन दोनों को मारकर अपना मार्ग साफ़ करना चाहता था। सुल्ताना चाँद-सी सती-साध्वी ने इस काले हृदय को न पहचान पाया। उसे वे पूर्ववत् पुत्र समान समझती रहीं। वह दुष्ट भी अपनी चालों से सदैव उनका कृपाभाजन और विश्वास-पात्र बना रहा। मुग़ल-दल धीरे-धीरे दुर्ग के पास तक आ

गया। एक दिन हमीदख़ाँ थोड़ी-सी सेना लेकर शत्रु का सामना करने निकला। वहाँ उसमानवेग आकर उससे मिला और उसने हमीद को चाँद के विरुद्ध खूब ही बहकाया। वह भी उसमानवेग के कहने में आ गया। उसने राजा बनने का यह अच्छा मौक़ा देखा। सच है, चाहे सज्जन की पहचान भले ही न हो; पर दुष्ट परस्पर दर्शनमात्र से ही मित्र बन जाते हैं। हमीद मुग़लों को क़िला सौंप देने का वचन दे, दुर्ग में इस प्रकार लौट आया, मानों, युद्ध में हारकर भाग आया हो।

अब चाँद ने देखा कि मुग़लों का जन-बल मुझसे अधिक है, और मेरी सेना अधिक समय तक उनका सामना न कर सकेगी, तब उन्होंने सोचा कि युद्ध में व्यर्थ ही धन-जन का नाश करने से कुछ लाभ नहीं। इसलिए उन्होंने प्रजा की रक्षा के विचार से मुग़लों से संधि कर लेने में ही कुशल समझी; क्योंकि यदि मुग़ल दुर्ग-विजय कर लेते, तो सिवाय हानि के कुछ भी लाभ न होता। इसलिए उन्होंने हमीदख़ाँ को गुप्त-परामर्श करने के लिए अपने पास बुला भेजा और उससे पूछा, ''क्या मेरी सेना और प्रजा, युद्ध करने के लिए तैयार है ?'' हमीद ने विनीत भाव से उत्तर दिया, ''हाँ, अब भी पहले के समान सब लोग तैयार हैं।'' तब चाँद ने कहा, ''तब और अब में बहुत फ़र्क़ है। अब पहले के समान अहमद नगर में ताक़त नहीं। जहाँ देखो, वहाँ बेईमान-ही-बेईमान नज़र आते हैं। किस-किस पर यकीन किया जाए ?''

यथार्थ में पापी का हृदय बहुत ही कमज़ोर होता है, उसमें ज़रा भी आत्म-बल नहीं होता। वह थोड़े से ही खटके से भयभीत हो जाता है। सुल्ताना के शब्द सुन, हमीद भी भयभीत हो गया। उसने सोचा, शायद उन्हें मेरा विचार मालूम हो गया है। यदि चाँद इस समय ग़ौरपूर्वक हमीद का मुख देखतीं तो उन्हें उसके विचार स्पष्ट मालूम हो जाते। पर वे अपनी ही चिंता में थीं। उन्होंने फिर कहा, ''हमीद ! मैंने संधि का एक मस्विदा तैयार किया है। इसमें शाहज़ादे से यह शर्त की गई है कि यदि हम लोगों को क़िले से सही-सलामत निकल जाने का वचन दिया जावे, तो हम लोग क़िला छोड़ने को तैयार हैं। प्रजा के जान-माल की रक्षा के विचार से ही मैं ऐसा करना चाहती हूँ। कह, इसमें तेरी क्या राय है ?''

स्त्रियों पर आक्षेप किया जाता है कि उनकी जाति बड़ी बेईमान और धोखेबाज़ होती है। पर पाठक, बुरा न मानिए, इन्साफ़ कीजिए। मेरी राय-नाक़िस में तो ढाई हाथ का मर्द-नाम-धारी यह मट्टी का पुतला ही दुनिया में आफ़तें बरपा किया करता है। वह अपने पैदा करने वाले पाकपरवरदिगार से भी धोखा और बेईमानी किया करता है। मक्कारी और ठगाई में औरत बेचारी तो उसके सामने चीज़ ही क्या है ? धूर्त हमीदख़ाँ ने सुल्ताना के हाथ से संधि-पत्र ले लिया और बाहर कैसा कोलाहल हो रहा है, मानों, यही जानने के लिए बाहर चला आया। उसने सैनिकों के सामने अपनी पगड़ी पटक, बड़े ही शोक-सूचक स्वर से कहा, ''भाइयो ! हम

लोग खूब ठगे गए ! देखो, यह सुलहनामा ! सुल्ताना हम लोगों को शत्रु के हवाले करना चाहती है। इससे बढ़कर दग़ाबाज़ी और क्या होगी ?" यह सुन सैनिकों को बड़ा क्रोध आया। हमीद ने फिर कहा, "भाइयो ! जिसने ऐसा विश्वासघात किया है, उसे जिंदा छोड़ना बेवकूफ़ी है ! मारो, इस बेईमान को मारो !" इतना कह वह 'दीन-दीन' चिल्लाता हुआ महल की ओर दौड़ा।

यह कोलाहल सुन, सुल्ताना ने समझा कि शत्रुओं ने दुर्गविजय कर लिया है; इसलिए वे सँभलकर खड़ी हो गईं। जो देवी अभी तक मातृ-भूमि की रक्षा का यत्न सोच रही थीं, उनके बलिदान की बेला आ गई। जीवन की घड़ियाँ पूरी हो गईं, उस ख़ुदायेपाक़ का फ़रमान आ पहुँचा। हत्यारे हमीद ने माता के समान पूज्य सुल्ताना पर भयंकर आक्रमण कर उनका शरीर छिन्न-भिन्न कर डाला ! ज्यों-ही वे घायल होकर गिरीं, त्योंही उनकी प्यारी सखी ज़ोहरा ने उनका सिर अपनी गोदी में रख लिया और चाहा, कि उनके मुँह में पानी डालूँ। पर चाँद ने मुस्कराते हुए उसे अँगुली के इशारे मना कर दिया। हाय ! थोड़ी ही देर में क़लमा कह वह पवित्र आत्मा प्रभु के पाद-पद्मों में चली गई ! चाँद ने सचमुच अपना कर्तव्य पूरा किया। मातृ-भूमि की सेवा कर उन्होंने अपना जीवन सफल कर लिया। उनके चले जाने से कष्ट-सहिष्णुता, योग्यता, उदारता, वीरता, देशभक्ति, सच्चरित्रता और राजनीति-पटुता का बहुत बड़ा भंडार खाली हो गया।

मियाँ नज़ीर ने बहुत ठीक कहा है–

'नेकी का बदला नेक है, बद से बदी के बात ले।'

और–

'नेकों को नेकी का मज़ा, मूँजी को टक्कर देख ले।'

हमीद और उसमान ने जिस आशा से यह विश्वासघात और कुकृत्य किया था, वह अब्बासख़ाँ ने पूर्ण न होने दी। उसने उसी दिन दोनों पापियों को पकड़ बड़ी ही बेदर्दी से उनके प्राण ले लिये। अब्बास-दंपति अपनी स्वामिनी की यह दशा देख, बच्चों के मानिंद फूट-फूटकर रोए। उस दिन सहस्रों-मनुष्यों की यही हालत हुई। इस चाँद के अस्त होते ही अहमद नगर के दुर्गरूपी उदयाचल पर मुग़ल-वाल-रवि उदय हुआ।

यद्यपि सुल्ताना का नश्वर शरीर नष्ट हो गया। पर उनका कीर्ति-कलेवर आज भी विद्यमान है। उनकी कीर्ति-चंद्रिका आज भी भारत के इतिहास को आलोकमय कर रही है। उनकी वीर-गाथा आज भी राष्ट्र के बच्चों में स्वाधीनता का मंत्र फूँकने की शक्ति रखती है। उनका उच्च आदर्श, इन गिरे हुए दिनों में भी स्त्रियों में वीर-भाव और कर्तव्य-पालन की शक्ति का संचार करेगा, इसमें संदेह नहीं।

नूरजहाँ

इस असार संसार में यदि कोई सारवान् वस्तु है, तो प्रेम है। इसके गुण अनंत और महिमा अकथनीय है। कवि लोग भाँति-भाँति से इसकी प्रशंसा करते हैं, किंतु पूरी-पूरी प्रशंसा आज तक वे भी न कर सके। इसलिए कहना पड़ता है कि प्रेम भी ईश्वर की ही भाँति अनादि, अनंत और अनिर्वचनीय है। इसकी सृष्टि स्वतंत्र, लीला स्वतंत्र और पात्र भी स्वतंत्र तथा विलक्षण ही होते हैं। लैला-मजनूँ और शीरी-फ़रहाद जिनका इतिहास सभी जानते हैं, इसी प्रेम-सृष्टि के उच्च श्रेणी के व्यक्ति थे। किन्तु यदि हम इसी श्रेणी में नूरजहाँ और जहाँगीर को भी सम्मिलित कर लें, तो कुछ अनुचित न होगा। सम्राट् जहाँगीर, नूरजहाँ को किस प्रेमभाव के साथ रखते थे। उन्होंने नूरजहाँ को संसार का दुर्लभ पदार्थ समझ, उसकी प्राप्ति के लिए किस प्रकार प्रयत्न किए थे, यह सब बातें इतिहासज्ञ लोगों से छिपी नहीं हैं। नूरजहाँ ने प्रेम-सृष्टि में तो एक ऊँचा स्थान पाया ही था, साथ ही विद्वता, राजनीतिज्ञता, शासन-पटुता आदि सद्गुणों में भी उनका स्थान नीचा नहीं था। यदि हम नूरजहाँ को अतीत भारत का एक अभूतपूर्व गौरव कहें, तो भी कोई अत्युक्ति नहीं। आशा है, कि ऐसी उच्चश्रेणी की रमणी का चरित्र, हमारे पाठकों के मनोरंजन का ही कारण होगा।

मुग़ल-सम्राट अकबर के प्रमुख मंत्रियों में मिर्ज़ा ग़यासवेग (आयश) भी एक थे। नूरजहाँ इन्हीं मिर्ज़ा साहब की पुत्री थी। मिर्ज़ा ग़यास के पिता ईरान में एक बड़े प्रांत के अधिकारी थे। पिता की मृत्यु के अनंतर मिर्ज़ा साहब कुछ लोगों की राय से हिंदुस्तान चले आए। हालत ग़रीबी की हो रही थी। तिस पर रास्ते में आपकी बीवी के एक लड़की उत्पन्न हो गई। बच्ची बड़ी ही सुंदर थी तथा उसकी मुस्कुराहट में भी विलक्षण चमक थी। अतः मिर्ज़ा साहब ने, प्रसन्न हो, उसका नाम मिहर (सूर्य) रख दिया।

भारत अभी दूर था। राह जंगली थी। मुल्क सर्द था, ठंडी वायु बहती थी, दर्रे बर्फ़ से भर रहे थे, खाने-पीने की सामग्री सब चुक गई थी। इधर चलते-चलते टट्टू गिरकर मर गया और मिर्ज़ा साहब की बीवी इतनी दुर्बल हो

रही थीं कि उन्हें रास्ता चलना कठिन था। ग़यास से यह कैसे हो आता कि वे माँ-बेटी दोनों को लाद ले चलते ? इसीलिए मौक़ा पाकर आपने मिहिर को एक झाड़ी में छुपा दिया ! परंतु थोड़ी दूर जाने पर ही माँ को बच्ची के त्याग का हाल मालूम हो गया और उसने फिर मिर्ज़ा साहब से बच्ची को ले आने की प्रार्थना की।

ग़यास ने झाड़ी के पास पहुँचकर देखा कि एक बड़ा-सा काला सर्प, फन फैलाए, मुँह बाए, बच्ची को डसना ही चाहता है। ग़यास ने झट सर्प को मार डाला और ईश्वर को धन्यवाद दे, बच्ची को उठा लिया। थोड़ी देर बाद कुछ ऊँट-सवार उधर से ही आ निकले। उन्होंने दया कर ग़यास-परिवार को खाद्य-सामग्री दी और उसे सकुशल भारत पहुँचा दिया। ग़यासबेग लिखा-पढ़ा विद्वान् आदमी तो था ही, बादशाह ने उसे दरबार में नौकरी दे दी। धीरे-धीरे वह दरबार के बड़े सरदारों और अमीरों में गिना जाने लगा। सम्राट् अकबर ने भी 'एतमादुद्दौला' का खिताब देकर उसका सम्मान बढ़ाया।

सरदार मिर्ज़ा ग़यासबेग एतमादुद्दौला की बेटी मिहरुन्निसा सचमुच सूर्य ही थी। युवावस्था प्राप्त होने पर सारे देहली नगर में उनके सौंदर्य की धूम मच गई। वास्तव में उसका सौंदर्य ग़ज़ब का था। उसे देखकर ऐसा जान पड़ता था, मानो चन्द्रदेव ही अपना सौंदर्य दिखलाने के लिए पृथ्वी पर उतर आए हैं। भोलेपन और शील ने मिलकर मिहर के उस अद्वितीय सौंदर्य को और भी बढ़ा दिया था। वास्तव में यह भोलापन और शील ही मनुष्य का सच्चा सौंदर्य होता है। फिर मिहर में तो शारीरिक सौंदर्य की भी कमी नहीं थी।

शाहज़ादा सलीम आरंभ से विलासी थे। आपने भी मिहर के सौंदर्य की प्रशंसा सुनी थी; पर पहले आपने उस ओर विशेष ध्यान नहीं दिया। दैववशात् एक दिन दोनों की भेंट अकबर के अमिट कलंक—मीना-बाज़ार में हो गई। शाहज़ादे को कबूतरों का बड़ा शौक था। उस समय भी उनके हाथ में दो कबूतर थे। थोड़ी देर बाद अपने कबूतर मिहर के सुपुर्द कर वे बाज़ार की सैर करने लगे। इतने में मिहर के हाथ से छूटकर एक कबूतर उड़ गया। यह देख, सलीम ने उससे पूछा, "तुमने मेरा कबूतर क्यों और कैसे उड़ा दिया ?" उत्तर में मिहर ने दूसरा कबूतर उड़ाकर कहा, "यों उड़ गया !" उस समय सलीम, मिहर का शील, सौंदर्य और भोलापन देख, उस पर जी-जान से मुग्ध हो गए। मिहर के हृदय-क्षेत्र में भी इसी समय से शाहज़ादे के प्रति प्रेमांकुर उत्पन्न होने लगा। एक प्रकार से मिहर के संबंध में आगे होनेवाले उत्पातों का सूत्रपात भी यहीं से हुआ।

सलीम अपने स्त्रियों पर मोहित हुए होंगे और कदाचित् उन्होंने इस संबंध में अपकर्म भी कम न किए होंगे, पर इस घटना से उनकी प्रवृत्ति एकदम बदल गई। उनका हृदय अब एकमात्र मिहर का ही पुजारी हो गया। वे जी-जान से मिहर

को प्राप्त करने का प्रयत्न करने लगे। शराबी तो थे ही, एक दिन आपने नशे में इस विषय की सारी बातें अपने मित्रों से कह दीं।

होते-होते यह चर्चा अकबर के कानों तक पहुँची। एक तो सम्राट्, सलीम की ऐयाशी के कारण, पहले ही से उन पर कुछ अप्रसन्न रहा करते थे। अबकी यह हाल सुनकर उनके क्रोध की सीमा न रही। मुग़ल-ख़ानदान की बदनामी उन्हें स्वप्न में भी पसंद न थी। फिर अकबर में गुणों की भी कमी न थी। वे अपने नौकरों के घर की स्त्रियों को अपनी बहू-बेटियों के समान समझते थे। जब स्वयं बादशाह ही अपने नौकरों के घर की स्त्रियों को पाप-दृष्टि से देखेंगे, तब प्रजा के लोगों का क्या कहना है ? यही सोचकर अकबर को सलीम की यह हरकत बहुत बुरी मालूम हुई। उन्होंने तुरंत ही अबुलफ़ज़ल को बुलाकर सलीम को समझाने के लिए भेजा।

अबुलफ़ज़ल शाहज़ादे के पास गए। पर यहाँ तो प्रेम की बीमारी थी। भला सलीम के आगे वृद्ध अबुल की क्या चलती ? लाचार, वे अपना-सा मुँह लेकर लौट गए। तब अकबर ने इस विषय में अबुलफज़ल की राय जाननी चाही। वृद्ध मंत्री ने उत्तर दिया, ''जहाँपनाह ! जब शाहज़ादा साहब का अभी से यह हाल है, तब न जाने मिहरुन्निसा को पाकर उनकी क्या हालत हो जाएगी ! मैं तो इस संबंध को किसी प्रकार ठीक नहीं समझता।'' अकबर वास्तव में अपनी संतान के बड़े हितैषी थे। सच्चे माता-पिता का संतान के प्रति जो कर्तव्य होना चाहिए, उसे वे ख़ूब जानते थे। संतान के बिगड़ जाने का एक कारण, उसकी अनुचित इच्छाओं का पूर्ण होना भी है। परंतु संतान-हितैषी माता-पिता, उनकी अनुचित इच्छाओं की अवहेलना कर, युक्ति से अथवा येन-केन-प्रकारेण उन्हें सन्मार्ग पर ही ले आते हैं। निदान, सम्राट् को अबुलफ़ज़ल की सम्मति ठीक जान पड़ी। परंतु अफ़सोस ! न तो सम्राट् ने और न वृद्ध मंत्री ने ही इस विषय पर पूर्ण रूप से विचार किया। इस अविचार का परिणाम क्या हुआ, सो पाठक आगे चलकर पढ़ेंगे। उन्होंने उसी समय मिर्ज़ा ग़यास को बुलाकर आज्ञा दी, ''तुम अभी चुपचाप मेहरुन्निसा का निकाह अलीकुलीख़ाँ के साथ कर दो। वह बड़ा शरीफ़, बहादुर और खूबसूरत जवान है। वह मेहरुन्निसा के लायक़ भी है। देखो, इसमें देर न होनी चाहिए। मैंने अलीकुलीख़ाँ को ढाके का सूबेदार मुक़र्रर किया है। वह अबसे 24 घंटों के अंदर मिहर को लेकर ढाके चला जाएगा।'' बादशाह स्वयं भी इस आकस्मिक विवाह में सम्मिलित हुए और आपने उसी समय अलीकुली को बर्दवान का प्रांत भेंट में दिया। अलीकुली, शाही-आज्ञा के अनुसार, तुरंत ही ढाके चला गया। इस प्रकार सलीम के डर से चुपचाप मिहर का विवाह कर दिया गया।

अलीकुली ख़ाँ पहले फ़ारिस के शाह के यहाँ एक बड़े पद पर नौकर था। शाह के मरने पर वह भारत चला आया था और अपनी योग्यता के बल पर शीघ्र

ही सम्राट् अकबर का कृपापात्र हो गया था। वह अपने समय का बड़ा ही प्रचंड वीर था। असि-युद्ध और मल्ल-युद्ध में तो वह अपना सानी नहीं रखता था। यद्यपि मिहरुन्निसा सलीम पर सच्चे मन से मोहित थी, पर उसका हृदय सुलताना गुलशन या चाँद के सदृश बलिष्ठ न था। उसने इस विवाह में किसी प्रकार की आपत्ति न की। ढाके पहुँचकर दोनों बड़े प्रेम से रहने लगे। मिहर अलीकुली को सच्चे हृदय से चाहती थी और सदैव पति की कुशल-कामना करती थी। उसने अपने व्यवहार से कभी पति का जी नहीं दुखाया। विदुषी और राजनीतिज्ञा होने के कारण वह राजकार्यों में भी पति को यथेष्ट सहायता देती थी। थोड़े दिन बाद प्रेम के परिणाम-स्वरूप उसे एक कन्या उत्पन्न हुई। परंतु सब कुछ होने पर भी उसके मन से सलीम की मनोहर मूर्त्ति नहीं हटती थी। यही बात भविष्य में अलीकुलीख़ाँ की हत्या और नूरजहाँ के भारत-सम्राज्ञी होने का कारण हुई।

यद्यपि सम्राट् अकबर तथा उनके मंत्री मियाँ अबुलफ़ज़ल ने सलीम को विलासी होने से बचाने के लिए ही मिहर की शादी अलीकुली ख़ाँ से कर दी थी, तथापि उन्होंने थोड़े-से लाभ का विचार कर बड़ी भारी गलती की थी। यदि ये लोग मिहर तथा सलीम के हृदय का तथा उनके भविष्य के अधिकारों का पूर्ण विचार कर लेते, तो अवश्य ही इन युगल प्रेमियों का आपस में विवाह कर देते। ऐसा होने से एक तो सलीम उस कलंक से बचते, जो उन्हें भविष्य में मिहर को प्राप्त करने में लगा। दूसरे, हम मिहर को अखंड गौरव के साथ एक सती-साध्वी के रूप में देखते। उस समय नूरजहाँ का चरित्र सचमुच में हमारी देवियों के लिए पूर्णतया आदर्श होता। खेद है कि दो आदमियों की ग़लती से, ऐसे आदर्श-चरित्र में धब्बा लग गया।

जब सलीम ने मिहर के विवाह और उसके ढाके जाने का हाल सुना, तो वे प्रेम और वियोग की दुःखाग्नि से जल उठे। वे मिहर के लिए पागल हो उठे। "अच्छा, अबुलफ़ज़ल ! मैंने आज समझ लिया कि तुम मेरे जानी दुश्मन हो। तुम्हीं इस घटना के मूल कारण हो। तुम्हारी ही सलाह से सम्राट् ने यह कार्य किया है। तुम्हारी इतनी मज़ाल ! अच्छा ! शीघ्र ही तुम्हें इसका कड़वा फल चखना पड़ेगा। याद रखो, अलीकुली ! तुम शाहज़ादे के मुँह का कौर छीन ले गए हो। मैं देखूँगा कि तुम कहाँ जाते हो ?" यही सब बातें सोचते हुए शाहज़ादा सलीम, उसी दिन रात को बुंदेलखंड की ओर रवाना हो गए।

बुंदेलखंड के राजा नरसिंहदेव से सलीम की बड़ी मित्रता थी। सलीम ने नरसिंहदेव से कहा, "मित्र ! मित्र का कर्तव्य है कि वह विपत्ति के समय अपने मित्र की सहायता करे। अबुलफ़ज़ल मेरा जानी दुश्मन है। वह शीघ्र ही दक्षिण की यात्रा करनेवाला है। मैं चाहता हूँ कि जब वह तुम्हारी रियासत के पास से निकले, तब तुम उसका काम तमाम कर दो। मगर देखना, होशियारी से काम लेना, क्योंकि

एक तो अबुलफ़ज़ल ख़ुद ही बड़ा चुस्त और चालाक है; दूसरे, वह बादशाह का वज़ीरे-आज़म तथा बहुत ही अज़ीज़ मुसाहिब है। कहीं ऐसा न हो कि उसे तुम्हारी हरकतों का पता लग जाए।'' क़हना न होगा कि इस बुन्देला-वीर ने सलीम के आदेश का पूरा-पूरा पालन कर मित्र का कर्तव्य पूरा कर दिखाया। सम्राट् अबुलफ़ज़ल के मरने का हाल सुनकर, बहुत ही दुःखित हुए। अकबरी दरबार में नवरत्नों में अबुलफ़ज़ल का आसन बहुत ही ऊँचा था। ऐसे नामी और राज्य के शुभचिंतक मनुष्य के मरने का अकबर जैसे क़दरदाँ को हार्दिक दुःख हुआ और ऐसा होना स्वाभाविक है। तदनुसार समय पर सम्राट् की आज्ञा से शीघ्र ही नरसिंह देव को अपने 'मित्र-कर्तव्य' का बदला देना पड़ा। अबुलफ़ज़ल की मृत्यु से अकबर ऐसे दुखी हुए, कि बहुत सख्त बीमार हो शीघ्र ही इस संसार से प्रस्थान कर गए। शाहज़ादा सलीम जहाँगीर के नाम से भारत के सम्राट् हुए। अब अलीकुलीख़ाँ का नंबर आ पहुँचा।

सम्राट् जहाँगीर के समान न्यायी मुसलमान-शासकों में और कोई नहीं हुआ। वे बहुत ही उच्चकोटि के न्यायाधीश थे। संसार में उनके समान न्यायी शासक बहुत ही कम हुए होंगे। उन्हें अपने न्यायी होने का स्वयं बड़ा गर्व था। खेद की बात है कि कुछ तो अकबर और अबुलफ़ज़ल की भूल से और कुछ अपनी रूप-लालसा के वशीभूत हो, जहाँगीर जान-बूझकर उस घृणित, पाप-पूर्ण, अनुचित तथा निकृष्ट षड्यंत्र के रचयिता हुए, जिसका वर्णन करते आज भी लेखनी लज्जित होती है। यह षड्यंत्र जहाँगीर का अमिट कलंक है। उनका यह कलंक चन्द्रमा के कलंक के समान कभी नहीं छूट सकता। जहाँगीर ने पहले तो अलीकुली को भुलावा देने के लिए उन्हें अपना पूर्ण कृपापात्र बनाया; पर इसके साथ-ही-साथ वे चुपचाप उनके नष्ट करने का भी प्रयत्न करते जाते थे। एक बार सम्राट् ने अलीकुली को हाथी से मरवाना चाहा, पर उस बहादुर ने उस मत्त-मातंग को मार भगाया। दूसरी बार शिकार खेलते समय उन्हें शेर से लड़ा दिया गया। अलीकुली ने उस शेर को भी मार डाला। कूटनीतिज्ञ जहाँगीर ने इन कामों से ऊपरी खुशी ज़ाहिर की और अलीकुली को 'शेरे-अफ़गान' का ख़िताब दे दिया।

पाठक सोच सकते हैं कि ऐसे वीर-केसरी से मिहर को छीन लेना कितना कठिन कार्य था। जहाँगीर ने उपरोक्त कार्य ऐसे ढंग से कराए थे कि शेरे-अफ़गन को किसी प्रकार का संदेह न होने पाया। वे सच बात को छिपा लेने में ख़ूब कुशल थे; पर मिहर भी कुछ कम चतुर न थी। वह जहाँगीर की इन चालों का मतलब समझ गई। अपने पति की रक्षा करने में उसने कोई कोशिश उठा न रखी। उसने शेरे-अफ़गन को विशेष आग्रह-पूर्वक सावधान रहने के लिए कहा; पर विश्वासी शेरे-अफ़गन ने मिहर को यही उत्तर दिया, ''वीरवर, जहाँगीर ने मेरी वीरता का ही आदर किया है। जो इतने न्यायी हैं कि एक तुच्छ कंगाल मनुष्य का न्याय

भी न्याय-तुला पर तौलते हैं, वे अपने वीर कर्मचारी पर कभी अन्याय न करेंगे। मिहर ! ऐसे न्यायी सम्राट् पर अविश्वास कर, मैं कृतघ्न बनना नहीं चाहता।''

खेद है, कि यही विश्वास शेरे-अफ़गन के प्राणों का ग्राहक हो गया ! जब जहाँगीर ने मिहर को प्राप्त करने के अनेक उपाय किए और उनकी सब युक्तियाँ निष्फल हुईं, तब उन्होंने शेरे-अफ़गन को किसी प्रकार नष्ट कर अपना मनोरथ पूर्ण किया और नूरजहाँ को महल में ले आए।

यहाँ उस घृणित षड्यंत्र का हाल लिखने की आवश्यकता नहीं है। हाँ, इतना अवश्य कहना पड़ेगा कि इस षड्यंत्र की बदौलत शेरे-अफ़गन के हाथ से बंगाल के गवर्नर कुतुबुद्दीन और बादशाह के कई इष्ट-मित्रों ने अपने प्राण गँवाए। तब कहीं सम्राट् की विषय-लालसा पूर्ण हुई।

मिहरुन्निसा अपनी पुत्री को लेकर बड़ी अनिच्छा से शाही महल में रहने लगी। पर उसने स्पष्ट कह दिया कि मैं अपने पति के हत्यारे का मुँह देखना भी पाप समझती हूँ। बहुत दिनों तक जहाँगीर को भी उसके सामने जाने का साहस नहीं हुआ ! सम्राट् ने मिहर के रहने का साधारणशाही प्रबंध कर दिया था। जिसकी इतनी चाह थी, उसी के प्राप्त होने पर उसका ऐसा मामूली सम्मान ! मिहर, असह्य वैधव्य-यंत्रणा को सहते हुए अपना दुःखमय जीवन व्यतीत करने लगी। ऐसे समय उसका एकमात्र सहारा—शेरे-अफ़गन का एकमात्र स्मारक—उसकी पुत्री ही थी। मिहर इसी पुत्री को हृदय से लगाकर अपने पति की स्मृति में आठ-आठ आँसू गिराती थी। धीरे-धीरे समय पाकर वह अपनी वैधव्य-यंत्रणा भूलने लगी।

आलस्य में बैठे-बैठे व्यर्थ समय खोने से जो हानियाँ होती हैं, उन्हें सभी जानते हैं। चुपचाप बैठे रहने से बहुत-सी शारीरिक और मानसिक हानियाँ होती हैं। मन मलिन और निरुत्साह हो जाता है। तरह-तरह के बुरे विचार हृदय में घर कर बैठते हैं, और इसी कारण शरीर भी दुर्बल एवं कांतिहीन हो जाता है; क्योंकि विचारों का शरीर पर बड़ा ही प्रभाव पड़ता है। इसीलिए समझदार लोग अपना एक मिनट भी व्यर्थ नहीं जाने देते। वे सदा कुछ-न-कुछ कार्य किया ही करते हैं। इसी नियम के अनुसार, जब मिहर के हृदय का भार कुछ हलका हुआ, तब उसे व्यर्थ बैठे रहना असह्य हो उठा। यह मख़मली और रेशमी वस्त्रों पर कलाबत्तू का कार्य करना बहुत ही अच्छा जानती थी। आख़िर उसने अपना ध्यान इसी शिल्प की ओर लगाया। वह कलाबत्तू के उत्तम वस्त्र तैयार कर बाँदियों के हाथ बिक्री के लिए बाज़ार में भेजने लगी। बड़े-बड़े अमीर-उमरा इस सुंदर शिल्प के प्रेमी हो गए। उसे इन वस्त्रों की अच्छी क़ीमत मिलने लगी। मिहरुन्निसा के यहाँ लगभग एक दर्जन बाँदियाँ थीं। मिहर ने उन सबको शिल्प-कला में प्रवीण कर दिया। धीरे-धीरे वे सब वस्त्रों पर बेल-बूटे काढ़ने में बड़ी चतुर हो गईं ! मिहर के ज़री के कार्य की बाज़ार में अधिकाधिक चाह होने लगी ! यह चाह केवल काम के कारण थी—नाम के कारण

नहीं। उस समय कदाचित् किसी को यह नहीं मालूम था कि यह कारीगरी भारत की भावी सम्राज्ञी मिहरुन्निसा के हाथों की है। क्रमशः इस शिल्प-कला ने मिहर को ऐश्वर्यशालिनी बना दिया ! धीरे-धीरे उसके यहाँ बाँदियों की संख्या बढ़ने लगी। उसने अपनी सब बाँदियों को ज़री के वस्त्र पहनने को दिए थे। वह उन्हें सब तरह से सुख पहुँचाने के लिए सदा प्रयत्न-शील रहती थी। बाँदियों की तड़क-भड़क के आगे मिहर; देखनेवालों को, उनकी बाँदी-सी प्रतीत होती थी। पाठक ! उस समय की सामाजिक परिस्थिति पर विचार तो कीजिए कि स्त्रियों को पढ़ने-लिखने के सिवाय ऊँचे घराने की होने पर भी, शिल्प-विद्या सरीखे उपयोगी हुनर भी सीखने आवश्यक समझे जाते थे। मिहर के द्वारा आप उसका उपयोग भी देख चुके। अतः यह कहने की आवश्यकता नहीं कि शिल्प-विद्या जीवन-संग्राम में कहाँ तक उपयोगी हो सकती है। परंतु खेद है कि इस उन्नतिशील युग में भी, जब संसार केवल इन्हीं कलाओं द्वारा अपना जीवन निर्वाह कर रहा है, तब भारत में स्त्रियों को अक्षर तक का परिचय कराना पाप समझा जाता है और शिल्प के गले पर तो सदा छुरी ही चलायी जाती है। धन्य भारत और धन्य भारत की संतान ! यदि स्त्रियों को थोड़ी-सी सुशिक्षा के साथ शिल्प की भी समुचित शिक्षा दी जाए, तो हमारे दारिद्र्य-पीड़ित गृहों की गृहलक्ष्मियाँ पुरुषों की कितनी सहायिका हो सकती हैं, इसका विचार सभी कर सकते हैं। यदि उनसे पैसे पैदा न भी कराए जाएँ, तो भी वे घरेलू कामों में उचित सहायता तो दे सकती हैं ? वे बच्चों के, अपने तथा घरवालों के काम के लिए अच्छे वस्त्र तैयार कर सकती हैं, फटे-पुराने कपड़ों की मरम्मत कर सकती हैं, जिससे पैसे की बचत के साथ-साथ समय और कष्टों की बचत भी हो और गृह की सुंदरता भी बढ़े। बिना सौंदर्य के जीवन रूखा ही समझना चाहिए। पर हमारा उन्नतिशील समाज इस ओर ध्यान देने में अपना अपमान समझता है। निकृष्ट तथा मध्यम स्थिति के गृहों की स्त्रियों का कर्तव्य-क्षेत्र तो केवल कूटने-पीसने, रोटी पकाने एवं बाल-बच्चों का किसी प्रकार पालन-पोषण करने तक ही रह गया है। इसके बाहर उनकी स्थिति कूप-मण्डूक-वत् है। रही उत्कृष्ट श्रेणी के गृहों की स्त्रियों की बात, सो इनकी हालत पहले दो प्रकार की स्त्रियों से भी गई-बीती है। बड़े घरों की स्त्रियाँ अत्याचार की मशीन बन रही हैं। अच्छा खाना-पीना, शृंगार में लवलीन रहना, और आभूषणों की समालोचना करना ही उनका एकमात्र कर्तव्य है।

हाँ, तो मिहर एक अच्छे ग़लीचे पर बैठ, अपनी बाँदियों से घिरी हुई, दिन का बहुत-सा भाग इसी प्रकार कला-कौशल में बिताया करती थी। वह समयानुसार पुस्तकावलोकन भी करती थी। बीच-बीच में मनोविनोदार्थ सितार, तबला, बीन प्रभृति संगीत के साज भी बजते रहते थे। मतलब यह कि वह अपने वैधव्य को धीरे-धीरे भूलती जाती थी ! इस प्रकार शाही ख़ानदान की मिहर तो संगीत-विद्या का उपयोग

कर सकती थी, पर अब हमारे समाज में यह कार्य वेश्याओं और लुच्चे-लफंगों की बपौती रह गई है ! कुल-वधुओं की क्या मज़ाल, जो वे इस ओर ध्यान दे सकें; क्योंकि ऐसा होने से उनके पति-महोदय का मनोरंजन न होगा ! भला, यह भी कोई अच्छा कार्य है ? अच्छा कार्य तो यह है, कि पतिदेव घर में आवें और श्रीमती किटकिट करना शुरू कर दें। आभूषणों के लिए रोना आरंभ कर दें। हमारे बहुत-से श्रीमान् भी श्रीमतियों की इन हरकतों से निहायत ख़ुश रहते हैं। ज़ेवर की किटकिट कुछ बुरी थोड़े ही है—आख़िर किसी-न-किसी रूप में पैसा तो एकत्र होता ही है ! इस निगोड़ी शिल्प-कला और संगीत को लेकर क्या करना है ?

अस्तु; इसी प्रकार मिहर का समय बीतने लगा। धीरे-धीरे सम्राट जहाँगीर पर उसका अनुराग भी बढ़ चला। ये बातें जहाँगीर को भी विदित हुईं। एक दिन वे उसके यहाँ सहसा आ पहुँचे। सम्राट् देखकर विस्मित हो गए कि तारागणों में रोहिणी के समान मिहरुन्निसा, अपनी परिचारिकाओं से घिरी हुई, काम में मन लगाए बैठी हैं। सम्राट् को आते देख, बाँदियाँ ग़लीचे से अलग हो, अदब से सलाम करने के लिए खड़ी हो गईं। तब मिहर ने ऊँची दृष्टि करके देखा कि दिल्लीश्वर पास ही खड़े हैं।

"जहाँपनाह ! आज इतनी मेहरबानी किसलिए ?" आँखों में आँसू भर आने से मिहर इसके आगे और कुछ न कह सकी। बादशाह ने आदर से उसकी पीठ पर हाथ फेरा। मिहर सम्राट् को उचित आसन पर बिठाकर उनके पैरों के पास ही बैठ गई। सम्राट् ने उत्कंठा से पूछा, "मिहर ! क्या ये तुम्हारी बाँदियाँ हैं ? तुम्हारे वस्त्राभूषण देखकर कौन तुम्हें इनकी मालकिन कहेगा ? तुम ऐसी हीन दशा में क्यों रहती हो ?"

भरे हुए गले से मिहर ने उत्तर दिया, "दिल्लीश्वर ! मैं अपनी बाँदियों को जैसे रखती हूँ, वैसे ही वे रहती हैं। मैं आपकी बाँदी हूँ। आपने भी मुझे जिस दशा में पहुँचा रखा है, मैं उसी में पड़ी हूँ। इसमें विचित्रता की कौन-सी बात है ?"

बादशाह जहाँगीर कुछ पाषाण-हृदय तो थे ही नहीं, उन्होंने प्रेम-पूरित कंठ से उत्तर दिया, "हृदयेश्वरी ! दिल्ली का यह सिंहासन आज से तुम्हारा है। मैं शीघ्र ही तुम्हें प्रजा के सामने राजरानी के रूप में ग्रहण करूँगा।" यह कह, बादशाह ने धीरे-से मिहर का हाथ पकड़, उसे अपने पास बिठा लिया। वह शोभा अतुलनीय और अवर्णनीय थी।

शीघ्र ही बड़े समारोह के साथ मिहर ने 'नूरमहल' और फिर 'नूरजहाँ' की उपाधि धारण कर बादशाह के साथ दिल्ली के सिंहासन को अलंकृत किया। यह घटना सन् 1612 की है। बादशाह ने नूरजहाँ को 80 लाख अशर्फ़ियाँ गहने बनवाने के लिए दीं। इसके सिवाय उसे मोती का एक हार भी भेंट किया, जिसमें 40 दाने

थे और हर एक दाने का मूल्य 40 हज़ार रुपए था।

पाठक, यद्यपि आप, नूरजहाँ को उच्चकोटि की सती स्त्रियों में सम्मिलित नहीं कर सकते, परंतु फिर भी उसे साध्वी कहना अनुचित न होगा, क्योंकि वह तो जहाँगीर को पहले ही अपना हृदय दे चुकी थी। दूसरे, अलीकुलीख़ाँ से विवाह हो जाने पर उसने सदा पति का हित ही किया—कभी स्वप्न में भी उनका अनिष्ट नहीं चाहा। पति का वध हो जाने पर नूरजहाँ ने बहुत दिनों तक बादशाह का मुख भी नहीं देखा। यदि उसने कालांतर में बादशाह को ग्रहण भी कर लिया, तो यह बात इस्लाम धर्म के लिहाज़ से कुछ अनुचित न थी। परंतु नूरजहाँ ने यह पुनर्विवाह स्वेच्छा से नहीं, अपने पिता और भ्राता आसिफ़ के विशेष आग्रह एवं अनुनय-विनय करने पर किया था। इसी आसिफ़ को नूरजहाँ ने अपना मंत्री बनाया था।

अस्तु, लेख लंबा हो रहा है। अतएव अब हम नूरजहाँ के अंतिम चरित्र को संक्षेप में ही लिखकर संतोष करेंगे। हाँ, तो नूरजहाँ ने शीघ्र ही सारा राजपाट अपने हाथों में ले लिया। वह स्वच्छंदता-पूर्वक राज-कार्य करने लगी और सब सरकारी काग़ज़ पत्रों पर उसी के हस्ताक्षर होने लगे, सिक्कों पर भी उसका नाम मुद्रित किया जाने लगा। जहाँगीर तो, जब कभी दिल में आता, तभी इस ओर थोड़ा ध्यान दे देते थे। हाँ, न्याय करने में उन्हें बड़ी दिलचस्पी थी और वे इस ओर विशेष ध्यान भी देते थे ! शेष राजप्रबंध से उन्हें कुछ भी सरोकार न था ! उनको नूरजहाँ की शासन-शैली पर इतना विश्वास था कि उन्हें इस ओर जीवन-भर ध्यान देने की आवश्यकता नहीं हुई।

यद्यपि जहाँगीर राज-कार्य की ओर ध्यान नहीं देते थे तथापि उनके पुत्रों और राजदरबार के कुछ लोगों को नूरजहाँ का शासन पसंद नहीं था। कदाचित् ये लोग अपने ऊपर एक स्त्री को राज्य करते देख, अपना अपमान समझते थे। इन लोगों में बादशाह के तीन पुत्र—ख़ुसरो, परवेज़ तथा ख़ुर्रम और सेनापति महावतख़ाँ मुख्य थे। चौथा पुत्र शहरयार इतना सीधा था कि उसने इस ओर कभी ध्यान नहीं दिया। नूरजहाँ को सेनापति महावतख़ाँ का उतना डर नहीं था, जितना शाहज़ादों का था। इसीलिए नूरजहाँ ने शाहज़ादों को कूटनीति से नष्ट करने में कुछ भी न उठा रखा। बंगाल में परवेज़ और दक्षिण में ख़ुसरो नूरजहाँ के चक्र से ही परलोकवासी हुए थे, दक्षिण में ख़ुर्रम परवेज़ के साथ ही थे। नूरजहाँ ने उन्हें ख़ुसरो के ख़ून का अपराधी ठहराकर बंदी कर लिया, पर जहाँगीर ने उन्हें अंत में छोड़ दिया।

ख़ुर्रम नूरजहाँ की यह कूटनीति समझ गए थे। इसीलिए वे उनसे सदा सावधान रहते थे। नूरजहाँ की इच्छा थी कि ख़ुर्रम मेरी पुत्री से विवाह कर ले। पर शाहज़ादे को यह संबंध पसंद न था, जिससे दोनों के बीच में गाँठ पड़ गई थी। नूरजहाँ ने शाहज़ादे को नष्ट करने के बहुतेरे प्रयत्न किए, पर उन्हें सफलता

नहीं मिलीं। ख़ुर्रम से निराश हो, नूरजहाँ ने अपनी कन्या का विवाह शहरयार से कर दिया। तब सम्राज्ञी की यही इच्छा हुई, कि साम्राज्य के अधिकारी शहरयार ही हों। परंतु ख़ुर्रम और महावत के मुक़ाबले में नूरजहाँ की एक न चली।

सम्राट् ने ख़ुर्रम को क्षमा तो कर दिया, पर शाहज़ादे को नूरजहाँ की ओर से निश्चिंतता न हुई। वे अवसर पाते ही राजधानी से भाग निकले और चित्तौड़ के राणा कर्णसिंह से सहायता के प्रार्थी हुए। इसी समय नूरजहाँ ने महावतख़ाँ को दबाने के अभिप्राय से उसे सेनापति के पद से अलग कर बंगाल का नायब सूबेदार बनाया। तदनंतर शीघ्र ही उसे पंजाब की नायब सूबेदारी दे दी। अवसर पाते ही वह भी वहाँ से भाग निकला और राणा के यहाँ जा पहुँचा। उसका ख़याल था कि जहाँगीर राज़ करने लायक़ नहीं हैं, तभी तो वे एक स्त्री को राज्य सौंपे बैठे हैं ? अतएव उन्हें गद्दी से उतारकर ख़ुर्रम को सम्राट् बनाया जाए ! इसमें ख़ुर्रम की शैतानी ही मुख्य थी। राणा भी इन लोगों की सहायता देने के लिए तैयार हो गए। नूरजहाँ को यह कार्रवाई विदित न हुई। इसलिए वे इसका प्रबंध न कर सकीं।

इसी समय नूरजहाँ ने सम्राट् सहित काबुल की यात्रा की। साथ में थोड़ी सेना भी थी। मौक़ा देखते ही पीछे से महावतख़ाँ ने राजा की कुछ सेना लेकर उन्हें झेलम नदी के किनारे आ घेरा। नूरजहाँ नदी के इस पार और जहाँगीर उस पार थे। जब सम्राट् ने महावतख़ाँ को इस प्रकार आते देखा, तब वे भी युद्ध के लिए तैयार हो गए। पर महावत ने पहले से ही सम्राट् के सैनिकों को अपनी ओर मिला लिया था। वे लोग एकदम उससे जा मिले। सम्राट् ने उन लोगों का यह विश्वासघात देख अपनी तलवार फेंक दी और स्वेच्छा से महावतख़ाँ के बन्दी बन गए। नूरजहाँ सम्राट् का बन्दी होना सुन, अपना हाथी ले उस पार पहुँचीं। पर उन्हें भी क़ैद होना पड़ा।

जहाँगीर में दो बड़े ही सद्गुण थे। एक तो 'सत्यवादिता' और दूसरा 'न्याय-प्रियता'। उन्होंने झूठ बोलना सीखा ही न था। चाहे कैसी ही बात क्यों न हो, कैसा ही समय क्यों न आ जाए, वे सत्य-पथ से कभी न टलते थे। महावत उनके इन गुणों से खूब परिचित था। क़ैद करने के बाद उस पाजी ने सम्राट् से पूछा, "जहाँपनाह ! यदि किसी ने अनेक लोगों का वध किया हो, अनेक लोगों पर अत्याचार किए हों, तो उसे क्या दंड देना चाहिए ?" जहाँगीर ने उत्तर दिया, "प्राण-दंड।" यह सुनते ही महावतख़ाँ ने एकदम नूरजहाँ के प्राण-वध के काग़ज़ पर सम्राट् से हस्ताक्षर करा लिये। अपराध वही ख़ुसरो और परवेज़ के वध का लगाया गया था।

पाठक, जहाँगीर की सत्य-प्रियता और न्याय-शीलता पर ध्यान दीजिए। नूरजहाँ के बिना जहाँगीर अपना जीवन व्यर्थ समझते थे। उन पर सम्राट का अगाध स्नेह था, फिर भी उसी प्राणेश्वरी को उन्होंने प्राणदंड का हुक्म दे दिया ! धन्य

वह न्यायप्रियता ! धन्य वह भारत, जहाँ ऐसे-ऐसे न्याय-प्रिय शासक हुए। पर आजकल न्याय की जो छीछालेदर हो रही है, वह सभी जानते हैं। किंतु वर्तमान समय में न्याय और सत्य की जो भीषण हत्या हो रही है, उसका अपराधी कौन है ? हम ! हमीं लोगों ने बेईमानी, झूठ और स्वार्थ-परता का बाज़ार गर्म कर रखा है। यदि कोई सच भी कहता है, तो गाली-गलौज की नौबत आ पहुँचती है। जब अपना ही यह हाल है, तब दूसरों से क्या आशा रखनी ?

जब महावत नूरजहाँ के पास प्राणदंड का पत्र लेकर पहुँचा, तब सम्राज्ञी ने सम्राट् से भेंटकर पूछा, "क्या यह आपने ही लिखा है ?" सम्राट ने कहा, "हाँ, मेरे हाथों ने और महावत के हृदय ने !" परंतु उस समय नूरजहाँ की कूट-नीति से उन्हें फाँसी न हो सकी ! प्रातःकाल ही महावत ने देखा कि सब सेना नूरजहाँ के अधिकार में हो गई है, अब मेरी दाल नहीं गल सकती ! यह देख, वह वहाँ से चुपचाप भाग गया। इस प्रकार नूरजहाँ पति को क़ैद से छुड़ा देहली लौट आईं और पूर्ववत् राजकाज करने लगीं। वे सिर्फ़ राज-कार्य में ही कुशल न थीं, सेना का संचालन भी वे बखूबी कर सकती थीं। जहाँगीर ने उन्हें 30 हजार सेना की जेवरली सुपुर्द की थी। उनको शिकार खेलने का बड़ा शौक था।

इस स्वल्प वर्णन से विदित होता है कि नूरजहाँ की नीति कितनी कूट और राजनीतिक चालों से भरी हुई थी। इससे यह भी सूचित होता है कि उन्हें बाल्य-काल में अवश्य ही राजनीति की उत्कृष्ट शिक्षा दी गई होगी। तभी तो वे अकेली ही सारे भारत को मुट्ठी में किए हुए थीं ! यदि कहीं कुछ गड़बड़ भी होती, तो वे उसे यथाशक्ति बिना खून-ख़राबे के ही शांत करने का प्रयत्न करती थीं। जब नूरजहाँ सुशिक्षा पाकर इस प्रकार राजकार्य चला सकती थीं, तब यह कैसे कहा जा सकता है कि स्त्रियाँ शिक्षा पाकर घरेलू काम-काज के अयोग्य हो जाएँगी ? हमारी समझ में वे शिक्षा पाकर घरेलू कामों में ही दक्ष न हो जाएँगी, बल्कि देश-हित के कार्यों में भी पुरुषों की पूर्ण सहायक हो सकेंगी। यदि वे शिक्षा पाकर घरेलू कामों के अयोग्य होंगी, तो यह शिक्षा देने की प्रणाली का ही दोष होगा, न कि शिक्षा का। स्त्रियों को नूरजहाँ आदि प्रसिद्ध स्त्रियों के चरित्र पढ़कर अवश्य ही शिक्षा लेनी तथा देश-हित की ओर अपनी प्रवृत्ति करनी चाहिए। कोई कारण नहीं, कि वे अपने अधिकारों से वंचित रहें। पुरुष-समाज को भी उदार-वृत्ति का अवलम्बन कर स्त्रियों के अधिकारों की ओर ध्यान देना चाहिए।

थोड़े ही दिनों पश्चात्, बादशाह जहाँगीर बीमार हुए और ऐसे बीमार हुए कि संसार से नाता तोड़कर ही चल दिए। यह दुःखद घटना सन् 1627 में लाहौर में हुई। उस समय जहाँगीर की अवस्था 60 वर्ष की थी। नूरजहाँ को उनकी मृत्यु से बड़ा दुःख हुआ। फिर भी उन्होंने शहरयार को गद्दी दिलाने का प्रयत्न किया। परंतु शोकाधिक्य के कारण तथा शाहजहाँ और महावत की कूटनीति के आगे वे

कृतकार्य न हो सकीं। शाहज़ादा ख़ुर्रम ही शाहजहाँ के नाम से बादशाह हुए। पर तख़्त पाकर उन्होंने अपनी सौतेली माँ पर अत्याचार नहीं किया। भूतपूर्व सम्राज्ञी के लिए उन्होंने यथोचित पेंशन की व्यवस्था कर दी। नूरजहाँ ने विधवा की भाँति सफेद कपड़े पहनकर अपना शेष जीवन व्यतीत किया। पति की मृत्यु के 19 वर्ष बाद सन् 1646 ई. में उनका भी देहांत हो गया। लाहौर में जहाँगीर की क़ब्र के पास ही उनकी भी क़ब्र बनी, जहाँ प्रेमी और प्रेयसी, पति और पत्नी, आज भी चिर-निद्रा में सो रहे हैं।

नूरजहाँ ने बीस वर्ष तक इस विशाल देश पर राज्य किया था। उनका शासन बड़ी शान का था। प्रजा में बड़ी शांति थी। अकाल का नाम न था। उनके सुशासन का यही प्रमाण है कि उनके समय में पहले जैसे भयंकर युद्ध भी नहीं हुए। मार्सडन साहब अपने इतिहास में उनके विषय में यों लिखते हैं—

''जहाँगीर और हिंदुस्तान के लिए यह बड़े गौरव की बात थी, कि यह रानी बड़ी बुद्धिमानी और उत्तमता से राजकार्य करती थी।''

इससे साफ़ जाहिर है कि नूरजहाँ की योग्यता कितनी बढ़ी-चढ़ी थी। विदेशी इतिहास-लेखक तक उनकी योग्यता के क़ायल हैं। जो देवियाँ ऐसी शक्ति-संपन्ना हो सकती हैं, हमारा समाज उन्हें शिक्षा न देकर, मानो अपने ही पैरों में आप कुल्हाड़ी मार रहा है। कौन जानता है कि भविष्य में, शिक्षा पाकर हमारे देश में कितनी नूरजहाँ उत्पन्न हो जाएँगी ? शिक्षा के गुण अनंत हैं। वह नीच को भी उच्च बना देती है।

जहानआरा

मुग़ल-बादशाहों में सम्राट शाहेजहाँ सबसे भाग्यवान् और वैभवशाली थे। कदाचित् इसीलिए उन्होंने ख़ुर्रम के बदले शाहेजहाँ नाम ग्रहण किया था। शाहेजहाँ का अर्थ है—''संसार का सम्राट्''। यद्यपि वे संसार-सम्राट् नहीं थे, पर इसमें संदेह नहीं कि वे भारत के चक्रवर्ती सम्राट् अवश्य थे। उनका शासन बड़ी शानोशौक़त का था। आप जिस सिंहासन पर विराजमान होते थे, उसका मूल्य सात करोड़ रुपए से भी अधिक था। उसका नाम था—मयूरासन। उसकी जगमगाहट से आँखों में चकाचौंध लग जाती थी। देश के दुर्भाग्य से यद्यपि अब मयूरासन यहाँ नहीं है; परंतु अब भी शाहेजहाँ का बनवाया प्रसिद्ध 'ताजमहल' हमारे भारत का गौरव बढ़ा रहा है। 'जहानआरा' उर्फ़ 'बेगम साहिब' इन्हीं प्रतापी सम्राट् की ज्येष्ठ पुत्री थी। इस राजकन्या ने पितृभक्ति का जो आदर्श संसार को दिखलाया है, वह दूसरे देशों के इतिहास में कदाचित् ही मिलेगा।

सम्राट् ने आरंभ से ही जहानआरा को होनहार लड़की देख, उसे अच्छी शिक्षा दिलाई थी। मुमताजुन्निसा की मृत्यु के पश्चात् केवल जहानआरा ही शाहेजहाँ के सुख-दुःख की संगिनी थी। उसकी सेवा, स्वभाव, मिष्टभाषण, उदारता, पितृभक्ति और योग्यता से शाहेजहाँ के मानसिक कष्ट बहुत कुछ दूर हो गए थे। इतना ही नहीं, यह सुयोग्य पुत्री शाहेजहाँ को राजकार्य में भी पूरी सहायता देती थी। यह उसकी उत्तम शिक्षा-प्रणाली का फल था। पुत्री के इन देवदुर्लभ गुणों के कारण पिता भी उसे ख़ूब चाहते थे—वे उसके लिए अपना सारा धन निछावर करने को उद्यत रहते थे। इसके सिवा वे क्या कर सकते थे ?

शाहेजहाँ अपनी पुत्री को किस प्रकार चाहते थे, यह निम्नलिखित घटना से विदित होता है—''26 मार्च, सन् 1644 को संध्या-समय जब जहानआरा पिता के कमरे से अपने कमरे में जा रही थी, तब मोमबत्ती से उसके कपड़ों में आग लग गई। एक तो वस्त्र बारीक, दूसरे इत्र में सना हुआ, आग की लपटें उठने लगीं। दासियाँ उसे बचाने के लिए जी-जान से प्रयत्न करने लगीं। अग्नि तो किसी प्रकार बुझ गई, पर जहानआरा और दासियाँ बहुत बुरी तरह जल गईं।

शाहेजहाँ को इस आकस्मिक घटना से बहुत ही दुःख हुआ। बड़ी सावधानी से शाहज़ादी की चिकित्सा होने लगी। देश-भर के अच्छे-अच्छे वैद्य और हकीम प्राणपण से उद्योग करने लगे। बादशाह को पुत्री की बीमारी के कारण कुछ सूझता ही न था। दिन-रात वे उसी की सेवा में लगे रहते थे। वे उसे अपने हाथ से मरहम-पट्टी लगाते, दवा देते और खाना खिलाते थे। दरबार में दो-चार मिनट से अधिक न बैठते थे और कभी-कभी तो जाते ही न थे। प्रतिदिन शाहज़ादी के सिरहाने हज़ार रुपयों की थैली रखी जाती थी। सवेरे वह रुपया दीन-दुःखियों में बाँट दिया जाता था। सरकारी रुपया खा जाने के अपराध में जो लोग बंदी थे, वे छोड़ दिए गए। इस प्रकार सात लाख रुपए छोड़ दिए गए। बादशाह-सलामत प्रतिदिन संध्या-समय से आधी रात तक शाहज़ादी के अरोग्य-लाभ के लिए ईश्वर-प्रार्थना किया करते थे। प्रार्थना करते-करते उन्हें रोना आ जाता था। शाहज़ादी चार महीने से अधिक तक कष्ट भोगती रही। पर कुछ भी लाभ न हुआ। उसके साथ की जली हुई दोनों दासियाँ मर गईं। जहानआरा के बचने की भी कुछ आशा न रही। पर भाग्य अच्छा था। पाँचवें महीने एक मामूली आदमी की दवा से जहानआरा को आरोग्य-लाभ हुआ। शाहेजहाँ को बड़ी ख़ुशी हुई। 25 नवंबर को बड़ी धूमधाम से उत्सव किया गया। जहानआरा को दस लाख रुपए के आभूषण दिए गए। प्रत्येक अफ़सर और राजकर्मचारी को इनाम दिया गया। दो लाख रुपए दीन-दुःखियों को भी बाँटे गए। इसी ख़ुशी में औरंगजेब का अपराध भी क्षमा कर, उसे उसका सूबा दे दिया गया।

सम्राट् के चार पुत्र थे–दारा, शुजा, औरंगजेब और मुराद। यद्यपि ये चारों पुत्र योग्य थे, पर उनमें एक तो सचमुच ही सिंहासन को शोभा देनेवाला था। हमारा मतलब है, औरंगज़ेब से। वह जितना ही विद्वान्, चतुर, समझदार, धर्मिष्ठ और राजकार्य-पटु था, उतना ही ज़ालिम, मक्कार और मतलबी भी था। वह अपने दोनों ज्येष्ठ भ्राताओं के हक़ मारकर बादशाह बनने के लिए सदैव लालायित रहता था, पर ऊपर से अपने को धर्मिष्ठ और फ़कीर बतलाने का प्रयत्न करता था। उसके इस प्रयत्न से दरबार में दो दल हो गए थे। प्रधानमंत्री मीरजुमला और जहानआरा की छोटी बहिन रौशनआरा औरंगजेब की पक्षपातिनी थी। वह शाहजहाँ के समय में सारे रनिवास की स्वामिनी थी। राज्य-प्रबंध में भी उसे बड़े-बड़े अधिकार प्राप्त थे। पर उसने कभी किसी को हानि नहीं पहुँचाई। वह दारा को बहुत मानती थी। दारा आदमी ही ऐसा था कि लोग उसका आदर करते। जहानआरा दारा को अपना गुरु मानती थीं। दोनों के धार्मिक विचार एक से थे। दोनों ने मिलकर अपने गुणों और पितृ-भक्ति से शाहजहाँ को अपने हाथों में कर लिया था। परंतु इतने पर भी वे लोग औरंगज़ेब की मक्कारी के कारण उससे पेश न पा सके।

आख़िर औरंगज़ेब की मुराद पूर्ण हुई। सन् 1658 ई. में सत्तर वर्ष की अवस्था

में वृद्ध सम्राट् शाहेजहाँ बीमार हुए। आलमगीर की बन आई। शंभूगढ़ के युद्ध में दाराशिकोह औरंगज़ेब से परास्त हो गए। इससे पिता-पुत्री दोनों को ही बड़ा अफ़सोस हुआ। अपने सहोदर भाइयों को, उनके परिवार सहित, नराधम औरंगज़ेब ने नष्ट करवा डाला। जिस पिता ने उसे उत्पन्न किया था, जिस पिता ने अपने भविष्य सुख की आशा से उसे पाल-पोसकर इस योग्य बनाया था, जिस पिता की भक्ति में उसे अपने प्राण तक निछावर कर देना उचित था, उसी पूज्यपाद पिता को उस नर-दैत्य ने बंदी किया।

खेद तो इस बात का है कि जिस पिता से जहानआरा-जैसी पुत्री उत्पन्न हुई थी, उसी पिता से पितृ-शत्रु, भ्रातृ-बधिक और देश एवं जाति का शत्रु भी उत्पन्न हुआ ! प्रकृति के नियम ही ऐसे हैं ! उनका समझना सहज नहीं। पर इसमें विशेष दोष आलमगीर का भी नहीं है। उसके पूर्वजों ने भी तो इस प्रकार के बहुतेरे कुकृत्य किए थे। फिर शाहेजहाँ को यदि इस प्रकार पुत्र ने सताया, तो इसमें आश्चर्य की बात नहीं है।

शाहेजहाँ एक तो सत्तर वर्ष के वृद्ध थे, दूसरे बीमारी से निर्बल हो रहे थे ! प्यारी पत्नी मुमताज़ की स्मृति अलग ही आँसू बहाने के लिए लाचार कर रही थी; भाग्य की निर्बलता से पुत्रों की कृतियाँ शांति न लेने देती थीं, छोटी पुत्री रौशनआरा अलग ही औरंगज़ेब को सम्राट् बनाने के लिए राजनीतिक चालें चल रही थी, फिर शाहेजहाँ के रंज का क्या पूछना है ? इतने पर भी वह अघट घटना हो गई, जिसका उन्होंने विचार भी न किया होगा। अनभ्र वज्रपात हुआ ! औरंगज़ेब के इस दुर्व्यवहार का सम्राट् के हृदय पर इतना प्रभाव हुआ, कि वे वहीं मूर्च्छित हो धरणी पर गिर पड़े। उस समय उनकी सेवा करनेवाली, उन्हें सँभालनेवाली एकमात्र बिना माँ की दुखिया बेटी, सम्राट् की नयन-पुतली जहानआरा ही वहाँ उपस्थित थी।

औरंगज़ेब की यह बेज़ा कार्रवाई देख, जहानआरा को बड़ा ही क्रोध आया, और उसने उसे खूब ही खरी-खोटी सुनाई। जब इससे कुछ न हुआ, तब उसने उसे पितृभक्ति का पाठ पढ़ाया, उसे सुलह कर लेने के लिए बहुत समझाया, बादशाहत चारों भाइयों में बाँट लेने को कहा, पर उस पत्थर के हृदय पर जहानआरा की खरी-खोटी और उपदेशपूर्ण बातें कुछ भी असर न डाल सकीं। उस काले और स्वार्थी हृदय पर जहानआरा की विनम्र प्रार्थनाओं का ज़रा भी असर न हुआ ! उसने ज़बरन जहानआरा को अलग कर, वृद्ध और मूर्च्छित पूज्यपाद पिता को बन्दीगृह में बंद कर ही दिया। कृतघ्नता, बेशरमी, बेरहमी और स्वार्थपरता की सीमा हो गई। औरंगज़ेब ! खेद है तुम्हारी इस करतूत पर ! यद्यपि तुम मरकर निश्चय ही नरक में गए होंगे, पर याद रखो, इस क्षणभंगुर संसार में तुम अपने नाम के साथ कलंक का वह काला टीका लगा गए हो, जो इतिहास पर से कभी धुल नहीं सकता। तुम्हारे गुनाह कभी माफ़ नहीं किए जा सकते। उस नर-पिशाच ने पिता को बंदी

करके ही चैन नहीं लिया, उस वैभवशाली बंदी सम्राट् की देख-रेख के लिए उसने पहरे की कि बड़ी कड़ी व्यवस्था की। यह देख, कोमल-हृदया जहानआरा से न रहा गया। उसने आलमगीर से प्रार्थना की कि मुझे पिता की सेवा में रहने दो। परिणाम यह हुआ कि वह भी पिता के पास बंदीगृह में भेज दी गई। धन्य अबला का हृदय ! धन्य वह पितृभक्ति और पितृ-स्नेह ! यह है अबला के उज्ज्वल हृदय का जाज्वल्यमान चित्र और यह है पुरुष के अंधकार-युक्त हृदय का परम अंधकारमय चित्र !

पाठक ! कलेजा थामकर पढ़िए। उन नमकहराम हिंदू-मुसलमानों को धिक्कार दीजिए, जो राजभक्ति की प्रतिज्ञा कर शाहेजहाँ की सेवा में नियत हुए थे और अब उन्हीं के विरुद्ध औरंगज़ेब के सहायक हो गए या उससे दब गए थे। जिस राष्ट्र के आदमी ऐसे कृतघ्नों और अत्याचारियों को भी सिर झुका सकते हैं, उसका जितना पतन हो, थोड़ा है। जहानआरा ने बंदीगृह को जाते समय अपने राजसी वस्त्र और आभूषण दीन-दुःखियों को दान में दे डाले। उसने यह निश्चय कर लिया कि मैं एक गरीब दासी की भाँति प्यारे पिता की सेवा करूँगी। जो पिता एक दिन मयूरासन पर विराजमान होते थे, जिनके आगे संसार की ऋद्धि-सिद्धियाँ हाथ जोड़े प्रस्तुत रहती थीं, जब वे ही बंदीगृह के भयंकर कष्ट झेलेंगे, तब मैं क्यों कर सुखी रह सकती हूँ। मेरे इस राजसी ठाट-बाट और सुख-सज्जा को धिक्कार है ! अतः जहानआरा एक ग़रीब साधारण दासी की भाँति वस्त्र पहन, अपने प्यारे पिता की सेवा-टहल करने के लिए उद्यत हो गई। देवी जहानआरा के इस साहस, त्याग और पितृ-भक्ति की सभी को मुक्त कंठ से प्रशंसा करनी पड़ेगी।

निदान 22 जनवरी, 1656 को शाहेजहाँ क अंतिम काल आ गया। उन्होंने रोती हुई जहानआरा को शांति दे, क़ुरान पढ़ सुनाने का हुक्म दिया। थोड़ी ही देर बाद वे सदैव के लिए इस दुनियायेफ़ानी से कूच कर गए। जहानआरा की इच्छा थी कि सम्राट् का अंतिम जुलूस शाही ठाट-बाट से निकले, पर बंदिनी कर ही क्या सकती थी ? पापी ने उसकी इस बात को भी न माना। पर फिर भी बहुत-से भले आदमी जनाज़े के साथ गए। शाहेजहाँ को इन आठ वर्षों में जिन-जिन मुसीबतों और दुःखों का सामना करना पड़ा, यह आप सोच भी नहीं सकते। शाहेजहाँ को जो पत्र लिखने होते, वे औरंगज़ेब के नियत किए हुए मुंशी की निगरानी में लिखे जाते थे ! वे अच्छे कपड़े पहनने को न पाते, यहाँ तक कि उनके पुराने बहुमूल्य वस्त्र भी छीन लिये गए थे ! दुःख के इन दिनों में यदि उनके लिए सुख की कोई बात थी, तो यही, कि उनकी प्यारी पुत्री सदैव ही उनकी सेवा के लिए वहीं प्रस्तुत रहती थी। वह तन-मन से अपने पिता की सेवा करती थी, उसने अपने सुखों की ओर कभी ध्यान नहीं दिया। पीछे तो अपने प्यारे पुत्रों की अकाल-मृत्यु से शाहेजहाँ का दुःख बहुत ही बढ़ गया था। पर जहानआरा उन्हें प्रसन्न रखने के लिए कभी

उनकी सेवा से मुँह न मोड़ती थी। उसने इस बात को बिलकुल ही भुला दिया था कि मैं एक शाहज़ादी हूँ। अब वह अपने को एक बूढ़े क़ैदी की बेटी समझती थी। यही उसके चरित्र की महत्ता है। औरंगज़ेब अपनी इस सुशील और दुखिया बहन पर भी कड़ा पहरा लगाए बिना न रह सका।

जहानआरा के हृदय में दीन-दुःखियों के लिए बड़ी दया थी। छोटेपन से ही उसका हृदय उदार और दयालु था। जबसे उसके पिता बंदी हुए, तबसे तो यह बात और भी बढ़ गई थी। क़ैद में उसने शाहेज़हाँ के पैरों पड़कर तीन बार औरंगज़ेब के लिए क्षमा-प्रार्थना की। हृदय की इस सुंदरता का भी कुछ ठिकाना है ! शाहेजहाँ पुरुष थे, उनका हृदय उतना कोमल नहीं था। इसलिए उन्होंने दो दफ़ा तो इनकार किया, पर तीसरी बार वे प्यारी पुत्री के कोमल-हृदय के निवेदन को न टाल सके। उन्होंने हृदय को कड़ाकर टूटे-फूटे शब्दों में औरंगज़ेब को क्षमा कर दिया। बात तो यह है कि संतान भले ही कुसंतान हो जाए, पर माता-पिता कभी 'कु' नहीं हो सकते। गरम लोगों को यह बात सदैव ध्यान में रखनी चाहिए। आजकल बहुतेरे लड़के देश-भक्ति के प्रवाह में माता-पिता का अपमान और उनकी हितकर सलाहों की हँसी करते देखे जाते हैं। सोचने की बात है कि जो अपने माता-पिता की भक्ति नहीं कर सकता, वह इतने विशाल देश की भक्ति कैसे कर सकेगा ? माता-पिता का हृदय उस कोमल मोम का बना होता है, जो थोड़ी भी आँच नहीं सह सकता। हमारा कर्तव्य है कि हम उन कोमल हृदयों की भक्ति करें। अधिक क्या, उन कोमल-हृदयों के लिए जान भी निसार कर दें। अस्तु, पिता की सेवा-टहल में ही जहानआरा ने अपना सारा जीवन व्यतीत क़र दिया। पिता की मृत्यु के थोड़े दिन बाद ही उसका भी देहांत हो गया, मानों वह पिता की सेवा करने के लिए ही उत्पन्न हुई हो। सचमुच ही उसने पिता की अनन्य-सेवा कर, अपना जीवन सफल कर लिया। जिस जहानआरा का हृदय इतना कोमल, दयालु, उदार, गंभीर, निर्मल और पितृभक्त था, वह अवश्य ही मानवी नहीं, स्वर्ग की कोई देवी रही होगी।

जहानआरा जिस समय बीमार थी और उसमें उठने-बैठने की भी शक्ति न थी, तब एक दिन औरंगज़ेब भी अपनी बहन की ख़बर लेने उसके पास गया। वहाँ जाकर वह क्या देखता है कि चक्रवर्ती सम्राट् शाहेजहाँ की प्राणप्यारी बेटी, जिसकी आज्ञा मानने के लिए एक समय दास-दासियों की तो कौन कहे, महारानियाँ तक हाथ जोड़े प्रस्तुत रहती थीं, अनाथिनी की भाँति एक टूटी-सी खाट पर चुपचाप पड़ी पीड़ा से कराह रही है ! जिसके सिर में दर्द होते ही बड़े-बड़े वैद्य और हकीम झुंड-के-झुंड दवा-दारू के लिए प्रस्तुत रहते थे, आज वही राजकन्या पीड़ा के कारण चुपचाप पड़ी मृत्यु का आह्वान कर रही है। जिसे कभी दुग्धफेनवत् नरम शय्या पर भी निद्रा न आती थी, वही राजकन्या आज पीड़ा के कारण चुपचाप पड़ी ईश्वर के ध्यान में लीन है। जिसकी सेवा के लिए कभी सहस्रों दासियाँ प्रस्तुत रहती थीं,

आज उसी राजकन्या की शय्या पर ढेरों मक्खियाँ भिनभिना रही हैं। यह कारुणिक और हृदय-विदारक दृश्य देख, पत्थर का हृदय भी पसीज उठा। और औरंगज़ेब की आँखों से अश्रुधारा बहने लगी। अब उसे कुछ-कुछ विवेक हुआ। वह अपनी बहन की खाट पर बैठ गया और उसने रुद्ध कंठ से उसे पुकारा। हाय ! उस समय जहानआरा का कंठ अवरुद्ध हो गया था—मुँह से बोली न निकलती थी। भाई का शब्द सुन, उसने चुपचाप आँखें खोलीं और उसकी ओर प्रेम-भरी दृष्टि से देखा ! रोते हुए औरंगज़ेब ने जहानआरा से अपने अपराधों की क्षमा माँगी ! जहानआरा ने आकाश की ओर निगाह करके अँगुली से इशारा किया, कि ख़ुदा की याद करो ! वही सबके गुनाह माफ़ करता है। परमेश्वर का ध्यान करते-ही-करते प्रेममयी, उदार-हृदया और पितृ-भक्त जहानआरा ने अपना शरीर छोड़ दिया। अनाथिनी का स्वर्गवास हो गया—करुणा का यह नाटक समाप्त हो गया। औरंगज़ेब ने तीन दिनों तक उसकी मृत्यु का शोक मनाया।

"मेरे मरने पर मेरी क़ब्र पर सिवा घास के और कुछ न रहे। ग़रीब की क़ब्र के लिए यही बहुत है।"

मृत्यु के पहले इसी भाव की एक कविता जहानआरा ने औरंगज़ेब को एक पत्र में लिखी थी। इससे मालूम होता है कि जहानआरा अपने को कितना ग़रीब समझती थी।

कोई-कोई कहते हैं कि औरंगज़ेब ने पिता के मरने पर अपनी बहन की इज़्ज़त की। वह फ़िर रनिवास की स्वामिनी बनाई गई। हुक्म हुआ कि सब दरबारी अफ़सर आगरे के क़िले में बाहर से उसे सलाम करें। उसकी वार्षिक पेंशन 17 लाख रुपए की नियत की गई। पर उसने अपना जीवन साधारण तौर से ही व्यतीत किया। अक्टूबर सन् 1666 में वह आगरे से दिल्ली चली आई। औरंगज़ेब अक्सर उससे मिलने जाता और घंटों राजकार्य-विषयक बातें किया करता था। वह उसे उपदेश भी दिया करती थी। जहानआरा ने दारा और मुराद के बाल-बच्चों का पालन-पोषण कर, उनके ब्याह भी किए। वहीं उनका देहांत हुआ। औरंगज़ेब ने हुक्म दिया कि सरकारी काग़ज़ातों में उसके नाम के साथ 'साहिब तुज़्ज़मानी' पद लगाया जाए।

हमें भी यही मत ठीक जान पड़ता है। क्योंकि औरंगज़ेब ने पिता की मृत्यु के बाद सोचा होगा कि मेरे सब शत्रुओं का नाश तो हो ही गया। अब वह मेरे साथ दग़ाबाज़ी किसके लिए करेगी ? इसलिए उसे उसका पहला अधिकार देने में किसी प्रकार का नुक़सान नहीं हो सकता।

स्वर्गीय पंडित मन्नन द्विवेदी गजपुरी ने इस देवी के विषय में बहुत ही ठीक लिखा है—

"बेगमसाहिबा के मरने से विद्या, दया, सुशीलता, सहनशीलता और पितृ-भक्ति का बड़ा भारी समूह संसार से उठ गया। संसार में ऐसी गंभीर आत्माएँ

बहुत कम आती हैं और जब आती हैं, तब दुःखियों का बहुत कुछ कष्ट हर लेती हैं।''

खेद है कि इस सुशीला और सच्चरित्रा देवी के चरित्र पर कई उपन्यासकारों ने अपनी क़लम का कुठार चलाया है। उन्होंने शाहेजहाँ की इस सेवा को पाप-रूप में देखा है। पर यह उनकी आँखों का भ्रम है, उनके हृदय का कलुषित चित्र है; क्योंकि उनका कथन ऐतिहासिक सत्यता नहीं रखता। पुरुषों का अक्सर ऐसा ही स्वभाव होता है कि वे स्त्रियों पर बिना दोष लगाए नहीं रह सकते।

रौशनआरा

रौशनआरा बेगम शाहंशाह शाहेजहाँ की छोटी बेटी और पवित्रात्मा जहानआरा की छोटी बहन थी। इस बेगम के चरित्र का महत्त्व, उसकी विद्या, बुद्धि, उदारता और जीवन के उच्च आदर्श के कारण नहीं, वरन् उसकी राजनीति-पटुता के कारण है। जहानआरा में सद्गुणों का जितना ऊँचा आदर्श था, रौशनआरा उतनी ही छल-कपट और राजनीति में प्रवीण थी। औरंगज़ेब की सहायता करने में वह औरंगज़ेब से भी नीचे गिर गई थी। औरंगज़ेब को जिन लोगों की सहायता से देहली का राज्य सिंहासन प्राप्त हुआ था, उनमें रौशनआरा प्रमुख थी।

हम जहानआरा के चरित्र में लिख आए हैं कि शाहेजहाँ के दरबार में दो दल हो गए थे। एक दाराशिकोह का पक्षपाती था और दूसरा औरंगज़ेब का। पहले दल में अन्य लोगों के सिवा जहानआरा और दारा प्रमुख थे। औरंगज़ेब जब सुदूर दक्षिण-प्रांत में था, तब उसने मीरजुमला नामक एक जौहरी से बड़ी मित्रता कर ली थी। आगे चलकर यह मीरजुमला औरंगज़ेब के बड़े काम आया। मीरजुमला ने अपने बहुमूल्य जवाहरात भेंट में देकर शाहेजहाँ को प्रसन्न कर लिया था। इस मित्रता का, भेंट का और योग्यता का परिणाम यह हुआ कि मीरजुमला को प्रधानमंत्री बना दिया गया ! वह 7 जुलाई, सन् 1656 ई. को दिल्ली पहुँच गया। इसके कारण औरंगज़ेब की शक्ति पहले से दूनी हो गई। यद्यपि मीरजुमला सर्वथा औरंगज़ेब के पक्ष में था। पर रौशनआरा उस पर भी चुपचाप कड़ी नज़र रखती थी। मतलब की बातों से वह सदैव औरंगज़ेब को सचेत किया करती थी। दरबार में औरंगज़ेब के पक्ष को मज़बूत बनाना ही उसका मुख्य उद्देश्य रहता था और वह इसमें बहुत कुछ सफल भी हुई।

यद्यपि दारा और जहानआरा, योग्यता, विद्या, बुद्धि, दया और उदारता में किसी प्रकार कम न थे, पर उन्हें सफलता न मिली। इन सद्गुणों से युक्त होने पर भी उन्हें भयंकर कष्टों का सामना करना पड़ा और जिन औरंगज़ेब और रौशनआरा में ये गुण न थे, वे सफल हुए—उन्होंने राज्य के स्वर्गीय सुख भोगे। क्या आप इसका कारण जानते हैं ? आपको स्मरण रह सकता है कि राजनीति

में जीवन के ऊँचे आदर्श प्रायः काम नहीं देते। जिसका हृदय कड़ा है, जिसके हृदय में दया नहीं है, जो छल-कपट का आगार है, वही राजनीति में सफलता प्राप्त कर सकता है। हमारी सज्जनता ने ही आज हमें पराधीनता के नाग-पाश में बाँध रखा है। यदि हम भी पहले ही छल का सामना छल से करते, तो संभव था कि हमें ये दिन न देखने पड़ते। परंतु अब हमें कूटनीति का सामना कूटनीति से करने की आवश्यकता नहीं रही। अब हमें उसका सामना करने के लिए दो बड़े ही प्रबल शस्त्र मिल गए हैं, जिनके नाम हैं—सत्याग्रह और असहयोग। अब हम अधर्म या असत्य का सामना सत्य, शांति और धर्म से करेंगे। आवश्यकता है कि इन शस्त्रों का व्यवहार करना, भारत के बच्चे-बच्चे को सिखा दिया जाए ! अस्तु, दारा और जहानआरा की सहायता, दयालुता और उदारता इतिहासप्रेमी पाठकों से छिपी नहीं। औरंगज़ेब की निर्दयता और छल-कपट से भी वे परिचित हैं। यही कारण है कि रौशनआरा औरंगज़ेब को सम्राट् बना सकी थी।

जब दाराशिकोह, औरंगज़ेब से युद्ध करने के लिए प्रस्थान कर रहा था, तब रौशनआरा ने अपने गुप्तचरों द्वारा औरंगज़ेब को दारा की सारी सैनिक व्यवस्था लिख भेजी थी। यही नहीं, उसने रिश्वत के बल पर द्वारा के बड़े-बड़े जनरलों को अपनी ओर कर लिया था। शाहेजहाँ का दुलारा, राज्य का सच्चा उत्तराधिकारी, सज्जन दारा परास्त होकर भागा। औरंगज़ेब और रौशनआरा की इच्छा पूर्ण हुई। 10 जून, 1658 को औरंगज़ेब गद्दी पर बैठा और भाई को यह पद प्राप्त होते देख, रौशनआरा की आँखें ठंडी हुई—हृदय को संतोष हुआ। पाठक ! आपने भाई-भाई को युद्ध करते देखा होगा, शायद भाई द्वारा भाई का कत्ल होना भी सुना होगा, पर यह कभी न सुना होगा कि एक माता के पेट से पैदा हुई सगी बहन अपने भाई के खून की प्यासी हो ! पर भारत के दुर्भाग्य में यह देखना भी बदा था। जिस देश में अत्याचार की सीमा यहाँ तक बढ़ जाए, जिस देश के निवासी अत्याचार सहने के यहाँ तक आदी हो जाएँ, जिस देश के निवासी ऐसे अत्याचारियों को भी सिर झुकाएँ, उसका जितना ही पतन हो, थोड़ा है ! एक नमक-हराम और कृतघ्न मुसलमान-सरदार की बदौलत दारा क़ैद होकर 23 अगस्त, 1658 को दिल्ली लाया गया। शाही हुक्म हुआ कि दारा को प्राणदंड दिया जाए, क्योंकि वह सच्चा मुसलमान नहीं है, वह हिंदुओं के साथ सहानुभूति रखता है ! अपराध सचमुच भयंकर था ! दारा ने अपनी प्राण-रक्षा के लिए औरंगज़ेब से बहुत प्रार्थना की, दूसरे लोगों की ओर से बहुत प्रयत्न किया गया; पर दारा की सज़ा कम न हो सकी। बी रौशनआरा भी अपने ज़ालिम और मक्कार भाई की तरह सच्ची मुसलमान थीं। आपने भी भाई के प्राण लेने में बड़ा आग्रह दिखलाया। यदि ये बी साहिबा चाहतीं तो दारा का प्राण अवश्य बच सकता था। पर आप थीं राजनीति समझानेवाली। सोचा, कि दारा सज्जन है, सब आदमी उसे चाहते हैं, और असली हक़दार भी

वही है। उसके मददगार और चाहनेवाले वृद्ध सम्राट् और जहानआरा भी जीवित हैं। न जाने किस समय कैसा तूफ़ान उठ खड़ा हो, इसीलिए पहले से ही ख़तरे का नाश कर देना बुद्धिमानी है। आख़िरश 30 अगस्त को ग़रीब दारा का सिर कटवाकर बन्दी सम्राट् के पास भेजा गया। यह था, जले पर नमक छिड़कना। दारा का सिर देखकर शाहेजहाँ और जहानआरा की क्या हालत हुई होगी, यह पाठक अपने कल्पना-नेत्रों से देख लें।

सल्तनत पाने पर औरंगज़ेब ने अपनी मंत्री-तुल्य सहायक बहन रौशनआरा को पुरस्कार-स्वरूप पाँच लाख रुपए दिए। इस भेंट को पाकर शायद आप भी ख़ुश हुई होंगी। सारे हरमसरा की देख-रेख का भार भी आप ही के सुपुर्द किया गया। हरमसरा की स्वामिनी होकर आपने खूब ही मनमानी की। इसीलिए औरंगज़ेब आपसे कुछ रुष्ट हो गया।

इतने में मई सन् 1662 में औरंगज़ेब सख़्त बीमार पड़ गया। भला जो रौशनआरा दारा का सिर कटाकर ख़ुश हुई थी, वह औरंगज़ेब की रुष्टता क्योंकर सहन कर सकती थी ? उसने बदला लेने का यह अच्छा अवसर समझा और हरमसरा में धींगाधींगी मचा दी। जो मन में आता, वही करती। किसकी हिम्मत थी, जो रौशनआरा के ख़िलाफ़ अपनी ज़बान भी हिलाता ? उसने सल्तनत का सारा कारोबार अपने हाथ में ले लिया। शाही मुहर के बल से वही सारे राज्य का प्रबंध करती और नित्य नए-नए हुक्म ज़ारी किया करती थी। बड़े-बड़े सरदार चुपचाप उसकी आज्ञा मानने ही में अपनी कुशल समझते थे। बात यहीं तक न रही। उसने औरंगज़ेब को गद्दी से उतार, उसके लड़के आज़म को बादशाह बनाने का विचारकर, तैयारियाँ आरंभ कर दीं ! परंतु अभी औरंगज़ेब के हाथों से भारत का और भी नाश होना था, अभी औरंगज़ेब द्वारा भारत की निरीह प्रजा को और भी पिसना था। बी रौशनआरा अपने उद्योग में निष्फल हुईं। मेरे विचार से यदि रौशनआरा बीमारी में ही बादशाह को क़त्ल करा देतीं, तो अच्छा होता।

औरंगज़ेब की दवा-दारू का प्रबंध भी वही करती थीं। हकीम और वैद्य अपने मन की नहीं, बेगम साहिबा के मन की दवा करते थे। उनकी ख़बर लेने के लिए भी सब कोई न जा सकते थे। वही जा सकते थे, जो बेगम साहिबा की कृपापात्र थे। औरों की तो बात ही क्या, उनकी बेगमें तक बिना रौशनआरा की आज्ञा के उनके पास न जा सकती थीं। बादशाह की प्यारी बेगम नवाबबाई उसके पास न जा सकी—वह ज़बर्दस्ती वहाँ से हटा दी गई। इस अपराध में रौशनआरा ने उसे सज़ा तक दिलाई—उसके सिर के बाल तक पकड़कर खींचे गए !

परंतु औरंगज़ेब की क़िस्मत अच्छी थी। एक हकीम ने रौशनआरा को धोखा देकर ईमानदारी से बादशाह की दवा की और वह अच्छा हो गया। तब उसने

रौशनआरा को खूब झिड़का, बड़ी नाराज़ी ज़ाहिर की ! वह अपने पद से हटा दी गई और समय पाकर जहानआरा को उक्त पद फिर दिया गया। इसके बाद रौशनआरा के चरित्र में उल्लेख-योग्य कोई बात नहीं हुई। लेकिन मरते-मरते वह बदला लेने का अवसर ताकती रही। 11 सितंबर, सन् 1671 में 56 वर्ष की अवस्था में इस राजनीति-पटु बेगम का देहांत हो गया।

औरंगज़ेब को उसकी सहायता का स्मरण कर, बड़ा दुःख हुआ और उसकी आत्मा को शांति पहुँचाने के लिए उसने बहुत कुछ ख़ैरात की।

नज़ीरुन्निसा

पाठक-पाठिकाओं ने जहानआरा और रौशनआरा के चरित्र पढ़ लिये। अब आप लगे हाथों उनकी भावज, शिकोह की प्यारी सती-साध्वी बेगम, नज़ीरुन्निसा के पवित्र चरित्र-चित्र का भी दर्शन कर लीजिए। सम्राट शाहेजहाँ के हरमसरा में एक परम रूपवती बालिका थी। उसका जन्म एक दरिद्र और सामान्य घराने में हुआ था। पर हुस्न भी ग़ज़ब की बला है। जब उस पर फ़रिश्ते भी फ़रेफ़्ता हो गए, तब इन्सान की बात ही क्या है ? आख़िरश शाहेजहाँ ने उस बालिका को अपने महलों में बाँदी का काम अंजाम देने का हुक्म दिया। यह बालिका, रूप में ही अद्वितीय नहीं थी, नाच और गान में भी उसकी अच्छी गति थी। सम्राट् उसके नाच और गान पर बहुत खुश होते थे। इस बालिका का नाम था—'रानादिल'। किसे मालूम था कि यही बाँदी एक दिन हिंदुस्तान की युवराज्ञी हो जाएगी ? कौन जानता था कि यही रूप-लावण्य-युक्त टहलनी अपने पीछे अपने सतीत्व का ज्वलंत और अनुपमेय आदर्श छोड़ जाएगी ?

शाहेजहाँ के दुलारे पुत्र दाराशिकोह ने अपनी युवावस्था में एक दिन रानादिल को नज़र भर देख लिया। वह उसके छटा-युक्त भोले-भाले मुखमंडल को देख, मुग्ध हो गया। वह उसके कोकिलकंठी गान को सुन अपने जी को न सँभाल सका। वह उसके नयन-सुखकर नृत्य को देख, तन्मय हो गया। उसने रानादिल पर अपना दिल न्यौछावर कर दिया। वह उसे अपनी अर्द्धांगिनी बनाने के लिए लालायित हो उठा। परंतु दिल्लीश्वर को यह संबंध क्यों पसंद आने लगा। कहाँ दिल्ली के चक्रवर्ती सम्राट का युवराज और कहाँ एक तुच्छ बाँदी ! दाराशिकोह के सद्‌गुणों के कारण सभी उससे ख़ुश रहते थे—वह सभी का प्यारा था। सम्राट् भी उसे सब बेटों की अपेक्षा सबसे अधिक चाहते थे। जब उन्होंने देखा कि बिना रानादिल के दारा को दुःख होता है, तब उन्होंने निकाह कर लेने का हुक्म दे दिया। बड़ी धूमधाम से दोनों प्रेमियों का पाणिग्रहण हो गया। दासी दिल को पाकर दारा ने अपने को धन्य माना। युवराज उसे प्रेम से 'नज़ीरुन्निसा' कहते थे। वह शाहज़ादे की सब बेगमों से खूबसूरत थी।

नज़ीरुन्निसा के जीवन का मध्यभाग विशेष उल्लेख-योग्य नहीं है। पाठकों से इतना ही कह देना बस होगा, कि पवित्र सती-साध्वी को जिस प्रकार तन-मन से पति की सेवा करनी चाहिए, नज़ीरुन्निसा ने भी वैसा ही किया। हाँ, उसके जीवन का अंतिम काल बहुमूल्य है। जो कल करोड़ों प्रजा की अधीश्वरी होती, जो कल अपने पति के साथ दिल्ली के शाही सिंहासन का सौंदर्य बढ़ाती, वही आज बंदी-गृह में है ! जिसका हुक्म बजा लाने के लिए दासियों की तो कौन कहे, बड़ी-बड़ी रानियाँ भी प्रस्तुत होतीं, वही आज एक सामान्य अपराधी की भाँति बंदी-गृह में बंद है ! नज़ीरुन्निसा ने जो न सोचा था, वही हो गया ! उसे क्या मालूम था, कि राज्य-लोलुप औरंगज़ेब मेरा सर्वनाश कर, मेरे पतिदेव को नष्ट कर, मुझे बंदी-गृह में बंद कर देगा, मेरा अंतिम काल दुःखमय होगा, मेरे दिन रोते-कलपते व्यतीत होंगे, मेरा प्यारा पति इस प्रकार मुझसे सदैव के लिए छीन लिया जाएगा ? उसे शायद लालच की महिमा उस समय तक नहीं मालूम थी। राज्य-लोलुप औरंगज़ेब को राज्य के लिए अन्याय करते, सहस्रों निरपराधियों का खून बहाते, पिता और भगिनी को बंदी बनाते, भतीजों और पितृ-तुल्य पूज्य बंधु का सिर कटाते ज़रा भी तरस न आया ! काल-चक्र इसी का नाम है। कठोर काल से पति-पत्नी का वह अपरिमित स्नेह न देखा गया ! इस रमणी-रत्न का, इस सुकुमारी का, शाहेजहाँ की इस प्यारी पुत्र-वधू का आनंदमय जीवन अंधकार और निराशामय करते काल को कुछ भी काल न लगा—उसे ज़रा भी दया न आई। परंतु काल ! देख, तू भी देख ! तेरी इस निर्दयतामय अग्नि में तपने से, तेरी इस कठोर कसौटी पर कसी जाकर नज़ीरुन्निसा सौ टंच का सोना निकली। आज नज़ीरुन्निसा का नाम सतियों में स्वर्णाक्षरों में लिखा है। हम उसे अपने पति के साथ सती-लोक में आनंदमय जीवन बिताते देखते हैं। आज नज़ीरुन्निसा का नाम स्त्रियों के लिए आदर्श हो गया है। वह पातिव्रत-धर्म की रक्षा के लिए स्त्रियों की संजीवनी-शक्ति प्रदान करता है और सदैव करता रहेगा ! देवि ! तुम्हारे इस उज्ज्वल पातिव्रत के लिए शतशः प्रणाम !

दारा के देवलोक के बाद औरंगज़ेब ने अपनी बहादुरी का एक क़दम और आगे बढ़ाया। आपने उसकी स्त्रियों को क़ैद कर लिया, गोया बिना ऐसा किए वे उस नपुंसक के सिंहासन को उलट देतीं। पर पापी की आत्मा बहुत ही निर्बल हो जाती है, वह एक पाप के दंड से बचने के लिए अनेक पाप करता और क्रमशः इसका परिणाम यह होता है कि उसका जीवन ही पापमय हो जाता है, जिससे उसे ताज़िंदगी मानसिक और शारीरिक कष्ट उठाने पड़ते हैं, या यों कहिए कि उसका जीवन ही दुःखमय हो जाता है। औरंगज़ेब इसका अच्छा उदाहरण है। उस पुरुष को अबला कहलानेवाली स्त्रियों पर अत्याचार करते शर्म न आई ! नज़ीरुन्निसा अपने सौंदर्य के कारण विशेष आराम के साथ बंदी की गई थी। उसके कमरे में विलास

की सारी सामग्रियाँ प्रस्तुत की गई थीं, पर उस सती के लिए यह सब दुःखदायी था। ऐसे स्थान में रहना, अब उसे असह्य हो रहा था। पति की विरहाग्नि उसे जलाए डालती थी। शरीर का रक्त पानी बनकर अश्रुओं के रूप में बह रहा था। वही रंगमहल था, वही विलासिता की सामग्री थी, पर थी नहीं—स्वतंत्रता ! अब वह दाराशिकोह की स्वतंत्र बेगम नहीं थी। किसी दिन जो बादियाँ उसकी आज्ञा पाने पर अपना शरीर भी अर्पण कर सकती थीं, वे ही आज उसकी प्रहरी थीं ! हाय ! आज उसके हाथ से मनुष्यत्व की मुख्य-मणि स्वतंत्रता छिन गई थी ! उसे संसार अंधकारमय जान पड़ता था। जो स्वतंत्र नहीं है, जो परतंत्र है, उसके सिवा उसके दुःख का अनुमान कौन कर सकता है ? उस दुःख को उनके सिवा और कौन जान सकता है ? उन्हें भोजन में स्वाद नहीं मिलता। अमृत भी उन्हें विष-तुल्य हो उठता है। उस विलास-सामग्री को देख, उस बंदिनी सती के मन में जो भाव उठते होंगे, उनका चित्र खींचने में कौन समर्थ हो सकता है ?

बादशाह-सलामत इतना करके ही संतुष्ट नहीं रहे। आप एक दिन शाही क़ैदियों को देखने पहुँचे। वहाँ दारा की सुंदर बेगमों को देख, आपको बड़ी दया आई। आपने उनके साथ उपकार करने का दृढ़ निश्चय कर लिया। हुक्म हुआ कि सब बेगमें शाही महलसरा में दाखिल हों और बादशाह के साथ निकाह पढ़ा, दुनिया की बरकतें हासिल करें। औरंगज़ेब यह कभी नहीं देख सकता कि आप ऐसी नाज़नीनें मायूसी में गर्दन लटकाए आँसू ढलकाया करें। आख़िर आप पक्के धर्मात्मा मुसलमान थे न ? शरअ़के अनुसार बड़े भाई की मृत्यु पर छोटा भाई उसकी स्त्रियों का अधिकारी हो सकता है ! प्राण-भय, राज्य-लोभ एवं विलास-लालसा के कारण और सब बेगमों ने तो औरंगज़ेब का हुक्म मान लिया, पर स्वाभिमानिनी नज़ीरुन्निसा ने इस प्रस्ताव की कुछ भी परवाह न क़ी। औरंगज़ेब की इस नीचता से उसे बड़ा ही दुःख हुआ। पातिव्रत धर्म ने उसके हृदय में बल दिया और वह भावी विपत्ति का सामना करने के लिए सबला की भाँति प्रस्तुत हो गई।

नज़ीरुन्निसा ने बाँदी से पुछवाया कि बादशाह मुझे क्यों अपने महल में बुलवाना चाहता है ? उत्तर आया कि वे आपके रूप-लावण्य पर मुग्ध हैं, वे चाहते हैं, कि आप उनकी बेगम बनकर हरमसरा को रौनक़ बख़्शें। यह सुनकर वह क्रुद्ध सर्पिणी की भाँति फुफकारकर रह गई। पर कर ही क्या सकती थी ? परंतु उसने फिर धैर्य धारणकर पुछवाया कि बादशाह मुझ पर क्यों मुग्ध हैं ? बादशाह ने उत्तर भिजवाया कि "मुझे तुम्हारे फणि-सदृश लहराते हुए लंबे-लंबे केश बहुत ही प्यारे मालूम होते हैं। मैंने जब से तुम्हें देखा है, तबसे ऐसा जान पड़ता है मानों तुम्हारे वे काले-काले बाल मेरे हृदय को डँस रहे हों !" यह सुन, नज़ीरुन्निसा ने एक कैंची उठा अपने रेशम से मुलायम और अच्छे बाल काटकर एक खूबसूरत डिब्बे में रख, बादशाह के पास भिजवा दिए। साथ ही यह संदेशा भी भेजा, "लीजिए

हुजूर ! जिन बालों ने आपका दिल बेचैन कर रखा था, वे आपकी ख़िदमत में हाज़िर हैं। इन्हें सावधानी से रखिए। उम्मीद है कि अब आपका दिल ठंडा पड़ जाएगा और अब आप ख़ुदा के लिए मुझे न सताएँगे।''

और कोई होता तो साध्वी नज़ीरुन्निसा के इस सतीत्व को देख, सचेत हो जाता और अपनी कुचेष्टाओं पर लज्जित होता, पर यह वह काला रंग था, जिस पर दूसरे रंग का असर होना ज़रा कठिन काम था। औरंगज़ेब पर इन सादी, पर ग़मभरी बातों का असर क्यों पड़ने लगा ? उसने फिर कहला भेजा—''माहे हसीना ! तुम्हारी आतिशे-इश्क़ में जला जाता हूँ। जब फ़रिश्ते भी हुस्न पर फ़रेफ़्ता हो गए, तब मैं इंसान की बात ही क्या है ? तुम्हारा यह नसीहत देना, फ़िजूल है। जिस पाक परवर्दिगार ने तुम्हें यह हुस्न बख़्शा है, उसी ने मेरे दिल में भी मुहब्बत का चिराग़ जलाया है ! माहेरू ! तुम्हारी वे नर्गिसनुमा आँखें और गुलाब जैसे गालों पर मैं शैदा हूँ—उन्हीं का आशिक हूँ। हाय ! तुम्हारे हुस्न की याद मुझे मारे डालती है। मुझ पर रहम करो और मेरे हरमसरा की रौनक़ बख़्शो। तुम मेरी ख़ास अज़ीज़ बेगम बनोगी। समझो, मैं ही तुम्हारा दास हूँ। अगर तुमने मेरी इस अर्ज़ पर भी ख़याल न किया, तो याद रखो, तुम्हें फाँसी की सज़ा दी जाएगी।''

प्रसंग बहुत ही कठिन था। एक तरफ़ ज़ालिम और कामांध बादशाह उसका सतीत्व नष्ट करने के लिए तैयार है और दूसरी ओर वह सती है जिसका न कोई सहायक है और न साथी। उलटा सभी लोग उसे बेवकूफ़ और पागल बताते हैं। भला बादशाह की प्यारी बेगम बनने का इससे अच्छा और कौन अवसर मिलेगा ? उससे सहानुभूति दिखलानेवाला भी कोई नहीं। यही समय का खेल है ! जब दिन टेढ़े आते हैं। तब सहायक और मित्र भी शत्रु हो जाते हैं। धर्म-रक्षा करना पागलपन और बेवकूफ़ी समझी जाती है। पर वे पागल, जिनमें धर्म और बुद्धि का कुछ भी लेश है, ऐसे अवसर और वैभव की ओर दृष्टिपात भी नहीं करते। नज़ीर ने सोचा था कि बालों को पाकर बादशाह ख़ामोश हो जाएगा, पर जब उसने औरंगज़ेब का उक्त संदेशा पाया, तब उसके क्रोध की सीमा न रही। उसने उसी समय बादशाह को पत्र लिखा—

''ज़ालिम औरंगज़ेब ! यह सच है, कि तू इस समय प्रबल है और मेरा कोई साथी नहीं है। पर यह भी अच्छी तरह याद रख, कि इससे तू मेरा सतीत्व नष्ट नहीं कर सकता। वह बशरही पैदा नहीं हुआ, जो मेरे सतीत्व को डिगा सके। ज़रा होश में आ। इंसान के ग़ज़ब से नहीं डरता, तो न डर; पर दुनिया के बड़े से बड़े सरहंग को अपनी एक तिरछी निगाह से ही सर कर देने वाले मालिक से तो डर ! अभी तू आँख मूँदे गुनाहों पर गुनाह किए जाता है, पर उस खुदाये पाक के सामने तू भला क्या जवाब देगा ? याद रख, उसके गुस्से की बिजली गिरते ही तेरा यह शाही ताज धरती में गिर, लातों से ठुकराता फिरेगा। मेरे प्यारे पति के

क़ातिल, ज़ालिम, बेईमान ! तेरा मुँह देखना भी तो हराम है। जिसने प्यारे पति का क़त्ल किया हो, उसकी मैं बीवी बनूँ। छिः ! छिः ! इससे तो कुएँ में डूब मरना ही लाख दरजे अच्छा है। मैं अपने मुँह में कारिख न लगाऊँगी। आग लगे तुझमें और तेरे हरमसरा में ! मेरे लिए तो वह दोज़ख से भी बढ़कर है ! ले, जिस खून के कारण मेरे गाल गुलाबी हो रहे थे, वही तुझे भेजती हूँ। अपना कलेजा ठंडा कर। फिर कभी इस ओर न देखना।"

दासी को पत्र देने के बाद नज़ीरुन्निसा ने एक तेज़ छुरी लेकर अपने गुलाब के समान लाल कपोलों में घाव कर लिये और ज्यों-ज्यों रक्त बहता गया, त्यों-त्यों उसे एक खूबसूरत सोने के प्याले में भरती गई। वही प्याला उसने बादशाह के पास भेज दिया।

औरंगजेब कटोरा और पत्र पाकर काठ का सा रह गया। इसमें संदेह नहीं, कि नज़ीरुन्निसा का यह आत्मोत्सर्ग—यह बलिदान—अनुपमेय है। हम उसकी प्रशंसा शब्दों में नहीं कर सकते। इस प्रकार के आत्मोत्सर्ग के उदाहरण बहुत कम मिलेंगे। निस्संदेह नज़ीरुन्निसा स्वर्ग की देवी थी। इसमें संदेह नहीं कि धर्म और सत्य में बड़ा बल होता है। दुःखियों के लिए धर्म और सत्य ही सबसे बड़े शस्त्र हैं। इनके धारण करनेवाले की अवश्य ही विजय होती है। एक कामांध और अत्याचारी बादशाह भी धर्म और सत्य का बल धारण करनेवाली अबला से परास्त हो गया ! धर्म और सत्य के एक छोटे से तिनके को असत्य और अधर्म का बवंडर भी न उड़ा सका। कहते हैं कि जब तक नज़ीरुन्निसा जीती रही, औरंगज़ेब उसे बड़े मान और भक्ति-भाव से मानता रहा।

यह भी कहा जाता है कि नज़ीरुन्निसा औरंगज़ेब का संदेशा पाने पर एक दासी के हाथ से अपना सिर काटकर ही उसके पास भेज दिया था। जो कुछ भी हो, यदि नज़ीरुन्निसा ने बाल और खून ही भेजा हो, तो भी उसके चरित्र का वही महत्त्व होगा, जो सिर भेजने पर होता। दोनों ही प्रकार से उसका आत्मोत्सर्ग बहुत उच्च है। औरंगज़ेब के समय में ही सरदार चंदावत की हाड़ी रानी ने भी युद्धक्षेत्र को जाते हुए पति के पास उसके अविश्वास के कारण अपना सिर भेज दिया था। वास्तव में ये दोनों उदाहरण दोनों जातियों के लिए एक से गौरव की चीज़ें हैं। ऐसी देवियों को हमारा सहस्रशः प्रणाम है।

यद्यपि न तो आज औरंगज़ेब ही दुनिया में है, न नज़ीरुन्निसा ही; पर नाम दोनों ही के हैं। नज़ीरुन्निसा का नाम स्वर्णाक्षरों में और औरंगज़ेब का काले अक्षरों में लिखा जाता है। नज़ीरुन्निसा का नाम लेते समय हर्ष और गौरव होता है, पर औरंगज़ेब का नाम लेने पर स्वभावतः घृणा उत्पन्न होती है। सच है, मनुष्य मर जाता है; पर दुनिया में नेकी और बदी रह जाती है।

फूलजानी बेगम

अत्याचार की चक्की बड़े ज़ोरों से चल रही थी। भारत की निरीह प्रजा अनाज की मानिंद उस चक्की में पिसी जा रही थी। धर्म का चकनाचूर हो रहा था। जिनके हाथ में तलवार थी, जिनकी भुजाओं में बल था, वे ही अपने भाइयों का नाश करने में आगे बढ़ रहे थे, वे ही अन्यायी को मस्तक झुका रहे थे, वे ही उसकी अँगुली के इशारे पर नाच रहे थे। यह न बन पड़ता था कि अपनी शक्ति का संगठन कर अत्याचारी को सन्मार्ग पर ले आएँ। यदि पीड़ित प्रजा में से कोई उस अत्याचार का प्रतिकार करना चाहता, तो अपने ही भाइयों द्वारा उसका सर्वनाश होता था ! भाई-भाई की फूट ने वह रंग दिखलाया कि सोने का भारत छार होने लगा (और आज तक होता ही गया)। लोग अत्याचारों से ऊब उठे। ऐसे ही समय स्वाधीनता का मंत्र फूँकने और अत्याचारों का प्रतिकार करनेवाले शिवाजी का अवतार हुआ। महाराष्ट्र का संगठन हुआ—लोगों ने मज़बूत हाथों से असि ग्रहण की। यह वह प्रकाश था, जो दमन-नीति के कारण अत्याचार का अंधकार नाश करने के लिए अपने प्रखर तेज से जगमगा उठा था। और जिसके तेज से वृद्ध-केसरी की आँखों में चकाचौंध लग गई थी। औरंगज़ेब इस प्रकाश को बुझाने के लिए तत्पर हुए। इसीलिए उनके अंतिम जीवन का सारा समय दक्षिण में ही व्यतीत हुआ।

अहमदाबाद से पाँच कोस की दूरी पर देवगाँव नामक एक ग्राम था। वहाँ नारायणराव नामक एक धनी और कुलीन मनुष्य रहता था। उसके पुरंदर नामक एक लड़का था। पुरंदर बड़ा ही सुंदर, हृष्ट-पुष्ट और वीर नवयुवक था। उसी ग्राम में नारायणराव के मित्र की एक विधवा स्त्री रहती थी। वह राव की सजातीय थी। विधवा को एकमात्र एक ही बालिका थी। उसका नाम था—पुष्पवती। जैसा नाम था, वह वैसी खूबसूरत भी थी। सच तो यह है, कि वह पुष्प नाम पाने ही के योग्य थी। पुष्पवती और पुरंदर बाल-सखा थे। दोनों नित्य बड़े ही प्रेम से साथ-साथ खेला करते थे। ज्यों-ज्यों उनकी अवस्था बढ़ती गई, त्यों-त्यों उनका प्रेम भी बढ़ता गया। धीरे-धीरे दोनों ने युवावस्था में पदार्पण किया। अब वे विवाह योग्य हो गए।

नारायणराव और विधवा ने सलाह कर दोनों का विवाह कर दिया। बचपन का चंचल प्रेम अब स्थायी हो गया। एक-दूसरे को पाकर उनकी प्रसन्नता का ठिकाना न रहा। परंतु होनहार प्रबल होती है। विवाह के दो दिन बाद पुष्प की माता का देहांत हो गया। इसलिए पुष्प पतिगृह न पहुँच पाई।

इस समय शाहंशाह औरंगज़ेब अहमदाबाद में रहते थे। आप एक दिन शिकार खेलते-खेलते देवगाँव जा पहुँचे। वैसे तो आप बड़े धर्म-निष्ठ, साधु एवं पवित्रात्मा बनने का दम भरा करते थे। परंतु जहाँ तक पता चलता है, यह केवल आपका ढोंग था। मतलब की बात आते ही आप सारी साधुता सरका देते थे। उस समय आपके हृदय पर स्वार्थपरता, निर्दयता और छल-कपट का ही साम्राज्य रहता था। इस मतलबी फ़कीर की दृष्टि पुष्प पर पड़ गई। आप उसकी सुंदरता और सुगंध पर निसार हो गए। आप जानते ही हैं कि साधु स्वभावतः दयालु और परोपकारी होते हैं। पुष्पवती को देख, आपसे न रहा गया—दया, परोपकार एवं प्रेम के समुद्र ने आपके हृदय को हिलोर डाला ! आपने सोचा—हाय ! ऐसी सुंदर बालिका, जो शाही महलों में रहने योग्य है, एक मामूली ग्रामीण के यहाँ रहकर अपना जीवन व्यतीत करे, यह बड़े अन्याय की बात है। मेरे रहते यह अत्याचार और अन्याय न होने पावेगा ! मैं इसे इंद्र की इंद्राणी बनाऊँगा—मैं इसे नंदन कानन में विहार कराऊँगा। यदि बादशाह होकर भी मैंने इस ग़रीबिन पर यह उपकार न किया, तो मुझे धिक्कार है।

आपने अपने अनुचरों को हुक्म दिया कि मैं इस ग़रीब लड़की की तक़लीफ़ें नहीं देख सकता। मैं इसे ज़रूर इन तक़लीफ़ों से रिहा करूँगा। मैं इसे विहिश्त की बरकतें अता फ़रमाऊँगा। वह खूबसूरत फूल इस जंगली बग़ीचे में रहने लायक़ नहीं। इसे बहुत जल्द नंदन-कानन में पहुँचाओ। भारतवर्ष में किसकी हिम्मत थी, जो शाहंशाह की इस आज्ञा का उल्लंघन करता ! हाय ! विवाह का कंगन भी न छूटने पाया था, माता की मृत्यु के शोक अश्रु भी न सूखने पाए थे, पति-पत्नी की परस्पर भेंट भी न हुई थी कि तूफ़ान आया और पुष्प को उड़ा ले गया ! उसके चले जाने से उद्यान सौंदर्य-विहीन—सुगंध-विहीन हो गया ! एक सुशीला हिंदू-बाला का अपहरण हो रहा था—वह धर्म-भ्रष्ट की जा रही थी और उसी के भाई यह तमाशा—नहीं अत्याचार निरख रहे थे ! सारा नगर हाय-हाय करता था, धर्म-ध्वज पंडित अलग ही कर्म-गति बता शांति और संतोष का पाठ पढ़ा रहे थे, पर शक्ति रहते भी कोई इस अत्याचार का प्रतिकार करने का विचार न करता था ! धन्य यह अकर्मण्यता और कायरता ! हिंदू-समाज ! तुम्हारे लिए इससे बढ़कर लज्जा की बात और क्या हो सकती है ? और मुस्लिम-समाज ! तुम्हारे लिए इससे बढ़कर कलंक की बात क्या होगी कि तुम्हारी जमात का एक पाखंडी यह दुष्कर्म करे और तुम उसके सहायक बनो ? हाय ! जिन धर्म-ध्वजों का काम देश को

जगाना था, जिन धर्म-ध्वजों का काम राष्ट्रोद्धार का मंत्र फूँकना था, उन्होंने गीता की ओट में शांति और संतोष का उपदेश दे, राष्ट्र को भाग्यवादी ही नहीं बनाया, भारत को ग़ारत कर दिया !

पुष्पवती बड़े ही आराम से मोतीबाग़ में रखी गई। बादशाह उसे फूलजानी बेगम कहकर पुकारते थे। जिस महल में बेगम साहिबा रहती थीं, यद्यपि आज उसके खंडहर हो रहे हैं, परंतु 200 वर्ष पहले वह निस्संदेह स्वर्ग का नंदन कानन था—उसकी शोभा अवर्णनीय थी। यद्यपि फूल में नज़ीरुन्निसा और रूपवती जैसा आत्मबल नहीं था; परंतु इसमें संदेह नहीं कि वह बादशाह की हो जाने पर भी अपने प्यारे पुरंदर को न भूली। उसे सुख के सब साधन प्रस्तुत थे—बादशाह उसे प्राणाधिक समझते थे, परंतु वास्तव में उसका जीवन सुखी नहीं था। वह मन-ही-मन पुरंदर को याद करती थी। उसे यह पापमय जीवन भारवत् हो रहा था। उसे जो दासी मिली थी, सौभाग्य से वह बड़ी सज्जन थी। वह फूल के सौंदर्य, सुशीलता, मिष्ट-भाषण और पति-प्रेम को देख, उस पर निछावर हो रही थी। प्राण देकर भी वह बेगम की सेवा करने को उद्यत रहती थी। दासी के आश्वासन एवं समझाने-बुझाने से फूल को बहुत ही संतोष होता था। थोड़े दिन बाद अवसर पाने पर फूल ने दासी द्वारा पुरन्दर के पास इस प्रकार का पत्र भेजा—

"प्यारे पुरंदर,

लोग कहते होंगे कि मैं एकदम संसार के उन्नत-शिखर पर पहुँच गई, बेगम हो गई, अब मैं बड़े सुख में होऊँगी। पर निश्चय जानो, मुझे सब सुख-साधन विष-तुल्य प्रतीत होते हैं। तुम्हें खोकर मेरी स्थिति कैसी हो रही है, यह मेरा मन ही जानता है। प्यारे ! विश्वास करना, मुझे जीवन भार प्रतीत हो रहा है। मैं पाप के बोझ से दबी जा रही हूँ। हाय ! मेरा प्यारा धर्म, मेरा प्यारा सतीत्व, नष्ट हो गया ! स्त्री, अपने सतीत्व को, अपने पति को खोकर कैसे सुखी रह सकती है ? जो पातिव्रत स्त्रियों का एकमात्र धर्म और धन है, वही मुझसे बलात् छीन लिया गया। मैं मणि-हीन फणि-सदृश हो गई हूँ ! सतीत्व और धर्म खो देने की अपेक्षा विधवा होना भी बुरा नहीं है। मेरा जीवन दूभर हो रहा है—अब मैं इस पाप-मय जगत् में नहीं रहना चाहती। पुरंदर ! यदि तुम सचमुच मुझे चाहते हो, यदि तुम्हें बचपन के उस पवित्र प्रेम की कुछ भी स्मृति हो, तो आओ, इस पापमय विभीषिका से मेरा छुटकारा करो ! जीवितेश ! प्राणेश ! मेरा यह पाप का बोझ उतार दो। इस नरकपुरी से मेरा उद्धार करो। आओ, हम साथ ही मरें, और इस पापमय, कष्टमय, जीवन से छुटकारा पावें।

श्रीचरणों की दासी,
पुष्पवती।"

पुरंदर फूल के प्रेम से अच्छी तरह परिचित था। वह जानता था कि फूल बिलकुल निर्दोष है। उसे खोकर वह उसे और भी चाहने लगा था। पुरंदर दिन-रात उसके नाम पर आँसू बहाया करता था। फूल का पत्र पढ़ उसे भी कर्म-मार्ग सूझा। उसने मन में सोचा, पुष्प का लिखना बिलकुल ठीक है। यद्यपि अब मैं उसे अपना नहीं सकता और उसे अपनाने से मैं धर्म-भ्रष्ट हो जाऊँगा; पर उसे इस अवस्था में छोड़ना भी तो अनुचित है ? यह विचार कर, पुरंदर ने फूल की प्रार्थना स्वीकार कर ली और वह दासी की सहायता से महल में आ पहुँचा।

पुरंदर विक्षिप्त के समान डगमगाता अपनी पुष्पवती की ओर चला। प्यारे पति को आते देख, फूल ने भी प्रेमाश्रुओं से उसका स्वागत किया। परंतु जब पुरंदर ने उसका हाथ पकड़कर आलिंगन करना चाहा, तो फूल ने कहा—''प्यारे ! मुझे मत छुओ, मैं पापिनी हूँ। अब मैं तुम्हारे आलिंगन के योग्य कदापि नहीं हूँ।''

परंतु पुरंदर न माना और उसने ज़बर्दस्ती फूल को पकड़कर हृदय से लगा लिया। उसने बड़े ही प्रेम से उसका चुंबन करते हुए कहा, ''प्यारी पुष्प ! यद्यपि तुम्हारा शरीर अपवित्र हो गया है, पर हृदय तो शुद्ध एवं पवित्र है ? हृदय की पवित्रता ही सच्ची पवित्रता है। यद्यपि मैं जानता हूँ कि तुम्हारा हृदय सदैव पवित्र रहेगा, पर शायद कभी मलिन न हो जाए, यही सोच, मैंने तुम्हारा कहना मान लिया है। जिस प्रकार मुझे विरहाग्नि जलाया करती है, उसी प्रकार तुम्हें भी जलाया करती होगी। आओ, आज हम-तुम इस यंत्रणा से मुक्त हों !''

पुष्प पुरंदर के गले से लगी, चुपचाप रोती हुई उसकी बातें सुन रही थी। पुरंदर भी रो रहा था। थोड़ी देर बाद आँखें पोंछते हुए फूल ने कहा, ''प्यारे ! जीते-जी तो अब हमारा मिलन संभव नहीं। परंतु मृत्यु हो जाने से अवश्य ही मेरे पाप कट जाएँगे और मेरी आत्मा तुम्हारी आत्मा से मिलकर सुखी होगी। मैंने कभी के प्राण त्याग दिए होते, परंतु इस पर मेरा अधिकार नहीं है—यह छुटपन से ही तुम्हें दे दिया गया है। इसीलिए मैंने आज तुम्हें बुलाया है। इस हृदय को अपनाओ। यह भेंट स्वीकार करो। तुम्हारा मुँह देखते-देखते मैं आनंद से अपना प्राण त्याग दूँगी। तुम्हारे हाथ से मृत्यु होने पर मेरे पाप-पाश कट जाएँगे। प्यारे ! ऐसा अवसर फिर न मिलेगा। अब विलंब न करो।''

यह सुन, पुरंदर ने अपनी चमकदार तेज़ छुरी निकालते हुए कहा, ''अब मैंने मोह त्याग दिया है। आओ, आज हम-तुम दोनों ही मरकर उस शांतिमय लोक में सदैव के लिए चलें।''

निस्संदेह, न तो स्त्रियों का सा कोमल और भीरु हृदय ही किसी का हो सकता है और न उन सरीखा कठोर एवं वीर हृदय ही किसी का होगा। जो स्त्री रात्रि को घर में चूहे की आवाज़ सुनकर भी भयभीत होती है, वही समय आने

पर अपने हृदय को वज्र जैसा कठोर बनाकर वह बहादुरी दिखला सकती है, जिसके आगे बड़े-बड़े सूरमा और बहादुर भी नत-मस्तक हो जाएँ। वह युद्ध-क्षेत्र में, कर्तव्य-पालन में, हँसते-हँसते सिर कटा सकती है। फूल ने प्रसन्न-वदन से पति का अंतिम दर्शन किया और मुस्करा कर यह कहते-कहते सिर झुका दिया, "आज मेरा धन्य भाग्य है। मेरे पाप-बंधन कट रहे हैं, मैं स्वतंत्र हो रही हूँ, स्वर्ग जा रही हूँ।" पुरंदर ने हवा में अपनी छुरी उठाई। पर वह उसे चला न सका। उसका हृदय धड़कने लगा—हाथ काँपने लगा। उसका हाथ रुक गया। अपनी प्यारी का वध कैसे करूँ ? यही विचार उसे विकल करने लगा।

तब फूल ने फिर उसमें उत्साह और जोश का संचार किया, उसे फिर कर्तव्य-मार्ग बतलाया। उसने व्यंग्य की हँसी हँसते हुए कहा, "पुरंदर ! भीरुता का त्याग कर, हृदय को कड़ा करो। यह तुम्हारी प्रेम-परीक्षा है। मेरे इस पापी शरीर को शीघ्र ही नाश करो।" पुरंदर ने हृदय को कड़ा कर फिर छुरी उठाई और चाहता ही था कि फूल के कोमल अंतःकरण को बेध दे कि इतने में ही रंग में भंग हो गया। पास होने लायक़ नंबर पाने पर भी ये परीक्षार्थी फ़ेल कर दिए गए। उनके परिश्रम और आशा, दोनों का ही नाश कर दिया गया। एक खोज़ा जो पर्दे की ओट से यह घटना देख रहा था, दाल-भात में मूसलचंद की भाँति आ कूदा और उसने पुरंदर का हाथ पकड़ लिया। यह देख, बेगम को बड़ा ही क्रोध आया और उसने क्रुद्ध सिंहिनी की भाँति गरज़कर खोज़े से कहा—

"तू जानता है कि मैं कौन हूँ ?"

खोज़े ने भयभीत स्वर में कहा, "आप बादशाह की प्यारी बेगम, फूलजानी हैं।"

बेगम ने फिर गरजकर कहा, "मैं हुक्म देती हूँ कि तू हाथ छोड़ दे।"

खोज़ा बोला, "हुज़ूर का हुक्म सिर-आँखों पर है; पर मैं जहाँपनाह से ज़रूर ही यह सब हाल कहूँगा।

फूल ने ज़ोर से ज़मीन में पैर मारा। धरती फट गई और पुरंदर वहीं समा गया। स्थान फिर ज्यों का त्यों हो गया। फूल ने खोज़े से कहा, "तू बादशाह को सब हाल सुना दे।" यह सुन, वह बादशाह के पास चला गया। पुरंदर सुरंग में थोड़ी ही दूर गया होगा कि बेगम की उसी बाँदी ने आकर कहा, "नवयुवक ! शीघ्र भागो। शत्रु पीछा करनेवाले हैं। सुरंग के मुँह पर तुम्हें घोड़ा तैयार मिलेगा।" यह सुन, पुरंदर प्राण लेकर भागा और शीघ्र ही सुरंग के मुँह पर पहुँच गया। वहाँ सचमुच कसा-कसाया घोड़ा तैयार था। पुरंदर उसी पर सवार हुआ और तेज़ी से भागा। थोड़ी दूर जाने पर उसने देखा कि मुग़ल सिपाही उसका पीछा कर रहे हैं। इसलिए वह और ज़ोर से भागा। तब मुग़ल-सैनिकों ने ताककर उसे दो बाण मारे, जो उसकी भुजा में लगे। पुरंदर चोट न सह सका और मूर्च्छित होकर वहीं गिर

पड़ा। सिपाही उसे बाँधकर बादशाह के सामने ले आए। सचेत होने पर पुरंदर ने देखा कि चारों ओर सशस्त्र सिपाही खड़े हैं। मृत्यु सिर पर नाच रही है। तब तो वह और भी निर्भय हो, मरने के लिए तैयार हो गया।

औरंगज़ेब ने पुरंदर से कहा, "जवान ! तू बड़ा दिलेर और हिम्मतवर मालूम होता है। जहाँ परिंदा भी पर नहीं मार सकते, वहाँ तू बेखौफ़ चला आया ! अगर तू सब हाल साफ़-साफ़ बयान कर दे, तो मैं तुझे माफ़ कर दूँगा।"

मरता क्या न करता ? पुरंदर ने क्रोध से कहा, "मैं आपसे माफ़ी माँगने नहीं आया। आपने मेरा सर्वस्व अपहरण कर ही लिया है। अब यह जान और ले लीजिए। मैंने आपका जो क़ुसूर किया है उसके लिए मुझे दंड दीजिए। पर मैं यह हरगिज़ न बतलाऊँगा कि मैं किसके पास गया था।"

बादशाह के सामने ऐसा उत्तर देने का साहस आज तक किसी ने नहीं किया था। उनके गुस्से की सीमा न रही। उन्होंने पास खड़े हुए चार खोज़ों को हुक्म दिया, "अभी इस शैतान के बच्चे को क़त्ल करो।"

पुरंदर मरने के लिए तैयार हो गया। ख़ोजों ने सँभलकर छुरियाँ चलाईं, परंतु इतने में ही हृदय को हिला देनेवाली भयंकर आवाज़ गूँज उठी। बादशाह ने देखा, कि फूलजानी बेगम ने ख़ोजों की तीक्ष्ण छुरियों के सामने अपना हृदय झुका दिया है और उसके हृदय में मूठ तक दो छुरियाँ प्रविष्ट हो गई हैं। फूल ने यह काम इतनी फुर्ती से किया कि खोजों को अपना हाथ रोकने का भी अवसर न मिला। बादशाह फूल को बहुत ही चाहते थे। यह दृश्य देख, उनके हृदय में तीर-सा चुभ गया। उन्होंने रुद्ध-कंठ से कहा, "फूल ! तुमने यह क्या किया ?" फूल अभी इस संसार में ही थी। अब भी उसके शरीर में प्राण थे। उसने क्षीण स्वर में उत्तर दिया, "जहाँपनाह, क्षमा कीजिए। दासी ने वही किया है जो पति के प्रति स्त्री का कर्तव्य है।" पुरंदर भी अभी इस संसार में ही था। पत्नी का यह उत्तर सुन, वह खिल उठा—उसमें नया बल आ गया। उसने बड़े कष्ट से फिर एक बार फूल का चुंबन किया। थोड़ी देर में वे युग्म-प्रेमी यहाँ से सदैव के लिए उस शांतिमय लोक में चले गए, जहाँ से फिर कोई लौटकर नहीं आता। फूल की आत्मा पुरंदर की आत्मा से मिलकर सुखी और संतुष्ट हुई।

फूल के इस बलिदान का औरंगज़ेब के हृदय पर बड़ा ही प्रभाव पड़ा। उसका हृदय विदीर्ण हो गया। पत्थर का कलेजा भी पानी बनकर आँखों द्वारा बहने लगा। उसने रोते-रोते कहा, "जाओ फूल, सुख से जाओ। यदि प्रेम का कुछ माहात्म्य है, तो तुम सती-लोक में पति के साथ अक्षय सुखों का, अक्षय शांति का, लाभ करोगी।" हुक्म हुआ कि अहमदाबाद में सात दिन तक फूलजानी बेगम का शोक मनाया जाए। महल के सामने ही बादशाह ने उन युग्म-प्रेमियों की क़ब्रें बनवा दीं। बेगमों और बाँदियों को हुक्म दिया गया कि वे उन समाधियों पर पुष्प चढ़ाएँ।

सम्राट् ने फूलजानी का नाम चिरस्थायी रखने के विचार से उसकी समाधि पर अपने हाथ से संगमरमर का एक शिला-लेख लगाया, जिसमें एक फ़ारसी कविता लिखी हुई है। उसका भाव इस प्रकार है–

जो मैं ऐसा जानता, सरल बालिका माँहि।
इतना अतुलित प्रेम है, फूल छेड़ता नाहिं।।

आज भी यह शिला-लेख औरंगज़ेब के अतुलित प्रेम की साक्षी संसार को दे रहा है।

ज़ेबुन्निसा बेगम

"मुसलमान-बादशाहों के समय में स्त्रियों को शिक्षण न दिया जाता था। सिवा उपभोग के उनका कुछ भी मूल्य न था तथा कारागृह के समान वे ज़नानख़ाने में ही निरंतर क़ैद रखी जाती थीं।" कितने ही पाश्चात्य लेखकों के ऐसे लेखों से हम लोगों में जो भ्रांति प्रचलित है, उसमें किंचित् भी सत्यता नहीं। यह सरासर झूठ है। यह बात औरंगजेब सरीखे अत्यंत धर्मनिष्ठ बादशाह की पुत्री का तथा कार्य-निपुण नूरजहाँ बेगम का जीवन-चरित्र पढ़ने से, निर्विवाद सिद्ध हो जाती है। तुर्किस्तान के इतिहास से विदित होता है कि कितनी ही बेगमें तो शस्त्रों से सुसज्जित हो, सेना की अध्यक्षता स्वीकार कर युद्ध में अपने पतियों के साथ लड़ने गई थीं। पैगंबर साहब की बीवी श्रीमती आयेशा और पुत्री बीबी फ़ातिमा भी अनेक बार युद्ध में सम्मिलित हुई थीं। शिक्षा-संबंध में देखिए, तो श्रीमती आयेशा ने स्वतः अनेक धर्म-पुस्तकें अरबी-भाषा में लिखी हैं। पवित्र कुरान-शरीफ़ में पैगंबर साहब का कथन है कि स्त्रियों को शिक्षा न देना, महापाप है। कितनी ही विदुषी आर्य-स्त्रियों के सदृश मुसलमानों में भी अनेक विदुषी स्त्रियाँ हो गई हैं। नूरजहाँ बेगम का उदाहरण तो इतिहास-प्रसिद्ध ही है। यह राजकार्य पटु बेगम, जहाँगीर बादशाह को समय-समय पर राज-कार्य चलाने में परामर्श देकर अनेक प्रकार से उनकी सहायता करती थी।

औरंगज़ेब बादशाह को उसकी भगिनी रौशनआरा बेगम के द्वारा ही बादशाही तख़्त नसीब हुआ था। तो फिर वे बेगमें क्या अशिक्षित थीं ? अथवा वे कारागृह के समान ज़नानख़ाने में क़ैद रखी जाती थीं ? क्या हम ऐसा कह सकते हैं ? अपनी सुंदर मुख-प्रभा से देखनेवाले के मन में विकार उत्पन्न न हों—पति के सिवा और पुरुषों को अपना सौंदर्य न दिखने पावे—इसी पवित्र हेतु से वे बुर्क़ा डालकर प्रसंगानुसार बाहर काम कर सकती थीं।

आधुनिक काल के समान उस काल में स्त्री-शिक्षा के लिए पाठशालाएँ न थीं; परंतु अमीर-उमराओं तथा सुखी कुटुंबों की पुत्रियों को, अध्यापक या अध्यापिका रखकर, उनकी योग्यता तथा सुभीते के अनुसार शिक्षा दी जाती थी। पूर्व-काल में

मुसलमानों में भी कविता रचनेवाली बहुत-सी स्त्रियाँ हो गई हैं। उनमें जेबुन्निसा बेगम बहुत प्रसिद्ध है। इस प्रख्यात कवयित्री का चरित्र अत्यंत करुणा-जनक, हृदयंगम करने योग्य तथा माननीय है। इस बेगम की लिखी हुई बहुत-सी उत्तमोत्तम कविताएँ काल-प्रताप से नष्ट हो गई हैं। तिस पर भी अभी तक जो थोड़ी-बहुत कविताएँ उपलब्ध हैं। मर्मज्ञ तथा रसज्ञ पाठक उनकी बहुत ही प्रशंसा करते हैं। 'मासीर' तथा 'आईने-आलमगीरी' नामक ऐतिहासिक ग्रंथों में लिखा है कि यह शाहज़ादी फ़ारसी और अरबी भाषाओं में अत्यंत प्रवीण थी और निरंतर विद्वान् लोगों के सहवास से साहित्य की सेवा में ही अपना पवित्र जीवन व्यतीत करती थी। दूसरे देशों के साहित्य का ज्ञान प्राप्त करने के लिए उसने अरबी-फ़ारसी आदि भाषाओं के विद्वानों से उत्तमोत्तम ग्रंथों के अनुवाद करवाए थे। साहित्य-शास्त्र का यह प्रेम, प्रवीणता और विद्वता देखकर अनेक विद्वान् ग्रंथ-कर्ताओं ने अपने अमूल्य ग्रंथ इस राजकन्या को आदर-पूर्वक समर्पण किए थे।

यह विदुषी महिला, नामांकित तथा तीक्ष्णबुद्धि वाले हिंदुस्तान के महान सम्राट् शाहंशाह मुहम्मद मोहियुद्दीन आलमगीर औरंगज़ेब की ज्येष्ठ कन्या थी। वह हिजरी सन् 1048 में (सन् 1639 ई.) शव्वाल महीने की दसवीं तारीख़ को सवेरे चार बजे, शाह अनवर ख़ाँ की पुत्री, दिलरसनबानू बेगम के गर्भ से उत्पन्न हुई थी। इस राजकुमारी का वास्तविक जन्म-नाम जुबेदा बेगम था; परंतु बड़ी होने पर यह ज़ेबुन्निसा के नाम से ही प्रसिद्ध हुई। इसके चार बहनें और पाँच भाई थे। शाही पद्धति के अनुसार इसका लालन-पालन प्रारंभ हुआ। उस काल के नियमानुसार प्रतिष्ठित तथा कुलीन स्त्रियाँ उसकी सेवा में रखी गईं। उच्च-कुल के अमीर-उमराओं के कुटुंबों की कन्याएँ शाहज़ादी के साथ खेलने के लिए ज़नानख़ाने में बुलाई जाती थीं। बाल्यावस्था में ही यह बाला मिष्ट-भाषिणी, सौंदर्यवती, चपला तथा निर्दोष मुखाकृतिवाली थी। ज़ेबुन्निसा पूरे तीन वर्ष की भी न हुई थी कि उसका चित्त विद्या की ओर आकर्षित हुआ। इस बालिका के दुग्धपान के लिए मायाबाई नाम की एक धर्मनिष्ठ सद्वर्तिनी, श्रद्धा-पूर्ण तथा सात्विक-बुद्धिवाली एक धाय रखी गई थी।

यह पवित्राचारिणी दासी, नित्य नियम के अनुसार, जब पवित्र क़ुरान-शरीफ़ के कलमे पढ़ने लगती, तब शाहज़ादी भी अपने साथ की समवयस्क लड़कियों के साथ खेल छोड़कर एकाग्रचित्त तथा भक्ति-भाव से उन्हें श्रवण करती थी। ऐसा होते-होते वह बहुत ही शीघ्र पढ़ना-लिखना सीख गई। शाहंशाह औरंगज़ेब स्वतः विद्याविलासी होने के कारण अपनी पुत्री के ऐसे लोकोत्तर गुण, नैसर्गिक धर्मनिष्ठ आचरण, कुशाग्र-बुद्धि तथा अलौकिक ग्रहण-शक्ति देखकर अत्यंत प्रसन्न होते और उस पर प्रेम रखते थे। सवा चार वर्ष की होने पर उसे पढ़ने के लिए विद्वान् शिक्षक चुने गए। शाहज़ादी दो-सवा दो वर्ष में ही क़ुरआनशरीफ़ पढ़ने लगी। वह आठ

वर्ष के बिलकुल ही अल्पवय में इतना पढ़ गई कि क़ुरआनशरीफ़-सा विशाल ग्रंथ उसे कंठाग्र हो गया ! उस काल में जो लोग इस पवित्र ग्रंथ को कंठाग्र कर लेते थे, उनको हाफ़िज़ की पदवी देकर उनका सम्मान किया जाता था। उसी के अनुसार ज़ेबुन्निसा भी केवल आठ वर्ष में ही 'हाफ़िज़े-कुरआन' होकर विद्वानों की श्रेणी में गिनी जाने लगी।

उस समय अतिशय प्रसन्न होकर बादशाह ने बड़ा समारंभ करके ज़ेबुन्निसा को तीस सहस्र अशर्फ़ियों की थैली पुरस्कार में दी तथा उसे इस द्रव्य को अपने इच्छानुसार व्यय करने की भी अनुमति दे दी ! उदार-हृदया राजकन्या ने वे सब स्वर्ण-मुद्राएँ उसी समय दीन-दुःखियों के सहायतार्थ व्यय कर डालीं ! इसके बाद वह लोक-प्रसिद्ध मुल्लाह सय्यद अशरफ़ बिन मिसालेह उर्फ़ शाह रुस्तम ग़ाज़ी की शिष्या हुई। इस विद्वान् की शिक्षा से उसने अरबी तथा फ़ारसी भाषाओं में प्रवीणता प्राप्त कर उच्च कोटि का धार्मिक ज्ञान उपलब्ध किया। कोई-कोई लोग ऐसा भी कहते हैं कि ज़ेबुन्निसा जब भक्ति-भावपूर्वक अपने कर्ण-मधुर स्वर से क़ुरआन-शरीफ़ का पाठ करती थी, तब श्रोताओं के नेत्रों से अविरल अश्रु-प्रवाह होने लगता था।

शाहज़ादी की नैसर्गिक काव्य-शक्ति का जितना वर्णन करें, उतना ही थोड़ा है। उसके मुख से जो स्वाभाविक वाक्य निकलते थे, वे सब पद्य-मय होते थे। इसकी उसे किंचित् भी कल्पना न थी, कि मुझे परमेश्वर ने अलौकिक काव्य-शक्ति दी है। परंतु सुदैव से, गुरु के सुज्ञ होने के कारण, उसे इस गुण की विज्ञता हो गई। कभी-कभी भविष्य तथा उत्तेजक वचनों से भी गुण की पूर्ति हो जाती है। ज़ेबुन्निसा के विषय में भी यही हाल हुआ। समय-समय पर उसके मुख से स्वाभाविक निकलनेवाले प्रास-युक्त सरस वाक्यों को सुनकर उसके गुरु महाशय तथा अन्य लोग कहा करते थे कि यह बाला कवि के उच्च-पद को अवश्य प्राप्त करेगी। गुरु-मुख का यह भविष्य वचन सुनकर वह काव्य-रस में अत्यंत निमग्न रहने लगी। प्रारंभ में उसने अरबी भाषा में एक स्तोत्र लिखा और उसे एक अरबी के प्रवासी विद्वान् को अपना नाम न बतलाते हुए दिखलाया।

वह प्रवासी, विद्वान् और निपुण कवि था। उसने वह स्तोत्र पढ़कर कहा, "यह स्पष्ट दिखता है कि इस स्तोत्र का रचनेवाला विद्वान् सुज्ञ तथा हिंदुस्तान का ही रहनेवाला है। उसने कविता के नियम ठीक पाले हैं, परंतु कहीं-कहीं कुछ शब्दों का प्रयोग ठीक नहीं। इससे जान पड़ता है कि उसे कविता करने की आदत नहीं। तिस पर भी इसका मुझे आश्चर्य है कि हिंदुस्तान में रहनेवाले मनुष्य ने अरबी भाषा का इतना अलौकिक ज्ञान कैसे प्राप्त किया !" यह टीका सुनकर उसने अरबी भाषा में कविता रचने का विचार त्याग कर फ़ारसी भाषा में काव्य-रचना आरंभ की।

स्त्रियों की नैसर्गिक लज्जा के कारण पंद्रह वर्ष की अवस्था तक, कविता-देवी

पर उसका अनुपमेय प्रेम अंतःकरण में ही गुप्त रहा। तिस पर भी तरह-तरह की कविताएँ लिखकर उनका संग्रह करने तथा समयानुसार उनका अध्ययन करने का क्रम बराबर जारी था। एक दिन धर्म-कर्म-संयोग से उसकी रची हुई भिन्न-भिन्न विषयों की कविताओं का संग्रह उसके गुरु शाह रुस्तमग़ाज़ी की दृष्टि में पड़ गया। उन्होंने इसे पढ़कर प्रशंसा करते हुए आनंदाश्चर्य से प्रश्न किया—"क्या यह प्रासयुक्त वाणी तथा नियमानुसार अध्ययन करने का ही परिणाम है ?" शाहज़ादी लज्जित होकर नीचा सिर किए रह गई। भला उसके समान विदुषी बाला अपनी कृति पर अपने गुरु के सामने ही कैसे गर्व कर सकती थी ? गुरु से भी इतनी लज्जा होने के कारण उसकी कविताओं में सुधार करने के हेतु वहाँ किसका प्रवेश हो सकता था ? राजकुमारी की अद्भुत काव्य-शक्ति, निर्व्याज साहित्य-प्रेम, अल्पवय में ही प्रगल्भ विचार इत्यादि पवित्र कृतियों को देखकर शाह साहब ने संतुष्ट अंतःकरण से उसे काव्य रचने की आज्ञा दी।

इतना ही नहीं, किन्तु उनमें योग्य सुधार कर देने का भी आश्वासन दिया। नूरजहाँ और रौशनआरा के समान ज़ेबुन्निसा की इच्छा अपनी तीव्र बुद्धि को राज-काज में व्यय करने की नहीं थी। उसे राज्य का लोभ न था। केवल साहित्य-सेवा करने की अभिलाषा थी। अपने मन के उच्च विचार पद्य-रूप से लिखने में उसे बड़ा आनंद मिलता था। ऐसी नैसर्गिक शक्ति को सदुपयोग में लाने के लिए उसके विद्वान् शिक्षक मुल्ला-सय्यद की ओर से उसे बारंबार उत्तेजन मिलता था। इस उत्तेजन से वह दिन-दिन नवीन काव्य-रचनाएँ करने लगी।

हिंदुस्तान के बलवान् शाहंशाह की यह पुत्री विद्या-व्यसन में निरंतर इतनी तल्लीन रहती थी कि उसे दरबार के अन्य अमीर-उमराओं की विलास-प्रिय पुत्रियों के समान चैन करना, मूल्यवान् अलंकार पहनना अथवा सुंदर और बहुमूल्य वस्त्रों से देह सजाना, बिलकुल ही अच्छा न लगता था। विद्या-रूपी श्रेष्ठ अलंकार से जिस सुंदरी की देह विभूषित हुई है, उसे स्वर्ण अथवा रत्नों के अलंकार से देह सिंगारना भला कैसे अच्छा लगेगा ? अल्प वय में ही उसमें इतना ज्ञान था कि सर्वजन आश्चर्य से उसकी प्रशंसा करते थे। बादशाह स्वयं ही उस पर अपार स्नेह रखते थे। तिस पर भी उस उच्च मन की शाहज़ादी को गर्व का लवलेश भी न था। उसका सादा वेश, भव्य मूर्त्ति, स्वच्छ व्यवहार तथा मधुर स्वर, सहज ही सबका मन आकर्षित कर लेता था। उसकी काव्यशक्ति का रसमय प्रवाह शीघ्र गति से चारों ओर बहने लगा और प्रत्येक स्थल से रसिक लोग उसकी स्तुति करने लगे। तब मुल्ला रुस्तम ग़ाज़ी ने एक काव्य-कला-विशारद विद्वान् कवि को शाहज़ादी की कवित्व-शिक्षा के लिए नियत करने का विचार किया। बादशाह का उस पर पहले से ही अपरिमित स्नेह था। वह उसकी सब संततियों में अधिक सुंदर और सद्गुण-संपन्न थी। बादशाह ने उसके लिए काव्य-शिक्षक चुनने का विचार करते ही तुरंत हिंदुस्तान तथा बाहर

के उत्तमोत्तम कविवरों को सम्मान-पूर्वक निमंत्रण भेजा। कश्मीर, ईरान, पंजाब, बंगाल इत्यादि प्रांतों से अनेक कवियों ने राजधानी में आगमन किया। ज़ेबुन्निसा सरीखी कवयित्री के शिक्षक का उच्चासन प्राप्त करना कुछ सामान्य बात न थी। यह सम्मान प्राप्त करने के लिए प्रत्येक कवि ने प्रबल प्रयत्न किए। वे अपनी-अपनी कवित्व-शक्ति बादशाह के समक्ष प्रकट करने लगे, परंतु शाहज़ादी के अगाध कवित्व-ज्ञान के आगे कोई न ठहर सका ! सब कवि उसके सामने निस्तेज हो गए ! जाने हुए कवियों में साइब, ग़नी, आक़िल इत्यादि अच्छे-अच्छे कवि थे, परंतु प्रत्येक ने यह सोचकर ही चुप रहना उचित समझा, कि मुझमें ज़ेबुन्निसा को शिक्षा देने की योग्यता नहीं। अंत में बादशाह ने 'दरबारी-कवि' के नाते से उन्हें आश्रय देना चाहा, परंतु वे लोग निरंतर दरबार में रहने से इनकार कर अपने-अपने निवास-स्थान को लज्जित होकर वापस चले गए।

एक दिन हिंदुस्तान की सीमा का सूबेदार जुल्फ़िकार ख़ाँ बादशाह से मिलने आया। ज़ेबुन्निसा की प्रशंसा सुनकर उसने बादशाह से नसीरुद्दीन नाम के एक कवि की बहुत ही प्रशंसा की। जुल्फ़िकार ख़ाँ स्वयं अच्छा विद्वान् था। बादशाह ने यह सोचकर कि जुल्फ़िकार ख़ाँ कभी झूठ न बोलेगा, नसीरुद्दीन को बुलाने के लिए शीघ्रगामी दूत भेजा। नसीरुद्दीन ने सभा में आकर बादशाह की इच्छानुसार भिन्न-भिन्न रसपूर्ण कविताएँ सुनाईं। विशेषतः उसकी ग़ज़लें सुनकर समस्त दरबार मंडली बहुत ही खुश हुई। परंतु बुर्क़ा पहने बैठी हुई ज़ेबुन्निसा वैसी आनंदित न हुई। दूसरे दिन तुलना करने के लिए एक विषय पर दोनों ने नई ग़ज़ल तैयार कर लाने का निश्चय किया। संकेतानुसार दूसरे दिन दरबार में दोनों ने अपनी-अपनी ग़ज़लें कह सुनाईं। मीर नसीरुद्दीन की ग़ज़ल अच्छी तो थी; परंतु स्थल, काल और परिस्थिति की अनुकूलता के कारण शाहज़ादी की ही अधिक प्रशंसा हुई।

यहाँ मीर नसीरुद्दीन के स्वतंत्र स्वभाव की एक छोटी-सी आख्यायिका दे देना अप्रासंगिक न होगा। इससे पाठकों को इस कवि का कुछ परिचय भी प्राप्त होगा। छुटपन से ही इस कवि को कविता रचने की स्फूर्ति हुई। साधु लोगों के सहवास से वैराग्य ले, घर की स्थिति अच्छी होने पर भी, वह जन-संपर्क छोड़ निर्जन स्थानों में रहने लगा। उसको कितने ही दिनों तक उपवास भी करना पड़ा। परंतु उदार-निर्वाह के लिए किसी की नौकरी करना वह नीचता समझता था ! बादशाह और जुल्फ़िकार ख़ाँ के अत्यंत आग्रह से ज़ेबुन्निसा की विद्वता देखकर वह बड़े आनंद से दरबार में रहने लगा।

एक समय दरबार में रसपूर्ण चर्चा चल रही थी। भिन्न-भिन्न कवियों की काव्य-रचना देखकर समस्त दरबारी आनंद से पुलकित हो रहे थे। इतने में एक कवि ने इस ज़मीन पर ग़ज़ल रचने को कहा—"अगर मानद शबे मानद शबे दीगर नमी मानद।" अर्थात् यदि रहेगा तो रात्रि भर रहेगा।

बहुत से कवियों ने तत्काल वहीं-के-वहीं तरह-तरह की ग़ज़लें रचकर कहीं। उनमें से ज़ेबुन्निसा की ग़ज़ल इस प्रकार है–

''हिजाबे नाब उरुसादर बरे शाहर नमी मानद।
अगर मानद शबे मानद शबे दीगर नमी मानद।।
मरीजेइश्क़ उ बिसयार बरबिस्तर न मी मानद।
अगर मानद शबे मानद शबे दीगर नमी मानद।।

अर्थात्–''विवाहित तरुण-वधू की लज्जा उसके पति के बाहु-स्थान में नहीं रह सकती, यदि रही तो एक रात्रि रहेगी, दूसरी रात्रि को नहीं रहेगी। उस माशूक़ के प्रेमाधिकारी पति का प्रेम-रोग दीर्घकाल तक नहीं रहता, यदि रहा तो एक रात्रि तक बिस्तर पर रहेगा, दूसरी रात्रि तक रहना संभव नहीं।''

उस समय दरबार में बहुत-से सभासद, अमीर-उमराव तथा कविगण उपस्थित थे। सभी ने शाहज़ादी के रचना-कौशल की मुक्त-कंठ से प्रशंसा की। ईरान का शाहज़ादा ज़ेबुन्निसा की काव्य-कला और अलौकिक सौंदर्य की कीर्ति सुनकर उससे विवाह करने की उत्कट इच्छा से आया था। वह भी उस समय वहाँ उपस्थित था। ऊपर लिखी ग़ज़ल सुनकर तो वह मूर्च्छित-सा हो गया। कुछ काल में साहित्य-चर्चा समाप्त हुई। प्रतिदिन की अपेक्षा आज औरंगज़ेब अतिशय प्रसन्न था। इसलिए उसने सबसे अपने ही यहाँ भोजन करने का आग्रह किया। बादशाह के साथ एक पंक्ति में बैठकर भोजन करने के सम्माननीय आदर की उपेक्षा कौन कर सकता था ? सर्वजन प्रफुल्ल-मन से मधुर वार्ता करते हुए भोजन कर रहे थे। ईरान का शाहज़ादा ज़ेबुन्निसा से विवाह करना चाहता था। इसलिए शाहज़ादे के गुणों की परीक्षा करने के हेतु बुद्धिमती ज़ेबुन्निसा भी बुर्क़ा डालकर उसी के निकट भोजन करने बैठी थी। थोड़ा-सा भोजन होने पर शाहज़ादे को कटाक्ष-युक्त हास्य-विनोद करने की इच्छा हुई और वह वासना-भरी दृष्टि से राजकुमारी की ओर देखता हुआ बोला, ''सेहबोसा मी ख़्वाहम।''

इस वाक्य के 'सेहबोसा' शब्द के दो अर्थ हैं–आलिंगन और गुझिया नामी खाद्य-पदार्थ। पूरे वाक्य के दो अर्थ होते हैं–पहला, ''मैं गुझिया नामक पदार्थ खाना चाहता हूँ। और दूसरा–''मैं तीन बार आलिंगन किया चाहता हूँ।'' भाषा-मर्मज्ञ चतुर ज़ेबुन्निसा को शाहज़ादे के मन का सच्चा हेतु ज्ञात हो गया। उसकी पशु-वृत्ति तथा प्रतिष्ठित-मंडली में अपना अपमान हुआ समझ, वह अतिशय क्रुद्ध हुई। फिर भी आत्म-संयमन कर सभ्यता के लिहाज़ से बोली, ''आज़मत बख़े मादर तलब।'' अर्थात् पाक-शाला में माँ से माँग लेना। यह बैरंग और निराशा-दर्शक उत्तर सुनकर शाहज़ादा अतिशय खिन्न हुआ। ज़ेबुन्निसा जैसी उच्चप्रेम की आकांक्षा करनेवाली स्त्री ने विकार-जन्य तथा अपवित्र प्रेम का धिक्कार करके उस शाहज़ादे को यदि

मूर्ख ठहराया, तो इसमें आश्चर्य ही क्या है ? भोजन समाप्त होने पर ज़ेबुन्निसा ने शाहज़ादे से विवाह करने की अनिच्छा प्रकट कर, उसे निराश कर ईरान के रास्ते को लगा दिया।

आगे के उदाहरण से ज़ेबुन्निसा की आशु-कवित्व-शक्ति तथा चातुर्य जान पड़ता है। बालपन में एक दिन वह आगरे के क़िले में समवयस्क सखियों सहित नाना प्रकार के खेल खेल रही थी। क्रीड़ा करते हुए उनमें से एक बालिका ने भीत के एक छिद्र में लोहे का गज़ डालकर कहा–''नीमे दरुम् नीमे बरुम्।'' अर्थात् आधा गज़ भीतर और आधा बाहर है। यह सुनकर सब बालिकाएँ जोर-जोर से हँसने लगीं। भीत की दूसरी तरफ़ एक कमरे में ज़ेबुन्निसा का दादा वृद्धावस्था में कारागृह की दुस्सह यातनाएँ भोग रहा था। लड़कियों का यह हल्ला सुन, वह चिढ़कर बोला, ''क्यों री लड़कियो ! क्या यह बाज़ार है ?'' स्वाभाविक क्रीड़ा से वृद्ध शाहंशाह को क्रोध आते देख, सब लड़कियाँ चुप हो गईं और भय से काँपने लगीं। परंतु ज़ेबुन्निसा भीतिवश न हो, धैर्य से आगे बढ़कर शाहजहाँ को संतुष्ट करने के हेतु मधुर स्वर से बोली–

''अज़ हैबते शाहेजहाँ लरज़द ज़मीनो आसमाँ।
अंगुश्ते हैरत दरदहाँ नीमे दरुम् नीमे बरुम्।''

''पूज्य पितामह ! हम यह कहती हैं कि शाहजहाँ के भय से पृथ्वी और आकाश दोनों काँपते हैं। यह देख, आश्चर्य से मुँह में आधी अँगुली भीतर तथा आधी बाहर ही रह जाती है।''

उषाकाल का रमणीय समय था। शीतल समीर मंद-मंद बहकर पुष्प-परागों की मधुर सुगंध सर्वत्र फैला रहा था। लता-पत्रों पर जल-बिंदु तेजस्वी मोतियों जैसे चमक रहे थे। पक्षी मधुर कलरव से परमेश्वर का गुणगान कर रहे थे। सुंदर कुसुम, सूर्यनारायण के दर्शन के लिए अति उत्सुक होकर, अपने सरीखे रसिक प्रेक्षकों के अंतःकरण को प्रफुल्लित कर रहे थे। ऐसे सुखकर प्रसंग पर नूतन तारुण्य-मद से उन्मत्त हुई ज़ेबुन्निसा सृष्टि-सुंदरी के सौंदर्य से स्व-सौंदर्य की तुलना करने के लिए, संतप्त हुए चित्त की शांति के लिए, भिन्न-भिन्न नव-विकसित पुष्पों की सुगंध लेने के लिए, गज-गति से अपने उद्यान में आई तथा इस लता-कुंज से उस लता-कुंज में और उस लता-कुंज से इस लता-कुंज में विहरने लगी। लता-कुंज में मधु-गुंजन सुनते-सुनते एकाएक उसके अंतःकरण में स्फूर्त्ति हुई और वह उत्पन्न हुए विचारों को पद्य-रूप में कहने लगी–

''कहार चीज़ ज़ दिलग़म बुरद क़ुदाम च्हार।
शराबो सब्ज़ हो आबे रवानो रुए निगार।।''

''चार वस्तुएँ हृदय का भार नष्ट करती हैं। वे कौन सी हैं–'मद्य,

सृष्टि—सौंदर्य, बहता हुआ पानी और सुंदर मुखचंद्र।' इतने में सहज ही उसने पीछे को घूमकर जो देखा, तो उसे उसका पिता औरंगज़ेब खड़ा दिखाई पड़ा। शृंगार-सौंदर्य और अंतःकरण के विषय-मय विचार-लहर से मेरे मुख द्वारा स्वाभाविक निकला हुआ विषय-मय पद्य, कहीं पिता ने न सुन लिया हो। इसी संशय में पड़कर वह चुप हो गई। औरंगज़ेब की धर्म पर अचल श्रद्धा और धर्माचरण उसे मालूम था। इसलिए वह उसे प्रसन्न करने के हेतु तत्काल उसी पद्य की रचना घुमाकर ज़ोर से बोली—

''च्हार चीज़ ज़ दिलग़ूम बुरद कुदम च्हार।
नमाज़, रोज़:, तस्वीहो तौबह इास्तेग़फ़ार।।''

''चार वस्तुएँ हृदय-व्यथा नष्ट करती हैं। वे कौन-सी हैं ? नमाज़ (ईश्वर-प्रार्थना), रोज़ा (धर्मग्रंथ में कहा हुआ उपवास), ईशस्मरण और पश्चात्ताप कर क्षमा माँगना।''

वयमान तथा शरीर-धर्मानुसार प्रत्येक प्राणी में जो विकार होते हैं, वे बिना उत्पन्न हुए नहीं रहते। फिर वह चाहे मनुष्य हो, चाहे पशु ज्ञान-संपन्न हो, चाहे मूर्ख ! ज़ेबुन्निसा तरुण थी, शरीर से निरोग थी तथा उसके सौंदर्य और ज्ञान-संपन्नता पर लुब्ध होकर कितने ही तरुणों ने उससे विवाह करने की इच्छा दिखाई थी। उनमें से कितने ही शाहज़ादे, कितने ही अमीरज़ादे और कितने ही कवि थे। फिर भी वह आमरण अविवाहित रही ! भिन्न-भिन्न कारण दिखलाकर बहुत-से लेखकों ने इस प्रश्न को हल करने का प्रयत्न किया है। कोई कहता है कि अतिशय ज्ञान-संपन्न होने के कारण उस काल में उसके समान ज्ञान-संपन्न पुरुष मिलना दुस्तर था। कोई कहता है कि तरुण अमीर-उमराव उससे विवाह करते हुए बहुत डरते थे। कारण यह था कि एक तो वह अपने से अधिक शिक्षित, दूसरे बादशाह की प्यारी पुत्री। इस कारण उन लोगों को भय था कि कदाचित् वह पत्नी के नाते से पति के अधिकार में न रहकर उलटे पति पर तथा दूसरी स्त्रियों पर ही सत्ता चलाएगी। कोई कहता है कि अत्यंत विद्या-व्यसनी होने तथा सर्वविद्वानों की ओर से प्रशंसा-पात्र होने के कारण उसे दूसरे की पत्नी होकर रहना अच्छा न जान पड़ता था। मुंशी मुहम्मद ख़ाँ साहिब बी.ए. की हयाते ज़ेबुन्निसा बेगम' नामक पुस्तक में लिखा हुआ कारण अधिक सयुक्तिक जान पड़ता है। वे लिखते हैं—''इतिहास-प्रसिद्ध दाराशिकोह के पुत्र पर ज़ेबुन्निसा का छुटपन से ही प्रेम था। औरंगज़ेब ने उसका विवाह दाराशिकोह के पुत्र से करने का निश्चय किया था; परंतु आगे कुछ राजकार्यों में उसे अपना विरोधी देखकर बादशाह ने कीचकों द्वारा उसका वध करवा डाला। इस राक्षसी कार्य से ज़ेबुन्निसा के कोमल हृदय पर इतना भयंकर आघात हुआ कि स्वतः औरंगज़ेब के कहने पर भी उसने आजन्म विवाह नहीं किया।''

कामदेव का पराक्रम बहुत ही प्रबल होता है। परंतु ज्ञानी जन ज्ञान-बल से विकार को दमन कर अस्थिर हुए मन को स्थिर करते हैं। ऐसा होने पर भी अविवाहितों की ओर, चाहे पुरुष हो चाहे स्त्री, मनुष्य संशय-दृष्टि से देखते हैं। अविवाहित, अंतःकरण से पवित्राचारी होने पर भी, मनुष्यों की निंदा का भाजन होता है। इसी नियमानुसार बेचारी ज़ेबुन्निसा भी लोक-निंदा की तीव्र बौछार से नहीं बचने पाई। विवाह न करके त्याग-वृत्ति स्वीकार कर वह आमरण पवित्र तथा विषय से अलिप्त रही। तो भी कितने ही लोग उसे कलंकित करने का प्रयत्न करते हैं ! खेद की बात तो यह है कि ये लोग लेखक-संप्रदाय के हैं ! हम यहाँ इस संबंध में एक कथा लिखते हैं। औरंगज़ेब के प्रधान के तरुण पुत्र आक़िल ख़ाँ से, अच्छा कवि होने के कारण, वह स्वच्छ मन से व्यवहार करती थी। इसी से कोई-कोई क्षुद्राशय संशय करते हैं, कि "उससे नीति-विरुद्ध संबंध रखकर वह कामतृप्ति कर लेती थी।" परंतु इस संशय की सत्यता का प्रमाण कहीं नहीं मिलता। समकालीन एक उत्कृष्ट कवि के नाते से उसका आक़िल ख़ाँ से पवित्र संबंध था। परंतु इतने ही पर ऐसा कहना अनुचित है कि उनमें नीति-विरुद्ध संबंध था। लोकनिंदा से दुःखित होकर उसने अपने पवित्र मन का भाव एक पद्य में इस प्रकार लिखा है–

"क़स्म् बकाबेह हाजात वएतमादे मुसलि।
कि पाकबाज़ीए मनब असे गुनाहे मन अस्त।।"

"काबा (प्राणी की आवश्यक वस्तुओं की पूर्ति करनेवाली एक कल्पतरु-रूपी शक्ति) और मुहम्मद पैग़ंबर साहिब की शपथ खाकर कहती हूँ कि मेरी पवित्रता को ही मनुष्य पाप समझते हैं।"

एक समय सम्राट् औरंगज़ेब को एक रोग हो गया। वैद्य लोगों की राय से वह जलवायु-परिवर्तन के लिए पंजाब गया। लाहौर की हवा अनुकूल होने के कारण उसने अपना ज़नानख़ाना भी वहीं बुलवाया। ज़ेबुन्निसा भी लाहौर गई। उस समय लाहौर का सूबेदार आक़िल ख़ाँ था। उसकी कविताएँ पढ़कर वह आश्चर्यचकित हो जाता था। अब वह ज़ेबुन्निसा को आँखों से देखने के लिए उत्कंठित हुआ। परंतु व्यर्थ, उसकी इच्छा फलीभूत न हुई। अंत में महल के संरक्षक का बहाना कर वह उसके चारों ओर फिरने लगा। उसके भाग्य से एक दिन क्रिमिजी रंग का रेशमी पतला वस्त्र परिधान किए हुए स्वच्छंदता से महल के छज्जे पर हवा खाती हुई ज़ेबुन्निसा उसे दृष्टिगोचर हुई। आक़िल ख़ाँ मदन-शर से व्याकुल हो उठा। प्रेम की तीव्राग्नि के कारण वह पसीने से तर हो गया। आत्म-संयम न होने के कारण वह एकदम खड़ा हो गया। उसके सेवक ने अचानक ऐसी विपरीत स्थिति होने का कारण पूछा। परंतु आक़िल ख़ाँ उसके प्रश्न की ओर ध्यान न देकर, "मैं इस

समय क्या कर रहा हूँ और कहा हूँ'' इसका विचार न कर, ऊँचे स्वर से बोला–

''सुर्खपोशे ब लबे बाम नज़र मी आयद।''

''रक्त वस्त्र धारण किए हुए सौंदर्य-मूर्ति छज्जे पर विहार करती हुई दृष्टिगोचर होती है।'' अपने विचार में निमग्न होने के कारण एकाएक यह वाक्य सुनकर शाहज़ादी चौंक गई। उसने कौतूहल से नीचे देखा, तो उसे दृष्टि पड़ा, कि कोई सुंदर तरुण मेरी सौंदर्य-धार से घायल हो गया ! रसिक और हाज़िर-जवाब होने के कारण क्रुद्ध न होकर पद्य में ही उसको प्रत्युत्तर देती हुई वह स्मित-मुख से बोली–

''न ब ज़ारी, न बज़रो, न बज़र मी आयद !''

''शोक से, शौर्य से अथवा लक्ष्मी के प्रताप से भी यह प्राप्त नहीं होगी। इसे ध्यान में रख !''

अच्छे कवि के नाते से वह आक़िल ख़ाँ को पहचानती थी। परंतु प्रत्यक्ष कभी न देखा था। वह अतिशय सुंदर तो नहीं था, परंतु उसकी मुखाकृति इतनी कुछ दयाकर्षक थी कि देखने के साथ ही प्रेम उत्पन्न होकर उसी के सहवास में रहने की इच्छा होती थी। आरोग्य होने से शरीर सुंदर एवं सुडौल है, तरुणपन से कोमल मुख पर मोहकता आ गई है, उच्च अधिकारी के योग्य सुंदर मूल्यवान् वस्त्र परिधान किए हैं, सुदृढ़ गठन से शरीराकृति भव्य दिखती है, ऐसे आक़िल ख़ाँ को देखकर युवती ज़ेबुन्निसा का चित्त क्षणभर के लिए विचलित हो जाए, तो आश्चर्य ही क्या ? दीपक प्रदीप्त होने पर मुग्ध हो लुब्ध पतंग उसके चारों ओर चक्कर लगाता है। पुष्प विकसित होने पर भ्रमर देहदशा भूलकर उसके चारों ओर गुनगुन करता हुआ भ्रमण करने लगता है। अंतःकरण की तरंगें अंतःकरण ही में स्थित होकर रह जाती हैं। तब प्रेम उभय स्थानों में अग्नि प्रज्वलित किए बिना नहीं रहता। आक़िलख़ाँ ने जब तक उसे प्रत्यक्ष नहीं देखा था। तब तक ज़ेबुन्निसा ने उसकी पात्रता का कुछ भी विचार नहीं किया था। परंतु आज के दृष्टि-मिलन-मात्र का विलक्षण परिणाम हुआ। ज़ेबुन्निसा बुद्धिमान् थी, हृदय की चलित-वृत्ति दृष्टि में आते ही आत्म-संयम करके वह चपला के समान आक़िल ख़ाँ की दृष्टि के बाहर हो गई। परंतु साथ ही उसके हृदय को भी लेती गई। बेचारे आक़िल ख़ाँ हृदयशून्य होकर स्थूल-शरीर को ले मंद-मंद पग रखते हुए निराशा से भरा हुआ एक दीर्घश्वास लेकर चलता बना। विरह-वेदना से पीड़ित प्रेमी-जन की प्रदीप्त हुई व्याकुलता, शोक, उन्निद्रता और संताप की यथार्थ कल्पना शुद्ध प्रेमी-जनों को ही हो सकती है। हमें तो ऐसा जान पड़ता है कि इस प्रेम-पथ के पथिकों का संसार हमारे संसार से परे है, जिसमें वे मस्त होकर विचरा करते हैं।

प्रतिकूल परिस्थिति के कारण बहुत दिनों तक वे न मिल पाए। दोनों को

इन दिनों में अगाध विरह-दुःख भोगना पड़ा। दिन-दिन प्रेमाकर्षण प्रबल होने के कारण दोनों को सब प्रकार के आनंद रस-हीन मालूम होने लगे। लाहौर की हवा अधिक प्रिय होने के कारण ज़ेबुन्निसा ने औरंगज़ेब से कहकर अनारकली से मुलतान को जानेवाली राह पर एक महल और उसके आस-पास एक रमणीय उद्यान बनवाया। महल का कुछ काम शेष रहने पर उसने उसे देखने के लिए एक दिन तय किया। ज़ेबुन्निसा के दर्शन के लिए उत्सुक आक़िल ख़ाँ को यह हाल मालूम होते ही बड़ा आनंद हुआ। परंतु सिपाहियों के पहरे में प्रवेश करने का काम कुछ सुगम न था। उसने बहुत उपाय सोचे, परंतु व्यर्थ ! अंत में उसने मज़दूर का वेश बना, सिर पर चूने की टोकरी रखकर, भीतर जाने का निश्चय किया। तैयार हुए एक कमरे में शाहज़ादी अपनी समवयस्का सहेलियों के साथ चौपड़ खेल रही थी। खेलने में निमग्न होने के कारण आक़िल ख़ाँ के किए हुए नेत्र-संकेतों पर शाहज़ादी का ध्यान न गया। बेचारा संकेत करते-करते थक गया। अंत में आगे-पीछे का कुछ विचार न कर, वह ऊँचे स्वर में बोला—

"मनदर तलबत गिरदे जहान मी गरदम।"

"तेरी खोज में मैं पृथ्वी के चारों ओर भ्रमण कर रहा हूँ।"

यह कह, वह चूने का टोकरा कारीगर को देकर, वहीं काम करने लगा। बुद्धिमती शाहज़ादी ने उसका स्वर तत्काल पहचान लिया और अपनी सखियों को कुछ संशय न होने पावे, इसलिए खेलते-खेलते ऊँचे स्वर में पद्य ही में उत्तर दिया—

"गर बाद शबी बरसरे जुल्फ़म न रसी।"

अर्थात्, "यदि तू वायु रूप भी हो जाए, तो भी मेरी वाणी तक पहुँचने में असमर्थ है !"

कुछ दिनों में तबीयत अच्छी होने पर औरंगज़ेब राजधानी को वापस आ गया। ज़ेबुन्निसा लाहौर में ही रही। प्रेम सदा गुप्त नहीं रहता। वह कभी-न-कभी प्रकट हो ही जाता है। बादशाह के वहाँ से आने पर, भय कम होने के कारण आक़िल ख़ाँ बारंबार शाहज़ादी से मिलने लगा। यह बात शाहज़ादी से अप्रसन्न रहनेवाले नौकरों ने नमक-मिर्च लगाकर औरंगज़ेब के कान तक पहुँचायी। इस पर बादशाह ने क्रुद्ध होकर उसे दिल्ली वापस बुलवाया और विवाह करने की सख़्त ताकीद दी।

वास्तव में विवाह करने की शाहज़ादी की इच्छा ही न थी। परंतु विवाह किए बिना बादशाह का क्रोध शांत न होगा, ऐसा विचार कर उसने नम्रता-पूर्वक दासी द्वारा पिता को कहला भेजा, "आपके आज्ञानुसार मैं विवाह करने को राज़ी हूँ। परंतु पैग़ंबर साहब ने लड़कियों को अपनी पसंद के अनुसार वर चुनने की आज्ञा

दी है, इसलिए मुझे प्रत्येक अमीर-उमराव की तस्वीर देखने को मिलनी चाहिए। यही मेरी हार्दिक इच्छा है।"

बादशाह को यह बात ठीक मालूम हुई और उसने राज्य के सब अमीर-उमरावों के चित्र मँगवाए। शाहज़ादी का आक़िल ख़ाँ पर प्रेम होने के कारण बादशाह ने उसे पत्र लिखा, "मेरी लड़की ज़ेबुन्निसा का विवाह होना निश्चय हुआ है। यदि तुम्हारी इच्छा हो, तो अवश्य धर्माज्ञानुसार विवाह करने आओ।" भीतर-ही-भीतर आक़िल ख़ाँ ने हार्दिक द्वेष रखनेवाला, परंतु ऊपर से उस पर प्रेम जतानेवाला, एक सरदार दरबार में था। उसने तुरंत ही आक़िल ख़ाँ को नीचे लिखा हुआ पत्र लिखा—"प्रिय आक़िल ख़ाँ ! बादशाह के पत्र पर विश्वास न करना। देखो ख़बरदार ! यदि तुम्हें इस लोक में कुछ दिनों तक और जीवित रहने की इच्छा हो, तो शाही निमंत्रण अस्वीकार कर देना। तुम्हारा लाहौर में ज़ेबुन्निसा के साथ का व्यवहार मालूम होने के कारण औरंगज़ेब तुम पर बहुत ही कुपित हुआ है।" दोनों पत्र आक़िल ख़ाँ को एक ही साथ मिले। वह बड़े विचार में पड़ा। औरंगज़ेब के कपटी बर्ताव से विज्ञ होने के कारण दरबार के कपटी सरदार का ही पत्र उसे सत्य जान पड़ा। विचार करके उसने बादशाह को उत्तर लिखा, "शाहज़ादी के साथ विवाह करने या आपकी नौकरी करने की मेरी इच्छा नहीं है। आप मुझे क्षमा करें।" बादशाह की आज्ञा पाने के पहले ही वह नौकरी छोड़कर दिल्ली चला आया। आक़िल ख़ाँ का उत्तर सुनकर ज़ेबुन्निसा को अतिशय ख़ेद हुआ। उसने बहुत-से अमीर-उमरावों की तस्वीरें भी मँगवाई थीं; पर उसकी इच्छा आक़िल ख़ाँ के साथ विवाह करने की ही थी। इसीलिए उसने अपनी एक विश्वासपात्र दासी के हाथ आक़िल ख़ाँ को यह पत्र लिख भेजा—

"शुनीदम तर्के ख़िदमत कर्द आक़िल ख़ाँ बनादानी।"

अर्थात्—"मैंने सुना है कि आक़िल ख़ाँ ने नादानी से अपनी नौकरी छोड़ दी।" पत्र ले जानेवाली दासी को आक़िल ख़ाँ रास्ते में ही मिला। पत्र बाँचते ही उसे सब रहस्य ज्ञात हुए। तिस पर भी उसको बादशाह का विश्वास न आया। उसने उसी पत्र पर आगे लिखा हुआ वाक्य लिख भेजा—

"चिराकारे कुनद आक़िल के बाज़ आयद पशेमानी।"

अर्थात्—"जिस कृत्य से पश्चात्ताप उत्पन्न हो, उसे भला आक़िल (बुद्धिमान) क्यों करेगा ?"

वास्तव में शाहज़ादी की ब्याह करने की इच्छा न थी। बादशाह के सख़्ती करने पर उसने और तरुणों की अपेक्षा आकिल ख़ाँ से ही विवाह करने का पक्का निश्चय किया था; परंतु उधर से भी निराश होकर उसने युक्ति से विवाह करने

की बात टाल दी। ज़ेबुन्निसा के सुदैव से बीच-बीच में महत्त्व के राजकार्य उपस्थित होते रहने के कारण बादशाह ने भी विवाह की बातचीत कुछ दिनों तक बंद रखी। जब-जब अवसर प्राप्त होता, तब-तब आकिल ख़ाँ उससे भिलता था। गुप्तचरों द्वारा ये गुप्त बातें बादशाह को मालूम हो गईं। परंतु भंडाफोड़ करके कड़ी शिक्षा देने से बादशाही कीर्ति में कालिमा लगने का डर था। इस कारण उसने उस समय आत्म-संयमन् किया।

एक दिन की बात है कि आक़िल ख़ाँ तथा ज़ेबुन्निसा उद्यान में घूमते-फिरते काव्य-चर्चा कर रहे थे। किसी गुप्त अनुचर ने यह बात बादशाह से कह दी। उसने तुरंत ही उद्यान के आसपास घेरा डाल दिया और स्वतः उद्यान में प्रवेश किया।

जब ज़ेबुन्निसा तथा आक़िल ख़ाँ को अच्छी तरह मालूम हो चुका था कि हमारा प्रेम पवित्र और शुद्ध होने पर भी बादशाह तथा प्रजा-जन उसे पाप का रूप देते हैं, नीति-विरुद्ध आचरण का संशय करते हैं, तब इस लोकापवाद से बचने के लिए उन्हें परस्पर मिलना छोड़ देना चाहिए था—ऐसा बहुतों का कहना है। परंतु सच्चे प्रेम की कथा कुछ और ही है। उसकी कुछ-कुछ कल्पना सच्चे प्रेम-भक्त ही कर सकते हैं। विकार-जन्य, विषयी प्रेम कसौटी पर सच्चा नहीं उतरता। परंतु पवित्र प्रेम प्राणों की भी परवा नहीं करता। अपने ऊपर आए हुए संकट की ख़बर जब आक़िल ख़ाँ को मालूम हुई, तब वह अतिशय घबराया। उसे निश्चय हो गया कि मेरे ऊपर नीति-विरुद्ध आचरण का दोष लगाकर बादशाह मुझे कुत्ते की मौत मारेगा। शून्य-बुद्धि से थर-थर काँपते हुए अपनी प्राण-रक्षा के लिए वह शाहज़ादी से प्रार्थना करने लगा कि मुझे कहीं तो छुपा। परंतु उस उद्यान में वह उसे कहाँ छुपा सकती थी ? इतने में ही पास ही पानी से भरा हुआ एक बड़ा-सा बर्तन दीखा। 'डूबते हुए को तिनके का सहारा' के अनुसार शाहज़ादी ने उसे उसी बर्तन में बैठाकर ऊपर से ढक्कन रख दिया। इतने में ही औरंगज़ेब वहाँ आ पहुँचा। उसने उसे ढूँढ़ने में बहुत परिश्रम किया, पर निष्फल हुआ। अंत में उसने शाहज़ादी की सब दासियों को बुला, क्रोधित हो, बड़े ज़ोर से आज्ञा-सूचक स्वर में पूछा, "आक़िल ख़ाँ कहाँ है ?"

सत्य बात सबको विदित थी। फिर भी आक़िल ख़ाँ पर दया कर, वे सब चुप रहीं। यहाँ तक कि लालच और भय दिखलाने पर भी वे कुछ न बोलीं। औरंगज़ेब, यह सोचकर कि जाल में आया चोर बिना दंड के ही भागा चाहता है, बहुत ही क्रोधांध हो गया। पुरुषों की अपेक्षा स्त्रियों का अंतःकरण बहुत ही कोमल होता है और कैसे भी महत्त्व की बात क्यों न हो, उनके पेट में नहीं रहती, ऐसा विचारकर उसने एक दासी को नंगी तलवार दिखा, क्रोध से कहा, "तुझे आक़िल ख़ाँ को बतलाना है या मरना है।" औरंगज़ेब के क्रूर स्वभाव का परिचय सबको

पहले से ही था। बादशाह के अतिशय क्रोधांध होने के सिवा सामने ही चमकती तलवार देखकर दासी भय से व्याकुल हो गई। उसने तुरंत ही बर्तन की ओर हस्त-संकेत कर दिया। बादशाह ने तुरंत ही लाल-लाल आँखें कर शाहज़ादी से पूछा, "इस बर्तन में क्या है ?" अपनी मर्यादा बचाने के हेतु वह निर्भय स्वर से बोली, "स्नान के लिए पानी भरकर रखा है।"

"तो फिर अभी तक तपाया क्यों नहीं गया ?"

"थोड़ी ही देर में तपाया जाएगा।"

"मेरे समक्ष ही खौलने तक तपाया जाए।"

अब ज़ेबुन्निसा बहुत घबराई। 'क्या करूँ, क्या न करूँ,' इसी सोच में पड़ गई। यदि पानी नहीं तपाती हूँ, तो मर्यादा जाती है। फिर राजाज्ञा भी उल्लंघन करते नहीं बनती। और यदि पानी तपाती हूँ, तो अपने ऊपर शुद्ध प्रेम रखनेवाला एक सज्जन अपने ही हाथों जीता जलाया जाता है ! हाय ईश्वर ! कैसा वेढब प्रसंग है ! विचार करने का भी अवसर नहीं। अपने प्रेमभक्त को स्वहस्त से जीता हुआ जलाने के सिवाय दूसरा कोई उपाय ही न था ! लाचार परमेश्वर से क्षमा माँगकर, बर्तन के नीचे मंद अग्नि प्रदीप्त करते हुए, आक़िल ख़ाँ को संबोधन कर, वह मंद-स्वर से बोली–

"दमे बाश मिसाले कलह बोर !"

"प्रिय आक़िलख़ाँ ! मेरी लज्जा बचाने के लिए तुम अपना प्रिय प्राण मेरे अर्पण करो ! मुँह से ज़रा आवाज़ भी न निकालना ! मांसाहारी लोग बकरे का सिर प्रदीप्त अग्नि पर रखकर पकाते हैं। तिस पर भी वह बें ऐसा उच्चार नहीं करता ! उसी प्रकार तुम भी जलते समय किंचित भी उच्चारण न करना। नहीं तो बड़ी खराबी होगी। तुम्हारा प्राण तो जाएगा ही, परंतु उसके साथ मेरी फ़ज़ीहत भी कुछ कम न होगी।"

लोग कहते हैं कि प्रेम अंधा होता है। जिस व्यक्ति पर मनुष्य का अंतःकरण दृढ़ता से संलग्न हुआ रहता है–सचमुच ही अनुपमेय प्रेम रहता है–उसके अंतिम समय तक वह उसकी अभिलाषा करता है–उसके संरक्षण के लिए यथाशक्य प्रयत्न करता है। बादशाह के इधर से टलते ही मैं अपने प्रेमी को अर्द्धजीवित अवस्था में ही बचा लूँगी, इस आशा से उसने बर्तन के नीचे जान-बूझकर मंदाग्नि जलाई थी। परंतु आक़िल ख़ाँ के रक्त के लिए तृषित हुआ क्रूर औरंगज़ेब बर्तन के नीचे मन डेढ़ मन लकड़ियाँ जलंवाकर, आधा पानी रहने तक–आक़िल ख़ाँ का सर्वांग जल जाने तक–न हटा ! शाहज़ादी के निवेदन के अनुसार उसकी लज्जा की रक्षा के लिए सर्वांग जलते हुए भी उसने मुख से परमेश्वर का नाम लेने के सिवाय, आह तक न निकाली ! उसने चुपचाप यम-यातनाएँ सह लीं। ऐसे प्रेम-योगी आक़िल

ख़ाँ की दृढ़ता, सहन-शीलता और स्वात्मार्पण की जितनी प्रशंसा की जाए, थोड़ी है।

नहीं जानते कि इस कथा में कितना सत्यांश और कितना मिथ्यांश है। पर यदि इसे थोड़ी देर के लिए सर्वांश में सत्य मान लें, तो भी उससे ज़ेबुन्निसा के आदर्श में किसी प्रकार का लांछन नहीं लग सकता। प्रत्युत यह कथा कितने ही अंशों में उसके सद्‌गुणों की परिचायक हो जाती है। पाठकों से प्रार्थना है कि यदि उन्हें यह सत्य प्रतीत हो, तो कृपाकर, दो विद्वान् सुहृद-मित्रों के पवित्र स्नेह के समान इन दोनों के प्रेम को भी समझें।

कुछ लेखकों का कथन है कि इस प्रेम-योग से आक़िल ख़ाँ तो मृत्युवश हुआ ही, परंतु शाहज़ादी को भी अतिशय कष्ट भोगने पड़े। थोड़े ही दिनों में उसे कारागृह में जाना पड़ा। आक़िल ख़ाँ से संबंध रखने के कारण ही बादशाह ने उसे कारागृह में रखा। वह बहुत दिनों तक सलीमगढ़ के क़िले में बंदी रही, यह सत्य है। परंतु इसका कारण कुछ और था। सन् 1680 में शाहज़ादा अकबर औरंगज़ेब के विरुद्ध हो गया। सम्राट् की अपेक्षा शाहज़ादे की सेना बहुत थी; पर औरंगज़ेब की कूटनीति के सामने उसे परास्त होना पड़ा। ज़ेबुन्निसा का अपराध यही था कि उसने अपने विद्रोही भ्राता से पत्र-व्यवहार रखा। इसलिए सम्राट् ने क्रोधित हो उसका वार्षिक वेतन, धन-संपत्ति, सब ज़ब्त कर उसे बंदी कर लिया। कुछ दिनों बाद क्रोध शांत होने पर सम्राट् ने उसे क्षमा कर, सब धन-संपत्ति लौटा दी। वार्षिक वेतन भी मिलने लगा।

कारागृह से मुक्त होने पर ज़ेबुन्निसा ने विरक्त-वृत्ति स्वीकार कर अपनी शेष आयु एकांतवास में व्यतीत की। वह किसी से अधिक मिलती-जुलती न थी। ऐसे एकांतवास में विद्या-व्यासंग तथा काव्य-शक्ति का उसने सन्मित्र जैसा उपयोग किया। स्वानुभव से एक स्थान पर वह प्रेम-विषय पर लिखती है—

"रहै-इश्क़ अस्तए मख़फी[1] मुजररद बायदत रफ़तन।
के गर ईसा वुवद हमराह रफ़ाकतहा नमी शायद।।"

अर्थात् अरे मानव ! प्रेम का पंथ बहुत ही कठिन है। उसमें तू अकेला ही यात्री हो। प्रेम-मार्ग स्वीकार करते समय यदि परमेश्वर भी तेरा साथी होने की इच्छा

---

1. उसका दीवान कविता-संग्रह, प्रकाशित हो गया है। वह फ़ारसी में है; फारसी कविता का मर्म समझनेवाले कहते हैं, कि कविता बहुत अच्छी है। इस बात से सूचित है कि ज़ेबुन्निसा की प्रतिभा प्रखर थी। वह बहुत प्रत्युत्पन्नमति थी। उसके सगुण के सूचक कितने ही शेर अब तक सुने जाते हैं। वह अपने समय के विद्वानों से पत्र-व्यवहार रखती तथा उनसे विवाद भी करती थी। उसका तख़ल्लुस अर्थात् उपनाम मख़फी (गुप्त) था। इसी से उसकी कविता का संग्रह 'दीवाने मख़फी' कहलाता है।

करे तो तू उससे मित्रता न कर।

रूमी, सादी आदि फ़ारसी कवियों ने परमेश्वर की स्तुति के बहुत से पद्य रचे हैं। सुलभ दृष्टांत दिखलाकर लोगों को नीतिमार्ग बतलाने का प्रयत्न किया है। पवित्र प्रसंगों का सहारा लेकर मधुर भाषा में अपने काव्य को हृदय-भेदक और परिणाम-कारक बताने का भी प्रयत्न किया है। उसी प्रकार ज़ेबुन्निसा ने भी मधुर शब्दों का प्रयोग कर, दृष्टांतों के लिए व्यवहारों के प्रसंग लेकर लोगों को ईश्वर-प्रार्थना करने के कार्य में तथा उपदेशकों को नीति-मार्ग का उपदेश करने के कार्य में आ सकने लायक कितनी ही उत्कृष्ट कविताएँ रची हैं। उसकी बहुत सी ग़ज़लें विषयी जनों को श्रृंगार-रस-प्रधान लगती हैं; परंतु उनका गूढ़ार्थ करने पर मालूम पड़ेगा कि उनमें भक्ति-रस किस प्रकार लबालब भरा है। उनकी यथार्थ कल्पना कर उसके विषय में, मनुष्य के मन में पूज्यबुद्धि उत्पन्न हुए बिना नहीं रहती। विषयी जन अर्थ-विपर्यास करके मनोरंजन के लिए उनका उपयोग श्रृंगार की ओर करते हैं। भजनानंदी पुरुष सच्चे अर्थ में—उनको ईश्वर की उपासना के काम में—लाते हैं। ज़ेबुन्निसा की कविताएँ फ़ारसी-भाषा में होने के कारण यहाँ लिखना ठीक नहीं तथा उनका रहस्य आदि बतलाना भी असंभव है। इसलिए उसके कुछ सुंदर वाक्य यहाँ दिए जाते हैं। आशा है, पाठक उनका कुछ उपयोग करेंगे—

"जब तेरी कोई इच्छा परिपूर्ण हो याने तू सुखी हो, तब दुःख और निराशा में व्यतीत किए हुए दिनों की याद मत भूल !"

* * * *

"जग में जब दुःख अथवा विपद् का प्रसंग आवे, तब तू अपने मधुर स्वर से उसको टालने का प्रयत्न कर। जैसे पतंगा दीपक के स्थान में अपना प्राण दे देता है, वैसे ही तू भी सत्कर्म के आचरण तथा दुःखियों की सहायता करने में अपनी आयु व्यय कर !"

* * * *

"यदि स्त्री की आबरू में एक बार भी कलंक का टीका लग जाए, तो अश्रुओं से सौ बार धोने पर भी वह न धुल सकेगा।"

* * * *

"जब निराशा के दिन आते हैं, तब मित्र भी शत्रु-रूप हो जाते हैं तथा आनंद का दुःख में पर्यवसान हो जाता है।"

* * * *

"हमारे मन में किसी के प्रति शत्रुता नहीं, ऐसा होते हुए भी जो लोग हमसे द्वेष करें, परमेश्वर उनसे द्वेष करे।"

* * * *

"अंतकरण से सचमुच पवित्र होने पर भी यदि शत्रु ने तुझे कलंकित किया,

तेरी बदनामी की, तो तू डरता क्यों है ? दुःख और लज्जा क्यों करता है ?"

इस शाहज़ादी में काव्य-कला के सिवाय दूसरे भी कितने ही सद्गुण थे। उसका अंतःकरण उदार और दयालु था। उसका वार्षिक वेतन चार लाख रुपए था। उसमें से वह अपने लिए बहुत कम व्यय करती थी। बाक़ी का द्रव्य साहित्य-सेवा, निराश्रितों की रक्षा, अंधे-लूलों के लिए अन्न-वस्त्र तथा ग़रीब यात्रियों को प्रदास का ख़र्च देने इत्यादि सत्कृत्यों में व्यय करती थी। एक प्रसंग पर मयाबाई नामक उसकी दाई ने अपनी दुःखितावस्था का इतिहास बताते हुए दुःखोद्गार निकाले—"राजपुत्री ! संसार क्षण-भंगुर तो है ही, परंतु यदि संतति अथवा इमारत आदि हुई, तो कुछ काल के लिए मनुष्य का नाम रह जाता है। परमेश्वर ने मुझे दोनों बातों से दुःखी किया है। हाय ! मेरा एक भी बच्चा नहीं बचा और लक्ष्मी की तो मेरे ऊपर पूर्ण अकृपा ही है ! मेरे मरने पर संसार से मेरा नाम मिट जाएगा !"

यह सुनकर ज़ेबुन्निसा को अतिशय दया आई। उसने उसी समय लाहौर का अपना एक बाग़ मयाबाई को अर्पण कर दिया और उसके महल पर मयाबाई के नाम का शिलालेख लगाने की व्यवस्था कर दी। उसका ख़ास महल इस महल से जुदा है। इस बाग़ के खंडहर अनारकली के दक्षिण में अब तक मौजूद हैं। अब लोग इसे बुर्ज़ीवाला बाग़ कहते हैं। इसके पूर्वी फाटक पर इस घटना का कुछ अंश फ़ारसी-पद्यों में लिखा हुआ अब तक विद्यमान है।

तुर्किस्तान तथा ईरान तक ज़ेबुन्निसा के पुस्तकालय की ख्याति फैली थी। उसने एक बड़ा भारी महल बनवाया था। जिसमें सुकवियों, सुपंडितों और सुलेखों का अच्छा जमघट रहता था। ये लोग अनेक विषयों के ग्रंथ लिखने, काव्य रचने, अन्य भाषाओं की पुस्तकों का अनुवाद करने और हस्तलिखित प्राचीन पुस्तकों की प्रतिलिपि करने में दिन-रात लगे रहते थे ! ज़ेबुन्निसा की ओर से इन सबको मासिक वेतन मिलता था। इसी महल में उसका पुस्तकालय भी था। उसके कर्मचारी पुस्तकों की खोज में बारहों मास देश-विदेश घूमा करते थे। ज्योंही उनको कोई उपयोगी ग्रंथ मिलता, त्योंही वे उसे या उसकी नक़ल इस पुस्तकालय में भेज देते थे। इस तरह इस पुस्तकालय में सब विषयों के हज़ारों अद्वितीय अपूर्व और अलभ्य ग्रंथ इकट्ठे हो गए थे। पुस्तकें कश्मीर में बहुत मिलती थीं। इसलिए ज़ेबुन्निसा ने वहाँ कई लेखक नियत कर दिए थे, जो ग्रंथों की नकल करके पुस्तकालय में भेज देते थे। इसका प्रबंध मुल्ला मुहम्मदशफ़ी नामक एक विद्वान् के सुपुर्द था। ज़ेबुन्निसा ने जो-जो ग्रंथ बनवाए थे और जिन-जिनका अनुवाद कराया था, उनमें से एक को छोड़कर और किसी का पता नहीं चलता। इमामराज़ी नामक एक विद्वान् ने अरबी-भाषा में क़ुरान का भाष्य लिखा है। उसका नाम है, 'तफ़सीर कबीर'। इसका फ़ारसी अनुवाद ज़ेबुन्निसा की आज्ञा से मुल्ला शफ़ीउद्दीन-अज़बेगी ने किया था। ज़ेबुन्निसा ने अपने ही नाम पर इस अनुवाद का नाम 'जेबुत्तफ़ासीर' रखा था।

उसके संबंध की वही एक पुस्तक पाई जाती है। अस्तु, वह रोज प्रातःकाल उठकर नमाज़ आदि नित्य-कर्मों से निवृत्त हो, कुरान-शरीफ़ का अध्ययन करती थी। तदनंतर उत्तमोत्तम पुस्तकें पढ़ती थी। किसी-किसी विद्वान् के साथ धार्मिक विषयों पर चर्चा भी करती थी। शेष समय नूतन कविता लिखने तथा लिखी हुई को शुद्ध करने में व्यय करती थी। ज़ेबुन्निसा की यह विद्याभिरुचि धन्य है !

अंत समय तक ज़ेबुन्निसा ने दिल्ली में एकांतवास करते हुए समय व्यतीत किया। हिजरी सन् ग्यारह सौ में (यह सन् अंदाज़ से लिखा गया है। यदि अंतर भी होगा, तो दो-एक वर्ष से ज़्यादा का नहीं) एक दिन सायंकाल के समय ग्रंथ बाँचते-बाँचते उसे नींद आ गई। मध्यरात्रि में प्यास लगने के कारण दासी ने उसे पानी दिया। उसी समय से उसकी प्रकृति बिगड़ी। दो ही घंटे में उसे भयंकर ज्वर आ गया। सात दिन बीमार रहकर आठवें दिन काव्यदेवी की उस निःसीम सेविका की पवित्र आत्मा ने इस क्षण-भंगुर संसार को त्याग दिया। औरंगज़ेब उस समय पठानपुर में था। उसने वहीं उसका मृत्यु-पत्र मँगाकर उसके लिखे अनुसार उसके स्थूल शरीर को लाहौर में उसी के बनवाए हुए उद्यान में भूमिस्थ कराया। उसकी मृत्यु पर लेख लिखते हुए एक साहित्य-भक्त लिखता है—

"हाय ! हाय !! कवयित्री जेबुन्निसा, ईश्वरेच्छा से, अचानक इस नश्वर जगत् का त्याग करके परधाम को चली गई। ज्ञान की, काव्य की और अनुपम सौंदर्य की मूर्ति पृथ्वी के उदर में जाकर अदृश्य हो गई !"

एक आधुनिक कवि उसके चरित्र को लिखते हुए दुःखोद्‌गार निकालता है—

"हाय ! वह विलास-रंग का समय रात्रि और प्रभात-काल कहाँ है, जिसका सौंदर्य देखकर मस्त बुलबुलें चकित हो जाती थीं ? रात को नींद में जिसका स्मरण होते ही वे चौंककर जाग उठती थीं ! जिस महल का स्वर्ग के प्रासादों को भी मत्सर होता था, हाय ! उसी महल की जो दुर्दशा हो गई है, उसका वर्णन करते कलेजा फटता है ! उसकी क़ब्र की भी वही स्थिति है।"

* * * *

"जो नवयौवना पुष्प-शय्या पर शयन करती थी, हाय ! उसकी क़ब्र पर आज कोई दो शुष्क-पुष्प भी नहीं चढ़ाता !"

* * * *

"जिसके मंदिर में इत्र के स्वर्ण-दीपक जलते थे, उसकी क़ब्र पर आज कोई मिट्टी के तेल का दीपक भी नहीं जलाता !"

* * * *

"जिसने सैकड़ों याचकों को कमख़ाब और रेशम के मूल्यवान् वस्त्र अर्पण किए थे; उसकी क़ब्र पर आज सूत की एक चिंदी तक नहीं चढ़ाई जाती !"

यहाँ तक लिखे हुए ज़ेबुन्निसा के अल्प-चरित्र से ऐसी सौंदर्य-शालिनी विदुषी

और आशु-कवयित्री की मनोहर मूर्ति का अवलोकन करने की इच्छा पाठकों को उत्पन्न होना स्वाभाविक ही है। ईरानी शाहज़ादा भी उसके दर्शन के लिए अतिशय उत्सुक हुआ था। उसे ज़ेबुन्निसा ने जो मार्मिक उत्तर दिया था, उसी को मनन करने की नम्र सूचना देकर हम इस चरित्र को समाप्त करते हैं।

''बुलबुल अज़ गुल बगुज़रद गर दर चमन बीनद मरा,
बुतपरस्ती केथ कुनद गर बरेहमन बीनद मरा,
हमचु वो पिन्हा शुदम दर बर्गेगुल मानिंद गुल,
हरके दीदन मेयल दारद दर सखुन बीनद मरा।।''

भावार्थ–''यदि बुलबुल मुझे उद्यान में देखेगी, तो वह पुष्पों को छोड़कर मेरे पास आ जाएगी। यदि ब्राह्मण मुझे देख लेगा, तो मूर्त्ति-पूजा क्यों कर करेगा ? जिस प्रकार कुसुमों की सुगंध पंखुरियों में छिपी रहती है, उसी प्रकार मैं भी अपनी कृति में अदृश्य हूँ। जो मुझे देखने की इच्छा करते हों, उन्हें मुझे मेरी वाणी में देखना चाहिए।''

जो स्त्री-शिक्षा के विरोधी हैं, जो स्त्रियों को एक अक्षर भी पढ़ाना पाप-रूप समझते हैं, जो समाज के आवश्यक अंग 'स्त्री' को अशिक्षा के गड्ढे में फेंक, स्वराज्य प्राप्त करना चाहते हैं, नहीं मालूम, इस चरित्र-कथा को पढ़कर वे स्त्री-शिक्षा को कैसा समझेंगे ! क्या ऐसे आदर्श-चरित्रों के प्रत्यक्ष रहते भी स्त्री-शिक्षा अनुचित जान पड़ती है ?

लुत्फुन्निसा बेगम

पाश्चात्य-देश के लोगों का सिद्धांत है कि जिस राष्ट्र को नष्ट करना हो, उसकी शिक्षा नष्ट कर दो। उन लोगों ने अपने अधीनस्थ राष्ट्रों को नष्ट करने के लिए इस सिद्धांत का पूर्णतया प्रयोग किया है। कहना न होगा कि वर्तमान शिक्षा-प्रणाली से देश का कितना अहित हुआ है। इतिहास वह प्रकाश है, जिसके द्वारा लोगों के हृदय का तम नष्ट हो जाता है और उन्हें प्रगति-मार्ग स्पष्ट दीख जाता है। शिक्षा का यह मुख्य अंग हमारे देश में किस प्रकार नष्ट किया गया है, वह किसी देशाभिमानी व्यक्ति से छिपा नहीं है। पर किसी कवि का कथन है—

"छुपे नहीं है सत्य छुपाये भ्रात ! सत्य यह मानो।"

ठीक यही बात हमारे इतिहास के संबंध में भी अक्षरशः घटित हुई। सत्य बातों का उद्‌घाटन हुआ और जनता को अपने इतिहास की असलियत मालूम हो गई। अब यह बात सिद्ध करने की आवश्यकता नहीं है कि सिराजुद्दौला कैसे सज्जन एवं क्लाइव और उसका सहयोगी वाटसन अपने आदर्शों से कितने गिरे हुए थे। सिराजुद्दौला पर कितने मिथ्या और कलंकित आक्षेप किए गए हैं, यह पाठक अच्छी तरह जानते हैं। हर्ष की बात है कि बँगला के प्रसिद्ध इतिहास-लेखक बाबू अक्षयकुमार मैत्रेय ने अपनी 'सिराजुद्दौला' नामक पुस्तक में सिराज पर किए गए आक्षेपों का निरसन अच्छी तरह कर दिया है।

लुत्फ़ुन्निसा बेगम बंगाल, विहार और उड़ीसा के उन्हीं स्वतंत्र और अंतिम नवाब सिराज की प्राणप्यारी बेगम थी। जब सिराज पर विपत्ति के पहाड़ टूट पड़े थे, घर के ही लोगों ने विश्वासघात कर दिया था और राज्यलक्ष्मी उन्हें त्याग चुकी थी, उस समय एकमात्र गृहलक्ष्मी लुत्फ़ुन्निसा ने ही पति का साथ देकर अपना कर्तव्य-पालन किया था। ऐसी सुशीला देवी का चरित्र पाठिकाओं को अवश्य शिक्षा-प्रद होगा और उन्हें आत्मबल देकर, कर्तव्य-पथ पर आरूढ़ करेगा।

लुत्फ़ुन्निसा किसी शाही या अमीर ख़ानदान में नहीं उत्पन्न हुई थी। उसके माता-पिता कौन थे और वह कहाँ उत्पन्न हुई थी, इसका कुछ भी पता नहीं मिलता।

सिराज के नाना अलीवर्दी ख़ाँ के समय में वह मोल ली जाकर हरमसरा में बाँदी बनाकर रखी गई थी। इसका कारण उसकी सुंदरता ही थी। कौन जानता था, किसी इसी सुंदरता के बल पर लुत्फ़ुन्निसा बाँदी से बेगम हो जाएगी ? कौन जानता था, कि यही बाँदी अपनी उत्कृष्ट पति-भक्ति के कारण सती-साध्वियों की श्रेणी में नाम लिखा, अपने पीछे अपना उच्च आदर्श छोड़ जाएगी ?

लुत्फ़ुन्निसा सुंदर, हँसमुख भोली-भाली और प्रसन्न-चित्त बालिका थी। इसलिए उस पर हरमसरा की सभी बेगमों का अनुग्रह एवं प्यार रहता था। वह भी शाही महलों में निर्भय विचरा करती और मगन रहा करती थी। जैसे वर्षा-काल में तितली एक फूल से दूसरे फूल पर मँड़राया करती है, वैसे ही बालिका लुत्फ़ुन्निसा शाही वाटिकाओं में धूम मचाया करती थी।

फूल की कली कब तक कली रह सकती है ? प्यारी धूप का सम्मिलन होते ही वह खुशी से खिल उठती है। खिलने पर उसकी सुंदर शोभा और सुगंध सहज ही मन को लुभा लेती है। समय पाकर ठीक यही दशा लुत्फ़ुन्निसा की भी हुई। महाराज यौवन के आते ही उसका स्वाभाविक सौंदर्य नूतन छटा धारण करने लगा। अब तक वह बालिका थी, अब युवती हो चली। मुखमंडल पर लुनाई अलग ही अपनी मोहकता दिखलाने लगी। बचपन की चंचलता के स्थान में अब उस पर अदृश्य रीति से एक स्वाभाविक गंभीरता और गर्व ने अपना आसन जमा लिया। उसकी मंद मुस्कान में एक विचित्र ही आकर्षण-शक्ति आ गई। उसकी काली-काली चंचल पुतलियाँ देखनेवालों के मन को सहज ही चुराने लगीं। यौवन की उमंग में उसकी मनोहारिणी और चंचल छटा का दिन-प्रतिदिन विकास होने लगा।

उसके मुख का अवलोकन कर नवाब के अंतःपुर की बड़ी-बूढ़ी स्त्रियाँ सर्द आहें भरतीं और दाँतों तले उँगली दबा, अपने यौवन-काल का स्मरण कर, मन मसोस कर रह जाती थीं। उसकी सहेलियाँ ताना मारतीं, "अरी खिली री कली !" तब लुत्फ़ुन्निसा भौंहें तरेर, हँसकर कहती—"क्यों न खिले ?" जवानी की उठती उमंगों में अलीवर्दी का प्यारा नाती सिराज ऐसी मनोहारिणी मूर्ति को देख, उस पर जी-जान से मोहित हो गया।

लुत्फ़ुन्निसा की भी यही स्थिति हुई। दोनों ही एक-दूसरे को पाने की चाह करने लगे। यह बात बूढ़े नवाब से छिपी न रह सकी। सिराज पर नवाब का यहाँ तक प्रेम था कि वह जो वस्तु माँगता, नवाब उसे वही देता। यदि सिराज में कुछ दोष आ गए थे, तो उसका मूल कारण बूढ़े नवाब ही थे। अलीवर्दी ने नाती की इच्छा देख, उसके साथ प्रसन्नता से लुत्फ़ुन्निसा का विवाह कर दिया। बाँदी का भाग्य चमक उठा—वह बेगम हो गई। इसी का नाम है, क़िस्मत का खेल !

"जिन पाँयन पनही नहीं, तिनहिं देत गजराज।"

नवाब अलीवर्दीख़ाँ की पुत्री अमीना-बेगम एक वीर सरदार ज़ैनुद्दीन को ब्याही गई थी। सिराज़ इन्हीं का पुत्र था। परंतु नवाब ने निपुत्री होने के कारण सिराज को अपने ही पास रख, उसका पालन-पोषण किया था। विशेष लाड़-दुलार के कारण उसके अभिभावकों ने उसकी शिक्षा पर विशेष ध्यान न दिया। महलों में ही अधिकतर समय व्यतीत होने के कारण उस बेचारे ने भले मनुष्यों की सत्संगति पाई ही नहीं थी। सबसे बुरी बात यह हुई कि उसके ज़िद्दी स्वभाव को सुधारने की तब तक कुछ भी कोशिश न की गई, जब तक वह पूर्ण उज़ड्ड न हो गया ! यदि सिराज में कोई भारी दोष था, तो यही और इसी ने उसके पतन में सहायता दी। इससे विदित होता है कि माता-पिता पर संतान के पालन-पोषण और शिक्षा की कितनी बड़ी ज़िम्मेदारी है। यदि इन बातों पर आरंभ से ही पूर्ण ध्यान दिया जाय, तो बालक उन दोषों से बहुत कुछ बरी रहें, जिनके कारण वे भविष्य में बहुत कुछ कष्ट उठाते हैं, क्योंकि हरी लकड़ी नवाई जा सकती है, सूखी नहीं।

ज़ैनुद्दीन पटना का सूबेदार था। जब वह अपने शत्रु अफ़गानों द्वारा मार डाला गया, तब उसके श्वशुर अलीवर्दी ख़ाँ ने उसकी जगह पर सिराज को पटना का सूबेदार बनाया और राजा जानकीराम को उसका नायब। विशेष स्नेह के कारण नवाब ने सिराज को पटना न भेजा, अपने ही पास रख लिया और राज्य के सब कार्यों का भार जानकीराम के ही सुपुर्द कर दिया। इस पर कुछ बेईमानों ने सिराज को भड़काया कि नवाब तुम्हें कुछ अधिकार देना नहीं चाहते, वे तुम्हें अपना खिलौना बनाकर रखेंगे। जब आप पटना के सूबेदार मुक़र्रर किए गए हैं, तब आप ही को वहाँ जाकर राज्य करना चाहिए। सिराज लोगों की बातों में आ गया और उसने चुपचाप पटना पर चढ़ाई कर दी। इस समय सिराज को बड़े-बड़े कष्टों का सामना करना पड़ा।

इस कठिन प्रसंग में बेगम लुत्फ़ुन्निसा ने भी अपने पति के दुःख में भाग लिया था। इस समय जो-जो तकलीफ़ें लुत्फ़ुन्निसा को भोगनी पड़ीं, उनकी उसने तनिक भी परवाह न की। पति-प्रेम के सामने उस कोमलांगी ने मुसीबतों को फूल के समान सह लिया। पति के दुःख में सहायक होना ही उसे उचित जान पड़ा। नवाब ने सिराज की इस चढ़ाई को बाल-क्रीड़ा मात्र समझा। धन्य वात्सल्य-भाव !

परंतु अपने नाना का यह दुलार और प्रेम सिराज बहुत दिन तक नहीं भोगने पाया। सन् 1756 ई. में 80 वर्ष की अवस्था में अलीवर्दी ख़ाँ का देहांत हो गया। तब 20 वर्ष की अवस्था में ही सिराज बंगाल, विहार और उड़ीसा के राज्य-सिंहासन पर विराजमान हुआ। इस समय राज्य में बहुतेरे ऐसे आदमी थे जो अकारण सिराज से आंतरिक द्वेष रखते थे। उसके नवाब होते ही उन लोगों ने भीतर-ही-भीतर उसके खिलाफ़ साज़िश करना शुरू कर दिया। परंतु यह

बात सिराज से छिपी न रही। वह सदैव चौकन्ना रहता और किसी पर विश्वास न करता था। नवाब ने यहाँ तक सावधानी की कि वह बेगमों पर भी चौकसी रखता था। इन अविश्वास के दिनों में सिराज की एक-मात्र संगिनी लुत्फ़ुन्निसा ही थी। इस देवी पर उसे पूरा विश्वास था और वह सदैव नवाब के पास रह, उसकी सेवा तन-मन से करती थी। धन्य है उस देवी के चरित्र को, जिस पर पति का ऐसा विश्वास हो !

आख़िर वही हुआ, जिसका खटका सिराज को सदैव लगा रहता था। अलीवर्दी ख़ाँ के बहनोई और सिराज के सेनापति मीरजाफ़र ने युवक नवाब के साथ पूरा विश्वासघात किया। इस नमकहराम ने राज्य के लोभ में पड़, अपने स्वामी के साथ ऐसा काम कर सदैव के लिए अपना नाम ही कलंकित नहीं किया, वरन् भारत की स्वाधीनता के नाश में भी पूरा योग दिया। नवाब सन् 1757 में राबर्ट क्लाइव के सामने अपनी विशाल सेना रहते भी प्लासी के मैदान में परास्त हुआ। सिराज भागकर अपनी राजधानी मुर्शिदाबाद में पहुँचा, पर वहाँ भी उसने अपनी कुशल न समझी। तब उसने राजमहल जाने का विचार किया।

सब लोगों ने साथ छोड़ दिया था, प्यारे मित्र मुँह छिपा बैठे थे, सगा ससुर भी प्राणों का ग्राहक हो रहा था। केवल पर्दे में रहनेवाली एक कोमलांगी अबला ही सिराज का साथ देने के लिए तैयार हुई ! पाठक ! वह पवित्र-हृदया स्त्री लुत्फ़ुन्निसा बेगम ही थी। ऐसे कठिन समय में, इस प्रकार कष्ट भोगने के लिए उसे तैयार देख, हमें उसकी मुक्तकंठ से प्रशंसा करनी पड़ती है। सिराज ने उसे हरचंद साथ चलने से रोका, अपनी विपत्ति-वार्त्ता कही, राह के भयंकर कष्टों का वर्णन किया; पर लुत्फ़ुन्निसा ने कहा, "प्यारे ! आप ऐसे वचन क्यों कहते हैं ? मैं आपके बिना कैसे रह सकती हूँ ? यदि पुरुष अपनी छाया छोड़ सकता है, तो स्त्री को भी अलग कर दे सकता है। जब मैंने आपके साथ सुख के दिवस व्यतीत किए हैं, तब आपके दुःखों की भागिनी भी अवश्य हूँ। आप मुझे साथ चलने से न रोकिए। इस लोक तथा परलोक में आप ही मेरे देवता हैं ! इसी बात पर ध्यान रख, मैं आपकी सेवा में आनंद मानती हूँ। आपकी सेवा में रहते हुए मुझे सुख-दुःख की कोई चिंता न होगी। आपके साथ चलने में मुझे ज़रा भी कष्ट न होगा।"

अपनी प्रियतमा के ये वचन सुन तथा उसका शोकाकुल मुख एवं अश्रुयुत विलोचन विलोक, सिराज से न रहा गया और उसने लुत्फ़ुन्निसा को खींचकर हृदय से लगा लिया—मानों उसे साथ चलने की स्वीकृति दे दी। ये शब्द लिखते समय हमें जगन्माता सीता के ये शब्द याद आ जाते हैं—

"मैं पुनि समुझि दीख मन माहीं, प्रिय-वियोगसम दुख जग नाहीं।।

जहँ लगि नाथ मेह अरु नाते, पिय बिनु तियहिं तरहिते तांते।।
तनु धन धाम धरणि पुरराजू, पति-विहीन सब शोक-समाजू।
भोग रोगसम भूषण भारू, यम-यातना सरिस संसारू।।
प्राणनाथ तुम बिन जग माँही, मोकहँ सुखद कतहुँ कोउ नाहीं।।
जिय बिनु देह नदी बिनु वारी, तैसहि नाथ पुरुष बिन नारी।।
नाथ सकल सुख साथ तुम्हारे, शरद-विमल-विधु-वदन निहारे।।

आधी रात को साधारण बैलगाड़ी में बैठकर इतने बड़े प्रांत का स्वतंत्र स्वामी केवल प्राण-रक्षा के लिए अपनी बेगम को साथ ले निकल भागा। स्थल-मार्ग की अपेक्षा उसने जल-मार्ग से जाना उपयुक्त समझा। इसीलिए वे भगवानगोला पहुँचे। यह ग्राम मुर्शिदाबाद से उत्तर दिशा में साढ़े सात कोस दूर है। यहाँ पहुँचकर सिराज, लुत्फ़ुन्निसा और दो-चार सेवकों के साथ नाव में बैठ, राजमहल की ओर चला। यदि नवाब का भाग्य खोटा न होता, तो उसे स्थल-मार्ग से जाने में ही सुविधा होती। इससे यह लाभ होता कि इस समय तक वे सैनिक, जो अभी तक नमक-ख्वार थे, नवाब के बुलाने से आ सकते थे। उनके आ जाने से पुनः बलवान हो जाने पर किसकी सामर्थ्य थी, जो नवाब का सामना करता ?

रास्ते में कड़ी धूप लगने, भूखे-प्यासे रहने और सो न सकने के कारण इन लोगों को बड़ा कष्ट उठाना पड़ा। मेह और पद्मा की लहरों ने उन्हें बेचैन कर दिया। जो यह भी न जानते थे कि कष्ट कैसा होता है—उन्हीं की यह अवस्था ! संसार की यही हालत है ! तब काल को धिक्कारना व्यर्थ है। हमें इससे शिक्षा लेनी और अपना हृदय विपद् सहने योग्य बनाना चाहिए। इन कष्टों का तनिक भी ध्यान न कर, लुत्फ़ुन्निसा अपने पति की खूब सेवा की। स्वामी को अपने कपड़ों में छिपाकर, हृदय से लगाकर, वह उसे ढाढ़स बँधाती थी। स्वामी किसी प्रकार प्रसन्न रहें, यही उसका अभीष्ट था। यह है, स्त्रियों की वीरता ! जब पुरुष निर्बल और निरुत्साह हो जाते हैं, तब स्त्रियाँ ही उनमें जोश और शक्ति का संचार कर सकती हैं।

तीन दिन लगातार कष्ट सहने के पश्चात् ये लोग राजमहल के पास पहुँचे। जो नवाब षट्रस-भोजन पाने पर भी तृप्त न होते थे, वे आज तीन दिन से भूखे-प्यासे हैं। उन्होंने लुत्फ़ुन्निसा से कहा—"कुछ पकाकर खिलाओ, तो प्राण बचें।" इतने में ही दानाशाह नामक एक भव्य-मूर्ति संन्यासी ने आकर कहा कि मैं सब व्यवस्था करता हूँ, आप निश्‍चिंत रहिए। परंतु हाय रे फूटे भाग्य ! दानाशाह नवाब के लिए दाना ही हो गया ! उसने चुपचाप नवाब के शत्रुओं को उनके आगमन का समाचार पहुँचा दिया।

समाचार पाते ही मीरज़ाफ़र का दामाद मीरक़ासिम और उसका भाई दाऊद ख़ाँ सदल-बल सिराज को गिरफ़्तार करने के लिए आ पहुँचा। जिसका नमक खाकर ये लोग हृष्ट-पुष्ट हुए थे, उसी को क़ैद कर इन कुत्तों ने संसार को स्वामिभक्ति का आदर्श दिखा दिया ! मीर क़ासिम ने डरा-धमकाकर लुत्फ़ुन्निसा के अलंकारादि उतरवा, अपने अधिकार में किए और उसके दूसरे साथियों ने नवाब की अन्यान्य सामग्रियों का हरण किया। जो लोग एक दिन विपुल वैभवशाली नवाब के सामने जाने में भी भय खाते और उन्हें प्रसन्न रखने के लिए ईश्वर से प्रार्थना करते थे, आज वे ही उन्हें व्यंग्य-बाण-वचनों से मर्मांतक व्यथा पहुँचा रहे थे।

पिंजर-बद्ध केसरी के समान सिराज चुपचाप सब सह रहा था। उसने धीमे स्वर में कहा, "मैं राजपाट, धनधाम और सेवक आदि कुछ नहीं चाहता। मुझे निर्वाह के लिए थोड़ी-सी पेंशन और बंगाल के किसी कोने में रहने की जगह दो। मैं कभी, कुछ भी अशांति न करूँगा।"

कल नवाब जिन कुत्तों पर राज्य करते थे, जो कल उनके कृपा-कटाक्ष के लिए तरसते थे, आज उन्हीं अर्थ-दास, स्वार्थी और विश्वासघातियों ने अपने स्वामी की इस सामान्य प्रार्थना पर भी ध्यान न दिया। वे नवाब को बंदी बना, मुर्शिदाबाद ले गए। साथ ही दुःख की मारी बेचारी लुत्फ़ुन्निसा भी बंदी की गई। उसे भी बड़े-बड़े कष्ट सहने पड़े।

मीरज़ाफ़र का बड़ा लड़का मीरन साक्षात् नर-पिशाच था। उसके हृदय में दया का लेश भी न था। उसने सिराज का सिर कटवा लिया। सिराज का शव मुर्शिदाबाद के खुशबाग़ में दफ़ना दिया गया। बेचारी लुत्फ़ुन्निसा ज़बर्दस्ती ढाके भेज दी गई। पति के स्मरण में रोते-रोते ही उसका दिन व्यतीत हो जाता था। कुछ दिनों में प्रार्थना-पर-प्रार्थना करने पर यह मुर्शिदाबाद बुला ली गई और उसे ख़ुशबाग में रहने के लिए स्थान दे दिया गया। अपने पति के मक़बरे का सारा प्रबंध वह स्वयं करती थी।

लुत्फ़ुन्निसा प्रतिदिन आँसुओं से भीगे हुए पुष्पों से अपने पति की क़ब्र सजाती थी। संध्या-समय ख़ुशबूदार तेल के दीपक जला, मकबरे में प्रकाश करती थी। वहाँ वह अपने प्यारे सिराज की याद में घंटों रोया करती और मूर्च्छित हो पड़ी रहती थी। उसने खाने-पीने की सुधि ही बिसरा दी। 'प्यारे सिराज' यही शब्द उसकी जिह्वा पर रहते थे। आँखें सदा आँसुओं से तर रहा करती थीं। होते-होते थोड़े ही दिनों में उस प्रेममयी बाला का, सिराज की रटना करते-करते, अंत हो गया। लुत्फ़ुन्निसा पति के पैरों के पास ही दफ़ना दी गई। वे युग्म-प्रेमी क़यामत तक के लिए आज भी वहीं सो रहे हैं।

यदि लुत्फ़ुन्निसा चाहती तो नवाब की अन्य बेगमों के समान बहुत-सा धन

और आभूषण लेकर सुख से अपना जीवन व्यतीत कर सकती थी। पर उसने ऐसा नहीं किया। पति की मृत्यु होते ही उसने एक प्रकार से खाना-पीना तक त्याग दिया। संसारी सुखों को मिट्टी समझ, पति की स्मृति में ही उसने सुख माना और शीघ्र ही वह अपने प्यारे सिराज से जा मिली।

●●●

खंड-2

बेगमात के आँसू

बहादुरशाह की फ़क़ीरी

दिल्ली के अंतिम बादशाह एक साधु-संन्यासी स्वभाव के बादशाह हुए हैं। उनके वैराग्य तथा साधु-मैत्री के सैकड़ों उदाहरण दिल्ली और भारतवर्ष में प्रसिद्ध हैं। दिल्ली में तो अभी सैकड़ों मनुष्य ऐसे जीवित हैं, जिन्होंने इन गुदड़ीधारी बादशाह को अपनी आँखों से देखा और अपने कानों से उनकी वैराग्य-वाणी को सुना।

देश का शासन-प्रबंध अँगरेज़-कंपनी के अधिकार में था, इसलिए राजा को केवल ईश्वर-भजन और वेदांत-संबंधी वार्तालाप तथा विचार के अतिरिक्त और कुछ कार्य न करना पड़ता था। दरबार लगता, तो उसमें भी आध्यात्मिक विषय पर बात छिड़ जाती, तत्संबंधी आज्ञाएँ भी लोगों को दी जातीं, और काव्य-शैली से वेदांत के सिद्धांत और उसकी बारीकियों पर मनन किया जाता। जब दरबारी लोग दीवानेआम या दीवानेख़ास में एकत्र हो जाते, तब श्रीमान् सम्राट महोदय दरबार में आने की तैयारी करते। ज्यों ही वह चलते, त्यों ही राजप्रासाद की परिचारिका पुकारकर कहती—"होशियार, अदब कायदा निगाहदार।" इस परिचारिका का शब्द दरबार के चोबदार सुनते, और वे भी "होशियार अदब कायदा निगाहदार" की उच्च ध्वनि करते। इसे सुनकर संपूर्ण दरबारी सिमट-सुकड़कर ठीक ढंग से अपने-अपने स्थानों पर आकर खड़े हो जाते। उस समय का दृश्य विचित्र ही होता था। सब अमीर-वज़ीर शीश झुकाए, आँखें नीची किए और हाथ बाँध खड़े होते थे। किसी को यह साहस न था कि अपनी दृष्टि ऊपर करके देख सके या अपने शरीर को इधर-उधर हिला-डुला सके। संपूर्ण दरबार में निस्तब्धता छा जाती थी। जिस समय श्रीमान् भीतरी ड्योढ़ी से गद्दी पर आ विराजते, तो चोबदार पुकारता—"ज़ल्लेइलाही बरामद कर्द मुजरा अदब से[1]।" यह सुनते ही एक अमीर सहमा-सहमा अपने स्थान से आगे बढ़ता और महाराज के सम्मुख उस स्थान पर जा खड़ा होता, जिसको मान-स्थान कहते थे, और वहाँ जाकर तीन बार झुककर प्रणाम करता। प्रणाम करते समय चोबदार अमीर की हैसियत और शान के माफ़िक़ उसके विरद में कुछ शब्द कहता और महाराज का ध्यान उसके प्रणाम की ओर

---

1. श्रीमान् सम्राट—जिन पर परमात्मा की छाया है—आए हैं। प्रणाम करो।

आकर्षित करता। अस्तु, इसी प्रकार संपूर्ण दरबारी एक-एक करके मुजरे और प्रणाम की रीति को पूरा करते। जब ये संपूर्ण रीतियाँ पूरी हो चुकतीं, तब श्रीमान् महाराज कहते—"आज मैंने एक ग़ज़ल लिखी है, और ग़ज़ल की पहली शेर कहता हूँ।" शेर सुनते ही एक अमीर अपने स्थान से फिर सहमा-सहमा मान-स्थान पर जाता, और सिर झुकाकर विनय करता—"सुभानअल्ला कलामुल्मलूक मलूकुल्कलाम"[1] और फिर अपने स्थान पर आ खड़ा होता। इस प्रकार प्रत्येक शेर पर भिन्न-भिन्न अमीर लोग मान-स्थान पर जाकर स्तुति तथा प्रशंसा करते थे। बहादुरशाह प्रारंभ से ही वेदांत-पूर्ण तथा आश्चर्य-जनक कविता करते थे, जिसमें विरह, वैराग्य तथा उपदेश की गहरी झलक रहती थी। उन लेखों में भी नैराश्य तथा उदासीनता का समावेश होता था।

बहादुरशाह मुरीद (चेला) भी करते थे, और जो व्यक्ति मुरीद होता था, उसके पाँच रुपए मासिक नियत हो जाते थे। इसलिए लोग एक बड़ी संख्या में इनके मुरीद होते थे। किन्हीं लोगों का कहना है कि बहादुरशाह श्रीमान् मौलाना फ़ख़र के चेले थे। परंतु मौलाना साहब के काल में बहादुरशाह अल्पवयस्क थे, इसलिए समझ में नहीं आता कि छोटी आयु में वह उपर्युक्त मौलाना के चेले हुए होंगे। हाँ, इसका तो प्रमाण है कि शैशव काल में उनको उपर्युक्त मौलाना साहब की गोद में डाला गया था। मौलाना साहब की मृत्यु के उपरांत मौलाना के पुत्र मियाँ क़ुतुबुद्दीन से बहादुरशाह को बहुत लाभ पहुँचा। वास्तव में बहादुरशाह ने उन्हीं से बहुत कुछ सीखा। मियाँ क़ुतुबुद्दीन के पुत्र मियाँ नसीरुद्दीन, उपनाम काले साहब, में भी महाराज का विशेष विश्वास था—यहाँ तक कि अपनी लड़की मियाँ काले साहब को ब्याह दी थी। बहादुरशाह को साधारणतः फ़क़ीरों और साधुओं से मिलने की अभिलाषा थी, और वह स्वयं भी पहुँचे हुए साधु थे। वह श्रीमान् सुल्तान शेख़ ख़्वाजा निज़ामुद्दीन से भी हार्दिक प्रेम करते थे। श्रीयुत ख़्वाजा हसन निज़ामी के नाना श्रीमान् शाह गुलामहसन चिश्ती से बहादुरशाह का मैत्री-भाव था। श्रीयुत चिश्ती साहब प्रायः क़िले में जाते और बहादुरशाह की विशेष बैठकों और निजी वार्तालाप में सम्मिलित हुआ करते थे। ख़्वाजा हसन निज़ामी की माता अपने पिता श्रीयुत गुलामहसन चिश्ती साहब से सुनी हुई बहादुरशाह की सैकड़ों कहानियाँ सुनाया करती थीं।

राजा से रंक और अधःपतन

बहादुरशाह यदि ग़दर की आपत्ति में सम्मिलित न होते, तो उनकी फ़क़ीरी बड़े आनंद और भरोसे से कटती; परंतु बेचारे धार्मिक बहादुरशाह विद्रोही सेना के चक्कर में

1. राजों की वाणी राजों की ही वाणी होती है।

पड़ गए, और उनकी आयु के अंतिम दिन सैकड़ों कष्टों में बीते।

जिस दिन बहादुरशाह दिल्ली के क़िले से निकले, तो सीधे दरगाह निज़ामुद्दीन पधारे। उस समय महाराज के मुखमंडल पर नैराश्य और दुःख के चिह्न अंकित थे। कुछ मुख्य ख़्वाजासराओं, कहारों और शुभचिंतकों के अतिरिक्त और कोई व्यक्ति उनके साथ न था। चिंता और भय से महाराज की आकृति उतरी हुई थी; उनकी सफ़ेद दाढ़ी पर धूल जमी हुई थी। महाराज का आगमन सुनकर ख़्वाजा हसन निज़ामी के नाना श्रीयुत गुलामहसन चिश्ती दरगाह में आए, और देखा कि बादशाह समाधि के सिरहाने, दरवाज़े का तकिया लगाए बैठे हैं। उनको देखते ही बादशाह नियमानुसार खिलखिलाकर हँस दिए। वह सामने बैठ गए और महाराज की कुशल-क्षेम पूछी। उत्तर में बड़ी दृढ़ता से उन्होंने कहा—"मैंने तुमसे पहले ही कह दिया था कि ये अभागे विद्रोही सिपाही मनमानी करनेवाले हैं। इन पर विश्वास करना भूल है। स्वयं भी डूबेंगे, और मुझे भी डुबावेंगे। अंत में वही हुआ। भाग निकले। भाई, यद्यपि मैं एकांतवासी फ़क़ीर हूँ, तो भी हूँ उस ख़ून का स्मारक, जिसमें अंतिम साँस तक सामना करने का जोश होता है। मेरे बाप-दादों पर इससे अधिक आड़े समय पड़े, और उन्होंने साहस नहीं छोड़ा। परंतु मुझे तो होनहार दिखाई दे गई थी। अब इसमें लेश-मात्र भी संदेह नहीं कि मैं भारतीय गद्दी पर मुग़लों का अंतिम चिह्न हूँ। मुग़ल-शासन के दीपक की साँस टूट रही है, और वह कोई घड़ीभर का मेहमान है। फिर जान-बूझकर वृथा क्यों रक्तपात कराऊँ ? इसीलिए क़िला छोड़कर चला आया। देश परमात्मा का है, वह जिसको चाहे, दे। सैकड़ों वर्ष हमारे वंश ने भारत की भूमि में वीरता से सिक्का चलाया। अब दूसरे का समय है। वे शासन करेंगे, मुकुटधारी कहलावेंगे, और हम उनके विजित कहलावेंगे। यह कोई शोक या विषाद की बात नहीं। हमने भी तो दूसरों को मिटाकर अपना घर बसाया था।"

इन करुणा-पूर्ण बातों के उपरांत महाराज ने एक छोटा संदूक़ दिया और कहा—"लो, यह तुम्हारे सुपुर्द है। तैमूर ने जब क़ुस्तुंतुनिया को जीता था, तब वहाँ के कोष से उन्हें यह उपहार हाथ लगा था। इसमें श्रीमान् पैग़ंबर साहब की दाढ़ी के पाँच बाल हैं, जो आज तक हमारे कुटुंब में माहात्म्य की दृष्टि से चले आते हैं। अब मेरे लिए पृथ्वी या आकाश में कहीं ठिकाना नहीं। इनको लेकर अब कहाँ जाऊँ ? आपसे बढ़कर इनका कोई पात्र नहीं। लीजिए, इनको रखिए। ये मेरे हृदय और आँखों की ठंडक हैं, जिनको आज के दिन की आतंकमयी विपत्ति में अपने से अलग कर रहा हूँ।[1] आज तीन दिन से भोजन करने का अवकाश नहीं मिला। यदि घर में कुछ तैयार हो, तो लाओ।"

---

1. वह छोटा संदूक़ उन बालों के सहित दरगाह के तोशखाने में रख दिया गया, जो अब भी दरगाह में है।

चिश्ती साहब ने कहा–"हम लोग भी मृत्यु के समीप खड़े हैं। खाने-पकाने का होश नहीं। घर जाता हूँ, जो कुछ है, भेंट करता हूँ। अच्छा हो, आप स्वयं घर ही पधारें। जब तक मैं जीवित हूँ, और मेरे बच्चे बचे हुए हैं, तब तक कोई आदमी आपके हाथ नहीं लगा सकता। पहले हम मर जाएँगे, उसके उपरांत कोई आपके विरुद्ध कुछ कर सकेगा।"

महाराज ने उत्तर दिया–"आपके इस कथन के लिए मैं आपका कृतज्ञ हूँ। पर इस बूढ़े शरीर की रक्षा के लिए अपने गुरुओं की संतान को हत्यागृह में भेजना मुझे कभी सह्य न होगा। दर्शन कर चुका, अमानत सौंप दी, अब दो ग्रास पवित्र लंगर से खा लूँ, तो हुमायूँ के मक़बरे में चला जाऊँगा। वहाँ जो भाग्य में लिखा है, पूरा हो जाएगा।"

चिश्ती साहब घर गए। पूछने से ज्ञात हुआ कि घर में बेसनी रोटी और सिरके की चटनी है। बस, वही एक थाल में सजाकर ले आए। महाराज ने वह चने की रोटी खाकर तीन वक्त के बाद पानी पिया, और परमात्मा को धन्यवाद दिया। इसके उपरांत हुमायूँ के मक़बरे में जाकर गिरफ़्तार हो गए, और रंगून भेज दिए गए। रंगून में भी महाराज के फ़क़ीरी रहन-सहन में कोई अंतर न पड़ा। जब तक जीवित रहे, एक संतुष्ट तथा ईश्वर-भक्त साधु की भाँति निर्वाह करते रहे।

यह वह कथा है, जिसमें बुद्धिमान् मनुष्य के लिए उपदेश की बहुत बड़ी सामग्री है, जिसके सुनने से मनुष्य अपने घमंड और गर्व को भूल जाता है, और जब मन से मद और घमंड की गंध जाती रहती है, तब मनुष्य वास्तविक मनुष्य बन जाता है।

राजकुमार का बाज़ार में घसिटना

[1]

ग़दर से एक वर्ष पूर्व दिल्ली से बाहर जंगल में कुछ राजकुमार शिकार खेलते फिरते थे, और बेपरवाही से छोटी-छोटी चिड़ियों और पिड़कियों को, जो दोपहर की धूप से बचने के लिए वृक्षों की हरी टहनियों पर परमात्मा के स्मरण में गाना गा रही थीं, गुल्ले मार रहे थे। सामने से एक गुदड़ीधारी साधु आ निकला। इसने बड़े शिष्टाचार से राजकुमारों को प्रणाम करके विनय की–"श्रीमान् राजकुमारो, इन गूँगे जीवों को क्यों सताते हो ? इन्होंने आपका क्या बिगाड़ा है ? इनके भी जान है। ये भी आपकी भाँति दुःख और कष्ट का अनुभव करते हैं। परंतु विवश हैं, और मुँह से कुछ नहीं कह सकते। आप राजों की संतान हैं। राजों को अपने देशवासियों पर प्रेम और कृपा करनी चाहिए। ये जीव भी देश में रहते हैं। इनके साथ भी दया और न्याय का व्यवहार हो, तो राजसी ठाठ से कुछ विपरीत न होगा।"

बड़े राजकुमार ने, जिसकी आयु अठारह वर्ष की थी, लज्जित होकर गुलेल हाथ से रख दी। परंतु छोटे मिर्ज़ा नसीरुल्मुल्क बिगड़कर बोले–"जा रे जा ! दो टके का आदमी हमें शिक्षा देने निकला है। तू कौन होता है हमको समझानेवाला ? सर व शिकार सब करते हैं। हमने किया, तो कौन-सा पाप हो गया ?"

साधु बोला–"हुज़ूर ! खफ़ा न हूजिए। शिकार ऐसे जीवों का करना चाहिए कि एक जान जाए, तो दस-पाँच आदमियों का तो पेट भरे। इन नन्हीं-नन्हीं चिड़ियों के मारने से क्या फल ? बीस मारोगे, तब भी एक आदमी का पेट न भरेगा।"

नसीर मिर्ज़ा साधु के दुबारा बोलने से आग-बबूला हो गए, और एक गुल्ला गुलेल में रखकर साधु के घुटने में इस ज़ोर से मारा कि बेचारा मुँह के बल गिर गया, और अकस्मात् इसके मुँह से निकल पड़ा–"हाय ! टाँग तोड़ डाली।"

साधु के गिरते ही राजकुमार घोड़ों पर सवार होकर क़िले की ओर चले गए, और साधु घसिटता हुआ सामने के क़ब्रिस्तान की ओर चलने लगा। घसिटता जाता था, और कहता जाता था–"वह गद्दी क्यों कर आबाद रहेगी, जिसके उत्तराधिकारी

ऐसे क्रूर पिशाच हैं ! लड़के ! तूने मेरी टाँग तोड़ दी। परमात्मा तेरी भी टाँगे तोड़े, और तुझे भी इस प्रकार घसिटना पड़े।''

[2]

तोपें गरज रही थीं। गोले बरस रहे थे। पृथ्वी पर चारों ओर लाशों के ढेर दृष्टिगोचर हो रहे थे। दिल्ली नगर उजाड़ और सुनसान होता जाता था। लाल क़िले से फिर वही कई राजकुमार घोड़ों पर सवार घबराहट में भागते हुए दिखाई दिए, और पहाड़गंज की ओर जाने लगे। दूसरी ओर बीस-पचीस गोरे सिपाही धावा करते चले आते थे। उन्होंने इन युवा सवारों पर एक साथ बंदूक़ों की बाढ़ मारी। गोलियों ने घोड़ों और सवारों को चलनी कर दिया, और ये सब राजकुमार धूल के बिछौने पर गिरकर ख़ून में तड़पने लगे। गोरे जब निकट आए, तब देखा, दो राजकुमार मरे पड़े हैं, और एक साँस ले रहा है। एक सिपाही ने जीवित राजकुमार का हाथ पकड़कर उठाया, तो ज्ञात हुआ, उसके कहीं चोट नहीं आई, घोड़े के गिरने से साधारण खुरसेंट आ गई है। भय के मारे उसे बेहोशी आ गई है। स्वस्थ देखकर घोड़े की बागडोर से राजकुमार के हाथ बाँध दिए गए, और हिरासत में लेकर दो सिपाहियों के साथ कैंप में भिजवा दिया गया। कैंप पहाड़ी पर था, जहाँ गोरों के सिवा कालों की भी सेना थी। जब बड़े साहब को ज्ञात हुआ कि वह सम्राट् का नाती नसीरुल्मुल्क है, तब वह बहुत प्रसन्न हुआ, और आज्ञा दी कि इसे सँभाल कर रक्खा जाए।

[3]

विद्रोहियों की सेना हारकर भागने लगी, और अँगरेज़ी लश्कर धावा मारता हुआ शहर में घुस गया। बहादुरशाह हुमायूँ के मक़बरे में गिरफ़्तार हो गए। मुग़ल-वंश का दीपक झिलमिलाकर बुझ गया, और जंगल कुल-ललनाओं के नंगे सिरों और खुले चेहरों से बसने लगा। पिता के सम्मुख पुत्र की हत्या होने लगी, और माताएँ अपने जवान बेटों को धूल और ख़ून में लोटता देखकर चीख़ें मारने लगीं।

इसी लूट-खसोट में पहाड़ी कैंप पर मिर्ज़ा नसीरुल्मुल्क रस्सी से बँधे बैठे थे कि एक पठान सिपाही दौड़ा हुआ आया, और कहा–''जाइए, मैंने आपके छुटकारे के लिए साहब से आज्ञा माँग ली है। जल्दी भाग जाओ, ऐसा न हो कि किसी दूसरी बला में फँस जाओ।''

मिर्ज़ा बेचारे पैदल चलना क्या जानें। वह आश्चर्य में थे कि क्या करें। परंतु

'मरता क्या न करता।' पठान को धन्यवाद देकर निकले, और जंगल की ओर हो लिए। चल रहे थे, परंतु यह पता न था कि कहाँ जाते हैं। एक मील चले होंगे कि पैरों में छाले पड़ गए, जीभ सूख गई, गले में काँटे पड़ने लगे। थककर एक वृक्ष की छाया में गिर पड़े। आँखों में आँसू भरकर आकाश की ओर देखा, और कहा—"परमात्मन् ! यह क्या आपत्ति हम पर टूटी ? हम कहाँ जाएँ ? किधर हमारा ठिकाना है ?"

ऊपर जो देखा, तो वृक्ष पर दृष्टि गई। देखा, पिडकी का एक घोंसला बना हुआ है, और वह सुख से अपने अंडों पर बैठी है। उसकी स्वतंत्रता और सुख पर राजकुमार को बड़ी ईर्ष्या हुई, और कहने लगा—"ऐ पिडकी, मुझसे तो तू लाख गुना अच्छी है। आनंद से अपने घोंसले में बिना किसी चिंता के बैठी है। मेरे लिए तो आज पृथ्वी-आकाश में कहीं स्थान नहीं है।"

थोड़ी दूर पर एक बस्ती दिखाई देती थी। साहस करके वहाँ जाने का निश्चय किया। यद्यपि पाँव के छाले चलने न देते थे, तो भी लश्टम-पश्टम गिरते-पड़ते वहाँ पहुँचे। वहाँ का दृश्य विचित्र ही था। एक वृक्ष के नीचे सैकड़ों गँवार जमा थे, और चबूतरे पर एक तेरह साल की भोली-भाली लड़की बैठी थी, जिसके चेहरे पर हवाइयाँ उड़ रही थीं। कानों से रुधिर बह रहा था; और गाँववाले उसकी खिल्ली उड़ा रहे थे। ज्यों ही मिर्ज़ा की दृष्टि उस बच्ची पर पड़ी, और उस बेचारी ने मिर्ज़ा को देखा, त्यों ही दोनों की चीख़ें निकल गईं। भाई बहन से और बहन भाई से चिपटकर रोने लगे। मिर्ज़ा नसीरुल्मुल्क की वह छोटी बहन अपनी माता के साथ रथ में सवार होकर क़िले से क़ुतुब चली गई थी। मिर्ज़ा को स्वप्न में भी ख़याल न था कि वह इस विपत्ति में पड़ गई होगी। उन्होंने पूछा—"राजकुमारी, तुम यहाँ कहाँ ?"

वह रोकर बोली—"भाई जी ! गूजरों ने हमको लूट लिया। नौकरों को मार डाला। माताजी को दूसरे गाँववाले ले गए। मुझे यहाँ ले आए। मेरी बालियाँ उन्होंने नोच लीं। मेरे थप्पड़-ही-थप्पड़ मारे हैं।"

इतना कहकर लड़की की हिचकी बँध गई, और फिर कोई शब्द उसके मुँह से न निकला। असहाय राजकुमार ने अपनी दुखिया बहन को सांत्वना दी, और इन गँवारों से प्रार्थना की कि वे उसे छोड़ दें।

गूजर बिगड़कर बोले—"अरे जा ! आया बड़ा बेचारा ! एक गँड़ासा ऐसा मारेंगे कि गर्दन कट जाएगी। इसे हम दूसरे गाँव से लाए हैं। ला, दाम दे जा, और ले जा।"

मिर्ज़ा ने कहा—"चौधरियो ! दाम कहाँ से दूँ ? मैं तो स्वयं तुमसे रोटी का टुकड़ा माँगने के योग्य हूँ। देखा, तनिक दया करो, कल तुम हमारी प्रजा थे, और हम राजा कहलाते थे। आज आँखें न फेरो। परमात्मा किसी का समय न बिगाड़े। यदि हमारे दिन फिर गए, तो मालामाल कर देंगे।"

यह सुनकर गँवार बहुत हँसे, और कहने लगे—"ओहो ! आप राजा हैं !

तब तो हम तुम्हें फ़िरंगियों के हाथ बेचेंगे, और यह छोकरी तो अब हमारे गाँव की टहल करेगी, झाड़ू देगी, ढोरों के आगे चारा डालेगी, गोबर उठावेगी।"

ये बातें हो ही रही थीं कि सामने से अँगरेज़ी सेना आ गई। उसने गाँववालों को घेर लिया, और चार चौधरियों और उन दोनों—राजकुमार और राजकुमारी—को पकड़कर ले गई।

[4]

चाँदनी चौक के बाज़ार में फाँसियाँ गड़ी हुई थीं, और जिसे अँगरेज़ी अफ़सर कह देते थे कि इसे फाँसी होनी चाहिए, उसे फाँसी दी जाती थी। प्रतिदिन सैकड़ों आदमी सूली पर लटकाए जाते, गोलियों से उड़ाए जाते और तलवार के घाट उतारे जाते थे। चारों ओर इस रक्तपात का तहलका था। मिर्ज़ा नसीरुल्मुल्क और इनकी बहन भी बड़े साहब के सम्मुख पेश हुए; साहब ने इन दोनों को अल्पवयस्क देखकर निर्दोष समझा, और छोड़ दिया। दोनों छुटकारा पाकर एक व्यापारी के यहाँ नौकर हो गए। लड़की व्यापारी के बच्चे को खिलाती थी, और नसीरुल्मुल्क बाज़ार का सौदा-पत्ता लाया करते थे। कुछ दिनों के उपरांत लड़की तो हैजे में मर गई, और मिर्ज़ा कुछ दिन इधर-उधर नौकरी-चाकरी करते रहे। अंत को ब्रिटिश-सरकार ने इनकी पाँच रुपए मासिक पेंशन नियत कर दी।

एक वर्ष की बात है, दिल्ली के बाज़ार में एक वृद्ध, जिनकी आकृति मुग़ल-वंशसूचक थी, कोलुहों के सहारे घसिटते फिरा करते थे। इनके पैर कदाचित लक़वे से बेक़ाम हो गए थे, इसलिए हाथों को टेक-टेककर कोलुहों को घसीटते हुए चलते थे। इनके गले में एक झोली रहती थी। दो पग चलते और रास्ता चलनेवालों की ओर करुणा-पूर्ण दृष्टि से देखते, मानो आँखों-ही-आँखों में अपनी दीनता प्रकट करके भीख माँगते थे। जिन लोगों को इनका पता था, वे तरस खाकर झोली में कुछ डाल देते थे। पूछने से ज्ञात हुआ, इनका नाम मिर्ज़ा नसीरुल्मुल्क है, और यह बहादुरशाह के पोते हैं। सरकारी पेंशन ऋण में समाप्त कर दी; और अब चुपचाप भीख माँगने पर निर्वाह होता है। इनकी दशा लोगों को उपदेशप्रद थी। जब इनकी प्रारंभिक कहानी, जो कुछ इन्होंने स्वयं सुनाई और कुछ अन्य राजकुमारों से ज्ञात हुई, तब हृदय काँप गया कि उस साधु का कहना पूरा हुआ, जिसकी टाँग में इन्होंने गुल्ला मारा था। राजकुमार का बाज़ार में घसिटते फिरना कड़े-से-कड़े हृदय को मोम कर देता था, और परमात्मा के भय से हृदय काँप जाता था। अब इस राजकुमार की मृत्यु हो गई है।

अनाथ राजकुमार के ठोकरें

माहेआलम एक राजकुमार का नाम था, जो शाहआलम बादशाह के धेवतों में से था। ग़दर में इसकी आयु केवल ग्यारह वर्ष की थी। राजकुमार माहेआलम के पिता मिर्ज़ा नौरोज़ हैदर अन्य राजवंशीय लोगों की भाँति बहादुरशाह की सरकार से सौ रुपए मासिक वेतन पाते थे; परंतु इनकी माँ के पास पुराने समय का बहुत-सा जमा किया हुआ धन था, इसलिए उनको इस रुपए की कोई विशेष चिंता न थी, और वह भारी वेतन पानेवाले राजकुमारों की भाँति निर्वाह करते थे। जब ग़दर हुआ, तो माहेआलम की माँ बीमार थीं। चिकित्सा होती थी, पर रोग प्रतिदिन बढ़ता ही जाता था। यहाँ तक कि ठीक उस रोज़ जबकि बहादुरशाह क़िले से निकले और शहर की सम्पूर्ण प्रजा दुखी होकर चारों ओर भागने लगी, माहेआलम की माता की मृत्यु हो गई। ऐसे घबराहट के अवसर पर सबको अपनी जान के लाले पड़े हुए थे। इस मृत्यु ने विचित्र प्रकार का दुःख उत्पन्न कर दिया। इस समय न कफ़न की सामग्री मिलना संभव था, और न गाड़ने का ही कोई प्रबंध हो सकता था, न स्नान करानेवाली स्त्री ही मिल सकती थी, और न ही कोई शव के समीप बैठनेवाला ही था। राजकुमारों में रीति हो गई थी कि वे शव के पास न जाते थे। सब काम पेशावरों से लिया जाता, जो इस समय के लिए सर्वदा उपस्थित तथा तैयार रहते थे। ग़दर की सर्वव्यापी आपत्तियों के कारण कोई आदमी ऐसा न था, जो अंत्येष्टि करता। घर में दो परिचारिकाएँ थीं; पर वे भी शव को स्नान कराना नहीं जानती थीं। स्वयं मिर्ज़ा नौरोज़ हैदर यद्यपि पढ़े-लिखे पुरुष थे, तो भी ऐसा काम कभी न पड़ने के कारण वे इस्लामी ढंग की शव-स्नान-रीति से अनभिज्ञ थे।

इस प्रकार उन लोगों को इसी झमेले और कठिनाई में कई घंटे बीत गए। इतने में सुना कि अँगरेज़ी सेना शहर में घुस आई है और क़िले में घुसना ही चाहती है। इस समाचार से मिर्ज़ा के रहे-सहे होश भी जाते रहे और शीघ्र ही शव को पलँग पर ही कपड़े उतारकर स्नान कराना आरंभ किया। स्नान क्या कराया बस, पानी के लोटे भर-भरके ऊपर डाल दिए। कफ़न कहाँ से मिलता, शहर तो

बंद था। पलँग पर बिछाने की दो स्वच्छ चादरें लीं, और उनमें शव को लपेट दिया। अब यह चिंता हुई कि शव को गाड़ें कहाँ ? बाहर ले जाने का तो अवसर ही नहीं था। वह इसी सोच-विचार में थे कि गोरों और सिक्खों की सेना के कुछ सिपाही घर में आ गए, और आते ही मिर्ज़ा और उनके लड़के माहेआलम को पकड़ लिया। इसके उपरांत घर का सामान लूटने लगे। संदूक़ तोड़ डाले, आलमारियों के किवाड़ उखाड़ दिए, पुस्तकों में आग लगा दी। दोनों परिचारिकाएँ स्नानागार में जा छिपी थीं। एक सिपाही की उन पर दृष्टि पड़ गई, जिसने देखते ही भीतर घुसकर उनके सिर के बाल पकड़े और बेचारियों को घसीटता हुआ बाहर ले आया। यद्यपि इन सिपाहियों को शव का पता चल गया था; परंतु, तो भी, उन्होंने उसकी तनिक भी परवाह न की, और बराबर लूट-मार करते रहे। अंत में बहुमूल्य सामान की गठरियाँ परिचारिकाओं और स्वयं मिर्ज़ा नौरोज़ हैदर और उनके लड़के माहेआलम के सिर पर रक्खीं, और बकरियों की भाँति उनको हाँकते हुए घर से बाहर ले चले। उस समय मिर्ज़ा ने अपने लूटे हुए घर को करुणा-पूर्ण दृष्टि से देखा, और अपनी सहधर्मिणी के शव को अकेला चारपाई पर छोड़कर क्रूर सिपाहियों के साथ कूच किया।

परिचारिकाओं को तो बोझ उठाने और चलने-फिरने का अभ्यास था; मिर्ज़ा नौरोज़ हैदर भी हृष्ट-पुष्ट तथा तगड़े थे; बिना थकान के बोझ सिर पर उठाए चल रहे थे; परंतु बेचारे माहेआलम की बुरी दशा थी। एक तो उसकी आयु और शक्ति की दृष्टि से उसके सिर पर बोझ अधिक था, दूसरे वह स्वभाव से ही कोमल और दुर्बल था। इस पर सोने पर सुहागा यह हुआ कि माँ की मृत्यु का शोक था। रात से रोते-रोते आँखें सूज गई थीं। ख़ाली हाथ चलने से चक्कर आते थे। उधर सिर पर बोझ, पीछे चमकती हुई तलवारें और जल्दी चलने की प्रलयकारी आज्ञा थी। बेचारे के पैर लड़खड़ाते थे। दम चढ़ गया था। शरीर पसीना-पसीना हो गया था। अंत में बिलकुल लाचार होकर उसने पिता से कहा—"अब्बा ! मुझसे तो चला नहीं जाता। गर्दन बोझ के मारे टूटी जाती है। आँखों के आगे अँधेरा आ रहा है। ऐसा न हो कि गिर पड़ूँ।"

बाप से अपने लाडले इकलौते बेटे की दुख-भरी बातें न सुनी गईं। उसने मुड़कर सिपाही से कहा—"साहब, इस बच्चे का बोझ भी मुझको दे दो। यह बीमार है, गिर पड़ेगा।" गोरा मिर्ज़ा की भाषा तनिक भी नहीं समझा और ठहरने और बात करने को धृष्टता और कपट समझकर उसने दो-तीन मुक्के कमर में कस दिए और आगे को धक्का दे दिया। पीड़ित मिर्ज़ा ने मार भी खाई, परंतु ममता के मारे लड़के का बोझ बग़ल में ले लिया। गोरे को यह बात भी पसंद नहीं आई। उसने ज़बरदस्ती मिर्ज़ा से गठरी लेकर माहेआलम के सिर पर रख दी, और एक घूँसा जीर्ण-शीर्ण माहेआलम के भी मारा। घूँसा खाकर माहेआलम 'आह' कहकर

गिर पड़ा, और बेहोश हो गया।

मिर्ज़ा नौरोज़ अपने प्रिय पुत्र—हृदय के टुकड़े—की दशा देखकर ताव में आ गए। सामान फेंककर एक मुक्का गोरे के कपाल पर जमाया, और शीघ्र ही दूसरा घूँसा उसकी नाक पर मारा, जिससे गोरे की नाक का बाँसा फट गया और खून का दरिया बहने लगा। सिक्ख सिपाही दूसरी ओर चले गए थे। इस समय केवल दो गोरे इन अभियुक्तों के साथ थे और इन्हें कैंप को लिये जा रहे थे। दूसरे गोरे ने अपने साथी की यह दशा देखकर मिर्ज़ा के एक संगीन मारी। परंतु परमात्मा की कृपा, संगीन का वार ओछा पड़ा, और वह मिर्ज़ा की कमर के पास से खाल छीलती हुई निकल गई। मुग़ल राजकुमार ने इस अवसर को सौभाग्य समझा, और लपककर एक मुक्का मारा। यह मुक्का भी ऐसा ठीक पड़ा कि नाक पिचक गई। इस गोरे की नाक पर भी और ख़ून बहने लगा। गोरे इस दशा में पिस्तौल और किर्चें भूल गए, और एक साथ दोनों-के-दोनों मिर्ज़ा को चिपट गए और घूँसों से प्रहार करने लगे। परिचारिकाओं ने जो यह स्थिति देखी, तो सामान फेंक, मार्ग की धूल मुट्ठियों में भर गोरों की आँख में भर दी। फलस्वरूप गोरे थोड़ी देर के लिए बेकार हो गए, और उनकी किर्च मिर्ज़ा के हाथ आ गई। मिर्ज़ा ने शीघ्र ही किर्च घसीट ली और एक ऐसा भरपूर हाथ मारा कि किर्च ने कंधे से छाती तक काट डाला।

इसके उपरांत दूसरे गोरे पर आक्रमण किया, और उसे भी यमपुरी भेज दिया। इन दोनों का वध करके उन्होंने माहेआलम की सुध ली। वह पूर्णतया बेहोश था। बाप के गोद में लेते ही उसने आँखें खोल दीं, और बाँहें गले में डालकर रोने लगा। मिर्ज़ा इसी दशा में थे कि पीछे से दस-बारह गोरे और सिक्ख सिपाही आ गए। और उन्होंने अपने दो साथियों को ख़ून में सराबोर देखकर मिर्ज़ा को घेर लिया और लड़के से अलग करके कारण पूछा। मिर्ज़ा ने संपूर्ण घटना ज्यों-की-त्यों कह दी। सुनते ही गोरे क्रोध में आपे से बाहर हो गए। उन्होंने पिस्तौल के छः फायर एकदम कर दिए, जिनसे घायल होकर मिर्ज़ा गिर पड़े, और बात-की-बात में तड़पकर मर गए। मिर्ज़ा नौरोज़ के शव को वहीं छोड़ दिया गया और माहेआलम को परिचारिकाओं के समेत वे पहाड़ी के कैंप में ले गए।

जब दिल्ली पूर्णतया विजित हो गई, तब वे परिचारिकाएँ तो पंजाबी कर्मचारियों को दे दी गईं और माहेआलम एक अँगरेज़ अफ़सर का सेवक बनाया गया। जब तक वह अफ़सर दिल्ली में रहा, माहेआलम को अधिक कष्ट न था; क्योंकि साहब के पास कई ख़ानसामे और नौकर थे। इसलिये उसे अधिक काम-काज न करना पड़ता था। परंतु, कुछ दिनों बाद, यह साहब छुट्टी लेकर विलायत चले गए, और माहेआलम को एक-दूसरे अफ़सर के अधीन कर गए, जो मेरठ-छावनी में था। उस अफ़सर का स्वभाव कड़ा था। बात-बात में ठोकरें

मारता था। माहेआलम इस मारधाड़ को सह न सका और एक दिन भागने का विचार किया। बस, पिछली रात को घर से निकला। पहरेदार ने टोका, तो कह दिया कि अमुक साहब का नौकर हूँ, और उनके काम से अमुक गाँव में जाता हूँ, जिससे प्रातःकाल ही पहुँच जाऊँ। इस बहाने से जान बचाई और जंगल का रास्ता लिया।

अल्पवयस्क, मार्ग से अनभिज्ञ, और पकड़े जाने का भय—इस प्रकार माहेआलम की स्थिति बड़ी बुरी थी। परंतु इसी सोच-विचार में प्रातःकाल होते-होते मेरठ से तीन-चार कोस की दूरी पर निकल गया। सामने गाँव था। वहाँ जाकर एक मसजिद में ठहर गया। मुल्ला साहब ने प्रश्नों की झड़ी लगा दी—तू कौन है ? कहाँ से आया है ? कहाँ जाएगा ? माहेआलम ने इनको बातों में टाला। यहाँ एक साधु भी ठहरे हुए थे। उन्होंने जो इसकी सौम्य आकृति देखी, तो प्रेम से समीप बुलाया और रात की बची हुई रोटी सामने रक्खी। माहेआलम ने शाह साहब को हमदर्द पाकर अपनी कष्ट-कथा आरंभ से अंत तक सुनाई। शाह साहब उसकी आप-बीती सुनकर रोने लगे। माहेआलम को छाती से लगाकर प्यार किया, धैर्य देने लगे, और उससे अपने साथ रहने को कहा। उन्होंने एक रंगीन कुर्ता उसको पहना दिया और साथ लेकर चल खड़े हुए। दो-चार रोज़ तो मार्ग में माहेआलम थका और शाह साहब से ठहरने को कहता। वे दोनों इस प्रकार गाँवों में ठहर जाते। परंतु फिर माहेआलम भी अभ्यस्त हो गया, और पूरा पड़ाव चला जाता। महीने-भर में वह अजमेर पहुँच गए। यहाँ उसको शाह साहब के गुरु, जो बग़दाद के रहनेवाले थे, मिले। इन गुरु महाराज को जब माहेआलम का समाचार ज्ञात हुआ, तो उन्होंने भी कृपा-भाव दर्शाया, और उन दोनों को साथ लेकर बंबई चले गए। बंबई के समीप ही शाह साहब रहते थे। उन्होंने माहेआलम को भी वहीं रक्खा। माहेआलम ने वहाँ धार्मिक पुस्तकें पढ़ीं। तब शाह साहब ने उसका विवाह एक साध्वी कन्या से करा दिया, और उन्होंने वहीं रहना स्वीकार कर लिया।

राजकुमारी की विपत्ति

होने को तो सिपाही-विद्रोह पचास वर्ष की कहानी है, परंतु मुझसे पूछो, तो कल की-सी बात ज्ञात होती है। उन दिनों मेरी आयु सोलह-सत्रह वर्ष की थी। मैं अपने भाई से दो वर्ष छोटी और मरनेवाली बहन नाज़बानू से छः साल बड़ी हूँ। मेरा नाम सुल्तान बानू है। मेरे पिता मिर्ज़ा क़वीश बहादुर श्रीमान् सम्राट् बहादुरशाह के पुत्र थे। भाई यावुरशाह और हम बहनों में बड़ा प्रेम था। बस, एक-दूसरे पर मुग्ध थे। छोटे भाई के लिए बाहर कई अध्यापक भिन्न-भिन्न प्रकार की बातें सिखाते थे। कोई हाफ़िज़ था, कोई मौलवी, कोई सुलेखक था, तो कोई धनुषधारी। हम महल में सीना-पिरोना और कसीदा काढ़ना मुग़लानियों से सीखती थीं। उस समय यह रीति थी कि श्रीमान् सम्राट् महोदय जिन बच्चों और बड़ों पर विशेष कृपा रखते थे, उनको प्रातःकाल का भोजन राजसी थालों में उनके साथ खिलाया जाता था। श्रीमान् सम्राट् मुझे भी बहुत चाहते थे, और मैं सर्वदा प्रातःकाल के भोजन के लिए बुलाई जाती थी। जब मैंने होश सँभाला, और चचा अबूबकर के लड़के मिर्ज़ा सुहराब से मेरा संबंध ठहर गया, तो श्रीमान् के साथ भोजन करने में मुझे लज्जा आती थी; क्योंकि वहाँ मिर्ज़ा सुहराब भी खाना खाने आया करते थे। यद्यपि हमारे संपूर्ण कुटुंब में पारस्परिक पर्दा न था, और न अब है, तथापि मैं अपने स्वभाव से लाचार थी। मैं एक क्षण-भर के लिए भी पर-पुरुष के सम्मुख न रह सकती थी। पर क्या करती ? श्रीमान् की आज्ञा के विरुद्ध, श्रीमान् के साथ भोजन करने किस प्रकार न जाती ? परंतु संतोष की बात यही थी कि श्रीमान् सम्राट् के कारण सब लोग अपनी दृष्टि नीचे रखते थे। मजाल न थी कि एक बच्चा भी इधर-उधर देखे, या ज़ोर से बोले।

यह नियम था कि जब श्रीमान् कोई विशेष भोजन किसी को देते, तो वह बच्चा हो या युवा, स्त्री हो या पुरुष, अपने-अपने स्थान से उठकर मान-स्थान पर जाता, और झुककर तीन बार प्रणाम करता। एक दिन मेरे साथ भी ऐसा ही हुआ। श्रीमान् ने एक नवीन प्रकार का ईरानी खाना मुझे कृपा-पूर्वक दिया, और कहा—"सुल्ताना ! तू तो कुछ खाती ही नहीं। शिष्टाचार और लज्जा एक सीमा

तक अच्छे होते हैं, न कि यह कि भूखा ही उठ जाय।'' मैं खड़ी हुई, और मान-स्थान पर जाकर तीन बार प्रणाम किया। परंतु कुछ न पूछो, इस कठिनाई से आई-गई कि हृदय ही जानता है। प्रत्येक पग पर उलझती थी, और मेरे होश उड़े जाते थे।

अब मैं सोचती हूँ कि वह समय क्या था, और वे आनंद के दिन कहाँ चले गए, जब हम अपने महलों में स्वतंत्र और निश्चिंत रूप से फिरा करते थे, श्रीमान् सम्राट् की छत्रच्छाया में थे, और लोग हमें संसार की राजकुमारी कहकर पुकारते थे। संसार के उतार-चढ़ाव ऐसे ही होते हैं।

मुझे भली-भाँति स्मरण है कि जब श्रीमान् सम्राट् हुमायूँ के मक़बरे में गिरफ़्तार किए गए, तो मिर्ज़ा सुहराब तलवार घसीटकर दौड़े। परंतु दूसरे गोरे ने इनके गोली मार दी; वह आह करके गिर पड़े, और तड़पकर ठंडे हो गए। मैं मूर्ति बनी तमाशा देखती रही। इतने ही में हमारा नौकर आया, और कहने लगा—''राजकुमारी, आप यहाँ क्यों खड़ी हैं ? चलिए, आपके पिताजी ने आपको बुलाया है।''

मैं इसी बेसुधी की हालत में उसके साथ हो ली। जल-मार्ग से उतरकर देखा, पिताजी—मिर्ज़ा क़वीश बहादुर—घोड़े पर सवार नंगे सिर खड़े हैं, संपूर्ण मुख और सिर के बाल धूलि-धूसरित हो रहे हैं। मुझे देखते ही आँसू भर लाए, और कहा—''लो राजकुमारी, अब हमारा भी कूच है। जवान बेटा, जिसके विवाह की मनोकामना थी, आँखों के सामने एक सिक्ख की संगीन का निशाना बन गया।'' यह सुनते ही मैंने एक चीख़ मारी, और ''हाय भाई यावर !'' कहकर रोने लगी।

वह घोड़े से उतर आए। मुझको और नाज़बानू को गले लगाकर प्यार करने लगे, और संतोष देने लगे। कहा—''बेटी ! अब लोग मेरी तलाश में हैं। मैं भी दो-चार घड़ी का मेहमान हूँ। परमात्मा भला करे, तुम युवती और समझदार हो। अपनी छोटी बहन को ढाढ़स दो, और आनेवाली आपत्तियों पर संतोष करो। पता नहीं, इसके उपरांत क्या होनेवाला है। जी तो नहीं चाहता कि तुमको अकेली छोड़कर कहीं जाऊँ, पर एक-न-एक दिन तुमको बिना बाप का बनना ही पड़ेगा। नाज़बानू तो अभी बच्ची है। इसको प्रसन्न रखना, और भलाई से जीवन व्यतीत करना। देखो नाज़बानू ! तुम अब राजकुमारी नहीं हो, किसी वस्तु के लिए हठ न करना। जो मिले, उसे परमात्मा को धन्यवाद देकर, खा लेना। और, यदि कोई व्यक्ति कुछ खाता हो, तो आँख उठाकर उधर न देखना; नहीं तो लोग कहेंगे कि राजकुमारियाँ बड़ी बुरी नीयत की होती हैं।'' फिर हम दोनों को नौकर की संरक्षकता में करके कहा—''इनको जहाँ हमारे कुटुंब के अन्य आदमी हों, पहुँचा देना।''

इसके उपरांत उन्होंने हमको प्यार किया, और रोते हुए घोड़ा दौड़ाते जंगल में घुस गए। फिर पता न लगा कि उनका क्या हुआ। नौकर हमको ले चला। इसने हमारे घर का बचपन से नमक खाया था। थोड़ी दूर तक नाज़बानू, जो नख़रों और लाड़-प्यार में पली हुई थी, चली; परंतु फिर उसके पैरों की शक्ति ने जवाब

दे दिया। उसके लिए दो पग चलना भी कठिन हो गया। मुझको भी कभी पैदल चलने का अवसर न पड़ा था। थोड़ी-थोड़ी दूर पर ठोकरें खाती थी; परंतु बानू को लिये चली जाती थी। इतने में नाज़बानू के एक तीक्ष्ण काँटा चुभ गया, और वह 'हाय' कहकर गिर पड़ी। मैंने शीघ्रता से उसे उठाया, और काँटा निकालने लगी। परंतु निपूता नौकर खड़ा देखता रहा, और उससे यह न हुआ कि मेरा हाथ बटा लेता; वरन् वह जल्दी करने लगा। बहन बोली—"दीदी, मुझसे पैदल नहीं चला जाता। नाज़िर को भेजकर घर से पालकी मँगा लो।" घर और पालकी का नाम सुनकर मेरा हृदय भर आया। उसको सांत्वना देने लगी।

नौकर ने फिर कहा—"चलो, बस, हो चुका। जल्दी चलो।" नाज़बानू का स्वभाव तीक्ष्ण था। वह नौकरों को ऊँच-नीच कह दिया करती थी, और ये लोग चुपचाप सुन लेते थे। इसी विचार से उसने नौकर को फिर दो-एक बातें सुना दीं। अभागे को सुनते ही इतना क्रोध आया कि आपे से बाहर हो गया, और बड़ी निर्दयता से बिना माँ-बाप की दुखिया बच्ची के एक तमाचा मारा। बानू बिलबिला गई। वह कभी फूल की छड़ी से भी न पिटी थी। उसके रोने से मुझको भी स्वभावतः रोना आ गया। हम तो रोते रहे, और नौकर कहीं चला गया। फिर उसका कोई समाचार न मिला। हम दोनों, बड़ी कठिनाई से, गिरते-पड़ते दरगाह निज़ामुद्दीन में पहुँचे। यहाँ दिल्ली के और स्वयं हमारे कुटुंब के सैकड़ों आदमी थे। परंतु प्रत्येक अपनी-अपनी मुसीबत में गिरफ्तार था। किसी ने बात तक न पूछी। इसी बीच बीमारी फैली, और प्यारी बहन नाज़बानू इसी के कारण इस संसार से चल बसी। मैं अकेली रह गई। जब शांति हुई, तब भी मुझ दुखिया को सुख न मिला। अंत में परमात्मा की इच्छा ऐसी हुई कि ब्रिटिश सरकार ने हम लोगों का पालन-पोषण करना चाहा। मेरी पाँच रुपया मासिक पेंशन नियत कर दी, जो अब भी मिलती है।

एक शाही कुटुंब की कहानी

जब दिल्ली सजीव थी, और भारतवर्ष का हृदय कहलाने का गर्व रखती थी, जब लाल क़िले पर मुग़लों का अंतिम झंडा लहरा रहा था, उन्हीं दिनों की बात है कि मिर्ज़ा सलीम बहादुर (जो अबूग़फ़र राजा के भाई थे, और ग़दर से पूर्व एक आकस्मिक भूल के कारण बंदी बनाकर इलाहाबाद भेज दिए गए थे) अपने मकान में बैठे बेखटके बातें कर रहे थे कि इतने में अंतःपुर से एक बाँदी आई, और उसने बड़े विनय से प्रार्थना की–"श्रीमन्, बेगम साहिबा याद करती हैं।"

मिर्ज़ा सलीम शीघ्र ही महल में चले गए, और थोड़ी देर में मलिन-मुख वापस आए। एक पास के बैठनेवाले ने पूछा–"कुशल तो है ?"

मिर्ज़ा ने मुस्कराकर उत्तर दिया–"नहीं, कुछ नहीं। कभी-कभी माँ यों ही क्रुद्ध हो जाया करती हैं। कल सायंकाल को रोज़ा खोलने के समय नत्थनखाँ नाम-मात्र को गा रहा था, और मेरा जी बहला रहा था। उस समय माताजी कुरान-शरीफ पढ़ा करती हैं, उनको यह हो-हल्ला बुरा मालूम हुआ। आज आज्ञा हुई है कि रोज़ों के दिन गाने-बजाने की महफ़िलें बंद कर दी जायँ। भला मैं इस आमोद-प्रमोद के स्वभाव को कैसे छोड़ सकता हूँ ? शिष्टाचार और मान के नाते आज्ञा स्वीकार तो कर ली; पर इस आज्ञा-पालन की उलझन से जी उलझता है, और सोच रहा हूँ कि ये सोलह दिन कैसे कटेंगे ?"

इस बात को सुनकर एक पास बैठनेवाले ने प्रार्थना की–"घबराने की कोई बात नहीं। रोज़ा खोलने से पहले श्रीमान् जुम्मा-मस्जिद पधारा करें। बड़ा आनंद मिलेगा। भिन्न-भिन्न प्रकार के व्यक्ति वहाँ एकत्र होते हैं।"

मिर्ज़ा ने इस बात को मान लिया और दूसरे दिन साथियों को लेकर जुम्मा-मस्जिद पहुँचे। वहाँ जाकर विचित्र ही बात देखी। स्थान-स्थान पर मंडली बनाए लोग बैठे हैं। कहीं कुरान के दौर हो रहे हैं, कहीं कुरान सुनानेवाले हाफ़िज़ एक-दूसरे को कुरान सुना रहे हैं, कहीं धार्मिक सिद्धांतों पर वार्तालाप हो रहा है। दो विद्वान् किसी धार्मिक विषय पर वाद-विवाद कर रहे हैं, और बीसों आदमी आनंद से बैठे सुन रहे हैं। किसी स्थान में लोग समाधि के चारों ओर बैठे हैं, तो कहीं

कोई जप कर रहा है। इस प्रकार मस्जिद में धार्मिक पुरुषों की भीड़ है।

मिर्ज़ा को यह दृश्य बहुत ही भाया, और समय बड़े आनंद से कट गया। इतने में रोज़ा खोलने का समय आ गया। सैकड़ों थाल भोजनों के आने लगे, और लोगों में भोजन सामग्री बटने लगी। स्वयं शाही महल से भिन्न-भिन्न प्रकार के स्वादिष्ट भोजनों से भरे अनेक थाल जुम्मा-मस्जिद में आते थे। इसके अतिरिक्त क़िले की सब राजकुमारियाँ और शहर के सब अमीर अलग-अलग अपने थाल भेजते थे। इसलिए इन थालों की संख्या सैकड़ों तक पहुँच जाती थी।

प्रत्येक अमीर ऐसा सामान भेजा करता था, जो दूसरे से बढ़कर रहे। इसलिए भिन्न-भिन्न रंग के रेशमी रुमाल और उनकी बहुमूल्य ज़री की झालरें एक-से-एक बढ़-चढ़कर होती थीं, और मस्जिद में उनके कारण एक विचित्र ही दृश्य हो जाता था।

मिर्ज़ा के हृदय पर इस धार्मिक चर्चा का बड़ा प्रभाव पड़ा। वह अब प्रतिदिन मस्जिद में आने लगे। घर में वह देखते कि सैकड़ों फ़क़ीरों को प्रातः-सायंकाल का भोजन प्रतिदिन मस्जिद और अन्य साधुओं के स्थान में भिजवा दिया जाता था, और यद्यपि वह घर में खेल-तमाशे में ही लीन रहते थे, तो भी उनके दिन घर में बड़े आनंद और चहल-पहल से कटते थे।

मिर्ज़ा सलीम के एक भानजे मिर्ज़ा शहज़ोर, अल्पवयस्क होने के कारण, अपने मामा के साथ बेरोक-टोक बैठा करते थे। उनका बयान है—"एक तो वह समय था, जो आज स्वप्नवत् स्मरण आता है, और एक यह समय आया कि दिल्ली मटियामेट हो गई, क़िला नष्ट कर दिया गया, और अमीरों को फाँसियाँ मिल गईं। इनके घर उजड़ गए, इनकी श्रीमतियाँ बावर्चीगिरी करने लगीं। दिल्ली की सब शान धूल में मिल गई। इसके उपरांत एक बार रमज़ान के महीने में जुम्मा-मस्जिद जाने का अवसर हुआ। क्या देखता हूँ कि स्थान-स्थान पर चूल्हे बने हुए हैं। सिपाही रोटी बना रहे हैं। घोड़ों का दाना दला जा रहा है। घास के ढेर लगे हुए हैं। शाहजहाँ की सुंदर और अद्वितीय मस्जिद अस्तबल में बदल गई है, और फिर जब मस्जिद उजाड़ हो गई, और सरकार ने उसको मुसलमानों के सुपुर्द कर दिया, तो रमज़ान के महीने में फिर जाना हुआ। वहाँ देखा, कुछ मुसलमान मैले-कुचैले, थेगरा (पैबंद) लगे कपड़े पहने बैठे हैं। दो-चार, कुरान-शरीफ का दौर कर रहे हैं, और कुछ विक्षिप्तावस्था में बैठे जप कर रहे हैं। रोज़ा खोलने के समय कुछ आदमियों ने ख़जूरें और दालसेव बाँट दिए। किसी ने शाक के टुकड़े बाँट दिए। न वह पहला-सा सामान था, न वह पहली-सी चहल-पहल और न वह पहली-सी शान ही। यह प्रतीत होता था कि दुर्दैव के मारे कुछ लोग एकत्र हो गए हैं। इसके उपरांत भारत का आधुनिक कंगाली का समय भी देखा। यदि यही दशा रही, तो परमात्मा जाने, भारतवर्ष की क्या दशा होगी।"

मिर्ज़ा शहज़ोर की बातें बड़ी भावुक और प्रभावोत्पादक होती थीं। एक दिन ख़्वाजा हसन निज़ामी ने उनसे ग़दर की कहानी और पतन की कथा सुननी चाही। वह आँखों में आँसू भर लाए, और बयान करने में असमर्थता प्रकट की। परंतु आग्रह करने पर उन्होंने अपनी दुःखांत कहानी इस प्रकार सुनाई—

" जब अँगरेज़ी तोपों, किर्चों, संगीनों और प्रबल भेद-नीति ने हमारे हाथों से तलवारें छीन लीं, तब मुकुट सिर से उतार लिया, गद्दी पर अधिकार कर लिया। शहर में प्रलयकारी गोलियों की वृष्टि हो चुकी। सात पर्दों में रहनेवाली कुल-ललनाएँ मुँह खोले बाज़ार में अपने कुटुंबियों की तड़पती लाशों को देखने निकल आईं। छोटे, पितृहीन बच्चे अब्बा-अब्बा, पिताजी-पिताजी चिल्लाते हुए निराश्रय होकर फिरने लगे। श्रीमान् सम्राट् महोदय, जिन पर हम सबका सहारा था, क़िला छोड़कर निकल गए। उस समय मैंने भी अपनी बूढ़ी माता, बालिका, बहन और गर्भवती स्त्री को साथ लाकर और उनका नायक बनकर घर से कूच किया। हम लोग दो रथों में सवार थे। सीधे ग़ाज़ियाबाद की ओर गए। परंतु शीघ्र ही ज्ञात हुआ कि वहाँ का मार्ग अँगरेज़ी सेना का युद्ध-स्थल है। इसलिए शाहदरे से लौटकर क़ुतुब को चले, और वहाँ पहुँचकर रात्रि को आराम किया। इसके उपरांत प्रातःकाल आगे चले। छतरपुर के समीप गूजरों ने आक्रमण किया, और सब सामान लूट लिया। परंतु इतनी कृपा की कि हमको जीवित छोड़ दिया। वह भयंकर जंगल, तीन स्त्रियों का साथ, और स्त्रियाँ भी कैसी—एक बुढ़ापे से लाचार, दो पग चलना कठिन, दूसरी गर्भवती और बीमार, तीसरी दस वर्ष की भोली बालिका। वे रोती थीं। मेरा हृदय इनके विलाप से फटा जाता था।

" माँ कहती थीं—'भगवन् ! हम कहाँ जाएँ ? किसका सहारा ढूँढ़ें। हमारा मुकुट और गद्दी लुट गई। तू फटा बोरिया और शांत स्थान तो दे। इस बीमार पेटवाली को लेकर कहाँ बैठूँ ! इस निर्दोष बालिका को किसके सुपुर्द कर दूँ। जंगल के वृक्ष भी हमारे वैरी हैं। कहीं शरण-स्थान दिखाई नहीं देता।' बहन की यह दशा थी कि सहमी हुई खड़ी हम सबका मुँह ताकती। मुझे उसकी भोली आकृति पर बड़ी दया आती थी। अंत में लाचार होकर मैंने स्त्रियों को ढाँढ़स बँधाया, और आगे चलने के लिए प्रोत्साहित किया। गाँव सामने दृष्टिगोचर होता था। अबला स्त्रियों ने चलना प्रारंभ किया। माँ तो पग-पग पर ठोकरें खाती और सिर पकड़कर बैठ जाती थीं। वह कहतीं—'भाग्य उनके ठोकरें मारता है, जो राजों के ठोकरें मारते थे। भवितव्यता ने उनको विवश कर दिया, जो दीन-हीन और निराश्रय लोगों के काम आते थे। हम मुग़लों के वंश के हैं, जिनकी तलवार से भू-मंडल काँपता था। हम शाहजहाँ के घरवाले हैं, जिसने एक क़ब्र पर मणि-मोतियों की बहार दिखा दी।'

" हम भारत के सम्राट् के कुटुंबी हैं। हम आदरणीय थे। पृथ्वी पर हमें क्यों ठिकाना नहीं मिलता ? वह हमसे क्यों विद्रोह कर रही है ? आज हम पर आपत्ति

है। आज हम पर आकाश रोता है, तो शरीर रोमांचित हो जाता है। अस्तु, बड़ी कठिनाई और कष्ट से गिरते-पड़ते गाँव पहुँचे। यह गाँव मुसलमान नेवातियों का था। उन्होंने हमारा आतिथ्य किया, और अपनी चौपाल में हमको ठहराया। परंतु वे कब तक हमारा भार उठा सकते थे ? उकता गए, और एक दिन मुझसे कहने लगे–'मियाँजी, चौपाल में एक बारात आनेवाली है। तू दूसरे छप्पर में चला जा, और तू बेकार खाली बैठा क्या करता है। कुछ काम क्यों नहीं करता ?'

" मैंने कहा–'भाई, जहाँ कहोगे, वहीं जा पड़ेंगे। हमें चौपाल में ही रहने की कोई इच्छा थोड़े ही है। जब विधाता ने गगनचुंबी महल ही छीन लिया, तो इस कच्चे मकान के लिए हम क्या हठ करेंगे ? रही काम करने की बात, सो मेरा जी तो स्वयं ही घबराता है। निठल्ले बैठे-बैठे चित्त उकताता है। मुझे कोई कार्य बताओ। हो सकेगा, तो ध्यान से करूँगा।'

" उनका चौधरी बोला–"हमने के बेरा (मुझे क्या पता) कि तू के (क्या) काम कर सके है ?'

" मैंने उत्तर दिया–'मैं सिपाही हूँ। बंदूक-तलवार चलाना मेरा काम है। इसके अतिरिक्त और कोई कार्य नहीं जानता।'

" गँवार हँसकर कहने लगे–'ना बाबा, यहाँ तो हल चलाना होगा। घास खोदनी पड़ेगी। हमें तलवार से क्या काम ?'

" गँवारों के इस उत्तर से मेरी आँखों में आँसू भर आए। मैंने उत्तर दिया–'मुझे तो हल चलाना और घास खोदनी नहीं आती।'

" मुझे रोता देख गँवारों को दया आ गई। वे बोले–'अच्छा, तू हमारे खेत की रखवाली किया कर, और तेरी स्त्रियाँ हमारे गाँव के कपड़े सी दिया करें। फ़सल पर तुझको अन्न दे दिया करेंगे, जो तेरे लिए वर्ष-भर को काफ़ी होगा।'

" बस, यही हुआ। मैं दिन-भर खेत पर जाकर पक्षियों को उड़ाया करता था, और घर में स्त्रियाँ कपड़े सीती थीं। एक बार ऐसा हुआ कि भादों का महीना आया, और गाँव में सबको ज्वर आने लगा। मेरी भार्या और भगिनी को भी ज्वर ने आ दबाया। वह गाँव, वहाँ औषधि और वैद्य का क्या ठिकाना ! स्वयं लोट-पोटकर अच्छे हो जाते हैं। परंतु मैं औषधियाँ खाने का अभ्यस्त था। घोर कष्ट उठाना पड़ा। इसी दशा में एक दिन मूसलाधार पानी पड़ा और जंगल का नाला चढ़ आया। गाँव में कमर-कमर तक पानी हो गया। गाँववाले तो ऐसी परिस्थितियों को भुगत लेते थे; परंतु हमारी दशा इस बाढ़ के कारण बड़ी भयावह हो गई। बाढ़ रात्रि में आई थी, इसलिए हमारी चारपाइयाँ पानी में डूब गई थीं। स्त्रियाँ चीख़ें मारने लगीं। अंत में बड़ी कठिनाई से छप्पर की बल्लियों में दो चारपाइयाँ अड़ाकर स्त्रियों को इन पर बैठाया। पानी घंटे-भर में उतर गया। परंतु अन्न और ओढ़ने-बिछाने के कपड़े सब भीग गए।

" गत रात्रि को मेरी स्त्री के प्रसूति-पीड़ा आरम्भ हुई, और साथ ही शीत से ज्वर भी आ गया। उस समय का कष्ट अवर्णनीय है। अँधेरा घुप, मेह की झड़ी ! कपड़े सब गीले हो गए। आग का सामान मिलना असंभव था। आश्चर्य में थे कि परमात्मन् क्या प्रबंध किया जाए ? पीड़ा बढ़ी रोगिणी की दशा बड़ी शोचनीय हो गई। वह तड़पने लगी, और तड़पते-तड़पते प्राण दे दिए। बालक पेट में ही रहा। प्रातःकाल होते ही गाँववालों को पता चला। उन्होंने कफ़न का प्रबंध किया और मध्याह्न तक यह राजकुमारी सर्वदा के लिए क़ब्र में सो गई।

" अब हमको खाने की चिंता हुई। अन्न सब भीगकर सड़ गया था। गाँववालों से भी माँगते संकोच होता था। वे भी हमारी भाँति उसी आपत्ति में फँसे हुए थे। फिर भी गाँव के चौधरी को स्वयं ही ख़याल हुआ, और उसने कुटुंब से एक रुपए का आटा मँगवा दिया। वह आटा आधा ही समाप्त हुआ होगा कि रमज़ान का चंद्रमा दिखाई पड़ने लगा। माताजी का हृदय बड़ा ही कोमल था। वह सर्वदा पुराने काल का स्मरण किया करती थीं। रमज़ान का चंद्रमा देखकर उन्होंने एक ठंडी साँस ली, और चुप हो गईं। मैं समझ गया कि इनको पुराना समय स्मरण हो आया। मैं धैर्य की बातें कहने लगा, जिससे उन्हें कुछ ढाढ़स हुआ। चार-पाँच दिन तो आराम से कटे, परंतु जब आटा समाप्त हुआ, तो बड़ी आपत्ति आई। किसी से माँगने में लज्जा आती थी। पास एक कौड़ी न थी। शाम को पानी से रोज़ा खोला। भूख के मारे कलेजा मुँह को आता था।

" माताजी का स्वभाव था कि इस प्रकार की कष्ट-कथा को दुहराकर रोया करती थीं। पर उस दिन वह बड़ी शांत थीं। उनकी शांति और संतोष से मुझे बड़ा सहारा हुआ, और छोटी बहन को, जिसके मुख पर भूख के मारे हवाइयाँ उड़ रही थीं, धैर्य बँधाने लगा। वह भोली बालिका भी मेरे समझाने से निश्चिंत होकर चारपाई पर जा पड़ी, और थोड़ी देर में सो गई। भूख में निद्रा कहाँ आती थी ? बस, एक खड्ड-से में पड़ी हुई थी। इसी शोचनीय दशा में प्रभात हुआ। माताजी उठीं, और प्रातःकाल की नमाज़ के उपरांत जिन दुःखभरे वाक्यों में उन्होंने प्रार्थना की, उनके मार्मिक शब्दों का तो मुझे स्मरण नहीं, हाँ, उनका तात्पर्य यह था—हमने ऐसा कौन-सा पाप किया है, जिसका दंड हमको मिल रहा है ? रमज़ान के महीने में हमारे घर से सैकड़ों दीनों को भोजन मिलता था, और आज हम स्वयं दाने-दाने को तरसते और व्रत-पर-व्रत रखते हैं। भगवन् ! यदि हमने कोई पाप किया है, तो इस भोली बालिका ने क्या पाप किया, जिसके मुँह कल से एक खील उड़कर नहीं गई।

" दूसरा दिन भी यों ही बीता; और उपवास में रोज़ा रक्खा। सायंकाल को चौधरी का आदमी दूध और मीठे चावल लाया। बोला—'आज हमारे यहाँ श्राद्ध था। यह उसका खाना है ? और ये पाँच रुपए दान के हैं। प्रतिवर्ष बकरियाँ दान

में दिया करते हैं, परंतु इस वर्ष नक़द दे दिया है।' भोजन और रुपया मुझको ऐसी देन प्रतीत हुई मानो राज्य मिल गया हो। प्रसन्नतापूर्वक माताजी के सम्मुख समाचार कहा। कहता जाता था और ईश्वर को धन्यवाद देता जाता था। पर यह ख़याल न रहा कि संसार-चक्र ने पुरुष के विचार पर तो पर्दा डाल दिया, परंतु स्त्री-जाति ज्यों-की-त्यों अपनी लज्जास्पद स्थिति पर दृढ़ होगी। बस, मैंने देखा, माताजी की आकृति बदली। यद्यपि वह कई दिन की भूखी थीं, और दुर्बल भी हो रही थीं, तो भी त्यौरी बदलकर उन्होंने कहा—'धिक्कार है तुझको ! दान का सामान लेकर आया है, और प्रसन्न हो रहा है। अरे, उससे तो मृत्यु कहीं अच्छी थी ! यद्यपि हम मिट गए हैं, तो भी हमारी हरारत (उष्णता) नहीं मिटी। मैदान में निकलकर मर जाना या मार डालना और तलवार से रोटी लेना हमारा काम है, भीख माँगना नहीं।'

" माताजी की इन बातों से मुझे पसीना आ गया, और लज्जा के मारे हाथ-पाँव ठंडे हो गए। विचार हुआ कि उठकर वह सामान लौटा आऊँ; परंतु माताजी ने रोका, और कहा—'परमात्मा की यही इच्छा है, तो हम क्या करें। सब कुछ सहना पड़ेगा।' यह कहकर खाना रख लिया। रोज़ा खोलने के उपरांत हम सबने मिलकर वह खा लिया। पाँच रुपए का आटा मँगवाया गया, जिससे रमज़ान आनंद से कट गया।

" इसके उपरांत छः महीने गाँव में और रहे, फिर दिल्ली चले आए। यहाँ आकर माताजी का देहांत हो गया, और बहन का विवाह कर दिया। अँगरेज़ सरकार ने मेरी भी पाँच रुपए मासिक पेंशन नियत कर दी है, जिस पर अब तक जीवन निर्भर है। "

बिन्नत बहादुरशाह

यह एक बेचारी भिखारिन की सच्ची कष्ट-कथा है, जो समय के फेर से उस पर बीती। उसका नाम कुलसूम ज़मानी बेगम था। यह दिल्ली के अंतिम मुग़ल-सम्राट अबूज़फ़र बहादुरशाह की लाड़िली बेटी थीं। कुछ वर्ष हुए, इनका देहांत हो गया। निम्नलिखित घटनाएँ उनकी और उनकी बेटी ज़ीनत ज़मानी बेगम की, जो अब तक जीवित हैं और पंडित के कूचे में रहती हैं, बयान की हुई हैं। वे हृदय-विदारक घटनाएँ ये हैं—

" जिस समय मेरे पिताजी का शासन समाप्त हुआ, और उनकी गद्दी लूटने का समय निकट आया, तो दिल्ली के लाल क़िले में एक कुहराम मचा हुआ था। चारों ओर आपत्ति के चिह्न अंकित थे। श्वेत और स्वच्छ संगमरमर के घर काले-काले दृष्टिगोचर होते थे। तीन समय से किसी ने कुछ न खाया था। ज़ीनत मेरी गोद में डेढ़ वर्ष की बच्ची थी, और दूध के लिए बिलखती थी। चिंता और भय के मारे न मेरे दूध रहा था, न किसी दाई के। हम सब नैराश्य की स्थिति में बैठे थे कि श्रीमान् सम्राट् महोदय का विशेष ख़्वाजा सरा हमको बुलाने आया। आधी रात का समय था। सन्नाटा छा रहा था। गोलों की गरज से हृदय दहले जा रहे थे। परंतु राजसी आज्ञा मिलते ही चल पड़े।

" श्रीमान् सम्राट महोदय प्रार्थना-स्थान पर विराजमान थे। माला हाथ में थी। जब मैं सम्मुख पहुँची, तो झुककर तीन बार प्रणाम किया। श्रीमान् ने बड़े ही प्रेम से समीप बुलाया, और कहने लगे—'कुलसूम ! लो, अब तुमको परमात्मा को सौंपा। यदि भाग्य में बदा होगा, तो फिर देख लेंगे। तुम अपने पति को लेकर शीघ्र ही कहीं चले जाओ। मैं भी जाता हूँ। जी तो नहीं चाहता कि इस अंतिम समय में तुम बच्चों को आँख से ओझल होने दूँ, पर क्या करूँ। साथ रखने में तुम पर घोर विपत्ति आने की आशंका है। अलग रहोगी, तो कदाचित् परमात्मा कोई भलाई का ढंग कर दे।'

" इतना कहकर श्रीमान् ने प्रार्थना के लिए हाथ जोड़े। बुढ़ापे से हाथ काँपते जाते थे। बड़ी देर तक उच्च ध्वनि से प्रार्थना करते रहे—'हे परमात्मन् ! ये असहाय

बालक तेरे ऊपर छोड़ता हूँ। ये महलों में रहनेवाले जंगल और बीहड़ में जाते हैं। संसार में इनका कोई सहायक नहीं रहा। अकबर के नाम की मर्यादा रखना। इन आश्रयहीन स्त्रियों के मान की रक्षा करना। परमात्मन् ! यही नहीं, वरन् भारतवर्ष के सब हिंदू-मुसलमान मेरी संतान हैं, और आजकल सब पर आपत्ति छाई है। मेरे कार्यों की शामत से इनको नष्ट न कर, और सबको कष्टों से बचा।'

" इसके उपरांत मेरे सिर पर हाथ रखा। ज़ीनत को प्यार किया, और मेरे पति मिर्ज़ा ज़ियाउद्दीन को कुछ मणि-मुद्रा देकर श्रीमती नूरमहल को भी साथ कर दिया, जो श्रीमान् की बेगम थीं।

" पिछली रात को हमारा दल क़िले से निकला, जिसमें दो पुरुष और तीन स्त्रियाँ थीं। पुरुषों में एक मेरे पति मिर्ज़ा ज़ियाउद्दीन और दूसरे मिर्ज़ा उमरसुल्तान महाराज के बहनोई थे। स्त्रियों में एक मैं, दूसरी नवाब नूरमहल और तीसरी हाफ़िज़ सुलतान बादशाह की समधिन थीं। जिस समय हम लोग रथ में सवार होने लगे, प्रभात का समय था। तारागण सब छिप गए थे, परंतु प्रातःकाल का तारा झिलमिला रहा था। हमने अपने भरे-पूरे घर पर और शाही महलों पर अंतिम दृष्टि डाली, तो हृदय भर आया, और आँसू उमड़ने लगे। नवाब नूरमहल की आँखों में आँसू भरे हुए थे, और पलकें उनके बोझ से काँप रही थीं। प्रभातकाल के तारे का झिलमिलाना नूरमहल की आँखों में दिखाई देता था।

" अंत में लाल क़िले से सदा के लिए विदा होकर कुराली गाँव में पहुँचे, और वहाँ अपने रथवान के मकान पर विश्राम किया। बाजरे की रोटी और छाछ खाने को मिली। उस समय भूख में ये चीज़ें शाही पकवानों से अधिक स्वादिष्ट प्रतीत हुईं। एक दिन और रात तो शांति से बीती; परंतु दूसरे दिन आस-पास के जाट-गूजर एकत्र होकर कुराली को लूटने चढ़ आए। सैकड़ों स्त्रियाँ भी इनके साथ थीं, जो चिड़ियों की भाँति हम लोगों से चिपट गईं और सब गहने और कपड़े-लत्ते उन्होंने उतार लिये। जिस समय ये सड़ी-बुसी स्त्रियाँ अपने मोटे-मोटे मैले हाथों से हमारे गले को नोचती थीं, तो उनके लहँगों से ऐसी बू आती थी कि दम घुटने लगता था।

" इस लूट के उपरांत हमारे पास इतना भी न रहा, जो एक समय के खाने को भी यथेष्ट होता। आश्चर्य में थे कि क्या होगा। ज़ीनत प्यास के मारे रो रही थी। सामने से एक ज़मींदार निकला। बेबस होकर मैंने कहा—'भाई, थोड़ा पानी इस बच्ची को ला दे।'

" ज़मींदार शीघ्र ही एक मिट्टी के पात्र में पानी लाया, और बोला—''आज से तू मेरी बहन और मैं तेरा भाई।'

" यह ज़मींदार कुराली का खाता-पीता आदमी था। उसका नाम बस्ती था। उसने अपनी बैलगाड़ी तैयार कराके हमको सवार किया, और कहा—'जहाँ कहो,

तुमको पहुँचा दूँ।'

" हमने कहा—'अजाढ़ह, ज़िला मेरठ में मीर फ़ैज़अली शाही हकीम रहते हैं, जिनसे हमारे वंश का व्यवहार है। वहाँ ले चल।'

" बस्ती हमें वहाँ ले गया। परंतु मीर फ़ैज़अली ने ऐसा रुखा व्यवहार किया कि जिसकी कोई सीमा नहीं। स्पष्ट रूप से उन्होंने कह दिया कि हम लोगों को रखकर वह अपना घर नष्ट करना नहीं चाहते।

" वह समय बड़ी निराशा का था। एक तो यह भय कि पीछे से अँगरेज़ी सेना आती होगी। उस पर और घोर आपत्ति यह कि प्रत्येक मनुष्य की दृष्टि हमसे फिरी हुई थी। वे लोग भी, जो हमारी आँखों के इशारे पर चलते और प्रत्येक समय देखते रहते थे कि हम जो कुछ आज्ञा दें, सो शीघ्र ही पालन की जाए, हमारे नाम से घबराते और हमारी सूरत से अकुताते थे।

" धन्य है बस्ती ज़मींदार को ! जिसने केवल मुँह से बहन कहने को अंत तक निबाहा, और हमारा साथ न छोड़ा। लाचार अजाढ़ह से हैदराबाद की ओर चले। स्त्रियाँ बस्ती की गाड़ी में सवार थीं, और पुरुष पैदल चल रहे थे। तीसरे दिन एक नदी के किनारे पहुँचे, जहाँ कोइल के नवाब की सेना पड़ी हुई थी। उन्होंने जो सुना कि हम शाही घराने के आदमी हैं, तो बड़ी ही आव-भगत की, और हाथी पर सवार कराके नदी के पार उतारा। अभी हम नदी के पार उतरे ही थे कि सामने से अँगरेज़ी सेना आ गई, और नवाब की सेना से लड़ाई होने लगी। मेरे पति और मिर्ज़ा उमरसुल्तान ने चाहा कि नवाब की सेना में सम्मिलित होकर लड़ें; परंतु रिसालदार ने कहला भेजा कि हम स्त्रियों को लेकर शीघ्र ही चले जाएँ। सामने ही खेत थे, जिनमें पकी हुई तैयार खेती खड़ी हुई थी। हम लोग इसके भीतर छिप गए। क्रूर गोरों ने पता नहीं, देख लिया था, या यों ही अकस्मात् गोली लगी, जो कुछ भी हो, एक गोली खेत में आ गई, जिससे आग भड़क उठी और संपूर्ण खेत जलने लगा। हम लोग वहाँ से निकलकर भागे। पर हा, कैसी आपत्ति थी ! हमको भागना भी न आता था। घास में उलझ-उलझकर गिरते थे। सिर की चादरें वहीं रह गईं। सिर खुला हुआ, होश उड़े हुए। हज़ार कठिनाइयों से खेत के बाहर आए। मेरे और नवाब नूरमहल के पाँव घायल हो गए। प्यास के मारे जीभें बाहर निकल आईं। ज़ीनत बेहोश हो गई। पुरुष हमें सँभालते थे, पर हमारा सँभालना कठिन था। नवाब नूरमहल तो खेत से निकलते ही चकराकर गिर पड़ीं, और बेहोश हो गईं। मैं ज़ीनत को छाती से लगाए अपने पति का मुँह ताक रही थी और मन-ही-मन कह रही थी कि परमात्मन. हम कहाँ जाएँ। कहीं सहारा दिखाई नहीं पड़ता। भाग्य ऐसा पलटा कि राजा मे रक हो गए। पर भिखारियों को भी शांति और निश्चितता होती है। यहाँ वह भी नहीं बदी।

" सेना लड़ती हुई दूर निकल गई थी। बस्ती नदी से पानी लाया। हमने

पिया, और नवाब नूरमहल के मुख पर छिड़का। नूरमहल रोने लगीं, और बोलीं—'अभी, स्वप्न में तुम्हारे पिताजी श्रीमान् सम्राट् महोदय को देखा है कि बेड़ियाँ पहने खड़े हैं, और कहते हैं, आज हम दीनों के यह काँटों-भरा बिछौना मख़मल से बढ़िया है। नूरमहल, घबराना नहीं। धैर्य से काम लेना। भाग्य में लिखा था, बुढ़ापे में ये कठिनाइयाँ भुगतूँ। तनिक मेरी कुलसूम को दिखा दो। बंदीगृह में जाने से पूर्व उसको देखूँगा।'

" बादशाह की बात सुनकर मैं 'हाय' कहकर चिल्लाई, और आँख खुल गई। कुलसूम, क्या वास्तव में हमारे बादशाह को ज़ंज़ीरों से जकड़ा होगा ? क्या वास्तव में वह एक बंदी की भाँति बंदीगृह में भेजे गए होंगे ? मिर्ज़ा उमरसुल्तान ने इसका उत्तर दिया, यह सब स्वप्न है। बादशाह लोग बादशाहों के साथ ऐसा कुव्यवहार नहीं किया करते। घबराने की कोई बात नहीं। वह अच्छी दशा में होंगे।

" हाफ़िज़ सुल्तान, बादशाह की समधिन, बोलीं—'ये मुए फ़िरंगी राजों का मूल्य क्या जानें ? स्वयं अपने राजा का सिर काटकर सोलह आने को बेचते हैं। बुआ नूरमहल ! तुमने तो बादशाह को ज़ंज़ीर पहने देखा है। मैं कहती हूँ कि इससे अधिक अपमान और क्या होगा !'

" परंतु मेरे पति मिर्ज़ा ज़ियाउद्दीन ने आश्वासन और सांत्वना दी। इतने में बस्ती नाव में गाड़ी को इस पार ले आया, और हम सवार होकर चल दिए। थोड़ी दूर जाकर सायंकाल हो गया, और हमारी गाड़ी एक गाँव में जाकर ठहरी, जिसमें मुसलमान और राजपूतों की आबादी थी। गाँव के नंबरदार ने एक छप्पर हमारे लिए खाली करा दिया, जिसमें सूखी घास और फूस का बिछौना था। वे लोग इस घास पर, जिसको पयाल या पराल कहते हैं, सोते हैं। हम लोगों को बड़े ही आतिथ्य में यह नरम बिछौना दिया गया। मेरा तो इस कूड़े से जी उलझने लगा। पर क्या करते ? इस समय इसके अतिरिक्त और क्या हो सकता था ? लाचार होकर इसी में पड़े रहे। दिन-भर के कष्ट और थकान के उपरांत शांति मिली थी, इसलिए निद्रा आ गई। आधी रात को एकाएक हम सबकी आँख खुल गई। घास के तिनके सुइयों की भाँति शरीर में चुभ रहे थे, और पिस्सू काट रहे थे। उनके काटने से सारे शरीर में आग-सी लग गई थी। मख़मली तकियों और रेशमी नरम-नरम बिछौनों के हम लोग अभ्यस्त थे। इसीलिए कष्ट प्रतीत हुआ, नहीं तो गाँव के आदमी आनंद से बेहोशी की नींद सो रहे थे। अँधेरी रात में चारों ओर गीदड़ों के बोलने का शब्द सुनाई पड़ रहा था, और मेरा हृदय सहमा जाता था। भाग्य को पलटते देर नहीं लगती। कौन कह सकता था कि एक दिन भारत-सम्राट के बाल-बच्चे यों धूल-मिट्टी में बसेरा लेते फिरेंगे।

" इसी प्रकार एक-एक पड़ाव करके, कष्टों को सहते हैदराबाद पहुँचे, और सीताराम-पेठ में एक मकान किराए पर लेकर ठहरे। जबलपुर में मेरे पति ने एक

जड़ाऊ अँगूठी, जो लूटखसोट से बच गई थी, बेची; उसी से मार्ग-व्यय चला। कुछ दिन वहाँ भी कटे। पर अंत में जो कुछ पास-पल्ले था, वह भी समाप्त हो गया। अब पेट भरने की चिंता हुई। मेरे पति बड़े अच्छे सुलेखक थे। इसलिए उन्होंने पैग़ंबर साहब की कथा को बहुत ही सुंदर अक्षरों में लिखा। उनके अक्षरों को देखकर लोग दंग रह जाते थे। प्रथम दिन उनको पाँच रुपए मिले। और, इसके उपरांत जो कुछ लिखते, वह कमती-बढ़ती दामों पर बिक जाता। इस प्रकार हमारा निर्वाह अच्छी तरह होने लगा। परंतु मूसा-नदी के चढ़ाव के भय से शहर में दारोग़ा अहमद के मकान में उठ आए। यह व्यक्ति निज़ाम का विशेष कर्मचारी था। इसके बहुत-से मकान किराए पर चलते थे।

" कुछ दिनों तक यह समाचार फैला रहा कि नवाब लशकरजंग, जिसने राजकुमारों को अपने पास शरण दी थी, अँगरेज़ों के क्रोध का शिकार हुआ, और अब कोई भी दिल्ली के राजकुमारों को शरण न देगा; वरन् जिस किसी को राजकुमारों का पता चलेगा; वह पकड़वाने का प्रयत्न करेगा। हम सब इस समाचार से घबरा गए। मैंने अपने पति को बाहर निकलने से रोक दिया कि कहीं कोई शत्रु पकड़वा न दे। घर में बैठे-बैठे भूखों मरने लगे, तो हार मानकर एक नवाब के लड़के को कुरान पढ़ाने की नौकरी मेरे पति ने कर ली। चुपचाप उसके घर जाते और पढ़ाकर आ जाते। परंतु उस नवाब का स्वभाव ऐसा बुरा था कि सदा साधारण नौकरों की भाँति मेरे पति के साथ व्यवहार करता। वह उनको असह्य था, और घर में आकर रो-रोकर वे प्रार्थना करते—'भगवान्, इस निर्लज्ज नौकरी से तो मृत्यु लाख गुनी अच्छी। तूने इतना दीन बना दिया ! कल तक इस नवाब-जैसे सैकड़ों हमारे दास थे, और आज हम इसके दास हैं।'

" इसी बीच में किसी ने मियाँ निज़ामुद्दीन साहब को हमारी ख़बर कर दी। मियाँ का हैदराबाद में बड़ा मान था; क्योंकि मियाँजी कालेमियाँ साहब चिश्ती निज़ामी फ़ख़री के पुत्र थे। जिनको दिल्ली के बादशाह और निज़ाम अपना गुरु मानते थे। मियाँ रात के समय हमारे पास आए; हमको देखकर बहुत रोए। एक समय था, जब वह क़िले में आते थे, तो सोने और जड़ाऊ काम के तकियों के सहारे बैठते थे, और स्वयं बेगम साहिबा उनका आतिथ्य करती थीं। आज जब वह घर में आए तो साबित बोरियाँ भी न थीं, जिस पर वह आराम से बैठ जाते। पिछला काल आँखों में फिरने लगा। परमात्मा की इच्छा। क्या था और क्या हो गया ! मियाँ बहुत देर तक समाचार पूछते रहे, फिर चले गए। प्रातःकाल समाचार आया कि उन्होंने ख़र्च का प्रबंध कर दिया है। हम लोग हज कर लें। यह सुनकर हमारी प्रसन्नता की सीमा न रही, और मक्के की तैयारी होने लगी। बस, हैदराबाद से चलकर बंबई आए, और अपने सच्चे साथी बस्ती को मार्ग-व्यय देकर उसके घर को लौटाया। जहाज़ में सवार हुए। जो यात्री यह सुनता था कि हम भूत सम्राट्

के घराने के हैं, तो वह हमें देखने की इच्छा प्रकट करता। उस समय हम भगवे कपड़े पहने हुए थे। एक हिंदू ने, जिसकी कदाचित् अदन में दुकान थी, और जो हमसे अनभिज्ञ था, पूछा—'तुम लोग किस पंथ के फ़कीर हो ?'

" उसके प्रश्न ने घायल हृदय को छेड़ दिया। मैं बोली—'हम पीड़ित शाह गुरु के चेले हैं। वही हमारा बाप था, और वही हमारा गुरु। पापी लोगों ने उसका घर-बार छीन लिया, और उसको हमसे अलग करके जंगलों में निकाल दिया। अब वह हमारे लिए तरसता है, और हम उसके दर्शनों के बिना बेचैन हैं।'

" इससे अधिक और क्या अपनी फ़कीरी की दशा वर्णन करती। जब उसने हमारा वास्तविक समाचार जाना, तो बेचारा रोने लगा, और बोला—'बहादुरशाह हम सबके पिता और गुरु थे। क्या मेरे रामजी की यही इच्छा थी।'

" मक्के पहुँचे, तो वहाँ ठहरने का अच्छा प्रबंध हो गया। अब्दुलक़ादिर नामी मेरा एक दास था, जिसको मैंने छुड़वाकर मक्के भेज दिया था। यहाँ आकर उसने बड़ा धन पैदा किया, और 'ज़मज़म'[1] का दारोग़ा हो गया। इसको जो हमारे आने का समाचार मिला, तो दौड़ा आया और पैरों में गिरकर खूब रोया। इसका मकान बहुत अच्छा और आराम का था। हम सब वहीं ठहरे। कुछ दिनों के उपरांत सुलतान रूम के प्रतिनिधि को, जो मक्के में रहता था, हमारा समाचार मिला। वह भी हमसे मिलने आया। किसी ने इससे कहा था कि दिल्ली के बादशाह की लड़की आई है, और बिना पर्दे के बातें करती है। प्रतिनिधि ने अब्दुलक़ादिर के हाथ समाचार भेजा जो मैंने स्वीकार कर लिया।

" दूसरे दिन वह हमारे घर पर आया, और बड़े ही शिष्टाचार से बातचीत की। अंत में उसने इच्छा प्रकट की कि वह हमारे आने का समाचार ख़लीफ़ा को भेजना चाहते हैं। मैंने इसका यों ही उत्तर दे दिया कि अब हम बड़े सुल्तान के दरबार में आए हैं। अब हमें किसी दूसरे सुल्तान की चिंता नहीं। प्रतिनिधि ने हमारे ख़र्च के लिए एक उचित धन-राशि नियत कर दी, और हम 9 वर्ष वहीं रहे।

" इसके उपरांत एक वर्ष बग़दाद, एक वर्ष नजफ़ और कर्बला में व्यतीत किया। इतने समय के उपरांत दिल्ली के प्रेम ने विह्वल कर दिया; और वहाँ से चलकर दिल्ली आ गए। यहाँ ब्रिटिश सरकार ने बहुत भारी तरस खाकर दस रुपए मासिक पेंशन नियत कर दी। इस पेंशन का परिणाम सुनकर पहले तो मुझे हँसी आई कि मेरे बाप का देश लेकर दस रुपए बदले में देते हैं। परंतु फिर ख़याल आया कि देश तो परमात्मा का है, किसी के बाबा का नहीं। वह जिसको चाहता है, दे देता है; जिससे चाहता है, छीन लेता है; मनुष्य की शक्ति कुछ भी नहीं।"

---

1. काबे के पास एक कुआँ है, जिसका नाम ज़मज़म है।

अनाथ राजकुमार की ईद

सन् 1914 ई. की बात है। 29 का चाँद दृष्टिगोचर हुआ। दर्ज़ी प्रसन्न थे कि उनको एक दिन काम करने को मिल गया। जूतेवालों को भी प्रसन्नता थी कि एक दिन की बिक्री बढ़ गई।

परंतु एक गंदे मुहल्ले में मुग़ल-वंश का एक घराना उस दिन चिंतित था। ये लोग नमाज़ से पूर्व अपने वारिस मिर्ज़ा दिलदारशाह को गाड़कर आए थे। दिलदारशाह दस दिन से बीमार थे; और पाँच रुपए मासिक इनको पेंशन मिलती थी। घर में इनकी स्त्री और यह गोटा बुनते थे, जिसमें उनको इतनी आय हो जाया करती थी कि निर्वाह भली-भाँति हो जाता था। इनके चार संताने थीं—तीन लड़कियाँ और एक लड़का। दो लड़कियों का विवाह हो गया था। एक डेढ़ साल की गोद में थी। एक लड़का दस वर्ष का था। दिलदारशाह इस लड़के को बहुत चाहते थे। बेगम ने बहुत चाहा कि लड़का पाठशाला में जाए; परंतु दिलदारशाह को बच्चा इतना प्यारा था कि उन्होंने एक दिन भी उसे पाठशाला न भेजा। लड़का दिन-भर गलियों में घूमा करता। उसकी ज़बान पर इतनी गालियाँ चढ़ गई थीं कि बात-बात में वह अपशब्द निकालता और पिताराम उसकी भोली-भाली बातों से प्रसन्न होते थे।

मिर्ज़ा दिलदारशाह बहादुरशाह के समीप के कुटुंबी थे। मरते समय उनकी आयु 65 वर्ष की होगी; क्योंकि 55 वर्ष की अवस्था में उनके वह लड़का हुआ था। बुढ़ापे की संतान सबको प्यारी होती है, विशेष कर बेटा। इसलिए मिर्ज़ा दिलदारशाह जितना प्रेम करते थे, वह थोड़ा ही था।

एक दिन उनके मित्र ने कहा—"महाशय ! बच्चे के लिखने-पढ़ने की यही अवस्था है। अब न पढ़ेगा, तो कब पढ़ेगा ? लाड़-प्यार की भी एक हद होती है। आप इसके लिए काँटे बो रहे हैं। परमात्मा आपको चिरायु करे। जीवन का कोई भरोसा नहीं। एक दिन सबको मरना है। परमात्मा न करे, आपकी आँखें बंद हो गईं, तो इस नासमझ का कहीं ठिकाना न रहेगा। पढ़ लेगा, तो दो रोटियाँ कमा खाएगा। आधुनिक काल में भलेमानसों की जीविका बड़ी कठिन हो गई है। कुछ

भविष्य का विचार होना चाहिए। ऐसा न हो कि इसको दूसरों के सम्मुख हाथ फैलाना पड़े, और पूर्वजों की नाक कटे।''

मिर्ज़ा दिलदारशाह इस सहानुभूति से बिगड़ गए, और बोले—''आप मेरे मरने के लिए अशकुन करते हैं। अभी मेरी ऐसी कौन-र्स। आयु हो गई है ? लोग तो सौ-सौ वर्ष जीवित रहते हैं। रही बच्चे की पढ़ाई, सो मेरे निकट तो इसकी कोई आवश्यकता नहीं। बड़े-बड़े बी.ए., एम.ए. मारे-मारे फिरते हैं, और उन्हें दो कौड़ी को कोई नहीं पूछता। मेरा बच्चा पहले ही सुआपंखी है। आए दिन रोगी रहता है। मेरा चित्त नहीं चाहता कि क्रूर अध्यापकों के अधीन करके उसकी कोमल हड्डियों को बेतों का निशाना बनाऊँ। जब तक मेरे दम में दम है, उससे आनंद कराऊँगा। मैं न रहूँगा, तो परमात्मा रक्षक है। वह चींटी तक को भोजन देता है, पत्थर के कीड़े तक को भोजन पहुँचाता है। आदमी के बच्चे को कहीं भूखा मारेगा ? मियाँ ! हमने ज़माने का सब ऊँच-नीच देखा है। हमारे माँ-बाप ने भी हमको न पढ़ाया, तो क्या हम भूखे मरते हैं।''

शिक्षा देनेवाले बेचारे यह उत्तर सुनकर चुप हो गए, और भीतर-ही-भीतर पछताए कि वृथा ही उनसे सहानुभूति की बात कही। परंतु उन्हें ख़याल आया कि सत्य बात कहने से चुप रहना पाप है। सच्ची बात कहने से चुप रहनेवाला गूँगा शैतान है, इसीलिए उन्होंने फिर कहा—''महाशय ! आप क्रुद्ध न हों। मैं आपका मरना नहीं चाहता। मैंने तो दूरदर्शिता की बात कही थी। आपको बुरी लगी, तो क्षमा कीजिए। पर यह तो विचार कीजिए कि आपके बचपन में और बात थी, और आजकल का समय दूसरा ही है। उस समय क़िला बसा हुआ था, और श्रीमान् सम्राट् की छत्रच्छाया थी। प्रत्येक बात से निश्चिंत थे। परंतु आज तो कुछ भी नहीं। न बादशाही है और न अमीरी। प्रत्येक के घर में फ़क़ीरी है। अब तो जो कला सीखेगा, और अपनी रोटी अपने बाहुबल से कमावेगा, वही लालों का लाल बनेगा, नहीं तो लज्जा और अपमान के अतिरिक्त और कुछ हाथ न आवेगा।''

दिलदारशाह ने उत्तर दिया—''हाँ, यह सच है। मैं इसको समझता हूँ। परंतु हमारी भी तो इतनी आयु इसी बुरे समय में बीत गई। सरकार ने जो पाँच रुपए की पेंशन नियत की है, तुम जानते हो, इसमें हमारे कितने दिन चलते होंगे। आठ आना प्रतिदिन तो बच्चों का ख़र्च है। हम दोनों स्त्री-पुरुष रुपए-डेढ़ रुपए का प्रतिदिन गोटा बुनते हैं, और आनंद से अपना निर्वाह करते हैं।''

ये बातें हो ही रही थीं कि एक तीसरे साहब वहाँ आ विराजे, और कहा—'आस्ट्रिया का उत्तराधिकारी मारा गया।' बादशाह को जब यह समाचार मिला, तो वह विह्वल हो गया और हाय कहकर बोल उठा—'राक्षसों ने सब कुछ लूट लिया। मेरे लिए कुछ न छोड़ा।'

मिर्ज़ा दिलदारशाह यह सुनकर हँसने लगे, और बोले—''भई, वाह ! अच्छी

वीरता है। बेटे के अकस्मात् मरने से ऐसे घबरा गए। मियाँ ! जब बहादुरशाह के पुत्र मिर्ज़ा मुग़ल गोली इत्यादि से मारे गए, और उनके सिर काटकर उनके सामने लाए गए, तो बादशाह ने थालों में कटे हुए बेटों के सिर देखकर बड़ी बेपरवाही से कहा–'मान और मर्यादा से सम्मुख आनेवाले वीर पुरुष ऐसे ही दिन के लिए बच्चे पालते हैं' ।''

जो महाशय समाचार लाए थे, वह बोले–''क्यों साहब, ग़दर में आपकी क्या अवस्था होगी ?''

मिर्ज़ा दिलदारशाह ने कहा–'' कोई चौदह-पंद्रह वर्ष की। मुझे सब घटनाएँ अच्छी तरह याद हैं। पिताजी हमको लेकर ग़ाज़ियाबाद जा रहे थे कि हिंडन-नदी पर हमको सेना ने पकड़ लिया, मेरी माँ और छोटी बहन चीख़ें मार-मारकर रोने लगीं। पिताजी ने उनको समझाया और आँख बचाकर एक सिपाही की तलवार उठा ली। तलवार हाथ में लेनी थी कि सिपाही चारों ओर से उन पर टूट पड़े। उन्होंने दो-चार को घायल किया। परंतु संगीनों और तलवारों के इतने वार उन पर हुए कि बेचारे बोटी-बोटी होकर गिर पड़े, और शहीद हो गए। इनके वध के उपरांत सैनिकों ने मेरी बहन और माँ के कानों को नोच लिया, और जो कुछ उनके पास था, छीनकर चलते हुए। मुझको उन्होंने क़ैद करके साथ ले लिया। जिस समय मैं माँ से अलग हुआ, उनके करुण क्रंदन से आकाश कंपायमान होता प्रतीत होता था। वह कलेजे को थामे हुए चीखती थीं और कहती थीं–'अरे, मेरे लाल को छोड़ दो। तुमने मेरे प्राणपति को धूल में सुला दिया। इस अनाथ पर तो दया करो। मैं रँड़िया किसके सहारे अपना रँड़ापा काटूँगी। भगवन् ! मेरा कलेजा फटा जाता है। मेरे हृदय का टुकड़ा कहाँ जाता है ? कोई अकबर और शाहजहाँ को क़ब्र से बुलावे, और उनके घराने की दुखिया की बिपता सुनावे। देखो, मेरे लाल को मिट्टी में मसले देते हैं ! अरे, कोई आओ, मेरी गोदियों का पाला मुझको दिलवाओ !'

'' छोटी बहन 'भाईजी, भाईजी !' कहती हुई मेरी ओर दौड़ी। परंतु सिपाही घोड़ों पर सवार होकर चल दिए, और मुझको बागडोर से बाँध लिया। घोड़े दौड़ते थे, तो मैं भी दौड़ता था। पैर लहू-लुहान हो गए थे। हृदय धड़कता था। दम उखड़ा जाता था। आज तक मुझे अपनी माँ और बहन का पता नहीं लगा। पता नहीं, उन पर क्या बीती, और वे कहाँ गईं ! मुझको सैनिक अपने साथ दिल्ली लाए, और वहाँ से इंदौर ले गए। मुझसे घोड़े मलवाते और उनकी लीद उठवाते थे। कुछ दिनों बाद मुझको छोड़ दिया गया । मैंने इंदौर में एक ठाकुर के यहाँ दरबानी की नौकरी कर ली। कई वर्ष इसमें बिताए। फिर दिल्ली में आया, और सरकार से प्रार्थना की। उसकी कृपा से मेरी भी औरों की भाँति पाँच रुपए मासिक पेंशन नियत कर दी गई। इसके उपरांत मैंने विवाह किया। ये बच्चे हुए। '' इस घटना के उपरांत मिर्ज़ा दिलदारशाह बीमार हुए, और दस दिन बीमार रहकर संसार से

चल बसे।

इनकी मृत्यु का शोक सबसे अधिक इनकी स्त्री और लड़के को था। लड़का दस वर्ष का था। और अच्छी तरह समझता था कि उसके पिता मर गए हैं। परंतु वह बार-बार माँ से कहता था कि पिताजी को बुला दो। अस्तु। इस रोने-धोने में ये सब लोग सो गए। अगले दिन प्रातःकाल बेगम साहिबा उठीं, तो देखा, घर में झाड़ू फिरी हुई है। कपड़ा-लत्ता, बर्तन-भाँड़ा, सब चोर ले गए। बेचारी विधवा ने सिर पीटा और चिल्लाई—''हाय, अब मैं क्या करूँगी ? मेरे पास तो एक तिनका भी न रहा। घर के स्वामी के उठते ही चोरी भी हुई।'' आस-पास के मुहल्लेवाले इनके रोने की आवाज़ सुनकर एकत्र हो गए, और सबने शोक प्रकट किया।

पड़ोस में एक गोटेवाले रहते थे। उन्होंने कुछ खाना भेज दिया। बेचारी ने ठंडी साँस भरके उसको ले लिया। यह पहला दिन था कि विधवा राजकुमारी ने दान का भोजन खाया। उसको इस बात का बड़ा ही दुःख हुआ। चारों ओर ईद की चहल-पहल थी। प्रत्येक घर में ईद के सामान बन रहे थे। परंतु उस घर में, जहाँ दूध-पीती बच्ची को गोद में लिये विधवा राजकुमारी अनाथ राजकुमार को समझा रही थी—क्योंकि वह नई जूती और नए कपड़े माँगता था। माँ ने कहा—''बेटा, तुम्हारे पिता परदेस गए हैं। वह आ जाएँ, तो कपड़े मँगवावेंगे। देखो, तुम्हारे दूल्हाभाई भी बनारस गए हैं। वह होते, तो उनसे ही मँगा देते। अब किसको बाज़ार भेजूँ ?''

लड़के ने कहा—''मैं स्वयं ले आऊँगा। मुझको दाम दे दो।''

दाम का नाम सुनकर दुखिया राजकुमारी के आँसू आ गए। उसने कहा—''तुम्हें ख़बर नहीं, रात को घर में चोरी हो गई। हमारे पास एक पैसा भी नहीं।''

हठी राजकुमार ने मचलकर कहा—''नहीं, मैं तो अभी लूँगा।'' यह कहकर दो-चार गालियाँ माँ को दीं।

कष्ट-पीड़िता ने ठंडी साँस भरके आकाश की ओर देखा, और बोली—''अच्छा, ठहरो। मैं मँगाती हूँ।''

यह कहकर पड़ोस के घर से लगी हुई खिड़की में जाकर खड़ी हुई, और गोटेवाले की स्त्री से कहा—''बुआ, सूतक के दिन हैं। मैं भीतर तो नहीं आ सकती, तनिक मेरी बात सुन जाओ।''

वह बेचारी शीघ्र ही उसके पास आई, तो उसे सब समाचार बताया, और प्रार्थना की—''परमात्मा के नाम पर अपने बच्चे की उतरन कोई जूती या कपड़ों का जोड़ा हो, तो एक दिन के लिए माँगे दे दो। कल सायंकाल को लौटा दूँगी।''

राजकुमारी 'उतरन' कहते समय हिचकी लेकर रोने लगी। पड़ोसिन को बड़ी दया आई। उसने कहा—''बुआ, रोने और जी भारी करने की कोई बात नहीं। नन्हे

की कई जूतियाँ और कई जोड़े फालतू रक्खे हैं। एक तुम ले लो। इसमें उतरन का विचार न करो। इसने तो एक-दो दिन यों ही पाँव में डाली थी। मैंने सँभालकर रख दी।''

यह कहकर पड़ोसिन ने जूती और कपड़े राजकुमारी को दिए। राजकुमारी ये चीज़ें लेकर बच्चे के पास आईं, और उसको दिखाईं। बच्चा प्रसन्न हो गया।

दूसरे दिन ईदगाह जाने के लिए राजकुमारी ने अपने बच्चे को भी गोटेवाले पड़ोसी के साथ कर दिया। ईदगाह पहुँचकर अनाथ राजकुमार ने गोटेवाले के लड़के से कहा—''अबे, तेरी टोपी से हमारी टोपी अच्छी है।''

गोटेवाले के लड़के ने उत्तर दिया—''चल बे ! उतरन-कतरन पर ऐंठता है। अबे ! यह मेरी टोपी है। अम्माँ ने दान में दे दी है।''

यह सुनना था कि राजकुमार ने एक थप्पड़ गोटेवाले के बच्चे के मारा और कहा—''हमको दान लेनेवाला कहता है !''

गोटेवाले ने जो अपने बच्चे को पिटते देखा, तो उसे भी क्रोध आ गया, और उसने दो-तीन थप्पड़ राजकुमार के मारे। लड़का रोता-धोता भागा। गोटेवाले ने ख़याल किया कि इसकी माँ क्या कहेगी कि साथ ले गए थे, कहाँ छोड़ आए। इसलिए वह उसे पकड़ने को दौड़ा। परंतु लड़का आँखों से ओझल हो गया, इसलिए गोटेवाला हार मानकर अपने घर चला आया। अब राजकुमार की यह दशा हुई कि भीड़-भाड़ के साथ ईदगाह से घर की ओर आ रहा था कि मार्ग में एक गाड़ी की झपट में आकर गिर पड़ा, और घायल हो गया। पुलिस उसको अस्पताल ले गई।

घर में उसकी माँ की विचित्र दशा थी। रह-रहकर उसे बेहोशी आती थी। दो वक्त की भूखी थी। उस पर ईद और यह विपत्ति कि लड़का गुम हो गया। उस पर कोढ़ में खाज यह थी कि कोई भी वहाँ ऐसा न था, जो लड़के की खोज में जाता। अंत में वही बेचारा गोटेवाला फिर गया, और पुलिस में रिपोर्ट की। तब ज्ञात हुआ कि वह अस्पताल में है। अस्पताल जाकर समाचार लाया, और राजकुमारी को समाचार सुनाया। उस समय की दशा बड़ी विचित्र थी।

ईद का सायंकाल था। घर-घर आनंद मनाया जा रहा था। धन्यवाद और आशीर्वाद दिए जा रहे थे। भेंटें और ईदियाँ बाँटी जा रही थीं। प्रत्येक मुसलमान अपनी हैसियत से अधिक घर को सजा रहा था, और अपने बाल-बच्चों को प्रसन्न-चित्त लिये बैठा था। परंतु बेचारी विधवा राजकुमारी दो वक़्त से भूखी अपने बच्चे के शोक में आँखों में आँसू भरे अँधेरे, उजाड़ घर में बैठी आकाश को देखती, और कहती थी—''परमात्मन् ! मेरी ईद कहाँ है ?'' वह हिचकियाँ लेकर रोती थी। उधर अनाथ राजकुमार माँ के स्मरण में तड़पता था।

ग़दर के मारे पीरजी घसियारे

दीन अलीशाह क़लंदर दिल्ली के एक विख्यात पुराने आदमी थे। फ़र्राशख़ाने से बाहर इनका तकिया अब तक विख्यात है। ग़दर से पूर्व युवावस्था में मैं साधु-संत लोगों की सेवा में लगा रहता था। मुझे अपनी साधु-संत सेवा के साथ अपने धन का घमंड था। अपने सौंदर्य का गर्व था। मैं अपने शारीरिक बल पर अकड़ता था। माँ-बाप का इकलौता था। पिता से अधिक माँ को प्यार करता था। पिताजी बाज़ार में रहते थे। इनके सैकड़ों मुरीद थे। राजकुमार और राजकुमारियाँ प्रतिदिन इनके पास आती थीं। भेंट का कुछ ठिकाना न था। बस, हम बिना किसी चिंता से आनंद करते थे। परंतु पिताजी की यह दशा थी कि इतनी धन-संपत्ति होने पर भी वह नगीने जड़कर अपना निर्वाह करते थे। मुरीदों के रुपयों को हाथ न लगाते थे। एक दिन मैंने माँ से पूछा—"माँ ! पिताजी घर में सब कुछ होने पर भी नगीने क्यों घिसा करते हैं ? बड़ी लज्जा की बात है। परमात्मा ने सब कुछ दिया है। फिर क्यों यों ही पापड़ बेलते हैं।"

माँ ने हँसकर कहा—"बेटा, इनका विश्वास है कि फ़क़ीरी वही पूर्ण है, जो अपनी रोटी अपने आप कमावे, दूसरों के सहारे पर हाथ-पाँव तोड़कर न बैठे। इनका कहना है कि मुरीदों से जो मिले, वह ग़रीब मुरीदों का है, हमारा नहीं। हमको अपनी रोज़ी आप कमानी चाहिए।"

मैंने कहा—"तो क्या मुरीदों की भेंट हराम है, जो वह नहीं खाते ?"

माँ ने कहा—"नहीं, हराम तो नहीं, परंतु उस पर हमारा कोई अधिकार नहीं। वह दूसरों की चीज है। परमात्मा इस भेंट को इसलिए भेजता है कि हम अपने दीन भाइयों की रक्षा का भी ध्यान रखें, और स्वयं जब हाथ-पाँव चलते हैं, तो अपनी रोज़ी कमावें।"

दुर्दाना छोकरी

इस वार्तालाप के तीसरे दिन नवाब ज़ीनतमहल साहिबा, श्रीमान् सम्राट् महोदय की मुख्य बेगम, पिताजी की सेवा में आईं। इनके साथ एक बाँदी दुर्दाना नाम की थी।

ज्यों ही इस पर मेरी दृष्टि पड़ी, हृदय में एक तीर-सा लगा। इसने भी मुझको प्रेम की दृष्टि से देखा। परंतु दोनों लाचार थे। बात न कर सकते थे। बेगम साहिबा ने कई बार 'दुर्दाना' कहकर पुकारा, तो नाम भी ज्ञात हुआ। नहीं तो मुझे यह अवसर भी न मिलता कि उसका नाम ज्ञात कर सकूँ। बेगम साहिबा चली गईं, और मेरी बुरी दशा होने लगी। दो रात तनिक भी नींद न आई। रोटी तक छूट गई। बहुत कुछ सोचता कि दुर्दाना से मिलने का कोई ढंग निकालूँ, पर कोई उपाय समझ में न आता था। अंत में जब मेरी विरह-तड़पन बहुत बढ़ गई, तो नियमानुसार दीन अलीशाह क़लंदर की सेवा में उपस्थित हुआ। और सारी विपत्ति उन्हें कह सुनाई। वह मुस्करा दिए, और चुप हो गए। दुबारा प्रश्न करने का साहस न था। बिना मनोकामना पूरी किए घर को लौटा। मार्ग में हुसेनी पतंगवाला मिला, जो मेरा गहरा मित्र था। उसने जो मेरी उतरी हुई आकृति देखी, तो घबराकर पूछने लगा—"कहो मित्र, कुशल तो है ? तुम्हारे चेहरे पर हवाइयाँ क्यों उड़ रही हैं ? आँखों में घेरे क्यों पड़ गए हैं ?"

मैंने कहा—"भई, दुर्दाना नाम की छोकरी का प्रेम सिर पर सवार है। यह विचित्र ही रोग है। मैं तो इस कूचे से अनभिज्ञ था। देखिए, क्या होता है। भाग्य इस उठती हुई तरुणावस्था के हाथों क्या-क्या रंग दिखाता है। दुर्दाना को मिलाता है, या मुझे यह राक्षस क़ब्रिस्तान भिजवाता है।"

हुसेनी बोला—"भई, यह भी कोई चिंता की बात है ? नसीबन कहारी के द्वारा दुर्दाना से मिल लो। यह कहारी महल में आती-जाती है। जो कहोगे, दुर्दाना तक पहुँचा देगी।"

हुसेनी ने ऐसा उपाय बताया कि मेरे हृदय का काँटा निकल गया। सीधा घोसियों के मुहल्ले में गया, जहाँ वह कहारी रहती थी। कुछ देकर उसको संदेशा ले जाने पर राज़ी किया। दूसरे दिन वह कहारी मेरे पास आ गई, और दुर्दाना का यह समाचार लाई कि उसका मिलना कठिन है।

जब तक मैं कोई बहाना न करूँ। वह यह होना चाहिए कि शहर के बाहर कहीं जप या पाठ करने बैठूँ। वह बेगम साहिबा को लेकर वहाँ आवेगी, और इस प्रकार सदा के लिए आने-जाने का ढंग निकाल लिया जाएगा। दुर्दाना की यह बात मेरी समझ में बैठ गई। सीधा माँ के पास गया, और कहा—"लो माँ ! तुम सदा यह कहा करती थीं कि पैत्रिक कार्य का मुझे विचार नहीं। न रोज़ा रखता हूँ, और न नमाज़ पढ़ता हूँ। ये ही दिन कुछ सीखने के हैं। कुछ सीखना है, तो सीख लूँ। परमात्मा न करे, कल पिताजी की आँखें बंद हो गईं, तो यह धन-संपत्ति दूसरे के पास चली जाएगी, और मैं हाथ मलता रह जाऊँगा। बस, मैं आज आपकी आज्ञा के पालन के लिए उद्यत हूँ। पिताजी से कहो कि मुझे कुछ बतावें। मैं दीन अलीशाह के तकिए के पास चालीस दिनवाला पाठ करूँगा।"

माँ ने कहा—"न बेटा ! मुझे तेरा जंगल में रहना स्वीकार नहीं। कुछ करना है तो घर में ही करो। मैं एक क्षण के लिए भी तुम्हें अपनी आँखों से ओझल न होने दूँगी।"

मैंने बहुत कुछ समझाया। परंतु माँ के ध्यान में कुछ न आया। अंत में पिताजी को इस बात का पता चला। वह मेरे विचार से बड़े प्रसन्न हुए। माँ को राज़ी करके और कुछ गोप्य मंत्र पढ़ाकर तकिए में भेज दिया। दोनों समय घर से नौकर जाता। खाना दे आता, और मेरा कुशल-समाचार ले आता। मैं बिना किसी चिंता के अपने कार्य में लीन रहता।

दो जासूस

चौथे-पाँचवें दिन की बात है। मैं रात के समय बैठा जप कर रहा था कि इतने में दो अपरिचित पुरुष मेरे पास आए। वे फटे-मैले कपड़े पहने हुए थे। मैंने संकेत से कहा—"कौन हो ?"

बोले—"यात्री हैं।"

मुझे कुछ संदेह हुआ कि कहीं चोर न हों। जप छोड़कर पूछा—"यहाँ आने का तुम्हारा क्या उद्देश्य है ?"

बोले—"आपसे ताबीज़ लेने आए हैं। दुर्दाना ने आपका पता बताया था।"

दुर्दाना का नाम सुनकर जान में जान आ गई। रात्रि का समय था। दीपक टिमटिमा रहा था। मैं इन यात्रियों को पहचान न सका। भीतर-ही-भीतर सोच रहा था कि ये यात्री कौन हैं, जो दुर्दाना को भी जानते हैं ? अंत में मैंने कहा—"आप दुर्दाना को कैसे जानते हैं ?"

यात्री बोले—"बेग़म साहिबा से मार्ग-व्यय माँगने गए थे। वहाँ उनसे भेंट हुई थी। बड़ी मिलनसार और विदुषी हैं।"

मैंने कहा—"तुम किस बात के लिए ताबीज़ चाहते हो ?"

उन्होंने कहा—"विजय के लिए।"

पूछा—"किसके लिए ?"

वे हँसकर बोले—"राजकुमार जवाँबख्त के लिए।"

अब मेरे आश्चर्य की सीमा न रही। राजकुमार जवाँबख्त ज़ीनतमहल के लाड़ले बेटे थे। अँगरेज़ों ने मिर्ज़ा दाराबख्त के मरने के उपरांत मिर्ज़ा फ़ख़र को उत्तराधिकारी किया था, और ज़ीनतमहल इस प्रयत्न में थीं कि जवाँबख़्त उत्तराधिकारी हों।

मैंने कहा—"जवाँबख़्त को किसके विजय की आवश्यकता है ?"

यह सुनकर यात्रियों ने तमंचे निकाल लिये, और उनकी नाल मेरी ओर करके बोले—"बस, चुप ! भेद किसी से न कहना। हम जवाँबख़्त के जासूस हैं। तुमसे

यह काम है कि तुम्हारे पिता के पास जो छिपे हुए काग़ज़ शाहआलम के हैं, और जिनमें शाही रहस्यों और उचित तथा विश्वस्त बातों का प्रमाण है, वे हमें ला दो। यदि तुमने इसकी पूर्ति के लिए वचन नहीं दिया, तो अभी काम तमाम कर देंगे।"

तमंचे देखकर कुछ घबराहट हुई। पर मैंने स्थिरचित्त से कहा—"मुझे कुछ भी आपत्ति नहीं, यदि दुर्दाना मुझसे मिलने का वचन दें। मुझे प्रतीत होता है, वह तुम्हारे साथ हैं, और उन्हीं से तुम्हें काग़ज़ों का पता चला है।"

उन्होंने कहा—"हाँ, यह ठीक है कि दुर्दाना तुमसे मिलेंगी। हमें ज्ञात हुआ है कि बादशाह शाहआलम ने अपना विश्वासपात्र समझकर प्रमाण-पत्रों को तुम्हारे पिता के पास अमानत में रख दिया था, और कहा था कि आवश्यकता के समय मेरे उत्तराधिकारियों को दे देना।"

मैंने पूछा—"तो क्या दुर्दाना रात को महल में रहती हैं ?"

बोले—"नहीं, आधी रात के लगभग वह कश्मीरी दरवाज़ेवाले घर में आ जाती हैं, और वहीं हम रहते हैं।"

मैंने इनसे घर का पता पूछा, और इसके उपरांत कहा—"मुझे काग़ज़ ला देने में कोई आपत्ति नहीं। पर पिताजी ने न-मालूम कहाँ रखे हैं। मैंने तो आज तक इनके विषय में कुछ भी नहीं सुना।"

जासूसों ने कहा—"देखो, झूठ न बोलो। जिस दिन तुमने दुर्दाना को देखा है, उसी दिन काग़ज़ों की बात छिड़ रही थी।"

अब तो मैं व्याकुल हो गया। अंत में जी कड़ा करके बोला—"यह तो मुझसे न होगा।"

यह सुनते ही उन्होंने फिर तमंचे निकाल लिये, और मेरी ओर उनको किया। शरीर में बल था। चित्त स्थिर था। लपककर मैंने तमंचे पकड़ लिये और झटका देकर उनको छीन लिया। इसके उपरांत एक मुक्का उसके और एक मुक्का दूसरे के इस ज़ोर से मारा कि वे चक्कर खाकर गिर पड़े, और मैंने दौड़कर उनके हाथ-पाँव बाँध दिए। दोनों को बाँधकर और कमरे का ताला लगाकर मैं सीधा कश्मीरी दरवाज़े पहुँचा। कोई ग्यारह बज रहे होंगे। जासूसों के बताए हुए मकान पर जाकर आवाज़ दी।

दुर्दाना ने पूछा—"कौन है ?"

मैंने कहा—"तनिक द्वार की ओर भी तो आओ।"

जब दुर्दाना समीप आई, तब मैंने कहा—"उन दो महाशयों ने भेजा है। वह तकिए के पास जो शाह आकर रहे हैं, वहाँ बैठे हैं, और शाह साहब ने उस बात के लिए वचन ले लिया है। इसलिए उन्होंने तुमको बुलाया है कि दुर्दानाजी आ जाएँ, तो सब काग़ज़ अभी मिल जाएँ।"

दुर्दाना ने कहा—"डोली मँगा लो, अभी चलती हूँ।"

मैं मुहल्ले में जाकर डोली ले आया, और कहारों को चुपचाप समझा दिया कि अमुक स्थान पर ले चलना। बस, दुर्दाना को सवार कराके मैं अपने घर आया, और एक अलग दालान में सवारी को उतरवाया। माँ उस समय सो गई थीं। पिताजी ऊपर तिछत्ते पर थे। माँ को जगाकर सब हाल कहा। वह डरीं, पर मेरे प्रार्थना करने पर वह चुप हो गईं। मैं दुर्दाना को दूसरे दालान में ले गया। दीपक जलते ही दुर्दाना भौंचक्की रह गई, और बोली—"हैं ! तुम यहाँ कहाँ लाए ?"

मैंने कहा—"देखो, अब यह तुम्हारा घर है। यदि तुमने चीं-चपड़ की, तो फिर जीवन की ख़ैर नहीं। उन जासूसों को मैंने क़ैद कर लिया है, और तुम भी मेरी क़ैद में हो, यद्यपि मेरा मन तुम्हारा क़ैदी है। मैं सब बातें जान गया हूँ। जो तुम अपनी इच्छा से चुप हो गईं, तो यह तुम्हारा घर है। अर्द्धांगिनी बनाकर रखूँगा, नहीं तो तुमको और उन जासूसों को मार डालूँगा।"

दुर्दाना ने कहा—"मुझे आपके यहाँ रहने में कोई आपत्ति नहीं। मेरा हृदय तो स्वयं ही इसके लिए इच्छुक था। परंतु इन जासूसों को छोड़ दो, नहीं तो खैर नहीं। यदि इनका बाल भी बाँका हो गया, तो बड़ा भारी तहलक़ा मच जाएगा।"

मैंने कहा—"यदि इन जासूसों को छोड़ दिया, तो मेरी स्थिति बड़ी बुरी हो जाएगी।"

दुर्दाना ने कहा—"कोई डरने की बात नहीं। तुम अभी वहाँ जाओ, और उनसे कहो कि असली काग़ज़ तो ला नहीं सकता, इनकी नक़ल ला देता हूँ; परंतु इस शर्त पर कि दुर्दाना के मामले पर पर्दा डाल दिया जाए।"

मैंने कहा—"मुझसे तो यह विश्वासघात न हो सकेगा कि अपने ऊपर विश्वास करनेवाले बादशाह का भेद दूसरों को दे दूँ।"

दुर्दाना ने कहा—"यह कोई कठिन कार्य नहीं। बनावटी बातें काग़ज़ों पर लिख दो। उन्होंने असली काग़ज़ात थोड़े ही देखें हैं, जो संदेह करेंगे। क़िले के भीतर वे गड़े हुए हैं। उनको खोद भी नहीं सकते। केवल उनका परिचय चाहते हैं, जो भविष्य के लिए काम आवे।"

मैंने इस युक्ति को स्वीकार किया। उस समय रात का एक बज रहा था। फिर तकिए पर गया। वहाँ से जासूसों को निकाला, और सारा हाल कहा।

वे बोले—"यदि तुम इन काग़ज़ों की नक़ल दे दोगे, तो हम दुर्दाना के मामले में तुम्हारा साथ देंगे।"

मुक्त होकर वे अपने घर गए, और उनसे मैंने कहा कि कल दोपहर को काग़ज़ों की नक़ल घर पर पहुँच जाएगी। दूसरे दिन प्रातःकाल से मैंने नक़ल प्रारंभ की। दुर्दाना यों ही बनावटी स्थानों का नाम बताती जाती थी, और मैं लिखता जाता था। इतने में पिताजी ऊपर से नीचे आए। उनके क्रुद्ध होने के भय से माँ के पास चला गया। दुर्दाना ने झुककर प्रणाम किया। पिताजी माँ के पास गए,

तो मैं वहाँ से भी उठकर चला गया। माँ ने सब बात कही। सब बातें सुनकर वह सन्नाटे में आ गए। बोले–"अब ख़ैर नहीं। उफ़् ! ग़ज़ब हो गया। और यह तो पूजा-पाठ करने गया था, इस मैना को कहाँ से ले आया ? अच्छा, तो मैं इन दोनों का काम तमाम किए देता हूँ।"

यह सुनकर माँ हाथ जोड़ने लगीं। उनका क्रोध शांत हुआ। पिताजी फिर मेरे पास आए, और दुर्दाना के बनावटी काग़ज़ों को देखा, तो मुस्कराए, और बोले–"भई, खूब धोखा दिया ! अच्छा, तुम्हारी इच्छा।"

पिताजी बाहर गए, और मैं सीधा जासूसों के यहाँ पहुँचा। वह काग़ज़ उनको दिया, जिसको देखकर वे अति प्रसन्न हुए। कहा–"यदि जवाँबख़्त को गद्दी मिल गई, तो मैं निहाल कर दिया जाऊँगा।"

इसके उपरांत मैं घर आया, और दुर्दाना से विवाह करके आनंद से रहने लगा।

ग़दर

कुछ दिनों के उपरांत प्रलयकारी विद्रोह हुआ। पिताजी ग़दर से पूर्व अपने एक मुरीद के यहाँ अंबाले चले गए थे। मैं और दुर्दाना भी साथ थे। जब ग़दर की गर्मी ठंडी पड़ गई, तो अंबाले ही में पिताजी का स्वर्गवास हो गया, और मैं दिल्ली लौट आया। पर वहाँ आकर देखा, तो मुरकबाज़ार खुदकर पृथ्वी के समतल हो चुका था। बस, एक मकान किराए का लिया, और उसी में रहने लगा। पिताजी के जितने मुरीद थे, वे या तो निर्वासित कर दिए गए थे, या फाँसी पा गए थे, या दीन-हीन हो गए थे। मुझको उनसे सहायता की कोई आशा न थी, और स्वयं कुछ काम न आता था, जो अपने निर्वाह का ढंग निकालता। कुछ दिनों तक तो रखे हुए धन से काम चलाया। इसके उपरांत तंगी होने लगी, और दो-एक दिन भूखा भी रहना पड़ा। अब हमारे दो बच्चे भी थे। दुर्दाना बड़ी फ़िज़ूलख़र्च निकली। तंग आकर दुर्दाना के परामर्श से मैंने फिर तकिए की ठानी, और वहाँ जाकर अपना आसन जमाया। कुछ दिनों के उपरांत हिंदू-स्त्रियाँ ताबीज़-गंडे के लिए आने लगीं, और प्रातःकाल से सायंकाल तक रुपए-सवा रुपए की आय होने लगी। पाँच पैसे को ताबीज़ देता, और पाँच आने को गंडा। यह नियम हो गया था।

एक दिन दोपहर को सो रहा था कि स्वप्न में दीन अलीशाह क़लंदर और अपने पिता को देखा कि दोनों आपस में बातें कर रहे हैं। कह रहे हैं–"देखो, मैंने अपना संपूर्ण जीवन नगीना बनाने में काटा और मेरा बेटा दूसरों की कमाई पर नीच वृत्ति कर रहा है।"

आँख खुली तो सहसा रोना आ गया। सीधा दुर्दाना के पास आया, और

सब हाल उससे कहा।

दुर्दाना ने कहा—"स्वप्न यों ही हुआ करते हैं। अब यह न करोगे, तो क्या करोगे ? काम कुछ आता नहीं।"

मैंने कहा—"नौकरी करूँगा।"

यह ठानकर नौकरी की खोज की, और एक पाठशाला में दस रुपए मासिक की नौकरी कर ली। इसी समय दुर्दाना बीमार पड़ी। बहुत कुछ दवा की; पर वह बच न सकी। उसके मरने से बच्चों की देखभाल का भार मेरे ऊपर आ पड़ा। नौकरी पर जाता, तो बच्चों को साथ ले जाता, और भोजन के लिए बाज़ार के घाट उतरता। बस, इसी प्रकार बड़ी कठिनाई से एक वर्ष काटा।

रसोई करनेवाली

पाठशाला में मेरी वेतन-वृद्धि हो गई। वहाँ बीस रुपए मिलते थे। शाम को दो लड़के घर पर पढ़ने आते थे, दस रुपए उनसे मिलते थे; तीस रुपए मेरे लिए बहुत थे। इसलिए एक दिन विचार किया कि किसी रोटी बनानेवाली को नौकर रख लेना चाहिए। बिना उसके काम न चलेगा। मैं इसी खोज में था कि एक दिन एक दीन स्त्री बुर्क़ा पहने भीख माँगने आई। मैंने कहा—"भलीमानस ! नौकरी कर ले। भीख माँगना बड़ा बुरा काम है।"

उस स्त्री ने रोते हुए कहा—"मियाँ, तुम्हीं नौकर रख लो। सब ज़मानत चाहते हैं। मैं कहाँ से ज़मानत लाऊँ ?"

मैंने कहा—"तुम कौन हो ? तुम्हारा कोई है भी ?"

इस पर वह फूट-फूटकर रोने लगी और कहा—"परमात्मा के अतिरिक्त मेरा और कोई नहीं। अधिक न पूछो। मुझमें वर्णन करने की शक्ति नहीं।"

मैंने कहा—"अच्छा, तू हमारे यहाँ रोटी बनाया कर।"

उसने ऐसा करना स्वीकार किया और रोटी बनाने लगी। परंतु वह सदा पर्दे का ख़याल रखती और कभी मेरे सामने न आती थी। पर एक दिन संयोग से मेरी दृष्टि उस पर पड़ गई। देखा, तो युवती और रूपवती थी।

मैंने कहा—"बड़ी कठिनाई है। तुम्हारे पर्दे से तो जी घबराता है। तुम मुझसे विवाह ही क्यों न कर लो, जिससे यह पर्दा उठ जाए।"

कुछ सोचने के बाद वह ऐसा करने को राज़ी हो गई, और उसके साथ मेरा विवाह हो गया।

विवाह के उपरांत जो मैंने उसे देखा, तो उसकी आकृति पहचानी-सी प्रतीत होने लगी। पर मेरी समझ में न आता था कि मैंने पहले उसे कहाँ देखा है। एक दिन उसने स्वयं ही कहा—"आपको कदाचित् स्मरण न होगा, बचपन में माताजी

के साथ मैं आपके यहाँ बहुत आती-जाती थी। मैं बहादुरशाह बादशाह की धेवती हूँ। गौहर बेगम मेरा नाम है।''

गौहर बेगम का नाम सुनकर मेरी आँखों में आँसू आ गए। परमात्मा की कृपा से यह वही राजकुमारी थी, जिसके बड़े चाव चोचले थे। अपनी माँ की इकलौती बेटी थी, और हमारे यहाँ बड़े ठाट-बाट से आया करती थी। मैंने पूछा–''भला, बताओ तो सही, तुम पर ग़दर में क्या-क्या बीती, और तुम अब तक कहाँ-कहाँ रहीं ?''

राजकुमारी की आपबीती

ग़दर में मैं तेरह साल की थी। ग़दर में ही मेरी माँ का देहांत हो गया और मैं बड़ी दाई के पास रहती थी। जब बादशाह दिल्ली से भागे, तो दाई मुझको लेकर अँगरेज़ी जनरल के पास चली गई, और सब समाचार कहा। उसने बड़े प्यार से अपने डेरे में रखा, और दूसरे दिन एक पंजाबी मुसलमान अफ़सर के अधीन कर दिया। वह अफ़सर मुझे लेकर लखनऊ गया। वहाँ उन दिनों लड़ाई हो रही थी, जिसमें अफ़सर बेचारा मारा गया, और मैं भागकर उन्नाव चली गई। उन्नाव में एक हिंदू ने अपने घर रक्खा। पर उसकी कुचेष्टा देखकर मैं वहाँ से भागी। मार्ग में एक देहाती ज़मींदार मिला, और वह मुझे अपने घर ले गया। कुछ दिनों के उपरांत उसने अपने लड़के के साथ विवाह कर दिया। पर मुझे उन गँवारों में रहना दूभर था। बस, नरक की-सी यातनाएँ भोग रही थी। परमात्मा की कृपा से गाँव के किसानों में खेतों के ऊपर झगड़ा हो गया, और लाठी चली, जिसमें मेरे श्वसुर और पति मारे गए। इसलिए मैं घर से निकलकर कानपुर आई। वहाँ एक व्यापारी के यहाँ रोटी करने लगी। वह व्यापारी बड़ा ही भ्रष्ट-चरित्र था। मुझसे तो उसने कुछ न कहा; पर रात-दिन उसके यहाँ कुलटा स्त्रियों का आवागमन रहता, जिससे मेरा जी उकता गया, और मैंने दिल्ली जाने की ठानी। स्टेशन पर आकर बाबुओं की खुशामद करके मालगाड़ी से दिल्ली आ गई। दिल्ली में आई, तो बड़े आश्चर्य में थी कि कहाँ जाऊँ। कोई जान-पहचान का न था। सोचते-सोचते उस कूचे में आई, जहाँ मेरा अन्नू कहार रहता था। अन्नू कहार तो मर गया था, उसकी स्त्री ने समाचार जानकर अपने पास रख लिया। उसके बेटे मछलियाँ पकड़ते थे। डोली का काम छोड़ दिया था। मैं उनके घर में रोटी बनाती थी।

एक दिन रात को कहार के लड़के ने कहा–''ये अमीर लोग भी बड़े आराम से हैं। धूप में मछलियाँ तो हम पकड़ें, और ये आनंद से बैठकर खाएँ।''

मैंने यों ही कहा–''दाम भी तो देते हैं, और दाम कमाने में उनको तुमसे अधिक परिश्रम और चिंता करनी पड़ती है।''

कहार यह सुनकर बिगड़कर बोला—"चल री, तू हमारी बात में हस्तक्षेप करनेवाली कौन ?"

यह कहकर एक बाँस मेरे सिर पर मारा, जिससे वह फट गया और मैं बेहोश हो गई। होश आया, तो मैंने अपने को नदी की रेती पर पड़ा पाया। चारों ओर कोई न था। हिलने-डुलने की शक्ति नहीं थी ! हिंदू-स्त्रियाँ स्नान के लिए आती दिखाई दीं। जब वे निकट आईं, तो मैंने उनसे हाथ जोड़कर कहा—"मुझे अस्पताल पहुँचा दो। मेरे चोट लग गई है।"

उन्होंने द्रवित होकर डोली मँगा दी, और मैं अस्पताल आई। वहाँ दवा हुई। अच्छी होकर सदर बाज़ार में पहुँची। वहाँ एक पंजाबी के यहाँ रोटी बनाने लगी। बस, इसी प्रकार वे दिन कटे। वह पंजाबी भी बड़ा भ्रष्ट-चरित्र था। उसकी कुदृष्टि देखकर मैं निकल आई, और भीख माँगने लगी; क्योंकि दो-चार स्थानों में नौकरी ढूँढ़ी, तो लोगों ने ज़मानत माँगी।

एक दिन भीख माँग रही थी कि एक लड़का रोटी देने आया। उसे देखकर मेरे हृदय में एक प्रेम की लहर उठी। मैंने उससे पूछा—"तुम कौन हो ?"

उसने कहा—"मेरी माँ रोटी बनाती हैं।"

मैंने कहा—"उनका नाम क्या है ?"

बोला—"रुक़िया।"

रुक़िया का नाम सुनकर मुझे संदेह हुआ कि कदाचित् वह मेरी बुआ हैं। भीतर घर में चली गई। भीतर जाकर देखा, तो वास्तव में यह मेरी बुआ थीं। बुआ ने मुझे पहचाना। गले लगकर खूब रोईं, और अपने पास ठहरा लिया। कुछ दिन मैंने उनके साथ काम किया। परंतु एक दिन उस घर में कोई चीज़ चोरी चली गई। घर के स्वामी ने पुलिस को बुलाकर कहा—"यह अपरिचित स्त्री हमारे यहाँ आई है। इसी का काम प्रतीत होता है।"

पुलिसवाले मुझे कोतवाली ले गए। वहाँ मुझे यातनाएँ दी गईं। एक ने मेरी चोटी पकड़कर घसीटा। उस समय मैं आकाश की ओर देखकर मन-ही-मन सोच रही थी—मैं भारत-सम्राट की धेवती हूँ, चोर नहीं हूँ। मुझे यह क्यों सताते हैं ? परमात्मन् ! मेरा संसार में कोई नहीं। मैं किससे कहूँ कि मैं निर्दोष हूँ ? यह सोच ही रही थी कि एक सिपाही ने जूतियाँ मारनी शुरू कर दीं। इस घोर अपमान के कारण मुझे मूर्च्छा आ गई। अंत में थानेदार ने दया करके मुझे छोड़ दिया, और मैं भीख माँगती-माँगती आपके यहाँ आ गई।

पीरजी घसियारे

मैंने रसोई करनेवाली राजकुमारी की कहानी सुनकर ठंडी साँस भरी, और कहा—

"संसार में भी क्या-क्या परिवर्तन होते हैं। परंतु मनुष्य उनसे घबराते नहीं। न अच्छे समय का कुछ भरोसा है, न बुरे का। एक-सा समय किसी का नहीं रहता। मनुष्य को न प्रसन्नता में इतराना चाहिए, और न कष्ट में घबराना।"

कुछ दिनों तक हम बहुत प्रसन्नता से रहे। इतने में मेरी पाठशाला की नौकरी जाती रही। साधारण-सी भूल पर मुझे अलग कर दिया गया। लड़कों ने भी, जो मेरे पास पढ़ने आते थे, आना छोड़ दिया। अब फिर खाने की तंगी हुई। स्थान-स्थान पर नौकरी की खोज में गया। पर कहीं भी नहीं मिली। इसी दशा में मैं दरगाह निज़ामुद्दीन दर्शनों के लिए गया। लौटती बार देखा, एक घसियारा घोड़े पर घास लादे चला जाता है। मैंने रास्ता काटने के लिए उससे बातें शुरू कीं। यह पूछे जाने पर कि यह घास कितने की बिकेगी, घसियारे ने उत्तर दिया—"तीन-साढ़े तीन रुपए की बिकेगी।"

यह सुनकर मुझे बड़ा आश्चर्य हुआ। मैंने कहा—"ओहो ! इसमें तो बड़ा लाभ है।"

घसियारे ने कहा—"परिश्रम भी तो है। प्रातःकाल चार बजे गया था। अब सायंकाल चार बजे तक इतनी खोद पाया हूँ।"

मैंने कहा—"जंगल से यों ही लाते हो, या कुछ देना पड़ता है ?"

उसने कहा—"चालीस रुपए का एक जंगल ठेके पर ले लिया है। वहीं से लाता हूँ। एक जंगल छः महीने को यथेष्ट है। एक दिन एक ओर से खोदता हूँ, और दूसरे दिन दूसरी ओर से, तीसरे दिन किसी और ओर से। इसी प्रकार यह फेर बँधा रहता है। जब पहले दिन के स्थान की घास खुदे आठ दिन हो जाते हैं, तो उसी स्थान पर फिर घास तैयार हो जाती है, और मेरी रोज़ी फिर वहीं से प्रारंभ होती है। आठ आना प्रतिदिन घोड़े का व्यय है। तीन रुपए का मकान है। शेष घर के काम आता है। मैं अकेला हूँ। एक स्त्री है। अगर बच्चे भी होते, तो इतना परिश्रम न पड़ता। कुछ वे खोदते, कुछ मैं, और दोपहर से पूर्व ही घोड़े का बोझ हो जाता।"

यह सुनकर मैं घर आया, और सारा समाचार स्त्री से कहा। स्त्री ने कहा—"घास खोदने में कुछ बुराई नहीं। बड़े-बड़े गण्यमान्य पुरुषों ने यह काम किया है।"

यह विचारकर, मैंने स्त्री का गहना बेचकर एक टट्टू लिया। जंगल जाकर एक ज़मीन ठेके पर ली। तीन खुरपे मोल लिये, और बच्चों को लेकर घास खोदने लगा। कुछ दिन तो कठिनाई रही, परंतु फिर अभ्यस्त हो गया। हम तीनों बाप-बेटे दोपहर से पूर्व घोड़ा भर लाते हैं, और घास की मंडी में दूकानदारों के हाथ, जिससे ठेका हो गया है, खड़े-खड़े तीन रुपए की घास बेचकर घर आ जाते हैं। फिर मैं मस्जिद में जाता हूँ, और सायंकाल तक परमात्मा का नाम लेकर मगन रहता हूँ।

सैकड़ों स्त्री-पुरुष ताबीज़-गंडे को आते हैं, और मैं उनको ताबीज़ बिना कुछ लिये ही बाँटता हूँ।

लोग मेरे व्यवसाय से परिचित हैं, और घृणा करने की अपेक्षा वे समझते हैं कि मैं कोई बड़ा पहुँचा हुआ फ़क़ीर हूँ। ताबीज़ मुफ़्त बाँटता हूँ, और अपनी रोज़ी के लिए घास खोदता हूँ। इसलिए मेरे प्रति लोगों को बड़ी श्रद्धा है। अपने पेशे से पचहत्तर रुपए मासिक कमाता हूँ, और कॉलेज के एम.ए. पास लोगों से मेरा अच्छा निर्वाह हो जाता है, जिनको पचीस रुपए की गुलामी भी नसीब नहीं।

ठेलेवाला राजकुमार

[1]

सन् 1911 ई. के दरबार में दिल्ली के दिन फिरे। नए शहर की तैयारी होने लगी। चित्र बने। विख्यात इंजीनियरों की विचक्षण बुद्धि अपने जौहर दिखाने लगी। गुम्मा ईंट बनाने और पकाने के कारखाने खोले गए। हज़ारों दीन-दुखियों की जीविका चमकी। पकी हुई ईंटों के ढेर-के-ढेर गाड़ियों और ठेले में रखकर नवीन राजधानी बनाने के लिए आने लगे।

11 मई, सन् 1917 ई. की बात है। ठीक दोपहर की धूप और प्राणों को सुखानेवाली गर्मी में एक बूढ़ा ठेलेवाला ख़ान बहादुर सेठ मुहम्मद हारूँ के भट्ठे से ईंटें लेकर दिल्ली जा रहा था। सिर पर सूर्य की तीक्ष्ण किरणें, सफ़ेद दाढ़ी और मूछों पर मार्ग की धूल-मिट्टी और माथे पर पसीना, जिसमें ईंटों की लाली जमी हुई थी। पीछे से एक मोटर (कदाचित् कुतुब से) आ रही थी। ड्राइवर ने बहुत कुछ भोंपू बजाया, परंतु बूढ़े और बहरे ठेलेवाले ने उसका शब्द न सुना, और इसलिए ठेले को सड़क से न हटाया। मोटर निकट आई और ठेले से टकराई। ड्राइवर बड़ा प्रवीण था। शीघ्र ही मोटर को रोक लिया, और ठेले की टक्कर से मोटर को कुछ हानि न हुई। इस मोटर में एक तरुण पंजाबी व्यापारी मदिरा के नशे में चूर किसी बाज़ारू स्त्री को लिये बैठा था। ठेलेवाले को दीन, वृद्ध और दुर्बल देखकर वह क्रोध के मारे आपे से बाहर हो गया। हाथ में एक फ़ैशनेबल कोड़ा था। उसी को लिये मोटर से उतरा, और बेचारे ठेलेवाले को मारने लगा। ठेलेवाला अकेला था। वृद्ध और दुर्बल था, दीन और बहरा था। पर पता नहीं, हृदय में क्या साहस और वीरता रखता था कि चार कोड़े तो पहले आक्रमण में उसने खा लिये, परंतु फिर बैल हाँकने का चाबुक लेकर उसने भी शराब में मतवाले युवा पर आक्रमण किया, और चाबुक का बाँस का डंडा ऐसा मारा कि विलासी शराबी की खोपड़ी फट गई। मोटर-ड्राइवर ने चाहा कि वह उस बूढ़े को पीटने को आगे बढ़े, पर उसके आगे पैर रखने से पहले चाबुक की लकड़ी उसके सिर पर पड़ी, जिससे उसका चेहरा

भी रुधिर से लाल हो गया। मोटर-नशीन वेश्या ने घबराकर रोना शुरू किया, और चीखते हुए अपने प्रेमी को मोटर में बुलाया। यह सुनकर वह युवा और ड्राइवर, दोनों मोटर में बैठ गए, और ठेलेवाले को गालियाँ देने लगे। बूढ़ा चुपचाप खड़ा मुस्कराता और कहता था—"बस, एक वार में ही भाग निकले। मुग़ली वार सहना कोई सरल काम नहीं।"

ठेलेवाला इतना बहरा था कि मोटरवालों की गालियाँ उसने नहीं सुनीं और फिर ठेले पर आ बैठा। मोटर दिल्ली चली गई, और ठेला रायसीने (वह स्थान, जहाँ नई दिल्ली बसाई जा रही है) ईंटें डालने चल दिया।

[2]

रायसीने के थाने में दूसरे दिन दो घायल और कुछ ठेलेवाले एकत्र थे। वह बूढ़ा ठेलेवाला भी खड़ा था। पुलिस के दारोग़ा ने पूछा—"क्या तुमने इनको घायल किया ?"

बूढ़ा चुप खड़ा रहा। दारोग़ा ने फिर थोड़ा बिगड़कर प्रश्न किया, और कहा—"बोलता क्यों नहीं ?"

दूसरे ठेलेवाले ने कहा—"हुजूर, यह बहरा है।"

तब एक सिपाही ने बूढ़े के कान पर जाकर चिल्लाकर यह प्रश्न किया, तो बूढ़े ने उत्तर दिया—"हाँ, मैंने मारा है। उन्होंने पहले मुझ पर आक्रमण किया। चार कोड़े मारे, तो मैंने भी तुर्की का जवाब ताज़ी दिया। ये अमीर लोग दीनों को घास-फूस समझते हैं। आज से साठ वर्ष पूर्व इन घायलों के माँ-बाप मेरे गुलाम थे। और यही नहीं, संपूर्ण भारतवर्ष मेरा आज्ञाकारी था।"

दारोगा पुलिस हँसा, और उसने कहा—"क़दाचित् यह पागल हो गया है। बुढ़ापे ने इसकी समझ खो दी है। फिर उसने उसे हवालात में ले जाने की आज्ञा दी, और कहा—कल अदालत में चालान जाएगा। ऐसे पागल को पागलख़ाने में रखना चाहिए।"

[3]

सिटी-मजिस्ट्रेट के यहाँ बूढ़ा ठेलेवाला पुलिस की हिरासत में था, और दोनों वादी भी उपस्थित थे। कोर्ट-इंस्पेक्टर ने घटना बयान की, तो अदालत ने प्रतिवादी का बयान लेना चाहा, और यह जानकर कि वह बहरा है, चपरासी ने चीख़-चीख़कर उसका बयान लिया। बूढ़े ने कहा—"मेरा नाम ज़फ़र सुलतान है। बादशाह बहादुरशाह के भाई मिर्ज़ा बाबर का मैं पुत्र हूँ। मेरे दादा भारतवर्ष के सम्राट मुईनुद्दीन

अकबरशाह थे। ग़दर के पश्चात् मैं हज़ारों कठिनाइयों के उपरांत देश-देश घूमता-फिरता दिल्ली आया, और ठेला चलाने का काम करने लगा। 11 मई, सन् 1917–जो 11 मई, सन् 1857 की भाँति गरम और तीक्ष्ण थी–इस घटना की तारीख है। मैं बहरा हूँ। मैंने मोटर का शब्द नहीं सुना। मोटरवालों ने मेरी आयु तथा दशा पर दया नहीं की, और मेरे चार कोड़े मारे। मेरे शरीर में जो ख़ून है, उसे मार खाने और अत्याचार सहने का अब तो स्वभाव हो गया है। परंतु पहले न था। जिस स्थान पर अदालत की कुर्सी है, उसी स्थान पर ग़दर से पूर्व मेरी आज्ञा से अनेक धूर्तों और विद्रोहियों को दंड दिया गया था। मैंने निस्संदेह बदला लिया, और इन दोनों वीर युवाओं के सिर फाड़ डाले। अगर आप इन सज्जनों का न्याय करना चाहें, तो मैं आपके निर्णय के सम्मुख सिर झुकाने को तैयार हूँ।''

बूढ़े के बयान से अदालत में सन्नाटा छा गया। मजिस्ट्रेट साहब, जो अँगरेज़ थे, लेखनी मुँह में दबाकर बूढ़े को देखने लगे, और उनका सरिश्तेदार आँखों में आँसू भर लाया। दोनों वादी भी बयान सुनकर हक्के-बक्के रह गए।

अदालत ने आज्ञा दी–''तुमको छोड़ा जाता है, और वादियों पर दस-दस रुपए जुर्माना किया जाता है; क्योंकि स्वयं उनके बयान से प्रकट है कि उन्होंने नशे की हालत में प्रतिवादी पर आक्रमण किया।''

इसके उपरांत मजिस्ट्रेट ने चपरासी के द्वारा बूढ़े राजकुमार से पूछा–''तुम्हारी पेंशन सरकार से नियत नहीं हुई ? तुम ठेले का निकृष्ट कार्य क्यों करते हो ?''

राजकुमार ने उत्तर दिया–''मुझे ज्ञात है कि अँगरेज़ी सरकार ने हमारे कुटुंबियों के लिए पाँच-पाँच रुपए मासिक पेंशन नियत की है ? परंतु मैं पहले तो वर्षों दिल्ली से दूर रहा, और इसके अतिरिक्त जब हाथ-पाँव चलते हैं, तो काम करके सपरिश्रम जीविका कमाना अपना कर्तव्य समझता हूँ। मुझे ठेले में तीन-चार रुपए प्रतिदिन मिल जाते हैं। दो रुपए प्रतिदिन बैलों का व्यय है, जिसमें घर का किराया भी सम्मिलित है। और रुपए-दो रुपए मुझे बच जाते हैं। मैं पाँच रुपए मासिक लेकर क्या करता ? आजकल मैं बहुत प्रसन्न हूँ, और मुझे प्रत्येक बात की स्वतंत्रता है। जो लोग आपकी कचहरियों में नौकरियाँ खोजते फिरते हैं, और बी.ए., एम.ए. पास होने में आयु बिताते हैं, उनसे मुझ ठेलेवाले की दशा लाखगुनी अच्छी है। ठेला चलाने में कोई अपमान नहीं। मैं बैलों का शासक हूँ। स्वयं बैल बनकर शासित नहीं बनना चाहता।''

[4]

ठेलेवाला राजकुमार पहाड़गंज की मस्जिद में नमाज़ पढ़ रहा था, और उसी के समीप उसका घर था। जब वह नमाज़ पढ़ चुका, तो एक व्यक्ति उसके पास गया, और

बोला—"मैं आज कचहरी में उपस्थित था, और मैंने आपका बयान सुना था। क्या आप मुझे ग़दर का वर्णन बता सकते हैं कि आप ग़दर में और उसके उपरांत कहाँ-कहाँ रहे, और आप पर क्या-क्या विपत्तियाँ पड़ीं ?"

ठेलेवाले ने मुस्कराकर कहा—"क्या आप वह दशा सुन सकते हैं, और क्या आपको उन झूठी बातों पर विश्वास आ सकता है ? मेरा विश्वास है, जो बात हो जाए, चाहे वह सुख की हो और चाहे दुख की, झूठी है। उसका वर्णन करना झूठ बोलना है। आनेवाला काल केवल भ्रम है, बीता हुआ काल मिथ्या है, और वर्तमान काल सत्य है। मेरा विचार तो यह है कि जो समय सामने है, उस पर विश्वास करूँ और आनंद से उसे बिताऊँ। न गए हुए काल का स्मरण मन में आने दूँ और न आनेवाले समय की चिंता को मन में घुसने दूँ। बस, उसी समय को समझूँ, जो आँखों से दृष्टिगोचर होता हो।"

प्रश्नकर्ता ने कहा—"यह तो आपके निजी अनुभव की बातें हैं। आपके हृदय को कष्टों और आपत्तियों ने संसार से उदास कर दिया है। मैं तो ग़दर की घटनाओं को लेख-बद्ध करने के लिए आपसे यह समाचार पूछता हूँ। मैंने इसी प्रकार और बहुत-सी घटनाएँ एकत्र की हैं, और राजकुमारों की आप-बीती घटनाएँ पूछ-पूछकर लिखी हैं।"

यह सुनकर राजकुमार खिलखिलाकर हँसा और बोला—"कदाचित् आप समाचार-पत्रवाले हैं। मैं उन लोगों से बहुत ही चिढ़ता हूँ। वे बहुत ही झूठ बोला करते हैं। अच्छा, आप मेरे घर चलिए। मैं अतिथि का हृदय दुखाना नहीं चाहता। आप जो पूछेंगे, बताऊँगा।"

राजकुमार प्रश्नकर्ता को लेकर घर गया। घर क्या था, बस, छप्पर का एक झोंपड़ा था। बाहर आँगन में दो बैल और एक गाय बँधी हुई थी। भीतर दालान में एक तख़्त बिछा हुआ था। बराबर एक पलँग था, और दोनों पर सफेद चाँदनियाँ पड़ी हुई थीं। जिससे दीन, परंतु परिश्रमी राजकुमार की मनोवृत्तियों का पता चलता था। राजकुमार ने प्रश्नकर्ता को तख़्त पर बैठाया, और स्वयं चौके से भोजन लाया। कहा—"आओ खाना खा लो, फिर बातें करेंगे।"

खाना यद्यपि एक व्यक्ति के लिए था, परंतु दो प्रकार की भाजी, दाल-चटनी और कुछ मिष्टान्न इस बात का द्योतक था कि उस अवस्था में भी वह निर्भीक और आनंद से रहता था। प्रश्नकर्ता ने बहुत कुछ क्षमा माँगी, परंतु राजकुमार ने नहीं माना। दोनों ने भोजन किया। राजकुमार ने यह घटना वर्णन की।

[5]

मैं मिर्ज़ा बाबर का बेटा हूँ। मिर्ज़ा बाबर बहादुरशाह के भाई थे। ग़दर से पूर्व

बहादुरशाह का शासन भारतवर्ष में न रहा था, पर उनकी प्रतिष्ठा प्रत्येक प्रांत, प्रत्येक नगर और प्रत्येक स्थान में थी। दिल्ली में तो प्रत्येक मनुष्य उनके घराने का वही मान करता था, जो अकबर और शाहजहाँ के समय में होता था। मैं अपने बाप का बड़ा लाड़ला बेटा था। इनके और भी संताने थीं, परंतु अपनी माँ का मैं इकलौता था। मेरे पिताजी की मृत्यु ग़दर से पहले ही हो गई थी। जब ग़दर हुआ, और बाग़ियों की सेना दिल्ली में घुसी, तो जो अत्याचार उसने अँगरेज़ों पर किए, उनके लिखने से हृदय काँपता है। इसके उपरांत जब अँगरेज़ पंजाब से सहायता लेकर दिल्ली आए, और उसे जीत लिया, तो बादशाह-सहित सब नगर-निवासी भाग निकले। मेरी माँ अंधी थीं, और आए दिन की बीमारी से बहुत ही दुर्बल हो गई थीं। रथ में सवार होना भी उनके लिए दूभर था। परंतु दो स्त्रियों की सहायता से मैंने उनको सवार किया, और स्वयं भी उसमें बैठकर दिल्ली से निकला। बादशाह इत्यादि तो हुमायूँ के मक़बरे गए थे, पर मैं करनाल की ओर चला; क्योंकि वहाँ मेरे एक मित्र रहते थे, जिनसे दिल्ली में प्रायः मैं मिला करता था। वह करनाल के एक अच्छे रईस थे।

हमारा रथ अजमेरी दरवाज़े से बाहर निकला। मार्ग तो लाहौरी दरवाज़े से था, परंतु उधर अँगरेज़ी सेना का भय था। जब हम चले, तो देखा हज़ारों आदमी, स्त्री-पुरुष, बच्चे-बूढ़े बकुचियाँ सिरों पर रक्खे घबराए हुए चले जा रहे हैं।

रथवाले ने कहा—"गुड़गाँव होकर करनाल चलना चाहिए, जिससे सैनिकों के हाथों में न पड़ें।"

गुड़गाँव तक तो हम आनंद-पूर्वक चले गए, यद्यपि मार्ग में गूजर इत्यादि मिले, परंतु टाल-मटोल करके उनके हाथों से बच गए। किंतु गुड़गाँव से जब करनाल की ओर मुड़े, तो दो कोस के उपरांत ही गूजरों के एक झुंड ने रथ को घेर लिया, और लूटना चाहा। अभी उन्होंने हाथ न डाला था कि सामने से एक अँगरेज़ी सेना का दस्ता आ गया। ये सब गोरे थे। इनको देखकर गूज़र तो भाग गए, और गोरे घोड़े दौड़ाकर रथ के पास पहुँचे। उन्होंने ठट्ठा करके अँगरेज़ी में कुछ कहना प्रारंभ किया, जिसको मैं नहीं समझा। मैं रथ के पूर्व की ओर था। एक गोरे ने पश्चिमी ओर से रथ का पर्दा उठाकर देखा, और माताजी को अंधा तथा वृद्धा देखकर वह खिलखिलाकर हँसा, और अपने साथियों से उसने कुछ कहा, जिसको सुनकर वे सब आगे बढ़ गए और हमसे कुछ न कहा।

वे चले गए, तो हम आगे बढ़े, और सायंकाल तक चलते ही गए। रात को एक गाँव के समीप ठहरे। वहाँ रात को हमारे बैलों की चोरी हो गई, और रथवान भी कहीं भाग गया। प्रातःकाल मैं बहुत ही चिंतित हुआ। गाँववालों से जाकर किराए की गाड़ी माँगी। ये जाट थे। उनका चौधरी मेरे साथ आया, और बोला—"गाड़ी तो हमारे यहाँ नहीं है। तुम अपनी माँ को हमारे यहाँ ठहरा दो। दूसरे गाँव से

गाड़ी मँगवा देंगे।''

मैंने इस पर संतोष किया, और माता को लेकर चौधरी के घर चला गया। हमारे पास एक पिटारी थी, और एक छोटा संदूक़। उन दोनों में अशर्फ़ियाँ और जड़ाऊ गहना था। हमें घर में उतारकर और सब सामान रखकर चौधरी ने एक आदमी दूसरे गाँव से गाड़ी लाने के लिए भेजा। थोड़ी देर में गाँववालों ने हल्ला मचाया कि अँगरेज़ी सेना आती है। चौधरी मेरे पास आया, और बोला–''जाओ, तुम घर से भाग जाओ, नहीं तो हम भी तुम्हारे साथ मारे जाएँगे।''

मैं बहुत घबराया, और चौधरी से कहने लगा–''अंधी माँ को लेकर कहाँ जाऊँ? तुमको मेरी दशा पर तरस नहीं आता ?''

यह सुनकर उस जाट ने मेरे एक मुक्का मारा, और कहा–''तेरे लिए हम अपनी गर्दन कटवा दें ?''

मैंने भी उसके थप्पड़ मारा। यह देखते ही जाट एकत्र हो गए, और उन सबने मिलकर मुझको खूब पीटा। मैं बेहोश होकर गिर पड़ा। जब होश में आया, तो मैंने अपने को एक जंगल में पड़ा पाया, और माँ मेरे सिरहाने बैठी रो रही थीं। माँ बोलीं–''वे जाट तुझको और मुझको एक चारपाई पर उठाकर यहाँ डाल गए हैं। मालूम होता है, हमारा सामान लूटने का उन्होंने वह बहाना किया था। सेना-वेना कुछ न आई थी।''

वह बड़ा कठिन समय था। वह अगम्य और निर्जन स्थान, धूप की तीव्रता, एक मैं और एक मेरी दुर्बल, अंधी-धुंधी माँ, चारों ओर सन्नाटा, वैरियों का डर, मार्ग की अनभिज्ञता और घावों की पीड़ा ने सोने में सुगंध का काम किया। माँ ने कहा–''बेटा, चलो, साहस करके आगे बढ़ो। यहाँ जंगल में पड़े रहने से कोई लाभ नहीं।''

मैं खड़ा हो गया। सिर में और बाँहों में घाव थे। पैरों में भी चोट थी। पर अंधी माँ का हाथ पकड़कर चलना प्रारंभ किया। काँटेदार झाड़ियाँ चारों ओर फैली हुई थीं, जिन्होंने शरीर के कपड़े फाड़ डाले, और पैरों को घायल कर दिया। माँ ठोकर खा-खाकर गिर पड़ती थीं, और मैं उनको सँभालता था। पर घावों के मारे मुझमें भी चलने की शक्ति नहीं थी। दो वक्त से हमने कुछ खाया न था। बस, ऐसा समय परमात्मा बैरी को भी न दे। जब मध्याह्न का सूर्य सिर पर आया, तो मेरे सिर के घाव में इतना कष्ट हुआ कि मैं चकराकर गिर पड़ा। होश था; पर उठने और चलने की शक्ति न थी।

माँ ने मेरा सिर अपने घुटनों पर रख लिया, और यह प्रार्थना की–''भगवन् ! मुझ पर दया कर। मेरे पापों को क्षमा कर दे, और मेरे बच्चे की जान बचा ले। परमात्मन् ! यह अंधी राजकुमारी तेरे आगे हाथ फैलाती है। उसको वंचित न कर। हमारे तेरे अतिरिक्त और कोई नहीं। पृथ्वी-आकाश हमारे शत्रु हैं। तेरे अतिरिक्त

और किससे मैं कहूँ ? तू जिसको चाहे प्रतिष्ठा दे, जिसको चाहे अपमान दे। हम देशों, हाथी, घोड़ों और दास-दासियों के स्वामी थे। आज उनमें से हमारे पास कुछ भी नहीं। किस बूते पर संसारवाले इस अनित्य संसार में जीवित रहने की इच्छा करते हैं ? पापों के लिए क्षमा, भगवन् ! दया, दया ! भगवन् दया कीजिए।"

माँ प्रार्थना कर ही रही थीं कि इतने में एक गँवार उधर आ निकला। उसने कहा–"बुढ़िया, तेरे पास जो कुछ हो, डाल दे।"

माँ बोलीं–"बेटा ! मेरे पास तो केवल इस घायल बीमार के अलावा और कुछ भी नहीं है।"

यह सुनकर उस गँवार ने एक लट्ठ माँ के सिर पर मारा। लट्ठ के लगते ही माँ के मुँह से एक चीख़ निकली, और उन्होंने कहा–"हाय निर्दयी, मेरे बच्चे को न मारियो !"

मैं साहस करके उठा, परंतु फिर चकराकर गिर गया, और बेहोश हो गया। गँवार ने मेरे और माँ के कपड़े उतार लिये। मुझे होश आया, गँवार चला गया था। हम दोनों नंगे पड़े थे। माँ दम तोड़ रही थीं। मैंने उनसे पूछा–"अम्माँ, क्या हाल है ?"

उन्होंने उखड़े-उखड़े स्वर से कहा–"बेटा, अब मैं चलती हूँ। तुझे ईश्वर पर छोड़ती हूँ। हाय, कफ़न भी न मिलेगा। अरे, क़ब्र तक न मिलेगी ! मैं भारत-सम्राट् की भावज हूँ।"

यह कहकर वह सदा के लिए ठंडी पड़ गईं। मैंने वहीं रेत समेटी, और शव को धूल में छिपा दिया। स्वयं भी बड़ी कठिनाई से घसिट-घसिटकर, एक वृक्ष के नीचे जाकर लेट गया। थोड़ी देर में एक सैनिक वहाँ होकर निकला, और मुझको देखकर निकट आया। मैंने संपूर्ण समाचार उससे कहा। उसने कमर का रूमाल खोलकर मुझको दिया, जिससे मैंने तहबंद बाँधा। फिर उस सवार ने मुझको उठाकर घोड़े पर पीछे बिठाया, और अपनी छावनी में ले गया। वहाँ उसने मेरी दवा कराई, जिससे मेरे घाव अच्छे हो गए। फिर मैं उसकी सेवा करने लगा। वह मुसलमान सवार बड़ा ही सज्जन था। उसका घर पटियाले में था। उसके साथ कुछ दिनों तो मैं पटियाले में रहा, फिर फ़क़ीर होकर नगरों में घूमने लगा। जब बंबई पहुँचा, तो ख़ैराती दल के साथ मक्के चला गया। वहाँ दस वर्ष बीत गए। वहाँ से मदीने गया। पाँच वर्ष वहाँ रहा। इसी प्रकार अन्य तीर्थ-स्थानों के दर्शन करता हुआ बग़दाद आया। बग़दाद से एक व्यक्ति के साथ कराची आया, और वहाँ से दिल्ली आ गया; क्योंकि दिल्ली का प्रेम मुझको प्रत्येक स्थान पर विह्वल किए रहता था। दिल्ली आकर मैंने रेल पर नौकरी कर ली, जिससे खाने के अतिरिक्त कुछ बचत भी होने लगी। दो वर्ष में मेरे पास तीन सौ रुपए हो गए। तब मैंने ठेलेवाले के साझे में एक ठेला बनाया। उसकी आमदनी से धीरे-धीरे साझी के दाम डाल दिए, और

मेरा निजी ठेला हो गया। अब इसी पर मेरा निर्वाह है।

प्रश्नकर्ता ने कहा–"बहरापन कब हुआ, और इससे तो आपको अकेले में बड़ा कष्ट उठाना पड़ता होगा ?"

राजकुमार ने हँसकर उत्तर दिया–"परमात्मा को धन्यवाद देता हूँ। कोई कष्ट नहीं होता। सारे संसार के दोष सुनने से कान बंद हैं। गाँवों में जब जाटों ने मारा था, उसी समय मस्तिष्क पर ऐसी चोट आई कि कान की श्रवण-शक्ति जाती रही। अब केवल बाएँ कान से कुछ सुन सकता हूँ। दाहिना संपूर्णतया बेकार है।"

यह उपदेश-प्रद घटना सुनकर प्रश्नकर्ता ने राजकुमार से उसे लेख-बद्ध करने की आज्ञा चाही। राजकुमार ने कहा–"अवश्य लिखो; परंतु यह भी लिख देना कि प्रत्येक बीती हुई बात, प्रत्येक बीता हुआ क्षण और प्रत्येक प्रकार का बीता हुआ सुख-दुख मिथ्या और अनित्य है, पर वे उपदेशपूर्ण अवश्य हैं।"

फ़क़ीर राजकुमार की संपत्ति

हीरे को चाहो, मोती पर जान दो, सोने-चाँदी को जीवन-संपत्ति समझो, शाल-दुशाले और सुनहरी काम की वस्तुओं से जी लगाओ, हाथी-घोड़े, पालकी-नालकी, महल और हवेली को आवश्यक समझो; तुम्हें वे ग्राह्य हो सकती हैं; पर संसार में ऐसे लोग भी हैं, जो इन मिटनेवाली वस्तुओं को दो कौड़ी का समझते हैं, और परमपद के आनंद के सम्मुख संसार के इन भोगों पर दृष्टि नहीं डालते। परमात्मा अपना प्रेम जिसे देता है, उसमें अमीर और ग़रीब, बड़े और छोटे और कमीन तथा कुलीन का झंझट नहीं है।

दिल्ली का क़िला बसा हुआ था। मुग़ल-बादशाह जीवित थे। उस समय की घटना है। बहादुरशाह के संबंधियों में एक राजकुमार को भगवद्‌भजन की लगन लग गई थी। घर में परमात्मा ने दास-दासी, नौकर-चाकर और हाथी-घोड़े, सब कुछ दिया था। परंतु वह भगवद्‌भक्त सबसे अलग मकान के एक कोने में पड़े रहते। दो जौ की रोटियाँ प्रातःकाल और दो सायंकाल खाते, सकोरे में पानी पीते और ईश्वर-भजन में लीन रहते। हाँ, स्वच्छ कपड़े और इत्र की उन्हें बड़ी चाह थी। एक संदूक़ में भिन्न-भिन्न प्रकार के इत्र भरे रहते। वह प्रत्येक नमाज़ के समय एक नवीन इत्र से वस्त्र बसाते और परमात्मा के सम्मुख सुगंधित होकर हाथ जोड़ते। संसार में उन्हें औलाद, माल, कुटुंब या कुटुंबियों से प्रेम न था। बस, दो वस्तुओं पर जान देते थे—एक इत्र और एक हरे रंग का मुर्ग़ का जोड़ा। प्रार्थना और स्तुति से निपटते, तो बाहर आकर हरे रंग की मुर्ग़ी के जोड़े को दाना-पानी देते। उनको देखकर कभी हँसते, कभी रोते। कदाचित् उनको देखकर ईश्वर की माया का विचार करते होंगे।

ग़दर की भगदड़

सन् 1857 ई. का ग़दर हुआ, और सब दिल्लीवाले शहर से निकले। बादशाह, उनकी बेग़मों और राजकुमारियों ने भी क़िला छोड़ा, तो वह राजकुमार भी अपनी आसन-चटाई बग़ल में दबाकर खड़े हो गए। नौकरों ने प्रार्थना की कि वह हीरे और

अशर्फ़ियाँ साथ लें। परंतु उन्होंने उत्तर दिया—"यह सब कुछ तुमको दिया जाता है। हमें किसी भी वस्तु की आवश्यकता नहीं। परमात्मा का नाम ही यथेष्ट है।"

यह कहकर अपने इत्र का संदूक़ और हरे रंग की मुग़ियों के दो अंडे लेकर चल खड़े हुए। लोगों ने समझाया—"श्रीमन् आप यह क्या करते हैं ? खाने-पीने का सहारा साथ होना चाहिए। यह इत्र और अंडे किस काम आवेंगे ? रुपया-पैसा लो, जिससे निर्वाह हो।"

परंतु उन्होंने किसी का कहना न माना। उनके एक छोटी लड़की और एक स्त्री थी। उनको नौकरों के सुपुर्द किया, और कहा—"इनके साथ रहो। जहाँ ये चाहें, इनको साथ ले जाओ। घर में जो नक़दी है, ले लो। चाहे तुम रक्खो, चाहे इन स्त्रियों पर व्यय कर दो। मुझे न स्त्री का साथ देना है, न लड़की का, और न रुपए-पैसे का।"

राजकुमारी और उसकी पुत्री

फ़क़ीर राजकुमार इत्र और अंडे लेकर दरगाह निज़ामुद्दीन में आ गए। और दरगाह के बाहर एक खँडहर मकान में बैठ गए। एक देशी मुर्ग़ी का जोड़ा मोल लिया, वे दोनों अंडे इनके नीचे बिठा दिए, और ईश्वर-भजन प्रारंभ कर दिया। कोई रोटी दे गया, तो खा ली, नहीं तो भूखे ही पड़े रहे। हाँ, नमाज़ पढ़ते, तो इत्र लगाकर पढ़ते; क्योंकि उनके संदूक़ में इत्र बहुत था।

नौकर उनकी स्त्री और लड़की को लेकर गुड़गाँव चले गए, और उसके पास सुहना में एक मकान लेकर रहने लगे। कुछ दिनों तक तो उन नौकरों ने उनकी सेवा की, परंतु रुपया-पैसा अपने पास होने के कारण उनको लालच की सूझी। एक दिन उन्हें अकेला छोड़कर भाग गए। बेचारी राजकुमारी जो प्रातःकाल उठी, और नौकरों को आवाज़ दी, तो कोई न बोला। बाहर झाँककर देखा, तो मैदान साफ पाया। बहुत रोई। हिरासा हुई। अब न कोई आटा लानेवाला था, न पानी भरनेवाला। और न कुछ पास था, जिसे बेचकर कुछ मँगाती।

लड़की की आयु 6 वर्ष की थी, और वह इतनी छोटी थी कि उसे इस बात का ज्ञान न था कि उस पर और उसके कुटुंबियों पर क्या-क्या आपत्ति आ रही थी। चारपाई से उठते ही हलुआ माँगती थी, और उसकी माँ प्रातःकाल से ही उसे तैयार रखती थी। उस दिन नौकर न थे। सौदा कौन लाता और हलुआ कहाँ से बनता ! लड़की ने रोना शुरू किया, और मचलने लगी। अपनी माँ की कठिनाई को दुगुना कर दिया। उदास राजकुमारी ने पड़ोसी सक़्क़ा को बुलाया, और अपने हाथ के सोने के कड़े देकर कहा—"इनको बेचकर खाने का सामान ला दो।"

सोने के कड़े देखकर सक़्क़े के मुँह में पानी भर आया। चुपके से उनको

ले लिया, और दो-चार रुपए का आटा, घी, चीनी इत्यादि ला दी। राजकुमारी ने शेष रुपए माँगे, तो कहा–"जिस बनिए के हाथ कड़े बेचे हैं, उसने शेष दाम अभी दिए नहीं।"

राजकुमारी चुप हो गई। रात को सक़्क़ा उसके घर में आकर, जब वह सोती थी, सारा सामान समेटकर चल दिया। प्रातःकाल राजकुमारी उठी, तो बहुत रोई। मुहल्लेवालों को पुकारा। ज्ञात हुआ, सक़्क़ा पड़ोस से कहीं चला गया। यह काम उसी का होगा। उस समय उसने कड़ों की बात भी कही। एक घोसी की स्त्री ने तरस खाकर कहा–"बहन, अब मैं तेरे पास रहा करूँगी। तू घबरा मत।"

राजकुमारी के पास उन क़ड़ों के अतिरिक्त और कोई गहना न था। कुछ दिन तो रखे हुए आटे से बिताए, उसके उपरांत घोसिन ने अपने यहाँ से खिलाया। एक दिन घोसिन के लड़के ने नन्हीं-सी राजकुमारी को धक्का दिया, जिससे उसकी भौं फट गई, और ख़ून बह निकला। राजकुमारी की वही एक लड़की थी। उसने घोसिन के लड़के को बुरा-भला कहा। उस पर घोसिन बिगड़ी, और कहा–"हमारी कृपा को भूल गई। हमारे टुकड़े खाती है, और हमीं को आँखें दिखाती है।"

राजकुमारी से यह ताना न सुना गया, और आँखों में आँसू भरकर कहा–"अरी, तू मुझको क्या रोटी खिलावेगी। मैं उस बाप की बेटी हूँ, जो संपूर्ण भारतवर्ष को रोटी खिलाता था, जिसके द्वार पर हाथी झूमते थे, जो दीन-हीन और निराश्रय लोगों का रक्षक था। आज यदि मैं धन-हीन हो गई, तो क्या मेरी कुलीनता और सौजन्य भी जाता रहा ? मैं तेरे ताने न सहूँगी, और आज से तेरी रोटी न खाऊँगी। तेरे बच्चे मेरी भोली, नासमझ बच्ची को घायल करें, और मैं चुपकी बैठी देखूँ ? मुझसे यह न हो सकेगा। तूने जितने दिनों रोटी हमें खिलाई है, मैं उसका बदला दूँगी। जब परमात्मा मेरे दिन फेरेगा, तो तेरा सब बोझा उतार दूँगी।

स्वप्न का साँप

उस दिन शोक में राजकुमारी ने कुछ न खाया, और बच्ची घाव के कष्ट में पड़ी रही। उसने भी खाने को कुछ न माँगा। रात को राजकुमारी ने स्वप्न देखा कि उसे एक साँप ने निगल लिया, और उसके भीतर एक बाग़ लगा हुआ है। बाग़ में एक तख़्त पर उसके पति (फ़क़ीर राजकुमार) बैठे हैं, और उनकी लड़की अपने सिर का घाव उनको दिखाती और कहती है–"देखो पिताजी, घोसिन के लड़के ने मेरा सिर फोड़ डाला।" इस पर फ़क़ीर राजकुमार ने हाथ से संकेत किया। दो दैवी दूत आकाश से उतरे, और उन्होंने एक साँप लड़की के गले में डाल दिया। राजकुमारी यह देखकर डरी और चिल्लाई। चिल्लाते ही आँख खुल गई, तो सुना, द्वार की कोई कुंडी खटखटा रहा है। उसने कहा–"कौन है ?" उत्तर मिला–"तुम्हारा

पति।''

राजकुमारी आश्चर्यान्वित हो गई। वह शब्द वास्तव में उसके पति फ़क़ीर राजकुमार के थे। कुंडी खोल दी। वह भीतर आए, और कहा—''चलो, गाड़ी तैयार है।''

राजकुमारी ने कहा—''कहाँ ? कहाँ चलूँ, और तुम कहाँ से आए ?''

इसका उन्होंने कुछ उत्तर न दिया, लड़की को गोद में उठा लिया। और राजकुमारी को साथ चलने का संकेत किया। वह चुपचाप उनके साथ हो गई। बाहर गाड़ी खड़ी थी। उसमें सवार करके दरगाह निज़ामुद्दीन में ले आए। जब वहाँ पहुँचे, तो एक घर में उनको और लड़की को उतारा, और स्वयं बाहर चले गए।

राजकुमारी ने देखा, घर में सब आवश्यक वस्तुएँ रक्खी हुई हैं, और एक छोटा संदूक़ रखा है। उसको जो देखा, तो उसमें दो हज़ार मुहरें रक्खी थीं। राजकुमारी को बड़ा आश्चर्य हुआ कि फ़क़ीर राजकुमार सुहना पहुँचे, और यह सब सामान कहाँ से आ गया !

थोड़ी देर में एक मनुष्य ने आवाज दी—''तुम्हारे पति की अर्थी तैयार है। लड़की को उनकी सूरत दिखा दो, ताकि हम उन्हें गाड़ दें।''

राजकुमारी को घबराहट हुई, और उसके आश्चर्य की सीमा न रही कि अभी तो उनको गए आधा घंटा भी नहीं हुआ, और मर गए ! बुलानेवाले से राजकुमारी ने कहा—''तुम कौन हो, और मेरे पति कब मर गए ?''

उसने कहा—''इसका समाचार मुझे ज्ञात नहीं। राजकुमार की यह वसीयत थी कि अंत-समय उनकी लड़की को वह दिखा दिए जाएँ।''

राजकुमारी ने लड़की को साथ कर दिया, और स्वयं हृदय थामकर बैठ गई। थोड़ी देर में लड़की लौट आई, और कहा—''पिताजी को लोगों ने गाड़ दिया।''

लड़की की बात समाप्त भी न होने पाई थी कि वह आदमी फिर आया, और बोला—''सुहनावाली घोसिन को पुरस्कार दे दिया गया। अब उसकी तुम पर कोई कृपा शेष नहीं।''

ये आश्चर्यजनक घटनाएँ राजकुमारी को असह्य-सी हो गईं, और वह बेहोश हो गई।

जब वह होश में आई, तो एक बुढ़िया को अपने पास बैठे देखा। बुढ़िया ने कहा—''तुम मेरे साथ चलो। वहाँ तुम्हारे पति ने एक घर का प्रबंध कर दिया है। वह मनुष्य, जो तुम्हें बुलाने गया था, तुम्हारे पति का प्रेत था, और जिस दिन तुम्हारी लड़की के चोट लगी थी, उसी दिन तुम्हारे पति की मृत्यु हुई थी।''

राजकुमारी ने अपने वैधव्य के बहुत-से दिन काटे, और अपनी लड़की का विवाह कर दिया। थोड़े दिन पश्चात् उसका देहांत हो गया।

लेडी हार्डिंग का चित्र

"अम्माँ, यह चित्र उन्हीं वायसरानी का है, जिन्होंने हमको एक हज़ार रुपए दिए हैं।"

"हाँ बेटी, यह चित्र बड़े लाट की सहधर्मिणी का है। बड़ी दयालु हैं। दीनों की पालिका हैं। अब के हम बेसहारों का भी ख़याल आ गया। तनिक इस चित्र को मुझे देना । मैं इनको आशीर्वाद दूँ, इन पर निछावर जाऊँ, और दो बातें करके हृदय की उमस निकालूँ।"

भावुकता की लहर में

मैं निछावर जाती हूँ। आप बड़ी अच्छी हैं। मैं क़ुर्बान। क्या भव्य मूर्ति है। परंतु आप दीनों की कुटिया में कैसे आईं ? हमारे यहाँ तो फटे कंबल का टुकड़ा भी बिछौने को नहीं है। मैं आपको कहाँ बिठाऊँ ? खटिया भी हमारे भाग्य में नहीं। हम सब नीचे सोते हैं। धरती बड़ी ठंडी है। आपको जुकाम हो जाएगा। हमारे घर की कड़ियाँ भी झुकी हुई हैं। ऐसा न हो, गिर पड़ें। मैं आपकी क्या सेवा करूँ। क्या वस्तु आपके थाल में रक्खूँ ? परसों से हमने कुछ नहीं खाया, पिताजी को बनिए ने आटा उधार नहीं दिया। इस समय भूख के मारे मेरी विचित्र दशा है। यदि घर में कुछ होता, तो आपके सम्मुख रख देती। मैं भूखी रहती, और आपको खिलाती; क्योंकि आपने हम पर कृपा की है, और उस समय हमारी सुध ली है, जब संपूर्ण संसार हमको भूल गया था।

क्यों श्रीमतीजी ! आपका चित्त इस अँधेरे घर में घबराता तो नहीं ? आप तो बिजली की रोशनी में रहती हैं। क्या करूँ, आज हमको मिट्टी का दीपक भी मयस्सर नहीं, नहीं तो उसे ही जला देती। आपको कहाँ सुलाऊँ ? रात कैसे कटेगी ? हमारे पास केवल दो फटे कंबल हैं। एक पिताजी ओढ़ते हैं, और एक में अम्माँ मुझे साथ लेकर सोती हैं। मेरी प्यारी लाट साहब की धर्मिणी, तनिक मेरे हाथों और पैरों को देखो। सर्दी से फट गए हैं। सर्दी की रातें पहाड़ हो जाती हैं। सुख

की नींद हमारे स्वप्न में भी नहीं आती। आपने हमको हज़ार रुपए दिए हैं। मैं सहस्र धन्यवाद आपको देती हूँ। अम्माँ कहती हैं–एक समय हमारा भी था। हम भी हज़ारों रुपया दीन-हीन जनों को बाँटा करते थे। हमारे घरों में भी ऊनी क़ालीन और मख़मली बिछौने थे। रेशम और ज़री के पर्दे थे। सोने-चाँदी की जड़ाऊ छतें थीं। शाल-दुशाले थे। दास-दासी थे। महल थे, और भारतवर्ष का साम्राज्य था। हमारे सम्मुख भी गर्दनें झुकती थीं। राजा-महाराजा संकेत के लिए प्रतीक्षक रहते थे। हमारे घरों में भी कपूर की बत्तियाँ जलती थीं। हम भी लाचार और असहाय लोगों पर तरस खाते थे। दूसरों के लिए घर लुटाते थे। हमारे स्वागत में भी ढोल बजते थे। चोबदार थे। हाथी झूम-झूमकर चलते थे। हमारे सिर पर भी मुकुट था। तलवारें हमारे पैरों पर सिर टेककर चलती थीं। तोपें गरज-गरजकर हमारे स्वागत के लिए बरसती थीं। परंतु देवी, अब वह समय कहाँ है ? संसार ढलती-फिरती छाया है।

ऊँचे-ऊँचे मकान थे जिनके; आज वे तंग ग़ोर[1] में हैं पड़े।
इत्र मिट्टी का जो न मलते थे, न कभी धूप में निकलते थे,
गर्दिशे[2] चर्ख[3] से हलाक़ हुए; उस्तख्वाँ[4] तक भी उनके ख़ाक हुए।
ज़ाते माबूद[5] जाविदानी[6] है; बाक़ी जो कुछ कि है, वह फ़ानी[7] है।

परमात्मा ने हमको देन दी। जब तक उसके योग्य रहे, देन पास रही, और जब हमारी करनी बिगड़ी, विलासिता में पड़ गए, देश से हीन हो गए। पीड़ितों को भूल गए। चिकनी-चुपड़ी बातों पर फूल गए। परमात्मा ने वह संपत्ति छीन ली और दूसरों को दे दी। इसमें हमको किसी की शिकायत नहीं। जैसी करनी वैसी भरनी। हाँ, आप मेरी माँ के बराबर, वरन् उनसे भी बड़ी हैं। आपसे न कहूँ, तो किससे कहूँ ? यहाँ भी न बोलूँ, तो कहाँ जीभ खोलूँ। परमात्मा ने आपको हम सबका रखवाला बनाया है। देखो तो, भूख-प्यास हमको सताती है। हमारे अलबेले दिन धूल में मिलाती है। मेरी आयु ऐसी थी कि मेरा मुख भी गुलाबी और कोमल होता। पर भूख के मारे पीला पड़ गया है। हमारे घर में तीज-त्योहार का आनंद नहीं। त्योहार-उत्सव के दिन भी हम पेट में टाँगें अड़ाकर पड़ रहते हैं। पेट भरकर सूखी रोटी भी नहीं मिलती। हम चिथड़े पहने हुए हैं। हमको बरसात के टपके के खटके रात-दिन रुलाते हैं। हमको शीतकाल जलाने आता है। हम पर गर्मियाँ प्रलय ढाती हैं। दिल्ली शहर के कुत्ते पेट भरकर सोते हैं। कौए संतुष्ट होकर घोंसलों में जाते हैं। चिड़ियाँ पक्की छतों के घर में, गिलहरियाँ सुंदर और सजे हुए घरों में रहती हैं। परंतु अकबर की औलाद, शाहजहाँ के बच्चे, जिन्होंने इस शहर को जीता और बनाया, आधी रोटी के टुकड़े को तरसते हुए भूखे सोते हैं। उनकी कोई

---

1. क़ब्र, 2. चक्र, 3. आकाश, 4. हड्डियाँ, 5. परमात्मा, 6. अविनाशी, 7. मरनेवाला।

भी रात चिंता-विहीन नहीं कटती। जिनके बाप-दादों ने लाल क़िला बनवाया था, उनको टूटा झोंपड़ा भी नसीब नहीं।

भिखारिन राजकुमारी जुम्मा मस्जिद की सीढ़ियों पर

श्रीमतीजी, आपने देखा होगा, दिल्ली नगर में एक जुम्मा मस्जिद है। जिसे हमारे दादा शाहजहाँ ने बनवाया था। दूर-दूर के लोग इसे देखने आते हैं। परंतु इस बात को कोई नहीं देखता कि मस्जिद की सीढ़ियों के सामने फटे हुए बुर्क़ों के भीतर दुर्बल बच्चे को गोद में लिये, पैबंद लगा पाजामा और फटी-फटाई जूतियाँ पहने कौन स्त्री भीख माँगती है, देवी, वह दीन-दुखिया विधवा राजकुमारी है, जिसका कोई वारिस नहीं रहा। आप विश्वास करना, मेरी दयालु वायस-रानी ! इसी के दादा शाहजहाँ ने यह मस्जिद बनवाई थी। आज यह पेट के लिए भीख के टुकड़े एकत्र कर रही है, जिससे जीवन की मस्जिद को आबाद करे। मुझे लज्जा आती है। आपसे कैसे कहूँ कि ये हज़ार रुपए बहुत थोड़े हैं। मरहम के एक छोटे फ़ाए से क्या होगा ? हमारे तो संपूर्ण शरीर पर घाव हैं। आपकी नवीन दिल्ली की ख़ैर, जिसकी सड़कों पर लाखों रुपए व्यय हो रहे हैं। आपकी नवीन अट्टालिकाओं की ख़ैर, जिनके लिए करोड़ों रुपए की स्वीकृति है। आपके इस पवित्र विचार की खैर, जिसके कारण दिल्ली की पुरानी इमारतों की मरम्मत हो रही है। और असंख्य रुपए व्यय किए जा रहे हैं। हमारे पेट की अधूरी सड़कों का भी जीर्णोद्धार कर दीजिए। हमारे टूटे हुए हृदयों पर अट्टालिका बनवाइए। हम भी पुराने काल के चिह्न हैं। हमको भी जीवित लोग पुरातत्त्व का चिह्न समझते हैं। हमें सहारा दीजिए। मिटने से बचाइए। परमात्मा आपको सहारा देगा और मिटने से बचावेगा।

यह कहते-कहते दुखिया राजकुमारी चौकी। अश्रुपूरित आँखों को दोनों हाथों से मला, और कहा–"मैं क्या पागल हूँ, जो चित्र से बातें करती हूँ ? काग़ज़ी मूर्ति के सम्मुख मनोकामना माँगती हूँ। पर कदाचित् किसी ईश्वर-भक्त तक ये पागलपन की बातें पहुँच जाएँ, और वह अँगरेज़ी में अनुवाद करके दयालु श्रीमती लेडी हार्डिंग को यह सुना दे। वह अपने पति लॉर्ड हार्डिंग से कहें, कौंसिल के सदस्यों से कहें, श्रीमान् सम्राट और सम्राज्ञी से कहें कि शाहजहाँ की औलाद की रक्षा के लिए भी, नवीन दिल्ली की अन्य स्वीकृतियों के साथ, कोई शानदार कष्टनिवारिणी स्वीकृति होनी चाहिए[1]।"

दुखिया राजकुमारी की कहानी

---

1. स्वर्गीया श्रीमती लेडी हार्डिंग ने इस लेख पर विचार करके दीन राजकुमारियों की सहायता कर दी थी।–लेखक

जिस नन्हीं राजकुमारी की ऊपर कल्पित कहानी लिखी गई है, उसकी माँ पर ग़दर के समय बड़ी विपत्ति पड़ी थी। इसलिए वह वास्तविक और सत्य कहानी भी व्यक्त की जाती है। वह कहती है—ग़दर में मेरी आयु सात वर्ष की थी। अम्माँ मुझे तीन वर्ष की छोड़कर मर गई थीं। पिताजी के पास रहती थी। चौदह वर्ष का मेरा एक भाई जमशेदशाह था, पर हाथ-पाँव की उठान से बीस वर्ष का प्रतीत होता था। पिताजी अंधे हो गए थे, और सदा घर में बैठे रहते थे। ड्योढ़ी पर चार नौकर और एक दारोग़ा, घर में तीन बाँदियाँ और एक मुग़लानी काम करती थीं। बहादुरशाह संबंध से हमारे दादा होते थे, और हमारा संपूर्ण व्यय शाही कोष से आता था।

हमारे घर में एक बकरी पली हुई थी। एक दिन मैंने उसके बच्चे को सताना शुरू किया। बकरी ने बिगड़कर मेरे ठोकर मार दी। मैंने क्रोध के मारे चिमटा गरम करके बकरी के बच्चे की आँखें फोड़ डालीं। वह बच्चा तड़प-तड़पकर मर गया।

कुछ दिनों के उपरांत ग़दर हुआ। बादशाह के निकलने के उपरांत हम भी पिताजी के साथ निकले। हम लोग पालकी में सवार थे, और जमशेद भाई घोड़े पर साथ-साथ थे। दिल्ली-दरवाज़े से निकलते ही सैनिकों ने पालकी पकड़ ली। भाई को भी गिरफ्तार करना चाहा। उन्होंने तलवार चलाई। एक अफ़सर को भी घायल किया। अंत में घावों से चूर होकर गिर पड़े। सामने नोकदार पत्थर पड़े थे। वे आँखों में घुस गए, और भाई ने चीख़ें मार-मारकर थोड़ी देर में जान दे दी। भाई का करुण रुदन सुनकर पिताजी भी पालकी से नीचे उतर आए, टटोल-टटोलकर शव के समीप गए और पत्थर से टकराकर सिर को लहू-लुहान कर लिया। यहाँ तक कि उनकी भी समाप्ति वहीं हो गई। इसके उपरांत सैनिकों ने हमारा सब सामान ले लिया, और मुझे भी पकड़ लिया। चलते समय बाप और भाई की लाश से चिपटकर ख़ूब रोई, और उनकी अंत्येष्टि क्रिया देखे बिना उनको वहीं छोड़कर चलने को बाध्य की गई।

एक देशी सैनिक ने अफ़सर से मुझे माँग लिया, और अपने घर पटियाला राज्य में ले गया। उस सैनिक की स्त्री बड़ी ही कर्कश स्वभाव की थी। वह मुझसे बर्तन मँजवाती, मसाला पिसवाती, झाड़ू दिलवाती और रात को पाँव दबवाती थी। पहले-पहले तो एक दिन-रात के परिश्रम से थक गई। पाँव दबाने में झपकी आई, तो उस राक्षसी ने चिमटा गरम करके मेरी भौं पर रख दिया, जिससे पलकें तक झुलस गईं, और भौहों की चरबी निकल आई। मैंने पिताजी को पुकारा; क्योंकि मुझे इतनी समझ न थी कि मरने के उपरांत फिर कोई नहीं आया करता। जब उन्होंने कोई उत्तर नहीं दिया, तो मैं उस स्त्री के भय के मारे सहमकर चुप हो गई। परंतु उस पर उसको तरस न आया। बोली, पाँव दबा। घावों के कष्ट से मुझे नींद न आती थी, और पैर भी न दब सकते थे। पर 'फ़क़ीर का क्रोध फ़क़ीर

के लिए ही है।'[1] मैंने उसी दशा में पाँव दबाए।

प्रातःकाल मसाला पीसने में मिर्चों का हाथ घावों पर लग गया। उस समय मुझे ताब न रही, और भूमि पर मछली की भाँति तड़पने लगी। परंतु निर्दय स्त्री को तब भी कुछ ख़याल न आया, और बोली—"चल ढोंगिन, काम से जी चुराती है ?" यह कहकर पिसी हुई मिर्चें घावों पर मल दीं। उस समय मारे कष्ट के बेहोशी आ गई, और रात तक होश न आया। प्रातःकाल जो आँख खुली, तो बेचारा सिपाही—उसका पति—मेरे घावों को धोकर औषधि लगा रहा था।

थोड़े दिनों पश्चात् सिपाही की वह स्त्री मर गई, और उसने नवीन विवाह किया। उसकी नवीन स्त्री मेरे ऊपर बड़ा दयाभाव रखती थी। उसी के घर में मैं युवती हुई, और उसने मेरा विवाह एक दीन पुरुष के साथ कर दिया। दो वर्ष तक मेरा पति जीवित रहा, और फिर मर गया। विधवा होकर मैं दिल्ली चली आई; क्योंकि वह सिपाही भी मर गया था, और उसकी विधवा ने दूसरा विवाह कर लिया था। दिल्ली में आकर मैंने भी दूसरा विवाह कर लिया, जिससे केवल एक लड़की हुई। मेरे पति की पाँच रुपया मासिक अँगरेज़ी सरकार से पेंशन थी। परंतु वह कर्ज़ में चली गई, और अब हम बड़ी कठिनाई और दीनता से दिन बिता रहे हैं।

---

1. 'क़हर दुरवेश बरजान दुरवेश।'

राजकुमारी की शय्या

गुलबानू पंद्रह वर्ष की हुई। युवावस्था की रातों ने गोद में लेना प्रारंभ किया। मनोकामनाओं के दिन हृदय में गुदगुदाने लगे। बहादुरशाह के उत्तराधिकारी मिर्ज़ा दारुलबख़्त बहादुरशाह के पुत्र हैं। बाप ने बड़े चाव-चोचले से पाला है, और जिस दिन से उन्होंने संसार-यात्रा की, महल में गुलबानू के नख़रे पहले से भी अधिक होने लगे। अम्मा कहती हैं, निगोड़ी के नन्हे-से हृदय को घोर कष्ट पहुँचा है। अब इसका मन इस प्रकार लिये रहूँ, जिससे उनके प्रेम को यह भूल जाए।

इधर दादा अर्थात् बहादुरशाह की यह गति है कि नातिन के लाड़ में किसी बात की कमी नहीं करते। नवाब ज़ीनतमहल उनकी प्यारी बेगम हैं। जवाँबख्त इन्हीं के पेट का राजकुमार है। यद्यपि मिर्ज़ा दाराबख़्त की असामयिक मृत्यु से उत्तराधिकारी का पद मिर्ज़ा फ़ख़र को मिला है, तो भी जवाँबख़्त के प्रेम के सम्मुख उत्तराधिकारी की कोई गिनती नहीं, और ज़ीनतमहल अँगरेज़ी कर्मचारियों से भीतर-ही-भीतर जवाँबख़्त को उत्तराधिकारी बनाने की साज़िश कर रही हैं। जवाँबख़्त का इस धूम से विवाह होता है कि मुग़लों के अंतिम दिनों में इसकी टक्कर का कोई दृष्टांत नहीं मिलता। 'ग़ालिब' और 'ज़ौक़' सेहरा लिखते हैं, और उनमें विख्यात कविता की वह झलक है, जिसका वर्णन शमशुलउल्मा 'आज़ाद' देहलवी ने 'आबे-हयात' में किया है। यह सब कुछ था, और जवाँबख़्त और ज़ीनतमहल के आगे किसी का चिराग़ न जलता था।

परंतु गुलबानू की बात सबसे निराली थी। बहादुरशाह का इस लड़की से जो संबंध था और जैसा सच्चा प्रेम इस लड़की से रखते थे, वैसा प्रेम, बादशाह की ओर से, ज़ीनतमहल और जवाँबख्त को भी नसीब न था। बस, इसी से प्रकट होता है कि गुलबानू किस ठाट-बाट और नाज़-नख़रों से अपना जीवन बिताती होगी। होने को मिर्ज़ा दाराबख़्त के और भी बाल-बच्चे थे, परंतु गुलबानू और उसकी माँ से उनको प्रेम था। गुलबानू की माँ एक डोमनी थी, और मिर्ज़ा उसको अन्य रानियों से अधिक चाहते थे। जब वह मरे, तो गुलबानू बारह साल की थी। मिर्ज़ा नसीरुद्दीन चिराग़ दिल्ली की दरगाह में गाड़े गए थे, जो दिल्ली से छः मील की दूरी पर पुरानी

दिल्ली के खंडहरों में है। गुलबानू प्रत्येक महीने माँ को लेकर बाप की क़ब्र देखने जाती थी। जब जाती, तो क़ब्र से लिपटकर रोती, और कहती–"पिताजी ! हमको भी अपने पास लिटाकर सुला लो। हमारा जी तुम्हारे बिना घबराता है।"

जब गुलबानू ने पंद्रहवें वर्ष में पैर रक्खा, तो युवावस्था ने बचपन का हठ और नटखटी तो दूर कर दी, परंतु हँसी-ठट्ठा इतना बढ़ गया कि महल का बच्चा-बच्चा उससे घबराता था। सोने के छपरखट में दुशाला ताने सोया करती थी। सायंकाल का दीपक जला और बानू छपरखट पर पहुँची। माँ कहती थीं–"दीपक में बत्ती पड़ी, लाडो पलंग चढ़ी।"

यह सुनकर वह मुस्कराकर, अँगड़ाई और जँभाई लेकर, सिर के बिखरे हुए बालों को माथे से समेटकर कहती–"अच्छा अम्माँ ! तुमको क्या ? सोने में समय नष्ट करते हैं, तो तुम्हारा क्या लेते हैं ? तुम वृथा ही क्यों कुढ़ती हो ?"

माँ कहतीं–"ना बिन्नो ! मैं कुढ़ती नहीं। आनंद से चैन करो। परमात्मा तुमको सर्वदा सुख की नींद सुलावे। मेरा तात्पर्य तो यह है कि अधिक सोना आदमी को बीमार कर देता है। तुम सायंकाल को सोती हो, तो प्रातःकाल तनिक जल्दी उठा करो। परंतु तुम्हारी तो यह दशा है कि दस बज जाते हैं, सारे घर में धूप फैल जाती है, लौंडिया भय के मारे बात तक नहीं कर सकतीं कि बानू की आँख खुल जाएगी। ऐसा भी क्या सोना ! कुछ घर का प्रबंध भी देखना चाहिए। अब तुम जवान हो गईं। पराए घर जाना है। यदि यही स्वभाव रहा, तो वहाँ कैसी बीतेगी ?"

गुलबानू माँ की ऐसी बातें सुनकर बिगड़ती और कहती–"तुमको इन बातों के सिवा और भी कुछ कहना आता है। हमसे न बोला करो। तुम्हें हमारा रहना कठिन हो गया हो, तो स्पष्ट रूप से कह दो। दादाजी (बहादुरशाह) के पास जा रहेंगे।"

प्रेम-पाठशाला

उसी समय की बात है कि ख़िज़ सुल्तान का पुत्र मिर्ज़ा दाविरशिकोह गुलबानू के पास आने-जाने लगा। क़िले में पारस्परिक पर्दा नहीं होता था अर्थात् शाही कुटुंब के आपस में पर्दा न करते थे। इसीलिए मिर्ज़ा दाविर का आना-जाना बेरोक-टोक था। प्रथम तो गुलबानू इनकी बहन और वह इनके भाई थे। चाचा-ताऊ के दो बच्चे समझे जाते थे। परंतु कुछ दिन पश्चात् प्रेम ने एक दूसरा ही संबंध उत्पन्न किया। मिर्ज़ा गुलबानू को कुछ और समझते थे और गुलबानू दाविर को प्रकट संबंध के अतिरिक्त किसी और संबंध की दृष्टि से देखती थी। एक दिन प्रातःकाल के समय मिर्ज़ा गुलबानू के पास आए, तो देखा, बानू श्याम दुशाला ओढ़े, सुनहरी

छपरखट में श्वेत पुष्प-युक्त सेज पर पाँव फैलाए, बेसुध सोई पड़ी है। मुँह खुला हुआ है। अपने ही हाथ पर सिर रक्खा है। तकिया अलग पड़ा है। दो दासियाँ मक्खियाँ उड़ा रही हैं। दाविरशिकोह चाची के पास बैठकर बातें करने लगे। पर किस विचित्र चितवन से अपने प्रेम-पुष्प को निद्रावस्था में देख रहे थे ! अंत में न रहा गया, और बोले—"क्यों चाची, बानू इतने दिन चढ़े तक सोती रहती है ? धूप इतनी निकल आई। अब तो इनको जगा देना चाहिए।"

चाची ने कहा—"बेटा, बानू के स्वभाव को जानते हो। किसकी शामत आई है, जो इसको जगा दे ? बस, प्रलय ही हो जाएगा।"

दाविर ने कहा—"देखिए, मैं जगाता हूँ। देखूँ, क्या करती हैं।"

चाची ने हँसकर कहा—"जगा दो, तुमसे क्या कहेगी ? तुम्हारा तो बहुत ख़याल करती है।"

दाविर ने जाकर तलवे में गुदगुदी की। बानू ने अँगड़ाई लेकर पैर समेट लिया, और आँखें खोलकर वक्र दृष्टि से पैर की ओर देखा। ख़याल था कि किसी दासी की नटखटी है। उसको उसके लिए दंड देना चाहिए। परंतु जब उसने एक ऐसे व्यक्ति को खड़ा पाया, जिसको वह अपना हृदय दे चुकी थी, तो लज्जा से दुशाले का आँचल मुँह पर डाल लिया और घबराकर उठ बैठी।

दाविर ने बानू का हड़बड़ाना देखकर कहा—"लो चाची, मैंने बानू को उठा दिया।"

प्रेम-पाठ की वर्णमाला समाप्त हो चुकी थी। दोनों प्रेम-पाश में बंदी थे। विरह और प्रेम की कविता होने लगी, तो गुलबानू की माँ को संदेह हुआ, और उसने दाविरशिकोह का अपने घर आना बंद किया।

ग़दर के नौ महीने पश्चात्

चिराग़अली की दरगाह के एक कोने में एक युवती फटा हुआ कंबल ओढ़े रात्रि के समय हाय-हाय कर रही थी। शीतकाल का मेंह मूसलाधार गिर रहा था। हुंकारती हुई हवा के झोंकों से बौछार उस स्थान को भिगो रही थी, जहाँ उस स्त्री का बिछौना था। वह बहुत बीमार थी। पसली में पीड़ा थी। ज्वर और दीनता में अकेली पड़ी तड़पती थी। ज्वर की बेहोशी में उसने बुलाया—"गुलबदन ! अरी, ओ गुलबदन ! मर गई क्या, जल्दी आ, और मुझको दुशाला उढ़ा दे ! देख, बौछार भीतर आती है। पर्दा गिरा दे ! रोशन, तू ही आ। गुलबदन तो कहीं मर गई। मेरे पास कोलों की अँगीठी ला। पसली पर तेल मल। पीड़ा से मेरा दम निकला जाता है।"

जब उसके बुलाने पर कोई न आया, तो उसने फटा कंबल अपने बदन से हटाया और चारों ओर देखा। अँधेरे दालान में धूल के बिछौने पर अकेली पड़ी

थी। चारों ओर अँधेरा-घुप छाया हुआ था। मेंह सन्नाटे से पड़ रहा था। बिजली चमकती थी, तो एक सफेद क़ब्र की झलक दिखाई देती थी। वह क़ब्र उसके पिता की थी। यह दशा देखकर वह स्त्री चिल्लाई और कहा–''बाबा ! बाबाजी ! मैं तुम्हारी गुलबानू हूँ। देखो, अकेली हूँ। उठो, मुझे ज्वर चढ़ रहा है। आह ! मेरी पसली में भयंकर पीड़ा है। मुझे ठंड लग रही है। मेरे पास इस फटे कंबल के सिवा और कुछ नहीं है। मेरी अम्माँ मुझसे बिगड़ गईं। महलों से मैं निर्वासित की गई। बाबाजी ! मुझे अपनी क़ब्र में बुला लो ! अजी ! मुझे डर लगता है। कफ़न से मुँह उघारो; और मुझको देखो। मैंने परसों से कुछ नहीं खाया। मेरे शरीर में इस गीली धरती के कंकड़ चुभते हैं। मैं ईंट पर सिर रक्खे लेटी हूँ। मेरी शय्या क्या हुई ? मेरा दुशाला कहाँ गया ? मेरी सेज़ किधर गई ? अब्बाजी ! बाबाजी ! उठो ! कब तक सोओगे। आह पीड़ा ! उफ़ ! मैं साँस कैसे लूँ ?''

यह कहते-कहते वह अचेत हो गई। उसने देखा कि वह मर गई है और उसके पिता मिर्ज़ा दाराबख़्त उसको क़ब्र में उतार रहे हैं। रो-रोकर कह रहे हैं–''यह इस बेचारी का धूल का छपरखट है।''

आँख खुल गई और बेचारी बानू एड़ियाँ रगड़ने लगी। अंतिम समय आ गया, और वह कहती थी–''लो साहब, मैं मरती हूँ। कौन मेरे गले में शरबत डालेगा ? किसकी जंघा पर मेरा सिर रखा जाएगा। परमात्मा, तेरे सिवा मेरा और कोई नहीं है। तू ही दीनों का रक्षक है, प्रतिपालक है। तू ही मेरा साथी है। तू ही मेरा रक्षक है। अब मैं तेरे ही दरबार में आती हूँ। लो, अब मैं च...।''

राजकुमारी के प्राण-पखेरू उड़ गए, और अगले दिन से उसने मिट्टी ही ओढ़ी, मिट्टी ही का बिछौना और सिरहाना किया और वही उसकी वास्तविक शय्या थी, जिस पर वह प्रलय-काल तक सोती रहेगी।

ग़दर की जड़ भ्रम

ख़ानम का बाज़ार दिल्ली में एक प्रसिद्ध स्थान था, जो क़िले के सम्मुख बसा हुआ था, और जिसमें बड़े-बड़े प्रवीण कारीगर रहते थे। ग़दर के पश्चात् वह मुहल्ला उजड़ गया, और वहाँ अब मैदान है। अप्रैल सन् 1857 ई. की बात है, एक दिन सायंकाल के समय मुहम्मद यूसुफ़ लाल डिग्गी पर घूमने गया। वहाँ उसको एक हिंदू जौहरी का नौकर मिला, और उसने कहा—"हमारे लाला को मंदिर के लिए सोने का कलश बनवाना है। उन्होंने तुमको बुलवाया है। चलकर काम का अंदाजा कर लो।"

मुहम्मद यूसुफ़ एक प्रसिद्ध चाँदीवाले कारीगर का लड़का था। मुख्य बाज़ार और ख़ानम के बाज़ार में जितने चाँदी वाले रहते थे, वे लाहौरिया के नाम से प्रसिद्ध थे, और अब भी उनको लाहौरी कहा जाता है। ये लोग चाँदी के बर्तन और सोने के गहने बनाते थे। अस्त्र-शस्त्र बनाने का पेशा भी इन्हीं लोगों के हाथ में था। मुहम्मद यूसुफ़ का बाप चाँदी-सोने के बर्तन बनाता था, और सबका शिरोमणि माना जाता था। मुहम्मद यूसुफ़ को मुलम्मा करने का काम सिखाया जाता था। जौहरी के नौकर ने सोने के कलश का नाम लिया, तो यूसुफ़ उसके साथ चलने को उद्यत हुआ। परंतु उसने कहा कि नमाज़ पढ़कर चलूँगा। नौकर इस पर राज़ी हो गया। यूसुफ़ ने एक मस्जिद में जाकर नमाज़ पढ़ी, और बाहर आकर नौकर के साथ हो लिया। नौकर उसको मालीबाड़े में ले गया। जहाँ हिंदू जौहरी रहते थे। यूसुफ़ प्रायः इस मुहल्ले में काम लेने-देने के लिए आया-जाया करता था। एक गली में जाकर नौकर ने कहा—"तुम थोड़ी देर यहाँ ठहरो। मैं अभी आता हूँ।"

यूसुफ़ खड़ा हो गया। इतने में चार आदमी एक घर से निकलकर आए। वे लंबे-तगड़े और हृष्ट-पुष्ट थे। वह नौकर भी उनके साथ था। उन हट्टे-कट्टे आदमियों ने कहा—"आइए, इस घर में चलिए, जिससे हम आपको काम दिखा दें।"

यूसुफ़ को पहले तो संदेह हुआ कि वे जौहरी नहीं हैं। परंतु अपना हृदय कड़ा करके उसने भय और संदेह को दूर कर दिया, और सीधा उनके घर में चला

गया। वहाँ एक मौलवी साहब बैठे थे, जिन्होंने यूसुफ़ को देखते ही प्रणाम किया। यूसुफ़ बिछौने पर बैठ गया।

मौलवी साहब ने कहा–"मियाँ ! तुमको हमने एक बहाने से बुलाया है। मंदिर का कलश बनवाना हमारा उद्देश्य नहीं, वरन् कुछ और काम है। मैं इस नगर का रहनेवाला भी नहीं हूँ, और ये चारों व्यक्ति भी परदेशी हैं। हम सब एक हिंदू जौहरी के अतिथि हैं, जिसने हमें तुम्हारा पता दिया है। हमने सुना है कि तुम्हारे चचा अस्त्र-शस्त्र बनाने में प्रवीण हैं, और दिल्ली के मेगज़ीन में उनका आना-जाना है। वहाँ सबका समाचार उनको ज्ञात है। पहले हमारा विचार था कि उन्हीं को बुलावें, परंतु फिर ज्ञात हुआ कि वह बड़े ही डरपोक आदमी हैं। इसलिए हमने तुमको बुलाना उचित समझा; क्योंकि तुम बड़े साहसी हो। जौहरी साहब के लड़के से आठ दिन पूर्व जो बातें तुमने की थीं, उनसे ज्ञात हुआ कि तुम्हारे हृदय में अपने धर्म के लिए स्थान है, और काफ़िर फ़िरंगियों के शासन से तुम अप्रसन्न हो। इसलिए यह कुरान शरीफ़ तुम्हारे सामने रखता हूँ। इस पर हाथ रखकर शपथ खाओ कि हमारा भेद किसी से न कहोगे, और जो काम तुमसे कहा जाए, उसको पूरा करोगे।"

यूसुफ़ ने कहा–"मैं शपथ लेने से डरता हूँ। शपथ लेना भारी काम है। इससे तो क्षमा कीजिए। हाँ, यह प्रण करता हूँ कि आपका कार्य धार्मिक होगा, तो तन-मन-धन से सहायता करूँगा।"

यह उत्तर सुनकर उन चारों मनुष्यों ने तलवारें सूत लीं, और कहा–"शपथ न लोगे, तो फिर तुम्हारी ख़ैर नहीं। हम अभी वध कर डालेंगे।"

मौलवी साहब ने उन्हें रोका, और बड़ी नम्रता से समझाने लगे। यूसुफ़ कुछ तो डरा, और कुछ इस पर मौलवी साहब की बातों का प्रभाव पड़ा। तत्काल ही उसने कुरान शरीफ़ उठाकर सिर पर रखा, और बोला–"मैं प्रत्येक धार्मिक कार्य के लिए, जो आप बतावें, तैयार हूँ चाहे उसमें मेरी जान ही जाए।"

मौलवी साहब ने यूसुफ़ को छाती से लगा लिया और कहा–"हमारा बस इतना काम है, किसी-न-किसी प्रकार मेगज़ीन के अफ़सर तक पहुँचो, और इसकी गोप्य लिखा-पढ़ी प्राप्त करो; क्योंकि हमें ज्ञात हुआ है कि अँगरेज़ों ने भारतवासियों का धर्म भ्रष्ट करने का विचार किया है। सुअर और गाय की चर्बी से कारतूस चिकने किए हैं, जिससे सब सैनिक उन्हें दाँत से काटें, तो हिंदू-मुसलमान, दोनों का ईमान जाता रहे। यदि यह बात ठीक है, तो मेगज़ीन के अफ़सर के पास इस विषय की लिखा-पढ़ी अवश्य होगी। हम केवल प्रमाण चाहते हैं, जिससे हमारा वह कार्य, जिसे हम करें, प्रभु की दृष्टि में औचित्य-पूर्ण हो। ये चारों आदमी हिंदू और एक सेना के कर्मचारी हैं। मुझे एक दूसरी सेना के मुसलमान कर्मचारियों ने इस कार्य के लिए नियत किया है।"

यूसुफ़ ने कहा–"एक घरेलू कारण से मैं चचा के घर नहीं जाता। फिर इस

दशा में मेगज़ीन तक मेरी पहुँच कैसे होगी ?''

मौलवी साहब मुस्कराकर बोले—''हाँ, मुझे ज्ञात है, तुम्हारी मँगनी तुम्हारे चचा की लड़की से हुई है, और इसी कारण तुम उनके घर नहीं जाते। पर इस कार्य के लिए घर जाने की आवश्यकता नहीं। तुम चचा से मेल-जोल करके उनके साथ मेगज़ीन जाना शुरू कर दो, और येन-केन-प्रकारेण उस लिखा-पढ़ी को हथिया लो।''

यूसुफ़ ने कहा—''यदि ऐसा किया भी जाए, तो मेगज़ीन की गोप्य लिखा-पढ़ी और काग़ज़ों तक पहुँचना कठिन है। गोरे लोग काग़ज़ों को बाहर थोड़े ही डाले रखते हैं।''

मौलवी साहब बोले—''तुम अभी से अगर-मगर न करो। जाओ तो सही। परमात्मा सहायता देगा, और हम भी तुम्हें ढंग बताते रहेंगे।''

यूसुफ़ 'बहुत अच्छा' कहकर घर चला आया, और अपना प्रण पूरा करने के लिए उपाय सोचने लगा।

मेग़ज़ीन का दरबान

रहीमबख़्श नामक व्यक्ति मेगज़ीन का एक दरबान था। वह मेगज़ीन के अफ़सर के घरेलू काम-काज भी बहुत किया करता था। यूसुफ़ जब अपने चाचा के साथ मेगज़ीन में आने-जाने लगा, तो तीसरे दिन रहीमबख़्श ने चुपके से उसे अलग बुलाया, और कहा—''तुम जिसकी खोज में हो, उसमें मेरी सहायता बड़ी आवश्यक है। मौलवी साहब ने मुझसे भी शपथ ली है। परंतु मैं स्वयं कुछ नहीं कर सकता; क्योंकि साहब को मुझ पर संदेह हो गया है। मैं तुम्हें यह बता सकता हूँ कि तोपोंवाले कोठे के बराबर जो कमरा है, उसमें साहब के बक्स रखे हैं, और काग़ज़ उसी में रहते हैं। परसों साहब ने तोपें साफ करने की आज्ञा दी है। तुम्हारे चचा कारीगर लेकर आवेंगे। तुम भी आना, और पीछे के द्वार का ताला किसी प्रकार खोलकर कमरे में घुस जाना।''

यूसुफ़ यह सुनकर बहुत प्रसन्न हुआ, क्योंकि उसे अपने धर्म की सेवा के लिए मार्ग मिल गया। दूसरे दिन वह अपने चचा के साथ आया, और भयंकर तोपों की काई साफ़ करने लगा। उसी दशा में उसने कमरे का द्वार देखा, जिसमें एक भारी ताला पड़ा हुआ था। दोपहर को सब कारीगर खाना खाने के लिए मेगज़ीन से बाहर गए, परंतु यूसुफ़ वहीं ठहरा रहा।

पहरे पर एक हिंदू संतरी उपस्थित था। रहीमबख़्श दरबान ने अवसर पाकर संतरी से कहा—''तेरे घर से अभी आदमी आया था, और कहता था, तेरी स्त्री कोठे से गिर पड़ी है। तू जल्दी वहाँ जा। मैं यहाँ हूँ। तेरे बदले के सिपाही को अभी बुला लूँगा।''

संतरी यह सुनकर शीघ्र ही चला गया। यूसुफ़ ने फुर्ती से कारीगरों के सफ़ाई के हथियारों से ताला खोल लिया, और कमरे में जाकर संदूक़ खोलना चाहा। परंतु उसमें भी ताला पड़ा हुआ था। उसे बहुतेरा खोला, पर वह न खुला। अंत में उसने ताला तोड़ दिया, और संदूक़ खोला; पर उसमें कुछ भी न था। यूसुफ़ ने जल्दी में ताला तोड़कर दूसरा संदूक़ खोला। उसमें इतने काग़ज़ थे कि अकेले यूसुफ़ से न चल सकते थे। यूसुफ़ कुछ देर तक सोचता रहा। अंत में उसने सोच-विचारकर लिफ़ाफ़ों को ले लिया, उन्हें रुमाल में बाँधकर बाहर आया, और फिर ताले लगा दिए।

जब कारीगर काम पर आ गए, तो यूसुफ़ मेगज़ीन से निकलकर सीधा मालीबाड़े गया, और मौलवी साहब को वे सब काग़ज़ दे दिए। मौलवी साहब ने शीघ्र एक ऐसे व्यक्ति को बुलाया, जो अँगरेज़ी पढ़ा हुआ था। उसने उन काग़ज़ों को पढ़ा, तो उनमें कारतूसों के विषय में कुछ न निकला। केवल एक लिफ़ाफ़े में जो मेरठ से आया था, यह अवश्य लिखा निकला कि नए कारतूसों के विषय में दिल्ली के सैनिकों में क्या चर्चा है ? मौलवी साहब ने कहा—"बस, ज्ञात हो गया। दाल में कुछ काला अवश्य है, तभी तो पूछा गया है।"

यूसुफ़ से कहा—"मियाँ, अभी तुम बच्चे हो। कूटनीति नहीं समझते।" यह कहकर उन्होंने शीघ्र ही यात्रा की तैयारी की, और यूसुफ़ की प्रशंसा करते हुए दिल्ली से कहीं चले गए।

ग़दर प्रारंभ हो गया

होते-होते 11 मई आ गई, और मेरठ की विद्रोही सेना ने दिल्ली में आकर ग़दर मचा दिया। अँगरेज़ों की हत्या हो रही थी। कोठियों और बँगलों में आग लग रही थी। चारों ओर कोलाहल और लूट-मार का साम्राज्य था। यूसुफ़ भी अपने घर से निकलकर क़िले के नीचे आया, तो वहाँ उसने एक सवार को पहचाना, जो उन्हीं चार आदमियों में से था, जो मालीबाड़े में मिले थे। सवार ने कहा—"आओ यूसुफ़, तुमसे एक काम है। हम मेगज़ीन पर अधिकार करना चाहते हैं। चलो, हमारे साथ चलो, और सैर करो।"

यूसुफ़ ने कहा—"मैं वहाँ जाकर क्या करूँगा ! मैं सिपाही नहीं हूँ, और न मेरे पास हथियार ही हैं।"

परंतु सवार ने उसे चलने को बाध्य किया, और कहा—"वहाँ लड़ाई न होगी। अँगरेज़ सब मार दिए गए, या भाग गए हैं, और देसी सेना सब हमारे साथ हो गई है।"

यूसुफ़ यह सुनकर सवार के साथ कश्मीरी दरवाज़े तक गया। जब वे मेगज़ीन

पर पहुँचे, तो उसका दरवाज़ा बंद था, और विद्रोही सेना उसे घेरे हुए खड़ी थी।

थोड़ी देर में दरवाज़े की खिड़की से उसी रहीमबख़्श दरबान ने झाँका और कहा—"क़िले से सीढ़ी ले आओ, और ऊपर चढ़कर भीतर आओ। यहाँ केवल दो-चार गोरे हैं।"

यूसुफ़ ने रहीमबख़्श के पास जाकर कहा—"कमरेवाली बात तो अभी प्रकट नहीं हुई।"

रहीमबख़्श ने कहा—"मूर्ख शराबियों को अभी कुछ भी ज्ञात नहीं हुआ।"

सिपाही सीढ़ी लेने चले गए, और यूसुफ़ अपने घर लौट आया। थोड़ी देर में एक भयंकर धमाका हुआ, जिससे शहर का कोना-कोना कंपित हो गया। ऐसा प्रतीत हुआ, मानो पृथ्वी फट गई, और सब उसमें धँस गए। वह शब्द मेगज़ीन उड़ने का था। दिल्ली में गोले और गोलियों की वह वृष्टि रही कि हज़ारों आदमी मरे, और हज़ारों ही घायल हुए। घंटों धुआँ छाया रहा, और घायलों का आर्तनाद सुनाई पड़ता था।

दिल्ली विजय हो गई

अँगरेज़ों ने आपत्ति के कुछ दिन काटकर दुबारा प्रभुत्व प्राप्त किया। जिस समय दिल्ली पर गोलाबारी हो रही थी, और शहर के सब निवासी भाग रहे थे, उस समय यूसुफ़ के चचा ने यूसुफ़ के बाप से कहा—"लक्षण बुरे हैं। अच्छा हो, यूसुफ़ का विवाह कर दिया जाए, जिससे जिस समय हम दिल्ली से निकलें, तो पर्दे का झंझट न रहे।"

यूसुफ़ के बाप ने इस बात को मान लिया, और यूसुफ़ का विवाह हो गया। विवाह होते ही समाचार मिला कि अँगरेज़ी सेना दिल्ली में घुस आई, और बादशाह क़िले से निकलकर हुमायूँ के मक़बरे में चले गए। यूसुफ़ के माता-पिता और अन्य कुटुंबी भी रथों में बैठकर भागे, और सीधे कुतुब आए। यूसुफ़ ने उस वक़्त तक दुलहिन का मुख न देखा था। कुतुब में जहाँ वे ठहरे, वह स्थान बहुत ही बुरा था, और सब लोगों के लिए अपर्याप्त था। रीति के अनुसार उस आपत्ति-काल में भी दुलहिन ने लज्जा के कारण अपना सिर ऊपर तक न किया। आधी रात के समय जब ये लोग सो रहे थे, अँगरेज़ी सैनिकों ने इन्हें घेर लिया, और यूसुफ़ की खोज करने लगे। जब सब लोग जागे, सैनिकों ने पुरुषों को गिरफ़्तार कर लिया, और नाम पूछकर यूसुफ़, उसके बाप और उसके चचा को साथ ले गए, और शेष आदमियों को छोड़ दिया।

जिस समय यूसुफ़ पृथक् होने लगा, तो उसकी माँ विह्वल हो गई, और रो-रोकर उसने कहा—"यह मेरी बीस वर्ष की कमाई है। यह मेरा इकलौता पुत्र है। इसके बिना मैं जीवित नहीं रह सकती। कल इसका विवाह हुआ है। इसने

तो अभी अपनी दुलहिन को देखा तक नहीं। तुम इसे कहाँ लिये जाते हो, और क्यों लिये जाते हो ?"

एक सवार ने उत्तर दिया—"यह बड़ा बाग़ी अभियुक्त है। इसे फाँसी दी जाएगी। तुम इससे अंतिम बार मिल लो। लौटकर तुम्हारे पास यह अब न आवेगा।"

यह सुनकर यूसुफ़ की माँ ने एक चीख़ मारी, और बेहोश होकर गिर पड़ी। यूसुफ़ की नवविवाहिता वधू अभी तक घूँघट निकाले लज्जा के मारे बैठी थी। परंतु सवार की बात सुनकर उसने घूंघट उठा दिया, और दोनों हाथ मलती हुई खड़ी हो गई। उसकी आँखों से आँसू बह रहे थे। उसके काँपते हुए सुंदर ओठों से दुःख टपक रहा था। उसने मुँह से तो कुछ न कहा, केवल करुणा की दृष्टि से यूसुफ़ को देखा, और टकटकी बाँधकर बराबर देखती रही। यूसुफ़ पुरुष था। परंतु वह भी उस दृश्य को देखकर बेसुध हो गया, और निराशा की दृष्टि से अपनी दुलहिन को देखने लगा। वह भी चुप था। दुलहिन भी चुप थी। दुलहिन की आँखों का सुरमा आँसुओं के साथ बह-बहकर गुलाबी कपोलों पर धब्बा लगाता था, और यूसुफ़ का मुख भी निराशा के कारण पीला पड़ गया था।

यूसुफ़, उसके चचा और बाप के हाथ रस्सी से बाँध दिए गए, और सवार उन्हें लेकर चलने लगे, तो यूसुफ़ की दुलहिन ने बहुत धीरे स्वर से कहा—"जाओ, मैं महर को क्षमा करती हूँ।"

फाँसी का समय

जाँच करने से ज्ञात हुआ कि यूसुफ़ और उसका चचा मेगज़ीन-षड्यंत्र के दोषी हैं, और यूसुफ़ का पिता निर्दोष। इसलिए वह तो मुक्त कर दिया गया, और शेष दोनों को फाँसी की आज्ञा हुई।

जेलख़ाने में, जहाँ ये सब अभियुक्त बंद थे, यूसुफ़ ने उन मौलवी साहब को भी देखा, जो मालीबाड़े में मिले थे। उन्होंने यूसुफ़ को धैर्य बँधाया, और कहा—"उन चार सवारों में से एक ने हम सबकी मुख़बिरी की है।"

यूसुफ़ ने कहा—"आप कहाँ चले गए थे ?"

उन्होंने कहा—"मैं मेरठ जाकर फिर दिल्ली आ गया था। मुख़बिर ने सब बातें अफ़सर को बता दीं। रहीमबख़्श दरबान तो मेगज़ीन के साथ उड़ गया, और मैं यहीं पकड़ा गया !"

यूसुफ़ के चचा ने अपनी कष्ट-कथा और अपनी लड़की के विवाह का समाचार मौलवी साहब से कहा, तो वह बोले—"निस्संदेह बड़े दुःख की बात है। पर हमने धर्म की दृष्टि से सब कुछ किया था; क्योंकि हमें विश्वास हो गया था कि अँगरेज़ हमको क्रस्टान बनाना चाहते हैं। अब ज्ञात हुआ कि इस विषय में

जनश्रुतियाँ उड़ाई गई थीं। पर हमारी नियत अच्छी थी, और हमने स्वधर्म-प्रेम में यह सब कुछ किया था। इसलिए परमात्मा हमें क्षमा करेगा, और हम शहीदों की मौत मरेंगे।"

यूसुफ़ ने कहा–"आप तो काग़ज़ देखकर कहते थे कि इसमें गोरों की कूटनीति है, और अब आप उनको निर्दोष बताते हैं।"

मौलवी साहब ने कहा–"उस समय मेरी यही धारणा थी। परंतु मेरठ जाकर जब काग़ज़ और अन्य समाचारों पर विचार किया, तो मैंने सैनिक अफ़सरों से कह दिया था कि अँगरेज़ों की कुचेष्टा का कोई प्रमाण नहीं। पर वे न माने, और उत्पात कर दिया।"

प्रातःकाल सब लोग फाँसीघर के सामने लाए गए। पहले मौलवी साहब को लटकाया गया, और उन्होंने उच्च स्वर से कहा–"ख़बरदार ! कोई आदमी साहस न छोड़े। हम सब भूल के शिकार हैं। परमात्मा हमको क्षमा करेगा।"

बस, शीघ्र ही तख़्ता खिंचा, और मौलवी साहब के साहस के शब्दों के अतिरिक्त और कुछ न रहा। उनके पश्चात् यूसुफ़ और उसके चचा को फाँसी हो गई।

राजकुमार का झाड़ू देना

संसार-चक्र बड़ा विचित्र है। आज जो सम्राट् है, कल न जाने उस पर क्या बीते। आज जो हाथी पर घूमने जाते हैं, कल न जाने उनकी क्या गति हो। ऐतिहासिक घटनाएँ और समय सम्राटों के मुकुट को धूल में मिला देता है। सन् 1914 ई. में जर्मनी ने युद्ध-भेरी के नाद से दिग्विजय की घोषणा की थी; पर सन् 1918 ई. में वही जर्मनी पंगु हो गया, और उसके पर काट दिए गए। रूस के ज़ार का संपूर्ण घराना—दुधपिए बच्चे तक—एक पेड़ से बाँधकर मार डाला गया। ज़ार के शताब्दियों के अत्याचार का वह प्रायश्चित हो सकता है। मुग़ल-वंश की विभूति, अक़बर के ऐक्य-सिद्धांत, शाहजहाँ की कीर्ति और मुग़लों की तलवार, कारण और फल के अटल सिद्धांत के कारण, विलीयमान हो गई। जो राष्ट्र उद्देश्य और उपाय का विचार नहीं करते, जो विलासिता, संकीर्णता और प्रजावर्ग पर के अत्याचार के दलदल में फँस जाते हैं, संसार में उनका नाम तक नहीं रहता।

सन् 1917 ई. की बात है, ख़्वाजा हसन निज़ामी अपने प्रिय मित्र मुल्ला मुहम्मद वाहिदी संपादक 'ख़तीब' के पास बैठे थे। सामने ही एक फ़र्राश झाड़ू लगा रहा था, और फूलों के गमलों को भी साफ़ करके बड़े ढंग से रख रहा था। इतने ही में वाहिदी साहब ने कहा—"महमूद फ़र्राश !" "हाज़िर हुआ।" कहकर वह दौड़ा हुआ आया, हाथ बाँधकर सामने खड़ा हो गया, और आज्ञा पाकर शीघ्र बाहर चला गया। उसकी फुर्ती, शिष्टाचार और सभ्यता ने ख़्वाजा साहब के ध्यान को बड़ा ही आकर्षित किया। वह मन-ही-मन कहने लगे कि ऐसे सौम्य और सभ्य नौकर बहुत ही कम होते होंगे। वाहिदी साहब से पूछने पर ज्ञात हुआ कि महमूद फ़र्राश मुग़ल-वंशीय राजकुमार हैं, और दिल्ली के सम्राटों का बड़ा ही निकट संबंधी है।

फ़र्राश मिर्ज़ा महमूद के पुरखों पर—बाबर और हुमायूँ पर—बड़े कड़े समय पड़े थे। पर उनकी आशा का तार न टूटा था। वे अपने घोर संकट-काल में, जब वे दो-दो दानों को तरसे, विचार करते थे कि एक-न-एक दिन वे सम्राट् अवश्य होंगे। पर बेचारे मिर्ज़ा महमूद फ़र्राश को वह ख़याल और आशा स्वप्न में भी नहीं

हो सकती और न प्रलय-काल तक वह अपने भाग्योदय का ही स्वप्न देख सकता है। आज दिन ज़ार के निकटतम संबंधी, वे राजकुमारियाँ, जो नाज़-नख़रों में पली थीं, जो अपने श्रृंगार पर करोड़ों रुपए व्यय करती थीं, आज वे ही कोमलांगी दो-दो टुकड़ों के लिए भटकती हैं, और पापी पेट की ख़ातिर होटलों और नाटकों की परिचारिकाएँ बनी हुई हैं। ये घटनाएँ बड़ी ही उपदेशप्रद हैं।

मिर्ज़ा महमूद फ़र्राश का पुराना घर 'ख़तीब' कार्यालय से सौ क़दम की दूरी पर, लाल क़िले में था, जहाँ रत्न-जटित स्नानागार और टट्टियाँ थीं, जहाँ दास-दासी करबद्ध खड़े रहते थे। इसी मिर्ज़ा महमूद फ़र्राश के पुरखे भारत-सम्राट् थे, जिनके सम्मुख बड़े-बड़े राजा और नवाब हाथ बाँधे खड़े रहते थे। राजकुमार मिर्ज़ा महमूद आजकल ऐसे घर में रहता है, जहाँ इसके बड़ों का एक कमीन-से-कमीन दास भी रहना पसंद न करता। न पक्की दीवार है न पक्की छत, और न पक्का आँगन ही। कच्ची मिट्टी की दीवारें हैं। गंदा कमरा है। दीवारों में दरारें हैं, जहाँ रात को चूहे कबड्डी खेलते हैं, जहाँ बरसात में टपके के कारण एक गज़ जगह भी सुरक्षित नहीं।

राजकुमार महमूद को आज वह खाना मिलता है, जो उसके पुरखों के नौकरों ने कभी आँख से नहीं देखा था। वह सूखे टिक्कड़ चटनी से खा लेता है। वह उबाली दाल से पेट भर लेता है। और उसके न मिलने पर अपने बच्चों को धैर्य बँधाकर, भूखा पड़कर सो जाता है।

राजकुमार महमूद के पास राजसी वस्त्र नहीं है। उसके और उसके बच्चों के कपड़े फटे हैं। शीतकाल में वे फटी हुई गुदड़ियों और कंबलों के चिथड़ों में रात काटते हैं। आज गवर्नमेंट हाउस में भारत के शासक आग की अँगीठियों के समीप कुर्सियों पर लेटे बातें कर रहे हैं। ठीक आज ही के दिन राजकुमार महमूद और उसकी भाँति अन्य राजकुमार टूटे-फूटे घरों में गीली और ठंडी धूल पर बोरियाँ बिछाए, फटी हुई रज़ाइयाँ ओढ़े और भूखे-प्यासे पड़े एड़ियाँ रगड़ते हैं।

इस बात को बहुत दिन नहीं हुए। केवल साठ वर्ष बीते हैं कि इसी दिल्ली में लाल क़िला आबाद था, और उसमें राजकुमार महमूद के पुरखे शाल-दुशाले ओढ़े, सोने-चाँदी की मसहरियों में पाँव फैलाए आनंद से सोते थे, और उन्हें इस बात का गुमान भी न था कि उनकी संतान एक दिन निर्धन और भिखमंगी हो जाएगी।

यदि राजकुमार महमूद के बच्चे अपने बड़ों का स्मरण करके अपने पिता से दुशाले मँगवाने और सुनहरी मसहरियों में सोने को कहें, तो बेचारा राजकुमार महमूद इसके अतिरिक्त कि आँखों में आँसू भर लावे, और आकाश को देखकर कलेजा मसोस ले, और क्या उत्तर दे सकेगा ?

भारतवासियों को ज्ञात है कि लाल क़िले के राजकुमार बड़े ही ऋतु-पूजक थे। शीतकाल, गर्मी और बरसात में ख़ूब आनंद किया करते थे। प्रत्येक ऋतु में

आनंद-प्रमोद की सामग्री रहती थी। दीन-हीन और निराश्रित लोगों को हज़ारों रुपए ख़ैरात में बाँटे जाते थे। पर आज राजकुमार महमूद के बच्चे दो टुकड़ों और कपड़ों को तरसते हैं। वे इस बात को पूर्णतया भूल गए हैं कि वे राजकुमार हैं। वे आज अपने को एक फ़र्राश के लड़के समझते हैं, जो दस रुपए मासिक का नौकर है, जो प्रातःकाल अँधेरे ही में नौकरी पर जाता और रात्रि को अँधेरे में ही लौटता है। तीज-त्योहार पर राजकुमार महमूद के बच्चे एक पुराने कपड़े-लत्ते के लिए तरसते हैं।

रात इन्फ़्ल्युएंजा-ज्वर-काल में जब उन बच्चों का कमाऊ पिता ज्वर में पड़ा हुआ हाय-हाय करता था, उसके भोले और छोटे बच्चों ने कई दिन बिना खाए-पिए बिता दिए। छोटे बच्चों ने जब रोटी के लिए हठ किया, तो बड़ी बहन ने उनको हृदय से लगा लिया, और कहा–"अब्बा अच्छे हो जाएँगे, तो आटा लावेंगे। अम्माँ रोटी पकावेंगी। हम-तुम मिलकर खाएँगे।"

बच्चे कहते–"अब्बा कब अच्छे होंगे ? हमें तो बहुत भूख लगी है।"

बहन कहती–"अब अच्छे हो जाएँगे, और बाज़ार जाएँगे।"

बच्चे रोकर अपनी माँ के पास जाते, और कहते–"अम्माँ, रोटी दो।"

माँ अपने नन्हें बच्चों को प्यार करती और करुणा-पूर्ण शब्दों में कहती–"बेटो ! रोटी कहाँ से लाऊँ ? परमात्मा कमानेवाले को बचावे। अभी तो उसी के लाले पड़े हैं। बच्चो ! हम दीन हैं। हमारे पास न दवा है, न रोटी है, और न कपड़ा। परमात्मा भला करे हकीम अजमलख़ाँ का, जिन्होंने औषधि और भोजन का प्रबंध किया। भोजन का भी प्रबंध हो सकता था, पर हम मुग़ल-वंश के हैं, दान-पुण्य की वस्तु कैसे ले सकते हैं ? यही बहुत है कि दान की औषधि ही ले ली। देखो बेटा ! तुम भारत-सम्राट् की संतान हो, और सम्राटों की संतान भीख नहीं माँगा करती। तुम बड़े होकर कभी भीख न माँगना, और अपने अब्बा की भाँति परिश्रम करना।"

बच्चों ने रोकर कहा–"अच्छा अम्माँ, नहीं माँगेंगे। परंतु तुम तो रोटी दो।"

माँ ने अश्रुपूरित नेत्रों से अपने बच्चों को छाती से लगाया, और बड़ी कठिनाई से बहलाया। थोड़े दिनों बाद राजकुमार महमूद अच्छा हो गया, और एक काम पर लग गया। अपनी नौकरी से वह अपने पेट भरने के लिए यथेष्ट कमा लेता है।

राजकुमार महमूद की जीवनी संसार के शासकों और धन से मदांध लोगों के लिए एक ज्वलंत उपदेश और उदाहरण है। वह उत्थान और शान के घमंड को मन से इस प्रकार निकाल देती है, जैसे धूप से सील और खटाई से नशा, और यही इस राजकुमार की कहानी से उपदेश मिलता है।

ग़दर की सैयदानी

10 मई, सन् 1857 ई. की बात है। सैयद वंश के एक महाशय नूरुलहदी ने प्रातःकाल अपनी स्त्री नक़िया और लड़की ज़किया से गत रात्रि का अपना स्वप्न कहा—"मैंने आकाश-प्रवाहित एक प्रलयकारी अग्नि-कांड देखा, जिससे पशु और मनुष्य जल-जलकर मर रहे हैं। मैंने इसका यह फल निकाला है कि देश में भयंकर मार-काट होनेवाली है।"

ज़किया ने कहा—"आपने मार-काट का तात्पर्य कैसे निकाला ? दुर्भिक्ष, महामारी और अन्य आपत्तियाँ भी तो इस स्वप्न पर घटती हैं।"

सैयद नूरुलहदी—"मुझे जो कुछ ज्ञात है, वह तुम नहीं जानतीं। मैं आज की तारीख़ से पूरे सौ वर्ष तक के समाचार जानता हूँ। मैं अपनी दिव्य दृष्टि से अपना शहीद होना, तेरी (स्त्री की) आपत्तियाँ और ज़किया, तेरी कष्ट-कहानी स्पष्ट देख रहा हूँ।"

ज़किया यह सुनकर भयभीत हो गई। पर शिक्षिता होने के कारण वह चुप होकर बोली—"जब आपको आनेवाली विपत्तियाँ ज्ञात ही हैं, तो आप उनके निवारण के लिए प्रार्थना क्यों नहीं करते ?"

सैयद नूरुलहदी—"इसलिए नहीं करता कि मैं जानता हूँ, भवितव्यता अमिट है। भावी प्रबल है। 'अवश्यमेव भोक्तव्यं कृतं कर्म शुभाशुभम्।' ऐ ज़किया, हमको अपने बड़ों की भाँति आनेवाली आपदाओं को भुगतना चाहिए। मैं ज़ोर देकर कहता हूँ कि एक वर्ष में ख़ून, दूसरे में मुकुट का नष्ट-भ्रष्ट होना, तीसरे वर्ष ठोकरें और चौथे वर्ष भूकंप और महामारी होगी।"

उपर्युक्त शब्द कहते-कहते सैयद साहब रोने लगे, और फिर चुपचाप घर से उठ गए। ज़किया और उसकी माँ उस दृश्य वर्णन से भयभीत हो गईं।

ग़दर

अंत में सन् 1857 ई. का विख्यात ग़दर प्रारंभ हो गया। मेरठ की सेना बाग़ी होकर दिल्ली में आई, और उसने वर्णनातीत उत्पात मचाया। ज़किया और उसके पिता

ग़दर के दिनों में घर से बाहर नहीं निकले। थोड़े दिनों पश्चात् अँगरेज़ों ने दिल्ली को फिर जीत लिया। विद्रोही सेना भाग गई, बहादुरशाह क़िला छोड़कर चले गए, और गिरफ़्तार कर लिये गए।

शहर की लूट और पकड़-धकड़ के काल में भी सैयद साहब घर से बाहर न निकले। अंत में एक सैनिक-दस्ता उनके घर में घुस गया, और सैयद साहब को गिरफ्तार कर लिया गया। दस्ते का अफ़सर अँगरेज़ था। सामान लूट लिया, और गोरे ने कहा–"तुम्हीं सैयद नूरुलहदी हो, और तुम्हीं ने सेना के अमुक सरदार को पत्र लिखे थे कि अँगरेज़ों की हत्या होनी चाहिए ?"

सैयद साहब ने कहा–"हाँ मैं वही नूरुलहदी हूँ।"

अफ़सर ने आश्चर्यान्वित होकर कहा–"तुम अपना दोष स्वीकार करते हो ?"

सैयद साहब ने कहा–"मैं अपने लेख को स्वीकार करता हूँ। दोष को नहीं।"

गोरा अफ़सर बोला–"क्या तुम इसको दोष नहीं समझते कि गँवारों को एक झूठी बात लिखकर सार्वजनिक हत्या के लिए उकसाया जाए ?"

सैयद साहब ने उसका कुछ उत्तर न दिया, और आकाश की ओर देखकर हँसने लगे। उन्हें हँसता देखकर अँगरेज़ अफ़सर क्रोध में आपे से बाहर हो गया, और उसने एक संगीन उनके होठों पर मारी, जिससे उनका जबड़ा कट गया, और ख़ून दाढ़ी पर बहने लगा। ज़किया यह देखकर चीख़ी। सैयद ने घायल होकर भी तनिक भी घबराहट नहीं प्रकट की। फिर आकाश की ओर देखा, और ख़ून अपने मुख और छाती पर मलने लगे। यह देखकर अफ़सर ने संकेत किया, और एक सैनिक ने तलवार का एक ऐसा हाथ मारा कि सैयद साहब दो टुकड़े होकर गिर पड़े।

तदुपरांत दस्ता बाहर चला गया, और स्त्रियों से कुछ न कहा। ज़किया और नक़िया बड़ी घबराई हुई थीं। इसके पश्चात् वे शहीद के गाड़ने का प्रबंध करने लगीं। पर दिल्ली में उस समय ऐसा कोई न था, जो उनकी सहायता करता। अंत में उन्होंने स्वयं आँगन खोदकर शव को गाड़ दिया। घर का सब सामान लुट गया था। पर आटा, दाल और लकड़ी थीं। कुछ दिन तो उन्होंने उससे काटे, और उसकी समाप्ति पर उनको अपने भोजन की चिंता हुई।

शहर में शांति-घोषणा हो चुकी थी, और भागे आदमी लौटकर बस रहे थे। ज़किया ने अपनी माँ से परामर्श करके दिल्ली के अफ़सर के नाम एक पत्र लिखवाने की ठहराई, जिससे कुछ सहायता मिल सके। नक़िया ने कहा–"पत्र तो लिख लोगी, पर उसे पहुँचावेगा कौन ?"

ज़क़िया ने कहा–"पड़ोस में जो आमिल साहब रहते हैं, सुना है, वह ग़दर में नहीं भागे, और सरकार के बड़े हितैषी हैं। तुम उनके पास जाकर यह पत्र किसी प्रकार पहुँचा दो।"

नक़िया ने इस बात को माना, और पत्र लेकर आमिल साहब के पास गई। आमिल युवा था, और घर की स्थिति से रईस प्रतीत होता था।

नक़िया ने बुर्क़े के भीतर से आमिल को अपनी दशा सुनाई। आमिल ने बड़ी सहानुभूति से कहा–"दिल्ली के अँगरेज़ अफ़सर से सहायता की आशा न करो। सैयद साहब का नाम बड़े बाग़ियों में लिखा हुआ है, और वास्तविक बात यह है कि उन्होंने सेना को भड़काने में बहुत भाग लिया। यदि तुम स्वीकार करो, तो मैं स्वयं ही तुम्हारी सहायता करूँ।"

नक़िया ने कहा–"हम दान किसी से नहीं लेते। तुम्हारा कुछ काम हो, तो उसके बदले में जो दोगे, वह ले लेंगे।"

आमिल ने कहा–"हाँ, अपनी लड़की से कहो कि वह मेरी पुस्तकों की एक सूची बना दे, और सड़ी-गली पुस्तकों को छाँटकर एक ओर कर दे। इसके बदले में तुमको दोनों समय पका-पकाया खाना और ऊपर का सब व्यय दिया करूँगा।"

नक़िया ने घर आकर सब बात ज़किया से कही, और उसने उस नौकरी को स्वीकार कर लिया। आमिल ने एक कमरा बता दिया, जहाँ किताबें थीं। ज़किया और नक़िया प्रातःकाल से सायंकाल तक वहाँ काम करने लगीं।

रद्दी में एक पत्र

ज़किया काग़ज़ों को ठीक कर रही थी कि उसे एक पत्र रद्दी में मिला, जो इस प्रकार था–

आमिल साहब, ताबीज़ पहुँच गया। परामर्श के अनुसार हम कार्य करने को उद्यत हैं। धूनी पंजाब से आ गई है। श्रीमान् सैयद नूरुलहदी के विषय में जो कुछ आपने लिखा है, ज्ञात हुआ। हम शीघ्र ही उनकी पूजा के लिए आवेंगे, और उनकी करामात के अनुसार उनको भेंट देंगे। हमको ऊपरी कष्ट बहुत है। क्या आप उसके उतार का कोई उपाय बता सकते हैं ? पहले आपने कश्मीर के आमिल का पता बताया था। अब हम सबकी इच्छा कश्मीर की हो गई है।

भवदीय

विश्वासपात्र

न.न.

ज़किया इस पत्र को पढ़कर दंग रह गई, और उसने बड़े विचार के पश्चात् समझा कि यह पत्र जनरल निकलसन का है, जो दिल्ली-आक्रमण के समय पहाड़ी पर था। ताबीज़ से अभिप्राय ख़ुफ़िया समाचार है, जो आमिल ने भेजा होगा। पंजाब की धूनी से तात्पर्य सेना और तोपख़ाना है, जो शब्द ताबीज़ के कारण उस अर्थ में प्रयोग किया गया है। ऊपरी कष्ट का तात्पर्य पहाड़ी के मोर्चों के कष्ट से है,

और उतार से यह अभिप्राय है कि दिल्ली में प्रवेश करने का उपाय बताइए। कश्मीर के आमिल से तात्पर्य कश्मीरी दरवाज़े से है, जहाँ से दिल्ली की दुबारा विजय के समय आक्रमण हुआ। सैयद नूरुलहदी की भेंट से मतलब उनके वध करने के निश्चय से है। ज़किया समझ गई कि न. न. का तात्पर्य निकलसन है, और उसके बाप की मुख़बिरी आमिल ने की थी। यह विचार आते ही ज़किया की आँखों के सम्मुख अँधेरा छा गया, और उसने आमिल से अपने पिता का बदला लेने का निश्चय किया।

बस दूसरे दिन रात को वह छुरी लेकर आमिल के घर गई। परंतु वहाँ पहुँचकर उसने आमिल को शयन-स्थान में न पाया, और इस प्रकार नैराश्य में डूबी हुई ज़किया घर लौट आई। घर आकर उसने देखा, उसकी माँ की लाश ख़ून में लथ-पथ पड़ी है, और उसके सिरहाने एक पत्र रक्खा है, जिसमें लिखा है—ज़किया ! तेरे विचार का बदला और तेरी प्यारी का अंत। तेरी माँ, जिसने तुझे मुझ तक पहुँचाया, मार डाली गई। आज तूने मेरे मारने का विचार किया, तो मैंने उसका वध किया। अब पत्र पढ़ चुक। तू दिल्ली से बाहर जानेवाली है।

अंतिम वाक्य पढ़कर ज़किया माँ का शोक भूल गई, और चाहती थी कि शोर मचावे, और मुहल्लेवालों को सहायता के लिए पुकारे कि किसी ने दौड़कर उसका मुँह बंद कर दिया।

अंबाला

ज़किया का मुँह बंद किया गया। आँखें बंद की गईं। यहाँ तक कि वह अचेत हो गई। जब उसे चेत आया, तो उसने अपने को एक अपरिचित घर में पाया। आमिल सामने बैठा हुआ था। ज़किया को सचेत पाकर उसने कहा—"तुम अंबाले में हो। मैं अँगरेज़ों की शरण में आ गया हूँ। अब तुमको अपने बाप का बदला लेने का साहस नहीं हो सकता।"

ज़किया ने कहा—"तनिक लज्जा करो। मैं पर-पुरुष को अपने सम्मुख नहीं देख सकती। तुम मेरे सामने से हट जाओ।"

आमिल ने कहा—"अभी विवाह हो जाएगा, और पर्दा उठ जाएगा।"

ज़किया ने अपने मुँह को हाथों से छिपा लिया, और अपने अंत और विवशता पर विचार करने लगी।

ख़ून

ज़किया ने अपने मुँह पर हाथ रक्खे ही थे कि आकस्मिक घोर आहट का शब्द हुआ, और किसी ने गाली देकर आमिल के सिर पर कुछ मारा। ज़किया ने मुँह

खोल दिया और देखा कि आमिल के नौकर ने लठ मारकर आमिल को मार डाला है, और उससे कह रहा है–"जल्दी भागो। मैं तुमको बचाने आया हूँ।"

ज़किया उसके साथ उठकर भागी। बाहर एक रथ खड़ा था। उसमें सवार होकर ख़ूनी नौकर के साथ वह चली गई।

करनाल

नौकर ज़किया को लेकर करनाल आया, जहाँ उसका घर था। ज़किया को अपनी माँ के पास उतारा, और बोला–"बहन, तुम सैयदानी हो। उस क्रूर आमिल की नौकरी में मैंने सब बात सुनी, और उसके बुरे विचार को जानकर मैंने उसे मारना धर्म समझा। अब आशीर्वाद दो कि पकड़ा न जाऊँ।"

ये बातें हो ही रही थीं कि बाहर पुलिस ने उसे बुलाया। नौकर ने कहा–"लो, मृत्यु आ गई। अम्माँ, परमात्मा ही स्वामी है। इस स्त्री की रक्षा करना। मैं भागता हूँ। बचा, तो कभी आऊँगा, नहीं तो यह अंतिम प्रणाम है।"

यह कहकर वह दूसरे दरवाज़े से निकलकर भाग गया। पुलिस ने तीन-चार बार और बुलाया। कोई उत्तर न पाकर पुलिसवाले भीतर घुस आए, और जब उनको उसके दूसरे द्वार से जाने का समाचार मिला, तो वे भी उसी मार्ग से निकल गए। पुलिस ने नौकर को बहुत कुछ ढूँढ़ा, पर उसका कोई पता न चला। अंत में सरकार ने नौकर के घर की ज़ब्ती की आज्ञा दी, और सारा सामान नीलाम हो गया। नौकर की माँ घर छोड़कर अपने किसी कुटुंबी के यहाँ चली गई, और ज़किया को साथ लेती गई। परंतु उस कुटुंबी ने उनको अपने यहाँ ठहरने नहीं दिया। कहा–"तुम सरकारी अभियुक्त से संबंध रखती हो। मैं अपने यहाँ इसी कारण तुमको ठहरा नहीं सकता।"

नौकर की माँ ने अपने बहुत-से रिश्तेदारों के द्वार खटखटाए; पर किसी ने भी उसे शरण नहीं दी। दुखी होकर अंत में बुढ़िया ने ज़किया से कहा–"अब चलो मस्जिद में चलें। वह ईश्वर का स्थान है। वहाँ तो शांति मिलेगी।"

परंतु जब वे मस्जिद में गई, तो मुल्ला ने कहा–"यहाँ स्त्रियों के लिए स्थान नहीं है।"

ज़किया ने कहा–"हम निराश्रया हैं, पीड़िता हैं, हमारे सब सहारे टूट गए। इसलिए परमात्मा के द्वार पर आश्रय ढूँढ़ने आए हैं। हमको न निकालो। हमारा कहीं ठिकाना नहीं है। हम कहाँ जाएँ ? हमें कोई भी अपने घर में नहीं घुसने देता। परमात्मा का भय कर, और निराश्रितों को धक्का मत दे।"

मुल्ला ने हँसकर कहा–"यह नमाज़ पढ़ने का स्थान है। सराय नहीं है, जिसमें तुम ठहरो। भला इसी में है कि स्वयं निकल जाओ, नहीं तो चुटिया पकड़कर निकाल दूँगा।"

बुढ़िया ने कहा—"यह सैयदानी है। इसका अपमान मत कर, और ऐसे अपशब्द मुँह से न निकाल।"

मुल्ला ने कहा—"ऐसी बहुत-सी सैयदानी देखी हैं। बातें न बनाओ, और यहाँ से जाओ।" यह कहकर मुल्ला ने दोनों को धक्का देकर निकाल दिया। धक्के से बुढ़िया औंधे मुँह गिर पड़ी। उसके रहे-सहे दो दाँत भी टूट गए।

ज़किया ने बुढ़िया को सहारा देकर उठाया। अपने दुपट्टे से उसके मुँह का ख़ून पोंछा, और कहा—"अम्माँ, घबराओ नहीं; परमात्मा हमारी सहायता करेगा।"

बुढ़िया ने बड़े धीमे स्वर में कहा—"हाँ बेटी, ईश्वर ही मालिक है। मेरी छाती में गहरी चोट लगी है। मेरी साँस रुकी जाती है। मैं बीमार तो बहुत काल से थी, उस पर पुत्र का वियोग, घर की बरबादी, घर-घर का फिरना और फिर मुल्ला ने ऐसा धक्का मारा है कि अब मुझे जीवन की आशा नहीं प्रतीत होती। मेरे हृदय पर चोट लगी है।"

यह कहते-कहते बुढ़िया को उबकाई आई, और उसने खून की क़य की, जिससे ज्ञात हुआ कि उसके फेफड़े में गहरी चोट लगी है। वमन करते ही बुढ़िया अचेत होने लगी, और ज़किया भी घबराई। बुढ़िया ने कहा—"ऐ मुल्ला ! तूने मेरी जान वृथा ही ली। मैं इस दुखी सैयदानी को लेकर आई थी। मैं मरती हूँ, और उस भगवान् के दरबार में जाती हूँ, जहाँ तेरी इस कुत्सित करनी की जाँच होगी। आह ! दम चला।"

बुढ़िया को फिर उबकाई आई। उसने फिर ख़ून की क़य की, जिससे उसका काम तमाम हो गया। उसने एक हिचकी ली, और सदा के लिए शांत हो गई !

उस समय विचित्र दृश्य था। ज़किया बुढ़िया की लाश लिये मस्जिद के द्वार पर बैठी थी, आँखों-ही-आँखों लोगों से बुढ़िया की अंत्येष्टि के लिए प्रार्थना कर रही थी। मुल्ला ने भय के मारे मस्जिद के किवाड़ बंद कर लिये थे। कोई भी व्यक्ति ज़किया की सहायता के लिए न था। थोड़ी देर बाद ज़किया की आँखों से आँसू ढरकने लगे। अकस्मात् एक फ़क़ीर उधर से आ निकला। उसने जो एक मुर्दे को पड़ा देखा, तो मुहल्लेवालों से बुढ़िया के अंतिम क्रिया-कर्म के लिए प्रबंध कराया। क़ब्रिस्तान में जाकर ज़किया को ज्ञात हुआ कि बुड्ढे फ़क़ीर की झोंपड़ी भी वहीं है। ज़किया ने उससे कहा—"बाबा, थोड़ा-सा स्थान अपने पास मुझे भी दो।"

फ़क़ीर ने कहा—"बेटी, तेरा घर है। आनंद से रह।"

फ़क़ीर प्रतिदिन भीख माँगने जाता, और रोटियाँ और पैसे इत्यादि लाता, जो स्वयं भी खाता और ज़किया को भी खिलाता।

ज़किया भीख माँगती है

कुछ दिनों बाद फ़क़ीर बीमार हो गया। तब उसने ज़किया से कहा–"बेटी, अब तू शहर में जा, और भीख माँग ला।"

ज़किया को पहले तो हिचकिचाहट हुई, और उसे यह ख़याल हुआ कि सैयदों को भीख माँगना मना है। पर यह ख़याल करके कि वह भीख के टुकड़े तो खा ही चुकी है, उसने बुर्क़ा पहना, झोली डाली और शहर में जाकर कहा–"दुनिया नागफनी का फूल है। जो उसको चाहे, उसकी भूल है। क्या-से-क्या हो गया ज़रा-सी बार में। एक रत्ती-भर सोना न मिला रावण को मरती बार में। कहे ज़किया ईश्वर की दासी यश-अपयश प्राणी अपने संग ले गया। पाप का दरिया है बाबा, जिधर चाहे, उधर बह गया।"

ज़किया के इन शब्दों से धूम मच गई। किसी ने कुछ दिया और किसी ने कुछ। इसी तरह ज़किया दूसरे-तीसरे दिन आकर शहर में भीख माँगती, और क़ब्रिस्तान में फ़क़ीर के और अपने दिन काटती।

कुछ दिनों बाद बूढ़ा फ़क़ीर मर गया। पर ज़किया ने वह स्थान नहीं छोड़ा। और सप्ताह में एक बार वह लोगों को उपदेश देती, और लोग भी उसके उपदेशामृत से लाभ उठाते। इसी प्रकार बहुत दिन कटे, और उसने एक चरित्रवान सैयद से विवाह कर लिया। वह कपड़े का व्यापारी था, और एक अमीर आदमी। ज़किया के अनुरोध से उसने क़ब्रिस्तान में ही अपना घर बनवाया। ज़किया का संपूर्ण जीवन धार्मिक रहा, और लोग उसे ज़किया बियाबानी कहते थे। कहीं-कहीं अब भी वह इस नाम से विख्यात है।

दो राजकुमार जेल में

मिर्ज़ा तेग़जमाल की आयु अब अस्सी वर्ष की है। सन् 57 के ग़दर में वह उन्नीस-बीस वर्ष के हृष्ट-पुष्ट युवा थे, और उन्हें ग़दर से पहले की बातें ऐसी याद हैं, मानो वह अभी कल की बीती हुई बातों का वर्णन कर रहे हों।

मिर्ज़ा तेग़जमाल बहादुरशाह के उत्तराधिकारी मिर्ज़ा फ़ख़र के द्वितीय पुत्र हैं। मिर्ज़ा दाराबख़्त बहादुरशाह के प्रथम उत्तराधिकारी थे। परंतु उनकी मृत्यु के कारण मिर्ज़ा फ़ख़र ही उनके उत्तराधिकारी मनोनीत किए गए थे।

मिर्ज़ा फ़ख़र बड़े ही दयालु और न्यायी थे। यदि दिल्ली की गद्दी बनी रहती, तो यह भारतवर्ष के बड़े दयालु राजा होते। पर युवावस्था की तरंगों में बड़े-बड़े ऋषि-मुनि डिग जाते हैं, फिर बादशाह के लड़कों का क्या कहना, जिनको विलासिता की सामग्री और धन-धान्य की कमी न थी। इसके अतिरिक्त उन दिनों लाल क़िले का आंतरिक सामाजिक जीवन बड़ा ही पतित था, और चरित्र-भ्रष्टता की कोई सीमा न थी। इसीलिए मिर्ज़ा फ़ख़र की युवावस्था की ऐसी भूल, जिसमें वह एक मृगनयनी के कटाक्ष का शिकार हुए थे, कोई विशेष विचारणीय नहीं है। मिर्ज़ा तेग़जमाल ऐसी ही भूल के फल हैं। उनके पश्चात् मिर्ज़ा तेग़जमाल की माँ से और कोई संतान नहीं हुई।

तेग़जमाल विचित्र प्रकृति के व्यक्ति हैं। उनको पेंशन न मिलने और राजकुमार न कहलाए जाने का तनिक भी शोक नहीं, और वह अपने माता-पिता के रहस्यपूर्ण संबंध का ऐसे आनंद से वर्णन करते हैं, मानो उस प्रेम-कथा से उन्हें कोई व्यक्तिगत संबंध ही नहीं। तेग़जमाल का कहना है—"अम्माँ की आयु सोलह वर्ष की थी, और पिताजी की तेरह वर्ष की। उसी समय उन दोनों में प्रेम की छेड़-छाड़ प्रारंभ हो गई थी।"

यह पूछे जाने पर कि तेरह वर्ष का बच्चा सोलह वर्ष की स्त्री से किस तरह प्रेम कर सकता है, तेग़जमाल कहते हैं—'जिस प्रकार अस्सी वर्ष का बुड्ढा षोडशवर्षीया युवती से प्रेम का दम भरता है।"

हम मुग़लों में बच्चे बहुत ही जल्दी युवा हो जाते थे। लड़कियाँ तो कभी-कभी

ग्यारह-बारह वर्ष की अवस्था में ही युवती हो जाती थीं, इसी प्रकार लड़के भी बारह-तेरह वर्ष की आयु में ही प्रेम और नायिका भेद के रहस्यों पर बातचीत शुरू कर देते थे।

मेरी अम्माँ एक कहार की लड़की थीं। नानी अम्माँ को महल की सब कहारियों से चतुर समझती थीं। मेरी माँ अति ही रूपवती थीं। होने को तो अम्माँ शाही महल की परिचारिका थीं, पर वह ख़ानिम के बाज़ार में मेरी नानी और नाना के साथ रहती थीं। एक दिन की बात है, पिताजी ड्योढ़ी के दारोग़ा के साथ अपनी कमान ठीक कराके ख़ानिम के बाज़ार चले गए। वहाँ कहीं उन्होंने अम्माँ को देख लिया, और उसी समय से वह उनके प्रेम-पाश में फँस गए। घर आने पर एक टूटी चारपाई लेकर पड़ रहे, और रोना शुरू किया। मेरी दादी और अन्य कुटुंबियों ने कारण पूछा। पर उन्होंने कुछ न बताया। वह तो प्रेम की विपत्ति में पड़े थे, और चुपचाप रो रहे थे। अंत में धीरे-धीरे बात खुल गई, और महल में ख़ूब ही विनोद रहा। राजकुमारियाँ पिताजी को छेड़ने लगीं, और बराबरवाले राजकुमारों में इशारे होने लगे। धीरे-धीरे नानी को सब समाचार मिले। उन्होंने अम्माँ को साथ लेकर दादीजी की ड्योढ़ी पर हाज़िरी लिखा दी, और फिर भीतर गईं और अम्माँ को उनके सुपुर्द किया। पर पिताजी अम्माँ से झेंपते थे। अकेले-दुकेले में जब अम्माँ उनसे बात करना चाहतीं; तो वह भाग जाते थे। पर एक वर्ष बाद ही मेरा जन्म हुआ। दादी ने बहुत चाहा कि मेरी माँ राजसी ठाठ से महल में रहें; पर मेरी नानी ने न माना, और मेरी माँ फिर ख़ानिम के बाज़ार में रहने लगीं। जब मैं छः वर्ष का हुआ, तो लाल क़िले में अपने बाप के पास आकर रहने लगा। मैं ननसाल की ओर से तो कहार हूँ, और बाप की ओर से बादशाहज़ादा। ननसाल में मनुष्यों का बोझ उठाते हैं, और बाप की ओर से भी देश के मनुष्यों का बोझ उठाया जाता था।

ग़दर के बीस वर्ष उपरांत

ग़दर के दिनों में अपनी माँ के साथ दिल्ली से भागकर हम लोग शाहजहाँपुर चले गए थे। वहाँ मेरी ननसाल का पुराना कुटुंब रहता था। महल के राजकुमारों की दशा देखकर मैंने उनका साथ छोड़ दिया, और माँ के पास चला गया। राजकुमारों का जीवन ग़दर के दिनों में दो कौड़ी के भी बराबर न था। मुझे अपनी भलाई इसी में प्रतीत हुई कि मैं कहारों में जाकर रहूँ, और कहार कहलाऊँ। अम्माँ के पास बहुत धन था। शाहजहाँपुर जाकर मैंने हलवाई की दूकान कर ली। एक दिन की बात है, एक पठान दुकान पर मिठाई लेने आया, और मिठाई लेकर खाते समय मिठाई को बुरा बतलाते हुए उसने मुझे गाली दी। मुझमें तो शाही ख़ून था ही,

मुझसे गाली नहीं सही गई। मैंने लोहे का सबल्ल उठाकर पठान के मारा, जिससे वह उसी ठौर टें होकर रह गया। मैं पकड़ा गया, और महीनों मुक़दमा चलता रहा। अंत में चौदह वर्ष के कारागार का मुझे दंड दिया गया।

बरेली का जेलख़ाना

पहले दिन जब मैंने जेलख़ाने में प्रवेश किया, तो मुझे अपने दंडित होने पर तनिक भी शोक नहीं था; क्योंकि प्रारंभ से ही प्रसन्न और निर्द्वंद्व रहने का मेरा स्वभाव था। शोक और चिंता तो मेरे पास फटकती तक न थी। क़ैद होने की आज्ञा सुनकर भी प्रसन्न था। जब अम्माँ मुझसे मिलने आईं और रोने लगीं, तो मैंने हँसकर कहा–"आप रोती क्यों हैं ? दुकान पर इतनी मिठाई छोड़ आया हूँ, जो कई महीने तक खाती रहोगी ?"

अम्माँ ने कहा–"बस, तुझको तो प्रत्येक समय हँसी सूझती है। मेरा ऐसा कौन रक्षक है, जो चौदह वर्ष तक मेरी सुध लेगा ? मैंने तो तेरे ही ऊपर परदेश में बीस वर्ष काट दिए; नहीं तो दिल्ली की-सी बात इस गाँव में कहाँ ?"

मैंने उत्तर दिया–"जब हमारा सब कुटुंब ही नष्ट-भ्रष्ट हो गया, और हमारे भाई सूली पर लटकाए गए, तो तुम किस गिनती में हो ? चौदह साल की बात ही क्या है, पलक मारते ही बीत जाएँगे। 'दिवस जात नहिं लागहिं बारा।' शीघ्र ही मैं तुम्हारे पास आ जाऊँगा। तनिक अपनी बहू–मेरी स्त्री–का ख़याल रखना। उसका हृदय तुम्हारी कठोरता से मैला न होने पावे। तुम्हारा स्वभाव राजसी है, और वह बेचारी केवल एक कहारी है। कृपया उस पर शाही रोब न डाँटना।"

अम्माँ ये बातें सुनकर हँसने लगीं, और यह कहती हुई चली गईं–"पता नहीं, तू इतना ढीठ और निर्लज्ज क्यों है। अच्छा जा, परमात्मा पर तुझे छोड़ती हूँ।"

जिस समय मुझे जेलखाने के कपड़े पहनने को दिए गए, तो मैंने हँसी से कहा कि इस जाँघिए को रहने दीजिए। मुझे अपना पाजामा इससे अधिक प्यारा है। यह बात जेल के वार्डर को कब सह्य हो सकती थी। उसने दो-तीन डंडे रसीद किए, और कहा–"यह तेरी अम्माँ का घर नहीं है, जो दिल्लगी की बातें करता है।"

मैंने डंडे खाकर भी हँसी का उत्तर दिया–"भाई, अम्माँ का घर तो ख़ानिम के बाज़ार में था, और वह तो संपूर्ण मुहल्ले के साथ खोदकर नष्ट कर दिया गया। दादी का घर लाल क़िले में था, जिसमें अब गोरे रहते हैं। मैं तो इसे ससुराल समझकर आया था, जहाँ जूतियों की तो हँसी होती है, पर डंडा कोई नहीं मारता। तुम मेरे साले हो या ससुर।"

यह सुनकर वार्डर आग-बबूला हो गया, और उसने दो-तीन क़ैदियों की सहायता से मुझे इतना पीटा कि मैं अचेत होकर गिर पड़ा। जब चेत हुआ, तो एक कोठरी में अपने का पड़ा पाया। वार्डर सामने खड़ा था। मैंने फिर भी कहा—"महाशय, मारने का सगुन हो चुका। अब अपनी बहन को यहाँ लाइए, जो मुझको खाना दे, और हल्दी-चूना चोट पर लगावे।"

वार्डर को इस पर हँसी आ गई, और कहने लगा—"तुम आदमी हो या पत्थर ? किसी बात का भी तुम पर असर नहीं पड़ता। यह जेलख़ाना है। यहाँ ये फब्तियाँ शोभा नहीं देतीं। तुमको चौदह वर्ष काटने हैं। सीधे रहोगे, तो भला है; नहीं तो पिटते-पिटते चौदह दिन के भीतर ही समाप्त हो जाओगे।"

मैंने कहा—"मृत्यु के पश्चात् भी मनुष्य को क़ब्र के जेलख़ाने में जाना पड़ता है। पर मुझे मृत व्यक्ति पर बड़ा क्रोध आता है कि वह क्यों चुपचाप कफ़न ओढ़कर क़ब्र में चला जाता है ? मैं तो मरने के पश्चात् भी चुप न रहूँगा, और जो व्यक्ति मेरे पास रहेगा, उसको भी ऐसा बनाऊँगा कि वह मरे, तो चुपका न रहे; वरन् हँसता-बोलता क़ब्र में जाए। यदि तुमको संदेह हो, तो तुम भी मरके देख लो, या कहो, तो मैं ही मार डालूँगा।"

वार्डर ने समझा कि मैं पागल हूँ, और वह हँसता हुआ बाहर चला गया। थोड़ी देर पश्चात् मुझे चक्की में जोतने के लिए वहाँ ले जाया गया, जहाँ एक-एक चक्की पर दो-दो आदमी मिलकर आटा पीस रहे थे। मुझे एक चक्की पर लगाया गया। मेरा साथी एक बुड्ढा और कदाचित् नवागंतुक था। वह फूट-फूटकर रो रहा था। मैंने उसको झुककर प्रणाम किया, और कहा—"नानाजी, आप क्यों रो रहे हैं ? मैं तो वर्णसंकर हूँ—आधा मुग़ल राजकुमार और आधा कहार। अब आपके साथ चक्की का कार्य करके मुझमें एक नवीन शाखा और लग गई।"

बुड्ढे ने मेरी बात पर तनिक भी ध्यान न दिया। उससे हृदय पर ऐसी गहरी चोट लगी थी कि अंत में मैं भी प्रभावान्वित हो गया। मैंने कहा—"आप बैठ जाइए। मैं अकेला चक्की चलाऊँगा और आपके हिस्से का भी पीस डालूँगा।"

बुड्ढे ने मेरी बात का कुछ उत्तर न दिया, और खड़ा रोता रहा। परंतु जब वार्डर ने उसकी सफ़ेद दाढ़ी पकड़कर एक तमाचा मारा, और रोना बंद करके पीसने को कहा, तो बुड्ढा भयभीत हो गया, और चक्की चलाने लगा। बुड्ढे का मुझ पर इतना प्रभाव पड़ा कि मैं अपने ठठोलपन को भूल गया, और उसके साथ चक्की चलाने लगा। कई दिन तक यही दशा रही। मैं बुड्ढे से बहुत कुछ बोलना चाहता था, पर वह मेरी बात का उत्तर न देता; और रोता रहता था। आठवें दिन, अंत में उसने अपनी आत्मकहानी सुनाई।

शाहआलम का प्रपौत्र

मैं मिर्ज़ा जहाँगीर का बेटा हूँ, जो बादशाह अकबर द्वितीय के बेटे, शाहआलम के पोते और बहादुरशाह के भाई थे। जब मेरे पिता मिर्ज़ा जहाँगीर ने सैटीन-नामक गोरे के गोली मारी, तो उस अभियोग के कारण क़ैद करके इलाहाबाद भेजे गए। मेरी माँ पहरेवाले अफ़सर की लड़की थीं। विवाह होने के समय से मेरे जन्म तक पिताजी ने मेरे नाना और माँ को इतनी संपत्ति दी कि सात पीढ़ी तक के लिए यथेष्ट होती। मेरी दादी अपने बेटे को दिल्ली से लगातार हीरे-मोती भेजा करती थीं, और उनके पास धन की कमी न थी।

पिताजी की मृत्यु के पश्चात् मेरा पालन-पोषण नाना के यहाँ हुआ, और ऐसे ढंग से हुआ कि संसार में शायद ही किसी बच्चे का इतना लाड़-प्यार किया गया होगा। बड़े होने पर मुझको प्रत्येक प्रकार की शिक्षा दी गई। अरबी और फ़ारसी की शिक्षा समाप्त करने के उपरांत मैंने कपड़े की दुकान कर ली। दिन-भर दूकानदारी करता और सायंकाल को ईश्वर-भजन के पश्चात् अपने घरवालों के साथ आनंद से रहता। परमात्मा की कृपा से मेरे चार बच्चे हुए। वृद्धा माँ अब भी जीवित हैं। एक दिन की बात है कि एक थानेदार मेरी दुकान पर कुछ कपड़ा मोल लेने आया। स्वभावानुसार मैंने एक दाम कह दिया। उसने वाद-विवाद प्रारंभ किया।

मैंने कहा—"मेरी दुकान पर झूठ नहीं बोला जाता।"

इस बात पर वह बिगड़कर बोला—"बड़ा ईमानदार बनता है ! तुझ-जैसे ठग मैंने बहुत-से जेलख़ाने में भिजवा दिए हैं।"

मैंने कहा—"ज़बान सँभालकर बोल।"

इस पर उसको इतना क्रोध आया कि उसने मुँह पर तमाचा मारा। फिर मुझसे भी नहीं रहा गया, और दो झापड़ मैंने भी रख दिए। बस, फिर क्या था। सिपाहियों ने मुझको हवालात में बंद करके मेरे घर की तलाशी ली, और चोरी के कपड़ों का बहाना करके मेरे ऊपर मुक़दमा दायर कर दिया। मैंने अपनी सफाई में बहुत कुछ कहा, और अफ़सरों के सामने वास्तविक बात कह दी। पर किसी ने कुछ न सुना, और छह महीने की कड़ी सज़ा का दंड दिया। मेरी स्त्री और वृद्धा माता ने घर की सब संपत्ति बेचकर मुकदमे में व्यय कर दी। वे ग़रीब हो गईं, और फल कुछ न निकला। मेरे जेलख़ाने में आने की नौबत आ गई। सबसे अधिक मुझे माँ का शोक है। वह मुझसे हवालात में मिलने आई थीं। मेरी दशा देखकर रोकर गिर पड़ीं, और अचेत हो गईं। उनके कोमल हृदय को ऐसा धक्का लगा कि फिर वह सचेत ही नहीं हुईं। उस समय मेरा बड़ा लड़का, जिसकी आयु बारह साल की है, उनके साथ था। वह घबरा गया, और मुझसे कहने लगा—"अब्बा, दादी चल बसीं।"

मैं चाहता था कि माँ के अंतिम दर्शन कर लूँ। पर क्रूर थानेदार के सिपाही मुझे ढकेलकर जेलख़ाने में ले आए, और माँ की लाश वहीं पड़ी रह गई। चलते समय मैंने अपने लड़के को यह कहते सुना—"अब्बा, हम लोग कहाँ जाएँ ? अब ये सिपाही हमको भी मारेंगे। दादी को कैसे घर ले जाएँ। तुम तनिक ठहरो अब्बाजी !" मैं इसी शोक में घुला जाता हूँ। पता नहीं, स्त्री-बच्चों पर क्या बीतती होगी, और निर्दयी थानेदार ने उन पर क्या-क्या अत्याचार किए होंगे।

मिर्ज़ा तेग़जमाल यह सुनकर खिलखिलाकर हँस पड़े, और कहा—"यह संसार बड़ा विचित्र है। मेरी तुम्हारी एक-सी दशा है, और एक वंश का मुझमें और तुममें ख़ून है। पर तुम शोक के खड्डे में पड़े हो, और मैं प्रसन्नता-पर्वत पर आनंद करता हूँ। एक प्रकार का व्यक्ति, एक ही प्रकार का खाना और एक ही प्रकार का सोना। पर किसी का स्वभाव रोने-पीटने का है, कोई प्रतिक्षण चिंतित रहता है, और कोई प्रातःकाल से सायंकाल तक केवल हँसने-हँसाने के किसी शोक के पास नहीं फटकता। भाई साहब, क़ैद तुम भी काटोगे, और मैं भी। तुमको यह जीवन दूभर और भारू प्रतीत होता है, पर मैं तनिक भी चिंता नहीं करता, और यों ही हँसी-खुशी रहूँगा, जैसा कि अब हूँ।"

हरे वस्त्र पहने स्त्री की लड़ाई

दिल्ली के दो बुड्ढे, जो ग़दर के समय सन् 1857 ई. में युवा थे, वर्णन करते हैं कि जिस समय अँगरेज़ी सेना ने पहाड़ी पर मोर्चे बनाए थे, और कश्मीरी-दरवाज़े की ओर से दिल्ली नगर पर गोला-बारी की जाती थी, उस समय एक मुसलमान बुढ़िया स्त्री हरे वस्त्र पहने हुए शहरों के बाज़ारों में आती और शंख-ध्वनि करती—"आओ, ईश्वर ने तुमको स्वर्ग में बुलाया है।" शहर के लोगों के झुंड-के-झुंड उसके शब्द को सुनकर एकत्र हो जाते। वह उन सबको ले जाकर कश्मीरी-दरवाज़े पर आक्रमण करती, और शहरवालों को प्रातःकाल से सायंकाल तक ख़ूब लड़ाती। कुछ लोग अपनी आँखों-देखी बात कहते हैं कि उस स्त्री का साहस विचित्र था। उसको मृत्यु का कुछ भी भय न था। वह गोलों और गोलियों की बौछार में वीर योद्धाओं की भाँति आगे बढ़ी चली जाती थी। कभी उसको पैदल देखा जाता, और कभी घोड़ों पर। उसके पास तलवार, बंदूक़ और एक झंडा होता था। बंदूक़ चलाने में वह बड़ी ही प्रवीण थी। जो लोग उसके साथ पहाड़ी से मोर्चे तक गए हैं, उनमें से एक व्यक्ति ने कहा—"वह तलवार चलाने में भी बड़ी निपुणता रखती थी, और अनेक बार उसने अँगरेज़ों की सेना से मुठभेड़ की। उसके साहस को देखकर शहर की जनता बड़ी प्रोत्साहित होती थी। वह बढ़-चढ़कर आक्रमण करती थी। पर युद्ध-कला की अनभिज्ञता के कारण उनको भागना पड़ता था। जब वे भागते थे, तो वह स्त्री उनको बहुत रोकती, और अंत में बाध्य होकर स्वयं भी लौट आती थी। परंतु लौट आने के उपरांत फिर किसी को ज्ञात न होता कि वह कहाँ चली जाती थी और फिर कहाँ से आती थी। अंत में इसी प्रकार एक दिन ऐसा हुआ कि वह उत्साह में भरी हुई आक्रमण करती, बंदूक़ मारती, तलवार चलाती मोर्चे तक पहुँच गई, और वहाँ घायल होकर घोड़े से गिरी। अँगरेज़ी सेना ने उसे गिरफ्तार कर लिया। फिर किसी को ज्ञात न हुआ कि वह कहाँ गई, और उसका क्या हुआ ?"

एक अँगरेज़ अफ़सर का प्रमाण

दिल्ली की प्रांतीय सरकार ने कुछ वे पत्र प्रकाशित कराए हैं, जो दिल्ली के घेरे के समय अँगरेज़ी सेना के अफ़सरों ने लिखे थे। उन पत्रों में एक पत्र लेफ्टिनेंट डब्ल्यू. एस. आर. हडसन साहब का है। जो उन्होंने दिल्ली-कैंप से, 29 जुलाई, सन् 1857 ई. को मिस्टर गिल्स फ़ारसाइना (डिप्टी-कमिश्नर, अंबाला) के नाम भेजा था। उसमें उस बुढ़िया के विषय में लिखा है—

"मेरे प्यारे फ़ारसाइना,

मैं तुम्हारे पास एक बुढ़िया मुसलमान स्त्री को भेजता हूँ। यह एक विचित्र स्त्री है। इसका काम यह था कि हरे कपड़े पहनकर शहर के लोगों को ग़दर के लिए भड़काती और स्वयं अस्त्र-शस्त्र बाँधकर उनकी कमांड करती हुई हमारे मोर्चे पर आक्रमण करती थी। जिन सैनिकों का इससे मुक़ाबला पड़ा, उनका कहना है, इसने अनेक बार बड़ी वीरता से आक्रमण किए, बड़ी तेज़ी से अस्त्र-शस्त्र चलाए, और इसमें पाँच पुरुषों के बराबर बल है। जिस दिन पकड़ी गई, उस दिन घोड़े पर सवार थी, और शहर के विद्रोहियों को सैनिक ढंग से लड़ा रही थी। इसके पास बंदूक़ थी, जिससे इसने बहुत-से सैनिकों को मारा, और अपनी तलवार से भी इसने हमारे बहुत-से सैनिकों का वध किया। परंतु विद्रोहियों के भाग जाने के कारण वह घायल होकर गिर पड़ी। जनरल साहब के सम्मुख पेश हुई, तो उन्होंने स्त्री के विचार से उसको मुक्त करने की आज्ञा दी। पर मैंने उनको रोका, और कहा—यदि यह मुक्त हो गई, तो शहर में जाकर अपनी दैवी शक्ति की घोषणा करेगी। अंधविश्वासी लोग इसकी मुक्ति को एक दैवी घटना ही समझेंगे, और संभव है, यह स्त्री फ्रांस की विख्यात स्त्री (आर्क जोन) के समान हमारे दुख का कारण हो जाए।'

जनरल साहब ने मेरे परामर्श को स्वीकार किया, और स्त्री को क़ैद करने की आज्ञा दी। इसलिए इसको आपकी सेवा में भेजा जाता है। आशा है, आप इसकी हिरासत का उचित प्रबंध करेंगे, क्योंकि यह डाइन बहुत ही भयानक स्त्री है।

हडसन"

परिचय

दिल्ली-ग़दर की हरे वस्त्र धारण करनेवाली स्त्री के विषय में बड़ी-बड़ी किंवदंतियाँ हैं। टोंक-राज्य के एक महाशय का कहना है कि वह स्त्री अहमदशाह अब्दाली की सेना के अफ़सर की नातिन थी। सन् 1761 ई. में उसके पिता की आयु बहुत छोटी थी। युद्ध के उपरांत वह भावलपुर चले गए। वहीं उनका विवाह हुआ। और

उनके एक कन्या जन्मी, जो हरे कपड़े पहननेवाली ग़दर की एक स्त्री कहलाई।

भावलपुर से वह अपने पिता के साथ जयपुर आई। जयपुर में उसके पिता ने नौकरी कर ली। वहीं उनका देहांत हुआ। इसका विवाह राजा साहब के एक मुसलमान चोबदार से हो गया। थोड़े दिनों बाद इसका पति बीमार पड़ा, और स्त्री को एक भयंकर स्वप्न दिखलाई पड़ा। अगले दिन उसके पति की मृत्यु हो गई। पति-वियोग से उस पर वज्राघात हुआ। वह कुछ पागल-सी हो गई, और फिर तीर्थ-यात्रा को निकल पड़ी। कहते हैं, ईश्वर-प्रेरणा से उसने शहीद होना निश्चय किया, और इसी कारण वह दिल्ली आई।

बहुतों का कहना है कि वह कोई और ही स्त्री रही होगी; क्योंकि यदि वह किसी की चेली होती–जैसा कहा जाता है कि हाजी लाल साहब की वह चेली थी–तो उसने युद्ध-विद्या कहाँ सीखी ? कदाचित् ग़दर के प्रवर्तकों ने लोगों को प्रोत्साहन देने के लिए किसी स्त्री को नियुक्त किया हो। कुछ भी हो, उस स्त्री की वास्तविकता बड़ी ही रहस्यपूर्ण है, और दिल्ली ग़दर के कारनामों में उसका नाम विशेष उल्लेखनीय है। यदि उसको राज-काज में जुटाया जाता, तो अवश्यमेव वह उसमें बड़ी प्रवीण होती।

प्रत्येक भारतवासी का धर्म है कि वह उस वीरांगना–हरे वस्त्र पहननेवाली स्त्री–के अदम्य साहस, शौर्य और युद्ध-विद्या की घटना को सगर्व स्मरण करे।

मेखला

"दिलशाद ! गुदगुदा न ! मुझे सोने दे।"

"संध्या का समय निकला जाता है।"

"तो क्या करूँ ? आँख खोलने को जी नहीं चाहता।"

"राजकुमारी ! गुदगुदी नहीं की। यह गुलाब का फूल आपके तलवों से आँखें मल रहा है।"

"मैं इस फूल को मसल डालूँगी। इतने सवेरे मुझे क्यों जगाती है ? मेरा जी अभी सोने को चाहता है। तनिक सुंदरी को बुला, बाँसुरी बजावे। हलके स्वर में भैरवी सुनावे। गुलचमन कहाँ है ? तू ही कोई कहानी शुरू कर।"

"कहानी कहूँगी, तो पथिक मार्ग भूल जाएँगे। दिन में कहानी नहीं कहते। सुंदरी उपस्थित है। गुलचमन को बुलाती हूँ। माँ आ जाएँगी, तो खफ़ा होंगी कि मैजमाल को अभी तक जगाया नहीं।"

सुंदरी बाँसुरी बजा रही थी कि मैजमाल ने आँखें खोल दीं, बालों को समेटा, मुस्कराई। नरगिस ने प्रणाम किया। उत्तर में उसके एक चुटकी ली गई। अँगड़ाई लेकर वह उठ बैठी, और कहा—"दिलशाद, नरगिस के हमने चुटकी ली, तो यह हँसी नहीं। मुँह बना लिया। आ, तू आ। तेरे कान मरोड़ूँ, और तू खूब हँस।"

दिलशाद उठकर भागी। और दूर खड़ी हो गई। फिर कहा—"लीजिए, मैं खिलखिलाकर हँसती हूँ। आप समझ लीजिए कि कान मरोड़ दिए।"

मैजमाल ने फिर अँगड़ाई ली, और मुस्कराती हुई उठी। हाथ-मुँह धोकर भगवत्-भजन में लगी। फिर शीघ्र ही आँगन में निकली। और बाग़ के एक तख़्त पर बैठ गई। सब बाँदियाँ कलेवे की तैयारी में लगीं।

थोड़ी देर में मालिन एक अत्यंत सुंदर झबरी में कुछ मिरचें लाई। उसने आते ही मैजमाल को अनेक आशीर्वाद दिए। फिर बोली—"आज सरकार के लगाए हुए पौधों में ये मिरचें लगी थीं। भेंट के लिए लाई हूँ।"

मैजमाल ने झबरी ले ली। सब बाँदियों को बुलाया, और मिरचों के आने से महल में एक धूम मच गई।

नरगिस ने कहा—"कैसी हरी-हरी चिकनी सूरत है।"

दिलशाद ने कहा—"जैसे राजकुमारी के कपोल।"

सुंदरी ने कहा—"कैसी चुपचाप झबरी में लेटी है, जैसे राजकुमारी छपरखट में सोती है।"

गुलचमन बोली—"डाली से टूटी है, घर से छूटी है, इसलिए तनिक चुप है।"

मैजमाल ने कहा—"मालिन को जोड़ा दो। कपड़े पहनाओ। पाँच रुपए नक़द भी देना। मेरे पेड़ों का पहला फल लाई है। इसका मुँह मीठा करना।"

मालिन को रेशमी जोड़ा, चाँदी के कड़े पहनाए गए। लड्डू खिलाए गए। पाँच रुपए नक़द और एक पान का बीड़ा मिला। वह आशीर्वाद देती हुई अपने घर गई। उधर मैजमाल की माता को एक बाँदी यह समाचार देने गई कि राजकुमारी के पेड़ों का पहला फल आया है। वह पास के घर से आई। मुग़लानी साथ थीं। बेटी को प्यार किया, और मैजमाल ने प्रणाम। माँ और मुग़लानियों ने मिरचों की बड़ी प्रशंसा की, और थोड़ी देर तक मिरचों पर ख़ूब वार्तालाप होता रहा।

मैजमाल, खुरशेद जमाल की इकलौती बेटी थी। उसके पिता मिर्ज़ा अलीगौहर उर्फ़ नीली शाहआलम के बेटे अकबर द्वितीय के भाई थे, जो मर चुके थे। दासियों से उनके कई बच्चे थे। परंतु बेगम से केवल मैजमाल ही उत्पन्न हुई थी, और वह भी बुढ़ापे में। जब मिर्ज़ा नीली का देहांत हुआ, तब मैजमाल की आयु पाँच वर्ष की थी। इस समय पंद्रहवें वर्ष में थी। रंग साँवला है, आकृति किताबी है। क़द मँझोला है, आँखें श्यामवर्ण और अत्यंत रसीली और मदभरी। स्वर में प्राकृतिक रूप से ही विरह है। जब हँसकर बोलती है, तो यह प्रतीत होता है कि कोई जैसे विरहा गा रहा है। सुनकर कलेजे पर चोट लगती है। वह बहुत चंचल, हठी, आराम चाहनेवाली और कोमल स्वभाव की है। लाड़-प्यार में पली है। राजकुमारी है। बिना बाप की है। इकलौती है। इकहरी देह की है। चलती है, तो बड़े ही अप्राकृतिक ढंग से शरीर को झुकाकर। पुष्प-पल्लवित लता की भाँति, इधर-उधर झोंके खाती हुई चलती है। थोड़ी-थोड़ी दूर पर ठोकरें खाती है। दासियाँ साथ दौड़ती हैं।

बहादुरशाह अपने नवीन महल में रहते थे। रानियाँ भीतर थीं। परंतु खुरशेद जमाल और मैज़माल ने दूसरा घर ले लिया था; क्योंकि मिर्ज़ा नीली के समय से उनका और बहादुरशाह का मनोमालिन्य था। बहादुरशाह को अँगरेज़ एक लाख रुपए मासिक देते थे। उसमें से एक हज़ार रुपए मासिक खुरशेद ज़माल को अलग भेजा जाता था। चीज़ों का भाव मंदा था। एक हज़ार रुपए आजकल के एक लाख के बराबर थे, और खुरशेद जमाल आनंद से ठाट-बाट का जीवन व्यतीत करती थी।

एक बार की बात है कि दिल्ली में एक मेला था। हिंदू-मुसलमान बढ़िया वस्त्र पहने हुए पंखे की सवारी के साथ जा रहे थे। महल में नफ़ीरी बज रही थी।

मैजमाल दोपहर से खिड़की पर बैठी थी। सायंकाल का समय होने आया। मैजमाल उठ रही थी कि उसकी दृष्टि एक मेखलाधारी साधु पर पड़ी। साधु का रंग पीला था। उसका सिर नंगा था, और पैर भी नंगे। साधु पंखे के समीप होकर निकला, और ऊपर—मैजमाल की खिड़की की ओर—देखता हुआ निकल गया। उसकी मेखला और भेष देखकर मैजमाल भयभीत हो गई। बाग़ में घूमने गई, तो भी मेखला का ध्यान था। रात को सोई, तो भी मेखला कई बार दिखलाई दी। प्रातःकाल उसको हलका-हलका ज्वर था। माँ को समाचार भेजा गया। माँ ने कुछ मंत्र-तंत्र किया, और एक ताबीज़ गले में बाँधा। दान-पुण्य किया गया। दोपहर को ज्वर बढ़ गया। मैजमाल चौक उठती और कहती थी—"वह मेखलावाला आया। वह मुझे बुलाता है। अम्माँजी, आना, वह देखो, खड़ा मुस्कराता है।"

माँ ने दासियों से पूछा। उन्होंने कहा—"एक साधु कल सायंकाल को मेखला पहने जाता था। राजकुमारी ईश्वर-प्रार्थना के लिए उठी, तो खिड़की का पर्दा उठ गया। साधु ने इन्हें घूरकर देखा, और इन्होंने भी उसे देख लिया। तत्पश्चात् वह कहीं चला गया।"

खुरशेद जमाल ने नौकरों को आज्ञा दी कि उपर्युक्त हुलिए का साधु जहाँ मिले, उसको लाओ। नौकर मेले में ढूँढ़ते फिरे, और बड़ी कठिनाई से वह साधु सायंकाल को मिला। उसको साथ लेकर वे घर आए। खुरशेद जमाल ने पर्दे के समीप बिठाकर लड़की का हाल कहा। वह बोला—"मुझे भीतर ले चलो। मैं ठीक कर दूँगा।"

खुरशेद जमाल ने भीतर पर्दा कराया। साधु को पलँग के समीप खड़ा किया। उसने आँखें बंद करके दोनों हाथ अपने कपोलों पर रखे, और कुछ देर चुपचाप खड़ा रहा। फिर कहा—"लो, लड़की अच्छी हो गई।"

देखा, तो वास्तव में ज्वर उतर गया था। मैजमाल उठ बैठी। खुरशेद जमाल और सब दासियाँ आश्चर्य में थीं। साधु को बैठाया। कुछ रुपए और कपड़े के दो थान भेंट किए।

साधु ने कहा—"मैं नहीं लेता। मुझे लड़की की सूरत दिखा दो, नहीं तो वह बीमार हो जाएगी।"

खुरशेद जमाल पहले तो हिचकिचाई, पर फिर यह विचार करके कि साधु तो माँ-बाप के समान होते हैं, पर्दा हटा दिया। मैजमाल ने साधु को देखा, और सिर झुका लिया। साधु ने मैजमाल को देखा, और बराबर देखता रहा। कुछ समय के उपरांत 'भला हो बाबा' कहकर चला गया।

वह तीस वर्ष का युवक था; परंतु रोगी प्रतीत होता था। मुख पर पीलापन बहुत था। सफ़ेद मेखला के सिवा उसके शरीर पर और कोई कपड़ा न था। आँखों से प्रकट होता था, मानो रोते-रोते सूज गई हैं। यह व्यक्ति उस मालिन का लड़का

था, जो मैजमाल के बाग़ की रक्षिका थी। मैजमाल को एक वर्ष पूर्व उसने बाग़ में देखा था। अपनी ग़रीबी और मैजमाल की शान का ख़याल करके उसको साहस न होता था कि अपनी उस वेदना को किसी के सम्मुख कहे, जो मैजमाल को देखने से उसके हृदय में स्वतः ही उत्पन्न हो गई थी।

छः महीने तक वह इसी उलझन में पड़ा रहा। उसके उपरांत उसको एक साधु मिला, जिससे उसने अपनी दशा वर्णन की। साधु ने उसे एक सफ़ेद मेखला दी, और कहा कि उसके पहनने से उसके संपूर्ण कष्ट दूर हो जाएँगे। मेखला पहनते ही उसमें एक विशेष परिवर्तन हो गया। वह घर-बार छोड़कर जंगल में निकल गया। छः महीने तक जंगलों में फिरता रहा। छः महीने के बाद वह आबादी में आया था, जहाँ उसने फिर मैजमाल को देखा था। अब उसके देखने में ऐसा आकर्षण उत्पन्न हो गया था कि मैजमाल को उसने एक दृष्टि में बीमार कर दिया।

14 सितंबर, सन् 1857 ई. को एक रथ नजफ़गढ़ के समीप खड़ा था, और ख़ाकी वर्दी के सैनिक सिपाही उसको घेरे हुए थे। ये सब अँगरेज़ी सेना के लोग थे। उस रथ में खुरशेद जमाल, मैजमाल और दासियाँ सवार थीं। बाहर चार नौकर तलवारें खींचे खड़े थे। सैनिक कह रहे थे—"हम भीतर की तलाशी लेंगे। इसमें कोई बाग़ी छिपा हुआ है।" नौकर कह रहे थे—"भीतर स्त्रियाँ हैं। हम पर्दा न खोलेंगे।" झगड़ा बढ़ा, और लड़ाई की नौबत आ गई। नौकरों ने तलवारें चलाईं, और एक-एक करके वे मारे गए। सैनिकों ने रथ का पर्दा उलट दिया। स्त्रियों को देखा, और गहने का संदूक़ उनसे छीन लिया। इसके सिवा और जो कुछ माल उनके पल्ले पड़ा, उसको छीन-झपटकर आगे बढ़े। रथवान भाग गया था। खुरशेद जमाल और मैजमाल दासियों के साथ नज़फगढ़ की ओर चलीं कि इतने में कुछ गूजर लठ लिये हुए आए, और उनसे गहना और कपड़े माँगने लगे। स्त्रियों ने कहा—"हमको तो सैनिकों ने लूट लिया है। अब हमारे पास कुछ भी नहीं है। तुम रथ और बैल ले लो।" परंतु गूजर न माने, उनके सब कपड़े छीन लिये। खुरशेद जमाल और दासियों ने उनको बुरा-भला कहा। एक गूजर ने खुरशेद जमाल के सिर पर लकड़ी मारी, और दूसरे ने दासियों पर लाठियों से वार किए। मैजमाल डरी-सहमी चुप खड़ी थी। उसको किसी ने न छेड़ा। खुरशेद जमाल का सिर फट गया; और वह तड़पकर मर गई। दासियाँ भी चोट के कारण ख़त्म हो गईं। मैजमाल अकेली खड़ी तमाशा देखती थी। माँ को मरते देखा, तो चिपटकर रोने लगी। गूजर तो मार-काटकर चले गए, और मैजमाल रोते-रोते अचेत हो गई। चेत हुआ, तो उसने देखा, न उसकी माँ की लाश है, और न दासियों की ही। न वह जंगल है। वरन् वह एक घर के भीतर चारपाई पर लेटी है। सामने एक गाय बँधी खड़ी है। कुछ मुर्ग़ियाँ आँगन में फिर

रही हैं, और एक मेवाती सामने बैठा अपनी स्त्री से बातें कर रहा है। मैजमाल को फिर रोना आ गया। उसने मेवाती की स्त्री की ओर मुँह करके पूछा—"मेरी अम्माँ कहाँ गईं ?"

मेवातिन ने कहा—"वह मर गई थी। उन्हें गाड़ दिया गया। तुम्हें यहाँ लाए हैं। तुम कुछ खाओगी ? लो, खीर बनी है, खा लो।"

मैजमाल ने कहा—"मुझे भूख नहीं।" यह कहकर, वह हिचकियाँ भर-भरकर रोने लगी।

मेवातिन पास आकर ढाढ़स देने लगी। कहा—"बेटी, संतोष करो। रोने से क्या होता है। अब तेरी माँ जीवित नहीं हो सकती। हमारे कोई संतान नहीं। बेटी बनाकर रखेंगे। इस घर को तू अपना घर समझ। तू कौन है ? तेरा बाप कहाँ है ? तू कहाँ जाती थी ?"

मैजमाल ने कहा—"मैं दिल्ली के राजघराने की एक राजकुमारी हूँ। मेरे पिता को मरे ग्यारह वर्ष हुए। हम ग़दर की भागड़ में घर से निकले थे। नज़फ़गढ़ में हमारे बाग़ का माली रहता है। उसके घर में जाना चाहते थे कि मार्ग में पहले सैनिकों ने लूटा, और फिर गूजरों ने अम्माँ और दो दासियों को मार डाला।" यह कहते-कहते वह फिर रोने लगी।

कुछ दिनों तक मैजमाल मेवातिन के यहाँ आराम से दिन काटती रही। परंतु पिछले समय का स्मरण करके रोती थी। मगर मेवातिन के प्रेम के कारण उसे किसी बात का कष्ट न था। बनी-बनाई रोटी मिल जाती थी। परंतु फिर भी मैजमाल को वह घर, उसकी सादगी काटे खाती थी, और उसे पिछले काल के आनंद-प्रमोद का स्मरण हो आता था।

एक रात को मैजमाल, मेवातिन और उसका पति अपने घर में सोते थे कि पड़ोस के एक छप्पर में आग लग गई, और वहाँ से बढ़कर उनके छप्पर में भी आ गई। धुएँ की गंध से मैजमाल की आँखें खुल गईं। वह चीख़ती हुई उठी। मेवातिन और मेवाती का कुछ गहना घर के भीतर रक्खा था। वे उसे लेने के लिए भीतर दौड़े, और मैजमाल घर से बाहर भागी। कोठे का जलता हुआ छप्पर गिर पड़ा, और वे दोनों उसी के भीतर जलकर ख़ाक हो गए। गाँववालों ने बड़ी कठिनाई से आग बुझाई। मैजमाल का यह ठिकाना भी धूल का एक ढेर बनकर रह गया।

प्रातःकाल बची-खुची हड्डियों को गाँववालों ने गाड़ा। मैजमाल को एक नंबरदार अपने घर ले गया। उसके कई बच्चे और दो स्त्रियाँ थीं। मैजमाल को एक चारपाई सोने को दी गई। वह दिन तो बीत गया। रात को एक स्त्री ने कहा—"अरी लड़की, दूध चूल्हे पर रख दे।" दूसरी बोली—"अरी, इधर आ। मेरे बच्चे को सुला दे।" एक ही समय में दो आज्ञाएँ सुनकर मैजमाल घबरा गई। उसने न कभी दूध चूल्हे पर रक्खा था, और न किसी बच्चे को लोरियाँ देकर सुलाया

था। फिर भी वह दूध उठाकर चूल्हे पर रखने चली। चूल्हे के समीप आकर ठोकर लगी। हाँडी हाथ से गिर पड़ी, और टूट गई। दूध सब गिर गया। टूटने का शब्द सुनकर ज़मींदार की स्त्री दौड़ी आई। दूध गिरा हुआ देखकर उसने एक थप्पड़ मैजमाल को मारा, और लगी उसे गालियाँ देने।

मार खाने और गालियाँ सुनने का यह पहला ही अवसर था। मैजमाल खड़ी थर-थर काँप रही थी। दूध उसके कपड़ों पर भी गिरा था। कभी वह कपड़ों को देखती और कभी ज़मींदार की स्त्री को, जो लगातार गालियाँ दे रही थी।

अंत में वह दीवार के सहारे लगकर खड़ी हो गई और रोने लगी। मैजमाल को रोते देखकर ज़मींदार की स्त्री को बड़ा क्रोध आया। उसने जूती उठाकर दो-तीन जूतियाँ उसके मारीं, और कहा—"अब तू मुझे डराती है ? मुई डाइन, मेवातिन को खा गई, अब यहाँ किसे खाने आई है ? सब दूध गिरा दिया। परमात्मा भला करे मेरे बच्चों का। दूध का चूल्हे के सामने गिरना बड़ा ही अशुभ होता है। पता नहीं, तेरे आने से क्या आपत्ति आवेगी ?"

मैजमाल पर जब जूतियाँ पड़ीं, तो वह बिलबिला उठी। उसने दोनों हाथों से अपना मुँह छिपा लिया। इतने में ज़मींदार आ गया। उसने जो कोलाहल सुना, तो वह भी वहाँ आया। मैजमाल वहाँ से भागकर अपनी चारपाई के पास आ गई। ज़मींदार और उसकी स्त्री भी दालान में आई।

ज़मींदार ने अपनी स्त्री से पूछा—"क्या हुआ था?" उसने सब बात बतला दी।

उसने कहा—"चलो जाने दो। भोली-भाली स्त्री है। भूल हो गई। कुछ विचार न करो।"

दूसरी स्त्री बोली—"यह भोली नहीं है। बड़ी बनी हुई है। मैंने इसे बुलाया कि तनिक बच्चे को सुला दे, तो कान में तेल डालकर चुप हो गई, और सुनी अनसुनी कर दी। इसे तुम घरवाली बनाकर लाए हो, या नौकर बनाकर। नौकर है, तो काम करना पड़ेगा।"

ज़मींदार ने उत्तर दिया—"मैं तो इसे दुखिया और निराश्रय समझकर लाया हूँ। इसे काम करना चाहिए। हमें एक नौकरानी की आवश्यकता भी थी।"

मैजमाल ने डरते-डरते कहा—"मुझे आज तक नौकरी करनी नहीं आती थी। तुम मुझे सिखा दो। भवितव्यता ने यह समय मुझ पर डाला, परंतु नौकरी करनी न सिखाई। मेरे सामने तो दासियाँ काम करती थीं। मैंने तो कभी कुछ काम नहीं किया।" यह कहते-कहते उसे ऐसा रोना आया कि हिचकी बँध गई।

ज़मींदार ने कहा—"तू रो मत। धीरे-धीरे सब काम आ जाएगा।"

इसके उपरांत उसने मैजमाल को खाना दिलवाया। पर मैजमाल से खाया न गया, और वह यों ही पड़कर सो गई। प्रातःकाल ज़मींदार की स्त्री ने उसे ख़ूब

झँझोड़ा, और कहा—''अरी, उठती नहीं। कब तक सोवेगी ? झाड़ देने का समय है, उठ।''

मैजमाल को सुध आई कि दिलशाद, नरगिस और सुंदरी उसे किस प्रकार जगाया करती थीं। कहाँ तो वह समय और कहाँ ज़मींदार के यहाँ का यह समय ! वह ठंडी साँस भरकर उठी, और स्वभावानुसार दो-चार अँगड़ाइयाँ लीं।

ज़मींदार की स्त्री ने धक्का देकर कहा—''जँभाई लेकर नहूसत फैलाती है। उठती नहीं ?''

मैजमाल ने उस समय जाना कि वह एक दासी बन गई है, और राजकुमारी नहीं रही। शीघ्र उठी, पर आँसू अविश्रांत रूप से उसकी आँखों से बह रहे थे। ज़मींदार की दूसरी स्त्री ने कहा—''यह स्त्री हमारे यहाँ नहीं निभ सकती। हर समय रोती है। बाल-बच्चों के घर में इस अभागिन का रखना अच्छा नहीं।''

इतने में ज़मींदार आ गया, और उसने अपनी स्त्रियों के कहने से मैजमाल को खड़े-खड़े घर से निकाल दिया।

मैजमाल असमंजस में पड़ गई, और कहने लगी—''परमात्मन् ! किधर जाऊँ ?'' इतने में वही मेखलाधारी साधु सामने से आया, और मैजमाल को देखकर खड़ा-का-खड़ा रह गया। मैजमाल पर भी इस आकस्मिक मिलन का बड़ा प्रभाव पड़ा, और वह भी कुछ गुम-सुम-सी हो गई। यद्यपि वह ऐसी अधोगति में थी कि उसे अपने शरीर की भी सुध-बुध न थी, तो भी साधु, उसकी मेखला, उसकी पीली आकृति और लाल आँखों का प्रभाव उस पर ऐसा पड़ा कि संपूर्ण शरीर में सनसनाहट होने लगी।

साधु ने कहा—''मेरी रानी, तुम कहाँ ?''

मैजमाल ने 'मेरी रानी' शब्द सुना, तो लज्जा से मुँह फेर लिया, और कहा—''मुझे भाग्य यहाँ ले आया है।'' यह कहकर उसने अपना संपूर्ण वृत्तांत कहा।

साधु ने कहा—''मेरा घर तो समीप ही है। परंतु मैने कभी तुम्हारा समाचार नहीं सुना। चलिए, मेरे घर चलिए।''

मैजमाल उसके पीछे-पीछे चली। वह अपने घर गया, और मालिन से मैजमाल का समाचार कहा। वह दौड़ी हुई आई, मैजमाल के पैरों पर गिर पड़ी, और गिड़गिड़ाकर अनुनय विनय करने लगी। बड़े मान के साथ उसे चारपाई पर बैठाया, और समाचार पूछती रही। कहा—''राजकुमारी ! यह आपका घर है। मेरे बेटे के सिवा और कोई नहीं। आपकी कृपा और अनुग्रह से मेरा घर भरा-पूरा है। अब आप इस घर की स्वामिनी हैं, और मैं और मेरा बेटा आपके दास-दासी।''

मालिन ने अपने बूते-भर से मैजमाल को इतना आराम पहुँचाया कि वह सब कष्टों को भूल गई। उसने देखा, मालिन के लड़के के पास दूर-दूर से रोगी आते हैं। वह पहले अपनी मेखला पर हाथ मलता है, फिर अपने दोनों कपोलों पर उन्हें

रखता है, आँखें कुछ देर बंद रखकर फिर खोल देता है, और कहता है, "जाओ, तुम अच्छे हो।" इसी प्रकार सब रोगी बात-की-बात में अच्छे हो जाते हैं।

मैजमाल कई दिन यह तमाशा देखती रही। एक दिन उसने मालिन से पूछा—"तेरे लड़के में यह शक्ति कहाँ से आ गई ? इसने मुझे भी एक दिन इसी प्रकार अच्छा कर दिया था।"

मालिन ने हाथ जोड़कर कहा—"राजकुमारी, यदि आप जीवन-दान दें, तो कहूँ।"

मैजमाल ने कहा—"मैं अब जीवन-दान देने योग्य नहीं। तुम कहो। मुझे यह भेद जानने की इच्छा है।"

मालिन ने कहा—"राजकुमारी, मेरे लड़के को आपसे प्रेम हो गया था, और आपके विरह में इसने अनेक कष्ट भोगे। अंत में एक साधु ने उसे यह मेखला दी। यह उसी की कृपा है, जिससे हज़ारों को लाभ पहुँच रहा है, और परमात्मा ने घर बैठे तुम्हें भी यहाँ भेज दिया।"

मैजमाल पर इसका बहुत प्रभाव पड़ा। कुछ दिनों बाद उसने मालिन से कहकर मेखलाधारी से विवाह कर लिया।

मालिन ने अपनी आयु-भर मैजमाल की ऐसी सेवा की, और ऐसे प्रेम से उसे रखा कि वह कहती थी—"मुझे अपना बचपन भी स्मरण नहीं आता।"

परंतु मालिन के लड़के ने मेखला पहनना कभी नहीं त्यागा। उसकी मेखला की करामात दूर-दूर तक विख्यात हो गई, और इस प्रकार मैजमाल का सोता भाग्य मेखला ने जगा दिया।

जब मैं राजकुमार था

बंबई के भिंडी-बाज़ार में, मुग़ल-होटल के बराबर, एक बुड्ढा आदमी बेहोश पड़ा था। आने-जानेवालों ने पहले ख़याल किया कि कोई थका हुआ यात्री है, जो अब तक सोता है। भिंडी-बाजार की इन पटरियों पर, जिन पर पैदल चलनेवालों का मार्ग है, प्रातःकाल के समय सैकड़ों परदेशी यात्री, जिन्हें घर नसीब नहीं, पड़े सोया करते हैं। परंतु जब दस बज गए, और बुड्ढा न उठा, तो पहरेवाले सिपाही ने पास आकर देखा।

बुड्ढा बहुत ही दुर्बल था। भौंहों तक के बाल सफ़ेद थे। मुँह पर झुर्रियाँ पड़ी हुई थीं। आँखें भीतर धँसी हुई थीं। शरीर पर एक मैला कुरता था, जिसमें कई पैबंद लगे हुए थे। वह खद्दर का पाजामा पहने हुए था। सिपाही ने पहले तो जगाना चाहा। जब वह न उठा, तो समीप आकर ध्यान से उसकी ओर देखा, और बोला—"यह तो शायद मर गया है।" दो-तीन यात्रियों ने झुककर बुड्ढे की करवट बदली, और उसके मुँह की ओर देखा, तो ज्ञात हुआ कि साँस ले रहा है, परंतु किसी कारण से अचेत है।

सिपाही ने एक गाड़ीवाले को बुलाया, बुड्ढे को उठाकर उसमें लादा और जॉर्ज-अस्पताल ले गया। पारसी डॉक्टर ने बुड्ढे को देखकर कहा—"इसे किसी ने कुछ खिला दिया है। विष चढ़ चुका है, और इसकी दवा नहीं हो सकती।" फिर भी उसने उद्योग किया। थोड़ी देर बाद बुड्ढे को चेत हुआ। उसने कहा—"बेटी, तू कहाँ गई ?"

कंपाउंडर ने डॉक्टर से यह समाचार कहा। डॉक्टर ने खाने के लिए शोरबा बतलाया।

जब बुड्ढे में थोड़ा दम आ गया, तो पुलिसवालों ने उसके बयान लिये, क्योंकि थाने का मुहर्रिर उसकी बेहोशी में एक फेरा करके चला गया था। जब उसे ज्ञात हुआ कि बुड्ढे को होश आ गया है, तो वह फिर आया, और उसके समाचार पूछे।

बुड्ढे ने कहा—"मैं चार महीने से बंबई में रहता हूँ। मेरा कोई घर नहीं।

सड़कों पर ही अपना समय काट लेता हूँ। मेरी एक बेटी रसोईगिरी करती है। वह खेतबाड़ी में एक वेश्या के यहाँ नौकर थी, और सुबह-शाम मुझे अपने हिस्से के खाने में से आधा खाना सड़क पर आकर दे जाती थी। परंतु चार दिन से वह नहीं आई। जिस घर में वह नौकर थी, वहाँ भी मैं गया, और वेश्या से भी उसका समाचार पूछा। उसने कहा, "वह तो दस दिन पहले ही नौकरी छोड़कर चली गई।" यह सुनकर मैंने उसे कई स्थानों में ढूँढ़ा, परंतु वह कहीं नहीं मिली। जब छः दिन का उपवास हो चुका, और मुझमें चलने की शक्ति न रही, तो मैं भिंडी-बाज़ार की सड़क पर रात को लेट रहा, और अचेत हो गया।"

थाने के मुहर्रिर ने पूछा—"तुम तो भीख माँगते थे, फिर क्यों भूखे रहे ? बंबई शहर में तो भीख माँगनेवाले इन्ट्रेंस पास लोगों से अधिक कमा लेते हैं।"

मुहर्रिर की ये बातें सुनकर बुड्ढे को इतना क्रोध आया कि आँखें गड्ढों से उबल पड़ीं। उसने अपने धीमे स्वर को गले से बलपूर्वक निकालकर कहा—"बस, आप चुपके रहिए। अधिक बकवास न कीजिए। शायद आपने अपने बाबा के साथ मुझे भीख माँगते देखा होगा ?"

मुहर्रिर को एक भिखमंगे कँगले की यह बात सुनकर क्रोध आ गया। उसने बुड्ढे के एक थप्पड़ मारा। बुड्ढा थप्पड़ खाकर चित गिर पड़ा। परंतु वह शीघ्र ही उठा, और डॉक्टर साहब का रूल मेज़ से उठाकर मुहर्रिर के सिर पर ऐसा मारा कि उसका सिर फट गया, और वह अचेत होकर गिर पड़ा। लोगों ने बुड्ढे को पकड़ लिया, नहीं तो वह दूसरा वार और करना चाहता था।

डॉक्टर ने मुहर्रिर को ड्रेसिंग रूम में ले जाकर उसका घाव धोया, और दवा लगाई। सिपाही बुड्ढे को लेकर थाने पहुँचा। अँगरेज़ इंस्पेक्टर वहाँ मौजूद था। जब उसने बुड्ढे की करनी सुनी, तो उसे भी बहुत क्रोध आया। परंतु उसने कहा—"मुहर्रिर के बयान तक इसे हवालात में रखो।"

शोरबा पीकर बुड्ढे में बहुत दम आ गया था, और मुहर्रिर को बराबर बुरा-भला कह रहा था।

घाव पर पट्टी बाँधे हुए मुहर्रिर थाने में आया, और इंस्पेक्टर को घटना-स्थल का वर्णन सुनाया। उसने बुड्ढे को हवालात से निकालकर फिर उसका बयान लिखना शुरू किया।

बुड्ढे ने कहा—"मैं बयान उस समय दूँगा, जब आप पहले मुहर्रिर साहब से क्षमा मँगवा लें। उन्होंने मुझ-जैसे आदरणीय पुरुष को भिखमंगा क्यों कहा ?"

मुहर्रिर ने कहा—"क्यों बकता है ? बड़ा आदरणीय बना है कहीं का ! स्वयं तू कहता था कि तेरी लड़की वेश्या के यहाँ नौकर थी, और अब मान और गौरव की बात करता है। तू भिखमंगा नहीं, तो कोई ठग या डाकू अवश्य है।"

बुड्ढे पर फिर क्रोध का भूत चढ़ा। वह फिर मुहर्रिर पर आक्रमण करने ही

वाला था, पर सिपाहियों ने उसे पकड़ लिया, और इंस्पेक्टर ने बुड्ढे को धमकाया कि वह अपने स्थान पर खड़ा रहे, नहीं तो उसके लिए अच्छा न होगा।

बुड्ढे ने कहा—"तो क्या आप एक कुलीन पुरुष को गालियाँ दिलवाने के लिए लाए हैं ? मैं भारत-सम्राट् का ख़ून हूँ। मैं किसी की गाली कदापि न सुनूँगा, और अपनी और इसकी जान एक कर दूँगा।"

'भारत-सम्राट का ख़ून' शब्द सुनकर इंस्पेक्टर को हँसी आ गई। और उसने मुहर्रिर से कहा—"यह तो पागल प्रतीत होता है। तुम इसे बकने दो।"

इसके उपरांत इंस्पेक्टर ने बुड्ढे से प्रश्न किए।

इंस्पेक्टर—"तुम्हारी बेटी की आयु क्या है ?"

बुड्ढा—"बीस वर्ष। पर वह मेरी सगी बेटी नहीं। मैंने उसे पाला है। मैंने उसका विवाह भी कर दिया है। पर उसका पति इन्फ़्ल्युएंज़ा में मर गया। वह आदमजी पीरभाई के कारखाने में नौकर था। मेरी लड़की ने भोपाल में यह समाचार सुना, तो वह उसे देखने के लिए बंबई आई। मैं भी उसके साथ आया। यहाँ आकर वापसी के लिए ख़र्च न रहा। इसलिए चार महीने से हम बंबई में हैं। मेरी बेटी नौकरी करती है।"

इंस्पेक्टर—"तुम भोपाल में क्या काम करते थे ?"

बुड्ढा—"मैं एक अमीर के द्वार पर चौकीदार था। मेरी लड़की उसी अमीर की छोकरी थी। मैंने उसे बेटी बना लिया था।"

इंस्पेक्टर—"भारत-सम्राट् का ख़ून तुममें कितने दिनों से आया ? तुम अभी कहते थे न कि तुम भारत-सम्राट् का ख़ून हो। एक टके का चौकीदार यह गर्व कैसे कर सकता है ?"

बुड्ढा (मुस्कराकर)—"जब से तुम लोग यहाँ आए हो, मैं चौकीदार बन गया, नहीं तो तुम्हारे आने से पूर्व मैं राजकुमार था।"

इंस्पेक्टर (बुड्ढे के हँसने से बिगड़कर)—"हमारे आने से पहले यदि तुम राजकुमार थे, तो इतनी जल्दी चौकीदार कैसे बन गए ? मेरे सामने पागलपन की बात न करो। मैं तुम्हारी वास्तविकता जानता हूँ। तुम बड़े चतुर बदमाश हो।"

बुड्ढा (क्रोध से)—"जी हाँ, आप मेरी वास्तविकता से अनभिज्ञ नहीं, और न मैं आपकी से। मैंने इब्राहिम लोदी का घर लूटा था, इसलिए मैं बदमाश हूँ। आपने मेरा घर लूटा, इसलिए आप बदमाश हैं।"

इंस्पेक्टर (क्रोध रोकते हुए)—"तुम्हारे घर में कितना सोना-चाँदी था, जो हमने लूट लिया।"

बुड्ढा—"जितना सोना-चाँदी बाबर और हुमायूँ ने इब्राहिम लोदी के घर से लूटा था, वह सब आपके अधीन है।"

इंस्पेक्टर—"क्या तुम बाबर की औलाद हो ?"

बुड्ढा—"हाँ, मैं बाबर की औलाद था। परंतु अब चौकीदार, वरन् आपका क़ैदी हूँ।"

इंस्पेक्टर ने इसके पश्चात् कुछ न कहा, और बुड्ढे को हवालात में ले जाने की आज्ञा दी।

बंबई में मुग़ल-वंश के एक राजकुमार रहते थे। भगवा वस्त्र पहनते थे। तलवार लगाए रहते थे। अँगरेज़ी अफ़सरों से भी उनका मेल-जोल था।

इंस्पेक्टर ने उन्हें बुलाया और कहा—"एक बुड्ढा कहता है कि मैं दिल्ली के शाही वंश का हूँ। क्या आप इसे पहचान सकते हैं ? आप भी तो कहते हैं कि आप बहादुरशाह के पुत्र दाराबख़्त के बेटे हैं।"

वह व्यक्ति हवालात के समीप गया, और बुड्ढे चौकीदार को देखकर बोला—"झूठ है, यह राजकुमार नहीं।"

हवालात के भीतर से बुड्ढे ने कहा—"नहीं, तुम्हीं राजकुमार नहीं हो।"

इंस्पेक्टर ने पूछा—"इस बात के लिए तुम्हारे पास क्या प्रमाण है कि हवालातवाला बुड्ढा शाही वंश का नहीं ?"

आगंतुक बोला—"प्रमाण कुछ नहीं। मैं अपने वंश के सब लोगों को जानता हूँ।"

हवालात के भीतर से बुड्ढा बोला—"मेरी आयु तुमसे अधिक है, और अपने वंश के समाचारों को तुमसे अधिक जानता हूँ। बताओ, जब बहादुरशाह गिरफ़्तार होकर रंगून गए, तो उनके साथ कौन-कौन गया था ?"

बंबईवाले राजकुमार ने कहा—"जवाँबख़्त, ज़ीनतमहल, बहादुरशाह और मैं। बहादुरशाह एक टमटम में थे, और ज़ीनतमहल दूसरी में थीं। जवाँबख़्त और मैं एक-एक पड़ाव करके कलकत्ता गए। वहाँ वाजिदअलीशाह ने मोतियों का थाल भेंट किया। पर अँगरेज़ों ने उसे पेश न होने दिया। कलकत्ता से हम रंगून गए, और बहादुरशाह की मृत्यु के उपरांत मैं बंबई चला गया।"

हवालाती बुड्ढे ने हँसकर कहा—"यह झूठ है कि बादशाह और ज़ीनतमहल टमटम में थे। दिल्ली के बच्चे-बच्चे को ज्ञात है कि वे दोनों पालकी में थे। एक पालकी में जवाँबख़्त और ज़ीनतमहल थीं, दूसरी में ताजमहल और तीसरी में स्वयं बादशाह थे। इनके अतिरिक्त उनके साथ और कोई न था।"

बंबईवाला राजकुमार कुछ घबरा-सा गया। क्योंकि उसने राजकुमार होने की एक कल्पित कथा अपने विषय में बंबई में फैला रखी थी, और लोग उसका बड़ा आदर करते थे।

हवालाती बुड्ढे ने और भी कुछ प्रश्न किए; पर बंबईवाले राजकुमार से उनका उत्तर देते न बन पड़ा। इंस्पेक्टर खड़ा हुआ बातें सुन रहा था। उसे विश्वास हो गया कि हवालाती बुड्ढा सच्चा है। इसलिए उसने उसे हवालात से निकाल

लिया, और सामने कुर्सी पर बिठाकर समाचार पूछने लगा कि ग़दर से अब तक उस पर क्या-क्या बीती।

हवालाती बुड्ढे ने कहा—" मैं मिर्ज़ा ख़िजर सुल्तान का बेटा हूँ, जो बहादुरशाह के बेटे थे, और जिन्हें ग़दर के उपरांत गोली से मार डाला गया। ग़दर में मेरी आयु अठारह वर्ष की थी। ग़दर के दिनों में मुझे पेचिश हो रही थी। चार महीने लगातार बीमार रहा। जिस दिन मेरे पिता पकड़े गए, मैं हुमायूँ के मक़बरे में था। सायंकाल को जब समाचार आया कि मिर्ज़ा मुग़ल और मिर्ज़ा ख़िजर सुल्तान इत्यादि मार डाले गए, तो मेरी माता मुझे और मेरी छोटी बहन को लेकर फ़रीदाबाद की ओर चल पड़ी; क्योंकि वहाँ हमारे दो नौकरों का घर था।

" जब हमारी बैलगाड़ी बिदरपुर पहुँची, तो मेजर हडसन और मिर्ज़ा इलाहीबख़्श ने सवार लाकर हमें घेर लिया। गाड़ी की तलाशी ली, और मुझे पकड़ लिया। मैं मृतप्राय हो रहा था। शौच में ख़ून आता था। माँ ने रोकर कहा—'यह बहुत बीमार है। इसका कोई दोष नहीं। यह तो चार महीने से घर में पड़ा हुआ है।' हडसन साहब ने कहा—'परंतु इसके बाप ने अँगरेज़ों के बच्चों और स्त्रियों का वध कराया था। हम इसे क़ैद करके जाँच करेंगे। यदि यह निर्दोष हुआ, तो छोड़ देंगे, नहीं तो इसका भी वध किया जाएगा।' मुझे गिरफ्तार होते देख मेरी बहन रोती हुई दौड़ी, और मुझसे चिपट गई। साहब ने उसे बल-पूर्वक हटाया, और मुझे एक सवार के पीछे बैठाकर दिल्ली-कैंप में ले आए।

" जब मैं माँ और बहन से अलग हुआ, तो वे दोनों फूट-फूटकर रोने लगीं। माँ ने रोते-रोते केवल इतना कहा—'बेटा, जान से बच जाना, तो शीघ्रातिशीघ्र अपना मुखड़ा दिखाना।' जाँच के लिए मुझे समुंदरखाँ पंजाबी सिपाही के पास रखा गया। वह बड़ा ही क्रूर और निर्दय था। पेचिश के कारण मैं बार-बार शौच जाता था। जब मैं निबटकर आता, तो वह कहता—'जाओ, उसे अपने हाथ से साफ़ करो।' पहली बार मैंने इनक़ार कर दिया। पर उसने मेरे दो-तीन थप्पड़ मारे। निर्बलता के कारण मैं अचेत हो गया, और रात-भर ज्वर से जलता रहा। उसी दशा में शौच भी जाता था। चक्कर आते थे। गिर-गिर पड़ता था। पर झख मारकर, प्रत्येक बार मैले को साफ़ कर बाहर डालने जाता था। एक बार मैंने कहा—'मुझे जंगल में जाने की आज्ञा दे दीजिए, जिससे मैला उठाने के कष्ट से बच जाऊँ। पर उस राक्षस का हृदय न पसीजा।' उसने कहा—'भागने का विचार होगा। तुम जंगल में नहीं जा सकते।'

" खाने को भी बहुत ही बुरा भोजन मिलता था, जिससे पेचिश बढ़ गई थी। चार दिन पश्चात् मैं बड़े साहब के सम्मुख पेश किया गया। गामीख़ाँ नामी सरकारी गवाह की गवाही हुई। उसने कहा—'यह लड़का अपने पिता मिर्ज़ा ख़िज़र सुल्तान के साथ पहाड़ी पर लड़ने जाता था, और लाल क़िले में जो अँगरेज़ों

के बच्चे और स्त्रियाँ मारी गईं, उस समय भी यह उपस्थित था। इसी ने ज़नाने महल से आकर कहा था कि बादशाह ने इन लोगों के वध की आज्ञा दे दी है।

" बड़े साहब ने यह गवाही सुनकर मुझे फाँसी देने की आज्ञा दी। मैंने कहा–'इस गवाह से यह तो पूछिए कि पहाड़ी पर विद्रोही सेना के साथ जाते या लाल क़िले में ज़नाने महल से बाहर आते इसने मुझे देखा था, या सुनी-सुनाई कहता है।'

" गामीख़ाँ ने कहा–'मैंने अपनी आँखों से देखा था।' मैंने पूछा–'जिस रोज डगलस साहब क़िलेदार मारे गए, तुम कहाँ थे ?' गामीख़ाँ का मुँह उतर गया। उसने सिर नीचा कर लिया, और कुछ देर बाद कहा–'उस रोज़ मैं अपने घर पर था।' मैंने कहा–'झूठ बोलते हो। तुम स्वयं वहाँ बाग़ियों के साथ उपस्थित थे, और तुमने ही बाग़ियों को डगलस के वध के लिए उभारा था। मैं उस समय वहीं था; क्योंकि माँ ने मुझे पेचिश के इलाज के लिए डगलस साहब के अतिथि डॉक्टर साहब के पास भेजा था। तुमने साहब, मेम साहब, और उनके अतिथियों का वध करके चाँदी का एक गुलदान उठा लिया था। साहब की घड़ी भी तुमने ही ली थी।'

" गामीख़ाँ ने कहा–'तुम झूठ कह रहे हो। मैं वहाँ नहीं था।' पर उसके मुख पर ऐसी घबराहट थी कि बड़े साहब को कुछ संदेह हुआ। उन्होंने कहा–'गामीख़ाँ के घर की तलाशी ली जाए।' बस, उसी समय दौड़ हुई, और कुछ देर बाद घड़ी और गुलदान लिये हुए सिपाही लौट आए। उनके सिवा हज़ारों रुपए का और भी बहुमूल्य सामान उसके घर से निकला।

" साहब ने यह देखकर गामीख़ाँ को फाँसी की आज्ञा दी, और मुझे मुक्त कर दिया। क़ैद से छूटकर मैं फ़रीदाबाद आया। पर वहाँ आकर ज्ञात हुआ कि माँ और बहन वहाँ नहीं आईं। उन्हें बहुत ढूँढ़ा, परंतु उनका कुछ पता न चला। कुछ दिन फ़रीदाबाद में ठहरा रहा। जब स्वास्थ्य ठीक हो गया; तो एक-एक पड़ाव करके पैदल भोपाल आया, क्योंकि वहाँ मेरे पिता के एक अमीर मित्र रहते थे। भोपाल पहुँचकर ज्ञात हुआ, उन अमीर का देहांत हो गया है। उनके उत्तराधिकारियों ने मेरी कुछ पूछ-ताछ न की। अंत में मैं एक दूसरे अमीर के यहाँ चौकीदारों में नौकर हो गया, और अपना सब जीवन ही बिता दिया। "

पुलिस-इंस्पेक्टर ने यह बयान सुनकर मुहर्रिर से कहा–"निस्संदेह यह प्रतिष्ठित व्यक्ति है। तुम इनसे क्षमा माँगो।" इसके उपरांत उसने राजकुमार की लड़की की खोज करने की आज्ञा दी, और लड़की की खोज होने तक उसने राजकुमार के लिए स्वयं ख़र्च देना स्वीकार किया। चार दिन बाद ज्ञात हुआ कि किसी बदमाश ने लड़की को पकड़कर कहीं छिपा दिया था, और उससे वह बाज़ारू

पेशा कराना चाहता था। जासूसों ने अंत में पता चला ही लिया। बदमाश को सजा हुई, और राजकुमार इंस्पेक्टर के ख़र्च से भोपाल चला आया।

चलते समय राजकुमार ने इंस्पेक्टर को बहुत धन्यवाद दिया, और कहा—"बुरा न मानिएगा। मैंने सच कहा था कि जब बाबर-हुमायूँ ने भारतवर्ष-विजय किया, तो वे डाकू थे, और अब आप हैं। आज आप राजकुमार हैं, और तब मैं राजकुमार था।"

मिर्ज़ा मुग़ल की बेटी

सन् 1857 ई. के विद्रोह में जब विद्रोही सैनिकों ने बहादुरशाह बादशाह के वीर तथा साहसी लड़के मिर्ज़ा मुग़ल को अपना सेनापति बना लिया, और मिर्ज़ा मुग़ल प्रायः विद्रोहियों का नेतृत्व करने लगे, तो एक दिन 49 अँगरेज़ स्त्री-पुरुष, बच्चे-बूढ़े दिल्ली के लाल क़िले में विद्रोही सिपाहियों द्वारा मार डाले गए। जिस समय उन अँगरेज स्त्री-पुरुष और बच्चों को दीवान-ख़ास के सामने मारने के लिए खड़ा किया गया, तो मिर्ज़ा मुग़ल अपनी छत पर खड़े तमाशा देख रहे थे। उस समय उनकी आठ साल की लड़की, जिसका नाम 'नरगिस नज़र' था, उनके पास खड़ी थी। उसने जब देखा कि अँगरेज़ों के बच्चे भी मारे जाने के लिए खड़े किए गए हैं, और जब बच्चों ने बिलबिलाकर रोना शुरू किया, उनकी माताएँ घुटना टेककर ईश्वर से प्रार्थना करने और अपने बच्चों को छाती से लगाकर फूट-फूटकर रोने लगीं, तो उस समय वह भी अन्य पुरुषों के साथ-साथ रोने लगी। मिर्ज़ा मुग़ल के कुछ दरबारी लोग, जो उनके पास खड़े थे, विशेषकर नरगिस नज़र के गुरु मौलाना ऐनुल्ला साहब, आँखों में आँसू भरकर बोले—"हुजूर ! यह तो बड़ा क्रूर कार्य है। स्त्री और बच्चों के वध की तो किसी धर्म ने आज्ञा नहीं दी। कृपया आप सैनिकों को आज्ञा दीजिए कि वे स्त्री और बच्चों का वध न करें।"

मिर्ज़ा मुग़ल ने उत्तर में कहा—"निस्संदेह यह बड़ी निर्दयता और अत्याचार है; परंतु सेना के अशिक्षित सैनिक और क्रोधित अफ़सरों को रोकना कोई सरल काम नहीं। ये लोग बिलकुल जंगली हैं, और अँगरेज़ों से विद्रोह करने के उपरांत इतने उद्दंड हो गए हैं, कि किसी की भी आज्ञा नहीं मानते; जो मन में आता है, करते हैं।"

मौलाना ऐनुल्ला साहब ने कहा—"श्रीमन् ! इन्होंने तो आपको अपना सेनापति बना रखा है, और श्रीमान् सम्राट् महोदय को ये लोग अपना स्वामी भी स्वीकार कर चुके हैं, तो फिर क्या कारण है कि ये आपकी अथवा आपके पूज्य पिताजी की आज्ञा नहीं मानते ? आपको इस वध को रोकने का यत्न करना चाहिए। क्या आप देखते नहीं कि इन अँगरेज़ स्त्रियों और बच्चों के फूट-फूटकर रोने से पृथ्वी

और आकाश कंपायमान प्रतीत होते हैं।''

मिर्ज़ा मुग़ल ने उत्तर दिया—''मौलाना साहब, मैं और पिताजी खिलौना-मात्र हैं, वास्तविक बात यह है कि कोई न मेरा कहना मानता है, और न पिताजी का। जब ये अँगरेज़ स्त्री-पुरुष गिरफ्तार होकर आए, तो मैंने जान-बूझकर उन्हें सम्राट महोदय के पास इसलिए भिजवा दिया था कि किसी-न-किसी प्रकार इनकी जान बच जाए। परंतु इन अत्याचारी विद्रोहियों ने क़िले के भीतर भी इन अँगरेज़ स्त्री-पुरुषों को अपनी ही देख-रेख में रक्खा, और सम्राट् का विद्रोहियों पर कुछ भी प्रभाव न पड़ा। यहाँ तक कि जब मेरे कहने से दो-एक बार बादशाह ने विशेष भोजन इन दीन क़ैदियों को अपने यहाँ से भिजवाना चाहा, तो विद्रोही सैनिक अँगरेज़ों को वह खाना देने को तैयार नहीं हुए। यही नहीं, उनका यह भी ख़याल है कि बादशाह और उनकी संतानें अँगरेज़ों से मिली हुई हैं। इसी कारण किन्हीं मुँहफट सैनिकों ने मेरे और पिताजी के सम्मुख यह भी कहा है कि 'हमने अपने जीवन और अपने संपूर्ण कुटुंब को लात मार दी है; परंतु आप इसका कोई मूल्य नहीं समझते। बात-बात में आप अँगरेज़ों का ही पक्ष लेते हैं। यदि आप लोग ऐसा ही करेंगे, तो हम पहले आप सब लोगों का तलवार से अंत कर देंगे।' मौलाना साहब, तुम्हीं न्याय करो। ऐसी असभ्य सेना से कोई क्या कह सकता है ? यदि इस समय मैं इन लोगों को बच्चों और स्त्रियों के वध से रोकूँ, तो ये पहले मुझे और मेरे बच्चों को ही उसी स्थान पर ले जाकर मार डालेंगे, जहाँ इन बेचारे अँगरेज़ लोगों को मारने के लिए लाया गया है।''

मिर्ज़ा मुग़ल की आकृति परिवर्तित हो गई, और वह मौलाना ऐनुल्ला से यह कहना ही चाहते थे कि उन अँगरेज़ों की रक्षा के लिए कुछ किया जाए कि इतने ही में एक पुरुष ने, जो मिर्ज़ा के दरबारियों के पीछे खड़ा हुआ था, दौड़कर मौलाना ऐनुल्ला साहब की पीठ में एक छुरी भोंक दी, और उलटे पाँव यह कहता हुआ भागा—''देश-द्रोही और देश-द्रोहियों के मित्रों का यही दंड है।''

मिर्ज़ा मुग़ल के दरबारी और स्वयं मिर्ज़ा मुग़ल मौलाना ऐनुल्ला साहब को सँभालने लगे। दो-एक आदमी आक्रमणकारी के पीछे, उसे पकड़ने के लिए दौड़े। परंतु आक्रमणकारी कोठे के नीचे उतरकर दौड़ता हुआ विद्रोही सैनिकों के झुंड में जाकर गायब हो गया।

छुरी मौलाना के बाईं ओर लगी थी। जिसने पसलियों को चीरकर गुर्दे के दो टुकड़े कर दिए, और बेचारे मौलाना गिरते-गिरते समाप्त हो गए, उनके मुँह से एक बात भी न निकलने पाई।

नरगिस यद्यपि बालिका थी, तो भी अपने गुरु की यह अवस्था देखकर पहले तो कुछ भयभीत हो गई, परंतु उसके उपरांत 'हाय मेरे मौलवी साहब !' कहकर रोने लगी।

विद्रोही सेनाएँ भाग गईं। अँगरेज़ी सेना ने दिल्ली को फ़तह कर लिया। बादशाह बहादुरशाह हुमायूँ के मक़बरे में गिरफ्तार हो गए। विजयी सेनाओं द्वारा मिर्ज़ा मुग़ल और मिर्ज़ा अबूबकर आदि पकड़े तथा मार डाले गए।

उस समय नरगिस नज़र अपनी माता सहित, जो मिर्ज़ा मुग़ल की उपपत्नी थीं, बैलगाड़ी में चढ़कर जंगल में जा रही थीं। गाड़ी में नरगिस नज़र, उसकी माता और एक ख़ानिम नाम की धाय, कुल तीन स्त्रियाँ और दो मर्द थे। मर्दों में से एक मिर्ज़ा घसीटा थे, जिनका शाहआलम से दूर का-संबंध था, और दूसरा मिर्ज़ा मुग़ल की ड्योढ़ी का दारोग़ा कुदरतखाँ था। गाड़ी कुतुब से आगे बढ़कर छतरपुर के समीप पहुँची थी कि सामने से कई सवार आते दिखाई पड़े। उन लोगों ने समझा, अँगरेज़ी सेना आ गई, इसलिए उन्होंने गाड़ी को राह से हटा लिया, और चाहा कि वृक्षों की आड़ में छिप जाएँ। परंतु गाड़ी दस पग भी न बढ़ने पाई थी कि सवार समीप पहुँच गए, और उन्होंने गाड़ी को घेर लिया।

नरगिस नज़र ने देखा, उन सवारों में वह सवार भी है, जिसने मौलाना ऐनुल्ला को मारा था। उसे पहचानकर नरगिस नज़र ने चुपके से अपनी माता के कान में कहा—"यह अँगरेज़ी सेना नहीं, बल्कि विद्रोही सेना है।"

सवारों ने गाड़ी रोक ली, और कहा—"जो कुछ माल तुम्हारे पास है, हमें दे दो।"

मिर्ज़ा घसीटा ने एक सवार को पहचानकर कहा—"तुमको तो हमारी सहायता करनी चाहिए, न कि उलटा हमीं को लूटो।"

इस पर मौलाना ऐनुल्ला के घातक ने कहा—"तुम लोग सहायता के पात्र नहीं, क्योंकि तुम्हारे ही भेदियों ने अँगरेज़ों को विजय प्राप्त कराई, और हमको भागना पड़ा।"

दारोग़ा कुदरतख़ाँ ने कहा—"यह बात बिलकुल झूठ है। तुम्हीं लोगों ने हमारी आज्ञा नहीं मानी, इतने शक्तिशाली होने पर भी तुम लोग भाग खड़े हुए, और सब घर-बार एवं समस्त सुख और भोग-विलास पर पानी फेर दिया।"

यह बात सुनकर सवार आपे से बाहर हो गए। उन्होंने गाड़ीवान तथा पुरुषों पर तलवारों से वार शुरू कर दिया।

नतीजा यह हुआ कि मिर्ज़ा घसीटा, दारोग़ा कुदरतख़ाँ और गाड़ीवान मारे गए। बेचारी ख़ानिम भी कुदरतख़ाँ के बचाने में तलवार खाकर गिर पड़ी, और ठंडी हो गई। केवल नरगिस और उसकी माता बच रहीं।

सवारों ने गाड़ी का सब सामान लूट लिया। यहाँ तक कि मृतकों के वस्त्र भी उतार लिये। नरगिस नज़र की माता के पास जितने आभूषण थे, वे भी छीन लिये। नरगिस नज़र के कानों और गले में आभूषण थे, वे भी ज़बरन उतार लिये।

इसके बाद वे आपस में परामर्श करने लगे कि उन दोनों को कौन ले ?

एक सवार ने कहा—"स्त्री युवती है। इसे मैं अपनी स्त्री बनाऊँगा। इसे मुझे दे दो, और इसके बदले में मेरे हिस्से के आभूषण ले लो।"

मौलाना ऐनुल्ला का घातक बोला—"इस लड़की को मैं लूँगा; क्योंकि मेरे कोई संतान नहीं।"

इसी परामर्श के अनुसार कार्य किया गया।

नरगिस नज़र की माता को एक सवार ने अपने घोड़े पर बैठा लिया, और नरगिस नज़र को मौलाना ऐनुल्ला के घातक ने अपने घोड़े पर सवार कर लिया।

नरगिस नज़र "अम्माँ-अम्माँ !" कहकर रोने लगी। उसकी माता ने उस सवार से कहा—"मेरी लड़की को भी तू ले ले, जिससे हम दोनों एक जगह रहें।"

सवार ने कहा—"मैं भरतपुर का रहनेवाला हूँ। वहाँ तुझे ले जाऊँगा, और यह दूसरा सवार, जिसके हिस्से में तेरी लड़की आई है, सुहना, ज़िला गुड़गाँव का निवासी है। हम अपने आपस के हिस्से को बदलना नहीं चाहते।"

नरगिस नज़र की माता ने कहा—"हाय ! मुझ पर दया करो, और मेरी इकलौती बच्ची को मुझसे न छुड़ाओ।" परंतु उन निर्दय सवारों के हृदय में तनिक भी दया न आई। भरतपुर का सवार नरगिस नज़र की माता को लेकर भरतपुर चला गया, और मौलाना ऐनुल्ला का घातक नरगिस नज़र को लिये हुए सुहना पहुँचा।

नरगिस नज़र का कहना है कि जब मेरी माता मुझसे पृथक् होकर चलीं, तो वह अपने बाल नोंचती हुई बिलख-बिलखकर रो रही थीं। मैं भी 'अम्माँ-अम्माँ' कहकर रोती और चिल्लाती थी। परंतु उन निर्दय सवारों ने हमारी करुणाजनक स्थिति पर कुछ भी दया नहीं की। मुझे जब तक अम्माँ का घोड़ा दिखाई देता रहा, तब तक उन्हें चिल्ला-चिल्लाकर बुलाती रही। परंतु जब घोड़ा आँखों से ओझल हो गया, तो मैं चुप हो गई। सुहना पहुँचकर वह सवार मुझे अपने घर ले गया। वह ज़ात का घोसी था। उसके घर में तीन-चार भैंसें बँधी हुई थीं। उसकी स्त्री ने जब मुझे देखा और अपने पति से यह सुना कि वह मुझे बेटी बनाकर लाया है, तो वह बहुत प्रसन्न हुई, और उसने मुझे अति प्रेम से अपने समीप बिठाया। आठ दिन तक उस घोसिन ने मेरी ऐसी सेवा की कि मैं अपनी माता का वियोग भूल गई। आठ दिन बाद अकस्मात् अँगरेज़ी सेना आई, उसने मेरे नवीन पिता को पकड़ लिया, और घर का सर्वस्व हर ले गई। मुझे मेरी घोसिन माता ने बहुत सांत्वना दी, और पड़ोस के एक व्यक्ति के यहाँ ले गई। तीन दिन पीछे मैंने सुना, वह घोसी विद्रोह के अपराध में फाँसी पर लटका दिया गया, और उसका सब सामान नीलाम कर दिया गया। बेचारी घोसिन भागते समय कुछ नक़दी अपने साथ ले गई थी, जिससे उसने दो साल तक अपना निर्वाह किया, और मेरे सत्कार करने में कोई कसर नहीं रखी।

एक दिन रात को हमारे घर चोर आए। उन्होंने मेरी घोसिन माता के गले

से हँसली उतारनी चाही। उसकी आँख खुल गई, और वह चिल्लाई। इस पर चोरों ने घोसिन माता का गला घोंट दिया।

घोसिन माता की मृत्यु के पीछे एक-दो दिन तक मकानवालों ने मुझसे कुछ भी न कहा, वरन् ढाँढ़स बँधाते रहे। परंतु तीन दिन बाद उस मकानवाले की स्त्री ने कहा—"अरी, तू दिनभर बैठी रहती है। कुछ काम क्यों नहीं करती ? हमारे यहाँ हराम की रोटी नहीं। सेवा करेगी, तो खाने को मिलेगा।"

मैंने कहा—"मुझे काम बताओ। तुम जो कहोगी, वही करूँगी।"

उस स्त्री ने कहा—"घर में झाड़ू दिया कर, भैंसों का गोबर उठाया कर, और उनके उपले पाथा कर।"

मैंने उत्तर दिया—"उपले पाथना मुझे नहीं आता। झाड़ू मैंने कभी नहीं दी। ये काम मैंने कभी नहीं किए। मैं भारतवर्ष के बादशाह की पोती हूँ, परंतु परमात्मा ने मुझे इस विपत्ति में डाला है। इसलिए तुम जो काम करने को कहोगी, वही करूँगी। दो-चार बार यह काम करके मुझे बताओ, जिससे मैं सीख जाऊँ।"

वह स्त्री बड़ी सरल-हृदया थीं। उसने मुझे झाड़ू देना और उपले पाथना सिखाया, और मैं वे काम करने लगी।

एक दिन मुझे बहुत वेग से ज्वर आ गया। उसके कष्ट के कारण मैं उपले न पाथ सकी। उस स्त्री का पति घर में आया, और मुझे पड़े देखा, तो मेरे एक ठोकर मारी, और कहा—"दस बज गए, तू अब तक पड़ी सोती है ? यह लाल क़िला नहीं, घोसी का घर है। उठकर बैठ, और गोबर पाथ।"

घोसी के ठोकर मारने से मेरी आँखों में आँसू आ गए। मैं उठ बैठी। मैंने उससे क्षमा माँगी, ज्वर की अवस्था में ही झाड़ू भी दी, और उपले भी पाथे। उस समय तो मुझे इतनी ही समझ थी; परंतु आज जब उस कष्ट का ध्यान आता है, तो हृदय विकल हो जाता है, और मैं सोचती हूँ, उन अभागे, क्रूर विद्रोहियों के कारण हम लोगों को कैसी-कैसी आपत्तियाँ सहन करनी पड़ीं। हम उस महल के रहनेवाले थे, जिसकी भीतरी अवस्था की कल्पना में कवियों ने काव्य-के-काव्य रच डाले थे, और उसी के वर्णन में एक स्थल पर यह आया है—

'स्वर्गलोक यदि भूमि पर, तौ है याही ठौर।'

परंतु आपत्तियों ने यह दिन दिखाया कि हम लोग राजप्रासादों से निकलकर द्वार-द्वार ठोकरें खाते फिरते और उपले पाथते थे।

दो वर्ष ऐसी ही आपत्तियों में बीते। अंत में उस घोसी ने अपने भाई के साथ मेरा निकाह कर दिया, जहाँ मेरी संपूर्ण आयु व्यतीत हुई।

मैंने घोसियों के जीवन में जान-बूझकर कभी क़िले और उसकी बादशाही पर विचार नहीं किया। परंतु मैं विवश थी। प्रतिदिन बाल्यावस्था का स्मरण हो

आता था, और स्वप्न में भी देखा करती थी कि मेरे पिता मिर्ज़ा मुग़ल मसनद (गद्दी) पर बैठे हैं। मैं उनके घुटने पर सिर रखे लेटी हूँ। दासियाँ चमर ढोर रही हैं, और संसार मुझे स्वर्ग का एक छोटा-सा अंग प्रतीत होता है। परंतु जब आँख खुलती थी, तो टूटे हुए छप्पर, एक चर्ख़े और तीन खाटों के सिवा घर में कुछ भी न दिखाई पड़ता था।

यदि अब कोई मुझसे पूछे कि क्या तुम मिर्ज़ा मुग़ल की पुत्री नरगिस नज़र हो, तो मैं स्पष्ट रूप से कह दूँगी, "नहीं, मैं तो एक दीन घोसिन हूँ, क्योंकि मनुष्य की जाति कर्मानुसर ही होती है।"

विद्रोही की प्रसूति

नवाब फ़ौलादख़ाँ का शव पहाड़ी के मोर्चे से जब घर में लाया गया, तब उनकी पुत्रवधू के प्रसव-वेदना हो रही थी। उस समय दिल्ली का कोई भी घर ऐसा न था, जहाँ भागने और शहर से बाहर निकलने की तैयारी न हो रही हो। बादशाह बहादुरशाह के विषय में सर्व-साधारण में यह किंवदंती फैली हुई थी कि वह लाल क़िले से निकलकर हुमायूँ के मक़बरे में चले गए।

नवाब फ़ौलादख़ाँ एक पुराने अमीर थे। पर उनके पिता किसी अपराध के कारण अक़बरशाह द्वारा दंडित हुए थे, इसलिए वह अपनी जागीर और पद से हाथ धो बैठे थे। उस समय फ़ौलादख़ाँ जवान थे, और उन्होंने अँगरेज़ी सेना में नौकरी कर ली थी। जब सैनिकों ने विद्रोह किया, तो वह भी अपने रिसाले को लेकर अँगरेज़ों पर चढ़ गए। पहाड़ी पर अँगरेज़ी मोर्चा था। वह बड़ी वीरता और साहस से लड़े, पर एक गोले का टुकड़ा लगने से उनका काम तमाम हो गया। सैनिक लोग जब शव घर लाए, तो उन्होंने देखा, उनकी पुत्रवधू के प्रसूति-पीड़ा हो रही है, और कोई दाई नहीं मिलती।

फ़ौलादख़ाँ का युवा पुत्र चार दिन पहले मारा गया था। बेचारी स्त्री चार दिन से विधवा थी। सास को मरे दो वर्ष हो गए थे। घर में ससुर के सिवा कोई अन्य संरक्षक न था। उनकी भी आँखें बंद हो गईं। उनकी पुत्रवधू—सकीना ख़ानिम—के लिए संसार अंधकारमय हो गया। घर में सब कुछ था। एक छोड़ चार-चार धाएँ भी सेवा में उपस्थित थीं। परंतु घरवाले का भरोसा ही और होता है। सकीना ख़ानिम ने जब ससुर की मृत्यु का समाचार सुना, तो वह चिल्ला उठी, और मूर्च्छित हो गई।

शव आँगन में रक्खा हुआ था। सैनिक द्वार पर खड़े हुए थे। सक़ीना दालान में पलँग पर अचेत पड़ी थी। दो धाएँ सक़ीना के सिरहाने भौचक्की बैठी हुई थीं, दो चकितावस्था में परमात्मा की इस करनी को देख रही और फूट-फूटकर रो रही थीं।

थोड़ी देर बाद सकीना ख़ानिम को चेत हुआ, और पीड़ा की उग्रता से विकल

होकर उसने धाय से कहा–"देखो, ड्योढ़ी पर कोई सिपाही हो, तो उससे दाई बुलवाओ।"

धाय दौड़ी हुई द्वार पर गई और 'हाय-हाय' कहती हुई उलटे पाँव भागी हुई आई। कहा–"बीबी, सिपाहियों को गोरे ख़ाकी[1] पकड़े लिये जाते हैं। और, वे गोरे ख़ाकी हमारे घर के समीप ही आ रहे हैं।"

सकीना बोली–"मुई, द्वार तो बंद कर।"

धाय फिर उलटी फिरी, और उसने द्वार के किवाड़ बंद कर दिए। प्रसूति-पीड़ा बढ़ी, और सकीना के पुत्र उत्पन्न हुआ। न दाई पास थी, और न कुछ सामान, परमात्मा ने स्वयं कठिनाई सरल कर दी। पर बेचारी सकीना कष्ट से फिर अचेत हो गई। धाय ने शीघ्रतापूर्वक शिशु को स्नान कराया, और कपड़े में लपेटकर गोद में लिया।

सकीना की आयु 17 वर्ष की थी। विवाह हुए केवल पंद्रह महीने ही हुए थे। पीहर फ़र्रूख़ाबाद में था, और वह दिल्ली में। जब उसे चेत हुआ, तो उसने धाय से कहा–"मुझे सहारा दो। उठाकर बिठाओ।"

वह बोली–"बेटी ! ऐसी भूल न करना। अभी लेटी रहो। तुममें बैठने की शक्ति कहाँ ?"

सकीना ने कहा–"क्या कहती हो बुआ, यह समय इन सावधानियों का नहीं। भाग्य में न जाने अभी क्या-क्या लिखा है ?"

धाय ने यह सुनकर उसे सहारा दिया, और सकीना को बिठाकर कमर से तकिया लगा दिया। सकीना ने पहले अपने बच्चे को प्रेम-भरी दृष्टि से देखा, जो संसार में उसकी सबसे प्रथम मनोकामना थी, और उसका मन यही चाहता था कि उसे अनवरत देखती ही रहे। परंतु उसे लज्जा आ गई। और उसने मुस्कराकर अपना मुख बच्चे की ओर से हटा लिया। ज्यों ही उसकी दृष्टि आँगन की ओर गई, उसने फ़ौलादख़ाँ के रखे हुए शव को देखा। उसके आनंद को एक धक्का-सा लगा, जिससे वह छटपटा-सी गई, और बड़ी समझदार होने पर भी उसके मुख से बेसिर-पैर की अंडबंड बातें निकलने लगीं। उसने कहा–"अपने अनाथ पौत्र को देख लीजिए। उठिए, आपको इसके देखने की बहुत ही आकांक्षा थी। इसके बाप को गोद में लेकर आपने क़ब्र में सुलाया था। इसे भी गोद में लेकर क़ब्र में सो जाइए। मैं अनाश्रिता इसे कहाँ और किस प्रकार रक्खूँ। इस नन्हें अतिथि को क्या पता कि जिस घर में वह आया है, वह एक भयंकर विपत्ति में है। दिल्ली में आप मेरे पिता तुल्य थे। आप भी चल बसे। फ़र्रूखाबाद में मेरा मायका है। वे भी मुझसे बिछुड़ गए। इस लड़के का भी पिता था, जिससे मेरा जीवन प्रकाशमय था। उसे भी गोली

---

1. ग़दर में अँगरेज़ी सिपाहियों को ख़ाकी कहा जाता था।

ने समाप्त किया।''

ये वाक्य कहकर सकीना को कुछ ख़याल आ गया। उसने कष्ट से पीड़ित होकर अपना सीधा हाथ हृदय पर रख लिया, और बायाँ हाथ मुख पर रखकर, गर्दन तकिए से लगाकर रोने लगी। रोते-रोते मूर्च्छित हो गई।

धाय ने सकीना को बेहोशी में छोड़ा, और द्वार खोलकर बाहर गई कि किसी को बुलावे, और फ़ौलादख़ाँ की अंत्येष्टि क्रिया का प्रबंध करे, परंतु उसे संपूर्ण गली निस्तब्ध प्रतीत हुई। एक भी मनुष्य चलता-फिरता न दिखाई पड़ा। उसने संकेत से दूसरी धाय को बुलाया, और कहा–''बुआ ! अपनी जान की ख़ैर मनाओ, और यहाँ से भाग चलो। सकीना के साथ रहेंगी तो जीवन के लाले पड़ जाएँगे।''

वह बोली–''ऐसी आपत्ति में स्वामी के साथ विश्वासघात करना और अपनी जान लेकर भाग जाना घोर पाप और मनुष्यत्व के विरुद्ध है–फिर ऐसी दशा में, जब एक नन्हा बच्चा भी सकीना के साथ है।''

पहली ने उत्तर दिया–''तू तो पागल है। किसकी भक्ति और कैसा मनुष्यत्व ! जीवन है, तो जगत् है। मैं तो जाती हूँ। तू जाने, और तेरा काम जाने। सैनिक अभी आते होंगे। सब घर लूट लेंगे, और हमें मार डालेंगे।''

यह बात सुनकर दूसरी भी भयभीत हो गई, और उसने तीसरी और चौथी धाय को भी इशारे से अपने निकट बुलाया। वे सब भागने पर उतारू हो गईं, और कहा–''चलती हो, तो कुछ ख़र्च लेकर चलो। सकीना इस समय अचेत है। तालियाँ सिरहाने से ले लो, और नक़दी का संदूक़ कोठरी से निकालकर चल दो।''

जिसकी गोद में बच्चा था, उसे तरस आया। वह कहने लगी–''इसे कौन रखेगा ?''

एक ने कहा–''माता के पास लिटा दो।''

वह बोली–''नहीं बुआ, मैं इसे साथ लेकर चलूँगी।''

वे सब बोलीं–''क्या ख़ूब ! अपना जीवन तो संकट में है। बच्चे को कैसे सँभालोगी ? इसके सिवा बेचारी सकीना तड़पकर मर जाएगी। तुम्हें दया नहीं आती ?''

उसने उत्तर दिया–''तुम सकीना को अकेला छोड़कर जाती हो, इस पर तो तुम्हें दया नहीं आती। मैं इस लाल को क्यों न ले जाऊँ ? मैं अपनी बेटी को दूँगी। वह इसे पालेगी। उसका बच्चा अभी मर गया है। यहाँ छोड़ा, तो सकीना भी मरेगी, और बच्चा भी।''

अंत में वे चारों-की-चारों नक़दी का संदूक़ और बच्चे को साथ लेकर, घर से निकलकर, अपने-अपने ठिकानों को चली गईं, और सकीना को उस घर में अकेला छोड़ दिया, जहाँ एक शव के सिवा कोई दूसरा व्यक्ति न था।

सकीना प्रसव की दुर्बलता, असहायता और कष्ट के कारण चार घंटे तक

बेसुध रही। रात के आठ बजे उसे चेतना हुई, तो घर में घोर अंधकार था। उसने आँखें फाड़-फाड़कर चारों ओर देखा। जब कुछ दिखाई न दिया, तो समझी, मैं मर गई हूँ। थोड़ी देर बाद आकाश में चमकते हुए तारागण दिखाई पड़े। वह समझी, मैं जीवित हूँ, और पलँग पर लेटी हूँ, तब उसने धायों को बुलाना शुरू किया। जब कोई न बोली, तो चकित और भयभीत होकर उठ बैठी। उसकी दुर्बलता जाती रही, अथवा उसे स्मरण न रहा कि मैं दुर्बल हूँ। पलँग से नीचे उतरी। दीपक जलाया, और देखा, घर में कोई आदमी नहीं। आँगन में ससुर का शव रखा हुआ है। इसके सिवा कुछ भी दिखाई न पड़ा।

रात्रि के समय शव देखकर उसे बहुत भय लगा, और वह फूट-फूटकर रोने लगी। मुहल्ले में कोई मनुष्य होता, तो रोना सुनकर भीतर आता। परंतु मुहल्लेवाले तो पहले ही भाग चुके थे। सकीना रोते-रोते ऐसी डरी कि बेसुध होकर गिर पड़ी। प्रातःकाल तक वह मूर्च्छितावस्था में रही। जब दिन चढ़ा, तो उसने आँखें खोलीं।

उस समय उसे अपने मन में सहारा-सा प्रतीत हुआ। यद्यपि दो वक्त से वह निराहार थी, तो भी दुःख, भय और आपत्ति के कारण कुछ दृढ़-सी हो गई थी। इसके अतिरिक्त सैनिक घराने में पालन-पोषण होने के कारण उसका हृदय अन्य स्त्रियों की भाँति कायर न था। उसने चाहा, शव की किसी प्रकार अंत्येष्टि क्रिया करे, और स्वयं कुछ खाय; क्योंकि उसे बड़े ज़ोर से भूख लगी हुई थी। अकस्मात् उसे अपने नवजात शिशु का स्मरण हुआ। इसका स्मरण आना था कि कलेजे में मातृप्रेम की एक हूक-सी उठी, और उसने पागल की भाँति दौड़-दौड़कर सारे घर को ढूँढ़ना शुरू किया। जब कहीं भी शिशु न मिला, तो पानी के घड़ों के ढक्कन उठा-उठाकर उनमें झाँकने लगी कि कहीं उनके भीतर ही बालक न हो। वह पलँग के तकिए उठा-उठाकर छाती से लगाने लगी।

अंत में बढ़ती हुई विपत्ति ने ही उसे सहारा दिया। उसके हृदय को थोड़ी-सी सांत्वना मिली। वह बच्चे का ख़याल भूल गई, ससुर की अंत्येष्टि का विचार उसके सम्मुख आ गया। उसने अलमारी खोली, और एक सफेद चादर निकालकर शव पर डाल दी। फिर उसने जगदीश्वर से प्रार्थना की—

"भगवन् ! यह मेरे ससुर का शव है, जिसे न क़फ़न प्राप्त है, न और ही कुछ। मैं किसका सहारा ढूँढ़ूँ ? मेरे स्वामी भी मुझे धोखा देकर चले गए। मेरा लाल भी मुझसे छिन गया। अब तेरे सिवा मेरा कोई सहारा नहीं। इस अनाथ दुखिया की प्रार्थना स्वीकार कर, और हे करुणानिधान, मेरा हाथ पकड़।"

सक़ीना ख़ानिम ने ये अंतिम शब्द कहे ही थे कि इतने में द्वार खुला, और चार ख़ाकी सैनिक भीतर आए। सक़ीना ने शीघ्रता से सिर उठाया, अपरिचित पुरुषों को आता देखकर चादर से मुख ढक लिया, और भय के मारे कोने में छिपना चाहा। परंतु सैनिक भीतर आ चुके थे। उन्होंने सकीना को पकड़ लिया, और बलात् मुख

खोलकर देखा। सब मिलकर बोले–"युवती है, युवती है, और बड़ी रूपवती है।"

इसके उपरांत उन्होंने सकीना को छोड़ दिया, और घर का सब सामान देखने लगे। नक़दी तो धाएँ ले गई थीं। कुछ आभूषण और बहुमूल्य वस्त्र उनके हाथ लगे। आँगन में शव के ऊपर से चादर उठाकर उन्होंने कहा–"ओह ! यह कोई बड़ा विद्रोही है।"

तदुपरांत सैनिकों ने सक़ीना को हाथ पकड़कर उठा लिया, और अपने साथ चलने को कहा। सकीना मुँह से न बोली, और सैनिकों के अत्याचार से बाध्य होकर खड़ी हो गई। वह यह भी न कह सकी कि मैं प्रसूता हूँ, वरन् उसने कहा कि मैं भूखी हूँ। उसके मुँह से यह न निकला कि मुझे न सताओ। मेरा इस संसार में कोई सहायक नहीं। लज्जा उसे ऐसा कहने से रोकती थी।

जब सैनिक उसे घसीटकर ले चले, और सक़ीना द्वार पर पहुँच गई, तो उसने मुड़कर घर की ओर देखा, और एक ठंडी साँस लेकर कहा–"ऐ ससुराल ! मैं तुझसे पृथक् होती हूँ। ऐ बेकफ़न के मरनेवाले ! तुझे प्रणाम करती हूँ। मैं उन तलवार चलानेवालों की वंशजा हूँ, जो यदि जीवित होते, तो अपने मान पर प्राणों की भेंट कर देते।"

सकीना के इस दुःखपूरित वाक्य पर सिपाही हँसे, और उसे खींचते हुए बाहर चले गए।

सकीना कुछ दूर तक चुपचाप चली गई। तब उसने कहा–"मैं प्रसूता हूँ। मुझ पर दया करो। मैं भूखी हूँ। मुझ पर करुणा करो। मैं तो तुम्हारे देश की ही हूँ। मैं अबला हूँ। मैं निरपराधिनी हूँ, और हूँ तुम्हारी धर्मावलंबिनी।"

यह सुनकर चारों सिपाही रुक गए, और उन्होंने शोक प्रकट करते हुए कहा–"तू घबरा नहीं, हम तेरे लिए सवारी लाते हैं।" यह कहकर तीन आदमी ठहर गए, और एक घायलों की गाड़ी लाया, जिसमें सकीना को बिठाकर वे लोग उसे पहाड़ी कैंप में ले गए।

बारह वर्ष पीछे

किसी को भी ज्ञात नहीं कि विद्रोह की प्रसूता सकीना के बारह वर्ष कैसे बीते, और वह कहाँ-कहाँ रही, एवं उसने क्या-क्या कठिनाइयाँ उठाईं। जब उसे देखा गया, तो रोहतक के एक मुहल्ले में भिक्षा माँग रही थी। उसके पाँव में जूतियाँ भी न थीं। उसका पाजामा फटा हुआ था। उसका कुरता अत्यंत मैला और पैबंददार था। सिर का दुपट्टा बिलकुल फटा हुआ, एक चीथड़ा-सा प्रतीत होता था। कदाचित् वह अत्यंत भूखी प्रतीत होती थी। वह केवल हाड़ों का एक कंकाल थी। आँखों में घेरे पड़े हुए थे। सिर के बाल उलझे हुए थे। मुख पर सौंदर्य था, परंतु लुटा

हुआ। आँखों में प्राकृतिक छवि थी, परंतु उजड़ी हुई और सताई हुई। उसे चलने में चक्कर आते थे, और दीवार पर हाथ रखकर सिर झुका लेती थी। उसकी टाँगें जब लड़खड़ाती थीं तो तनिक रुककर साँस लेती और फिर आगे बढ़ती थी।

थोड़ी दूर जाकर उसे एक ऐसा गृह मिला, जहाँ विवाहोत्सव मनाया जा रहा था। सैकड़ों मनुष्य भोजन करके बाहर आ रहे थे। वह वहाँ ठहर गई। उसने करुणा-पूर्ण शब्दों में कहा—"मैं दुखिया हूँ। बड़े घर की बेटी हूँ। मान गँवाकर, लज्जा मिटाकर, रोटी के टुकड़े माँगने आई हूँ। भला हो आप लोगों का, मुझे भी रोटी का एक टुकड़ा दीजिए। आपके घर की कुशल, वधू की कुशल, और आप लोगों की कुशल। एक टुकड़ा मुझे भी दीजिए।"

सकीना का शब्द फ़क़ीरों के होहल्ला में विलीन हो गया। और किसी ने न सुना, वरन् एक नौकर ने, जो विवाहोत्सव का प्रबंधक था, उसे ऐसा धक्का दिया कि बेचारी चारों खाने चित्त गिर पड़ी। गिरते समय उसके मुख से सहसा यह निकल पड़ा—"मैंने तीन दिन से कुछ नहीं खाया। मुझे न मार। मैं स्वयं ही दैव की मारी हुई हूँ। हे परमात्मन् ! मैं कहाँ जाऊँ ? मैं अपनी विपत्ति किसे सुनाऊँ ?" यह कहकर वह रोने लगी।

एक बालक खड़ा हुआ यह सब देख रहा था। उसे स्वाभाविक ही सकीना पर करुणा आ गई। और रोने लगा। उसने सकीना को सहारा देकर उठाया, और कहा—"आओ, मेरे साथ चलो, मैं तुम्हें रोटी दूँगा।"

सकीना लड़के के साथ बड़ी कठिनता से उठकर गई। लड़का समीप के घर में नौकर था। वह उसे वहाँ ले गया, और विवाह का आया हुआ अपने भाग का भोजन उसके सम्मुख रख दिया। सकीना ने दो ग्रास खाए। पानी पिया। आँखों में दम आया, तो बालक को अनेकानेक आशीर्वाद देने लगी। उसने लड़के को ध्यान से जो देखा, तो हृदय में धुआँ-सा उठा, और लड़के के गले से लिपटकर रोने लगी। लड़का भी सकीना को चिमटकर अधीर-सा हो गया।

सकीना ने पूछा—"तू किसका बच्चा है ?"

वह बोला—"मेरी माता इस घर की धाय है, और मैं भी यहीं नौकर हूँ।"

सकीना ने कहा—"तुम्हारी माता कहाँ है ?"

लड़के ने उत्तर दिया—"वह और नानी, दोनों इन चौधराइन के साथ, जिनकी वह नौकरानी हैं, विवाह में गई हुई हैं ?"

सकीना यह सुनकर चुप हो गई। परंतु वह सोचती थी कि उस लड़के पर उसे इतना प्रेम क्यों है ?

इतने ही में लड़के की माता और नानी घर आईं। सकीना ने तुरंत पहचान लिया कि लड़के की नानी सकीना की धाय है, जो ग़दर में उसके बच्चे को लेकर भाग गई थी। धाय ने सकीना को न पहचाना। परंतु जब सकीना ने उसका नाम

लेकर उसे बुलाया, और अपना नाम और परिचय उसे दिया, तो धाय उससे लिपटकर रोने लगी।

लड़के को जब विदित हुआ कि वह वास्तव में सकीना का बेटा है, तो वह फिर दुबारा सकीना से लिपटकर रोने लगा।

सकीना ने अपने बच्चे को छाती से लगाकर आकाश की ओर देखा और कहा—"धन्य है परमात्मन् ! तूने ग़दर की विपत्तियों में मेरे बच्चे को जीवित रखा, और बारह वर्ष पश्चात् मुझ अभागिन के दिन फेर दिए।"

इसके उपरांत सकीना ने फ़र्रूख़ाबाद—अपने पीहर—पत्र भिजवाया। वहाँ पिता का देहांत हो चुका था। तीन भाई जीवित थे। वे रोहतक आए, और बहन और भानजे को साथ ले गए। लड़के ने धाय और उसकी लड़की—उसके पालने-वाली—को अपने साथ ले लिया, फ़र्रूख़ाबाद जाकर वे लोग आनंद से रहने लगे।

खंड-3

बहादुरशाह पर मुक़दमा

पहले दिन की कार्यवाही

दिल्ली के क़िले के दीवाने-ख़ास में कमीशन की पहली बैठक 27 जनवरी, सन् 1858 ई. को सवेरे आरम्भ हुई।

अध्यक्ष, सदस्यगण, दुभाषिया और सरकारी वकील उपस्थित थे।

दिल्ली के भूतपूर्व सम्राट् मुहम्मद बहादुरशाह को अभियुक्त के रूप में लाकर उपस्थित किया गया।

लेफ्टिनेण्ट-कर्नल डॉस की अध्यक्षता में कमीशन को संगठित करने की सरकारी आज्ञाएँ पेश हुईं और पढ़ी गईं। नियुक्त अधिकारियों के नाम अभियुक्त के सम्मुख पढ़े गए।

अदालत ने अभियुक्त से प्रश्न किया–''आपको उपस्थित जूरी के सदस्यों और अध्यक्ष द्वारा मुक़दमे की सुनवाई करने में कोई आपत्ति है ?''

उत्तर–''मुझे कुछ आपत्ति नहीं है।''

जूरी के सदस्यों और अध्यक्ष से हलफ़ ली गई।

गवाहों को अदालत से चले जाने की आज्ञा दी गई।

अभियोगों की सूची

निम्नलिखित अभियोग लगाए गए–

(1) यह कि इन्होंने (अभियुक्त) भारत सरकार का पेंशनभोगी होने पर भी, 10 मई, सन् 1857 ई. और 1 अक्टूबर, सन् 1857 के बीच विभिन्न अवसरों पर तोपख़ाना-रेजिमेण्ट के सूबेदार मुहम्मद बख़्त ख़ाँ और बहुतेरे व्यक्तियों और देसी अफ़सरों और सिपाहियों को, जो ईस्ट इण्डिया कम्पनी की फ़ौज में नौकर थे, विद्रोह और विप्लव करने के लिए उत्तेजित किया और सहायता दी;

(2) यह कि इन्होंने (अभियुक्त) 10 मई और 1 अक्टूबर के बीच भारत सरकार की प्रजा अपने पुत्र मिर्ज़ा मुग़ल, और दिल्ली के तथा उत्तरी पश्चिमी प्रदेश के अनेकों अज्ञात नागरिकों को, जो भारत सरकार की प्रजा थे, सरकार के विरुद्ध हथियार उठाने में सहायता दी और इसके लिए उनके साथ षडयंत्र किया;

(3) यह कि इन्होंने (अभियुक्त) ब्रिटिश राज्य की प्रजा होने पर भी, स्वयं राज्य-भक्ति के कर्तव्य का पालन नहीं किया और दिल्ली में 11 मई अथवा उसके लगभग अपने को भारत सम्राट् घोषित किया और दिल्ली नगर पर अनुचित अधिकार कर लिया; और दस मई और 1 अक्टूबर, सन् 1857 के बीच इन्होंने अपने पुत्र मिर्ज़ा मुग़ल तथा तोपख़ाना के सूबेदार मुहम्मद बख़्त ख़ाँ के साथ षड्यन्त्र करके विद्रोह का झण्डा उठाया। यह ग्रेट ब्रिटेन के विरुद्ध युद्ध करने को तत्पर हुए और ब्रिटिश शासन का तख़्ता उलट देने के अभिप्राय से इन्होंने सशस्त्र सिपाहियों को विद्रोही दिल्ली में एकत्र करके उन्हें उक्त सरकार के विरुद्ध लड़ने के लिए उद्यत किया;

(4) 16 मई, सन् 1857 ई. को या उसके आस-पास दिल्ली के क़िले के भीतर 49 अँगरेज़ों का, जिनमें स्त्री और बच्चे भी थे, अभियुक्त ने वध कराया या वध कराने में भाग लिया और 10 मई और 1 अक्टूबर के बीच अँगरेज़ अफ़सरों और ब्रिटिश प्रजा की, जिनमें स्त्री और बच्चे भी सम्मिलित थे, हत्या कराने में सहायता दी और हत्याकारियों को नौकरी, वेतन-वृद्धि और पद देने का वचन दिया। इसके अतिरिक्त इन्होंने विभिन्न देशी नरेशों के नाम आज्ञा-पत्र निकाले कि वह अपने राज्य में, जहाँ कहीं ईसाइयों को पावें, वध करा दें।

सन् 1857 ई. के 16वें ऐक्ट के अनुसार इस प्रकार का व्यवहार भीषण अपराध है।

दिल्ली, (ह.) फ़्रेड जे. हेरियट,
जनवरी, सन् 1857 ई. मेजर, डिप्टी जज एडवोकेट जनरल,
सरकारी वकील

अदालत का प्रश्न—मुहम्मद बहादुरशाह, आप उपरोक्त कथन के अनुसार अपराधी हैं या नहीं ?

उत्तर—मैं अपराधी नहीं हूँ।

सब साक्षियों को पेश किया गया।

पैरवी

सरकारी वकील ने अदालत को सम्बोधित करके कहा—

महाशयो! कोई कार्यवाही आरम्भ करने के पूर्व यह पूछ लेना आवश्यक है कि आया आप लोगों के सामने वे गवाह पेश किए जाएँ जो अभियोगों के प्रमाण की गवाही देंगे ? इस बात पर पर्याप्त विचार किया जा चुका है कि पिछले विद्रोह से सम्बन्धित घटनाएँ, यद्यपि वे अभियोगों की सूची में न भी सम्मिलित हों, तो भी वे यहाँ लिख ली जाएँ। पहले किसी तारीख़ को यह निश्चय किया जा चुका

है, कि चूँकि बादशाह का जीवन ज़मानत किया हुआ सुरक्षित होता है, इसलिए, यह जाँच अभियोगों की सूची के साथ सम्मिलित न होनी चाहिए; वरन् ऐसे सभी मामलों और तत्सम्बन्धी काग़ज़ व पत्र इत्यादि की मिसिलें अलग-अलग पेश करना ही उचित है।

मैं नहीं जानता कि अदालत को, इस दशा में जब कि तत्सम्बन्धी कोई विशेष अभियोग उपस्थित नहीं है, इन काग़ज़-पत्रों को स्वीकार करने का कोई अधिकार है भी अथवा नहीं; परन्तु इस बात को ध्यान में रखते हुए कि अभियुक्त से सम्बन्ध रखने वाली प्रत्येक जाँच तभी सन्तोष-प्रद हो सकती है जब कि अभियुक्त को भी किसी गवाह या पत्र द्वारा अपने ऊपर लगाए हुए अभियोगों को निर्मूल सिद्ध करने का अवसर दिया जाए। मैं सलाह देता हूँ कि यह अच्छा होगा कि इन अभियोगों को किसी विशेष रूप में क्रमबद्ध कर लिया जाए, जिससे दोष अथवा निर्दोषिता स्पष्टतया प्रमाणित हो सके। मेरी यह सम्मति उचित समझी जा चुकी है; अतएव अभियोगों की जो सूची अभी मैंने पढ़ी है, अदालत में पेश करता हूँ। परन्तु यह स्पष्ट रूप से समझ लेना चाहिए कि जाँच की परिधि परिमित नहीं है; अर्थात् यह जाँच उन लगाए हुए अभियोगों पर ही, जो अदालत में नियमानुसार उपस्थित किए जा चुके हैं, सीमित नहीं होगी।

वह पत्र जो मैंने अपने दफ़्तर से मेजर जनरल पेनी सी. बी., कमाण्डिंग डिवीज़न को भेजा था, जिसमें अभियुक्त के विरुद्ध अभियोगों के जाँच का वर्णन था और जिसे जनरल साहब ने बहुत पसन्द किया था, मैं अब अदालत में पेश करता हूँ।

संख्या 59

दिल्ली, जनवरी 5, सन् 1858 ई.

महाशय,

मैं सूचनार्थ निवेदन करता हूँ कि राजा बल्लभगढ़ के मुक़दमे की तजवीज़ समाप्त कर चुकने पर मैं मुहम्मद बहादुरशाह, दिल्ली के भूतपूर्व सम्राट्, के सम्बन्ध में यह जाँच करने के लिए तैयार हूँ कि वह भी विद्रोह में सम्मिलित थे अथवा नहीं। ऐसी जाँच को विश्वस्त बनाने के लिए यह आवश्यक है कि उसे मुक़दमे का रूप दिया जाए; अर्थात् बादशाह पर अभियोग लगाए जाएँ और उन्हें पैरवी करने के लिए कहा जाए। मेरे विचार में किसी दूसरे उपाय से बादशाह का दोष अथवा उनकी निर्दोषिता सिद्ध नहीं हो सकती। अन्यथा, प्रत्येक दूसरे उपाय से किया हुआ निर्णय अन्याय और पक्षपात के अभियोगों से मुक्त न होगा। यदि किसी घटना पर, जो जाँच करते हुए प्रकट हो, निर्णय किया जाए, तो अति उचित होगा कि

उस मामले के दोनों पक्ष सुने और समझे जाएँ। ऐसा निर्णय चाहे दंड दे अथवा मुक्ति, अनुकूल हो अथवा प्रतिकूल, मान्य और अकाट्य समझा जाएगा। अतः मैं यह सलाह देता हूँ कि इसी ढंग से काम किया जाए, क्योंकि यही एक मात्र उपाय है जिससे अदालत, अभियुक्त और जनता किसी संतोषप्रद निर्णय पर पहुँच सकती है। अगर आपने मेरी सम्मति का समर्थन किया, तो मैं तुरन्त अभियोगों की सूची तैयार करूँगा, जिसके आधार पर दिल्ली के भूतपूर्व सम्राट् अदालत में बुलाए जा सकते हैं। इसकी क्रमपूर्ति के लिए मैं उसी रीति से काम लूँगा जो साधारणतया ऐसी दशा में व्यवहृत है।

सलाह के लिए इच्छुक,

भवदीय

(ह.) फ़्रेड जे. हेरियट मेजर,

डिप्टी जज एडवोकेट जनरल

इस पर यह हुक्म लिखा गया—"मैं डिप्टी जज एडवोकेट जनरल के मत से सहमत हूँ।"

(ह.) एन. पेनी, मेजर जनरल, कमांडिंग दिल्ली फ़ील्ड फ़ोर्स

यह पत्र दिल्ली के अस्थायी कमिश्नर, मिस्टर सॉण्डर्स की सेवा में भेज दिया गया और यह निश्चय हुआ कि इस मत को कार्य रूप में परिणत किया जाए। अभियोगों की सूची तैयार की गई और मुक़दमा नियमानुसार आरम्भ हो गया। परन्तु फिर भी वह पहला विचार, कि विद्रोह से सम्बन्ध रखने वाली तमाम बातों की जाँच पूरी तरह की जाए, छोड़ा नहीं गया। मेरे इस बात के वर्णन करने का तात्पर्य यह है कि इन घटनाओं को भी सम्मिलित कर लिया जाए जो प्रकट रूप से असम्बद्ध प्रतीत होंगे। इस भूमिका के उपरान्त मैं इस मुक़दमे के सम्बन्ध में कुछ शब्द कहना चाहता हूँ जो कि निश्चित रूप से स्वयं अभियोगों के प्रमाण हैं।

अभियुक्त के पद और राजनैतिक दृष्टिकोण से उनकी उन्नति और अवनति पर देखते हुए, यह मुक़दमा साधारण मुक़दमा नहीं कहा जा सकता। वरन् सदा के लिए इतिहास के पृष्ठों पर सुरक्षित रहने वाला मामला है। वस्तुतः यह मुक़दमा बहुत ही महत्त्वपूर्ण और असाधारण है। यद्यपि इसका अन्त एक निर्णय पर होगा तथापि उस निर्णय पर सहस्रों मनुष्यों की दृष्टि पड़ेगी और लोग उसे ऐसे भावों से देखेंगे जिनसे फ़ौजदारी का कोई और मुक़दमा न देखा गया होगा।

आगे चलकर 26 नवम्बर, सन् 1857 के पत्र नम्बर 19 से उद्धरण किया गया है जो दिल्ली के अस्थायी कमिश्नर मिस्टर सॉण्डर्स ने मेजर जनरल पेनी, सी. बी., कमाण्डिंग दिल्ली फ़ील्ड फ़ोर्स, को लिखा था। यह इस बात का पता देता है कि अदालत के अधिकार केवल फ़ैसले तक ही परिमित क्यों रक्खे गए हैं। वास्तविक बात यह है कि मेजर जनरल बिल्सन ने अभियुक्त को बचन दिया था

कि तुमको मृत्यु का दण्ड न दिया जाएगा। मिस्टर सॉण्डर्स का पत्र सर जॉन लॉरिन्स के आदेशानुसार लिखा गया है और उसका उद्धरण इस प्रकार है :

"मैं साथ ही साथ आपको सूचित करता हूँ कि भूतपूर्व बादशाह के जीवन का कप्तान हडसन ने ज़िम्मा ले लिया है और यह मेजर जनरल विल्सन के आदेशानुसार किया गया है। अतः फ़ौजी कमीशन को यह अधिकार न होगा कि उन पर कोई दण्ड नियत करे अथवा अपनी जाँच के आधार पर अपराध निश्चित करे।"

इस मुक़दमे के सम्बन्ध में जो काग़ज़-पत्र मिल सके हैं, उन्हें मैं पेश करता हूँ और हर समय अपनी शक्ति भर सहायता देने और साक्षियों को एकत्र करने के लिए तैयार हूँ।

मेरे पास देशी भाषाओं की लिखित गवाही है, जिसका मिस्टर जेम्स मर्फ़ी, डिप्टी कलक्टर महसूल सरकारी, दिल्ली ने बड़ी सावधानी से अनुवाद किया है। मिस्टर मर्फ़ी भाषा के उच्च कोटि के विशेषज्ञ हैं और अगर आप आज्ञा दें तो वह अनुवादक के रूप में आपकी इच्छानुसार इन पत्रों को स्वयं पेश कर सकते हैं।

लिखित गवाही बहुत लम्बी-चौड़ी है और उसे यथा सम्भव संक्षिप्त करने के लिए मैंने उन्हें पाँच भागों में विभक्त कर दिया है—(1) जिसमें क़र्ज़ के सम्बन्ध की बातें हैं, (2) जिसमें सिपाहियों को तनख़्वाह देने का हाल है, (3) जिसमें सैनिक-वेतन की चर्चा है, (4) जिसमें हत्याकाण्डों का वर्णन है और यह विशेषतः तीसरे से भी सम्बन्ध रखता है, (5) जिसमें अन्य काग़ज़ात हैं।

इन काग़ज़ी सबूतों के अधिकांश के सम्बन्ध में ऐसा ख्याल किया जाता है कि यह अभियुक्त के हस्तलिखित आज्ञापत्र हैं और वह कैसे हमारे हाथ आये, इस सम्बन्ध की गवाहियाँ भी पेश होंगी। दूसरे काग़ज़ों के लिए भी इसी ढंग से क्रम बनाया जाएगा अथवा जैसा उचित होगा, किया जाएगा। किन्तु मुझे भय है कि कुछ काग़ज़ात ऐसे भी आपके सामने आवेंगे जिनके लिए कोई ज़बानी सबूत न होगा कि वह कहाँ से आए और उन लोगों के लिए वह लिखे गए हैं वह कौन हैं ? ऐसी दशा में अदालत को ख़्याल हो सकता है कि उनकी पूरी जाँच आवश्यक है और वह कभी पूरी न होगी, यदि वह स्वयं विश्वसनीय है पर किसी एकाध नियम के अनुसार ही न होने से अस्वीकृत कर दी जाए। आप से इस सिलसिले में यही प्रार्थना है कि आप तमाम कठिनाइयों का ध्यान रक्खें जो कि लिखित सबूत के विषय में उपस्थित हो सकती हैं। और जब कि वह व्यक्ति, जिसके लिए पत्र लिखे गए हैं, इस बात के काफ़ी प्रमाण रखता है, कि वे इसके लिए नहीं लिखे गए और उसका अभियुक्त से कोई सम्बन्ध नहीं है। ज़बानी गवाहियों के सम्बन्ध में मुझे कुछ कहने की आवश्यकता नहीं है क्योंकि उन्हें विश्वसनीय उपायों द्वारा

प्राप्त करने का प्रयत्न करूँगा। किन्तु यह ध्यान में रखना चाहिए कि जो हिन्दुस्तानी गवाह के तौर पर पेश होंगे वे अवश्य ही अपने बयानों में अपने हितार्थ कुछ न कुछ तबदीली करेंगे और उनका उन ग़दर की प्रमाणित घटनाओं से सम्बन्ध न मिलेगा, जिनकी हमें पहले ही से जानकारी है। अब मैं लिखित गवाहियों से आरम्भ करता हूँ और पहली लिखित गवाही अभियुक्त तथा दूसरे शख़्सों की, जो ग़दर में सम्मिलित थे, मुद्दई के सबूत के लिए पेश करता हूँ।

(ह.) एफ़. जे. हेरियट

मेजर, डिप्टी जज, एडवोकेट जनरल व सरकारी वकील

(इसके उपरान्त वकील के बहुत से मनोरंजक काग़ज-पत्र, जिनमें बहुत से देश के विभिन्न रईसों और सैनिक अफ़सरों की ओर से बादशाह बहादुरशाह के नाम और बहुत से बादशाह की ओर से उनकी मोहर अथवा दस्तख़ती रिआया और सैनिकों के नाम लिखे गए बताये गए हैं और जिन्हें मैंने पुस्तक का रूप अधिक बढ़ जाने के भय से अलग छपवाया है, पेश किए–

–ख़्वाजा हसन निज़ामी)

पहले गवाह एहसन उल्ला ख़ाँ

जो कि भूतपूर्व बादशाह के राज्य-हकीम थे, गवाही के लिए बुलाए गए। उन्होंने बयान दिया। सरकारी वकील के प्रश्न करने पर गवाह ने मिसिल में नत्थी किए गए काग़जों में 2, 3, 4, 13, 14, 20, 21, 22, 24, 27, 30, 33, 39, 40, 41, 42, 44, 48, 50, 52, 53, 19 और 54 नम्बरों के काग़ज़ों पर हुक्म स्वयं अभियुक्त के हाथ के लिखे हुए बताये।

(ये सब नम्बर उन्हीं पत्रों के हैं जो इस मुक़दमे की गवाही में उपस्थित किए गए। मैंने इनको अलग पुस्तकाकार छपवाया है–

–हसन निज़ामी)

नम्बर 26, 15, 18, 25, 26, 31, 32, 35, 36, 45 को देखकर गवाह ने बताया कि वह अभियुक्त के दस्तख़तों को पहचानता है और इन पर किए हुए दस्तख़त अभियुक्त के ही हैं।

नम्बर 5, 16, 29, 34, 38 के काग़ज़ों के दिखाये जाने पर गवाह ने बताया कि ये बादशाह के प्राइवेट सेक्रेट्री मुकुन्दलाल के हाथ के लिखे हैं। इनसे तीन बाक़ी नम्बर 5,16 और 34 में बादशाही मोहर लगी है।

नम्बर 12, 23, 28, 37, 42, 46, 47, 51, 55 के काग़ज़ों को देखकर गवाह ने कहा कि ये किसके हाथ के लिखे हैं, वह नहीं पहचानता। किन्तु नम्बर 23 व 46 पर बादशाही सेना के अध्यक्ष मिरज़ा मुग़ल की मोहर लगी है। नम्बर 37 पर चीफ़ पुलिस अफ़सर और देहली चीफ़ कोर्ट की मोहर है। नम्बर 42 पर बदरपुर के थाने और बादशाह के ख़ास सेक्रेट्री की और 46 पर मिर्ज़ा मुग़ल की मोहर

है। इसके अतिरिक्त गवाह कुछ नहीं पहचान सकता।

नम्बर 1, 7, 8, 9, 10, 11, 17 और 49 नम्बर के काग़ज़ों की मोहरों की पहचान के लिए गवाह ने कहा कि नम्बर 10 की मोहर देख कर वह कह सकता है कि इन आठों काग़ज़ों में बादशाह के दस्तख़त हैं और अभियुक्त के प्राइवेट सेक्रेट्री मुकुन्दलाल की मोहर है। नम्बर 56 को मुकुन्दलाल के हाथ का लिखा बताया और कहा कि उस पर बादशाह की ख़ास शाही मोहर है।

सरकारी वकील ने नम्बर 36 तक के काग़ज़ों का अनुवाद सुनाया।

इतने में ढाई बज गए और अभियुक्त की प्रार्थना पर मुक़दमा दूसरे दिन 11 बजे तक के लिए स्थगित कर दिया गया।

दूसरे दिन की कार्यवाही

गुरुवार, 28 जनवरी, सन् 1858 ई.

आज फिर 11 बजे दिन को देहली क़िले के दीवाने-ख़ास में अदालत बैठी। कमीशन के प्रधान, सदस्य, दुभाषिया, सरकारी वकील उपस्थित थे। अभियुक्त को बुलाया गया। गवाह हक़ीम एहसन उल्ला ख़ाँ पेश किए गए। पिछले दिन की गवाही की याद दिलाई गई। अभियुक्त ने प्रार्थना की कि गुलाम अब्बास नाम के क़ानूनी सलाहकार अदालत में बुला दिए जाएँ, जिससे मुझे सहायता मिल सके। प्रार्थना स्वीकृत हुई और वह बुलाये गए। दुभाषिये ने सरकारी वकील द्वारा पिछले दिन के पढ़े हुए नम्बर 36 तक के फ़ारसी काग़ज़ात और उनके अँगरेज़ी अनुवाद अभियुक्त के वकील को समझाए। इसके बाद सरकारी वकील ने नम्बर 56 तक के काग़ज़ात का अँगरेज़ी अनुवाद सुनाया। अभियुक्त अदालत में बेहोश हो गया। इस कारण 2 बजकर 20 मिनट पर कार्यवाही समाप्त हुई और मुक़दमा दूसरे दिन 11 बजे पेश होने का हुक्म हुआ।

तीसरे दिन की कार्यवाही

शुक्रवार, 29 जनवरी, सन् 1858 ई.

अदालत 11 बजे देहली क़िले के दीवाने-ख़ास में बैठी। अध्यक्ष, सदस्य, अनुवादक, सरकारी वकील सब मौजूद थे। अभियुक्त अदालत में लाया गया और उसके साथ ही मुख़्तार गुलाम अब्बास भी मौजूद थे। अनुवादक ने नम्बर 56 तक के असली फ़ारसी काग़ज़ात पढ़ कर सुनाये जिनका पिछले दिन अँगरेज़ी अनुवाद सुनाया गया

था। मुख़्तार गुलाम अब्बास गवाह के रूप में बयान देने लगे। सरकारी वकील ने सवाल किया—10 मई, सन् 1857 को जब बाग़ी सेना मेरठ से आई थी, तब तुम कहाँ थे ?

उत्तर—इसी दीवाने-ख़ास में था।

प्रश्न—तुमने उस समय जो कुछ देखा हो, उसको व्योरेवार सुनाओ।

उत्तर—सवेरे 8 बजे 5-6 सवारों के आने की बात सुनी गई। वे बादशाह की बैठक के बाहर थे। पहले उन्होंने ज़ोर-ज़ोर से चिल्लाना शुरू किया। चिल्लाहट सुनकर बादशाह ने अपने गुलामों को देखने के लिए भेजा कि पता लगावें कि यह शोर कैसा है। एक गुलाम ने आकर सिपाहियों से बातचीत की। उसने लौटकर बादशाह से क्या जाकर कहा, यह मुझे नहीं मालूम। इसके बाद बादशाह अपनी बैठक से मिले हुए कमरे में आए और मुझे बुलाया। उन्होंने मुझसे कहा कि यह सवार मेरठ में विद्रोह फैला कर आए हैं और अब चाहते हैं कि धर्म का पक्ष लेकर अँगरेज़ों से लड़ें और उनका वध करें। इतना कहने के बाद बादशाह ने मुझे तुरन्त ही कप्तान डगलस के पास जाने और उनसे पूरा विवरण बता देने की आज्ञा दी और कहा कि इस सम्बन्ध में सारा प्रबन्ध करने के लिए भी कह देना। मुझसे यह कहने के बाद एक गुलाम से दरवाज़ा बन्द करा लिया। बादशाह की आज्ञानुसार मैं कप्तान डगलस के पास गया और समाचार सुनाया। कप्तान डगलस यह सुनते ही मेरे साथ हुए और कहा—'मामला क्या है ? ख़ैर, मैं समझ लूँगा।' वह दीवाने-ख़ास में आए और बादशाह भी मिलने के लिए वहाँ उपस्थित हुए, उस समय बादशाह के शरीर में पर्याप्त बल था और वह स्वयं ही अपनी लकड़ी टेकते हुए बिना किसी के सहारे आ सके थे। फिर उन्होंने कप्तान डगलस से पूछा—'आप को मालूम है कि क्या मामला है ? ये फ़ौजी सवार आए हैं और अपनी इच्छानुसार कार्यवाही बहुत जल्द प्रारम्भ करना चाहते हैं।' उस समय हकीम एहसन उल्ला ख़ाँ और मैं मौजूद थे। कप्तान डगलस ने बादशाह की बातें सुनकर कहा—'आप बैठक का दरवाज़ा खुलवा दें, जिससे मैं सवारों से आमने-सामने कुछ बातचीत कर सकूँ।'

बादशाह ने उत्तर दिया—'परिस्थिति प्रतिकूल है, वे लोग भड़के हुए हैं, कहीं आप पर हमला न कर दें इसलिए मैं दरवाज़ा न खोलने दूँगा।'

कप्तान ने ज़िद की, किन्तु बादशाह ने उनका हाथ पकड़कर कहा—'मैं तुम्हें जाने न दूँगा।'

हकीम एहसन उल्ला ख़ाँ ने दूसरा हाथ पकड़ लिया और कहा—अगर आप को बातचीत करना ही है तो बरामदे से कर लीजिए। तब कप्तान डगलस दीवाने-ख़ास और शाही कमरे के बीच वाले कठघरे में आए। वहां से उन्होंने उस स्थान को देखा, जहाँ तमाम सवार इकट्ठे हो रहे थे। मैं भी कप्तान साहब के साथ कठघरे में आया था। मैंने वहां 30-40 सवार नीचे खड़े देखे जिनमें कुछ के

हाथों में खुली तलवारें थीं, कुछ पिस्तौल और कारतूस लिये हुए थे। कई सवार एक पुल की ओर से चले आ रहे थे। उनके साथ कुछ पैदल भी थे जो कि शायद साईस थे। उनके सरों पर गठरियाँ थीं। कप्तान डगलस ने सवारों को ललकार कर कहा—उधर न जाना ये बादशाही बेगमों के कमरे हैं। तुम उनके पास खड़े होकर बादशाह की बेइज़्ज़ती कर रहे हो।

यह सुनकर एक-एक कर के वे सभी राजघाट के फाटक से चले गए। उनके जाने के बाद कप्तान डगलस फिर बादशाह के पास गए। बादशाह ने नगर और क़िले के दरवाज़े बन्द करने के लिए कहा जिससे विद्रोही अन्दर न आ सकें। कप्तान डगलस ने बादशाह को विश्वास दिलाया कि डर की कोई बात नहीं है। उचित प्रबन्ध करना ही उनका कर्त्तव्य है। यह कह कर कप्तान साहब तो चले गए और बादशाह अपने कमरे में आए। मैं और हकीम एहसन उल्ला खाँ, दोनों यहाँ दीवान-ख़ास में आकर बैठ गए। लगभग एक घण्टा के बाद कप्तान डगलस का नौकर एक चिट्ठी लेकर दौड़ता आया। कप्तान साहब ने हकीम एहसन उल्ला ख़ाँ को बुलाया था। उनकी ज़िद से मैं भी उनके साथ हो लिया। उस नौकर के द्वारा मालूम हुआ था कि कप्तान साहब कुलीदखाना में हैं किन्तु वहां जाने पर मालूम हुआ कि वह अपने कैम्प को चले गए हैं। इस समय मैंने शहर के दरियागंज मुहल्ले में धुआँ उठते देखा और राहगीरों से सुना कि सवार बँगलों पर गोली चला रहे हैं। फिर हम लोग घूमते-घामते कप्तान साहब के कैम्प, क़िले के लाहौरी दरवाज़ा पर गए तो मालूम हुआ कि मिस्टर डगलस तीसरे कमरे में हैं। बीच के कमरे में मिस्टर सीमैन फ्रेज़र मिले। उनके कहने से मैं तो उनके साथ वापस लौट आया और हकीम एहसन उल्ला ख़ाँ कप्तान साहब से मिलने चले गए। मि. फ्रेज़र ने बादशाह से कप्तान साहब के कैम्प की रक्षा के लिए दो तोपें और कुछ पैदल माँगे थे। मैं और मि. फ्रेजर सीढ़ियों से उतर आए। उनके साथ एक सज्जन और थे जिनका नाम मुझे मालूम नहीं है। मि. फ्रेज़र के हाथ में एक तलवार थी और उनके साथी के एक हाथ में पिस्तौल और दूसरे में एक बन्दूक थी। मिस्टर फ्रेज़र ने मेरे जल्द पहुँचने की इच्छा प्रकट की। अतः यद्यपि वे स्वयं आ रहे थे और मैं उनसे पहले पहुँच गया। बादशाह के कमरे में पहुँच कर मैंने उन्हें सूचना भिजवा दी। जब वे बाहर आए तो मैंने उन्हें मि. फ्रेज़र की प्रार्थना सुना दी। बादशाह ने फ़ौरन ही तमाम सेना को, जो उस समय मौजूद थी, मय तमाम अफ़सरों के जो उपलब्ध हो सके दो तोपें लेकर कप्तान साहब के निवास-स्थान पर पहुँचने की आज्ञा दी। इसी समय हकीम एहसन उल्ला खाँ आ गए और उन्होंने कहा कि मि. डगलस ने दो पालकियाँ भी मँगाई हैं जिनमें बैठा कर दो लेडियों को, जो उनके यहाँ हैं, बादशाही रनवास में छिपाने के लिए भेज दी जावें। बादशाह ने हकीम साहब को इसके प्रबन्ध करने की आज्ञा दी और निकटवर्ती गुलामों को दो पालकियाँ

और उनके उठाने के लिए विश्वासपात्र कहारों को भेजने के लिए हुक्म दिया। उन्हें सचेत किया कि उन लेडियों को, सीधे न लाकर, महल के किनारे-किनारे वाले बाग़ (पाईं बाग़) से लावें जिससे जो विद्रोही सिपाही क़िले में घुस आए हैं, उनको यह मालूम न होने पावे।

बादशाह अन्दर खड़े हुए जल्दी प्रबन्ध करने की ताकीद कर रहे थे, हकीम साहब उनके पास खड़े थे। एक नौकर ने, जो पालकियाँ लेने गया था, थोड़ी देर बाद आकर कहा कि पालकियाँ भेज दी गईं। लगभग एक घण्टे बाद पालकी वाले लौट कर आए। उन्होंने कहा—मि. फ़्रेज़र मार डाले गए।

यह घटना दसँ बजे के पूर्व की है। हकीम एहसन उल्ला खाँ ने एक दूसरा आदमी सच्चा विवरण लाने को भेजा और यह पता लगाने के लिए भी कि कप्तान डगलस कहाँ हैं। उन्होंने भी लौटकर सूचना दी, कि केवल मि. फ़्रेजर ही नहीं, बल्कि कप्तान डगलस और दोनों लेडियाँ भी मार डाली गईं हैं। बादशाह तो यह सुनकर अन्दर चले गए किन्तु मैं और हकीम साहब दोनों भयभीत और दुखित होकर दीवान-ख़ास में आए। इसके कुछ ही क्षण पश्चात् पैदल सिपाहियों के दोनों दल, जो क़िले की रक्षा के लिए नियत थे, मेरठ के सिपाहियों के साथ दीवान-ख़ास में आए और बन्दूक़ और पिस्तौलों से हवाई फ़ायर करने लगे। प्रलयकाण्ड उपस्थित हो गया। बादशाह यह समाचार सुनकर अन्दर से निकल आए और दीवान-ख़ास के दरवाज़े पर खड़े होकर अपने नौकरों से कहा—लोगों को शोर करने से रोको और सिपाहियों को सामने आने के लिए कहो।

शोर बन्द हो गया और सवार अफ़सर घोड़ों पर चढ़े हुए ही बादशाह के सामने आए। उन्होंने आकर कहा कि कारतूसों का प्रयोग बिल्कुल बन्द होना चाहिए, क्योंकि वह हिन्दू और मुसलमान, दोनों के धर्म के विरुद्ध है। इनमें गाय और सूअर की चरबी है। उन्होंने हाल ही में मेरठ के तमाम अँगरेज़ों को मार डाला है और अब बादशाह की सहायता चाहते हैं। बादशाह ने उन लोगों से कहा कि हमने तुम्हें बुलाया नहीं है फिर भी तुम लोग यहाँ आ गए। यह कार्य बहुत बुरा है। इस पर लगभग 200 पैदल, जो वहाँ पर मौजूद थे, दीवान-ख़ास में घुस आए और कहा—जब तक हुजूर बादशाह की सहायता हम लोगों को नहीं मिलती तब तक हम लोग मुरदा से हैं। बादशाह कुर्सी पर बैठ गए और क्रमशः पैदल, सवार आ-आकर फ़र्राशी सलाम करके बादशाह से अपने सिरों पर हाथ रखने की प्रार्थना करने लगे। बादशाह ने ऐसा ही किया। वह लोग भी, जो मन में आया, कहते रहे। जब वहाँ बहुत भीड़ हो गई तो मैं वहाँ से चला गया। उस समय बड़ा शोर हो रहा था। सब लोग मिलकर गगन व्यापी ध्वनियाँ कर रहे थे। तत्पश्चात् बादशाह अपने ख़ास कमरे में चले गए और विद्रोही सैनिकों ने दीवाने-आम में अपने बिस्तर लगाए। क़िले के चारों तरफ़ पहरा लगा दिया गया और मैं जाकर हकीम साहब के कमरे में लेट

रहा। शाम को 4 बजे के बाद बहुत शोर सुनाई दिया। कमरे के बाहर निकल कर देखा तो मेगज़ीन की ओर से बहुत सी धूल उड़ती दिखाई दी। इसी समय पता लगा कि विद्रोही सेना ने मेगज़ीन पर धावा बोल दिया है। लेकिन बाद को कहा गया कि अँगरेजी सेना ने मेगज़ीन को उड़ा दिया है। क़रीब 5 बजे मालूम हुआ कि विद्रोहियों ने 7-8 अँगरेज़ स्त्री-पुरुष और बच्चे पकड़े हैं और उन्हें मार डालने के लिए बादशाह से आज्ञा माँग रहे हैं। किन्तु बादशाह ने कहा कि गारद के सिपाही विद्रोही सैनिकों में से रहेंगे। बादशाह ने उन्हें कमरे में बन्द करा दिया और आज्ञा दी कि इनके लिए अच्छा भोजन हो और उसका ख़र्च बादशाह के ख़र्च से किया जाये। सूर्यास्त के समय जब मैं घर जा रहा था तो दीवान-आम में देहली रेजिमेण्ट के बहुत से सिपाही देखे। मैं अपने घोड़े पर सवार होकर सीधा अपने मकान (शहर) को चला गया। दूसरे दिन प्रातःकाल जब मैं क़िले में आया तो मुझे ज्ञात हुआ कि तोपों की आवाज़, जो कि मैंने 10-11 बजे रात को सुनी थी, वह हिन्दुस्तानी तोपख़ाने वालों ने दिल्ली के बादशाह की सलामी में दाग़ी थीं। किन्तु मैं यह नहीं कह सकता कि इसका कारण यह था, कि बादशाह ने देश की बाग़ दुबारा अपने हाथ में ली थी अथवा और कोई बात थी। तब मैं दीवान-ख़ास में आया और हकीम एहसन उल्ला ख़ाँ से मिल कर पूछा कि बादशाह ने विद्रोह दबाने की कोई चेष्टा की है अथवा नहीं। उन्होंने बताया कि बादशाह ने एक ऊँट-सवार दूत के द्वारा आगरा के लेफ्टिनेण्ट के पास तमाम समाचार भेज दिया है। पन्द्रह दिन बाद मैंने हकीम साहब से पूछा कि उस पत्र का कोई उत्तर मिला ? तो उन्होंने बताया कि सवार तो लौट आया है किन्तु न तो वह जवाब ही लाया है और न रसीद ही। कहता है कि पत्र मैंने पहुँचा दिया है और जवाब पन्द्रह दिन बाद आयेगा। पहले दिन की घटना के बाद मैंने क़िले जाना छोड़ दिया। चौथे या पाँचवें दिन कभी चला जाता था और बादशाह को सलाम करके लौट आता था। बाद की घटनाओं के सम्बन्ध में मैं कुछ नहीं जानता।

प्रश्न—तुमने यह भी सुना कि मि. फ़्रेज़र का किसने वध किया। बादशाह के नौकरों ने या और किसी ने ?

उत्तर—उस समय तो यह कहा गया था कि सिपाहियों ने विद्रोह किया और मि. फ़्रेज़र उस विद्रोह में ही मारे गए। किन्तु बाद को सुना कि उन्हें एक लोहार ने मारा, जो कि कप्तान डगलस के मकान के नीचे की दूकान में रहता था। लेकिन मैं नहीं बता सकता कि उस लोहार का क्या नाम है और अब वह कहाँ है ?

प्रश्न—देशी अफ़सरों के सर पर हाथ रखने के क्या अर्थ हैं ? क्या इसके अर्थ यह नहीं हो सकते कि बादशाह ने उनकी सेवाएँ स्वीकार कर लीं ?

उत्तर—लगभग ऐसा ही था। लेकिन मैं नहीं कह सकता कि उस समय बादशाह के क्या विचार थे।

प्रश्न—बादशाह का राज्याभिषेक अथवा राज्य-प्रबन्ध अपने हाथ में लेना कब सर्वसाधारण में घोषित किया गया ?

उत्तर—मुझे मालूम नहीं कि नियमित रूप से इस प्रकार की कोई घोषणा की गई अथवा नहीं। सम्भव है कि ऐसा हुआ हो और मैंने न सुना हो, किन्तु बादशाह की शक्ति ग़दर के पहले ही दिन से स्थापित हो गई थी।

प्रश्न—क्या इसी कारण से तोपों की सलामी दी गई थी ?

उत्तर—मैं यह नहीं जानता। मैंने तोपों की आवाज़ सुनी जो सलामी के रूप में दाग़ी गई थीं कि वे लोग बादशाह के आज्ञापालक हो गए हैं।

प्रश्न—तुम्हें याद है कि कितनी तोपें सलामी में दाग़ी गई थीं ?

उत्तर—साधारण रीति से 21 तोपें राज्य सलामी में दाग़ी जाती हैं। मेरा अनुमान है कि कदाचित् इतनी ही दाग़ी गई होंगी।

प्रश्न—बादशाह ने सबसे पहला आम दरबार किस दिन किया था ?

उत्तर—उन्होंने ग़दर के पहले ही दिन से दरबार करना आरम्भ किया था और फ़ौजी सवारों के आने के दिन को ही दरबार का पहला दिन कह सकते हैं।

प्रश्न—विद्रोह के पूर्व तुम बादशाह और उनके परिवार से मिलते-जुलते थे ?

उत्तर—मैं रोज़ ही क़िले जाता था। लेफ्टिनेण्ट गवर्नर के एजेण्ट से जो पत्र-व्यवहार होता, वह मेरे ही द्वारा होता था। मैं बादशाह का नौकर था और मेरी वह नौकरी सर थ्यूफ़िल्स मेटकॉफ़ के प्रभाव तथा उन्हीं के द्वारा हुई थी।

प्रश्न—क्या तुम्हें यह जानने का अवसर मिलता था कि क़िले के ग़दर के पहले क्या हुआ करता था और किस प्रकार की बातें हुआ करती थीं ?

उत्तर—मुझे क़िले की तमाम बातें जानने की पूरी सुविधा थी किन्तु मैंने कोई बात नहीं सुनी।

प्रश्न—क्या तुम्हारे ऊपर बादशाह और उनके सलाहकारों का इतना विश्वास था कि वह इन रहस्य की बातों को, तथा उन बातों को, जो बातें वह अँगरेज़ी सरकार से छिपाना चाहते थे, तुम पर प्रकट करें ?

उत्तर—मेरी गणना ऐसे लोगों में नहीं थी जिनसे इस प्रकार की बातों पर सलाह ली जाती अथवा सूचना दी जाती। हाँ, हकीम एहसन उल्ला ख़ाँ तथा महबूब अली ख़ाँ अधिक विश्वासपात्र समझे जाते थे।

4 बजने पर अदालत दूसरे दिन 11 बजे के लिए स्थगित हो गई।

चौथे दिन की कार्यवाही

शनिवार, 30 जनवरी, सन् 1858 ई.

आज 11 बजे अदालत बैठी। अध्यक्ष, सदस्य, सरकारी वकील, अनुवादक सब मौजूद

थे। अभियुक्त अदालत में लाए गए। गवाह गुलाम अब्बा लाए गए और पिछले बयान के सिलसिले से गवाही आरम्भ हुई। सरकारी वकील ने बयान लिया।

प्रश्न—क्या तुम्हें ग़दर से पहले अभियुक्त के पत्र देखने का अवसर मिला है ?

उत्तर—जी हाँ, मैंने अनेक बार देखे हैं और अब भी इनके हाथ के अक्षर पहचान सकता हूँ।

प्रश्न—जो काग़ज़ात अदालत में पेश हैं और अभियुक्त के हाथ के लिखे हैं अथवा उन पर शाही मुहर लगी हुई है, क्या तुम्हें उनके असली होने में सन्देह है ?

उत्तर—कदाचित दो काग़ज़ों पर सन्देह है और प्रायः सभी बादशाह के स्वहस्त लिखित हैं।

प्रश्न—जब अँगरेज़ स्त्री और बच्चे मारे गए क्या उस समय तुम क़िले में मौजूद थे ?

उत्तर—नहीं, उस समय मैं क़िले में नहीं था किन्तु बाद को सुना कुछ लोग मारे गए हैं।

प्रश्न—तुम्हें मालूम है कि उन्हें किसने वध किया ? विद्रोहियों ने या बादशाह के ख़ास नौकरों ने ?

उत्तर—मैं निश्चित रूप से कुछ नहीं कह सकता। दो-तीन दिन बाद जब मैं क़िले में आया तो मैंने हकीम एहसन उल्ला ख़ाँ से पूछा कि तुमने लोगों को हत्या करने से क्यों नहीं रोका तो उन्होंने बताया कि मैंने अपनी शक्ति भर विद्रोहियों को रोका, किन्तु उन्होंने मेरी बात नहीं मानी।

प्रश्न—क्या हकीम एहसन उल्ला ख़ाँ ने तुम्हें बताया था कि वह घटनास्थल पर मौजूद थे ?

उत्तर—नहीं, उन्होंने स्पष्ट रूप से नहीं प्रकट किया कि वह उस समय मौजूद थे या नहीं।

प्रश्न—उस दिन कितने अँगरेज़ मारे गए थे ?

उत्तर—पहले मुझे संख्या नहीं मालूम थी अथवा सम्भव है कि मालूम हो और मैं भूल गया होऊँ। अभी 10-12 दिन हुए तब मालूम हुआ कि कुल स्त्री-बच्चे मिला कर लगभग 50 थे।

प्रश्न—क्या अभियुक्त की जानकारी में ये हत्याएँ हुई थीं ?

उत्तर—मैं इस सम्बन्ध में अधिक नहीं जानता। हकीम एहसन उल्ला से मालूम हुआ कि बादशाह ने रोका था किन्तु लोग माने नहीं।

प्रश्न—तुम्हें मालूम है कि ग़दर के दिनों में नौकर रोज़नामचा लिखता था, तुम कह सकते हो वह कौन शख़्स था ?

उत्तर—मुझे ग़दर के दिनों में रोजनामचा लिखे जाने का पता नहीं। उसके पहले ज़रूर रोजनामचा लिखा जाता था।

प्रश्न—क्या मिरज़ा मुग़ल विद्रोही सेना के अध्यक्ष बनाए गए थे ? अगर बनाए गए थे तो कब और किसने बनाया था ?

उत्तर—हाँ, मिरज़ा मुग़ल निस्सन्देह सेनापति बनाए गए थे और आम तौर से यह ख़बर है कि बादशाह ने सेनाओं के कहने से उनकी नियुक्ति की थी।

प्रश्न—ग़दर के पहले हिन्दुस्तानी सेना की नाराज़गी की बात तुमने कुछ सुनी थी ?

उत्तर—हाँ, मैंने सुना था कि चरबी के कारतूसों के कारण कलकत्ते की दो रेजिमेण्टों ने विद्रोह किया था जो कि बाद में दबा दिया गया।

प्रश्न—ग़दर के पहले तुमने सुना कि देहली की रेजिमेण्टों को किसी प्रकार बहकाया गया था ?

उत्तर—नहीं।

अदालत के प्रश्न

प्रश्न—अँगरेज़ों की हत्या के बाद उनकी लाश, खून या ऐसे कोई चिह्न देखे, जिनसे मालूम हो कि वह मारे गए हैं ?

उत्तर—मैंने कुछ नहीं देखा।

प्रश्न—क्या तुम्हें वह स्थान मालूम है जहाँ ये औरतें-बच्चे आदि मारे गए थे ?

उत्तर—मैंने सुना है कि लाहौरी दरवाज़े से होकर क़िले में जाने से जो सहन (आँगन) पड़ता है, वहीं यह मारे गए थे। किन्तु मैं कोई निश्चित स्थान नहीं जानता।

प्रश्न—तुम्हें मालूम है कि लाशें क्या की गईं ?

उत्तर—मुझे नहीं मालूम। इतना सुना था कि गाड़ियों में डाल कर ले गए थे।

जज एडवोकेट फिर बयान लेता है।

प्रश्न—तुम्हें मालूम है कि वध के पहले ये अँगरेज़ औरतें और बच्चे क़ैद किए गए थे ? यदि ये क़ैद थे, तो कहाँ ?

उत्तर—मैंने सुना है वह सब पहले ही से क़ैद थे। वह सब बादशाह के रसोई ख़ाना या उसी से सम्बन्धित कमरे में क़ैद थे।

प्रश्न—उन्हें कितने रोज़ क़ैद रखा गया था ?

उत्तर–आठ या दस रोज़।

प्रश्न–विद्रोह के दिनों में अभियुक्त की शाही मुहर किसके पास रहती थी ?

उत्तर–वह अभियुक्त के ख़ास कमरे में रहती थी।

प्रश्न–मुहर का प्रयोग क्या बादशाह ही स्वयं करते थे ?

उत्तर–बादशाह की आज्ञा के बिना कभी मुहर नहीं लगाई जाती थी।

अभियुक्त ने जिरह करने से इनकार किया और गवाह फिर अभियुक्त के सहायक के स्थान पर बैठ गया। नम्बर 57 से लेकर 78 तक के फ़ारसी कागज़ात, जो राजा बल्लभगढ़ के मुक़दमे में ठीक मान लिए गए थे, बिना किसी गवाही के वह ठीक मान लिए गए, उनका अनुवाद पढ़ा गया। हकीम एहसन उल्ला ख़ाँ फिर बुलाए गए और पिछले बयान को दर्ज कराया गया। कागज़ात नम्बर 4, 5, 6, 7, 8 व 9 गवाह को दिखाए गए, जिनमें क़र्ज़ के सम्बन्ध की बातें थीं जिन्हें उसने बताया, कि इस पर बादशाह की ख़ास मुहर है और नम्बर 6 के कागज़ को छोड़कर, बाक़ी सेक्रेट्री मुकुन्दलाल के लिखे हैं। कागज़ात नम्बरी 1, 2, 3, 10, 11, 12, 14, 15, 16 गवाह को दिखाए गए। गवाह ने कहा कि वह नम्बर 2, 3 और 12 को बिल्कुल नहीं जानता। बाक़ी में से नम्बर 1 मुकुन्दलाल के हाथ का लिखा है और शाही मुहर लगी है। नम्बर 11 किस के हाथ का लिखा है यह नहीं जानता लेकिन शाही मुहर है। नम्बर 10, 11, 15, 16 पर आज्ञाएँ स्वयं बादशाह के हाथ की लिखी हैं, लेकिन कागज़ किसके लिखे हैं, यह नहीं पहचान सकता।

इन क़र्ज़ सम्बन्धी 16 कागज़ों का अनुवाद पढ़ कर सुनाया गया। बाद को अदालत 1 फरवरी, सन् 1858 ई. के 11 बजे तक के लिए बर्ख़ास्त कर दी गई।

पाँचवें दिन की कार्यवाही

सोमवार, ता. 1 फ़रवरी, सन् 1858 ई.

क़िले के दीवान-ख़ास में अदालत बैठी। सदस्य, अध्यक्ष, दुभाषिया, सरकारी वकील आदि सभी मौजूद थे। अभियुक्त को बुलाया गया। अनुवादक ने क़र्ज़ सम्बन्धी सब कागज़ों को फ़ारसी में पढ़ा, जिनका अनुवाद 30 जनवरी को सुनाया जा चुका था। हकीम एहसन उल्ला ख़ाँ फिर बुलाए गए और तनख़्वाह सम्बन्धी 8 कागज़ क्रमशः उन्हें दिखाए गए।

जज एडवोकेट का बयान लेना

सरकारी वकील ने प्रश्न किया—तुम्हें इन काग़ज़ों की लिखावट और मुहर के सम्बन्ध में क्या मालूम है ?

उत्तर—छः काग़ज़ अर्थात् नम्बर 1, 4, 5, 6, 7 व 8 अभियुक्त के हाथ के लिखे हैं। नम्बर 2 सेक्रेट्री मुकुन्द लाल के हाथ का है और उस पर शाही मुहर लगी है। नम्बर 3 का काग़ज़ मिरज़ा मुग़ल के लड़के की अर्ज़ी है जो कि उनके मुंशी ज्वालानाथ के हाथ की लिखी है और उस पर सरकारी 'कमाण्डर-इन-चीफ़' की मुहर लगी है।

इसके बाद इन काग़ज़ात का अनुवाद और असली फ़ारसी में भी अभियुक्त के समझने के लिए पढ़े गए। सेना सम्बन्धी 51 काग़ज़ात क्रमशः गवाह को दिखाये गए।

प्रश्न—इन काग़ज़ों की मुहर अथवा लिखावट के सम्बन्ध में कुछ जानते हो ?

उत्तर—काग़ज़ नम्बर 1, 2, 4, 5, 6, 15, 16, 18, 20, 23, 24, 25, 26, 27, 28, 29, 31, 33, 37, 38, 41, 43, 44, 45, 46, 47, 48, 49 और 50 के और सभी आज्ञाएँ बादशाह के हाथ की लिखी हैं। नम्बर 21 पर कुछ चिह्न हैं किन्तु वह अभियुक्त के हाथ का लिखा नहीं है। नम्बर 17 भी बादशाह का लिखा है। नम्बर 8,9,10,12,14 पर अभियुक्त की ख़ास मुहर है। नम्बर 4,11,30,42, और 51 अभियुक्त के सेक्रेट्री मुकुन्द लाल के लिखे हैं और शाही मुहर लगी है। नम्बर 7,32,36,39 व 40 के सम्बन्ध में कुछ मालूम नहीं है। नम्बर 34 पर ख़ास गवर्नर जनरल के नाम की मुहर है। नम्बर 13 में अभियुक्त के दफ़्तर की मुहर है और बदरपुर के पुलिस-अफ़सर का लिखा हुआ है कि आज्ञा का पालन किया गया।

फिर काग़ज़ात पढ़े गए। 4 बजने पर अदालत दूसरे दिन 11 बजे तक के लिए स्थगित हो गई।

छठे दिन की कार्यवाही

मंगलवार, 2 फ़रवरी, सन् 1858 ई.

अदालत क़िले के दीवान-ख़ास में फिर बैठी। अध्यक्ष, सदस्य, दुभाषिया, सरकारी वकील सभी मौजूद थे। अभियुक्त अदालत में लाये गए। उनके सलाहकार गुलाम अब्बास भी आए। दुभाषिया ने फ़ारसी में लिखे गए असली काग़ज़ात पढ़कर सुनाए, जिनका कल अनुवाद पढ़ा गया था। हकीम एहसन उल्ला ख़ाँ अदालत में बुलाए

गए और उनका बयान लिया जाने लगा।

डिप्टी जज एडवोकेट ने बयान लिया

प्रश्न–इन छः काग़ज़ों को देखकर बता सकते हो कि यह किसके लिखे हैं ?

गवाह को हत्या सम्बन्धी छः काग़ज़ क्रमशः दिखाए गए।

उत्तर–नम्बर 1 व 6 पर अभियुक्त के लिखे हुए आज्ञापत्र हैं। नम्बर 2,3,4 बख़्त ख़ाँ गवर्नर-जनरल के मुहर्रिर ख़ैरात अली के हाथ के लिखे हैं। इसकी आदत यह थी, कि काग़ज़ात पहले से ही लिख कर और शाही मुहर लगा कर तैयार कर रखता था। बाद को बादशाह की मंजूरी लेता और काग़ज़ात को रवाना करता था।

प्रश्न–काग़ज़ नम्बर 5 की बाबत कुछ जानते हो ?

उत्तर–जी नहीं, वह किसके हाथ का लिखा है, मैं नहीं पहचान सकता।

प्रश्न–क्या यह सम्भव है कि यह दफ़्तर में रखने के लिए नक़ल हो और किसी नए मुहर्रिर के हाथ का लिखा हो, जिसकी लिपि तुम न पहचानते हो ?

उत्तर–जी हाँ, मुझे मुहम्मद बख़्त ख़ाँ के दफ़्तर के किसी मुहर्रिर की लिपि मालूम होती है। छहों काग़ज़ पुनः क्रमपूर्ण रखे गए, अनुवादक ने फ़ारसी में और सरकारी वकील ने अनुवाद सुनाया। काग़ज़ जिस पर 'अ' का चिह्न था, असली लिफ़ाफ़ा सहित, जिस पर दिल्ली के डाकख़ाने की मुहर है, लाया गया। इससे सिद्ध होता है कि वह 25 मार्च, सन् 1857 ई. को दिल्ली के डाकख़ाने में डाला गया था और 27 मार्च, सन् 1857 की मुहर प्रकट करती है, कि यह उस दिन आगरे पहुँचा।

सरकारी वकील ने कहा कि यह ज़रूरी काग़ज़ आगरा प्रान्त के भूतपूर्व गवर्नर मि. कॉल्विन के काग़ज़ात में पाया गया। फिर इसका अनुवाद पढ़ा गया।

जज एडवोकेट ने गवाह के बयान लिए–

प्रश्न–क्या तुम देहली के मुहम्मद हसन अस्करी सज्जादा नशीन को जानते हो ?

उत्तर–जी हाँ, मैं जानता हूँ। वह देहली दरवाज़े के समीप रहते थे और प्रायः बादशाह के पास आते-जाते थे।

प्रश्न–कितने दिन हुए जब तुमने उन्हें देखा था ?

उत्तर–अँगरेज़ी सरकार के दूसरी बार देहली पर अधिकार पाने के क़रीब 20 दिन पहले देखा था।

प्रश्न–तुम जानते हो कि वह कहाँ गए और उनका क्या परिणाम हुआ ?

उत्तर–नहीं, मैं यह नहीं जानता।

प्रश्न–वह सब से पहले बादशाह से कब मिले थे और किस ज़माने में बादशाह

के पास आते-जाते थे ?

उत्तर–प्रायः चार साल पूर्व बादशाह की एक लड़की हसन अस्करी की चेली हो गई थी। उसने बादशाह से अस्करी की बड़ी तारीफ़ की थी। बादशाह ने बीमारी के दिनों में उन्हें गण्डा-ताबीज़ के लिए बुलाया। इधर दो साल से उनका आना-जाना बहुत बढ़ गया था। वह देहली दरवाज़े में उनके मकान के क़रीब रहती थी। यह भी कहा जाता है कि वह उनकी बीवी बन गई।

प्रश्न–हसन अस्करी क्या सचमुच भविष्य की बात बता देता था ? या उसका यह ढोंग था ?

उत्तर–वह स्वप्न-विचार करने में और भविष्य बताने में निपुण और सिद्ध माने जाते थे।

प्रश्न–जब अँगरेज़ों और ईरान के बादशाह में युद्धारम्भ हुआ तो उसने क्या कहा था ?

उत्तर–जब युद्ध आरम्भ हुआ तभी नहीं, बल्कि दो साल पूर्व ही उन्होंने बादशाह से 400 रु. लिये थे कि वह मक्का जाने वाले एक व्यक्ति को दिये जाएँगे। लेकिन बाद को मालूम हुआ कि शेदी क़ब्ज़ नाम का एक हब्शी (जो कि शायद हब्श से ही आया होगा) हज के बहाने ईरान के बादशाह के पास भेजा गया है।

प्रश्न–जब वह शख़्स शाह-ईरान के पास जा रहा था, तो यह क्यों कहा गया कि वह मक्का जा रहा है ?

उत्तर–मैं इस धोखेबाज़ी के सम्बन्ध में कुछ नहीं कह सकता। मुझे जट्टो (जाटमल) जासूस ने ख़बर दी थी कि शेदी क़ब्ज़ हज करने नहीं, बल्कि ईरान जा रहा है। दूसरे जासूसों से भी यही मालूम हुआ।

प्रश्न–तुमने कभी सुना कि वह शाह-ईरान के पास किस काम के लिए भेजा गया था ?

उत्तर–नहीं। लेकिन कुली ख़ाँ और बसन्त–जो कि बादशाह के विश्वस्त नौकर थे–से मालूम हुआ कि हसन अस्करी ने शेदी क़ब्ज़ को शाही मुहर लगे हुए कुछ काग़ज़ रात को दिए। फ़िर उसको ईरान भेज दिया गया।

प्रश्न–क्या क़िले में ईरान के युद्ध की प्रायः चर्चा होती थी और बादशाह उसमें दिलचस्पी लेते थे ?

उत्तर–महल में विशेष कर इस विषय पर बहस नहीं होती थी। क़िले में कुछ ऐसे हिन्दुस्तानी अख़बार ज़रूर आते थे, जिनमें इसकी चर्चा होती थी। लेकिन बादशाह को मैंने दिलचस्पी लेते कभी नहीं देखा।

प्रश्न–क्या देहली के मुसलमानों को इस युद्ध से संतोष था ? इसे धार्मिक युद्ध समझते थे ?

उत्तर–नहीं! देहली के मुसलमान सुन्नी हैं और शाह-ईरान शिया। इसलिए

इनको कोई प्रसन्नता न थी।

प्रश्न—तुम्हें मालूम है कि मार्च, सन् 1857 (10 मास पूर्व) बादशाह ने अस्करी को किसी ख़ास काम के लिए बीस अशरफ़ियाँ दी थीं ?

उत्तर—बादशाह उन्हें प्रायः रुपया देते थे। मैं नहीं जानता कि आप किस अवसर या क़ाम की ओर संकेत कर रहे हैं।

प्रश्न—क्या तुमने यह सुना है कि कोई शख़्स मक्का जाने वाले गिरोह के साथ क़ुस्तुन्तुनिया गया है ?

उत्तर—नहीं, मैंने कभी किसी शख़्स के कुस्तुन्तुनिया जाने की बात नहीं सुनी।

प्रश्न—तुम देहली के किसी ऐसे व्यक्ति को जानते हो, जिसका उपनाम मुहम्मद दरवेश है ?

उत्तर—नहीं, मैं नहीं जानता।

प्रश्न—क्या ग़दर के कुछ मास पूर्व जामा मस्जिद या नगर के किसी दूसरे भाग में ऐसी कोई नोटिस चपकी थी, जिसमें शाह-ईरान के दस्तख़त या मुहर थी ?

उत्तर—जी हाँ, मैंने सुना था कि ग़दर के कुछ मास पूर्व शाह-ईरान की घोषणा जामा मस्जिद में चिपकी थी।

प्रश्न—वह काग़ज़ वहाँ कैसे आया, यह तुमने कभी सुना था ?

उत्तर—नहीं, लेकिन यह सुना, कि उसकी भाषा और भाव शिया मुसलमानों-जैसे थे।

प्रश्न—क्या प्रायः लोगों का यह ख़्याल था, कि वह असली काग़ज़ है ?

उत्तर—उसके असली होने में सर्वसाधारण को सन्देह था।

प्रश्न—काग़ज़ का विषय क्या था ?

उत्तर—मैंने सुना है कि उसमें लिखा था कि मुसलमान परस्पर के विरोध को दूर करके इस अवसर पर एक हो जाएँ और एक इस्लामी झण्डे के नीचे जमा होकर 'जिहाद' करें।

प्रश्न—क्या इस घोषणा से जनता में जोश नहीं फैल गया था ?

उत्तर—नहीं, किसी बड़ी हद तक नहीं।

प्रश्न—क्या अभियुक्त अथवा क़िले में किसी से इसकी चर्चा सुनी ?

उत्तर—अभियुक्त के मुँह से मैंने कुछ नहीं सुना, किन्तु क़िले के दूसरे कई व्यक्तियों से इसकी चर्चा सुनी।

प्रश्न—कम्पनी द्वारा अवध पर अधिकार करने के अवसर पर क्या देहली के मुसलमानों में बेचैनी और उत्तेजना दिखाई दी थी ?

उत्तर—बिल्कुल नहीं। बल्कि लोगों को प्रसन्नता हुई थी, क्योंकि लखनऊ वाले शिया हैं और उन्होंने मौलवी सैयद अमीर अली को, जो कि सुन्नी थे, क़त्ल करवा दिया था!

प्रश्न—क्या ग़दर से कुछ दिन पूर्व मुसलमानों की नाराज़गी का कोई नोटिस या इश्तहार जामा मस्जिद में चपका हुआ दिखाई दिया था ?

उत्तर—कोई नोटिस वग़ैरह चपकाया गया हो, ऐसा मुझे याद नहीं आता।

प्रश्न—क्या कभी देहली के हिन्दुस्तानी अख़बारों में ग़दर से पहले अँगरेज़ों के विरुद्ध, जिहाद करने की जरूरत बताई थी ?

उत्तर—नहीं, कभी ऐसा नहीं हुआ। यदि ऐसा करते तो हाकिम लोग स्वयं अनुभव कर सकते थे।

अभियुक्त ने जिरह करने से इनकार किया। काग़ज़ नम्बर 'अ' असली फ़ारसी में पढ़ कर सुनाया गया। अदालत दूसरे दिन 11 बजे तक के लिए बर्ख़ास्त कर दी गई।

सातवें दिन की कार्यवाही

बुधवार, ता. 3 फ़रवरी, सन् 1858 ई.

अध्यक्ष, सदस्य, अनुवादक, डिप्टी जज, एडवोकेट सब मौजूद थे। अभियुक्त और उनके सहायक ग़ुलाम अब्बास बुलाये गए। हकीम एहसन उल्ला ख़ाँ गवाही देने आए। जज एडवोकेट ने प्रश्न किया—तुमने मुहम्मद दरवेश की अर्ज़ी सुन ली! क्या तुम जानते हो कि बादशाह ने हसन अस्करी को 'वज़ीफ़ा' पढ़ने या 'अमल' करने के लिए कोई तेल, कपड़े, ताँबे के सिक्के या खाने के 'ख़्वान' भेजे थे ?

उत्तर—हाँ, प्रायः तमाम चीज़ें भेजी जाती थीं; किन्तु मैं नहीं जानता था कि किसी विशेष प्रयोजन से, जैसा कि अर्ज़ी में लिखा है, भेजी जाती थीं।

प्रश्न—तुमने कहा कि जाटमल दरबार का जासूस था, क्या जासूसी के बदले बादशाह उसे कुछ देते थे ?

उत्तर—नहीं, वह बादशाह का नौकर नहीं था, बल्कि अँगरेज़ी सरकार का अख़बार-नवीस था।

प्रश्न—फिर उसे इस भेद की कैसे ख़बर हुई ? यह कैसे सम्भव है कि अँगरेज़ी नौकर को ऐसे रहस्य की बात मालूम हो ?

उत्तर—जाटमल महल के आस-पास ख़बरें जमा करने जाया करता था। उसने इस मामले को सुनकर मुझसे कहा, मैं इस भेद को जानता हूँ, उस समय तक मुझे कुछ मालूम नहीं था किन्तु बाद को दूसरे लोगों से भी यही बात सुनी तो विश्वास हो गया। गवाह के जाने पर आगरा के लेफ्टिनेण्ट गवर्नर के अख़बार-नवीस जाटमल को बुलाया गया और जज एडवोकेट ने उसका बयान लिया।

प्रश्न—क्या हसन अस्करी नाम के किसी व्यक्ति को तुम जानते हो ?

उत्तर—जानता हूँ।

प्रश्न—क्या वह प्रायः अभियुक्त के पास आया-जाया करता था ?

उत्तर—जी हाँ।

प्रश्न—बादशाह और उसके बीच किस प्रकार का सम्बन्ध था, तुम्हें मालूम है ?

उत्तर—वह बादशाह के पास आते और कुछ मन्त्र पढ़ा करते। वह अपने को भविष्य-वक्ता बताया करते और स्वप्नों के विचार बताते, (अभियुक्त ने स्वयं बताया, कि निस्सन्देह हसन अस्करी में यह सभी विशेषताएँ हैं) हसन अस्करी का कहना था कि प्रायः उन्हें अदृश्य की ओर से (ईश्वरीय) आज्ञाएँ आती हैं। जब बादशाह उन्हें बुलाते तो वह तुरन्त उनके पास जाते। प्रायः बिना बुलाए भी जाते। विशेष कर रात्रि के समय जब बादशाह से सलाह लेनी होती।

प्रश्न—तुमने कभी सुना कि बादशाह के किसी स्वप्न का उसने विचार किया है ?

उत्तर—जी हाँ, जब ईरानी सेना हिरात में आई उस समय अस्करी ने अपने स्वयं का देखा स्वप्न बादशाह को सुनाया कि पश्चिम से एक बवण्डर उठा जिसके पीछे एक बड़ी बाढ़ आई और बवण्डर का पीछा करते हुए मुल्क के बाहर निकल गई। इस बाढ़ से बादशाह को बिल्कुल कष्ट नहीं हुआ, बल्कि वह आराम से तख्त पर बैठे रहे। हसन अस्करी ने इस स्वप्न का विचार-फल इस प्रकार बताया कि ईरान का बादशाह पूर्व की अँगरेज़ी शक्ति को नष्ट करके बादशाह को पुनः सिंहासन पर बिठा देगा और काफ़िर (विदेशी-अँगरेज़) मार डाले जाएँगे।

प्रश्न—क्या तुम्हें मालूम है कि हसन अस्करी के द्वारा शाह ईरान के पास समाचार या पत्र आदि भेजे गए ?

उत्तर—जी हाँ, मुझे मालूम है कि पत्र भेजे जाते थे। डेढ़-दो साल हुए एक गिरोह मक्का जा रहा था, शीरीं क़ब्ज नाम के एक हब्शी ने, जो कि महल के हब्शियों का सरदार था, गिरोह के साथ जाने की आज्ञा माँगी। उसे आज्ञा मिल गई और उस समय के रिवाज के मुताबिक़ एक साल की तनख्वाह पेशगी दे दी गई। कहा जाता है कि उसके द्वारा एक दरख़्वास्त खुदाबन्द ताला के लिए लिखी गई और उससे कहा गया कि वह उसे काबा में चपका दे। 10-12 दिन बाद मुझे ख़बर मिली कि शीरीं के मक्का जाने की बात झूठ है, वस्तुतः वह बादशाह का ख़त लेकर ईरान के शाह के पास गया है। मैंने यह बात बादशाह के दूत ख़्वाजा बख़्श तथा एक और विश्वस्त नौकर, जिसका नाम याद नहीं है, के द्वारा सुनी थी। मैंने उसी समय कप्तान डगलस को इसकी सूचना दी। उन्होंने कहा कि यह बात साधारण नहीं है और उसकी विशेष खोज करने की ताकीद की। क्योंकि बादशाह को शाह-ईरान से इस प्रकार के पत्र-व्यवहार करने की रोक थी। मैंने हकीम

एहसन उल्ला ख़ाँ से इस सम्बन्ध में पूछा क्योंकि महत्त्वपूर्ण और गुप्त लिखा-पढ़ी की उन्हें ख़बर रहती थी। हकीम जी ने इनकार किया कि मुझे इसकी कोई जानकारी नहीं। मैंने कप्तान डगलस को सूचना दे दी और अपनी जाँच पूववत् जारी रखी। क़रीब 20 दिन बाद उस ख़बर की असलियत मालूम हुई। किससे मुझे सूचना मिली थी, यह मैं भूल गया हूँ। किन्तु मुझे मालूम यह हुआ कि हैदर हुसैन कमाण्डर तोपख़ाना, अभियुक्त और हसन अस्करी ने मिल कर कुछ पत्र शाह-ईरान के पास शीरीं क़ब्ज़ के द्वारा भेजे हैं। मैंने यह सूचना कप्तान डगलस को दे दी और यह भी कह दिया कि लोगों को इसकी ख़बर मिल गई है कि मुझे यह समाचार खुल गया है। अतः आगे से मैं कोई भेद का पता नहीं लगा सकता, लोग चौकन्ने हो गए हैं। साथ ही मैंने कप्तान साहब से यह भी कहा कि लाहौर के पास शीरीं को गिरफ़्तार करने का प्रबन्ध किया जाए। उन्होंने कहा कि वह किस रास्ते से गया है इसका कोई ठीक नहीं, अतः मामला बढ़ाना व्यर्थ है।

प्रश्न—क्या ईरान के युद्ध के सम्बन्ध में क़िले वालों और बादशाह में प्रायः चर्चा होती थी ?

उत्तर—जी हाँ, महल, क़िले और नगर में रोज़ यही बातें छिड़ा करती थीं।

प्रश्न—क्या तुम यह जानते हो कि उस लड़ाई को धर्म का रूप दिया जाता था ?

उत्तर—जी हाँ, देश के प्रत्येक भाग में उसे धर्म-युद्ध ही कहा जाता था और लोगों का विचार था, कि शाह-ईरान ही विजयी होंगे। किन्तु जो लोग वस्तुस्थिति से जानकार थे वह इस पर विश्वास न करते थे कि अँगरेज़ हार जाएँगे।

प्रश्न—क्या तुम्हें पता है कि भारत की देशी सेना और उसके अफ़सरों को अभियुक्त अथवा उसके किसी विश्वसनीय ने भड़काया हो या भड़काने का प्रयत्न किया हो ?

उत्तर—भड़काने के विषय में जिसका कि अभियुक्त अथवा उसके एजेण्टों का प्रत्यक्ष सम्बन्ध हो, मैंने कोई बात नहीं सुनी। हाँ, लगभग साढ़े तीन वर्ष पहले 10-12 मुसलमान सैनिकों ने और दूसरी बार 6-7 सैनिकों ने। बादशाह का साथ देने की प्रार्थना की थी और जिसे अभियुक्त ने स्वीकार भी कर लिया था। इस मामले को सर जॉन थ्यूफ़िल्स मेटकॉफ़ ने सुना और उसकी जाँच करके डाँट-डपट कर ठीक कर दिया था।

प्रश्न—जब कम्पनी ने अवध ले लिया तब भी क्या क़िले वालों में कुछ बहस हुई थी और यदि हुई थी तो किस दृष्टिकोण से ?

उत्तर—नहीं, अवध की ज़ब्ती पर केवल दो बार अभियुक्त को बातें करते सुना। जिसमें एक बार, जब कि फ़ौजें कानपुर जा रही थीं, तो अभियुक्त ने मि. फ़्रेज़र और कप्तान डगलस से पूछा था कि क्या कम्पनी ने अवध ले लिया ? तो

उन्होंने उत्तर दिया कि मुझे मालूम नहीं।

प्रश्न—क्या हसन अस्करी ने बादशाह की आयु तथा अँगरेज़ों पर विजय की भविष्यवाणी की थी ?

उत्तर—जी हाँ, उसने कहा था कि मैंने अपनी आयु के 20 वर्ष बादशाह की आयु में बढ़ा दिए हैं किन्तु अँगरेज़ों पर विजय पाने के सम्बन्ध की चर्चा मैंने नहीं सुनी। केवल उसके स्वप्न की बात सुनी थी, जो कि बता चुका हूँ।

प्रश्न—क्या तुमने महल में कभी यह सुना था, कि प्लासी की लड़ाई के 100 वर्ष बाद अँगरेज़ों की हुकूमत मिट जाएगी ?

उत्तर—कभी नहीं।

प्रश्न—क्या तुम्हें मालूम था कि ग़दर के पूर्व कम्पनी की सेनाएँ कम्पनी से क्यों नाखुश थीं ?

उत्तर—मुझे क़िले में आते-जाते समय इसका थोड़ा-सा भान हुआ था। लेकिन ग़दर के 20-25 दिन पहले सैनिकों में अम्बाला के मकान जला डालने की चर्चा होती थी और चरबी वाले कारतूसों की बातें करते और उन्हें प्रयोग न करने का प्रण करते थे।

प्रश्न—क्या सिपाहियों के नाखुश होने के विषय में क़िले में भी चर्चा होती थी।

उत्तर—जी हाँ, सैनिकों की नाराज़गी, चरबी के कारतूसों के प्रयोग न करने तथा अम्बाला के मकान जलाने की चर्चा साधारण रीति से क़िले में होती थी। किन्तु बादशाह के मुँह से या उनके सामने मैंने नहीं सुना। ग़दर के कुछ दिन पहले क़िले के फाटक वाले सिपाहियों से यह सुना था कि अगर मेरठ के सिपाहियों को चरबी के कारतूस प्रयोग करने के लिए मजबूर किया गया तो यह निश्चय किया गया है, कि वे देहली की सेनाओं में आकर मिल जाएगी और इस षड्यन्त्र का कार्य एक हिन्दुस्तानी अफ़सर के द्वारा होगा जो कोर्ट मार्शल ड्यूटी पर मेरठ जाएगा।

प्रश्न—क्या तुमने यह बात किसी से प्रकट की थी या किसी से रिपोर्ट की ?

उत्तर—नहीं, यह फ़ौजी मामला था। मेरी रिपोर्टों का काम बादशाह के व्यक्तिगत कार्यों तक परिमित था, इसलिए भी मुझे कोई रिपोर्ट नहीं करनी थी।

प्रश्न—जब मेरठ की विद्रोही सेनाएँ यहाँ आईं तो तुम यहीं मौजूद थे ?

उत्तर—उस समय मैं अपने शहर के मकान में था। मैंने सुना कि मेरठ के कुछ सिपाहियों ने सलीमगढ़ के पुल पर महसूल वसूल करने वालों को मार डाला है और चुंगी का दफ़्तर जला डाला है। मैंने इन समाचारों पर विश्वास नहीं किया और अपनी ख़बरों की रिपोर्ट लिखता रहा। इसके बाद मैं क़िले में आया। वहाँ मालूम हुआ कि कप्तान डगलस, मि. फ़्रेजर, मि. हचिन्सन मैजिस्ट्रेट और मि. निक्सन हेड क्लर्क कमिश्नर ऑफ़िस कलकत्ता दरवाज़े पर बाग़ियों को रोकने के लिए गए

हैं; मैं भी उनके पीछे वहाँ गया। वहाँ जाकर देखा कि कलकत्ता दरवाज़ा (किश्ती के पुल के पास एक दरवाज़ा था) पर पहुँच गए हैं। जब ये लोग वहाँ प्रबन्ध कर रहे थे किसी ने आकर ख़बर दी कि विद्रोही 'जीनतुल मसजिद' के रास्ते से शहर में आ गए हैं और दरियागंज पहुँच गए हैं। विद्रोही बँगलों पर गोलियाँ चला रहे हैं। धुआँ बहुत ऊँचा उठ रहा था, यह 8 बजे सवेरे की बात है। इसके थोड़ी देर बाद तीन सवार दरियागंज की ओर से एक अँगरेज़ का पीछा करते चले आ रहे थे। एक सवार ने अँगरेज़ पर पिस्तौल चलाई लेकिन गोली चूक गई और अँगरेज़ मेगज़ीन के रास्ते से भाग गया। उस वक्त मि. फ़्रेज़र ने दरवाज़े के एक सन्तरी की बन्दूक़ लेकर एक सवार को गोली मार दी। दूसरे सवारों ने मि. फ़्रेज़र के घोड़े को घायल कर दिया। मि. फ़्रेज़र अपनी बग्घी पर सवार हो गए। उनके साथ कप्तान डगलस, मि. हचिन्सन पैदल चल दिये। ये सभी क़िले की ओर बढ़े। इतने में मि. हचिन्सन के कन्धे पर, कुहनी से कुछ ऊपर एक बाग़ी ने पिस्तौल की गोली मारी। मि. फ़्रेज़र बाल-बाल बच गए। उस समय कप्तान डगलस का चपरासी बख़्तावर मि. फ़्रेज़र की बग्घी के पीछे बैठा हुआ था। कप्तान डगलस ने जब अपने को सवारों से घिरा हुआ देखा तो शहर के गड्ढे में कूद पड़े। नोकीले पत्थरों के लगने से उनके गहरी चोट आई। उस समय सवार अँगरेज़ों को ढूँढ़ते घूम रहे थे।

इसी बीच बख़्तावर और कई नौकरों ने मिलकर कप्तान डगलस को गड्ढे से निकाला। उस समय वह बेहोश थे। तब उन्हें क़िले के दरवाज़े वाले उनके कमरे में पहुँचा दिया गया। जब उन्हें कुछ होश आया तो उन्होंने लोगों से कहा कि मि. हचिन्सन को यहाँ उठा लाओ, उनके गहरी चोट आई है। उनकी आज्ञा का पालन किया गया। मि. फ़्रेज़र क़िले के लाहौरी दरवाज़े के गुप्त मार्ग से, कलकत्ते से उसी रोज़ आए एक अँगरेज़ के साथ जा रहे थे। उन्होंने बादशाह के पास एक दूत को तोपें लाने भेजा और स्वयं भी गुप्त मार्ग के निकास पर गए। उन्हें देखकर एक बड़ी भीड़ उन पर टूट पड़ी जिसमें आदमी और बच्चे थे और पास जाकर उन पर छींटेबाज़ी करने लगे। मिस्टर फ़्रेजर ने लोगों के ढंग से अनुमान कर लिया और परेशान होकर कप्तान डगलस के मकान की ओर लौटे। वह सीढ़ियों तक भी नहीं पहुँचने पाए थे, कि हाजी लोहार ने उन्हें मारने के लिए तलवार खींच ली। मि. फ़्रेज़र की तलवार म्यान में थी वह उसे ऊँची उठाकर जल्दी से लौटे और हवलदार से कहा—यह क्या है ? इस पर हवलदार ने दिखाने के लिए भीड़ को भंग कर दिया। मगर ज्योंही मि. फ़्रेज़र ने पीठ फेरी, उसने झुक कर लोहार से कुछ कहा उसका अर्थ यह था कि मि. फ़्रेज़र पर वार करना चाहिए। लोहार की हिम्मत बँध गई और उसने बढ़कर सीधी ओर से मि. फ़्रेज़र की गरदन पर गहरा और घातक हमला किया। मि. फ़्रेज़र तुरन्त गिर पड़े। उनके गिरते ही ख़ालिक़ दाद, एक पठान मुग़ल बेग का मुग़लजान और शेख़ दीन मुहम्मद—तीन आदमी—जो

ड्योढ़ी में छिपे हुए थे, दौड़े और मि. फ्रेज़र के सर, मुँह और छाती पर लगातार कई वार किए। मि. फ्रेज़र की मृत्यु हो गई। शेख़ दीन मुहम्मद एक हथियारबन्द व्यक्ति था, जिसे बादशाह से तनख्वाह मिलती थी और मुग़ल बेग तथा ख़ालिक़दाद बादशाह के प्रधानमन्त्री महबूब अली ख़ाँ के हथियारबन्द सिपाही थे। इन तीनों ने मि. फ्रेज़र की हत्या करके कप्तान डगलस के मकान का रास्ता लिया और एक बड़ी भीड़ के साथ सीढ़ियों पर चढ़ना शुरू किया। जब ये लोग सीढ़ियाँ चढ़ चुके थे तो कप्तान डगलस के अरदली माखन ने अन्दर जाकर विद्रोहियों के ऊपर आ जाने की सूचना दी। दरवाज़ा बन्द कर दिया गया तो दक्षिणी ओर से सैकड़ों आदमी दौड़ कर सीढ़ियों के रास्ते से ऊपर चढ़ गए और उधर से अन्दर पहुँच गए और जिस दरवाज़े को माखन ने बन्द कर दिया था, उसे उन तीनों हत्यारों तथा भीड़ ने खोल दिया। इसके बाद एक-एक करके कप्तान डगलस मि. हचिन्सन, रेवरेण्ड मि. जैनिंग्स, मिस जैनिंग्स, मिस क्लीफ़र्ड और जो कोई भी कप्तान साहब के मकान में मिले, मार डाले गए। जो अँगरेज़ उसी रोज़ कलकत्ते से आया था, वह भाग निकला और क़िले के हाते के बाहर निकलने की युक्ति करने लगा। वह इसी खोज में क़िले के देहली दरवाज़े के समीप मिरज़ा कोचक के मकान पर पहुँचा। किसी ने उस पर गोली चलाई जो कि उसके कन्धे में लगी। वह तुरन्त लौटा और कप्तान डगलस के मकान के दक्षिणी भाग तक पहुँचते-पहुँचते वह दो टुकड़े कर डाला गया। इस हत्या में केवल 15 मिनट का ही समय लगा होगा। मैंने यह हाल माखन, बख्तावर, प्राण और कृष्ण के बयानों से जान पाया है। लेकिन मि. फ्रेज़र की हत्या तक के समाचार मेरी आँखों देखे हैं। इतने में चार बजे, और अदालत शुक्रवार ता. 5 फ़रवरी के लिए स्थगित कर दी गई।

आठवें दिन की कार्यवाही

शुक्रवार, ता. 5 फ़रवरी, 1858 ई.

अदालत क़िले के दीवान-ख़ास में बैठी। अध्यक्ष, सदस्य, अनुवादक, सरकारी वकील आए। अभियुक्त और उनके क़ानूनी सलाहकार को बुलाया गया। गवाह जाटमल फिर बुलाया गया और उसे पिछले बयान की याद दिलाई गई। सरकारी वकील ने पूछा।

प्रश्न—जब कप्तान डगलस के मकान में अँगरेज़ मार डाले गए तो सैनिकों और जनता ने क्या किया ?

उत्तर—इनके मारे जाने के बाद मैं अपने शहर वाले मकान में आ गया और कई दिन तक क़िले में न गया।

प्रश्न–बादशाह ने राज्य-भार कब लिया था ? क्या उस समय तोपों की सलामी हुई थी ?

उत्तर–मेरठ से आने वाली सेना के तीन-चार दिन बाद उन्होंने तमाम सरकारी माल और बारूद, जो शहर के बाहर था, तथा हथियारों पर अधिकार कर लिया था और एक सप्ताह बाद विभिन्न महकमों को आज्ञा-पत्र निकाले कि सरकारी कार-बार के लिए प्रार्थना पत्र भेजें। 11 मई की रात को 24 तोपों की सलामी दी गई थी किन्तु मुझे यह नहीं मालूम, कि सलामी क्यों दी गई थी, कुछ लोगों का कहना है कि मेरठ से सेना आने की खुशी में तोपें दाग़ी गई थीं। कुछ का कहना यह था, कि अभियुक्त सलीमगढ़ गए थे उनकी सलामी में तोपें दाग़ी गई थीं।

प्रश्न–मिरज़ा मुग़ल कब 'कमाण्डर-इन-चीफ़' बनाए गए ?

उत्तर–ग़दर के 7-8 दिन बाद देशी सिपाहियों से वह सम्मति लेने गए थे और उनके आज्ञा-पत्र भी निकलने लगे थे, लेकिन नियमित रूप से उनकी नियुक्ति की घोषणा एक मास बाद की गई और उन्हें 'ख़िलअत' दी गई। साथ ही बादशाह के दूसरे बेटे और पोते जनरल और कर्नल बनाए गए थे और प्रत्येक को 'ख़िलअत' मिली।

प्रश्न–हसन अस्करी ग़दर के दिनों में क्या करता रहा ? क्या वह बादशाह का मन्त्री था ?

उत्तर–वह बादशाह से पूर्ववत् मिलता रहा। कोई ख़ास मशहूर काम नहीं किया। बादशाह की एक लड़की उसकी चेली थी। किन्तु लोगों का कहना था कि उनमें अनुचित सम्बन्ध था।

प्रश्न–तुम्हें मालूम है कि मेगज़ीन पर छापा मारने के लिए क़िले से सीढ़ियाँ गई थीं ?

उत्तर–मैंने सुना था कि छापा में सीढ़ियाँ लगाई गई थीं किन्तु वह कहाँ से गई थीं, यह मैं नहीं जानता।

प्रश्न–क्या तुम्हें मालूम है कि ग़दर से कुछ मास पूर्व देहात में रोटियाँ बाँटी गई थीं, यदि यह सच है तो रोटियाँ बाँटने का क्या अर्थ था ?

उत्तर–मैंने सुना था, कुछ लोगों का कहना था कि तकलीफ़ों से बचने के लिए खुदा की नज़र मानी गई थी, कुछ का ख्याल था कि सरकार की ओर से बाँटी गई हैं और इसका मतलब यह है कि सभी आदमी ईसाइयों की भाँति खाना खाने के लिए लाचार हो जाएँ और इस प्रकार उनका धर्म नष्ट हो जाए। कुछ लोगों ने कहा कि सरकार ने रोटियाँ बटवा कर धर्म बिगाड़ने और ईसाई-धर्म फैलाने का विचार किया था फिर सुना गया, कि लोगों को इससे रक्षा पाने का प्रयत्न करना चाहिए।

प्रश्न—जब देहात के हिन्दू और मुसलमानों में इस प्रकार से चीज़ें भेजने का रिवाज है तो बग़ैर सोचे और बिना वजह इसका यही अर्थ हो सकता है ?

उत्तर—यह रिवाज नहीं है। मेरी 50 साल की उम्र हुई, मैंने ऐसा कभी नहीं सुना।

प्रश्न—क्या कभी सुना कि रोटियों के साथ कोई समाचार भेजा गया ?

उत्तर—नहीं, मैंने कभी नहीं सुना।

प्रश्न—क्या यह चपातियाँ किसी ख़ास हिन्दू या मुसलमान ने बटवाई थीं ?

उत्तर—यह रोटियाँ बिना धर्म के विचार के दोनों को दी गई थीं।

प्रश्न—11 मई के बाद फिर क़िले में तुम कब गए ?

उत्तर—जब मैंने शहर में सुना कि अँगरेज़ों की हत्या की जाने वाली है। मुझे तारीख़ याद नहीं, किन्तु विद्रोह के प्रथम दिन के सात-आठ दिन बाद मैं भीड़ के साथ क़िले में गया था। उस समय सवेरे के 8 बजे थे। जब मैं आँगन में पहुँचा तो हौज़ के किनारे अँगरेज़ों को एक लाइन में बैठे हुए देखा, उनके हाथ पीछे करके कमर से बँधे हुए थे। कुछ मर्द, स्त्रियाँ और बच्चे थे। मेरे पहुँचते ही मेरठ के एक सवार सैनिक ने उन पर पिस्तौल चलाई। निशाना चूक गया और गोली बादशाह के एक नौकर के जाकर लगी, जो कि क़ैदियों के पीछे खड़ा था; वह मर गया। इस दुर्घटना के कारण सबने यह तय किया कि अँगरेजों को तलवार से क़त्ल किया जावे। बादशाह के नौकरों और कुछ बाग़ियों ने इसी इरादे से तलवारें खींची। मुझ में इतनी हिम्मत न थी, कि वहाँ ठहरता और उनकी निर्दयतापूर्ण हत्या देखता। मैं मकान लौट आया। बाद को सुना कि बादशाह के नौकरों और विद्रोहियों ने उन्हें मार डाला।

प्रश्न—इस घटना के समय, खुशी में क्या कोई तोप दाग़ी गई थी ?

उत्तर—नहीं, मैंने नहीं सुनीं।

प्रश्न—क्या बादशाह ने इन क़ैदियों की हत्या के लिए राय दी थी ?

उत्तर—पहले दिन बादशाह ने सैनिकों की यह प्रार्थना स्वीकार नहीं की, कि क़ैदी मार डाले जाएँ। किन्तु कहा जाता है कि दूसरे दिन बसन्त अली ख़ाँ, जो कि बादशाह का विश्वस्त सलाहकार था और बड़ा ही निर्दय और बर्बर था, सिपाहियों के पास गया और क़त्ल करने पर ज़ोर देने लगा। अन्त में बादशाह ने भी हुक्म दे दिया कि क़ैदी विद्रोहियों को दे दिये जाएँ। बाद को वह सैनिकों द्वारा मार डाले गए। यह सब मैंने अपने मकान पर ही सुना था। दूसरे दिन सबेरे दीवान-ख़ास के दरवाज़े पर खड़े होकर बसन्त अली ख़ाँ ने ज़ोर से कहा कि बादशाह ने अँगरेज़ों को मार डालने की आज्ञा दे दी है और अभियुक्त के हथियारबन्द सिपाहियों को इस हत्या में भाग लेने के लिए कहा गया।

प्रश्न—क्या तुम्हारा ख़्याल है कि यदि बादशाह चाहते तो अँगरेज़ों और विशेष

कर स्त्री, बच्चों को हत्या से बचा सकते थे ?

उत्तर—मैंने शहर में सुना था कि बादशाह अँगरेज़ों और विशेष कर उनके स्त्री-बच्चों को बचाना चाहते थे, परन्तु सिपाहियों के क्रोध का विरोध करने का उनमें साहस न था।

प्रश्न—क्या बादशाह के जनानख़ाने में इतना काफ़ी स्थान न था, जहाँ ये लोग छिपाये जा सकते ?

उत्तर—ज़रूर था। वहाँ तो 500 आदमी तक छिपाये जा सकते थे और उनका पता न लग सकता था, क्योंकि कई गुप्त मार्ग और तहख़ाने थे, जहाँ से स्त्रियाँ इज्ज़त बचाकर विद्रोहियों के पंजे से भाग सकती थीं।

प्रश्न—जब अँगरेज़ी सेना ने नगर घेरा तब तुम देहली में थे ?

उत्तर—मैं ग़दर के बाद 3 मास तक शहर में रहा किन्तु जब शाही नौकरों ने इस सन्देह पर लोगों की तलाशियाँ लेना आरम्भ कर दीं कि वह अँगरेज़ी सरकार को ख़बरें देते हैं तो मैं यहाँ से भाग गया और देहली पर दुबारा अँगरेज़ी क़ब्ज़ा होने के बाद आया।

प्रश्न—क़िले में अँगरेज़ों की हत्या के बाद भी कुछ अँगरेज़ मारे गए थे ?

उत्तर—उस हत्याकाण्ड के बाद कोई अँगरेज़ बाक़ी ही न बचा था। उसके पहले मैंने सुना था कि 40 या 48 अँगरेज़ तहख़ाने में छिप गए थे लेकिन भूख से परेशान होकर बाहर आ गए और मार डाले गए।

प्रश्न—क्या सैनिकों के अतिरिक्त और किसी से भी चरबी के कारतूसों की शिकायत सुनी ?

उत्तर—नहीं, मैंने कभी नहीं सुना।

प्रश्न—घेरे के समय कम्पनी के राज्य के सम्बन्ध में सैनिकों का प्रायः क्या मत था ?

उत्तर—प्रायः सरकार की शिकायत करते थे, कि वह हमारे धर्म और जाति की बेइज्ज़ती करती है। वे लोग अँगरेज़ों के मार डालने का प्रण करते थे। जो लोग घायल पड़े थे वह बड़ी प्रसन्नता से कहते कि अँगरेज़ों ने हमारे धार्मिक विचारों का जो नाश किया है, उससे तो मर जाना अच्छा है।

प्रश्न—अँगरेज़ी सरकार के विरुद्ध मुसलमान और हिन्दू भावों में कुछ अन्तर था ?

उत्तर—जी हाँ, अवश्य था। प्रायः सभी मुसलमान अँगरेजी़ राज्य को उलट देने के पक्ष में थे किन्तु हिन्दुओं के साहूकार और बड़े-बड़े व्यापारियों को इस पर दुःख था।

प्रश्न—किन्तु हिन्दू और मुसलमान, दोनों के भावों में तो कोई अन्तर नहीं था ? क्या दोनों अँगरेज़ी राज्य के विरुद्ध थे ?

उत्तर–सेना में तो हिन्दू और मुसलमान दोनों के भाव प्रायः एक से ही थे।

प्रश्न–तुम समझते हो कि क़िले में मेरठ के सिपाहियों की राह देखी जा रही थी।

उत्तर–जी हाँ, उनकी प्रतीक्षा होती थी। इतवार को मेरठ से पत्र आए थे कि 82 सिपाहियों को बेड़ियाँ दी गई हैं और इसके परिणाम-स्वरूप स्थिति भयानक हो जावेगी। अतएव परिणाम यह हुआ, कि दरबान तक अपने भावों और विचारों को गुप्त न रख सके और खुल्लमखुल्ला कहने लगे कि मेरठ की सेनाएँ विद्रोह करके दिल्ली आयेंगी।

प्रश्न–तुम्हारे पास कोई कारण है कि अभियुक्त को भी सूचना देकर सावधान कर दिया गया था ?

उत्तर–नहीं, मेरे पास कोई कारण नहीं है।

प्रश्न–क्या किसी कारण से तुम यह कह सकते हो कि अभियुक्त को मेरठ से आने वाली सेना की पहले से सूचना थी ?

उत्तर–मेरी सूचना में ऐसी कोई बात नहीं आई, जिससे मैं यह विचार बना सकता।

अभियुक्त की ओर से जिरह

प्रश्न–तुमने अपनी गवाही में परसों कहा था कि मैं एक अँगरेज़ की जान बचाने मिरज़ा कोचक के मकान तक गया था। जहाँ उसे गोली मार दी गई। क्या उस समय मिरज़ा कोचक मकान में मौजूद थे ?

उत्तर–मैं इस प्रकार की विस्तृत घटनाएँ नहीं बता सकता।

प्रश्न–क्या आपको मालूम है कि मि. फ़्रेज़र के हत्याकारियों को मैंने खड़ा किया था, या सैनिकों ने उन्हें ऐसा करने की हिदायत की थी ?

उत्तर–जहाँ तक मुझे मालूम है हत्या की बादशाह को पहले से ख़बर न थी। विद्रोहियों ने सेना के भड़काने से ही हत्याएँ की थीं।

प्रश्न–क्या तुमने सुना है कि इन अँगरेज़ों की लाशें मैंने माँगी थीं किन्तु सैनिकों ने नहीं दीं ?

उत्तर–नहीं, मुझे इसका पता नहीं।

प्रश्न–क्या तुम्हें पता है कि मैंने शस्त्रधारी अपने सलाहकारों को अँगरेज़ों के मारने की आज्ञा दी थी या बसन्त अली ख़ाँ ने यह ग़लत ख़बर उड़ाई थी।

उत्तर–मैं नहीं कह सकता।

प्रश्न–जिस समय हत्या के पूर्व तुमने अँगरेज़ों को बँधा देखा था, बादशाह के विश्वस्त नौकर और अफ़सर मौजूद थे ?

उत्तर–नहीं, आँगन में किसी को नहीं देखा। हाँ, बादशाह के लड़के मिरज़ा मुग़ल अपने मकान की छत पर खड़े आँगन की ओर देख रहे थे और बादशाह के दूसरे लड़के और पोते भी अपनी-अपनी छतों से तमाशा देख रहे थे। इससे स्पष्ट है कि यह सब बध का ही दृश्य देखने को खड़े थे।

प्रश्न–क्या उनमें से किसी ने स्त्री और बच्चों को बचाने का प्रयत्न किया अथवा इसका उलटा किया ?

उत्तर–जी नहीं, वे खड़े तमाशा ही देखते रहे, यह तय हो चुका था कि अँगरेज़ मारे जाएँगे। वे लोग केवल तमाशा ही देख रहे थे।

गवाह चला गया और कप्तान फ़ॉरेस्ट, असिस्टेण्ट कमिश्नर ऑफ़ आर्डिनेन्स गवाही के लिए आए। उन्हें क़सम दी गई। जज एडवोकेट ने बयान लेना आरम्भ किया।

प्रश्न–क्या गत मई की 11 तारीख़ को तुम देहली में थे ?

उत्तर–जी, था।

प्रश्न–क्या उस समय मेरठ से आई विद्रोही सेना को तुमने देखा था ?

उत्तर–मैंने देखा था। पहले शायद एक रेजिमेण्ट आई, उसके बाद 11वीं और 12वीं पैदल सेना ने भी मेरठ से आकर पुल पार किया। सैनिक ढंग से इनकी लाइनें बनी थीं, संगीनें झुकाये हुए थे। इससे पहले मैंने उन्हें नहीं देखा था, सुना ज़रूर था कि सवेरे 7 बजे सवारों का एक जत्था पुल से होकर दिल्ली आया है। जिस समय ये लोग पुल पार कर रहे थे, मैं मेगज़ीन में था। उनके आने के कुछ समय पूर्व सर थ्यूफ़िल्स मेटकॉफ़ ने मुझसे कहा था कि मेरठ से विद्रोही सेनाएँ आने की अफ़वाह है। दो तोपें बाहर निकलवानी चाही थीं, जिससे पुल तोड़ दिया जावे और बाग़ी नदी पार न कर सकें। किन्तु उस समय तोपें निकालने के लिए जानवर और चलानेवाले गोलन्दाज़ नहीं थे, तब मिस्टर विल्फ़ वाई की सलाह ले कर मैंने यह तय किया कि मेगज़ीन के दरवाज़े बन्द कर दिए जावें और अपनी शक्ति भर उसकी रक्षा की जावे। मैंने समझा था यदि सन्ध्या तक हम लोग रक्षा कर सके, तो सन्ध्या को मेरठ से अंग्रेजी सेनाएँ आ जावेंगी। 9 और 10 बजे के बीच 38वीं रेजिमेण्ट देशी पैदल के सूबेदार ने, जो कि मेगज़ीन के दरबानों का अफ़सर था और बाहर रहा करता था, खिड़की से मुझे ख़बर दी कि मेगज़ीन पर क़ब्जा करने के लिए एक फौजी गारद भेजा गया है और अंग्रेजों को महल में बुलाया है और यदि वह आने से इनकार करें तो मेगज़ीन के बाहर न जाने पावें। उस

समय कोई गारद नहीं थी, केवल एक दूत खड़ा था, जो सूरत से भला मानस मुसलमान मालूम होता था। हमने सूबेदार को जवाब दिया कि वह किसी की ख़बर पर विश्वास न करे और जब तक मैं या मि. विल्फ़ स्वयं न कहें, तब तक कोई जवाब किसी को न दे। हमने उस दूत को, जो कि समाचार लाया था, कोई उत्तर न दिया। इसके थोड़ी देर बाद देशी सिपाहियों के एक जत्थे को लिए अच्छी वरदियाँ पहिने हुए एक देशी अफ़सर वहाँ आया और सूबेदार और नॉन कमिशण्ड अफ़सर से कहा कि बादशाह ने तुम्हारी मदद को हम सबको भेजा है। मैंने उसी समय सूबेदार से कहा था कि किसी का विश्वास न करो। देशी अफ़सर ने मेगज़ीन के हर एक दरवाज़े पर 12-12 सिपाही और एक-एक नायक खड़े कर दिए। इन लोगों ने सैनिक नियमानुसार अपनी संगीनें ज़मीन में गाड़ दीं और खड़े हो गए। उन्होंने बिल्कुल सैनिक ढंग से आज्ञा का पालन किया। यह 10 और 11 बजे के बीच की घटना है। उसके एक घंटे बाद दरबान ने कहा कि या तो मैं या लेफ़्टिनेण्ट विल्फ़ वाई आकर बात कर जाएँ। हम दोनों गए तो उसने कहा कि बादशाह ने कई आदमियों को गवर्नमेण्ट का तमाम सामान निकाल ले जाने की आज्ञा दी है और हम लोग रोकने में असमर्थ हैं। हम दोनों में से किसी ने इसका उत्तर नहीं दिया और झाँककर देखा तो बात ठीक थी, मज़दूर लोग सामान ढो रहे थे और शाही सैनिकों का एक दल उनसे काम ले रहा था। यह दल पूरी वरदी में था। थोड़ी देर बाद हमारे दरबानों के सूबेदार ने मुझे बुलाकर कहा कि बादशाह के यहाँ से अभी एक व्यक्ति यह ख़बर लाया है, कि यदि शीघ्र ही दरवाज़े न खोले गए, तो तुरन्त ही आक्रमण करने और दीवारों पर चढ़ने के लिए सीढ़ियाँ भेजी जाएँगी। कुछ देर बाद सीढ़ियाँ आ गईं और दक्षिण-पश्चिमी कोने में लगाई गईं। मेगज़ीन के हिन्दुस्तानी सिपाही एक ढालू गोदाम से सीढ़ियों पर चढ़ गए और बाहर भाग गए। विद्रोहियों ने भी बिना विलम्ब किए ऊपर चढ़ना शुरू किया और छोटे बुर्ज में घुसने का मार्ग बना लिया। वहाँ से हम पर आक्रमण किया। उन्होंने सन्ध्या के साढ़े तीन बजे तक घेरा रखा और अन्दर उतरने की कोशिश करते रहे। हमने भी उन पर गोलियाँ बरसाना शुरू किया। मैं और मि. वकली—दो ही आदमी गोलियाँ चलाते थे। दो बन्दूक़ें भरी रखते थे और दो से फायर करते थे। दो तोपें मेगज़ीन के दूसरे दरवाज़े पर रखवा दी थीं जिन पर सबकण्डक्टर क्राओ और सॉरजण्ट एडवर्ड नियुक्त थे। उनके हाथों में पलीते जल रहे थे। मि. विल्फ़ का यह हुक्म था कि जब तक बाग़ी दरवाज़े पर हमला न करें, बत्ती न दिखलाई जावे। यह दोनों मेगज़ीन में मारे गए। एक तोप का मुँह नदी की ओर था जिस पर कण्डक्टर क्राओ नियुक्त थे; वह अन्त में काश्मीरी दरवाज़ा के रक्षकों की शरण में भागे। फिर नम्बर 54 देशी रेजिमेण्ट के पैदल सिपाही की गोली से मारे गए। कप्तान विल्फ़ और हम दोनों सावधान थे। एक पहरे से दूसरे तक जाते, आवश्यक आज्ञा देते और विद्रोही

भीड़ हटाने का प्रयत्न करते। इस सम्बन्ध में हम दोनों कई बार दरवाज़े तक गए। और मैंने जब कभी भी पूछा, कि आक्रमण कौन कर रहा है तो हमेशा यही उत्तर मिलता, कि बादशाह का बेटा और पोता। और जितने सिपाही हैं वह 11वीं और 20वीं रेजिमेण्ट के सिपाही हैं। एक बजे यह ख़बर आई थी जो मैं कहना भूल गया था, कि यदि अंग्रेज आत्म-समर्पण न करेंगे, तो मैं दीवार का वह हिस्सा, जो कि कमजोर है, गिराकर क़ब्ज़ा कर लूँगा।

4 बज गए और अदालत दूसरे दिन के लिए उठ गई।

नवें दिन की कार्यवाही

शुक्रवार, ता. 6 फरवरी, सन् 1858 ई.

क़िले के दीवान-ख़ास में आज फिर अदालत बैठी। प्रेजिडेण्ट, सदस्य, दुभाषिया और सरकारी वकील सब मौजूद थे अभियुक्त और उनके मुख़्तार भी लाए गए। कप्तान फॉरेस्ट, असिस्टेण्ट कमिश्नर ऑफ़ आर्डिनेन्स बुलाए गए। कल के बयान की उन्हें याद दिलाई गई। जज एडवोकेट ने बयान लिये।

प्रश्न—साढ़े तीन बजे तक जो कुछ हुआ वह तो तुम बता चुके, इसके आगे क्या हुआ ?

उत्तर—उस समय तक मेगज़ीन बचाने के लिए हम लोग काफ़ी बारूद गोली ख़र्च कर चुके थे लेकिन सामान तो विभिन्न स्थानों में रखा हुआ था और कप्तान बकले के कन्धे में घाव हो गया था, मेरे भी हाथ में दो चोटें आ चुकी थीं। लेफ़्टिनेण्ट विल्फ़ वाई जो साढ़े तीन बजे तक मेगज़ीन उड़ाने के विरुद्ध थे, अन्त में सहमत हुए और साढ़े तीन बजे इशारा तय किया गया, कि मि. बकले अपनी टोपी उतारें और मि. शाक्ली तुरन्त आग लगा दें। यही हुआ। एक सेकेण्ड में मेगज़ीन भड़क उठी और आसपास के हजारों हिन्दुस्तानी जलकर मर गए। दीवारों के टुकड़े उड़-उड़कर आध मील तक गए। कई अंग्रेज स्त्री और बच्चे जो कि शरण के लिए आए थे बुरी तरह घायल हुए। सारजण्ट सकले स्वयं भी चोट खा गया। उसके बचने की कोई भी आशा न थी। मुँह और हाथ झुलसकर कोयला हो गए थे। मुझे कहना यह है, कि देशी सिपाहियों में कोई भी मेगज़ीन में न ठहरा (बंगाली इतिहास लेखक ने भी यह स्वीकार किया है) अवसर मिलते ही वह हथियार लेकर भाग गए और हम लोग मेगज़ीन की रक्षा के लिए अकेले रह गए। मेगज़ीन उड़ाने के बाद मैं और लेफ़्टिनेण्ट वुल्फ़ वाई कश्मीरी दरवाज़े के रक्षकों की ओर भागे। लेफ़्टिनेण्ट रेज़ और मि. बकले दूसरे रास्ते से भागे और अन्त में मेरठ पहुँच गए। शेष सभी या तो मेगज़ीन में जल गए, या भागते हुए मारे गए। दो-तीन दिन बाद

मि. वुल्फ़ वाई भी मेरठ के रास्ते में मार डाले गए।

प्रश्न–जो सीढ़ी दीवार में लगाने के लिए लाई गई थी, वह पुरानी थी या इसी काम के लिए बनवाई गई थी ?

उत्तर–मैं सीढ़ी के केवल उसी भाग को देख सकता था, जो दीवार से ऊँचा था और वह सिर्फ़ एक फुट का था, इसलिए इस प्रश्न का उत्तर नहीं दे सकता।

प्रश्न–हिन्दुस्तानी नौकरों की पोशाक या बात-चीत में उस दिन कुछ अन्तर था ? अथवा ग़दर से पहले कुछ ऐसे ढंग मालूम होते थे, जिनसे यह जाना जा सके, कि इन घटनाओं की उन्हें पहले से ख़बर थी ?

उत्तर–पोशाक में तो कोई अन्तर न था किन्तु व्यवहार में हम लोगों ने अन्तर अनुभव किया। वह हम लोगों की बेइज़्जती करते और कभी-कभी हमें धमका देते। मुसलमान नौकरों में यह बात विशेष रूप से पाई जाती थी। मि. बकले ने भी इस ओर ध्यान दिया था, हम दोनों इस पर बातें किया करते थे। 11 मई को जब मैं मेगज़ीन गया तो देखा कि हिन्दुस्तानी नौकर बहुत अच्छे-अच्छे कपड़े पहने हैं, जैसा कि मैंने पहले कभी नहीं देखा था। मज़दूर भी साधारण कपड़े नहीं पहने थे। मैंने मि. वुल्फ़ वाई का भी इस ओर ध्यान दिलाया। उन्होंने कहा कि मुझे इस सम्बन्ध में बड़ी आशंका है।

प्रश्न–क्या तुम्हारे पास कोई गवाही है कि मेगज़ीन के हिन्दुस्तानी नौकरों ने सेना के सैनिकों से कारतूस के सम्बन्ध में कुछ कहा हो ?

उत्तर–जब तक मैं दिल्ली में रहा मुझे ऐसा कोई सन्देह नहीं था। किन्तु जब 19 मई को मेरठ पहुँचा तो घायल होने के कारण अस्पताल में दाख़िल हुआ। वहाँ तोपख़ाना-अस्पताल के सारजण्ट ने मुझसे पूछा कि दिल्ली मेगज़ीन में कोई हिन्दुस्तानी होशियार शख़्स भी नौकर था ? मैंने कहा हाँ और करीम बख़्श का नाम बताया। वह बड़ा अक्लमन्द और पढ़ा-लिखा था। फ़ारसी बहुत अच्छी लिख-पढ़ सकता था। उस सारजण्ट ने मुझे बताया कि सवेरे एक हिन्दुस्तानी ने मुझसे कहा है कि दिल्ली मेगज़ीन के किसी शख़्स ने तमाम रेजिमेण्टों में यह सूचना भेजी है कि इस मेगज़ीन में जो कारतूस बने हैं उन पर चरबी लगी हुई है और अंग्रेज अफ़सर इस सम्बन्ध में अगर कुछ कहें तो वे लोग विश्वास न करें। जिस समय विद्रोहियों ने मेगज़ीन पर आक्रमण किया उस समय करीम बख़्श बड़ी उत्सुकता से लोगों को डटे रहने की उत्तेजना दे रहा था। उसका रंग-ढंग बदला देखकर मि. वुल्फ़ वाई ने उसे दरवाज़े से बाहर कर देने की आज्ञा दी थी और मुझसे कहा था कि यदि यह ऐसा रंग-ढंग रखेगा तो मैं गोली मार दूँगा।

अभियुक्त की ओर से जिरह

प्रश्न—जो लोग मेगज़ीन पर क़ब्ज़ा करने गए थे, जिन्हें मेरा सिपाही बताते हो, कैसी वरदी पहने हुए थे ?

उत्तर—पोशाक नीली थी, टोपी पहने थे। पोशाक पर एक डाब थी जिसमें बन्दूक़ें लगी थीं। यह वही वरदी थी जिसे आपके तोपख़ाने वालों को 30 वर्ष से पहने देखता हूँ। जब उनसे पूछा गया कि वह सब कौन हैं ? तो सबने एक स्वर से उत्तर दिया—बादशाह के नौकर।

अदालत की ओर से जिरह

प्रश्न—तुमने कभी ग़ौर किया कि सीढ़ियाँ कहाँ से लाई गई थीं ?

उत्तर—नहीं, मैंने ग़ौर नहीं किया।

गवाह चला गया और कप्तान डगलस का चोपदार माखन बुलाया गया और क़सम दी गई, जज एडवोकेट ने प्रश्न किया—गत 11 मई को तुम कप्तान डगलस के पास मौजूद थे ?

उत्तर—हाँ, मैं उस दिन सवेरे से लेकर उनके मारे जाने तक कमरे में मौजूद रहा।

प्रश्न—उस समय तुमने क्या देखा ?

उत्तर—सवेरे 7 बजे एक सवार क़िले के लाहौरी दरवाज़े के पास आया और अन्दर जाने लगा, दरबान ने रोका लेकिन उसने ज़िद की। कप्तान डगलस को ख़बर दी गई। वह नीचे आए। उन्होंने सवार से पूछा कि वह क्या चाहता है ? सवार ने कहा कि मैं मेरठ से विद्रोह करके आ रहा हूँ और दिल्ली के दरवाज़े की रक्षा करूँगा। कप्तान डगलस ने उसकी गिरफ्तारी का हुक्म दिया, लेकिन वह भाग गया। कप्तान साहब दरवाज़े से लौटे आ रहे थे कि बादशाह का चपरासी मिला और कहा कि बहुत से सवार आ रहे हैं और नीचे जमा हो रहे हैं। कप्तान साहब यह सुनकर महल की ओर लौटे और दरबारी कमरे में घुसकर बरामदे में आए। वहाँ से सवारों से पूछा कि तुम्हारी क्या मंशा है ? उन सवारों में से एक ने कहा कि हमने मेरठ में विद्रोह किया है और यहाँ न्याय के लिए आए हैं। कप्तान डगलस ने कहा कि फ़ीरोज़शाह के पुराने क़िले को जाओ, वहाँ तुम्हें न्याय मिल जावेगा। इसके बाद कप्तान साहब लाहौरी दरवाज़े आए और वहाँ सुना कि कोतवाल के साथ मि. फ्रेज़र कलकत्ता दरवाज़ा की ओर प्रबन्ध करने गए हैं। डगलस साहब ने मकान पर पहरा लगाया और स्वयं भी मि. फ्रेज़र के पीछे-पीछे चले। कलकत्ता दरवाज़ा पर मि. फ्रेज़र, मि. हचिन्सन और दो साहब मौजूद थे, जिनके नाम मैं

नहीं जानता। मि. फ़्रेज़र ने कोतवाल को हुक्म दिया कि दो सवार लेकर जाओ और प्रबन्ध में कोई गड़बड़ी न होने दो। जब वह उधर चले गए तो 4-5 सवार महल की ओर से नंगी तलवारें लिये हुए आते दिखाई दिए। उनमें से एक ने मि. फ़्रेज़र पर पिस्तौल से गोली चलाई। वह बग्घी से कूद पड़े और उनके नौकर बख़्तावर ने एक सिपाही से बन्दूक़ छीनकर अपने मालिक को दी, बन्दूक भरी थी। मि. फ़्रेज़र ने फ़ायर किया और वह सवार वहीं मर गया। दूसरे सवार उत्तेजित हो गए और मि. हिचिन्सन को घायल कर दिया, इतने में भीड़ जमा हो गई और कप्तान डगलस घबराकर क़िले के गढ़े में कूद पड़े जिससे उनकी पीठ और पैरों में चोट आ गई। मि. फ़्रेज़र बग्घी पर बैठकर लाहौरी दरवाज़े आए और मि. डगलस गढ़े के रास्ते ही वहाँ पहुँचे। इसी बीच मि. हिचिन्सन और मि. जेनिंब्स् भी वहाँ पहुँच गए थे। दरवाज़े पर पहुँचकर कप्तान डगलस को बाहर निकाला गया। चोट के कारण उनकी दशा बुरी थी। उन्होंने कहा कि 'कुलियातख़ाना' नाम के कमरे में पहुँचा दो। वह वहीं पहुँचाए गए। मि. फ़्रेज़र वहीं रह गए। इतने में देखा कि हाजी लोहार ने उन्हें तलवार से काट डाला और बादशाह के नौकरों ने टुकड़े-टुकड़े कर दिया यहाँ तक कि वह मर गए। मैं ज़ीने के ऊपर था और यह हत्या नीचे हुई थी। इस हत्या में एक हब्शी भी शामिल था। इसके बाद वे लोग ऊपर चढ़ने लगे और कमरे के अन्दर घुसना ही चाहते थे, कि मैंने अन्दर से दरवाज़ा बन्द कर दिया। भीड़ ने दक्षिणी भाग से घुसने का अवसर देखा और भीतर आकर सभी दरवाज़े खोल दिए जिससे और भी आदमी अन्दर आ गए। इन लोगों ने मि. हचिन्सन, मि. डगलस और दो युवतियों को, जो वहाँ मौजूद थीं, मार डाला। मैं नीचे भागा, नीचे पहुँचने भी न पाया था कि बादशाह का नौकर महमूद मिला और मेरा हाथ पकड़कर कहने लगा। 'फ़ौरन बताओ कप्तान डगलस कहाँ हैं ? तुम लोगों ने उन्हें छिपा दिया है।' वह ज़बरदस्ती मुझे ऊपर खींच ले गया। मैंने जवाब दिया कि तुम लोगों ने स्वयं ही तमाम अंग्रेजों को मार डाला है। मि. डगलस के कमरे में पहुँचकर देखा कि अभी वे मरे नहीं हैं। महमूद ने यह देखकर उनके सर पर कई लाठियाँ मारीं जिससे वह मर गए। मैंने वहाँ मारे गए लोगों की लाशें देखीं। मि. हचिन्सन की लाश एक कमरे में थी, दूसरे कमरे में मि. डगलस, मि. जैनिंब्स और दोनों स्त्रियों की लाशें थीं, लेकिन मि. डगलस बिस्तरे पर पड़े थे और ये सभी फ़र्श पर। एक नवयुवक अंग्रेज, जो उसी दिन प्रातः कलकत्ते से आया था, भागने के प्रयत्न में लाहौरी दरवाज़े के पास मारा गया। मि. फ़्रेज़र की मौत के सवा घंटा बाद भीड़ माल-असबाब लूटती रही। उनकी हत्या 9 व 10 बजे के बीच हुई थी। मैं प्राणों के डर से मकान भाग गया और जब तक दिल्ली में दुबारा अंग्रेजी राज्य न हो गया, घर से बाहर न निकला।

प्रश्न—जिस वक़्त कप्तान डगलस दीवान-ख़ास गए थे, तुम साथ में थे ?

क्या उन्होंने अभियुक्त से भेंट या बातें की थीं ?

उत्तर—मैं कप्तान साहब से दो क़दम पीछे था। वह न तो अभियुक्त से मिले और न बात की। अपने घर लौट आए।

प्रश्न—क्या तुम्हें पूरा विश्वास है कि 11 मई को सवेरे से लेकर मरने तक उन्होंने बादशाह से भेंट नहीं की ?

उत्तर—मुझे पक्का विश्वास है कि वह उस दिन बादशाह से न मिले और न बात-चीत की।

प्रश्न—दीवान-ख़ास में जाते समय तुम्हारे सिवा और कोई भी था ?

उत्तर—बख़्तावर सिंह और किशनसिंह दूत थे।

अभियुक्त की ओर से जिरह

प्रश्न—क्या तुम्हारे सामने कप्तान साहब ने बाग़ियों से बात करने के लिए अभियुक्त से बैठक का दरवाज़ा खुलवा देने के लिए कहा था ?

उत्तर—जी हाँ, उन्होंने विद्रोहियों के पास जाने के लिए कहा था। लेकिन मैंने मना किया था।

प्रश्न—जब कप्तान डगलस बरामदे में गए थे तो क्या बादशाह अपने इबादत (पूजा) के कमरे में नहीं थे और क्या इसके पहले कप्तान साहब ने उन्हें प्रथानुसार कोरनिश नहीं की थी ?

उत्तर—हाँ, बादशाह वहाँ थे। कप्तान साहब कोरनिश कर के दूर से ही चले गए। बात नहीं की।

प्रश्न—बादशाह से कप्तान डगलस कितनी दूरी पर थे ?

उत्तर—पन्द्रह क़दम की दूरी पर।

प्रश्न—जब बादशाह ने कप्तान डगलस को विद्रोहियों के पास जाने से रोका था, तुमने कुछ बातचीत सुनी थी।

उत्तर—नहीं, मैंने नहीं सुनी।

प्रश्न—क्या उस दिन कप्तान डगलस और हमीम एहसन उल्ला ख़ाँ में कोई बातचीत हुई थी ?

उत्तर—हाँ, कप्तान डगलस को, जब कि वह चोट लगने के बाद कमरे में आ गए, तो हकीम एहसन उल्ला खाँ उनके पास गए थे, मैं उस समय मौजूद नहीं था। मैं नहीं कह सकता कि उनमें क्या बातचीत हुई थी।

प्रश्न—क्या तुम जानते हो कि हकीम साहब अपनी इच्छा से गए थे या बुलाए गए थे ?

उत्तर—नहीं जानता।

प्रश्न—जब कप्तान डगलस क़िले में आए तो मुझसे और हकीम जी से या किसी और शाही नौकर से बात हुई थी ?

उत्तर—मेरा ख़याल है कि नहीं। लेकिन मैंने पास से नहीं देखा था।

गवाह चला गया। 4 बजने के कारण अदालत 8 तारीख़ को 11 बजे तक के लिए बर्ख़ास्त हो गई।

दसवें दिन की कार्यवाही

सोमवार, ता. 8 फ़रवरी, सन् 1858 ई.

क़िले के दीवान-ख़ास में 11 बजे अदालत बैठी। प्रेसिडेण्ट, सदस्य, दुभाषिया, सरकारी वकील, एडवोकेट-जनरल मौजूद थे। अभियुक्त और मुख़्तार गुलाम अब्बास आए। गवाही के लिए सर थ्यूफ़िल्स मेटक़ॉफ़ आए। उन्हें क़सम दी गई। जज एडवोकेट ने बयान लेना आरम्भ किया।

प्रश्न—ग़दर के कुछ दिन पहले जामा मस्जिद में कोई नोटिस चपका था जिसे शाह-ईरान की घोषणा कहा गया हो ?

उत्तर—जी हाँ, मैले से काग़ज़ का एक छोटा-सा टुकड़ा था, जिसके दाहिनी और बाईं ओर तलवार और ढाल की शक्ल बनी थी। उसमें लिखा था कि शाह-ईरान जल्द यहाँ आने वाले थे और उन्होंने मुहम्मद के पैरो तमाम दीनदारों को संगठित होकर काफ़िर अँगरेज़ों को वध करने का निमंत्रण दिया था। जो लोग इसमें सम्मिलित होंगे, उन्हें बड़ा पुण्य होगा। कहते हैं, उसे देखकर 500 मुसलमानों ने 'जिहाद' वादा किया था।

प्रश्न—क्या उसमें ऐसा भी कुछ लिखा था कि शिया और सुन्नी का विचार छोड़कर अँगरेज़ों से 'जिहाद' करो ?

उत्तर—जी नहीं, मुझे ख़्याल नहीं कि उसमें ऐसा कुछ था।

प्रश्न—क्या उक्त नोटिस, जिसे ईरान के बादशाह ने भेजा कहा जाता है, बनावटी था ?

उत्तर—जी हाँ, मैं भी ऐसा ही समझता हूँ।

प्रश्न—यह जामा मस्जिद की दीवार पर कब तक चपका रहा ?

उत्तर—मुझे तारीख़ याद नहीं किन्तु ग़दर के छः हफ़्ते पहले की बात है। रात को चपकाया गया था, सवेरे वहाँ भीड़ लग गई। कोई 3 घण्टे बाद मैं वहाँ गया और उसे उतार डाला। वह 3 घण्टे ही चपका रहा।

प्रश्न—जहाँ तक तुम्हें पता है, दिल्ली के लोग उसे पढ़ने के लिए बहुत उत्सुक थे और प्रायः इसकी चर्चा करते थे ?

उत्तर–जी नहीं।

प्रश्न–क्या यह पता लगाने की कोशिश की गई कि यह कहाँ से आया ?

उत्तर–बिल्कुल नहीं ? क्योंकि ख़्याल था कि किसी बदमाश ने लगा दिया है, इसकी जाँच व्यर्थ है।

प्रश्न–क्या और किसी कारण से तुम कह सकते हो कि दिल्ली की जनता में अँगरेज़ों के विरुद्ध विचार थे ?

उत्तर–नहीं, बल्कि दिल्ली की जनता तो सेना में अँगरेज़ों की सहायता देने की आवश्यकता अनुभव करती थी। प्रायः इस विषय पर बहसें होती थीं। किन्तु ग़दर के लगभग 15 दिन पूर्व ठीक तरीक़े से ख़बर मिली, कि मैजिस्ट्रेट के नाम एक गुमनाम पत्र भेजा गया है कि नगर का विशेष सुरक्षित स्थान होने तथा छावनी का राजमार्ग होने के कारण काश्मीरी दरवाज़ा अँगरेज़ों से छीन लिया जाएगा। जब कभी शहर में विद्रोह होगा तो सब से पहले इसी पर क़ब्ज़ा किया जाएगा। इस बात से उनके विचारों का पता मिलता है किन्तु वे लोग बहकाये गए थे, उनके विचारों को भड़काने का यह एक सबूत और भी है कि बादशाह के शीरीं नाम के नौकर ने नंबर 14 की अनियमित सवार-रेजिमेण्ट के रिसालदार से गुप्त रूप से कहा था कि वह अँगरेज़ों की नौकरी छोड़कर बादशाह की नौकरी कर ले और उसे उत्साहित करने के लिए कहा था कि जाड़े के दिनों में रूसी लोग हिन्दुस्तान आएँगे और अँगरेज़ी राज्य नष्ट हो जाएगा। रिसालदार अँगरेज़ी बोल सकता था, वह एंग्लो-इण्डियन था और उसका नाम एवरेट था। उसने यह भी कहा कि बादशाह ने छः मास पूर्व रूस को अपना दूत भेजा था। वह रिसालदार अब भी विलासपुर में है।

प्रश्न–क्या चपातियों के सम्बन्ध में, जो कुछ दिन पूर्व गाँव-गाँव में बँटी थीं, उनके बँटने का कारण बता सकते हो ?

उत्तर–उनके सम्बन्ध में केवल विचार ही विचार है। लेकिन हिन्दुस्तानियों में पहला ख़्याल जो था वह यह कि वह बीमारी या कष्ट के सम्बन्ध में भेजी गई थीं, किन्तु यह भ्रम था। जब मैंने पता लगाया तो मालूम हुआ कि अँगरेज़ी राज्य के गाँवों में ही भेजी गई थीं, किसी रियासत में नहीं। दिल्ली के आस-पास चार-पाँच गाँवों में ही बँटी थीं कि ज़िम्मेदार अफ़सरों ने रोक दिया। मैंने बुलन्दशहर ज़िले में रोटी बाँटने वालों को अपने सामने बुलाया तो उन्होंने बताया कि यह सरकार की ओर से बँटी हैं और उन्हें भी यही कहकर दी गई थीं। मुझे मालूम है कि दिल्ली की हद में चपातियों का मतलब नहीं समझा गया था। क्योंकि वस्तुतः यह उन लोगों के लिए थीं जो एक साथ बैठकर खा लेते हों और जो लोग एक साथ नहीं खाते या विरोध रखते हैं उन्हें मिलाने के लिए थीं। मेरा ख़्याल है कि यह लखनऊ से निकलीं और निस्सन्देह इनका अभिप्राय आपस में जोश फैलाना और

अवसर पर एक दूसरे को सहायता देना तथा आने वाले ख़तरे से सावधान करना था।

प्रश्न—क्या तुमने हिन्दुस्तानियों में यह चर्चा सुनी है, कि ईरानी हिरात की ओर बढ़ रहे हैं ?

उत्तर—प्रायः, और प्रायः रूसियों के भी हमला करने की अफ़वाह थी। हर एक अख़बार का प्रतिनिधि कानपुर में रहता था और वहाँ से रूस तथा उत्तरीय समाचार भेजता था। प्रत्येक अख़बार में यह समाचार रहते थे।

प्रश्न—क्या तुम बता सकते हो कि वह शीरीं इन दिनों कहाँ है, जिसने मि. एवरेट को बहकाने की कोशिश की थी ?

उत्तर—वह अरबसराय में मार डाला गया।

प्रश्न—क्या तुम बता सकते हो कि सिपाही या देशी जनता में इस प्रकार और कोई विचार भी फैला हुआ था ?

उत्तर—जी हाँ, ग़दर के 5-6 सप्ताह पूर्व सिपाहियों की लाइनों में यह ख़बर थी कि 10 लाख रूसी हिन्दुस्तान पर आक्रमण करके कम्पनी के राज्य को मिटा देंगे। रूस के आने की अफ़वाह सर्वसाधारण में बहुत थी।

प्रश्न—क्या तुम्हें मालूम है कि ग़दर के पूर्व बादशाह या उनके रिश्तेदार या विश्वस्त नौकर सेना से गुप्त पत्र-व्यवहार करते थे ?

उत्तर—जी नहीं, मैं इस मामले में कुछ नहीं कह सकता।

प्रश्न—क्या तुम्हें मालूम है कि बादशाह ने गुप्त रूप से अपना दूत और पत्र ईरान के बादशाह के पास भेजे थे ?

उत्तर—मैंने सुना है कि उन्होंने दूत भेजा था किन्तु विश्वस्त रूप से नहीं कह सकता।

अभियुक्त ने जिरह से इनकार किया। गवाह चला गया और पीरज़ादा हसन अस्करी अदालत में आए और क़सम ली। जज एडवोकेट ने प्रश्न किया—क्या ग़दर के दिनों में तुम दिल्ली में थे। और यदि थे तो क्या करते थे ?

उत्तर—मैं दिल्ली में था। मेरा पेशा झाड़-फूँक करना है। एक बार बादशाह बीमार हुए, कई पीर (मुसलमान ओझा) दुआ करने आए थे, मैं भी बुलाया गया था। मैंने दुआएँ कीं और बादशाह अच्छे हो गए। तब वह बार-बार बुलाने लगे। बार-बार आने से परेशान होकर मैंने बादशाह से कह दिया कि मुझे अधिक न बुलाया करें। बादशाह ने क़सम खाकर वचन दिया कि वह आगे से तभी बुलावेंगे, जब सख़्त बीमार होंगे।

प्रश्न—क्या शीरीं क़ब्ज़ को, जो शाही नौकर था, तुम उसे पहचानते हो ?

उत्तर—मैंने बादशाह के सशस्त्र हब्शी नौकरों को प्रायः देखा था। किन्तु नाम से नहीं जानता। दो-तीन के नाम भी जानता हूँ जिनमें शीरीं क़ब्ज़ नहीं है।

प्रश्न—अदालत में गवाही हुई है कि तुमने शीरीं को बादशाह का ख़त देकर ईरान के शाह के पास भेजा है। इस सम्बन्ध में तुम क्या कहते हो ?

उत्तर—मैं इस मामले में कुछ नहीं जानता।

प्रश्न—अदालत में गवाही हुई है और स्वयं बादशाह ने भी स्वीकार किया है कि तुम भविष्यवाणी करते हो और स्वप्न विचार बताते हो। आसमान से तुम्हें ईश्वरीय आज्ञाएँ मिलती हैं। इस प्रकार के ढोंगों का तुम्हें दावा है ? इन बातों का तुम क्या जवाब रखते हो ?

उत्तर—मैं खुदा को गवाह करके कहता हूँ कि मैंने कभी भी इस प्रकार का छल-प्रपंच नहीं किया।

प्रश्न—तुम्हारे ही कहने के अनुसार तुमने बादशाह पर दम किया था। क्या तुम्हारी साँस में निरोग करने का असर है ?

उत्तर—हमारी किताब में लिखा है कि जब एक शख़्स दूसरे के लिए दुआ करके दम करता है तो निश्चय लाभ होता है।

प्रश्न—तुमने कभी बादशाह से कहा था कि स्वप्न में पश्चिम से आँधी चली या हिन्दुस्तान पर कोई आफ़त आने वाली दिखाई दी; फिर बाढ़ ने आकर उसे रौंद डाला या अँगरेज़ों का नाश होगा और बादशाह गद्दी पर बैठेंगे ?

उत्तर—खुदा जानता है कि मुझे कोई ऐसा स्वप्न नहीं हुआ और न बादशाह से ऐसा कहा।

प्रश्न—तुमने दिल्ली कब छोड़ा ? तुम्हारे छिपने का क्या कारण था, यहाँ तक कि अन्त में पुलिस ने तुम्हें खोज डाला ?

उत्तर—जब शहर में यह अफ़वाह फैली कि लोगों का क़त्लेआम होगा और लोग भागने लगे तो मैं भी भाग गया। मैं ख़्वाजा निज़ामुद्दीन औलिया के दरगाह में जाकर रहा। जब वहाँ से गढ़ी हरसरू पहुँचा। वहाँ बीमार हुआ और कई स्थानों में घूमते लखनौती आया। वहाँ जाने पर मालूम हुआ कि गंगोह में मेरी खोज हो रही है, मैंने अपनी मरज़ी से वहाँ जाने की ठानी और चला गया। वहाँ जाने पर मेरे भाइयों को मेरी ख़बर पहुँची। जब मैं इमाम साहब की दरगाह में औराद (एक प्रकार की मुसलमानी प्रार्थना) पढ़ रहा था, सिपाहियों ने पकड़ लिया।

अभियुक्त ने जिरह से इनकार किया। गवाह के जाने पर बख़्तावर सिंह चपरासी आया और उसे सच कहने के लिए क़सम दी गई। जज एडवोकेट ने पूछा—क्या गत 11 मई को तुम दिल्ली में थे ?

उत्तर—जी, मैं था।

प्रश्न—उस अवसर पर जो देखा हो, बयान करो ?

उत्तर—मैं नौकरी पर था। ख़न्दक साफ़ करा रहा था। हिसाब की किताब लेकर कप्तान डगलस को दिखाने ले जा रहा था। मैं रास्ते में ही था, कि कलकत्ता

दरवाज़े की ओर से एक सवार घोड़ा भगाता हुआ आया और जहाँ कप्तान डगलस खड़े थे, गया। मैंने कप्तान साहब को उससे बातें करते देखा, फिर उसने घोड़ा फेरा और भगाता हुआ चला गया। कप्तान डगलस ने मुझे कमरे में ठहरने के लिए कहा और कहा, ''मैं क़िले जाता हूँ तब तक तुम यहीं ठहरो। मैं अभी आता हूँ।'' कप्तान साहब चले गए और मैं दरवाज़े पर खड़ा रहा। माखन, किशन सिंह और दूसरे लोग उनके पीछे चले गए। इसके बाद मि. फ्रेज़र बग्घी पर बैठकर आए और कप्तान साहब के सम्बन्ध में पूछने लगे। वह बग्घी से उतर कर थोड़ी दूर चले फिर कहने लगे कि मि. डगलस के आने पर कहना कि मैं कलकत्ता दरवाज़े गया हूँ। उनके जाने के बाद मैं भी बादशाह के कमरे की ओर गया। रास्ते में कप्तान साहब मिले, वह घबराए हुए थे। मैंने मि. फ्रेज़र का सन्देशा कहा। कप्तान साहब लाहौरी दरवाज़े पर गए और देशी गारद को दरवाज़ा बन्द कर देने के लिए क़हा, जो कर दिया गया। उन्होंने यह भी कहा कि क़िले जाने वाले पुल पर भीड़ न होने पाए। उसी समय बादशाह का अफ़सर जो कि वहाँ कप्तान था, दिल्ली सड़क से आता दिखाई दिया। दरवाज़ा बन्द था और डगलस साहब की बग्घी भीतर थी। उन्होंने देशी अफ़सर की बग्घी कलकत्ता दरवाज़े तक के लिए माँग लाने का हुक्म दिया। कप्तान साहब उसमें बैठे, मैं पीछे बैठ गया। कलकत्ता दरवाज़े पर मि. फ्रेज़र, मि. नेक्सन हेडक्लर्क और 5-4 अँगरेज़ थे। थोड़ी देर बाद दरवाज़ा बन्द कर दिया गया। कप्तान साहब और मि. फ्रेज़र एक ही बग्घी पर सवार हुए और दूसरे अँगरेज़ घोड़ों पर बैठे और सभी क़िले के लिए चले। थोड़ी दूर भी न जा सके थे, कि 4-5 सवार, जो तालाब की ओर से आ रहे थे, नज़दीक आए और मि. फ्रेज़र पर पिस्तौल दाग़ी। दूसरे सवारों ने भी फ़ायर किए लेकिन निशाने ख़ाली गए। कप्तान डगलस और मि. फ्रेज़र बग्घी से उतर कर विद्रोहियों के सामने से हट गए और फाटक के रक्षकों के पास जाकर खड़े हो गए। इस समय दो अँगरेज़ और इनके पास आ गए। मि. फ्रेज़र ने एक सिपाही की बन्दूक़ लेकर एक सवार के ताककर गोली मारी। उसके गिरते ही विद्रोही भाग गए। लेकिन फिर भीड़ बढ़ गई और कप्तान डगलस और एक दूसरे अँगरेज़ एक ख़न्दक में कूद पड़े और उसी के अन्दर-अन्दर क़िले के दरवाज़े तक चले गए। मि. फ्रेज़र और दूसरे अँगरेज़ सड़क के रास्ते वहीं पहुँचे। उस समय सभी घबराए थे। चोटों के कारण कप्तान डगलस बेहोश-से थे। मैंने उन्हें ले जाकर 'कुल्लियात ख़ाना' में बिस्तर पर लिटा दिया। ले जाने के पहले मुझसे पादरी जैनिंग्स ने कमरे में ले जाने को कहा था। बाद को मुझे शाही हकीम को लाने का हुक्म मिला। अकुल्ला चपरासी फ़ौरन बुला लाया। हकीम एहसन उल्ला ख़ाँ के जाने के बाद बादशाह के 4-5 नौकर दीन-दीन की आवाज़ लगाते हुए आए उसी समय मि. फ्रेज़र ऊपर चढ़ना चाहते थे, जिन पर लोगों ने हमला किया और तलवारों से काट डाला। यह काण्ड उत्तरी ज़ीने पर हुआ

था। उसी समय दक्षिणी ओर से हथियारों और लाठियों से दुरुस्त एक भीड़ ने पहुँच कर तमाम कमरों पर क़ब्ज़ा कर लिया, नीचे वाले भी उनसे आकर मिल गए। प्रत्येक अपने बचने की फ़िक्र कर रहा था। मैंने भी वही किया। उस दिन से मैं क़िले में नहीं गया। मैं दिल्ली छोड़ कर जम्मू के कटरा को चला गया। आक्रमणकारियों का नेता 38वीं पैदल रेजिमेण्ट का मुसलमान हवलदार था; वह क़िले के लाहौरी दरवाज़े की गारद में तैनात था। इसके सिवा मैं कुछ नहीं जानता।

अभियुक्त ने जिरह से इनकार किया। गवाह हट गया और किशनसिंह चपरासी गवाही देने आया। उसे क़सम दी गई। जज एडवोकेट ने बयान लिए—क्या 11 मई को तुम दिल्ली में थे ?

उत्तर—जी हाँ, मैं कप्तान डगलस की अरदली में था।

प्रश्न—कप्तान डगलस बादशाह के कमरे के बरामदे के नीचे खड़े होकर विद्रोहियों से बात करने गए थे ? और यदि ऐसा था तो क्या उन्होंने बादशाह से भी बातचीत की थी ? क्या तुम उनके साथ थे ?

उत्तर—जी हाँ, मैं मौजूद था। बादशाह से और कप्तान साहब से थोड़ी देर बातचीत होती रही थी। बादशाह ने उन्हें मना किया था कि बाग़ियों के पास न जाएँ। जब कप्तान साहब नहीं माने तो बादशाह ने दरवाज़ा बन्द करा दिया।

प्रश्न—जब यह कहा गया तो कप्तान डगलस कितनी दूर पर थे ?

उत्तर—वह रास्ता चलते-चलते बात करते जाते थे। दो-चार क़दम जाने पर बादशाह इबादत-ख़ाने (पूजा-गृह) के दरवाज़े पर आकर खड़े हो गए।

अभियुक्त की ओर से जिरह

प्रश्न—लौटती समय कप्तान डगलस दीवाने-ख़ास के मार्ग से गए थे या किसी और राह से ?

उत्तर—वह इबादत-ख़ाने (पूजा-गृह) के दूसरे रास्ते से गए थे।

प्रश्न—क्या अभियुक्त ने यह नहीं प्रकट किया कि अँगरेज़ी राज्य में उन्हें बड़ा सुख है ?

उत्तर—जी नहीं, अँगरेज़ी राज्य के सम्बन्ध में कुछ नहीं कहा। हाँ, यह अवश्य कहा था कि कप्तान डगलस उन पर बड़ा दयालु है।

प्रश्न—क्या कप्तान डगलस ने अभियुक्त के बरामदे से नीचे जाने की प्रार्थना नहीं की थी ? और यदि नहीं की थी तो अभियुक्त को कैसे मालूम हुआ कि वह नीचे जाना चाहते हैं ?

उत्तर—उस घटना को 9 मास हो गए, मुझे याद नहीं है। कप्तान साहब से नीचे का दरवाज़ा खुलवाना चाहा था।

4 बज गए और अदालत दूसरे दिन के 11 बजे के लिए स्थगित हो गई।

ग्यारहवें दिन की कार्यवाही

मंगलवार, ता. 9 फ़रवरी, सन् 1858 ई.

क़िले के दीवाने-ख़ास में आज फिर अदालत बैठी। प्रेसिडेण्ट, सदस्य, अनुवादक, सरकारी वकील सब आये। अभियुक्त और उनके मुख़्तार गुलाम अब्बास भी मौजूद थे। गवाही के लिए चुन्नी, पब्लिक अख़बार-नवीस बुलाया गया, उसे सच बोलने के लिए क़सम दी गई। सरकारी वकील ने बयान लेना शुरू किया–

प्रश्न–क्या गत 11 मई को तुम दिल्ली में मौजूद थे ?

उत्तर–जी हाँ, मैं मकान पर मौजूद था।

प्रश्न–क्या तुमने मेरठ से सैनिकों को आते देखा था ? यदि देखा हो तो तत्सम्बन्धी सारी बातें बताओ ?

उत्तर–नहीं, मैंने सैनिकों को आते नहीं देखा। लेकिन फाटक बन्द हो जाने का समाचार पाकर जब घर से बाहर आया तो देखा कि चाँदनी चौक में कोतवाल दूकानें बन्द करवा रहे हैं। उन्हीं से पता लगा कि सर थ्यूफ़िल्स मेटकॉफ़ भी प्रबंध में जुटे हैं। मैं एक भीड़ के साथ कलकत्ता दरवाज़े की ओर गया, वहाँ देखा कि मि. फ़्रेज़र और 4-5 अँगरेज़ वहाँ मौजूद हैं। मि. फ़्रेज़र के साथ झमझर के सवार थे। मि. फ़्रेज़र, शहर कोतवाल मि. शरीफ़ुलहक़, और सब्ज़ी मण्डी थाने के अफ़सर दोयम के साथ दरवाज़े पर चढ़े और लाइन बनाकर झमझर के सवारों को खड़े रहने की आज्ञा दी, स्वयं भी वहाँ खड़े हो गए। दरबान सिपाही भी लाइन से खड़े थे, उन्हें तलवारें नंगी करने की आज्ञा हुई। उधर दरियागंज की ओर से छः आदमी ऊँटों पर चढ़े आ रहे थे। उन्होंने एक मौक़े पर खड़े होकर अँगरेज़ों पर गोलियाँ चलाईं, जिससे भीड़ छट गई और मैं भी मकान चला आया। आने के पहले मैंने इतना देखा कि झमझर के सिपाहियों ने ऊँट सवारों की रोक-टोक नहीं की, बल्कि उन्हें अकेला छोड़ कर भाग गए। उसके बाद मैं मकान से नहीं निकला। अन्य घटनाओं से मेरी जानकारी नहीं है।

प्रश्न–जब तुम कलकत्ता दरवाज़े पर गए थे तो भीड़ बहुत अधिक जमा हो गई थी ?

उत्तर–अंगूरी बाग़ के छोटे से स्थान में 4-5 सौ आदमी मौजूद थे।

प्रश्न–ऐसा कब हुआ था ?

उत्तर–क़रीब 9 बजे के; किन्तु ठीक समय नहीं बता सकता।

प्रश्न—जब वह आम रास्ता नहीं था, तो इतनी भीड़ क्यों हो गई थी ?

उत्तर—असाधारण बात यह थी कि फाटक बन्द करा दिया गया था। दूसरे स्नान करने वाले जल्दी से आ गए थे, जिससे फाटक बन्द होने के पहले निकल जाएँ।

प्रश्न—तुम अपने को अख़बार-नवीस कहते हो। जो घटनाएँ हुईं उन्हें विस्तृत रूप से कहो। क्या जो काण्ड 11 मई को होने वाला था, उसकी चर्चा 2-3 दिन पहले से न थी ?

उत्तर—11 मई को जो हुआ उसकी मुझे कुछ भी ख़बर न थी। किन्तु शहर में उत्तेजना पहले से फैली थी। शाह-ईरान की घोषणा, अम्बाला के बँगले जलना, चरबी के कारतूसों से असंतोष की अफ़वाहें, प्रायः थीं।

प्रश्न—क्या तुमने कोई ख़ास अख़बार निकाला था ? यदि निकाला था तो उसका क्या नाम था ?

उत्तर—उसका कोई नाम नहीं था। उसमें दिल्ली सम्बन्धी लेख होने के कारण लोग दिल्ली अख़बार कहते थे। मैं उसमें रोज़ लेख लिखता और ग्राहकों को पढ़कर सुना देता।

प्रश्न—क्या फ़ाइल में तुम उसकी नक़ल रखते थे और रखते थे तो क्या अब भी तुम्हारे पास मौजूद है ?

उत्तर—मैंने ग़दर के पहले और बाद की प्रतियाँ जमा कीं और उन्हें फ़ाइल कर दिया। 11 मई से कई दिन बाद तक की प्रतियाँ नहीं थीं। किन्तु नन्दकिशोर की सहायता से दिल्ली में पुनः अधिकार हो जाने के बाद वह भी जमा कर लीं और कर्नल ब्रन, मिलिटरी गवर्नर दिल्ली को दे दीं। जिन्होंने उनका अनुवाद कर लिया।

प्रश्न—11 मई को मि. फ़्रेज़र के साथ झमझर के कितने सवार थे ?

उत्तर—गारद में अफ़सरों सहित 22-23 आदमी थे। जब हमला हुआ तब सभी मि. फ़्रेज़र के साथ थे।

प्रश्न—तुमने कहा कि सभी नियमित रूप से क्रम पूर्वक खड़े थे। किन्तु वह 6 सवार देखकर भाग खड़े हुए थे। क्या तुम्हें विश्वास है कि इन लोगों को तमाम बातों का पहले से पता था ?

उत्तर—मेरा ख़्याल है कि पहले से पता नहीं था। लेकिन बाग़ी 'दीन-दीन' चिल्लाते आ रहे थे, इसी से ये लोग भी मि. फ़्रेज़र का साथ छोड़कर उनसे मिल गए।

प्रश्न—तुमने पहले नहीं बताया कि लोग 'दीन-दीन' चिल्ला रहे थे। इसे क्यों भुला दिया ?

उत्तर—8 मास पूर्व की बातें थीं। अब छोटी-छोटी बातें भी याद आती-जाती

हैं। जब मैं लौट रहा था, तो बाग़ी सवार 'दीन-दीन' पुकार रहे थे और इधर-उधर खड़ी भीड़ से कह रहे थे कि वह हिन्दुस्तानियों को न सताएँगे, न हाथ लगाएँगे।

प्रश्न–11 मई के पूर्व तुम अपने अख़बार में कैसे लेख लिखते थे ? क्या हिन्दुस्तानी सेना के सम्बन्ध में भी कोई लेख लिखा था अथवा उनके असंतोष का ज़िक्र किया था ?

उत्तर–मेरे अख़बार में सभी प्रकार के लेख तथा दूसरे छपे हुए अख़बारों के सभ्य मजाक़ के लेख रहते थे। कारतूस की समस्या और तत्सम्बन्धी भावों पर भी प्रकाश डाला गया था।

प्रश्न–क्या तुमने ईरानियों के हिरात की ओर बढ़ने के बारे में कोई लेख या समाचार दिया था ?

उत्तर–मुझे याद नहीं। निश्चय ही ऐसा किया होगा। किन्तु प्रायः ईरान सम्बन्धी ख़बरें मैं शहर के फ़ारसी अख़बारों से उद्धृत कर लेता था।

प्रश्न–जब तुम स्वयं ग्राहकों को अख़बार सुना दिया करते थे तो तुम्हें पता होगा कि उनको किस विषय से विशेष प्रेम था। क्या सिपाहियों में असन्तोष फैलने के समाचार दिलचस्पी से सुने जाते थे ?

उत्तर–हिन्दुओं में तो कोई विशेष उत्तेजना नहीं फैली किन्तु मुसलमान ईरानी समाचारों से बड़े उत्सुक होते थे। प्रसन्न होते और शेख़ी बघारते। ईरानी आएँगे तो यह करेंगे, वह करेंगे। सिपाहियों में असन्तोष के समाचारों को उत्साह से सुनते थे। उनमें उत्तेजना फैल रही थी।

प्रश्न–ईरानियों के आने की ख़बर के साथ क्या रूसियों के आने की भी कोई अफ़वाह थी ?

उत्तर–जी हाँ, दोनों की चर्चा थी। किन्तु ईरानियों की अधिक।

प्रश्न–क्या दिल्ली से ऐसा कोई ख़ास अख़बार निकलता था, जिसका उद्देश्य अँगरेज़ों का विरोध था ?

उत्तर–एक साप्ताहिक पत्र था, जिसका नाम 'सादिकुल अख़बार' था। उसे जमालुद्दीन निकलवाते थे। उसमें ऐसे लेख निकलते थे जिससे अँगरेज़ी सरकार से शत्रुता प्रकट होती थी।

प्रश्न–क्या यह अख़बार छप कर निकाला जाता था और अधिक संख्या में ?

उत्तर–इसकी शहर और बाहर 200 प्रतियाँ जाती थीं और यह लीथो प्रेस में छपता था।

प्रश्न–क्या यह पत्र साप्ताहिक ही निकलता था अथवा समाचारों की अधिकता से विशेष अंक भी निकलते थे ?

उत्तर–कोई विशेष ख़बर मिलने पर विशेष अंक भी निकलता था।

प्रश्न–किन लोगों के बीच इसका अधिक प्रचार था ?

उत्तर–हर एक जाति में इसकी खपत बढ़ती जाती थी।

प्रश्न–इतने बड़े शहर के लिए 200 प्रतियाँ तो बहुत कम हैं। क्या हिन्दुस्तानियों में यह रिवाज है कि एक प्रति कई लोगों या कई परिवार के लिए ख़रीद कर सुना देने के लिए काफ़ी समझा जाता है।

उत्तर–जी हाँ, ख़रीदार स्वयं पढ़कर अपने मित्रों और सम्बन्धियों को दे देता है।

प्रश्न–क्या दिल्ली में 'सादिकुल अख़बार' प्रतिष्ठित अख़बार माना जाता था और उसका प्रचार दूसरे अख़बारों से अधिक था ?

उत्तर–जी हाँ, यह प्रतिष्ठित अख़बार समझा जाता था। इसके लेख अच्छे और अँगरेज़ी अख़बारों के आलोचनात्मक ढंग के होते थे। मुसलमानों में बड़ी कद्र थी। दूसरे अख़बारों के सम्बन्ध में तो नहीं कह सकता, किन्तु हिन्दुस्तानी अख़बारों में कोई भी इतना अधिक प्रकाशित न होता था।

प्रश्न–तुमने बताया है कि वह अँगरेज़ी सरकार का विरोधी था। क्या तुम्हें उसका ऐसा कोई लेख याद है ?

उत्तर–मैं ऐसा कोई लेख याद नहीं रख सका जिसमें विद्रोही विचार हों। लेकिन ईरान व रूस के सम्बन्ध में जो कुछ लिखा गया था उसमें अँगरेज़ों के प्रति कड़े शब्द प्रयोग किए गए थे।

प्रश्न–क्या तुमने किसी ऐसे गुप्त पत्र की बाबत सुना है जिसमें मजिस्ट्रेट के नाम कश्मीरी दरवाज़ा छीन लेने को लिखा गया था ?

उत्तर–मुझे याद नहीं है कि ऐसी कोई ख़बर सुनी हो।

प्रश्न–क्या तुमने यह सुना, कि 21 मई या उसके लगभग बड़े जोर का दंगा होगा ?

उत्तर–नहीं, मैंने ऐसी कोई ख़बर नहीं सुनी।

प्रश्न–क्या तुम्हें चपातियों का हाल मालूम है जो गाँव-गाँव में बाँटी गई थीं ?

उत्तर–जी हाँ, गदर के पूर्व सुना था।

प्रश्न–क्या हिन्दुस्तानी अख़बारों में इसकी आलोचना होती थी और यदि होती थी, तो क्या धारणा की गई थी ?

उत्तर–जी हाँ, उस पर विचार होता था। समझा यह जाता था कि वह किसी भविष्य के गुप्त कार्य के लिए देहात के संगठन करने का ढंग है, जिसका भेद बाद को खुलेगा।

प्रश्न–तुम जानते हो यह रोटियाँ सबसे पहले कहाँ से बँटनी शुरू हुईं। सर्वसाधारण हिन्दुस्तानियों का क्या विचार है ?

उत्तर–मुझे इसके सम्बन्ध में कुछ पता नहीं, किन्तु प्रायः लोगों का ख़्याल है कि यह पानीपत करनाल से निकलीं।

प्रश्न—क्या तुम्हें पता है कि क़िले के लोगों के पास भी 'सादिकुल अख़बार' की एक प्रति भेजी जाती थी ?

उत्तर—एक क्या, कई अंक क़िले में जाते थे। किन्तु उन्हें कौन ख़रीदता था, यह मुझे पता नहीं।

प्रश्न—क्या विद्रोह के दिनों में अभियुक्त की आज्ञा से फ़ौजी अख़बार भी निकला था ?

उत्तर—जी हाँ, वह 'शाहीलेथूग्राफ़' प्रेस में छपता था। उसका नाम था 'सिराजुल अख़बार'। उसमें बादशाह और क़िले के समाचार निकलते थे। कभी-कभी अन्य बातों की भी चरचा होती थी।

प्रश्न—जब अँगरेज़ों को मारा गया, तब तुम क़िले में थे ?

उत्तर—मैं था, ग़दर के 5-6 दिन बाद मैंने मकान में सुना कि क़िले में दंगा हो रहा है। मैं तुरंत ही दिल्ली दरवाज़े के रास्ते नए क़िले में गया। वहाँ मैंने बादशाह के कुछ सशस्त्र सिपाहियों और बाग़ियों को अँगरेज़ों की हत्या करते देखा। उस समय साढ़े नौ-दस बजे थे। मुझसे बादशाह के भीखा नाम के नौकर ने कहा कि तुम अँगरेज़ों के लिए बहुत ख़बरें जमा करते हो। यदि अब भी ऐसा करते रहोगे तो तुम्हारी भी यही गति होगी। यह भीखा, अभियुक्त के लड़के मिरज़ा अकुल्ला का नौकर था।

प्रश्न—ये अँगरेज़ कहाँ से गिरफ़्तार किए गए थे ?

उत्तर—यह मैं नहीं जानता। किन्तु सुना था कि बादशाह के रसोई ख़ाना से निकाल कर लाए गए थे।

प्रश्न—यह रसोई ख़ाना उसी आँगन में था, जिसमें बादशाह का कमरा था ?

उत्तर—बादशाह का कमरा उसके सामने था और आँगन बीच में था। दूसरी ओर रसोई ख़ाना था, जिसमें अँगरेज़ क़ैद थे। आँगन में ही दीवाने-ख़ास और दीवाने-आम है। बादशाह के कमरे से रसोई घर दो-ढाई सौ ग़ज दूर है।

प्रश्न—जहाँ अँगरेज़ स्त्री और बच्चे रक्खे गए थे, वहाँ किस हैसियत के लोग रहते थे ?

उत्तर—उस हिस्से में बादशाह के मुफ़्ती (धार्मिक-न्यायाधीश) का दफ़्तर था।

प्रश्न—क्या तुम्हारे कहने का यह अर्थ है कि जहाँ ये सब क़ैद थे, वहाँ प्रतिष्ठित व्यक्ति रखे जा सकते थे ?

उत्तर—जी नहीं, उसमें कदाचित कोई नहीं रहता था।

प्रश्न—फिर उस इमारत से क्या काम निकाला जाता था ?

उत्तर—वह पुराने समय में हवालात थी। अब माल गोदाम का काम लिया जाता था।

प्रश्न—क्या वहाँ स्त्रियों और बच्चों को अधिक आराम मिल सकता था या

यह विचार था कि कोई बदमाश उन्हें छेड़ न सके ?

उत्तर–वह अँधेरी कोठरी थी। खुली हुई इमारत थी और परदा वग़ैरह कुछ नहीं था।

प्रश्न–क्या छोटा हिन्दुस्तानी भी वहाँ रहना अपनी बेइज़्ज़ती न समझेगा ?

उत्तर–जी, जो वहाँ रखा जाए वह इसमें अपनी बड़ी बेइज़्ज़ती समझेगा।

प्रश्न–क्या क़िले में वही एक स्थान रह गया था जिसमें लेडियों और बच्चों को क़ैद किया जा सके ?

उत्तर–जहाँ क़ैदियों को आराम मिल सकता, ऐसी इमारतों की वहाँ कमी न थी।

प्रश्न–किसके हुक्म से यह अँगरेज़ मारे गए ?

उत्तर–बादशाह के हुक्म से। और ऐसा हुक्म कौन दे सकता था।

प्रश्न–तुमने बादशाह के किसी लड़के को वधस्थल का दृश्य देखते देखा ?

उत्तर–वहाँ बड़ी भीड़ थी। मैं किसी को देख न सका। हाँ, मिरज़ा मुग़ल के मकान की छत पर लोग खड़े थे और सुना था कि स्वयं शाहज़ादा भी झरोकों से देख रहे हैं।

प्रश्न–क्या मारे जाने के पहले अँगरेज़ों को रस्सियों से बाँधा गया था ?

उत्तर–मैंने ख़्याल नहीं किया।

प्रश्न–क्या हत्या के पूर्व उन्हें एक लाइन में बिठाया गया था ?

उत्तर–मैं भीड़ के कारण वहाँ जा नहीं सका। जब हत्याएँ हो गईं तो भीड़ छटी और बादशाह की आज्ञा आई कि लाशों को फेंक दिया जाए। फिर उन्हें गाड़ियों पर लादा जा रहा था, तो मैंने उन मेहतरों से जाकर पूछा, जो कि लाशें लाद रहे थे तो मालूम हुआ कि 52 व्यक्तियों को क़त्ल किया गया। उस समय लाशें वृत्ताकार फैली हुई थीं।

प्रश्न–इनमें मरदों की कितनी लाशें थीं ?

उत्तर–सिर्फ 5 या 6, शेष सभी स्त्री और बच्चों की थीं।

प्रश्न–तुम जानते हो लाशों का क्या किया गया ?

उत्तर–अभियुक्त की आज्ञा से सलीमगढ़ की ओर नदी में डाल दी गईं।

प्रश्न–क्या हत्या के बाद प्रसन्नता प्रकट करने के लिए तोपें दाग़ी गई थीं ?

उत्तर–मैंने तोपों की आवाज़ नहीं सुनीं और न किसी से यही सुना कि तोपें दाग़ी गई थीं।

चार बज गए और अदालत दूसरे दिन ग्यारह बजे के लिए स्थगित हो गई।

बारहवें दिन की कार्यवाही

बुधवार, ता. 10 फ़रवरी, 1858 ई.

रोज़ की भाँति आज भी क़िले के दीवाने-ख़ास में अदालत बैठी। प्रेसिडेण्ट, सदस्य, अनुवादक, सरकारी वकील सब मौजूद थे। अभियुक्त और उनके मुख्तार गुलाम अब्बास लाए गए। गवाह चुन्नी अख़बार-नवीस को दुबारा बुलाया गया। कल के बयान के आगे सरकारी वकील ने बयान लेने शुरू किए।

प्रश्न—क्या तुम बता सकते हो कि दिल्ली के किसी और स्थान पर भी अँगरेज़ मारे गए ?

उत्तर—मैंने पूर्व बताये हुए अँगरेज़ों के और किसी का वध नहीं देखा। सुना ज़रूर है कि राजा किशनगढ़ के मकान में 25 अँगरेज़ शरण लेने गए थे। उनके पास जब तक गोली-बारूद रही तो लड़ कर जान बचाते रहे, बाद में उन्हें तहख़ाने से बाहर निकाल कर बाग़ी सैनिकों के कुछ साथी मुसलमानों ने मार डाला।

प्रश्न—क्या कभी दिल्ली में बादशाह की हुकूमत की घोषणा की गई थी, और यदि की गई थी, तो कब ?

उत्तर—12 मई को बादशाह की ओर से दूकान खोलने की मुनादी की गई। दो रोज़ बाद बादशाह हाथी पर बैठ कर शहर में निकले। एक पैदल रेजिमेण्ट, कुछ तोपें, बैण्ड बाजा और विशेष सशस्त्र शरीर रक्षक थे। वे दूकानें खुलवाने के मतलब से निकले थे। और शहर में जहाँ तक मकानों का सिलसिला है, वहाँ तक गए। फिर अपने जलूस के साथ क़िले में लौट गए। क़िले से निकलते समय 21 तोपों की सलामी दी गई थी; और लौटने पर भी वैसी ही सलामी हुई।

अभियुक्त की ओर से जिरह

प्रश्न—कभी तुमने यह भी सुना, कि मेरठ से आई हुई विद्रोही फ़ौजों ने बादशाह के कहने से ऐसा किया या अपनी इच्छा से ज़बरदस्ती यह सब किया ?

उत्तर—मुझे इस सम्बन्ध में कोई जानकारी नहीं है कि इस तरह हुआ होगा या उस तरह।

प्रश्न—कल तुमने कहा था कि अँगरेज़ स्त्री और बच्चों को ऐसे स्थान पर रखा गया था जहाँ शाही मुफ़्ती (न्याय करने वाले) रहते थे, बाद को कहा, कि यदि वहाँ कोई देशी अफ़सर रखा जाता तो उसमें वह अपनी बेइज्ज़ती समझता। क्या ये दोनों बातें परस्पर विरोधी नहीं हैं ?

उत्तर—वह स्थान मुफ़्ती के रहने का नहीं था, बल्कि दफ़्तर था। दफ़्तर होने के कारण वहाँ भले और बुरे, प्रतिष्ठित तथा अप्रतिष्ठित, सभी व्यक्ति आते थे;

अतः साफ़ है वह प्रतिष्ठित व्यक्ति के रखने का स्थान नहीं हो सकता।

गवाह हट गया। चुन्नीलाल बिसाती अदालत में आया, उसे क़सम दी गई।

सरकारी वकील ने प्रश्न किया—क्या गत 11 व 12 मई को तुम दिल्ली में थे ?

उत्तर—जी हाँ, दोनों तारीख़ों को यहीं था।

प्रश्न—क्या इन दोनों तारीख़ों में से किसी दिन बादशाह के राज्य लेने की मुनादी द्वारा घोषणा हुई थी ?

उत्तर—11 मई की आधी रात को 20 तोपें क़िले में दाग़ी गई थीं जिनकी आवाज़ मैंने मकान से सुनी थी। दूसरे दिन दोपहर को शहर में मुनादी हुई कि मुल्क पर बादशाह का फिर अधिकार हो गया।

प्रश्न—क्या तुमने ऐसा कोई जुलूस निकलते देखा, जिसमें बादशाह हाथी पर सवार थे ?

उत्तर—ग़दर के चन्द दिनों बाद मैंने क़िले जाना छोड़ दिया। बादशाह का कोई जलूस नहीं देखा। मिर्ज़ा मुग़ल का जलूस ज़रूर निकला था, जो कि उनके कमाण्डर-इन-चीफ़ होने की खुशी में था।

अभियुक्त ने जिरह करने से इनकार किया। गुलाब दूत (चिट्ठी लाने वाला) अदालत में लाया गया। क़सम देने के बाद सरकारी वकील ने प्रश्नों द्वारा बयान लेना आरम्भ किया।

प्रश्न—गत मई में जब क़िले में अँगरेज़ लेडी और बच्चे क़त्ल किए गए, तुम मौजूद थे ?

उत्तर—मैं था, मैंने उन्हें क़त्ल होते हुए देखा।

प्रश्न—तुमने सबसे पहले कब सुना कि वह क़त्ल किए जाएँगे ?

उत्तर—मैंने वध के दो दिन पूर्व सुना था कि दो दिन के भीतर अँगरेज़ मार डाले जाएँगे। लेकिन मुझे वह दिन याद नहीं है। वध के दिन सर्वसाधारण जन-समुदाय के दल के दल 10 बजे के वक्त़ क़िले में जा रहे थे। उनमें मैं भी सम्मिलित था। जब मैं आँगन में पहुँचा तो देखा कि सभी अँगरेज़ एक लाइन में खड़े किए गए हैं और बादशाही-सशस्त्र जिन्हें बॉडी गार्ड कहते हैं चारों ओर से उन्हें घेरे खड़े हैं, उन्हीं के साथ कुछ विद्रोही सिपाही भी थे। मैंने किसी को कोई इशारा करते या हुक्म देते नहीं सुना, बल्कि उन लोगों ने एकदम से तलवारें खींच लीं और एक बार ही सबने क़ैदियों पर हमला किया और तब तक उन पर तलवारें चलाते रहे जब तक उनके टुकड़े-टुकड़े न हो गए। कम-से-कम 100-150 आदमी इस काम को कर रहे थे।

प्रश्न—क्या किसी ने उनको बचाने का प्रयत्न नहीं किया अथवा बादशाह से किसी ने सिफ़ारिश की ?

उत्तर—न तो किसी ने बचाने की कोशिश की और न बादशाह से ही सिफ़ारिश की ?

प्रश्न—तुमने बताया है कि अँगरेज़ों के क़त्ल होने की ख़बर दो दिन पहले से ही थी, क्या तुम्हें यह भी बताया गया था कि किसके हुक्म से क़त्ल किए जाएँगे ?

उत्तर—मैं नहीं जानता कि किसके हुक्म से मारे गए, किन्तु बग़ैर हुक्म के ऐसा नहीं हो सकता था।

प्रश्न—क्या आम तौर पर यह मशहूर है, कि बादशाह ने क़त्ल का हुक्म दिया था ?

उत्तर—उस समय यह कुछ नहीं मालूम हुआ। लोग यही कहते थे कि क़ैदी परसों मारे जाएँगे ?

प्रश्न—क्या दिल्ली में बादशाह की बराबरी का ऐसा और भी कोई था, जो ऐसी आज्ञा देता ?

उत्तर—बादशाह या उनके पुत्र मिर्ज़ा मुग़ल। यही दो ऐसे व्यक्ति थे, जहाँ से आज्ञा सम्भव थी।

प्रश्न—तुम्हारे ख़्याल में कितने क़ैदी मारे गए। क्या मारने के पहले वह आपस में जकड़ दिए गए थे ?

उत्तर—मैं संख्या नहीं बता सकता, क्योंकि हत्यारे उन्हें घेरे थे। उनमें अधिक बच्चे थे जो जकड़े नहीं थे।

प्रश्न—तुम जानते हो लाशों का क्या किया गया ?

उत्तर—नहीं, क़त्ल के बाद सिपाहियों ने सबको क़िले के बाहर कर दिया। मैंने बाद को कुछ नहीं सुना।

प्रश्न—बैंक में किसी को क़त्ल होते देखा था ?

उत्तर—हाँ, मिस्टर ब्रेसफ़र्ड और उनके कुटुम्ब की हत्या होते समय मैं देख रहा था। जब विद्रोहियों और बलवाइयों ने बैंक पर हमला किया तो मि. ब्रेसफ़र्ड और उनका कुटुम्ब बाहरी दफ़्तर में छिपने चले गए। जब आक्रमणकारियों ने उन्हें खोजा तो वे छत पर थे। उस समय मि. ब्रेसफ़र्ड के पास तलवार थी और उनकी स्त्री के पास भाला। पहले तो विद्रोही डरे, किन्तु बाद को हमला किया और मार डाला। मैं नहीं कह सकता कि कितने व्यक्ति मारे गए; लेकिन अनुमान से कई एक थे। यह घटना ग़दर के दिन दोपहर समय की है।

प्रश्न—किसी लेडी को जीवित पकड़ कर ले गए या सबको मार डाला ?

उत्तर—सबको तुरंत मार डाला।

प्रश्न—क्या बादशाह के सशस्त्र सलाहकारों में भी कोई बैंक में था ?

उत्तर—नहीं।

प्रश्न—क्या ग़दर होते ही बादशाह शासक घोषित कर दिए गए थे ?

उत्तर—जी हाँ, ग़दर के दिन ही 3 बजे यह मुनादी हुई कि बादशाह का राज्य हो गया। अभियुक्त ने जिरह से इनकार किया। तब अदालत ने पूछा—तुम जानते हो कि क़ैदियों को इतने दिन क्यों क़ैद रखा गया और वध के लिए कोई विशेष दिन क्यों नियत किया ?

उत्तर—मुझे दो में से किसी बात की जानकारी नहीं।

हकीम एहसन उल्ला ख़ाँ फिर बुलाए गए और क़सम देने के बाद जज एडवोकेट ने बयान लिये।

प्रश्न—क्या ग़दर के दिनों में कोई सरकारी रोज़नामचा था ?

उत्तर—ग़दर के बहुत पहले से ही सरकारी रोज़नामचा रखा जाता था, कोई नया नहीं बना।

प्रश्न—इस पन्ने को देख कर बताओ कि यह किसका लिखा है, पहचानते हो ?

उत्तर—यह लिखावट रोज़नामचा लिखनेवाले की है और यह पन्ना भी उसी रोज़नामचे का है।

तारीख़ 16 मई, सन् 1857 के सरकारी रोज़नामचे का अनुवाद

''बादशाह ने दीवान-ख़ास में दरबार किया। 49 अँगरेज़ क़ैद थे। सेना ने उनके मारने की माँग पेश की। बादशाह ने, सेना जैसा चाहे करे, कह कर क़ैदियों को उनके सुपुर्द कर दिया। अन्त में वे क़ैदी क़त्ल किए गए। दरबारी अधिक संख्या में मौजूद थे। रईस, शरीफ़, अफ़सर आदि सभी दरबारी उपस्थित थे और सबों ने बादशाह की आज्ञा मानने का गौरव प्राप्त किया।''

प्रश्न—क्या 11 मई को तुम दिल्ली में मौजूद थे ?

उत्तर—जी हाँ, मौजूद था।

प्रश्न—उस समय तुमने जो कुछ देखा हो, बयान करो ?

उत्तर—रमज़ान की 16वीं (11 मई) को सबेरे 7 बजे देशी पैदल रेजिमेण्ट नं. 38 का एक हिन्दू सिपाही क़िले में आया और कई दरबानों से, जो वहाँ मौजूद थे, कहा कि मेरठ में देशी सेना ने अँगरेज़ों के विरुद्ध विद्रोह कर दिया है और अब दिल्ली में आना चाहते हैं। और वे तथा उनके दूसरे साथी अब कम्पनी की नौकरी न करेंगे, बल्कि धर्म के लिए युद्ध करेंगे। मेरा मकान क़िले के दीवान-ख़ास के समीप ही था। दरबानों ने तुरंत आकर उस सिपाही की सभी बातें कहीं। मैंने यह सूचना पाई ही थी कि बादशाह ने मुझे बुलवाया, मैं वहाँ गया तो बादशाह ने कहा कि देखो सवार झरोखा के नीचे (मालूम होता है कि महल के झरोखों के

नीचे को झरोखा के नाम से पुकारते थे) से आ रहे हैं। मैंने देखा कि 150 गज़ की दूरी पर 15-20 सवार हैं। उनमें कुछ वर्दी पहने थे और कुछ हिन्दुस्तानी कपड़े पहने थे। मैंने दरवाज़ा बन्द कर देने को कहा जिसके द्वारा वे झरोखा के नीचे से होकर क़िले में आ सकते थे। वह बड़ी कठिनाई से बन्द हुआ था, कि 5-6 सवार समन-बुर्ज के दरवाज़े पर पहुँच गए, जहाँ बादशाह के निजी कमरे और उनकी बेगमों के निजी कमरे थे। सिपाहियों ने चिल्लाना शुरू किया, "दुहाई है बादशाह साहब की। हम अपनी धर्म की लड़ाई के लिए सहायता चाहते हैं।" बादशाह ने सुनकर कुछ जवाब नहीं दिया और न नीचे वालों को अपना चेहरा ही दिखाया; बल्कि गुलाम अब्बास शमशीर उद्दौला को, जो कि उस समय वहाँ पर थे, कप्तान डगलस के पास भेज दिया कि वह उन्हें सिपाहियों के आने और प्रबंध करने की बात कह दें। फिर बादशाह भीतर के कमरे में चले गए और मैं दीवाने-ख़ास में चला गया। इसी समय गुलाम अब्बास कप्तान डगलस को साथ लिए आए और जैसा कि पहले कहा जा चुका है, कि झरोखे के नीचे झाँकने लगे, जहाँ पर कि सवार अब तक मौजूद थे। उनसे कहा गया कि यह बादशाह का महल है, यहाँ से चले जाओ। तुम्हारे यहाँ रहने से बादशाह नाराज़ होंगे। इस पर सवार राजघाट की ओर चले गए जहाँ से शहर का मार्ग पास ही है। बादशाह कप्तान डगलस के आने की ख़बर सुनकर बाहर आए और दीवाने-ख़ास तथा कमरा-ख़ास के बीच में उनसे मिले। कप्तान डगलस ने बादशाह से कहा कि आप घबराएँ नहीं इस दंगे को मैं बहुत शीघ्र शान्त कर दूँगा। मैं दंगाइयों को अभी जाकर गिरफ़्तार करता हूँ। यह कह कर वह जाने लगे और कहा कि समन-बुर्ज का दरवाज़ा बन्द कर दिया गया है वह खोल दिया जाए तो मैं इन लोगों के सामने होकर कुछ बातें कर लूँ। बादशाह ने जवाब दिया कि तुम्हारे पास कोई हथियार नहीं है और न सिपाही ही साथ हैं ऐसी सूरत में दुश्मनों के बीच में जाना भूल है। यह सुनकर कप्तान डगलस अपने स्थान को लौट गए और इसके थोड़ी देर बाद कप्तान डगलस का नौकर प्रान, जमादार आया और बोला कि कप्तान डगलस ने मुझे और गुलाम अब्बास को बुलाया है। जब हम लोग गए तो कप्तान साहब ने कहा कि मेरे पैर में बड़ी चोट आई है, उस समय उनके साथ एक और साहब थे, जिन्हें मैं नहीं पहचानता। उनके कन्धे पर गहरा घाव था और वह एक कोच पर लेटे थे। फिर उन्होंने दो पालकी कहारों सहित माँगी जिसमें लेडियाँ भेजी जा सकें। उसी समय कमिश्नर फ्रेज़र आए और बोले कि बादशाह के यहाँ से दो तोपें माँगो जो कि दरवाज़े पर रखी जा सकें। फिर मि. फ्रेज़र मुझे और गुलाम अब्बास को लेकर नीचे आए, वह तो दरवाज़े की ओर चले गए और हम दोनों बादशाह के पास को चले। बादशाह की आज्ञा से पालकी और तोपें भेज दी गईं, इसी के बाद ख़बर मिली कि सवार लाहौरी दरवाज़े से क़िले में घुस आए हैं, जहाँ पर कि मि. फ्रेज़र तोप

लगाना चाहते थे। हमें यह भी बताया गया, कि मि. फ़्रेज़र मार डाले गए हैं और डगलस साहब को मारने गए हैं। पालकी के कहारों ने लौट कर इस समाचार का अनुमोदन किया कि वह आँखों देख आउ हैं कि मि. फ़्रेज़र की लाश फाटक पर पड़ी है और सवार फाटक के ऊपर रहने वालों को मारने गए हैं। बादशाह ने सब दरवाज़े बन्द करने का हुक्म दिया लेकिन जवाब मिला कि नं. 38 पैदल सेना के सिपाही (जो कि दरवाज़े की गारद पर नौकरी देते थे) ऐसा नहीं करने देते। इसके बाद 50 सिपाही दीवाने-ख़ास तक आ गए और पाईं-बाग़ में घोड़ों को बाँध दिया। पैदल रेजिमेण्ट के भी सिपाहियों ने आकर दीवाने-ख़ास और आम में जहाँ चाहा अपना बिस्तर लगा दिया। यह कौन सी रेजिमेण्ट के सिपाही थे, मुझे मालूम नहीं लेकिन ख़्याल है कि दिल्ली की 3 रेजिमेण्टें थीं। मेरठ की रेजिमेण्ट 2 बजे के पहले न आ सकी थी और वह सब एक साथ नहीं आये थे, बल्कि गिरोह बना कर दिल्ली रेजिमेण्ट से आकर मिल गए थे, और जहाँ चाहा बिस्तरा लगा दिया था। उस दिन कोई दरबार नहीं हुआ। बादशाह 3-4 बाद दीवाने-ख़ास में आये, वहाँ हर तरफ़ बाग़ी पड़े हुए थे। दिन और रातभर बाग़ियों के दल आते रहे। शाम को 54 नंबर पैदल रेजिमेण्ट आई और सलेमगढ़ क़िले पर अधिकार करने चली गई। दूसरे दिन मेगज़ीन से तोपें लाकर मेरठ से अँगरेज़ी सेना के आने का रास्ता रोक दिया गया। 3 दिन तक अँगरेज़ों के आने का बड़ा डर रहा। ज़रा बिगुल की आवाज़ आई कि बाग़ी चौकन्ने हो गए। 11 मई को बादशाह के तीन लड़के—मिरज़ा मुग़ल, मिरज़ा ख़ैर सुलतान, जवाँ बख़्त—और पोते मिरज़ा अबूबकर ने सेना के अफ़सर बन जाने की बादशाह से प्रार्थना की। मैंने बादशाह को सलाह दी कि ये लोग अनुभवहीन लड़के हैं, अच्छा होगा कि आप इन्हें ऐसी ज़िम्मेदारी के पद न दें। इस पर वह सब बहुत नाखुश हुए और मिरज़ा मेंढू, मिरज़ा बख़्तावर शाह और मिरज़ा अकुल्ला तथा सेना के दूसरे अफ़सरों को फुसला कर दो दिन बाद ज़बरदस्ती सेनाध्यक्ष बन बैठे।

प्रश्न—तुमने कहा कि बादशाह से दो पालकी कप्तान साहब के यहाँ भेजने की प्रार्थना की गई थी। जब उन्हें मि. फ़्रेज़र और कप्तान डगलस की हत्या की ख़बर मिली तो हत्यारों की गिरफ़्तारी का कोई प्रयत्न किया गया ?

उत्तर—वहाँ ऐसी गड़बड़ी थी कि कुछ किया न जा सका।

प्रश्न—यह साफ़ है कि बादशाह के ख़ास नौकरों ने मि. फ़्रेज़र आदि अँगरेज़ों को मारा था। क्या ये लोग पहले ही की भाँति अपनी जगह पर काम करते और तनख़्वाह पाते रहे ?

उत्तर—मैंने यह कभी नहीं सुना कि बादशाह के नौकरों ने हत्या की। लेकिन यह ठीक है कि कोई नौकर इस जुर्म में नौकरी से अलग नहीं किया गया।

प्रश्न—क्या तुम्हारा यह मतलब है कि यह ठीक रीति से प्रकट नहीं हुआ,

कि हत्यारे कौन थे ?

उत्तर—जी हाँ, सर्वसाधारण रीति से यह बात अप्रकट है। मैंने नहीं सुना कि किसने हत्या की।

प्रश्न—क्या इसकी कभी जाँच भी की गई थी ?

उत्तर—नहीं।

प्रश्न—ग़दर से पहले बादशाह के पास कितने सशस्त्र नौकर थे ?

उत्तर—लगभग 12 सौ के।

प्रश्न—क्या यह सेना के विभिन्न अंगों में—पैदल, सवार तोपख़ाना आदि में—बँटे थे ?

उत्तर—जी हाँ, इनमें पैदल, सवार, तोपख़ाना—सभी सम्मिलित थे।

प्रश्न—बादशाह के पास कितनी तोपें थीं ?

उत्तर—काम में आ सकने वाली तो 6 थीं। कितनी बेकार थीं, यह नहीं मालूम।

प्रश्न—11 मई को, ग़दर के दिन इस फ़ौज से क्या काम लिया गया था ?

उत्तर—यह क़िले के ख़ास दरवाज़ों और अफ़सरों के घरों की रक्षा पर रखे गए थे। कुछ लोग रुपयों पर नौकर थे, जो बहुत कम हाज़िर रहते थे लेकिन तनख़्वाह घर बैठे उन्हें मिल जाया करती थी।

प्रश्न—इतने अँगरेज़ बच्चे और स्त्रियाँ क्यों क़िले में लाए गए और क़ैद किए गए ?

उत्तर—बाग़ियों ने उन्हें शहर और आस-पास गिरफ़्तार किया था और खुद क़िले में ठहरे थे इसलिए उन्हें भी वहीं लाए।

प्रश्न—क्या तुम्हारा मतलब यह है, कि जिस सिपाही ने जिस स्त्री या बच्चे को पकड़ा, अलग-अलग क़ैद रखा ?

उत्तर—नहीं, बल्कि उन्होंने गिरफ़्तार करने के बाद क़ैदख़ाना के रक्षक को सूचना दी जहाँ से हुक्म मिला कि हर एक अँगरेज़ को रसोई घर में क़ैद किया जाए।

प्रश्न—रसोई घर को क़ैदख़ाना किसने बनाया था ?

उत्तर—बादशाह ने, यह समझ कर, कि यह बड़ी इमारत है। बाग़ियों से कह दिया गया था कि क़ैदियों को वहीं रक्खें।

प्रश्न—ग़दर के पहले बादशाह का बॉडी गार्ड (शरीर रक्षकों) का अफ़सर कौन था ?

उत्तर—महबूब अली ख़ाँ।

प्रश्न—क्या उनमें से किसी ने 11 मई को मेगज़ीन पर छापा मारा था और यदि हाँ तो किसकी आज्ञा से ?

उत्तर—मैंने नहीं सुना कि उनमें से किसी ने किसकी आज्ञा से छापा मारा और न यह ही सुना कि किसी ने छापा मारा और यदि हमला हुआ भी होगा तो शहर के बाहर वालों ने ऐसा किया होगा।

प्रश्न—क्या तुम जानते हो कि इन दिनों बादशाह का कोई दूत शाह-ईरान के यहाँ है, या हाल में गया है ?

उत्तर—नहीं, वर्तमान समय की बात नहीं जानता किन्तु 2-3 साल पहले मुहम्मद बाकर के अख़बार में पढ़ा था, कि बादशाह के भाई मिरज़ा नजफ़ ईरान गए थे और शाह के दरबार में उनका बहुत शान से स्वागत हुआ था।

प्रश्न—क्या वह दिल्ली से भेजे गए थे ?

उत्तर—यह नहीं जानता। इतना मालूम है कि वे दो बरस पहले काग़ज़ात के साथ सरकार के पास कलकत्ता भेजे गए थे।

प्रश्न—क्या हसन अस्करी के शीरीं कब्ज़ के भेजने की बात तुम नहीं बता सकते ? यह अच्छी तरह से प्रकट है कि तुम विश्वासपात्र समझे जाते थे और जैसा कि कहा गया है कि तुम इससे पूरे जानकार थे।

उत्तर—मैं शपथपूर्वक कह सकता हूँ कि मैंने अदालत से कोई बात नहीं छिपाई। यह ठीक है कि मैं विश्वासपात्र था, किन्तु फिर भी नौकर था। बहुत से भेद मुझसे छिपे थे जैसे कि बादशाह ने अपनी बेगम ताजमहल (जो मुसलमानों में नीच जाति की डोमनी थी, जिससे बाद में बादशाह से शादी हो गई थी) की शादी की बात मुझे नहीं मालूम थी और न मुझसे राय ही ली गई। जवाँबख़्त के राज्यारोहण के षड्यन्त्र का मुझे पता नहीं था। ऐसी ही बहुत सी बातें मुझे नहीं मालूम हैं। अतएव मैं अभियुक्त हसन अस्करी और शीरीं क़ब्ज़ की बात नहीं जानता।

प्रश्न—क्या तुम जानते होकि बादशाह ने अपने दोस्तों के द्वारा कम्पनी की देशी सेना के अफ़सरों से पत्र-व्यवहार रक्खा था ?

उत्तर—नहीं, सम्भव है कि पत्र-व्यवहार हुआ हो, लेकिन मुझे ऐसा विश्वास नहीं होता।

4 बज जाने के कारण अदालत दूसरे दिन 11 बजे तक को स्थगित हो गई।

तेरहवें दिन की कार्यवाही

गुरुवार, 11 फ़रवरी, सन् 1858 ई.

नित्य नियमानुसार अदालत दीवाने-ख़ास में बैठी। प्रेसिडेण्ट, मेम्बर, अनुवादक, जज एडवोकेट जनरल सब मौजूद थे। अभियुक्त अदालत में लाए गए। हकीम एहसन उल्ला खाँ भी गवाही के लिए बुलाए गए और उन्हें कल के बयान की याद दिलाई

गई। सरकारी वकील ने प्रश्न किया–क्या तुम्हें मालूम है कि ग़दर के पूर्व अभियुक्त 'सादिकुल अख़बार' बहुत पढ़ते थे ?

उत्तर–नियमित रूप से नहीं पढ़ते थे। कभी-कभी कोई शाहज़ादा किसी लेख को बता देता था।

प्रश्न–ईरान सम्बन्धी समाचार शाहज़ादे प्रायः पढ़ते थे। क्या यह बताया जाता था कि ईरानियों ने अँगरेज़ों को हराया ?

उत्तर–मैंने स्वयं अख़बार नहीं पढ़ा और न जानता हूँ। लेकिन यह आम ख़बर थी कि ईरानी अँगरेज़ों को हरा रहे हैं। इस समाचार को ज़रूरी समझ कर शाहज़ादे पढ़ते और विश्वास करते थे।

प्रश्न–ग़दर के पहले क्या लोगों को यह विश्वास था कि अँगरेज़ी राज्य समाप्त हो जाएगा और क्या शाहज़ादे भी इस मत से सहमत थे ?

उत्तर–जी नहीं, मैंने ऐसा नहीं सुना।

अभियुक्त की ओर से जिरह

प्रश्न–तुमने बतलाया है कि बादशाह के 1200 नौकर थे और सेना 3 भागों में विभक्त थी। उन भागों की कैसी वर्दियाँ थीं और किस-किस नाम से वह मशहूर थीं ?

उत्तर–दो पैदल रेजिमेण्टें थीं। प्रत्येक में 500 सिपाही थे। इनकी वर्दी का रंग गहरा काला और मटमैला था, कमर का पट्टा और साफ़ा लाल था। वर्दियों पर कोई चिह्न या तमग़े न थे जिनसे विभिन्न टुकड़ियाँ अलग पहचानी जा सकतीं। तोपख़ानों में 40 सिपाही थे। उनकी वर्दी गहरी पीली और कमरबन्द व साफ़ा लाल थे। इनकी वर्दी पर भी कोई चिह्न या तमग़ा न था। बॉडी गार्ड लाल कोट पहनता था और साफ़ा तथा कमरबन्द का रंग गहरा नीला था।

गवाह चला गया और मि. आल्डवेल अलेक्ज़ेंडर की स्त्री श्रीमती आल्डवेल सरकारी पेंशनयाफ़्ता गवाही के लिए आईं। उन्हें क़सम दी गई। जज एडवोकेट ने बयान लेना आरम्भ किया।

प्रश्न–क्या 11 मई, सन् 1857 को तुम दिल्ली में मौजूद थीं ?

उत्तर–हाँ।

प्रश्न–तुम कहाँ रहती थीं और किस समय सुना कि दिल्ली में मेरठ से सेना आई है ?

उत्तर–मैं दरियागंज में रहती थी। मैंने 11 मई को 8-9 बजे सवेरे के बीच सेना आने की बात सुनी।

प्रश्न–उस रोज़ तुमने जो कुछ देखा हो बयान करो।

उत्तर–मेरे एक साईस ने आकर ख़बर दी कि सेना मेरठ से बग़ावत करके और अँगरेज़ों की हत्या करते हुए यहाँ आ गई है और यहाँ भी अँगरेज़ों की हत्या करेगी इसलिए गाड़ी तैयार करके भाग चलना चाहिए। मैं बातें कर ही रही थी कि मेरे दरवाज़े के पड़ोसी मिस्टर नोलन ने आकर अनुमोदन किया और मिस्टर आल्डवेल को पूछने लगे जिससे उनसे कुछ सलाह कर सकें। वह मिस्टर आल्डवेल के पास चले गए और बड़ी देर तक सलाह करते रहे और अन्त में तय हुआ कि आस-पास के सभी अँगरेज़ मेरे मकान में आ जाएँ (मेरा मकान बड़ा लम्बा-चौड़ा था) और जब तक दम रहे, अपनी इज्ज़त बचावें। इसके बाद वे दोनों पास के अस्पताल गारद के देसी सिपाहियों के पास गए और कहा कि वे सब हमारी सहायता करें, इसके बदले अँगरेज़ उन्हें काफ़ी धन देंगे। सिपाहियों ने उत्तर दिया–"जाओ, अपना काम करो, हम अपना काम करते हैं।" इस समय सवेरे के आठ बज चुके थे। इस समय तक मेरठ के सिपाहियों ने पुल तक नहीं पार कर पाया था जिससे यह कहा जा सके, कि उन्होंने सिपाहियों को बहका दिया होगा। इसके बाद हमारे घर में जमा होने वाले अँगरेज़ों ने दरवाज़े की नाकाबन्दी की, औरतों और बच्चों को छत पर चढ़ा दिया। मेरी समझ में स्त्री-बच्चों सहित कुल 30 होंगे। क़रीब 9 बजे बाग़ियों को पुल पार करते देखा। उनमें सवारों की अच्छी संख्या थी और कुछ पैदल थे। बाग़ियों का यह दल मेरे घर की दीवार के नीचे से जा रहा था। यह स्थान नदी के किनारे था। उनमें से किसी ने छत पर के एक साहब पर फ़ायर किया। यह दल जेल की ओर गया। हम लोगों ने समझ लिया कि यह क़ैदियों को छोड़ देंगे। थोड़ी देर बाद सुना कि वे लोग शहर में घुस आये हैं और अँगरेज़ों को वध करते घूमते हैं। उसी समय एक मुसलमान रंगरेज़ खून भरी तलवार लिये और कलमे पढ़ता हुआ मेरे मकान के पास आया और चिल्लाकर कहने लगा, "अँगरेज़ कहाँ हैं।" मि. नोलन ने उससे पूछा, "वह कौन है और कहाँ से आया, है।" उसके उत्तर न देने पर मि. नोलन ने उसे गोली मार दी। और वह मर गया। उस वक्त तक वही एक व्यक्ति मेरे यहाँ तक पहुँच सका था। इसके बाद पचासों दिल्ली के ही रहने वाले मेरे मकान के सामने जमा हो गए। 11 बजे के क़रीब मिसेज़ फ़ाउलन को एक मुसलमान ने मेरे घर में पहुँचाया जिन्हें शहर वालों ने ही घायल कर दिया था। उनके सर में गहरी चोट थी। उनका माल-असबाब लुट गया था। 3 बजे तक कोई घटना नहीं हुई। 3 बजे मेगज़ीन उड़ा दी गई। मैंने मिस्टर आल्डवेल से विनय की कि मुझे और मेरे 3 बच्चों को घर से निकाल दें, ताकि मैं रक्षा का स्थान ढूँढ़ लूँ क्योंकि मैंने नौकरों से सुना था कि बाग़ी तोपें लगाने आ रहे हैं। अन्त में मैंने और तीनों बच्चों ने हिन्दुस्तानियों के कपड़े पहने और डोली पर बैठकर घर से निकली और बादशाह के पोते मिरज़ा अकुल्ला के घर गई। उनकी बहन और बेगम ने मेरी बड़ी ख़ातिर की, क्योंकि मि. आल्डवेल

को और मुझे बहुत दिनों से जानते थे। रात के 8 बजे तक हम लोग वहीं रहे। मिरज़ा अकुल्ला ने कहा कि वह हम सबों को यहाँ से अधिक सुरक्षित स्थान, अपनी सास के यहाँ पहुँचा देंगे और उसी समय वहाँ पहुँचा दिया किन्तु मेरा कुछ सामान अपने यहाँ रख छोड़ा और कहा कि रास्ते में एकदम इतना सामान ले चलना इन दिनों बुरा है। तुम अपने मुंशी को भेजना उसके हाथ सामान भेज दूँगा। मैंने दूसरे दिन अपने मुंशी को भेजा कि वह मिरज़ा अकुल्ला के यहाँ से 200 रु. और चाँदी की तश्तरियाँ ले आएँ। लेकिन मिरज़ा ने इनकार कर दिया कि उसके पास कुछ नहीं है। साथ ही यह भी कहला भेजा कि यदि फ़ौरन ही मेरी सास का मकान न ख़ाली कर देंगी तो मैं उनके मारने के लिए लोगों को भेज दूँगा। 6 बजे शाम को उसने अपने चाचा और दूसरे लोगों को भेजा कि देखो यदि मकान न ख़ाली किया हो तो क़त्ल कर दो। मैंने उसके चाचा को तो नहीं वेखा, लेकिन नौकरों को देखा जिनके हाथ में नंगी तलवारें थीं। मेरे मुंशी की माँ उन्हें शरमिन्दा करने लगीं कि मिरज़ा की यह कैसी मेहमानदारी है। ऐसा ही विचार था तो हमें मकान में क्यों घुसने दिया था। रक्षा करने के वचन का अर्थ क्या हत्या करना ही था ? उसने यह भी कहा कि अगर तुम्हें मारना ही है तो पहले मुझे मारो। मैंने अँगरेज़ों का नमक खाया है और अपने सामने इनकी हत्या नहीं देख सकती। फिर यह कहा कि मुझे मारने से तुम्हें बड़ा पुण्य होगा क्योंकि मैं सैदानी और शिया हूँ। यह बादशाह के ख़ानदान के लिए संकेत था, जो कि सुन्नी थे और सुन्नियों ने सचमुच नबी के बच्चों या सैयदों को शहीद किया था।[1] लोगों ने उत्तर दिया कि यदि वह ऐसा करेंगे तो निश्चय ही काफ़िर हो जाएँगे। उन्होंने ईसाइयों के क़त्ल करने का बीड़ा उठाया है। फिर कहा कि या तो वह स्वयं घर छोड़कर चली जाएँ या हम लोगों को बाहर कर दें, जिसमें वह सड़क पर क़त्ल कर सकें। अन्त में बड़ी मुश्किल से सबेरे तक मकान ख़ाली कर देने का समय मिला। रात को मुंशी मेरे दर्ज़ी को बुला लाया और मैंने उससे ऐसा स्थान बताने को कहा, जहाँ हमलोग भाग सकें। उसने उत्तर दिया कि सुना है कि नवाब अहमद अली ख़ाँ अँगरेज़ों को शरण दे रहे हैं, वहीं चलना चाहिए। फिर वह सवारी लेने नवाब के यहाँ गया। वहाँ से निराश लौटा और कहा कि बाग़ियों को मालूम हो गया है कि अँगरेज़ नवाब साहब के यहाँ छिपे हैं और वह उनके मकान पर तोपें लगाने जा रहे हैं। इसलिए दर्ज़ी अपने मकान में हम लोगों को ले गया और हम लोग वहीं रहने लगे। एक रोज़ उसने कहा कि ईसाइयों को बादशाह के पास हाज़िर किया गया था; यद्यपि उनको बादशाह ने हिरासत में ही रखा है, तो भी मारे न जाने का वचन दिया है और

1. (मेडम को शायद मालूम नहीं था कि सुन्नियों ने सैयदों को शहीद नहीं किया था। ख़्वा. ह. नि.)

हमें भी वहीं जाने के लिए कहा। बुध के दिन, रात को 7-8 बजे दर्ज़ी एक बाग़ी सवार क़ादिर दाद ख़ाँ को ले आया जिसने हमें क़िले में भेज दिया। यद्यपि बाग़ियों ने अँगरेज़ों के मारने की क़सम खा ली थी लेकिन वह सवार किसी कारण से दर्ज़ी का एहसानमन्द था और उसने पक्का वादा कर दिया था, कि वह हम सबकी जान बचा देगा और भूलकर भी बेईमानी न करेगा। क़िले के लाहौरी दरवाज़े तक उसने हमको पहुँचाया। वहाँ की गारद हमको क़ैदी बनाकर मिरज़ा मुग़ल के सामने ले गई। उन्होंने दूसरे क़ैदियों के साथ रखने का हुक्म दिया। 13 मई की, बुध की, रात हम लोग कैद हुए। मेरा ख़्याल है कि कुल स्त्री-बच्चों सहित 46 या 50 क़ैदी थे। उनके नाम जहाँ तक मुझे और मेरे बच्चों को याद रहे, इस प्रकार हैं—मिसेज़ अस्कली और 3 बच्चे, मिसेज़ गिलन, मिसेज़ एडवर्ड्स और 2 बच्चे, मिसेज़ मोलानी और 2 बच्चे, मिसेज़ शेहन और 1 बच्चा, मिसेज़ कारेट; और उनकी लड़की, मिसेज़ स्टेन्स, मिसेज़ कारचरीन, मिस स्टेन्स, मास्टर चार्डशा, मिस एम हण्ट, मिस ई. ब्रेसफ़र्ड, मिस एल रायली, मिस एलाईशा, मिस इन्निशा, मिस्टर रॉबर्ट्स और एक लड़का, मिस्टर क्रॉड, मिस्टर स्मिथ, कोई एक और था, जिसका नाम याद नहीं। बाक़ी स्त्रियाँ और बच्चे थे, जिनके नाम याद नहीं रहे। हम एक अँधेरी कोठरी में बन्द कर दिये गए जिसमें एक खिड़की के सिवा दूसरा छेद न था। वह स्थान आदमी के रहने योग्य न था और मेरे लिए तो बिल्कुल नहीं। उसमें ज़बरदस्ती ठूँसा गया था। हर व्यक्ति हवा लेने के लिए खिड़की के पास खड़ा रहता था। वह खिड़की भी हमें बन्द करनी पड़ी क्योंकि सिपाही बन्दूकें भरके और घोड़े चढ़ा कर आते और बच्चों को धमकाते। कभी-कभी पूछते कि यदि बादशाह उन्हें जीवन दान दे दें तो मुसलमान होकर लौंडी बनने को तैयार हैं ? लेकिन बादशाह के ख़ास सशस्त्र बॉडी गार्ड, जो हमारी निगरानी पर तैनात थे, वे सिपाहियों से कहते कि जीवनदान की आशा कभी न दिलाओ। वे कहते कि "टुकड़े-टुकड़े करके इनका मांस चील-कौवों को खिलाएँगे।" हमको साधारण भोजन मिलता था। हाँ, दो बार अवश्य बादशाह ने बड़ा अच्छा खाना भेजा था। गुरुवार को कुछ सिपाही आए और बोले कि हमने अँगरेज़ों के मारने का प्रण किया है और वे हमें मार डालेंगे। शुक्रवार को दोपहर तक कुछ नहीं हुआ। केवल बादशाह के एक ख़ास नौकर ने किसी लेडी (मेरे ख़्याल में मिसेज़ स्टेन्स) से कहा था कि यदि अँगरेज़ों का फिर राज्य हो जाए तो हमारे साथ कैसा व्यवहार करोगे ? लेडी साहिबा ने उत्तर दिया—"जिस तरह तुमने हमारे पति और बच्चों के साथ किया है।" 16 मई, गुरुवार को मुझे और मेरे बच्चों तथा ईसाइयों को खाना देने वाली मुसलमान औरत को छोड़कर बाक़ी सभी अँगरेज़ मर्द, स्त्री और बच्चों को बाहर निकालकर मार डाला गया।

प्रश्न—तुमने यह कैसे जाना कि बाक़ी सब लोग मार डाले गए और तुमको

तथा तुम्हारे बच्चों को उन लोगों ने क्यों छोड़ दिया ?

उत्तर–दर्ज़ी के मकान से जाने के पहले मैंने यह दरख्वास्त लिख रक्खी थी और मेरा इरादा था कि इसको मैं स्वयं बादशाह के सामने पेश करूँगी। उसमें मैंने लिखा था कि मैं और मेरे बच्चे काश्मीरी मुसलमान हैं। जब मैं क़िले ले जाई गई तो सिपाहियों ने मेरे तमाम सामान के साथ उसे भी छीन लिया। इसी कारण क़ैद में मुझे व बच्चों को मुसलमानी ढंग से अलग खाना मिलता था। बादशाह के ख़ास नौकर भी मुझे मुसलमान समझते थे और उन्होंने कई बार मेरे साथ खाना खाया। ग़दर के शुरू में ही मैंने मुसलमानी मज़हब की कुछ बातें और शब्द याद कर लिये थे और बच्चों को भी याद करा दिए थे। हम लोग बड़े मज़े से उन्हें पढ़ सकते थे, मुसलमान बने रहने से हमारी जानें बच गईं। 16 मई को सबेरे बादशाह के ख़ास नौकर कुछ पैदल सिपाहियों के साथ वहाँ आए और हम लोगों से कहा कि ईसाई मकान से बाहर आ जाएँ। बच्चे और औरतें रोने-चिल्लाने लगीं तो उन लोगों में से हिन्दुओं ने यमुना की क़सम और मुसलमानों ने कुरान की क़सम खाकर कहा कि वे लोग मारे नहीं जाएँगे, बल्कि दूसरी जगह आराम से रखे जाएँगे, यहाँ पर मेगज़ीन बनेगी। इस तरह उन्हें फुसला कर बाहर निकाला गया और गिनती की गई। बाद को एक रस्सा उनके चारों ओर घेरा गया जैसा कि क़ैदियों को ले जाते वक़्त घेरते हैं। मुझे उनकी संख्या याद नहीं। हम 5 प्राणी उसमें रह गए। थोड़ी देर बाद वे सब मेरी आँखों से ओझल हो गए। मैंने बाद में सुना कि वे लोग आँगन में छोटे हौज़ के पास पीपल के पेड़ के नीचे ले जाए गए। सैनिकों में से किसी ने भी उनकी हत्या में भाग नहीं लिया। केवल बादशाह के ख़ास नौकरों ने ही तलवार से उन्हें मारा। उन्हीं को क़ैदियों के मारने का अधिकार मिला था, क्योंकि उनके सिद्धान्त के अनुसार काफ़िरों को मारने से स्वर्ग मिलता है और वह उन लोगों को मिलेगा। मैंने एक मेहतरानी से इस सिद्धान्त की बात सुनी थी और ग़दर की तमाम घटनाओं से इसका प्रमाण मिलता है। हत्या के बाद ही दो तोपें दाग़ी गईं। जिनके सम्बन्ध में सुना कि यह प्रसन्नता सूचक हैं। क़त्ल के एक घण्टे बाद एक बुड्ढे मुसलमान आए। जिनको लोगों ने बताया कि वह मुफ़्ती (धार्मिक न्यायाधीश) हैं। उन्होंने मेरे रक्षकों से कहा कि वह हम लोगों को, जो कि बचा दिए गए हैं, देखना चाहते हैं। उन्होंने जीवन-दान की आज्ञा सुनाई और रक्षकों से कहा कि इन्हें सुरक्षित स्थान पर पहुँचा दो लेकिन दिन में नहीं क्योंकि लोग मार डालेंगे। (कुछ लोगों को मेरे ईसाई होने का सन्देह था) शाम को हमें दर्ज़ी के यहाँ पहुँचा दिया गया। दूसरे मंगल को चीफ़ पुलिस अफ़सर ने हमको गिरफ़्तार किया और हम क़ैदी के रूप में मिरज़ा मुग़ल के सामने पेश किए गए। उन्होंने मेरे क़त्ल करने का हुक्म दिया। लेकिन 38वें रेजिमेण्ट के सैनिकों ने मुझे स्वतंत्र कर दिया। जब सिपाही हार कर लौटे और खुल्लमखुल्ला कहने लगे कि हममें

अँगरेज़ों के विरुद्ध रहने की शक्ति नहीं है। विशेष कर मुसलमान सिपाहियों को हिन्दुओं ने शरमिन्दा किया कि अँगरेज़ों के पहले ही मोरचे में तुम हार गए, इसी साहस पर धर्म-युद्ध का दम भरते थे वह स्वयं भी दुःख प्रकट करते थे कि अँगरेज़ों को मुँह दिखाने योग्य नहीं रहे। वह मुसलमानों को धर्म की आड़ में धोखा देने के लिए शरमिन्दा करते रहे। वह सदैव इसी दुविधा में रहे, कि अँगरेज़ी सरकार उनके धर्म में हस्तक्षेप करती थी अथवा नहीं। हिन्दुओं की अधिक संख्या यह कहने लगी, कि यदि जान बच जाने का पूरा विश्वास दिलाया जाये तो वह फिर अँगरेज़ों की नौकरी कर लेंगे। लेकिन मुसलमान सदैव इसके विरुद्ध कहते कि अँगरेज़ी नौकरी से लाख गुना अच्छा है कि किसी देशी राजा या नवाब की नौकरी हो। वह बादशाह की सहायता करेंगे और अवश्य सफल होंगे।

प्रश्न–ग़दर के दिनों में जब तुम दिल्ली में थीं, तो हिन्दू और मुसलमानी बाग़ी सिपाहियों के क्या भाव थे ?

उत्तर–ग़दर के ज़माने में मुसलमानों को सदा प्रसन्न देखा। मुहर्रम में मुसलमान स्त्रियाँ अपने बच्चों को यह दुआ करना सिखाती थीं कि धर्म की जय हो और उसमें अँगरेज़ों के नाश की कामना थी।

प्रश्न–जब ग़दर में हिन्दू और मुसलमान एक मत थे, तो इसका कोई दृश्य दिखाई दिया था ?

उत्तर–मुझे ध्यान है कि मेरठ से पहले-पहले सेनाएँ आईं तो हिन्दुओं ने बादशाह से वचन ले लिया कि शहर में गायें न काटी जाएँ। यह वादा पूरा भी किया गया। इसी कारण ग़दर के दिनों में एक भी गाय नहीं काटी गई। बकरीद के दिनों में भी, जब कि गौकुशी ज़रूरी समझी जाती है, एक बेचैनी फैल गई थी मगर गायें नहीं काटी गईं। 9वीं सितम्बर को प्रातःकाल मैं हिन्दुस्तानी कपड़े पहनकर मेरठ भाग गई। मेरे साथ बच्चे और दो नौकर थे। अभियुक्त ने जिरह से इनकार किया।

अदालत ने प्रश्न किए–क्या तुम जानती हो कि अँगरेज़ स्त्रियों की बाग़ियों और नगर-निवासियों ने बेइज्ज़ती भी की थी ?

उत्तर–जी हाँ।

गवाह चली गई। 4 बजे के कारण अदालत दूसरे दिन के 11 बजे तक के लिए स्थगित कर दी गई।

चौदहवें दिन की कार्यवाही

शुक्रवार, 12 फ़रवरी, सन् 1858 ई.

नियमानुसार 11 बजे दीवाने-ख़ास में अदालत बैठी। प्रेसिडेण्ट, सदस्य, अनुवादक, जज एडवोकेट आदि सभी मौजूद थे। अभियुक्त लाए गए। मिस्टर सी. बी. सॉण्डर्स अस्थायी कमिश्नर तथा गवर्नर के एजेण्ट गवाही के लिए आए। जज एडवोकेट ने प्रश्न किए।

प्रश्न—क्या तुम बता सकते हो कि दिल्ली के बादशाह किस कारण से अँगरेज़ी रिआया और पेंशन पाने वाले हैं ?

उत्तर—शाहआलम बादशाह की आँखें निकल जाने और गुलाम क़ादिर के हाथों बहुत कष्ट उठाने के बाद सन् 1788 ई. में मरहठों के हाथों पड़ गए। उस समय, यद्यपि वह दिल्ली के बादशाह थे तो भी उनका जीवन दिल्ली में क़ैदी सा था। सन् 1803 तक वह मरहठों के अधीन रहे। जब जनरल लेक ने अलीगढ़ पर क़ब्ज़ा कर लिया और दिल्ली पर आक्रमण किया तो दिल्ली से छः मील की दूरी पर मरहठी सेना ने सामना किया किन्तु वे लोग हारे और शहर और क़िला अँगरेज़ों के हाथ आ गया तो शाहंशाह शाहआलम ने अँगरेज़ी राज्य की छत्र-छाया में रहना स्वीकार किया। वह दिन 14 सितम्बर, 1857 ई. से बहुत अधिक महत्त्वपूर्ण दिन था (इस दिन ग़दर के बाद दिल्ली पर अँगरेज़ों का अधिकार हुआ) दिल्ली के शाहंशाह अँगरेज़ी सरकार की रिआया और पेंशन पानेवाले हो गए। सरकार ने उन्हें मरहठों की क़ैद से छुड़ाकर आराम से रखा। 1837 ई. में अभियुक्त ने दिल्ली के नाम मात्र के राज्य का अधिकार पाया। इनका प्रभाव क़िले के नौकरों पर भी पूरा नहीं था। हाँ, अपने नौकरों को उपाधि और ख़िलअत देने का हक़ था तथा इनके कुटुम्बी स्थानीय अदालत से बरी थे, किन्तु ब्रिटिश राज्य के अधीन थे।

प्रश्न—क्या सरकार ने इनके सशस्त्र सिपाहियों की कोई संख्या नियत कर दी थी ?

उत्तर—अभियुक्त ने लॉर्ड ऑकलैण्ड से प्रार्थना की थी कि वह जितने नौकर रखना चाहें, रखने की आज्ञा दे दी जावे। गवर्नर जनरल ने आज्ञा दे दी कि अपनी पेंशन से वह जितने नौकर चाहें रख सकते हैं।

प्रश्न—सरकार की ओर से अभियुक्त की क्या पेंशन बाँधी गई थी ?

उत्तर—एक लाख रुपया मासिक था। इसमें 99 हज़ार दिल्ली में और एक हज़ार लखनऊ में इनके कुटुम्बियों को मिलता था। इसके सिवा सरकारी ज़मीन से डेढ़ लाख रुपया सालाना वसूल कर लेने का अधिकार था, तथा दिल्ली के मकानों का किराया और ज़मीन का किराया भी वे ले सकते थे।

अभियुक्त ने जिरह से इनकार किया। गवाह चले गए। नं. 54 पैदल के मेज़र

पेटरसन अदालत में गवाही के लिए बुलाए गए और गवाही देने लगे। जज एडवोकेट ने प्रश्न किए।

प्रश्न–क्या गत 11 मई को तुम दिल्ली में मौजूद थे ?

उत्तर–हाँ।

प्रश्न–उस समय तुमने जो देखा हो, बयान करो।

उत्तर–11 मई को नियमानुसार परेड हुई। आवश्यक हुक्म जो सुनाने थे, सुनाए गए। उस समय तक विद्रोह की कोई आशंका न थी। 9 बजे रेजिमेण्टों को तुरंत ही यमुना के पुल पर जाने का हुक्म मिला। जिससे मेरठ से विद्रोह करके आने वाला रिसाला नं. 3 नदी न पार करने पावे। कर्नल रेवले ने मुझे परेड के मैदान में हुक्म दिया कि अपनी कम्पनी ग्रीनाडेस और नंबर 1 दोनों तोपें लेकर पुल पर जाऊँ। वहाँ पुल की रक्षा करूँ। जाते समय मैं रास्ते में कप्तान डेटीजर्स के मकान पर होकर और जो कुछ आज्ञा वह दें सुनता जाऊँ। कप्तान डेटीजर्स ने मुझे कम्पनी सहित बाज़ार में ठहरने का हुक्म दिया और कहा, तोपों के आने पर आगे जाना लेकिन पौन घण्टे तक तोपें न आईं तो मैंने अपने मातहत लेफ्टिनेंट बबर्ट को कारण जानने के लिए भेजा। और यह सोचकर, कि मुझे तोपें रास्ते में मिल जाएँगी और समय भी बच जाएगा मैंने अपने अधीन सिपाहियों को मार्च का हुक्म दे दिया। मैं पुल की ओर चला। आधा रास्ता पार करने के बाद मुझे मि. बबर्ट मिले और उन्होंने कहा कि हिन्दुस्तानी तोप वाले मेगज़ीन छोड़ रहे हैं लेकिन तोपें शीघ्र ही पहुँचा दी जायेंगी। पुल डेढ़ मील दूर रहा होगा कि तोपें आ गईं। कश्मीरी दरवाज़े से 100 गज़ आगे जाने पर कप्तान बॉल्स मिल गए। वह इस सप्ताह फ़ील्ड ऑफ़िसर थे। उन्होंने मुझसे कहा कि जितनी जल्दी सम्भव हो, पुल पर पहुँचूँ क्योंकि बाग़ी पुल पर आ गए हैं और नं. 54 पैदल पर गोली छोड़ रहे हैं। मैंने सैनिकों को बन्दूक़ें भरने का हुक्म दे दिया। इसके बाद कर्नल रपली कश्मीरी दरवाज़ा से निकलते दिखाई दिए। वे कई जगह घायल थे और मेजर फ़ायफ़ उन्हें सँभाले थे। मैं फिर बाग़ियों को दबाने के लिए बढ़ा लेकिन रास्ते में कोई न मिला। नं. 54 की आठवीं कम्पनी के पैदल सिपाही जो कि मोरचा रोकने कर्नल रपली के साथ भेजे गए थे, ग़ायब थे। केवल नं. 38 के 50 देसी सिपाही, जो कि प्रॉक्टर की रक्षा में बतौर गार्ड के थे, वे वहाँ मौजूद थे। कप्तान वालिस ने मुझसे कहा कि नं. 38 के सिपाहियों ने अपने से कुछ गज़ की दूरी पर ही कर्नल रपली को बाग़ियों के हाथों पिटते देखा। मैंने उन्हें बचाने के लिए बार-बार हुक्म दिया लेकिन वह चुप खड़े रहे। नं. 54 के भी सिपाहियों ने ऐसा ही लज्जा-जनक व्यवहार किया। गिरजा के पश्चिमी मैदान में मैंने कप्तान स्मिथ, कप्तान वरीज़, लेफ्टिनेंट एडवाड्र्स, ले. वॉटरफ़ील्ड और मेजर सर्जेण्ट का मरा हुआ पाया। ये सब देसी पैदल नं. 54 के अफ़सर थे। तोपों को विभिन्न स्थानों पर लगाकर और सन्तरियों को यथा स्थान

खड़ा करके मैंने ले. बबर्ट से राय ली कि मृतकों की लाश उठा लाएँ। लेकिन सिपाहियों ने मुझे रोका कि अभी बाग़ी लोग सिपाहियों की खोज में घूम रहे हैं। उन्होंने यह भी कहा, कि वे स्वयं उन लाशों को उठा लावेंगे। थोड़ी देर बाद एडजूटेण्ड ले. ऑसबर्न और ले. बटलर हम लोगों से आकर मिले। ये सभी शहर वालों के हाथों घायल हो गए थे। इनसाइन ऐंग्लों भी हमारे पास चले आए उस समय कश्मीरी दरवाज़े के आस-पास पूरी शक्ति थी। 12 बजे लाइट कम्पनी का एक सिपाही मुझसे आकर कहने लगा कि हवलदार-मेजर ने मुझसे पूछा है कि रेजिमेण्ट कहाँ जाए। मैंने उनसे पूछा कि वह कहाँ हैं ? उसने उत्तर दिया कि सवारों के अफ़सरों पर गोलियाँ चलाने से ये लोग भाग निकले और सब्ज़ी मंडी में आकर इकट्ठे हुए हैं। मैंने उसे हुक्म दिया कि कश्मीरी दरवाज़ा पर बुला लावे। वह सब बग़ैर किसी अँगरेज़ अफ़सर के वहाँ आ गए और कहने लगे कि रास्ता भर विद्रोही सैनिकों ने पीछा किया है और बग़ावत में सम्मिलित हो जाने के लिए कहा है। इसके बाद सिपाहियों की सहायता से हमने अँगरेज़ अफ़सरों की लाशें उठवाईं। इसी बीच नं. 74 के सिपाही मेज़र एब्बाट की अध्यक्षता में हममें मिल गए थे और कप्तान डीटियर्स की दो तोपें भी हमारे साथ थीं। उस समय मेरी समझ में 2 बजे थे। तब हमें मेगज़ीन की ओर बड़ा शोर-गुल सुनाई दिया। गोलाबारी भी सुनाई दी और यह दशा साढ़े तीन बजे तक रही। मैं यह कहना भूल गया किं जब मैं कश्मीरी दरवाज़े पर था तो ख़ज़ाने की गारद बढ़ाने के लिए मि. गेलवे ने हमसे कहा था। मैंने कुछ सिपाही वहाँ भेज दिए। मि. उल्फ़ वाई मेगज़ीन से भागकर हमारे पास आए और बतलाया कि उन्होंने अब तक चन्द अँगरेज़ों की सहायता से कैसे मेगज़ीन को बचाये रखा। बादशाह का मेगज़ीन पर सेना और सीढ़ी आदि भेजने की बातें बताईं। हम 5 बजे तक कश्मीरी दरवाज़े पर रहे। मैं खड़ा था कि एकदम एक बाढ़ दाग़ी गई, जो मेरे सामने से निकल गई। इसमें नं. 74 के कप्तान गार्डन और ले. रेवली की मृत्यु हुई तथा नं. 54 के ले. ऑस्बार्न घायल हुए। फिर लाइट कम्पनी के एक सिपाही ने मेरे कन्धे पर हाथ रखकर कहा कि यह उचित होगा कि आप यहाँ से चले जाएँ, नहीं तो गोली मार दी जायेगी। नं. 54 के सिपाहियों को अपने अधिकार में न पाकर मैंने वहाँ रहना उचित न समझा और नं. 74 के एक अफ़सर के पास चला गया। मैं बड़ी सड़क से जा रहा था कि लाइट कम्पनी के उसी सिपाही ने, जो मेरे पास खड़ा था, मुझसे गलियों में चलने के लिए कहा क्योंकि बड़ी सड़क सुरक्षित नहीं थी। हम इसी सलाह को मानकर गलियों से बिगिडियर ग्यूज़ के मकान पर गए और तमाम सूचना दी। वहाँ देसी पैदल नं. 38 के 300 सिपाही और 2 तोपें मौजूद थीं; वह अभी तक बड़ी ईमानदारी से सरकार-भक्त थी। 15 मिनट मैं वहाँ रुका। उन लोगों ने वचन दिया कि वे सदैव हमारे साथ रहेंगी और आज्ञा पालन करेंगी। उनको साथ लेकर पहाड़ी से उतरा और छावनी की सड़क पर चलने

लगा। जब हम लाइनों पर पहुँचे, तो वे लोग एक-एक दो-दो करके अपनी झोंपड़ियों में चले गए। मैंने उनसे पूछा तो उन्होंने कहा कि पानी पीकर लौटे आते हैं। लेकिन वह हथियार भी ले गए थे इसलिए मैं अपने ख़ास मकान की गारद में चला गया उस समय साढ़े सात थे। मैंने गारद वालों से साथ चलने को कहा और आध घण्टे तक उनकी ख़ुशामद करता रहा। बड़ी मुश्किल से 2 सिपाही और हवलदार मेज़र तैयार हुआ। हम लोग चले, लेकिन अँधेरे में रास्ता भूल गए और सवेरा हुआ तो देखा कि दिल्ली से 4 मील दूर पड़े हैं। 3 दिन तक बर्फ़ के खत्तों एवं खेतों में इधर-उधर छिपा रहा जो कि दिल्ली से 3 मील दूर है। एक सिपाही और हवलदार मेज़र ने पहले ही दिन साथ छोड़ दिया, उन्होंने खाना लाने का बहाना किया था। दूसरे सिपाही ने दूसरे दिन साथ छोड़ दिया। अंत में मैं एक फ़क़ीर की सहायता से कर्नाल भाग गया।

प्रश्न—क्या तुम्हें अपनी रेजिमेण्ट में ऐसा ढंग मालूम हुआ था कि मेरठ से सिपाही आने की उन्हें पहले से ख़बर थी ?

उत्तर—11 मई तक मैं यह अनुभव नहीं कर सका, लेकिन अब मुझे उनके ढंग याद करने से विश्वास होता है, कि उन्हें पहले से ख़बर थी। दंगे के पहले हमें उड़ती अफ़वाहें मिलती थीं किन्तु उनकी धारणा न थी। ले. बबर्ट ने गत सितम्बर में मुझसे कहा था, कि सूबेदार मेज़र करीमबख़्श ने कप्तान रसल को 11 मई से 2 मास पूर्व यह ख़बर दी थी कि लोग बैरिकों में आते हैं और बग़ावत के लिए उभारते हैं। गत 8 जून को कप्तान रसल बावली की सराय में मार डाले गए। वह सूबेदार मेज़र मेरठ में मौजूद हैं। अब मुझे विश्वास है कि कप्तान रसल को जो ख़बरें इस सम्बन्ध में मिलीं, वे ठीक थीं। अभियुक्त ने जिरह से इनकार किया। गवाह के जाने पर बादशाह का सेक्रेट्री मुकुन्द लाल गवाही देने आया। जज एडवोकेट ने प्रश्न किए।

प्रश्न—पिछले विद्रोह के असली कारण और देसी सिपाहियों के सम्बन्ध में कुछ जानते हो ?

उत्तर—दो साल पूर्व से दिल्ली के बादशाह अँगरेज़ों से रंजिश रखते थे और उन्होंने तय कर लिया था, कि वह अँगरेज़ों की इज्ज़त न करेंगे। विवरण यह है कि लखनऊ के मिरज़ा सुलेमान शिकोह के लड़के मिरज़ा ख़ानबख़्श थे उनके दो लड़के—मिरज़ा हैदर शिकोह और मिरज़ा फ़रीद—जब दिल्ली आए तो बादशाह को हसन अस्करी ने राय दी कि वह ईरान के बादशाह के पास पत्र भेजें। उन्होंने कहा कि पत्र में लिखना चाहिए कि अँगरेज़ों ने दिल्ली के बादशाह के शाही अधिकार दबा लिये हैं, युवराज बनाने के अधिकार छीन लिये हैं और क़ैदी बना रखा है। इसलिए ऐसा रास्ता निकालना चाहिए, जिससे यह दशा बदले। ऐसा भी ढंग निकालना चाहिए जिससे पत्र-व्यवहार होता रहे और मुलाक़ात भी हो सके। इसलिए

महबूब अली ख़ाँ के हाथों शीरीं क़ब्ज़ को 100 रु. राह-ख़र्च देकर ईरान भेजा गया; वही पत्र ले गया इसके बाद मिरज़ा हैदर अपने भाई के साथ लखनऊ लौट गए। वहाँ से बादशाह के एक दूर के रिश्तेदार मिरज़ा नजफ़ को मिरज़ा बुलाकी (जो मिरज़ा आग़ा ख़ाँ के पोते थे) के साथ ईरान भेजा। तीन साल हुए कि जमादार हमीद ख़ाँ और कुछ सिपाही मिरज़ा अली (जो कि बादशाह के सामने दरख़्वास्तें पेश करता था) के द्वारा बादशाह के शिष्य हुए। बादशाह ने प्रत्येक शिष्य को एक-एक वंशावली, जिसमें उनका भी नाम लिखा था और एक-एक रंगीन रूमाल, जिसमें लाल निशान था, दिए। ले. गवर्नर के एजेण्ट ने यह सुनकर इसकी जाँच की और सिपाहियों का शिष्य होना बन्द करा दिया। उसी दिन से बादशाह की देशी सिपाहियों से रब्त-ज़ब्त बढ़ गई थी। ग़दर के 20 दिन पहले ही यह ख़बर मिल गई थी कि मेरठ की सेना विद्रोह करेगी किन्तु उसके दिल्ली आने की ख़बर न थी। जब सवार यहाँ आए तो बादशाह के महल की खिड़कियों के नीचे से बादशाह से कहने लगे कि उन्होंने मेरठ के तमाम अँगरेज़ों को मार डाला है और दिल्ली के भी अँगरेज़ों की हत्या करेंगे तथा उन्हें अपना बादशाह बनाएँगे। फिर कहने लगे कि हिन्दुस्तान भर में एक भी अँगरेज़ न बचेगा तथा सेनाएँ बादशाह की आज्ञा पालन करेंगी। बादशाह ने कहा कि अगर यही बात है, तो अंत तक साथ देना होगा। वे इस पर राज़ी हों तो आवें और अपने हाथ में लें। जब उन्होंने सहमति प्रकट की तो बादशाह ने आज्ञा दी और वे शहर में आ गए। सशस्त्र बॉडी-गार्ड ने उनका साथ दिया। क़ादिर दाद ख़ाँ ने रेज़िडेण्ट मि. फ्रेज़र की हत्या की। उसी समय कुछ सशस्त्र बॉडी-गार्ड सिपाहियों के साथ क़िलेदार के मकान में घुस गए और उन्हें क़त्ल कर दिया। इसके बाद जहाँ अँगरेज़ मिले, मारे गए। उसी रोज़ शहर में मुनादी की गई कि ख़ुदा दुनिया का बादशाह है और बहादुरशाह इस तख़्त के मालिक हैं और उन्हें पूरे अधिकार प्राप्त हैं। दूसरे दिन जब मेरठ की सेनाएँ आकर दिल्ली की सेनाओं से मिल गईं तो बादशाह गद्दी पर बैठे और तोपों की सलामी दी गई और अफ़सरों को उनके पदानुसार इनाम भी मिले। दीवाने-ख़ास में चाँदी का एक तख़्त बहुत अरसे से रखा था जिस पर बादशाह लोग ऐसे अवसरों पर बैठते थे। सन् 1842 ई. में लेफ़्टिनेंट गवर्नर ने जब बादशाह को नज़रें आदि लेना बन्द कर दिया था तो इस तख़्त को भी बैठक के तहख़ाने में बन्द करा दिया था। तब से 12 मई तक यह तख़्त बेकार रहा। उस रोज़ तख़्त निकाला गया और बादशाह उस पर बैठने लगे।

प्रश्न—क्या 11 मई से पूर्व सिपाहियों ने बादशाह से अपने विचार प्रकट किए थे ?

उत्तर—मुझे मालूम नहीं, सम्भव है बाहर ही बाहर अभियुक्त को कोई सूचना मिली हो। बादशाह के दोस्त व नौकर अपने निजी कमरों में बैठकर चर्चा किया

करते थे कि फ़ौज विद्रोह करने वाली है और जब वह क़िले में आएगी तो फिर शाही शासन हो जाएगा और नौकरों के पद व तनख्वाह में उन्नति होगी तथा इनाम मिलेंगे।

चार बज गए और अदालत दूसरे दिन ग्यारह बजे के लिए उठ गई।

पन्द्रहवें दिन की कार्यवाही

शनिवार, ता. 13 फ़रवरी, सन् 1858 ई.

दीवाने-ख़ास में अदालत बैठी। प्रेसिडेंट, मेम्बर, अनुवादक, जज एडवोकेट आदि सभी मौजूद थे। अभियुक्त और उनके मुख़्तार गुलाम अब्बास लाये गए। बादशाह का भूतपूर्व सेक्रेट्री मुकुन्द लाल गवाही के लिए बुलाया गया और पिछले बयान के आधार पर उससे प्रश्न किए गए।

जज एडवोकेट ने पूछा—ऐसी बातें बादशाह के कौन मुसाहिब करते थे ?

उत्तर—बसन्त अली ख़ाँ और उनका सारा दल।

प्रश्न—ग़दर के कितने दिन पहले वे ऐसी बातें करते थे ?

उत्तर—चार रोज़।

प्रश्न—तुम्हारे बयान से यह प्रकट होता है कि मिरज़ा हैदर शिकोह ने भी शाह-ईरान के पत्र-व्यवहार में भाग लिया था किन्तु जाँच से पता लगा है, कि बादशाह ने मिरज़ा हैदर की शिकायत की थी कि उन्होंने लखनऊ में उन्हें बदनाम कर दिया है। तुम इसका क्या जवाब रखते हो ?

उत्तर—यह बनावटी थी भीतर ही भीतर दोनों में मेल था। यह इसलिए किया गया था, कि यदि कहीं भंडा फूट जाए तो यह सिद्ध न हो सके क्योंकि प्रकट रूप से दोनों में लड़ाई रहेगी।

प्रश्न—लेडियाँ और बच्चे जो क़िले में क़ैद थे किसके हुक्म से क़त्ल किए गए ?

उत्तर—तीन दिन तक अँगरेज़ स्त्री-बच्चे जमा किए जाते रहे, चौथे दिन बाग़ी सिपाही मिरज़ा मुग़ल के साथ बादशाह से क़त्ल की आज्ञा लेने गए। बादशाह अपने ख़ास कमरे में थे। बसन्त अली ख़ाँ और मिर्जा मुग़ल अन्दर चले गए। सिपाही बाहर खड़े रहे। बीस मिनट बाद बसन्त अली खाँ ने बाहर निकल कर ज़ोर से कहा कि बादशाह ने वध की आज्ञा दे दी है। अंत में बादशाह के सशस्त्र सिपाहियों ने, जिनकी निगरानी में क़ैदी थे, उनको वध-स्थल तक पहुँचाया गया वहाँ विद्रोही सैनिकों के सहयोग से बेचारे क़ैदी मार डाले गए।

प्रश्न—तुम और कुछ जानते हो ?

उत्तर—युद्ध आरम्भ होने के बाद जो व्यक्ति किसी अँगरेज़ सिपाही या अफ़सर का सर लाता था, उसे 2 रु. इनाम मिलता था।

प्रश्न—क्या कभी कोई सिपाही या अफ़सर क़ैद करके जीवित भी लाया गया ?

उत्तर—नहीं।

प्रश्न—ग़दर के पूर्व क्या मुसलमानों ने कभी षड्यंत्र किया था ? अथवा बलवा करने के लिए मेल किया था ?

उत्तर—ज्योंही बाग़ी आए, मुसलमान उनसे मिल गए इससे प्रकट है कि उनमें पहले से ही मेल-जोल था। किन्तु ऊँचे ख़ानदान के मुसलमान नहीं मिले, नीचे दर्जे के मुसलमान उनसे मिल गए थे।

प्रश्न—क्या ऊँचे दरजे के किसी मुसलमान का नाम बता सकते हो, जो गवर्नमेंट ब्रिटानिया के विरुद्ध षड्यंत्र में न सम्मिलित हुआ हो ?

उत्तर—मैं इसका जवाब नहीं दे सकता।

प्रश्न—वह कौन लोग थे, जो बादशाह के गुप्त दल में सम्मिलित होते रहते थे ?

उत्तर—बादशाह के प्रधानमंत्री महबूब अली ख़ाँ, ख़्वाजा सरा, पीरज़ादा हसन अस्करी, मलका ज़ीनत महल, उनकी लड़की नाफ़ी बेगम, दूसरी लड़की आक़ा बेगम, बादशाह की स्त्री अशरफ़ुन्निसाँ और बादशाह—इन लोगों की गुप्त समिति थी। और जब लिखने का काम होता तो बादशाह के ख़ास दफ़्तर के द्वारा होता, जिसका काम हकीम एहसन उल्ला के अधीन था। दफ़्तर में एक आदमी और था जोकि क़ौम का कायस्थ था। और मेरा हम-नाम था यानी कि उसका भी नाम मुकुन्द लाल था।

प्रश्न—नत्थी 2,3,4 जो कि हत्या के सम्बन्ध में फ़ारसी में लिखे थे, क्रमशः दिखाकर पूछा गया, यह किसके लिखे हैं ?

उत्तर—मैं नहीं जानता। सूबेदार बख़्त ख़ाँ की निगरानी में एक नया दफ़्तर स्थापित किया गया था जिसमें एक मौलवी साहब काम करते थे। वह कागज़ लिखकर मोहर लगाने के लिए लाते थे।

प्रश्न—क्या तुम्हें कभी गुप्त समिति में नहीं सम्मिलित किया गया ?

उत्तर—नहीं, कभी नहीं।

प्रश्न—फिर तुम्हें ईरान, पत्र और आदमी भेजने की बात कैसे मालूम हुई ?

उत्तर—मैं नौकर तो बादशाह का था लेकिन महबूब अली ख़ाँ की अरदली में रहता था उनसे कभी-कभी भेद की बात प्रकट हो जाती थी।

प्रश्न—क्या क़िले में यह बात मशहूर थी, कि बादशाह पर हसन अस्करी का बड़ा प्रभाव है ?

उत्तर—केवल क़िले में ही नहीं, शहर भर को मालूम था कि महबूब अली

ख़ाँ और हसन अस्करी का उन पर असर है।

प्रश्न—क्या बादशाह की कोई लड़की हसन अस्करी की शिष्या थी ? और यदि थी तो उन दो में से तो कोई नहीं है, जिनकी गुप्त समिति के सिलसिले में चर्चा आई है ?

उत्तर—बादशाह की लड़की, जिसका ब्याह मिरज़ा जमाँ शाह से हुआ था, वह—नवाब बेगम—पीरज़ादा हसन अस्करी की शिष्या थी। डेढ़ वर्ष हुआ उनकी मृत्यु हो गई है। यह दोनों खुले तरीक़े से शिष्या तो न थीं, लेकिन उनकी बुद्धि की प्रशंसिका थीं।

प्रश्न—क्या कभी बादशाह सिपाहियों को अँगरेज़ों के विरुद्ध लड़ाने के लिए क़िले से निकले थे ?

उत्तर—जी हाँ, उपद्रव के 2 दिन बाद—16 सितम्बर को—सिपाहियों का दिल बढ़ाने के लिए सवारी पर मेगज़ीन की ओर गए और वहाँ से 200 गज़ दूर पर ठहर गए। वहाँ एक घंटा ठहर कर क़िले लौट आए।

प्रश्न—तुम जानते हो कि बादशाह के इतनी दूर चलकर ठहर जाने से उनका क्या इरादा प्रकट होता है ?

उत्तर—मैं पहले ही कह चुका हूँ कि अँगरेज़ी फ़ौज निकालने और सिपाहियों का साहस बढ़ाने गए थे।

प्रश्न—क्या बादशाह 'सादिकुल अख़बार' सदैव पढ़ा करते थे ?

उत्तर—मैं पढ़ने, न पढ़ने की बाबत नहीं जानता। लेकिन यह तथा दूसरे अख़बार उनके पास आते थे।

प्रश्न—क्या ग़दर के कुछ मास पूर्व दिल्ली के मुसलमानों में अँगरेज़ी राज्य के प्रति घृणा थी ?

उत्तर—मैं नहीं जानता।

प्रश्न—क्या तुमने कभी 'सादिकुल अख़बार' पढ़ा है ?

उत्तर—जी नहीं, मैंने कभी नहीं पढ़ा।

अभियुक्त ने जिरह से इनकार किया। तब अदालत ने प्रश्न किए।

प्रश्न—क्या मुकुन्द लाल कायस्थ के अतिरिक्त और कोई भी हिन्दू गुप्त समिति में था ?

उत्तर—नहीं, और किसी हिन्दू पर इतना विश्वास नहीं किया जाता था।

प्रश्न—क्या तुम्हें मालूम है कि कोई दूत ग़दर के बाद उन देसी रेजिमेंटों को विद्रोह में सम्मिलित होने के लिए भड़काने भेजा गया था जो कि अभी तक ब्रिटिश राज्य-भक्त थीं ?

उत्तर—मैं नहीं जानता।

गवाह गया और 38वीं पैदल रेजिमेंट के कप्तान हिटलर गवाही के लिए बुलाए

गए। जज एडवोकेट ने बयान लेना आरम्भ किया।

प्रश्न—क्या गत 11 मई को तुम दिल्ली में थे ?

उत्तर—जी हाँ।

प्रश्न—क्या तुमने अपनी लाइन में किसी गाड़ी को आते देखा या सुना ? जो जानते हो वह विवरण सहित कहो।

उत्तर—10 मई, इतवार को 3 बजे मैंने बिगुल की आवाज़ सुनी और अपने दरवाज़े पर गाड़ी की आवाज़ सुनी। मेरे दरवाज़े से गाड़ी का निकलना असाधारण बात थी। इसलिए मैंने नौकर को दौड़ कर देखने के लिए कहा। और कहा कि यदि मेरा कोई मेहमान हो तो ले आओ। उसने लौट कर कहा कि एक हिन्दुस्तानी गाड़ी लाइन की ओर जा रही है। मेरा मकान सिरे पर था और लाइनों की ओर जाने वाले तीन तरफ़ के रास्ते उसी हाते में से निकलते थे। मैंने समझा कि जो सूबेदार-मेजर और रेजिमेंट के अफ़सर मेरठ कोर्ट-मार्शल ड्यूटी पर गए थे वे आए होंगे। मैंने उसी नौकर को लाइनों की ओर भेजा और कहा कि सूबेदार-मेजर को मेरा सलाम दो और मुझसे मिलने के लिए कहो। उसने लौटकर कहा, वहाँ कोई अफ़सर नहीं आया है, बल्कि मेरठ के सिपाही आए हैं। मैं समझ गया कि वह किसी दूसरे रेजिमेंट के सिपाहियों की बात कह रहा है।

प्रश्न—11 मई को तुमने क्या देखा, बयान करो ?

उत्तर—11 मई को सवेरे 9 बजे मेरे एक नौकर ने दौड़कर मुझसे कहा कि लेफ़्टिनेंट हॉलैंड ने ख़बर भेजी है कि बाग़ी सेनाएँ दिल्ली आ रही हैं। मैंने अपनी वर्दी पहनी और उनसे मिलने गया। फिर हम दोनों एडजूटेंट-लेफ़्टिनेंट गेम्बर के यहाँ गए। जहाँ कमांडिंग रेजिमेंट कर्नल नावट, कप्तान गॉडनर और ब्रिगिडियर मेजर कप्तान नकोल मिले। उन्होंने बताया कि बाग़ी मेरठ से आ रहे हैं। उन्होंने मुझे लाइन में जाकर कप्तान गॉडनर और अपनी कम्पनी लेकर मार्च करने का हुक्म दिया। कहा गया, कि 200 आदमियों को बारूद बग़ैरह देकर शहर के बाहर नदी किनारे और नए मेगज़ीन के पास के मकान में जाने का हुक्म दिया, कि कोई बाग़ी नदी पार न करने पाए। हम और मि. गॉडनर लाइन में पहुँचे तो सिपाहियों के तेवर बदले हुए देखे। थोड़े प्रयत्न के बाद दोनों कम्पनियों से 100-100 आदमी चुने। जब मेगज़ीन पहुँचे तो बारूद आदि लेने में सिपाहियों को बहुत देर लग गई और हम बाहर खड़े रहे। जब देर का कारण जानने के लिए हम अंदर गए तो ख़लासियों ने कहा कि सिपाही कारतूस और टोपियाँ अधिक संख्या में माँगने के लिए झगड़ा कर रहे हैं। हम बिना गिने कारतूस नहीं दे सकते। ख़ैर, किसी प्रकार मैंने बारूद व कारतूस आदि बँटवाये। तब देखा कि सिपाही कारतूसों के बंडल और भी उठा रहे हैं। मुझे जल्दी के कारण घबराहट थी। मैंने उन लोगों के नाम याद किए, जिन्होंने कारतूस आदि अधिक ले लिये थे जिसमें बाद को उन्हें सज़ा दी

जा सके। कप्तान गॉडनर ने भी यही शिकायत की कि उनके सिपाही भी सामान अधिक संख्या में ले रहे हैं। जब दोनों कम्पनियों ने कूँच की तो सिपाहियों के व्यवहार में कुछ अंतर अनुभव हुआ। वह चिल्लाते थे और रास्ते भर शोर करते रहे। हम लोग उन्हें रोक न सके। यहाँ पर एक बात कहना भूल गया, कि उस दिन ब्रिगेड परेड थी और वहाँ जनरल कोर्ट मार्शल के बाद ईश्वरी पांडेय नाम के एक देशी अफ़सर को सज़ा बोली जाने वाली थी। तमाम रेजिमेंट भर में इससे क्रोध व क्षोभ था। यह बात कुछ सेकेंड तक ही रही, लेकिन हम लोगों पर इसका बहुत असर पड़ा। क्योंकि यह अनोखी बात थी और ऐसा कभी नहीं हुआ था। जब हम मेगज़ीन के समीप वाले मकान में पहुँचे तो विभिन्न स्थानों पर संतरी बिठा दिए। बाक़ी सिपाहियों ने अपने हथियार ज़मीन पर खड़े कर दिए और मकान के अंदर चले गए। गरमी बहुत थी, कुछ लोग अपने साथ मिठाई व तरबूज़ लाए थे। कप्तान गॉडनर और हमने उसमें हिस्सा लिया। हम खा रहे थे कि सिपाहियों ने बाहर बुलाया कि देखो शहर में बन्दूक़ की आवाज़ें आ रही हैं। थोड़ी देर बाद तोप की भी गरज सुनाई दी। हम तो कुछ न समझ पाए लेकिन कप्तान गॉडनर ने कहा कि यह देखो सारी सेनाएँ बिगड़ गई हैं लेकिन बड़ी खुशी की बात है कि हमारे सिपाही अभी तक राज्यभक्त हैं। हमें कुछ-कुछ विश्वास था कि शहर में शायद वैसा ही उपद्रव है, जैसा कि अम्बाला वग़ैरह में था। हमने देखा कि हमारे सिपाही छोटी-छोटी टुकड़ी बनाकर कुछ सलाह कर रहे हैं। मैंने उन्हें धूप से हटकर अंदर, मकान में, आ जाने के लिए कहा। उन्होंने उत्तर दिया कि हमें धूप में रहना पसंद है। हमने फिर ताकीद की लेकिन वह टाल गए। फिर मैं एक टोली में गया तो वहाँ एक सिपाही को साथियों से कहते सुना कि तमाम ताक़त और राज्य निश्चित समय तक के लिए ही होता है। सम्भव है अँगरेज़ों का भी समय समाप्त हो गया हो। इस विप्लवी के क़ैद करने का विचार करने के पूर्व ही शहर का मेगज़ीन उड़ गया और दोनों कम्पनियों के सिपाहियों ने "महाराज पृथ्वीराज की जय हो" कहकर अपने शस्त्र उठा लिए और शहर की ओर चल दिये।

प्रश्न—क्या 10 मई के पूर्व तुमने कोई ऐसी बात देखी जिससे कहा जा सके कि तुम्हारी रेजिमेंट सरकार से नाराज़ है ?

उत्तर—नहीं देखी।

प्रश्न—क्या तुमने ऐसी और कोई बात देखी, जिससे पता लगे कि दिल्ली के दंगे के पूर्व दंगा होने की आशंका थी ?

उत्तर—जी हाँ, मेरे यहाँ 26 वर्ष पुराना एक नौकर था। वह छुट्टी जाने लगा तो मैंने कहा कि लौट आना, तुम्हारे लिए हमारे यहाँ जगह रहेगी। उसने जवाब दिया—बहुत अच्छा यदि आपका चूल्हा ऐसा ही सुलगता रहा। अर्थात् तुम्हारा ख़ानदान नौकरी देने को जीवित बना रहा। यह बात ग़दर के 10 दिन पूर्व की

है। वह गया और अब तक नहीं आया।

अभियुक्त ने जिरह से इनकार किया। गवाह गया और दिल्ली बाज़ार के भूतपूर्व सार्जेंट फ़्लीमेंग बुलाए गए। जज एडवोकेट ने पूछा—क्या ग़दर के पहले तुम्हारा लड़का अभियुक्त के बेटे जवाँबख़्त के घोड़े फिराने व दौड़ाने पर नौकर था ?

उत्तर—जी हाँ, पाँच साल तक उसने यह काम किया।

प्रश्न—तुम्हारे लड़के की क्या आयु थी ?

उत्तर—लगभग 19 वर्ष की थी।

प्रश्न—ग़दर के कुछ दिन पूर्व क्या उसने अभियुक्त के लड़के जवाँबख़्त के बदकलामी करने की शिकायत की थी ?

उत्तर—अप्रैल, सन् 1857 के अन्त में एक दिन वह मि. फ़्रेज़र के यहाँ से आया। वह उनके दफ़्तर में लिखा-पढ़ी का काम करता था। उसने मुझसे कहा कि वह प्रधानमंत्री के मकान पर गया था जहाँ जवाँबख़्त उसे मिले थे और कहा था कि अब इस तरफ़ क़दम न रखे। हम नौकर नहीं रखना चाहते। काफ़िरों की शक्ल देखना उचित नहीं। थोड़े दिनों बाद सब काफ़िर पैरों से पीसे जायेंगे और इसके बाद जवाँबख़्त ने उसके ऊपर थूक दिया। मि. फ़्रेज़र से भी मेरे लड़के ने कहा, लेकिन उन्होंने झिड़क दिया कि वह ऐसी व्यर्थ की बातें नहीं सुनना चाहते। 2 मई को प्रधानमंत्री ने तनख़्वाह देने को बुलाया तब भी जवाँबख़्त ने गालियाँ दीं और कहा कि कुछ दिनों बाद इसका सिर उतारा जाएगा। इसी स्थान पर ग़दर में मेरा लड़का मारा गया।

अभियुक्त ने जिरह से इनकार किया। गवाह गया। साढ़े तीन बज गए थे। मुक़दमा 24 फ़रवरी मंगल के लिए स्थगित हो गया जिसमें और गवाह हाज़िर हो सकें और अनुवादक आवश्यक कागज़ों का अनुवाद कर सके।

सोलहवें दिन की कार्यवाही

मंगलवार, ता. 24 फ़रवरी, सन् 1858 ई.

दीवाने-ख़ास में अदालत बैठी। प्रेसिडेंट, सदस्य, अनुवादक, डिप्टीजज, एडवोकेट जनरल सब हाज़िर थे। अभियुक्त अपने मुख़्तार सहित आए। देसी पैदल नं. 10 के कप्तान मारटेन्यू गवाही देने आए। जज एडवोकेट ने पूछना शुरू किया।

प्रश्न—क्या मई, सन् 1857 ई. में तुम अम्बाला छावनी में बन्दूक़ चलाना सिखाते थे ?

उत्तर—जी हाँ।

प्रश्न–क्या हिन्दुस्तानी पैदल का प्रत्येक सिपाही तुमसे सीखने आता था ?

उत्तर–प्रत्येक देशी पैदल तो नहीं, लेकिन रेजिमेंट नम्बर 44 के 4 सिपाही आते थे।

प्रश्न–क्या उनसे तुम्हारी चपातियों के सम्बन्ध में कोई बातचीत हुई थी, जो कि देहात में बँटी थीं ?

उत्तर–हाँ, कई सिपाहियों से कई बार इसकी चर्चा हुई। सबों ने यही कहा कि वह बिस्कुट के तरीक़े की थीं और उनको सरकार के हुक्म से बँटवाया गया था। सरकार ने अपने नौकरों को इस नीयत से बँटवाया था कि उन्हें ज़बरदस्ती यही खाना पड़ेगा और सबको ईसाई बनना पड़ेगा। इस पर इन्होंने एक कहावत बनाई थी–एक खाना और एक धर्म होगा ?

प्रश्न–तुम्हें जहाँ तक मालूम है तमाम सिपाहियों में यही विचार फैला हुआ था ?

उत्तर–अम्बाला में जितने सिपाही थे, सबमें यही विचार भरा पाया।

प्रश्न–क्या वहाँ कोई ऐसी भी ख़बर थी, कि सरकार ने आटे में पिसी हड्डी मिला दी है जिससे लोग बे-धर्म हो जाएँ ?

उत्तर–मैंने मार्च में ऐसा सुना था कि तमाम गोदाम के आटे में हड्डी मिली है, जिससे सिपाही बेधर्म हो जावें।

प्रश्न–क्या तुम जानते हो कि सिपाहियों में इसका पूर्ण विश्वास था ?

उत्तर–मैंने कई सिपाहियों के पत्र देखे जिनको उन लोगों ने स्वयं मुझे दिखाया था। उनमें साफ़ ऐसा ही लिखा हुआ था और लिखने वाले को अपनी बात पर पूर्ण विश्वास था।

प्रश्न–क्या सिपाही ऐसी और भी कोई बात बताते थे, जिससे उन्हें कष्ट हुआ हो ?

उत्तर–वह यही कारण बताते थे, कि सरकार उनका धर्म लेना चाहती है।

प्रश्न–क्या सरकार पर कभी यह भी आक्षेप किया गया, कि वह क्यों हिन्दू विधवाओं के पुनर्विवाह पर ज़ोर देती है ?

उत्तर–जी हाँ, वह कहते थे कि सरकार हमारे सामाजिक अधिकारों में हस्तक्षेप करती है।

प्रश्न–क्या अवध के अधिकार में लाने के समय किसी ने कुछ कहा था कि सरकार देशी राज्यों को हड़पना चाहती है ?

उत्तर–अम्बाला में तो शायद ही कभी ऐसा सुना हो, क्योंकि इस विषय में उनका प्रेम न था। हाँ, गदर के एक सप्ताह बाद करनाल नं. 3 के कुछ सवार इसकी चर्चा करते थे। जब मैंने उनके साथियों से विद्रोह की बात छेड़ी तो उन्होंने कहा कि तुम लोगों ने हिन्दुस्तान जीत लिया है, अब उसकी प्रत्येक वस्तु पर हाथ

बढ़ाना चाहते हो, तुमने धर्म पर भी हाथ डालना शुरू कर दिया है। मैं उन दिनों करनाल में कमसरियट अफ़सर था। यह नं. 3 के सवार वे थे, जो बाग़ी नहीं हुए थे।

प्रश्न–क्या कभी सिपाहियों ने ईसाई बनाने वाले मिशनरियों की भी शिकायत की थी ?

उत्तर–कभी नहीं, अपनी उम्र भर में नहीं सुना। उनमें एक भी ऐसा व्यक्ति न था, जिसका ध्यान उस ओर होता। उनमें ऐसा भाव ही नहीं उत्पन्न होता था।

प्रश्न–अम्बाला में सिपाहियों के काम के लिए जो कारतूसें थीं, क्या उनमें सचमुच चरबी थी ?

उत्तर–बिल्कुल नहीं, अगर चरबी होती तो उन्हें हाथ न लगाने दिया जाता। उन्होंने कारतूसों में खुद घी मला था, जो गरम किया हुआ मक्खन होता था और आसानी से मिल जाता था।

प्रश्न–क्या हिन्दू और मुसलमानों के भावों में कोई ज़ाहिरी अंतर था ?

उत्तर–कारतूस के मामले में मुसलमान चुप थे और हिन्दुओं की शिकायत थी कि उनका धर्म नष्ट किया जा रहा है। मगर अवध पर अधिकार करने से जिनको रंज था, उनके सम्बन्ध में मुझे नहीं मालूम, कि वे हिन्दू थे या मुसलमान।

अभियुक्त ने जिरह से इनकार किया। अदालत ने बयान लेना आरम्भ किया।

प्रश्न–क्या तुमने अपने अधीन सिपाहियों में ग़दर के पहले से लक्षण देखे थे या नहीं ? जो होने वाला था उसकी कुछ ख़बर थी ?

उत्तर–जी हाँ, उन्होंने मुझसे साफ़ कह दिया था कि एक दिन ग़दर होगा। इसका आरम्भ बँगलों में आग लगने से हुआ। हमने 17 अप्रैल से इन्फ़ील्ड कारतूस इस्तेमाल करने शुरू किए थे; उसी दिन से बँगलों में आग लगनी शुरू हुई। सरकार ने बलवाइयों का पता लगाने के लिए भारी इनाम घोषित किए तो भी किसी ने खोज करने का काम नहीं किया। 10 मई तक लगातार आग लगती रही। मैंने खुले रूप से फ़ौजी मुख्य केन्द्र अम्बाला को इसकी सूचना दी थी और कप्तान सीप्टेम्स वेकर असिस्टेंट एडजूटेंट जनरल ऑफ़ दी आर्मी को भी इसकी सूचना दी थी।

गवाह गया और मिसेज़ फ़्लीमेंग जो कि सार्जेंट फ़्लीमेंग की स्त्री हैं, गवाही के लिए आईं। जज एडवोकेट ने प्रश्न किए।

प्रश्न–गत अंतिम अप्रैल में क्या तुम अभियुक्त की बेगम ज़ीनत-महल के यहाँ थीं ? और वहाँ अभियुक्त के बेटे जवाँबख़्त को देखा था ?

उत्तर–जी हाँ।

प्रश्न–उस समय की घटना का बयान करो ?

उत्तर–मैं उसकी साली के पास बैठी थी और जवाँबख़्त अपनी बीवी के साथ

खड़ा था। मेरे साथ मेरी लड़की मिसेज़ एस्कली भी थी। जब मैं जवाँबख़्त की साली से बात कर रही थी, तो मेरी लड़की ने कहा—"माँ तुम सुनती हो यह क्या कह रहा है ? कहता है कि थोड़े दिनों में फिर जवाँबख़्त तमाम अँगरेज़ों को पैरों से रौंदेगा और इसके बाद हिन्दुओं को क़त्ल करेगा।" मैं यह सुनकर जवाँबख़्त की ओर बढ़ी और उससे पूछा—तुमने क्या कहा ? उसने कहा कि मैं मज़ाक कर रहा हूँ। मैंने कहा जैसा तुम कह रहे हो, अगर यही होना है, तो पहले तुम्हारा सर उतारा जाएगा। फिर वह कहने लगा कि ईरानी दिल्ली आ रहे हैं और वह अँगरेज़ों को क़त्ल करेंगे तो मैं तुम्हें व तुम्हारी लड़की को बचा लूँगा और बाद को छोड़ दूँगा। मेरा ख़्याल है यह घटना अप्रैल के मध्य की है। अभियुक्त ने जिरह से इनकार किया। गवाह चली गई।

उसके बाद अख़बारों की नक़ल का अनुवाद—जो कि चुन्नीलाल अख़बार-नवीस के यहाँ से बरामद हुआ और बाद में ज़ब्त किया गया। (ये अख़बार 11 मई से 20 मई तक के थे) इस प्रकार हैं—चुन्नीलाल अख़बार-नवीस के हाथों से लिखी गई 11 से 20 मई तक की घटनाएँ—डायरी के रूप में।

10 मई, सन् 1857 ई. की रात को मि. फ्रेज़र के पास मेरठ से पत्र आया, जिसमें पैदल व सवारों के विद्रोह करने की सूचना थी। रात को वह कुछ प्रबन्ध न कर सके। सबेरे ख़बर मिली कि सवारों के रिसाला नं. 3 और 2 पैदल रेजिमेंटों ने कारतूस के मामले में उपद्रव कर दिया है और दिल्ली आ रही हैं। मि. फ्रेज़र ने अपने सवार-अरदली को जो हर वक़्त हाज़िर रहता था, नवाब झझ्झर के एजेंट को बुलाने के लिए भेजा। सर थ्यूफ़िल्स मेटकॉफ़ भी उसी समय शहर में आए और चीफ़ पुलिस ऑफ़िसर को दरवाज़ों के बन्द करने तथा गारद नियत करने की आज्ञा दी। अफ़सर ने तुरंत आज्ञा पालन की। मि. फ्रेज़र भी बग्घी पर बैठ कर और झझ्झर के सवारों तथा अपने ख़ास सिपाहियों को लेकर शहर आए। उस समय यह पता लग चुका था, कि बाग़ी पुल पर आ गए हैं और महसूल वसूल करने वाले को मार कर उसका घर जला दिया है। फिर एक सिपाही ने क़िलेदार से गुस्ताख़ी की और गोली चलाई, गोली चूक गई। सिपाही क़िले की खिड़कियों के नीचे जमा हो गए और बादशाह से चिल्ला कर कहने लगे, कि हम लोग धर्म के लिए लड़ते हैं इसलिए हमारे लिए दरवाज़े खुलवाये जाएँ। बादशाह ने तुरंत क़िलेदार को ख़बर भेजी कि कुछ बाग़ी मेरठ से आये हैं और उपद्रव कर रहे हैं। यह सुनते ही कप्तान डगलस तुरंत बादशाह के पास आये और सवारों से कहा—तुम क्यों परेशान कर रहे हो ? यहाँ से चले जाओ। बाग़ियों ने उत्तर दिया—'हम कप्तान को देख लेंगे।' मि. फ्रेज़र घूमते हुए काश्मीरी दरवाज़े पहुँचे और गारद से बातें करते रहे। बातचीत में उन्होंने कहा कि तुम लोगों ने ईस्ट इंडिया कंपनी द्वारा युद्ध शिक्षा पाई है इसलिए तुमसे मदद चाहता हूँ। मैं तुम्हें सूचित करता हूँ कि कुछ

बाग़ी सिपाही मेरठ से आए हैं और उपद्रव करने पर उतारू हैं। मुझे विश्वास है कि तुम संतोषजनक प्रबंध करोगे। लेकिन उन लोगों ने साफ़ जवाब दे दिया और उत्तर दिया कि अगर कोई बाहरी शत्रु तुम पर आक्रमण करता, तो हम लोग निस्संदेह उससे युद्ध करते। मि. फ्रेज़र कुछ और साथियों के साथ वहाँ से कलकत्ता-दरवाजे को चले गए और आवश्यक प्रबन्ध करने लगे। मि. फ्रेज़र के अरदली जमादार ज्वाला सिंह ने उनसे कहा कि शहर छोड़ दीजिए क्योंकि मुसलमान विद्रोह करने पर तुले हैं। मि. फ्रेज़र ने कहा कि मैं ऐसा नहीं कर सकता, चाहे जान ही क्यों न चली जाए। शहर की तमाम दूकानें बंद हो चुकी थीं और यह ख़बर बिजली की तरह फैल चुकी थी। रेवरेंड मि. जिनिंग्स और दूसरे लोग क़िलेदार साहब के मकान के दरीचे में खड़े हुए मेरठ से आने वाले सवारों को दूरबीन से देख रहे थे। कप्तान डगलस भी बग्घी पर सवार होकर मि. फ्रेज़र के पास कलकत्ता दरवाज़े पहुँचे और उन्हें एक पत्र पढ़ने को दिया। मि. फ्रेज़र ने अपने अरदली-सवारों को होशियार रहने के लिए हुक्म दिया। मुसलमान थम्बी बाज़ार और राजघाट पर पहुँचे और बाग़ियों से कुछ शर्तें तय करके अंदर आने के लिए दरवाज़ा खोल दिया। बाग़ियों ने शहर में घुसते ही मकानों में आग लगानी और अँगरेज़ों को क़त्ल करना शुरू कर दिया। दरियागंज के सभी मकानों में आग लगा दी गई और अँगरेज़ों को मार डाला गया। उसके बाद डॉक्टर चिम्मन लाल को, जो कि अस्पताल के सामने खड़े थे, क़त्ल कर दिया। फिर शहर के मुसलमानों ने सवारों को ख़बर दी कि मि. फ्रेज़र कलकत्ता-दरवाज़े पर हैं। वह तुरंत वहाँ पहुँचे और पिस्तौल से गोली चलाने लगे। वहाँ दो अँगरेज़ मौजूद थे, वे घायल होकर गिर पड़े। मि. फ्रेज़र के अरदली-सवारों ने उनके विरुद्ध कुछ भी नहीं किया क्योंकि वे भी मुसलमान थे। मगर मि. फ्रेज़र ने अपने गारद के सिपाही की ज़बरदस्ती बन्दूक़ छीनी और एक बाग़ी को मार दिया। कप्तान डगलस और मि. फ्रेज़र बग्घी पर चढ़कर क़िले की ओर चले। कप्तान साहब ऊपर चढ़ गए, मि. फ्रेज़र ऊपर चढ़ने ही वाले थे, कि बाग़ी सवारों और बादशाह के सशस्त्र सिपाहियों ने दूसरी सीढ़ी पर उन्हें मार डाला। फिर ऊपर चढ़ गए और कप्तान डगलस, रेवरेंड मि. जैनिंग्स, उनकी लड़की तथा एक और अँगरेज़ का वध किया। शहर और क़िले के मुसलमान तमाम कमरों में घुस गए और माल-असबाब लूटने लगे। सर थ्यूफ़िल्स मेटकॉफ़ नंगी तलवार लिए घोड़े पर चढ़े चाँदनी चौक बाज़ार की ओर जा रहे थे। उनके पीछे कई बाग़ी सवार लग गए। वह अजमेरी दरवाज़े के बाहर निकल गए थे, जहाँ मोची रहते थे। वे साहब को भागते देखकर लाठियाँ लेकर उन पर टूट पड़े। दिल्ली की तीनों पैदल रेजिमेंटें बाग़ियों से मिल गईं और अपने बहुत से अफ़सरों को क़त्ल करके शहर में घुस गईं। फिर बाग़ियों ने दरियागंज और मेजर एस्केज़ के मकान की ओर, जिस किसी अँगरेज़ को पाया, क़त्ल कर दिया। इसके बाद शहर के हिन्दू और

मुसलमानों ने मिलकर शहर के बड़े थाने और बारह छोटे थानों पर अधिकार कर लिया। तमाम सड़कों की लालटेनें तोड़ डालीं। चीफ़ पुलिस अफ़सर भाग गए। असिस्टेंट अफ़सर घायल हुए और फिर ग़ायब हो गए। बाग़ियों ने जिस वक़्त बैंक पर धावा किया तो 2 अँगरेज़, 3 लेडियाँ और 2 बच्चे छत पर चढ़ गए। एक दंगाई पेड़ पर चढ़ा तो एक अँगरेज़ ने गोली मार दी। यह देखकर बाग़ी जल गए और गुस्से में बैंक में आग लगा दी और मुसलमानों ने लाठियों से उन साहब और लेडियों को कुचल-कुचल कर मार डाला। फिर तमाम शहर में विजयोल्लास मनाते रहे। राजा बल्लभगढ़ एक रेलवे अफ़सर से मिलने गए थे और 10 बजे लौटे। तीनों रेजिमेंटों ने ख़ज़ाना लूट लिया और आपस में बाँट लिया। युडीशियल कोर्ट और कॉलेज को लूट लिया और इमारतों में आग लगा दी। सवारों का रिसाला छावनी पहुँचा और वहाँ भी आग लगा दी। इसके बाद मेरठ से आये हुए सवार और दिल्ली की तीनों पैदल रेजिमेंटें बादशाह के यहाँ पहुँची और उनकी सहायता तथा संरक्षता की प्रार्थना की और बादशाह को राज्य दिलाने का वचन दिया। बादशाह ने कहा कि उनकी हार्दिक इच्छा यही है और उन पर दया प्रदर्शित की। फिर सलेमगढ़ में ठहरने की आज्ञा दी और कहा कि तुम्हारी वजह से तमाम बाज़ार और दूकानें बन्द हो गई हैं इसलिए लूट मार बंद कर दो। जब बाग़ियों ने सुना, कि कुछ अँगरेज़ स्त्री-पुरुष मेगज़ीन में चले गए हैं तो दरियागंज से दो तोपें ले आए और उनमें पत्थर भर के मेगज़ीन के दरवाज़ों पर फ़ायर किए। अंदर से अँगरेज़ भी गोली चलाते और लड़ते रहे। एकाएक मेगज़ीन जल उठी और शहर के बहुत से आदमी मर गए। आस-पास के सैकड़ों मकान गिर गए। मेगज़ीन से अँगरेज़ स्त्री-पुरुष निकल कर नदी की ओर भागे, जिन्हें सवारों ने दौड़ कर क़त्ल कर दिया। 3 सार्जेंट और 2 मेमें जीवित गिरफ़्तार की गईं और वे बादशाह के सामने पेश किए गए। उनमें से एक सार्जेंट ने बादशाह से अपनी और अपने साथियों की शरण चाही, क्योंकि उन्हें विश्वास था कि बाग़ी उन्हें मार डालेंगे। बादशाह ने उन्हें पूजा-गृह में रखने का हुक्म दिया। सूरज डूबने के एक घंटा पूर्व राजा नहरसिंह अपनी स्त्री, साले और मिस्टर मुनरो को, जो भेष बदले हुए थे, बल्लभगढ़ ले गए। पैदल सेना ने सालिगराम ख़ज़ांची के घर पर धावा किया, लेकिन मकान के दरवाज़े बहुत मज़बूत थे इसलिए आधी रात तक, न तोड़ सके। आधी रात बीत गई। बड़ी कठिनता से अंदर जाने का रास्ता निकाला और शहर के मुसलमानों के साथ घर में घुसे और माल-धन लूटकर चल दिए। कुछ सार्जेंट छावनी से तोपें लिये जा रहे थे। उन्हें बाग़ी सवारों ने छीन लिया और फिर जहाँ की थीं वहीं रख आए। क़िले में 21 तोपों की सलामी दी गई। रातभर शहर में बेचैनी, मार-काट, घर जलाने का काम जारी रहा।

12 मई, 1857, मंगलवार

बादशाह दीवाने-ख़ास में आए वहाँ रईसों व अमीरों ने उन्हें नज़रें दीं। रेजिमेंट के सूबेदारों ने कहा कि सेना को रसद पहुँचाने के लिए कोई आदमी नियुक्त कर दिया जाए। रामसहाय मल और दीवानमल को 500 रु. रोज़ की रसद; मसलन दाल, चना, आटा आदि पहुँचाने के लिए नियुक्त किया गया। 4 अँगरेज़ मुहम्मद इब्राहीम, वल्द अली मुहम्मद दूकानदार के मकान में छिपे हैं। इतना सुनते ही सवार दौड़ पड़े और उन्हें क़त्ल कर दिया और दूकानदार के मकान को भी जला डाला क्योंकि उसने अँगरेज़ों को छिपाया था। एक अँगरेज़ स्त्री हिन्दुस्तानी भेष में एलन वोरफ़ तालाब के पास घूम रही थी, जिसे सवारों ने क़त्ल कर दिया...मिरज़ा ने जाकर बादशाह से कह दिया कि सिपाही चावड़ी बाज़ार लूट रहे हैं, बादशाह ने तुरन्त ही रेजिमेंट के सूबेदारों को हुक्म दिया कि शहर से फ़ौजें हटा ली जाएँ और एक रेजिमेंट क़िले के पास और एक देहली दरवाज़े पर रहे बाक़ी एक-एक, दो-दो दल दरवाज़ों पर—अजमेरी दरवाज़ा, लाहौरी दरवाज़ा, काश्मीरी दरवाज़ा—पर नियुक्त कर दी जाएँ। एक कंपनी दरियागंज में रहे और साफ़ कह दिया, कि उन्हें रिआया के धन और प्राणों का नाश बरदाश्त नहीं। पैदल और सवारों ने कूचा नागरसेठ को लूटने का इरादा किया, मगर वहाँ के निवासियों ने दरवाज़े बंद कर लिये और अंदर से सिपाहियों पर ईंट-पत्थर फेंके जिससे सिपाही हार कर भागे। कई क्लर्क और उनकी स्त्रियों ने राजा कल्याणसिंह के यहाँ शरण पाई। सवार वहाँ पहुँचे और उन पर गोलियाँ चलाईं। अँगरेज़ों ने भी गोलियाँ छोड़ीं, बाग़ी क्रोधित हुए और 2 तोपें लगाकर उड़ाना चाहा, लेकिन क्लार्क (अँगरेज) ज़मीन के बराबर कोठरियों में छिप रहे। बादशाह ने मिरज़ा मुग़ल को हुक्म दिया कि रिआया पर अत्याचार बंद करा दें। मिरज़ा मुग़ल हाथी पर बैठकर बड़े थाने पहुँचे और घोषित किया, "जो लूट मार करता पाया जायेगा उसके नाक और कान काट लिये जायेंगे और यदि दूकानदार दूकान न खोलेंगे या सिपाहियों को सामान देने से इनकार करेंगे तो जुर्माना और क़ैद होगी।" ताजमहल (बेगम बादशाह की) छोड़ दी गईं। 2 अँगरेज़ थाने के सामने से जाते हुए क़त्ल कर दिए गए...हसन अली ने हकीम एहसन उल्ला ख़ाँ के हाथों एक सुनहरी मोहर बादशाह को नज़र की और बादशाह ने उन्हें योग्य समझकर अपने सलाहकारों में रख लिया। मिरज़ा मुनीरुद्दीन को दिल्ली की गवर्नरी और ख़िलअत मिली और उन्होंने भेंट (नज़र) की शक्ल में 4 रु. पेश किए।

बरोज़ बुध, 13 मई, सन् 1857

बादशाह पूजा-गृह (इबादत ख़ाना) गए। नवाब महबूब अली ख़ाँ व दूसरे रईसों ने नज़रें दीं। नाज़िर हसन को मिरज़ा अमीरुद्दीन को बुलाने के लिए कहा। नाज़िर

ने लौटकर कहा कि मिरज़ा बीमार हैं, इसलिए नहीं आ सकते। चीफ़ पुलिस अफ़सर मिरज़ा मुनीरुद्दीन से कहा गया कि फ़ौज को रसद नहीं पहुँची इसलिए अब भेजने में देर न की जाए। हसन अली ख़ाँ मौजूद थे, उनसे बादशाह ने कहा—सेना क़िले में जमा हो गई है, क्या होना चाहिए ? उन्होंने जवाब दिया कि सिपाहियों ने अपने मालिकों की हत्या की है उस पर अधिक विश्वास न करना चाहिए। स्वर्गीय नवाब मुहम्मद ख़ाँ के लड़के बूढ़न साहब और पीरज़ादा शाह निज़ामुद्दीन को सलाहकारों के दल में सम्मिलित किया गया। मिरज़ा मुग़ल, मिरज़ा ख़ैर सुलतान, मिरज़ा अकुल्ला आदि पैदल रेजिमेंटों के कर्नल नियुक्त किए गए और उनमें से हर एक को 2-2 तोपें देकर कश्मीरी दरवाज़ा और दिल्ली दरवाज़े की रक्षा के हेतु भेज दिया गया। शाह निज़ामुद्दीन ने कहा कि नवाब मीर हमीद ख़ाँ को सिपाहियों ने गिरफ़्तार कर लिया है, क्योंकि उनके घर में अँगरेज़ों के छिपने का संदेह है। नवाब साहब ने उनको बार-बार विश्वास दिलाया, कि अगर एक भी अँगरेज़ उनके यहाँ निकले तो वह गिरफ्तार कर लिए जायें इस पर बादशाह ने पैदल और सवारों के साथ शाह साहब को नवाब की तलाशी लेने भेजा। मिरज़ा अबूबकर भी उनके साथ थे। मगर कोई अँगरेज़ या एंग्लो-इंडियन नहीं मिला। यह देखकर सवारों ने लूटा हुआ माल वापस कर दिया और मीर साहब को छोड़ दिया। मिरज़ा अबूबकर सवारों की रेजिमेंट के कर्नल मुक़र्रर किए गए। ख़बर पहुँची, कि किशनगढ़ के राजा कल्याणसिंह के मकान में 29 अँगरेज़ मर्द, बच्चे और औरतें छिपे हुए हैं। यह सुनते ही सवारों ने उन्हें जाकर गिरफ़्तार किया और गोली से उड़ा दिया। कुछ सवार कर्नल एस्केज़ के घर में घुस गए और उनके लड़के जोज़फ़ एस्केज़ को गिरफ़्तार करके चीफ़ पुलिस अफ़सर के सामने लाकर मार डाला। कुछ लोगों के बहकाने से सवार लोग नरायनदास व रामचरणदास डिप्टी कलक्टर के मकान में अँगरेज़ों को ढूँढ़ने के बहाने घुस गए और लूटकर चलते बने। दो अँगरेज़ बदररू दरवाज़े के पास हिन्दुस्तानी भेष में जा रहे थे उन्हें तुरंत मार डाला गया। बादशाह ने ख़र्च के लिए हर एक रेजिमेंट को 400 रु. दिए। चीफ़ पुलिस अफ़सर ने मुनादी कराई कि जो नौकरी करना चाहे अपने हथियार लेकर हाज़िर हो और जो किसी अँगरेज़ को छिपाएगा वह मुजरिम समझा जायेगा। नवाब अहमद अली ख़ाँ व वलीदाद ख़ाँ मलागढ़ निवासी ने दरबार में आकर कोरनिश की और उन्हें रोज़ाना दरबार में आने का हुक्म दिया गया।

बादशाह ने ग़ल्ला के खास आढ़तियों को बुलाया और उसका भाव कम करके बेचने का हुक्म दिया। मिरज़ा मुनीरुद्दीन ने दरिया-सड़क के प्रबंध के लिए 200 आदमी को नियुक्त किया। भिश्तियों ने लाल कुएँ के किसी दूकानदार का मक्खन चुरा लिया था, उन्हें गिरफ़्तार किया गया। कुली ख़ाँ व सरफ़राज़ ख़ाँ और उनके लीडर, जिन्होंने तेली बाज़ार व सब्ज़ी मंडी में डाके डाले थे, गिरफ़्तार किए गए।

गुरुवार–14 मई, सन् 1857 ई.

बादशाह अपने ख़ास कमरे से इबादत ख़ाना में आए। नाज़िर हसन मिरज़ा, कप्तान दिलदार अली ख़ाँ, हसल अली ख़ाँ, मिरज़ा मुनीरुद्दीन, मिरज़ा ज़ियाउद्दीन और मौलवी सदरुद्दीन हाज़िर हुए और कोरनिश की। मौलवी साहब ने एक सोने की मोहर भेंट की। बादशाह ने उन्हें दीवानी व युडीशियल कोर्ट का मुन्सिफ़ मुक़र्रर किया। मौलवी साहब ने कहा कि मुझे इस काम से माफ़ी दी जाए। सालिगराम ख़ज़ांची को बुलाया गया। उसने हाज़िर होकर एक अशरफ़ी नज़र की। उससे बादशाह ने पूछा, ख़जाने में कितना रुपया है ? उसने जवाब दिया मुझे मालूम नहीं। बादशाह ने कहा, कि अपने नौकर से इसकी ख़बर देना। उसने 'हाँ' कहा। हुसैन अली ख़ाँ ने रहमत अली ख़ाँ को हाज़िर किया, उन्होंने एक अशरफ़ी भेंट की। बादशाह ने उनका परिचय पूछा—मालूम हुआ कि वह हुसैन अली ख़ाँ के भतीजे और नवाब फ़ैज़ मुहम्मद ख़ाँ के लड़के हैं। सालारजंग के लड़के मुहम्मद अली ख़ाँ भी एक अशरफ़ी भेंट दी। बादशाह ने उनके लिए भी पूछा कि कौन हैं ? जवाब दिया गया, कि बहादुरजंग रईस बादरी के भतीजे।

सनूत के रईस का एजेंट हाज़िर हुआ और उसने कहा कि उनकी तबीयत ख़राब है, इसलिए वह हाज़िर न हो सके। एजेंट ने जयपुर जाने का विचार प्रकट किया तो बादशाह के हुक्म से एक पत्र तुरंत ही जयपुर के राजा रामसिंह के नाम लिखा गया कि वह तुरंत अपनी सेना लेकर आएँ। एजेंट ने कहा कि वह बहुत जल्द जयपुर पहुँचेगा। इसके बाद झझझर के रईस अब्दुल रहमान, वादरी के बहादुरजंग ख़ाँ, पाटोदी के अकबर अली ख़ाँ, बल्लभगढ़ के राजा नहरसिंह, रोज़ाना के रईस हुसैन अली ख़ाँ, फ़रूख़नगर के नवाब अहमद अली ख़ाँ के फ़ौरन दरबार में हाज़िर होने के लिए अलग-अलग हुक्मनामे लिखे गए। मिरज़ा अमीनुद्दीन ख़ाँ व मिरज़ा ज़ियाउद्दीन ख़ाँ को झरका व गुड़गाँव का प्रबंध सौंपा गया। चन्द्रावल के गूजर सब्ज़ीमंडी, तेलीवाड़ा, राजपुरा, मुँडरेसा बग़ैरह की दूकानों में रात को डाका डालते हैं। मिरज़ा मुग़ल को हुक्म दिया गया कि वह उनको दंड दे। मिरज़ा अबूबकर अपनी रेजिमेंट लेकर उस गाँव में गए और उसे लूट कर जला दिया। रियासत लखनऊ की आराज़ी का दारोग़ा बहादुर सिंह ने एक सोने की मोहर भेंट दी। अम्बाला से आया हुआ एक अँगरेज़ जासूस गिरफ़्तार करके लाया गया; उसे जेलख़ाना में रखने का हुक्म दिया गया। कुछ पैदल सिपाही और सूबेदार जूता पहने दरबार के फ़र्श पर चले आए। बादशाह ने उन्हें कोट-दृष्टि से देखा और डाँटा और मुनीरुद्दीन ख़ाँ पुलिस अफ़सर के नाम हुक्म जारी किया गया कि पैदल रेजिमेंट नं. 38 को यहाँ से हटा कर छावनी भेज दो और उनके हाथों से सब्ज़ी मंडी और पहाड़ी दरवाज़ा की रक्षा करो। चार आदमियों ने आकर ख़बर दी कि मेरठ से

अँगरेज़ी सेनाएँ आ रही हैं और यहाँ से बिल्कुल क़रीब हैं, यहाँ आकर तुमको सज़ा देंगी। सिपाही उनसे नाराज़ हुए और चारों को गिरफ़्तार कर लिया। नगबन्दा के पुलिस-अफ़सर को हुक्म दिया गया कि मि. फ्रेज़र और कप्तान डगलस की लाशें गाड़ दें और शेष अँगरेज़ों की लाशें नदी में बहा दें। इसका फ़ौरन पालन हुआ। गूजरों ने मि. फ्रेज़र के मकान का सब फ़र्नीचर लूट लिया और कमिश्नरी तथा लेफ़्टिनेंट गवर्नर की ऐजेंसी के काग़ज़ फाड़ डाले।

शुक्रवार–15 मई, सन् 1857 ई.

बादशाह ख़ास कमरे में थे। मौलवी अब्दुल क़ादिर ने फ़ौज की तनख़्वाह की लिस्ट तैयार की थी। बादशाह ने उन्हें एक दुशाला दिया और नवाब महबूब अली ख़ाँ के सहायक पद पर मुक़र्रर कर दिया। इसके बाद मौलवी साहब हाथी पर बैठ कर घर चले गए। समनौत के शिवसिंह ने अपने एजेंट के द्वारा कुछ दवाएँ भेजीं। उसी एजेंट के हाथ बादशाह ने राजा को तुरंत दरबार में आने का हुक्मनामा भेजा। कोला महल का दारोग़ा गुलाम बबी, जो कि मीरजिया अली के साथ मि. फ्रेज़र की अरदली में था, दरबार में हाज़िर हुआ और कहा कि नवाब झझ्झर ने 50 सवार भेजे हैं, वह पहुँच गए हैं। मगर नवाब साहब अपनी रियासत में विद्रोह होने के कारण नहीं आए। मौलवी अहमद अली, बल्लभगढ़ के राजा नाहरसिंह दूत बनकर आये और 1 रु. भेंट किया और राजा का पत्र दिया जिसमें लिखा था कि गूजरों ने लूट-मार शुरू कर दी है जिसके कारण रियासत में विद्रोह है और वह नहीं आ सके। रियासत के प्रबंध के बाद हाज़िर होंगे। राजा को हाज़िर होने का हुक्म दिया गया। ख़बर आई कि रोहतक का मैजिस्ट्रेट भाग गया और वहाँ के ख़ज़ाने को लोग लूटने वाले हैं और गुड़गाँव का ख़ज़ाना लुट जाने की ख़बर मिली, तो बादशाह ने कुछ सवार और एक पैदल रेजिमेंट रोहतक का ख़ज़ाना लाने के लिए भेजा और अब्दुल करीम को हुक्म दिया गया, कि 400 पैदल और एक सवार रेजिमेंट भर्ती करें। सवारों को 20 रु. और पैदल को 5 रु. तनख़्वाह मिलेगी। 200 आदमी ज़रा देर में मिल गए। अब्दुल क़ादिर प्रिंटर ने कुछ काग़ज़ात बादशाह को देखने के लिए पेश किए और कहा कि वह उनका प्रबंध कर लेगा। सवारों के अफ़सर के नाम एक आज्ञा-पत्र निकला कि मिरज़ा अबूबकर कर्नैली से अलग कर दिए गए हैं। उनका हुक्म न मानकर, बादशाह की आज्ञा मानी जाएँ। क़ाजी फ़ैज़ुल्ला ने 5 रु. भेंट पेश की और प्रार्थना की, कि वह चीफ़ पुलिस अफ़सर बनाए जाएँ। उनकी प्रार्थना स्वीकृत हुई। एक सुनार ने दूसरे सुनार को, जिससे पुरानी शत्रुता थी, मार डाला। वह पकड़ा गया। जैसिंहपुरा के मेवातियों ने रेलवे अफ़सर के मकान पर डाका डाल कर 4000 रु. लूट लिया। उनको पकड़ने के लिए सवार और पैदल

जाने ही वाले थे, कि जयपुर के दूत लाला बुधासिंह ने दरख़्वास्त दी कि बादशाह जयसिंह पुरा वालों को क्षमा करें। बादशाह ने सवार और पैदलों को न जाने की आज्ञा दे दी। ख़बर मिली कि पैदल और सवार शहर में नंगी तलवारें लिये घूमते हैं। उनके डर से दूकानें नहीं खुलतीं। हुक्म हुआ कि क़िले के दरवाज़े के सिवाय और कहीं नंगी तलवार कोई न ले। झझ्झर के सवारों के अफ़सर को महताब बाग़ में रहने का हुक्म हुआ। ख़बर मिली कि रामजी दास की 14 नावें गेहूँ आदि से लदी आई हैं। उस पर दीवानीमल को हुक्म दिया गया कि सब माल दरबार में लावें। दो पैदलों ने 200 रु. चुपके से रामजीदास अग्रवाल के यहाँ रख दिए थे। उन दोनों सिपाहियों में झगड़ा हो गया और भेद खुल गया। सिपाहियों का एक दल रुपया लेने भेजा गया और साहूकार ने तुरंत रुपया दे दिया। व्यापारियों को दरबार में आने की आज्ञा हुई। सवारों और पैदल सिपाहियों ने षड्यंत्र किया और बादशाह से दीवाने-ख़ास में आकर कहा कि उन्हें एलाउंस और कपड़े ठीक तौर से नहीं मिलते, इसका प्रबंध कर दिया जाए। सिपाहियों से शिकायत मिली कि महबूब अली ख़ाँ व हकीम एहसन उल्ला ख़ाँ अँगरेज़ों से मिल गए हैं। फिर हवेली लाल कुआँ में जाकर पीरज़ादा निज़ामुद्दीन को इसी अपराध में गिरफ़्तार किया कि उनके यहाँ 2 अँगरेज़ लेडियाँ छिपी हैं। शाह निज़ामुद्दीन ने पूछा कि तुम्हें किससे ख़बर मिली, तो उन्होंने एक आदमी को लाकर खड़ा कर दिया, जो रामपुर का रहने वाला था। उसने कहा कि हमें उड़ती हुई ख़बर मिली है। शाह साहब ने कहा कि यदि मेरे यहाँ लेडियाँ छिपी हों तो तुम्हें माल असबाब लूट लेने का अधिकार है और अगर तुम्हें बहाने करके लूटना है तो लूट लो। यह सुनकर सवार चुप हो रहे। महबूब अली ख़ाँ ने क़ुरान लेकर क़सम खाई कि वह अँगरेज़ों से नहीं मिले हैं। सिपाहियों ने आग़ा मुहम्मद ख़ाँ का मकान लूट लिया।

शनिवार–16 मई, सन् 1857 ई.

बादशाह दीवाने-ख़ास में आए और दरबार शुरू हुआ। हकीम एहसन उल्ला ख़ाँ, आग़ा सुलतान (तनख़्वाह बाँटने वाले) कप्तान दिलदार अली ख़ाँ, रहमतअली ख़ाँ व दूसरे रईसों ने हाज़िर होकर कोरनिश किया। पैदल और सवार तथा उनके अफ़सर दरबार में आए। एक ख़त पेश हुआ जिस पर नवाब महबूब अली ख़ाँ व हकीम एहसन उल्ला ख़ाँ की मोहरें लगी थीं। फिर शिकायत हुई कि इस ख़त को हमने दिल्ली दरवाज़े में पकड़ा है, जहाँ से यह ख़त अँगरेज़ों के पास जा रहा था। इसमें लिखा था कि अँगरेज़ फ़ौरन चले आएँ। हम उन्हें शहर में दाख़िल करायेंगे और बेगम ज़ीनत महल भी अँगरेज़ों से मिली हुई हैं। उनको यह लालच था कि जवाँबख़्त को गद्दी पर बैठाया जाए। उसमें यह भी लिखा था कि तमाम सेना भी तुम्हारे

क़ब्ज़े में करा दी जाएगी। यह ख़त नवाब साहब व हकीम साहब को भी दिखाया गया। उन्होंने देखकर कहा, कि यह बनावटी है। फिर अपनी अँगूठियाँ उतार सिपाहियों के आगे फेंक दीं और कहा कि काग़ज़ उनका नहीं है और उसकी मोहरें भी बनावटी हैं। उन्होंने क़समें भी खाईं लेकिन सिपाहियों को यक़ीन नहीं आया। किसी ने सिपाहियों को ख़बर दी कि नहर के क़रीब बहुत से अँगरेज़ छिपे हैं। सुनते ही मिरज़ा अबूबकर सिपाहियों को साथ लेकर नहर के पास गए और पिस्तौल के कई फ़ायर किए मगर वहाँ कोई नहीं था। फिर पैदल और सवारों ने नंगी तलवारें लेकर हकीम एहसन उल्ला ख़ाँ का घर घेर लिया। उन लोगों को पूरा विश्वास था कि हकीम अँगरेज़ों से मिले हुए हैं और आपस में कहने लगे कि इसी कारण वह अँगरेज़ों को क़त्ल करने से रोकता था जिसमें जब अँगरेज़ आ जाएँ तो क़ैदियों को उन्हें सौंप दे और सिपाहियों को क़त्ल करा दे। उनका सन्देह यहाँ तक बढ़ा, कि वह क़ैदख़ाने के अँगरेज़ों को निकाल लाए। जिनकी संख्या 52 थी और हौज़ के पास क़त्ल करने के लिए बिठा दिया। शाहज़ादा मिरज़ा मँझले ने उनको मना किया और कहा कि स्त्री और बच्चों का मारना मुसलमानी धर्म के विरुद्ध है, इस पर सिपाहियों ने उन्हें भी क़त्ल करना चाहा, मिरज़ा डर कर भाग गए। उन्होंने अँगरेज़ों को बिठा कर पिस्तौल दाग़ी लेकिन गोली बादशाह के नौकर के जाकर लगी। इसके बाद बादशाह के सशस्त्र सलाहकारों ने आकर अँगरेज़ों को तलवार के घाट उतार दिया। जब यह हो रहा था, तो दो सौ मुसलमान हौज़ पर बैठे अँगरेज़ों को लानत कर रहे थे। क़त्ल करते वक़्त बादशाह के एक नौकर की तलवार टूट गई। क़त्ल के बाद लाशों को दो गाड़ियों में भरकर नदी पर ले गए और बहा दिया। इस ख़बर से हिन्दुओं को दुःख हुआ और वे कहने लगे कि जिन्होंने ऐसा पाप किया है उन्हें अँगरेज़ों से जीत न मिलेगी। फाटकों की गारद बदल दी गई। किसी ने ख़बर दी कि मथुरा दास ख़ज़ांची के यहाँ अँगरेज़ छिपे हैं। वह चौधरी के कूचे में रहता है। उन्होंने जाकर तुरन्त तलाशी ली मगर कोई न मिला। इस अवसर पर उन्होंने किसी को कुछ कष्ट न दिया। एक हुक्म बेदाद ख़ाँ के नाम निकला कि जमुना के पूर्वीय भाग में गूजरों ने विद्रोह मचा रक्खा है, उन्हें दबाएँ। लाहौरी दरवाज़े के दूकानदारों ने शिकायत की, कि उस थाने का पुलिस दारोग़ा काशीनाथ एक हज़ार रुपया रिश्वत माँगता है। और यदि न देंगे तो उन्हें गिरफ़्तार किया जाएगा। हकीम एहसन उल्ला ख़ाँ ने शहर के कोतवाल क़ाज़ी फ़ैज़ुल्ला को काशीनाथ की गिरफ़्तारी का हुक्म दिया।

रविवार–17 मई, सन् 1857 ई.

बादशाह ख़ास कमरे में थे। सवार और पैदल अफ़सरों ने आकर सूचना दी कि

उन्होंने सलीमगढ़ को दृढ़ बना लिया है, आप चल कर देखें। बादशाह हवादार गाड़ी पर बैठ कर गए। वहाँ देखा कि तोपें कैसी लगाई गई हैं; बाद को सिपाहियों से महबूब अली ख़ाँ, ज़ीनत महल और हकीम हसन उल्ला ख़ाँ पर संदेह न करके विश्वास करने के लिए उपदेश दिया। सिपाहियों को प्रसन्न करने के लिए बोले कि वह किसी अँगरेज़ को पकड़ कर लावें तो वह स्वयं अपने हाथों से उसे क़त्ल करेंगे। यह सुनकर सेना में संतोष फैल गया। हकीम साहब के प्रति अविश्वास दूर हो गया। पुल पर एक आदमी पकड़ा गया जिसके पास मेरठ के किसी अँगरेज़ का पत्र निकला। सिपाहियों ने उसे तोप के मुँह पर बाँध दिया और बहुत समय तक इसी प्रकार लटकाये रक्खा। बाग़ियों ने दीवाने-ख़ास को घर सा बना रक्खा था। वहाँ से उन्हें हटाकर वहाँ कालीन और फ़ानूस सजाये गए। मिरज़ा अमीनुद्दीन ख़ाँ और मिरज़ा ज़ियाउद्दीन ख़ाँ सरकारी आज्ञानुसार दरबार में उपस्थित हुए और कोरनिश की। उन्हें रोज़ आने की आज्ञा हुई तो बीमारी का बहाना किया। जब उनसे सेना बढ़ाने के लिए कहा तो इसे स्वीकार किया। बादशाह ने कहा कि तुम्हें देश की उर्वरा भूमि दी जाएगी, यदि अच्छी तरह आज्ञा पालन करोगे। इसके बाद जहाँगीराबाद के रईस मुस्तफ़ा ख़ाँ के भाई इरादत ख़ाँ व मीर ख़ाँ, अख़बार ख़ाँ तथा और दूसरे नामी रईस दरबार में आए। हर एक ने दो-दो रुपए नज़र दी। पैदल रेजिमेंट के कर्नल मुक़र्रर करने की बात पर बहस होती रही। हर्सरू की गढ़ी से एक सवार आया जिसने ख़बर दी कि एक कंपनी पैदल और सवारों की रक्षा में कई लाख रुपया गुड़गाँव से आ रहा है। मगर इसी इलाक़े के मेवाती और गूजरों ने 300 की संख्या में जमा होकर उसे लूटने की कोशिश की है और सिपाहियों से लड़ाई हो रही है। बादशाह ने हुक्म दिया कि मुहम्मद बकर एक रिसाला सवार और दो पैदल कंपनी ले जाकर ख़जाने को ले आएँ और गूजरों को दंड दें। मिरज़ा मुग़ल के एक मेहतर को जासूस होने के संदेह में पकड़ लिया गया और उसे बुरी तरह घायल किया गया। फिर मिरज़ा मुग़ल के हुक्म से छोड़ा गया। एक ख़बर मिली कि जयसिंहं पुरा के मेवातियों ने, जिन्होंने रेलवे अफ़सर का मकान लूटा था, घायल होकर अँगरेज़ों की नौकरी कर ली है। मौज़ा निधौली के ज़मींदारों ने एक-एक रुपया नज़र किया और विश्वास-पात्र होने का वचन दिया। बादशाह ने ज़मींदारों से कहा कि अपने-अपने गाँवों का प्रबन्ध ठीक रक्खें और यदि गड़बड़ी हुई, तो वे ही लोग ज़िम्मेदार ठहराये जाएँगे।

बादशाह के दो दूतों ने लौटकर सूचना दी कि क़रीब 1 हज़ार सिपाही और कुछ अँगरेज स्त्री-बच्चों सहित सदर बाज़ार में जमा हो रहे हैं और सूरजकुंड पर मोरचेबन्दी की है। और हाथियों के द्वारा तोपें ले जाकर लगवा दी हैं तथा मेरे साथ भी बुरा व्यवहार किया। बादशाह ने यमुना पुल पर दो पैदल कंपनियाँ भेजीं। हकीम अब्दुल हक़ ने हाज़िर होकर पाँच रुपए भेंट किए। रुड़की से ख़ंदक खोदने

वालों की पाँच कंपनियाँ मेरठ गईं। वहाँ अँगरेज़ों ने उनसे काम लेना चाहा मगर उन्होंने इनकार किया। अँगरेज़ों ने उन पर आक्रमण करके कई आदमियों को वध और घायल किया। जो बाक़ी बचे वह भाग कर दिल्ली गए। पटियाला के महाराजा नरेन्द्रसिंह, जयपुर के शासक रामसिंह, महाराजा अलवर और जोधपुर तथा कोटा, बूँदी के नाम आज्ञा-पत्र निकाले गए कि दरबार में हाज़िर हों। दो बच्चे दीवान किशनलाल के बरामदे से गिरकर मर गए। ख़बर मिली कि अम्बाला से फ़ौजें आ रही हैं। इसके सिवा बाक़ी सब शांति है।

सोमवार–18 मई, सन् 1857 ई.

बादशाह अपने ख़ास कमरे से निकल कर दीवाने-ख़ास में आए और तख़्त पर बैठे। पाँचों रेजिमेंटों के बैंड बाजे आए और अँगरेज़ी ढंग पर बजाया गया। बादशाह ने अधिकारियों को ख़िलअत और पद दिये। मिरज़ा मुग़ल को सेना का कमांडर-इन-चीफ़, मिरज़ा कोचक सुलतान, मिरज़ा ख़ैर सुलतान, मिरज़ा मेंडू व दूसरे शाहज़ादों को सेना का कर्नल बनाया गया। बादशाह के पोते मिरज़ा अबूबकर को सवारों के रेजिमेंट का कर्नल मुक़र्रर किया गया। मिरज़ा मुग़ल ने दो अशरफ़ी और दूसरे शहज़ादों ने एक-एक अशरफ़ी और एक-एक रुपया भेंट दी। उन्हें रोज़ दरबार में आने का हुक्म हुआ और उन्होंने स्वीकार किया। बादशाह ने उन्हें सेना बढ़ाने को कहा और बहुत-सा इलाक़ा देने का वचन दिया। मगर उन्होंने कहा कि वह ऐसा न करेंगे, केवल हुज़ूर की सेवा करेंगे। दो सवार ख़त लेकर अलवर भेजे गए। वह लौट आये और कहने लगे कि हज़ारों गूजर जमा हैं, जो नहीं जाने देते। मज़दूरों और ख़ंदक खोदने वालों के अफ़सर आये और उन्होंने कहा कि उनकी पाँच कंपनियाँ रुड़की से मेरठ आ रही थी। वहाँ तमाम अँगरेज़ अपनी औरतों के साथ दमदमा में थे और कहते थे कि तुम लोग देहली न जाओ, तनख़्वाह बढ़ाने का लोभ दिया। जब फिर भी मज़दूरों ने न माना तो उन पर बन्दूक़ों की बाढ़ करीब तीन बजे के छोड़ी जिससे लगभग दो सौ आदमी मारे गए और बाक़ी भाग कर हुज़ूर की सेवा में हाज़िर हुए हैं। उन्हें सलीमगढ़ में ठहरने की आज्ञा हुई। नवाब महबूब अली ख़ाँ ने रामजी दास गोदाम वाला, रामजी दास अग्रवाल, सालिगराम ख़ज़ांची और ऐसे ही दूसरे लोगों की लिस्ट बना कर उन्हें लिखा कि चूँकि 2500 रु. रोज़ फ़ौज का ख़र्च है, इसलिए वह 5 लाख रुपया जमा करने का प्रबंध करें। इस पर सभी व्यापारी नवाब साहब के पास गए और कहा कि ग़दर में उनका माल-असबाब लूट लिया गया है, अब वह रुपया कहाँ से लाएँ। रामजी दास ने कहा–'अगर महबूब अली ख़ाँ दूसरे महाजनों से ले लेंगे तो मैं भी रुपया दे दूँगा।' गूजरों को हराने के लिए सवारों को लेकर मिरज़ा अबूबकर चन्द्रावल और वज़ीराबाद गए।

लेकिन गूजर पहले ही भाग गए थे।

मंगल–19 मई, सन् 1857 ई.

बादशाह ख़ास कमरे से दीवाने-ख़ास में आए। दो सवारों ने आकर ख़बर दी कि पैदल और तोपख़ाना की एक फ़ौज कई लाख रुपया लेकर बरेली और मुरादाबाद से मेरठ पहुँची है। उनसे अँगरेज़ों ने मेरठ की फ़ौज के बाग़ी हो जाने और अँगरेज़ों के क़त्ल करने की शिकायत की है। इस पर बरेली की फ़ौज ने जवाब दिया कि अँगरेज़ों ने भी तीन सौ ख़ंदक खोदने वालों को मार कर अपना दिल ठंडा कर लिया है और निश्चय है कि वह हमसे भी ऐसा ही व्यवहार करें। यह सुनकर अँगरेज़ मोरचों पर चले गए और गोलाबारी शुरू कर दी। इस पर मुरादाबाद और बरेली की फ़ौजों ने भी उसका जवाब दिया। ख़ुदा की मेहरबानी से हमने एक फ़ायर ऐसा किया, जिससे दुश्मनों के ठहरने का स्थान बिल्कुल जल गया। बादशाह सेना और सवारों की यह बातें सुनकर बहुत प्रसन्न हुए और प्रसन्नता प्रकट करने के लिए सलीमगढ़ में पाँच तोपें दाग़ी गईं। इसके बाद ख़बर आई कि गढ़ी हर्सरू में गुड़गाँव का मैजिस्ट्रेट भागते-भागते सत्तर हज़ार रुपया रख गया था। इसलिए एक सौ सवार और दो पैदल कंपनियों को लाकर रुपया ख़ज़ाने में दाख़िल करने की आज्ञा हुई। बीजा बाई का भेजा एक सवार आया उसने कहा कि मालकिन ने पूछा है कि क्या अँगरेज़ और उनकी औरतें क़त्ल की गई हैं या नहीं ? हमें उड़ती ख़बरों पर विश्वास नहीं है। तो बादशाह ने उत्तर दिया कि यहाँ के सभी अँगरेज़ मार डाले गए और अपने दो सौ सवार तथा शाही हुक्मनामा इस सवार के साथ ग्वालियर भेजा गया कि बाई साहब से ज़बानी भी कह दें कि सेना लेकर यहाँ आ जाएँ और विश्वास-पात्रता का परिचय दें। इसके बाद बादशाह ने दीवाने-ख़ास में दरबार किया और एक ख़िलअत, एक चाँदी की दवात तथा 'वज़ीर आज़म मुमालिकमफ़तूहा' की उपाधि को दी।[1] मिरज़ा ने इसके बाद धन्यवाद के रूप में सोने की 10 मोहरें पेश कीं। बादशाह ने ऐसी ही एक ख़िलअत अपने लड़के मिरज़ा बख़्तावर शाह को नं. 74 देशी पैदल का कर्नल बनाते हुए दी। मिरज़ा ने दो सोने की मोहरें और पाँच रुपए भेंट स्वरूप दिए। फिर बादशाह ने एक और कर्नल की नियुक्ति की घोषणा की। नाज़िर हसन मिरज़ा को हुक्म हुआ कि पटियाला के कुँवर अजीतसिंह को हाज़िर करें। कुँवर साहब ने हाज़िर होकर सोने की एक मोहर पेश की। उन्हें भी एक ख़िलअत दी गई। इसके बाद उन्होंने 5 रु. भेंट दिए। बादशाह ने कहा कि वह कुँवर साहब को तब से जानते हैं, जब वह दिल्ली में रहा करते

1. नाम नहीं है। सम्भवतः जवाँबख़्त, जो उस समय नियुक्त हुआ था, इसी पद पर किया गया हो।

थे। अहमद मिरज़ा और हकीम अब्दुलहक़ के पुत्र हाज़िर हुए और 5-5 रुपये भेंट दिए। मुहम्मद अख़बार अली ख़ाँ का भेजा हुआ रिसालदार हाज़िर हुआ और 2) अपनी तरफ़ से हाज़िर किए। एक अर्ज़ी अख़बार अली ख़ाँ की पेश की कि वह रियासत का प्रबंध करके हाज़िर होंगे। नत्थू दर्ज़ी के यहाँ दो अँगरेज़, दो बच्चे और तीन लेडियाँ छिपी थीं, जाकर क़ैद की गई और दर्ज़ी का मकान जला दिया गया। बादशाह ने इनको सिपाहियों की निगरानी में कर दिया। बादशाह सलीमगढ़ गए थे। वहाँ सेनाओं ने सलामी दी। नं. 30 पैदल ने कहा कि मेरठ के मोरचे जल जाने की ख़बर सच नहीं मालूम होती। उनका इरादा ख़ुद जाकर मोरचों को जला देने का है। बादशाह ने कहा कि इसकी कोई ज़रूरत नहीं है और अपने अफ़सर मिरज़ा मुग़ल की आज्ञा मानें। उनकी इच्छा जाने बग़ैर कोई काम न करो। एक आज्ञा-पत्र शहर कोतवाल क़ाज़ी फ़ैज़ुल्ला के नाम लिखा गया कि यमुना के पुल की दो नावें हट गई हैं, उनकी मरम्मत के लिए सौ मज़दूर भेजें। ख़बर मिली है कि धार्मिक उलेमाओं ने तमाम मुसलमानों को जमा करके कहा है कि अँगरेज़ों को क़त्ल कर दें। काफ़िरों के मारने से पुण्य होता है। हज़ारों मुसलमान उनके झंडे के नीचे आ गए। जब बादशाह को यह सूचना मिली तो उन्होंने ख़बर भेजी कि उन्हें तुम क़त्ल करना चाहते हो, वे पहले ही मार डाले गए और हुक्म दे दिया कि झंडा रख दिया जावे। स्वयं मौलवी सदरुद्दीन जामा मस्जिद गए और उलेमाओं से बहस करते रहे और झंडा उठाना बेकार सिद्ध किया। ग़ल्ला व नमक की कई गाड़ियाँ बाहर पकड़ी गईं और शहर में लौटा लाई गईं।

बुधवार–20 मई, सन् 1857 ई.

बादशाह ख़ास कमरे से आकर दीवाने-ख़ास में आए, दरबार हुआ। मुहम्मद सईद आए और उन्होंने 'सलाम अलेक' कहा। बादशाह ने पूछा कि उन्हीं (मौलवी) ने अँगरेज़ों के क़त्ल करने के लिए झंडा उठाया था ? जब वे सब मारे ही जा चुके हैं, तो झंडा उठाने की क्या ज़रूरत है ? मौलवी साहब ने कहा कि वह हिन्दुओं के विरुद्ध जिहाद का झंडा उठाना चाहते हैं। इस पर बादशाह ने कहा कि वह हिन्दू और मुसलमानों को एक निगाह से देखते हैं। वह हिन्दुओं के विरुद्ध कोई धार्मिक युद्ध नहीं करना चाहते। इसके बाद कहा कि ईसाइयों को अगर कहते हो तो वह सभी मार डाले जा चुके हैं। इसके बाद फ़ौज के हिन्दू अफ़सर हाज़िर हुए और शिकायत की कि मुसलमान नागरिकों ने उनके विरुद्ध इस्लामी झंडा उठाया है लेकिन बादशाह ने उन्हें संतोष दिलाते हुए कहा, कि उन लोगों का मतलब अँगरेज़ों को क़त्ल करना था। अफ़सरों ने कहा कि मेगज़ीन में एक व्यक्ति नौकर था वह ताँबे की छोटी तोप चुरा ले गया था। वह पुल पर पकड़ा गया है। बादशाह ने

उसे तोप से उड़ा देने का हुक्म दिया। मिरज़ा अमीनुद्दीन ख़ाँ, मिरज़ा ज़ियाउद्दीन ख़ाँ, हसन अली ख़ाँ और रहमत अली ख़ाँ हाज़िर हुए और मुजरा किया। बादशाह ने उन्हें एक-एक हाथ की चोब दी और उन लोगों ने धन्यवाद स्वरूप 5-5 रुपए भेंट किए। मिरज़ा मुग़ल को हुक्म हुआ कि चार तोपों और चार पैदल रेजिमेंटों के साथ मेरठ जाएँ और अँगरेज़ों के रक्षा स्थान तथा मोर्चों को उड़ा दें। मिरज़ा मुग़ल ने जवाब दिया कि हमारे साथ मिरज़ा अमीनुद्दीन ख़ाँ, मिर्ज़ा ज़ियाउद्दीन ख़ाँ, हसन अली ख़ाँ, जिन्होंने बड़ी-बड़ी जागीरें पाई हैं, भेजे जाएँ और अँगरेज़ों के क़त्ल करने का मिरज़ा साहब ने वादा किया। इसको सुनकर सभी रईस चुप हो गए; किसी ने हाँ नहीं की। यह देखकर बादशाह ने मिरज़ा अबूबकर को फ़ौज लेकर जाने को कहा और हकीम एहसन उल्ला तथा महबूब अली ख़ाँ को ख़र्चे का प्रबंध कर देने का हुक्म दिया। पैदल सिपाहियों ने मेरठ से आने वाली गाड़ी पर धावा मारकर ज़ेवर लूट लिया। कुछ सिपाहियों ने मुबारक बाग़ में, जो छावनी के पीछे था, छिपे हुए दो अँगरेज़ों को क़त्ल कर दिया। सेना के अफ़सरों ने आकर कहा कि पाँच अँगरेज़ औरतें, जो क़ैद हैं, हमें दे दी जावें। बादशाह ने मौलवी महबूब अली ख़ाँ से पूछा कि धार्मिक रूप से क्या करना उचित है। मौलवी साहब ने धार्मिक सिद्धांत उनके सामने रख दिया कि औरतों की हत्या अनुचित है। फिर बादशाह अपने ख़ास कमरे में चले गए। जहाँ उनके गुप्त दल के सदस्य मुकुन्दलाल और मलका मौजूद थीं।

4 बज गए और अदालत कल 11 बजे तक के लिए स्थगित हो गई।

सत्रहवें दिन की कार्यवाही

बुधवार ता. 25 फ़रवरी, सन् 1858 ई.

क़िले के दीवाने-ख़ास में अदालत बैठी। प्रेसिडेंट, सदस्य, अनुवादक, डिप्टीजज एडवोकेट-जनरल सब हाज़िर थे। अभियुक्त और उनके मुख़्तार गुलाम अब्बास भी आए। अख़बार 'सादिकुल अख़बार' के लेख, जो कि फ़ारसी में थे, पढ़े गए। फिर उनका अनुवाद सुनाया गया, जो निम्नांकित है।

6 जुलाई, सन् 1857 ई.

एक आज्ञा-पत्र, जिस पर शाही मोहर लगी थी, कमांडर-इन-चीफ़ के नाम लिखा गया, जिसमें फ़ौज के रोज़ाना एलाउन्स का ज़िक्र था और हुक्म दिया गया कि तमाम फ़ौजी बाग अपने हाथ में ले लें।

7 जुलाई, सन् 1857 ई.

एक पत्र काश्मीर के राजा गुलाबसिंह का आया कि उसका राज लाहौर और उसके आस-पास तक सुदृढ़ हो गया है। दोस्त मुहम्मद ख़ाँ का एक ख़त आया कि वह दरबार में हाज़िर होना चाहता है। दोनों ख़त जनरल बहादुर के पते से आए थे, जिनके जवाब भेजने का हुक्म दे दिया गया है।

9 जुलाई, सन् 1857 ई.

ख़बर मिली कि बख़्तियार ख़ाँ ने एक सेना तैयार करके दुश्मनों से लड़ने के लिए भेजी है। वह बहादुरी के साथ लड़ रही है, दूत लगातार जीत के समाचार ला रहे हैं।

11 जुलाई, सन् 1857 ई.

कोर्ट-ग़जट (सिराजुल अख़बार) के लेख द्वारा यह बात सर्वसाधारण को मालूम हो चुकी है कि बादशाह ने दरबार करना शुरू कर दिया है। आज रईसों और अमीरों को बुलाया गया और उन्हें दुश्मनों की गति और प्रबंध, युद्ध की सलाहें और शाही सेना की बहादुरी, सब पढ़कर सुनाई गईं। गुलाम नबी ख़ाँ के नाम आज्ञा-पत्र निकला कि दरियागंज का मकान, जिसका मालिक नवाब झझ्झर है, घायलों के लिए साफ़ कराके रखें जाएँ। और उसके प्रबंध के लिए कुछ रुपया भी दिया गया।

12 जुलाई, सन् 1857 ई.

बनारस के रईस सैयद अली व बक़र अली की दरख़्वास्त आई कि उन्होंने बहुत से काफ़िरों को क़त्ल कर दिया है और अब ख़िदमत में हाज़िर होना चाहते हैं। तुरन्त ही उसका उत्तर दिया गया।

13 जुलाई, सन् 1857 ई.

जनरल बहादुर ने ख़बर भेजी कि ईश्वर की दया से आगरा को जीत लिया गया है। बादशाह को 21 तोपों की सलामी दी गई। बाजे वालों ने बैंड, अँगरेज़ी बाजा बजाया। सारंगियाँ, ढोल-शहनाई आदि बजाई गईं। दो जासूस पकड़े गए, उनके पास अँगरेज़ी ख़त थे जो जाँच के लिए मिरज़ा मुग़ल के पास भेज दिये गए। झाँसी रेजिमेंट के अफ़सरों की एक दरख़्वास्त काफ़िरों के क़त्ल करने के सम्बन्ध में आई, जिसका उत्तर दे दिया गया।

15 जुलाई, सन् 1857 ई.

हुसैन बख़्त ख़ाँ को एक सरकारी पत्र भेजा गया कि झाँसी वाली सेना से मिलें, वह सवेरे अजमेरी दरवाज़े पर ठहरेगी।

16 जुलाई, सन् 1857 ई.

झाँसी सेना के अफ़सर हाज़िर हुए और विश्वस्त होने के सबूत में अपने हथियार ज़मीन पर डाल दिए। बादशाह ने उनकी प्रशंसा की और ख़र्चे के लिए दो हज़ार रुपए दिए।

17 जुलाई, सन् 1857 ई.

एक ख़बर मिली कि अम्बाला से दो पैदल रेजिमेंटें आई हैं। मिरज़ा मुग़ल को हुक्म दिया गया कि जहाँ और सेना है, वहीं इन्हें भी ठहरा दें।

18 जुलाई, सन् 1857 ई.

क़ब्रिस्तान में कई जासूस गिरफ़्तार किए गए।

2 अगस्त, सन् 1857 ई.

एक अर्ज़ी गवर्नर जनरल की आई कि शत्रु हार रहा है, इस पर हुक्म हुआ कि अर्ज़ी दाख़िल दफ़्तर में की जावे।

4 अगस्त, सन् 1857 ई.

नीमच की सेना के जनरल सधारीसिंह और दूसरे अफ़सर हाज़िर हुए और कोरनिश किया और युद्ध में काफ़िरों के मारने की बातें कहीं। बादशाह उनसे बड़ी देर तक बातचीत करते रहे।

5 अगस्त, सन् 1857 ई.

बादशाह ने दो आज्ञा-पत्र निकाले। एक नवाब अली दाद ख़ाँ के पत्र का उत्तर, जिसमें लिखा था, कि अँगरेज़ों को सामने से हटा देने के बाद सेना भेजी जाएगी। दूसरे में अलवर के राजा से कर जल्दी भेजने को लिखा गया था।

6 अगस्त, सन् 1857 ई.

बादशाह अपनी सेना की बहादुरी और साहस की बातें सुन रहे थे, इतने में ख़बर आई कि सेना ने शत्रुओं को हरा दिया तो बादशाह ने सेना का साहस बढ़ाने के लिए सेना और सामान भेजने की आज्ञा दी।

7 अगस्त, सन् 1857 ई.

ख़बर मिली कि शाही सेना मोर्चों पर जाकर बड़ी बहादुरी के साथ शत्रु को हरा रही है। शाम को दुःखजनक समाचार मिला, कि चौड़ी वाला के मेग़ज़ीन में आग लग गई जिससे सैकड़ों काम करने वाले स्त्री, पुरुष जल गए, और इमारत नष्ट हो गई। पैदल सेना तो ऐसी ख़बरों से लाभ उठाती ही थी, बिगड़ गई और सरकारी हकीम (एहसन उल्ला ख़ाँ) पर आग लगाने का झूठा जुर्म लगाकर उनके मकान का नाश कर दिया। जिसके हाथ में जो आया लेकर चल दिया। पड़ोसियों के भी मकान लूटे गए। बादशाह यह सुनकर क्रोधित हुए और हकीम साहब को बड़ा संतोष दिया और घोषणा की कि हकीम साहब का जिसने जो माल लिया हो, दे दे। फिर बादशाह ने यह दुआ पढ़ी—मेरे दुश्मन चारों तरफ़ से जमा होकर सशक्त हो रहे हैं, या खुदा तू मुश्किल आसान करने वाला है (मदद कर) तूने मेरी मदद के लिए ग़ैबी फ़ौज दी है अतः तुझी से मैं विजय व प्रतिष्ठा की दुआ माँगता हूँ।

'सिराजुल अख़बार' के लेखों को फ़ारसी में पढ़ा गया। फिर अनुवाद नीचे लिखा गया।

मंगलवार, 25 अगस्त, 1857 ई.

ब्रह्म-मुहूर्त्त से सूर्योदय तक प्रार्थना और धार्मिक कृत्य होते रहे। शाही हकीम ने बादशाह की नब्ज़ देखी। इसके बाद बादशाह तख़्त पर बैठे और दरबार के तमाम दरबारियों को बुलवाया। उन लोगों ने हाज़िर होकर कोरनिश की। बादशाह ने दफ़्तर में लिखे गए दो आज्ञा-पत्रों को देखा। एक तो बहादुर अली ख़ाँ, हसन अली ख़ाँ, दुर्गाप्रसाद, भूपसिंह पेशावर की सेना के अफ़सरों के नाम था, कि अपनी सेना लेकर तुरन्त दरबार में हाज़िर हों और अपने साथ काफ़ी ख़ज़ाना भी लेते आएँ। दूसरा शाहज़ादा मिरज़ा कोचक के नाम था कि फ़ौज की तनख़्वाह बाँट दी जाएँ। देखने के बाद उन पर शाही मोहर लगाई गई फिर उन्हें भेजा गया। उसके बाद अर्ज़ियों पर विचार किया गया। पहली अर्ज़ी मुस्तफ़ाबाद उर्फ़ रामपुर के मुहम्मद अब्दुल ग़फ़्फ़ार ख़ाँ के पुत्र तनावर अली ख़ाँ की थी, जिसमें उन्होंने शाही विश्वस्तता का प्रमाण दिया था और दरबार में हाज़िर होने की आज्ञा माँगी

थी। दूसरी बल्लभगढ़ के राजा नहरसिंह की मीर फ़तह अली के द्वारा आई हुई दरख़्वास्त थी, उसमें भी शाही शुभ चिन्तक होने की बात थी। तीसरी वारिस मुहम्मद ख़ाँ भूपाली की थी जिसमें 56 अँगरेज़ों के मारने की बात लिखी थी। उस अर्ज़ी के साथ एक घोषणा-पत्र भी था, जिसमें शहर वालों को अँगरेज़ों के वध करने के लिए उत्तेजित किया गया था और साथ ही शाही आज्ञा भी अर्ज़ी में माँगी गई थी। होल्कर के शासक काशीराव की चौथी अर्ज़ी थी, जिसमें शाही शुभ-चिन्तक होने तथा अँगरेज़ों के क़त्ल की बातें लिखी थीं और 5 अँगरेज़ों के सर भी साथ भेजे गए थे। पाँचवीं दोजाना के रईस अब्दुल समद ख़ाँ के पोते मुहम्मद अमीर ख़ाँ की अर्ज़ी थी। इन अर्ज़ियों के देखने पर बादशाह ने उन्हें यथा योग्य उत्तर देने के लिए कहा। सेना के अफ़सरों ने आकर ख़बर दी कि गवर्नर जनरल बहादुर मुहम्मद बख़्त ख़ाँ शत्रुओं को परास्त करने के लिए गए हैं और बड़ी साहस से लड़ रहे हैं, उनके लिए और सेना भेजी जाए। तुरन्त ही एक दल भेजने की आज्ञा हो गई। इसके बाद बादशाह अपने ख़ास कमरे में पधारे और दोपहर का खाना खाया फिर मनोरंजन करते रहे। फिर नमाज़ पढ़ी और उसमें दूसरी नमाज़ तक लगे रहे। दूसरी नमाज़ भी पढ़ी, शाम को शाही हकीम को नब्ज़ दिखाई और सैर करने के लिए सलीमगढ़ बाग़ गए, वहाँ से लौट कर ख़ास कमरे में गए। तेलीवाड़ा की सेना के अफ़सर आए और सहायता के लिए सेना माँगी। हज़रत ने दीवाने-ख़ास में आकर दरबार किया और वहाँ बहुत नाराज़ होकर वापस लौट गए। संध्या समय दरबारियों को घर जाने की आज्ञा मिली।

बुधवार–26 अगस्त, 1857 ई.

सवेरे से सूर्योदय तक प्रार्थना की और उसके बाद नब्ज़ दिखाई फिर तख़्त पर पधारे। सेना के अफ़सरों ने आकर सूचना दी कि सेनाएँ शत्रुओं से लड़ रही हैं और बहादुरी दिखा रही हैं, उनकी सहायता के लिए सेना भेजी जाएँ। हुक्म दिया गया कि सभी पैदल व सवार लड़ाई पर जाएँ। बाद को बादशाह ने तीन आज्ञा-पत्र निकाले। जो कि दफ़्तर में लिखे गए थे, उनको मोहर लगाकर भेजा गया।

1. सेना के अफ़सरों के नाम, कि आधी सेना नज़फ़गढ़ और आधी तेलीवाड़ा भेजो।

2. मिरज़ा मुहम्मद ज़हूरुद्दीन के नाम, कि मोर्चा लगा दो और सेना को क़ब्ज़े में रखो।

3. ठाकुर चमनसिंह को अपने भाइयों सहित हाज़िर होने के लिए।

शाहज़ादा मुहम्मद अज़ीम बहादुर की अर्ज़ी मिली, जिसमें उन कठिनाइयों का ज़िक्र था, जो कि शत्रु के एकाएक छापा मारने से उपस्थित हो गई थीं और सेना व

तोपख़ाना माँगा था। बादशाह ने उसका उत्तर लिख देने की आज्ञा दी और दरबार से उठकर ख़ास कमरे में चले गए। दोपहर को आराम किया। फिर नमाज़ से छुट्टी पाकर बातचीत करते रहे फिर अस्र (तीसरे पहर की नमाज़) पढ़ी। सूर्य डूबते समय अपने मुसाहिबों के साथ सलीमगढ़ बाग़ में गए। शाम को वापस आए और कमरे-ख़ास में गए।

गुरुवार, 27 अगस्त 1857 ई.

ब्रह्म-मुहूर्त्त में उठकर धार्मिक कृत्य और प्रार्थना करने के बाद शाही हकीम को नब्ज़ दिखाई। फिर तख़्त पर आकर बैठे और उनके शाहज़ादे तथा दूसरे दरबारियों ने आकर मुजरा किया। फिर बलदेवसिंह ने आकर कोरनिश की और नज़र पेश की तो बादशाह ने बड़े प्रेम के साथ एक दुशाला भेंट किया। बलदेव सिंह ने धन्यवाद के रूप में नज़र पेश जिसे स्वीकार किया गया। बादशाह ने नीचे लिखे 6 हुक्मनामों को, जोकि दफ़्तर में तैयार किए गए थे, देखा और सरकारी मोहर लगाकर उन्हें रवाना किया गया।

1. मिरज़ा ख़ैर सुलतान के नाम, कि उन्हें चन्दा वसूल करने की पूरी-पूरी इजाज़त है, कोई रुकावट नहीं डाली जा सकती।

2. मिरज़ा मुग़ल बहादुर व मिरज़ा ख़ैर सुलतान बहादुर तथा दूसरे फ़ौजी अफ़सरों के नाम, कि रामजीदास अग्रवाल से दो बार रुपया लिया जा चुका है अब कोई माँग न की जाए।

3. मिरज़ा अब्दुल हसन उर्फ़ मिरज़ा अक़ुल्ला के नाम, दोज़ाना के अमीर ख़ाँ की दरख़्वास्त का उत्तर दिया गया, जिसमें उसे दरबार में हाज़िर होने के लिए कहा गया था।

4. होल्कर के राजा काशीराव के नाम, दरबार में आने का निमंत्रण था।

5. बल्लभगढ़ के राजा नहरसिंह के नाम, कि अबलक़ घोड़ा पहुँच गया और सेना से छेड़ से न डरो।

6. रामपुर के अकुल्ला ख़ाँ के लड़के तनावर अली ख़ाँ के नाम, फ़तह अली ख़ाँ के द्वारा भेजा गया, जिसमें उन्हें दरबार में हाज़िर होने की आज्ञा थी।

कुछ सवारों ने शाही सेना, विशेष कर नीमच की सेना के, कारनामें बताए और नज़फ़गढ़ के किसानों के साथ देने का भी वर्णन किया। तबीयत ख़राब होने के कारण शाही हकीम को बुलाया और महल में गए। दोपहर को आराम किया, फिर नमाज़ पढ़ी और बातचीत में लग गए। तीसरे पहर की नमाज़ पढ़ी। शाही हकीम ने दवा तैयार की और संध्या समय दरबारियों को घर जाने की आज्ञा दी।

शुक्रवार, 28 अगस्त, सन् 1857 ई.

धार्मिक कृत्यों के बाद शाही हकीम को नब्ज़ दिखाई फिर दीवाने-ख़ास में आए और दरबारियों ने मुजरा किया। कालपी के ख़्वाजा इस्माइल ख़ाँ आए और कोरनिश के बाद नज़र पेश की। बादशाह को कमज़ोरी के कारण मुर्छा हुई अतः उठकर चले गए। दोपहर को आराम किया। इसके बाद नियमानुसार नमाज़ें पढ़ीं। इसके बाद हकीम साहब की बनाई दवा पी। उस रोज़ दरबार उठा। नीचे लिखे हुक्मनामें शाही मोहर लगा कर भेजे गए।

1. मुहम्मद शफ़ी ब्रिगिडियर व दूसरे अफ़सरों के नाम, कि बादशाह उनसे नाराज़ नहीं हैं और न नीमच की सेना पर किसी प्रकार का संदेह है।

2. मिरज़ा रहमत बहादुर के नाम, कि इमामबाड़ा का किराया अदा कर दिया जावे जोकि 'नमाज़ नज़र' की मद के ख़र्च के लिए रखा गया है।

3. फ़रूख़नगर के रईस अहमद अली ख़ाँ के नाम, कि कुछ तोड़ेदार बन्दूकें भेजें।

4. बहादुरजंग के नाम, उनकी हद में 14 ऊँटों की चोरी होने की सूचना। खानपुर के रईस अब्दुल लतीफ़ की अर्ज़ी आई कि तबीयत ख़राब होने के कारण नहीं आ सके। फिर हाज़िर होंगे और कई हाथी साथ लायेंगे।

अदालत 1 बजे उठ गई। आगे की कार्रवाई 27 फ़रवरी के 11 बजे तक के लिए स्थगित हुई; जिसमें मि. एवरेट गवाही देने आ सकें।

अठारहवें दिन की कार्यवाही

शनिवार, 27 फ़रवरी, सन् 1858 ई.

आज 11 बजे दिल्ली क़िले के दीवाने-ख़ास में अदालत बैठी। प्रेसिडेंट, मेम्बर, अनुवादक, जज एडवोकेट जनरल सभी मौजूद थे। अभियुक्त और मुख़्तार गुलाम अब्बास लाए गए। नम्बर 14 बेक़ायदा सवारा रेजिमेंट के भूतपूर्व रिसालदार वर्त्तमान कॉन्स्टेब्लरी फ़ोर्स के मि. एवरेट आए। जज एडवोकेट ने उनसे पूछा—क्या 11 मई को तुम दिल्ली में थे ?

उत्तर—हाँ।

प्रश्न—तो तुमने ग़दर में क्या देखा, बताओ।

उत्तर—सबेरे 9 बजे मेरठ से बाग़ियों के आने पर चारों ओर डर फैल गया कि वह अँगरेज़ व ईसाइयों को क़त्ल करेंगे। आध घंटे बाद मेगज़ीन की ओर से बन्दूक़ की आवाज़ें आने लगीं। बीमारी के कारण मैं शाम तक घर से न निकल

सका लेकिन जिस मकान में मैं रहता था, वह किराए का था और सुरक्षित न था। मैंने अपने को सुरक्षित न देखकर, घर छोड़ दिया और रात की अँधेरी में कर्नल एस्कज़ के यहाँ चला गया। वहाँ रहा। सवेरे ही मिरज़ा अज़ीम बेग के (जो बेक़ायदा सवारों के पेंशन पाने वाले अफ़सर थे) घर गया और दिन भर उनके मकान में रहने तथा किसी प्रकार शहर पहुँचा देने की प्रार्थना की। उन्होंने मुझे घर में रक्खा और शहर पहुँचा देने के लिए कोशिश करने का वादा किया। मैं उनके यहाँ एक दिन और एक रात रहा। दूसरे दिन वह कहने लगे कि मेरे छिपने की ख़बर पड़ोसियों को हो गई हैं। मि. जॉर्ज एक्सनर भी उन्हीं के यहाँ छिपे थे। गिरज़ा अज़ीम बेग, जिनके यहाँ हम छिपे थे, बादशाह से रक्षा के लिए गारद माँगने गए। एक घंटे बाद उन्होंने ख़बर भेजी कि शाही हकीम एहसन उल्ला ख़ाँ, उनसे ईसाइयों के ठहराने के कारण बहुत नाराज़ हुए हैं (हकीम साहब उनके रिश्तेदार थे)। हम लोगों को तुरन्त उनके (मिरज़ा के) मकान से निकल जाना चाहिए। मैं तो तुरंत निकल गया। मि. जॉर्ज एक्सनर वहीं ज़नानख़ाने में छिपे रहे। मैं सरदार बहादुर के मकान से क़रीब 200 गज़ निकल गया, कि बाग़ी आते दिखाई दिए। मैं एक मस्जिद में छिप गया, कि यहाँ बाग़ी न देख सकेंगे। लेकिन जब बाग़ी क़रीब आए तो किसी ने मुझे पहचान कर उन्हें पुकारा कि एक ईसाई मस्जिद में छिपा है। फिर मुझे गिरफ़्तार कर लिया और मिरज़ा अज़ीम बेग के घर जाकर जॉर्ज एक्सनर को भी पकड़ा। हम लोग कोतवाली जा रहे थे, कि नं. 11 लाइट केवेलरी के सवारों ने सिपाहियों से पूछा, कि तुम कौन हो जो क़ैदियों को लिए जा रहे हो ? क्या यह ईसाई है ? इसके जवाब में उन्होंने केवल 'हाँ' कहा। कुछ सवारों ने पिस्तौलें निकाल लीं कि क्यों कोतवाली ले जाओगे, यहीं ख़त्म कर दो। सिपाहियों ने कहा कि कोतवाली दूर नहीं है, वहाँ जो जी आए करना। सिपाहियों ने कोतवाली पहुँचकर रिपोर्ट दी कि दो अँगरेज़ पकड़ लाए गए हैं। लेकिन कोतवाल ने उनकी ओर ध्यान नहीं दिया। फिर एक सवार आया और जॉर्ज एक्सनर के बाल पकड़ कर कोतवाली से 50 क़दम दूर घसीट ले गया और वहाँ दीवार के सहारे बैठा कर गोली मार दी। दो सवारों ने और भी गोलियाँ मारीं। मैं डरा हुआ खड़ा था, कि सवार मेरे पास भी आवेंगे लेकिन वह इसके बाद क़िले की ओर चले गए। कोतवाली के हवलदार ने मुझे वहाँ के दूसरे क़ैदियों के साथ बैठने का हुक्म दिया। वहाँ 40 मर्द, स्त्री और बच्चे थे। वहाँ 25 दिन क़ैद रहा। उसके बाद मुहम्मद इस्माईल नाम के एक मौलवी के यह कहने पर, कि यह सब मुसलमान हैं और यदि नहीं भी हैं तो अब हो जाएँगे, हम लोग छोड़ दिए गए। उन्होंने यह भी कहा जो राज़ी से मुसलमान होना चाहें, उन्हें क़त्ल करना पाप है। छूट तो गए लेकिन शहर के बाहर निकलने न दिया गया। फिर मौजूद नाम के एक अफ़्रीकी के यहाँ चला गया।

प्रश्न—क्या उससे तुम्हारी पहले की जान-पहचान या दोस्ती थी ?

उत्तर—मेरा उसका परिचय था, वह कर्नल एक्सनर का नौकर था। सन् 1842 में नौकरी छोड़ दी थी।

प्रश्न—ग़दर के दिनों में यह अफ़्रीकी किसका नौकर था ?

उत्तर—उस वक़्त से बादशाह की नौकरी कर ली थी।

प्रश्न—क्या उसने कभी तुम्हें अँगरेज़ी नौकरी छोड़ कर, शाही नौकरी करने के लिए कहा था ?

उत्तर—ग़दर के तीन दिन पूर्व मैं अपनी सवारी के लिए घोड़ा ख़रीद रहा था। वह मेरे पास आकर कहने लगा कि मैं अकेले में बात करना चाहता हूँ। मुझे एक कोने में ले गया और कहा कि कंपनी की नौकरी छोड़ दो और बादशाह की कर लो। फिर बोला कि दोस्ती के कारण मैं यह कहता हूँ। मैंने कारण पूछा तो उसने कहा कि गर्मी के दिनों में तुम हर जगह रूसियों को देखोगे। मैं उसकी बात पर हँस पड़ा। फिर कभी उससे मिलने न गया क्योंकि मुझे बड़ा काम था। यह बात 9 मई की है। वह भी मेरे पास नहीं आया। जब कोतवाली से छूटा और उसके पास गया तो उसने कहा कि मैंने तो तुमसे पहले ही कहा था, फिर बोला कि ग़दर से 2 साल पूर्व एक अफ़्रीकी क़ब्ज़ मक्का का बहाना करके कुस्तुन्तुनिया गया है। वह बादशाह दिल्ली की ओर से दूत बनकर रूसियों से मदद माँगने गया है और दो साल में लौट आने का वादा किया था।

प्रश्न—ग़दर के दिनों में जब तुम मौजूद के पास रहते थे, क्या तुम्हें कुछ ख़बरें मिलती थीं ?

उत्तर—विशेष कर ग़दर की बातें तो नहीं। लेकिन जब वह दिन भर काम करके शाम को घर आता तो दिन भर की ख़बरें सुना देता था। उसने कहा कि बादशाह ने अपने सब लड़कों और रईसों को दरबार में जमा करके कहा कि जबसे गाज़ीउद्दीन नगर की लड़ाई हुई है तबसे रोज़ तुम लोगों में परस्पर झगड़ा रहता है, यह बुरी बात है। बादशाह ने फिर कहा कि "यह समय आपस का मत विरोध छोड़कर, अँगरेज़ों को बाहर निकालने का है। यदि तुम लोग ऐसा न करोगे, तो याद रक्खो ब्रिटिश सेना दुबारा दिल्ली पर कब्ज़ा कर लेगी और तैमूर के वंश में एक को भी न छोड़ेगी।" मौजूद 10-12 अफ़्रीकियों का अफ़सर और बादशाह के ख़ास नौकरों में से था और प्रायः उन्हीं के पास रहता था। मैं समझता हूँ कि उसकी तमाम बातें सच हैं।

प्रश्न—क्या मौजूद ने रुपया या और कोई चीज़ कंपनी की नौकरी छोड़ देने के लिए दी ?

उत्तर—नहीं।

प्रश्न—क्या तुम जानते हो कि नौकरी छुड़वाने का आन्दोलन बादशाह या किसी क़िले वाले की ओर से था ?

उत्तर–मैं ऐसा नहीं जानता, मैं तो इसे उसी की बेवक़ूफ़ी समझता हूँ।

प्रश्न–क्या तुम्हें मालूम है, कि कंपनी के किसी और नौकर से भी ऐसा कहा गया था ?

उत्तर–मुझे पता नहीं।

प्रश्न–क्या तुमने ग़दर के पहले देहात में बँटने वाली चपातियों के सिलसिले में रेजिमेंट में बातें करते सिपाहियों को सुना था ?

उत्तर–जी नहीं, मैं उस समय अपने गाँव में छुट्टी पर था। जो कुछ मैंने सुना वह यही था कि गाँवों में चपातियाँ बँटी थीं और लोग उनका मतलब नहीं समझ सके।

प्रश्न–तुम 11 मई के कितने दिन पहले दिल्ली में थे ?

उत्तर–13 या 14 रोज़ पहले।

प्रश्न–क्या उस समय तुमने लोगों को ऐसी बातें करते सुना, कि दिल्ली में उपद्रव होने वाला है ?

उत्तर–मैं बीमार था और शहर वालों से बहुत कम मिलता था।

प्रश्न–तुमने कहा कि मौजूद ग़दर के बाद कहता था, कि रूसी हर जगह जाएँगे तो क्या तुम जानते हो कि नगर निवासियों का भी यही विश्वास था ?

उत्तर–जी हाँ, मुझे ख़्याल है, कि जब कभी मुसलमानों से बात करने का अवसर मिला, तभी यह प्रकट हुआ कि वह गर्मी के दिनों तक रूसियों को आया ही समझते थे।

प्रश्न–क्या ग़दर के पहले रेजिमेंट के देशी अफ़सरों और तुममें नौकरी की कुछ बातें हुईं ?

उत्तर–14 नंबर बेक़ायदा सवारों का अफ़सर मिरज़ा मुहम्मद तक़ी कहता था, कि उसकी किताबों में लिखा है कि अँगरेज़ी राज्य बहुत जल्द नष्ट हो जाएगा। वह पेशावर में था लेकिन मुझे ठीक नहीं मालूम कि सन् 1855 या 1856 में कहाँ था ?

प्रश्न–क्या तुमने किसी शख़्स को अँगरेज़ी राज्य के नष्ट होने का समय बताते सुना है, कि रोज़ की बातों से ही मालूम होता था कि अँगरेज़ी राज्य शीघ्र नष्ट होगा ?

उत्तर–नहीं।

प्रश्न–क्या तुम अन्दाज़ा लगा सकते हो कि अँगरेज़ों से हिन्दुओं को अधिक घृणा थी या मुसलमानों को ?

उत्तर–मुसलमानों को।

प्रश्न–क्या तुमने कभी सुना कि शाह-ईरान सेना लेकर आ रहा है ?

उत्तर–नहीं, मैं इन बातों पर उनसे बहस नहीं करता था, क्योंकि मुझे अँगरेज़ी

अख़बार से खबरें मिलती रहती थीं।

प्रश्न—क्या रूसियों के आने की चर्चा ग़दर से पहले भी होती थी ?

उत्तर—मैं कुछ नहीं कह सकता। मुझे ऐसी बातें करने या सुनने का अवसर नहीं मिला।

अभियुक्त ने जिरह से इनकार किया। अदालत ने प्रश्न किए।

प्रश्न—"तुम जब दिल्ली में थे, तो तुमने क्या यह सुना, कि बादशाह इच्छा विरुद्ध बाग़ियों के साथी बनें ?"

उत्तर—मैं वही बता सकता हूँ, जो कि सुना। पहले बादशाह की इच्छा न थी लेकिन जब अपने को घिरा पाया, तो सम्मिलित हो गए। अर्थात् 15 दिन बाद शामिल हुए। यह अफ़वाह है। मैं इसकी सच्चाई का सबूत नहीं रखता।

गवाह गया। ग़ुलाम अब्बास मुख़्तार को उनके पिछले बयान की याद दिला कर जज एडवोकेट नें पूछा—इन 12 काग़ज़ों को देखो। क्या तुम्हारा विश्वास है कि ये असली हैं ?

उत्तर—जिनके सिरों पर पेंसिल से आज्ञाएँ लिखी हैं, वे असली हैं, क्योंकि बादशाह के हाथ के लिखे हुक्म उन पर मौजूद हैं। दूसरे काग़ज़ात भी मेरी समझ में असली हैं। जिन पर बादशाह के हाथ के पेंसिल से दस्तख़त हैं, वे भी असली हैं।

अनुवादक ने काग़ज़ात पढ़े और उनका अनुवाद लिखा गया। 4 बज गए। अदालत 3 मार्च, सन् 1858 ई. बुधवार के लिए स्थगित हुई जिसमें अनुवादक को देशी अख़बारों के लेख और दूसरे काग़ज़ों के अनुवाद का अवसर मिल सके।

उन्नीसवें दिन की कार्यवाही

बुधवार, ता. 3 मार्च, सन् 1858 ई.

आज इजलास फिर दिल्ली क़िले के दीवाने-ख़ास में हुआ। प्रेसिडेंट, मेम्बर, जूरी, अनुवादक, जज एडवोकेट सब हाज़िर थे। अभियुक्त और उनके मुख़्तार ग़ुलाम अब्बास अदालत में लाए गए।

अठारह काग़ज़ असली अनुवादक ने पढ़े और उनका अनुवाद सुनाया।

(अखबारों के वे लेख अलग पुस्तक रूप में हैं, इसलिए यहाँ नहीं लिखे गए।)

(ख़्वा. ह. निज़ामी)

बीसवें दिन की कार्यवाही

गुरुवार, 4 मार्च, सन् 1858 ई.

कल की कार्यवाही के सम्बन्ध में आज भी 11 बजे अदालत बैठी। प्रेसिडेंट, सदस्य, अनुवादक, डिप्टीजज, एडवोकेट जनरल सब हाज़िर थे। अभियुक्त अपने मुख़्तार गुलाम अब्बास के साथ अदालत में आए। अभियुक्त ने अदालत में अपना लिखित बयान पेश किया, जिसे अनुवादक ने पढ़ा। अदालत साढ़े बारह बजे स्थगित हो गई। अगली पेशी 9 मार्च को नियत हुई, जिससे अनुवाद करने और सरकारी वकील को गवाहियों के बयान पर निगाह डालने तथा अभियुक्त के बयान का उत्तर देने का अवकाश मिल जावे।

इक्कीसवें दिन की कार्यवाही

मंगलवार, 9 मार्च, सन् 1885 ई.

अदालत दीवाने-ख़ास में बैठी। प्रेसिडेंट, सदस्य, अनुवादक, सरकारी वकील मौजूद थे। अभियुक्त और उनके मुख़्तार आए। जज एडवोकेट ने अभियुक्त के बयान को पढ़ा, जो कि निम्नांकित है :

लिखित बयान भूतपूर्व भारत-सम्राट्, बहादुरशाह दिल्ली

सत्य तो यह है, कि ग़दर के सम्बन्ध में मुझे पहले से ख़बर न थी। एकाएक 8 बजे बाग़ी आ गए और महल की खिड़की के नीचे शोर करने लगे। उन्होंने कहा कि वे मेरठ के अँगरेज़ों को क़त्ल करके आए हैं और उसका कारण यह बताया, कि उन्हें गाय और सूअर की चरबी मिले कारतूसों को दाँत से काटने के लिए कहा गया था; जो कि हिन्दू और मुसलमान धर्म, दोनों को नाश करने वाली बात है। मैंने यह सुनकर तुरंत क़िले के दरवाज़े बन्द करा दिए और क़िलेदार को ख़बर कर दी। वे फ़ौरन ही मेरे पास आए और जहाँ बाग़ी ज़मा थे वहाँ जाना चाहा और दरवाज़े खोल देने के लिए कहा। मैंने उन्हें मना किया और जब मैंने दरवाज़ा न खुलने दिया, तो वे ऊपर गए और बरामदे में खड़े होकर सिपाहियों से कुछ कहा जिसे सुनकर वे लोग चले गए। फिर उपद्रव बन्द करने का प्रबंध करने की बात कहकर वे चले गए। इसके बाद मि. फ्रेज़र ने दो तोपों के लिए और क़िलेदार ने दो पालकियों के लिए ख़बर भेजी। उन्होंने कहा उनके पास दो लेडियाँ ठहरी हैं और वह चाहते हैं कि उन्हें शाही महल में पहुँचा दिया जावे।

मैंने दो पालकी भेज दीं और तोपें भेजने का हुक्म दे दिया। इसके बाद मैंने सुना कि पालकियाँ पहुँचने भी नहीं पाई थीं कि मि. फ़्रेज़र, क़िलेदार और वह लेडियाँ सब मार डाली गईं। इसके थोड़ी ही देर बाद बाग़ी सिपाही दीवाने-ख़ास में घुस आए। पूजा गृह (इबादत ख़ाना) में भी फैल गए और मुझे चारों ओर से घेर कर पहरा बैठा दिया। मैंने उन्हें वहाँ से चले जाने के लिए कहा और वहाँ आने का कारण पूछा। जवाब में उन्होंने चुप बने रहने के लिए कहा। उन्होंने, इसके बाद कहा, कि हमने अपना जीवन संकट में डाला है तो सारी बातें अपनी इच्छानुकूल ही करेंगे। मैं मार डालने के डर से कुछ न बोला और अपने कमरे को लौट गया। शाम के समय वे कई अँगरेज़ स्त्री, पुरुषों को मेग़ज़ीन से गिरफ़्तार करके लाए और उन्हें दो बार क़त्ल करने का इरादा किया। मैंने उन्हें बचाने का प्रयत्न किया और सफल हो गया और वे अँगरेज़ बच गए। अंतिम समय मैंने उपद्रवकारियों को बहुत कुछ रोकने की कोशिश की लेकिन उन्होंने मेरी बात न सुनी और उन बेचारों को क़त्ल करने बाहर ले गए। मैंने क़त्ल के लिए हुक्म नहीं दिया। मिरज़ा मुग़ल, मिरज़ा ख़ैर सुलतान, मिरज़ा अबूबकर और मेरा एक ख़ास मुसाहिब बसंत सिपाहियों से मिल गए थे। उन्होंने संभव है मेरा नाम लिया हो। मुझे पता नहीं है कि उन्होंने क्या कहा; न मैं यही जानता हूँ, कि मेरे ख़ास मुसाहिब विद्रोही बनकर क़त्ल में शरीक हुए थे। यदि उन्होंने ऐसा किया तो मिरज़ा मुग़ल के प्रभाव में आकर किया होगा। क़त्ल के बाद भी मुझे किसी ने ख़बर नहीं दी। कुछ गवाह मेरे नौकरों को मि. फ़्रेज़र व क़िलेदार का क़त्ल में सम्मिलित होना बताते हैं। इसका भी वही जवाब है कि मैंने उन्हें ऐसा करने का कोई हुक्म नहीं दिया, यदि उन्होंने ऐसा किया भी है तो स्वेच्छा से किया होगा। मैं ख़ुदा की क़सम खाकर, जो मेरा गवाह है, कहता हूँ कि मि. फ़्रेज़र इत्यादि के क़त्ल का हुक्म मैंने नहीं दिया। मुकुन्द लाल वग़ैरह ने जो मेरा नाम लिया है, वह झूठ है। मिरज़ा मुग़ल व ख़ैर सुलतान ने हुक्म दिया हो तो ताज्जुब नहीं क्योंकि वह सिपाहियों से मिल गए थे। इसके बाद सिपाहियों ने मिरज़ा मुग़ल, मिरज़ा ख़ैर सुलतान, मिरज़ा अबूबकर को मेरे सामने लाकर कहा कि वे इन लोगों को अपना अफ़सर बनाना चाहते हैं, मैंने उनकी दरख़्वास्त नहीं मानी। लेकिन जब सिपाहियों ने ज़िद की और मिरज़ा मुग़ल क्रोधित होकर अपनी माँ के पास चला गया तो डर से मैं चुप हो गया और इधर दोनों ओर की रज़ामन्दी से मिरज़ा मुग़ल कमांडर-इन-चीफ़ बनाए गए। मेरी मोहर और दस्तख़तों के संबंध में असली बात यह है, कि जिस रोज़ से बाग़ी आए, उन्होंने अँगरेज़ों को मारा और मुझे क़ैद कर लिया। मैं उनके बस में रहा, जैसा कि अब हूँ। जो काग़ज़ वह मुनासिब समझते मेरे पास लाते और मोहर लगाने पर मजबूर करते। कभी-कभी हुक्मनामों के मसविदे (पांडुलिपि) लाते और मेरे सेक्रेट्री से लिखवाते। कभी असली काग़ज़

लाते और उनकी नक़लें दफ़्तर में रखते। इस प्रकार वह एक फ़ाइल सी बन गई है। बहुत बार उन्होंने सादे लिफ़ाफ़ों पर मोहर लगवा ली है, नहीं मालूम, उनमें कौन से काग़ज़ भेजे और कहाँ भेजे गए। अदालत में एक अर्ज़ी पेश हुई है जो मुकुन्द लाल की ओर से किसी बेनाम व्यक्ति के नाम है। जिसमें एक दिन में निकाले गए हुक्मनामों की सूची है। उसमें साफ़ लिखा है कि इतने हुक्म फ़लाँ के कहने से निकले हैं और इतने अमुक के कहने से। लेकिन कहीं भी मेरी आज्ञा से लिखे जाने का ज़िक्र नहीं है। इससे स्पष्ट है कि मेरी बिना सम्मति लिए जब जितने चाहे गए, लिखे गए और मुझे उनकी ख़बर भी नहीं हुई। मैं और मेरा सेक्रेट्री प्राणों के डर से चुप रहे। ठीक यही बात उन अर्ज़ियों की है, जिनमें मेरे हाथ की लिखावट है। जब मिरज़ा मुग़ल, मिरज़ा ख़ैर सुलतान, मिरज़ा अबूबकर को कुछ लिखवाना होता, तो फ़ौजी अफ़सरों को साथ लेकर आते और अर्ज़ियों पर हुक्म लिखने को मजबूर करते। वह प्रायः अपने प्रभाव में लाने के लिए मुझे सुनाकर कहते, कि जो उनकी बात न मानेगा, मार डाला जाएगा। इसके सिवा मेरे नौकरों पर अँगरेज़ों से संबंध रखने और उनके पास पत्र भेजने का जुर्म लगाते। विशेष कर हकीम एहसन उल्ला, महबूब अली ख़ाँ और मलका ज़ीनत महल पर षड्यंत्र का दोष लगाया गया और कहा जाता कि अब अगर ऐसा सुनने को मिला, तो क़त्ल कर दिए जाएँगे। इसी तरह एक बार हकीम साहब का मकान लूट लिया और क़त्ल की नीयत से उन्हें क़ैद कर लिया गया। उसके बाद और नौकरों को भी गिरफ़्तार किया गया। जैसे शमशीरुद्दौला, मलका ज़ीनत महल इत्यादि को। फिर यह भी कहा, कि मुझे हटा कर मिरज़ा मुग़ल को बादशाह बनाएँगे। यह बात विचार के योग्य है कि मेरे पास ऐसी कौन सी शक्ति थी, जो उन्हें प्रसन्न रख सकती ? फ़ौज के अफ़सर इतने सर चढ़ गए थे कि कहते थे कि ज़ीनत महल को मेरे हवाले कर दो मैं उन्हें क़ैद करूँगा क्योंकि उन्होंने अँगरेज़ों से षड्यंत्र किया है। यदि मुझमें शक्ति होती, तो मैं हकीम एहसन उल्ला ख़ाँ और महबूब अली ख़ाँ को क़ैद होने देता या हकीम साहब का मकान लुटते देखता ? बाग़ी सैनिकों ने एक अदालत बनाई थी जिसमें तमाम मामले तय होते थे। जिन मामलों को तय करना होता, उन्हें इन लोगों की काउंसिल अधिकार देती थी। मैंने कभी उसमें भाग नहीं लिया। उन्होंने मेरी मर्ज़ी के विरुद्ध मेरे नौकरों ही को केवल नहीं लूटा, बल्कि मेरे कई महलों को लूट लिया था। चोरी करना, हत्या करना, क़ैद करना उनके लिए साधारण बात थी। जो जी चाहता, करते। ज़बरदस्ती शहर के रईसों और व्यापारियों से जितना धन चाहते वसूल करते; और यह सब अपने निजी ख़र्च के लिए करते थे। यह जो कुछ हुआ है वह उपद्रवी सेना का किया हुआ है। मैं उनके बस में था और क्या कर सकता था ? वह एकदम से आ गए थे और मुझे क़ैद कर लिया था। मैं लाचार था और डर के कारण वह जो

कहते, मुझे करना पड़ता। नहीं तो मैं भी मार डाला जाता। यह सभी जानते हैं कि मैं जीवन से निराश हो गया था और मेरे दूसरे नौकरों की भी जान बचने की आशा नहीं थी। मैंने फ़क़ीर हो जाने का निश्चय कर लिया था और गेरुये रंग की साधुओं वाली पोशाक पहननी शुरू कर दी थी। यहाँ से कुतब साहब, वहाँ से अजमेर शरीफ़ और अज़मेर शरीफ़ से मक्का मुअज़्ज़मा जाने का विचार था। लेकिन सेना ने मुझे आज्ञा नहीं दी। जिस सेना ने ख़ज़ाना और मेगज़ीन लूटा, उसी ने जो चाहा किया और मैंने किसी से कुछ नहीं कहा और न इन लोगों में से किसी ने लूट का माल लाकर मुझे दिया। एक रोज़ यही लोग मलका ज़ीनत महल का महल लूटने गए थे; मगर उन लोगों से दरवाज़ा न टूट सका। अब ध्यान देने योग्य है, कि यदि वे लोग मेरे अधीन होते या मैं उनके षड्यंत्र में सम्मिलित होता, तो ये सब बातें क्यों होतीं ? और यहाँ तक कि वे लोग औरत माँगें और कहें कि "हमें दे दो हम क़ैद करेंगे।" हाज़ी क़ब्ज़ की बाबत मुझे यह कहना है कि उसने मक्का जाने के लिए मुझसे छुट्टी माँगी थी, मैंने उसे ईरान नहीं भेजा। और न शाह-ईरान के पास कोई पत्र ही भेजा। यह बात किसी ने ग़लत उड़ाई है। मुहम्मद दरवेश की दरख़्वास्त मेरी नहीं है, जिस पर विश्वास किया जा सके। सम्भव है कि किसी मेरे या मियाँ हसन अस्करी के दुश्मन ने यह भेजी हो। बाग़ी सेना के संबंध में मैं यह बताता हूँ कि उसने मुझे सलाम तक नहीं किया न मेरा किसी तरह का अदब ही रखा। वे दीवाने-ख़ास और आम में बिना धड़क जूतियाँ पहने चले आते थे। मैं उस सेना पर कैसे विश्वास करता जिसने अपने मालिकों को मार डाला हो। जिस तरह उन्होंने उनका क़त्ल किया उसी तरह मुझे भी क़ैद किया, मुझे अपनी आज्ञा में रखा और मेरे नाम से लाभ उठाया, जिसमें मेरे नाम के कारण उनका काम हो। जबकि सेना ने अपने सशक्त अफ़सरों को मार डाला तब मैं, जिसके पास न ख़ज़ाना, न फ़ौज, न तोपख़ाना! उन लोगों को कैसे रोक सकता था या उनके विरुद्ध खड़ा हो सकता था ? लेकिन मैंने उनकी सहायता नहीं की। जब बाग़ी सेना क़िले के पास आई तो यही मेरे बस में था कि दरवाज़े बन्द कर दिये। फिर जो कुछ हुआ बता दिया। कुछ को बाग़ियों से मिलने को रोक सका। मैंने लेडियों के लिए दो पालकी और फाटक की रक्षा के लिए दो तोपें मि. फ्रेज़र और कप्तान डगलस की प्रार्थना पर भेज दीं। इसके सिवा तेज़ ऊँट-सवार दूत के द्वारा पूरा समाचार उसी रात को आगरा के लेफ़्टिनेंट गवर्नर की सेवा में भेज दिया। मुझसे जो कुछ हो सका, किया। मैंने अपनी इच्छा से कोई हुक्म नहीं दिया, मैं सिपाहियों की क़ैद में था और उन्होंने लाचार करके जैसा चाहा कराया। मैंने कुछ नौकर रखे थे, वे बलवाइयों से डर कर, अपनी जान बचाने के लिए रखे थे। जब ये लोग जान के डर से भाग गए, तो मैं क़िले से निकल कर हुमायूँ के मक़बरे में जाकर ठहर गया।

बाग़ी सेना मुझे ले जाना चाहती थी। लेकिन मैं न गया और उस जगह से अपने को सरकार से, जान न लिये जाने का बचन पाकर, सरकार के सुपुर्द कर दिया।

(जिस समय सेना के अफ़सरों ने बादशाह को साथ ले जाने की ज़िद की तब मेरे नाना मौजूद थे)

—ख़्वा. ह. निज़ामी

उपर्युक्त बयान मेरा स्वयं लिखा हुआ और अत्युक्ति-रहित सत्य है। ज़रा भी झूठ नहीं है। ईश्वर मेरा गवाह है कि जो सच था और मुझे याद था वह मैंने लिखा है। शुरू में ही मैंने क़सम लेकर सत्य लिखने का वादा किया था, वैसा ही मैंने किया है।

दस्तख़त बहादुरशाह बादशाह

बयान का परिशिष्ट

मिरज़ा मुग़ल के नाम एक हुक्म, जिसमें सिपाहियों के कार्य-शैली की शिकायत और मेरे अंतिम विचार—दरगाह साहब जाने और वहाँ से मक्का चले जाने का ज़िक्र है, मेरा कहना यह है कि मुझे किसी ऐसे हुक्म के निकलने की याद नहीं है। हुक्म मेरे दफ़्तर के नियम के विरुद्ध उर्दू में लिखा गया है। मेरे दफ़्तर में सब काम फ़ारसी में लिखे जाते थे। मैं नहीं जानता कि हुक्म किसने और कहाँ तैयार किया। मेरा ख़्याल है कि मिरज़ा मुग़ल ने मेरे विरक्त होने और सेना से परेशान हो जाने और फ़क़ीरी लेने के विचार से अपने दफ़्तर में ऐसा लिखाया है। और मेरी मोहर उस पर लगा दी है। कुछ भी हो, मेरी फ़ौज से नाराज़गी और परेशान होने की बताई गई बात का इस हुक्म से अनुमोदन ही होता है। दूसरे पत्रों के संबंध में, जैसे राजा गुलाबसिंह की चिट्ठी या बख़्त ख़ाँ की अर्ज़ी पर मेरा हुक्म, मेरे हाथ के लिखे और मोहरें लगी हैं और दूसरे काग़ज़, जो कि कार्यवाही में सम्मिलित हैं, भें विश्वास दिलाता हूँ कि मुझे याद नहीं हैं, बल्कि जैसा मैं कह चुका हूँ, कि बड़े अफ़सरों ने बिना दिखाये या बिना मुझे ख़बर दिए जैसा चाहा लिखकर भेज दिया और मेरी मोहर लगा दी, मेरा विश्वास है यह भी उसी प्रकार के हैं। बख़्त ख़ाँ की दरख़्वास्त पर अवश्य मुझे हुक्म लिखने को लाचार किया गया होगा जिस प्रकार दूसरी दरख़्वास्तों पर लिखवाये हैं।

दस्तख़त बहादुरशाह

जज एडवोकेट ने अदालत का ध्यान आकर्षित करते हुए कहा—

महाशयो, अपनी इस बहस में मैं कोशिश करूँगा, कि अदालत में हुई कार्यवाही को, स्पष्ट रूप में जैसा कुछ नतीजा निकलता है, आपके सामने रख दूँ। हमारी जाँच कई मास की घटनाओं के समय से आरम्भ की गई है, जब कि शहर

में उपद्रव ज़ोरों पर था और मेरा विश्वास है कि इस बीच में होने वाली घटनाओं की जाँच बड़ी बारीकी से की गई है और हम उसमें सफल हुए हैं। निश्चय ही—हमारी उतनी मेहनत नहीं हुई, जितनी कि चाहिए, जिसे कि मेरी समझ में मेरे कर्त्तव्य का अमहत्त्वपूर्ण भाग कहना चाहिए। घटनाओं की सत्यता से वह अपराध प्रकट होते हैं, जो कि अभियुक्त पर लगाये गए हैं और उनके अपराध तथा उनका फ़ैसला जिसके लिए आप लोग मौजूद किए गए हैं, अभियुक्त की पुरानी प्रतिष्ठा और पूर्व शासन को और भी प्रतिष्ठित कर देगा। तो भी चाहे छोड़े जाएँ और चाहे अपराध सिद्ध हो, जो कि एक बड़ी मियाद तक लोगों को उपदेश देते रहेंगे, उन्हें तराजू पर तौलने से हल्के उतरेंगे और निश्चय ही उन कारणों को जो कि चाहे प्रत्यक्ष हों, या अप्रत्यक्ष जिन्होंने विद्रोह को जन्म दिया और जिससे भविष्य के चक्र में एक क्रांति हो गई, धर्म के नाम से एकदम से प्रकट हो गई, इतिहास के लिए नई बात है। किसी धर्म के विरुद्ध देश के हिन्दू और मुसलमानों का एक साथ मिलकर युद्ध करना बिल्कुल नया अवसर है। मुझे डर है, कि मामला तथास्तु रूप में मैं कह नहीं सका कि धार्मिक प्रभाव, जो कि आगे चलकर राजनैतिक रूप सिद्ध हुआ, जो कहने में मैं भूल कर रहा हूँ। जिसमें शक्ति और शासन के विरुद्ध एक भयंकर लड़ाई ऐसे मुल्क में जहाँ के निवासी धर्म में, रक्त में, रंग में, स्वभाव में, भावों में और प्रत्येक बात में विभिन्न हैं, निश्चय ही अनोखी बात है। इस बहस पर निश्चित विचार जो कुछ भी हों, कम से कम जितने कि मुझे कारण प्रकट हुए हैं जिनसे इतना बड़ा विद्रोह खड़ा हो गया, निरन्तर क़त्ल हुए, इसके असली विशेष तह में कौन है ? मेरा विश्वास है कि अदालत के सदस्य भी मेरी राय से सहमत होंगे कि हमारी जाँच ऐसे प्रश्नों का साफ़ उत्तर नहीं देती। और इसका कारण केवल यही है, कि विभिन्न स्थानों की घटनाओं से वहाँ की स्थानीय गवाहियाँ हम नहीं पहुँचा सके। तो भी हमें आशा करनी चाहिए कि हमारी जाँच बिल्कुल ही व्यर्थ नहीं सिद्ध हुई। यद्यपि हमें पूर्ण सफलता का श्रेय नहीं प्राप्त है, तो भी प्रायः उसके निकट ही पहुँच गए हैं। मेरा विचार है कि कुछ लोग इन कार्यवाहियों को बिना इस नतीजे पर पहुँचे हुए भी पढ़ते रहेंगे, कि षड्यंत्र इस अदालत के द्वारा पोषित थी। प्रकट शक्तियों को देखने से यह भी मालूम हो जाएगा कि फ़रज़ी (मान ली गई) बादशाही के मुखिया को धार्मिक पक्षपात और इस्लामी धर्म की शान ने उभाड़ दिया था। इनसे अब तक लाखों की आशाएँ बँधी थीं, जिन्होंने इनको यह प्रतिष्ठा प्रदान क़ी थी। न केवल मुसलमानों के ही यह मुखिया रहे, बल्कि दूसरे भी हज़ारों के सरताज रहे, जिन्हें धार्मिक पक्षपात के कारण एक केन्द्र पर लाना असम्भव-सा था। ऐसे मामले पर पूर्ण प्रकाश डालना एक दिन या एक महीने की बात नहीं है। समय आवेगा, जबकि उन तमाम बातों और लोगों का भंडाफोड़ हो जाएगा, जिन्होंने ऐसी कृतघ्नता और अमानुषिकता का परिचय

दिया है। किन्तु इस समय हमें केवल इस मामले के संबंध में ही कुछ कहना है और जो कि गवाहियों से प्रकट होती है। बलवाइयों के बहुत से भेद हमें प्रकट हो गए हैं किन्तु हमें उतावली न करनी चाहिए। यही हमारी जाँच का एक अंश है जिस पर दृष्टि डालना चाहता हूँ। किन्तु घटनाओं का संक्षिप्त वर्णन मुझे अपने एड्रेस के आरम्भ में करना उचित मालूम होता है।

अतएव, मुझे कहना चाहिए कि केवेलरी नं. 3 के सवारों और नॉन कमीशंड अफ़सर, जिन्हें गत मई में कारतूसें इस्तेमाल करने से इनकार करने के जुर्म में कोर्ट मार्शल की सज़ा दी गई थी, उनकी संख्या 85 थी। 9 मई को सवेरे उन्हें सजा दी गई थी और परेड के मकान में हथकड़ियाँ पहना दी गई थीं और 10 मई की शाम को साढ़े छह बजे तीनों रेजिमेंटों ने बग़ावत शुरू कर दी। सज़ा की घटना के बाद से 36 घंटे का समय वहाँ की फ़ौजों को यहाँ की फ़ौजों से बात करने को मिल गया। यहाँ से मेरठ तक सफ़र करने में गाड़ी के ज़रिए 6 घंटे का समय लगेगा। बाग़ियों ने परस्पर की वार्तालाप से लाभ उठाया। इसलिए मैं कप्तान टटलर की गवाही को पेश करता हूँ। उनकी गवाही से साफ़ है कि मेरठ से इतवार के दिन शाम को सिपाही ही आए जो पैदल रेजिमेंट नं. 3 में मिल गए। निश्चय ही बाग़ियों के दूत उन लोगों के आने पर उचित व्यवहार करने की ख़बर देने आए थे और यद्यपि हमारे पास विश्वसनीय प्रमाण भी हो, तो भी यह ध्यान देने योग्य बात है, कि इतवार की शाम ही उनके षड्यंत्र का पहला दिन नहीं है। निस्संदेह हमारे पास लिखा है कि मेरठ में सिपाहियों को कोर्ट मार्शल किए जाने के पहले काफ़ी उत्तेजना थी कि यदि चरबीदार कारतूसों का प्रयोग जारी रक्खा गया तो मेरठ और दिल्ली की सेनाएँ मिलकर विद्रोह करेंगी और यह निश्चय इतना पक्का और विश्वसनीय हो चुका था कि इतवार की शाम को क़िले के फाटक के पहरेदार सिपाही भी अपने विचार न छिपा सके और बेधड़क परस्पर कहने लगे कि कल क्या होने वाला है। कुल घटना के संबंध में गम्भीर विचार करते समय याद रखना चाहिए, कि मेरठ की तीनों रेजिमेंटों के मेगज़ीनों में एक भी चरबी वाला कारतूस न था और मुझे जैसी ख़बर मिली है कि दिल्ली में भी न था। ध्यान रहे, कि निम्नांकित बातों में हिन्दुस्तानी सिपाही स्वयं जानकार थे। चाँदमारी करने के लिए कारतूस मेगज़ीनों में बहुत दिनों से बनते चले आए हैं और बनाने वाले उन्हीं के धर्म और भावों के व्यक्ति थे, इसलिए यह असम्भव था कि मेगज़ीन की कोई बात उनसे छिपी रह सकती और रेजिमेंटों के ख़लासी जो कारतूस बनाते थे, यदि ऐसी कोई बात होती, वह तुरंत ही सब को प्रकट कर देते। असल में यह आपत्तिपूर्ण कारतूस (इससे मेरा अर्थ उन कारतूसों से है, जिनसे हिन्दू मुसलमान धर्म को बाधा पहुँचे) उनकी रेजिमेंटों में ही बनते थे। यदि कोई संदेह की बात होती तो वे लोग तुरंत बनाने से इनकार करते। मगर सबसे बढ़कर बात तो यह

है, कि मुसलमानों की तो कोई ज़ात ही नहीं है। वह सुअर का गोश्त छू लें तो भी उनके धर्म को बाधा नहीं पहुँच सकती। मध्य-भारत के मुसलमान इसका उदाहरण हैं। हममें से ऐसा कौन है, जिसने मुसलमान ख़ानसामों को मेज़ पर से तश्तरियाँ ले जाते न देखा हो, उसमें अवश्य ही वही चीज़ होती है, जिसका कारतूस में होना बताया जाता है। ज़रा देर के लिए हम मान लेते हैं कि कारतूसों में गाय व सूअर की चरबी थी तो भी मुसलमानों को उनके काम में लाने से कौन सी धार्मिक बात बाधक थी ? उनके ख़ानदानी, जो खानसामागिरी करते हैं, वह मेज़ पर से ऐसी तश्तरियाँ उठाने में ज़रा भी संकोच नहीं करते। ऐसी दशा में मुसलमान सिपाहियों की आपत्ति व्यर्थ है। यदि उनमें से कोई भी अक्लमंद अपनी बुद्धि से काम ले तो वह भी इसी परिणाम पर पहुँचेगा कि किस प्रकार उनके धर्म का ध्यान रक्खा गया है। ऐसे कुछ थोड़े से समझदार ज़रूर उनके साथ से अलग हो गए और उनके कार्य को ग़लत समझा। लेकिन ऐसे आदमियों के लिए जो कि अफ़वाह पर विश्वास करके सबूत आदि की आवश्यकता नहीं समझते, क्या कहा जाए ? वे यही समझते हैं, कि वे ऐसे स्थान पर पहुँच गए हैं, जहाँ ग़लती की गुंजाइश नहीं है। मेरठ और दिल्ली के हिन्दू-मुसलमान सिपाहियों को ऐसे कारतूसों को अपने पास रखने में कोई आपत्ति नहीं हुई, जिन्हें वह जल्दी से इस्तेमाल करके अपने अफ़सरों की हत्या कर सकें। जैसा कि सिद्ध हो चुका है; या अभियुक्त के साथ मिलकर, जो कि आपके सामने कटहरे में हैं, अपनी शक्ति को अपने उस स्वामी के विरुद्ध प्रयोग करना जिसकी भक्ति उनके लिए कर्त्तव्य थी। इन कार्यवाहियों के दौरान में सैकड़ों काग़ज़ सामने आए हैं लेकिन अदालत को आश्चर्य होगा कि उनमें एक भी ऐसी बात नहीं है जिससे पता लग सके कि वह क्यों अँगरेज़ों से नाराज़ थे ? एक सौ से अधिक काग़ज़ हर संभवनीय विषय पर लिखित पेश हैं, जिनमें खच्चर की ख़रीद और घोड़े के ज़ख़्म तक के प्रत्येक काग़ज़ शाही दस्तख़त के योग्य समझा गया, इन स्वतंत्र कारनामों में जहाँ उन्होंने अपने नियत किए बादशाह के सामने तमाम बातें साफ़-साफ़ कहीं, अपने भूतपूर्व स्वामियों—अँगरेज़ों के संबंध में भी कोई बात न छिपाई, उन्हें 'काफ़िर और नारकीय' आदि कहने में भी संकोच नहीं किया, वहाँ पर नहीं मालूम उन्होंने चरबी की बात का कहीं भी ज़िक्र क्यों नहीं किया ? निश्चय ही हमने उनके अपराध को सिद्ध कर दिया है। जिसको वह इस तमाम उपद्रव का कारण बतलाते हैं। आपस में मिल कर अँगरेज़ी अफ़सरों की खोज से अपने को अलग समझ कर राज्य-भक्ति और आज्ञा-पालन के विरोध को चरबी वाले कारतूसों को रख दिया है, बिल्कुल ग़लत है। उनकी इस नाराज़गी की कभी कोई बात नहीं सुनी गई। यदि कोई बात होती तो ज़रूर ही हर एक दिमाग़ में वह बात आती। निश्चय ही वह दूर की जाती। यदि याद करें तो मालूम होगा कि उन तीन रेजिमेंटों ने, जिन्होंने दया को दूर से

सलाम करके सबसे पहले विद्रोह का झंडा उठाया और न केवल पुरुषों की ही, बल्कि स्त्री और बच्चों की भी हत्या करने से नहीं हिचकिचाये, एक भी कारतूस उनकी रेजिमेंटों में नहीं थी और प्रत्येक सिपाही को इसकी सूचना थी। और यदि ख़्याल करें, कि चरबी वाले कारतूस थे और इन बलवाइयों के हाथों इस्तेमाल भी कराए गए थे, तो उनसे उनके धार्मिक नियम पर कोई प्रभाव नहीं पड़ सकता था। फिर इसके सिवा, क्या हिन्दू, क्या मुसलमान, क्या अँगरेज़ सभी जानते हैं कि शान्ति के समय यदि कोई हिन्दुस्तानी सिपाही नौकरी छोड़ना चाहे तो उसकी बात मान ली जाती है। ऐसी दशा में इसके यथेष्ट प्रमाण हैं कि उन्होंने विद्रोह किसी कारण-विशेष और असली कारण से किया याँ व्यर्थ और झूठी बात पर। धार्मिक पक्षपात, शरारत, बेसमझी-बूझी के स्वप्न हों, या कुछ भी हों, तो भी बलवाइयों ने जो कारण बताया है, वह चरबी के कारतूस थे। उनके तरकस का यही विषपूर्ण तीर था। कितना सरल उपाय था कि नौकरी से इस्तीफ़ा देते और घर चले जाते।

महाशयो, इस दुःखपूर्ण समस्या के संबंध में आप किस परिणाम पर पहुँचेंगे, मैं नहीं जानता। लेकिन हर बात पर ख़्याल करने से मेरा तो कहना यह है कि ध्यान देने से पता चल जाता है कि इसकी तह में चरबी के कारतूसों के अतिरिक्त कोई इससे अधिक सशक्त बात छिपी हुई है।

एक जमाअत, जिसने प्रभावित होकर एक ही समय में हिन्दुस्तान के एक कोने से लेकर दूसरे कोने तक विद्रोह और हत्याएँ आरम्भ कर दिया निश्चय ही यदि समझदारी नहीं, तो मक्कारी और हद दर्जे के छल-कपट से तैयार की गई है। इस विषय पर सोचते समय हमें याद आता है कि जहाँ-जहाँ की सेनाओं ने अपने अफ़सरों को मारा और विद्रोह किया, वहाँ किसी भी स्थान पर चरबी के कारतूसों का बहाना सत्य नहीं सिद्ध हुआ; बल्कि जान-बूझकर कि अब ग़दर करने का अच्छा अवसर है, विद्रोह किया गया। क्योंकि वे सैकड़ों की संख्या में थे और अफ़सर कम। क्या यह संभव है कि ऐसे भयानक परिणाम जैसे कि देखने में आए, साधारण कारण से हो सकते हैं ? क्या देशी सेना कारतूस का बहाना गढ़ने के पहले प्रसन्न रहती थी ? क्या कोई सोच सकता है कि पुरानी और बड़ी शत्रुता, जिसका कई अवसरों में प्रमाण मिल चुका है, क्षणिक और एकाएक भावावेश के कारण थी ? घटना-क्रम से क्या यह प्रकट होता है कि यह विकट हत्याकांड किसी एक बात पर उठ खड़ा हुआ ? क्या कोई कह सकता है कि हिन्दू जाति अपने स्वभाव के विरुद्ध किसी ज़रा सी बात पर अपने तमाम सुख और लाभ, जो कि अँगरेज़ी सरकार द्वारा प्राप्त हुए हैं, बिना सोचे-समझे तमाम पर लात मार सकती है ? और भीषण हत्याकांड तथा निरपराध मनुष्यों के रक्त से हाथ रँग सकती है ? अथवा इससे अधिक यह विचार किया जा सकता है कि मेरठ की तीन रेजिमेंटें

दिल्ली की रेजिमेंटों से मिलकर देश से अँगरेज़ी राज्य को उलट देने का ऐसे महत्त्वपूर्ण और भयंकर प्रयत्न करेंगी ? महाशयो, मेरे पास कोई प्रमाण नहीं है कि षड्यंत्र पहले से था। पर सबूत न सही, मैं जानता हूँ, कि प्रत्येक मनुष्य स्वीकार करेगा और विद्रोह के घटना-क्रम ने हमें स्वयं बता दिया है, कि इसकी तह में कुछ न कुछ ज़रूर था। ईश्वरीय और संसारी जगत में कुछ न कुछ कारण व उपाय होते हैं। इसलिए गत वर्ष का विद्रोह, जो कि प्रलय काल तक याद रहेगा, उसे हम कारतूस का विष-वमन नहीं कह सकते। कारतूस की बात, जिसके नाम पर 10 मई को मेरठ और दूसरे स्थानों पर विद्रोह हुआ, ग़लत है और धीरे-धीरे मुख्य बात प्रकट होती जा रही है। क्योंकि विद्रोह स्वयं पक्का प्रमाण जमा करता जा रहा है और बाग़ियों के पिछले जोश ख़त्म हो गए। उनकी शक्ति ने जवाब दे दिया और असलियत ने उसका स्थान ले लिया।

यदि हम विद्रोहियों की गति-विधि पर विचार करें, तो देखेंगे कि विद्रोह की नींव षड्यंत्र और मक्कारी पर थी। उदाहरण के लिए, मेरठ में जब इनके 85 साथियों और सहायकों के हथकड़ियाँ डाल दी गईं और वे जेलख़ाने भेज दिए गए, तो उनके चेहरे से क्रोध और प्रतिकार के चिह्न नहीं प्रकट हुए। इन लोगों के दिलों में विद्रोह पहले से भरा हुआ था और प्रकट-रूप में कोई कार्य विद्रोह का नहीं प्रकट हुआ; बल्कि किसी ने सहानुभूति तक नहीं दिखाई। प्रकट-रूप में नं. 3 केवेलरी भी राज्य-भक्त ही दिखाई देती रही, जब तक कि उसके विद्रोह का निश्चित समय नहीं आ गया। इसको 12 घंटे की क़ैद के बाद मेगज़ीन के पास जाने का शुभ अवसर मिला था लेकिन उस समय तक दिल्ली की सेना को आगे बढ़ने का अवसर नहीं मिला था। क्योंकि मेरठ में अवसर से पूर्व ही मामला बहुत आगे बढ़ गया था, इसलिए दिल्ली की सेना वालों से दुबारा बात करने और 11 मई, सोमवार को होने वाले नाटक की पहले से सूचना देनी आवश्यक थी। कप्तान टटलर की गवाही से प्रकट होता है कि ऐसा हुआ था, क्योंकि मेरठ से इतवार की शाम को सिपाहियों की भरी गाड़ी का आना और सीधे नं. 38 रेजिमेंट में चले जाने के कोई दूसरे अर्थ हो ही नहीं सकते।

फिर हम मेरठ में ग़दर के लिए तय किए समय में मक्कारी का दृश्य देख सकते हैं। मेरठ की छावनी ने षड्यंत्र को बहुत अधिक सहायता दी, क्योंकि देशी सेना की लाइनें छावनी के उस भाग से बहुत दूर हैं, जहाँ कि अँगरेज़ी सेना की छावनी है। इतनी दूर, कि यदि वहाँ कोई शोर-गुल हो तो दूसरे स्थान पर ख़बर नहीं पहुँच सकती, जब तक ख़ास तरीक़े से उसकी सूचना न दी जाए। शायद अफ़सरों ने सरकारी रिपोर्ट का ख़्याल करके अपने सिपाहियों के विद्रोह को दबा दिया हो। अँगरेज़ों को कारतूस लेने और वहाँ से दो मील पैदल पहुँचने में कुछ देर तो अवश्य ही लगेगी। डेढ़ घंटे के अन्दर यह सब कर डालना आश्चर्य की

बात है। लेकिन चूँकि साढ़े छह बजे शाम से उनका कार्य आरम्भ हुआ इसलिए अँधेरे के कारण उन्हें अधिक कठिनाई का सामना नहीं करना पड़ा। यह था, जो कि हुआ। अँगरेज़ों के देशी लाइनों के पहुँचने तक अँधेरा हो गया था, कोई सिपाही मौजूद न था और कोई यह भी नहीं बता सकता था, कि वे लोग कहाँ गए। जाँच से पता चला है, कि वे लोग विद्रोह करके सीधे दिल्ली के लिए चले। दस-दस पाँच-पाँच की टोली बनाकर और सीधे रास्ते से न जाकर, उन लोगों ने सचमुच बड़ी समझदारी का परिचय दिया। किन्तु आगे भी ऐसा ही करते रहना उनकी बेवक़ूफ़ी थी, क्योंकि उस समय कोई अँगरेज़ उनको रोकने वाला नहीं था। इसके बाद पूरी सेना बनाकर पुल पार करते और नियमित सवारों का एक दल लेकर अग्रगामी सेना की भाँति रवाना होते हम देखते हैं। अब हम मुलज़िम को, जो आपके कटहरे में है, इसे मेरठ से आई हुई सेना से षड्यंत्र करते पाते हैं। यही पहले व्यक्ति हैं, जिनकी ओर सबसे पहले विद्रोहियों ने ध्यान दिया और जिससे उन्होंने प्रार्थना की। यही देहली के नक़ली बादशाह। यह देख कर साधारण बुद्धि वाला भी समझ सकता है कि इन लोगों का अभियुक्त से पूर्व संबंध और षड्यंत्र था। क्या हुआ अगर अभियुक्त बाद में सम्मिलित हुआ।

ग़दर की भीषण घटनाएँ बड़ी कठिनता से प्रकट होतीं, यदि इनके ख़ास नौकर, क़िले की चारदीवारी के अन्दर और लगभग उनकी आँखों के सामने हर एक अँगरेज़ पर खून करने के लिए टूट न पड़ते। जब हम याद करते हैं कि इन व्यक्तियों में दो नवयौवना और कोमल स्त्रियाँ भी थीं और जिन्होंने दंगाइयों का कुछ भी अपराध नहीं किया था, इस हत्याकांड में अमानुषिकता और भयानकता का प्रत्यक्ष रूप प्रकट होता है, जो कि मुसलमानों के स्वभाव का एक अंग है। अन्यथा यह कैसे सम्भव था कि जो शिक्षा शाही परिवार के गौरव के लिए हो तथा, संतोष और शांतिपूर्ण धार्मिक जीवन व्यतीत करने की स्वतंत्रता हो, इस बूढ़े और सन-जैसे सफ़ेद बालों वाले मनुष्य को अमानुषिकता के अन्यायपूर्ण व्यवहारों से दूर न रखती ?

अब मैं यह जानने के लिए रुक रहा हूँ, कि क्या अदालत में सिद्ध हो गया है और सदैव होता रहेगा कि तैमूर वंश के अन्तिम बादशाह ने इस विद्रोह में भाग लिया ? अब मैं घटनाएँ साफ़-साफ़ कह देना चाहता हूँ कि हत्याएँ जान-बूझकर और बीसियों आदमियों के सामने हुईं और उनके छिपाने की बिल्कुल कोशिश नहीं की गई।

यह बताया जा चुका है कि अभियुक्त के ख़ास सलाहकारों ने भी क़त्ल किए और क़िले के घेरे के अन्दर, जहाँ अँगरेज़ों के मुक़ाबिले में बादशाह का भी अधिक प्रभाव था। मैं अभी स्वयं इस परिणाम को नहीं निकालना चाहता कि हत्याएँ अभियुक्त की आज्ञा से हुई हैं। क्योंकि बिना किसी विशेष सबूत के अदालत इस

बात को स्वीकार नहीं कर सकती। इसलिए मैं गवाही पेश करना अपनी राय प्रकट करने से अधिक महत्त्वपूर्ण समझता हूँ। हकीम एहसन उल्ला ख़ाँ अपने बयान में बता रहे हैं, कि उस समय वह और गुलाम अब्बास मुख़्तार बादशाह के पास मौजूद थे। जिस समय कि सवारों ने मि. फ़्रेज़र की हत्या कर डाली थी और कप्तान डगलस को मारने के लिए ऊपर चढ़ गए और उसकी सूचना बादशाह को मिली। कहारों ने भी तुरंत वापस होकर कहा, कि उन्होंने मि. फ़्रेज़र को क़त्ल होते अपनी आँखों देखा है; और उनकी लाश दरवाज़े पर पड़ी है और कप्तान डगलस के निवास स्थान पर सवार चढ़ गए हैं। बादशाह के नौकरों ने तमाम अत्याचार हमसे छिपाने की क्यों कोशिश की, यह बात आसानी से समझ में आ सकती है। हकीम साहब ने बयान के आख़िरी अंश में यह भी कहा है कि उन्होंने नहीं सुना, कि बादशाह का कोई नौकर इस हत्या में सम्मिलित था और आगे कहा कि आम तौर पर नहीं मालूम था कि हत्याएँ किसने कीं ? बादशाह के हकीम का यह बहाना है और इस अवसर पर ऐसा करना उचित समझा गया था, कि आम तौर पर नहीं मालूम था कि हत्या किसने की। समय बीत जाने के बाद हमें उन लोगों के नाम निकालने और उनकी खोज करने में विशेष परिश्रम नहीं करना होता। क्या यह आम तौर पर नहीं मालूम था कि बादशाह के ख़ास नौकर हत्या में सम्मिलित थे ? फिर भी यह कांड देशी अख़बार में किस आन-बान से प्रकाशित हुआ ? इसके बाद मुझे आवश्यक नहीं समझ पड़ता, कि मैं उन लोगों की गवाहियों को दोहराऊँ, जिन्होंने अपने बयान में कहा है कि बादशाह के नौकरों ने क़त्ल किए हैं। उनकी गवाहियाँ बिल्कुल स्पष्ट हैं। तो भी अदालत के सामने मैं उनके बयान की ओर संकेत करता हूँ।

मि. फ़्रेज़र उस समय उपद्रव दबाने के लिए नीचे रह गए और जब वह अपने काम में लगे हुए थे, मैंने देखा, कि हाजी लोहार ने उन्हें तलवार से दो टुकड़े कर दिया और उसी समय बादशाह के नौकरों ने उन पर तलवारें चलाईं, यहाँ तक कि उनकी मृत्यु हो गई। मि. फ़्रेज़र के हत्यारों में एक हब्शी भी था। इसके बाद उन लोगों ने ऊपर के कमरे पर हल्ला बोला और तुरंत दौड़ा और ज़ीने का दरवाज़ा बंद कर दिया। मैं हर तरफ़ के दरवाज़े बंद ही कर रहा था, कि भीड़ दक्षिणी ओर से आ गई और मि. फ़्रेज़र के हत्यारों को ऊपर आने के लिए दरवाज़े खोल दिए। ये लोग तुरंत अंदर आ गए और जहाँ कप्तान साहब मि. हचिंसन, मि. जैंग्स और दो नवयौवना लेडियाँ थीं। उन सबों पर आक्रमण किया और मार डाला। यह देखकर मैं ज़ीने के नीचे भागा। ज्यों ही मैं नीचे पहुँचा, मुझे महमूद नाम के बादशाह के दूत ने पकड़ लिया और पूछने लगा कि बताओ कप्तान डगलस कहाँ हैं ? तुम लोगों ने उन्हें छिपा दिया है। वह मुझे ज़बरदस्ती अपने साथ ऊपर ले गया। मैंने कहा कि तुमने स्वयं तमाम साहबों को मारा है। मैंने देखा, कि कप्तान डगलस

अधमरे थे। महमूद ने भी देखा और उनके सिर में लकड़ियाँ मार-मार कर मार डाला। यह सिद्ध करके, कि स्त्रियों के हत्यारे बादशाह के नौकर थे हम फिर हकीम एहसन उल्ला ख़ाँ की गवाही की ओर लौटते हैं। अभियुक्त को सूचना मिलने के बाद उसने जो प्रबंध किया वह क़िले के दरवाज़े बंद करना था। स्वाभाविक रूप से हमारा प्रश्न यह होता है कि क्या हत्यारों को भागने से रोकने के लिए दरवाज़े बंद कराए गए थे ? गवाही से स्पष्ट प्रकट है, कि ऐसा नहीं था। फिर हकीम साहब का बयान लिया गया जहाँ उन्हें स्वीकार करना पड़ा कि बादशाह ने कोई जाँच नहीं की और अपराधियों के खोजने तथा दंड देने का प्रयत्न नहीं किया। ऐसा क्यों नहीं किया ? इसका कारण इस समय की हलचल और क्रांतिपूर्ण परिस्थिति बतलाते हैं। लेकिन वस्तुतः यदि बादशाह का अपने नौकरों पर कुछ भी प्रभाव न रहा हो, तो भी अपराधियों का तुरंत पता लगाकर उन्हें शासन में कर लेना सम्भव था। हमें बताया गया है, कि बादशाह ने ऐसा नहीं किया और हम अनुमान से यह जानते हैं, कि यद्यपि नौकरों ने बादशाह की आज्ञा इन तमाम बातों में नहीं प्राप्त की, तो भी यह कार्य बादशाह की सम्मत्यानुसार थे। आगे चलकर हम यह देखते हैं कि कोई भी नौकर इन अपराधों के कारण नौकरी से अलग नहीं किया गया और न कभी कुछ जाँच-पड़ताल ही की गई। गवाह से प्रश्न किया गया था, जिसके उत्तर में उसने कहा, कि बादशाह ने हत्याकारियों की तनख़्वाह बराबर जारी रक्खी, जैसा कि उस दिन के अख़बार से भी प्रकट होता है। क्या इन तमाम बातों के बाद भी यह प्रश्न रह जाता है, कि बादशाह ने जान-बूझ कर यह तमाम कृत्य किए या कराए ? मुझे यह बताना आवश्यक नहीं है, कि इस अपराध पर कौन सा क़ानून लगाया जा सकता है, क्योंकि एक बड़ा क़ानून है जो कि अपराधी ठहरा सकता है और निरपराध कह के छोड़ भी सकता है। वह क़ानून है अन्तःकरण और बुद्धि—यह वह क़ानून है जिसकी हर एक कल्पना कर सकता है और जो क़ानूनी कोड या फ़ौजी अधिकार के फ़ैसले से बढ़कर अधिक भयावना फ़ैसला अपने पक्ष में कर सकता है। यह वह क़ानून है जिस पर कौंसिल अथवा मज़हबी उन्माद का कोई प्रभाव नहीं। यह वह क़ानून है जिसे ईश्वर ने प्रत्येक मनुष्य के अन्तःकरण में बना दिया है। क्या यह क़ानून इस अवसर पर प्रयोग नहीं किया जा सकता है ?

अब समय है कि हम अपने विचारों को मेगज़ीन में होने वाली घटनाओं की ओर ले जावें। कप्तान फ़ॉरेस्ट ने बताया है कि सवेरे 9 बजे मेरठ की देशी सेनाएँ अपनी संगीनें तिरछी किए सैनिक ढंग से पुल को पार कर रही थीं। उनके आगे-आगे रिसाला था और पीछे पैदल। इसके लगभग 1 घंटे बाद नं. 38 देशी सेना के सूबेदार ने कप्तान फ़ॉरेस्ट को जाकर सूचना दी कि बादशाह ने मेगज़ीन पर अधिकार करने के लिए सेना भेजी है और तमाम अँगरेज़ों को क़िले में जाने

की आज्ञा दी है और यदि वह आना स्वीकार न करें तो मेगज़ीन के बाहर न निकलने पावें। कप्तान फ़ॉरेस्ट का कहना है कि उन्होंने कोई सैनिक दल तो नहीं देखा, किन्तु जो व्यक्ति यह समाचार लाया था वह खड़ा था। यह व्यक्ति एक सभ्य मुसलमान था। बात यहीं समाप्त नहीं हुई, बल्कि थोड़ी देर बाद बादशाह का एक देशी अफ़सर एक ज़बरदस्त गारद लेकर आया, जिसमें शाही नौकर थे। वे वर्दियाँ पहने हुए थे। उस अफ़सर ने सूबेदार आदि से कहा कि वह बादशाह को ओर से तुम्हारी सहायता के लिए भेजा गया है—फिर हम देखते हैं कि मेगज़ीन की समस्या किस तेज़ी और चालाकी से पूरी की जाती है। अब क्या यह विश्वास कर लिया जाए, कि यह तैयारी बादशाह की ओर से थी अथवा आकस्मिक प्रभाव के कारण सैनिकों की ? सैनिकों को इस घटना के साथ सीधा संबंध करने के अर्थ यह होंगे, कि वे लोग बहुत होशियार थे। घटनाक्रम इस बात को स्पष्ट और ज़ोरदार शब्दों में कह रहा है कि यह तैयारी कई व्यक्तियों के गंभीर विचार के बाद पहले से ही निश्चय की हुई थी। यह समझ लेना बहुत कठिन है कि कोई व्यक्ति जो समय से पूर्व किसी बात से जानकार न हो और अवसर आने पर उसे ठीक ढंग से कर ले। आप अकाट्य प्रमाणों और कारणों की ओर ध्यान दीजिए कि बेसमझदार लोगों के द्वारा ऐसी लड़ाई नहीं लड़ी जा सकती। उन विद्रोहियों ने बादशाह को अपने साथ आने का निमंत्रण दिया। कोई सब्ज़-बाग़ ऐसा अवश्य था, जिसके कारण बादशाह ने अपने व अपने तमाम परिवार को भयानक ख़तरे में डाल देने में पसोपेश न किया। और वह लालच था ताज का; जिसमें उन्हें धोखा हुआ और राजसी-छत्र उनके मस्तक पर होकर निकल गया। इन घटनाओं पर ध्यान करने से क्या यह परिणाम नहीं निकलता, कि इस बूढ़े मनुष्य ने तृष्णा में पड़कर, अवसर पाकर अपनी इच्छा पूर्ण करनी चाही और जल्दी ही मेगज़ीन पर अधिकार करने के लिए सेना भेज दी ? यह कार्य यदि पहले से सोचा गया और षड्यंत्र के द्वारा उनकी नींव पर नहीं था, तो क्या इसे बुढ़ापे से बादशाह का सठियापन कहा जा सकता है ?

अदालत ने एक स्वप्न की बात सुनी है कि पश्चिम से एक भयानक आँधी उठी और पानी की बाढ़ में सभी स्थान नष्ट हो गए किन्तु बादशाह का परिवार सुरक्षित रहा।

यह स्वप्न पीरज़ादा हसन अस्करी का था जिसका अभिप्राय यह था, कि शाह-ईरान के हाथों अँगरेज़ काफ़िरों का नाश होने वाला है जोकि बादशाह को भारत का राज्य दे देगा। क्या यह इसीलिए नहीं उड़ाया गया था जिसमें एशियाई भाग में सनसनी फैल जावे ? मैं जानता हूँ कि पूर्वीय देशों के अतिरिक्त और कहीं भी ऐसी व्यर्थ की बातों पर विश्वास नहीं किया जाता। आश्चर्य से देखा जाता है कि सैनिक-विद्रोह में भी यह भाव थे। मेगज़ीन पर किया गया आक्रमण सिपाहियों की क्षणिक उत्तेजना को नहीं प्रकट करता, बल्कि उससे पता लगता है

कि उसकी तह में दूसरी ही शक्ति काम कर रही थी। सैनिक ढंग से सिपाहियो का जाना, उनमें शांति होना, किसी ओर शोर-गुल न होना सभी इसके प्रमाण हैं कि उसकी संचालन-शक्ति बड़ी नियमित रूप से थी। लूट-मार की बिल्कुल कोशिश नहीं की गई। नॉन कमीशंड अफ़सर विभिन्न दरवाज़ों पर थे, मज़दूरों का एक दल मेगज़ीन की चीज़ें बाहर निकाल रहा था। और ज़रा देर में उन सबका विचार एकदम पलट जाना, क्या अपने आप और क्षणिक आवेश में हो गया ?

क्या बादशाह और उनके देशी अफ़सरों ने यह सभी कार्यक्रम पहले से नहीं बना लिया था ? क्या यह सम्भव है कि सैनिक अपने बल पर ऐसे बड़े कार्य में हाथ डालने का साहस कर सकते थे ? यद्यपि मैं स्वयं बादशाह की आज्ञा देने का पता नहीं लगा सका हूँ, तो भी मुझे विश्वास है और शाहज़ादा जवाँबख़्त का ढंग प्रत्यक्ष प्रकट करता है, कि 11 मई की घटनाओं की जानकारी क़िले वालों को अवश्य थी। जवाँबख़्त को अँगरेज़ों के पतन की इतनी प्रसन्नता थी कि वह अपने भाव नहीं छिपा सका। मेरा मतलब उन बातों को प्रकट करना है, जिनको मैं ठीक समझता हूँ कि यह षड्यंत्र केवल सैनिकों तक ही परिमित नहीं था, बल्कि उनकी शाखाएँ शहर और ज़िले में भी थीं। क्या ये हत्याएँ किसी के दृढ़ निश्चय को नहीं प्रकट करतीं ? हमारे पास प्रमाण है, कि 11वीं और 20वीं पैदल रेजिमेंट के सिपाही मेगज़ीन पर आक्रमण करते और उसके उड़ने के पूर्व सीढ़ियों का प्रयोग करते हैं और उसी समय अँगरेज़ों के विरोधियों में जो लोग दिखाई देते हैं उनमें एक बादशाह भी है। वह विद्रोह-नद में बेधड़क घुसते और पार करने का श्रम करते हैं। वह राज्य की आशा में तैरते फिरते हैं। घटनाक्रम की लहरें उन्हें इधर-उधर पटक देती हैं और तब वह रेत पर ही खड़े होकर आशा लगाते हैं। मैं लेफ़्टिनेंट उल्फ़ बाई की ओर ध्यान देता हूँ। उनके ऐसा वीर पुरुष, जिसने इतनी बड़ी सेना के विरुद्ध अपनी थोड़ी शक्ति को अंत तक डटाये रख कर मेगज़ीन की रक्षा की और समय में वीरता और धैर्य के साथ मेगज़ीन के उड़ने का त्यागपूर्ण स्वागत किया। इस साहस को ऐतिहासिक लेखक न्याय की दृष्टि से देखें। मैं उस पर थोड़ा बहुत प्रकाश डाल सकता था, क्योंकि दूसरी बातों पर मुझे बहस करनी है जिनका वर्त्तमान कार्यवाहियों से बहुत गहरा संबंध है। देहली की मेगज़ीन उड़ते ही विद्रोह की बाढ़ का रोकना दुष्कर हो गया, अँगरेज़ों की दशा शोचनीय हो गई और प्रत्येक को अपने प्राण बचाना कर्तव्य जान पड़ा। दिल्ली बदमाशों के हाथ में आ गई और जिन्होंने 24 घंटों में ही इतने अत्याचार किए, कि संसार के अनेक काले कारनामें जिनके सामने हेय सिद्ध होते हैं। हम देखते हैं कि बादशाह स्वयं भी उस ड्रामा का एक ऐक्टर है, जिसके ड्यूक इंग्लैंड और यूरोप के जन समाज से भी अधिक हैं। उस ड्रामा को सभ्यता और शीलता के विरोधियों ने अपने चाव से देखा। गवाही से प्रकट है कि 11 मई को तीसरे पहर

बादशाह दीवाने-ख़ास में आ विराजते हैं और विद्रोही सैनिक उनसे सहायता की याचना कर रहे हैं। बादशाह उनकी बात मान लेते हैं और फिर प्रत्येक के मन में जो आता है, कहकर विदा होता है। गवाह गुलाम अब्बास मुख़्तार का कहना है, कि बादशाह को सिपाहियों के सर पर हाथ रखने का यह अर्थ है, कि वह उनकी सेवाओं को स्वीकार करते हैं। आगे चलकर गवाह कहता है, कि बादशाह के शासन ग्रहण करने की मुनादी की उन्हें ख़बर नहीं है, सम्भव है उन्हें बिना सूचना दिए ऐसा किया गया हो। हाँ, बादशाह का शासन ग़दर के दिन से ही आरम्भ हो गया था और उसी रात 21 तोपों की सलामी दी गई थी।

यह घटनाएँ बादशाह पर अपराध सिद्ध करती हैं और कदाचित अब और आगे कहने की आवश्यकता नहीं है। मुहम्मद बहादुरशाह भूतपूर्व बादशाह दिल्ली पर पहला अभियोग यह है कि उन्होंने 10 मई से 1 अक्टूबर, सन् 1857 तक, गवर्नमेंट के पेंशन-भोगी होने पर भी, ईस्ट इंडिया कंपनी के नौकरों, सिपाहियों को मुहम्मद बख़्त ख़ाँ सूबेदार रेजिमेंट तोपख़ाना और देशी कमीशंड अफ़सरों को राज्य के विरुद्ध विद्रोह* करने के लिए भड़काया। मैं गवाहियों का बार-बार ज़िक्र करके अदालत को परेशान नहीं करना चाहता। स्थानापन्न कमिश्नर और लेफ़्टिनेंट गवर्नर के एजेंट मि. सॉडर्स ने प्रकट कर दिया है कि अभियुक्त किस प्रकार से पेंशन भोगी हुए। अर्थात् अभियुक्त के बाबा शाहआलम मरहठों की क़ैद में थे। सन् 1803 में जब अँगरेज़ों ने मरहठों को हराया तो शाहआलम ने ब्रिटिश सरकार की संरक्षकता में आने की प्रार्थना की। सरकार ने उसे मंजूर किया और उसी समय से दिल्ली के नाम मात्र के बादशाह अँगरेज़ों की रिआया हुए। फिर जहाँ तक इस कुटुम्ब का संपर्क है, किसी को कोई कष्ट नहीं था। एक बात ध्यान देने योग्य है कि

---

*(1) अभियुक्त और मुहम्मद बख़्त ख़ाँ के संबंध की गवाही जो कि जुर्म सिद्ध करने को यथेष्ठ हैं, अभियुक्त का पत्र देखिए।

अभियुक्त का पत्र

बनाम गुलाम ख़ास लॉर्ड गवर्नर मुहम्मद बख़्त ख़ाँ सूबेदार—ईश्वर कल्याण करे। तुम जानो कि नीमच की सेना अलापुर पहुँच गई है और उनका सामान वहीं रह गया है। तुम्हें ताकीद की जाती है कि दो सौ पैदल और सवारों के 5-7 दल देकर उक्त सामान गाड़ियों पर लदवा कर अलापुर पहुँचा दो। इसके आगे तुम्हें हुक्म दिया जाता है कि काफ़िरों को आगे न बढ़ने देना। वे ईदगाह के पास खड़े हैं। ध्यान रहे कि यदि सेना बिना विजय पाए और बिना सामान लूटे आई, मामला बड़ा ख़राब और भयानक परिणाम होगा। तुम्हें सूचना दी जाती है कि इन हुक्मों को ज़रूरी समझो। इस पत्र में कोई तारीख़ नहीं पड़ी है तो भी निस्संदेह यह उसी समय का लिखा हुआ है जिसके कारण पहला अभियोग लगाया गया है।

अभियुक्त के बाबा शाहआलम ने अपने राज्य के साथ ही अपनी दोनों आँखें भी खो दी थीं। और ऐसे ही बहुत से अत्याचार उन्होंने भोगे थे। वह क़ैद में रखे गए थे, जहाँ से लॉर्ड लेक ने उन्हें छुड़ाया और उनकी दशा पर दया करके उदारता पूर्वक पेंशन नियत की, जिसे न सिर्फ़ शाहआलम को ही, बल्कि उनकी संतान के लिए भी जारी रक्खा। परिणाम में इस साँप ने उन्हीं पर दाँत लगाए जिन्होंने उसके साथ एहसान किए और प्राण रक्षा की थी।

अभियुक्त के बयान पर अपनी राय प्रकट करने का यह अच्छा अवसर है। अभियुक्त ने भी दूसरे और लोगों की भाँति यह ढंग पकड़ा है और कहा है कि ग़दर के पाप से वे दूर थे। वे बयान करते हैं कि ग़दर के पहले उन्हें किसी बात की ख़बर न थी। बाग़ी सिपाहियों ने उन्हें घेर लिया और पहरे क़ायम कर दिए और वे जान के डर के कारण किंकर्तव्यविमूढ़ हो गए। वे अपने कमरे में चले गए और बाग़ी सेना ने पुरुष, स्त्री, बच्चों को क़ैद में रखा। उन्होंने अनुनय-विनय करके दो बार उनके प्राण बचाये, तीसरी बार भी उन्होंने यथाशक्ति प्रयत्न किया, किन्तु बलवाइयों ने उनकी बात पर ध्यान न दिया और उन बेचारों की 'मेरी बिना आज्ञा के' हत्या कर दी। अब मुख्य शंका यह है, कि यह बात सिर्फ़ अनुमान से ही निर्मूल नहीं सिद्ध होती, बल्कि काग़ज़ी और ज़बानी गवाहियों से भी इससे उलटी बात सिद्ध होती है। अभियुक्त का बयान सिर्फ़ शाब्दिक-इनकार है। अपने कृत्यों को दूसरे के सिर मढ़ने और जहाँ काग़ज़ी प्रमाण हैं वहाँ पर ज़बरदस्ती लिखा लेने का बहाना बताने के अतिरिक्त और कोई उपाय था ही नहीं। कहीं कहा गया कि काग़ज़ ज़बरदस्ती लिखाए गए और कहीं कहा गया कि मोहर ज़बरदस्ती लगवा ली गई। केवल एक भँवर जिससे वह अपनी रक्षा न कर सके और वह भी अपनी मर्ज़ी से हुमायूँ के मक़बरे में चले जाना और फिर चले आना है। निस्संदेह उन्हें कह देना चाहिए था, कि यह काम उन्होंने अपनी इच्छानुसार किया क्योंकि इसकी संभावना बहुत कठिन है कि उन्हें वहाँ ज़बरदस्ती ले जाया गया हो। क्योंकि यदि सिपाही ज़बरदस्ती ले जाते, तो इनका लौट आना असम्भव था। अतएव हम उस पर अपना मत प्रकट करते हैं—'जब बाग़ी और विद्रोही सिपाही भागने लगे तो मैं अवकाश पाकर क़िले के दरवाज़े से निकला और हुमायूँ के मक़बरे में ठहर गया।' कोई सोचे कि जब उन्होंने अपने को विद्रोहियों से अलग करना चाहा था तो जिस वक़्त वह भागने लगे थे, तब यह दिल्ली ही में कहीं ठहर जाते। चुप-चाप क़िले के दरवाज़े से दूसरी जगह जाने की क्या ज़रूरत थी ? मेरा अर्थ उनके बयान के शब्दों पर बहस करना नहीं है, बल्कि उस पर गंभीरतापूर्ण दृष्टि डालना है।

मैं विश्वास करता हूँ कि अभियोग सप्रमाण हैं और इसके आगे की ओर बढ़ता हूँ जो कि पहले से अधिक सत्य और दृढ़ हैं। वह यह, कि "10 मई और 1 अक्टूबर के बीच उन्होंने अपने लड़के मिरज़ा मुग़ल को, जो अँगरेज़ी सरकार

की रिआया था, व उत्तरी पश्चिमी भाग के निवासियों को, जिनके नाम मालूम नहीं हैं, और सिपाहियों को, जो कि सरकार की रिआया थे, राज्य के विरुद्ध युद्ध करने को उत्तेजित और तैयार किया। इस अभियोग के पक्ष में जितनी काग़ज़ी और ज़बानी गवाही है वह देखते-देखते हम लोग थक जाएँगे। अख़बारों ने मिरज़ा मुग़ल के कमांडर-इन-चीफ़ नियुक्त होने, उनको खिलअत मिलने तथा तत्संबंधी बातों की चर्चा की है। इस संबंध में ज़बानी गवाहियाँ भी काफ़ी हैं और पाए गए काग़ज़ों से भी यह प्रकट है कि मिरज़ा मुग़ल बादशाह के लड़के और दिल्ली के विद्रोहियों के जत्था नं. 2 के सेनापति थे। मैं उचित समझ कर नजफ़गढ़ के पुलिस अफ़सर मौलवी मुहम्मद ज़हूर अली की अर्ज़ी का कुछ उद्धरण देता हूँ—

"बहुज़ूर जाँपनाह बादशाह,

सविनय निवेदन है कि सरकारी आज्ञाएँ नजफ़गढ़ क़स्बे के ठाकुरों, चौधरियों, पटवारियों और क़ानूनगोओं को सुना दिए गए। उन्हें खूब समझा भी दिया गया और भरसक प्रबंध भी करा दिए गए तथा सरकारी आज्ञानुसार पैदल सिपाहियों की भर्ती भी आरम्भ कर दी गई है और उन्हें समझा दिया गया है, कि इस ज़िले की आमदनी वसूल होने पर उन्हें एलाउंस दिया जाएगा। जब तक कुछ ठीक प्रबंध न हो जाए, इस दास को संतोष नहीं हो सकता। नगली, करकोली, बचाऊ, कल्लन इत्यादि गाँवों के निवासी इस भीषण काल में मुसाफ़िरों को लूटते रहते हैं।" मैं समझता हूँ कि यह मिरज़ा मुग़ल, उनके लड़के और उत्तरी पश्चिमी निवासियों को विद्रोह के लिए तैयार करने के पर्याप्त सबूत हैं। जिस अर्ज़ी का ज़िक्र किया गया है, उसकी पीठ पर मिरज़ा मुग़ल के नाम बादशाह के हाथ का लिखा हुआ हुक्म है। जिसमें मिरज़ा मुग़ल को तुरंत एक पैदल रेजिमेंट लेकर नजफ़गढ़ जाने के लिए ताकीद की गई है, जिसमें उक्त पुलिस अफ़सर की मदद हो सके तथा अँगरेज़ों से लड़ने के लिए पैदल व सवार एकत्रित करने में कठिनाई न पड़े। लेकिन एक अर्ज़ी और है, जो कि देर में मिलने के कारण प्रमाण के काग़ज़ों के साथ नहीं पेश हो सकी, इसलिए उसकी चर्चा यहाँ करना आवश्यक है। वह अर्ज़ी ख़िराजपुरा के नवाब के बेटे अमीर अली ख़ाँ के हाथ से 12 जुलाई को लिखी गई थी :

बहुज़ूर बादशाह जाँपनाह,

सविनय निवेदन है कि यह सेवक श्रीमान् की सेवा में उपस्थित हुआ है। इस दास ने श्रीमान् के लिए अपने प्राण उत्सर्ग करने के लिए देश-त्याग किया है। मुझे दुख है कि मैं वह समय देखने के लिए जीवित हूँ, जब कि बदमाश अँगरेज़ों ने शाही परिवार के महलों पर तोप लगाने का दुस्साहस किया। जब से सेवक ने होश सँभाला है, तबसे सैनिक शिक्षा प्राप्त करके युद्ध करना सीखा है। मुझे प्राणों का भय नहीं है। पिलंग अपना शिकार पहाड़ों की चोटी में मारते हैं; मगरमच्छ अपना शिकार दरिया के किनारे घातों से निगल लेते हैं।

यदि मेरी प्रार्थना स्वीकार कर ली गई और मेरी युद्धनीति में विश्वास किया गया तो श्रीमान् की कृपा से केवल 3 दिन के भीतर इन गोरे चमड़े और काले हृदय वाले अँगरेज़ों का एकदम सत्यानाश कर देगा। उचित जान कर निवेदन किया (राज्य की उन्नति और राज्य विरोधियों पर फटकार)।

प्रार्थी–गुलाम अमीर अली ख़ाँ, वल्द नवाब
बख़ायत ख़ाँ, रईस ख़िराजपुरा।

इस पर बादशाह के हाथ का पेंसिल से लिखा हुआ हुक्म है, कि मिरज़ा ज़हूर उद्दीन इसकी जाँच करें और प्रार्थी को नौकरी दी जावे।

तीसरा अभियोग यह है "कि ब्रिटिश सरकार की रिआया होने पर भी राज्य-भक्त रहने के कर्तव्य से च्युत होकर 11 मई या उसके इधर-उधर अपने को दिल्ली का शासक घोषित किया, अनुचित रीति से दिल्ली पर अधिकार किया। मिरज़ा मुग़ल और तोपख़ाना के सूबेदार मुहम्मद बख़्त ख़ाँ से षड्यंत्र किया। 10 मई से 1 अक्टूबर तक राजविद्रोही रहे और सरकार से युद्ध करने के लिए दिल्ली में सैन्य-संग्रह किया।"

पहला अभियोग लगाते समय यह सिद्ध कर दिया गया है, कि अभियुक्त ब्रिटिश सरकार का पेंशन भोगी है और सरकार ने उनकी अथवा उनके कुटुम्ब के किसी की जायदाद नहीं छीनी है, बल्कि इसके विरुद्ध उन्हें अत्याचारों से त्राण देकर लाखों रुपया वजीफ़ा नियत किया। ऐसी दशा में मेरी समझ में उनका कर्तव्य था, कि वह राजभक्त रहते। मैं देखता हूँ कि अभियुक्त ने इसके विरुद्ध अपने कर्तव्य का नाश करने पर कमर बाँधी। ग़दर के पहले ही दिन तीसरे पहर दीवाने-ख़ास में बैठकर बाग़ियों से भेटें स्वीकार कीं। उस दृश्य को, वैसा ही दिखाना कठिन है। एक बुड्ढा शक्तिहीन अपने हाथों में राज्य-दंड ग्रहण करता है, जोकि उसके निर्बल हाथों के अयोग्य है। वह कमर झुका हुआ व्यक्ति एक राज्य पर अत्याचार और हत्याओं के द्वारा अधिकार करना चाहता है। अपनी आत्माज्ञा की हत्या करके, जो कि मनुष्यता का आवश्यक और मुख्य अंग है, अपने को बाग़ी, विप्लवी और दंगाइयों के हाथ में सौंप देता है।

यहाँ पर ऐसे गवाह मौजूद हैं जिन्होंने विभिन्न दिनों में बादशाह के शासक होने की घोषणा का ज़िक्र किया है। निश्चय ही दिल्ली जैसे बड़े शहर की प्रत्येक गली में एक या दो बार की घोषणा पर्याप्त नहीं हो सकती। अभियुक्त के मुख़्तार ने स्वीकार किया है कि बादशाह का राज्य 11 मई को स्थापित हुआ था। जब गुलाब नाम के दूत से प्रश्न किया गया कि "क्या ग़दर होते ही बादशाह शासक घोषित कर दिए गए थे।" तो वह उत्तर देती है कि "हाँ, ग़दर के ही दिन तीसरे पहर 3 बजे यह मुनादी कराई गई थी, कि आज से बादशाह का राज्य स्थापित हुआ।" चुन्नीलाल विसाती नाम का दूसरा गवाह कहता है, कि "11 मई को आधी

रात के समय क़िले में 20 तोपें दाग़ी गईं। मैंने अपने मकान से आवाज़ सुनी थी। और दूसरे दिन दोपहर को मुनादी कराई गई थी कि देश पर बादशाह का शासन हो गया।" अन्तिम शब्दों से प्रकट है कि दिल्ली पर अनुचित रीति से अधिकार किया गया। इस जुर्म के सिद्ध करने में बहस की ज़रूरत नहीं। आगे अभियोग यह है, कि अभियुक्त ने 10 मई और 1 अक्टूबर, सन् 57 के बीच अपने लड़के मिरज़ा मुग़ल और सूबेदार मुहम्मद बख़्त ख़ाँ से षड्यंत्र किया और दूसरे न मालूम व्यक्तियों को उत्तेजित करके विप्लव कराया। मिरज़ा मुग़ल कमांडर-इन-चीफ़ बनाए गए और ग़दर के कुछ दिन ही बाद उनकी नियुक्ति की घोषणा के लिए एक ख़ास जुलूस निकाला गया। यह बयान चुन्नीलाल बिसाती का है। किन्तु वह ठीक तारीख़ नहीं बता सकता, कि उसने किस दिन यह देखा था। मिरज़ा मुग़ल का सैनिक अधिकार रहा, जब तक, कि जनरल बख़्त ख़ाँ न आ गया। उसके आने पर वह गवर्नर जनरल और कमांडर-इन-चीफ़ नियुक्त हुआ था। वह 1 जुलाई को आया और इसके बाद अधिकारों के लिए परस्पर का झगड़ा देखने योग्य है। 17 जुलाई को मिरज़ा मुग़ल अपने बाप को लिखता है कि उस दिन जब वह सेना इकट्ठा करके अँगरेज़ों पर आक्रमण करने के लिए शहर से बाहर निकला, तो बख़्त ख़ाँ ने उसका मार्ग अवरोध किया और बड़ी देर तक सेना को व्यर्थ रोके रक्खा और पूछा कि किसकी आज्ञा से सेना बाहर आई है और बाद को यह कहकर सेना को लौटा दिया कि "बिना आज्ञा कहीं न जाए!" मिरज़ा मुग़ल ने आगे लिखा, "कि मेरी आज्ञा रद्द हो जाने से मेरे साथी लोगों को बड़ा दुःख हुआ। आप स्पष्ट लिखिए कि सेना पर पूर्ण अधिकार किसका है ?" इस चिट्ठी पर कोई आज्ञा नहीं हुई, जिससे पता चल सके। किन्तु परिणाम से पता चलता है कि कोई उचित प्रबन्ध कर दिया गया था, जैसा कि दूसरे दिन, 18 जुलाई को मिरज़ा मुग़ल और बख़्त ख़ाँ को परस्पर सलाह करते देखते हैं। उपर्युक्त चिट्ठी से पूरी परिस्थिति का पता चल जाता है। वह पत्र 19 जुलाई का है। "कल से पूरा प्रबन्ध कर दिया गया है, जिससे शत्रु को रात दिन हानि हो। यदि अलापुर से सहायता मिल गई तो ईश्वर इच्छा और आप के प्रताप से पूर्ण विजय हो जाएगी; अतएव बरेली के जनरल को हुक्म दे दें कि वह अलापुर की ओर से आकर मदद दें। वह उस ओर से आक्रमण करें और मैं इस ओर से, जिसमें दोनों सेनाएँ मिल कर अत्याचारी काफ़िरों का नाश कर दें। मुझे यह भी आशा है कि अलापुर की ओर जाने वाली सेना शत्रुओं की रसद भी रोक सकेगी। उचित जान कर निवेदन किया।" इस पर बादशाह का हुक्म हुआ, कि मिरज़ा मुग़ल जो उचित समझें, प्रबन्ध करें। मिरज़ा मुग़ल ने भी लिखा है कि एक हुक्म बरेली भेज दिया गया है। तीन व्यक्तियों का परस्पर षड्यंत्र करना इससे सिद्ध है। तीन काग़ज़ और हैं, जिनका पेश करना आवश्यक है। वे अदालत में पेश नहीं हो सके थे। उनमें एक तो जनरल बख़्त ख़ाँ की तारीख़

12 जुलाई की घोषणा है। जो कि 'देहली उर्दू गज़ट' में प्रकाशित हुई थी—

"उन लोगों को, जो शहर या देहात में रहते हैं—जैसे मालगुज़ार, ज़मींदार, पेंशन-भोगी अथवा जागीरदार इत्यादि को ज्ञात हो, कि यदि वह धन अथवा किसी प्रकार के लोभ में अँगरेज़ों की रक्षा करेंगे, शरण देंगे, रसद देंगे तो उनको कभी क्षमा नहीं किया जा सकेगा। अतएव घोषणा की जाती है कि ऐसे लोगों की जो कुछ भी अँगरेज़ों की सहायता न करने के बदले में हानि होगी वह शान्ति के समय जाँच करके पूरी कर दी जाएगी और यदि कोई व्यक्ति इस घोषणा के बाद भी अँगरेज़ों को ख़बर देगा अथवा किसी भी प्रकार से सहायता देगा तो उसे कठिन दंड दिया जावेगा। शहर के चीफ़ पुलिस अफ़सर को हुक्म दिया जाता है कि अपने इलाक़े के तमाम ज़मींदारों व रईसों के इसकी पीठ पर दस्तख़त कराके दफ़्तर लौटा दें।" दूसरा काग़ज़ बादशाह का 6 सितम्बर, 1857 का चीफ़ पुलिस अफ़सर के नाम हुक्मनामा है। "तुम्हें हुक्म दिया जाता है कि मुनादी के द्वारा घोषित कर दो कि यह धार्मिक युद्ध है और केवल धर्म ही के लिए लड़ा जा रहा है। इसलिए नगर अथवा देहात के रहने वाले तमाम हिन्दुस्तानी, जो कि चाहे सिक्ख हों; या पहाड़ी, नेपाली हों या पूर्वीय—हिन्दू हों अथवा मुसलमान—जो कोई भी अँगरेज़ों की नौकरी करते हों, वह छोड़कर इस धार्मिक युद्ध में सम्मिलित हों। हमारे राज्य में प्रत्येक धर्म को स्वतंत्रता रहेगी। जो लोग हमारे साथ सम्मिलित होंगे, उन्हें अच्छा खाना मिलेगा और चाहे वह सैनिक हों या न हों, अँगरेज़ों से लूटे हुए माल में हिस्सा मिलेगा और सरकार से इनाम अलग।" यह काग़ज़ दफ़्तर की नक़ल है, जोकि हाल ही में चीफ़ पुलिस स्टेशन से मिली है। इस पर उक्त अफ़सर तथा असिस्टेंट पुलिस अफ़सर की शाही मोहर है। इससे प्रकट है कि यह असली हुक्म की नक़ल है। इससे बढ़कर अदालत को और क्या सबूत दिया जा सकता है ? मेरा विचार है कि मैंने तीसरा अभियोग पूर्णतः सिद्ध कर दिया है और इसलिए और बहुत से अनावश्यक काग़ज़ों के पेश करने की आवश्यकता नहीं है।

अब मैं उस अभियोग की ओर बढ़ता हूँ, जिसमें कहा गया है, कि अभियुक्त ने 16 मई को 49 अँगरेज़ों को, जिनमें स्त्री और बच्चों की संख्या अधिक थी, वध कराया अथवा वध करने में सहायता दी। जहाँ तक हत्या का सम्बन्ध है, मैं कुछ नहीं कहना चाहता। घटना-क्रम अदालत के सामने आ चुका है। वे हत्याएँ ऐसी नहीं हैं, कि साधारण रूप से उन पर दृष्टि डाली जाए। इतनी अमानुषिकता, इतनी निर्दयता से उनकी गरदनें घोटी गईं, कि आत्मा इस बात को स्वीकार ही नहीं कर सकती। जैसा कि ऊपर बताया जा चुका है, कि उन अभागे स्त्री-बच्चों की हत्या अब अधिक व्याख्या नहीं चाहती, अब बतलाना केवल यह शेष रह गया है, कि उस निर्दयकांड में अभियुक्त का कितना हाथ था। उसने वध की आज्ञा दी, उसमें भाग लिया है या नहीं ? मैं इस अवसर पर क़ानून की उस गति की

शरण नहीं लेता, जिसमें किसी अपराध के लिए किए गए षड्यंत्र में सम्मिलित सभी व्यक्तियों को अपराधी ठहराया जाता है, चाहे उस षड्यंत्र के कुछ व्यक्ति उस कांड से बेख़बर अथवा विरोध में ही क्यों न हों। मैं तो अभियुक्त का सीधा संबंध सिद्ध कर रहा हूँ, जो कि अँगरेज़ों की गिरफ़्तारी, क़ैद और गंदे स्थान में बंद करने की घटनाओं से प्रकट है। अँगरेज़ों की गिरफ़्तारी के समय ही यह ज्ञात हो गया था, कि उनका क्या भविष्य होगा। इस संबंध में हकीम एहसन उल्ला ख़ाँ गवाह से, जब प्रश्न किया गया, कि इतने अँगरेज़ों स्त्री, बच्चे क़िले में लाकर क्यों क़ैद किए गए ? तो उन्होंने उत्तर में कहा कि शहर में तथा उसके आस-पास जो अँगरेज़ पकड़े गए, उन्हें बाग़ी अपने साथ, अपने ठहरने के स्थान में लेते आए। आगे गवाह ने बयान किया है कि बाग़ियों ने प्रत्येक क़ैदी को अपने साथ नहीं रखा, बल्कि अभियुक्त को सूचित किया और अभियुक्त ने ही क़ैदियों को रसोईघर में बन्द करने का हुक्म दिया, क्योंकि वह स्थान लम्बा-चौड़ा है। दूसरा प्रश्न करने पर गवाह ने बताया कि बादशाह ने स्वयं ही लम्बा-चौड़ा स्थान होने के कारण रसोईघर में रखने की आज्ञा दी थी। इससे सिद्ध है कि अभियुक्त ने जान-बूझकर उस स्थान को इसलिए पसंद किया था, क्योंकि वह ख़ास क़िले के अंदर है। उस स्थान के संबंध में, कि वह कैसा और किन लोगों के योग्य है, अभियुक्त को पहले से पता था। गवाह हकीम एहसन उल्ला ख़ाँ की गवाही के बाद मैं स्वयं उस स्थान पर गया और उसे नापा, वह 40 फ़ीट लम्बा, 12 फ़ीट चौड़ा और 10 फ़ीट ऊँचा स्थान है। वह पुराना और गंदा पड़ा है, अस्तरकारी बिल्कुल नहीं है। वह अँधेरा है; फ़र्श नहीं, खिड़की नहीं तथा हवा और रोशनी की वहाँ पहुँच नहीं है। उसमें एक छोटा छेद है और एक छोटा-सा दरवाज़ा है। अब मैं मिसेज़ ऑल्डवेल के बयान को दोहराता हूँ। "हम सब एक कमरे में क़ैद थे, जिसमें एक दरवाज़ा था, कोई खिड़की नहीं थी। वह मनुष्य के रहने योग्य नहीं धा और विशेषकर हमारे और इतने आदमियों के लिए तो बिल्कुल ही नहीं। हम सब हवा लेने के लिए दरवाज़े के पास खड़े होते थे और एक-दूसरे पर गिरे पड़ते थे। इस खिड़की को भी बंद रखना पड़ता था, क्योंकि सिपाही बंदूक़ें भरे हुए बच्चों को धमकाते थे। वे सिपाही हम लोगों के पास आकर कहते, कि यदि बादशाह प्राणदान कर दें तो क्या वह मुसलमान होने और लौंडी बनने को तैयार हैं। लेकिन बादशाह के गारद वाले उन लोगों को रोकते कि इन लोगों की बोटी-बोटी काटकर चील-कौवों को खिला दिया जाएगा। हमें बिल्कुल ख़राब खाना मिलता था। केवल दो बार बादशाह ने अच्छा खाना भिजवाया था।" यह बदला है उस ख़ानदान का, जिसे अँगरेज़ों ने लाखों रुपया दान किया! एक गवाह ने बयान किया है कि शाही रनिवास में इतनी काफ़ी जगह है, कि उसमें स्त्री और बच्चे रखे जा सकते थे। आगे गवाह कहता है कि ऐसे तहख़ाने हैं जहाँ 500 आदमी छिपाये जा सकते हैं और पता न लगे और रनिवास

के कारण बलवाई भी वहाँ न जा सकते थे। दूसरा गवाह बताता है, कि क़िले में ख़ाली मकान बहुत से थे, जहाँ क़ैदियों को बहुत आराम से रक्खा जा सकता था किन्तु अँगरेज़ों की दया पर पलने वाले ने उनके लिए रसोई-घर का एक गड्ढा ही उचित समझा—जहाँ पर उनके साथ भीषण अपराधियों से भी बुरा व्यवहार किया गया। वे लोग छोटे स्थान में रखे गए थे, जहाँ उनसे, जिसके जी में जो आता था, कहता था। पेंशन और दया का यह बदला मिला ! हकीम और मिसेज़ ऑल्डवेल की गवाही से प्रकट है, कि ये कृत्य बादशाह के व्यक्तित्व से सम्पर्क रखते हैं। यह सब बातें ज़बानी ही नहीं हैं, बल्कि काग़ज़ों द्वारा भी ऐसा ही सिद्ध होता है, जैसा कि अदालत को प्रकट हो चुका है। इन सब बातों से प्रकट है, कि तमाम बातों के ज़िम्मेदार अभियुक्त ही हैं। क्या अब भी इसमें कुछ संदेह है ? गवाहों की गवाही और अभियुक्त का लिखित बयान भी यही सिद्ध करता है। हम बादशाह को इसका दोषी इसलिए भी बनाते हैं, क्योंकि क़ैदियों की निगरानी के लिए बादशाह के ही नौकर नियुक्त थे। उन्हें ख़राब खाना भेजवाने वाले बादशाह ही थे। उन्होंने दो बार अच्छा खाना दिया। सिपाही क़ैदियों से पूछते हैं, कि यदि प्राणदान कर दिये जाएँ तो क्या मुसलमान होने और लौंडी बनने को तैयार हैं ? यह भी सबूत है। अब क्या संदेह बाक़ी रह जाता है। क्या कोई ऐसी घटना हुई है जिसमें बादशाह ने उनके साथ दया की हो ? दया तो बहुत दूर की बात है। बल्कि उनके साथ मनुष्यता का भी व्यवहार नहीं किया। एक मुसलमान स्त्री को भी, जब तक जाँच न कर लिया, क़ैद में रखा। केवल इस कारण से कि वह ईसाइयों को भोजन आदि देती थी। क्या इससे भी बढ़कर कोई अमानुषिकता हो सकती है ? बल्कि तलवार की धार से प्राण दे देना उन लोगों के लिए, उस हवालात की दशा से अधिक सुखकर थी। उसमें उन्हें स्वतंत्रता और आनंद था। क्या मैं अब धैर्यपूर्वक अदालत के फ़ैसले की प्रतीक्षा करूँ। किन्तु मेरा मतलब यह है कि किसी की बात को बग़ैर पूरे तौर पर जाँच किए न छोड़ूँ।

गुलाब चपरासी ने बयान किया है कि हत्या के दो दिन पहले ही यह ख़बर हो चुकी थी, कि दो-एक दिन में अँगरेज़ मार दिए जाएँगे। हत्या के लिए निश्चित किए गए दिन में भीड़ जमा हो गई थी। जिस किसी ने भी इस संबंध में गवाही दी है, उसने बताया है, कि लोग प्रातः से ही इस नाटक के देखने के लिए जमा हो रहे थे। और चूँकि यह नाटक 8-9 बजे सवेरे हुआ, इससे प्रकट है, कि इसकी सूचना उन लोगों को पहले से कर दी गई थी। यह बात कहीं भी प्रकट नहीं होती, कि प्रजा अथवा सेना में इन हत्याओं के विरुद्ध भाव थे। बल्कि गवाह कहता है, कि बिना शाही आज्ञा के ऐसा नहीं हो सकता था। हुक्म देनेवाले केवल दो व्यक्ति थे—बादशाह या मिरज़ा मुग़ल। वह फिर कहता है कि मैं नहीं जानता कि किसने हुक्म दिया। वह आगे कहता है कि हत्या के समय मैं मौजूद था। बादशाह के

सशस्त्र शरीर-रक्षक अँगरेज़ों को घेरे हुए और निगरानी कर रहे थे। वह कहता है, कि मैंने किसी को हुक्म देते नहीं देखा या सुना; लेकिन सिपाही एकदम से तलवार खींच कर दौड़े और जब तक कि क़ैदियों का प्राण नाश न हो गया, तलवार चलाते रहे।

दूसरे गवाह चुन्नीलाल अख़बार-नवीस से जब प्रश्न किया गया, कि हत्याएँ किसके हुक्म से हुईं ? तो वह उत्तर देता है कि बादशाह के, और कौन ऐसा हुक्म दे सकता था ? वह, तथा दूसरे और गवाह इस बात में एकमत हैं कि हत्याकांड को बादशाह का बेटा मिरज़ा मुग़ल अपनी छत पर से देख रहा था। मिरज़ा मुग़ल के उस समय होने के अर्थ हैं, स्वयं बादशाह का होना। अब भी क्या यह सिद्ध करने की ज़रूरत है, कि बादशाह के ख़ास शरीर-रक्षकों ने ऐसा अत्याचारपूर्ण कार्य बिना बादशाह की मरज़ी के किया होगा ? यदि संदेह हो, तो वह उन काग़ज़ों के देखने से दूर हो जाएगा, जिसको कि स्वयं अभियुक्त ने अपना लिखा स्वीकार किया है—जिसमें कि अँगरेज़ों का रक्त पीने का स्पष्ट भाव प्रकट होता है। मिरज़ा मुग़ल के मौजूद होने के सिवाय और भी सबूत हैं, कि बादशाह के हुक्म से ही स्त्री और बच्चे क़त्ल किए गए। मैं बादशाह के सेक्रेट्री मुकुन्द लाल की गवाही पेश करता हूँ। उनसे पूछा गया था, कि क़ैदी स्त्री-बच्चे किसकी आज्ञा से मारे गए ? उत्तर मिलता है कि तीन दिन तक तो क़ैदी जमा किए गए, चौथे दिन पैदल व सवार मिरज़ा मुग़ल को लेकर बादशाह के पास उनका वध करने की आज्ञा प्राप्त करने गए। बादशाह अपने ख़ास कमरे में मौजूद थे। सिपाही बाहर खड़े रहे और मिरज़ा मुग़ल तथा बसंत अली ख़ाँ अंदर चले गए और 20 मिनट बाद लौट कर उच्च-स्वर से कहने लगे कि बादशाह ने वध करने की आज्ञा दे दी है। इसके बाद बादशाह के बॉडी-गार्ड सिपाहियों ने, जो कि क़ैदियों की निगरानी कर रहे थे, क़ैदियों को बाहर निकाला और कुछ विद्रोही सैनिकों की सहायता से उन्हें क़त्ल कर दिया। इससे सिद्ध होता है कि मिरज़ा मुग़ल उस समय हत्या करने के लिए तैयार होकर आए थे। उपरोक्त बात के अतिरिक्त और कुछ कहना शायद अनावश्यक हो; लेकिन अभियुक्त की डायरी के लेख पेश कर देना तो आवश्यक ही है। हकीम एहसन उल्ला ख़ाँ के उस संबंध में यह गवाही है—

प्रश्न—इस काग़ज़ के पन्ने को देखो और पहचानो यह किसका लिखा है ?

उत्तर—यह उस व्यक्ति का लिखा है, जो कि डायरी लिखता था, यह काग़ज़ डायरी का पन्ना है।

16 मई, सन् 1857 ई. की कोर्ट-डायरी के लेख का अनुवाद यह है, "बादशाह ने दीवाने-ख़ास में दरबार किया। 49 अँगरेज़ क़ैद थे उन्हें सैनिकों ने माँगा और बादशाह ने सैनिकों के सुपुर्द कर देने की आज्ञा दे दी और कहा कि सैनिक जो चाहें कर सकते हैं। उन लोगों को क़त्ल कर दिया गया। बहुत से दर्शक उपस्थित

थे। अमीर, रईस और अख़बार वालों ने दरबार में हाज़िर होकर मुजरा किया। यहाँ हमारे पास ज़बानी गवाही के अतिरिक्त, कागज़ी सबूत भी है और क्या अभियुक्त की लिखित स्वीकृति से बढ़कर भी कोई सबूत हो सकता है ? मेरा कहना यह है कि अभियुक्त ने अदालत में जो बयान पेश किया है और जिसमें सत्य घटनाओं को ग़लत सिद्ध करने का प्रयत्न किया है, यह बिल्कुल बनावटी है। मैं बादशाह के उस ख़त की ओर इशारा करता हूँ, जो कि उन्होंने अपने बेटे मिरज़ा मुग़ल को लिखा था। और जिसमें ईसाई क़ैदियों के वध करने को पुण्य बताया गया था। इस सबूत के बाद अब चौथे अभियोग के संबंध में कुछ कहना व्यर्थ है। अब मैं उस अभियोग के अंतिम अंश की ओर ध्यान देता हूँ। इसके लिए हमारे पास कच्छभोज के राव भारा, जैसलमेर के रईस रंजीतसिंह और जम्मू के राजा गुलाबसिंह के नाम लिखे गए पत्र मौजूद हैं। ''बनाम कच्छ के राव भारा—सूचना मिली है कि तुमने ईश्वर की कृपा से काफ़िरों का नाश कर दिया है और अपने इलाक़े को उनके अपवित्र शरीर से पाक बना लिया है। हम तुम्हारे इस कृत्य से बहुत प्रसन्न हैं और तुमको ख़िताब देते हैं। तुम अपने प्रदेश में ऐसा प्रबंध करो कि ईश्वर के बच्चों को कष्ट न होने पाए। इसके अतिरिक्त समुद्र के मार्ग से जो काफ़िर तुम्हारे यहाँ पहुँचे; तुम उन्हें क़त्ल कर दो। तुम्हारी यह कार्यवाही मेरी प्रसन्नता का कारण होगी।''

''जैसलमेर के रंजीतसिंह के नाम—मुझे विश्वास है कि तुम्हारे राज्य में काफ़िर अँगरेज़ों का नाम-निशान भी न रहा होगा। यदि अवकाश पाकर कोई भाग गए या छिप गए हों तो उन्हें क़त्ल कर दो। अपने राज्य का प्रबंध करके अफ़सरों सहित दरबार में उपस्थित हो। तुम्हारे साथ कृपा की दृष्टि रखी जाएगी और प्रतिष्ठा में तुम हम लोगों से भी बढ़ जाओगे।''

''बनाम राजा गुलाबसिंह—तुम्हारे इलाक़े में रहने वाले अँगरेज़ मार डाले गए, यह तुम्हारे पत्र से पता लगा। तुम्हें शाबाशी दी जाती है, तुमने वही किया है जो कि एक वीर को करना उचित था। तुम प्रसन्न और जीवित रहो। तुम शाही दरबार में आओ और रास्ते में जो अँगरेज़ मिलें, मार डालो। तुम्हारी तमाम इच्छाएँ पूरी की जाएँगी और तुम्हें राजा की उपाधि दी जाएगी।''

नम्बर 4 बेक़ायदा रेजिमेंट के दफ़ादार की एक अर्ज़ी है, जिसमें वह मुज़फ़्फ़रनगर के तमाम अँगरेज़ों के मार डालने की डींग मारता है और बादशाह ने उसके नौकर रखने का हुक्म अपने हाथ से लिखा है।

अभियोगों के संबंध में अपना मत यहाँ पर समाप्त करता हूँ और आप लोगों के न्याय पर छोड़ता हूँ कि अभियुक्त, जो कि आपके सामने कटहरे में मौजूद हैं, वह एकांत-बास में जाकर पुनः अपने अधिकारों के दावादार होंगे या संसार के बड़े से बड़े अभियुक्तों में उनकी गणना होगी ? आपको बताना होगा कि क्या

तैमूर के शाही परिवार का यह अंतिम शासक, जिसकी कमर बुढ़ापे के कारण नहीं झुक गई है, बल्कि पारिवारिक कष्टों ने जिसे इस दशा पर पहुँचाया है, आज अपने पूर्वजों के महल से अलग कर दिया जाएगा ? यह दीवाने-ख़ास, यह न्याय का आसन, आज के रोज़ एक ऐसे फ़ैसले को प्रकट करेगा कि बादशाह अपने अपराधों के कारण कैसे पतित किए जा सकते हैं, और किस प्रकार से एक शाही परिवार अपने पापों के कारण सदैव के लिए एक दिन में नष्ट किया जा सकता है।

अभियुक्त पर जो अभियोग लगाए और सिद्ध किए गए हैं, उनका बयान अब समाप्त हो गया। अब यदि मैं गत विद्रोह और उसके षड्यंत्र के कारणों का वर्णन करूँ तो अनुचित न होगा। मैं अपनी बहस के आरंभ में बता आया हूँ कि कारतूस की समस्या ही यदि देशी सेना में विद्रोह का कारण तैयार होती तो ऐसी भयानक परिस्थिति न उपस्थित होती। निश्चय ही वहाँ कोई ऐसी गुप्त शक्ति थी जो कि सबका संचालन कर रही थी। जिसने कलकत्ता से लेकर पेशावर तक की सेनाओं को प्रभावित कर दिया। मैं समझता हूँ कि यह बिना इन लोगों के किसी गुप्त संगठन या ऐसी पूर्व निश्चित तैयारी के, जिसे षड्यंत्र कहना ही उचित होगा; नहीं हुआ। मैं पहले कह चुका हूँ कि कारतूस की बात ही तमाम झगड़े की जड़ नहीं थी, बल्कि कारतूस की बात उस समय की बारूद में आग लगा देने की एक चिनगारी थी, जिसे पहले से ही जान-बूझकर सुरंग उड़ा देने के लिए तय कर लिया जा चुका था। षड्यंत्र के संबंध में मैं कहना नहीं चाहता, कि मैंने पूरी तौर से उसका पता लगा लिया है। तो भी जो कुछ गवाहियाँ मेरे पास हैं उनसे साबित है, कि 10 मई से बहुत पूर्व ही विशेषकर मुसलमानों में अँगरेज़ों के प्रति घृणा के भाव विद्यमान थे। उन्होंने प्रत्येक अवसर से लाभ उठाया और उनमें से एक अवसर अवध की ज़ब्ती का था। हिन्दुस्तान में मुसलमानों की एक मात्र रियासत ज़ब्त हो जाने पर उन लोगों को बड़ी वेदना हुई और हिन्दू सिपाहियों को भी यह बात खटकी कि देशी ताल्लुक़ेदारों के बदले अब अँगरेज़ों की आज्ञा में रहना पड़ा। गवाह जाटमल ने हिन्दू सिपाही और व्यापारियों के भावों का अच्छा वर्णन किया है। उससे पूछा गया कि क्या हिन्दू और मुसलमानों के विचारों में कुछ अंतर था ? तो उसने उत्तर दिया कि तमाम मुसलमान-प्रजा सरकार-अँगरेज़ी का तख़्ता उलट देने की इच्छा करते थे, जबकि हिन्दू व्यापारी इसके विरुद्ध थे। गवाह ने आगे कहा है कि सेना में दोनों जातियों के भाव प्रायः एक से थे; दोनों समान रूप से विरोधी थे। हमारा अपना अनुभव भी यही कहता है कि देशी सेना में अधिकांश हिन्दू हैं। हिन्दुओं ने भी कोई अत्याचार उठा नहीं रखे। किन्तु सेना के अतिरिक्त विद्रोह का आधार मुसलमानी षड्यंत्र है। और यदि पता लगाया जाए, तो मालूम होगा कि उन्होंने सच्चे और झूठे क़िस्से गढ़-गढ़ के विद्रोह की आग भड़काई; जिसके कारण राजभक्त सेना भी विप्लवी हो गई। इसके लिए हमें बरसों पीछे लौट कर

कारणों की खोज करने की आवश्यकता नहीं हैं। यदि मैं तारीख़वार न सही, वैसे ही पिछली घटनाओं की चर्चा करूँ तो देखा जाएगा कि देशी रेजिमेंटों ने अपने को बहुत कम विश्वासपात्र सिद्ध किया है। इस अवसर पर एक बात सिद्ध होती है कि किसी एक अवसर पर सभी एकमत हो सकते हैं। इस बात ने हमें एक अच्छी शिक्षा दी है। मेरे कहने का यह अर्थ नहीं है, कि उस समय से देशी सेना एक झगड़ालू दल बन गई है। मैं मानता हूँ कि उनमें बहुत से सिपाही अपने ढंग से विश्वासपात्र और राज्य-भक्त रहे। अपने 'ढंग' शब्द का प्रयोग मैंने इसलिए किया है, कि इनमें स्वाभाविक रीति से धैर्य और सच्चाई का अनुमान भी नहीं होता। इनकी वफ़ादारी जहाँ तक रहती है प्राकृतिक नहीं होती, बल्कि स्वाभाविक होती है। वह मज़हबी ढंग की झूठी बातों पर विश्वास करने के इच्छुक रहते हैं। इनमें कुछ लोग स्वभावतः धूर्त भी होते हैं। जो व्यक्ति ज़रा भी एशियाई स्वभाव से जानकारी रखता होगा, वह तुरंत इस बात को मान लेगा। पर हिन्दुओं में बहुत कम बुराई की ओर आकर्षित होते हैं; अधिकांश भलाई की ओर ही रहते हैं। तीन-चार लीडरों को खुल्लमखुल्ला जुर्म करने के लिए उन्हें आगे बढ़ने दीजिए, विद्रोह के गुप्त षड्यंत्रों में सम्मिलित होने दीजिए, शेष सब व्यक्ति यदि तुरंत ही भयभीत न हुए, तो वह उस झगड़े को रोकना अपना कर्त्तव्य न समझेंगे; यद्यपि वे स्वयं एक हद तक इससे दूर रहे किन्तु हत्या और विद्रोह तथा अन्य अनुचित कामों की रोक-थाम इनके धार्मिक और राजनैतिक विचारों का भाग नहीं है। इस कारण बड़े-बड़े अपराध उनसे होते हैं जो पैशाचिकता के गढ़े में उन्हें गिरा देते हैं और इस प्रकार कुछ व्यक्तियों की कृतियाँ बहुतेरों के नाश का कारण हो जाती हैं। पिछले विद्रोह को बढ़ावा देने में भी ये ही कारण कार्य कर रहे थे। यह सत्य है और इसके मानने में शायद ही किसी को संकोच हो। यद्यपि हमने अदालत में कोई ऐसे काग़ज़ नहीं पेश किए हैं और न किसी सिपाही की गवाही ही है, तो भी हमारा विश्वास है कि ग़दर के 1-2 मास पूर्व ही सिपाहियों के पास जो पत्र आते थे वे साधारण अवस्था से अधिक संख्या में थे और यह बात उन सच्ची घटनाओं के साथ, जो हमारे सामने आ चुकी हैं, हमें स्पष्टतः इस परिणाम पर पहुँचाती हैं। अवश्य ही ऐसा प्रभावशाली आन्दोलन उनके बीच चल रहा था जो सरकार का विरोधी था।

ऊपर जो वर्णन किया गया है वह विद्रोहियों के आन्दोलन की ओर संकेत मात्र है। अब संभवतः यह प्रश्न होगा कि यह सब कांड इसी अवसर पर क्यों हुआ ? इसके कुछ कारण मैं ऊपर बता चुका हूँ, जैसे अवध की ज़ब्ती आदि। दूसरा कारण धार्मिक नेताओं की मक्कारी से बनाई हुई चहार-दीवारियाँ हैं, जो कि निकृष्ट से निकृष्ट मूर्खता को अपने धार्मिक अनुयायियों में सुरक्षित रखता है और इस तरह आड़ में राजनैतिक क्रांति उत्पन्न की जाती है। मैं यह भी जानता हूँ

कि क्रांतिकारी समाज ने सरकार की कुछ इस समय की त्रुटियों से बेजा लाभ उठाया है और नाराज़गी और चिल्लाहट को धार्मिक अंध-विश्वासी जनता पर फैलाया है। मेरी मंशा हिन्दू विधवाओं के पुनर्विवाह के आन्दोलन, विभिन्न कार्यों के लिए भरती और कारतूसों की समस्या आदि से है। मेरा मतलब उन लोगों से नहीं है, जिनकी आत्मा में केवल द्वेष या घृणा थी, जो अहंकार में चूर थे और बेवकूफ़ों का एक दल बनाए हुए थे और सैनिक आज्ञा में बड़े ही अभिमानी थे। वह सरकार को अपनी बनावटी तकलीफ़ें बताकर उनकी तदबीरें भी बता देते थे; यहाँ तक कि नं. 3 लाइट केवेलरी को सज़ा देने के पूर्व भी विद्रोह के भाव थे, जो इस विद्रोह से भी बढ़कर थे। उस समय निस्संदेह असभ्य विद्रोह की हवा सेना में फैल चुकी थी। कई अवसरों पर सिपाहियों को इस विचार में पाया गया कि यदि सैनिक अवज्ञा के साथ-साथ सलाम आदि जारी रखा जाए तो वह कम जुर्म होगा। सिपाहियों ने अलग-अलग अपनी शिकायतें करने के बदले सामूहिक रूप से सरकार के सामने रखी। ऐसे अवसरों पर हिन्दू और मुसलमानों में कोई भेद नहीं रहता था। विद्रोह के लिए वे बहुत शीघ्र संगठित हो जाते थे। यदि हम ऐतिहासिक छान-बीन करें, तो एशियाई जातियों के संबंध में बहुत शीघ्र जानकारी प्राप्त कर सकेंगे। संभवतः धार्मिक भावों में पलने के ही कारण ये लोग शीघ्र ही संगठित हो जाते हैं जो कि शिक्षा और दीक्षा से किसी प्रकार भी संभव नहीं। इन भावों के बिना सैनिक-शिक्षा एक भयानक शस्त्र है, जो कि अंत में उसी पर आक्रमण करता है, जिसने इसे तेज़ किया है। इसका सबूत यह है, कि एशिया के असंगठित और निरस्त्र समाज में बहुत कम विद्रोह होते हैं—यद्यपि मुसलमानी शासन-काल में हिन्दुओं को ज़बरदस्ती मुसलमान बनाना विद्रोह के लिए बहुत काफ़ी कारण था। ऐसे अवसर पर संगठित सिपाहियों का ही आक्रमण राज्य पर होता है। पुराने समय में शायद धार्मिक उन्माद राजनैतिक चक्र में किसी अंश में बाधक हुई हो लेकिन हमें याद रखना चाहिए, कि उसी धार्मिक उन्माद ने सबको एकसूत्र में बँधने में बड़ी सहायता दी है और किसी विशेष अवसर पर एकमत होने की शिक्षा दी है। ऐसी दशा में उन्हें एक मौक़ा भर चाहिए और संसार ने देखा कि एक अवसर आया और, घटनाक्रम ने दूसरा अवसर ला दिया फिर ब्राह्मण और मुसलमान सगे भाई की भाँति एकमत हो गए। सैनिक होने के कारण एक-सी पोशाक, एक-सा भोजन, एक सा इनाम, एक-सा रहन-सहन और एक ही विचारों में पलते हैं। प्रायः एक दूसरे के त्यौहार में सम्मिलित होते थे। सरकार के एक-से व्यवहार ने ही अंत में सरकार की जड़ हिलाने का कार्य किया!

इस बहस में मैं तमाम घटनाओं का ज़िक्र नहीं करना चाहता; मेरा कहना यही है कि चरबी के कारतूस ही इतने बड़े विप्लव का कारण न थे और न हो सकते थे। सिपाहियों में पहले से तैयारी हो रही थी और उन्हें, विशेषकर मुसलमानों

को, भड़काया जा रहा था। निस्संदेह इसको 'मुसलमानी' षड्यंत्र का ही नाम देना उचित होगा, जिसकी मंशा विद्रोह और अशांति फैलाकर क्रांति करा देना था। इसका आरंभ अभियुक्त तथा उसके सलाहकारों जैसे हसन अस्करी जैसे व्यक्तियों द्वारा हुई। कुछ भी हो, इसमें संदेह नहीं, कि शीरीं क़ब्ज़ एलची बादशाह-ईरान के पास गया था। इन हुकूमतों से प्रार्थना की गई थी कि एक मुसलमानी राज्य की स्थापना में सहायता दो। यह ध्यान देने योग्य बात है कि घटनाएँ एक के बाद दूसरी उपस्थित हो गईं। गवाहियों से प्रकट है, कि शीरीं मई सन् 1857 से ठीक दो वर्ष पहले गया था और उसके लौटने का वादा भी ग़दर के दिनों के लिए था। इसके बाद उन भविष्यवाणियों की ओर आता हूँ, जिनका अर्थ यह है कि प्लासी की लड़ाई, 1757 ई. के ठीक 100 साल बाद तक अँगरेज़ों का राज्य रहेगा। अब यह बात समझ में आ जाएगी कि मुसलमानों को किस प्रकार अपनी प्रतिष्ठा के प्राप्त होने का विश्वास था। मैं पीरज़ादा हसन अस्करी के स्वप्न का वर्णन कर चुका हूँ; जिसका अर्थ झूठी बातें बनाकर बादशाह को प्रसन्न और उत्साहित करने का था। हमें तो यह स्वप्न व्यर्थ मालूम होंगे, किन्तु उन लोगों के हृदय पर इसकी गहरी छाप पड़ी थी। जिस व्यक्ति के संबंध में यह मशहूर है कि वह सिद्ध पुरुष है, वह झूठा ही क्यों न हो; तो भी उसकी बात का विश्वास किया जाता था। पीरज़ादा का स्वप्न उन भावनाओं के उत्तेजन का एक उपाय था। हमें मुहम्मद दरवेश की 27 मार्च, सन् 57 ई. की अर्ज़ी से भी यह बात सिद्ध होती है, जिसमें उसने मि. कॉलविन लेफ़्टिनेंट गवर्नर को लिखा था, कि हसन अस्करी ने बादशाह दिल्ली को विश्वास दिलाया है कि ईरान का शाहज़ादा बूशहर तक आ गया है और ईसाइयों का नाश कर दिया है। किसी को छोड़ा नहीं, बहुतों को मार डाला और कुछ को क़ैद कर लिया है और शीघ्र ही काबुल के मार्ग से भारत में भी आ जाएगा। वह आगे लिखता है कि महल में, और विशेषकर बादशाह के ख़ास कमरे में, शाह-ईरान के आने की चर्चा होती थी। हसन अस्करी ने बादशाह को विश्वास दिला दिया है, कि उसे ईश्वरीय संदेश मिला है कि शाह-ईरान का देहली पर निस्संदेह अधिकार हो जाएगा और वह राज्य बादशाह दिल्ली को दे देगा। दिल्ली का भाग्य फिर चमकेगा। वह आगे लिखता है, कि इस समाचार से क़िले में और विशेषकर बादशाह दिल्ली को, बड़ी प्रसन्नता है। इस प्रसन्नता से भेटें दी जाती हैं और हसन अस्करी संध्या के पहले रोज डेढ़ घंटे तक इसके लिए जप करता है और प्रत्येक गुरुवार को बादशाह के यहाँ से उसके लिए मीठा, तेल, ताँबे के पैसे और कपड़े तथा खाना भेजा जाता है।

अब हम समझ सकते हैं कि इस मामले में कितना मज़हबी रंग था और इस्लामी षड्यंत्र किस हद तक काम कर रहा था। यदि हम ग़दर के पहले की घटनाओं को देखते और पता पाते कि ईसाइयों के नाश और शाह-ईरान के आने

के लिए जाप हो रहे हैं तो अवसर के पहले ही पूरी बातें हमारे सामने प्रकट हो जातीं। यदि हम उन चिट्ठियों और अर्ज़ियों को ही देखें तो हमें मुसलमानों के वे द्वेषी भाव ज्ञात हो जाएँगे, जो सिर्फ़ इस संसार से ही संबंधित नहीं हैं, वरन् परलोक में भी हमें कष्ट में देखकर प्रसन्न होते हैं। अब प्रश्न होता है कि मुल्क में और भी हज़ारों सज्जन इन विचारों में सम्मिलित थे या सिर्फ़ वे ही, जिनका विचार अँगरेज़ों के बारे में ऐसा हुआ ? इसका उत्तर मैं बिना अपना विचार प्रकट किए, उन लोगों पर ही छोड़ता हूँ, जो कि गंभीरतापूर्वक घटनाक्रम को देख रहे हैं। मिसेज़ ऑल्डवेल हमें बताती हैं, कि उन्होंने मुहर्रम के दिनों में लोगों को अपने बच्चों को यह दुआएँ माँगना सिखाते देखा है कि उनकी जाति की जीत हो और दुआएँ आम तौर पर अँगरेज़ों पर लानत और ताने से मिली हुई होती थीं। स्त्री और बच्चों की हत्या से भी उनके द्वेष की अग्नि शांति नहीं हुई और न दया का आविर्भाव हुआ, बल्कि स्थानीय समाचार-पत्रों से पता चलता है कि क़त्ल के समय 200 मुसलमान हौज़ पर खड़े हुए क़ैदियों को लानत दे रहे थे। क्या यह उनके सख़्त हृदय और विश्वसनीय विद्वेष का पता नहीं देता ?

दूसरी बात चपातियों के बाँटने की है। वे बिस्कुट की शकल की थीं। वे चाहे सरकार के नाम से बाँटी गई हों और यह मतलब रहा हो कि लोगों को विश्वास दिला दिया जाए कि आगे चलकर एक खाना और एक धर्म होगा; या जैसा कि दूसरे लोगों का कहना है, कि उसका अर्थ लोगों को उत्साहित करके तैयार करना था और क्रमशः आने वाले समय के लिए सचेत हो जाएँ। कुछ भी हो, यह तदबीर भयानक थी और ऐसे लोगों में भ्रम पैदा करने वाली थी, जो कि पहले से इस भावना से अनभिज्ञ थे। इसका प्रभाव देहातियों पर कुछ अधिक नहीं पड़ा। इसका कारण सरकार की ओर से इसकी रोक-थाम कर देना था। अब हम पता लगावें, तो इस परिणाम पर पहुँचेंगे, कि आटे में हड्डियों के सम्मिलित होने की ख़बर और चपातियों की जड़ एक ही स्थान से आरम्भ होती है। दोनों का कारण इस्लामी षड्यंत्र कह देना ग़लत नहीं कहा जा सकता। हम देखते हैं कि हिन्दू सिपाही अपनी ग़लती पर शरमिंदा होते हैं और मुसलमान सिपाहियों को भी लज्जित करते हैं, कि उन्होंने हम लोगों को बहकाया। इन कार्रवाईयों का दूसरा सबूत यह है, कि हमें इस्लामी षड्यंत्र के संबंध में तो काग़ज़ात मिले हैं, किन्तु कोई भी ऐसा काग़ज़ नहीं मिला जिससे यह कहा जा सके कि हिन्दू भी षड्यंत्र करके राज्य विप्लव पर उतारू थे अथवा हिन्दू पंडितों ने भी ईसाइयों के नाश कर देने की आज्ञा दी हो। उनके पास कोई राजा गद्दी पर बैठाने के लिए नहीं था, तलवार की मदद से कोई धर्म फैलाने के लिए नहीं था। ऐसी दशा में आटे में हड्डी का मिलाना और चपातियों के बाँटने का षड्यंत्र उनके ऊपर लगाना अन्याय होगा। इस इस्लामी षड्यंत्र में धैर्य और धूर्तता भी पाई जाती है। जब चपातियों का बाँटना जल्दी ही बंद करा दिया गया, तो उसके

स्थान पर दूसरा खेल खेला गया—आटे में हड्डियों का मिलाना क्योंकि यह चपातियों में आसानी से मिल सकती थी। अतएव अफ़वाह फैलाई गई—एक धर्म और एक खाना। षड्यंत्रकारियों ने सोच लिया था, कि चपातियों की बात का काफ़ी प्रभाव होगा और बड़ी आसानी से उनका प्रचार होगा, इसीलिए हड्डी के आटे और चपाती की बात एक में मिलाकर मशहूर की गई। फिर सिपाहियों में यह उड़ाया गया कि ग्रांड ट्रंक रोड की दूकानों पर यही आटा मिलता है और वहाँ से कूच करते समय सिपाहियों को मजबूरन वही ख़रीदना पड़ता था। षड्यंत्रकारियों की यही मंशा थी और इसीलिए यह प्रचार किया गया, कि सरकार लोगों को ज़बरदस्ती ईसाई बनाना चाहती है। मेरा विचार है कि उन्हें अपने कार्य में आशा से अधिक सफलता मिली। मैं ज़रूर कहूँगा कि चपातियों की बात से लेकर छोटी-छोटी बातों तक में उनके षड्यंत्र का भाव था और क्रांति-उत्तेजन की भावना थी।

क्रांतिकारियों ने विप्लव के लिए कोई बात नहीं उठा रखी तथा उसकी तह में साधारण बुद्धि नहीं काम कर रही थी, इसका सबूत उस समय के देशी समाचार-पत्रों से मिलता है।

हम देखेंगे, कि कितनी चालाकी से अपने ध्येय पर सदैव दृष्टि रखी गई। चपातियाँ, हड्डियों का चूरा और चरबी के कारतूस हम हिन्दुओं के लिए ही मान लें, लेकिन मुसलमानों के भड़काने के लिए कितनी सफ़ाई के साथ कार्य किया गया—पहला पर्चा 'शाह ईरान की आज्ञा' से आरंभ किया गया जो कि उसने तेहरान में सेनाएँ इकट्ठी करने के लिए दिया था। अख़बार आगे बयान करता है, कि विश्वसनीय सूत्र से मालूम हुआ है, कि दोस्त मुहम्मद ख़ाँ के विरुद्ध शाह-ईरान की एक चाल है। सम्पादक का विश्वास है कि दोस्त मुहम्मद ख़ाँ के बहाने शाह-ईरान अँगरेज़ों से लड़ना चाहता है और तीनों शक्तियों में संगठन हो गया है जिससे उनकी विजय निश्चित है। दूसरा लेख 26 जनवरी, सन् 57 का है। सम्पादक अपनी बात को इस प्रकार आरम्भ करता है कि फ्रांस व टर्की के बादशाह ने अभी तक अँगरेज़ों या ईरानियों में से किसी का साथ देने की प्रतिज्ञा नहीं की है। दोनों ओर के दूत अपनी-अपनी प्रार्थना ले आते हैं। सम्पादक कहता है कि कुछ लोगों का विचार है कि फ्रांस और टर्की इस झंझट में न पड़ेंगे। लेकिन प्रायः लोगों की धारणा है कि ये राज्य ईरान की सहायता करेंगे। और रूस के संबंध में यह है, कि रूस ने अपनी तैयारियों को गुप्त नहीं रखा है, बल्कि खुले तरीक़े से ईरान की मदद करेगा और वस्तुतः रूस ही इस युद्ध का कर्ता-धर्ता है। वह ईरान की आड़ लेकर भारत से अँगरेज़ों को निकाल बाहर करने और स्वयं अधिकार करने की इच्छा रखता है। रूस निश्चय ही भारत पर आक्रमण करेगा। केवल रूस और ईरान ही भारत की ओर नहीं बढ़ रहे हैं, बल्कि टर्की और फ्रांस भी इनकी सहायता के लिए तत्पर हैं। बेचारे अँगरेज़ों को क़ाबुल के दोस्त मुहम्मद ख़ाँ तक के अफ़ग़ानों का सहारा नहीं है। सम्पादक

महोदय को इस प्रकार के मित्रता-पूर्वक भीषण समाचार सुनाने दीजिए कि 'सादिकुल अख़बार' को पाठक देखें कि भविष्य में क्या है ? दूसरे लेख में हम देखते हैं कि शाह-ईरान ने अपने दरबारियों को वचन दिया है कि वह उनको विभिन्न स्थानों का राज्य दान करेंगे। इनमें से किसी को कलकत्ता, किसी को बम्बई, किसी को पूना और दिल्ली पर बादशाह-हिन्द का अधिकार होगा—वह बादशाह-हिन्द, जो अभियुक्त के रूप में हमारे सामने मौजूद हैं। अदालत को मालूम होगा कि 'सादिकुल अख़बार' की कई प्रतियाँ महल में जाती थीं। उनकी प्रसन्नता का अनुमान कीजिए, जो कि रूस की चार लाख सेना लेकर चढ़ाई करने के समाचार से होती थीं। देश की रक्षा के लिए ईरान को ख़बर भेजना आदि बातों पर ग़ौर कीजिए। इस ख़बर से केवल शाहज़ादा या महल के लोगों को ही प्रसन्नता न होती थी, बल्कि क़िले के सभी व्यक्तियों के चेहरे खिला देती थी।

सर थ्यूफ़िल्स मेटकॉफ़ ने हमें बताया है, कि ईरानियों का हिरात तक आने की बात प्रत्येक के मुँह पर थी और अक्सर रूस के भी आक्रमण की चर्चा होती थी। इस ज़माने में प्रत्येक अख़बार का प्रतिनिधि काबुल में रहता था और विरोधी की गतिविधि का कल्पित विचार बताया करता था। वही गवाह कहता है, कि सिपाहियों में ग़दर से 5-6 सप्ताह पूर्व ही यह ख़बर थी कि एक लाख रूसी उत्तरीय मार्ग से भारत आ रहे हैं, अब कंपनी के राज्य का अंत हो जाएगा। वस्तुतः रूस के आने की आम ख़बर थी—ऐसी झूठी ख़बरों का विष अपना प्रभाव डाल रहा था। तो फिर एकाएक ग़दर का होना या चरबी के कारतूसों को ग़दर का कारण मानना हमें मूर्ख बनाना है।

'सादिकुल अख़बार' के लेख से हमें पता लगा कि दोस्त मुहम्मद अँगरेज़ों का छली दोस्त था और भीतर ही भीतर ईरानियों से मिला हुआ था। फिर यह बात बड़ी सफ़ाई से लिखी है कि चार कारणों से शाह-ईरान अँगरेज़ों से युद्ध करना चाहते हैं। एक तो हिरात के लिए, जो कि किसी ज़माने में हिन्दुस्तान का दरवाज़ा कहा जाता था; दूसरे रूसियों से छिपी हुई सहायता मिलने की आज्ञा थी। तीसरे ईरान के बड़े लोग हिन्दुस्तान पर हमला करने के लिए तैयार हुए हैं और कहते हैं कि ईश्वर उन्हें विजय देगा, चौथे तमाम ईरान का जिहाद के लिए उठ खड़े होना। शकुन आदि भी इस्लामी हृदय को आगे बढ़ाने में सहायक होते हैं। अतएव 'सादिकुल अख़बार' के 15 सितम्बर, 1857 ई. के अंक में यह है—"ज़िला हाँसी। स्थानीय समाचार हाल ही में देहात से एक व्यक्ति आया है जिसने सम्पादक से कहा है, कि देहात में कई स्थानों पर बेमौक़े होली जलाई गई है। इसका कारण यह है कि एक साथ ही तीन लड़कियाँ पैदा हुई हैं जो कि पैदा होते ही बोलने लगीं। एक ने कहा कि आने वाला वर्ष बड़ा कष्टदायक वर्ष होगा और बलाएँ समस्त जाति को कष्ट देंगी। दूसरी ने कहा कि जो ज़िंदा रहेगा वह देखेगा। तीसरी

ने कहा कि यदि हिन्दू इस अवसर पर होली जलाएँ तो वह कष्टों से बच सकते हैं। पर ईश्वर महान है, वह सब अच्छा करेगा। मुझे भय है कि पश्चिमीय लोग इन बातों पर विश्वास नहीं कर सकते। हिरात का ले लेना, ईरानी रईसों की युद्ध की तैयारी और लड़कियों की बातचीत ऐसी है, जिनकी ओर हम पश्चिमीय, निगाह भी नहीं डाल सकते। किन्तु यदि एशियाई भावों को भी हम अपनी ही निगाह से देखें, तो बड़ी भूल होगी। यदि हम सम्पादकीय विचारों पर ग़ौर करें तो देखेंगे, कि वह किस प्रकार उन लोगों पर अपना प्रभाव डालते हैं जिनके लिए वे लिखे गए थे। उनकी भविष्यवाणी, शीरीं क़ब्ज़ का ईरान जाना, हसन अस्करी का स्वप्न, इस्लामी विश्वास—इन सबका परस्पर गहरा संबंध है। क्या अब भी हम नहीं समझ सकते कि क़िला और अख़बारी समाज से कितना संबंध था ? यह सब क्या आकस्मिक थे ? क्या यह सम्भव है कि एक पीरज़ादा का स्वप्न, दरबारियों के विचार और समाचार-पत्र की मन-गढ़ंत एक ही समस्या पर बहस करें ? जिस चाल से हिन्दू सिपाहियों के भावों पर अधिकार किया गया है, वह हम देख चुके हैं। अब क्या हम नहीं पहचान सकते कि यह बातें इस्लामी अहंकार और अँगरेज़ों के प्रति धार्मिक युद्ध को प्रकट करती हैं ? क्या अँगरेज़ों के प्रति द्वेष उन लोगों के व्यक्तित्व से संबंधित नहीं है ? 19 मार्च को 'सादिकुल अख़बार' में लिखा गया कि पता लगा है कि "900 ईरानी सिपाही अपने अफ़सरों के साथ भारत में आ गए हैं और 500 ईरानी सिपाही भेष बदले हुए दिल्ली में मौजूद हैं।" यह माना कि यह बयान सादिक़ नाम के एक व्यक्ति का है जो स्वयं भेष बदल कर रहता था और अपना असली नाम छिपाए था। किन्तु निस्संदेह यह हाल भी उस षड्यंत्र का एक अंश है और सम्पादक महोदय ने उसको छाप कर लोगों में विद्रोह फैलाने का कर्तव्य पूरा किया है। सोचने की बात है कि शहर के मुख्य-पत्र में एक गुप्त व्यक्ति का बयान बिना किसी सबूत के कैसे छापा जा सकता था ? मेरे ख़्याल में यह आता है, कि ईरानी षड्यंत्र की बात तो कल्पित थी, इससे संपादक तथा उनके साथियों के गहरे षड्यंत्र का भी पता लगता है। ध्यान रहे, कि जामा मस्जिद में चपकाए गए इश्तहार में भी सादिक़ ख़ाँ का ही नाम था। वह मनगढ़ंत और 900 सिपाहियों की बात परस्पर संबंधित है, जो कि एक दूसरे की सहायक है। यदि कोई इश्तहार के संबंध में पूछ-ताछ करता तो जवाब तैयार था कि इसका लाने वाला दिल्ली में आने वाले और भेष बदले हुए 500 ईरानियों में मौजूद होगा। यदि ईरानियों का आना विश्वसनीय न समझा जाता तो वह इश्तहार इसका सबूत था। इस बात पर जितना ही अधिक विचार किया जाता है, उतने ही अधिक स्पष्ट रूप से षड्यंत्र पर प्रकाश पड़ता जाता है।

एलान के एक तरफ़ ढाल दूसरी ओर तलवार है, क्या यह कोई अर्थ नहीं रखते ? अफ़सरों का दिल्ली में आने की बात कैसी है ? वह इश्तहार शुरू से

अंत तक ग़लत है और निश्चय ही वह इस्लामी षड्यंत्र का ही काम है। उसे दूसरी ओर संबंधित करना ना मुनासिब है। फिर प्रश्न है कि एलान को कौन लाया ? किसने लिखा ? मेरी समझ में संपादक महोदय इसका उत्तर दे सकेंगे जिन्होंने इस लेख को प्रकाशित किया है। प्रकट होता है कि लेख उसकी इच्छानुसार है। उसके पास उसकी नक़ल है[1] और उसी से उसपर प्रकाश पड़ सकता है। निस्संदेह उसे उसके लेखक का पता है।

मैं नहीं चाहता कि एक ही विषय पर अड़ा रहूँ। और समाचार-पत्रों को उद्धरण उपस्थित कर-करके इस्लामी षड्यंत्र के प्रमाण दिए जाऊँ; परन्तु इसमें ही इस्लामी षड्यंत्र मुझे दिखाई देता है और दूसरी गवाहियों से भी इसका प्रमाणित करना मेरे लिए कठिन नहीं है। अस्तु, एक उद्धरण और है जिसे यहाँ न उपस्थित करना बहुत बड़ी भूल होगी।

13 अप्रैल के अंक में लेख है और सर थ्यूमेटकॉफ़ की गवाही के अनुसार 15 दिन पूर्व मैजिस्ट्रेट के पास एक गुमनाम अर्ज़ी आई थी कि शहर का कश्मीरी दरवाज़ा अँगरेज़ों से छीन लिया जाएगा, क्योंकि शहर का मज़बूत स्थान यही है जो कि शहर और छावनी को आपस में मिलाता है। इसलिए जब कभी शहर में दंगा होगा, तो सबसे पहले इसी पर अधिकार किया जाएगा। सर थ्यूमेटकॉफ़ कहते हैं, कि यद्यपि यह अर्ज़ी कभी मिली नहीं किन्तु विश्वसनीय रीति से ज्ञात है कि लिखी अवश्य गई थी। और इससे उस समय के हिन्दुस्तानियों के विचारों का पता लगता है। अब कोई संदेह नहीं रहा कि वह लेख भी इसी दिमाग़ से निकला था और इस लेख का सच्चा भाष्य था जिसे संपादक ने बेधड़क होकर प्रकाशित कर दिया। यह चाल कितनी अक्लमंदी की थी जिसमें कि भेद जानने वालों का कुछ इशारा मिल जाए। मगर जब वह सर्वसाधारण में प्रकट कर दिया जाता है, संपादक लिखता है कि–''मैजिस्ट्रेट के इजलास में कई अर्ज़ियाँ आई हैं कि एक मास बाद कश्मीर पर आक्रमण हो जावेगा जिसकी दृढ़ता और सुन्दरता को किसी शायर ने ऐसे लिखा है 'कि यदि एक मरी हुई चिड़िया कश्मीर पहुँच जाए तो उसके पर और डफ़ने फिर जम आएँगे। यह पार्थिव स्वर्ग लिखने वाले के अधिकार में आ जाएगा।' प्रश्न किया जाता है कि दिल्ली के मैजिस्ट्रेट के यहाँ अर्ज़ी देने वाले काश्मीर पर कैसे अधिकार कर सकते हैं ? यह साधारण बात है कि दिल्ली के काश्मीरी दरवाज़े का नाम मुल्क काश्मीर के नाम में छिपा दिया गया है और उसकी दृढ़ता व सुन्दरता को काश्मीर देश के नाम पर वर्णन किया गया है। मैं यहाँ पर यह ग़ौर करना नहीं चाहता कि मरे हुए और बाल तथा पर नष्ट हुए जानवर से उनका मतलब अभियुक्त से हैं या नहीं ? पर इसमें संदेह नहीं कि दरवाज़े पर

1. देखिए सादिकुल अख़बार का वह लेख, जिसमें लिखा है कि मेरे दोस्त ने इस एलान की असली नक़ल ले ली है।

अधिकार करने से नोचे हुए पर और डफ़ने पाना, यानी अपनी पिछली बड़ाई और प्रभुत्व पा लेना है। 13 अप्रैल को यह बयान करता है कि आज से एक मास बाद बड़ा विप्लव होगा। हुआ भी ऐसा ही। इसी स्थान पर अफ़सरों पर गोली चलाई गई। अतएव सिद्ध है कि 'सादिकुल अख़बार' के संपादक को अवश्य ही षड्यंत्र का पता था, नहीं तो वह इतनी सच्ची भविष्यवाणी न कर सकता।

संपादक की उपर्युक्त समझदारी के लेख और जवाँबख़्त की बात अनुभव-रहित होते हुए भी एक दूसरे से संबंध रखते हैं और सचमुच आश्चर्यजनक़ हैं।

11 मई को हमला किया गया जिसकी सूचना पहले ही दी जा चुकी थी और उसके बाद वही हुआ जिसका कि ज़िक्र किया जा चुका है। अब भी क्या कोई कह सकता है कि इस विद्रोह की तह में कोई गहरी साज़िश नहीं थी ?

अभियुक्त का षड्यंत्र से गहरा संबंध है, इसका सबूत इतना ही नहीं है, बल्कि और भी है। मौजूर नाम का हब्शी, जो कि न केवल बादशाह का नौकर था, बल्कि सदैव साथ रहने वाला विश्वसनीय ख़िदमतगार था, मि. एवरेट को अलग ले जाकर कहता है, कि अपनी सेना समेत कंपनी की नौकरी से अलग हो जाओ और बादशाह की नौकरी कर लो। क्योंकि जाड़े के दिनों में देश भर में रूसी ही रूसी दिखाई देंगे। मि. एवरेट को उसकी बेवकूफ़ी पर हँसी आती है; लेकिन हमारे पास सबूत है कि यह कोई गहरी बात थी। अतएव उसकी दूसरी मुलाक़ात, जो कि उसके एक मास बाद हुई, जबकि ग़दर शुरू हो चुका था तब मौजूर कहता है "मैंने तुमसे पहले ही कहा था"। फिर ताकीद की और शीरींक़ब्ज़ का पूरा क़िस्सा बताया कि वह कैसे दिल्ली से चलकर कुस्तुंतुनिया गया और मक्का जाने का कैसे बहाना किया। उसकी इस व्याख्या से सिद्ध होता है कि मेरठ का दंगा ही ग़दर का कारण नहीं था, बल्कि यह जाल पहले ही से फैल चुका था। अब कौन कह सकता है कि सेना और दिल्ली के निवासी मुसलमानों में गहरा षड्यंत्र नहीं था ? मि. एवरेट भी आख़िर ईसाई थे और उन्हें भी बाग़ियों ने अपनी ओर मिलाना चाहा। यदि उनके बदले कोई मुसलमान अफ़सर होता तो निश्चय ही वह शाही नौकरी को ही अच्छा समझता। जिस समय उनसे अँगरेज़ी नौकरी छोड़ देने के लिए कहा गया था उस समय मेरठ के कोर्ट मार्शल की ख़बर लोगों को मालूम नहीं थी। और उनसे कहा किसने था ? क्या एक अर्दली, चाहे वह मालिक का कितना ही विश्वासपात्र हो, बिना अपने मालिक की आज्ञा के एक रिसालदार तथा पूरी रेजिमेंट को गवर्नमेंट की नौकरी से अलग कराकर खुद नौकरी दे सकता है ? इतने बड़े गिरोह को बादशाह के सिवाय और कौन नौकर रख सकता है ? मैं आप लोगों से इस पर विचार करने की प्रार्थना करता हूँ, फिर देखें कि षड्यंत्र में अभियुक्त का सम्मिलित होना सिद्ध होता है या नहीं ? हमें मुकुन्द लाल सेक्रेटरी ने बताया है कि 3 साल पूर्व कुछ पैदल सिपाही, जो दिल्ली में रखे गए थे वे

मुरीद (शिष्य) हुएं। इस अवसर पर बादशाह ने सबको एक सूची दी जिसके अनुसार सभी एक-दूसरे के शिष्य होते गए। स्वयं बादशाह भी उनमें सम्मिलित थे। उन्होंने सबको एक-एक लाल रूमाल भी दिया। अब से तीन साल पूर्व शीरीं का ईरान जाना भी सिद्ध हुआ है। मुसलमानों के षड्यंत्र का आरंभ भी उसी समय से हुआ। एक ही अवसर पर एक ओर भीषण विद्रोह दूसरी ओर शाही प्रतिष्ठा की बात हमें विश्वास दिलाता है कि इसके अंदर कोई राजनैतिक चाल अवश्य थी। लेफ़्टिनेंट गवर्नर के एजेंट ने इस चाल को खोल दिया है। गवाह कहता है, कि उस रोज़ बादशाह और सेना में मेल बढ़ गया था। मैं जानता हूँ कि जुर्म की सूची से पाँच बातें और बढ़ाई जानी मान ली गई हैं। पीरज़ादा का स्वप्न और उसकी भविष्यवाणी, शीरीं की कुस्तुंतुनियाँ और ईरान की रवानगी, हिन्दुओं को विद्रोह के लिए तैयार करने का प्रयत्न; हिन्दुस्तानी अख़बारों का मुसलमानों को जिहाद के लिए भड़काना और सरकारी सेना के हिन्दू सिपाहियों को राज-भक्ति से हटाने की कोशिश। क्या इन पाँचों बातों में अभियुक्त के सम्मिलित होने का पता नहीं मिलता ? इसका उत्तर 'हाँ' ही हो सकता है; तो भी एक बात शेष रह जाती है जो कि इन सब बातों से अधिक ज़ोरदार है अर्थात् इन सब बातों में वे गुरु रहे या शिष्य ? मैं समझता हूँ कि सभी लोग सचमुच आन्दोलक थे—सरदार अथवा नेता रहें या अनुयायी, या केवल कठपुतली अथवा गुरु की सी चालों से धार्मिक कट्टरता की उन्नति के लिए प्रयत्न करने वाले। मैं विश्वास करता हूँ कि कई लोग भक्ति की बात को ही मानेंगे। इस्लामी कट्टरता ही सबसे प्रथम कारण थी। इस विशेष धर्म की ईर्ष्या और कट्टरता अधिकार प्राप्त करने के लिए ज़ोर कर रही थी। इसका साधन विद्रोही षड्यंत्र, इसके चतुर कार्यकर्ता अभियुक्त और प्रत्येक प्रकार का संभव अपराध इसका भयंकर परिणाम थे। देखा जाता है, धार्मिक और राजनैतिक यही दोनों बातें थीं, जिन्होंने अभियुक्त को षड्यंत्र के लिए तैयार किया। धार्मिक जोश और पक्षपात प्रत्येक स्थान पर पाया जाता है जैसा कि अर्ज़ियाँ और काग़ज़ों से प्रकट है, और चमक रहा है; तथा जिसका कार्यों पर गहरा प्रभाव पड़ा है। इसके प्रभावशाली आक्रमण से छुटकारा प्राप्त करना बहुत ही कठिन देख पड़ता है। शाहज़ादा मिरज़ा अकुल्ला का अपने पुराने दोस्त को लूट लेना और बाद को अपने चाचा को क़त्ल करने के लिए आदमी भेजना इसका अत्युक्तिपूर्ण उदाहरण नहीं हैं। फिर एक मुसलमान अफ़सर मिरज़ा तक़ी बेग पेशावरी का, जो अँगरेज़ी सरकार के यहाँ एक ऊँचे पद पर नौकर थे, उन्होंने एक किताब से नोट किया है कि एक क्रांति होगी और अँगरेज़ी राज्य का नाश हो जाएगा। इससे भी बढ़कर दिल्ली मेगज़ीन के करीमबख़्श की कार्यवाही थी जो कि फ़ारसी पढ़ने का बेजा लाभ उठाकर गुप्त रूप से पत्र-व्यवहार करता है कि "मेगज़ीन में चरबी के कारतूस बनाए गए हैं और इस संबंध में सिपाहियों को अपने अँगरेज़ अफ़सरों का विश्वास न करना

चाहिए।" देखा जाए कि यह शख़्स कितना भयानक सिद्ध हुआ ? जब बादशाह की सेना ने मेगज़ीन पर आक्रमण किया तो यह कैसा षड्यंत्र रच रहा था ? क्या उसका षड्यंत्र में सम्मिलित होना सिद्ध नहीं है ? प्रकट-रूप में वह अँगरेज़ों का नौकर था और गुप्त-रूप से विप्लवियों का साथी!

अब मैं मुहम्मद दरवेश की अर्ज़ी का ज़िक्र करता हूँ, जो एक विचित्र पत्र है जिसे मिस्टर कॉलविन लेफ़्टिनेंट गवर्नर के पास भेजा गया था। वह एक मुसलमान की ओर से अँगरेज़ी सरकार के प्रति भक्ति थी। मुझे दुःख है कि उसके साथ दूसरी अर्ज़ी को नहीं सम्मिलित कर सकता जो कि नबीबख़्श की लिखी कही जाती है, जो बादशाह को लिखी गई थी। इसमें लिखा था 'औरतों और बच्चों की हत्या नाजायज़ है। इस संबंध में धार्मिक नेताओं की आज्ञा पूछना चाहिए।" अतएव जबसे मैंने उसे अदालत में पेश किया है उस समय से मुझे उसके लिखे जाने में संदेह हो रहा है। संभव है कि दिल्ली पर अँगरेज़ी अधिकार हो जाने के बाद इनाम के लिए वह लिखी गई हो। उसके ऐसा ही होने का विश्वास, इसलिए होता है, कि नबीबख़्श ऐसी हैसियत का व्यक्ति बादशाह को उपदेश और मत नहीं दे सकता कि सेना को पहले अपना क्रोध बादशाह पर उतारना चाहिए। नबीबख़्श डींग मारता था कि उसने बादशाह को ऐसा लिखा। निस्संदेह कुछ मिसालें ऐसी हैं, जिसमें मुसलमानों ने अँगरेज़ों के साथ अच्छा व्यवहार किया। वे थोड़ी ही होने के कारण मनोरंजक हैं। हम इससे अन्दाज़ा लगा सकते हैं कि नबी (सलीवल्लेसलम) की शिक्षा का बुजुर्गों पर प्रभाव न पड़ा। और न ऐसी शिक्षा दी गई थी कि वह विद्रोह की ओर न झुकते। यहाँ तक कि यह इनका काम साधारण मनुष्यता से भी गिरा हुआ है।

अपनी इस बहस में मैंने बहुत बार कहा है कि इस विद्रोह की तह में मुसलमानी षड्यंत्र था और मैंने यह भी बताया है कि अभियुक्त का पद धर्म के एक अगुआ का सा है और इस षड्यंत्र में वे एक नेता के रूप में सम्मिलित रहे हैं। मैंने यह भी बताया कि प्रेस और मुसलमानों ने मिलकर हिन्दुओं को भड़काया और विशेषकर सिपाहियों को उत्तेजित किया। नं. 3 लाइट केवेलरी के सिपाहियों का कारतूस लेने से इनकार करना, इसका सबूत है। इन 85 सिपाहियों में अधिक मुसलमान थे जिनकी कोई जाति-पाँति न थी। इस दशा में यदि गाय या सूअर की चरबी भी कारतूसों पर मिल गई होती तो भी धार्मिक दृष्टि से कोई आपत्ति इनके पास न थी। कप्तान मारटेन्यू कहते हैं कि अम्बाला के सैनिकों में जब कारतूस के मामले में बहस होती तो मुसलमान हँसते थे। इसी से सिद्ध होता है कि उनका मतलब खुला विद्रोह करना था। ऐसी दशा में वह किसी प्रकार की क्षमा के अधिकारी नहीं हैं। यद्यपि इनकी शिकायतों का कोई प्रमाण नहीं है, तो भी यह तो ठीक ही है, कि उन्होंने हिन्दुओं को धर्म-भय दिलाकर विद्रोह के लिए उत्तेजित किया। मैंने जो कहा कि 'उत्तेजित किया' इसका मेरे पास प्रमाण है। और वह ऐसी बात है जिसमें मुसलमान अपने

दोस्तों की हमदर्दी न कर सकें, हिन्दुओं को भी इसी चाल से उन्होंने साथ लिया। अतएव एक गवाह की बात बार-बार दुहराई जाती है कि लड़ाई के बाद तुरंत ही हिन्दुओं ने मुसलमानों को धिक्कारा कि तुमने हमें भड़काया। हम लोग धोखे में पड़ गए कि क्या सचमुच अँगरेज़ हमारे धर्म पर आक्रमण करते हैं। हिन्दू सिपाहियों में से बहुतों ने यह कहा कि यदि हमारी प्राण-रक्षा का वचन मिले तो हम लोग फिर अँगरेज़ी नौकरी करने को तैयार हैं। लेकिन इसके विरुद्ध मुसलमान सदैव यही कहते रहे कि सरकारी नौकरी से शाही नौकरी बहुत अच्छी है। मुल्क के राजा नवाब हमारी सहायता करेंगे और हम लोग अवश्य विजयी होंगे।

यदि हम समय-समय पर होने वाली घटनाओं पर दृष्टि डालें और विचार करें, तो पता लगेगा कि केवल मुसलमान ही विद्रोह के षड्यंत्र में थे। एक मुसलमान पीरज़ादा बनावटी स्वप्न और उसका कल्पित प्रभाव, एक मुसलमान बादशाह और उसके बुढ़ापे में भी विद्रोह का-सा भीषण दुस्साहसपूर्ण अपराध, ईरान और टर्की की सहायता प्राप्त करने के लिए एक मुसलमान दूत की रवानगी, अँगरेज़ी शक्ति के नाश होने की मुसलमानों द्वारा भविष्यवाणी, उसके स्थान पर मुसलमानी राज्य संस्थापन, मुसलमानों द्वारा निर्दयतापूर्ण हत्या, इस्लामी शासन के लिए जिहाद, मुसलमानी अखबार द्वारा उत्तेजन, मुसलमान सिपाहियों का विद्रोह–इन सब बातों को देखने से मालूम होगा कि हिन्दुओं का नेतृत्व मुसलमानों ने ही किया।

इस्लामी षड्यंत्र सिद्ध हो गया। मेरा यह अर्थ नहीं कि दूसरे षड्यंत्र मेरी दृष्टि में निर्दोष सिद्ध हो गए। यहाँ पर मैंने केवल उन्हीं आदमियों को चुना है जो कि मेरी निगाह में सबसे अधिक ज़िम्मेदार सिद्ध हुए। इसके पहले, कि बहस समाप्त करूँ, मैं कप्तान मारटीनर की गवाही से एक उत्तर सुनाना चाहता हूँ। प्रश्न हुआ कि क्या तुमने कभी सिपाहियों को यह शिकायत करते सुना कि अँगरेज़ पादरी हिन्दुस्तानियों को ज़बरदस्ती ईसाई बनाते हैं ? तो उन्होंने उत्तर दिया, "नहीं, अपनी आयु भर में कभी नहीं। मेरा ख़्याल है कि उन्होंने इसका एक शतांश भी नहीं कहा।" मैं समझता हूँ कि कोई भी अफ़सर ऐसा नहीं है, जिसे सिपाहियों की थोड़ी बहुत आदत का पता न हो। कप्तान की बात से प्रकट होता है कि सिपाहियों को पादरियों की ओर से कोई भय न था। उचित रीति से ईसाई करने की नीति से सैनिक तथा जनता को कोई शिकायत नहीं होती। यदि उपदेश के द्वारा धर्म-प्रचार किया जाए तो किसी को आपत्ति नहीं है। ईसाइयों ने जो नीति पकड़ी थी उससे हिन्दुस्तानियों को कोई शिकायत न थी। और उसे यदि ठीक ढंग से रखा जाए, तो लोगों के सामने का अँधेरा दूर हो जाएगा और पता लगेगा कि ईसाई धर्म कोई अलग धर्म नहीं है। यह ऊपरी रूप जो अलग होता तो हिन्दुओं को भय की कोई बात न होती। वे देखेंगे कि ईसाई धर्म का ज़बरदस्ती प्रचार असम्भव है। उनके हृदय से विद्रोह फैलाने वाला यह विचार दूर हो जाना चाहिए। यदि मैं इसी भाँति कहता चला जाऊँ तो

वह राज्य की नीति पर बहस करना होगा। अतः, मैं अदालत को धन्यवाद देता हूँ जिसने मेरी बात ध्यान से सुनी। मैं मि. मरफ़ी अनुवादक का बड़ा कृतज्ञ हूँ, जिन्होंने मेरे कार्य को सरल बना दिया। काग़ज़ी और ज़बानी गवाहियों का क्रम बनाना, उनका अनुवाद करना, उनके फ़ारसी और उर्दू की पूर्ण योग्यता का प्रमाण है। इन काग़ज़ों के अतिरिक्त और भी जो नोट हैं, जिनका अनुवाद उन्होंने बिना मेरे कहे ही किया, मैं उनकी इस कृपा के लिए आभारी हूँ।

दिल्ली–9 मार्च, 1858 ई.

(हस्ताक्षर) एफ़. जे. हेरियट, मेज़र
डिप्टी एडवोकेट जनरल, व सरकारी वकील

अदालत जूरियों की राय के लिए उठ जाती है

अदालत उन गवाहियों पर एक मत है कि बादशाह उन अभियोगों के अपराधी हैं जो कि कहे गए हैं।

दिल्ली–9 मार्च, सन् 1858 ई.।

(हस्ताक्षर) एम. डॉस
लेफ़्टिनेंट कर्नल, प्रेसिडेंट
(हस्ताक्षर) एफ़. जे. हेरियट, मेज़र
डिप्टी जज एडवोकेट जनरल

मंजूर किया गया और निश्चित रक्खा गया।
सहारनपुर कैम्प, 9 अप्रैल, 1858 ई.।

(हस्ताक्षर) एन. पेनी, मेजर जनरल
कमांडिंग मेरठ डिवीजन

अदालत 3 बजे से अनिश्चित समय के लिए उठ गई।

भूतपूर्व बादशाह–दिल्ली के मुकदमे का परिशिष्ट अंश

हकीम एहसन उल्ला ख़ाँ भूतपूर्व बादशाह-दिल्ली के शाही हकीम की गवाही

जब लॉर्ड एलनबरा गवर्नर जनरल की आज्ञा से बादशाह को भेंट स्वीकार करने की

मनाही कर दी गई तो वह दुखी रहने लगे। पहले तो उन्होंने इस आज्ञा के विरुद्ध इंग्लैंड को लिखा। फिर सदैव उस आज्ञा की शिकायत और विरोध करते थे। वह बहुत दुखी थे। उनकी इच्छा थी, कि छोटा लड़का जवाँबख़्त उनका युवराज हो। वास्तव में यह अधिकार बड़े लड़के मिरज़ा फ़तेहुलमुल्क का था। उन्होंने बादशाह की राय का विरोध किया। कुछ दिनों बाद मिरज़ा सुलेमान शिकोह के पोते मिरज़ा हैदर अपने भाई मिरज़ा मुराद के साथ लखनऊ से आए। उन्होंने बादशाह को लेफ़्टिनेंट गवर्नर को यह लिखने की सलाह दी, कि बादशाह ने शाहज़ादों को गवर्नमेंट ऑफ़िस के लिए एजेंट बनाया है। मगर गवर्नर के एजेंट ने उसे स्वीकार न किया, क्योंकि शाहज़ादों को ऐसे काम पर नियुक्त करने का नियम न था। जाते समय शाहज़ादे अपने साथ कुछ काग़ज़ात लखनऊ लेते गए, जिन पर शाही मोहर थी। इन शाहज़ादों का रनिवास में आना-जाना बहुत था। लखनऊ में मिरज़ा हैदर ने शाह अब्बास की दरगाह के पुजारी को शाही मोहर लगा और पेंसिल का लिखा एक पर्चा दिया। इसमें लिखा था कि बादशाह ने शिया सम्प्रदाय के उसूल स्वीकार कर लिये हैं। यह ख़बर सुन्नी सम्प्रदाय के दो-तीन शाहज़ादों से मिली। कई सुन्नियों की अर्ज़ियों से भी यही बात मालूम हुई। यह अर्ज़ियाँ बादशाह को दी गई थीं। उनमें से मैं निम्नलिखित लोगों को जानता हूँ। दिल्ली के अमीरुर रहमान ख़ाँ, जो कि लखनऊ में रहने लगे थे, बादशाह का भूतपूर्व नौकर शेदीबुलाल जिसने बाद को लखनऊ में नौकरी कर ली थी। जब यह बात दिल्ली में मालूम हुई तो कई मुल्ला बादशाह के पास आए और प्रार्थना की कि हमें कारण बताया जाए। बादशाह ने कहा कि मिरज़ा हैदर ने अपने हाथ से कुछ काग़ज़ लिखकर उन पर शाही मोहर लगा ली है और बादशाह ने भी एक आज्ञा-पत्र दरगाह के पुजारी को लिखा है जिसमें लिखा है कि वह शिया समुदाय से प्रेम करते हैं और जो प्रेम न करे वह मुसलमान नहीं है। बाद को बादशाह की प्रार्थना पर लेफ़्टिनेंट गवर्नर ने उस आज्ञापत्र की नक़ल लखनऊ से मँगवाई। उसमें वही लिखा था, जो अर्ज़ियों में प्रकट किया गया था। उस समय यह विश्वास कर लिया गया कि बादशाह ने दरगाह के पीर के अलावा अवध के नवाब को भी कुछ लिखा होगा, क्योंकि वह शिया है और मिरज़ा हैदर ने अवश्य ही उनसे मिलकर राज्य जीतने की आशा दिलाई होगी।

एक साल बाद विश्वसनीय रीति से पता लगा, कि मिरज़ा नजफ़ ईरान गया है। वह मिरज़ा हैदर का भाई और बादशाह का भतीजा था। मौलवी बकर की बताई हुई यह बात भी समाचार-पत्रों में प्रकाशित हुई, कि शाह-ईरान ने उनके साथ बहुत अच्छा व्यवहार किया। मैंने मिरज़ा नजफ़ के गहरे दोस्त मिरज़ा अलीबख़्त से पूछा कि मिरज़ा नजफ़ बादशाह का कोई पत्र शाह ईरान के पास ले गए हैं ? तो उसने 'हाँ' कहा। पत्र का आशय यह था, कि बादशाह ने शिया धर्म स्वीकार कर लिया है, आप सहायता दीजिए। बादशाह ने इस पत्र में अपनी करुण दशा

का वर्णन किया था और लाचारी बताई थी। अलीबख़्त ने यह भी बताया कि अब तक कोई उत्तर नहीं आया है। कुछ मास बाद शीरीं ने हज़ की तैयारी की और आज्ञा माँगी। हसन अस्करी की सिफ़ारिश से आज्ञा मिल गई और राह ख़र्च भी मिला। इसके कुछ मास बाद अँगरेज़ी सरकार के नौकर जाटमल ने हम से पूछा कि क्या शीरीं सचमुच हज करने गया है ? उसने यह भी कहा कि मालूम होता है कि वह ईरान गया है। मैंने जवाब दिया कि मुझे मालूम नहीं है। लेकिन ख़्वाजासरा लोगों से पूछने पर पता लगा कि वास्तव में वह ईरान गया है और पीरज़ादा अस्करी के द्वारा उसे कुछ काग़ज़ात दिये गए हैं जिसमें शाही मुहर लगी है। इससे साबित होता है कि शीरीं मिरज़ा नजफ़ के पास पिछले पत्र का उत्तर लाने के लिए गया है। यह तमाम बातें सुन्नियों से गुप्त रखी गई थीं। (मैं भी उनमें सम्मिलित था) क्योंकि बादशाह का धर्म मिरज़ा हैदर ने बदलवा दिया था। बादशाह शाह-ईरान और बूशहर की सभी ख़बरें सुनने को उत्सुक रहते थे।

मिरज़ा हैदर कोई साधारण व्यक्ति नहीं था, बल्कि बादशाह का ख़ास रिश्तेदार-भतीजा था और लखनऊ से 1 हज़ार रुपया मासिक वज़ीफा पाता था। वह स्वयं शिया था और उसके बाप और दादा भी शिया थे। उनके मज़हब में यह बात पड़े पुण्य की मानी जाती है, कि दूसरे मज़हब वाले को अपने मज़हब में मिला लें। इसके साथ ही सांसारिक लाभ यह था, कि तीन बादशाह—लखनऊ, ईरान और दिल्ली एक ही सम्प्रदाय के हो जाएँ। इसमें सन्देह नहीं कि शाह-ईरान को पत्र भेजने की सलाह मिरज़ा हैदर ने ही बताई थी। उसमें उसका अपना लाभ भी था और यह भी ख़्याल था कि मिरज़ा नजफ़ के ईरान पहुँचने के पहले ही बादशाह के शिया हो जाने का समाचार अख़बारों द्वारा शाह-ईरान को मालूम हो जाए जिसमें वह मिरज़ा की ख़ातिर करें। बहादुरशाह अपने राजनैतिक विचारों को गुप्त रखने की बहुत कम परवाह करते थे। साधारण नौकर भी इन पर अच्छा प्रभाव रखते थे। बादशाह अपने बेगमों को भी राजनैतिक बातों में सम्मिलित करते थे और उनसे सलाह लेते थे। ज़ीनत महल को प्रसन्न करने के लिए ही जवाँबख़्त को युवराज बनाना चाहा था। यद्यपि वह बच्चा और इस पद के योग्य न था। ख़्वाजा-सरा लोगों को भी तमाम बातों का पता था, क्योंकि उन्हें कहीं जाने की रोक-टोक न थी। वह उनके एकांत स्थान में भी जा सकते थे। महबूब अली ख़्वाजा-सरा उनका इस संबंध में मुख़्तार-सा था। मैंने यह कभी नहीं सुना कि शाह-ईरान वाले पत्र में देशी सेना को भड़काने की बात लिखी गई थी। मेरा ख़्याल है कि ऐसा नहीं किया गया होगा। बादशाह ने शाह-ईरान से मित्रता करने का ही इरादा किया था। मुझे ख़्वाजा-सरा लोगों से मालूम हुआ कि उन पत्रों पर शाही मोहर लगा कर शीरीं को दी गई कि मिरज़ा नजफ़ को जाकर दे और पहले वाले पत्र का उत्तर लाए। मैं समझता हूँ कि शीरीं वाले ख़त में कोई नई बात नहीं

थी, यदि होती तो ख़्वाजा-सरा ज़रूर बताते। शीरीं ईरान को चल दिया उसके बाद अख़बारों में छपा कि मिरज़ा नजफ़ ईरान पहुँच गए। शीरीं के जाने के एक साल बाद अवध का राज्य अँगरेज़ी राज्य में मिला लिया गया और शीरीं के जाने के बाद ही हनुमानगढ़ी में उपद्रव हुआ।

बहादुरशाह सरकार की इच्छानुसार नहीं थे। सरकार का ख़्याल था कि उनकी मृत्यु के बाद शाही क़िले को उनके परिवार से ख़ाली करा लेंगे। मिरज़ा फ़तेहुलमुल्क को युवराज पद मिल जाने के बाद सरकार का यह विचार प्रकट हुआ। इससे बादशाह प्रायः कहा करते कि मिरज़ा फ़तेहुलमुल्क (बादशाह इनके युवराज बनाने के विरोधी थे) को प्रसन्नता प्रकट करने का अवसर नहीं है, क्योंकि उनकी मृत्यु के बाद उन्हें न तो कोई अधिकार रहेगा और न क़िले में रहने पाएँगे।

ईरान की लड़ाई के समय कुछ शाहज़ादों का ख़्याल था, कि यदि रूस ने ईरान की मदद की तो अँगरेज़ों की अवश्य पराजय होगी और ईरानी ही भारत के शासक होंगे। बादशाह का भी यही मत था। मैंने कभी नहीं सुना कि मिरज़ा नजफ़ ने ईरान से कोई पत्र दिल्ली पहुँचाया। यदि ख़बर भेजी भी होगी तो सीधे अपने भाई मिरज़ा हैदर के पास लखनऊ भेजी होगी। बादशाह को ईरान से सहायता मिलने की आशा थी इसीलिए उन्होंने देशी नरेशों को साथ में लेने का प्रयत्न नहीं किया। इसका कारण यह भी था कि मिरज़ा हैदर जब से गया तब से लौट कर नहीं आया। यही व्यक्ति षड्यंत्र का सूत्रधार था। इसी ने पहले ईरान को पत्र भेजने की सलाह दी थी। बादशाह लॉर्ड एलनबरा के विरोधी थे क्योंकि उन्होंने मिरज़ा जवाँबख़्त को युवराज न बना कर फ़तेहुलमुल्क को यह पद दिया। अँगरेज़ी राज्य अथवा किसी और सरकारी नौकर के वह दुश्मन न थे। ईसाई धर्म से अलबत्ता उन्हें घृणा थी। मुरीद बनाने के कारण बादशाह धार्मिक दृष्टि से अधिक सम्माननीय समझे जाते थे। केवल सैनिक ही नहीं, बल्कि हज़ारों आदमी उन्हें अपना नेता मानने लगे थे। यह पुरानी रिवाज है। बादशाह के पिता भी मुरीद बनाया करते थे। लाल रूमाल देना बादशाह ने स्वयं शुरू किया था। दिल्ली के पीरों ने (जो कि दिल्ली के बादशाहों के आध्यात्मिक गुरु थे) लोगों को यह बताया था, कि बादशाह आध्यात्मिक बातों में दुनिया में आध्यात्मिक खलीफ़ा है और उसकी शागिर्दी बिल्कुल ही उचित है।

(मेरे नाना हज़रत ख़्वाजा गुलाम हसन साहब ने एक रोज़ हकीम साहब के सामने बादशाह से कहा था कि बादशाह इस्लाम के ख़लीफ़ा का दरज़ा रखता है। मगर यह कोई शिक्षा न थी और स्वयं बादशाह भी इस बात को जानते थे। यह इस्लाम का निश्चित मत है—ख़्वाजा हसन निजामी)

इसके सिवाय इसमें एक लाभ और है कि मुरीद अपने गुरु की प्रत्येक आज्ञा—सांसारिक अथवा आध्यात्मिक—मान लेता है। सबसे पहले-पहल बहादुरशाह के पिता ने ही बादशाहों को शिष्य बनाने की रिवाज डाली। उन्होंने बहुत लोगों

को मुरीद बना लिया था। वह अपने शिष्यों को केवल एक क्रम में कर लेते थे। मैंने नहीं सुना कि बादशाह के मुरीदों ने कभी उनके यहाँ नौकरी भी की हो। ग़दर के पहले कोई मुरीद नहीं आया और न किसी को लाल रूमाल दिया गया। इसके बाद दिल्ली में रहने के दिनों में 5 मास तक कोई सिपाही मुरीद होने के लिए नहीं आया, बल्कि मिरज़ा मुग़ल के ज़ब्त किए काग़ज़ों में भी किसी मुरीद की अर्ज़ी नहीं पाई गई और न उसका ज़िक्र ही पाया गया। यह काग़ज़ात मैं देख चुका हूँ। कारतूस की घटना से 5 मास तक कोई मुरीद होने नहीं आया। यदि आता तो मुझे पता होता। मुसलमान ही हमेशा मुरीद हुए थे और किसी जाति का कोई मुरीद नहीं हुआ। मैंने नहीं सुना कि बादशाह ने देशी सैनिकों से कोई पत्र-व्यवहार किया हो। लेकिन जब कभी आपस में लड़ाई होती तो बड़ी चिन्ता के साथ वहाँ का हाल पूछते और वह ब्रिटिश राज्य से नाखुश थे इसलिए उनकी हानि और हार की ख़बरें शौक़ से सुनते थे। उनका ख़्याल था कि अँगरेजों के सिवाय जो कोई भी यहाँ राज्य करेगा वह उन्हें शाही ख़ानदान में होने के कारण इज़्ज़त से देखेगा। लेकिन कुछ दिनों बाद उन्हें पता लग गया कि अँगरेज़ी राज्य के साथ उनका सौभाग्य भी चला जाएगा।

मुझे अच्छी तरह याद नहीं है, लेकिन मेरा विश्वास है कि पंजाब की ज़ब्ती के बाद भत्ता बंद कर देने के कारण देशी रेजिमेंट में जो विद्रोह हुआ था उसकी ख़बर बादशाह को पहुँची थी। मुझे वह महीना याद नहीं है, जब कि कलकत्ता रेजिमेंट ने सबसे पहले चरबी के नए कारतूस लेने से इनकार किया था और उसकी ख़बर बादशाह को मिली। मुझे इतना याद है, कि कलकत्ता के किसी अख़बार से यह सूचना मिली थी और जब कारतूसों की स्थान-स्थान पर चर्चा फैली तो यह अनुमान किया गया था कि जितनी अधिक चर्चा होगी उतनी ही अधिक उत्तेजना देश के कोने-कोने में फैलेगी और देशी सेना अँगरेज़ों का नाश करके राज्य को उलट देगी। उस समय बादशाह ने प्रकट किया था कि उनकी दशा अच्छी होगी क्योंकि जो शक्ति राज्य का भार लेगी वह उनकी इज़्ज़त करेगी। शाही वंश के शाहज़ादा कहा करते थे कि रुपए की कमी के कारण सेना या तो नेपाल चली जाएगी या ईरान, लेकिन बादशाह के पास न ठहरेगी।

यद्यपि नए कारतूसों का चलन होना ही बग़ावत का कारण माना गया है किन्तु बात यह नहीं थी। देशी सेना के बहुत से लोग विद्रोह का प्रयत्न करते थे; क्योंकि वह अँगरेज़ों से नाराज़ थे और कहते थे, कि उनके साथ ज़बरदस्ती का व्यवहार किया जाता है। नए कारतूसों का बहाना पाकर उन्होंने अपनी इच्छा पूर्ण की। उन्हीं बाग़ियों ने अपने स्वार्थ के लिए धार्मिक बातों की ओट में सेना को अँगरेज़ी राज्य के विरुद्ध खड़ा कर दिया। उन लोगों का विश्वास था, कि उन्हीं के बल पर राज्य स्थापित है और सरकार उनसे नहीं लड़ सकती। सर्वसाधारण

मुख्य कारण से अनभिज्ञ थे और सोचते थे कि सरकार ने उनके धर्म पर आघात किया है। और सचमुच यही बात ध्यान देने योग्य है, क्योंकि कमांडर-इन-चीफ़ ने प्रण कर लिया था कि दो साल में तमाम देश को ईसाई बना लेंगे और इस कारण विद्रोहियों की चाल चल गई और प्रजा ने उस बात को सच माना।

मेरे विचार में देशी सेना बहुत दिनों से अँगरेज़ों के विरुद्ध थी। नए कारतूस न भी निकलते, तो भी वह विद्रोह का दूसरा बहाना खोज निकालती। क्योंकि यदि सिपाहियों को केवल धार्मिक कारण[1] ही कष्ट-दायक थे, तो वह नौकरी छोड़ देते और यदि नौकरी ही करनी थी तो विद्रोह न करते।

बादशाह का ख़्याल था कि सरकार धर्म में हस्तक्षेप करती है किन्तु मैं समझा देता था कि वह बदमाशों की उड़ाई हुई ख़बरें हैं, अँगरेज़ बुद्धिमान हैं और ऐसा कभी न करेंगे जिसमें धर्म में हस्तक्षेप हो। वह सैनिकों की इज्ज़त करते हैं। उन्हें कभी दुःखी न करेंगे। जब मैं समझाता तो बादशाह मुझसे सहमत हो जाते। मगर फिर मुसाहिबों के बहकाने में आ जाते थे।

मेरे सामने मेरठ से कोई समाचार नहीं आया। इतवार को सवेरे लाहौरी दरवाज़े में नियुक्त एक बालंटियर सिपाही आया और दीवाने-ख़ास के नौकरों से कहा कि मेरठ के सिपाही विद्रोही हो गए हैं और शीघ्र ही दिल्ली आने वाले हैं। इसके एक घंटा बाद ही दिल्ली की रेजिमेंट क़िले में घुस आई और बाद को मेरठ की सेना भी आ गई।

मेरे सामने कभी यह चरचा नहीं हुई कि मेरठ में कारतूस लेने से इनकार करने के कारण सिपाहियों को कोर्ट-मार्शल किया गया है। संभव है कि उसके 5-6 दिन बाद अख़बारों से मालूम हुआ हो। मुझे यह विश्वास नहीं है, कि ठीक बात की जाँच करने के लिए बादशाह की ओर से कोई आदमी मेरठ गया हो। और न मैंने यह सुना कि ज़ीनत महल ने ही किसी को मेरठ भेजा। उस समय बादशाह को आश्चर्य हुआ, जब कि सेनाएँ एकदम से उनके पास आ गईं। बिना सूचना दिए ये लोग कैसे आ गए। तो भी जब से कारतूसों की बात छिड़ी थी, तब से यह धारणा हो गई थी, कि कोई न कोई आफ़त अवश्य आएगी। जिस रोज़ सेना आई थी उसी रोज़ शाम को मैंने बादशाह को समझा दिया था कि ऐसे लोगों से भलाई की आशा मूर्खता है, जिन्होंने अपने मालिक से विद्रोह किया हो। उसके बाद मैंने बादशाह की ओर से लेफ़्टिनेंट गवर्नर को लिख दिया था, कि सैनिकों ने अपने अफ़सरों को मार डाला है और बादशाह की लाचारी बताकर सहायता की प्रार्थना की थी। सवेरे मुझे बात करने का अवसर नहीं मिला क्योंकि क़िले

---

1. मानव विचार कभी-कभी पवित्र होते हैं। सिपाहियों को विश्वास था कि उनका धर्म ख़तरे में है और इसीलिए वह उठ खड़े हुए। यदि नौकरी छोड़ देते तो क्या होता ? धर्म और पद उनको ऐसा करने से रोकते थे।

में सेनाएँ भरी पड़ी थीं। बादशाह को बाग़ियों के आने की पहले से सूचना न थी। अतएव जब मैंने वकील ग़ुलाम अब्बास से क़िलेदार का संदेशा आकर कहा तो बादशाह ने बिना बहाना किए तुरंत ही दो पालकी और दो तोपें भेजने का हुक्म दे दिया। कोई नहीं बता सकता कि चपातियाँ क्यों बाँटी गईं और सबसे पहले किसने इनकी शुरुआत की। क़िले के आदमी भी इस संबंध में कुछ न जानते थे। मैंने स्वयं बादशाह से इस पर बातचीत नहीं की। लेकिन और लोग उनके सामने इसकी चर्चा करते थे और आश्चर्य करते थे कि क्या भेद है ? मैं समझता हूँ कि यह अफ़वाह सेना में अवध के इलाक़े से आरम्भ हुई। पहले मैं बड़े आश्चर्य में था पर मेरा ख़्याल था कि यह किसी बड़े भेद से संपर्क रखती हैं। कुछ लोगों का ख़्याल था कि इनका श्रीगणेश सेना से ही हुआ। कुछ का विश्वास था कि इसमें कुछ जादू है क्योंकि वह पूरे देश में फैल गई थीं और यह पता न लगा कि आरम्भ कहाँ से हुआ और किसने आरम्भ किया। कुछ का यह अनुमान था कि यह किसी धार्मिक व्यक्ति का कार्य है जिससे लोगों का धर्म सुरक्षित रहे, क्योंकि सरकार धर्म बिगाड़ना चाहती थी।

मुझे सेना के अफ़सरों से पता लगा था कि उनके विद्रोह का कारण चरबी के कारतूस और हड्डी मिला आटा है। सरकार लोगों का धर्म लेना चाहती थी और इसीलिए वह लड़ने पर तैयार हुए। लेकिन मैंने हैदर हसन नाम के आदमी से बात करने पर पता पाया कि सैनिक यह कहते थे कि अगर हम लोग एक मत रहें तो अँगरेज़ी सेनाएँ हमें हरा न सकेंगी और हम लोग एक दिन राज्याधिकारी हो जाएँगे। हैदर देशी सिपाहियों का गहरा मित्र था। मैं समझता हूँ कि सिपाहियों ने राज्य के लिए विप्लव किया और धर्म की बात एक बहाना मात्र था। यदि वह धर्म के लिए लड़ते होते तो लूट न करते और विचित्र अत्याचार न करते और वह केवल अँगरेज़ों से ही लड़ते। विद्रोह के दिनों में सैनिक प्रायः कहते थे कि वह देश के शासक हैं और शाहज़ादों को सूबों का सूबेदार बनाएँगे। नं. 37 देशी रेजिमेंट ने कहा कि उन्होंने ग़दर के पहले ही मेरठ वालों से राय ले ली थी और तमाम छावनियों को पत्र द्वारा सूचना दे दी थी कि सब दिल्ली में आकर एकत्रित हों। उस सेना की ऐसी बातों से मेरा ख़्याल हुआ कि दिल्ली के सिपाहियों के पास जो पत्र आते थे उनमें ऐसी ही बातें होती होंगी। दिल्ली की बाग़ी रेजिमेंट ने कई और रेजिमेंटों को अपने साथ सम्मिलित होने के लिए लिखा था। और बादशाह ने विद्रोही सिपाहियों के कहने से नीमच, फ़िरोज़पुर आदि स्थानों की सेनाओं को आने के हुक्म निकाले थे। बाग़ियों के पत्रों का आशय प्रायः यही होता था कि "हम लोग यहाँ आ गए हैं क्या तुम भी अपने वादा के अनुसार यहाँ आओगे ?" बाग़ियों की प्रार्थना पर बादशाह मुंशियों को हुक्म दे देते थे कि जैसा यह कहें, लिख दो। सेना के विद्रोह के संबंध में मैं और कुछ नहीं जानता। जो पता था

वह कह दिया। 'विद्रोह के पूर्व ही सेनाओं ने तय कर लिया था, कि अपनी-अपनी छावनी के अँगरेज़ पुरुष व स्त्रियों को मार डालेंगे। मैं उनके प्रबंध को व्याख्या सहित नहीं जानता। इतना जानता हूँ, कि उनके उपाय विद्रोह आरम्भ होने के अवसर पर ही निश्चित नहीं हुए थे।

मैंने यह नहीं सुना कि विद्रोहियों ने विद्रोह की पहले से ही तारीख़ तय की थी। यदि ऐसा होता तो पत्रों में अवश्य ही इसकी चर्चा होती। पत्रों में ऐसी कोई बात न थी कि "तुमने अमुक तारीख़ को विद्रोह करने का वचन दिया था लेकिन अब तक नहीं आए। इसलिए तुमने अपना वचन पूरा नहीं किया।" मैंने जिस विप्लव की बात कही है वह मेरठ के लिए है। मेरा विचार है कि विप्लव अकस्मात् नहीं हुआ, बल्कि बहुत समय पूर्व से इसका षड्यंत्र था। मेरठ में अकस्मात् विद्रोह हो जाने का कारण यह होगा कि उनके अँगरेज़ अफ़सरों के बदला लेने का भय था। अतएव केवेलरी नंबर 3 के अफ़सर गुलाबशाह ने आकर यहाँ कहा था, कि अँगरेज़ों ने सेना से हथियार ले लिये हैं और सवारों को क़ैद कर लिया है। नई कारतूसों के सिवाय सिपाहियों को और भी कई शिकायतें थीं जिसके कारण उनमें गवर्नमेंट के प्रति अश्रद्धा हो गयी थी। सिपाहियों को छुट्टी कम मिलने लगी थी, भत्ता बंद कर दिया गया था, सेनाएँ समुद्र पार भेजी जाती थीं, आदि आदि। किन्तु सबसे बड़ा कारण उन्होंने नए कारतूसों का जारी होना बताया है। उनकी और तकलीफ़ों से अधिक जोश नहीं फैल सकता था, इसलिए कारतूसों के बहाने से धार्मिक जोश भड़काया गया और अनजान लोगों को यही विश्वास रहा कि लोग धर्म के लिए लड़ रहे हैं। विद्रोही सरकार को बड़े भद्दे शब्दों में पुकारते थे। उन्हें काफ़िर (ईसाई) आदि नामों से याद करते थे। वह प्रायः कहा करते थे कि अँगरेज़ किसी रईस की ज़मीन न बचने देंगे और न उनके साथ कृपापूर्ण व्यवहार करेंगे। देशी सेना में हिन्दू और मुसलमान दोनों अँगरेज़ों से अप्रसन्न थे। लेकिन शहर में हिन्दुओं की अपेक्षा मुसलमान अधिक नाराज़ थे। उसका सबसे बड़ा कारण यह था, कि बकरीद के दिनों में गौकुशी पर दंगा हो गया था और स्थानीय हाकिमों ने मुसलमानों के विरुद्ध फ़ैसला किया था। इसके सिवा यह भी मशहूर था कि अँगरेज़ सूअर का गोश्त खिला कर हिंदुस्तानियों को ईसाई बना रहे हैं। बाद को यह ख़बर मिली कि नंबर 11 पैदल के सिपाहियों ने अपने कार्यों का प्रायश्चित किया और उन्होंने रेजिमेंट से नाम कटा लिया है। मगर असल में बात यह थी, कि उन्होंने तनख़्वाह बढ़ाने के लिए प्रार्थना की थी, वह प्रार्थना अस्वीकार हुई और इस पर सबने नौकरी छोड़ दी। क़िले वालों अथवा शाहज़ादों को पता नहीं था, कि दिल्ली वालंटियर रेजिमेंट के सिपाहियों ने मेरठ की सेना से षड्यंत्र किया था। यह उस समय पता चला, जब बाग़ी सेना के अफ़सरों ने दिल्ली में इसकी चर्चा की। मेरी समझ में विद्रोहियों और देशी रईसों में ग़दर के पहले कुछ पत्र-व्यवहार नहीं हुआ। यदि ऐसा

होता, तो ग़दर के बाद लिखे गए पत्रों में उसकी चर्चा होती और विद्रोह होने पर सिपाहियों के जत्थे उन रियासतों में चले जाते। किंतु ऐसा नहीं हुआ। इसलिए मेरे विचार में सिपाहियों ने अपनी इच्छा से ही विद्रोह किया। क्योंकि यदि औरों से षड्यंत्र होता, तो या तो वही लोग आकर सम्मिलित होते, या यह, कि उन्हें अपने साथ के लिए बुलाते। देहात वालों पर सैनिक विद्रोह का कुछ भी प्रभाव न हुआ। क्योंकि यदि प्रभाव होता भी तो सैनिक उनके साथ दया का व्यवहार करते, उन पर अत्याचार न करते और न उन्हें लूटते। विद्रोह करने के पूर्व सैनिक दिल्ली के मुसलमानों से भी मिले हुए न थे, यदि मिले होते तो वह उनके साथ यह व्यवहार न करते, जैसा कि उन्होंने किया।

ग्राम-निवासियों पर विद्रोही सेनाओं का कुछ भी प्रभाव न था। अन्यथा वह उनसे बहुत नर्मी से व्यवहार करते, न कि उनके मकानों की लूट मार और उन पर अत्याचार और कठोरता का व्यवहार करते। इस विप्लव को उठाने के पहले विद्रोही लोग दिल्ली के मुसलमानों से मिले हुए नहीं थे। अगर मिले हुए होते, तो दिल्ली के मुसलमानों पर ऐसा ज़ुल्म न करते, जैसा कि उन्होंने किया।

शहर के छोटे आदमियों को आन्दोलन की आवश्यकता न थी। उस समय की हलचल से ही वह सिपाहियों के साथ सम्मिलित हो गए थे। मेरा ख़्याल है कि गूजरों और सिपाहियों के बीच कोई बातचीत नहीं हुई थी लेकिन बाद को सिपाहियों ने दिल्ली के आस-पास के गूजरों को बादशाह से दो नगाड़े दिलवाए थे। गूजर अँगरेज़ी सेना की रसद लूट लेते थे। बुलंदशहर ज़िले के सिकंदरा के नज़दीक रहने वाले राव नाम के एक गूजर को भी नगाड़ा दिया गया था, जो कि यही काम करता था। विद्रोह के दिनों में अँगरेज़ी राज्य को बुरा या ख़राब नहीं कहा गया। जिन लोगों ने सिपाहियों के अत्याचार देखे हैं, वे वह अँगरेज़ी राज्य को किस प्रकार बुरा कह सकते थे ? केवेलरी सेना के अफ़सरों में गुलाबशाह पैदल रेज़िमेंटों के अफ़सर एलेक्जेंडर रेजिमेंट और बादशाह के नौकरों में शीरीं, नासिर ख़ाँ और बसंत ख़्वाजासरा ने ही अँगरेज़ों की हत्या का आन्दोलन किया। कारण यह है, कि गुलाबशाह अपने गिरोह के साथ हमात बख़्श बाग़ में ठहरा था और शाही ड्योढ़ी पर ख़्वाजा-सराओं के पास बैठा-उठा करता था। मैंने इस संबंध में बादशाह से बातचीत की थी। उस समय ख़्वाजा-सरा मौजूद थे। उन लोगों ने गुलाबशाह की सलाह मानकर बादशाह से अँगरेज़ों के क़त्ल करने की आज्ञा माँगी थी। मैंने बादशाह से समझाया था, कि हमारे धर्म में स्त्री और बच्चों का मारना पाप है। मैंने यह भी कहा था कि सांसारिक लाभ की भी दृष्टिकोण से इनको छोड़ देना ही उचित है। फिर मैंने यह भी कहा कि धार्मिक नेताओं की आज्ञा लेकर सैनिकों को दिखाइए। और जो हवालात में रखिए, तो उनके साथ अपने बच्चों का-सा व्यवहार करिए। और उसका परिणाम भी समझा दिया था तथा काबुल

के सरदार मुहम्मद अकबर ख़ाँ की मिसाल भी बताई थी, जिन्होंने लड़ाई के दिनों में अँगरेज़ क़ैदियों के प्राण बचाए थे। उसी कारण दोस्त मुहम्मद ख़ाँ (अकबर ख़ाँ के पिता) को कितनी स्वतंत्रता मिली थी। दोस्त मुहम्मद अँगरेज़ों के क़ैदी थे। मेरे ही कहने का प्रभाव था कि बादशाह ने हत्या की आज्ञा रद्द कर दी और दो दिन तक यही दशा रही। बाद में लोगों ने बड़ा ज़ोर डाला और बसंत तथा नासिर ने क़ैदियों को गुलाबशाह के हवाले कर दिया जिसने उन्हें मरवा दिया। यदि बादशाह क़ैदियों को महल में रखते तथा बाग़ियों को समझा देते कि क़ैदियों के मारने के पहले मेरे स्त्री-बच्चों को मार डालें, तो वह कभी शाही रनिवास में घुसने का साहस न करते। बादशाह ने जान-बूझ कर ऐसा कहा और किया। वह प्रायः सिपाहियों से अपने विचार कहते थे। यदि बादशाह की स्वीकृति न होती, तो सरकारी काग़ज़ात में कभी यह न लिखा जाता कि बादशाह ने आज्ञा दी है। एलेक्जेंडर और हन्समत रेजिमेंटों के अफ़सर अँगरेज़ों के बहुत विरोधी थे। यदि गुलाबशाह वग़ैरह अँगरेज़ों को क़त्ल न करते, तो वह स्वयं जाकर उनके वध की आज्ञा माँगते। मैं नहीं जानता कि इनसे बढ़ कर भी कोई ईसाइयों का शत्रु था। ये अँगरेज़, गुलाबशाह, नासिर, अलादाद ख़ाँ विलायती के सवारों के हाथों मारे गए। अलादाद ख़ाँ बादशाह का नौकर था। सबसे पहले बाक़ायदा सवार आए, फिर वालंटियर रेजिमेंट क़िले में घुसी। फिर वालंटियरों की दो कम्पनियाँ सवारों के साथ थीं, जो कि क़िले के दरवाजों पर नियुक्त थीं। वालंटियर रेजिमेंट वालों ने चिल्ला कर कहा कि यह मेरठ से आए हुए सवार हैं। पैदल भी शीघ्र आने वाले हैं। अतएव मैंने दिल्ली रेजिमेंट के अफ़सरों की बात से अनुमान किया कि इनमें पहले से षड्यंत्र था। दूसरी छावनियों को दिल्ली आने के लिए इन लोगों ने कभी पत्र नहीं लिखे। हाँ, उनके पत्रों में केवल यही लिखा होता था कि "क्या तुम भी आते हो ?" मेरी समझ में निम्नांकित कारण थे जिससे बाग़ियों ने दिल्ली को चुना–(1) दिल्ली और मेरठ में (जहाँ बग़ावत प्रारम्भ होने वाली थी) बहुत कम दूरी थी और दिल्ली की सेनाएँ मेरठ की सेनाओं से एकमत थी। (2) दिल्ली में पर्याप्त धन और अस्त्र थे। (3) दिल्ली में शहर-पनाह था, जिससे शहर सुरक्षित रह सकता था। (4) दिल्ली के बादशाह के पास सेना नहीं थी और वह कमज़ोर और लाचार थे। (5) बादशाह का ऐसा व्यक्तित्व था, कि उनकी आज्ञा पालन करना प्रत्येक हिन्दू और मुसलमान अपना कर्त्तव्य समझता था। सेनाओं ने बादशाह को अपने इरादों की कोई सूचना नहीं दी और न बादशाह को यही पता था कि वालंटियर रेजिमेंटों और मेरठ की सेना में षड्यंत्र है। मैंने कभी दिल्ली के नागरिकों को इनाम में मिली ज़मीन की ज़ब्ती की शिकायत करते नहीं सुना। लेकिन सिपाही यह कहा करते थे, कि अँगरेज़ धीरे-धीरे इनाम व पेंशन आदि ज़ब्त कर लेंगे और किसी को अच्छी हैसियत वाला न छोड़ेंगे। अवध की ज़ब्ती की दिल्ली में बहुत चर्चा हुआ करती थी लेकिन दिल्ली के मुसलमान सुन्नी

थे अतः उन पर प्रभाव न पड़ता था। एक बार अवध के नवाब ने हनुमानगढ़ी में चार-पाँच सौ सुन्नियों और मौलवी अमीर अली को तोप से उड़वा दिया था। वे लोग कहा करते थे, कि अवध के नवाब को निरपराधों की हत्या करने का दंड मिला है। दिल्ली के हिन्दुओं में भी अवध की ज़ब्ती की कोई शिकायत नहीं थी। सिपाही ज़रूर कहा करते थे कि अँगरेज़ों ने जैसे अवध को ले डाला उसी प्रकार सारे देश पर अधिकार कर लेंगे। मैं नहीं समझता कि विद्रोह के कारणों में अवध की ज़ब्ती भी एक कारण थी। मैं तो समझता हूँ कि अवध की जब्ती से लोगों की कुछ हानि नहीं हुई थी, बल्कि इसके विरुद्ध उनकी अत्याचारों से रक्षा हो गई थी। जो सिपाही दिल्ली में थे उनमें तो विशेष रूप से ज़रा भी इससे दुख न था। यदि अवध की ज़ब्ती न भी होती, तो भी विप्लव होता। क्योंकि उनका षड्यंत्र चल चुका था। लखनऊ की तीन या चार रेजिमेंटों ने बादशाह को अर्ज़ी भेजी थी कि अवध पर अधिकार कर लेने के बाद वह दिल्ली आएँगे। उन्होंने अँगरेज़ों को बेली गारद में घेरा था। अवध की सेनाओं की ओर से क़ुदरत-उल्ला एक सौ सवारों के साथ दिल्ली में अर्ज़ी लेकर आए थे और जवाँबख़्त के द्वारा दरबार में पहुँचे थे। उन्होंने एक सिक्का बादशाह को भेंट किया था, जो कि बादशाह के नाम से ढाला गया था। सिक्के पर यह छाप थी—"सिराजुद्दीन बहादुरशाह ग़ाज़ी।" अर्ज़ी देने वालों ने यह भी लिखा था कि फ़िलहाल वाजिद अली के बेटे को गद्दी पर बैठा दिया है और वह बहादुरशाह के मंत्री (सूबेदार) की भाँति रहेंगे। उन्होंने यह भी लिखा था कि नवाब से इसका इक़रारनामा भी लिखा लिया गया है, कि जब बादशाह की इच्छा होगी तो निश्चित रूप से उन्हें गद्दी पर बैठाया जाएगा। बादशाह ने जवाँबख़्त को आज्ञा दी, कि स्वीकृति और प्रबंध के लिए एक हुक्म लिख दो। वह अशर्फ़ी, जिसे क़ुदरत उल्ला ख़ाँ ने भेंट की थी, जिस पर बादशाह की छाप थी, अभी दिल्ली के कमिश्नर के क़ब्ज़े में है। मेरी समझ में वाजिद अलीशाह ने इन कार्रवाइयों में भाग नहीं लिया था। यदि उन्होंने या अली नक़ी ख़ाँ ने भाग लिया होता, तो छिपा न रहता। इसके सिवाय, ये लोग लखनऊ में थे भी नहीं। स्वयं वाजिद अली और उनके बड़े बेटे के होते हुए उनका छोटा लड़का गद्दी पर न बैठाया जाता। मेरा ख़्याल है, कि अवध की सेनाएँ बेली गारद पर अधिकार के बाद ही दिल्ली के लिए न चल दी होंगी; बल्कि अवध के प्रबंध में लग गई होंगी। मैं जानता हूँ कि बाग़ियों ने जिसे लखनऊ की गद्दी पर बिठाया था, वह नाम मात्र का था। मैंने यह कभी नहीं सुना कि कलकत्ते में रहने के दिनों में वाजिद अली शाह और बादशाह में कोई पत्र-व्यवहार हुआ। मेरा विश्वास है कि ऐसा नहीं हुआ होगा। अली नक़ी ख़ाँ से भी नहीं हुआ। आरम्भ में मिरज़ा हैदर से चिट्ठी-पत्री होती रही। लेकिन जब उसने लखनऊ में मशहूर कर दिया कि बादशाह शिया हो गए और इधर बादशाह ने इनकार किया तो फिर पत्र-व्यवहार

बंद हो गया और वह दिल्ली नहीं आए। मिरज़ा हैदर ही नवाब-अवध और बादशाह के बीच का दूत था। और वह कलकत्ता नहीं गया था अतएव फिर पत्र व्यवहार नहीं हुआ। मैंने किसी सिपाही से नहीं सुना कि अवध के नवाब या उनके किसी कुटुम्बी ने विद्रोह करने के लिए उकसाया था। अवध की सेनाओं के संबंध में और अधिक नहीं जानता क्योंकि वह दिल्ली नहीं आईं। ग़दर के दिनों में मैंने सुना कि मिरज़ा हैदर लखनऊ में है और दूसरे रईसों की भाँति वह भी अँगरेज़ी राज्य की रक्षा में बेली गारद में है। विद्रोह के दिनों में बादशाह और मिरज़ा हैदर में कोई पत्र-व्यवहार नहीं हुआ। उनके सभी संबंध उस दिन से टूट गए, जिस दिन से उसने बादशाह को शिया हो जाने का लखनऊ में प्रचार कर दिया। अब मैं बताता हूँ कि कहाँ-कहाँ की रेजिमेंटों की अर्ज़ियाँ आईं।

नीमच–नीमच की सेना ने लिखा था कि वह आगरा पहुँच गए हैं और शहर पर क़ब्ज़ा कर लिया है। लेकिन अँगरेज़ क़िले में छिप गए हैं, उनको घेर लिया गया है। आगे लिखा था कि उनके पास बड़ी तोपें नहीं हैं, इसलिए वह तोपें लेने दिल्ली आएँगे और क़िला जीतेंगे। अर्ज़ी में लिखा था कि उन्होंने अपने अँगरेज़ अफ़सरों को मार डाला है। यह अर्ज़ी मथुरा से लिखी गई थी और सूबेदार ग़ौस ख़ाँ व धीरासिंह की ओर से थी। एक ऊँट सवार उसे लाया था। बख़्त ख़ाँ ने उसे पेश किया था और नीमच की सेना की बड़ी प्रशंसा की थी। बादशाह ने उन्हें दिल्ली आ जाने का हुक्म लिखवाया था।

झाँसी–दूत ने झाँसी की सेना की अर्ज़ी लाकर ख़्वाजा-सराओं को दी थी, फिर उन्होंने बादशाह के सामने पेश की। उसमें लिखा था कि उन्होंने अँगरेज़ अफ़सरों को मार डाला है और अब दिल्ली आना चाहते हैं। बादशाह ने जवाब लिखवा दिया कि दिल्ली आ जाएँ।

दानापुर (दीनापुर)–ग़दर के ढाई मास बाद दिल्ली फ़ौज के अफ़सर के द्वारा यह अर्ज़ी मिली कि वह दिल्ली को रवाना हो गए हैं या आना चाहते हैं। बादशाह ने आ जाने का हुक्म लिखवा दिया। मैं नहीं कह सकता कि वे सेनाएँ दिल्ली आईं या नहीं।

इलाहाबाद–दो सिपाही मुसाफ़िरों के भेष में आए और अर्ज़ी दी। यह ग़दर के डेढ़ मास बाद वालंटियर रेजिमेंट के अफ़सर के द्वारा बादशाह के सामने पेश हुई। उन्होंने अपनी शुभकामना और दिल्ली आने की बात लिखी थी। बादशाह ने हुक्म लिखवा दिया कि आ जाएँ।

अलीगढ़–ग़दर के ढाई मास बाद दिल्ली के एक सैनिक अफ़सर के द्वारा बादशाह के सामने अर्ज़ी आई। नहीं मालूम वह दूत के द्वारा आई या डाक से। उन्होंने भी दिल्ली आने की बात लिखी थी। उत्तर दिया गया कि आ जाएँ।

मथुरा–ग़दर के 20 दिन बाद एक दूत अर्ज़ी लाया था, जो कि रेजिमेंट के

अफ़सरों द्वारा बादशाह के सामने आई। उसमें लिखा था कि फ़ौजें दिल्ली आ रही हैं और उनके साथ ख़ज़ाना भी है। उन्हें जवाब दिया गया। थोड़े दिनों बाद वे सेनाएँ एक लाख रुपया लेकर आ गईं।

बुलंदशहर–बुलंदशहर के रहने वाले मिरज़ा मुगल के एक सिपाही ने एक अर्ज़ी बादशाह के सामने पेश की कि सेनाएँ अपने क़ब्ज़े का तमाम ख़ज़ाना लेकर दिल्ली आ रही हैं, वह 30 हज़ार रुपया लेकर चली थीं। लेकिन बाद को हमें पता लगा कि आते-आते चौथाई रुपया उन्होंने हजम कर लिया।

रुड़की–मुझे विश्वास है कि रुड़की सेना का पत्र लेकर एक सिपाही मुसाफ़िर के भेष में आया था। जो कि रेजिमेंट नं. 54 के द्वारा ग़दर के डेढ़ मास बाद बादशाह के सामने पेश हुई। इसमें लिखा था कि हम लोग दिल्ली में आना चाहते हैं और बादशाह की सेवा करना चाहते हैं। उन्हें आने के लिए लिखा गया। बाद को क़ादिरबख़्श की देख-रेख में 300 ख़ंदक खोदने वाले आए। क़ादिरबख़्श की मिरज़ा ख़ैर सुलतान और बादशाह से बहुत पटती थी और प्रायः सलाह देने के लिए बुलाया जाता था। वह बख़्त ख़ाँ के साथ शहर से रुपया वसूल करने के काम में नियुक्त किया गया था।

फ़र्रूख़ाबाद–बख़्त ख़ाँ ने दिल्ली आते समय कुछ सेना वहाँ छोड़ दी थी। उसने ग़दर के 2 मास बाद सारी सूचना दी।

हाँसी–दो सवार हाँसी से अर्ज़ी लाए, जिसमें लिखा था कि वे लोग बादशाह के लिए लड़ रहे हैं और अब धर्म के लिए दिल्ली में लड़ने को आना चाहते हैं। मेरा ख़्याल है कि ग़दर के 6 सप्ताह बाद गुलाब शाह ने, जो मेरठ की फ़ौजों का सेनापति था, यह अर्ज़ी पेश की थी।

सिरसा–यहाँ से तीन दरख़्वास्तें आई थीं। एक तक्यूर रेजिमेंट के अफ़सर गौरी शंकर की थी। दूसरी केवेलरी के रिसालदार की ओर से, जिसका नाम याद नहीं है। तीसरी कमसरियट के शाहज़ादा मुहम्मद अज़ीम की थी। उनमें लिखा था कि उन्होंने शाही काम को भली प्रकार पूरा किया है और वसूल किया रुपया लेकर दिल्ली आ रहे हैं। ग़दर के दो सप्ताह बाद दो दूतों द्वारा यह अर्ज़ियाँ आई थीं। उन्हें उचित उत्तर दे दिया गया। कुछ दिन बाद 30 हज़ार रुपया, 200 बैल और 50-60 भेड़ें लेकर ये सेनाएँ दिल्ली आईं।

करनाल–यहाँ की सेना से कोई अर्ज़ी नहीं आई।

नसीराबाद–दो सिपाहियों ने आकर अर्ज़ी मिरज़ा मुग़ल के द्वारा पेश की थी, जिसमें दिल्ली आने की बात लिखी थी। उन्हें आने के लिए लिख दिया गया। दो-ढाई हज़ार पैदल सिपाही कुछ तोपें लेकर दिल्ली आए थे।

सागर व जबलपुर–मेरा विश्वास है कि उक्त स्थानों से भी अर्ज़ियाँ आई थीं और उत्तर भेजे गए थे।

पजाब–फ़िरोजपुर–फ़क़ीर के भेष में एक सिपाही ने आकर मिरज़ा मुग़ल के द्वारा एक अर्ज़ी बादशाह के सामने पेश की। उसे दूसरे दिन हुक्म देने को कहा गया। उसने मुझसे कहा था कि वह फ़िरोज़पुर से आया है और वहाँ की सेनाएँ दिल्ली आने को तैयार हैं। उन्होंने अँगरेज़ी सरकार से विद्रोह किया है। मैंने अर्ज़ी अपनी आँखों से नहीं देखी और न मिरज़ा मुग़ल ने ही मुझे बताया कि फ़िरोज़पुर से कोई अर्ज़ी आई है। बख़्त ख़ाँ के आने के पहले, और ग़दर के 6 सप्ताह बाद, अर्ज़ी आई थी।

अम्बाला–फ़क़ीर के भेष में एक सिपाही अर्ज़ी लाया था। लेकिन मैं निश्चयपूर्वक नहीं कह सकता कि उसे उत्तर दिया गया या नहीं।

फुलवर–मुझे ठीक याद है कि नं. 20 पैदल रेजिमेंट का एक अफ़सर फुलवर रेजिमेंट की ओर से एक अर्ज़ी लाया था लेकिन उसके साथ सेना न थी। ग़दर के 2 मास बाद अर्ज़ी आई। उन्होंने लिखा था कि वह बादशाह की सेवा के लिए दिल्ली आएँगे। उन्हें आने के लिए लिख दिया गया। बहुत दिनों बाद 200 आदमी आए।

जालंधर–मुसाफिरों के भेष में कुछ सिपाही नं. 11 पैदल वर्णसत रेज़िमेंट की अर्ज़ी लेकर आए थे। अन्य अर्ज़ियों की भाँति इसमें लिखा गया था और वैसा ही उत्तर दे दिया गया।

स्यालकोट–कोई सिपाही वहाँ से नहीं आया। ग़दर के 2 मास से भी अधिक दिनों के बाद बाग़ी रेजिमेंट के एक अफ़सर ने अर्ज़ी दी कि प्रार्थी दिल्ली आना चाहते हैं। उत्तर भेज देने का हुक्म हुआ। मैंने ध्यान नहीं दिया, कि कोई सेना आई या नहीं।

झेलम–ग़दर के तीन मास बाद एक दरख़्वास्त आई जो कि, जहाँ तक याद है। सफ़रमैना रुड़की के अफ़सर क़ादिरबख़्श ने पेश की थी। और अर्ज़ियों का-सा उसमें भी हाल था, वैसा ही उत्तर भी दिया गया।

रावलपिंडी–दो सिपाही ब्राह्मणों के भेष में आए थे। उन्होंने अर्ज़ी दी जिसमें दिल्ली आने और सेवा करने की बात लिखी थी। मेप्रेट रेजिमेंट के अफ़सर ने वह अर्ज़ी बादशाह के सामने पेश की थी। इस पर भी वैसा ही उत्तर दे दिया गया। यह अर्ज़ी ग़दर के 2 मास बाद आई थी।

लुधियाना–मैंने सुना था कि लुधियाना से एक अर्ज़ी आई थी और मुझे ऐसा विश्वास भी है। लेकिन नहीं जानता कि किसके द्वारा आई। मैं समझता हूँ कि उत्तर भी दे दिया गया होगा। मुझे उसका आशय याद नहीं रहा। इतना याद है कि वह दिल्ली आना चाहते थे। यह अर्ज़ी ग़दर के 2 मास बाद आई। बनारस, अजयगढ़, गोरखपुर, कानपुर, मेरठ, सहारनपुर, बिजनौर, मुरादाबाद, फ़तेहगढ़, फ़तेहपुर, बरेली, बदायूँ, आगरा, शाहजहाँपुर तथा ग़ाज़ीपुर की सेनाओं की ओर

से अर्ज़ियाँ नहीं आईं। अमृतसर, होशियारपुर, काँगड़ा, लाहौर, अटक, पेशावर, मुल्तान, डेराइस्माइल ख़ाँ, डेराग़ाज़ी ख़ाँ, गोगेए, शाहपुर, ख़ानगढ़, कलकत्ता, बैरेकपुर आदि पूर्वीय भाग की छावनियों तथा बम्बई और सिंध की सेनाओं की ओर से कोई अर्ज़ी नहीं आई। बाग़ियों ने बादशाह से कहा था कि उन्हें बम्बई की सेना ने दिल्ली आने को लिखा है, ऐसा मैंने एक या दो बार सुना था। लेकिन मैं निश्चय रूप से नहीं कह सकता, कि कोई अर्ज़ी आई थी। एक अर्ज़ी ग्वालियर के इलाक़े के किसी मुक़ाम से आई थी। जिसका नाम मैं भूल गया कि यहाँ 50 तोपें और 500 गाड़ियाँ भर के मेगज़ीन का सामान है, लेकिन चम्बल नदी की बाढ़ के कारण वह उसे पार नहीं कर सकते। ग़दर के दो मास बाद यह अर्ज़ी आई थी और जवाब लिख दिया गया था, कि जब नदी की बाढ़ घट जाए, तब आवें। दिल्ली के विद्रोहियों और बीकानेर, जैसलमेर, जयपुर, झझ्झर, अलवर, कोटा, बूँदी की सेनाओं से कोई पत्र-व्यवहार नहीं हुआ। और न कोई अर्ज़ी ही आई। बादशाह के पास झझ्झर, बल्लभगढ़, फ़रूख़नगर के रईसों और मालागढ़ (बुलंदशहर) के वलीदाद ख़ाँ की अर्ज़ियाँ आई थीं। उन्होंने बादशाह से भक्ति प्रकट की थी और दरबार में आने की माफ़ी चाही थी। यह लिखा था, कि यदि वे आएंगे तो वहाँ पर अशान्ति हो जाएगी। नवाब-झझ्झर ने अपने ससुर अब्दुल समद ख़ाँ के साथ 3 सौ सवार भेजे थे। बल्लभगढ़ ने पंद्रह सौ सवार भेजे थे। फ़रूख़नगर से कोई सेना नहीं आई। वलीदाद ख़ाँ ने सेना और तोपें भेजने को लिखा था किन्तु बहुत दिनों तक नहीं भेंजीं। विद्रोह के दिनों में वलीदाद ख़ाँ दिल्ली में मौजूद थे। फिर उन्हें दोआबा (अन्तर्वेद) का राज्य दे दिया गया और वह दिल्ली से लौट गए।

ख़ान बहादुर ख़ाँ ने एक दूत और एक अर्ज़ी बख़्त ख़ाँ के द्वारा भेजी थी। एक हाथी, एक कोतल घोड़ा, उस पर चाँदी का साज़ और सोने की सौ अशर्फियाँ भेजी थीं। राव तुलाराम से कई बार सेना माँगी गई। रावसाहब ने 40 हज़ार रुपया भेजा जिसे बख़्त ख़ाँ ने ख़ज़ाने में जमा किया। बाग़ियों की प्रार्थना पर निम्नांकित स्थानों को सेना और सामान लेकर दिल्ली आने को लिखा गया। झझ्झर, बल्लभगढ़, फ़रूख़नगर, बरेली के ख़ाँ बहादुर ख़ाँ, जयपुर, अलवर, जोधपुर, बीकानेर, ग्वालियर, बीजाबाई और जैसलमेर। बीजाबाई को 2 हुक्म भेजे गए, मगर उन्होंने कोई जवाब न दिया। बख़्त ख़ाँ के द्वारा पटियाला के राजा को भी एक हुक्म भेजा गया, जिसमें लिखा था, कि अब्बुलसलाम की सिफ़ारिश से महाराज का क़ुसूर माफ़ कर दिया गया। अब वह अँगरेज़ों से लड़ने के लिए आएँ। जम्मू के राजा के नाम एक हुक्म लिखकर बख़्त ख़ाँ को भेजने के लिए दे दिया गया। उन्होंने एक अर्ज़ी (जो कि जाली समझी गई) भेजी थी। उसके संबंध में पता लगा कि राजा गुलाबसिंह ने लिखी थी। उसमें लिखा था वह एक सेना लेकर चलेंगे और पटियाला को हरायेंगे। यह भी लिखा था कि दोस्त मुहम्मद ख़ाँ जम्मू के रईस के दोस्त हैं। इसलिए वह

भी बादशाह का ही साथ देंगे। जम्मू के राजा को सेना लेकर दिल्ली आने के लिए लिखा गया। झझ्झर, बल्लभगढ़, फ़रुखनगर, ख़ान बहादुरखाँ बरेली के उत्तर आए। लेकिन जयपुर, अलवर, जोधपुर, बीकानेर, ग्वालियर, जैसलमेर, पटियाला तथा जम्मू से कोई उत्तर न आया। क्योंकि वह बादशाह के पक्षपाती न थे। जोधपुर और ग्वालियर ने अँगरेज़ों का साथ दिया। उनकी सेना विद्रोही हो गई थी लेकिन उन्होंने अँगरेज़ों का साथ न छोड़ा। भरतपुर को कोई पत्र नहीं भेजा गया। क्योंकि कहा गया, कि वहाँ का राजा नाबालिग़ है और अँगरेज़ स्वयं वहाँ का प्रबंध करते हैं। इंदौर को कोई पत्र नहीं भेजा गया। शाहाबाद के विद्रोही कुँवरसिंह को न कोई पत्र लिखा गया और न वहाँ से ही आया। बनारस, रीवा, बाँदा के राजाओं से न पत्र-व्यवहार हुआ और न वहाँ से कोई आया ही। नागपुर, भावलपुर, कपूरथला तथा शिमला के पहाड़ी वालों को कोई पत्र नहीं लिखा गया। नेपाल को भी न तो पत्र लिखा गया और न वहाँ से कोई आया। बाग़ी सेनाओं के दिल्ली जमा हो जाने पर उनकी सलाह से ये पत्र राजाओं को लिखे गए थे। उन्होंने नेपाल को पत्र लिखने को नहीं कहा, इसलिए नहीं लिखा गया। गुजरात, निज़ाम, ब्लोचिस्तान, दर्राख़ैबर, काबुल के राजाओं को कोई पत्र नहीं लिखा गया। जब दूसरे राजाओं के यहाँ से कोई उत्तर नहीं आया तो सैनिकों ने यह अभियोग लगाया कि उन्हें पत्र लिखे ही नहीं गए; किंतु जब उन्होंने पत्र लिखे और जवाब न आया तो कहने लगे कि सब राज-भक्ति शून्य हैं। अँगरेज़ों के नाश के बाद इनसे बदला लेंगे। दूतों ने आकर कहा कि रियासत के राजा लोग अभी मिलते हुए डरते हैं और परिणाम की प्रतीक्षा कर रहे हैं। जासूसों का अफ़सर गौरीशंकर कहता था कि दिल्ली के सामने पहाड़ी पर पड़ी अँगरेज़ी सेना काँटे की तरह खटकती है। यह निकाल दी जाए तो काम बन जाए। सिपाही कहते थे कि वहाँ 2 रेजिमेंटें हैं, जिनमें 2-3 सौ आदमी मारे जा चुके हैं, बाक़ी भी शीघ्र मारे जाएँगे। तब अँगरेज़ पहाड़ी अपने आप छोड़ देंगे। भावलपुर के नवाब को न पत्र लिखा गया और न वहाँ से आया। मेरा विचार है कि बादशाह और नवाब में पुरानी दुश्मनी थी। जब नवाब भालव ख़ाँ दिल्ली से निकले, तो उनके लड़के को दीवाने-ख़ास में आने से रोक दिया गया था और कहा गया था कि वह ज़ेवर और हथियार खोल कर आवें। यदि ऐसा न करेंगे तो आने न पावेंगे। अवध से भी कोई अर्ज़ी नहीं आई। इलाहाबाद से मौलवी लियाक़त अली की एक अर्ज़ी आई थी। उन्होंने दिल्ली आने की बात लिखी थी और रास्ते के आराम के लिए एक गारद माँगा था। उन्हें उत्तर नहीं दिया गया। जब वह आए तो बख़्त ख़ाँ ने उन्हें बादशाह से मिलाया। वह तुरंत ही लखनऊ लौट गए। यह ग़दर के 3 मास बाद की बात है। नाना साहब की कोई अर्ज़ी नहीं आई लेकिन ग़दर के दो मास बाद उनका एक मरहठा एजेंट आया था। जिसे मिरज़ा मुग़ल ने दरबार में पेश किया था। मिरज़ा मुग़ल की प्रार्थना

पर नाना को भी युद्ध में शामिल होने का निमंत्रण दिया गया था। उसके बाद एजेंट लौट गया। किसी साहूकार की कोई अर्ज़ी नहीं आई। सेना की सलाह से सेठ लक्ष्मीचंद को एक हुक्म लिखा गया था कि एक लाख रुपया क़र्ज़ दे। और कोई विश्वासी मुनीम ख़ज़ांची नियुक्त कर दें। सेठ से कहा गया कि जो आमदनी जमा होगी उससे उनका क़र्ज़ा अदा कर दिया जावेगा और सूद भी मिलेगा। मगर उन्होंने कोई उत्तर नहीं दिया। जहाँ तक मुझे पता है किसी सरकारी नौकर की कोई अर्ज़ी नहीं आई। लेकिन सुना है कि एक मुसलमान जोकि किसी ऊँचे पद पर था, वह नौकरी छोड़कर वलीदाद ख़ाँ से मिल गया है। मैं उसका नाम नहीं जानता। सदर अमीन सदरुद्दीन, करमअली मुंसिफ़, सद्र अमीन मौलवी अब्बास अली और महरौली के तहसीलदार मुहम्मद अलीबेग को भी लिखा गया था कि सरकारी नौकरी छोड़कर हमसे मिल जाएँ लेकिन उन्होंने मंजूर न किया था। जब धार्मिक मुल्लाओं को जमा करके बख़्त ख़ाँ ने अँगरेज़ों के विरुद्ध जिहाद करने का फ़तवा देने को मजबूर किया तो मुफ़्ती सदरुद्दीन को मोहर लगाने पर मजबूर किया गया लेकिन मौलवी अब्बास अली ने बख़्त ख़ाँ के पहुँचने के पहले ही दिल्ली छोड़ दी। आगरा आदि से कोई पत्र नहीं आया। सदर बोर्ड के नौकर मौलवी फ़ैज़ अहमद अपनी नौकरी छोड़कर स्वयं आए थे और बादशाह की नौकरी कर ली थी। उन्हें अदालत का हाकिम बनाया गया था। रामपुर के नवाब को भी एक पत्र लिखा गया लेकिन उन्होंने कोई उत्तर न दिया। बख़्त ख़ाँ ने बादशाह से कहा कि मैं रामपुर गया था, वहाँ के नवाब निष्पक्ष रहेंगे। लोहारू के नवाब अमीनुद्दीन ख़ाँ और जियाउद्दीन ख़ाँ व झझ्झर के नवाब के भाई हसन अली ख़ाँ व नवाब हमीद ख़ाँ के नाम पत्र भेजे गए थे। ये सब दिल्ली में रहते थे। महाराजा पटियाला के चाचा अजीतसिंह को भी पत्र लिखा गया था। आज्ञानुसार सभी दरबार में आए लेकिन किसी ने पत्र का उत्तर नहीं दिया। जब सेना और रुपया माँगा गया, तो किसी ने कुछ न दिया। कुछ न कुछ बहाना बता दिया। इसलिए सैनिकों ने उन्हें लूटने का इरादा किया था और एक बार लूटा भी। बादशाह के पोते मिरज़ा अबू बकर ने, जो कि बाक़ायदा केवेलरी रेजिमेंट के अफ़सर थे, हमीद अली ख़ाँ के मकान को लूटा और उन्हें गिरफ़्तार करके क़िले में लाए! ज़ियाउद्दीन ख़ाँ और अमीनुद्दीन ख़ाँ ने सेना की आज्ञा मँगा ली। पटोदी के रईस को भी एक पत्र भेजा गया वहाँ से कोई उत्तर नहीं आया। अब मैं बयान करता हूँ, कि मुल्क के और किन-किन स्थानों से अर्ज़ियाँ आईं।

गुड़गाँव—यहाँ के ज़मींदारों ने अर्ज़ी में लिखा था कि यहाँ बड़ी अशांति है, कोई अफ़सर प्रबंध के लिए भेजा जाए। अलवर से आनेवाले फ़ैज़ुलहक़ ने अपने भानजे के लिए सिफ़ारिश की, क्योंकि अँगरेज़ी शासन की ओर से वह वहाँ पर नियुक्त था, अतएव वह ज़िले का अफ़सर बनाया गया। मुझे पता नहीं कि वह

गुड़गाँव गया या नहीं। इतना पता है कि उसकी नियुक्ति के 15-20 दिन बाद ही पुनः अँगरेज़ी राज्य हो गया था। फ़ैज़ुलहक़ ने कई तहसीलदारों को अपने भानजे के अधीन नियुक्त किया था।

रिवाड़ी—राव तुलाराम ने बख़्त ख़ाँ की मारफ़त अपना एक एजेंट और अर्ज़ी बादशाह के पास भेजी थी। लिखा था कि राज्य का प्रबंध हो रहा है। ख़रीफ़ की जो आमदनी आई थी वह सेना में ख़र्च हो गई। यदि वह इलाक़ा प्रार्थी को दे दिया जाए तो 45 हज़ार की भेंट देगा। विद्रोह के 3 मास बाद यह पत्र आया था और अँगरेज़ी शासन के पुनः स्थापन के 10 दिन पूर्व 45,000 रु. रुपया भेजा गया था।

बादशाहपुर—यहाँ के ज़मींदारों ने एक तहसीलदार माँगा था। कलक्टर को तहसीलदार नियुक्त करने की आज्ञा दे दी गई।

देहली ज़िला—शहर-पनाह के बाहर से कोई पत्र नहीं आया और न कोई मुख्य घटना हुई।

रोहतक—यहाँ से कोई अर्ज़ी नहीं आई। लेकिन प्रजा ने सेना की रसद का प्रबंध किया था।

हिसार—जेल के नौकरों और मालगुज़ारी के अफ़सरों ने अर्ज़ियाँ भेजी थीं। लिखने वालों के नाम याद नहीं। उन्होंने लिखा था कि वह दिल्ली आने को बेचैन हैं। ग़दर के 2 मास बाद यह अर्ज़ियाँ आईं थीं।

करनाल व मेरठ—के ज़िलों से कोई पत्र नहीं आए।

बुलंदशहर—वलीदाद ख़ाँ का हाल लिख चुका हूँ। उनके सिवाय, किसी की अर्ज़ी नहीं आई।

सहारनपुर व मुज़फ़्फ़रनगर—से भी कोई अर्ज़ी नहीं आई।

बिजनौर—के ज़िले से प्रबंध करने की प्रार्थना हुई थी। सेना को प्रबंध करने की आज्ञा दे दी गई।

मुरादाबाद—किसी भी दल या विद्रोही की कोई अर्ज़ी नहीं आई।

बरेली—ख़ान बहादुर ख़ाँ की अर्ज़ी पर बख़्त ख़ाँ ने उन्हें गवर्नर बना दिया था। उन्होंने एक हाथी, एक घोड़ा, सौ सोने की मुहरें भेंट दी थीं। मैं एजेंट का नाम भूल गया, जोकि बादशाह के पास बख़्त ख़ाँ के द्वारा आया था। एक पत्र भेजा गया कि अपना ख़र्च निकाल कर मालगुज़ारी का रुपया भेज दो।

बदायूँ व पीलीभीत—से कोई पत्र या अर्ज़ी नहीं आई।

मथुरा ज़िला—गढ़ी के ज़मींदार डंडी ख़ाँ ने अपने भतीजे के द्वारा अर्ज़ी दी थी कि ज़ब्त की हुई जागीर लौटा दी जाए। जागीर अँगरेज़ों ने ज़ब्त की थी। ग़दर के 3 मास बाद यह अर्ज़ी आई थी। बख़्त ख़ाँ ने सिफ़ारिश की और दूत को सेना में सम्मिलित करके अँगरेज़ों पर आक्रमण किया गया। दूत घायल हुआ

और एक सप्ताह में मर गया उसका नाम उमराव बहादुर था। बख़्त ख़ाँ ने उसके परिवार के लिए सहायता मंजूर कराई लेकिन वह आज्ञा-पत्र न पहुँच सका।

आगरा ज़िला—इस ज़िले से कोई अर्ज़ी नहीं आई। मौलवी फ़ैज़ अहमद खुद आए थे, जिसका मैं ज़िक्र कर चुका हूँ। वज़ीर ख़ाँ सब असिस्टेंट सर्जन भी आए थे। बख़्त ख़ाँ की सिफ़ारिश पर आगरा के गवर्नर बनाये गए। जब बख़्त ख़ाँ दिल्ली से भागे तो वज़ीर ख़ाँ भी उनके साथ थे।

अलीगढ़, कानपुर, फ़तेहगढ़—से कोई पत्र-व्यवहार नहीं हुआ।

मैनपुरी—सेना माँगने के लिए वहाँ के राजा ने एक अर्ज़ी भेजी थी। मिरज़ा मुग़ल को आज्ञा दी गई कि सेना से सलाह करके कुछ सेना मैनपुरी भेज दें। दूसरे रोज़ सैनिकों ने कहा कि वह दिल्ली छोड़ना पसंद नहीं करती, जब तक अँगरेज़ों को दिल्ली से न निकाल दे। राजा को ऐसा ही उत्तर दे दिया गया। इस ज़िले से और कोई अर्ज़ी नहीं आई।

गोरखपुर, फ़तेहपुर या कुमायूँ—ज़िले से किसी अर्ज़ी के आने की मुझे याद नहीं है।

इलाहाबाद—इस ज़िले से मौलवी लियाक़त अली आए थे, जो वहाँ के गवर्नर बनाए गए और कोई अर्ज़ी नहीं आई।

राजा बाँदा—के यहाँ न कोई पत्र भेजा गया और न वहाँ से आया।

अज़ीमगढ़, शाहजहाँपुर, इटावा, ग़ाज़ीपुर, गया, बनारस—से कोई पत्र-व्यवहार नहीं हुआ।

बुंदेलखंड, जबलपुर, सागर, मालवा, दक्षिण—से कोई अर्ज़ी आने की याद नहीं है।

हैदराबाद, कच्छ गुजरात, कलकत्ता, पूर्वीय प्रदेश, मुंगेर, बैरकपुर, दानापुर—कहीं से कोई पत्र-व्यवहार नहीं हुआ।

पटना—नवाब पटना की, न तो कोई अर्ज़ी आई, और न बादशाह ने ही पत्र भेजा।

पंजाब—किसी दल ने कोई पत्र नहीं भेजा। ज़िला के बोरी दुआबा ने भी कुछ नहीं लिखा, और न बादशाह ने ही कोई पत्र भेजा। मुझे पता नहीं है कि फ़ौजें पंजाब की प्रजा को भड़का रही थीं। बुंदेलों और बादशाह में कोई पत्र-व्यवहार नहीं हुआ। दो आदमी बख़्त ख़ाँ के द्वारा दरबार में आए थे और कहा गया था कि यह अखोंद से आए हैं। ये लोग अफ़ग़ानी थे और हसन अस्करी ने उन्हें बादशाह के सामने पेश किया था। वहाँ से एक तलवार बादशाह की भेंट में आई थी, एक चिट्ठी थी, जिस पर वहाँ की मोहर थी, जिसमें लिखा था कि यह दूत यहाँ के ख़लीफ़ा हैं। इसमें लिखा था कि शहर में मुनादी करा दी जाए कि अखोंद वाले जिहाद के लिए दिल्ली आ रहे हैं। लेकिन दूसरे दिन एक सैयद ने बादशाह से कहा कि

यह अखोंद का भेजा आदमी नहीं है। मैं सैयद का नाम नहीं जानता। बख़्त ख़ाँ को इसकी जाँच के लिए हुक्म दिया गया। मैं नहीं जानता कि उन्होंने क्या रिपोर्ट दी। यह शख़्स ३ दिन दिल्ली में रहा।

बादशाह की राजनीति

फ़ौज और शाहज़ादों को एक बार कहा गया कि वह शासन-कार्य में दख़ल न दें। न्याय मुफ़्तियों के हाथ में था। उसमें सैनिक अफ़सर और मालगुज़ारी वाले दख़ल न दें। लेकिन इस आज्ञा पर कार्य नहीं हुआ। सेना और शाहज़ादे हमेशा दख़ल देते थे। विभिन्न ज़िलों में तहसीलदार नहीं नियुक्त हुए थे, बल्कि बख़्त ख़ाँ ने होडल पलोल, शाहदरा में तहसीलदार और गुड़गाँव में बख़्त ख़ाँ ने कलक्टर नियुक्त किया था। मगर कोई आमदनी नहीं जमा हुई। शाहज़ादे भी अपनी सेना मालगुज़ारी जमा करने के लिए भेजने वाले थे, किन्तु भेजा नहीं। आगरा के फ़ैज़अहमद व मिरज़ा ख़ैर सुलतान व मिरज़ा मुग़ल अदालत किया करते थे। शहर में एक कोतवाल और कई थानेदार मुक़र्रर हुए थे। थानेदारों के नाम याद नहीं। नवाब क़ुदरत्तुला के लड़के मुईनुद्दीन ख़ाँ पहले कोतवाल बनाए गए। जब उन्होंने अत्याचार किए तो हटा दिए गए। इसके बाद ख़्वाजा वाजिबुद्दीन की सिफ़ारिश से क़ाज़ी फ़ैज़ुल्ला बनाए गए फिर रायपुर के सैयद मुबारिक बनाए गए। शाहज़ादों के सिवाय बख़्त ख़ाँ को भी दख़ल देने का अधिकार था। बादशाह ने कोतवाल व थानेदारों को हुक्म दिया था, कि बख़्त ख़ाँ की आज्ञा मानें। सिपाही कहा करते थे कि जब मुल्क पर अधिकार हो जाएगा तो शाहज़ादों को विभिन्न प्रांतों का सूबेदार बनायेंगे। दूसरे प्रबंधों के लिए बख़्त ख़ाँ ने आदमी नियुक्त किए थे। मेरठ के लिए कोई गवर्नर नहीं हुआ। वलीदाद ख़ाँ बुलंदशहर के गवर्नर थे। वज़ीर ख़ाँ अवध के सूबेदार बनाए गए लेकिन वह दिल्ली से नहीं गए। अलीगढ़ के लिए कोई मुक़र्रर नहीं हुआ। रुहेलखंड के गवर्नर ख़ान बहादुर ख़ाँ थे। राजपूताना कोई नहीं गया। गुड़गाँव के लिए नियुक्ति हुई थी मगर कोई गया नहीं।

सेना के क्रम के संबंध में विशेष बात नहीं जानता। बादशाह से इस संबंध में कभी नहीं पूछा गया। मेरे ख़्याल में नीमच और नसीराबाद की सेनाएँ ही प्रायः अँगरेज़ों के मुक़ाबिले को जाती थीं। जो सेनाएँ हमला करना जानती थीं, वही भेजी जाती थीं। मिरज़ा मुग़ल के मकान पर ही सलाह हुआ करती थी कि आज किस सेना की बारी है। सिपाही जिस रेजिमेंट में चाहते थे, अपने मन से चले जाते थे। गौरीशंकर को इजाज़त दे दी गई थी कि सरकारी नौकरों को ज़मा करके नौकरी दे दें। लेकिन ऐसा हो नहीं सका, क्योंकि जो जगहें ख़ाली होतीं, उन पर किसी की नियुक्ति न होती। हर शख़्स अपना पहला स्थान चाहता था। मेरी समझ में

सेना का पूरा प्रबंध था। सेना ने बख़्त ख़ाँ के गवर्नर-जनरल बनाने का विरोध किया और अर्ज़ी दी कि हम उनके मातहत न रहेंगे। उन्होंने लिखा कि बख़्त ख़ाँ सिर्फ़ तोपख़ाना का अफ़सर है, वह गवर्नर-जनरल नहीं हो सकता। न इसने ख़ज़ाना लाकर दिया है और न मोरचा लड़ा है। फिर लिखा था कि मिरज़ा मुग़ल को इस पद पर बैठाया जाए। बादशाह ने यह अर्ज़ी बख़्त ख़ाँ को दे दी और उचित जवाब देने को कह दिया। उन्होंने उत्तर दिया कि सेना को 3 भागों में बाँटा जाए। मेरठ व दिल्ली की सेनाएँ मिला दी जावें—दूसरे जो सेनाएँ बख़्त ख़ाँ के साथ नीमच व सिरसा से आई हैं, वह एक साथ रहें, तीसरे भाग में बाक़ी सभी सेना हो। मिरज़ा मुग़ल को यह सब बादशाह ने समझा दिया। बख़्त ख़ाँ के उत्थान का कारण यह था, कि जब वह आए तो उन्होंने बादशाह को समझाया कि अपने शाहज़ादों को अधिक अधिकार न दें। जो आज्ञा हो वह सीधे मुझे दी जाया करे जिसमें आपकी इच्छानुसार कार्य हो। असल में बादशाह अपने लड़कों की अवज्ञा पर नाखुश थे और बख़्त ख़ाँ की बात उनकी इच्छानुसार थी। उसी दिन से बख़्त ख़ाँ की बात बादशाह मानने लगे।

बहाबी

ग़दर के दिनों में टोंक की ओर से वहाबियों का एक दल आया और शिकायत की कि नवाब ने कोई मदद नहीं की और भी कई स्थानों से बहाबी आए थे। बख़्त ख़ाँ स्वयं भी बहाबी थे। रिसालदार मुहम्मद रफ़ी, रिसालदार इमाम ख़ाँ, मौलवी अब्दुल ग़फ़ूर तथा सरफ़राज़ अली भी बहाबी ही थे। सरफ़राज़ अली को बख़्त ख़ाँ ने नेता नियुक्त किया था और उनका पक्ष लेते थे।

बख़्त ख़ाँ के आते ही बहुत से बहाबी सम्मिलित हो गए थे। इन बहाबियों ने एक घोषणा छपवा कर बँटवाई थी, जिसमें मुसलमानों को सुसज्जित होकर जिहाद करने को कहा गया था और कहा था कि यदि वे न आएँगे तो नाश हो जाएँगे। यह एलान बहादुर ख़ाँ के एलान से अधिक स्पष्ट न था।

जयपुर, पोपाल, हाँसी, हिसार आदि से बहाबी आए थे और कुछ इस देश से बाहर के थे। जिन स्थानों से बहाबी आए वह मुझे सब याद नहीं हैं। मिरज़ा मुग़ल के दफ़्तर में उसकी सूची मौजूद है।

दिल्ली के बाहर हिन्दू भी अँगरेज़ी राज्य के उतने ही विरोधी थे, जितने मुसलमान; और दिल्ली में भी यही दशा थी। लेकिन जब बख़्त ख़ाँ ने धार्मिक मुल्लाओं को जमा करके जिहाद का फ़तवा लिया तो मुसलमानों में बड़ा जोश भर गया और वह अँगरेज़ों से लड़ने को तैयार हो गए। बुलंदशहर, अलीगढ़, मेरठ आदि की हिन्दू प्रजा भी अँगरेज़ी राज्य के उतनी ही विरुद्ध थी, जितनी कि मुसलमान!

खंड-4

बेचारे अंग्रेज़ों की विपता व उनके पत्र

अंगरेजों की विपता

विप्लव होने से लगभग एक मास पूर्व—पहली अप्रैल सन् 1857 ई. को—इस आशय की एक विज्ञप्ति देहली की जामा मस्जिद में चिपका दी गई थी, कि 11 मई को देहली लूटी जाएगी और भीषण रक्तपात होगा; किन्तु उस समय अधिकारियों ने इस ओर विशेष ध्यान नहीं दिया और इसे एक साधारण बात समझ कर हँसी में टाल दिया गया। उत्तर पश्चिमीय जिलों के समाचार-पत्रों ने भी इसे कोई महत्व नहीं दिया। इसका परिणाम यह हुआ कि सर्वसाधारण भी निश्चिंत बैठे रहे। यहाँ तक कि 11 मई को वह भयंकर दिन आ गया और मेरठ के विप्लवकारियों का एक जत्था प्रातःकाल 7 बजे नौकाओं द्वारा दरिया को पार कर शहर में आ घुसा। इन विप्लवकारियों में कुछ सशस्त्र सवार और कुछ हिंदुस्तानी पल्टन नंबर 20 तथा 11 के पैदल सैनिक शरीक थे।

सबसे पहले इन विप्लवकारियों ने घाट के ठेकेदार को लूट लिया। इसके बाद पुल-द्वारा शहर में घुस पड़े और पुल ही पर एक फिरंगी को, जिसपर इनकी दृष्टि रास्ते में पड़ी थी, मार डाला। नदी पार करने के बाद मस्लाहों ने पुल को तोड़ दिया। सवार घोड़ों पर पार होकर दिल्ली-दरवाजे के रास्ते से अंगूरी बाग चले पड़े। यह बाग किले के नीचे था और यहाँ बड़े साहब; अर्थात्—रेजीडेंट रहते थे। ये सवार उनकी हत्या करने के अभिप्राय से वहाँ गये थे। इसी बीच में कोतवाल को इस बात का समाचार मिल गया, वह भागता हुआ सिमन फ्रेजर साहब के पास गया और उनको इस बात की सूचना दी। साहब बहादुर ने आज्ञा दी कि दफ्तर के कुल कागज़ात शहर में ले जाओ और स्वयं दो नली बंदूक भरकर विप्लवकारियों की ओर गाड़ी में बैठकर रवाना हुए; ताकि इस उपद्रव को किसी तरह दबा सकें; किंतु विप्लवकारी इन्हें देखते ही इनके खून के प्यासे हो गये। बेचारे फ्रेजर साहब ने यह रंग देखा, तो जान बचाने की चिंता करने लगे। वे गाड़ी से कूद कर समन बुर्जवाले रास्ते से किले के भीतर घुस गए और उसके दरवाज़े बंद कर लिए। इस बीच में साहब बहादुर ने दो एक विप्लवकारियों को अपनी गोलियों का निशाना भी बनाया। समन बुर्ज से फ्रेजर साहब सीधे किले के लाहौरी दरवाज़े पर गए और उसे दरवाज़े के दर्बान को आज्ञा दी कि यह दरवाज़ा भी बंद कर दे। इसके बाद

एक विप्लवकारी ने आकर सूबेदार से कहा कि वह दरवाज़ा खोल दे। सूबेदार ने पूछा कि तुम कौन हो? उसने उत्तर दिया कि मैं मेरठ के रिसाले का सवार हूँ। सूबेदार यह सुनकर थोड़ी देर चुप रहा, इसके बाद पूछा—और सिपाही कहाँ हैं? सिपाही ने उत्तर दिया कि वह सब अंगूरी बाग में हैं। सूबेदार ने यह सुनकर उससे कहा कि जाकर उन सब को बुला लाओ। वह सिपाही चला गया। जब वह जमा हो गए, तो सूबेदार ने दरवाज़ा खोल दिया और सारे सिपाही क़िले में दाख़िल हो गए। कप्तान डगलस क़िलेदार और फ्रेजर साहब ने सूबेदार से कहा कि ऐसी खुली हुई दग़बाज़ी की तुमसे आशा न थी। फिर कुछ समझाना चाहा और सूबेदार से कहा कि सिपाहियों से कहो कि बंदूकें भर लें; क्योंकि क़िले के दरवाज़े पर हमेशा एक गारद रहा करता था और वह इन विप्लवकारियों को रोकथाम के लिए काफ़ी था; पर सूबेदार पहले की गुमराह और इन आफ़त के पुतलों के साथ षड्यंत्र मेंशरीक हो चुका था। उसने इस आज्ञा को भी उपेक्षा की दृष्टि से ही नहीं देखा; बल्किटर्रानें लगा और अश्लील गाली देकर वहाँ से चले जाने को कहा—दोनों अंगरेज़ों ने जब यह रंग देखा, तो बाध्य होकर किले के भीतरी हिस्से की ओर भागे। दोनों बेचारे भागते हुए आ रहे थे। कि रास्ते में विप्लवकारी-दल के सवार मिल गए। एक ने फ्रेजर साहब पर और दूसरे ने कप्तान डगलस पर पिस्तौल से फ़ायर कर दिया। दोनों ज़ख्मी होरक दीवार के सहारे खड़े हो गए। इसके बाद एक और विप्लवकारी आया और उसने तलवार-द्वारा दोनों के सिर धड़ से जुदा कर दिये। इस दुःखपूर्ण घटना का उल्लेख एक साहब ने भिन्न प्रकार से किया है। उनका कहना है कि जब फ्रेजर साहब गोली खाकर ज़ख्मी हुए, तो उसी हालत में उन्होंने दो विप्लवकारियों को मार डाला और गाड़ी पर सवार होकर भागे। यद्यपि जख्म भारी लगा था और घाव से खून बह रहा था; पर गाड़ी चलाने की शक्ति उनमें तब भी थी, अथवा यों कहिए कि जीवन के भय के कारण पौरुष अपना काम करा रहा था। इस समय जब कि बेचारे ज़ख्मों से चूर और पीड़ा से बिकल भागे जा रहे थे, एक विप्लवकारी आया और उसने साहब के साईस को तलवार देकर कहा कि तू इसको मार डाल! चांडाल साइस ने तलवार लेकर साहब के ऐसा हाथ मारा कि साहब बहादुर का सिर धड़ से अलग हो गया। फिर कप्तान डगलस को भी मार डाला। इसके बाद विप्लवकारी दीवाने-आम की ओर गए, वहाँ दो नवयुवती मिसें थीं, उनको भी इन निष्ठुरों ने न छोड़ा और बंदूक का निशाना बना दिया। वहाँ से निकल कर सीधे दरियागंज कीओर मुँह किया और यहाँ आकर तमाम मकानों में आग लगा दी। ये मकान अधिकतर अंगरेजों के थे। इसी बीच में विप्लवकारियों की एक और रेजिमेंट शहर में घुस आई और उन्होंने आते ही शहर के बच्चों और गुंडों से कहा कि तुमलोग शहर को खूब लूटो। इस समान गनीमत में हाथ लगाना हमारे लिए हराम है। जो विप्लवकारी दरियागंज को जला रहे थे, उन्होंने वहाँ पाँच

अंगरेज़ों और दो मेमों को मार डाला। जो शेष ईसाई थे, उन्होंने भाग कर राजा किशनगढ़ की कोठी में जान बचाई। जब सारा दरियागंज जल कर भस्म हो गया, तो वहाँ से विप्लवकारी बैंक की कोठी पर गए। उसे भी आग लगाकर जला डाला और पाँच फिरंगियों को जान से मार डाला। फिर वहाँ से वे कोतवाली गए और बदमाशों से शहर लूटने को कह दिया। कोतवाल भयभीत होकर कोतवाली से भाग गया और गरीबों की रक्षा का उसने कोई प्रयत्न नहीं किया। कोतवाली से सिकत्तर साहब की कोठी पर पहुँचे; पर उसमें आग नहीं लगाई। लेकिन, वहाँ गिर्जा और गिर्जा के आस-पास जितने भी मकान थे, उन्होंने सबमें आग लगा दी और जलाकर भस्मावशेष कर दिया और जितने भी फिरंगी तथा मेमें मिलीं, उन्हें बाल-बच्चों सहित मार डाला। इसके बाद इन्हीं विप्लवकारियों में से पाँच सवार छावनी पहुँचे। उनके पहुँचते ही वहाँ जितने भी सिपाही थे, उन्होंने अपने अफ़सरों के बंगलों को जलाना आरम्भ कर दिया और जो भी फिरंगी दिखाई पड़ा, वह कठोरतापूर्वक मौत के घाट उतार दिया गया। बाक़ी सवार मैगज़ीन की ओर गए; पर जैसे ही क़रीब पहुँचे, वैसे ही वे सब सिपाही तथा शहर के लगभग एक हज़ार व्यक्ति मैगज़ीन के फटने से उड़ गए। परमात्मा जाने मैगज़ीन में आग किस तरह लग गई।

अब यहाँ छावनी में जितने सिपाही थे, वे दो हिस्सों में बँट गए थे। पल्टनें तो विप्लवकारियों के साथ मिलकर शहर को लूटने में जुट पड़ीं और दो रेजिमेंट लाल डिग्गी के समीप क़िले के सामने ठहरीं। इनमें से एक गारद राजा किशनगढ़ की कोठी पर गया; क्योंकि उसने अंगरेज़ों को शरण दी थी। उस कोठी में 32 स्त्री-पुरुष और कुछ बच्चे छिपे हुए थे। उस गारद ने वहाँ पहुँचते ही कोठी में आग लगा दी, जो एक रात और दिन बराबर जलती रही। दूसरे दिन वे विप्लवकारी मैगज़ीन में से दो तोपें उठा लाए और तमाम दिन उसपर गोलाबारी करते रहे; पर चूँकि छिपे हुए कुल अंगरेज़ तहख़ाने में चले गए थे; इस कारण सब-के7सब सुरक्षित रहे और बच गए—उन्हें किसी प्रकार की हानि न पहुंची। इसके बाद विप्लवकारियों ने शहर को लूटना शुरू कर दिया, यहाँ तक कि सिकत्तर साहब की कोठी को भी शहर के गुंडों ने खूब लूटा—यद्यपि मेरठ के विप्लवकारियों ने अब तक इस लूट में भाग नहीं लिया था।

13 तारीख को विप्लवकारियों ने फिर दोबारा उन अंगरेज़ों पर हमला किया, जो राजा किशनगढ़ की कोठी में छिपे हुए थे; लेकिन इस बार अंगरेज़ों ने भी कोठी के भीतर से गोलियाँ चलाई और कुछ विप्लवकारियों को मार डाला। मगर गरीबों के पास जब गोली और बारूद न रही, तो चार अंगरेज़ों को छोड़कर शेष सब बाहर निकल आए और लड़ते रहे। इसी बीच में शाही उत्तराधिकारी (वलीअहद) भी वहाँ पहुंच गए और उनसे कहा कि इन अंगरेज़ों को हमें दे दो, हम इन्हें हिरासत में सुरक्षित रखेंगे; पर विप्लवकारियों ने इनकी एक न सुनी और सभी को तलवार

के घाट उतार डाला।

मि. जॉर्ज (सिर्कत्तर साहब) अपनी जान बचाने के लिए बाल-बच्चों साहित क़िले में छिपे हुए थे। गुप्तचरों ने इस बात की सूचना दे दी। विप्लवकारी इन्हें क़िले से कोतवाली में पकड़ लाए और यहाँ उन्हें बहुत अमानुषिक ढ़ंग से ज़लील करके मार डाला गया और हस्पताल के हिंदुस्तानी और अंगरेज़ डॉक्टरों को हस्पताल तथा जेलख़ाने के भीतरमार डाला। इन बेचारों का शव बिना क्रिया-कर्म तथा कफ़न के तीन दिन तक इसी तरह पड़ा रहा। अंत में चौथे दिन स्वयं विप्लवकारियों ने उन्हें नदी में डलवा दिया!

बादशाह से वेतन की माँग

अब विप्लवक़ारियों ने बादशाह को इस आशय का एक प्रार्थना-पत्र दिया कि या तो दो मास का वेतन हमें दिलवा दिया जाए अथवा हमारे लिए प्रति दिन के हिसाब से खाने-पीने का समान दिलवाए जाने का प्रबंध कर दिया जाए। बादशाह ने शहर के सब महाजनों को बुलाकर आज्ञा दे दी कि यदि वे सिपाहियों की माँगें पूरी न करेंगे, तो सब अपनी जानों से हाथ धो बैठेंगे (बादशाह चूँकि मजबूर थे; इसलिए सम्भवतः आम शहर की बर्बादी और रक्तपात को बचाने के लिए ही उन्होंने ऐसा हुक्म दिया होगा।) महाजनों ने बादशाह की सेवा में निवेदन किया कि इन्हें बीस रोज़ तक केवल दाल और रोटी खिला सकते हैं, इससे अधिक कुछ करना हमारी शक्ति के परे है; परंतु विप्लवकारियों ने इसे स्वीकार न किया। उनका कहना था कि हम तो मरने-मारने पर कमर बाँधे बैठे हैं। चंद रोज़ जो जीवन के शेष हैं, उनमें भी केवल दाल और रोटी खाएँ, यह हमसे न होगा। अंत में बादशाह नेसारी बातें सुनकर उनके लिए चार आने रोज़ देना स्वीकार कर लिया।

इसके बाद विप्लवकारियों ने शहर की नाकाबंदी कर दी और प्रत्येक दरवाज़े पर दो-दो तोपें चढ़ा दीं और एक हजार मन बारूद छावनी को मैगज़ीन से उठा लाए और जितना भी गोला-बारूद मैगज़ीन में शेष था,सब पर अपना अधिकार जमा लिया। इस उपद्रव और झगड़े-फ़साद के कारण शहर में रसद आना बंद हो गया और सब चीज़ें महँगी हो गईं। आटा 3 सेर, गेहूँ 8 सेर और घी 1।। सेर का बिकने लगा। सारांश यह कि तमाम चीज़ें महँगी हो गईं। देहली के आस-पास के जितने देहाती थे, सब उठ खड़े हुए और उन्होंने लूट-मार शुरू कर दी। बादशाह ने झगड़ा-फ़साद से त्राण पाने के लिए (सम्भवतः आतंक जमाने के अभिप्राय से, गूजरों के चार-पाँच गावों को जलवा दिया; पर यह आग बुझी नहीं। सिकत्तर साहब

की यह कोठी बिलासपुर में थी, वह भी लूट ली गई।

विप्लवकारियों ने जब देहली को अच्छी तरह लूट लिया, तो दो सौ सवार गुड़गाँव की ओर गए, और वहाँ भी झगड़ा, फसाद, लूट-खसोट तथा अग्निकांड का बाज़ार गर्म कर दिया और सरकारी ख़ज़ाने को, जिसमें सात लाख चौरासी हज़ार रुपए थे, लूट कर देहली वापस आ गए। इस समय विप्लवकारियों के पास देहली तथा गुड़गाँव के ख़जानों के 21 लाख 84 हज़ार रुपए नक़द मौजूद थे, जो सिपाहियों के ख़र्च के अभिप्राय से शाही क़िले में रखे गए।

इस समय देहली में तीन रेजिमेंटें मौजूद थीं, एक तो मेरठ की और दो ख़ास देहली के सशस्त्र सवारों की। शेष उपद्रवी सिपाहियों की फ़ौज़ अलीगढ़ और आगरे की ओर रवाना हो गई। शहर में सबसे बड़ा और प्रसिद्ध व्यापारी लक्ष्मणचंद था; पर केवल उसी की कोठी लूट-मार से बची हुई थी, जिसका कारण यह था कि यह विप्लवकारियों को नित्य ही भोज दिया करता था।

आप बीती

पहली कहानी

हिंदुस्तानी पैदलों की 30 नंबर के रेजिमेंट का एक अफ़सर अपनी मुसीबतों का हाल इस तरह बयान करता है—

11 तारीख़ को क़रीब 10।। बजे सुबह मेरा नौकर भागता हुआ मेरे कमरे में आया और नेहायत घबराहट से कहने लगा कि शहर में बहुत खलबली मच रही है और लोग कह रहे हैं कि मेरठ के तमाम भारतीय सिपाही देहली पर अधिकार करने के लिए बढ़े चले आ रहे हैं। इस फ़साद की जो सबसे पहली ख़बर मैंने सुनी, वहयही थी। चूँकि मेरा बंगला छावनी ही में था; इसलिए मैं यह समाचार सुनते ही 38 नंबर की हिंदुस्तानी रेजिमेंट के एडजूटेंट इनसाईन कमियर साहब के बंगले की तरफ़ पैदल चल दिया। वहाँ जाकर मैंने देखा कि कमांडिंग अफ़सर और कर्नल न्यूट साहब—दोनों मौजूद हैं और उन्होंने भी मेरे समाचार का समर्थन किया और कहा कि हिंदुस्तानी पैदलों की एक रेजिमेंट नंबर 38 व 74 रेजिमेंट की दो कंपनियाँ पहाड़ी पर, जो शहर और छावनी के बीच में है, पड़ाव डालेंगी। इन रेजिमेंटों के शेष सिपाही किसी दूसरे स्थान पर न भेजे जाएँगे; पर अपनी छावनी में उन्हें हर समय हथियारों से लैस और तैयार रहना चाहिए। जब मैं कमांडिंग अफ़सर के बंगले से वापस हुआ, तो रास्ते में मुझे निकोल्स साहब मिले; पर इनसे केवल इतना ही पता चला कि मेरठ के विप्लवकारी सवारों मे से क़रीब डेढ़ सौ सवारों ने किश्तियों के पुल पर अधिकार कर लिया है और मेरठ से आते हुए जो अंगरेज उन्हें मिलते हैं, उसे मार ड़ालते हैं।

जब मैं अपने बंगले पर पहुँच गया, तो थोड़ी देर के बाद वे दोनों तोपें मेरे बंगले के बराबर से शहर की तरफ़ जाती हुई नज़ आईं, तो मुझे इतमीनान हुआ कि उपद्रवकारियों की शरारतों और फ़िसाद को रोकने के लिए रेजिमेंट नंबर 54 और ये दोनों तोपें काफ़ी होंगी और इसके बाद जो घनाएँ घटित हुईं, उनकी तो-स्वप्न में भी मुझे आशा न थी। फिर भी सावधानी के लिए मैंने अपना पचनला तमंचा भर लिया और गाड़ी के घोड़े तैयार रखने की आज्ञा दी।

दोपहर के 12 बजे के लगभग मेरे नौकरों ने मुझे समाचार दिया कि दरियागंज की छावनी जल रही है और मेरी रेजिमेंट के साह एजीटन और कमांडिंग अफ़सर छावनी की ओर गए हैं। यह समाचार सुनकर मैं भी सवार होकर गया और देखा कि सिपाहियों को युद्ध सामग्री बाँटी जा रही है। वहाँ से मैं अपनी कंपनीमें गया और सिपाहियों से बात-चीत करने लगा। परोक्ष रूप से वे सब नेकचलन मालूम होते थे और इस फ़िसाद से सबने अनभिज्ञता प्रकट की; बल्कि बहुत से सिपाही कमरबंदी से असंतुष्ट प्रतीत होते और कहते थे कि हम अभी इस शहर की तैनाती से वापस आए हैं, अभी अच्छी तरह रोटी पानी भी नहीं कर पाए, कि फिर उन्हें तैयार होने की आज्ञा दी जाती है। इसके उत्तर में मैंने उनसे कहा कि संभवतः थोड़ी देर में यह झगड़ा शांत हो जाएगा, फिर आराम करना; क्योंकि एक रेजिमेंट और दो तोपें उपद्रवकारियों को ठंढ़ा करने के लिए भेजी जा चुकी हैं। मैंने उनसे यह भी कहा, कि मुझे विश्वास है कि यदि आवश्यकता पड़ी, तो तुम सब लड़ोगे और नमक का हक़ अदा करोगे, जिसके जवाब में सिपाहियों ने कहा कि हमने सरकार कंपनी का नमक खाया है और हर तरह से लड़ने मरने को तैयार हैं। इनमें से एक हवलदार अधिक हो-हल्ला मचा रहा था; पर बड़ी सावधानी से। यह नहीं कहता था कि हम उपद्रवकारियों से न लड़ेंगे; बल्कि यह कहता था कि यदि कोई राजा बाबू अनीम (शत्रु) आएगा, तो उससे लड़ेंगे।

थोड़ी देरीके पश्चात् दोनों कंपनियाँ, जिनकी चर्चा ऊपर हो चुकी है, पहाड़ी की ओर रवाना हुई कि वहाँ पहुँच कर डेरा डालें। बिदा होते समय दोनों कंपनियों के सिपाहियों ने बहुत हो-हल्ला मचाया, जिससे प्रकट होता था कि इन्हें बहुत हर्ष हुआ है। इनके किसी रंग-ढ़ंग से यह संदेह न होता था कि वह भी क्रांतिकारी विचार रखते हैं। मैं सैनिकों के साथ बात-चीत कर ही रहा था, जबकि यह समाचार मिला कि 54 नंबरकी रेजिमेंट ने शहर में प्रवेश करते ही लड़ने से इंकार कर दिया और अपने अफ़सरों को तीसरे रिसाले के सवारों से कटवा दिया और विप्लवकारियों का ज़रा भी मुक़ाबला न किया। जब यहाँ तक नौबत पहुँच गई और परिस्थिति इतनी भयावह हो गई, तो सिपाहियों को तैयार होने की आज्ञा दे दी गई, कारतूस बाँटे गए, बाजे वालों को भी बंदूकें और लड़ाई का अन्य समान दिया गया। सबों ने आज्ञा का पालन किया और बंदूकें भरकर लड़ाई के लिए तैयार हुए। यहाँ यह हो ही रहा था कि 54 नंबर की रेज़िमेंट के कर्नल रेली डोली में आए। ज़ख्मों से उनका शरीर लहू-लुहान हो रहा था। मैंने स्वयं अपने कानों से उन्हें यह कहते हुए सुना कि मुझे स्वयं मेरे ही सिपाहियों ने संगीनें मारी हैं। इसके बाद फ़ौजी डॉक्टर साहब की ज़बानी जो समाचार मिला, वह और भी भीषण और रोमांचकारी था। उन्होंने सिपाहियों की उद्दंडता और उनके द्वारा अपने अफ़सरों की निर्मम हत्याओं का विस्तृत समाचार बतलाया, जिससे प्रतीत हुआ कि 54 नंबर की रेजिमेंट

उपद्रवकारियों के दल में मिल गई। जब परिस्थिति इतनी जटिल हो गई, तो अफ़सरों के परस्पर परामर्श द्वारा यह निश्चय किया गया कि जितनी भी तोपें और फ़ौज शेष है, वह सब पहाड़ी पर जाकर डेरा डालें। केवल 74 नंबर की रेजिमेंट काश्मीरी दरवाज़ा भेजी गई; ताकि वहाँ पर जो गारद है, यह उसकी सहायता करे। शेष कुल फ़ौज ने पहाड़ी पर जाकर डेरा डाल दिया। दोनों तोपें इस तरह लगाई गई, कि इनकी मार उस रास्ते पर पड़े, जो शहर को जाता था। 38 नंबर रेजिमेंट के जो-जो मँजे हुए सिपाही थे, वह इस बुर्ज के सीधे हाथ की ओर इएकत्र कर दिये गए। जितनी फिरंगी स्त्रियाँ और उनके बच्चे वहाँ थे, सब आकर बुर्ज के भीतर जमा हो गए। और थोड़े समय के बाद शहर के बहुत से नागरिक भी वहाँ आ गए। अब चारों ओर से उन अँगरेज़ों की हत्याओं के समाचार आने लगे, जो शहर में रहते थ। यह भी पता चला कि जितनी फ़ौज मैगज़ीन तथा अन्य स्थानों में नियुक्त थी, उन सबने भी सरकार के काम से इंकार कर दिया; अर्थात्—लड़ने से मुँह मोड़ लिया।

जब फ़ौज के इस विश्वासघात और खुले विद्रोह का विश्वास हो गया और चारों ओर भीषण रक्तपात और झगड़ों का बाज़ार गर्म होने लगा, तो ब्रिगेडियर साहब ने साँडनी सवार द्वारा मेरठ में अधिकारियों के पास पत्र भेजा और क़रीब दस बजे तार द्वारा यह समाचार अम्बाला भेजने की उन्होंने आज्ञा दी। इसके बाद इन साहब ने समस्त सैनिकों को एकत्र करके उनसे पूछा कि आखिर तुम्हें क्या शिकायत है और तुम क्या चाहते हो? तो कुछ सिपाहियों ने कारतूस पर आपत्ति की। इस पर इन साहब ने उन्हें समझाया और इस बात का विश्वास दिलाया कि सरकार का यह कदापि अभिप्राय नहीं है कि वह तुम्हारे धर्म से तुम्हें च्यूत करे और फ़ौज को ऐसे कारतूस कदापि न दिये जाएँगे, जिनसे किसी के धर्म पर आघात हो। बातों का सिलसिला जारी था और साहब बराबर फ़ौज को समझा रहे थे; पर सैनिकों की आँखें बदली हुई थीं और वह अपना रोष प्रकट कर रही थीं। इनकी ओर से विश्वास नहीं होता था।

पहाड़ी के चारों ओर फ़ौज जमा थी। मैं भी उनके समीप गया और बैठकर उनसे बातें करने लगा। सिपाहियों ने जब यह समाचार सुना कि 54 नंबर की रेजिमेंट ने अपने तमाम अफ़सरों को अपने ही हाथों से मार डाला, तो उन्होंने इसपर बहुत खेद प्रकट किया और कहा कि उन्हें यह बात बहुत अनुचित प्रतीत हुई है। तब मैंने उनसे पूछा कि तुम हमारा साथ दोगे या मुझे और मेरे बाल-बच्चों को; बल्कि समस्त अंगरेज़ों को मारे जाते हुए देखोगे? इसके उत्तर में प्रायः समस्त सिपाहियों ने एक स्वर में कहा कि जहाँ आपका पसीना गिरेगा, वहाँ हम अपना रक्तबहाने को तैयार हैं और तबतक मैं वहाँ बैठा रहा, वे बहुत अधिक सम्मान-पूर्वक मुझसे व्यवहार करते रहे।

पहाड़ी चूँकि ऊँचे स्थान पर अवस्थित थी; इसलिए हम शहर को अच्छी तरह देख सकते थे। अब शहर में कई जगह आग की लपट दिखाई दे रही थी। पर परोक्ष रूप से ये सारे स्थान अंगरेज़ों के मालूम होते थे। इसी बीच में मैगज़ीन उड़ी, जिसको देखकर समस्त सिपाही अपने-अपने शस्त्र लेकर तथा हो-हल्ला और अश्लील ढ़ंग से इशारा करते हुए दौड़ पड़े। इस समय बड़ी कठिनाई से इन्हें रोका। मैं उस समय अफ़सरों के साथ फ़ौज के बीच में था। उस समय तक मैंने कोई संदेह-युक्त वाक्य इनकी ज़बान से नहीं सुना था; केवल एक सैनिक ने इतना कहा कि 'अब तुम्हारा नमक़ पानी नहीं खाया जाता'। मैगज़ीन उड़ने से पहले एक गाड़ी शहर से आई, जिसमें कप्तान स्मिथ, कप्तान ब्रू, लेफ़्टिनेंट एडवर्ड तथा लेफ़्टिनेंट वाबरफ़ील्ड की लाशें थीं। ये सब 54 नंबर की रेजिमेंट के अफ़सर थे। इन लाशों पर मेमों के कपड़े पड़े हुए थे; जो इनकी करुणा पूर्ण विवशता के परिचायक थे।

ब्रिगेडियर साहब ने वे दोनों तोपें, जो शहर में रवाना की गई थीं, वापस मँगाई, पर वापसी के समय इन सिपाहियों ने, जो तोपों के साथ थे, शरारतें शुरू कीं और पहाड़ी पर न आकर—जहाँ दूसरी फ़ौजें पड़ी हुई थीं—उन्होंने सीधे छावनी का रास्ता लिया। छावनी के रास्ते में कप्तान टेलर वाले जत्थे के थोड़े से सिपाही मिले, जिन्होंने इन कप्तान साहब को छोड़ दिया था। उन्होंने फ़ौरन तोपों पर अधिकार कर लिया और कप्तान आरमैन कमानियर और सार्जेन्ट को, जो तोपों के साथ थे, लड़-भिड़ कर भगा दिया। ये दोनों सज्जन कठिनता-पूर्वक गोबलयों की वर्षा से जान बचाकर पहाड़ी के बुर्ज में आए। मेरी समझ से उन कुल अंगरेज़ों में से, जो फ़ौज के साथ शहर में गए थे, यही दो सज्जन थे, जो यहाँ जीवित पहुँच पाए थे।

उपद्रवकारी सिपाही तोपें छीनकर शहर की ओर जा रहे थे। चूँकि पहाड़ी पर से सारा दृश्य दिखाई पड़ता था; इसलिए कप्तान डीटिस्टर ने जो तोपों को शहर की ओर जाते देखा, तो वे घोड़े पर सवार होकर इस अभिप्राय से गए, कि उन्हें पहाड़ी पर वापस ले आएँ; पर उपद्रवकारी सिपाहियों ने जो उन्हें आते हुए देखा, तो गोलियों की वर्षा कर दी। कप्तान साहब का घोड़ा ज़ख़्मी हुआ; पर परमात्मा की कृपा से साहब बच गए।

उपद्रवकारियों का जत्था जब शहर के समीप पहुँचा, तो एकाएक उनकी दृष्टि डिप्टी कलक्टर करम्भरा साहब पर पड़ गई और उनपर भी गोलियों की वर्षा शुरू कर दी गई; पर उन्होंने भाग कर अपनी जान बचाई।

धीरे-धीरे दिन भर में युद्ध की बहुत-सी सामग्री बुर्ज पर जमा हो गई थी और हमें इस बात का पूर्ण विश्वास था कि यदि तोपखाना बिगड़ न गया और बराबर काम देता रहा, तो जब तक मेरठ से सहायता न पहुँचे, हम उन समस्त अंगरेज़, सार्जेन्ट और अन्य ईसाइयों की भरपूर रक्षा कर सकते हैं, जो बुर्ज में थे;

पर यह पता नहीं था कि हमारा दुर्भाग्य मेरठ में क्या गुल खिला रहा है!

देहली से बिदाई

जब चारों ओर से निराशा हुई और कोई अवलम्ब शेष न रह गया, तो समस्त फ़ौजी अधिकारियों के परामर्श द्वारा यह निश्चय किया गया कि हमें मेरठ चलना चाहिए; अतएव कुल मेमें, साहब तथा वे लोग, जो लड़ने के योग्य न थे, सब को गाड़ियों में सवार कराकर वज़ीराबाद के घाट से, जो छावनी के समीप था, यमुना पार कराके उन्हें रवाना कर दिया गया। गाड़ियों तथा दोनों तोपों के लेकर कप्तान डीटिस्टर साहब आगे बढ़े और पैदल फ़ौज उनके पीछे चली। जो भी हिंदुस्तानी सिपाही साथ थे, वे सब-के-सब मानों बेगार की तरह धीरे-धीरे चल रहे थे।

जब पहाड़ी से आए तो, हमने देखा कि गाड़ियाँ और तोपें करनाल के रास्ते पर जा रही हैं और वज़ीराबाद के रास्ते को छोड़ दिया है। चूँकि मेरा घोड़ा मेरे साथ न था; इसलिए मैं सिपाहियों के साथ पैदल चल रहा था, मेरे अतिरिक्त बहुत से अफ़सर भी मेरे साथ पैदल थे। जब हम अपनी लाइन के समीप पहुँचे, तो कुल सिपाही स्वेच्छापूर्वक लाइन में चले गए। चूँकि मेरा बंगला भी समीप था; इसलिए मैं भी वहाँ गया और घोड़े को तैयार पाकर उसपर सवार हो लाइन में आया और सिपाहियों ने कोई जवाब न दिया। देखने से ऐसा प्रतीत होता था, मानो मेरी बातें उन्हें ज़हर की तरह लग रही थीं। इस समय कुल सिपाही छोटी-छोटी टुकड़ियों में अलग-अलग बैठे थे। केवल एक सिपाही बदचलन मालूम होता था, जिसने मुझे बहुत कटु और बेहूदा जवाब दिया।

इसके बाद मैं करनाल की ओर चला, ताकि गाड़ियों से जा मिलूँ; अतएव थोड़ी दूर जाकर वे दोनों तोपें, जो गाड़ी के साथ थीं, मुझे देहली की ओर वापस होती हुई मिलीं। वापस इसलिए आ रही थीं कि गोलन्दाज़ों ने करनाल जाने से इंकार कर दिया था।

मुझे रास्ते में बहुत से घायल अफ़सर मिले, जो भयभीत होकर करनाल की ओर भागे जा रहे थे। मैंने उन्हें टूटे-फूटे शब्दों में केवल यह कहते हुए सुना कि ''अब कुछ बाकी नहीं रहा और किसी तरह कोई सुरक्षित स्थान ढूँढ़ना चाहिए।''

दूसरी कहानी

जब देहली के भीतर उपद्रवकारिथों के घुस आने तथा अंगरेज़ों की हत्याएँ करने,

इमारतें जलाने और ढ़ाहने आदि के समाचार छावनी में पहुँचे, तो फ़ौजी अफ़सरों ने कुल फ़ौज को तैयार होने की आज्ञा दी। सबसें पहले 54 नंबर की रेजिमेंट हिंदुस्तानी पैदलों की तैयारी हुई; क्योंकि यही शहर के अफ़सरों के समीप थी। इस रेजिमेंट में से कर्नल रेली के अधीन छ कंपनियाँ उपद्रवकारियों को रोकने के लिए काश्मीरी दरवाज़ा गईं और दो कंपनियाँ मेजर टिपरेंस के अधीन तोपों के साथ जाने के लिए खड़ी रहीं। कर्नल रेली चूँकि उपद्रवके वास्तविक कारणों से अनभिज्ञ थे और इसे केवल बाजारी झगड़ा-मात्र समझते थे; इसलिए वे अपने सिपाहियों को खत्रली बन्दूकों के साथ ले गए थे। उनका अनुमान था कि संगीनों-द्वारा वे इस बाज़ारू उपद्रव को शांत कर सकेंगे; पर यह फ़ौज जब शहर के समीप पहुँची, तो एकाएक कुछ उपद्रवकारी सवार उन्हें दिखाई पड़े। उन्होंने आते ही अफ़सरों पर आक्रमण कर दिया और सिपाहियों से बोले कि हमें तुमसे न तो कुछ कहना है और न हम तुम्हें हानि ही पहुँचाना चाहते हैं। चूँकि बेचारे अफ़सरों को इस उपद्रव की भीषणता का ज्ञान न था और वह इसे इतना जटिल न समझते थे; इसलिए वे सब फ़ौज के आगे थे। अतएव, उपद्रवकारियों ने सर्वप्रथम अफ़सरों पर ही आक्रमण किया और गोलियाँ बरसानी शुरू कर दीं। कर्नल रेली को पहले तो गोली लगी, फिर उपद्रवकारियों ने उन्हें तलवारों द्वारा चूर-चूर कर दिया। कर्नल साहब के अतिरिक्त दो-तीन अन्य अफ़सर भी गोलियों से घायल हुए। अफ़सरों ने सिपाहियों से जीवन-रक्षा के लिए बहुत अनुनय-विनय की; पर सब व्यर्थ सिद्ध हुई। फ़ौज ने एक न सुनी, न बंदूकें भरीं और न उपद्रवकारियों का सामना करने का प्रयत्न कियां। इसके विपरीत कुछ विश्वासघाती तथा दगाबाज़ सिपाहियों ने उल्टा कर्नल रेली को संगीनों से आहत किया।

इस कोलाहल में कप्तान डम्बलिस, जो एक सप्ताह के लिए शहर में नियुक्त किए गए थे, पहुँच गए। उन्होंने अपने गारद को फत्रयर करने की आज्ञा दी; पर दुर्भाग्यवश इन बदज़ातों ने भी साफ़ इंकार कर दिया। यद्यपि साहब बहादुर ने बहुत कुछ समझाया, अनुनय-विनय की, उन्हें उपदेश किए; पर इन सारी बातों का उनपर कोई प्रभाव न पड़ा। वे अश्लील इशारे करने और व्यंग-वर्षा करने लगे। जब साहब बहादुर ने बहुत नम्रतापूर्वक इन सब बातों का कारण पूछा, तो उत्पाती ढ़ंग से वे कहने लगे कि साहब, हम इन लोगों के लिए कुछ नहीं कर सकते, जिन्होंने हमारे धर्म पर आघात करने का विचार किया था और चाहते थे कि हिन्दू और मुसलमान दोनों धर्मच्यूत हो जाएँ। सारांश यह कि इसी प्रकार के ऊटपटाँग अभियोग सरकार पर लगाते रहे और अंत में कहने लगे कि अब हम इसका बदला लेंगे। इस बीच में पाँचों अफ़सर, जिनकी चर्चा ऊपर आ चुकी है, मारे गए, कई ज़ख्मी हुए, एक सिपाही भी ज़ख्मी हुआ।

जब उपद्रवकारियों और बागी सिपाहियों ने देखा कि सरकारी फ़ौज ने इनका

मुकाबला नहीं किया और अपने अफ़सरों की आज्ञा की उपेक्षा करके लड़ने से इंकार कर दिया, तो वे काश्मीरी दरवाज़े की ओर चले—जहाँ एक छोटा-सा मोर्चा बना हुआ था, जिसमें गारद रहा करता था—कि वहाँ पहुँचकर उसे भी अपने अधिकार में कर लें, किन्तु सौभाग्य से लेफ़्टिनेंट विल्सन के अधीन नंबर 44 रेजिमेंट की दो कंपनियाँ और एक तोप खाना वहाँ पहुँच गया जिसके कारण बदमाश उपद्रवकारी फिर शहर की ओर लौट आए।

इस दग़ाबाज़ी और विश्वासघात की ख़बर करीब 11 बजे छावनी में पहुँची, जिसके सुनते ही नंबर 74 रेजिमेंट के हिंदुस्तानी सिपाहियों को वहाँ एकत्र किया गया, तो उसमें केवल डेढ़ सौ आदमी उपस्थित थे, शेष व्यक्तियों की नियुक्ति पहले ही विभिन्न स्थानों पर हो चुकी थी। इन 150 सैनिकों को दो तोपों सहित सहायता के अभिप्राय से मेजर ऐबट के अधीन शहरकी ओर रवाना किया गया।

इन सिपाहियों की नमकहरामी और विश्वासघात का एक और नमूना देखिए, जो कितना लज्जापूर्ण है। जब सिपाहियों के विश्वासघात का पता चला, तो 39 नंबर की रेजिमेंट का शेष हिस्सा और 54 नंबर की रेजिमेंट के सिपाही परेड पर बुलाए गए। ब्रिगेडियर साहब ने प्रत्येक कमांडिंग अफ़सर से कहा कि वे अपने-अपने सिपाहियों का वास्तविक अभिप्राय और उनके विचारों का इस प्रकार पता लगाएँ कि उन्हें बुलाकर स्वेच्छा से स्वयंसेवक बनने के लिए कहा जाए। यदि वे स्वयं प्रार्थना-पत्र देकर फ़ौज में भर्ती हों, तो समझना चाहिए कि वेसरकारी सेवाओं को बजा लाने के लिए तैयार हैं और यदि ऐसा न करें, तो समझ लेना चाहिए, कि वह वफ़ादार नहीं हैं; अतएव ऐसा ही किया गया और आज्ञानुसार समस्त सिपाही पहरे पर एकत्र हो गए; पर 38 नंबर की रेजिमेंट का एक सिपाही भी अपनी जगह से तिल भर न सरका। निस्संदेह 74 नंबर की रेजिमेंट के सिपाहियों ने आज्ञा-पालन की और अपनी-अपनी बंदूक़ें भर लीं और उपद्रव शांत करने के अभिप्रायः से शहर की ओर चल पड़े। थोड़ी देर में वे काश्मीरी दरवाज़े पहुँच गये; पर चूँकि समय बीत चुका था; अतएव उनका वहाँ जाना सर्वथा व्यर्थ सिद्ध हुआ; क्योंकि उपद्रवकारी वहाँ से चले गये थे। इससे इसके अतिरिक्त कि वे वहाँ जाकर ठहर गये और कोई लाभ न हुआ।

अब उपद्रवकारियों का कहीं पता तक न था और न किसी ने बतलाया ही कि वे कहाँ चले गए। 74 नंबर वाली रेजिमेंट के बहुत से सिपाही भी ग़ायब थे। मेजर पीटर्स के अधीन केवल दो कंपनियाँ वहाँ उपस्थित थीं। थोड़ी देर के पश्चात् अफ़सरों की लाशें गाड़ी पर लाई गईं, जिनके ऊपर उनकी औरतों के गाऊन आदि पड़े हुए उनकी असह्य परवशता की सूचना दे रहे थे। जब 74 नंबर की रेजिमेंट शहर चली गई, तो कप्तान डी टिस्टर दो तोपों सहित पीछे रह गए और उन्होंने इस बात का प्रयत्न किया कि शीघ्र ही आगे बढत्कर उस विशाल स्थान पर अधिकार

कर लें, जिसके एक ओर पक्की सड़क थी, जो छावनी की ओर जाती थी और दूसरी ओर का रास्ता पहाड़ी को जाता था; अतएव कठिनता से साहब बहादुर ने 38 नंबर की रेजिमेंट को रास्ते पर अधिकार करते और उसे घेर लेने के अभिप्राय से भेजा। इनका आशय यह था कि कप्तान डी टिस्टर की तोपों पर अधिकार कर ले। कप्तान साहब भरसक चाहते थे कि इन तोपों के समीप सिपाही एकत्र न हों, पर फिर भी दिन-भर चार-पाँच सिपाही गोलंदाज़ों के चारों ओर चक्कर काटते रहे।

क़रीब 12 बजे दिन के पहाड़ी पर का बुर्ज अंगरेज़ों, मेमों तथा अन्य ईसाइयों से भर गया और इतना हो-हल्ला हो रहा था कि किसी प्रकार का प्रबंध आदि करना संभव न था। कोई व्यक्ति किसी की सलाह या आज्ञा न मानता था। इसी समय एक सार्जेन्ट ने खबर दी कि उसने सुना है कि 38 नंबर रेजिमेंट के सिपाही कहते हैं कि यदि तोप की एक आवाज़ भी की गई, तो 38 नंबर वाली रेजिमेंट के समस्त सैनिक फिर जाएँगे और अंगरेज़ों का बध कर डालेंगे।

संध्या हो रही थी, समय बीतता जा रहा था और शहर में चारों ओर आग-ही-आग दिखाई देती थी। क़रीब शाम के शहर में एक बड़े ज़ोर की आवाज़ हुई। यह आवाज़ मैगज़ीन के उड़ने की थी। सिपाहियों ने यह धमाका सुना, तो बिगड़ कर बोले कि "जरनल यह क्या बात है, क्या हमारे सिपाहियों और आदमियों को इस तरह मारा जाता है?"

कप्तान डी टिस्टर ने फिर काश्मीरी दरवाज़े की तोपों को वापस लाने का हुक्म दिया। थोड़ी देर के बाद फिर हुक्म हुआ कि मेजर ऐबट 74 नंबर की रेजिमेंट को वापस लाएँ; अतएव थोड़ी ही देर में दोनों तोपें बड़े रास्ते पर दिखाई दीं, मानों छावनी की ओर जा रही हों। कप्तान डी टिस्टर ने यह देखकर बिगुल बजाया कि वे आकर पहाड़ी पर उनके साथ शामिल हों; पर वे न फिरे। जब वे न फिरे, तो कप्तान साहब समझे कि संभवतः उन्होंने बिगुल की आवाज नहीं सुनी। इस बीच में तोपें 39 नंबर की रेजिमेंट के एक जत्थे के समीप जा पहुँचीं और उनके पहुँचते ही बंदूकें छूटने की आवाज़ें आने लगीं और तोपें शहर की ओर मुड़ती हुई दिखाई दीं। कप्तान साहब यह देखते ही तुरंत घोड़े पर सवार होकर तोपों की तरफ गए; ताकि उनको वापस ले आएँ। जब वह करीब पहुँचे, तो उन्होंने आज्ञा दी कि दाहिनी ओर होकर तुरंत हमारे पास आ जाओ; पर जैसे ही साहब बहादुर समीपपहुँचे, वैसे ही सिपाहियों ने बंदूकें उनकी ओर कीं और लगातार छः गोलियाँ दाग दीं, जिनमेंतीन तो खाली गईं और तीन गोलियाँ घोड़े को लगीं। परंतु, घोड़े में इतनी शक्ति बच गई थी कि उसने साहब बहादुर को बुर्ज तक पहुँचा दिया। बुर्ज पर पहुँच कर घोड़ा ज़मीन पर गिर कर मर गया और दोनों तोपें और सिपाही शहर की ओर चले गये।

इसके बाद जब लेफ़्टिनेंट डलोबी भी आ गए, तो मेजर ऐबट ने 74 नंबर

की एक रेजिमेंट को, इसलिए रवाना किया कि वह जाकर यह खबर लाए कि मैगज़ीन के उड़ने से जो रास्ता हो गया है, उसमें से वे प्रवेश करते हैं या नहीं? पर वहाँ उपद्रवकारियों की अच्छी तरह मरम्मत हो चुकी थी। वे इतने भयभीत हो गए थे कि वे सब-के-सब एक दम शहर की ओर भाग गए।

इस समय तीन बजे होंगे और काश्मीरी दरवाज़े में उपद्रवकारियों का कोई पता शेष न था। इस बीच में छावनी से हुक्म आया कि दोनों तोपें छावनी को वापस भेज दी जाएँ; अतएव लेफ्टिनेंट एस्प्लेसी के साथ तुरंत तोपें रवाना कर दी गईं। मेजर ऐबट ने अब यह निश्चय किया कि जो मेंमें गारद ठहरने की जगह छिपी पड़ी हैं, उन्हें छावनी को वापस भेज देना चाहिए; अतएव उन्होंने आज्ञा दी कि गाड़ी तैयार की जाए। थोड़ी देर के पश्चात् वही दोनों तोपें, जो छावनी भेजी गई थीं, काश्मीरी दरवाज़े पर वापस आ गईं; पर लेफ़्टिनेंट तथा गोलन्दाज़ साथ न थे। दराबियों ने आकर बयान किया कि गोलंदाज़ छोड़कर भाग गए और बिना उनके हम छावनी न जाएँगे। अंत में तीन-तीन चार-चार सिपाही मिलकर दरवाज़े के भीतर आए।

करीब साढ़े तीन बजे ब्रिगेडियर साहब का हुक्म मेजर ऐबट के नाम इस आशय का आया कि नंबर 74 रेजिमेंट के जितने भी सिपाही उनके पास हैं, उनको लेकर तुरंत छावनी पहुँय जाएँ। जब यह हुक्म आया, तो मेजर टैरेंस और डिप्टी कलक्टर ने कहा कि इस समय इस रेजिमेंट को यहाँ से जाना उचित नहीं है; क्योंकि इनके स्थान पर जब तक दूसरे सिपाही नियुक्त न हो जाएँ, इस स्थान को छोड़ना ठीक नहीं; पर डिप्टी कलक्टर को दूसरा ही भय था। वह 74 नंबर की रेजिमेंट का हाल देख चुके थे और उन्हें इनके रंग-ढ़ंग से संदेह उत्पन्न हो गया था; परंतु मेजर ऐबट ने कहा कि चूँकि यह हुक्म मेरे नाम आया है; अतएव इसका पालन करना मैं अपना कर्त्तव्य समझता हूँ। पर, डिप्टी साहब ने कहा कि आप ज़रा सब्र करें, मैं स्वयं छावनी जाकर ब्रिगेडियर से यहाँ की आवश्यकता के संबंध में निवेदन करता हूँ। यदि वे मान गए, तो ठीक ही है, अन्यथा उनकी आज्ञा पालन किया जाएगा। इतना कहकर वे सवार हो गए। तोपें पहले ही वापस आ चुकी थीं। डिप्टी कलक्टर ने उनसे कहा कि अब तुम हमारे साथ चलो और चूँकि बहुत-सी मेंमें भी मौजूद थीं और वह गाड़ी भी अब तक न आई थी, जिसके लिए हुक्म दिया गया था; इसलिए तोपखाने की एक पेटी खाली कराकर उसमें सबको सवार करा दिया गया और वे छावनी की ओर रवाना कर दी गईं।

अब डिप्टी साहब को गए हुए देर हो गई थी; इसलिए मेजर ऐबट ने अब और अधिक प्रतीक्षा करना उचित न समझा। उनकी इस धारणा का समर्थन एक हवलदार ने भी किया और उन्हें बतलाया कि उसने छावनी की ओर बंदूकों की आवाज़ सुनी है; अतएव अब यहाँ अधिक विलंब करना कदापि उचित नहीं है;

अतएव मेजर साहब ने फौज की तैयारी की हुक्म दिया और चल दिए। लगभग दरवाज़े से 100 कदम बाहर हुए होंगे कि 39 नंबर की रेजिमेंट के सिपाही दरवाज़े के भीतर घुस गए और दरवाज़ा बंद कर लिया। वहीं बदमाश सिपाहियों ने उन अफ़सरों पर, जो अबतक बाहर न निकल सके थे, गोलियाँ बरसानी शुरू कर दीं। इस दगा तथा विश्वासघात के फलस्वरूप 74 नंबर वाली रेजिमेंट के कप्तान कारविन सबसे पहले मारे गए। एक सिपाही ने पीछे से गोली मारी और वे तुरंत ही मर गए। उनके बाद लेफ़्टिनेंट रूबली इस रेजिमेंट-द्वारा सख्त घायल हुए; पर उन्होंने मरते-मरते अपनी दो नली बंदूके उपद्रवकारियों पर चला दी, जिससे दो-एक उपद्रवी मारे गए। 74 नंबर रेजिमेंट के इनसाईन रोलें ने जब यह हाल देखा, तो वहाँ से भागे और दीवार फाँद कर ख़ंदक में कूद पड़े और दूसरी पटरी पर चढ्कर जंगल के रास्ते से छावनी को रवाना हो गए। साहब बहादुर को रास्ते में मेजर पिटसन मिले, जो 74 नंबर वाली रेजिमेंट के साथ दरवाजे से बाहर निकल गए थे। ये दोनों साहब 6 बजे के लगभग छावनी में पहुँचे। मेजर ऐबट ने बंदूकों की आवाजें सुनीं, तो अपने सिपाहियों से पूछा कि यह क्या हो रहा है?

उन्होंने उत्तर दिया कि 38 नंबर की रेजिमेंट के सिपाही अपने अफ़सरों को मारते हैं। यह सुनकर मेजर साहब ने हुक्म दिया कि वापस चलकर ओहदेदारों की सहायता करो; पर किसी ने हुक्म न माना और मेजर साहब की सारी चापलूसी और शिकायतें व्यर्थ गईं। सिपाहियों ने कहा कि यही बहुत है कि हमने तुमको बचा लिया। हमसे वहाँ जाकर कुछ न होगा; बल्कि तुम्हें ही खो बैठेंगे। यह कहकर बहुत से सिपाही मेजर साहब के चारों ओर जमा हो गए और बलात् उन्हें छावनी के भीतर ढ़केल ले गए। पता चला कि सिपाहियों ने बड़ी बेदर्दी और बेरहमी के साथ अफ़सरों पर गोलियाँ बरसाईं। लेफ़्टिनेंट स्मिथ पहले तो मुश्किल से चार सिपाहियों के हाथों से बच गये थे; पर बाद में गुलजारसिंह नाम के सिपाही के हाथ से मारे गए। असल बात यह है कि तमाम सिपाहियों ने इस व्यक्ति का विशेष तौर से स्मिथ साहब का वध करने के लिए तैयार किया था। यह इसलिए कि इन साहब बहादुर ने इस सिपाही पर गफलत और अवज्ञा का दोष लगाकर उसका पद घटा दिया था। इनके अतिरिक्त लेफ्टिनेंट इस्बोरी भी घायल हुए थे और फ़ोर्ट साहब की मेम के कंधे पर गोली लगी थी। शेष जितने पदाधिकारी तथा मेंमें थीं, वे सब दीवार पर चढ़ गई थीं, इसलिए उपद्रवकारियों ने गोलियाँ चलाना बंद कर दिया था। जब वे ख़जाना लूटने के अभिप्राय से रवाना हो गए थे; पर चलते-चलते जितनी तोपें थीं, सब का मुँह बेकस लोगों की ओर करके दाग दिया गया; परंतु परमात्मा की कृपा से किसी को हानि अथवा क्षति नहीं पहुँची, यद्यपि केवल चालीस गज़ की दूरी थी। जब इन ग़रीबों को दम लेने का अवकाश मिला, तो ये सब ख़ंदक में उतरकर और पार जाकर मेटकॉफ़ साहब की कोठी पर पहुँचे। वहाँ सौभाग्य

से खाना तैयार था। बेचारे दिन भर के उपवास से निढ़ाल हो गए थे, बैठकर खाना खाया। यद्यपि पेटभर कर भोजन नसीब न हुआ था तथापि अन्य पदाधिकारियों की अपेक्षा अच्छे रहे, जिन्हें सुबह से नतो कुछ मिला था और न आगे मिलने की आशा ही थी।

मेजर ऐबट शामके करीब अपने रेजिमेंट के क्वार्टर में गए। वहाँ उनके सिपाहियों ने आपस के परामर्श-द्वारा ही निश्चय किया कि यदि आप यहाँ से किसी अन्य स्थान में चले जाएँ, तो अच्छा होगा और उन्होंने नम्रता-पूर्वक कहा कि आप यहाँ से इसलिए चले जाएँ, कि यदि 38 नंबर की रेजिमेंट के सिपाहियों ने सुन लिया अथवा देख लिया कि आप यहाँ छिपे हुए हैं, तो अवश्य वे आपको मार डालेंगे और हमसे कुछ न हो सकेगा और हम आपकी रक्षा न कर सकेंगे। यह कहकर कुछ सिपाही घोड़ा लाने के लिए छावनी गए। इस बीच में बहुत-सी गाड़ियाँ और बग्घियाँ करनाल की ओर जाती और भागती हुई दिखाई पड़ीं। यह देखकर सिपाहियों ने कहा कि वह देखो,बहुत से अफ़सर और मेमें करनाल जा रही हैं। आप भी उन्हीं के साथ चले जाइए; पर इतना सब होते हुए भी उसने बहुत गिड़गिड़ा कर रोकने के लिए कहा; पर शायद वह इस विचार से नहीं रहे कि कहीं उपद्रवी बहाने बाजी से न ठहरा रहे हों—न ठहरे।

इस बीच में कप्तान हाकी घोड़े पर सवार आगे और मेजर साहब को अपने पीछे सवार कराके ले चले और उन दोनों तोपों तक पहुँचा दिया, जो करनाल की ओर जा रही थीं; अतएव पहिए पर मेजर साहब बैठ गए। इनसाईन लाइन साहब चार मील तक गए; पर वहाँ से आगे न जा सके; क्योंकि दराबियों ने जाने से इंकार कर दिया और उन दोनों अंग्रेजों को रास्ते में उतार दिया। सौभाग्य से कप्तान डबलीस गाड़ी पर वहाँ पहुँच गए और दोनों साहबों को अपने साथ बैठा कर चल पड़े।

देहली से जितनी गाड़ियाँ और बग्घियाँ चुरा-छिपा कर और जान बचाकर भाग निकली थीं, जिनमें अंग्रेज़ अफ़सर और उनके बाल-बच्चे थे, सब करनाल पहुँच गए। रास्ते में देहली से चालीस मील की दूरी पर, वे केवल एक स्थान पर ठहरे थे। यहाँ चूँकि डाक बंगला था; इसलिए खाना खाने के लिए उतर पड़े थे। सारांश यह कि ये लोग सकुशल करनाल पहुँच गये; पर कप्तान न्यूट और उनके साथ जो भाग निकले थे वे बेचारे अवश्य मैदान में निराश होकर ठोकरें खा रहे थे। अंत में तीसरी नंबर का रिसाला लेफ़्टिनेंट मेंकेंजी के अधीन उधर आ निकला और उसने इन्हें अपनी संरक्षता में ले लिया। इस भटकने वाले जत्थे में कर्नल न्यूट, लेफ़्टिनेंट प्रोक्टर, लेफ़्टिनेंट मेकर 38 नंबर रेजिमेंट के तथा लेफ़्टिनेंट विल्सन तोपखाने के और लेफ़्निेंट सालफिल्ड इंजीनियर, लेफ़्टिनेंट डालमार्ट नंबर 54 रेजिमेंट के, लेफ़्टिनेंट जे. फ़ोर्ट मैगज़ीनवाले अपनी मेम तथा तीन लड़कियों सहित तथा

फ्रेजर साहब की मेम शामिल थीं। ये सब लोग कोहनताली नामक एक व्यक्ति के बड़े कृतज्ञ हैं, जो हरचंदपुर में रहते हैं और डेविस साहब के संबंधी हैं, जिनको समरू की बेगम (?) ने अपना लड़का बना लिया था। कोहन साहब ने इन सब लोगों को बड़े आवभगत से अपनी संरक्षता में रखा था।

12 मई को 2 बजे के करीब निम्नलिखित सज्जन बागपत पहुँचे। जहाँ इस कसबे के नंबरदार ने इन सब लोगों की बेहद मेहमानदारी की। इनके अतिरिक्त भी जो अंगरेज इधर आ निकला, उसकी मेहमानदारी में भी उसने कोई कसर उठा नहीं रखी। बागपत में इन लोगों ने खाना खाया और मेरठ की ओर चल पड़े और सूर्यास्त से पहले मेरठ पहुँच गए। इस जत्थे में ये सज्जन थे—अपनी मेम सहित कप्तान विल्सन, हॉकी तथा इनसाइन, 74 नंबर की रेजिमेंट के हिंदुस्तानी कप्तान, अपनी स्त्री सहित डीटिस्टर, मिस हेजिन्स, अपनी माता सहित कस्टम के कलक्टर मरनी साहब तथा अपनी बीबी-बच्चों सहित हेली साहब।

एक और जत्था, जिसमें लेफ़्टिनेंट डोज़वेल एडजिकन तथा एक्ल्यू साहब सहित रेज़ साहब तथा लेफ़्टिनेंट डियूली थे। इनका कहीं पता-निशान न चला। ऐसा अनुमान है कि देहातियों के साथ मारे गए।

लेफ़्टिनेंट डियूली, लेफ़्टिनेंट फ़ॉरेस्ट और लेफ़्टिनेंट रेज़ तथा अन्य अंगरेज़ों ने मैगज़ीन को सुरक्षित रखने में बहुत वीरता-पूर्वक प्रयत्न किया; पर चूँकि कुछ लोग मैगज़ीन के भीतर थे, और वह भी सख्त दगाबाज थे तथा बाहर उपद्रवकारियों का बड़ा भारी जमाव हो गया था; अतएव उसकी रक्षा संभव न थी; इसलिए मैगज़ीन में आंग लगाकर उसे उड़ा दिया गया। इस भगदड़ में कुछ अंगरेज़ भाग निकले थे। इन्हें लेकर एक लेफ़्टिनेंट फॉरेस्ट साहब थे और इनके ही पत्र से मैगज़ीन की संरक्षता का विस्तृत विवरण प्राप्त हो सका, जिसका उल्लेख नीचे किया जाता है।

मैगज़ीन उड़ने की कहानी

11 मई को प्रातःकाल 7 और 8 बजे के बीच सर पी. ओफल्स मेटकॉफ साहब मेरे मकान पर आये और कहा कि मैगज़ीन में चलकर दोनों तोपें निकलवा कर पुल पर भेज दो, ताकि उपद्रवकारी दरिया को पार न कर सकें। मैं इनके साथ मैगज़ीन में आया। यहाँ लेफ़्टिनेंट डियूली, कंडक्टर एकले सहित लेफ़्टिनेंट रेज़, शाबकली साहब एक्टिंग सब कंडक्टर क्रू, सारजेंट एडवर्ड और अपने हिंदुस्तानी मातहतों सहित स्टुअर्ट साहब मौजूद थे। सर पी. ओफल्स अपनी गाड़ी से उतरे और मैं तथा लेफ़्टिनेंट देवली साहब इनके साथ बुर्ज पर गए, जो नदी की ओर था। यहाँ से पुल साफ़ दिखाई पड़ता था। वहाँ पहुँचकर देखा, तो उपद्रवकारी पुल पार कर रहे थे।

यह हाल देखकर सर पी. ओफल्स, मेटकॉफ साहब लेफ़्टिनेंट डियूली स.हब को साथ लेकर शहरपनाह (प्रवेश-द्वार) का दरवाज़ा देखने गए कि वह बंद कर दिया गया है या नहीं; पर पुल-दरवाज़े खुले हुए थे और उपद्रवकारी विशेष प्रसन्नता-पूर्वक किले के दरवाज़ों में प्रवेश कर रहे थे और शाही मकानात तक पहुँच गए थे। जब लेफ़्टिनेंट डियूली वापस आए, तो उन्होंने मैगज़ीन के दरवाज़े बंद कर उनमें सलाखें लगवा दीं। दरवाज़े के अन्दर छः पेनी की दोनों तोपों को खूब भरवाकर एक्टिंग सब-कंडक्टर साहब और सार्जन्ट स्टुअर्ट के अधीन कर दी गईं और इन लोगों को बत्तियाँ देकर यह हुक्म दे दिया गया कि यदि उपद्रवकारी दरवाज़े के भीतर प्रवेश करें, तो दोनों तोपें दाग दी जाएँ। मैगज़ीन के बड़े दरवाज़े पर भी इसी तरह दो तोपें नियुक्त कर दी गईं और दरवाज़े के भीतर गोखरू बिछा दिए गए। और भी मजबूती की दृष्टि से दो अन्य तोपें इस तरह लगा दी गईं कि इनका गोला दरवाज़े और बुर्ज तक पहुँचता था; इसके अतिरिक्त दरवाज़ा और गोदाम (दफ्तर समान) क बीच रास्ता था, इन दोनों रास्तों पर तीन-तीन छः पेनी और चौबीस पेनी का गुब्बारा इस तरह गाड़ दिया गया कि जिधर चाहें घुमाकर इर्द-गिर्द के मकानों की रक्षा कर सकें। जब गुब्बारा और तोपें लगा दी गईं, तो इन सब में दुधारे छुरे भरवा दिए गए। सारांश यह कि रक्षा का जहाँ तक प्रबंध संभव था, करके हिंदुस्तानी कार्य-कर्ताओं को हथियार बँटने लगे; पर इन लोगों ने इन्हें बहुत असंतुष्ट भाव से ग्रहण किया। इन लोगों के चेहरों पर किसी प्रकार की घबराहट नहीं पाई जाती थी। इसके बाद कंडक्टर एकलो और सार्जन्ट स्टुअर्ट ने एक पलीते में आग लगाई। उनको यह आदेश था कि जब लेफ्टिनेंट डियूली की आज्ञा से कंडक्टर एकलो अपनी टोपी सिर से उठावें, उसी समय पलीते मेंआग दे दो; अतएव साहब बहादुर ने यह शिताबा उड़ाया; मगर उस समय जब कि गुब्बारे का एक-एक गोला चुल चुका था। इतनी ही देरी में किले से गारद आया और देहली के सम्राट् के नाम पर मैंगज़ीन का अधिकार माँगा; पर इसका इधर से कोई उत्तर न दिया गया। इसके बाद मैगज़ीन की गारद के सूबेदार लेफ़्टिनेंट दियूली साहब को इस बात की सूचना दी गई कि देहली-सम्राट् ने उपद्रवकारियों को कहला भेजा है कि हम सीढ़ी भेजते हैं, ताकि तुम लोग मैगज़ीन की दीवारों पर चढ़ जाओ; अतएव थोड़ी ही देर में सीढ़ी आ गई और उसे लगाकर कुछ हिंदुस्तानी अमले दीवारों पर चढञ्कर बाहर उतर गए। उपद्रवकारियों का भी एक विशाल झुंड पहुँच गया। हमारे पास जब तक गोला-बारूद रहा, हम खूब मुकाबला करते रहे; अतएव उपद्रवकारियों को इससे बड़ी हानि पहुँची; पर चूँकि उनकी संख्या अपार थी और रंजक के ताज दान विश्वासघाती सिपाही पहले ही से छिपाकर रख गए थे; इसलिए बाध्य होकर हमेंमैगज़ीन उड़ा देना पड़ा।

हिंदुस्तानी सैनिकों में से रहीमबख्श नामी एक व्यक्ति उपद्रवकारियों के षड्यंत्र

में मिला हुआ था, वह मैगज़ीन के दरवाज़ों का दर्बान था और भीतर का सब हाल बाहर उपद्रवकारियों से कह देता था। यह बार-बार अंदर आता-जाता था और सब हाल कह देता था। लेफ़्टिनेंट दियूली इस व्यक्ति की अनुचित कार्यवाहियों से इतने अधिक खीज गए थे कि उन्होंने बाध्य होकर यह आज्ञा दे दी थी कि यदि यह व्यक्ति फिर बाहर जाए, तो इसे गोली से मार दो।

लेफ़्टिनेंट रेज़ ने दूसरे अंगरेज़ों के सहयोग से मैगज़ीन की रक्षा के लिए जो भी उपाए संभव था किया। कंडक्टर निकल ने जितनी तोपें मौजूद थीं, सब को कम-से-कम चार बार दाग़ा। उन्होंने इतनी वीरता तथा दूरदर्शिता से अपना कर्त्तव्य पालन किया, मानों वे परेड पर काम कर रहे हों; यद्यपि उपद्रवकारी, जो 40 या 50 गज़ की दूरी पर थे, हर तरफ से गोलियों की वर्षा कर रहे थे। जब गोला-बारूद समाप्त हो गया, उस समय कंडक्टर साहब की कोहनी से ज़रा ऊपर एक गोली आकर लगी, जो बाद में निकाल ली गई। इसके बाद दो गोलियाँ मुझे भी लगीं। इस युद्ध और उपद्रव के बाद लेफ़्टिनेंट डियूली ने मैगज़ीन को उड़ा देने का हुक्म दिया। इसका पालनकंडक्टर निकिल ने तुरंत किया। तमाम पलीतों में आग लगा दी गई। यद्यपि कोई ऐसा न बचा था, जिसकी कुछ-न-कुछ क्षति न हुई हो; पर जान से बच गए और उन रास्तों से, जो मैगज़ीन के उड़ने से उसकी दीवारों में बन गए थे, वे दरिया की ओर बाहर आ गए। लेफ़्टिनेंट डियूली और मैं जीवित काश्मीरी दरवाज़े तक पहुँच गये। मैं नहीं कह सकता कि औरों के साथ क्या हुआ? लेफ़्टिनेंट रेज़ और कंडक्टर निकल सलामत बच गए। सार्जेन्ट मवेल मैगज़ीन के रक्षार्थ आ रहे थे कि उपद्रवकारियों ने उन्हेंरास्ते ही में मार डाला। इस दुर्घटना के संबंध में 54 नंबर की रेजिमेंट के एक अन्य अफ़सर की चिट्ठी नीचे दी जाती है।

दूसरी चिट्ठी

11 मई शनिवार के दिन देहली की समस्त सेना को परेड करने और तीसरे रिसाले के कोर्ट मार्शल का निर्णय सुनने की आज्ञा प्रदान की गई; अतएव सारी सेना परेड पर एकत्र हुई। सब परेड करने के बाद सदा की भाँति अपनी-अपनी छावनी में चले गये। करीब 9 बजे के कर्नल रेली वापस आये, ताकि अपनी रेजिमेंट और दो तोपें नदी के पुल पर ले जाएँ और तीसरे रिसाले के उपद्रवकारियों को दरिया पार करने से रोकें; अतएव गोरों की समस्त रेजिमेंट आज्ञा पाते ही तुरंत बाहर आई और दस मिनट में तैयार होकर सहर्ष रवाना हो गई। जब मैं परेड पर पहुँचा, तो कर्नल साहब ने मुझे हुक्म दिया कि अपनी कंपनी को सशस्त्र लेकर तोपखाने में जाकर दोनों तोपों के साथ रहो, जो रवाना होने वाली हैं। चूँकि कप्तान डिटिस्टर

का बंगला रास्ते में था; इसलिए मैं उनके पास गया और उनसे तोपों की रवानगी के संबंध में पूछ-ताछ की। साहब बहादुर ने कहा कि अभी तैयार होती हैं। तुम सदर बाज़ार में उनकी प्रतीक्षा करो, दोनों तोपें वहीं पहुँचेंगी। मैं इनकी आज्ञानुसार सदर बाज़ार में जाकर ठहर गया। मुझे वहाँ पहुँचे आधे घंटे के क़रीब गुज़र गया; पर तोपों का अभी तक कहीं पता न लगा। बाध्य तथा हताश होकर मैंने लेफ़्टिनेंट वाईमार्ट से कहा कि आप जाकर पूछें कि आख़िर तोपोंके आने में इतनी देर क्यों हुई और मैं अपनी कंपनियाँ लेकर शहर की ओर जाता हूँ, ताकि समय व्यर्थ नष्ट न हो। लेफ़्टिनेंट वाईमार्ट जिस समय पहुँचे, उस समय तोपें बाहर आ रही थीं और मेरे पास उस समय पहुँची, जब मैं अपना रास्ता आधे से अधिक तय कर चुका था। जब मैं गारद से 100 गज़ के समीप पहुँचा, तो 74वीं रेजिमेंट के कप्तान विलसन मेरे पास आए और मुझसे बोले कि शीघ्र चलो; क्योंकि उपद्रवकारी वहाँ पहुँच गए थे और इन अभागों ने 74वीं रेजिमेंट के कुल अफ़सरों को मार डाला था। यह सुनकर मैंने हुक्म दिया, कि दोनों तोपें और सब बंदूकें भर ली जाएँ। इसी बीच में मैंने देखा, कि कर्नल साहब बुरी तरहघायल होकर मेजर साहब की संरक्षता में एक पालकी पर पड़े चले आ रहे हैं। चूँकि मेरी दोनों कंपनियों ने बंदूकें भर ली थीं; इसलिए मैं इनको लेकर उपद्रवकारियों की तलाश में निकला और गारद में आया; पर इस समय वहाँ कोई उपद्रवी न था और न मेरे पहुँचने के पहले वहाँ 54वीं रेजिमेंट की छठी कंपनी का कोई सिपाही ही था। यह हाल देखकर मैंने दोनों तोपें शहर के दरवाज़े पर लगा दीं और जगह-जगह पहरे खड़े कर दिए। इस स्थान पर मैं यह भी बतला देना आवश्यक समझता हूँ कि कप्तान विल्सन ने मुझसे कहा था कि जो गारद पहरे में था, जिसमें 50 सिपाही 38वीं रेजीमेंट के थे, 6 गज की दूरी पर खड़े कर्नल रेली के घायल होने का दृश्य देखते रहे; पर किसी ने भी सहायता न की! यद्यपि कप्तान विल्सन ने बहुत-कुछ कहा-सुना; पर वे टस-से-मस न हुए। स्वयं कर्नल रेली का कहना है कि मुझे मेरीही रेजिमेंट के सिपाही ने संगीन से घायल किया है। डॉक्टर स्टुअर्ट का कहना है, कि मैंने साहब बहादुर को बाग़ी सिपाहियों की खुशामदें करते और हाथ चूमते देखा था; इस पर भी इन दगाबाजों ने उपद्रवकारियों को रोकने का, न तो कोई प्रयत्न ही किया और अफ़सरों को मारे जाने से बचाया।

सारांश यह कि जब कोई उपद्रवकारी दिखाई न पड़ा, तो हमने अफ़सरों की लाशों को ढूँढ़ना शुरू किया। हमने उनकी लाशें यत्र-तत्र मैदानों में गिरजाघर के समीप तथा उसके निकटवर्ती मकानों में पाईं और इन सारे शवों को गारद वाले मकान के चौक में एकत्र किया। तलाश करने से जिन अफ़सरों की लाशें हमें मिलीं उनके नाम ये हैं–

कप्तान स्मिथ, कप्तान रूस, लेफ़्टिनेंट एडवर्ड, वायरफ़ील्ड साहब, डॉक्टर

दोजंग और लेफ़्टिनेंट इस्बोर्न तथा इनसाईन इन्जलू साहब भाग गए थे। बाद में हमारे पास सही-सलामत आ गए। इनमें से लेफ़्टिनेंट बटलर के सिर पर एक सख्त ज़ख्म लगा था। इनके थिनानुसार उन्हें शहर वालों ने मारा था। अब शहर वालों ने गिरजाघर और अंगरेज़ों की कोठियों को खूब लूटना शुरू किया। मेंमें बड़ी कठिनाई से गारद तक जीवित पहुँचीं; पर इतना कुछ होते हुए भी इस समय शहर में पूर्ण शांति विराज रही थी। इसके बाद मैगज़ीन की तरफ तोपों के चलने की आवाज़ सुनाई दी। मैंयह बतलाना भूल गया, कि दोपहर के बाद 74 नंबर की रेजिमेंट मेजर ऐबट के अधीन आ चुकी थी। उसके एक घंटे के बाद मैगज़ीन के उड़ने की आवाज़ आई; परंतु हमें इस बात का पता नचला कि आखिर मैगज़ीन को किसने उड़ाया और वह क्योंकर उड़ी? थोड़ी देरी के बाद लेफ़्टिनेंट डियूली ने, जो मैगज़ीन से भागकर हमारे पास आए थे, सब हाल सुनाया। उन्होंने कहा कि मैंने तथा सार्जेन्टों ने यथाशक्ति उसकी रक्षा की और जब तक उसका बचाना संभव था, तब तक मैंने उसे नहीं उड़ाया; लेकिन जब देहली सम्राट की भेजी हुई जंगी सीढ़ियाँ आ गईं और उपद्रवकारी भीतर तक पहुँच गए और खलासी आदि भी हमसे विमुख होकर उपद्रवकारियों से मिल गये, तो बाध्य होकर हमने उसे उड़ा दिया। हम नहीं जानते कि इसमें कितने आदमी मरे; पर मैं बड़ी कठिनाइयों से भाग निकला हूँ। साहब बहादुर के चेहरे से प्रकट होता था कि यदि भगवान की कृपा इनकी सहायक न होती, तो इनका जीवित रहना संभव न था; क्योंकि बारूद की चोटों से इनका चेहरा काला हो गया था।

इस रोज़ सारे दिन ब्रिगेडियर साहब का कोई हुक्म हमारे पास न आया, यद्यपि हमने कई बार उनके पास आदमी भेजा कि हमें कोई आज्ञा दें; पर साहब बहादुर तथा ब्रिगेडियर मेजर एक बार इधर इतना भी देखने न आए कि आखिर यहाँ क्या हो रहा है, यद्यपि इनका यहाँ आना बहुत ज़रूरी था। यह ज़रूर था कि साहब बहादुर ने दो तोपें हमारी मदद को भेज दी थीं; पर फिर वापस मँगवा लीं। 38वीं रेजीमेंट के डॉक्टर को किसी तोपखाने के एक सिपाही ने सख्त घायल कर डाला। इनके चेहरे पर भीषण घाव थे। डॉक्टर साहब इलाज के लिए गारद में आए थे और अब वापस जा रहे थे कि रास्ते में उन्हें फिर ज़ख्मी कर दिया गया। शाम के 5 बजे के करीब इस आशय का एक आज्ञा-पत्र आया कि एक रेजिमेंट नंबर 74 की, जो मेजर ऐबट के अधीन थी, पहाड़ी पर जहाँ 38 नंबर की रेजिमेंट पहले से ही तैयार खडत्रे है, तुरंत आ जाए। सैनिक तैयार होकर कूच की प्रतीक्षा में खड़े थे कि यकायक 38 नंबर के रेजिमेंट के कुछ सिपाहियों ने अफ़सरों पर गोलियाँ चलाना आरंभ कर दिया, जो चौक में खड़े थे। दैवयोग से मैं काश्मीरी दरवाज़े के समीप था। मैंने देखा कि एक अफ़सर घायल होकर ज़मीन पर गिरा; इतने में मेरी रेजिमेंट के एक सिपाही ने मेरे कंधे पर हाथ रखकर और जोर से धक्का

देकर मुझे बाहर निकाल दिया और बोला कि यदि एक क्षण भी तुम यहाँ ठहरोगे, तो मार दिये जाओगे। जैसे ही मैं बाहर आया कि 74 नंबर की रेजिमेंट का एक सिपाही मेरे साथ हो गया। हमने सिपाही को साथ लेकर रास्ता छोड़कर, दूसरे रास्ते से पहाड़ी के बुर्जकी राह ली और वहाँ पहुँच कर ब्रिगेडियर साहब और दूसरे अंग्रेजों से सब हाल बतलाया। यहाँ छावनी में बहुत-सी मेंमें तथा अन्य पदाधिकारी उपस्थित थे, यह समाचार सुनकर सबके भागने का निश्चय हुआ।उस समय लोगों की परेशानियों का दृश्य, मनुष्यों की भीड़ तथा पालकी और गाड़ियों की भरमार देखने योग्य थी। ये सब करनाल की तरफ रवाना हुए। पर जब उस स्थान पर पहुँचे, जहाँ से एक रास्ता मेरठ की ओर जाता था, तो कुछ सवारियाँ मेरठ की ओर रवाना हो गईं। मुझे इससे पूर्व यह बतला देना चाहिए कि लगभग 11 बजे के 54 नंबर की रेजिमेंट की लाइट कंपनी का एक सिपाही मेरे पास आया और उसने कहा कि उसे रेजिमेंट वालों ने इसलिए मेरे पास भेजा है, कि जहाँ के लिए मैं आज्ञा दूँ वहाँ जाएँ। मुझे यह सुनकर आश्चर्य हुआ और मैंने पूछा कि आखिर रेजिमेंट कहाँ है? उसने कहा कि वह सब्जीमंडी में है। मैंने उससे पूछा कि रेजिमेंट किसलिए और क्यों वहाँ गई? उसने उत्तर दिया कि जिस समय उपद्रवकारियों ने अफ़सरों पर आक्रमण किया, तो कुल सिपाही चिंतित होकर भाग गए और अब सारे शहर में धूमधाम कर सब्जीमंडी में एकत्र हुए हैं। यह सुनकर मैंने हुक्म दिया कि सब मेरे पास चले आवें; अतएव मैं गया; और सब सिपाही, निशान तथा झंडे आदि लेकर आ गए।

इसके पश्चात् हवलदार मेजर ने आकर कहा कि हम लोग तीसरे नंबर के रिसाले के सवारों के साथ थे और उन लोगों को साथ देने के लिए बहुत प्रोत्साहित किया; पर सिपाहियों ने इंकार कर दिया। यहाँ तक तो मैंने आँखों देखी ही घटनाओं का वर्णन किया है, इसके बाद गारद में आने पर जो बातें प्रकट हुईं, उनका उद्धरण एक सज्जन की चिट्ठी से किया जाता है. जो वहाँ उपस्थित थे और जो दूसरे अंग्रेजों के साथ भागे थे।

38 नंबर की रेजिमेंट के सिपाहियों ने जब अपने ही अफ़सरों पर गोलियाँ बरसानी शुरू कीं, तो तमाम अफ़सरों ने एक मोरी के रास्ते से, जो कमरे के भीतर थी, भाग कर अपनी रक्षा की; पर जब तक भागें तबतक तीन अफ़सर; अर्थात्–कप्तान गार्डन और लेफ़्टिनेंट स्मिथ तथा लेफ़्टिनेंट रैलोंबिली मारे गये। लेफ़्टिनेंट स्वोर्न की टाँग में एक गोली आकर लगी; पर किसी तरह साहब बहादुर निश्चित स्थान पर पहुँच गए और घाव की मरहम-पट्टी करने के बाद वे खंदक में कूद पड़े और उसकी तह तक पहुँच गए। दूसरे अंग्रेज भी कूदने के लिए तैयार थे कि स्त्रियों तथा बच्चों की करुणापूर्ण चीत्कार उन्हें सुनाई दी। ये सब मेंमें गारद के कमरे के भीतर मौजूद थीं। यद्यपि गोलियों की वर्षा हो रही थी, तथापि

ये लोग भीतर वापस गए और सब स्त्रियों को अपने रुमालों के सहारे, जिन्हें एक दूसरे में बाँधकर रस्सी का काम लिया गया था, खंदक मेंनीचे उतार लिया और स्वयं भी नीचे उतर गए। इसकी दूसरी ओर की दीवार पर चढ़कर उन्हीं रुमालों के सहारे फिर सब औरतों को खींच लिया और वहाँ से उन लोगों ने नदी की ओर प्रस्थान किया; पर प्रत्येक क्षण उन्हें इस बात का भय था कि कहीं उपद्रवकारी न पहुँच जाएँ और उन्हें मार डालें। पर, मरमात्मा की कृपा से उपद्रवकारियों ने इनका पीछा नहीं किया और सबसे आश्चर्य-जनक बात तो यह है कि उन्होंने उस समय भी इन पर गोलियाँ नहीं चलाईं, जब ये सब स्त्री-पुरुष खंदक में उतर रहे थे। यद्यपि इनके उतरने-चढ़ने में आधे घंटा अवश्य लगा होगा। सारांश यह कि ये सब अंग्रेज और उनकी स्त्रियाँ दरिया के पार पहुँची और वहाँ से बहुत ही असहाय-पूर्ण अवस्था में और कई उपवास के बाद ये लोग एक देहात में पहुँचे, जो देहली से 12 मील पर स्थित है। यहाँ के नंबरदार ने इन लोगों को इस बात का वचन दिया था कि वह एक पत्र मेरठ रवाना कर देगा; अतएव मेरठ सेतीसरे दिन कुछ फौज़ आई और वह इस असहाय जत्थे को अपनी संरक्षता में मेरठ ले गई। लेफ़्टिनेंट सेलरऔर इनसाईन इंजलो साहब भी भागे थे अवश्य; पर वे किसी गाँव में मार डाले गए।

अंग्रेज़ों को कत्ल करने तथा लूटने के बाद उपद्रवकारियों ने एक शाहज़ादे को तख्त पर बैठाया और अपना चौकी-पहरा सब दरवाजों पर बैठा दिया। किले के चारों ओर तोपें चढ़ा दी गईं। खज़ाना भी किले ही में रखा गया; क्योंकि उपद्रवकारियों का विचार था कि यदि अंग्रेज़ हम पर आक्रमण करेंगे, तो हम इस स्थान को अंत तक न छोड़ेंगे।

उपद्रवकारियों ने केवल अंग्रेज़ों पर ही अत्याचार नहीं किए; बल्कि शहर वालों को भी इसका वह शिकार बनना पड़ा कि जिससे परमात्मा बचावें। उपद्रवकारी यह बात अच्दी तरह जानते थे, कि देहली वैभवपूर्ण नगरी है; अतएव उन्होंने उसे जी खोलकर लूटा। एक हिंदुस्तानी, जो इस बीच में; अर्थात्–31 मई से 23 जून तक देहली में था, इस लूट-ख़सोट के संबंध में बयान करता है कि उपद्रवकारियों ने नागरिकों के पास एक घोड़ा तक नहीं छोड़ा–सब कुछ छीन ले गए। प्रायः दुकानदारों को केवल इस अपराध के लिए जान से मार डाला गया कि वे अपनी चीज़ों का उपयुक्त मूल्य माँगते थे। वयोवृद्ध व्यक्तियों का अपमान किया जाता था। नदी के पुल पर जो गारद तैनात थी, उसने प्रत्येक मुसाफ़िर को लूट लिया। जिस दिन से शहर में प्रवेश किया और जब तक वहाँ रहा, मैंने कभी पूरा बाज़ार खुला हुआ नहीं देखा। केवल दो-चार बनियों आदि की दूकानें मामूली सामानों के साथ खुला करती थीं। शहर में रहने वाले और दूकानदार खेद प्रकट करते थे। सर्वसाधारण की स्थिति उपवासों तक पहुँच गई थी। विधवा स्त्रियाँ घरों में बैठकर आँसू बहाया

करती थीं और प्रातःकाल से सायंकाल तक उपद्रवकारियों को कोसा करती थीं। अंग्रेजों के नामी तथा प्रसिद्ध नौकरों ने घर से बाहर निकलना तक बंद कर दिया था।

उपद्रवकारियों को जहाँ कहीं भी नगद रुपया दिखाई पड़ता, वह तुरंत उसे लूट लेते थे। यह सब रुपये अभी तक सिपाहियों के अधिकार में थे और खजाने में एक कौड़ी तक दाखिल नहीं हुई थी। कुछ रेजिमेंटों के पास इतना अधिक रुपया जमा हो गया था कि वह कठिनता पूर्वक चल फिर सकती थी; अतएव बोझ के कारण उन्होंने रुपयों को मोहरों में बदल लिया था। महाजनों ने मोहर का दर इतना बढ़ा दिया था कि जो मोहर सोलह रुपये के दर की थी, उसके 24,25 रुपये कर दिये। जिस प्रकार पहले सिपाहियों ने महाजनों को लूटा था, ठीक उसी प्रकार अब महाजन सिपाहियों को लूटने लगे—यहाँ तक लूटा कि सोने की मोहरों की जगह उन्होंने पीतल की मुहरें भिड़ा दीं। जिस फौजी दस्ते के सिपाहियों के हाथ कुछ भी लूट का माल नहीं लगा, वह अमीर सिपाहियों से डाह करते थे। अमीर सिपाही लड़ाई के मैदान में न जाते थे, इस बात को लेकर दरिद्र सिपाही उनको बहुत कुछ बुरा-भला कहते थे। मैंने तो यहाँ तक सुना कि अमीर और गरीब सिपाहियों में लोहा बजने वाला है।

एक रेजिमेंट अलीगढ़ से, 150 सवार मैनपुरी से, थोड़े से बिना हथियारों वाले सिपाही आगरे से, एक रेजिमेंट और दो सौ सवार हाँसी हिसार से, थोड़े से हथियार वाले सिपाही अम्बाला से, दो सौ सवार और दो कंपनी मथुरा से, छठवाँ रिसाला लाइट राबाद से मेरे सामने देहली में घुसे और उपद्रवकारियों में सम्मिलित हो गए।

मुरादनगर, रोहतक, अलीगढ़ हाँसी, मथुरा, गढ़ी, हरसर और तरसीला आदि स्थानों के सरकारी खजानों को उपद्रवकारियों ने लूट लिया और लूटा हुआ धन शाही खजाने में सम्मिलित कर दिया। बादशाह की ओर से प्रति पैदल चार आना और प्रति सवार एक रुपया दिया जाता था। मुझे यह नहीं मालूम कि सरकारी ख़ज़ाने से कितना रुपया आया; परंतु 17 जून को सरकारी ख़जाने में एक लाख उन्नीस हजार रुपया मौजूद था।

शहजादे शाही फौज के अफ़सर नियुक्त हुए थे। मुझे इन विलास-प्रिय लोगों पर दया आती थी। कभी-कभी इन बेचारों को ठीक दोपहर में शहर से बाहर जाना पड़ता था, तो बड़ी मुसीबत हो जाती थी। तोप और बंदूक की आवाज़ से इनका दिल धड़क उठता था और इस पर तुर्रा यह कि शासन के नियमों से बिल्कुल अनभिज्ञ थे। सिपाही उनकी अज्ञानता पर दिल खोल कर हँसते थे, बल्कि कभी-कभी तो उनकी मूर्खता-पूर्ण आज्ञाओं के कारण उनसे बद-ज़बानी भी कर बैठते थे। फौज के लिए बादशाह लड़ाई के मैदान में मिठाई इत्यादि भेजते थे, तो यार लोग उसको

लूट का माल समझ कर रास्ते ही में चट कर जाते थे। शाही फौज की बहादुरी भी सराहना के योग्य ही थी। वास्तव में वे लोग बड़े चतुर थे। जब उनका दिल चाहता कि लड़ाई के मैदान से वापस आ जाएँ, तो फटे-पुराने कपड़े पैरों पर ज़ख्म के बहाने बाँधकर, लंगड़ाते और हाय-हाय करते वापस आ जाते।

30 जून को रात्रि के समय हिंडन पुल पर उपद्रवकारियों के होश-हवास उड़ गये। बहुत से सिपाहियों ने अपनी तलवारें और बंदूकें कुएँ में डाल दी थीं और तितर-बितर होकर जंगलों और देहातों की ओर भाग गये थे; क्योंकि उनको विश्वास हो गया था कि अंगरेज़ी फ़ौज़ उनका पीछा करती चली आती है।

यदि उस दिन अंगरेज़ी फ़ौज आ जाती, तो दिल्ली पर उसी दिन कब्ज़ा हो जाता; इसलिए यह तितर-बितर लश्कर फिर दूसरे दिन शहर में वापस आया।

उनमें से बहुतेरे सिपाही लापता हो गये। रास्ते में गूजरों ने उनको खूब लूटा। इस प्रकार जब वह शहर में वापस हुए, तो उनके पास कौड़ी भी न थी।

बादशाह की आज्ञाओं का कभी-कभी ही पालन किया जाता था और शाहज़ादों को तो कोई यह भी न पूछता था कि तुम हो किस खेत की मूली। सिपाही बिल्कुल मनमानी करते थे। न बिगुल को ही मानते थे और न सेनानायकों की आज्ञाओं को और न सोंपा गया काम ही करते थे। फ़ौज की गिनती तो एक ओर, वे कभी वरदी तक न पहनते थे।

रईस, शाहज़ादे और बेगमें अपने विगत जीवन के सुखों पर शोक करते थे। शाहज़ादे फौज की भाषा न समझते थे और बिना द्वि-भाषिये के बात-चीत न कर सकते थे।

शेल के गोलों से शहर के मकान गिर गये थे। किले के दीवानख़ास में जो तख़्त संगमरमर का बिछा हुआ था, वह चूर-चूर हो गया।

देहली का अंगरेजी मदरसा पहले ही दिन लूट लिया गया और अंगरेज़ी किताबें गली कूचों में पड़ी हुई थीं। जो मनुष्य अंगरेज़ी बोलता था, सिपाही उसकी खूब मरम्मत करते थे और उसको कैद कर दिया करते थे।

मैगज़ीन 11 मई को फटा था, इसके कारण आस-पास के बहुत-से मकानों को नुक़सान पहुँचा था। लगभग 500 आदमी इसके कारण मर गये थे। घरों में इतनी गोलियाँ गिरी थीं कि बच्चों ने आध-आध सेर और कुछ ने तो सेर-सेर भर चुन ली थीं।

इसके पश्चात् उपद्रवकारियों और शहर के लोगों ने मैगज़ीन को खूब लूटा। जितना भी सामान—टोपी, बंदूक, तलवार, संगीन इत्यादि ले सके, उठाकर ले गये।

खलासियों ने अपने-अपने घरों को अच्छे-अच्छे हथियारों और सामान से खूब पाट लिया था और उसे रुपये के तीन सेर के हिसाब से तौल कर बेच डाला।

ताँबे की चादरें रुपए की तीन सेर बिकती थीं। बंदूकों का मूल्य

अधिक-से-अधिक ।।) को भी मँहगी समझी जाती थी औरसंगीन तो—)में भी मँहगी थी। तोज़दान (खाना खाने के बरतन) और परतले इतने अधिक थे कि उनके लूटने वालों को एक कौड़ी भी न मिली। उनको किसी ने खरीदा ही नहीं। मजनू के टीले की आधी बारूद तो गूजर और जाट लूट ले गये थे और आधी शहर में आ गई थी।

तीसरी कहानी

मैगज़ीन की रक्षा के संबंध में कंडक्टर यगली और दूसरे अंगरेज अफ़सरों का उल्लेख हो चुका है। नीचे की चिट्ठी से विदित होगा कि यगली साहब के ऊपर मैगज़ीन उड़ने और भागने के बाद क्या बीती।

यगली साहब ने मैगज़ीन से निकलते ही यह सराहनीय कार्य किया कि राबर्ट साहब की मेम और उनके चार साल के बच्चे को नदी पार कराया। इस कार्य में यह कठिनाई थी कि मैगज़ीन की लड़ाई में यगली साहब का हाथ बिल्कुल बेकाम हो गया था, और नदी पार करने के बाद उनके पाँच-छः चोटें और लगी थीं, क्योंकि जमुना पर उपद्रवकारियों ने उन्हें घेर लिया था और उनके सब कपड़े, सिवाय एक कमीज़ के, उतरवा लिए थे।

वह 12 दिन तक मारे-मारे फिरने के बाद लेफ्टिनेंट रेज़ और उनके बाल-बच्चों के साथ मेरठ पहुँचे। रेज़ साहब के चले जाने पर एक दिन बाद यगली साहब गये थे। रेज़ साहब से उनका मिलन ऐसी ही दशा में हुआ था, जबकि उपद्रवकारियों ने उनको घेर लिया था और जो कुछ उनके पास था, छीन लिया था। रेज़ साहब और उनकी मेम साहब मुझसे कहते थे कि यदि सम्वाददाता बहादुरी से इसकी सूचना उनको न देता, तो उनका मेरठ पहुँचना अत्यंत कठिन हो जाता। सम्वाददाता ने कई बार अपना सिर जमीन पर रख दिया। उपद्रवकारियों में से एक व्यक्ति ने अपना पैर उसकी गरदन पर रख दिया और चाहा कि उसका सिर काट डाले, तो उसने कहा कि मैं अपने सिर को इस उद्देश्य से न्यौछावर करता हूँ कि मेरी जान लेने के बाद तुम इन स्त्रियों को बेपरदा न करोगे। इस बात पर उपद्रवकारियों को दया आई और उन लोगों ने उसको छोड़ दिया। उसनें इससे भी अधिक बहादुरी का कार्य यह किया कि उसको केवल छः दिन अस्पताल रहते बीते थे कि उसको ज्ञात हुआ कि ब्रिगेडियर विलसन् साहब दिल्ली जा रहे हैं। यह समाचार पाते ही वह ब्रिगेडियर साहब के पास पहुँचा और उनसे प्रार्थना की कि मुझको भी साथ ले चलिए; परंतु अब तक जख्म हरे थे, इस कारण ब्रिगेडियर साहब ने उसकी प्रार्थना

अस्वीकार कर दी। यह होते हुए भी हमनेसुना कि वह केवल नौ दिन अस्पताल में रहा और दसवें दिन इस तोपखाने और लड़ाई के समान के साथ हो लिया, जो मेरठ की फ़ौज के लिए जा रहा था और हिंडन पुल पर पहुँच कर फौज के साथ दिल्ली की छावनी में पहुँच गया। और 17 जून तक फौज के साथ रहा। इस बीच में तीन बार उसको सन्निपात हुआ। दो बार रास्ते में और एक बार छाबनी में, जहाँ पर वह जरूरी कामों में व्यस्त था। 17 को वह मेरठ वापस किया गया; परंतु यह वापसी उसकी इच्छा के विपरीत थी। इन साहब ने 17 वर्ष तक केवल मैगज़ीन का कार्य किया और जो कुछ माल असबाब था, वह सब-का-सब बरबाद कर दिया। अधिक शोक इस बात का है कि उनकी मेम साहब और तीन बच्चे भी इसी विप्लव में काम आये।

चौथी कहानी

डॉक्टर एस. एच. हेबटसन साहब 20-25 दिन तक हिन्दुस्तानियों के बीच हैरान फिरते रहे और प्रत्येक प्रकार के कष्ट और अपमान उन्होंने इस बीच में सहन किये। तीन-चार बार तो ऐसा हुआ कि वह अपने आप को मृत्यु के निकट समझने लगे। यात्रा और भागने के समय जो-जो कष्ट और मुसीबतें उन्होंने सहीं, उनके संबंध में स्वयं उनका बयान नीचे दर्ज किया जाता है। आशा है, पाठक उसको ध्यानपूर्वक और शौक के साथ पढ़ेंगे—

'दिल्ली की पहाड़ी पर जो बुर्ज है, उसमें बहुत-सी मेंमें एकत्र हो गई थीं। जब डर के लक्षण देख पड़े, तो मैं ब्रिगेडियर ग्रिवसन साहब के पास गया और उनसे कहा कि यदि आपगोरी फौज की कुमक के लिए चिट्ठी लिखें, तो मैं उसको लेकर मेरठ जाऊँगा। यह सुनकर ब्रिगेडियर साहब ने तुरंत चिट्ठी लिखकर मुझको दी। मैं अपने बाल-बच्चों और अन्य मेंमों से मिलकर अपने बँगले पर आया और फकीरों की गुदड़ी पहनकर और हाथ-पाँव रंगकर शहरमें होता हुआ, नदी के पुल तक पहुँचा; परंतु दुर्भाग्य से पुल टूटा मिला। लाचार इस अभिप्राय से छावनी की ओर वापस आया कि मैगजीन के निकट जो रास्ता है उसकी ओर से नदी पार करना चाहिए; परंतु इसी बीच तीसरे रिसाले के सवार छावनी में पहुँच गये थे और जाट और गूजर टुकड़ी बनाकर छावनी के निकट के देहात को लूटने के लिए चले आ रहे थे। अंगरेज़ों के बंगलों मेंतो आग लगाई जा चुकी थी। यह हाल देखकर मैं मेरठ पहुँचने से निराश हो गया और परेड के मैदान से आगे बढ़ा। इसी बीच दो सिपाहियों ने मुझ पर गोली चलाई; परंतु मैं बच गया। मैं अभी उस बाग तक

ही पहुँचा था, जो शहर से समीप था कि शहर वालों ने मुझे बंदी कर लिया और मेरे सब कपड़े छीन लिए। मैं वहाँ से बिल्कुल नंगा इस विचार से करनाल की ओर रवाना हुआ कि शायद उन अंगरेज़ों में से, जो करनाल जा रहे हैं, रास्ते में कोई मिल जाए; परंतु मैं अभी केवल एक ही मील गया था कि दो सिपाही दीख पड़े, जो और अंगरेजों का पीछा कर रहे थे; परंतु कोई उनके हाथ न लगा था। वे मेरे पास आये और नंगी तलवारें दिखाकर कहने लगे कि तू फिरंगी है। मैं बहुत ही गिड़गिड़ा कर उनके सामने गिर पड़ा। चूँकि मैं इस्लाम धर्म और हिंदी भाषा जानता था; इसलिए मैंने पैग़म्बर मुहम्मद की प्रशंसा करनी आरंभ की और कहा कि यदि तुम्हारा विश्वास है कि इमाम मेहदी न्याय के लिए आयेंगे, तो तुम मुझ निरपराध व्यक्ति को न मारो। मैंने दूसरी धार्मिक और नैतिक बातें भी कहीं; मगर इतने पर भी एक ने तलवार का वार मुझ पर किया। मैं जमीन पर गिर पड़ने के कारण उसका वार बचा गया। चूँकि वे घोड़ों पर सवार थे इस कारण उनकी तलवारें मुझ तक न पहुँच सकीं। मेरी नम्रतापूर्ण बातों ने कुछ ऐसा असर किया कि उन्होंने मुझे यह कहकर कि यदि तू पैग़म्बरों के नाम पर प्रार्थना न करता, तो तू भी दूसरे काफिरों की तरह तलवार की धार उतारा जाता, छोड़ दिया। अब मैं बहुत घबड़ा रहा था, मुझमें खड़े रहने की भी शक्ति न थी; परंतु चलना तो जरूरी था; इसलिए लाचार होकर मैं वहाँ से आगे बढ़ा। एक मील के लगभग चला था कि मुणे बहुत से मुसलमान दीख पड़े। वे सब मेरी ओर भागकर आये और मुणे देखकर कहने लगे कि यह फिरंगी है, काफिर को मार डालो और मुझको सम्बोधित करके कहने लगे कि तुम फिरंगियों ने चाहा था कि हम सबको क्रिस्तान कर डालो। यह कहकर मुझको खींचते हुए एक गाँव में ले गए, जो कि एक मील पर या इससे कुछ अधिक दूरी पर था। और मेरे हाथ पीठ से बाँध दिए (मुशकें कस दीं) इसके बाद उनमें से एक व्यक्ति ने कहा कि करीमबख्श, जाओ अपनी तलवार ले आओ। हम इस काफिर का सिर काटेंगे। करीमबख्श गया और जबतक वह तलवार लाए कि गाँव से एक आवाज़ आइ "दहाड़ है" "दहाड़ है" आवाज़ के सुनते ही जितने भी मुसलमान थे, सब अपनी-अपनी फिक्र करने चले गये। वे तो उधर गये और मैंने इस मौके से लाभ उठाकर बेतहाशा दौड़ लगाई और इस प्रकार इन दयाहीन मनुष्यों से छुटकारा पाया। रास्ते पर आकर मैं करनाल की ओर भागा; परंतु रास्ते में मुझको थोड़े-से लोहार, जो मैगज़ीन में नौकर रह चुके थे, मिल गये और उन्होंने मुझको घेर लिया; परंतु उनमें से एक व्यक्तिने मुझको पहचान लिया और कहा कि साहब डरो नहीं, मेरे साथ गाँव में चलो। वहाँ पहुँचकर तुम्हारे खाने-पीने की फिक्र करूँगा। अगर तुम आगे जाओगे, तो उन मुसलमानों के हाथ से, जो फिरंगियों को लूटने और मारने के अभिप्राय से बाहर निकले हैं, अवश्य मारे जाओगे। उन लोहारों के साथ मैं उनके गाँव गया। उन लोगों ने मेरी बड़ी

खातिर की। किसी ने पहनने को धोती दी, किसी ने टोपी। किसी ने दूध पिलाया, किसी ने रोटी दी। मैं यहाँ पहुँचकर यह समझा कि अभी जीवन की कुछ सांसें बाकी हैं। मैं इतना घबड़ाया हुआ था कि मुझसे अच्छी तरह बोला भी नहीं जाता था। उन लोगों ने मुझको चारपाई दी। मैं लेट गया; पर मुझको नींद नहीं आई। मैंने उन मनुष्यों से कहा कि मैं डाक्टर हूँ—यह जानकर उन लोगों ने मेरी और भी खातिर की। दूसरे दिन सबेरे गाँववाले जो मुझसे पूछते थे मैं उसका उत्तर पूर्णरूप से देता था।

जब उन लोगों ने देखा कि मैं उनके धर्म की जानकारी रखता हूँ, तब तो वे मुझसे विशेष प्रेम करने लगे और मुझे जिंदा रखने के लिए प्रयत्नशील हुए। वे खुल्लम-खुल्ला कहते थे कि हम शक्ति भर तुमको जिंदा रखेंगे। मैं इस गाँव में रहता था कि मैंने सुना कि पड़ोस के किसी गाँव में डॉक्टर वुड साहब मौजूद हैं। उस गाँव का नाम सर्मापुर है। उस गाँव के एक आदमी ने मुझसे आकर यह कहा कि मेरे गाँव में डॉक्टर वुडसाहब नाम के हैं, उनको कुछ औषधियों की जरूरत है। तुम सब हिंदुस्तानी औषधियाँ जानते हो, कृपाकर बताओ कि उनको क्या दिया जाए। मैंने एक नुस्ख़ा लिख दिया; परंतु मुझे पता नहीं कि दवा उनके पास पहुँचीकि नहीं। मैं उस गाँव में ठहरा हुआ था कि करनल रेली की खबर मेरे पास पहुँची, कि वे बर्फ़खाने के निकट, जो परेड के मैदान से मिला हुआ है, जख़्मी पड़े हैं। यह सुनकर मैंने गाँववालों से कहा कि साहब बहुत नामी हैं, अगर तुम उनके लिए खाना-पानी ले जाओगे, तो सरकार इस सेवा के बदले में तुमको बहुत-सा इनाम देगी। गाँव वाले सात रोज़ तक बराबर खाना ले गये; परंतु जब में उस गाँव से बिदा हुआ, तो कोई 10 रोज के बाद मैंने सुना कि कर्नल साहब को किसी सिपाही ने बर्फ़खाने के निकट कत्ल कर डाला।

मुझे इस बारहदरी में ठहरे अभी थोड़े ही दिन हुए थे, कि यह बात जन-साधारण में भी मशहूर हो गई कि जितने भी अंगरेज मेरठ, अम्बाला और कलकत्ते में थे, वे सब कत्ल कर दिये गए और दिल्ली के बादशाह का शासन स्थापित हो गया। अगर कोई व्यक्ति किसी फिरंगी को अपने गाँव या घर में छिपा कर रखेगा, तो वह मार डाला जाएगा और उसका गाँव फूंक दिया जाएगा। यह सुनकर गाँव वाले घबराये और मुझे एक आमों के बाग में छोड़ आए। मैं वहाँ पर रात-दिन रहता था। रात को कोई-न-कोई गाँववाला मुझको खाना-पानी दे आता था। ऐसी अवस्था में जो कुछ मुझ पर बीतती थी, मैं ही जानता हूँ। दिनभर कड़ी धूप में रहना पड़ता था और रात बिल्कुल अकेले कटती थी। बहुधा आगे-पीछे गीदड़ इत्यादि की कर्णकटु आवाज़ें सुन पड़ती थीं। जो-जो मुसीबतें मैंने झेली हैं, मैं ही जानता हूँ, या फिर ईश्वर। पाँच दिन के बाद इस बाग से गाँव वाले फिर ले गये। और वहाँ भूसे की एक कोठरी में मुझे छिपा दिया। मैं इस अंधेरी कोठरी में 24 घंटे

तक रहा। उसके अंदर की गर्मी का हाल और गरमी के कारण दिल के घबड़ाने की हालत ज़बान से कही नहीं जा सकती।

इसके पश्चात् एक खबर और मशहूर हुई कि फिरंगियों की खोज के लिए सवार नियुक्त हुए हैं। अब यह सलाह ठहरी कि मैं एक भिखमंगे ज़ोगी-फ़कीर के साथ कहीं और चला जाऊँ। वह फ़क़ीर मेरे पास आया और मुझसे कहने लगा कि तुम जहाँ कहोगे मैं तुमको पहुँचा दूँगा; परंतु अब यहाँ पर तुम्हारा ठहरना ठीक नहीं है। उस समय मैं भिखमंगे फ़क़ीर के साथ रवाना कर बरसूहा में गया। और रात वहीं पर बसर की। उस फ़क़ीर ने मेरे सब कपड़े अपने दोस्त के घर में जाकर रंगे और मुझको रुदाक्ष की माला पहनाई। वह मुझे कई गावों में ले गया। कहीं मुझेको काश्मीरी, कहीं दादू-पंथी और कहीं ज़ोगी-फ़क़ीर बताता रहा। जिस-जिस गाँव से होकर मैं गुज़रा वहाँ के लोगों ने कुछ-न-कुछ मुझसे पूछा। मैं हिंदुस्तानी ज्योतिष जानता था; इस कारण जिसने जो पूछा मैंने उसका काफी जवाब दिया। इस कारण मेरी बहुत खातिर होने लगी। कोई पैसा देता और कोई खाना।

इस गाँव से रवाना होकर हम एक दूसरे गाँव में पहुँचे। वहाँ सेवकदास महंत कबीरी फ़क़ीर रहता था। हम उसके पास गए। मैं उसके धर्म की भी जानकारी रखता था। उस धर्म की ज्यों ही कुछ किताबें मैंने पढ़ीं, वह मुझपर दयालू हो गया। उसके पूछने पर मैंने कहा कि मैं काश्मीरी हूँ; परंतु उसने कहा कि काश्मीरी की आँखें ाूरी नहीं होतीं। उसने यह भी कहा कि तुम्हारी भाषा, रहन-सहन, ढ़ंग, कपड़े इत्यादि सब ठीक हैं; पर तुम्हारी आँखें तुमकों छिपने नहीं देतीं। तुम जरूर फिरंगी हो। मैंने साफ-साफ कह दिया; परंतु चूँकि कबीर की कुछ साखियाँ मैंने उसके सामने पढ़ी थीं और चूंकि मैं उसको कसम दे चुका था; इस कारण वह मुझ पर बडत्रे दया करता था। मैं उसी फ़कीर के यहाँ था कि एक सिपाही आया और कहने लगा कि मेरे पास अम्बाला की फ़ौज के वास्ते (जो आजकल लोनी में है) कुछ चिट्ठियाँ हैं। और चाहता हूँ कि मेरी चिट्ठी फ़ौज के कमान अफ़सर के पास पहुँचा दो। उसने वादा किया और मैंने चिट्ठी लिखकर उसको दे दी। मैंने दिन-भर उस चिट्ठी की राह देखी; परंतु न तो उसका जवाब आया और न कुमक ही आई। इस पर मैंने मेरठ जाने का विचार किया। जिस भिखमंगे फ़क़ीर के साथ मैं यहाँ तक आया था, उसनेमेरठ चलने का भी वादा किया। इस गाँव के बहुतेरे आदमी मेरे साथ हरचंदपुर तक गये। वहाँ पर एक ज़मींदार फ्रांसिस कोहन साहब रहते थे। वे पहले तहसीलदार थे। मेरे साथ बहुत अच्दी तरह पेश आये और मुझको उन्होंने चिट्ठियाँ दिखलाईं, जो कर्नल न्यूट और कप्तान सालगेड साहब ने लिख कर दी थीं। उनमें लिखा था—इन्होंने हमारी बड़ी मदद की, बड़ी खातिर की और हमें मेरठ तक पहुँचा दिया।

यह चिट्ठियाँ देखकर मैंने भी मेरठ जाने की ठानी। इसी बीच में एक चिट्ठी

मेरे नाम मौज़ा केकरों से आई, जिसमें लिखा था कि राजा झिंद के सौ सवार कप्तान मैक अंड्रू की अध्यक्षता में मेरी राह देख रहे हैं और वे मुझे 'राई' के मुकाम तक, जहाँ पड़ाव पड़ा है, पहुँचा देंगे। कोहन साहब ने अपनी गाड़ी पर सवार कराके 'केकरा' के लिए रवाना कर दिया। यहाँ तक पहुँच कर कप्तान मैक अंड्रू और लेफ़्टिनेंट मेवो साहब को देखकर मुझे बहुत खुशी हुई और जान-में-जान आई।

मैं 25 दिनों तक देहातों, जंगलों और खंडहरों में मारा-मारा फिरा था। अगर मैं हिंदुस्तानी भाषा न जानता होता और उसको मैं साफ न बोल सकता होता, तो मैं कहीं-न-कहीं जरूर क़त्ल कर दिया जाता।

मैं हिंदुस्तानी भाषा उतनी ही साफ बोल सकता हूँ, जितनी अंगरेजी। मैं अपनी जान बचने को एक चमत्कार समझता हूँ और समझता हूँ ईश्वर की असीम कृपा। मगर जो-जो तकलीफें और मुसीबतें मैंने झेली हैं, वह बयान नहीं की जा सकतीं।

पाँचवी कहानी

एक गिरोह, जिसमें बहुत-से अफ़सर और मेंमें थीं, दिल्ली से भागने और मेरठ जानेका हाल इस तरह बयान करती है—पहले यह विचार था कि पहाड़ी पर जो बुर्ज है, उसमें क़िलाबंद होकर उपद्रवकारियों का मुकाबला किया जाए। मगर यह बात व्यर्थ-सी नजर पड़ी; क्योंकि इसमें कोई लाभ न था; इसलिए भागने की बात निश्चित हुई। जब हम लोगों ने प्रस्थान किया तब, 38 और 74 रेजिमेंट के सिपाही भी रवाना हो गये। थोड़े-से सिपाही अफ़सरों के पास झंडे के क़रीब बाक़ी रह गए। मेंमों की गाड़ियाँ करनाल रवना हो गईं। अफ़सरों को सिपाहियों ने यह सलाह दी कि शीघ्र भाग जाना चाहिए; बल्कि उन्होंने ज़बरदस्ती उनको वहाँ से भगा दिया; इसलिए कि इस स्थान पर भी शहर से उपद्रवकारी आने वाले थे। सायंकाल का समय था, अंधेरा पृथ्वी पर फैल रहा था कि चारों ओर से बंदूकों की आवाज़ें आनी शुरू हुईं और छावनी के अधिकांश बंगलों में आग लग गई, जिसका प्रकाश दूर-दूर तक पहुँच रहा था। अब भागने के अतिरिक्त और कोई उपाए शेष नरह गया था। जो अफ़सर वहाँ बाक़ी रह गये थे, उन्होंने भी दुबारा प्रबंध जमाना व्यर्थ समझकर स्थान छोड़ दिया; क्योंकि जो क्षण बीतता था, वह अधिकाधिक भयंकर होता जाता था। सारांश यह कि वहाँ से बेतहाशा भागे, रात-भर जंगलों की ख़ाक छानते रहे। कभी थककर ज़मीन पर लेट जाते थे कि शायद नींद आ जाए, कीाी प्राणों के भय से उठ बैइते थे। इसी प्रकार बड़े कष्टों से रात कटी। सुबह होते ही उपद्रवकारी सिपाही उनके आगे पीछे मडराते दीख पडे़; परंतु ईश्वर को अनेक धन्यवाद है

कि उनको वह स्थान न मिल सका, जहाँ वे साहब लोग थे। जब कोई दीख न पड़ा, तो विवश होकर सिपाही ढूँढ़ने के लिए आगे बढ़े। ये अफ़सर लोग-जहाँ ठहरे थे, उसके आस-पास के लोगों के बहुत कृतज्ञ हैं; क्योंकि गाँववालों ने उनकी बड़ी सेवा की थी और बहुत कुछ आराम पहुँचाया था। किसी ने खाना खिलाया और किसी ने अपने घर में छिपा कर आश्रय दिया। रात-भर जो साहब लोग बिछुड़े रहे थे, वे आ मिले और जो रात-भर साथ रहे थे, सुबह को बिछुड़ गए। गाँव वालों ने उन अंगरेज़ों को, जिनकी रक्षा का उन्होंने भार लिया था, यमुना नदी के एक नाले को पार कराकर जंगल में एक सुरक्षित स्थान पर छिपा दिया और तीसरे पहर उनको आकर समाचार दिया कि अंग्रेज़ों का एक गिरोह, जिसमें मेंमें भरी हैं, निकट के किसी स्थान में ही ठहरा हुआ है। यह गिरोह वह था, जो काश्मीरी दरवाज़े से भागा था और जब वहाँ शांति के लक्षण न दिखाई पड़े, तो मेंमों को तोप की पेटी पर सवार कराकर छावनी भेजा था। आगे उपद्रवकारियों ने उनको मार्ग में लूट लिया था; बल्कि उन पर गोलियाँ भी चलाई थीं। उसके बाद ये लोग खाई में उतर कर दूसरी ओर से चढ़कर भाग निकले थे। इन्हीं में से एक मेम के कंधेपर गोली का एक जख्म भी लगा था। सारांश यह कि वहाँ से भागकर यह गिरोह भी सारी रात परेशान रहा। कईबार सिपाहियों के हाथ से बड़ी कठिनाई से बचे; बल्कि किसी-किसी समय तो उपद्रवकारी सिपाही इन लोगों की खोज में अत्यंत निकट पहुँच गये; मगर ईश्वर की लीला कि ये लोग उनके अत्याचारी पंजों में फँसने से बाल-बाल बच गये।

सारांश यह कि दोनों गिरोह इकट्ठा होकर चले और एक को दूसरे की भेंट से कुछ ढ़ाढ़स बँध। अब संख्या बढ़ गई थी; इसलिए अपनी शक्ति पर भरोसा करके आगे बढ़े। ये लोग दो या तीनमील तक यमुना नदी के किनारे-किनारे चलते रहे। इसके बाद एक नाले पर पहुँचे, जिसका पार करना अत्यंत कठिन था। वह गर्दन तक गहरा था और इस वेग से बहता था कि पाँव उखड़ जाते थे। थोड़ी दूर तक वे सब बहते हुए चले गए। अंत में बड़ी कठिनाई से पैर जमा-जमाकर दूसरे किनारे तक पहुँचे।

अब शाम हो गई थी और नाले में घुसने के कारण बड़ी सर्दी लग रही थी। दूसरे दिन सुबह को फिर गाँववाले उनके मित्र बने और ऐसे स्थान पर, जहाँ बहुत सघन वृक्ष थे, ले जाकर कहा कि यहाँ रहना उचित नहीं है; क्योंकि उपद्रवकारी सिपाहियों के झुंड-के-झुंड उनके पीछे पड़े हैं। यहाँ से जब वे चले, तो गूजरों के झुंड के हाथ में आ फँसे, जिनके नीच विचार शीघ्र ही प्रकट हो गये। चूँकि इन लोगों को बंदूकें इत्यादि पानी में भीग गई थी; इसलिए गूजरों ने घोर नीचता का व्यवहार किया। उन्होंने इन लोगों के सब हथियार ही नहीं छीने, बल्कि कपड़े तक उतरवा लिए और सब माल-मतालेकर भाग गये। ये दुष्ट गूजर इन लोगों के प्राण

तक ले लेते यदि एक साधु समझा-बुझाकर उनको ऐसा करने से न रोकता। अब उनके पास लज्जा ढ़कने के अतिरिक्त और कोई कपड़ा शरीर पर न था। इसी दशा में सूरज की गर्मी में जलते-भुनते एक गाँव में पहुँचे। यह गाँव ब्राह्मणों का था। इसमें एक सन्यासी की कुटी में जाकर आश्रय लिया और तीन दिन तक वहाँ ठहरे रहे। यहाँ अपने आश्रयदाताओं के हाथों बहुत आराम पाया। उनलोगों ने असीम सेवा-सुश्रूषा की और इनके जख्मों की मरहम-पट्टी के लिए एक जर्राह का भी प्रबंध कर दिया और जो दवा गाँव में मिल सकती थी, उन तक पहुँचाई। इस गाँव से वे एक दूसरे गाँव उसके जमींदार की इच्छानुसार चले गए। यह जमींदार जर्मन जाति का था। वहाँ इन्हें यहाँ से अधिक आराम मिला। रहनेके लिए मकान और खाने-कपड़े का अच्छी तरह प्रबंध कर दिया गया। इस रात को अधिक ढ़ाढ़स बँधा; क्योंकि मेरठ के सवारों का एक रिसाला, जिसको चिट्ठी भेजकर उन्होंने बुलाया था, उनके पास आ गया। ज़मींदार ने सवारियों का प्रबंध कर दिया और आठवें दिन ये सब लोग अपनी असली सूरतों में मेरठ पहुँच गए।

छठी कहानी

डाक्टर बालफोर साहब दिल्ली से अपने भागने का हाल इस प्रकार लिखते हैं—

'जब यह बात तय हो गई कि अब दिल्ली छोड़ देनी चाहिए तो लीबास साहब ने अपनी बग्घी मुझको दी। मैंने अपनी बहन मिस स्मिथ को अपने पास बैठाया और रास्ते से लेफ़्टिनेंट टॉमस इंजीनियर और मेम डानिस को फ्रेजर साहब के बच्चे के साथ, जो इस समय उनकी गोद में था, बैठाकर हमलोग करनाल की ओर रवाना हो गये। लेफ्टिनेंट टॉमस साहब ने कहा कि यह बात अधिक अच्छी होगी यदि हम पहले नहर को पार करके उस थाने पर चलें, जो रास्ते में है। वहाँ पहुँचकर जिधर की सलाह होगी, रवाना हो जाएँगे। हमने ऐसा ही किया और छोटे थाने तक पहुँचे। दूसरे दिन सबेरे के वक्त ही जब हम चलने की तैयारी कर रहे थे, मौजा ओहद का जाट जमींदार हमारे पास आया। उसने पूछा कि दिल्ली के क़त्ल और लूट का हाल वहाँ पहुँचा है या नहीं। उसने यह भी कहा यदि तुम्हारी इच्छा हो, तो मैं तुमको शांति के साथ सुरक्षित रख सकता हूँ। मैंने सब को सलाह दी कि इसको स्वीकार करना चाहिए। रात्रि के समय हम सब उसके साथ उसके गाँवगये और वहाँ उसने हमको चार-पाँच रोज तक रखा और हमारी बड़ी खातिर की। अंत में जब किसी फ़ौज के आने की खबर न सुनी, तो उसने हमको यह सलाह दी, कि नहर के किनारे-किनारे करनाल चलना मुनासिब है। उसने हमको

रास्ता बताया और उस गाँव के उपद्रवकारियों से हमको बचाया और हमारी रक्षा का प्रबंध किया। उसने हमारी इतनी सेवाकी कि मुझको डर है कि हम लोग उसको इसका बदला न दे सकेंगे।

सारांश यह कि हम अत्यंत सुरक्षित अवस्था में करनाल पहुँच गये। श्रीमान् लेफ़्टिनेंट गवर्नर साहब यह बात सुनकर अत्यंत प्रसन्न होंगे कि मुल्क के इस भाग में, जिससे होकर हम गुज़र रहे थे, अधिकतर मनुष्य अंगरेजी सरकार के शुभचिंतक थे और ऐसे उपद्रव के समय भी दृढ़ प्रतिज्ञ बने रहे। सिर्फ गूजरों की जाति जरूर कभी-कभी उपद्रव करती थी। ये गूजर उपद्रवकारी बड़ी सडत्र्क के आस-पास रहते थे।'

सातवीं कहानी

एक मेम साहब, जिनका हवाला बालफोर साहब की चिट्ठी में आ चुका है, अपने भागने का हाल इस प्रकार लिखती हैं—

'11 मई सोमवार के दिन सवेरे के समय मैं एक मित्र से मिलने गई, जो मैगज़ीन के निकट रहते थे। जब पहले-पहल यह समाचार आया कि उपद्रवकारियों का गिरोह मेरठ से आ रहा हे, तो मुझको और दूसरी मेम साहबों को यह सलाह दी गई कि हम सब मैगज़ीन में जाकर रहें; परंतु मैं वहाँ न गई और अपनी माता के घर में, जो निकट ही था, चली गई। और उनसे इस झगड़े का हाल बयान किया और नौकरों से कहा कि जाकर इस झगड़े की ठीक-ठीक खबर लाओ; परंतु उस समय उन सबने कहा कि इस समय यहाँ पर कुछ भी खटका नहीं है और यहाँ पर किसी तरह की खराबी पैदा नहीं हो सकती; क्योंकि दिल्ली की रक्षा का प्रबंध बड़ी सुंदर रीति से किया जा रहा है। इसी बीच और भी कई मेंमें आकर जमा हो गईं। आधे घंटे के लगभग बीता होगा कि नौकर ने आकर शोर मचाया कि उपद्रवकारी आ गये और मकानों को लूट रहे हैं और गिरजाघर तक पहुँच गये हैं। गिरजाघर हमारी कोठी के अत्यंत निकट था; इसलिए अब भागना भी असंभव हो गया। हमारे नौकरों ने हमको यह सलाह दी कि नौकरों के मकान में जाकर छिप रहें। इस सलाह के अनुसार हम सब एक स्थान में जाकर छिप रहे। हमारे छिपने के थोड़ी देर बाद दो-सौ सवार हाते के अंदर आ गये और उस घर के निकट आकर जिसमें हम सब छिपी हुई थीं, खडत्रे हो गये और नौकरों से पूछा कि साहब लोग और मेंमें कहाँ हैं। तुम अपने प्राणों का भय न करो। हम तुममें से किसी को न मारेंगे; लेकिन हमारा यह विचार है कि दिल्ली में जितने ईसाई हैं, उन सबको

क़त्ल कर डालें। नौकरों ने जवाब दिया कि सब भाग गये, हमको ज्ञात नहीं कि कहाँ गये। अगर तुम्हारी यह धारणा हो कि बंगले में हैं, तो जाकर स्वयं ढूँढ़ लो। इस उत्तर से उनको कुछ संतोष हुआ और वे वहाँ से बाहर जाकर अंगरेज़ों की खोज में लग गये।

थोड़ी देर के बाद 74वीं रेजिमेंट के 6 सिपाही और आ गये। उनको वह घर, जहाँ हम सब छिपे थे, मालूम हो गया। वे खूब ठठाकर हँसे और बंदूकें दिखाकर कहा कि हम तुमको मार डालेंगे। हमने उनकी बहुत खुशामद की और कहा हमें मत मारो। इस पर उन्होंने कहा—अच्छा बाहर आओ और हमारे साथ चलो, फिर देखना हम क्या करते हैं। हम बाहर निकले और उनके साथ हो लिए। वे हम सब को गारद में जहाँ वे सब रहते थे, ले गये और अफ़सरों की लाशें दिखाकर कहने लगे कि देखो, यह सब इस वास्ते मारे गये हैं कि कमांडर इन चीफ साहब ने हमको धर्म-भ्रष्ट करने का विचार किया था।

इसके पश्चात् अफ़सरों ने देखा कि हम नीचे सिपाहियों के पास खड़े हैं। वे जल्दी से दौड़कर हमारे पास आ गये, और सिपाहियों को हटाकर हमसे कहा कि ऊपर जाओ। हम सब वहाँ गये। वहाँ पहुँचकर हमने देखा कि बहुत से अफ़सर उपस्थित हैं। वहाँ हम लोग दस बजे तक भूख प्यास की यंत्रणाएँ सहते रहे।

मेजर ऐबट साहब ने झंडावाले बुर्ज पर कहला भेजा कि तोप की पेटियाँ भेज दो, तो उनपर मेम साहबों को सवार करके अपने सिपाहियों की रक्षा में बुर्ज तक पहुँचा दें, इस कारण कि यहाँ का कुछ भी सहारा नहीं है और बुर्ज इससे अधिक सुरक्षित स्थान है। थोड़ी देर में पेटियाँ तोपों के साथ आईं। उनके साथ 38वीं रेजिमेंट के कुछ सिपाही थे। मेजर ऐबट साहब हम सबको उनपर सवार कराके, आप स्वयं अपनी कंपनी लेकर आगे बढ़े और आज्ञा दी कि पेटियाँ उनके साथ आएँ। 38वीं रेजिमेंट के सिपाही उस समय तक चुपचाप खड़े रहे, जब तक मेजर साहब काश्मीरी दरवाजे से बाहर नहीं हो गये। ज्योंही वे बाहर हो गए, त्योंही सिपाहियों ने दरवाज़ा बंद कर लिया और हमसे कहा कि अगर तुम लोग अभी इस परसे न उतर आईं, तो हम तुम सब को मार डालेंगे। यह सुनते ही हम सब पेटियाँ पर से उतर आईं; परंतु मेरी बहन न उतर सकी; क्योंकि उसकी गोद में बच्चा था। उसने सिपाहियों से कहा—थोड़ा ठहरो, मैं बच्चे को किसी को देकर उतरती हूँ; परंतु जब उन्होंनेपुनः उतरने को कहा, तो उसने बच्चे को मेरी गोद में डाल दिया और आप झट कूद पड़ी। इसी बीच में 54वीं रेजिमेंट का एक ड्रम्मर (फ़ौजी ढ़ोल बजाने वाला)आ गया। उसने मेरा हाथ पकड़ कर कहा कि यदि जीवन से प्रेम है, तो मेरे साथ चलो। वह ज़बरदस्ती एक खिडत्र्की से मुझे सदर बाज़ार ले गया। रास्ते में मैंने बंदूकों की आवाज़ें सुनीं। पूछने पर ज्ञात हुआ कि सिपाही उन अफ़सरों का, जो भागकर जाना चाहते हैं, पीछा कर रहे हैं, और मार रहे हैं।

थोड़े से अफ़सर मारे जा चुके हैं। मेरा साथी भी मुझको कप्तान बर्ड साहब के बंगले पर ले गया और मुझसे कहा कि यहाँ एक और मेम साहब हैं, वे तुम्हारी देखरेख करेंगी; परंतु पीछे से ज्ञात हुआ कि वे भी झंडेवाले बुर्ज पर चली गई हैं। तब मैंने कहा कि मुझे भी पहुँचा दो। बहुतेरे सिपाही मुझे देखकर हँसते थे; परंतु उनमें से एक ने मुझसे कहा कि चलो मैं तुमको पहुँचा दूँगा। उसने अपनी बात पूरी की।

मैं अधिक-से-अधिक दस मिनट बुर्ज में रूकी, कि वहाँ से भागने का पक्का इरादा हो गया। सारे-के-सारे सिपाही उपद्रवी हो गये थे। उनमें से कोई अपने अफ़सरों की आज्ञा न मानता था। इस कारण जिसके सींग जिधर समाए, वह उधर चला गया। डॉक्टर बालफोर साहब ने मुझपर बड़ी कृपा की और अपनी गाड़ी में मुणे जगह दी। जितनी जल्दी संभव हुआ, हमने सड़क छोड़ दी और नहर के किनारे-किनारे भागा-भागा 25 मील तक चले गये। 25वें मील पर हम थोड़ी देर तक ठहरे और एक घंटे तक आराम करके फिर वहाँ से रवाना हुए और एक चौकी पर पहुँचे, जो यहाँ से 5 मील दूर थी, बाक़ी रात खुले मैदान में कटी। इस स्थान के निकट एक गाँव था। यहाँ से नहर का एक ष्ठेकेदार आया और बोला कि मैं तुम्हारी रक्षा करूँगा।

सबेरे उसने हम लोगों को दूर ले जाकर एक बाग में रखा और कहा कि दिन को यहाँ रहा करो। रात्रि में वह उपद्रवकारियों के भय से हम लोगों को अपने घर ले जाया करता था। वहाँ हम कोठे पर रात काटते थे। छः दिन के बाद उसके पड़ोसी देहातियों ने उससे कहा कि इन लोगों ने तुझको बहुत-सा रुपया दिया होगा, नहीं तो तू क्या इन लोगों की इतनी रक्षा करता। अगर हमको भीतू कुछ भाग उस रुपये में से दे, तब तो ठीक है, नहीं तो रात्रि में आकर हम इन सबको मार डालेंगे। हमारे रक्षक ने यह समाचार सुनकर हमसे कहा कि अब यही ठीक है कि तुम सीधी करनाल चली जाओ। सुनते हैं कि वहाँ कुछ सरकारी फ़ौज आ गई है। वह रास्ते में हमारी रक्षा के अभिप्राय से करनाल तक हमारे साथ गया। कमांडर-इन-चीफ़ साहब ने उसकी सेवा के बदले उसको 1000) रुपया इनाम दिया। जो बच्चा मैं गोद में लाई थी, वह दो रोज के अंदर मर गया। यह भी समाचार मिला है कि मेरी माता भी सख़्ती और मेहनत के कारण मर गई।

उपद्रवकारी उस गिरोह के पीछे, जिसको हमने अपने पीछे छोड़ा था और जिसमें मेरी बहन भी थी, आ गये; परंतु ईश्वर की कृपा से वे बच गए। वे कभी झाड़ियों में छिपते थे, कभी उन झाड़ियों में बैठे-बैठे लेटे-लेटे चलते थे। काँटे जो शरीर में चुभ गये थे, उससे लहू बह रहा था।

आठवीं कहानी

डॉक्टर ड्यूड साहब की मेम ने भी अपनी उन विपत्तियों तथा कष्टों का हाल प्रकाशित किया है, जो दूसरे अंग्रेज़ों के साथ देहली से करनाल तक भागने में उन्हें झेलने पड़े थे।

वह कहती हैं कि डॉक्टर ड्यूड साहब जब ज़ख्मी हो गए तो मैं नंगे पैर उनसे मिलने को दौड़ी। इसके पहले मैंने उनसे कहला भेजा था कि पहाड़ी के बुर्ज पर जो एक सुरक्षित स्थान है वहाँ चले जाएँ। मेपल साहब की मेम जो इस विपत्ति में मेरे साथ थीं, एक मित्र की कृपा से उनकी बग्घी पर जगह मिली। मैं भी उनके साथ सवार हो गई। जब मैं ड्यूड साहब के पास पहुँची, तो वहाँ एक अस्पताल की डोली रखी हुई थी। मैंने इस विचार से कि डोली में साहब को आराम मिलेगा और वह अच्छी तरह सफर कर सकेंगे, उसमें साहब को सवार कराके अपने साथ लिया। हम थोड़ी ही दूर गये होंगे कि कहारों ने जाने से इंकार कर दिया। तब यहाँ से उनको पालकी गाड़ी में, जो उनके साथ आई थी, सवार कराकर करनाल रवाना किया और मेजर पिटर्सन और मेपल साहब को यहाँ से विदा किया। अब हम सब पीछे परेड से गुज़रे। रास्ते में तीन मर्तबा डॉक्टर साहब को सवारी बदलनी पड़ी और इसमें देर लग गई; इस कारण दूसरी औरतों और अंगरेज़ों से हम पीछे रह गये और इन सबके बाद दिल्ली से रवाना हुए। हम केवल दस मील आगे बढ़े थे कि देहाती आ गये और हमको रोकना चाहा। इतनेमें हमारे साईस ने हम से कहा कि अगर आप आगे जाएँगी, तो मारी जाएँगी; क्योंकि देहाती रास्ते में आपकी बाट जोह रहे हैं। यहाँ भी हमको कठिनाई सामने दिखाई पड़ती थी; क्योंकि हमारे घोडे उन्होंने पकड़ लिए थे और नंगी तलवारें साईस के सिर पर तनी हुई थीं और आगे का भी भय था। खैर, बड़ी कठिनाई से यहाँ से तो किसी प्रकार बच गए। अब विचार किया कि कंपनी बाग लौट चलें और वहाँ दूसरे दिन तक छिपे रहें; और ऐसा ही किया भी। मालियों ने हमको वचन दिया कि हम तुमको आश्रय देंगे। बहुत देर के बाद एक झुंड लाठियाँ लेकर हमारे पास आया और कहा कि जो कुछ तुम्हारे पास है, दे दो। इनका विरोध करना व्यर्थ था; क्योंकि हम केवल दो अनाथ स्त्रियाँ और वह जंगलियों का पूरा झुंड-का-झुंड था। डॉक्टर साहब को ऐसा गहरा जख़्म लगा था, कि वह उठना तो क्या, बात भी न कर सकते थे।

हम दोनों के पास एक-एक संदूक़ जेवर और जवाहरात का था। इनके अतिरिक्त मेरे पास सौ रुपये नकद भी थे, जिसको बचाने के विचार से साथ लाए थे; परंतु अब यह विचार व्यर्थ था; क्योंकि उन्होंने सब छीन लिया। इसके अतिरिक्त

मेपल साहब की मेम का गाउन, टोपी, पहनने के कपड़े और दो रक्त सिंचित चादरें भी ले लीं। बग्घी भी तोड़ डाली और घोड़ों पर सवार होकर नौ-दो ग्यारह हो गए। इनके बाद भी कई मर्तबा लुटेरे आये और उस वक्त तक पीछा न छोड़ा, जब तक अच्छी तरह से यह न देख लिया कि हम बिल्कुल निर्धन और भिखमंगे हो गए हैं।

अब हमारे पास एक कौड़ी भी बाक़ी न रही। रात को लगभग एक बजे मैं और मेपल साहब की मेम, डॉक्टर साहब को एक पेड़ के नीचे छोड़कर किसी गाँव की खोज में बाहर निकलीं। बड़े प्रयत्न और आग्रह करने पर एक जमींदार हमको अपने साथ ले गया। उसने हमको रहने को मकान और खाने को दूधे-रोटी दी। इस रोज़ शाम को हम करनाल रवाना हो गये। इसी प्रकार रात ही रात में सात-सात मील बड़े कष्टों में यात्रा करते थे; क्योंकि एक ज़ख्मी भी हमारे साथ था। गाँव-गाँव से रोटी माँग कर खाते थे और जमीन पर सो रहते थे। कुछ स्थानों पर तो लोग मेहरबानी सेपेश आते थे; मगर अधिकांश स्थानों पर लोग ताना देते थे और बुरी तरह से पेश आते थे, यहाँ तक कि कड़ी धूप के समय हमको कोई छाया में भी बैठने न देता था। इसी प्रकार हमने छः दिन सहस्रों कष्टों को झेलकर काटे। इस बीच में दिन को, धूप के समय, किसी पेडत्र या पुल के नीचे रहते थे। प्रत्येक समय प्राणों का भय लगा रहता था। पानी भी न मिलता था; मगर इस धारणा से हृदय को शांति और आश्वासन मिलता था कि बादशाह के सिपाहियों के हाथ से संभवतः बच जाएँ।

छठे दिन बालगढ़ पहुँचे। यह गाँव रानी मंगला देवी का है। यहाँ रानी साहिबा ने हमारी बड़ी सहायता और आदर सत्कार किया और कहा कि हम तुम्हारी रक्षा करेंगी; मगर दूसरे ही दिन, इन आशाओं पर पानी फिर गया। रानी के आदमी हमारे साथ रानी का यह व्यवहार देखकर अत्यंत रुष्ट हो गए और उन्होंने रानी को यह धमकी दी कि अगर तुम इनको यहाँ से रवाना न करोगी, तो हम तुम्हारा गाँव लूट लेंगे। यह बात हमारे लिए अत्यंत शोकजनक और दुःखदायक थी; किन्तु कोई इलाज न था। विवश होकर यह बात निश्चय की कि यहाँ से चल देना चाहिए। इसी बीच में सान्त्वना देने वाली एक और बात पैदा हुई; अर्थात्–मेजर पिटर्सन साहब आहत रूप में पैर में छाले पड़े हुए और लुंगी बाँधे हुए आ पहुँचे। मेजर साहब रास्ते भर हमारा पता लगाते हुए चले आते थे। यह भेंट यद्यपि बहुत संतोषप्रद थी; परंतु इससे दुख भी बहुत हुआ कि हमसे उच्च पदवी वाले व्यक्तियों के पास कपडत्रे तक पहनने को न रहें और हिंदुस्तानी लोग कपड़ों में बसर करें।

सूरज डूबने के पश्चात् हम गाँव से निकाले गए। सडत्र्क का मार्ग छोडत्र्कर दो-तीन गाँव तय किये। इसी चिंता में हम इतना अधिक थक गये थे, कि अंत में एक ज़मींदार से अनुनय-विनय की और कहा कि हमको कहीं बैठने दो और

कुछ खाने को ला दो, हम कल यहाँ से चले जाएँगे। इस ज़मींदार ने हमारी बड़ी खातिर की, खाना भी बहुत-सा दिया, सोने के लिए चारपांइयाँ भी दीं। दूसरे दिन प्रातः ही चार बजे हम वहाँ से रवाना हो गए। एक गाँव वाले ने एक चारपाई और कहार मेरे पति के लिए दिये। मेरे जूते घिस गये थे। मेजर पिटर्सन के जूते फट-फटाकर गायब हो गये थे। मैं इस दशा में गर्म-गर्म रेत और काँटेदार मैदानों में नंगे पाँव चलती थी। अंत मेंहम थाना कोली के निकट पहुँचे। यहाँ हमारे साथ अत्यंत मेहरबानी और रिआयत के साथ लोग पेश आए। एक मनुष्य ने हमारी करुण दशा से दयार्द्र होकर अत्यंत स्वादिष्ट कढ़ी पकाई और दूसरे दिन प्रातःकाल हमारी सवारी के लिए दो घोड़े, एक खच्चर और एक गधा तहसील कसौनी तक जाने के लिए दिया। वहाँ पहुँचकर हमें संतोष हुआ और हम समझे कि अब हम सुरक्षित हैं। दूसरे दिन करनाल से हमारे वास्ते शिकरम आई और महाराजा पटियाला के सिपाही रक्षा के वास्ते साथ आये। हम सब वहाँ से चलकर 20 मई को करनाल पहुँचे। यहाँ पहुँच कर हम सीधे रिग्बी साहब के मकान पर गये और सच यह है कि उन्होंने हम निर्धन और आश्रितों के साथ ऐसा उत्तम व्यवहार किया, जो एक सगे और सच्चे ईसाई के लिए सर्वथा उचित था। हमें उन्होंने इतना आराम पहुँचाया कि उनका ऋण हम कभी न भूलेंगे। एक सप्ताह से अधिक हम करनाल में ठहरे रहे। इसके बाद फिर यात्रा प्रारम्भ की। करनाल से अम्बाला गए और अम्बाला से डाक-कार्ट पर सवार होकर कालका पहुँचे। मार्ग में बहुधा गाड़ी से उतर कर स्वयं गाड़ी गर्म बालू मेंखींचनी पड़ती थी। डॉक्टर साहब के ज़ख्म को भी हमने स्वयं ग्यारह दिन तक धोया और बाँधा। ज़ख्म इतना अधिक ख़राब और गहरा हो गया था कि देखकर बड़ा दुःख और निराशा होती थी। गोली से दाँतों के जबड़े उड़ गये थे। ग्यारह दिन के बाद एक डॉक्टर साहब ने इनके ज़ख्म की परीक्षा की थी।

हमारी भगदड़ अत्यंत हीकष्टप्रद थी। हमने इसमें असीम कष्ट उठाए, सहस्रों विपत्तियाँ झेलीं और अत्यंत कटु तथा मनुष्यता-हीन ताने सहन किये। जितना भी सामान था, सब लुट गया। हमारे और मेपल साहब की मेम के पास जवाहरात की भाँति बहुत-सी बहुमूल्य वस्तुएँ थी। कुछ हमने स्वयं खरीदी थीं, कुछ मित्रों ने भेट में दी थीं; परंतु इन दुष्ट उपद्रवकारियों ने कुछ भी ख़्याल न किया और सब लूट ले गये। हमने पानी के विषय में भी कठोर आपदाएँ झेलीं। पैदल चलने के कारण हमें प्यास बहुत लगती थी और जब हमारे पास का पानी समापत हो जाता था, तो लाचार होकर झीलों और तालाबों का गंदला और कीड़े पड़ा हुआ पानी पीना पड़ता था। कूओं से भी खींच कर पीते थे। यद्यपि वह खारा होता था, तथापि पीना पड़ता था। यहाँ मैं यह भी बयान कर देना चाहती हूँ, कि कर्नल इब्ली साहब की डोली हमसे आगे-आगे जाती थी; किन्तु वह कहाँ रख दी गई, यह हमें

मालूम न हो सका। यह बात हमारा सामर्थ्यके बाहर थी, अन्यथा हम प्रयत्न करके उनको अपने साथ ले लेते और उनको अकेला क़त्ल होने को न छोड़ देते।

नवमीं कहानी

मोहनलाल, जिसने काबूल में सरकार की सेवा की थी, दिल्ली में था। जब वहाँ पर उपद्रव का आरम्भ हुआ, तो वह अपनेप्राण बचाकर वलीदादख़ाँ के यहाँ जा छिपा। परंतु, वलीदादख़ाँ ने उसको बालागढ़ के क़िले में 42 दिन तक क़ैद रखा। उसके पश्चात् वह वहाँ से भागकर अगस्त मास के प्रथम सप्ताह में मेरठ पहुँचा। वह अपना वृत्तांत एक पत्र में—जो उसने हाजिस साहब के पुत्र के नाम लिखा था—इस प्रकार लिखता है—

'हाजिस साहब 10 मई शनिवार के दिन दिल्ली पहुँच गए। हम दोनों मिलकर बहुत प्रसन्न हुए और उन चीज़ों के भेजने की तदवीर की, जो हमने राजा साहब के लिए खरीदी थीं। शाम के समय मैं उनको अपनी गाडत्री में सवार कराके शहर के विशालकाय भवन दिखाने के भिप्राय से ले गया। रात बड़ी प्रसन्नता से कटी। तुम्हारी और हेनरी की शिक्षा के संबंध में बहुधा बातचीत होती थी। यह बात बहुधा कही जाती थी कि वह छोटी अवस्था के होते हुए भी अपने दफ़्तर का कार्य कितने सुचारु रूप से करता है।

11 मई की मनहूस सुबह आई। एतवार के सबेरे तक सब प्रकार शहर में अमन-चैन था। उपद्रव का कोई चिह्न तक न था। कलकत्ते के समाचार-पत्र भी हमारे यहाँ आये। अकस्मात् यह भयानक समाचार सुनकर कि मेरठ के उपद्रवकारी यहाँ भी आ पहुँचे, निराशा की एक लहर दौड़ गई। यह सुनकर कि वे अत्यंत निर्दयता से ईसाइयों को क़त्ल कर रहे हैं और उनके घर जला रहे हैं, हमें और भी अधिक डर लगा। सवारों के पश्चात् पैदल सिपाही भी आ गये और वे भी दिल्ली की फ़ौज के साथ सम्मिलित होकर लोगों के क़त्ल करने और खून की नदियाँ बहाने में लग गये। जब मैं उस भयानक दिन का स्मरण करता हूँ, तो मेरा सारा शरीर काँपने लगता है। लगभग 2 बजे दिन के समय चार सिपाही बंदूकें लिए हुए दरवाज़े के सामने आकर खडत्रे हो गये। यद्यपि दरवाज़ा बंद था, तथापि शहर के बदमाशोंके बहकाने से उन लोगों ने गालियाँ देना आरंभ कर दिया और कहा कि यह घर किसी ईसाई का है और इसमें एक फिरंगी आकर ठहरा है। हम मकान के मालिक और फिरंगी दोनों ही को क़त्ल करेंगे। हमारे नौकरों और मुहल्ले वालों ने कहा कि यह घर किसी भी ईसाई का नहीं है और न कोई फिरंगी ही यहाँ

आकर ठहरा है। बहुत ही नम्रता और खुशामद और कुछ रुपया देने के पश्चात् वे बदमाश चले गये।

जब तक यह तकरार होती रही और वे सिपाही चले न गये, तब तक मैं और तुम्हारे पिताजी एक तंग और अंधेरी कोठरी में, जिसके अंदर जलाने की लकड़ियाँ रखी थीं, छिपे बैठे रहे। रात्रि को हाजिस साहब को तुम्हारे चाचा के घर इस अभिप्राय से भेजवा दिया गया कि यदि वे सिपाही दूसरी बार आएँ, तो साहब को न पा सकें।

12 मई को उपद्रवकारियों ने शहर के बदमाशों से मेरे सरकारी संबंध का हाल सुनकर फिर आक्रमण किया। पहले तो उन्होंने आस-पास की दूकानों को लूटा। फिर वे ज़बरदस्ती मेरे घर में घुस आए। उन्होंने सब माल व असबाब लूट लिया और मुझको बंदी कर लिया और कहा कि इंग्लैंड हो आने के कारण तू हिन्दू नहीं रहा। और हाजिस साहब की रिश्तेदारी के कारण तू मुसलमान भी नहीं रहा। इसके अतिरिक्त तू अंग्रेज़ी सरकार का जासूस भी है। इसलिए तुझे एक बड़ी रकम पेंशन में मिलती है। इस कारण हम तुझको मार डालेंगे–यहाँ तक कि एक ने बंदूक की नली मेरे सीने पर रख दी। परंतु, औरतों के रोने-धोने, नम्रता और खुशामद और हिन्दू-मुसलमान पड़ोसियों के समझाने-बुझाने से कोतवाल शहर ने, जो अकस्मात् उधर से गुज़र रहा था, मेरे कत्ल को रोक दिया और कहा कि जाँच के बाद इसको मारेंगे।

इस घटना के पश्चात् मैं छिप गया। कभी कहीं रहता और कभी कहीं। हाजिस साहब भी चाचा के घर से मेरी मौसी के घर चले गये और थोड़े दिन वहाँ रहे। अब लोगों को संदेह हुआ कि हाजिस साहब वहाँ छिपे हैं। अब हाजिस साहब और हम लोगों की सलाह हुई कि यहाँ से भाग चलना, यहाँ घर में बंदी होने और क़त्ल कर दिये जाने से कहीं बढ़कर है। रात को आठ बजे कपड़े बदल कर साहब इस अभिप्राय से रवाना हुए कि लाहौरी दरवाज़े से किसी तरह बाहर होकर करनाल रवाना हो जाएँ; परन्तु उनका पथ-प्रदर्शक बयान करता है कि दुर्भाग्यवश उपद्रवकारियों ने उनके रंग-ढ़ंग से उनको पहचान लिया और बंदी कर लिया। बातचीत के पश्चात् सारा भेद खुल गया कि वे हिंदुस्तानी वेष-भूषा में अंगरेज हैं। अंत में हाजिस साहब ने स्वयं मान लिया कि वे कौन हैं, किसके पास और कहाँ जाते हैं। इसी सिलसिले में उन्होंने मेरा नाम भी बतला दिया।

सारांश यह कि साहब तो वहीं क़त्ल हो गए और वे अब मुझको ढूँढ़ने में लगे।

मेरे दोस्तों ने ख़िज़िर सुल्तान शाहज़ादे से सिफ़ारिश करके आज्ञा ले ली, कि मैं ताल्लुक़ेदार वलीदादख़ाँ के साथ चला जाऊँ। वलीदादख़ाँ बालागढ़ का ताल्लुकेदार था। बालागढ़ बुलन्दशहर से दो मील के फ़ासले पर स्थित है। ख़ाँ सरकार

से पेंशन पाता था और नमक-हलाल रिआया में से था और 10 जून तक राजभक्त बना रहा।

वलीदादखाँ की सवारियाँ भी दिल्ली से जा रही थीं। मैं भी उन्हीं के साथ एक अलहदा पालकी पर बैठकर शहर से बाहर निकला। खाँ ने दिल्ली में मुझसे यह वादा किया था कि वे मुझको आगरा तक पहुँचा देंगे और सरकार के राजभक्त बने रहेंगे; परंतु थोड़े से मुकामों की बदइन्तज़ामी का हाल सुनकर वह बेवकूफ़ राजभक्ति की राह से भटक गया और उसने मुझको कै़द कर लिया।

यद्यपि मैं अत्यंत परेशान और रंजीदा था, तथापि मुण्को सदैव यही फ़िक्र लगी रहती थी कि किस तरह इस दग़ाबाज़ की कैद से छूटूँ। राव गुलाबसिंह सरकार का एक ख़ैरखाह और अमीर ताल्लुके़दार गूजर था। वह वलीदादख़ाँ का भी दोस्त था। मैंने उसको लिख भेजा कि कृपाकर आप मुण्को वलीदादख़ाँ के पास से अपने पास बुला लें। राव साहब ने कृपापूर्वक अपने मंत्री को उसके पास इस कार्य के लिए भेजा; परंतु उसने मंजूर न किया।

इसके पश्चात् मैंने एक और मित्र कोआगरा में लिखा कि तुम बीस सिपाही नौकर रखकर बालागढ़ आओ और मुझको छिपे-छिपे कै़द से छुडत्र ले जाओ; परंतु उनके पास न तो रुपया ही था और न वे सिपाही ही इकट्ठा कर सके। इस कारण वे कुछ भी मदद न दे सके।

अब हमें कोई आशा न थी; केवल ईश्वर पर भरोसा था। यह धारणा थी कि जिसने अब तक जान बचाई है, वह अब भी रक्षा करेगा।

29 जुलाई को गोरा फ़ौज के थोड़े-से सिपाही आए और उन्होंने उपद्रवकारियों की फ़ौज को हापुड़ में हराया। इस हार से कि़ले के लोग बहुत ही डर गये और उनके होश-हवास उड़ गए। मैं 30 तारीख की सुबह को कै़दख़ाने से निकल कर बुलंदशहर भाग गया।

इसके थोड़े दिन पीछे लपट साहब ने (जिनसे मेरी पहले भी मुलाकात हो चुकी थी) मेरे भागने का हाल सुनकर डनलॉप साहब के साथ मीठी शब्दावली से परिपूर्ण एक चिट्ठी लिखकर रवाना की और विलसन साहब के रिसाले के थोड़े-से सवार मेरे लेने के लिए रवाना किए।

मेरठ में विलियम साहब ने मुझपर बडत्रे कृपा की थ और बड़ी खातिर की। साहब बहुत ही अच्छे और उदार अफ़सर हैं। साहब की आज्ञा के अनुसार मैंने बालागढ़ के कि़ले का नक़्शा और उपद्रवकारियों के हाल लिखकर दे दिये।’

दसवीं कहानी

एक मेम साहब, जो सिकंदरसाहब के खानदान से हिंदुस्तानी पोशाक पहनकर मेरठ चली गई थीं, दिल्ली के उपद्रव का हाल इस प्रकार बयान करती हैं—

'दरियागंज में जितने भी ईसाई थे, वे सब-के-सब उपद्रव वाले दिन एक कोठे पर जमा हुए और तीन-चार दिनों तक वहीं रहे। जब सिपाहियों ने देखा कि बंदूक के ज़ोर से वे उस स्थान से नीचे न उतरेंगे, तो वे एक नौपती तोप लाए। उसके एक गोले ने सब कंडक्टर स्टल साहब काकाम तमाम कर दिया। जब तक ये लोग कोठे पर रहे, खाने-पीने की कोई चीज़ उनके पास नहीं पहुँची। छोटे-छोटे बच्चे भूख-प्यास से बिलख रहे थे। इन जल्लादों ने उन बच्चों से कहा कि यदि तुम नीचे उतर आओ, तो हम तुमको खाना पानी देंगे; परंतु जब वे नीचे उतरे, तो उन्होंने उनके क़त्ल का संकेत किया और सब नन्हें बच्चों को क़त्ल कर डाला। फिर थोड़ी देरके बाद उन्होंने क़त्ले-आम की आज्ञा दे दी। इस उपद्रव में जो लोग क़त्ल हुए, उनमें से थोड़ों के नाम इस प्रकार हैं—मैगज़ीन के तीन कंडक्टर और उनके बाल-बच्चे, मिसेज़ प्राइस साहब और उनके बाल-बच्चे और दो नवासे, मिसेज़ रेली और उनके दो बच्चे, आयूस साहब की मेम इत्यादि।'

ग्यारहवीं कहानी

रोड साहब चित्रकार अपने भागने और 6 सप्ताह के सफ़र का हाल, जिस बीच में वे दिल्ली से आगरा पहुँचे थे, इस प्रकार बयान करते हैं—

'मैं जी. लोल साहब रेलवे इंजीनियर और एच. स्पेंसर साहब और कमिंग साहब, रेलवे इंजीनियर के बंगले पर रहता था। ये अत्यंत उदार व्यक्ति हैं। उनका बंगला दिल्ली से दो मील दक्षिण की ओर है।

सबेरे नौ बजे के लगभग हमने उपद्रव का समाचार पाया। दस बजे दो घुड़-सवार बिना घोड़ों के हमारे दरवाज़े पर आये, ठीक 12 बजे उन्होंने घर लूटा। पाँच अंगरेज़ वहाँ पर मारे गये। शहर और छावनी के तमाम बंगले उस रोज़ दिनभर जलते रहे। जिस दिन हमने शहर छोड़ा, उस दिन 2 बजे के लगभग बड़े ही भयप्रद समाचार आये। हमने रक्षा को ही बहादुरी की अंतिम सीढ़ी समझकर थोड़ा-सा ज़रूरी सामान इकट्ठा किया और बाबू को आज्ञा दी कि नौकरों को सामान के साथ रवाना कर दें। इसके पश्चात् हम लोग भी रवाना हो गये और धीरे-धीरे पक्की सड़क के किनारे-किनारे चले। हुमायूँ के मक़बरे में 150 सवार भागने वालों की गिरफ़्तारी

के लिए मौजूद थे। उनसे बचकर हम आगे बढ़े। वहाँ पर हज़ारों मजदूर काम कर रहे थे, इस कारण उपद्रवकारियों ने हमको नहीं पहचाना। जब हम बटलर साहब के बंगले पर पहुँचे, तो ज्ञात हुआ कि साहब अभी थोड़ी देर हुई चले गये। कुछ देर हम उस बंगले पर ठहरे। वहीं हमने मैगज़ीन का उड़ना देखा। उसके बाद हम बंगले से रवाना हुए और चार मील पर बटलर साहब को जा मिले। वहाँ एक बंगला था, उसमें उतरे, खाना खाया और फिर रवाना होकर फ़रीदाबाद, जो यहाँ से 6 मील पर है, पहुँच गये।

हम यहाँ पर ठहरे। चाय पील और बहुत ही चौकन्ने रहे। आधी रात के लगीाग बल्लभगढ़ का राजा हमारे पास आया और कहा कि 50 सवार तुमको ढ़ँढ़ने आ रहे हैं, ज्यादा अच्दा हो, यदि तुम अपने नौकरों की पोशाकें पहन लो और जल्दी मेरे क़िले में आ जाओ। मैं तुम्हारी रक्षा करूँगा। यह कहकर वह अपने क़िले में गया, जिसमें वहाँ पर कोई उपद्रव न उठ खड़ा हो। राजा ने बल्लभगढ़ पहुँचकर एक सवार भेजा कि वह हमको ले जाए। हम क़िले में पहुँचे ही थे कि वह 50 सवार भी आ गये; परंतु उनसे राजा साहब के नौकरों ने कहा कि साहब लोग आगे बढ़ गए। वह तोयह सुनकर आगे बढ़ गये और हम एक नींद लेकर दूसरे गांव की ओर रवाना हुए, जो बल्लभगढ़ से 6 मील की दूरी पर था। हमारी रक्षा के लिए राजा की फौज का एक रिसाला हमारे साथ था। इस गाँव में पाँच दिन तक एक छोटे-से मकान के कोठे पर रहे। पाँच रोज के बाद वहाँ से भी राजा साहब के विश्वासपात्र के साथ मथुरा के लिए रवाना हो गए। रास्ते में हर गाँव से बचते चले। यहाँ तक कि एक गाँव में पहुँचे, जिसका नाम अरबान था। ऊँट हाँकने वाला सीधा हमको वहीं ले गया; परंतु अकस्मात् रास्ता एक बैलगाड़ी के कारण रुका हुआ था। इस कारण हम उस रास्ते से वापस आये। चार ऊँट तो वापस आये; परंतु एक, जिस पर बेन साहब थे, पीछे रह गया। हम गाँव के बाहर ठहर कर उनकी राह देखते रहे और गाँव वाले हमारे आगे-पीछे हथियार बंद खडे़ थे। इतने में बंदूक की दो आवाज़े आईं। आवाज़ें सुनते ही सब वहाँ से भागे। पहला ऊँट, जिस पर लोल साहब सवार थे, वह तो अच्छी तरह बाहर निकल गया। दूसरा, जिस पर स्पेंसर साहब थे, गिर पड़ा और उठ कर भाग गया। हमारी ऊँट भी ज़मीन पर गिर पड़ा और फिर उठ न सका। जो कोई उसके निकट जाता था, वह उसे काटने दौड़ता था। लाचार होकर उसको वहीं छोड़ा। स्पेंसर साहब और कमिंग साहब तो रास्ता छोड़कर भागे और बटलर साहब रास्ते पर भागते रहे। उपद्रवकारियों ने हमको दूर से मारना शुरू किया। अब सवेरा होने वाला था; इसलिए हमने उपद्रवकारियों का मुक़ाबिला करने की ठानी। उन्होंने जब हमको घेर लिया, तो बटलर साहब ने संधि करली। उपद्रवकारियों ने कहा कि यदि तुम अपनी बंदूकें दे दो तो हम तुमको कष्ट नहीं देंगे। इस वादे पर हमने अपनी बंदूकें उनको सौंप

दीं; परंतु इसी बीच उनमें से एक ने मेरे कंधे पर ज़ोर से लकड़ी मारी। मैंने भी लौटकर अपनी राइफल का कुंदा उसके जड़ दिया। जब हम अपनी बंदूकें देकर गाँव को वापस आ रहे थे, उस समय बटलर साहब ने अपना पिस्तौल उस आदमी से छीनकर, जिसको उन्होंने दिया था, वापस रास्ते की राह ली। इसी बीच में एक व्यक्ति ने मेरे सिर पर तलवार का वार किया। मैंने कहा—जो कुछ मेरे पास है ले लो। मेरे पास 150) थे, वह मैंने उनको दे दिये। उसके बाँटने में उनमें आपस में तकरार होने लगी। मैंने जो पीछे मुड़ कर देखा, तो बटलर साहब नौ दो ग्यारह हो गये थे और कोई भी उनका पीछा नहीं कर रहा था। इतने में एक मनुष्य दौड़ कर आया और बड़े जोर से तलवार मेरे सिर पर मारी, जिसके कारण मैं ज़मीन पर गिर पड़ा; परंतु तलवार कुंद थी; इस कारण कोई ज़ख़्म न आया। मैंने जमीन पर गिर कर सांस रोक ली और औंधे मुँह छाती के बल पड़ा रहा, जिससे वे समझे कि मैं मर गया। उन लोगों ने मेरे कपड़े, जूते, सिगरेट बक्स आदि सब कुछ उतार लिया और आपस में तकरार करने लगे। सिगरेट-बक्स में 3) थे। एक ने कहा कि यह मैं लूँगा। असबाब बाँट लेने के बाद वे मेरे इर्द7गिर्द खड़े हो गये और थोड़ी देर तक वह गीत (मरसिया) गाते रहे, जो मुरदे के बारे में गाया जाता है। वे कभी-कभी मुझको लात भी मार देते थे। एक ने इस विचार से कि देखें यह ज़िंदा है या मरा, मेरी गरदन पर पाँव रखा और उठाकर जमीन पर पटक मारा; परंतु मैंने भी ऐसी सांस साधी कि उनको न मालूम हो सका कि मैं ज़िंदा हूँ। मैंने अपना सारा शरीर पत्थर की तरह कड़ा कर लिया। एक आदमी ने फिर मेरी गरदन के नीचे पैर डाल कर मुण्को सीधा कर दिया और मेरी छाती पर हाथ रखा। उस समय मैंने साँस लेना बिल्कुल बंद कर दिया और जब उसका हाथ मेरे दिल पर आया, मैंने साँस नहीं ली। इसके बाद शोर हुआ; परंतु मैं उसका मतलब बिल्कुल न समझ सका। थोड़ी देर के बाद एक आँख जो मैंने चुपके से खोली, तो मुझे कोई भी न दीख पड़ा। उस समय मैं उठा; परंतु बहुत-सा खून निकल जानेके कारण में इतना शक्तिहीन हो गया था कि मुश्किल से चल सकता था। परंतु,लाचार होकर गिरता-पड़ता भागा ही था कि हथियारबंद सिपाहियों का एक गिरोह दीख पड़ा। वे आपस में कुछ बातचीत कर रहे थे। मुझे देखकर उन्होंने संकेत से कहा कि यहाँ से चले जाओ। उनमें से एक व्यक्ति मेरे पास आया और मेरी विनय और इच्छा के अनुसार मुझको एक कूएँ पर ले गया। वहाँ मैंने पानी पिया। उस आदमी ने मुझको एक सीधा और साफ़ रास्ता बताकर वह खुद मेरे साथ चला और कहा कि खून से लथ-पथ अपने कपड़े मुझको दे दो, मैं इनको धो लाऊँ। इस बहाने से उसने मेरी बेस्टकोट, जिसमें बहुमूल्य बटन और सोने की जंजीर लगी थी, उतरवा ली और चाहा कि मुझे मारे; परंतु मैंने उसको भलीभाँति समझा दिया कि मैं विलायत का मनुष्य हूँ। मैंने उसको पृथ्वी पर दे पटका और आगे बढ़ा; परंतु धूप की तेज़ी

के कारण मुझमें ताकत न थी। मैंने कमजी हिन्दुस्तानी कपड़ों के नीचे से निकाल कर अपने सिर पर रखी और इस प्रकार दो या तीन मल चला था कि दो-तीन मनुष्य लट्ठ लिए हुए मेरे पास आये और मुझे धमकाने लगे। मैंने उनसे स्पष्ट रूप से कह दिया कि यदि तुम मुझको मार डालोगे, तो भी तुम्हें कुछ नहीं मिलेगा; क्योंकि मेरे पास कुछ नहीं है; परंतु, यदि तुम मुझको बल्लभगढ़ पहुँचा दोगे, तो 100) मिलेंगे। और यदि आगरा पहुँचा दोगे, तो 300) दूँगा। यह सुनकर उन लोगों ने थोड़ा-सा पानी पिलाया और छोड़ दिया। इसके पश्चात् एक अत्यंत भयानक मनुष्य खेतों से दौड़ता हुआ और हल्ला मचाता हुआ मेरी तरफ आया। मैं उसको देखकर खड़ा हो गया। उसने मेरे सिर से कमीज़ उतार ली और मारने को ही था कि मैंने हाथ उठाकर कहा कि मेरे पास एक कौड़ी भी नहीं है। हाँ, मैं बल्लभगढ़ तक के 100) और आगरेतक के 300) दे सकता हूँ; परंतु उसको इसबात पर विश्वास न हुआ कि बल्लभगढ़ का राजा हमारा मित्र है। इसी बीच में और गाँववाले भी आये। उन लोगों ने कहा कि दो अंगरेज़ एक दूसरे गाँव में, जो यहाँ से निकट ही है, आये हैं। उन मनुष्यों ने मुझे पानी पिलाया और उस गाँव में पहुँचा दिया। वहाँ स्पेंसर साहब और कमिंग साहब मौजूद थे और ईश्वर की ऐसी कृपा थी कि रास्ते में उनको कोई उपद्रवकारी भी नहीं मिला था। उन दोनों साहबों से मिलकर मैं बहुत प्रसन्न हुआ। स्पेंसर साहब ने कृपापूर्वक मेरे ज़ख़्म धोये। दोनों साहबों ने गाँव के नंबरदार से कहा कि यदि तुम हमें आगरे पहुँचा दोगे, तो प्रति मनुष्य 500) देंगे। बहुत-कुछ कहने-सुनने के बाद भी नंबरदार ने इंकार कर दिया और उसने बंदूकें और 300) छीन लिए। उसी समय हमारे पास माइकेल साहब की एक चिट्ठी पहुँची। उन्होंने हमें बुलाया था और लिखा था कि पत्रवाहक के साथ चले आओ; क्योंकि यह गाँव राजभक्त है। पूछने पर मालूम हुआ कि वह गाँव यहाँ से दो कोस पर है। वहाँ से रवाना होकर हम माइकेल साहब के पास पहुँचे। वहाँ सब लोग सायंकाल तक ठहरे। हमारे पथ-प्रदर्शक ने हमको यह सलाह दी कि यहाँ से एक दूसरे गाँव को, जो 6 मील की दूरी पर है, चलना चाहिए; क्योंकि वह गाँव बड़ा है और उसके निवासी अच्छी तरह हमारी रक्षा कर सकते हैं। हम उसके कहने के अनुसार दूसरे गाँव में चले गये और वहाँ 9 दिनों तक रहे। यद्यपि इस बीच में मेवातियों ने उस गाँव वालों को बहुत कुछ डराया-धमकाया कि हम तुम्हारे गाँव पर आक्रमण करेंगे; परंतु उन लोगों ने इस बात की कुछ भी परवाह न की। उस समय हम सबको विश्वास हो गया कि यदि हम उस छोटे गाँव में रहते, तो सब-के-सब क़त्ल कर दिये जाते। इसके पश्चात हमें और ज्यादा इत्मीनान हुआ कि फ़ोर्ड साहब मैजिस्ट्रेट गुड़गाँव ने हाड़ल नामक स्थान से भरतपुर की फ़ौज का अगला भाग हमारी रक्षा के लिए भेजा है। हम साहब के पास पहुँच गए और उनके पास हम बड़े चैन से रहे। हम वहाँ पर बहुत दिनों तक ठहरे। दिल्ली-विजय का

समाचार सुनने के लिए हम बड़े ही उत्सुक थे। इसी बीच में मथुरा में भी उपद्रव आरंभ हो गया। जो सिपाही हमारे साथ थे, उन्होंने भी उपद्रवकारियों का साथ दिया। हमसे कहा कि यहाँ से चले जाओ। इसके पश्चात् हम डाडीं साहब के साथ अत्यंत आराम के साथ हाड़ल से 26 जून को आगरे चले गये।

माइकेल साहब ने हाड़ल से रवाना होने के पहले राजा बल्लभगढ़ से 200) नगद और सवारी के लिए घोड़े लिए थे। मगर सवारों के हिसाब से एक घोड़ा कम था। फिर भी राजा साहब ने कृपा की। (इस राजा को दिल्ली-विजय के पश्चात् फाँसी दी गई थी।)

बारहवीं कहानी

19वीं अगस्त को मेसन साहब की मेम साहब दिल्ली के फ़ौजी कैम्प में स्वात निवासी एक ग़ाज़ी के साथ आईं। यद्यपि शहर से दो ग़ाज़ी उनके साथ चले थे; परंतु एक को उपद्रवकारियों ने बंदी कर लिया था। मेम साहब अफ़गान लड़कों का वेष बनाकर भागी थीं। मेम साहब दिल्ली में उपद्रव के आरंभ अर्थात्–11 मई से 19 अगस्त तक 3 महीने बंदीगृह में रही थीं। उनका एक बच्चा उनकी गोद में गोली से मारा गया था और वही गोली मेम साहब को भी लगी थी। ज़ख़्मी होने के पश्चात् उक्त दोनों ग़ाज़ियों ने उनकी रक्षा भी की थी।

फ़ौजी कैम्प में आने से पहले एक रात्रि में मेम साहब किसी तरह अजमेरी दरवाज़े से बाहर निकल कर घास में छिप रहीं। सबेरे उनहोंने ग़ाजियों में से एक को भेजा कि जाकर देखे कि अंगरेज़ी फ़ौज सब्ज़ीमंडी में है कि नहीं। वह देखकर गया और सारा हाल बयान किया। मेम साहब यह सब हाल सुनकर वहाँ से रवाना हुईं और जितना भी तेज़ चल सकीं, चलकर कैम्प में आ गईं। रास्ते में वैरियों ने एक ग़ाज़ी को गोली से मार डाला। उन्होंने दूसरे ग़ाज़ी और मेम साहब का भी पीछा किया; परंतु जब वह हमारी गोली के निशाने पर पहुँचे तो उपद्रवकारियों ने एक पग भी आगे न बढ़ाया और ग़ाज़ी व मेम साहब ने कुशल-पूर्वक सब्ज़ीमंडी पहुँच कर ईश्वर को अनेकों धन्यवाद दिए।

मेम साहब की दशा अत्यंत शोचनीय थी। हमारे बहुत से सिपाही उनका हाल देखकर बहुत रोए। उनके कूलेपर ज़ख़्म था और उनका अंगूठा बिल्कुल घिस गया था; क्योंकि बंदीगृह में उनके अंगूठे को कसकर एक जगह बाँध दिया गया था। हमारे सिपाहियों ने उनकी ख़ातिर की। कोई पानी लाया, कोई शराब, कोई रोटी लाया और कोई मांस; परंतु मेम साहब ने कमज़ोरी के कारण न कुछ खाया

और न पिया। थोड़ी देर तक वे उनके इर्द-गिर्द जमा रहे और भिन्न-भिन्न प्रकार के प्रश्न करते रहे। यहाँ तक कि मेम साहब दिक हो गईं; परंतु मेम साहब ने सब सवालों का संक्षिप्त उत्तर दे दिया। अंत में कप्तान हेली साहब आ गये और उन्होंने मेम साहब को एक डोली मँगवाकर उसमें सवार किया और उनको अत्यंत सुरक्षित अवस्था में कैम्प में भेज दिया। वहाँ उनको एक पृथक् ख़ीमा दिया गया और सारी आवश्यक वस्तुएँ वहाँ एकत्र कर दी गईं। शहर से भागते समय उनके पास एक पुराना मैला कपड़ा था, जिसे उन्होंने अपने शरीर में लपेट लिया था। एक टुकड़ा और था जो उनके सिर पर लिपटा हुआ था। न हाथों में दस्ताने थे और न पाँवमें जूती; केवल एक फटी-पुरानी हिन्दुस्तानी जूती थी। सच तो यह है कि मेम साहब की दशा इससे ज़्यादा खराब नहीं हो सकती थी।

तेरहवीं कहानी

जेम्स मोरली साहब, जिनकी जीवन्-रक्षा एक हिन्दुस्तानी नौकर द्वारा हुई थी, अपने भागने का हाल इस प्रकार बयान करते हैं–

'मैं और मेरे मित्र विलियम क्लार्क साहब एक दुमंज़िले मकान में, जो काश्मीरी दरवाज़े नामक मुहल्ले में था, रहते थे। हम दोनों की शादी भी हो गई थी और तीन बच्चे भी थें। क्लार्क साहब के भी एक बच्चा था और उनकी स्त्री गर्भिणी थी।

11 मई को सबेरे 8 बजे के लगभग मैं दफ़्तर जाने के लिए तैयार था कि बाज़ार में एक शोर हुआ। इसी बीच में मेरा नौकर आया और उसने कहा कि थोड़ी रेजिमेंट अपनेअंगरेज़ अफसरों को क़त्ल करके मेरठ से यहाँ शहर में आ गई हैं। हमारी समझ में कुछ भी न आया कि अब क्या करना चाहिए। बग्घी भी वापस कर दी। हम दो-तीन घंटे मकान पर और ठहरे रहे कि इतने में एक और नौकर ने आकर कहा कि बदमाश लोग जमा होकर अंगरेज़ों को क़त्ल कर रहे हैं।

यह सुनकर मेरी पत्नी तथा बच्चों ने रोना-धोना आरंभ किया। कुछ नौकर दरवाज़े पर जाकर खड़े हुए और उनमें से एक ने कहा कि चलो मेरे मकान में चल कर छिप रहो। मगर मेरा विचार था कि मैं बाहर जाकर देखूँ कि क्या हो रहा है। मैं एक सोटा हाथ में लेकर गली में गया, वहाँ कोई दिखाई न पड़ा। मैं और आगे बढ़ा। वहाँ भी कोई न था। अंत में इस गली को पार करके हम दूसरे मुहल्ले में गये। उसमें भी कोई आदमी न था; केवल एक बूढ़ा आदमी दूकान पर बैठा था। मैं थोड़ी देर वहाँ ठहरा, तो सीधे हाथ की ओर मनुष्यों का एक समूह

दिखाई दिया। वह मुझसे दूर था और कोलाहल के अतिरिक्त और कुछ समझ में न आता था। मैं इस विचार से कि वे मेरे ही मकान पर आयेंगे, वहीं थोड़ी देर तक खड़ा रहा और उनको देखता रहा। उसके बाद एक हल्ला पीछे से सुनाई दिया। मुड़कर देखा, तो एक समूह मेरे दरवाज़े के भीतर जा रहा था और मुझको देखकर उन्होंने कुछ आदमियों को मेरी ओर भेजा। यह देखकर मैं तुरंत ही बाईं ओर जो एक दूसरा रास्ता जाता था, वहीं घुस गया। यहाँ से एक रास्ता बहुत फेर से मेरे मकान की ओर भी जाता था। इस दरवाज़े पर कुछ औरतें और एक या दो आदमी खड़े थे; मगर उन्होंने मुझसे कुछ नहीं कहा। मैं वहाँ से भी आगे भागा। अधिक दूर न गया था कि दो आदमी एक और गली से भागते हुए निकले और मेरी ओर यह कहते हुए आये कि मारो फिरंगी को। इनमें से एक के हाथ में तलवार थी, दूसरे के पास लाठी। जब वह निकट आये, तो मैं भी ठहरा और तलवार वाले को मैंने एक ऐसा सोंटा सिर पर मारा कि वह ज़मीन पर गिर गया। इस बीच लोग वहाँ जमा होने लगे और मैं वहाँ से भी रवाना होकर एक व्यापारी की दूकान पर पहुँचा। वहाँ बहुत-सी गाड़ियाँ खड़ी थीं और एक गाड़ी की छत टूटी हुई ज़मीन पर पड़ी थी। इसमें मेरे लिए काफ़ी जगह थी, मैं इसमें घुसकर बैठ गया। इस अंतर में चार-पाँच आदमियों कोयह कहते हुए सुना कि 'इधर ही तो गया है।' मैं मारे डरके ज़रा भी आराम से न बैठ सका। इनके जाने के थोड़ी देर बाद फिर वहाँ कोई न था और न उधर से कोई आदमी ही निकला।

अब मुणे अपने और क्लार्क साहब के बीबी-बच्चों का ध्यान आया। मैं अपने मन में सोचता था कि क्या वे सब मारे गए। यह ध्यान आते ही मैंने अपने मन में कहा कि जो कुछ हो, मुझे घर न जाना चाहिए। इस विचार नेमुझे पागल बना दिया। अभी इन्हीं भ्रांतियों में घिरा हुआ था कि दुबारा इसी रास्ते में एक ज़ोर का कोलाहल उठा और एक बड़ा भारी समूह दुंद मचाता और अंगरेज़ों को गालियाँ देता उधर से निकला। इसी बीच दो-तीन औरतें घरों से निकलकर उस छत के पास आ खड़ी हुईं। उनकी गोद में एक बच्चा भी था। बच्चा उसके नीचे (छत को) झाँकने लगा कि किसी ने कोठे से पुकारा कि भीतर आके दरवाज़ा बंद कर लो। मैं वहाँ बहुत देर तक छिपा रहा; क्योंकि यह बाज़ार बहुत चलता था। मैंने सोचा कि इसमें हर जगह आदमी मिलेंगे; मगर दुबारा मुणे अपनी बीबी-बच्चों का ध्यान आया और मैंने निश्चय कर लिया कि कुछ भी हो, मुणे घर अवश्य जाना चाहिए। परिणाम यह हुआ कि मैं बाहर आया और अभी निकला ही था कि एक औरत ने कहा कौन है? मैंने कुछ उत्तर न दिया और वहाँ से चल दिया। यह गली बीच शहर में स्थित न थी; बल्कि शहरके प्राचीर के निकटतर थी। इसमें बनिये-बक्काल न रहते थे; बल्कि बंगाली रहते थे। जितने भी बदमाश थे, वे सब शहर लूटने गये थे। मुझे इस रास्ते में केवल दो आदमी मिले, वे मुझे जानते थे।

उन्होंने कहा क अपनेको बचाओ। सारांश यह कि मैं अपने मकान के पिछवाड़े तक पहुँच गया। यहाँ एक बाग़ था, मैं एक खिड़की से होकर भीतर गया। उस समय चार बजे थे। मैंने बंदूकों की आवाज़ें सुनी थीं और साथ ही एक बहुत ज़ोर का धमाका और भूचाल-सा भी आया जो बाद में मालूम हुआ कि मेगज़ीन उड़ाया गया था।

वीभत्स मर्मस्पर्शी दृश्य

अंत में मैं अपने बाग़ के भीतर आया, तो सन्नाटा-सा छाया हुआ था। मकानके निकट पहुँचा तो कुर्सियाँ और पुस्तकें टूटी-फूटी अस्त-व्यस्त दशा में फैली हुई थीं। कपड़ों के ढ़ेर जल रहे थे, जिधर नौकर रहते थे उधर गया; मगर वहाँ कोई आदमी दिखाई न दिया। पशु-गृह की और कुछ रोने का-सा शब्द सुनाई दिया। वहाँ जाकर देखा कि हमारा पुराना धोबी, जिसने बीस बरस तक मेरे पिता की सेवा की थी, पड़ा है। मैंने उसका नाम लेकर पुकारा, तो उसने आँखें खोलीं और मुझको देखकर रो-रोकर कहने लगा कि साहब उन्होंने सबको मार डाला। यह सुनते ही मेरी संज्ञा लुप्त-सी हो गई। मैं अचेत-सा होकर बैठ गया। धोबी से मैंने पानी माँगा। उसने अपने घर से लाकर दिया। पानी पीने के पश्चात् मैंने उससे पूछा कि क्या हुआ और क्योंकर हुआ। पहले तो वह खूब रोया, फिर कहा कि साहब जब तुम चले गये, तो दोनों मेम साहब और बच्चे एक स्थान में भय के मारे बैठ गये; क्योंकि गली-कूचीं में बहुत कोलाहल हो रहा था और बंदूकों की आवाज़ें भी आती थीं। यह दशा देखकर क्लाक्र साहब ने अपनी शिकारी बंदूक निकाली और उसे भरा। मैंने उनसे कहा कि अगर आप कहें, तो दरवाज़ा बंद कर लूँ; मगर उन्होंने उत्तर दिया कि नहीं, हमकों कुछ भय नहीं है। इसके बाद एक बड़ा भारी झुंड लाठियाँ, तलवारें और बरछियाँ लिए हुए अहाते के भीतर आ गया। क्लार्क साहब ज़ीने पर खड़े थे। उन्होंने उनसे पूछा कि तुम क्यों आये हो और क्या चाहते हो? उन लोगों ने गालियाँ देने के अतिरिक्त और कुछ उत्तर न दिया और कहा कि हम प्रत्येक फ़िरंगी को मारेंगे। साहब यह सुनकर भीतर चले गये और दरवाज़ा न बंद किया। इनके पीछे वे सब लोग भी अंदर घुस आये। नौकर सब भाग गये। अकेले मैं रह गया। जब वे सब अंदर आ गये, तो क्लार्क साहब ने कहा कि ये सब चीजें, मौजूद हैं, इन्हें ले जाओ, हमको न मारो; लेकिन उन्होंने साहब को गाली देकर और उनकी मेम की तरफ़ देखकर कहा क्या यह तुम्हारी मेम है? यह कहकर खूब हँसे और अब उन्होंने सब असबाब को तोड़ना-फोड़ना और लूटना प्रारम्भ कर दिया। हमारी मेम साहब ने तीनों बच्चों को लेकर स्नानागार में जाकर दरवाज़ा बंद कर लिया था। क्लार्क साहब मेरे पीछे बंदूक लेकर खड्ते हो गये। उन लोगों ने बंदूक देखी,

तो कहा कि यह हमको दे दो। उनमें से एक व्यक्ति मेम साहब के पास गया और उनके गालों को दूकर कुत्सित बातें कहने लगा। क्लार्क साहब यह देखकर चिल्लाये और कहा कि 'ओ! सूअर' और उसको गोली से मार दिया। दूसरे को दूसरी गोली से घायल करके बंदूक की नाल से मारने लगे। यह देखकर मैंने समझा कि अब ये लोग सब को मार डालेंगे। मैं भागकर स्नानागार की ओर गया कि मेम साहब को निकाल ले जाऊँ; किंतु वहाँ भी बहुत से लोग जमा थे। उन्होंने मुझे मारा और कहा कि यहाँ से भाग जाओ, नहीं तो हम तुमको मार डालेंगे। मैं विवश होकर बाग में एक वृक्ष की आड़ में जा बैठा। वहाँ से मैंने पहले तो बड़ा भारी शोर-गुल सुना,उसके बाद देखा कि वे लोग सब मालमता निकाल-निकाल कर चारों ओर फेक रहे हैं। उन लोगों ने दरवाज़ों के शीशे भी तोड़ डाले और फिर वे सब चले गये।

यह सुनकर थोड़ी देर तक तो मैं संज्ञा-विहीन-सा हो गया। फिर मैंने उठकर धोबी से कहा कि चलो भीतर चलें। मकान में जाकर बाहर से कमरे में देखा कि अनेक वस्तुएँ टूटी पड़ी हैं। मेज़ें कुल्हाड़ियों से तोड़ी गई थीं और सब वस्तुएँ फ़र्श पर बिखरी पड़ी थीं। मुरब्बे और अचार के ढ़ेर लगे थे, बिस्कुट सर्वत्र फैले थे और ब्रांडी इत्यादि शराब की बोतलें टूटी हुई पड़ी थीं। उनकी बदबू सर्वत्र फैल रही थी।

यह समस्त घटना मेरे हृदय पर अंकित है और ऐसे अवसरों पर प्रत्येक व्यक्ति के मन में जो-जो कुभावनाएँ और कुत्सित संदेह उदय होने लगते हैं, वे ही भयप्रद शंकाएँ मेरे मन को भी कुरेद रही थीं। इसी संदेह और भय से मैं देर तक इस कमरे में रहा और इधर-उधर देखता रहा। अंत में धड़कते हुए हृदय को दृढ़ करके मैं दूसरे कमरे में गया। वहाँ जो कुछ दृष्टिगत हुआ, वास्तव में उसे देखने के लिए अत्यंत दृढ़ हृदय होना चाहिए। वहाँ प्रवेश करते ही मेरा हृदय अतीव भय और घृणा से भर गया। सामने जो दृष्टि गई, तो क्लार्क साहब का बेटा दीवाल पर एक मेख़ से लटका हुआ था। उसका सिर नीचे था और लहू के फ़व्वारे जारी थे। अफसोस! यह हृदय-विदारक अमानवीय अत्याचार उन्होंने माँ के सम्मुख किया होगा। वह भय या वह दृश्य देखकर मैंने अपनी आँखें बंद कर लीं। मेरा शरीर काँपने लगा। जब डरते-डरते दुबारा मैंने आँखें खोलीं, तो उससे अधिक घृणोत्पादक तथा रोमांचकारी दृश्य देखना पड़ा। क्लार्क साहब और उनकी मेम दोनों एक ही पार्श्व में पड़े थे और अब मैं यह वर्णन न करूँगा कि यह दृश्य कितना अधिक भयंकर और करुणोत्पादक था; क्योंकि यह मैं पहले ही बता चुका हूँ कि क्लार्क साहब की मेम गर्भवती थीं और अत्यंत निकट ही में उनके संतान होने वाली थी। मैं चीखने की आवाज़ सुनकर तीसरे कमरे में गया और वहाँ देखा कि धोबी विचारा हाथ मल-मल कर रो रहा है। वह स्नानागार के दरवाज़े पर खड़ा था। मैं दौडकर

स्नानागार तक गया; किंतु अंदर न जा सका; क्योंकि वहाँ वह दशा थी कि दुश्मन को भी देखना नसीब न हो। मैं तो उसकी कल्पना भी नहीं कर सकता कि क्लार्क साहब की भाँति मैं अपनी पत्नी को भी देखूँ। मैं बदहवास होकर दोनों हाथ घुटनों पर रखकर बैठ गया। मुझे इस समय रोना भी न आता था। ऐसा प्रतीत होता था कि हृदय पर एक पहाड़ स्थित है, जो आँखों तक आँसुओं को नहीं आने देता। मुझे मालूम नहीं कि मैं कितनी देर तक वहाँ बैठा रहा। अंत में धोबी ने आकर कहा कि इधर आदमी आते-जाते हैं। अब यहाँ रहना उचित नहीं। वही पकड़कर मुझे अपने घर ले गया। अब शाम हो गई थी और अँधेरा फैल गया था। ध्यान आया कि संभवतः नौकर लौट आये हों; किंतु मुझे अब किसी पर विश्वास न रह गया था।

धोबी ने मुझसे कहा कि आज रात को मैं तुमको अपने भाई के यहाँ ले जाऊँगा, जो शहर के दूसरी ओर रहता है और कोई ऐसा उपाय निकालूँगा कि तुम भी किसी प्रकार शहर से बाहर निकल जाओ। हम और तुम करनाल चलेंगे। मैं उसके घर के भीतर जाकर लेट रहा और वह दरवाज़े पर बैठा रहा। थोड़ी देर भी नहीं बीती थी कि बदमाशों का एक समूह अंदर आया। वे लोग खूब उठा कर हँसे, चीखे और चिल्लाये और फिर खिड़की से होकर बाहर चले गये। मैंने स्वयं सुना कि उनमें से एक व्यक्ति ने कहा—क्या खूब तमाशा है!

मेरे नौकर भी वापस आ गये थे और इस घटना की बातें आपस में करने लगे। मुझे इसकी बहुत प्रसन्नता हुई कि उन्होंने मुझको निहत व्यक्तियों में समझ लिया था। एक व्यक्ति ने कहा कि मेम साहब और बच्चों का रक्तपात अत्यंत ही बुरा और हेय है। अब काम-धंधा कहाँ मिलेगा; किंतु दूसरे ने तुरंत ही उत्तर दिया कि वे लोग काफ़िर थे। अब दिल्ली का बादशाह हमारी परवरिश करेगा।

मैं आधी रात बीते अत्यंत धीरे से बाग़ में गया और धोबिन की कुरती पहनकर ओंढ़नी ओढ़कर बाहर निकला और नियत स्थान पर पहुँचकर धोबी से मिला। वह मुझे साथ लेकर अपने भाई के मकान पर गया। मार्ग में प्रत्येक स्थान पर खलबली मची हुई थी। मेगज़ीन की और से एक तीव्र ज्वाला उठ रही थी और प्राचीर के बाहर बंदूकें चल रही थीं। जब मैं धोबी के भाई के मकान के निकट पहुँचा, तो धोबी ने कहा कि तुम चुपचाप एक कोने में खड़े रहो। मैं भीतर जाकर देखूँ कि कौन-कौन हैं। यहबात मेरे भाग्य के लिए अच्छी सिद्ध हुई; क्योंकि बाद में मालूम हुआ कि धोबी का भाई हमारे क़त्ल से प्रसन्न हुआ कि अब सब कपड़े उसके पास रहेंगे। यदि मैं भीतर चला जाता, तो वह कदापि हमारे बचानेका प्रयत्न न करता; बल्कि वह तो हमारे क़त्ल पर उद्यत था। मैं इस कोने में बहुत देर तक खड़ा रहा। बहुत से आदमी उधर से निकलते थे। यदि उनको ज़रा भी ख़बर हो जाती कि एक फ़िरंगी उनके निकट मौजूद है, तो ईश्वर जाने क्या-क्या अपमान

सहन करने पड़ते। मैं समस्त जीवन शहर में रहा हूँ। मुझको बहुधा लोग जानते थे; इसलिए भय था कि मेरे ओढ़नी पहनने के कुढ़ंग से कोई मुझे पहचान न ले। इसी सोच-विचार में थोड़ी देर बैठा रहा। अब सुबह होने लगी और इस विचार से कि अब परदा खुल जायेगा और भी अधिक आशंका हुई। अंत में धोबी निकला। उसके आगे-आगे एक बैल कपड़ों से लदा हुआ जा रहा था; किंतु वह मेरी ओर न आया, बल्कि सामने एक दूसरी गली में चला गया। यह देखकर मुझे दुःख हुआ कि देखो यह भी मुझे छोड़ चला! खैर, जो भाग्य में है वह होगा; परंतु जब उसकी सेवा और ईमानदारी का ध्यान हुआ, तो हृदय ने कहा कि यह इस कारण मेरी ओर नहीं आया कि किसी को मेरे ऊपर संदेह न हो। यहाँ तक कि धोबी दूर निकल गया। उस समय मैं उठा और उसके पीछे हो लिया। वह आगे-आगे जाता था और मैं कुछ पीछे-पीछे जाता था। यहाँ तक कि हम उस गली से बाहर निकल आये, जिसमें उसका भाई रहता था। इसके बाद वह ठहर गया और संकेत से मुझे बुलाया। मैं उसके पास गया। उसने कहा कि मेरा भाई बेईमान है। वह कभी तुमको न बचाता और मैं इस बहाने से निकल आया हूँ कि ऐसे समय शहर में रहना उचित नहीं, जब कि चारों ओर शहर में उत्पात मच रहा है। मैं तो यहाँ नहीं रहूँगा और गाँव जाता हूँ; अतः हम दोनों शहर के प्राचीर से बाहर निकल आये और किसी ने हमको न रोका। हम सड़क के मार्ग से तीन मील के लगभग गये होंगे कि धोबी ने सलाह दी कि अब करनाल जाना उचित है। करनाल का मार्ग वहाँसे दूर था और हमें समस्त शहर का चक्कर काटकर वहाँ पहुँचना था। अंत में हम उसी ओर रवाना हुए। मार्ग में हमें बहुत-से आदमी मिले; मगर कोई न बोला। हम धीरे-धीरे चल रहे थे और शाम होते-होते करनाल के मार्ग पर आ पहुँचे। यहाँ मामला कुछ और था। जो लोग करनाल जाते थे, उनकी तलाशी ले ली जाती थी। हमको उपद्रवकारियों ने घेर लिया और कहने लगे कि यह बूढ़ा आदमी बड़ा ही चतुर है, लूट का माल लिए जाता है। धोबी ने झट उनसे कहा कि मेरा बोझ देख लो। जब उन्होंने देख लिया और कुछ न पाया, तो हम लोगों को छोड़ दिया। अब मैंने धोबी से कहा कि आगे यदि उपद्रवकारियों का झुंड मिले, तो पहले ही से कहना चाहिए कि जाओ फिरंगियों को लूटो और उक्त उपद्रव, सर्वनाश और रक्तपात की घटना का ज़िक्र हँसी-मज़ाक से करना चाहिए; अतः अब आगे उसने ऐसा ही किया, जिसके कारण फिर किसी ने हम पर संदेह नहीं किया।

दूसरे दिन हम बहुत सवेरे अंधेरे ही से बैल पर सवार होकर चल पड़े। तीसरे दिन हम हिन्दुओं के एक मंदिर के निकट ठहरे और एक पीपल के पेड़ के नीचे बैठ गये। वहाँ एक बड़ा तालाब था और एक सन्यासी वहाँ आकर ठहर गया। उसके बाद धोबी खाना लेने गया। चूँकि हवा ठंढ़ी चल रही थी, मैं सो गया। जब

धोबी खाना लेकर लौटा और मुझे जगाया तो उससे सन्यासी ने कहा कि मैं जानता हूँ कि यह फ़िरंगी है।

हमने उसकी बहुत अनुनय-विनय और प्रार्थना की और कहा कि हम पर दया करो। सन्यासी ने कहा कि जाओ, मैं किसी को दुःख नहीं देता।

अब मैं ज़नाने लिबास से तंग आ गया था और मुझे शर्म मालूम होती थी। मैंने इस विचार से कि अब तो दिल्ली से बहुत दूर निकल आये हैं, यहाँ कौन कष्ट देगा, धोबियों के मर्दाने वस्त्र पहन लिए। मार्ग में बहुधा गाँव वाले हमको गालियाँ और ताने देते थे; किंतु किसी ने हमको शारीरिक कष्ट न दिया।

मार्ग में मैंने देखा कि एक शव कुचलना हुआ पड़ा है और मैंने देखा कि एक गिद्ध बोलता हुआ उस शव की ओर उड़ा जा रहा है, तो मुझे असीम दुःख हुआ। मैं उस शव के पास गया, तो एक और नवयुवक अंगरेज़ का शव उसके पास पड़ा हुआ था, जिसकी अवस्था सोलह वर्ष के लगभग प्रतीत होती थी। उसके देखने से मालूम होता था कि उसको लाठियों से मारा है। मैंने उसे वहीं दफन किया; मगर कब्र नाममात्र की थी। थोड़ी-सी बालू इधर-उधर से सरकाकर शव रख दिया और वही बालू फिर उस पर डालकर दबा दिया। शोक!

मार्ग में मैंने सुना कि कुछ अंगरेज़ आगे जा रहे हैं, अतः मैंने प्रयत्न किया कि उनसे जा मिलूँ; परंतु उन तक न पहुँच सका। इस उपद्रव से पहले ही मेरी टाँग में दर्द था। अब जो गर्मी में पैदल ज़मीन पर चलना पड़ा, तो पीड़ा बढ़ गई; बहुधा मुझसे चला न जाता था, तो मैं पाँव घसीट-घसीट कर रखता था; किंतु चलना आवश्यक था। यदि ऐसा अवसर न होता, तो मैं ऐसा कष्ट कभी भी सहन न करता; परंतु प्राणरक्षा का भाव इतना प्रबल होता है कि चाहे कैसी ही कष्टप्रद और दारुण स्थिति हो, मनुष्य उसके लिए सब कुछ झेल लेता है।

दिल्ली से चलने के छः दिन पश्चात् मैं करनाल पहुँचा। वहाँ मुझे आराम मिला। चूँकि अब प्राणों की चिंता व भय जाता रहा था मुझे कुछ होश आने लगा; किंतु जब इस चिंता से छुट्टी मिली, तो बुखार ने आ दबाया और नौबत सरसाम तक पहुँच गई; किंतु अब मुझे कुछ लाभ है।

12 मई को एक फ़क़ीर मेरठ में आया। उसके साथ एक अंगरेज़ का बच्चा था, जिसको उसने यमुना में से डूबते हुए; निकाला था। मेरठ आने तक उस बेचारे पर उस बच्चे के कारण कई स्थानों पर मार पड़ी और नाना प्रकार के कष्ट दिये गये किंतु उसने बच्चे को नहीं दिया। मेरठ में आकर जब अधिकारियों को सुपुर्द किया, तो वे इस सेवा और रक्षा के बदले में उसको एक सौ रुपये की नक़द रक़म देने लगे; किंतु उसने लेने से इंकार कर दिया। परंतु, यह प्रार्थना की कि एक कुआँ उसके नाम से बनवा दिया जाए, जिससे उसका नाम अमर हो जाए। सारांश यह कि इस उपद्रव में अत्यंत ही कठोर तथा क्रूर अत्याचार किये गये।

बच्चे माँ के गर्भ से निकाले गये। नन्हें-नन्हें कोमल बच्चे तलवार और भालों की नोक पर उठाकर बाज़ारों में गर्वपूर्ण ढ़ंग से फिराये गये, स्त्रियों को नंगा करके अत्यंत घृणा तथा अपमानजनक रीति से क़त्ल किया गया और इन्हीं कारणों से ईश्वर ने उपद्रवकारियों को अपमानित तथा पराजित किया और अंगरेज़ी शासन की पुनः स्थापना की।

अफ़सरों की चिट्ठियाँ

पत्र संख्या 1

(जिसे सर हेनरी बर्नार्ड कमांडर-इन-चीफ़ ने जॉर्ज कार्निक बार्न्स के नाम जो सतलज नदी के पश्चिम में अवस्थिति रियासतों के कमिश्नर थे, 14 जून, सन् 1857 ई. को लिखा था)

कैम्प देहली के बाहर

14 जून, 1857

मेरे प्यारे बार्न्स,

मैं यहाँ से अभी तक देहली की ओर देख रहा हूँ और हर घड़ी मेरी यह आशा प्रबल होती जाती है, कि हमारी तोपें क़िले के दीवारों की तोपों को ख़ामोश कर सकती हैं और मुझे इस योग्य बना सकती हैं, कि सफलता की बात कुछ आशा रखकर और समीप पहुँचकर इस स्थान पर अधिकार कर लूँ; किंतु इन विप्लवकारियों के तोपों की भीषणता मुझे निरुत्साह किए देती हैं। यह ठीक है, कि मुणे किसी बात का भयन नहीं है; पर इसके अतिरिक्त और कोई चारा नहीं, कि मैं अचानक और भीषण हमला कर दूँ। पर इन रौशन रातों[1] में यह काम आसान नहीं मालूम होता।

मैं केवल 6 तोपों का प्रबंध कर सका हूँ पर इनके चलाने वाले भी एक बार ही अनुभवहीन हैं। ये हैवान (विप्लवकारी) प्रायः हर रोज़ बाहर निकलते हैं और दो बार तो मैंने इन्हें ख़ासी कमीके साथ वापस भेजा है; लेकिन मेरे सिपाही भी नष्ट होते हैं और इसलिए मुझे इन्हें काफ़ी प्रोत्साहित करना पड़ता है। सच तो यह है, कि 8वीं तारीख़ से लेकर अब तक कभी ऊपर और कभी नीचे छोटी-छोटी

1 18 जून, सन् 1857 ई. वाले पत्र के नीचे ''अचानक और भीषण हमले के सिलसिले में'' जो नोट प्रकाशित हैं उससे प्रगट होता है कि ''रौशन रातों'' का अर्थ यह रातें हैं, जब कि तोप के गोलों का प्रकाश चाँदनी रात का धोखा देता था अतएव ''रौशन रातों'' का अर्थ ''चाँदनी रात'' न समझना चाहिए।

लड़ाइयाँ होती ही रहीं। वे आठवीं तारीख़ के बाद से अपनी हानियों का अंदाज़ा दो हज़ार से अधिक आँकते हैं, किन्तु मुझे संदेह होता है, कि इसमें वह संख्या भी शामिल हो, जिसका पता ही नहीं लगता।

जब आप घृणात्मक ढ़ंग से देहली के फ़सीलों (क़िले की दीवारों) की चर्चा कर रहे थे, तो मैं नहीं समझ सका कि आख़िर आप लोगों का अभिप्राय क्या था। 24 पाऊण्ड वज़नी गोला फेंकने वाली तोपें विप्लवकारियों के बुर्जों पर हर जगह गड़ी हुई हैं और इनके पीछे लगभग सात हज़ार सिपाही भी मौजूद हैं। ऐसी हालत में, आसानी के साथ प्रवेश नहीं किया जा सकता। मेरे इंजीनियर कहते हैं कि हम नियमानुसार ख़ंदकें खोद कर क़िले तक नहीं पहुँच सकते और मेरे तोपख़ाने वाले भी यह कहते हैं, कि वे इन तोपों को, जो मेरे पास हैं, नहीं चला सकते; अतएव अब मेरे पास केवल एक तदबीर रह गई है और उसकी परीक्षा भी पूरी तरह कर लेना चाहिए। यदि इसमें असफलता हुई तो मेरे पास कोई रक्षक-फ़ौज शेष न बचेगी और यह हमारी तबाही का सूचक होगा। हिन्दुस्तान के लिए कौन सी बात कम हानि पहुँचाने वाली है? या तो सहायक-सेना (सहायता के लिए आनेवाली नई फ़ौज) की प्रतीक्षा में समय नष्ट किया जाए अथवा असफलता का जोख़िम उठाया जाए?

वे विप्लवकारी अपने दूसरे हमले की तैयारियाँ कर रहे हैं इसलिए मुझे इस पत्र का यहीं अंत कर देना चाहिए। श्रीमती बार्न्स से मेरा सलाम कह दें।

आपका सच्चा,

—एच. एच. बर्नार्ड

पत्र संख्या 2

(जिसे जनरल सर हेनरी बर्नार्ड ने जॉर्ज कार्निक बार्न्स के नाम 17 जून, सन् 1857 ई. को भेजा था।)

17 जून, 1857

मेरे प्यारे बार्न्स,

किसी असाधारण प्रकार के दुष्ट व्यक्ति ने मेरी बरसाती (वाटर-प्रूफ़कोट) ग़ायब कर दी। यह मेरे पास केवल एक ही थी। हमारे बंगले में दो संदूक हैं जो साधारण देवदार की लकड़ी के बने हुए हैं और इनके अंदर टीन मँढ़ा हुआ है। सबसे छोटे में एक बहुत बड़ा भूरे रंग का रेजिमेंटल कोट रखा हुआ है, यदि आप कृपया बॉक्स खोलकर कोट मेरे पास भेज दें तो आप मेरे साथ बहुत बड़ी नेकी करेंगे।

इस समय हम देहली के सामने पड़े हुए हैं, या जैसा कि किसी ने हँसी में कहा है, अभी तक हम देहली के पीछे हैं। जो दीवारें (फ़सीलें) मैदान में खड़ी हुई तोपों से उड़ाई जाने वाली थीं, वह 18 पाउंड वज़नी गोलों के समक्ष ज्यों की त्यों सुदृढ़ खड़ी हैं। हम महल पर गोलाबारी करते रहते हैं और अभी तक किए जा रहे हैं। 'राइफ़लज़' पल्टन से एक गोरे ने एक हिन्दुस्तानी सिपाही को अपनी बंदूक़ का निशाना बनाया और उसकी 84 मोहरें भी चुरा ली। मुझे आशा है अंगूर विधिवत पक रहे हैं।[1]

उन्होंने इस पर कोई हमला नहीं किया और इसलिए मेरा अनुमान है कि वे (विप्लवकारी) आज हमला करेंगे और फिर एक और चपत खाएँगे।

हडसन[2] को जुकाम है और हल्की-सी सूजन भी है। लेकिन आज कुछ फ़ायदा है। ग्रेटहेड के लड़के को भी हल्का-सा ज्वर हो गया था, किन्तु अब हालत अच्छी है। मरे[3] के लड़के को, जो चाँदमारी से स्कूल में शिक्षा पा रहा था, अब गाइड में भरती कर दिया गया है।

एक महावत कमसरियट के सबसे अच्छेहाथी को बादशाह की सेवा में भेंट देने के लिए कल देहली ले गया था। कर्ज़न[4] तुम्हें सलाम कहता है और कहता है कि लोग हमारी पूजा करने के लिए अभी तक नहीं आए। जनरल रीड[5] अच्छे हैं अतएव वे अपने सफ़र के लिए वापस लौट जाएँगे।

मेरी आकांक्षा है कि वह मेरे जनरल को इस मोर्चे के समाप्त हो जानेके बाद मद्रास भेज दें। वह इसलिए, कि जनरल ग्रांट के अधीन ब्रिगेडियर के पद पर रहकर काम करना उनके पद के उपयुक्त न होगा। ख़ैर, हम देख लेंगे।

तुम्हारा अतीव सच्चा'

—एच. बर्नार्ड

---

1. संभवतः इसका अर्थ यह है कि रंग-ढंग वैसे ही हैं जिसकी आशा थी।
2. लेफ़्टिनेंट डब्ल्यू. एस. आर. हडसन जो बाद में ''हडसन ऑफ़ हडसंज़ हॉर्स'' के नाम से विख्यात हुआ।
3. लेफ़्टिनेंट ए. डब्ल्यू. मरे जो 42वीं एन. एल. आई. में थे। 14 सितम्बर, सन् 1857 के धावे में आप मारे गए।
4. माननीय आर. कर्ज़न से अभिप्राय है, जो कमांडर-इन-चीफ़ (प्रधान सेनापति) के फ़ौजी सेक्रेटरी थे और जो बाद में 'अर्ल हो' की उपाधि से विभूषित किए गए थे।
5. जनरल रीड वे सज्जन हैं, जो जुलाई सन् 1857 के दिन जनरल बर्नार्ड के हैज़ा द्वारा मृत्यु हो जाने पर उनकी जगह कमांडर-इन-चीफ़ नियुक्त हुए थे।

पत्र संख्या 3

(जिसे जनरल सर हेनरी बर्नार्ड कमांडर-इन-चीफ़ ने जॉर्ज कार्निक बार्न्स के नाम से 18 जून, सन् 1857 ई. को भेजा था।)

मेरे प्यारे बार्न्स*

मैंने अभी आपका पत्र पढ़ा, जिससे मुझे कुछ संतोष हुआ। इसलिए, कि आपने इस प्रस्ताव को पसंद नहीं किया कि मैं अपनी छोटी सी सेना को लेकर देहली में प्रवेश करने का भीषण संकल्प करूँ। मेरा कैम्प, हस्पताल आदि–सारांश यह कि मेरी सेना का सारा सामान अरक्षित पड़ा रह जाए।

मैं स्वीकार करता हूँ, कि जो राजनैतिक सलाहकार मेरे साथ काम कर रहे हैं, उनके प्रोत्साहित करने पर मैं अचानक और भीषण धावा बोलने के प्रस्ताव पर राज़ी हो गया था, जिसमें ऊपर कही गई समस्त बातों की चिंता थी। दैवयोग से यह प्रस्ताव काम में न लाया गया। संभव है, यह परम पिता का आशीर्वाद हो। इसलिए, कि जो कुछ मैंने सुना है और जिन लोगों से सलाह लेते रहना मेरा परम कर्तव्य था, उनके विचार जानने के बाद मुझे इस बात का विश्वास हो गया कि हमारी विजय उतनी ही घातक सिद्ध होती, जितनी हमारी पराजय!

जो सेना कि दो हज़ार सिपाहियों से भी कम की हो और जो देहली जैसे विस्तृत शहर में फैली हुई हो, उसकी शक्ति पर विश्वास नहीं किया जा सकता–विशेषकर इस दग़ाबाज़ी के होते हुए, जिसने चारों ओर से हमें घेर रखा है। मेरे जंगी सामान की क्या हालत होती? (यदि एक बार ही हमला कर दिया जाता।)

इस विचार से कि फ़ौजी क़ानून मेरा पथ-प्रदर्शक है (यद्यपि उस हाय-तोबा का सामना करनेके लिए जो इस बात पर उठाया जाएगा, कि हम इतने दिनों से देहली में आख़िर बेकार तथा हिचकिचाहट में पड़े क्यों सड़ रहे हैं–नैतिक साहस अत्यंत आवश्यक है) फिर भी मैं अपने उद्देश्य की सिद्धि के लिए अधिक से अधिक

'के' कृत सिपाही विद्रोह (Sepoy Mutiny) में इस पत्र के उद्धरण दिए गए हैं और उसमें भूल से यह लिख दिया गया है कि ये उद्धरण बर्नार्ड के एक पत्र से लिए गए हैं, जो उन्होंने सर जॉन लॉरेन्स को लिखा था। संभवतः ऐसा प्रतीत होता है कि इसकी प्रतिलिपि लॉरेंस को भी भेजी गई होगी और वह किसी तरह के महोदय के हाथ पड़ गई होगी और इन्हें शायद कोई ऐसी याददाश्त न मिली हो, जिससे यह प्रगट होता कि आख़िर वह उनके हाथ कहाँ से लगी।

प्रयत्न कर सकता हूँ।* धावा बोलने के लिए मुझे उपयुक्त अवसर की सावधानी से प्रतीक्षा है।

मि. ग्रेटहेड ने* जो विचारपूर्ण प्रस्ताव पेश किया था, वह यह था, कि दोआबे (दो नदियों के बीच में अवस्थित स्थान) पर अधिकार कर लिया जाए। देहली से अलीगढ़ सेनाएँ भेजी जाएँ, किंतु यदि मैं शहर में भी होता, तब भी मैं ऐसा नहीं कर सकता था। क़िला और सलीमगढ़ की समस्याएँ अभी तक मेरे विचाराधीन हैं। शहर पर अधिकार क़ायम रहना और दो हज़ार से कम सिपाहियों के सहयोग से इन स्थानों पर चढ़ाई बोल देने का यह अर्थ है, कि मैं एक भी व्यक्ति को अलग न करूँ। हालत यह है कि देहली तोपों से पटी पड़ी है और वहाँ वे सिपाही नियुक्त हैं, जो भले ही खुले मैदान में विशेष उपयोगी सिद्ध न हों, पर पत्थर की दीवारों (फ़सीलों) के पीछे रहकर कुछ न कुछ चमत्कार अवश्य दिखा सकते हैं और जिन्हें भारी तोपों के प्रयोग का भी कुछ ज्ञान है। यही कारण है, गत सप्ताह उन्होंने अपनी इस प्रवीणता से हमें नीचा दिखा दिया; अतएव अम्बाला वाली सेना और 6 तोपें रखने वाली दो पल्टनें कभी इन पर विजय प्राप्त नहीं कर सकतीं। इनकी वर्तमान शक्ति और संगठन का बहुत कम अंदाज़ा किया गया है।

बहुत कुछ सोच-विचार के बाद बर्नार्ड ने इस प्रस्ताव को स्वीकार कर लिया। यह धावा 12 तारीख़ की अँधेरी रात में किया जाने वाला था किंतु ठीक निश्चित समय पर मालूम हुआ कि इस निर्धारित हमले के लिए जो सेना चुनी गई थी उसका एक प्रमुख भाग उपस्थित नहीं है। ब्रिगेडियर ग्यूज़ ने हुक्मनामे का अर्थ ठीक नहीं समझ पाया अतएव वह अपने 300 सिपाहियों को लेकर निश्चित-स्थान पर न आ सका। इस प्रकार जत्था कमज़ोर हो गया और धावे के लिए किसी भी हालत में उपयुक्त न समझा गया अतएव बाध्य होकर धावा बोलने वाली सेना को अपने क्वाटरों में वापस लौट जाने की आज्ञा दे दी गई।

बाक्ली की सराय पर हम एक मोर्चा सर कर चुके हैं। यहाँ विप्लवकारी उस समय तक हमारा भीषण मुक़ाबला करते रहे, जब तक उनकी तोपों पर उनका अधिकार रहा। उसके बाद से हम पर लगातार हमले हो रहे हैं। प्रत्येक नया हमला

---

* 11 जून को जनरल बर्नार्ड के नाम इस आशय की एक सूचना भेजी गई थी, जिसमें काबूली दर्वाज़ा तथा लाहौरी दरवाज़े पर फ़ौरन हमला कर देने की नीति पर ज़ोर दिया गया था। इस हुक्मनामे पर चार अफ़सरों के हस्ताक्षर थे, जिनके नाम हैं (1) विलबर फ़ोर्स (2) ग्रेटहेड (3) म्यूनिसिपुल चीनी (इंजीनियर) और (4) हडसन (खुफ़िया विभाग)

* हारवे ग्रेटहेड, जो पहले मेरठ के कमिश्नर थे और अब मैदानी फ़ौज के राजनैतिक सलाहकार की हैसियत से काम कर रहे हैं।

दुगने उत्साह से किया जाता था, पर साथ ही भारी हानि के साथ उन्हें पीछे हटा दिया जाता था। अब हम इस स्थिति पर पहुँच गए हैं, जहाँ से उस स्थान को नष्ट किया जा सकता है। मेरी समझ मेंसब से अच्छी नीति यह है, कि इसे कठिन काम की तरह अमली ढ़ंग में देखा जाए और यह बात भलीभाँति हृदयंगम कर ली जाए, कि काफ़ी फ़ौज के बिना सफलता प्राप्त नहीं हो सकती।

ज़रा एक बार हम शहर में पहुँच भर जाएँ, फिर तो पौ-बारह हैं, पर यदि अपना अधिकार हम क़ायम रख सकें। फिर जब कभी मि. कॉलविन को जिस किसी उद्देश्य की सिद्धि के लिए फ़ौज की ज़रूरत होगी, उसका उनके लिए प्रबंध कर दिया जाएगा।

देरी से वास्तव में बड़ी उलझन होती है और हर रोज़ इन धावों में सिपाहियों का नष्ट होना बड़ा ही दुखदाई सिद्ध होता है। मैं सकुशल हूँ, यद्यपि बहुत अधिक उद्विग्न हूँ, पर मैं तुम्लें विश्वास दिलाता हूँ कि जितना अधिक मैं विचार करता हूँ उतना अधिक मुझे अर्थ-शून्य और निष्फल अनुभव को कार्य रूप में परिणत न करने पर हर्ष होता है और यह जानकर कुछ संतोष होता है, कि आप भी मेरे विचार से सहमत हैं।

मेरी धारणा केवल इतनी है (जिसे अन्य व्यक्ति भी संभवतः जान जाएँगे) कि मुझे देहली में प्रवेश करने के अतिरिक्त और भी कुछ काम करना था।

आप का सच्चा,

—एच. एच. बर्नार्ड

पुनश्च—कल हमने उनको खूब सज़ा दी और उनको भारी हानि पहुँचाई। उन्होंने किशनगंज, ट्रीवेलियनगंज, पहाड़पुर इत्यादि में अपने पैर तथा अपनी तोपख़ाना जमाने का प्रबंध किया था, परंतु हमने दो छोटे फ़ौजी दस्तों के द्वारा, जो मेजर टॅमस एच. ए. और मेजर रीड (मंसूरी बटालियन) की कमांड में थे, न केवल उनको उन स्थानों से हटा दिया, बल्कि सराय के बाहरी भाग को उनसे बिल्कुल साफ़ कर दिया और नगर के इस भाग से हमने उनको निकाल बाहर किया। सुना है कि इस बात का उनके ऊपर अत्यंत निराशाजनक प्रभाव पड़ा है औ यह भी सुना है, कि वे बहुत परेशान हो रहे हैं। लेकिन फ़सीलों (प्राचीरों) से जो गोलाबारी वे करते थे वह वैसी ही सही और ज़ोरदार है, जैसी पहले थी। और जब तक हम अपने अभिप्राय में सफल न हों, हम कोई लाभकारी कार्यवाही कर ही नहीं सकते। व्यावहारिक कार्य की तो यह सूरत है, कि उस मुश्किल के अतिरिक्त, जो तोपख़ाना और लड़ाई का सामान एकत्र करने में उठानी पड़ती है; मेरे तोपख़ाने की कमांड-अफ़सर सिर्फ़ 6 तोपों के चलाने का प्रबंध कर सकता है और मेरे इंजीनियर के पास रेत का एक थैला भी नहीं है। वास्तव में यह हद से ज़्यादा तकलीफ़ देने वाली बात है। मैंने उस समय तक कभी क़ायदे के

साथ आक्रमण करने का विचार नहीं किया, जब तक मुझे यह विश्वास न हो जाए, कि मैं उन सब की सब तोपों को, जो मेरे ख़िलाफ़ लाई जाएँगी, उन्हें ख़ामोश कर दूँगा।

परंतु इस बात को कार्यरूप में परिणत करने के लिए उनके और अधिक निकट तक पहुँचने की आवश्यकता है। विलम्ब के कारण उपद्रवकारियों के जत्थे एक दूसरे से मिल जाएँगे और तब उनका आक्रमण बहुत ही ज़ोरदार हो जाएगा। परंतु मैं इस बात को मान लेता हूँ कि ऐसी कार्यवाही विषैले प्रभावों से परिपूर्ण है। इतना होते हुए भी मैं यह बात विश्वसनीय नहीं समझ सकता, कि जब उनको देहली दरवाज़े को बंद करने के लिए अवसर दिया गया था, तो इस समय हम उससे कहीं अधिक कर सकते थे, जितना कि हमने किया।

यदि मेरठ वाली फ़ौज दिल्ली में फ़ौरन घुस आती, तो सब कुछ बचाया जा सकता था; लेकिन जब अम्बाला वाली फ़ौज निश्चित-स्थान पर पहुँची तो अवसर कभी का हाथ से निकल चुका था।

इससे पहले सब से बड़ी मेगज़ीन और लड़ाई के सामान का डिपो मेरे ख़िलाफ़ प्रयोग में आ रहा था। मेरे सिपाही अच्छी तरह हैं। ज़ख़्मी अच्छे हो रहे हैं; परंतु सब के सब इस कार्य से थक गए हैं।

सदा आपका,

–एच. एच. बी.

पत्र संख्या 4

(इस पत्र को हेनरीग्रेट ने, जो देहली पर घेरा डालने वाली सेना के प्रधान राजनैतिक सलाहकार के पद पर नियुक्त थे, जॉर्ज कार्निक बार्न्स के नाम 19 जून, सन् 1857 को भेजा था।)

कैम्प, घेरा देहली

19 जून, सन् 1957

प्रिय बार्न्स,

मिस्टर रिचर्ड्स सोमवार के दिन पानीपत चले गए और यह समाचार मैंने उस समय सुना, जब कि मैं सड़क पर से गुज़र रहा था। उनकी उपस्थिति से किसी सीमा तक वह भय जाता रहा था, जो अफ़सरों और डाक के ठेकेदारों में उस धावे के कारण पैदा हो रहा था, जिसे देहली के दो सौ सवारों की पार्टी ने अलीपुर पर किया था। प्रगट रूप से वे तहसीलदार की खोज में थो। तहसील में पटियाला के

सवारों के अल्प-संख्यक जत्थे के जितने घोड़े उपस्थित थे, वे उन सबको लूट कर ले गए। ज्योंही पंजाब की अनियमित सेना (Irregular force) पहुँच जाएगी हम उनकी इस कार्यवाही का बदला ले लेंगे। मुझे रोहतकको झिंद के राजा साहब के चार्ज में रखने से अत्यंत प्रसन्नता होगी। परंतु सर एच बर्नार्ड इस समय उनकी सेना को पृथक नहीं कर सकते और इसके बिना उनके लिए आक्रमण का प्रयत्न करना बिल्कुल निष्फल होगा।

यदि पटियाला कुछ सेना दे सके और आप को पंजाब से सेनाओं के हिसार की ओर प्रस्थान करने की कुछ सूचना मिले, तो इस सूरत में मैं हर्षपूर्वक इस बात पर तैयार हो जाऊँगा, कि इस ज़िले को अस्थायी रूप में उनकी संरक्षता में दे दिया जाए। ऐसा करना उन निवासियों पर वास्तव में दया प्रदर्शन करना होगा, जो हाँसी और हिसार दोनों से सहायता की याचना कर रहे हैं। आप के इस प्रस्ताव को कार्यरूप में परिणत करने से मुझे बहुत प्रसन्नता होगी और यदि प्रबंध हो जाए, तो मैं महाराजा साहब बहादुर की सेवा में ख़रीता* लिख दूँगा।

मेरा अनुमान है कि नवाब साहब झझ्झर अपरिहार्य रीति से षड्यंत्र में सम्मिलित हुए हैं, किंतु उनका इलाक़ा आमली के उस पार है और हमें इस समय वक्त को टाल ले जाना चाहिए। गढ़ के नवाब साहब बहादुर भाग जाने पर बाध्य हो गये हैं और उनके पहले शासन करने वाले वंश का कोई शाहज़ादा गद्दी पर बिठा दिया गया है। शेष रईस लोग पक्षपात-हीन बने रहने का भरसक प्रयत्न कर रहे हैं। सामान के ढ़ेर हमारे पास आवश्यकता से भी अधिक हैं, हाँ! रुपये की कमी एक ऐसी बाधा है, जिसके विषय में हमें आशा थी, कि देहली विजय कर लेने से जाती रहेगी। मैं उन साहब की चिट्ठियाँ, जो ख़ज़ाने और कमसरियट के दफ़्तर के अध्यक्ष हैं, आप के पास भेज रहा हूँ।

जब मैं वहाँ से रवाना हुआ था, तो उस समय चार लाख के लगभग रुपया था। मैं बहुत आग्रह के साथ अनुरोध करता हूँ कि जो फ़ौजें अब यहाँ आ रही हैं उनके साथ आप रुपये की एक पर्याप्त रक़म अवश्य भेज दीजिए।

आपका विश्वासपात्र

–एच. एच. ग्रेटहेड

पत्र संख्या 5

(इस पत्र को ब्रगेडियर जनरल नेविल चैम्बरलेन एडज्जयूटेंट जनरल ने जॉर्ज कार्निक बार्न्स के नाम 12 जुलाई, सन् 1857 को भेजा था।)

---

* सरकारी पत्र

कैम्प सन्मुख देहली
12 जुलाई, 1857
समय एक बजे दोपहर

प्रिय बार्न्स,

अब, जब कि करनाल हमारे सुरक्षित शस्त्रास्त्र और अन्य सामग्री का डिपो बन गया है, हमें वह पैदल सेना का एक जत्था रखना चाहिए और चूँकि इस कैम्प से हम एक आदमी भी नहीं दे सकते इस कारण हमको सिपाहियों की भर्ती के लिए पंजाब से ही आशा रखनी चाहिए। कृपया इस समस्या के संबंध में लाहौर से पत्र-व्यवहार कीजिए और यदि और सिपाही न मिल सकें तो कम-से-कम सिख सिपाहियों की चार पल्टनों को प्रापत करने का प्रयत्न कीजिए। हमारा पिछला भाग खुला और शांत रहना चाहिए। यदि हम अपनी सामग्री को आरक्षित अवस्था में छोड़ दें, तो यह हमारी बहुत बड़ी भूल होगी। यह पहला ही अवसर है, जब मैंने अधिक सेना की माँग की है। और मैं अब भी ऐसा न करता, किंतु कठिनाई यह आ पड़ी है, कि हम एक आदमी को भी पृथक नहीं कर सकते। 9 जून को एक भीषण लड़ाई में हमारे दो सौ सत्तर आदमी नष्ट हो गये। इस संख्या में निहत, आहत और बीमार सब सम्मिलित हैं। और इस पत्र के लिखते समय भी हम बाहर निकलने के लिए (अर्थात् आक्रमण करने के लिए) उद्यत हैं। चारों ओर से आक्रमण की धमकियाँ दी जा रही हैं।

मैंने करनाल के चुने जाने का अनुरोध इस कारण किया था, कि उसके और हमारे कैम्प के बीच यथेष्ट सुविधापूर्वक पत्र-व्यवहार का क्रम स्थापित किया जा सकता था। और साथ ही यह बात भी है, कि वह शहर से इतनी दूरी पर है कि उस पर किसी सूरत में भी अचानक आक्रमण नहीं किया जा सकता। मेरठ, सहारनपुर और मुज़फ़्फ़रनगर तक वहाँ से पत्र व्यवहार किया जा सकता है और चूँकि वहाँ के नवाब साहब और हमारे बीच में संधि है इस कारण स्थानीय उपद्रव की बहुत ही कम संभावना है। वर्तमान मौसम में मारकंदर नदी* का कुछ भरोसा नहीं और इस कारण बारूद और दूसरे प्रकार की सामग्री को उसके निकट न रखना चाहिए। सुनने में आया है, कि कुछ उपद्रवकारी शिकारी तोप की टोपियों का प्रयोग करते हैं। इस कारण समस्त दूकानदारों और सब जातियों के दूसरे लोगों से, जो इन वस्तुओं का व्यापार करते हैं, इन वस्तुओं को छीन लेने की शीघ्र व्यवस्था करनी चाहिए जिससे कि आग पकड़ने वाली और ज़ोर से फटने वाली बारूद के प्रकार की कोई वस्तु वे अपने पास न रख सकें। सरकार को चाहिए कि वह इस प्रकार की समस्त सामग्री के समूहों पर अधिकार कर लें और एक रसीद दे दे।

---

* करनाल और अम्बाला के बीच का दरिया

आपको ज्ञात हो गया होगा कि भालाबरदारों की पल्टन के हथियार रखवा लिए जाएँगे और यह, कि दसवीं एल. सी. पल्टन भी नहीं आ रही है। जब तक आप हमारे पीछे वाले प्रदेश को शांत बनाये रखेंगे और हमें सामग्री देते रहेंगे, तब तक हमारी दशा ठीक रहेगी या कम से कम हम उस समय तक सामना करते रहेंगे, जब तक कि वह दिन न आ जाए, कि अन्य लोग हमारा स्थान लेने के लिए उद्यत हो जाएँ।

आपका सच्चा,
—नेविल चेम्बरलेन

पत्र संख्या 6

(इस पत्र को लेफ़्टिनेंट हेनरी नॉर्मन स्थानापन्न एडज्युटेंट जनरल ने ज़ॉर्ज कार्निक बार्न्स के नाम 19 जुलाई, सन् 1857 को भेजा था।)

कैम्प सन्मुख देहली
19 जुलाई, 1857

प्रिय बार्न्स,

चेम्बरलेन ने मुझे आपकी 17 ता. की चिट्ठी इसलिए दी, कि मैं एक-दो बातों का उत्तर दूँ। करनाल से तोपख़ाना संबंधी सामग्री का प्रबंध कप्तान नीचवुल के सुपुर्द किया जाने वाला था। परंतु वे बीमार हो जाने के कारण अम्बाला ही में रह गए। इस कारण मैंने तोपख़ाने के किसी डिप्टी एसिस्टेंट कमिश्नर को या फ़ीरोज़पुर से कर्त्तव्यपूर्ति के लिए किसी स्थायी कंडक्टर को तार द्वारा बुला भेजा है। यदि कप्तान नीचवुल साहब स्वस्थ हो गये तो निस्संदेह पहली आज्ञा* ज्यों की त्यों बनी रहेगी।

जो अफ़सर निजी छुट्टी पर गये हुए थे उन सब को वापस आ जाने की आज्ञा 14 मई कोदे दी गई है। इस आज्ञा को कुछ समय पश्चात् दुहरा भी दिया गया था और हमारे विभाग के कप्तान बेकर ने यह सूचना दी है, कि इस आज्ञा का पालन भी हो चुका है। मुझे कसी ऐसे अफ़सर का समाचार ज्ञात न हो सका, जिसने इस आज्ञा का पालन न किया हो यद्यपि कुछ लोगों ने बीमारी के सर्टिफ़िकेट

---

1. चेम्बरलेन को जॉन लॉरेंस ने पहले पंजाब से चलने वाले जत्थे का प्रमुख अफ़सर बनाया था परंतु करनल चेस्टर की मृत्यु के बाद, जो बावली की सराय वाली लड़ाई में निहत हुए थे, वह एडज्युटेंट जनरल बना दिए गए।

* जिसे मिस्टर लीवेसन के द्वारा पहुँचाया गया था

भी प्राप्त कर लिए हैं। मालूम होता है कि करनाल में यथेष्ठ सेना उपस्थित है।

इसमें एतराज़ की कोई बात नहीं है, यदि आप ब्रिगेडियर हार्टली से यह प्रार्थना करें, कि वह पाँचवें बटालियन के दो अफ़सरों को करनाल में कार्य करने के अभिप्राय से भेज दें, यदि उनकी वहाँ पर वास्तव में आवश्यकता हो। किंतु यदि कोई अफ़सर न मिल सके तो एक (लेफ़्टिनेंट चेस्टर के मातहत अफ़सर) को सरलता पूर्वक नौशेरा की बटालियन के साथ, जो सहारनपुर में स्थित है, काम करने के लिए भेजा जा सकता है। हमने अपने बैरियों को कल तीसरे पहर के समय बिना किसी कठिनाई के सब्ज़ी मंडी के बाहर निकाल दिया। हमारी ओर 13 निहत और 69 आहत हुए। अफ़सरों में कल कुल मिलाकर यह हानि हुई—लेफ़्टिनेंट करबज़ियर (75वीं) निहत, अनीसायन वालटर (45वीं देशी पैदल) जो दूसरी फ़्यूज़लियर्ज़ के साथ काम कर रहे थे, सन्निपात के कारण मर गए। लेफ़्टिनेंट जोन्स (इंजीनियर) की टाँग काट डाली गई, लेफ़्टिनेंट पालटौन (61वीं पैदल) बहुत ज़ख़्मी हुए और लेफ़्टिनेंट चेचेस्टर को भी हलकी चोट आई।

अब और पठानों को मत भेजिए। यह चेम्बरलेन की इच्छा है और इसके लिए पर्याप्त कारण हैं। निःसंदेह आप उनको उस समय भेज सकते हैं, जब कोई रिसाला आ रहा हो और वे भी उसमें मौजूद हों। परंतु जितने कम हों, उतना ही अच्छा है।

आपका विश्वासपात्र
—एच. ए. नॉरमन

पत्र संख्या 7

(इस पत्र को लेफ़्टिनेंट डब्ल्यू. यस. आर. हडसन ने जे. डगलस फ़ारसीथ डिप्टी कमिश्नर अम्बाला के नाम 29 जुलाई, 1857 को भेजा था।)

देहली कैम्प
29 जुलाई, 1857

प्रिय फ़ारसीथ,

जो बूढ़ी महिला स्वयं इस पत्र के साथ आ रही है। वह देहली के घेरे की पूर्ण तथा मूर्तिमान कथा है।

वह हमारे विरुद्ध शहर में जिहाद की घोषणा करती थी और अपने चमत्कारपूर्ण तथा ओजस्वी भाषण द्वारा आश्चर्यकारी रीति से मुसलमानों के हृदयों में उत्साह उत्पन्न करती थी। अंत में उनकी असफलता से खिन्न तथा रुष्ट होकर

वह स्वयं रणक्षेत्र में अवतरित हो गई और हरित-वस्त्र धारण करके, घोड़े पर सवार हो, तलवार और बंदूक़ से सुसज्जित होकर इसने सवारों के एक जत्थे की अध्यक्षता की और 75वीं पैदल सेना पर आक्रमण कर बैठी। सिपाहियों का कथन है कि इस एक का सामना करना 5 योद्धाओं के सामना करने से अधिक घातक था और वे यह भी कहते हैं, कि इसने उनके साथियों में से बहुतों को बंदूक़ का निशाना बना दिया। अंत में वह घायल होकर गिरफ़्तार हो गई। जनरल ने पहले-पहल उसे स्वतंत्र रूप में चले जाने की आज्ञा देनी चाही थी किंतु मैंने उनसे आग्रह-पूर्वक प्रार्थना की कि आप ऐसा न कीजिए, क्योंकि वह पुनः शहर में विजयी रूप में प्रवेश करेगी और हमारे अधिकार से निकल जाने पर पक्षपातका एक तूफ़ान पैदा कर देगी और निःसंदेह यह प्रगट करेगी, कि वह अपने चमत्कार के कारण बच गई है और इस प्रकार वह जोन ऑफ ऑर्क* का पद प्राप्त कर लेगी। मुझे उसे आपके पास भेजने की आज्ञा मिल गई है जिससे वह उस समय तक, जब तक

---

* जोन ऑफ ऑर्क

यह महिला 'अर्लियंस की कुमारी' के नाम से भी प्रसिद्ध है। यह फ़्रांस में मेनिसी के निकट पैदा हुई थी। जन्म-काल की तारीख़ तो ठीक तौर से ज्ञात नहीं, किंतु वह युवावस्था में सन् 1431 में जला दी गई थी। अतः यह बात निर्विवाद सिद्ध है, कि वह 15वीं शताब्दी के आरंभ में पैदा हुई होगी। मार्च, सन् 1429 की घटना है कि शहर आरलियंस को अंगरेज़ी सेना ने घेर रखा था। यह कुमारी फ़्रांस के बादशाह चार्ल्स सप्तम के पास गई और कहा कि मुझे ईश्वर की ओर से यह काम सौंपा गया है, कि मैं शहर को बचा लूँ और आपके सिंहासनारोहण का प्रबंध करूँ। पार्लियामेंट के विवादके पश्चात् उसको युद्ध-सचिव बना दिया गया। तब वह अपने कार्य-सिद्धि के निमित्त चल पड़ी। उसकी प्रशंसा डयून्वाय और एरकून जैसे वीर योद्धाओं ने की। अपनी निजी वीरता, साहस और पराक्रम से सेनाओं में असाधारण उत्साह उत्पन्न कर दिया। अंत में उसने आरलियंस को बचा लिया (8 मई) 17 जुलाई को सिंहासनारोहण की विधि पूरी की गई। इसके पश्चात् उसने पेरिस की ओर ध्यान दिया परंतु इसमें उसे असफलता हुई और वह घायल हो गई। सन् 1430 ई. में उसने केम्पियन के प्रसिद्ध नगर से निकल कर छापा मारा परंतु बंदी होकर अंगरेज़ों के हाथ बेच दी गई। इसे रोयन में बंदी कर दिया गया और इसके साथ अत्यंत कठोरता का व्यवहार किया गया। 9 जनवरी, 1431 को इसके विरुद्ध मुक़दमा चलाया गया। यह अदालती कार्यवाही नाममात्र की थी, क्योंकि न्याय का जितना हनन वहाँ किया गया उतना कहीं न हुआ होगा। क्वाय के पादरी की गवाही पर उस पर जादूगरी का अपराध लगाया गया और उसी के दंड में उसे 30 मई 1431 को जला दिया गया। उस काल से उसे एक पवित्र देवीका पद प्राप्त हो गया और पश्चिम के चित्रकारों ने उसके चित्र बनाकर उसे अमर कर दिया।

—अनुवादक

यहाँ का काम समाप्त न हो जाए, बंदीगृह में अथवा किसी ऐसे स्थान में, जहाँ आप उचित समझें, सुरक्षित रखी जाए।

क्या आप कृपया इस बात पर ध्यान रखेंगे, कि इसका आचरण संतोषजनक रहे। यह कहते हुए आश्चर्य मालूम होता है कि वास्तव में इस खूसट बुढ़िया ने यथेष्ट प्रभाव कर लिया था।

आपका विश्वसनीय

—डब्ल्यू. एस. आर. हडसन

पत्र संख्या 8

(इस पत्र को हेनरी ग्रेट साहब ने, जो दिल्ली की निकटस्थ फ़ौजों के प्रधान राजनैतिक-सलाहकार थे, ज़ॉर्ज कार्निक बार्न्स को 15 अगस्त, 1857 को भेजा था।)

कैम्प सन्मुख देहली

15 अगस्त, सन् 57

प्रिय बार्न्स,

मौलवी रजब अली साहेब ने मुझसे यह इच्छा प्रगट की, कि मैं आपको यह सूचना दूँ कि उन्होंने हकीम एहसन उल्ला के नाम एक पत्र भेजा था, जो मुझे पढ़ कर सुनाया गया था और मेरा यह अनुमान था कि इससे कुछ भी हानि न होगी किंतु यह संभव है कि इसके कारण हकीम साहब बादशाह और उपद्रवकारियों के अभिप्रायों का भीतरी भेद खोलने में समर्थ हो सकें। मौलवी साहब कहते हैं, कि इसके कारण हकीम साहब का बहुत अपमान हुआ। कारण यह है, कि वह पत्र सिपाहियों के हाथ में पड़ गया और उन लोगों ने उनके घर की तलाशी से डाली परंतु इस बात का कठिनता से विश्वास किया जा सकता है (कि हकीम एहसन उल्ला ख़ाँ के घर की तलाशी ली गई अथवा उन्हें कुछ हानि पहुँची) कैम्प की दशा में बहुत अधिक उन्नति हो गई है। हमको हर प्रकार की सुविधा है। अभी तक फ़ौज के सिपाहियों का स्वास्थ्य अच्छा है और उसके लिए हम ईश्वर के कृतज्ञ हैं। बैरियों को सब मुक़ामों पर और लड़ाई की सब चालों में बहुत ही असफलता हुई है। जब तक क़िला तोड़ने वाली तोपें पूरी सामग्री समेत न पहुँच जाए, तब तक किसी भी जंगी कार्यवाही का फ़ैसला करना अत्यंत निष्फल है। उस समय तक यह भी ज्ञात हो जाएगा, कि जनरल हेवलॉक की राह देखनी चाहिए अथवा नहीं अब तो प्रत्येक बात से पता चलता है कि अवध की उपद्रवी सेना बहुत जल्दी ही साफ़ हो जाएगी। मुझे आगरे से यह समाचार मिला है, कि 2।।

हज़ार नेपाली फ़ौज जनरल हेवलॉक से लखनऊ के स्थान में मिलने वाली थी। अंत में ड्रमंड को आगरे के देशी अफ़सरों की त्रुटियों और नालायक़ियों की सज़ा भुगतनी पड़ी। उन्होंने उन पर विश्वास किया और वहीं स्टेशनको बरबाद करने में सब से आगे थे। पानीपत में 3,22,000 रुपया लूट में मिला है और मेरठ वालों ने अपने ख़ज़ानों को भरपूर कर लिया है। हडसन पथ-प्रदर्शकों के साथ बाहर गए हैं और वे वहाँ उपद्रवकारियों के उस दस्ते की देखभाल करेंगे, जो रोहतक चला गया है। उन उपद्रवकारियों का यह इरादा था, कि वे ऐसे ही थोड़े से जत्थों को बाहर भेजकर, देश में अशांति पैदा कर सकें। परंतु किसी व्यक्ति ने कहा कि यह एहसन उल्ला की एक चाल है, जिससे वे देहली की फ़ौज को (उसकी टुकड़ियाँ बाहर भेजकर) शक्तिहीन कर सकें और शहर पर पुनः हमारा अधिकार करा दें।

मुझे विश्वास है कि आपने झिंद की फ़ौजों के द्वारा रोहतक के कुछ विभागों पर अधिकार कर लेने के प्रस्ताव पर कार्य न किया होगा। निःसंदेह ऐसी कार्यवाही न करने के लिए आपके पास पर्याप्त कारण है। ब्रिगेडियर वॉलटायल को आगरे में बरख़ास्त कर दिया गया है और उनके स्थान पर करनल कॉटन कार्ग कर रहे हैं।

आपका विश्वसनीय,
—एच. एच. ग्रेटहेड

पत्र संख्या 9

(इस पत्र को हेनरी ग्रेटहेड साहब ने, जो दिल्ली की निकटस्थ फ़ौजों के प्रधान राजनैतिक-सलाहकार थे, जार्ज कार्निक बार्न्स के नाम 30 अगस्त, 1857 को भेजा था।)

कैम्प—30 अगस्त, 1857

प्रियवर बार्न्स,

ली वेसन की यह इच्छा है कि गोहाना में मालगुज़ारी वसूल करने के निमित्त एक तहसीलदार की नियुक्ति कर दी जाए। मैं उनको सहसा यह अधिकार नहीं देता। कारण यह है, कि इस बात से महाराजा साहब झिंद के प्रबंध से टक्कर खाने की आशंका है। परंतु यदि राजा साहब कुछ न कर रहे हों, तो मेरी यह इच्छा है, कि आप ली वेसन से कह दें, कि वे अत्यंत सुन्दर रीति से मालगुज़ारी वसूल करने का प्रबंध कर दें।

मुझे इस बात पर विश्वास नहीं होता, कि लखनऊ के लिए किसी बात का

ख़तरा है। हेवलॉक साहब विट्ठर और शिवराजपुर में उपद्रवकारियों को हटाकर अपने दाहिने-बायें और पीछे के भागों को बाग़ियों से साफ़ कर रहे हैं और मैं इस बात का अनुमान भी नहीं कर सकता, कि यदि लखनऊ की क़िलाबंद फ़ौज को किसी प्रकार का डर होता, अथवा उसके बचाने की आवश्यकता होती, तो वे इस प्रकार की कार्यवाही को जारी रखते। आगरे के क़िले की फ़ौज के एक जत्थे नेअलीगढ़ के निकट एक बड़ा मारका सर कर लिया है। उन्होंने 3000 उपद्रवकारियों को मार भगाया और उनके तीन-चार सौ जवानों को समाप्त कर दिया है। नाभा के सवारों में कॉक्स का नाम विशेष रूप से लिया जाता है। मेजर टेनड़ी इमनसाइन मार्श और तीन प्राईवेट अफ़सर क़त्ल हुए हैं। कप्तान पील की अध्यक्षता में एक ब्रगेड कलकत्ता पहुँच गया है। मद्रास की फ़ौजों ने जबलपुर और तनजोर पर अधिकार कर लिया है।

आपका विश्वासनीय,

–एच. एच. ग्रेटहेड

पत्र संख्या 10

(इस पत्र को हेनरी ग्रेटहेड साहब ने, जो दिल्ली की निकटस्थ फ़ौजों के प्रधान राजनैतिक-सलाहकार थे, जॉर्ज कार्निक बार्न्स के नाम 9 सितम्बर, सन् 1857 को भेजा था।)

कैम्प–9 सितम्बर, 1857

प्रियवर बार्न्स,

यदि आप दैनिक तार-समाचार पढ़ते रहे हैं तो उनके सामने मेरे समाचार बासी होंगे। कुदसिया बाग़ और लडलो-कैसल 7 तारीख़ की रात को अधिकार में आ गए थे और उसी समय मोरी दरवाज़े पर 650 गज़ के फ़ासले से 10 तोपों की एक बैटरी लगा दी गई थी। सवेरा होते-होते चार तोपें चलनी प्रारंभ हुईं और सायंकाल तक सब की सब कार्य में व्यस्त रहीं। आरंभ में तोपख़ाने पर अधिक गोले बरसाए गए और कुदसिया और लडकी-चौकियों पर भी आक्रमण किया गया। परंतु हमारी ओर हानि बहुत ही कम हुई। लेफ़्टिनेंट हाइलडियरेंड (तोपख़ाना) और लेफ़्टिनेंट बेज़ईन (विल्लोची) निहत और लेफ़्टिनेंट बर्ड (तोपख़ाना) आहत हुए और लगभग 30 सिपाही निहत और आहत हुए। गत रात्रि से लेकर प्रातःकाल के दस बजे तक केवल तीन आदमी घायल हुए। मोरी दरवाज़ा और काश्मीरी दरवाज़ा पर निशानाबाज़ी अत्यंत प्रभावजनक रही। गत रात्रि को 22 छोटी तोपें लगाई गईं थीं

और एक भारी तोपों की बैटरी भी तैयार है और जब ये सब लग जाएँगी तो गोलाबारी अत्यंत भीषण होगी। मेरे भाई (लेफ़्टिनेंट बिलवरफ़ोर्स ग्रेटहेड रॉयल इंजीनियर्स) पश्चिमीय आक्रमण के प्रधान संचालक हैं।मुझे उनके पास से भी एक अत्यंत रोचक और उत्साह-वर्धक पत्र मिला है। वह तोपों की एक उग्र बाढ़ छोड़ने के लिए परसों का दिन नियत करते हैं। जिस प्रगति से ब्राइंड अपनी दस तोपों से काम ले रहे हैं, उसे देखते हुए यह कहा जा सकता है, कि उस समय तक मोरी दरवाज़े का बहुत ही कम भाग शेष रह जाएगा।

आपका विश्वसनीय,

—एच. एच. ग्रेटहेड

पत्र संख्या 11

(इस पत्र को हेनरी ग्रेटहेड साहब ने, जो दिल्ली की निकटस्थ फ़ौजों के प्रधान राजनैतिक-सलाहकार थे, जॉर्ज कार्निक बार्न्स के नाम 13 सितम्बर, 1857 को भेजा था)

कैम्प—13 सितम्बर, 1857

प्रियवर बार्न्स,

इस समय तो मोरी दरवाज़े का बुर्ज भारी तोपों के लगाने के लिए उपयुक्त नहीं है। परंतु फिर भी तोपें वहाँ से कभी-कभी धोखा देने के अभिप्राय से छोड़ी जाती थीं। काश्मीरी दरवाज़े का बुर्ज प्रभावजनक रीति से चुपकर दिया गया है। अब वह खंडहरों का एक ढ़ेर मात्र है और तोपों के जो गोले वहाँ फेंके जा रहे हैं उनकी मौजूदगी में वहाँ किसी को भी टिकने का साहस नहीं होता। बुर्ज के दाहिने हाथ वाली प्राचीर में एक बड़ा छेद कर दिया गया है। और हमारे गोले क्रमशः उसको चौड़ा कर रहे हैं। छेद करने वाली बाईं ओर की बैटरी ने जो चुंगी-घर के अहाते की दीवार से 180 गज़ की दूरी पर लगाई गई थी, केवल कल से गोले बरसाने आरंभ किये हैं। उस तोपख़ने के बनाने में असीम विपत्तियों का सामना करना पड़ा और जंगी कामों में इसके कारण बाधा भी पड़ गई। पहले-पहल इसे कुदसिया बाग़ में लगाने का विचार था। वहाँ अधिक सुरक्षित रूप से और शीघ्र तैयार किया जा सकता था; किन्तु उसके और प्राचीर के बीच में ऐसी-ऐसी नई कठिनाइयाँ आ पड़ीं, जिनका उल्लेख किसी भी मानचित्र में न था। इसी कारण सामने की ओर बहुत सी नई ज़मीन को इतनी दूरी से दुरुस्त करना पड़ा, कि वहाँ मज़दूरों पर अत्यंत ही उग्र रूप में गोलाबारी होती रही। तोपख़ाना कल तीसरे

पहर तक तैयार न हो सका। अब उसका प्रयोग पानीके बुर्ज और बीच वाली दीवार के विरुद्ध किया जा रहा है। किंतु यह कार्य अत्यंत ही कठोर परिश्रम का है। प्रत्येक व्यक्ति को कप्तान फ़िगन की मृत्यु का, जिनके शिर में तोपें चलने के थोड़ी ही देर बाद गोली लगी, असीम शोक है। वह अत्यंत वीर और पराक्रमी थे और अपने को ख़तरे में डालने से कभी न हिचकते थे। गोली लगते समय उनका आधा शरीर खाई के बाहर था और वह यह देख रहे थे कि निशानाबाज़ी कहाँ से की जाए। जिन भयप्रद स्थितियों को सुगम बनाया गया है, वे अत्यंत ही भयंकर थीं। तोपख़ान के अफ़सरों को ज़रा सा भी आराम करने का अवसर नहीं मिला। जबसे तोपें प्रयोग में लाई जा रही हैं, तबसे वे रात दिन क़ाम में लगे हुए हैं। शहर की सीधी गोलाबारी में बहुत कमी हो गई है। परंतु शत्रु अप्रत्याशित स्थानों पर नवीन तोपें चढ़ाने में अत्यंत ही चतुर और प्रवीण मालूम होते हैं। वह उस मैदान से, जो हमारे दाहनी ओर है, भीषण रूप से घातक गोलाबारी कर रहे हैं! हमारी बाईं ओर दरिया की दिशा से भी दो तोपों के द्वारा अबतक गोलाबारी कर रहे हैं। सलीमगढ़ भी हमारे समस्त पश्चिमीय तोपख़ाने पर गोले और बम फेंक सकता है। इन सारी कठिनाइयों के होते हुए भी हमारी कार्यवाहियाँ उन्नति कर रही हैं और मुझे विश्वास है, कि कल या परसों हल्ला प्रारम्भ कर दिया जाएगा। कमांडिंग अुसरों को समस्त आदेश मिल चुके हैं। सारे स्थानों पर रक्षा का पूरा प्रबंध कर लिया गया है। केवल बाहर निकल कर उनके अचानक धावों का कुछ प्रबंध कर भी नहीं सकते। घिरी हुई सेना में से सिपाहियों के भाग जाने के संबंध में मुझे कोई विश्वसनीय समाचार नहीं मिला। घेरा डालना बच्चों का खेल नहीं है। कोई भी शक्ति हमारी सेना की प्राणोपम वीरता में बाधा नहीं डाल सकती। सब बातों का ध्यान रखते हुए, हमारी हानि भारी नहीं कही जा सकती। कुछ अफ़सरों के नामों का उल्लेख ऊपर हो चुका है इनके अतिरिक्त निम्नलिखित हानियाँ हुई हैं—

घायलों की सूची

मेजर कैम्बल (तोपख़ाना) लेफ़्टिनेंट अर्ल (तोपख़ाना) लेफ़्टिनेंट गिल्पी (तोपख़ाना) चांसलर (75वीं सेना) रेंडल (69वीं देसी पैदल सेना) लॉकहार्ट (ला) ईदन (60वीं राइफ़ल्स)

मुझे और किसी का नाम याद नहीं आता। विलियम एडवर्ड्स फ़तहगढ़ के निकट किसी गाँव में परवी और उनके बाल बच्चों समेत सानंद जीवित हैं। मुझे बेचारे हावथॉर्नहिल का शोक है। वह अच्छा मनुष्य था।

उत्तर-पश्चिमीय विभाग में हमारे पास अफ़सर बहुत कम रह गये हैं। मिस्टर कॉलविन पेचिश से पीड़ित हैं। उन्होंने अवसर पाते ही चले जाने का विचार पक्का कर लिया है। मैं अपने प्रबंध को पूर्णरूप तथा नवीन रीति से संगठित करने को तैयार हूँ। परंतु मैं यह नहीं कह सकता, कि आई. पी. ग्रांट कार्यकारिणी शक्ति को दृढ़ बनायेंगे या नहीं। मेरे आदमियों ने विशेषकर मिसेज़ बार्न्स ने आपकी धर्मपत्नी को बहुत-बहुत पूछा है और वे उनकी क्षेम7कुशल जानने के लिए सदा उत्सुक रहती हैं।

आपका विश्वसनीय,
—एच. एच. ग्रेटहेड

पत्र संख्या 12

(इस पत्र को हेनरी ग्रेटहेड साहब ने, जो दिल्ली की निकटस्थ सेना के प्रधान राजनैतिक-सलाहकार थे, जॉर्ज कार्निक बार्न्स के नाम 16 सितम्बर, 1857 को भेजा था।)

दिल्ली, 16 सितम्बर 1857

प्रियवर बार्न्स,

मैंने लडलो-कैसल कीऊँचाई से हल्ले का निरीक्षण किया। मैं अनुमान भी नहीं कर सकता, कि कोई व्यक्ति अधिककाल तक उन अल्प क्षणों की विकलता को सहन कर सकता है, जो जत्थे के शिरों के लुप्त होने और उसके भग्न-स्थान तक पहुँचने के लिए बीतने आवश्यक हैं। जो गोलीबारी प्राचीर से पानी के बुर्ज वाले छेद के विरुद्ध की जा रही थी, वह इतनी भीषण थी कि केवल दो सीढ़ियाँ खाई तक पहुँचने में सफल हो सकीं। मेरे भाई1 बेलवी तोपख़ाने से उस भग्न-स्थान तक जाते-जाते घायल हो गये। गोली उनकी दाहिनी हँसली से गुज़र कर सीने के पार उतर गई। दूसरे भाई2 धावे के समस्त भय सहन करने के पश्चात् बच गये और ईश्वर को धन्यवाद है, कि अब वह बिल्कुल स्वस्थ-चंगे हैं। काश्मरी दरवाज़े की प्राचीर के छेद तक सीढ़ी लगाकर पहुँचने और दरवाज़े को बारूद द्वारा उड़ा देने और भीतर प्रवेश करने के काम बहुत ही सफल रीति से सम्पन्न हुए। यह सब कुछ दिन-दहाड़े हुआ। निकलसन का जत्था प्राचीर के किनारे-किनारे धावा करता हुआ लाहौरी दरवाज़े के बुर्ज तक पहुँच गया। वह घायल हो गये। युद्ध-सामग्री

---

1. मिस्टर कॉलवन की मृत्यु 9 सितम्बर को हो चुकी थी।
2. लेफ़्टिनेंट बिलवर फ़ोर्स ग्रेटहेड, जो दूसरे जत्थे से संबंध रखते थे।

में न्यूनता आ गई और उन्होंने (उपद्रवियों ने) पलटकर फिर काबूली दरवाज़े पर आक्रमण किया। करनल कैम्बल का जत्था, जो जान पर खेलने वाले वीर मेटकॉफ़ के अधीन था, अत्यंत गौरव-पूर्वक जामा मस्जिद पहुँच गया। इनका इंजीनियर-अफ़सर गोली खाकर मारा गया और रेत के थैले पीछे रह गये।

अन्य लोग टेंडी और बराँव (इंजीनियर्स) की अधीनता में भेजे गये। पहले साहब तो निहत और दूसरे साहब आहत हो गये। लाहौरी दरवाज़े वाले भाग से कोई सहायता नहीं आई और इसलिए कैम्बल को पीछे हटना पड़ा। पहले बेगम के बाग़ की ओर, जिसे वह एक घंटे तक अपने अधिकार में रख सके और तत्पश्चात् गिरजा के अहाते में। यह एक नाजुक अवसर था। हमारे सिपाही थककर चूर हो गये थे। बहुत से अफ़सर बेकार हो गये थे और घबराहट बहुत अधिक फैल गई और बड़े-बड़े बाज़ारों की ओर मोड़ दी गई और इस प्रकार पांडे का अंतिम अवसर भी हाथ से निकल गया।

खेद है कि जम्मू की सेना जब से अपने पहाडत्रे थानों से निकली है केवल बिल्कुल असफल ही नहीं रही, प्रत्युत किशनगंज में पांडों के विरुद्ध इनके हाथ से चार तोपें भी जाती रहीं। और इसी कारण उन्होंने रीड के पार्शवों को भयप्रद स्थिति में डाल दिया। यदि यह समाचार सत्य है तो दीवान साहब ही सबसे पहले भागे थे। झींद की पैदल सेना की कार्य-परायणता बहुत अच्छी रही। आज हमारी स्थिति में बहुत कुछ उन्नति हो गई है। मेगज़ीन पर अधिकार कर लिया गया है और अब हमारा अधिकार क्षेत्र काबूली दरवाज़े से लेकर नहर के बराबर उस सेना की चौकियों तक विस्तृत हो गया है, जो मेगज़ीन पर अधिकार जमाये हैं। शहर के इस सारे भाग को निवासियों ने ख़ाली कर दिया है। और इस कारण वहाँ से जो रुपया पैसा मिल सकेगा, अपने अधिकार में ले लिया जाएगा। पांडों की एक पर्याप्त संख्या निहत हुई और मेरा अनुमान है कि बहुत ही कम लोग बचने पाये हैं। किंतु किसी स्त्री की जान-बूझ कर यंत्रणा नहीं दी गई।

कैम्प की रक्षा किशनगंज की असफलता से एक सीमा तक भयग्रस्त हो गई थी। उस पर आक्रमण की आशंका थी, किन्तु हुआ नहीं। सलीमगढ़ और शाही महल पर गोले बरसाये जा रहे हैं। मेरी धारणा है कि पूर्ण सफलता निश्चित है। हमारी सेना में आहत-निहत दोनों की संख्या आठ सौ से कम न होगी। निकलसन[1] के प्राणों का पूरा भय है। इनकी हानि की पूर्ति असंभव है। करनल कैम्बल (52वीं) भी अयोग्य हो गये हैं। सब करनल जो रह गये हैं, उनके ये नाम है—लाँगफ़ील्ड (8वीं) जोन्स (61वीं) डेनिस (52वीं)। जनरल विलसन अत्यंत प्रोत्साहित किये गये हैं। मिस्टर कॉलविन 9वीं को स्वर्गवासी हुए।

1. बिगेडियर जनरल जॉन निकलसन 23 सितम्बर को स्वर्गवासी हुए।

मिस्टर रीड[1] ने सीनियर सिवीलियन होने की हैसियत से इस बात के संबंध में एक असाधारण सरकारी गज़ट प्रकाशित किया है कि उन्होंने उत्तर-पश्चिमीय सूबों का समस्त शासन अपने हाथ में ले लिया है। ब्रिटेनिया के पास इस प्रदेश के क्षेत्रफल के बराबर राज्य मौजूद है।

आपका

—एच. एच. ग्रेटहेड[2]

पत्र संख्या 13

(इस पत्र को सर जॉर्ज लॉरेंस चीफ़ कमिश्नर पंजाब ने, जॉर्ज कार्निक लॉरेंस के नाम 11 अक्टूबर, 1857 को भेजा।)

लाहौर,

11 अक्टूबर, 1857

प्रिय लॉरेंस

आपने जो पचास रुपये डाक बंगले में जिस निर्धन लड़की को दिये थे मैं उसही को आप की सेवा में भेज रहा हूँ। मुझे उसका नाम याद नहीं रहा। मुझे आशा है कि वह सुरक्षित रूप से अपने निर्द्रष्ट स्थान तक पहुँच जाएगी। मैंने सांडर्स को लिख भेजा है कि (मौलवी) रजबअली साहब को भेज दें जो बेचारे अपनी सेवाओं के होते हुए भी विचित्र विपत्ति में फँस गये हैं। मुझ दुःखी को उनके पंजाब में वापस बुला लेने से प्रसन्नता होगी और यहाँ मैं उनके लाभ का विशेष ध्यान रखूँगा।

तूफ़ान समाप्त हो गया और हमें साँस लेने का अवकाश मिला और जब मैं विगत घटनाओं पर दृष्टि डालता हूँ तो मुझे इस बात पर आश्चर्य होता है, कि हम लोग किस प्रकार अब तक ज्यों के त्यों जीवित स्थित हैं। केवल परमात्मा की अनुकम्पा के कारण हम जीवित बचे हैं। निश्चयरूपेण यह बात हमारी प्रत्याशी को उल्लंघित कर गई, कि समस्त पंजाबी पल्टनें विश्वास योग्य तथा स्वामि-भक्त रहीं। हज़ारा के विषय में मुझे अभी संतोष नहीं हुआ। मरी में भी कोई महत्वपूर्ण घटना घटित होने वाली थी और जैसी कि मैंने आशा की थी, समस्या अभी पूर्ण रीति से हल नहीं हुई। मै। पिंडी में एक और सेना भेज रहा हूँ और उस सेना को हटा देना चाहता हूँ, जो लुधियाना में अभी भरती की गई है। गोलनियर में दुष्प्रबंध

1. उत्तर-पश्चिमीय सूबों के साहब लेफ़्टिनेंट गवर्नर का नाम।
2. हरवले ग्रेटहेड (इस पत्र के लेखक) हैज़े में ग्रस्त होने के कारण तीन दिन पश्चात् 19 सितम्बर को इसी रोग से मर गये।

फैला हुआ है और जंगल बहुत घना है और उपद्रवियों को बड़ी सरलता से वहाँ पर सुरक्षित स्थान मिल सकते हैं। जॉन पियन, जिन्होंने सेना का संचालन किया था, अत्यंत कायर निकले क्योंकि जब बदमाश उनके अधिकार में थे तब उनका कुछ भी न बना सके। अब उन्हें बुख़ार चढ़ आया है। इस कारण अब उनको अवश्य लौट आना चाहिए। तब कहीं मैं आशा कर सकता हूँ, कि सब मामले ठीक तय हो सकेंगे।

सिक्खों की उन दो पल्टनों का क्या परिणाम हुआ, जिन्हें रिक्ट्स (डिप्टी कमिश्नर लुधियाना) ने भर्ती किया था। मुझे आशा है कि उन्हें तोड़ न दिया गया होगा।

आप जानते हैं कि मेरा स्वभाव लोगों की, आवश्यकता से अधिक प्रशंसा करने का नहीं है। अब मुझे अपनी भूल मालूम हो गई है किंतु जो कुछ भी मैं कहता हूँ उससे मेरा अभिप्राय वही हुआ करती है और मेरे मत से तो आपने बहुत अच्छा किया कि डिवीज़िन को दाहनी ओर रखा और सेना की सहायता की। आपकी चौकी भीषण स्थिति में थी। पटियाला, नाभा और झिंद* के लिए जो पुरस्कार हमें निश्चित करने चाहिए, उन पर आप भी ज़रा विचार कर लीजिए। उन्हें अवश्य पुरस्कृत करना चाहिए। यदि वे स्वामि-भक्त न बने रहते तो हम कहीं के न रहते।

आपका विश्वसनीय,

जॉन लॉरेंस

---

* नवाब साहब झझ्झर और रईस-दादरी, जिन पर विप्लव करने का इल्ज़ाम था, की ज़ब्त की गई जागीरें इन तीनों में बाँट दी गई थीं।

आज़ादी के दस्तावेज़

भाग-2

भारतीय स्वाधीन्ता आंदोलन

आज़ादी के दस्तावेज़

भाग-दो

भारतीय स्वाधीनता आन्दोलन

नेताजी सुभाषचन्द्र बोस
अजय कुमार घोष
एल. नटराजन
कैलाशचन्द्र जैन 'पुष्प'
रणधीर सिंह

वाणी प्रकाशन

वाणी प्रकाशन
4695, 21-ए, दरियागंज, नयी दिल्ली 110 002
फ़ोन : +91 11 23273167 फ़ैक्स : +91 11 23275710

शाखाएँ
अशोक राजपथ, पटना 800 004, बिहार
कॉफ़ी हाउस कैम्पस, महात्मा गांधी मार्ग, इलाहाबाद 211 001, उत्तर प्रदेश
महात्मा गांधी अन्तरराष्ट्रीय हिन्दी विश्वविद्यालय, वर्धा 442 001, महाराष्ट्र
सुल्तानिया रोड, मोतिया पार्क, भोपाल 462 001, मध्य प्रदेश

www.vaniprakashan.com
marketing@vaniprakashan.in
sales@vaniprakashan.in

AAZADI KE DASTAVEZ-2
by Subhashchandra Bosh, Ajay Kumar Gosh, L. Natrajan, Kailashchandra Jain 'Pushp' & Randheer Singh

ISBN : 978-81-88599-84-4
History

संस्करण 1997, 2009
तृतीय संस्करण 2021

मूल्य (प्रति खण्ड) : ₹ 1500
मूल्य (दो खण्ड) : ₹ 3000

सिटी प्रेस, दिल्ली-110 095 में मुद्रित

वाणी प्रकाशन का लोगो मक़बूल फ़िदा हुसेन की कूची से

अनुक्रम

खंड-1

भारत के किसान विद्रोह (1850-1900)

हमारी शानदार विरासत

किसी राष्ट्र के इतिहास में गर्व की वस्तु राजाओं की वंश-परंपरा नहीं, और न उनके विजय-अभियान ही हैं, बल्कि वह जनता है, जिसने सदियों से अन्याय और उत्पीड़न के खिलाफ़ अनवरत संघर्ष किया है। यदि हमारे देश के इतिहासकारों की दृष्टि राज्य-वंशों और वाइसरायों की परम्परा में ही उलझी न रहती और वह उनके ऊपर उठ सकती, तो उन्हें हमारी जनता के साहस और शौर्य के संबंध में प्रचुर सामग्री मिल सकती और आज़ादी और तरक्की के लिए मानवता के संघर्षों के इतिहास में उसे उचित स्थान दिया जा सकता।

मिसाल के तौर पर, हम यहाँ अपने युग के निकट की घटनाओं पर, अपने देश के अलग-अलग हिस्सों के किसान-विद्रोहों पर विचार करेंगे। उन्नीसवीं सदी के उत्तरार्द्ध में जब नये बुद्धिजीवी वर्ग का अधिकांश भाग विदेशियों की नकल और खुशामद कर रहा था और उत्पीड़कों की "सिविल" सर्विस में सौ-दो सौ नौकरियों के लिए आन्दोलन कर रहा था, तब हिन्दुस्तान के किसान, विदेशी शासकों और उनके देशी मददगार, ज़मींदारों और सूदखोरों के गढ़ पर धावा बोल रहे थे, और उनकी जमी हुई ताक़त को हिला रहे थे।

उन्नीसवीं सदी के पूर्वार्द्ध के समाप्त होते-होते, टीपू, मराठा, रणजीत सिंह और हिन्दुस्तान के दूसरे शासक, अंगरेजों के खिलाफ़ लम्बी लड़ाइयाँ लड़ने के बाद हथियार डाल चुके थे। पुराने सामंती अधिपतियों की सेनाओं के छिन्न-भिन्न हो जाने के बाद, पिंडारियों, ठगों और डाकुओं के जो दल उठे थे और जिन्हें देश भर में सुलगते हुए जनता के असंतोष से ताक़त पहुँच रही थी, वे कुचल दिये गये थे।

विजय के उन्माद में अंगरेज़ शासक भारत के एक विस्तृत भू-भाग पर अपने शासन का जाल तेजी से फैलाने लगे। सामंती राजे और अधिपति और उनके आलमबरदार, जो भारत के रंगमंच पर सदियों से छाये थे, मंच से हटा दिये गये। सन् 1850 तक ऐसा मालूम होने लगा कि भारत में अंगरेज़ों का अकंटक राज्य स्थापित हो गया। विदेशी शासकों ने अपने मन को यह आश्वासन देकर संतोष

कर लिया था कि भारत की जनता या तो बिलकुल दब्बू और डरपोक है; या फिर सुस्त और आलसी, निरीह और शांत स्वभाव की है। हिन्दुस्तान अब उनका था। अब अगर उनको कुछ करना था तो यह कि रेल के ज़रिए इस देश के दूर-दूर के भागों तक पहुँचना था और इतमीनान के साथ अपनी आर्थिक जड़ें गहरी जमानी थीं, और इस काम में झंझट और परेशानी कम और फ़ायदा ज़्यादा था।

इस बीच भारतीय समाज के समूचे सामाजिक और आर्थिक आधार में एक जबर्दस्त रद्दोबदल हो रहा था। अंगरेज़ों के ज़मीन के बंदोबस्त, मालगुज़ारी की ऊँची दरें और एक ऐसी न्याय-व्यवस्था, जो जनता के हितों के खिलाफ़ जाती थी—इन सबका फ़ायदा उठाकर ज़मींदारों और सूदखोर ज़मींदारों ने आम किसान जनता के ऊपर अपना शिकंजा कसना शुरू कर दिया था। ब्रिटेन से सस्ते तैयार माल के आयात ने घरेलू उद्योगों को चौपट कर दिया था। दस्तकार, जिनके पुराने धंधे नष्ट हो चुके थे, तबाह किसानों की पांत में शामिल होने लगे।

भारतीय रंगमंच पर नये वर्ग सामने आ रहे थे। एक ओर ज़मींदार और सूदखोर-ज़मींदार थे और दूसरी ओर भूमिहीन किसानों और तबाह दस्तकारों के दल थे, जिन्हें मजबूर होकर शिकमी काश्तकार, बटाईदार और खेतिहर मज़दूरों की तरह काम करना पड़ रहा था।

इस रद्दोबदल की वजह से जनता के ऊपर जुल्म करने वालों के ख़िलाफ़, ज़मींदारों, सूदखोर-जमींदारों और अंगरेज़ी सरकार के खिलाफ़ एक स्थायी जनसंघर्ष का स्वरूप, और उसकी ज़रूरतें बुनियादी तौर पर बदल गई थीं।

सन् 1857 के ग़दर को हिन्दुस्तान के कई प्रदेशों में व्यापक जन-समर्थन मिला। लेकिन देश की बदली हुई हालत की वजह से ग़दर के पुराने थके-हारे नेताओं, पिछड़े उद्देश्यों तथा कुंद और कमज़ोर हथियारों की जगह अब इतिहास के कूड़ेखाने में ही रह गई थी। हिन्दुस्तान को अब एक नये सिरे से लेखा-जोखा लेना था। जनता की ज़रूरतों के मुताबिक नयी माँगों और नये नारों का उठाया जाना लाज़िमी था। तल्ख़ अनुभव की आँच में ढ़ाले गये संघर्ष के नये हथियारों को तेज़ करना था। आग की लपटों में तपे हुए नये नेताओं को सामने आना ज़रूरी था।

इस पृष्ठभूमि में 19वीं सदी के उत्तरार्द्ध में जो महान किसान-विद्रोह हुए, उनका आरंभ बहादुर संथालों ने ही किया। किसान लड़ाइयों के पहले गोले उन्होंने ही 1855-56 में दागे और उनकी आवाज़ मुल्क भर में हज़ारों मुक्तलिफ़ ज़गहों में गूँजी। यह एक नये क़िस्म के संघर्ष की शुरुआत थी। यह एक बड़े पैमाने पर जनता का सच्चा संघर्ष था।

आइये, हम इन किसान बग़ावतों पर एक नज़र डालें।

50,000 संथाल किसान वीरां के अभियान को लीजिए। किसानों पर भयानक

अत्याचार ढाने वाले ज़मींदारों, सूदखोर महाजनों और विदेशी सरकार के नापाक त्रिगुट के ख़िलाफ़ संथाल किसानों ने बड़ी वीरता से लड़ाई चलायी और लड़ते-लड़ते उनमें से आधे लोगों ने अपने जीवन की आहुति दे दी। क्या कभी हमें अपनी इतिहास की पुस्तकों में यह पढ़ने को मिला कि बंगाल में नील की खेती करने वाले किसानों ने, 1860 में, विदेशी मालिकों के अमानवीय अत्याचारों के खिलाफ़ एक सफ़ल आम हड़ताल की थी ? या फिर अहमदनगर और पूना के मराठा किसानों को लीजिए। जब 1875 व 76 में उन्होंने हुकूमत के खिलाफ़ खुली बग़ावत का झंडा उठाया और महाजनों की डिग्रियों, बयनामों और दस्तावेज़ों को ज़बर्दस्ती अपने कब्ज़े में लेकर खुलेआम जला दिया, तब उन्होंने एक ऐसा उदाहरण सामने रखा, जिसका एक भारी महत्व था और जो 1920 और 1930 के असहयोग आंदोलन के ज़माने में, विदेशी कपड़ों के जलाये जाने से किसी क़दर कम महत्व का नहीं था।

हम विद्रोही मोपला किसानों के बारे में जानकारी से वंचित हैं, जिन्होंने बेमिसाल जोश से लड़ाकू संघर्ष का झंडा ऊँचा रखा और 1836 व 1896 के बीच, लगभग हर पाँचवें साल, अत्याचारी जेंमियों (मलाबार के ज़मीदारों) तथा सरकार के ख़िलाफ़ बग़ावत करते रहे और फिर 1872 में पबना और बोगरा के बंगाली किसानों के विद्रोह का क्या हुआ, जिसे "भारत के कैम्ब्रिज इतिहास" में एक छोटा सा लेकिन विचारोत्तेजक, यह वाक्य लिखकर टाल दिया गया है कि उसने "समूचे बंगाल को हिला दिया था।"

कुछ अधकचरे उग्रवादियों का यह ख़्याल कि किसान "मानव इतिहास का लद्दू जानवर है" कितना ग़ल्त है! जैसा इस वर्णन से साफ़ है, बीसवीं सदी में जो महान् जन-आंदोलन उठने और ज़ोर पकड़ने वाला था, किसानों ने ही उसकी लीक बनाई और उसकी मशाल जलाई, बावजूद इस बात के कि उनके पास कोई ऐसा राजनीतिक दर्शन न था, जो उन्हें रास्ता दिखाता; और न कोई ऐसा संगठन था, जो उनकी लड़ाइयों को लगातार ज़ारी रखता। स्वयं-स्फूर्त और छिटपुट किसान लड़ाइयों की छोटी-छोटी धारायें एक में मिलकर धीरे-धीरे, लेकिन निश्चित रूप से, गरजती हुई लहरों में बदल रही थीं और शासक वर्गों के विनाश की सूचना दे रही थीं।

कभी-कभी पाशविक दमन के कारण किसान लड़ाइयों का बहाव धीमा पड़ जाता था। लेकिन इन बहादुरों ने जो आग जलाई, उसकी लपटों को, खून के जितने भी स्रोत खोले गये और आँसुओं के जितने भी समुंदर बहाये गये, वे बुझा न सके। अगर कभी किसान-मोर्चे पर ख़ामोशी रही तो वह तूफ़ान के आने से पहले का सन्नाटा ही था। किसान शायद क्षणभर रुक कर साँस ले रहे थे और अपनी शक्ति बटोर रहे थे, वे शायद अपने अनुभवों पर गौर कर रहे थे और उनसे सीख ले

रहे थे, ताकि वे और भी शानदार पैमाने पर अपनी लड़ाई आगे चला सकें।

यह है भारतीय किसानों की शानदार विरासत!

जिन इतिहासकारों का पेशा ही हमारे इतिहास को तोड़ना-मरोड़ना और विकृत करना था, उनकी मोटी-मोटी पोथियों में आपको किसान-संघर्षों की इस गौरवपूर्ण गाथा का कोई चित्र नहीं मिलेगा। साम्राज्यवादियों के कार्यों की प्रशंसा करने वाले इन इतिहासकारों ने वाइसरायों और दूसरे अंगरेज़ शासकों के कुछ बहुत ही छोटे-मोटे कार्यों का बड़ा विशद वर्णन किया है। दूसरी ओर, भारतीय इतिहासकारों ने राममोहन राय, महादेव गोविंद रानाडे, दयानंद सरस्वती और उन्नीसवीं सदी के दूसरे सुधारकों की विरुदावली गाई है। लेकिन संघर्ष के जिन शक्तिशाली रूपों में जनता का असंतोष प्रकट हुआ, उसके बारे में इन दोनों ही तरह के इतिहासकारों ने चुप्पी साधी है।

लेकिन कभी-कभी जब किसानों का प्रतिरोध, ज्वालामुखी की तरह फूटकर शक्तिशाली विद्रोह का रूप धारण कर लेता था, तो मौन उपेक्षा की यह साज़िश बेकार हो जाती थी और उन्हें इन किसान बग़ावतों का उल्लेख करना पड़ता था। लेकिन तब वे हिकारत और नफ़रत से उन्हें 'दंगा' और 'फ़िसाद' का नाम देकर दबा देने की कोशिश करते थे। उनकी नज़र में अनपढ़ किसान "हिंसक और बर्बर कार्यों में लिप्त हो गये थे।" किसानों का दमन करने के लिए सरकार जिस संगठित हिंसा और पाशविकता का सहारा लेती थी, उसकी वे खूब तारीफ़ करते। उनकी निगाह में वह "अमन और क़ानून" क़ायम करने के लिए विदेशी सरकार का स्तुत्य प्रयत्न था। भारतीय इतिहास के नाम पर इतिहास के ऐसे ही विकृत रूपों की जहरीली खुराकें रोज़ाना हमारी जनता को पिलाई जाती हैं।

ऐसी हालत में किसान बग़ावतों के बारे में तथ्यों को खोज निकालना आसान काम नहीं है। इस किताब में संथाल-विद्रोह (1855-56), नील की खेती करने वाले किसानों की हड़ताल (1860) और मराठा किसान विद्रोह (1875-76) के बारे में कुछ तफ़सीलें दी गई हैं। लेकिन तथ्यों के अभाव में मोपला बग़ावतों (1836-96) और पबना तथा बोगरा के बंगाली किसानों की बग़ावत (1872) के बहुत मुख्तसर बयान दिये गये हैं और भी बहुत से बड़े और छोटे संघर्ष हुए हैं, जिनके बारे में अभी तथ्य मालूम भी नहीं हैं।

जब तक कई आदमी मिलकर बहुत पड़े पैमाने पर रिसर्च (खोजबीन) न करें, और इसके लिए सरकारी और ग़ैर-सरकारी, हाथ से लिखे और छपे कागज़ात का; और लोक-कथाओं, लोक-गीतों तथा तत्कालीन साहित्य के विशाल भंडार का उपयोग न करें, तब तक पुरानी, भूली हुई तफ़सीलों को सही माने में प्रकाश में लाना असंभव है। अब वक्त आ गया है कि भारत सरकार केन्द्रीय और स्थानीय संग्रहालयों को रिसर्च के लिए खोल दे, ताकि जनता को अपने इतिहास के बारे

में सच्चे तथ्य मालूम हो सकें।

यह संक्षिप्त वर्णन किसी भी मानें में उन्नीसवीं सदी में हुए भारत के किसान संघर्षों का इतिहास नहीं है। आजकल के जन-संघर्षों की आग्नेय लीक जिन वीरों ने चलाई है, उनके यश और गौरव को, जिसके वे सच्चे पात्र थे, आंशिक रूप में अपना उचित स्थान देने का यह पहला प्रयास है। जब और तथ्य उपलब्ध होंगे, तभी तक विस्तृत इतिहास लिखा जा सकेगा, जिसमें और बहुत सी किसान लड़ाइयों का ज़िक्र होगा और जिसमें आलोचनात्मक विश्लेषण के लिए अवसर मिलेगा।

किसान संघर्षों की पृष्ठभूमि

"बंगाल में इस्तमरारी बंदोबस्त की वजह से जितनी ग़रीबी फैली है, और भूमि अधिकारों में जितना बड़ा परिवर्तन हुआ है, उतना, उसी समय में, महज़ क़ानून के ज़ोर से, और किसी देश में या और किसी युग में शायद नहीं हुआ होगा।"

—हाउस ऑफ़ लार्ड्स की पाँचवीं रिपोर्ट (1821)।

इस्तमरारी बंदोबस्त क़ायम होने के केवल बीस वर्ष बाद हाउस ऑफ़ लार्ड्स की पाँचवीं रिपोर्ट में उसकी यह कटु और निर्भय आलोचना की गई। जिनको इस क़ानून से सीधे-सीधे फ़ायदा पहुँचता था, उन्हें छोड़कर बाक़ी सबों ने उसका उग्र विरोध किया था। इसके बावजूद आज, 150 साल बाद भी, बंगाल, बिहार, उड़ीसा, मद्रास के उत्तर-पूर्वी और उत्तर प्रदेश के पूर्वी इलाक़ों के किसान इस क़ानून के मातहत तकलीफ़ उठा रहे हैं। चूँकि किसानों ने अपना गुस्सा सबसे ज़्यादा जमींदारों के ही ऊपर उतारा, इसलिए इस बात की और भी गहराई से जाँच करना ज़रूरी है कि इस्तमरारी बंदोबस्त के क़ायम किये जाने के कारण क्या थे।

डॉ. वीरा ऐंस्टे ने यह कहकर कि ईस्ट इंडिया कंपनी के अफ़सरों ने अज्ञानवश इस व्यवस्था को चलाया, इतिहास को विकृत करने और लोगों को भ्रम और उलझन में डालने की कोशिश की है। उनका कहना है कि वे बेचारे भारतीय भूमि-व्यवस्था के रहस्य को नहीं समझ पाये थे; वे अभी प्राच्य जगत की पेचीदगियों से अपरिचित थे।

वह कहती हैं :

"पहले तो भारत की जटिल भूमि-व्यवस्था कंपनी के नौकरों की समझ में ही न आई। उन्होंने यह पता लगाने की कोशिश की कि इस व्यवस्था में 'ज़मींदार' कहाँ हैं। ...बाद में यह मालूम हुआ कि ये 'ज़मींदार' ज़्यादातर ज़मीन के मालिक थे ही नहीं...उस वक्त उन्हें ग़लती से अंगरेज़ी माने में ज़मींदार समझ लिया गया था।"[1]

इतिहास को विकृत करने की यह निश्चय ही एक बेहतरीन मिसाल है। इस

क़िस्म की सफ़ाई देने वालों की खिल्ली उड़ाते हुए, मार्क्स ने बहुत ठीक कहा है :

'आवेशवश तथ्यों में गड़बड़ की जा सकती है, लेकिन उन्हें विकृत करना, यह एक ठंडे दिमाग़ का ही काम मालूम होता है।"[2]

ऐसी न जाने कितनी मिसालें दी जा सकती हैं, जिनसे यह ज़ाहिर होता है कि ईस्ट इंडिया कंपनी के अफ़सरों को यह अच्छी तरह मालूम था कि भारत में ज़मीन ज़मींदारों की मिल्कियत नहीं थी। सन् 1773 में पटना की काउंसिल ने यह सुझाव दिया कि ज़मीनें ज़मींदारों को सौंप दी जायें ताकि मालगुज़ारी की वसूली सहूलियत के साथ की जा सके। लेकिन बोर्ड ऑफ रेवेन्यू ने इस प्रस्ताव को यह कहकर ठुकरा दिया कि "यह नया प्रयोग करना बहुत ख़तरनाक होगा।"[3]

सन् 1776 में इस समस्या की छानबीन करने के लिए, एंडर्सन, बोगले और क्रोफ्ट्रस को लेकर एक कमीशन बैठाया गया। ये ईस्ट इंडिया कंपनी के योग्यतम अधिकारियों में से थे। 28 मार्च, 1778 में कमीशन ने रिपोर्ट पेश की। "भारत का कैम्ब्रिज इतिहास" इस रिपोर्ट पर विचार करते हुए लिखता है : "जहाँ तक माल के महकमे का सवाल है, यह कंपनी के आरंभिक शासन-काल में बंगाल के इतिहास की शायद सबसे क़ीमती, समकालीन दस्तावेज़ है।" इस रिपोर्ट में एक बड़े पैमाने पर किये गये स्थानीय जाँच-पड़ताल के, और फ़ारसी, बंगाली तथा उड़िया भाषाओं में उपलब्ध सामग्री के, आधार पर जो प्रमाण दिये गये थे, उनसे यह साबित हो गया कि ज़मीन किसानों की थी और ज़मींदारों का काम सिर्फ़ मालगुजारी वसूल करना था। माल के महकमे के लिए लार्ड कार्नवालिस के प्रमुख सलाहकार जेम्स ग्रांट ने भी असंदिग्ध रूप से यही विचार प्रकट किया है। कैम्ब्रिज इतिहास के अनुसार जेम्स ग्रांट "एक विख्यात" था, "माल की व्यवस्था के अपने विस्तृत अध्ययन" के लिए विश्यात था और उसे एक सरिश्तेदार की हैसियत से माल के काग़ज़ात को देखने की वह सुविधा प्राप्त थी, जो औरों को न मिल सकती थी।[4] ग्रांट ने लिखा है कि यह कथन कि ज़मींदार ज़मीन के मालिक हैं,

"प्रत्यक्ष ही इतना हास्यास्पद और सिद्धांत की दृष्टि से इतना ग़लत है कि उसे ऐसे शब्दों में व्यक्त करना असंभव है, जिनमें आंतरिक विरोध न हो और जिनमें निष्कर्ष और प्रतिपत्ति दोनों का खंडन न हो। जहाँ तक भारत के निवासियों का प्रश्न है, यह एक बिलकुल नया और बहुत ख़तरनाक प्रयोग होगा और पूर्वी देशों की न्याय व्यवस्था के, चाहे वह आधुनिक हो या प्राचीन, उद्देश्य और प्रकृति के सर्वथा विपरीत होगा।"[5]

ऐसी और बहुत सी मिसालें दी जा सकती हैं, जिनसे यह साबित होता है कि ज़मींदार ज़मीन के मालिक न थे, उनका काम महज़ मालगुज़ारी वसूल करना था। ईस्ट इंडिया कंपनी के कई अफ़सरों की इसके लिए तारीफ़ करनी पड़ेगी कि पूर्वी भारत की भूमि व्यवस्था से वे अच्छी तरह परिचित थे और अपनी खोज के

बाद उन्होंने जो राय क़ायम की है, वह इस कथन के ख़िलाफ़ जाती थी कि ज़मींदारों को सदा के लिए भूमि का स्वामी बना देना चाहिए।

जिस परिस्थिति में लार्ड कार्नवालिस को भारत भेजा जा रहा था, उसे ध्यान में रखना आवश्यक है। अमेरिकी उपनिवेशों के यार्कटाउन नामक स्थान में कार्नवालिस की करारी हार के बाद अमेरिका वालों ने अपनी आज़ादी, अंतिम रूप से अंगरेज़ों के हाथों से छीन ली थी। फ्रांस के क्रांतिकारी विचारों के असर से पूरे यूरोप में क्रांति की एक लहर फैल रही थी। बंगाल में अंगरेज़-विरोधी भावना एक नये शिखर पर पहुँच रही थी।

1772 में रंगपुर के विशाल ज़िले में "बंगाल के धान के खेतों पर 50,000 आदमी टूट पड़े।" जब एक फ़ौजी दस्ते के नेता, कैप्टेन थोमस को किसानों ने मुख्य सेना से अलग कर दिया, तो सरकार ने उनके खिलाफ़ चार बटालियन सेना भेजी। सरकार ने किसानों को कठोर दंड देने का आदेश दिया, हर विद्रोही के लिए मौत की सज़ा और उसके परिवार के लिए दासता का ऐलान किया। लेकिन उन्हें दबाया नहीं जा सका। 1780 में उन्होंने कलकत्ते में आग लगा दी, और उसमें 15,000 मकान जल कर राख हो गये। आगे चलकर 1783 में जब जैसोर ज़िले में एक रक्षक दल के साथ सरकारी ख़ज़ाना एक जगह से दूसरी जगह ले जाया जा रहा था, 3,000 आदमियों के एक गिरोह ने इस दल पर हमला किया और ख़ज़ाना लूट लिया। इसी ज़िले में जब उनके सरगना को गिरफ़्तार करने के लिए सिपाही भेजे गये, तो 1,500 आदमियों के एक गिरोह ने इन सिपाहियों पर हमला बोल कर उन्हें तितर-बितर कर दिया। लार्ड कार्नवालिस की हुकूमत के ठीक पहले बीरभूम और बांकुरा ज़िलों में बड़ी अशांति थी। सन् 1778 में विष्णुपुर नगर को 1,000 आदमियों के एक दल ने लूट लिया। चंद साल बाद विद्रोहियों ने इस नगर पर फिर हमला किया और उसपर क़ब्जा कर लिया।[6]

इस बढ़ती हुई बेचैनी और बदअमनी की पृष्ठभूमि में, लार्ड कार्नवालिस को गवर्नर-जनरल नियुक्त किया गया। इसमें ताज्जुब ही क्या है कि हेनरी डंडास ने, जो आगे चल कर लंदन में कंपनी के बोर्ड ऑफ़ कंट्रोल का चैयरमैन हुआ, लार्ड कार्नवालिस की नियुक्ति पर पार्लियामेंट की अपनी स्पीच में कार्नवालिस का परिचय देते हुए, उसकी विरुदावली गाई। डंडास ने कहा :

"वह एक सम्भ्रांत परिवार के धनवान पुरुष हैं, जिनके यश और प्रतिष्ठा पर कोई दाग नहीं है ...पिछले मंत्रिमंडल ने एशिया में हमारे नष्टप्राय हितों की रक्षा की सारी आशायें इस व्यक्ति पर ही लगाईं और उचित ही लगाईं।"[7]

कार्नवालिस का उद्देश्य भारत में अंगरेज़ी शासन के लिए एक आधार तैयार करना था। उसे खूब मालूम था कि उसे क्या करना है, और उसने अपना काम इतने खुले और बेलाग तरीके से किया कि आगे आने वाले साम्राज्यवाद के तरफ़-दार

और हिमायती उसके पासंग में ठहर नहीं सकते। 2 अगस्त, 1789 को कंपनी के संचालकों के नाम एक पत्र में उसने लिखा कि अगर भारत में ईस्ट इंडिया कंपनी का प्रभुत्व क़ायम रखना है, तो भारत में ''ओहदों की एक क्रमबद्ध व्यवस्था'' क़ायम करना ज़रूरी है। इसी उद्देश्य से उसने यह सुझाव दिया कि बड़े ज़मींदारों और व्यापारियों के साथ अच्छा सलूक किया जाए। उसने लिखा :

''इस संबंध में विचारणीय और जितनी भी बाते हैं, उनसे अलग, मैं आपको इस बात का विश्वास दिला सकता हूँ कि कंपनी के ठोस हितों को तरक्की देने के लिए, यह बेहद ज़रूरी है कि देश के अन्दरूनी हिस्सों में खास-खास ज़मींदारों और व्यापारियों को इस क़िस्म की सुविधाएँ दी जायें कि वे अपने परिवारों को आराम से रख सकें... और बाकायदा पदों की एक क्रमबद्ध व्यवस्था चलाई जाए। अमन कायम रखने के लिए ऐसा करना इस देश में जितना ज़रूरी है उतना और कहीं नहीं।''[8]

ज़मींदारों के हकों के ख़ास सवाल को सामने लाते हुए, 18 सितम्बर, 1789 की अपनी गश्ती चिट्ठी में एक बेरहम स्पष्टवादिता के साथ उसने लिखा :

''मुझे इस बात का पूरा विश्वास है कि ज़मींदारों का ज़मीन पर मालिकाना हक़ है और इसमें शक की गुंजाइश नहीं है। मुझे इस बात का भी विश्वास है कि अगर उन्हें यह हक़ न भी होता तो भी हमें समाज के हित में उसे मानना पड़ता। ज़मीन की माल्कियत के लिए वे जो दावे पेश करते हैं, उनका आधार क्या है; मैं इस पर अपनी राय कायम करना भी ज़रूरी नहीं समझता।''[9]

एक ऐसा कदम उठाने के पहले, जिसने बंगाल, बिहार और उड़ीसा के लाखों किसानों को तबाह कर दिया, कार्नवालिस ने ''यह ताक ज़रूरी नहीं समझाा'' कि ज़मींदारों ने जिस आधार पर अपने दावे पेश किए थे, वह उनकी जाँच करता। ''समाज'' के हित ने, यानी अंगरेज़ी शासन के प्रभुत्व को क़ायम रखने की ज़रूरत ने, उसे ज़मींदारों को ज़मीन दे देने के लिए ''विवश'' कर दिया।

प्रारंभिक दिनों के अंगरेज़ी शासन के एक प्रसिद्ध प्रतिनिधि, कोलब्रूक ने ज़मींदारों के साथ गठबंधन करने की अनिवार्य आवश्यकता को बिना किसी संशय और दुविधा के स्वीकार किया। उसने लिखा :

''भारत में हमारा प्रभुत्व बना रहे, इसके लिए यह अत्यंत आवश्यक है कि सरकार ज़मीन के बड़े मालिक, ज़मींदारों का इस्तेमाल करे क्योंकि इस वर्ग का प्रभाव व्यापक और स्थायी है।''[10]

लार्ड बिलियम बेंटिंक जैसे व्यक्ति ने 1829 में खुद यह माना था कि यद्यपि इस्तमरारी बंदोबस्त और दिशाओं में असफल रहा, ''उससे कम-से-कम एक बड़ा फ़ायदा ज़रूर हुआ और वह यह कि उसने संपन्न ज़मींदारों का एक बहुत बड़ा तबक़ा क़ायम किया, जो इस बात में गहरी दिलचस्पी रखता था कि अंगरेज़ी सल्तनत

बरकरार रहे और जिसका जनता के ऊपर पूरा ज़ोर और दबदबा था।"[11]

इस प्रकार भारत में अंगरेज़ी सरकार के अधिकार और ज़ोर से भारत के पूर्वी हिस्सों के लाखों किसानों की ज़मीनें उनसे छीन ली गई और उन्हें सदा के लिए ज़मींदारों को सौंप दिया गया ताकि वे उनका फ़ायदा उठायें। बहुत से लोगों को बहुत थोड़े समय में इसलिए तबाह कर दिया गया ताकि चंद आदमी फलें-फूलें और शासन करें। पुराने ज़माने से लेकर आज तक, मानवता के समूचे इतिहास में, आम जनता की बर्बादी की ऐसी मिसाल दूसरी नहीं मिलेगी।

आज जब ज़मींदारी 'अधिकारों' को खत्म करने और ज़मींदारों को मुआवज़ा देने के सवाल पर बहस की जा रही है, इस ऐतिहासिक पृष्ठभूमि को ध्यान में रखना ख़ास तौर पर ज़रूरी है। जैसा हमारे वर्णन से स्पष्ट है, सच्चाई यह है कि ज़मीन ज़मींदारों की संपत्ति नहीं थी, वह उन्हें बतौर रिश्वत के दी गई थी। इसलिए, अगर सचमुच मुआवज़े का कोई सवाल है, तो भारतीय जनता के प्रति विश्वासघात करने वाले ज़मींदारों के हाथों किसानों को जो आर्थिक क्षति और तकलीफें उठानी पड़ी हैं, उनके लिए किसानों को मुआवज़ा मिलना चाहिए।

इस्तमरारी बंदोबस्त कुछ ईमानदार और नासमझ लेकिन निर्दोष अफ़सरों की ग़लती नहीं थी। बहुत समझ-बूझ कर ज़मींदारों के रूप में एक मित्र और सहायक वर्ग क़ायम करने की कोशिश का यह नतीजा था। इन ज़मींदारों को बतौर रिश्वत के आम किसान जनता का शोषण करने का मौका दिया गया,ताकि वे बदले में, उन विदेशी शासकों की हिमायत करें, जिन्हें जनता नफ़रत की निगाह से देखती थी। इस्तमरारी बंदोबस्त के पीछे यही उद्देश्य था। जनता के प्रति अपराध करने वालों ने इसे स्वयं बेलाग शब्दों में स्वीकार किया है। साम्राज्यवादी शासक एक नया मित्र-वर्ग क़ायम कर अपने डावाँडोल शासन को ज़माना और मज़बूत बनाना चाहते थे। लेकिन ऐसा करके, साथ ही साथ, वे सख्ती और बेरहमी के साथ ज़मीन से बेदख़ल किये गये, किसानों की एक बड़ी तादाद को अपने दुश्मनों के रूप में तैयार कर रहे थे। इन्हीं किसानों ने आगे चलकर ज़मींदारी व्यवस्था को ख़त्म करने की अपनी आम माँग को लेकर बहादुराना लड़ाइयाँ लड़ीं।

बाद में ज़मींदारों के रवैये से यह अच्छी तरह साफ़ हो गया कि विदेशी शासकों ने रिश्वत देकर उनकी मदद हासिल की थी। ईस्ट इंडिया कंपनी के संचालकों ने किसानों को ज़मीन से बेदख़ल करने के अपने जुर्म को ढँकने के लिए बड़े ज़ोर-शोर से यह ऐलान किया कि वे ज़मींदारों को, किसानों का शोषण और उत्पीड़न करने की खुली छूट नहीं दे रहे हैं, बल्कि उन्होंने ऐसे क़ानून बनाने का अधिकार अपने हाथ में रखा है, "ताकि किसानों द्वारा अपने अधिकारों का इस्तेमाल किए जाने में अनुचित तरीके से रुकावट न डाली जा सके, या उन पर अनुचित और अन्यायपूर्ण करों का बोझ न लादा जा सके।"[12]

मालूम होता है कि किसानों की भलाई के विचार से उनके हृदय पिघल गये थे, लेकिन उन्होंने इसके लिए ठोस तरीके से किया क्या ?

यहाँ बस दो मिसालें दी जाती हैं :

सन् 1797 में लार्ड वेलेसली ने कुर्की का एक क़ानून पास किया, जो आजकल हफ्तुम ऐक्ट के नाम से प्रसिद्ध है। इस ऐक्ट के अनुसार किसानों को "गिरफ्तार और क़ैद किया जा सकता था, पुलिस उनके दरवाज़ों को जबरन खोल सकती थी, कुर्की के माल की तलाश में उनके घरों में घुस सकती थी। यदि ऐसी कार्रवाई के बाद लिए गये फ़ैसले से किसानों को नुक़सान पहुँचता हो, तो उसे दूर करने के लिए वे दीवानी अदालत में दावा कर सकते हैं।"[13] चंद साल के अंदर, पुलिस ने ज़मींदारों के उकसावे पर, इतनी कुर्कियाँ की कि अदालत में दीवानी मुक़दमों की बाढ़ सी आ गई।

और तब सरकार ने क्या किया ?

अपने सहयोगी ज़मींदारों के दबाव से हुकूमत ने एक काला क़ानून पास किया, जिसे 1812 का पंचम अधिनियम या पंचम कहते हैं। इसके ज़रिये हुकूमत ने केवल दिखावे के लिए न्याय का जो दरवाज़ा आधा खुला छोड़ रखा था, उसे भी बिलकुल बंद कर दिया। इस अधिनियम के अनुसार "अगर कोई किसान, बिना उचित कारण के, मालगुज़ारी वसूल करने के काम में नियुक्त, ज़मींदारों के प्रमुख अथवा मातहत अफ़सरों को बहैसियत गवाह के और बज़रिये समन के बुलाना चाहता है या बुलाता है, तो उस पर हरजाने का और खर्च का दावा किया जा सकेगा; और सभी किसानों को, जो ज़मींदारों के ख़िलाफ़ बिना किसी आधार के, और महज़ मुकदमा क़ायम करने की गरज़ से, अभियोग लगाते हैं, जुरमाने और क़ैद की सजा दी जानी चाहिए।"[14]

इस बेजोड़ और बेमिसाल क़ानून पर कुछ कहने की ज़रूरत नहीं है।

विदेशी शासकों के साये के नीचे, ज़मींदारों के अलावा, किसानों का उत्पीड़क एक और वर्ग सामने आने वाला था। गाँव का दूकानदार और हिसाब-नवीस पहले ग्रामीण समाज का एक विनयशील नौकर था, लेकिन अंगरेज़ी शासन के प्रभाव से वह एक लोभी और शक्तिशाली महाजन बन गया। अंगरेज़ों के आने से पहले, सरकारी मालगुज़ारी अनाज के रूप में वसूल की जाती थी और इसलिए वह फ़सलों के ऊपर निर्भर थी। अंगरेज़ों ने बिना किसी हद या हिसाब के मालगुज़ारी की वसूली की व्यवस्था क़ायम की; और फ़सल चाहे जैसी भी हो, यह मालगुज़ारी नक़द रुपयों में देनी पड़ती थी। इसलिए, किसान मालगुज़ारी की बेहिसाब माँगों को पूरा करने के लिए, कर्ज़ लेने पर मजबूर हो जाते थे। जब फ़सलें मारी जातीं, या जब उनका बाज़ार-भाव गिर जाता, तब कर्ज़ लेने की ज़रूरत ख़ास तौर पर बढ़ जाती थी।

भारत की ग्राम-समाज व्यवस्था के अंतर्गत भूमि क्रय-विक्रय की वस्तु न थी। अंगरेज़ों ने ज़मीन के जो बंदोबस्त किये, उन्होंने इसमें पूरी कायापलट कर दी। अब महाजन ज़मीन पर रुपया दे सकते थे और अगर किसान रुपये अदा न कर पाते, तो ज़मीन आसानी से उनके हाथ से निकल जाती थी। सूद की दरें बढ़ा दी गई थीं और हर चाल और तिकड़म से मुनाफ़ा कमाने में होशियार, इन महाजनों के जाल और फरेब की कोई सीमा न थी। नतीजा यह होता था कि जहाँ एक बार किसान कर्ज़ के जाल में फँसा, वह उससे निकल नहीं सकता था। उसकी ज़मीन यक़ीनन उसके हाथ से निकल कर महाजनों के पास पहुँच जाती थी।

महाजनों के मंसूबे आसानी से पूरे किए जा सकें, इस उद्देश्य से अंगरेज़ शासकों ने ऐसे क़ानून बनाये, जिनसे किसानों की ज़मीनें जबरन महाजनों को दी जा सकें। फल यह हुआ कि किसान, ख़ास कर रैय्यतवारी इलाकों के किसान, बहुत बड़े पैमाने पर अपनी ज़मीनों से बेदख़ल किए जाने लगे। छठे अध्याय में, जिसमें 1875 के मराठा किसानों के विद्रोह का वर्णन है, इस संबंध में ज़्यादा तफ़सील में लिखा गया है।

इस पृष्ठभूमि की रोशनी में यह स्वाभाविक था कि किसान जब आजिज़ आ गये, जब उनकी तकलीफ़ें बर्दास्त के बाहर हो गईं, तो उन्होंने इस दोहरे उत्पीड़न के ख़िलाफ़, जमींदारों और महाजनों के ख़िलाफ़, प्रबल आघात किये। अपने संघर्षों के दौरान ही उन्होंने अपने अनुभव से यह सीखा कि जब भी वे इस अन्याय के विरोध में आगे बढ़ते थे, तो सरकार अपने मददगारों को, ज़मींदारों और महाजनों को, बचाने की गरज़ से अपनी पूरी ताक़त किसानों के ख़िलाफ़ लगा देती थी।

सन्दर्भ

1. वीरा ऐंस्टे, ''भारत का आर्थिक विकास'', पृ. 98।
2. कार्ल मार्क्स, ''चीन पर मार्क्स के विचार'', पृ. 78।
3. ''भारत का कैम्ब्रिज इतिहास'', पृ. 419।
4. उपरोक्त, पृष्ठ 425, 432, 435।
5. ब्रिग्स द्वारा ''भारत में भूमि टैक्स'' किताब में उद्धृत, पृष्ठ 163-64।
6. देखिए : हीरेन मुकर्जी का ''आज़ादी के लिए भारत में संघर्ष'', पृष्ठ 29-40; एल. एस. एस. ओ. मैले का ''अंगरेज़ी शासन में बंगाल, बिहार और उड़ीसा'' (कलकत्ता, 1925), पृ. 208-9, 237, 287-8, 303-8, और हंटर का ''ग्रामीण बंगाल के रेकार्ड।''
7. ''भारत का कैम्ब्रिज इतिहास'', खंड 5, पृष्ठ 195।
8. ए. बी. कीथ द्वारा संपादित, ''भारतीय नीति पर भाषण और दस्तावेज़'', (आक्सफोर्ड युनिवर्सिटी प्रेस, 1922, खंड 1, पृष्ठ 159)।

9. सुरेन्द्र जे. पटेल के "आधुनिक भारत और पाकिस्तान में खेतिहर मज़दूर" में दिए गये उद्धरण से।
10. उपरोक्त पुस्तक।
11. ए. बी0 कीथ की उपरोक्त पुस्तक, खंड 1, पृष्ठ 215।
12. अज़ीजुल हक की पुस्तक "हलवाहा" में दिया गया उद्धरण, पृ. 226।
13. अभय चरन दास, "भारतीय किसान, इस्तमरारी बंदोबस्त और अकाल", (कलकत्ता, 1881), पृ. 32। यह एक बहुत अच्छा संग्रह है, जिसमें बिना मुआवज़ा ज़मींदारी ख़त्म करने और "निर्वाचन के आधार पर विधान" क़ायम करने के प्रश्न उठाये गये हैं। पृ. 641।
14. उपरोक्त पुस्तक, पृष्ठ 32।

संथाल विद्रोह (1855-56)

"हमें देखना है कि जितने शांतिप्रिय संथालों को यह बदमाश दारोगा पकड़ मंगवाना चाहता है, उन सबको बाँधने के लिए उसे उतनी रस्सियाँ कहाँ से मिल पाती हैं।"

—पुलिस दारोगा, महेश लाल दत्त को संथाल नेता गोचो का जवाब।

संथाल बहुत सीधे-सादे और शांतिप्रिय लोग थे और पुराने तरीके से खेती किया करते थे। सर जॉर्ज कैंपबेल ने उनकी प्रशंसा में कहा है कि "जंगलों को साफ करने और ज़मीन को खेती के योग्य बनाने में वे परिश्रमी ही नहीं, बल्कि निपुण भी थे।"[1] इस्तमरारी बंदोबस्त के कायम होने पर (1793), जिन ज़मीनों को वे सदियों से जोतते आये थे, उन्हें ज़मींदारों को दिया गया। इसके साथ ही उनके ऊपर मालगुजारी की बराबर बढ़ती हुई मांगों का दबाव पड़ने लगा। संथालों के लिए यह नई व्यवस्था अत्यंत कष्टकर थी। स्वभाव से ही शांतिप्रिय होने के कारण उन्होंने कटक, ढ़ालभूम, मानभूम, बराभूम, छोटा नागपुर, पलामू, हज़ारीबाग़, मिदनापुर, बांकुरा और बीरभूम के जिलों से पीछे हटना शुरू किया।[2] अपनी देशभूमि से भगाये जाकर उन्होंने राजमहल पहाड़ियों के चारों ओर फैले हुए मैदानों के झाड़-झंखार और जंगलों को बड़ी मेहनत से साफ किया, ज़मीन के बड़े-बड़े खित्ते खेती के काबिल बनाये और फिर से ज़िंदगी शुरू की। उन दिनों इस प्रदेश को दमने कोह कहते थे।

सर जार्ज कैंपबेल ने उनकी परिस्थिति का वर्णन इन शब्दों में किया है :

"उनका यह वाजिब ख़्याल है कि ज़मीन उसकी है जिसने उसे पहले जोता है। अगर वे उससे हटने पर मजबूर किये जाते हैं, तो वे और भीतर जंगलों में चले जाते हैं, और ऐसी जगहों में, जहाँ वे सताये नहीं जायेंगे, नये खेत तैयार करते हैं। लेकिन दुर्भाग्यवश अब वे उस हद पर पहुँच चुके हैं, जहाँ से और आगे बढ़ना मुमकिन नहीं है, क्योंकि अब वे अपने को गंगा के समतल मैदानों की सरहद पर पाते हैं, यानी ठीक उस जगह पर जहाँ जमीन के लिए सबसे ज्यादा होड़ है और जहाँ लगान की दरें बहुत चढ़ गई हैं।"[3]

इन नई आबादियों में भी उनका शांतिमय जीवन अधिक दिनों तक निर्विघ्न

नहीं रह सका। ज़मींदारों का वही वर्ग, जिसने दूसरे ज़िलों की ज़मीनों से उन्हें खदेड़ा था, जल्द ही वहाँ फिर उन्हें तंग करने लगा। जब तक जंगल साफ नहीं किये गये थे, ज़मींदार ख़ामोश रहे। लेकिन एक बार जब ज़मीन खेती के काबिल बना दी गई, उन्होंने ज़मीन पर अपनी माल्कियत और मालगुज़ारी का दावा करने में सुस्ती न दिखाई। 1856 के ''कलकत्ता रिव्यू'' ने लिखा : ''दमन की सरहद पर रहने वाले लोभी ज़मींदार कुछ दिनों से उनकी ज़मीनों पर अपनी लालचभरी निगाह डालने लगे हैं।'' उसने एक ऐसी मिसाल दी, जिससे आम हालत का पता चलता था :

''गंगाधर एक प्रभावशाली ज़मींदार है। उसके टप्पे की सरहद दमन की सरहद से मिलती है। इस सरहद के अंदर, मानिक संथाल का एक छोटा सा, लेकिन बहुत अच्छा अनाज, का खेत है, जिसे उसने बड़ी लगन और जतन से सींचा और संजोया है। उसने पाँच साल से इस ज़मीन की मालगुज़ारी दी है। गंगाधर का इस खेत पर कोई दावा नहीं हो सकता क्योंकि उसके बाप-दादों में से ही किसी ने यह खेत लिख दिया था। लेकिन, चूँकि मानिक हर महीना छ : रुपये की एक 'छोटी' रक़म लगाने में कोई हर्ज नहीं समझता।''[4]

श्रीकंद के असिस्टेंट कमिश्नर मिस्टर डब्ल्यू. सी. टेलर ने नया दुमखा के डिप्टी कमिश्नर मि. ए. आर. थॉमसन को लिखा कि संथाल लोग महेशपुर और पाकुर के राजाओं को नफ़रत की निगाह से देखते हैं, क्योंकि उन्होंने संथाल गाँवों का पट्टा गैर-संथाली बंगाली ज़मींदारों और महाजनों के नाम लिख दिया है।[5]

एक समकालीन लेखक ने 'कलकत्ता रिव्यू' में परिस्थिति का वर्णन इन शब्दों में किया है :

''जमींदार, पुलिस, तहसील और कचहरी के अमलों ने एक ऐसी व्यवस्था क़ायम कर रखी है, जिसके अंदर दब्बू और डरपोक संथालियों से रुपये ऐंठे जाते हैं, जोर व जुल्म से वसूलियाँ की जाती हैं, उन्हें ज़मीन से जबरन वेदख़ल किया जाता है, मारा-पीटा जाता है और गालियाँ दी जाती हैं और अनेकों किस्म के छोटे-मोटे जुल्म किये जाते हैं। 50 से 500 रुपये सैकड़े कमरतोड़ सूद; हाट और बाजार में झूठे बटखरे; अमीरों का जान-बूझकर और ओछेपन की भावना से, इस गरीब कौम की लहलहाती फ़सल पर अपने मवेशियों, टट्टुओं, खच्चरों और हाथियों तक को छोड़ देना और इस प्रकार उनकी भूमि में अनाधिकार प्रवेश करना—इस किस्म की गैरक़ानूनी कार्रवाइयाँ अकसर होती रही हैं। यह भी देखा गया है कि कुछ लोगों ने संथालों से मुचलके की माँग की है। कर्ज के बंधक के रूप में शर्मनाक मांगें की गयी हैं और यह उत्पीड़न का एक और तरीका रहा हैं।''[6]

इस तरह ज़मींदारों के साथ महाजनों का भी उत्पीड़न था। सूद की दरें, जैसा ऊपर लिखा गया है, इतनी ऊँची थीं कि उन पर यकीन आना मुश्किल है।

"कलकत्ता रिव्यू" ने लिखा कि संथालों ने "कर्ज़ के बदले अपनी फ़सल को, अपने मवेशियों को और खुद अपने को और अपने बीबी-बच्चों को बिकते देखा; और तारीफ़ यह है कि कर्ज़ की दस-गुनी रक़म भरने के बाद भी यह कर्ज़ उनके ऊपर एक भार बना ही रहता था।"[7]

सूद पर रुपया उठाने और व्यापार का अच्छा अवसर देख, बर्दवान और बीरभूम के बहुत से मोयरा और बनिया परिवार और शाहाबाद, छपरा, बेतिया और आरा के बहुत से भोजपुरी और भाटिया परिवार संथाल इलाकों में जाकर बस गये। 1851 की एक रिपोर्ट के अनुसार, "पहाड़ी इलाके का एक प्रमुख नगर बराहाट, काफ़ी बड़ी बस्ती थी, जिसमें एक बड़ी आबादी बसी थी और जिसमें बंगाली व्यापारियों के पचास परिवार रहते थे।" हर हफ़्ता वहाँ दो हाट लगते थे। संथाल जिन चीज़ों का उत्पादन करते थे, उन्हें बराहाट ले आते थे, जहाँ व्यापारी उन्हें "उनकी असली क़ीमत से बहुत कम दाम में ख़रीद लेते थे।"[8] ये व्यापारी ढ़ेर के ढ़ेर चावल, धान, सरसों और दूसरे तेलहन अपनी बैलगाड़ियों में भरकर भागीरथी नदी के तट पर बसे जंगीपुर नगर को ले जाते थे। वहाँ से उन्हें मुर्शिदाबाद और कलकत्ता भेज दिया जाता था। "बहुत सा सरसों विलायत भेज दिया जाता था।"

इस सब के ऊपर रेल के निर्माण में लगे यूरोपीय कर्मचारियों का उत्पीड़न अलग था। 1856 के "कलकत्ता रिव्यू" ने "रेलवे लाइन में नियुक्त यूरोपीय कर्मचारियों द्वारा किये गये इस किस्म के जुल्म की—जैसे बिना दाम दिये बकरी के बच्चे, मुर्गियाँ वग़ैरह ले लेने, दो संथाल स्त्रियों को जबर्दस्ती भगा ले जाने और हत्या तक की"—घटनाओं के विवरण दिये हैं।[9]

ज़मींदारों, सूदखोरों, व्यापारियों यूरोपियनों और सरकारी अफ़सरों के जुल्म की वजह से संथाल किसानों पर एक भारी मुसीबत आ पड़ी थी। संथालों की शांतिप्रियता से यह समझ लिया गया कि वे दब्बू और डरपोक हैं। जैसे-जैसे वक्त गुज़ारता गया, जुल्म भी बढ़ता गया। जनता में इन कारणों से बहुत असंतोष और बेचैनी थी। 1856 के "कलकत्ता रिव्यू" के पाकुर-रिकार्ड के अनुसार 1854 में, यानी बग़ावत शुरू होने के कुछ ही दिनों पहले, संथालों की गाँव सभायें "मालूम होता है गंभीरता से इस बात पर विचार करने लगी थीं कि उनके लिए सही रास्ता क्या होगा।" इतने दिनों से जिस जुल्म को ये सीधे-सादे लोग सब्र और खामोशी से सहते चले आये थे, उसने आखिरकार उन्हें खुली बग़ावत का रास्ता अख्तियार करने पर मजबूर कर दिया। जहाँ तक सरकार का सवाल था, उसने 1811, 1820, 1831 की पिछली संथाल बग़ावतों से कोई सबक नहीं लिया था।

1854 की घटनाओं ने इस सुलगते हुए असंतोष की चेतावनी दी थी। आपस में राय-बात करने के बाद संथाल नेताओं ने महाजनों और ज़मींदारों के पाप के धन को लूटना शुरू किया। 'कलकत्ता रिव्यू' के एक समकालीन लेखक की राय

में "यह उनकी विला वजह सख़्तियों का एक बहुत मुनासिब जवाब था।" पाकुर के एक वकील, दिगम्बर चक्रवर्ती के एक तफसीलवार ब्योरे के अनुसार मोयरा और डीकू लोग (बंगालियों को संथाल इन्हीं नामों से पुकारते थे), सासन के बीरसिंह के नेतृत्व में लछीमपुर में होने वाली संथालों की गुप्त सभाओं से भयभीत हो उठे थे। इन सभाओं में भाग लेने वाले अन्य व्यक्तियों में बोयरो के बीर मांझी, सिन्दरी के कावले परमानिक और हतबंधा के डोमन मांझी थे। महाजनों और स्थानीय कर्मचारियों ने अंबा परगना (पाकुर राज) की ज़मींदार, रानी क्षेमसुन्दरी से सहायता की माँग की। उसके दीवान, बाबू जगबंधु राय ने हुक्म दिया कि बीर सिंह को ज़मींदारी कचहरी में हाज़िर किया जाए। जुरमाने की एक बड़ी रकम उसके ऊपर लगाई गई और उसे "उसके अनुयायियों के सामने ही बड़ी बेरहमी से जूतों से पीटा गया।"[10]

दारोगा महेश लाल दत्त से सताये जाने पर, गोचो संथाल नेउसे जो क़रारा जवाब दिया था, उससे संथाल किसानों की भावनाओं का परिचय मिलता है। गोचो ने चुनौती के स्वर में कहा :

"हमें देखना है कि जितने शांतिप्रिय संथालों को यह बदमाश दारोगा पकड़ मंगवाना चाहता है, उन सबको बांधने के लिए उसे उतनी रस्सियाँ कहाँ से मिल पाती हैं।"[11]

यह आने वाले तूफान की चेतावनी थी। लेकिन 1854 के आख़िरी महीनों में ऊपर-ऊपर एक तरह की शांति थी और उससे यह समझ लिया गया कि संथाल डर के मारे चुप होकर बैठ गये हैं।

महेश लाल दारोगा के दमन और अत्याचारों ने आग में घी का काम दिया। 1855 के शुरू में बीरभूम, बांकुरा, छोटा नागपुर और हजारीबाग के छः-सात हज़ार संथाल "पिछले वर्ष अपने साथियों को दी गई सज़ाओं का बदला लेने के लिए" जमा हुए। उनकी शिकायत यह थी कि "उनके साथियों को तो सजाएँ दी गईं; लेकिन उन महाजनों का बाल भी बाँका नहीं होने पाया जिनकी लूट से आजिज आकर उन्हें क़ानून तोड़ना पड़ा था।"[12]

इस सभा का निर्णय सभी संथालों तक पहुँचा दिया गया। इसके लिए उन्होंने साल वृक्ष को एक संकेत-प्रतीक के रूप में इस्तेमाल किया। संथालों में साल वृक्ष आज भी उनकी एकता का प्रतीक समझा जाता है और संदेश भेजने के तौर पर इस्तेमाल होता है। 30 जून, 1855 की रात में भगनदीही नामक स्थान में 400 गाँवों के 10,000 से भी अधिक संथालों की एक बड़ी सभा हुई। इस सभा ने यह फैसला किया कि अब वक्त आ गया है जब संथाल एकजुट होकर उठें और अत्याचारियों के शिकंज़े से अपने को आज़ाद कर लें। सभा के आदेश पर "कीरत, भादू, सुन्नू और सिंधू ने सरकार को तथा भागलपुर के कमिश्नर, कलक्टर और

मैजिस्ट्रेट के नाम, बीरभूम के कलक्टर और मैजिस्ट्रेट के नाम, दिघ्घी और सजमहल थाने के दारोगा के नाम और कई ज़मींदारों के नाम पत्र लिखे।" ज़मींदारों को उन्होंने साफ़-साफ़ अल्टीमेटम दिया और उनसे "पंद्रह दिन के अंदर जवाब मांगा।"[13]

इन पत्रों में संथाल नेताओं ने ज़मींदारों और महाजनों के अत्याचारों से छुटकारा पाने और "अपने देश पर अधिकार करने और अपनी सरकार बनाने"[14] के अपने दृढ़ निश्चय का ऐलान किया। इन पत्रों के उत्तर देने की चिंता किसी ने नहीं की।

यद्यपि सरकार ने संथालों के पत्रों पर कोई ध्यान नहीं दिया, लेकिन इस इलाके की ग़ैर-संथाल जनता ने संथाल किसानों को पूरी सहायता दी। 28 जुलाई, 1855 को भागलपुर के कमिश्नर ने बंगाल सरकार के सेक्रेटरी के नाम जो पत्र लिखा, उससे यह मालूम होता है कि संथालों को गैर-संथाल जनता का कितना समर्थन प्राप्त था :

"हमें जो खबरें मिली हैं, उनसे मालूम होता है कि ग्वाले, तेली और दूसरी जातियाँ संथालों को, जालिमाना हरकतों के लिए भड़का रही हैं और उनकी रहनुमाई कर रही हैं। ये लोग उन्हें खबरें देते हैं, उनके लिए नगाड़े और डुगडुगी बजाते हैं, उनकी कार्यवाही का संचालन करते हैं और उनके गुप्तचरों का काम करते हैं। इन लोगों को और लोहारों को, जो उनके तीर और कुल्हाड़े बनाते हैं, माकूल सज़ा दी जानी चाहिए और सरकार विद्रोहियों के ख़िलाफ जो ऐलान करना मुनासिब समझती है, उसमें फौरन इन्हें भी शामिल कर लेना चाहिए।"[15]

इस प्रकार हृदय में आशा, होठों पर गान और हाथों में तीर-कमान लेकर, संथाल किसानों ने अपने ऊपर जुल्म करने वाले ज़मींदारों, महाजनों और सरकार के नापाक त्रिगुट के ख़िलाफ़ सशस्त्र विद्रोह का झंडा ऊँचा किया।

दारोगा महेश लाल दत्त, जिसने 1854 में संथाल नेताओं के साथ बेहद क्रूर और निर्दय व्यवहार किया था, उनका पहला शिकार बना। सदा की तरह उद्धत दारोगा ने उन्हें सलाह दी कि "वे चुपके से तितर-बितर हो जाएँ और जाकर अपने खेतों को जोतें ताकि वे अपनी मालगुज़ारी दे सकें।"[16] इस आख़िरी घड़ी में भी मालगुज़ारी की वसूली के लिए दारोगा की चिंता देखकर संथाल गुस्से में आपे से बाहर हो गये। उन्होंने उसका सिर धड़ से अलग कर दिया और बराहाट की ओर चले।

क्रुद्ध संथालों के इस शक्तिशाली प्रदर्शन को देखकर ज़मींदारों के एजेंट, महाजन और व्यापारी सिर पर पैर रख कर भागे। विद्रोहियों ने अपनी पहली सफलताओं से पूरा फ़ायदा उठाया और अपनी शक्ति एकत्र की। बोरियों और कलगंज के बीच के प्रदेश पर कब्ज़ा कर, वे भागलपुर और राजमहल की ओर बढ़े।

सरकार अपने वक्तव्यों में अभी तक इस विद्रोह पर अपना आश्चर्य प्रकट कर रही थी, लेकिन साथ ही उसे दबाने की बड़े पैमाने पर तैयारी भी कर रही थी। पुलिस और फ़ौज के जितने दस्ते मिल सकते थे, उन सबको फ़ौरन लड़ाई के लिए तैयार किया जा रहा था। निकटवर्ती परगनों के ज़मींदारों और थानेदारों को हुक्म दिया गया कि वे बग़ावत को कुचलने में मदद करें।

बग़ावत तेज़ी से फैल रही थी। 1 जुलाई, 1855 को कलगंज के एक नीलहे साहब मि0 बार्नेस ने, सरकारी सहायता की माँग करते हुए, भागलपुर के कमिश्नर को एक पत्र में लिखा कि उसके इलाक़े में जनता ने आम बग़ावत कर दी है। मेजर एफ. डब्ल्यू. बरोज़ को कलगंज भेजा गया, लेकिन विद्रोही तब तक वहाँ से हट चुके थे। 11 जुलाई को भागलपुर के कमिश्नर के नाम उसने जो पत्र लिखा, उससे यह साफ़ मालूम होता है कि संथाल किन तरीकों से अपनी लड़ाई चला रहे थे। उसने लिखा :

"हमने सुना है कि विद्रोही छोटे-छोटे जत्थे बनाकर चलते हैं। लेकिन नगाड़ों की आवाज़ पर वे दस-दस हज़ार की तादाद में जमा हो जाते हैं।"

उन बग़ावतों की तरह, जिनमें जनता उठ खड़ी होती है, विद्रोहियों ने भी छापामार लड़ाई और उसके साथ एक स्थान पर अपने दस्तों को इकट्ठा करने की सैनिक प्रणाली अपनाई। भारतीय रंगमंच पर संथाल विद्रोहियों के दलों का आना एक नया ही अनुभव था। यह पहली जन-सेनायें थीं और उनमें भाड़े के टट्टू नहीं, बाग़ी किसान थे, जिन्होंने अत्याचारियों के ख़िलाफ़ हथियार उठाया था। यह उनके संगठन और उनके स्वैच्छिक अनुशासन की बहुत बड़ी कामयाबी थी, कि बिना किसी फ़ौजी ट्रेनिंग के, 10,000 से भी अधिक आदमियों को, थोड़े समय की ही सूचना पर, जमा कर लिया जाता था या अपनी-अपनी जगहों पर भेज दिया जाता था।

भागलपुर और राजमहल के बीच रेल और डाक का संबंध विच्छिन्न कर दिया गया था। इन दोनों शहरों के बीच का भाग विद्रोहियों के क़ब्जे में था। पीरपैंती और सकरी गली के बीच की बड़ी सड़क विद्रोहियों के हाथ में थी। पीरपैंती से भागे हुए कुछ व्यक्तियों ने बाद में ख़बर दी कि विद्राहियों ने खुली घोषणा की थी कि "कंपनी का राज्य ख़त्म हो चुका है और उनके सूबे का शासन शुरू हो गया है।"

मेजर बरोज़ को पीरपैंती भेजा गया। 16 जुलाई, 1855 को दिन में दो बजे, पीरपैंती के नज़दीक एक गहरी मुठभेड़ में उसे हार खानी पड़ी। 25 सिपाही और आधे दर्जन अफ़सर मैदान में खेत रहे और उसे खुद भागकर अपनी जान बचानी पड़ी। बाद में उसने कहा :

"विद्रोहियों ने मैदान में दृढ़ता दिखलाई और वे हाथ से तो तीर चलाते ही

थे, ज़मीन पर बैठ कर पैरों से भी तीर छोड़ते थे। इनके अलावा वे एक किस्म के जंगी कुल्हाड़े का भी इस्तेमाल करते थे।"

मेजर शकबर्ग के कमान में उत्तरी भारत की 40वीं रेजिमेंट और लेफ़्टिनेंट फजन के कमान में एक पहाड़ी रेजिमेंट और उत्तरी भारत की 7वीं रेजिमेंट मैदान में भेजी गईं। रेल का आना-जाना बिलकुल बंद था। सरकार की परेशानी और घबराहट बहुत बढ़ गई थी। परिस्थिति काबू के बाहर हो चुकी थी।

19 जुलाई को मार्शल लॉ का ऐलान किया गया। इस ऐलान में यह कहा गया कि संघर्ष ने "एक खुली बगावत की शक्ल अख़्तियार कर ली है" और "जो बाग़ी हथियारों से लैस पाये जायेंगे, उन्हें खत्म कर दिया जायेगा" और नेताओं को पकड़ने में जो मदद देंगे, उन्हें भारी इनाम दिये जायेंगे। "बगावत के सरगना के लिए 10,000 रुपये; हर दीवान (इनकी संख्या 3 या 4 के करीब मानी जाती थी) के लिए 5,000 रुपये और परगना के हर छोटे मुखिया के लिए 1,000 रुपये" के इनाम का ऐलान किया गया। फ़ौजं को इस बात का अख़्तियार दिया गया कि वह "बागियों को नेस्तनाबूद करने के लिए जो कार्रवाई ज़रूरी समझे, करें।"

इस प्रकार विद्रोह का एक अत्यंत पाशविक दमन शुरू हुआ। हर तरह की सख़्ती और बेरहमी के बावजूद यह विद्रोह गोड्डा, पाकुर, महेशपुर, मुर्शिदाबाद और बीरभूम में फैल रहा था। लतिपारु के इसरी भगत, तिलक भगत और ठूठा भगत को (जिनके नामों से धार्मिकता का भाव टपकता है, लेकिन जिन्हें "अमानवीय यातना देने और यातना के नए रूप ईजाद करने के लिए भगत समाज में भी बदनाम" बताया गया है) अपना जीवन देकर अपने 'अपराधों' की क़ीमत चुकानी पड़ी।

नीची जाति के डीकुओं (गैर-संथाल) की "एक बड़ी तादाद" संथालों की मदद कर रही थी। धर्म और जाति की भावना से ऊपर, भाईचारे के इस बंधन से एक नई शक्ति पाकर, संथालों ने संग्रामपुर पर चढ़ाई की और वहाँ से चलकर, सिदबू, कान्हू, चाँद और भैरव के सम्मिलित नेतृत्व में, पाकुर पर घेरा डाला। तीन दिन के बाद उन्होंने पाकुर पर कब्ज़ा कर लिया। पाकुर का सबसे धनी महाजन दीनदयाल राय मोटा होने के कारण भाग न सका। उसका नौकर जगन्नाथ सरदार, जो दरअसल उसका गुलाम था, उसे पकड़ कर संथालों के सामने ले आया। वहाँ जगन्नाथ अपनी आजन्म दासता का बदला चुकाने के लिए, एक टोंगी से दीनदयाल के एक-एक अंग को काटता गया और बीच-बीच में कहता गया :

"इन उँगलियों से तुमने अपना पाप का धन और अपने सूद के रुपये गिने थे! इन हाथों से तुमने भूखे ग़रीबों के मुँह का कौर छीना था!"

दीनदयाल का सर निकटवर्ती शिव चक्रपाणीश्वर के मंदिर में ले जाया गया और उसे एक ताक पर रख दिया गया ताकि सभी अत्याचारी उसे देख सकें।

सरकार अब अपनी पूरी शक्ति से प्रत्याक्रमण कर रही थी। कैप्टन फ्रांसिस के कमान में 13वीं रेजिमेंट, लेफ़्टिनेंट लोस्कर्ड के कमान में 7वीं रेजिमेंट और लेफ़्टिनेंट कर्नल लिपट्रैप के कमान में 42वीं रेजिमेंट को भी लड़ाई में झोंक दिया गया। 3050.रुपये मासिक वेतन पर एक हज़ार गढ़वालियों का एक रक्षा-दल "ज़िले के रास्तों की ख़बरदारी के लिए" नियुक्त किया गया। ज़मींदारों और नीलहे साहबों ने भी सरकार की सहायता के लिए अपने साधनों का उपयोग किया।

भागलपुर और नज़दीकी ज़िलों के बहुत से ज़मींदारों ने फ़ौज के विभिन्न दस्तों के इस्तेमाल के लिए अपने हाथी भेजे। उन्होंने इस बात के लिए अपनी रज़ामंदी ज़ाहिर की कि वे "किराये के रुपये न लेंगे" और सरकार को इसी शर्त पर अपने हाथी देने के लिए तैयार हैं कि "जितने दिनों तक उनका इस्तेमाल किया जाए, उनका ख़्याल रखा जाए और उनको अच्दी तरह खिलाया-पिलाया जाए।" मुर्शिदाबाद के नवाब नाज़िम ने भी "अपने निजी खर्च पर हाथियों का एक दल" भेजा। 27 सितम्बर को बर्दवान के कमिश्नर ने लिखा कि "विद्रोहियों के खिलाफ़ जो सेनायें भेजी गयी थीं, उनका पूरा खर्च गोरे नीलहे साहबों ने दिया था।"

अपने साधनों और शक्ति को इस प्रकार जुटाकर, सरकार ने विद्रोह को सख़्ती से कुचलने की तैयारी की। कैप्टेन शेरविल ने 40वीं रेजिमेंट को मोर्चे पर भेजा और 29 जुलाई के बाद अपने एक दौरे में "बारह संथाल गाँवों को तहस-नहस कर दिया।" मेजर शकबर्ग दक्षिण-पूर्वी दिशा में दीदेह को रवाना हुआ और फिर उत्तर-पूर्व में खोनेराह होकर लोहंदिया की पहाड़ियों में पहुँचा और उसने "रास्ते में पंद्रह संथाल गाँवों को नेस्तनाबूद कर दिया और देश के उस भाग को विद्रोहियों से साफ़ कर दिया।" 29 जुलाई को तीसरे पहर, मेजर बरोज़ ने लेफ़्टिनेंट गोर्डन को फ़ौज के एक दस्ते के साथ "मुनहन और मुनकोटरो नामक संथाल गाँवों को तहस-नहस कर देने के लिए" भेजा। दूसरे दिन लेफ़्टिनेंट रूबी "घूमकर उत्तर-पश्चिम की ओर गया और उसने भुगया, तितरिया, बस्कुदार, रंगोकिता, हरिअलिया और बोकाई गाँवों को तहस-नहस कर दिया।" यह है 36 संथाल गाँवों के पूर्ण विध्वंस की खून सुखा देने वाली कहानी!

राजमहल की पहाड़ियाँ लड़ाकू संथाल किसानों के खून से तर हो गईं। खून की बूंद-बूंद जमा होकर, अनेक धाराओं में गंगा के जल से मिल गई और शहीदों के रक्त ने उसे और भी पवित्र बना दिया। अपने गाँवों की बर्बादी देखकर भी, संथाल किसान चट्टान की तरह अडिग रहे और हिम्मत के साथ अपने घर-बार को बचाते रहे। ओ मैली ने एक मुठभेड़ का जो बयान किया है, वह उनकी हिम्मत और बहादुरी की एक मिसाल है :

"उन्होंने अनोखे साहस का परिचय दिया। वे हार गये थे, लेकिन इससे बेखबर होकर वे लड़ते रहे और उन्होंने हथियार डालने से इंकार किया। एक मौके

पर 45 संथालों ने एक झोपड़े में शरण ली और सिपाहियों के ख़िलाफ बचाव की तैयारी की। इस झोपड़ी पर गोलियों की बार-बार बौछारें की गईं और हर बार यह कहा गया कि अगर वे हथियार डाल दें तो उनकी जानें बख्श दी जायेंगी। आखिरकार जब गोलीबारी बंद हुआ और सिपाही उस झोपड़ी में घुसे, तो उन्होंने देखा कि सिर्फ एक बूढ़ा आदमी जिंदा बचा था। एक सिपाही ने उससे हथियार रखने को कहा। बूढ़ा यह सुनते ही उसके ऊपर टूट पड़ा और अपनी कुल्हाड़ी से उसने उसका काम तमाम कर दिया।"[17]

इस भयानक दमन के बावजूद, अगस्त के मध्य तक, सशस्त्र संथाल विद्रोहियों की संख्या "30,000 के ऊपर ही आँकी जाती थी।" बहुत से विद्रोही मुंगेर ज़िले के "मल्लेपुर गाँव की ओर" बढ़ रहे थे। भागलपुर के कमिश्नर ने 11 अगस्त को सरकारी कार्रवाईयों का विवरण देते हुए मुंगेर के मैजिस्ट्रेट, डब्ल्यू. आई. टकर को लिखा :

"अभी तक इस बात का कोई लक्षण नहीं है कि वे सरकार के सामने झुकने और उसकी आधीनता स्वीकार करने को तैयार हैं, उल्टे वे खुल्लम-खुल्ला हमारे सिपाहियों से लड़ रहे हैं।"

आतंक और दमन के कठोर से कठोर साधनों का संथालों के ऊपर प्रयोग किया गया। अंत में, अगस्त में नादिया डिवीजन के कमिश्नर मि. ए. सी. बिडवेल को स्पेशल कमिश्नर के पद पर नियुक्त किया गया और उसे यह आदेश दिया गया कि वह "विद्रोह को पूरे तौर से कुचलने के लिए जो ज़रूरी समझे, करे।"

अपनी अडिग हिम्मत और बहादुरी के बावजूद, संथाल किसान अपने उद्देश्य में सफल न हो सकते थे। बाकी हिन्दुस्तान ख़मोश था और एक शक्तिशाली साम्राज्य की समूची सेना उन पर हमला करने के लिए तैयार थी। उनके खिलाफ़ लड़ने वाले सिपाहियों की संख्या दसियों हज़ार थी। के. दत्त ने लिखा है :

"बारह-चौदह हज़ार सिपाही कई चौकियों पर तैनात थे और उन्होंने विद्रोहियों को खुले मैदानों से खदेड़ दिया।"

सरकार के तरफ़दारों ने इस बर्बर दमन की सफ़ाई में संथालों की 'अमानवीय क्रूरता, की बात ज़ोर देकर कही है, और उनके खिलाफ़ की जाने वाली हर सरकारी कार्रवाई को उचित ठहराया है। उन्हीं में से एक सज्जन, औ, मैली ने लिखा है :

"इस विद्रोह ने यह दिखा दिया है कि संथाल कितने नृशंस और क्रूर हो सकते थे। जब कोई महाजन उनके हाथ में पड़ जाता, वे पहले उसके पैरों को काट देते और व्यंग के स्वर में कहते, यह रुपया में चार आना हुआ, फिर वे उसकी टांगों को काट कर कहते, यह आठ आना हुआ, फिर वे उसके शरीर के दो टुकड़े कर देते, और यह बारह आना होता; और अंत में उसके सिर को ही उतार लेते और सब चिल्लाकर एक स्वर में कहते कि रुपया में सोलह आने पूरे हो चुके।"[18]

एक जमाने से उनका गुस्सा भीतर ही भीतर सुलग रहा था और इसलिए महाजनों के खिलाफ़ उनकी प्रतिशोध की दबी हुई भावना एक प्रचंड ज्वालामुखी की तरह फूट पड़ी। फिर भी सरकार की हिंसा के सामने उन्होंने जो किया, वह कुछ नहीं है। ''बालफूर की भारतीय एनसाइक्लोपीडिया'' में इस विद्रोह का जो विवरण दिया गया है, वह वस्तु-स्थिति को कम करके आंकने की एक अनोखी मिसाल है। उसमें लिखा गया :

''यह विद्रोह बिना रक्तपात के नहीं दबाया गया।'' उसमें हृदयहीनता के साथ, जो निर्दयी साम्राज्यवादियों के लिए ही संभव थी, इस विवरण को इस तरह समाप्त किया गया है : ...''दरअसल उनमें से आधे लोग मार डाले गये।''[19]

इसका अर्थ यह है कि इससे पहले कि विद्रोह को पूरे तौर से दबाया जा सका, 30 से 50 हजार विद्रोहियों में से 15 से लेकर 25 हज़ार तक को कत्ल कर दिया गया। जुलाई और अगस्त के चिरस्मरणीय दिनों में राजमहल की पहाड़ियाँ खून से नहलाई गईं।

कान्हू और विद्रोह के दूसरे नेता फरवरी 1856 के तीसरे हफ़्ते तक जमात्रा के उत्तर-पूर्व में ऊपरबंदोह नामक स्थान में पकड़े गये और उन्हें फांसी दे दी गई। अंगरेज़ी 'भारत-मित्र' और ''कलकत्ता रिव्यू'' के संपादक, मालूम होता है, 15 से 25 हज़ार संथालों की हत्या से भी संतुष्ट नहीं हुए और उन्होंने, जो जिंदा बच रहे थे, उनके लिए और भी सख्त सज़ाओं की मांग की। 'भारत-मित्र' के संपादक ने लिखा :

''खून के प्यासे इन जंगलियों ने न तो उम्र का लिहाज किया है और न औरतों का। उनके दिलों में खौफ और दहशत पैदा करके ही हम इस बग़ावत को दबाने की उम्मीद कर सकते हैं। उन्होंने जो शर्मनाक जुर्म किये हैं उनका बदला लेना और किसानों को आगे इन हरकतों से बचाना ज़रूरी है। संथाल यह समझते हैं कि वे बड़े मज़े से महीना भर तक कत्ल और लूटमार कर सकते हैं और इसके लिए यह ज़रूरी नहीं कि उनसे बदला लिया जाएगा। अगर सरकार संगीनों की नोक पर बैठी रहना नहीं चाहती, तो यह बिलकुल ज़रूरी है कि वह ख़्याल उनके दिलों से हटा या मिटा दिया जाए। इस उद्देश्य की सफलता के लिए उन्हें जो सज़ा दी जाए, वह मुकम्मल होनी चाहिए, ताकि भविष्य में दंगाइयों को कामयाबी की कोई सूरत नज़र न आए; वह इतनी हौलनाक हो कि हर आदमी यह जान और समझ जाए कि बग़ावत का क्या नतीज़ा होता है; और वह इतनी सख्त और पुर असर हो कि लोग यह जान जायें कि उनकी ज़िंदगी और खुशहाली सस्ते दामों में नहीं बिक सकती। हम इन संथालों को पेगू रवाना कर देंगे और उनके एक-दो सरदारों को ही नहीं, बल्कि जिन ज़िलों में बग़ावत का असर है, उनकी तमाम आबादी को। हिन्दुस्तान अभी उस मंज़िल पर नहीं पहुँचा है कि यहाँ पर सशस्त्र

विद्रोह को उसी तरह नज़रअंदाज़ कर टाल दिया जाए, जैसा कि अंगरेज़ मिनिस्ट्री ने चार्टिस्टों[20] के एक जत्थे को माफ़ी देकर या आयरिश देशभक्तों के एक गिरोह को देश निकाला देकर किया। संथालों को सज़ा देने का काम एक स्पेशल कमीशन के सुपुर्द किया जाए, जैसा 1838 में कनाडा में किया गया था। या अगर इस तरीक़े को अनुचित समझा जाए तो भी उनके गाँवों पर लूटमार की रक़म के बराबर जुरमाना लगाया जाए और जुरमाने की रक़म उनके बीच बाँट दी जाए, जो उनके हाथों सताये गये हैं। इस क़ौम को सज़ा देने के लिए और अंगरेज़ी हुकूमत का रोब और दबदबा फिर से क़ायम करने के लिए, यह ज़रूरी है कि आम संथाल जनता बिना सज़ा पाये न रहने पाये।''

संथालों की पीड़ित और पददलित मानवता एक स्वर से शांति की और अत्याचारियों से अपनी हिफ़ाजत की मांग कर रही थी। लेकिन साम्राज्यवादी और खून बहाना चाहते थे, और सज़ायें देना चाहते थे, और तबाही और लूटमार मचाना चाहते थे।

बहुत से संथाल किसानों को गिरफ़्तार कर लिया गया और कितनों को बतौर-बंधक के रखा गया। के. दत्त ने इस बात का जिक्र किया है कि ''संथाल परगना के डिपुटी कमिश्नर के दफ़्तर में संथाल कैदियों के मुकदमों की दो बड़ी फाइलें हैं।''[21] इन फाइलों की छानबीन अभी तक नहीं की गई है। हमें नहीं मालूम कि कितने आदमियों पर मुकदमा चलाया गया और उन्हें कितनी सख्त सज़ायें भुगतनी पड़ीं। लेकिन इन फाइलों में से एक मुक़दमें को प्रकाश में लाया जा सका है। उससे मालूम होता है कि संथाल परगना के कमिश्नर ने एक समय 52 गाँवों के 253 कैदियों पर मुकदमा चलाया था। उनमें से तीन को रिहा कर दिया गया और दो मुक़दमें के दौरान में मुखबिर बन गये। बाकी 248 पर मुक़दमा चलाया गया। उनमें से 46 तो 9 से 10 साल तक के लड़के थे। सरकारी रिपोर्ट के अनुसार ''स्कूलों में जैसे सज़ा दी जाती है, उसी तरह उन्हें बेंत लगाये गये।'' दूसरों को सात से चौदह साल तक की लम्बी सज़ायें दी गईं।

इन कैदियोंके खिलाफ़ गवाह मिलने मुश्किल थे। इससे मालूम होता है कि उन्हें जनता का कितना समर्थन प्राप्त था। स्पेशल कमिश्नर ए. सी. बिडवेल ने बंगाल के लेफ़्टिनेंट गवर्नर के नाम अपने पत्र में लिखा कि यद्यपि वे मुक़दमों को जल्द से जल्द निपटा देने के पक्ष में थे, लेकिन उन्हें ''गवाहों को हाज़िर करने में'' दिक्कत हो रही थी।

इस प्रकार संथाल किसानों की शानदार बग़ावत बेरहमी के साथ कुचल दी गई। लेकिन इसके साथ ही संथालों के ऊपर, या कहना चाहिए, भारत के हर भाग में किसानों के ऊपर, अत्याचारों का अंत नहीं हो गया। उल्टे, ये अत्याचार और भी बढ़े। फिर भी संथाल विद्रोह एक महत्वपूर्ण दिशा में अत्यंत सफल रहा।

संथाल प्रदेश, जो अभी तक शासन की दृष्टि से निकटवर्ती ज़िलों में बँटा हुआ था, एक्र अलग प्रदेश के रूप में पुनर्गठित किया गया और संथाल परगना नाम की एक्र अलग इकाई कायम हुई। इस प्रकार संथालों ने, सरकार को एक अल्प संख्यक्र जाति के रूप में उनकी विशेष स्थिति को मान्यता देने के लिए मजबूर कर दिया।

इन लड़ाइयों का शोर अब मिट चुका है। लेकिन उनकी गूँज अब तक नहीं मिटी है और इन लम्बे वर्षों में जैसे-जैसे दूसरी जगहों के किसान संघर्ष में आते गये हैं, यह गूँज और तेज हुई है। संघर्ष के जिस शक्तिशाली आवाहन पर संथाल किसान 30 जून, 1855 की रात को भगनदीही के मैदान में लड़ने के लिए ज़मा हुए थे, वह गूँज देश के अन्य भागों में भी सुनाई पड़ी। 1860 में नीलहे किसानों की हड़ताल, 1872 में पबना और बोगरा के किसानों के विद्रोह और 1875-76 में पूना और अहमदनगर के मराठा किसानों के विद्रोह में वही गूँज सुनाई दी। अंत में यह आवाज़ पूरे देश के किसानों की–ज़मींदारों और महाजनों के अत्याचारों को खत्म करने की–जबर्दस्त माँग में एकरूप हो गई। संथाल किसानों का खून बेकार नहीं बहा है। उनके खून की लाली से इस नारे के बड़े-बड़े अक्षर और भी बुलन्द हो गये हैं।

अमर संथाल किसानों को सदा इसके लिए गौरव से याद किया जायेगा कि उन्होंने इस नारे को उठाया और संघर्ष का रास्ता दिखाया। तब से जंगी संघर्षी का यह झंडा हाथों-हाथ हिन्दुस्तान के एक छोर से दूसरे छोर तक घूम चुका है।

सन्दर्भ

1. अभय चरण दास, "भारतीय किसान", पृष्ठ 564-5।
2. कै. बा. शेरवेल, "बंगाल की एशियाटिक सोसायटी का पत्र", 1851।
3. अभय चरण दास, उपरोक्त पुस्तक, पृष्ठ 54-5।
4. "कलकत्ता रिव्यू", 1856, पृष्ठ 238-40।
5. कालिंकर दत्त, "1855-57 का संथाल विद्रोह", (कलकत्ता, 1940) पृ0 7।
6. 'कलकत्ता रिव्यू', 1856।
7. उपरोक्त, 1860।
8. बंगाल की एशियाटिक सोसाइटी का पत्र, 1851, पृष्ठ 566, 574-6।
9. कालिंकर दत्त की उपरोक्त पुस्तक, पृष्ठ 8।
10. ओ मैली, 'बंगाल, बिहार और उड़ीसा' (1917)द्व पृष्ठ 255।
11. कालिंकर दत्त, संथाल विद्रोह, पृष्ठ 12।
12. उपरोक्त पुस्तक, पृष्ठ 12।
13. भागलपुर के कमिश्नर का, बंगाल सरकार के सेक्रेटरी के नाम 9 जुलाई, 1855 का

पत्र; देखिए दत्त की पुस्तक, ''संथाल विद्रोह,'' पृष्ठ 14।

14. ''संथाल विद्राह'', पृष्ठ 15-15।
15. ''कलकत्ता रिव्यू'', 1856।
16. कालिंकर दत्त, ''संथाल विद्रोह'', पृ. 16।
17. घटनाओं की अधिकतर तफसीलें के. दत्त की उपरोक्त पुस्तक से ली गयी है।
18. औ मैली, ''बंगाल, बिहार, उड़ीसा'', पृ. 193-4।
19. ''बालफूर की भारतीय एनसाइक्लोपीडिया'', खंड 3, पृ. 527।
20. 1837-48 में इंगलैंड में मज़दूरों के क्रांतिकारी आंदोलन के अनुयायी।
21. कालिंकर दत्त, ''संथाल विद्रोह'' पृष्ठ 67-68

नीलहे* किसानों की हड़ताल (1860)

"चाहे मुनाफ़ा हो या घाटा, मैं नील की खेती करने से मर जाना अच्छा समझता हूँ। नहीं, मैं किसी भी सूरत में और किसी के लिए भी नील की खेती नहीं कर सकता;"—मौज़ा मोज़मपुर, कोठी दलाल नगर, थाना दामुहुदा के दीनू, मंडल का नील-कमीशन के सामने बयान (1860)।

—कमीशन के सामने दी गई गवाही का विवरण, प्रश्न संख्या 1165-67।

आधुनिक केमिकल उद्योग जब से नक़ली नील रंग तैयार करने लगा है, उसके सदियों पहले से भारतीय किसान नील नाम के एक पौधे की खेती करते आये थे, जिससे सूती कपड़ा रंगने के लिए नीला रंग तैयार किया जाता था। अठारहवीं शताब्दी के अंत, और उन्नीसवीं शताब्दी के शुरू में, इंगलैंड में आधुनिक कपड़ा-उद्योग के विकास के साथ, इस रंग की भी बहुत मांग होने लगी। हिन्दुस्तान में ईस्ट इंडिया कंपनी के लिए, नील का व्यापार एक बड़े मुनाफ़े का व्यापार बन गया। लेकिन अभी तक इसकी खेती छोटे पैमाने पर होती थी और उससे इंगलैंड के कपड़ा-उद्योग की बढ़ती हुई ज़रूरतें पूरी न हो सकती थीं। ईस्ट इंडिया कंपनी में पेंशनयाफ़्ता अफ़सरों और कुछ खाते-पीते नवयुवकों ने, जो पहले अमेरिका में बड़े-बड़े मालिकों के नुमाश्ते थे और गुलामों की निगरानी और देखरेख किया करते थे, बिहार और बंगाल के स्थानीय ज़मींदारों से ज़मीनें लेकर, कृषि-उद्योग के रूप में बड़े पैमाने पर इस फ़सल की खेती करने का निश्चय किया। उन्होंने कठोर उत्पीड़न की एक व्यवस्था क़ायम की और किसानों को नील की खेती करने पर मज़बूर किया।

किसानों ने इस अर्द्ध-दास व्यवस्था का इतना ज़ोरदार विरोध किया कि काउंसिल समेत गवर्नर-जनरल को मज़बूर होकर 13 जुलाई 1810 को एक गश्ती चिट्ठी ज़ारी करनी पड़ी, जिसमें कहा गया कि :

"इस देश के विभिन्न भागों में, जो यूरोपीय लोग नीलहे साहब[1] की हैसियत से बस गये हैं, उनकी बुराइयों और अत्याचारों के बारे में सरकार का ध्यान विशेष रूप से आकर्षित किया गया है।...लेकिन मैजिस्ट्रेट और सुप्रीम कोर्ट के सामने इस

वर्ग के कुछ व्यक्तियों के खिलाफ़ हाल में जो तथ्य प्रमाणित हो चुके हैं, वे इतने जघन्य हैं कि काउंसिल समेत गवर्नर-जनरल की दृष्टि में उनका यह आवश्यक कर्तव्य है कि वे ऐसे कदम उठायें, जिनसे उनकी समझ में इन अपराधों को भविष्य में रोका जा सके। इन अपराधों से अंगरेज़ों के नाम में बट्टा लगता है और साथ ही वह हमारी देशी रियाया की शांति और खुशहाली के लिए नुक़सानदेह है।"[2]

गश्ती पत्र में नीलहे साहबों के ख़िलाफ़ ये गंभीर आरोप लगाये गये थे :

1. "हिंसात्मक कार्य, जिनके कारण इस देश के रहने वाले कई लोगों की मृत्यु हो गई है, यद्यपि क़ानूनी माने में यह हत्या नहीं है।
2. "बकाया रक़म की वसूली के लिए या और कारणों से किसानों को ग़ैर-कानूनी तौर पर, और ख़ासकर अपने गोदामों में, कैद करना।
3. "अपनी कोठियों से संबंधित लोगों को और दूसरों को, दंगा या फ़िसाद के ख़्याल से, जमा करना और दूसरे नीलहे साहबों से मारपीट करना।
4. "किसानों को या दूसरे देशी आदमियों को नाजायज़ तौर पर बेंत की सज़ा देना।"

नीलहे साहबों की गंदी हरकतों के बारे में इस हृदयहीन विदेशी सरकार की फ़िक्र को समझना मुश्किल नहीं रह जाता, जब हम इस बात पर विचार करें कि, लार्ड मिंटो के ज़माने में अंगरेज़, भारत में मराठों, टीपू और फ्रांसीसियों के साथ, और यूरोप में नेपोलियन के साथ, जिंदगी और मौत की लड़ाई लड़ रहे थे और इसलिए वे अशांति और उपद्रव से बचना चाहते थे और ऊपर-ऊपर यह दिखलाना चाहते थे कि उनका उद्देश्य शांतिपूर्ण है।

सरकार का यह नेक ऐलान महज़ रस्मी और दिखाने के लिए था, यह इस बात से ज़ाहिर है कि नीलहे साहबों के जुल्म को रोकने के लिए और कुछ नहीं किया गया। नतीजा यह हुआ कि अगले चालीस सालों में, नीलहे साहबों ने और बड़े पैमाने पर ज़मींदारियाँ हासिल कीं और अपनी मुक़ामी इज़ारेदारियाँ क़ायम कीं। इस प्रकार किसानों पर और भी कठोर उत्पीड़न होने लगा।

नीलहे साहबों को नील को बिक्री से गहरा मुनाफ़ा मिलता था। लेकिन किसानों पर ऐसी शर्तें लाद दी गई थीं जिनसे उन्हें नील की खेती में नुक़सान ही नुक़सान था। इसलिए, और दूसरी फ़सलों की जगह नील बोने के लिए किसानों को मजबूर करना जरूरी होता था। बंगाल के छोटे लाट तक को नील-कमीशन की रिपोर्ट पर अपनी राय देते हुए यह स्वीकार करना पड़ा था कि :

"अगर नील की खेती को अच्छी से अच्छी रोशनी में देखा जाए और उन मिसालों को छोड़ दिया जाए, जो बहुत ही एक-तरफ़ा है और आम हालत का पता नहीं देते, और अगर नील की खेती में घाटे का हिसाब, नील की जो ऊँची से ऊँची क़ीमत मिल सकती है, उस क़ीमत पर लगाया जाए और दूसरी किसी भी

साधारण फ़सल से, बाज़ार दर पर जो फ़ायदा होता, उसका विचार किया जाए, तो मेरी समझ में किसानों को नील की खेती में औसतन सात रुपया फी बीघा से कम घाटा नहीं होता, जो ज़मीन की मालगुज़ारी का कम से कम सात गुना है।"[3]

इसमें ताज्जुब की कोई बात नहीं है कि अगर किसान ऐसी शर्तों पर, जिनमें उन्हें घाटा ही घाटा था, नील की खेती करते थे तो मज़बूर होकर ही। नादिया के जज, ए. स्कंस ने, 20 अप्रैल, 1854 को बंगाल सरकार के सेक्रेटरी के नाम जो पत्र लिखा था, उससे इस उत्पीड़न का स्वरूप अच्छी तरह प्रकट होता है और बातों के अलावा, इस पत्र में लिखा था कि नीलहे साहब जिन खेतों को नील की खेती के लिए चुनते थे, उनमें दूसरे फसल की बजाय नील बोने के लिए किसानों को मजबूर किया जाता था; नीलहे साहब किसानों के ढ़ाई बीघा खेत को एक बीघा ही मानते थे; लेकिन उन्हें इतने से ही संतोष नहीं होता था और वे नील के एक बोझे की जगह दो बोझे ले लेते थे; काश्तकारों की फ़सलों को वे जान-बूझकर तहस-नहस कर देते थे, उनके मकानों को लूट लेते थे या जला देते थे और उनकी मवेशियों को हाँक ले जाते थे या उन्हें पानी में डुबो कर मार डालते थे। नादिया के ज़िला जज़ की हैसियत से मि. स्कंस, इन पाशविक अत्याचारों के प्रति किसानों के बढ़ते हुए विरोध को देखकर चिन्तित थे। उन्होंने सरकार से दरख़ास्त की कि वह नील की खेती की समूची व्यवस्था की छानबीन के लिए एक कमीशन बैठाये।[4] यह कहने की ज़रूरत नहीं कि उनकी दरख़ास्त नामंजूर कर दी गई। अभी तक सरकार को 1855-56 के संथाल विद्रोह का अनुभव नहीं हुआ था।

इसी बीच नीलहे साहबों की ज़्यादतियाँ और बढ़ने लगीं। गाँव-गाँव से और ज़िले-ज़िले से सरकार को इस मामले में दख़ल देने के लिए, दरख़ास्तें भेजी जाने लगीं। नादिया के बाशिंदों ने 16 जनवरी, 1860 को बंगाल के छोटे लाट के पास जो दरख़ास्त भेजी थी, वह इस किस्म के दरख़ास्तों की एक अच्छी मिसाल है :

"नादिया ज़िले के कुछ नीलहे साहबों ने ऐसी हरकतें की हैं कि उनकी वजह से प्रार्थियों को बहुत तकलीफ़ उठानी पड़ी है। लेकिन दुर्भाग्यवश ज़िले के अधिकारियों ने हमारी कोई सुनवाई नहीं की है, न हमारी हिफ़ाजत की है, इसलिए हम छोटे लाट साहब बहादुर से सविनय अपील करते हैं।"

"28 अक्टूबर, 1859 को प्रार्थियों के गाँव के किसान बोरू मंडल और चंदर विश्वास को कोठी के हथियारबंद आदमी पकड़कर ले गये। तबसे उनका कोई पता नहीं है...मैजिस्ट्रेट के सामने उनकी फ़रियाद (हालांकि स्थानीय जाँच पड़ताल के बाद वह सही साबित हुई) इस बिना पर ठुकरा दी गई कि मैजिस्ट्रेट को ऐसे मामलों में दख़ल देने का कोई अख़्तियार नहीं है। इंसाफ़ के लिए प्रार्थियों की इन कोशिशों से नीलहे साहब बेहद नाराज हो गये हैं और 2 दिसम्बर को उनके आदमी गोविंदपुर

के आनंद सरदार को पकड़ ले गये, इसके बाद फिर 8 तारीख को वे सोनपुरकुरिया के ऊजल मुल्ला और पाटन शेख को पकड़ ले गये, वे सोनपुर कुरिया के छ : औ़र किसानों को पकड़ ले गये हैं।"[5]

नील की कोठियों के कुछ मालिक पहले अमेरिका में गुलामों के ऊपर हुकूमत कर चुके थे और वे अपने पाशविक अत्याचारों के कारनामें भारत में दुहरा रहे थे।

जिन आदमियों को मालिक के आदमी इतनी बेरहमी से पकड़ कर ले गये थे, उनके नामों से मालूम होता है कि हिन्दू और मुसलमान किसान, दोनों ही कंधे से कंधा मिला कर नीलहे साहबों के जुल्म का मुक़ाबला कर रहे थे।

बंगाल सरकार के सेक्रेटरी के पास नादिया डिवीजन के कमिश्नर ए. ग्रोट द्वारा भेजी गयी तीसरी साप्ताहिक रिपोर्ट (10-17 मार्च, 1860) से किसानों की भावना का परिचय मिलता है। उसने लिखा :

"मैंने इस हफ़्ता दामूरहुदा सब-डिवीजन का दौरा किया है। सामान्य रूपसे मेरे मन में जो धारणा बनी है, वह यह है कि यहाँ के किसान नील न बोने का ज़्यादा मजबूत इरादा रखते हैं। उनका आंदोलन अधिक शक्तिशाली और मालूम होता है कि अधिक संगठित है।"[6]

यह इस बात की चेतावनी थी कि भारतीय किसानों का एक भाग, पहली बार आम हड़ताल की दिशा में क़दम उठा रहा था। एक कमिश्नर तक को उनके संकल्प और संगठन की प्रशंसा करनी पड़ी।

नील की खेती वाले तमाम ज़िलों में गुस्सा फैल रहा था। नादिया, बरासात और पबना में किसानों का विरोध दिनोंदिन उग्र हो रहा था। मूक विरोध की जगह, अब किसान बड़े पैमाने पर इकट्ठा हो रहे थे और संघर्ष कर रहे थे। अप्रैल 1860 में बरासात सब-डिवीजन के किसानों ने आम हड़ताल शुरू की। भारतीय किसानों के इतिहास में यह शायद पहली आम हड़ताल थी। उन्होंने ऐलान किया कि नीलहे साहबों के अत्याचारों का विरोध करेंगे और नील बोने से इंकार किया। नीलहे साहब घबराये हुए थे। ज़मींदारी और तिज़ारती संघ के चेयरमैन डी. मैकिंटे ने अप्रैल 1861 में, भारत के राज्य-सचिव सर चार्ल्स वुड को एक स्मृतिपत्र दिया था, जिसमें उसने लिखा :

"मोफस्सिल में इस वक्त (जुलाई, 1860) पूरी गड़बड़ी की हालत है। कर्ज़दार अपने कर्ज़ और एकरारनामों को ही तोड़कर चुप नहीं बैठ गये हैं, बल्कि वे इस देश से महाजनों और मालिकों को निकालनेके लिए भी संगठित हो रहे हैं, ताकि वे इस प्रांत के यूरोपियनों से छुटकारा पा सकें, उनके प्रति अपनी तमाम ज़िम्मेदारियों और कर्ज़ से बरी हो सकें और जिस जायदाद को उन्होंने दख़ल कर रखा है, उस पर अपना अधिकार बनाये रह सकें।"[7]

हवलदार शीभो खान, जिसके मातहत बंगाल की दूसरी पुलिस बटालियन थी, 10 अप्रैल, 1860 को पबना ज़िले को नीसनपुर कोटी में मौजूद था। उन दिनों जो घटनायें हुई थीं, उनके बारे में उसने एक पत्र में लिखा :

"सुबह हम लोग तैयार हुए और पीरारी नाम के एक गाँव की ओर बढ़े। हम मुश्किल से रवाना हुए थे कि लाठी, वल्लम और तीर-कमान से लैस दो हज़ार आदमियों ने हमें घेर लिया। उन्होंने आगे बढ़ कर मैजिस्ट्रेट के घोड़ें को बल्लम मारा। कहा जाता है कि ये दंगाई 52 गाँवों से आये थे; एक आदमी चाल-ढ़ाल से उनका मुखिया मालूम होता था और उसी ओर से कुछ गोलियाँ भी चल रही थीं।"[8]

इस तरह हम देखते हैं कि किसानों ने आम हड़ताल की घोषणा करके ही संतोष नहीं कर लिया। जिस सक्रिय एकता और संगठन को तैयार करने में वे सफल हुए थे, उसका पता इस एक बात से चलता है कि 52 गाँवों से आए हुए 2000 आदमी एक ख़ास जगह पर लड़ाई के लिए इकट्ठा हुए।

भारतीय किसानों के इतिहास में यह एक अभूतपूर्व घटना थी। पबना और नादिया ज़िलों के और बरासात सब-डिवीजन के किसानों ने पहली बार आम हड़ताल का ऐलान किया और यह हड़ताल बहुत जल्द जैसोर, खुलना, राजशाही, ढ़ाका, मालदा और दिनाजपुर में फैल गई और उसने लगभग पूरे बंगाल को अपने घेरे में ले लिया। भारतीय मजदूर आंदोलन के आरंभ के पहले महात्मा गाँधी के जन्म से भी पहले, इन ज़िलों के किसानों ने हड़ताल का रास्ता अख़्तियार किया था। इन ज़िलों के बीच कितने ही मीलों का फासला था, लेकिन उनमें रहने वाले नील के किसानों ने यह लड़ाई मिल-जुलकर चलायी। इससे उनकी संयुक्त शक्ति का पता चलता है। अगर हम इस हड़ताल के भौगोलिक विस्तार को देखें और इसमें भाग लेने वाले किसानों की संख्या पर विचार करें, तो मालूम होगा कि यह आंदोलन चंपारन, खैरा और बारदोली में महात्मा गाँधी द्वारा चलाये गये आन्दोलनों से अधिक व्यापक था।

नीलहे साहबों को पहले भी किसानों के छिट-पुट विरोध का अनुभव हो चुका था और वे बरसों के आजमाये अपने पाशविक उपायों से उसका सामना करने को तैयार थे। लेकिन उन्होंने एक व्यापक और संगठित जन-विरोध की कल्पना तक न की थी। किसानों की जबर्दस्त एकता और शक्ति के सामने वे घबरा गये। नीलहे साहबों के संघ के स्थानापन्न मंत्री ए. फोर्बज़ ने बंगाल सरकार के मंत्री ए. आरत्र यंग को एक खत लिख कर उसे इस बात से आगाह किया कि "अगर सरकार बग़ावत को कुचलने के लिए फ़ौरन सख़्त और फैसलाकुन कार्रवाई नहीं करती है, तो मेरी समझ में दक्षिणी बंगाल के एक छोर से दूसरी छोर तक एक आम बग़ावत का होना लाज़िमी है।"

किसानों को गुलाम जानवरों की तरह खेतों में हांकने वाले नीलहे साहबों को अब तक अपनी पाशविक शक्ति पर भरोसा था, लेकिन अब उनके हाथ-पैर फूल गये। "इस असंतोष को", मि. यंग ने आगे लिखा, "सरकार की मदद के बिना दबाना नीलहे साहबों के वश के बाहर की बात है।"[9]

ये अंगरेज़ मालिक किसानों के गुस्से को देखकर सरकार से सहायता की माँग कर रहे थे। किसानों की एकता और उनके दृढ़ संकल्प को समझ कर सरकार उनके खिलाफ़ फ़ौज भेजने के लिए इतनी आसानी से तैयार न हो सकती थी। उनके दिमाग़ में 1855-56 के महान संथाल विद्रोह की याद अभी ताज़ा थी। तब से अभी चार साल ही गुज़रे थे। 1857 के विद्रोह में किसानों ने जो आम मदद दी थी, वे उसे भी आसानी से भूल नहीं सकते थे।

और भी बातें थीं। नीलहे साहबों की बर्बरता ऐसी थी कि उसे उचित ठहराना आसान न था और इसलिए नीलहे किसानों को समाज के दूसरे तबके, जैसे नगरों और शहरों के मध्य वर्ग और कुछ मिशनरियों तक का व्यापक समर्थन मिला। हरीशचन्द्र मुखोपाध्याय, गिरीशचन्द्र बसु, दीनबंधु मित्र, 'अमृत बाजार पत्रिका' के संस्थापक शिशिर कुमार घोष तथा और भी बहुत से जाने-माने बुद्धिजीवियों ने उनकी शिकायतों पर ध्यान दिया और उनका स्थानीय अख़बारों में खूब प्रचार किया। दीनबंधु मित्र ने "नील दर्पण" नामक अत्यंत लोकप्रिय नाटक लिखकर मल्लाहाटी में नीलहे साहबों के अन्याय और अत्याचारों का भंडाफ़ोड़ किया।

किसानों के संघर्ष को जनता का इतना प्रबल समर्थन मिला कि कुछ मिशनरियों तक ने उससे प्रभावित होकर उनके प्रति अपनी हमदर्दी ज़ाहिर की। इन्हीं मिशनरियों में ये एक जेम्स लाँग ने किसानों की मांगों के समर्थन में बंगला में एक पुस्तिका "नीलहे साहबों के अत्याचार" छपवाया। इस पुस्तिका का बड़े पैमाने पर प्रचार हुआ।[10]

सरकार जो क़दम उठाने जा रही थी, उसकी निस्बत सरकार का रुख़ मुलायम करने में जिस चीज़ ने सबसे अधिक असर डाला, वह थी : संथाल किसानों की बग़ावत से पैदा हुई, उनके दिल की दहशत। इससे साफ़ है कि किस तरह एक जन-आंदोलन दूसरे जन-आंदोलन की दिशा और परिणाम को प्रभावित करता है। बजाय इसके कि सरकार आम हड़ताल को तोड़ने और विद्रोह को कुचलने के लिए सेना भेजे, उसने नील की खेती की समूची व्यवस्था की छान-बीन करने के लिए एक कमीशन बैठाने की घोषणा की।

सरकार को जो भय था, उसे खुद बंगाल के छोटे लाट जे. पी. ग्रांट ने, नील कमीशन की रिपोर्ट पर अपने आज्ञापत्र में, स्पष्ट शब्दों में स्वीकार किया है। जिन लोगों ने सरकार की यह आलोचना की थी कि उसने विद्रोह को दबाने के लिए और कड़ी कार्रवाही नहीं की, उनको जवाब देते हुए, ग्रांट ने लिखा :

"बंगाल में हमने लाखों आदमियों की शक्तिशाली भावना के जिस प्रदर्शन को देखा है, अगर कोई यह समझता है कि उसका महत्व एक खास रंग की निस्बत एक मामूली तिज़ारती सवाल से ज्यादा नहीं है, तो वह ज़माने के रूख को समझने में भयानक ग़लती कर रहा है।" आगे उसने लिखा कि जिन लोगों पर "देश में शांति और अंगरेज़ी सरकार की ताक़त की कोई ज़िम्मेदारी है, उन्हें इस बात पर ग़ौर से सोचना चाहिए।"[12]

उसने स्पष्ट शब्दों में चेतावनी दी :

"कोई भी इंसानी ताक़त, जो क़ानून के खिलाफ़ नील के ज़िरातों (बड़े खेत) को क़ायम रखने की कोशिशि करती, उन्हें ज्यादा दिन तक बचा नहीं सकती थी और अगर सरकार न्याय और नीति को तिलांजलि देकर इस बात का प्रयत्न करती, तो उसे एक व्यापक किसान-विद्रोह के रूप में इसका दंड मिलता। यूरोपीय और अन्य पूंजी पर इस विद्रोह के विनाशकारी प्रभाव का अनुमान लगाना असंभव है।"[13]

यह छोटे लाट के छूँछे शब्द नहीं हैं। उसने पद्मा नदी की शाखा गदुई नदी पर स्टीमर से यात्रा की थी और किसानों के प्रतिरोध आंदोलन को अपनी आँखों से देखा था। इस यात्रा का समाचार पाकर दसियों हज़ार किसान नदी के दोनों तट पर जमा हुए और उन्होंने उसे किनारे पर आकर अपनी शिकायतों को सुनने के लिए कहा। जब किसानों ने उसे इस बात का आश्वासन दिया कि वे उसे किसी तरह का नुकसान नहीं पहुँचायेंगे, तो उसने अपना स्टीमर किनारे लगाने की आज्ञा दी और किसान-नेताओं से सलाह-मशविरा किया। उसे उसी जगह उनसे वादा करना पड़ा कि वह किसानों की शिकायतों को दूर करने में कुछ उठा नहीं रखेगा।

किसानों की ठोस एकता और उनके अडिग निश्चय को देखकर और एक दूसरे किसान-विद्रोह की आशंका से घबराकर सरकार को, कलावा सब-डिवीजन के डिप्टी मैजिस्ट्रेट बाबू हेमचन्द्र कार के नाम, बरासात के चीफ़ मैजिस्ट्रेट आसले इडन के आदेश-पत्र के रूप में, एक घोषणा करनी पड़ी। यह घोषणा बंगला में भी प्रकाशित की गई थी। उसमें लिखा था :

"आप देखेंगे कि नील के झगड़ों में पुलिस के लिए जो नीति निर्धारित की गई है, वह यह है कि वह किसानों की रक्षा करे और यह देखे कि किसान अपनी ज़मीनों पर काबिल रहें, उन पर चाहे जो फ़सल बोयें और इस मामले में कोठियों के मालिक या और कोई दख़ल न देने पायें। इस बिना पर कि उन्होंने किसानों से नील बोने के बादे से लिये हैं, वे उनके खेतों पर बलपूर्वक जाने के लिए स्वतंत्र नहीं हैं। इस किस्म के बादे दीवानी अदालत में किसानों के ख़िलाफ पेश किये जा सकते हैं, पुलिस और मैजिस्ट्रेट को उनसे कुछ नहीं करना है। अगर वादे किए गए हैं तो वे एक-पक्षीय नहीं हो सकते और संभव है कि जिन किसानों ने एक़रार

या वादे किए हैं, वे सर्वथा उचित और अनिवार्य कारणों से उस परिणाम से बचाना चाहें, जो मालिक उनके ऊपर लादना चाहते हैं।"[14]

यह नील के किसानों की सम्पूर्ण विजय थी। इस हड़ताल का परिणाम यह हुआ कि नील की खेती इन ज़िलों में लगभग समाप्त हो गई और बिहार और उत्तर प्रदेश में होने लगी।

मालिकों के तिज़ारती हितों का महत्व था, लेकिन भारत में अंगरेज़ी राज्य के भविश्य से ज़्यादा नहीं।

नील-कमीशन ने जो छानबीन की, उससे हमें बहुत रोशनी मिलती है। जिन किसानों ने कमीशन के सामने गवाही दी थी, उनकी शक्ति, दृढ़ता और स्पष्टवादिता के विषय में कमीशन की रिपोर्ट इतनी अर्थ-पूर्ण है कि वह पूरा उद्धरण ही यहाँ दे देना बेहतर होगा। कमीशन की रिपोर्ट में कहा गया है :

"इस खास किस्म की खेती के ख़िलाफ, किसानों में इतनी जबर्दस्त और इतनी गहरी जमी हुई घृणा है कि हम इस भावना की वास्तविकता के बारे में संदेह नहीं कर सकते थे। जिन्होंने किसानों के व्यवहार को नहीं देखा है और उनकी बातों को नहीं सुना है, वे उनकी इस तीव्र घृणा को अच्छी तरह नहीं समझ सकते। मीलों के फासले पर अलग-अलग कोठियों के किसानों ने साफ, बेलाग और ज़ोरदार शब्दों में एक ही विचार व्यक्त किया है और वह यह कि नील की खेती और उसके साथ आने वाली बुराइयों ने उनकी ज़िंदगी को तबाह कर दिया है। उनकी हैसियत से आने वाले लोगों के मुँह से इस क़िस्म की बातें सुनकर सचमुच अचरज का ठिकाना नहीं रहता।"[15]

नील के किसानों की यह कितनी बड़ी तारीफ़ है, ख़ास कर जब हम यह ख्याल करें कि यह अंगरेज़ी सरकार द्वारा नियुक्त किये गये एक सरकारी कमीशन की कलम से लिखी गयी रिपोर्ट थी।

कमीशन के सामने, एक के बाद एक कितने ही गवाह आये और उन्होंने दृढ़ और स्पष्ट शब्दों में नील की खेती की व्यवस्था के प्रति अपनी तीव्र घृणा व्यक्त की। कमीशन ने बार-बार पूछा कि वे भविश्य में किन शर्तों पर नील बोने के लिए तैयार हैं। मौजा मोज़मपुर, कोठी दलालनगर, थाना दामुहुदा के दीनू मंडल ने स्पष्ट उत्तर दिया। उसने कमीशन के सामने ज़ोर देकर कहा : "चाहे मुनाफ़ा हो या घाटा, मैं नील की खेती करने से मर जाना अच्छा समझता हूँ।" लेकिन, मान लो कि मालिक अंगरेज़ न होकर बंगाली हों, कमीशन ने फिर पूछा। "नहीं, मैं किसी भी सूरत में और किसी के लिए भी नील की खेती नहीं कर सकता;" उसने जवाब दिया।

लेकिन, मान लो कि एक ऐसा आदमी, जिसकी न्याय-भावना में तुम्हें विश्वास हो, तुमसे नील बोने को कहे, कमीशन ने नंदनपुर कोठी के नज़दीक, थाना मीरपुर

में कांगरापुर के कुलीन मंडल से पूछा। "मैं किसी के लिए, अपने मां-बाप के लिए भी नील नहीं बो सकता," कुलीन मंडल ने दो-टूक जवाब दिया।

कटली की कोठी के नज़दीक, मीरपुर थाना में रामकिस्तपुर के एक मुसलमान किसान जुरदन मंडल ने जवाब दिया : "मेरे पास जो कुछ था, नील की खेती में स्वाहा हो गया। मेरी जान-चाहे चली जाए, लेकिन मैं नील नहीं बोऊँगा।" नदिया ज़िले के हरदी थाने में, अर्परा गाँव के पंजू मुल्ला ने भी यही तल्ख़ जवाब दिया : "नील बोने से अच्छा यह है कि मुझे गोली मार दी जाए या मेरा गला काट दिया जाए।"[16]

मालिकों के ख़िलाफ़ आम जनता में कितनी उग्र भावना थी, यह कलकत्ता के चर्च मिशनरी सोसायटी के रेबरेंड जेम्स लॉंग की गवाही से ज़ाहिर होता है। वह बंगला पत्रों को, जिनमें अक्सर नीलहे साहबों के अत्याचारों का वर्णन रहता था, नियमित रूप से पढ़ा करते थे। उन्होंने कहा कि कलकत्ते तक में मिशनरी उपदेशकों को, अक्सर यह सवाल पूछ कर परेशान किया जाता था :

"आप अपने देश भाई नीलहे साहबों से जाकर यह क्यों नहीं कहते कि वे अपने अत्याचार कम करें ? पहले उन्हें जाकर उपदेश क्यों नहीं देते ?"[17]

इस तरह हम देखते हैं कि नील के किसानों की हड़ताल ने एक शक्तिशाली जन-आंदोलन का रूप ले लिया जिसे बुद्धिजीवियों तथा कुछ मिशनरियों तक का व्यापक समर्थन प्राप्त हुआ। लेकिन नीलहे साहबों को एक ऐसे क्षेत्र से मदद मिली जहाँ से इस मददकी कोई उम्मीद न पाई जाती थी। लंदन स्थित भारतीय राज्य सचिव को दिये गये अपने स्मृति-पत्र में, नीलहे साहबों ने दो विख्यात भारतीय नेता—राममोहन राय और द्वारका नाथ ठाकुर—के बयानों का हवाला दिया था, जिनमें उन्होंने नील की खेती की व्यवस्था और नीलहे साहबों के गुणों की प्रशंसा की थी।

उनके अनुसार, राम मोहन राय ने कहा था :

"जहाँ तक नील की कोठियों के मालिकों का प्रश्न है, मेरा विनम्र निवेदन है कि बंगाल और बिहार के कई जिलों में घूमा हूँ और मैंने देखा है कि नील की जिरातों (बड़े खेत) के नज़दीक जो देशवासी रहते हैं, वे उनकी अपेक्षा जो इन जगहों से दूर रहते हैं, स्पष्ट ही ज़्यादा अच्छे कपड़े पहनते हैं और ज़्यादा अच्छे तरह रहते हैं। हो सकता है कि नीलहे साहबों ने आंशिक रूप से कुछ क्षति पहुँचाई हो, लेकिन कुल मिलाकर उन्होंने यूरोपवासियों के अन्य किसी वर्ग की अपेक्षा—चाहे वे नौकरी में हों या बाहर—देशवासियों को ज़्यादा फ़ायदा पहुँचाया है।"[18]

इस बात का ख़्याल कर कि नील कमीशन को एक भी किसान ऐसा न मिल सका जिसने नील के मालिकों की सराहना में एक शब्द भी कहा हो, बहुतों के लिए यह एक ताज्जुब की बात होगी कि प्रसिद्ध सुधारक राम मोहन राय अपने

देश की जनता से इतनी दूर थे और अंग्रेजों से इतने घुले-मिले थे कि उन्होंने एक ऐसी व्यवस्था को उचित ठहराने का दयनीय प्रयत्न किया, जिसकी सभी लोगों ने एक स्वर से निंदा की थी।

इस संबंध में द्वारकानाथ ठाकुर के वक्तव्य से हमें बहुत रोशनी मिलती है। उन्होंने कहा :

"मैंने यह देखा है कि इस देश में नीलहे साहबों के बस जाने से और नील की खेती से, समाज को सामूहिक रूप से बहुत काफ़ी फायदा पहुँचा है। ज़मींदार धनी और समृद्ध हुए हैं, किसानों की आर्थिक स्थिति अच्छी हुई है और उन देशवासियों की अपेक्षा, जो ऐसी जगहों में रहते हैं जहाँ नील की खेती और कारखाने नहीं हैं, वे आम तौर पर ज़्यादा आराम से रहते हैं। ...मैं यह बयान सुनी-सुनाई नहीं, आप देखी और आप अनुभव की हुई बातों के आधार पर दे रहा हूँ।"

उन्होंने मिसाल के तौर पर अपनी ज़मीदारी की तरक्की और खुशहाली की बात कही। नील की खेती शुरू होने के पहले उनकी ज़मींदारी से "इतनी आमदनी भी नहीं होती थी कि सरकारी माल गुज़ारी दी जा सके", लेकिन अब उससे "अच्छा खासा मुनाफ़ा होने लगा है।" उनके बहुत से रिश्तेदारों और दोस्तों को भी "ज़मींदारियों से अच्छी आमदनी होने लगी है।"[19] द्वारकानाथ ठाकुर ने नील की खेती की जो तारीफ़ की है, उसका ठोस आधार निस्संदेह उनकी यह बढ़ी हुई आमदनी ही थी। जो उनके लिए अच्छा था, वह शायद उनके किसानों के लिए भी जरूर अच्छा रहा होगा! वह नील-मालिकों के ही वर्ग के थे और यदि वह चाहते थे कि उनके वर्ग हितों पर आंच न आने पाये, तो इसमें ताज्जुब ही क्या है!

एक ओर नीलहे साहबों के खिलाफ़ किसानों की गवाही और दूसरी ओर उनकी तारीफ़ में राम मोहन राय और द्वारकानाथ ठाकुर के बयान–दोनों में इतना अंतर और विरोध है कि उससे साफ़ मालूम होता है कि उस समय इन तथाकथित सुधारकों और आम जनता के बीच कितनी गहरी खाई थी। जनता की कठिन और कष्टकर समस्याओं से उनका कोई संपर्क न था।

भारतीय इतिहासकारों ने राम मोहन राय और द्वारकानाथ ठाकुर की तारीफ़ के पुल बाँध दिये हैं। लेकिन उनके विचार और कार्य के इस पहलू के बारे में लिखने में उन्होंने पूरी उपेक्षा का भाव अपनाया है। फिर इसमें आश्चर्य की कौन सी बात है कि उनमें से अधिकतर, नीलहे किसानों के गौरवपूर्ण संघर्ष के बारे में ख़ामोश रहे हैं और यदि उन्होंने उसका जिक्र भी किया है, तो हिक़ारत से "नील के दंगों" का नाम देकर उसे टाल दिया है।

भारतीय राष्ट्रीय आन्दोलन के इतिहासकारों का दृष्टिकोण कुछ भी भिन्न नहीं है। महात्मा गाँधी के नेतृत्व में 1917-18 के चंपारन सत्याग्रह का उन्होंने बहुत बढ़ा-चढ़ाकर वर्णन किया है, लेकिन 1860 की गौरवपूर्ण नील हड़ताल की संपूर्ण

उपेक्षा ही की है। पट्टाभि सीतारमैय्या ने हमें विश्वास दिलाया है कि असहयोग के जादू से "उन शिकायतों को, जिनकी एक सौ साल से न सरकार कोई सुनवाई कर रही थी और न उस जमाने के लोकप्रिय नेता ही, चंद महीनों के अंदर ही दूर कर दिया गया।"[20] सीतारमैय्या ने भारतीय इतिहास में पहली बार आजमाये गये असहयोग के इस "नये अस्त्र" की शक्ति की बात लिखी है। लेकिन उन्होंने इस बात का जिक्र तक नहीं किया है कि जहाँ तक नीलहे किसानों का सवाल था, उनके लिए असहयोग कुछ नया न था। चंपारन सत्याग्रह के करीब साठ साल पहले ही उन्होंने कहीं बड़े पैमाने पर और कहीं ज्यादा ताक़त और असर के साथ उसका इस्तेमाल किया था। अगर महात्मा गाँधी को चंपारन के किसानों का समर्थन मिला, तो इसकी बहुत कुछ वजह यह थी कि उनके मन पर पहली नील हड़ताल की अमिट छाप अभी तक पड़ी हुई थी। कांग्रेस के अधिकारी इतिहासकार ने इन तथ्यों की ओर संकेत भी नहीं किया है, शायद इस भय से कि आधुनिक इतिहास में पूर्ण हड़ताल के रूप में, पहला व्यापक असहयोग आंदोलन छेड़ने का श्रेय कहीं बंगाल के किसानों को न मिल जाए! और यह याद रखने की बात है कि इस श्रेय के वे ही किसान सच्चे अधिकारी हैं।

सन्दर्भ

* नील की खेती करने वाले।–अनु.

1. बिहार में नीलहे साहब उन अंगरेज़ों को कहा जाता था जो नील की खेती करवाते थे और जिनका नील का व्यापार था तथा जिनकी जगह-जगह कोठियाँ बनी थीं।–अनु.
2. बंगाल में नील की खेती, पार्लियामेंट के काग़ज़ात (1861), खंड 45, पृ. 70-71।
3. पार्लियामेंट के काग़ज़ात, खंड 45, पृ. 77।
4. पार्लियामेंट के काग़ज़ात, खंड 45, पृ. 6-7।
5. पार्लियामेंट के काग़ज़ात, खंड 44, पृ. 171-172।
6. पार्लियामेंट के काग़ज़ात, खंड 44, पृ. 241।
7. पार्लियामेंट के काग़ज़ात, खंड 45, पृ. 5-6।
8. पार्लियामेंट के काग़ज़ात, खंड 44, पृ. 309।
9. पार्लियामेंट के काग़ज़ात, खंड 44, पृ. 195।
10. देखिए अभय चरण दास का "भारतीय किसान" (कलकत्ता, 1881), पृ. 294-5 इस पुस्तिका में ऐसे गाने थे, जो किसानों के बीच दूर-दूर तक गाये जाते थे। उन्हें बाजों पर भी गाया जाता था। एक गाने का भाव यह है :

    "नीलहे साहबों के रुपयों पर तीन पीढ़ियों से सूद इकट्ठा हो रहा है। पहले वह किसानों के पास भिक्षुक की तरह आता है, लेकिन अंत में वह उनकीं हड्डियों तक को पीस डालता है। वे घुसते हैं तो सुई की नोक की तरह, लेकिन बाहर निकलते हैं तो हल

के फाल की तरह। वे टिड्डियों के दल की तरह बंगाल को तबाह कर रहे हैं। इधर रैय्यतों की जान जाती है और उधर राजा चुपचाप देखता रहता है। अब तो कुछ नहीं बचा, हम एक सर्वशक्तिमान ईश्वर को छोड़कर और किससे फ़रियाद करें। हम रात को आँखें मूंद लेते हैं तब भी इन गोरों के चेहरे हमारी आँखों के सामने नाचा करते हैं। जैसे पक्षी भय से उड़ जाता है, वैसे ही हमारा जीवन भी। हमारी आत्मा कठोर पीड़ा की भीषण ज्वाला में जल रही है।''

11. पार्लियामेंट के काग़ज़ात, खंड 45, पृ. 78।
12. पार्लियामेंट के काग़ज़ात, खंड 45, पृ. 75।
13. पार्लियामेंट के काग़ज़ात, खंड 45, पृ. 4।
14. पार्लियामेंट के कागज़ात, खंड 44, पृ. 33।
15. पार्लियामेंट के काग़ज़ात, खंड 44, प्रश्न संख्या, 1165-7, 1250, 1262 और 3214। पृ. 65, 69, 70, 204। और भी देखिए प्रश्न 918, 1248-9, 1165, 1351, 3214, 3230।
16. पार्लियामेंट के काग़ज़ात, खंड 44, प्रश्न 1625, पृ. 95।
17. पार्लियामेंट के काग़ज़ात, खंड 45, पृ. 27।
18. पार्लियामेंट के काग़ज़ात, खंड 45, पृ. 27।
19. बी. पट्टाभि सीतारमैय्या, ''भारतीय राष्ट्रीय कांग्रेस का इतिहास'' (बंबई, 1946), खंड 1, पृ. 140।

पबना और बोगरा का किसान-विद्रोह

(1872-73)

संथाल विद्रोह और नील हड़ताल के पीछे जो कारण रहे हैं, वही पबना और बोगरा के विद्रोह के पीछे भी रहे हैं। अभी तक इस विद्रोह की बहुत कम तफ़सीलें प्रकाश में आ सकी हैं। फिर भी जो तथ्य मिले हैं, उनसे इस विषय में कोई संदेह नहीं रहा जाता कि यह एक शक्तिशाली आंदोलन था।

1872-73 की "बंगाल प्रशासन-रिपोर्ट" के शब्दों में यह "एक भयानक और हिंसापूर्ण विद्रोह था।" "भारत के कैम्ब्रिज इतिहास" के शब्दों में उसने "पूरे बंगाल को हिला दिया था।"[1]

"भारत-दर्पण", "भारत मित्र", "बंगाल पत्रिका" और साप्ताहिक "हिन्दू देशभक्त" (जमींदारों का मुखपत्र) में इस विद्रोह की विस्तृत रिपोर्टें छपी थीं। जो तफसीलें आसानी से मिल सकती हैं, उन्हें यहाँ इस आशा से एक सूत्र में बाँधा गया है कि आगे चलकर जब इन पत्र पत्रिकाओं और सरकारी कागज़ातों की पुरानी फाइलों को देखा जा सकेगा, तो इस विद्रोह से संबंध रखने वाले सभी तथ्यों को निश्चय ही प्रकाश में लाना संभव होगा।

जमींदारों और किसानों के झगड़े का तात्कालिक कारण "लगान का बढ़ाया जाना था।" ज़मीन की पुरानी मालगुज़ारी महज़ एक रुपया थी। बाद में उसे "जायज़ और नाजायज़ तरीके से बढ़ाया गया।" और यह कहना मुश्किल हो गया कि किसानों को ज़मींदारों को ठीक-ठीक देना कितना है। पबना, बोगरा और नज़दीकी ज़िलों में, ज़मींदारों ने न सिर्फ लगान और साथ ही साथ, एकरेज़ वगैरह बढ़ा दिया, बल्कि पट्टा-कबूलियत की व्यवस्था और मुंसिफ़ी अदालतों के ज़रिए, इस बात की कोशिश की कि किसानों को धोखा देकर, उनसे ऐसी कबूलियतें लिखा ली जाएँ कि जिनके मुताबिक उन्हें पुराने इज़ाफ़े, एकरेज और नये टैक्स आदि सब, लगान के एक हिस्से के तौर पर देने पड़ते। सीराजगंज के असिस्टेंट मैजिस्ट्रेट मि. नोलन ने ज़मींदारों की गंदी हरकतों के बारे में तफ़सीलवार रिपोर्ट दी थी।

1872 की "बंगाल प्रशासन-रिपोर्ट" में पबना और बोगरा के विद्रोह की

पृष्ठभूमि का जो वर्णन किया गया है, वह नीचे पूरा का पूरा दिया जाता है :

"ऐसा मालूम होता है कि ज़मींदार नाजायज तौर पर एकरेज और अतिरिक्त कर लगाने के आही थे। हाल में इन करों की जो जाँच हुई हैं, उससे घबड़ाकर और भांपकर उन्होंने इस एकरेज और अतिरिक्त कर को लगान के अंदर मिलाने की, और इस मौके से फ़ायदा उठाकर लगान में एक भारी बढ़ती करने की कोशिश की। लेकिन उन्होंने इस बढ़ती की कानूनी नोटिसें नहीं दी थीं और बढ़ती के लिए ऐसी नोटिसें जरूरी थीं। इस ज़माने में जब बंगाल के किसानों ने मिलजुल कर संघर्ष करना सीख लिया है, कानूनी तरीका मुश्किल होता और उसमें वक्त और रुपया भी लगता। इस हालत में, उन्होंने अपना मतलब नाजायज़ और गैरकानूनी दबाव के जरिए पूरा करने की कोशिश की। इसमें शक नहीं कि कुछ ज्यादा बेइमान ज़मींदारों ने इस किस्म का अनुचित दबाव डाला और इस तरह किसानों का गला दबाकर उनसे ऐसे दस्तावेज लिखवा लेने चाहे, जिनसे मजबूर होकर किसानों को बढ़ा हुआ लगान और सरकार द्वारा जमींदारों पर लगाये गये या लगाये जाने वाले कर भी देने पड़ते। ज़मींदारों से मतभेद होने पर किसानों को दाख़िलकारी हक छोड़ना पड़ता और हर तरह से उन्हें अपने को ज़मींदारों की मर्ज़ी और खुशी पर छोड़ देना होता। इसमें कोई शक नहीं कि किसानों के हकों को ख़त्म करने की इस कोशिश में, कुछ जमींदारों ने कानून के ख़िलाफ काम किया और पहला कसर उनका था और तब एक भयानक और हिंसापूर्ण विद्रोह हुआ।"[2]

राजशाही डिवीज़न के कमिश्नर मि. मैलोनी, पबना के मैजिस्ट्रेट मि. टारटार और सीराजगंज के असिस्टेंट मैजिस्ट्रेट मि. नोलन ने इस संबंध में सरकार के पास तफ़सीलवार रिपोर्टें भेजी थीं।[3]

इस तरह ज़मींदार किसानों से ऐसी कबूलियतें लिखने के लिए कह रहे थे, जिनमें बढ़ा लगान देने, गैर-कानूनी एकरेज देने, आदि के अलावा एक शर्त यह भी थी कि किसान अगर झगड़ा करें तो ज़मींदारों को उन्हें बेदख़ल करने का अख़्तियार होगा। पहले तो ज़्यादातर किसानों ने उनकी शर्तों को मंजूर कर लिया। कुछ ने इस किस्म की कबूलियतों की रजिस्ट्री कर दी। दूसरों के सामने भी इसके सिवा कोई सूरत नहीं नजर आ रही थी। लेकिन कई ऐसे भी गाँव थे, जो इन शर्तों को मानने को तैयार न थे और अड़े हुए थे। ज़मींदारों ने झुंझला मुंसिफ़ी अदालत में दो गाँवों पर लगान के लिए दावा किया। किसानों ने अदालत में लगान जमा की, लेकिन उतनी ही जितनी वे जायज़ समझते थे, ज़मींदार जितना माँगते थे उतना नहीं। इन मुक़दमों का फैसला ज़मींदारों के हक़ में हुआ और किसानों को हुक्म दिया गया कि वे ज़मींदारों की माँगों के मुताबिक लगान अदा करें।

किसानों ने अपील की और दिसम्बर 1872 में राजशाही के जज ने मुंसिफ़ी अदालत के फ़ैसले को ख़ारिज़ कर दिया। जज के फ़ैसले के मुताबिक, किसानों

ने जो रुपया जमा किया था, क़ानूनन उससे लगान की पूरी अदायगी हो गयी थी और अब उन्हें और कुछ देना नहीं था। इस फ़ैसले का 129 किसान परिवारों से संबंध था। अदालत ने लगान की दर ढाई रुपया क़ायम की, जब कि ज़मींदार पाँच रुपया दस आना, यानी दुगने से भी ज़्यादा की माँग कर रहे थे।

इस फ़ैसले का असर फ़ौरन ही हुआ। दस साल पहले पबना में, नील के किसानों ने अपनी एकता और संघर्ष की भावना का शक्तिशाली प्रदर्शन किया था। किसानों के मन में उसकी याद अभी भी ताज़ा थी। निकटवर्ती गाँवों के किसानों पर, जिन्होंने कबूलियतों पर या तो दस्तखत कर दिये थे या करने वाले थे, इस फ़ैसले की फ़ौरन प्रतिक्रिया हुई। संघर्ष और बग़ावत की एक आग भड़क उठी और किसानों ने इन क़बूलियतों को अपने कब्जे में कर उन्हें जला डालने की कोशिश की।[4]

इस संघर्ष के दौर में, किसानों ने ज़मींदारी व्यवस्था के खात्मे का नारा उठाया। 1872-73 की ''बंगाल प्रशासन-रिपोर्ट'' के अनुसार उन्होंने यह मांग की ''कि ज़मींदारों को ख़त्म किया जाए और वे रानी विक्टोरिया के रैय्यत समझे जाएँ।'' किसानों की इस अत्यंत जनवादी मांग का सरकार ने क्या जवाब दिया[5] इस बारे में रिपोर्ट में एक छोटा सा वाक्य है; 'दंगाइयों को मुनासिब सज़ायें दी गई हैं।

सन्दर्भ

1. ''भारत का कैम्ब्रिज इतिहास'', खंड 6, पृ. 249।
2. अभय चरण दास, ''भारतीय किसान,'' (कलकत्ता 1881), पृ. 557-58।
3. देखिए उपरोक्त पुस्तक।
4. ''भारतीय दर्पण'', 25 जुलाई, 1873।
5. देखिए अभयचरणदास की पुस्तक ''भारतीय किसान'' पृ. 557-58।

मराठा विद्रोह (1875)

"अगर हर जगह किसान इन गाँववालों की मिसाल पर चलें और जनता एकमत की जा सके तो हमारे देश की कंगाली बहुत जल्द दूर हो जाए।"

—"ज्ञान-चक्षु" के संपादक के नाम एक यात्री का पत्र (27 जनवरी, 1875), जिसमें उसने सिरूर तालुका के कारदेह नामक गाँव की घटनाओं का विवरण दिया था।

जिन परिस्थितियों के कारण पूना और अहमदनगर जिलों में किसान-विद्रोह हुआ, वे सामान्य रूप से पूरे रैय्यतवारी इलाके में मौजूद थीं। इस विद्रोह की जाँच करने के लिए बाद में जो कमीशन बैठाया गया था, उसने यह स्वीकार किया कि :

"गाँव वालों की हालत ऐसी थी कि अगर सूपा ने (जहाँ बग़ावत शुरू हुई) पहला क़दम न उठाया होता, तो किसी और जगह से यह शुरू हो जाता। बारूद का ढ़ेर हर जगह जमा था और यह लाज़िमी था कि जान-बूझकर, या इत्तफ़ाक से, या ग़लती से, उस पर आग की चिनगारी पड़ती और वह भड़क उठता।"[1]

ईस्ट इंडिया कंपनीके अफ़सरों को अगर कोई फ़िक्र थी तो इस बात की कि ज़मीन की मालगुज़ारी के रूप में उन्हें भारी आमदनी होती रहे। इसलिए, ज़मीन के बंदोबस्त के वक्त, किसानों पर जो मालगुज़ारी लगाई गई, वह बहुत ज़्यादा थी। इसके अलावा यह मालगुज़ारी नक़द रुपयों में देनी पड़ती थी और फ़सल चाहे जैसी हो, उसमें कमी न हो सकती थी। 1850 में ही सर जी. विनगेट ने इस बात की ओर ध्यान आकर्षित किया था। उसने लिखा, "इसमें संदेह नहीं कि पहले किसी कलक्टर ने दक्षिण की अर्थशक्ति का बहुत अधिक अनुमान लगाया, और इस आधार पर, मालगुज़ारी की जो दरें क़ायम की गईं, उन्होंने खेती में लगी हुई पूँजी को नष्ट कर दिया।" "दक्षिण दंगा कमीशन" भी इस विचार से सहमत था कि इस बेहिसाब मालगुज़ारी का आधार यह था कि "किसानों की अर्थशक्ति को बहुत बढ़ा-चढ़ाकर आंका गया।"[2]

अन्न का अभाव और अकाल आये दिन की बात हो गई थी। लेकिन वर्षा हो या न हो, सरकार की मांग को पूरा करना ही पड़ता था। बाज़ार-दर के घटने-बढ़ने

से अलग दिक्कतें होती थीं। ऐसी हालत में, लगान न दे सकने की सूरत में सरकार कहीं उनकी ज़मीनों को नीलाम पर न चढ़ा दे और वे उनके हाथ से न निकल जायें, इसके लिए किसानों को साहूकारों का ही मुँह जोहना पड़ता था।

इसके पहले साहूकार गाँव का एक विनयशील सेवक होता था, मुख्य तौर पर वह एक हिसाब-नबीस या दुकानदार होता था। लेकिन अब जब ज़मीन पर कर्ज़ लिया जाने लगा और किसानों के ख़िलाफ़ महाजनों के दावों को मानने के लिए सरकार सदा तैयार रहने लगी, तो साहूकारों का महत्व भी बढ़ गया। अगर किसान कर्ज़ चुका देता तो साहूकार को सूद की ऊँची दर से फ़ायदा पहुँचता था; और अगर किसान नहीं चुका पाता तो साहूकार कचहरी से डिग्री लेकर उसकी ज़मीन ही हड़प लेता था। यह एक ऐसा रोज़गार था, जिसमें घाटे का कोई सवाल ही न था। फिर अगर साहूकार दोनों हाथ से दौलत लूटने लगे, तो इसमें ताज्जुब ही क्या था!

सर जी. विनगेट को दीवानी अदालतों की, और अंगरेज़ों ने ज़मीन के जो बंदोबस्त किए थे, उनकी गहरी जानकारी थी और उन्होंने 25 साल पहले ही इस परिस्थिति की ओर ध्यान आकर्षित किया था। उन्होंने चेतावनी दी थी कि :

"कानून ने कर्ज़ की वसूली के लिए जो सुविधायें दी हैं, उन्होंने कर्ज़ का जाल बहुत बुरी तरह फैला दिया है... समाज के हर हिस्से के लिए यह कर्ज़ एक अभिशाप बन गया है, और अगर हालत यही बनी रही तो नतीज़ा यह होगा कि समाज की संपत्ति का अधिक भाग एक छोटे से धनी वर्ग के हाथ में चला जायेगा और बाक़ी जनता के कंगाल होते जाने के फलस्वरूप इस वर्ग के पास बेहिसाब दौलत जमा हो जाएगी। किसी देश के लिए इससे बड़ा दुर्भाग्य और नहीं हो सकता कि बहुत से आदमियों को इसलिए दयनीय बना दिया जाए ताकि चंद आदमी फलें-फूलें और मज़े उड़ायें। लेकिन तो भी हमारे सूबे में कर्ज़दारों और महाजनों के बीच जो संबंध हैं, उनकी अनिवार्य गति इसी तरह की है।"[3]

सर जी. विनगेट ने घटनाओं की दिशा का सही अनुमान लगाया था। किसानों का कर्ज़ बढ़ रहा था। उसके साथ ही किसानों की ज़मीन पर कब्जा लेने के लिए दीवानी मुकदमें भी बढ़ रहे थे। चौदह साल के अंदर दीवानी मुकदमों की संख्या सात या आठ गुनी बढ़ गयी।

ज़मीन संबंधी दीवानी मुकदमों की संख्या (1851-65)

	1851	1861	1865
अहमदनगर	98	318	689
पूना	75	282	632

किसान ने जहाँ एक बार अपनी ज़मीन रेहन रखी कि वह उसके हाथ से

गई। कमीशन ने लिखा कि "रेहन ज़मीन छुड़ायी गयी हो, ऐसा बहुत कम देखा गया है। ज़मीन रेहन करने का मतलब है, उसका किसान के हाथ से निकल जाना।"[4]

रेवेन्यू कमिश्नर मि. इनवैरेरिटी ने 1858 में अहमदनगर के कलक्टर मि. टाइटलर की एक रिपोर्ट सरकार के पास भेजी थी। मि. टाइटलर "एक योग्य और उत्साही अफ़सर समझे जाते थे।" इस रिपोर्ट के अनुसार :

"हमारी अदालतें अपना सारा ज़ोर मारवाड़ियों की तरफ़ ही डालती हैं, और इन मारवाड़ियों को ही यह मालूम है कि अदालतों की मदद का पूरा फ़ायदा कैसे उठाया जाए। इसलिए मुकदमों के दो फरीक़ कर्ज़दार और महाजन ही नहीं हैं; बल्कि एक ओर कपटी महाजन हैं और उसके साथ दीवानी अदालतें हैं; और दूसरी ओर हैं ग़रीब किसान, जो महाजनों के तमस्सुक पर, बिना यह अच्छी तरह समझे कि उसमें क्या लिखा है, दस्तख़त कर देते हैं और जब उनके ऊपर डिग्री होती है, तो उसका विरोध भी नहीं कर पाते हैं। समाज के शरीर में यह एक ऐसा घाव हो गया है, जो बराबर दुखता और रिसता रहता है। जनता इस परिस्थिति की पूरी जिम्मेदारी अदालतों पर ही डालती है।...यह प्रश्न, सरकार और जनता, दोनों के लिए अत्यंत महत्वपूर्ण है। पूर्वी जगत का शांत समाज भी इतना भारी बोझ नहीं उठा सकता और इस भार को उतार फेंकने के लिए उसका समय-समय पर छटपटाना और हाथ-पाँव फेंकना लाजिमी है। इसमें शक नहीं कि उसकी यह कोशिशें और बढ़ेंगी तथा और ज़ोर पकड़ेंगी।"[5]

इस तरह हम देखते हैं कि सरकार की क़ानूनी मशीन से सिर्फ महाजनों को ही फ़ायदा पहुँचता था और किसान उस मशीन में पीसे जाते थे।

चूँकि रेवेन्यू कमिश्नर ने यह कड़ी चेतावनी एक सरकारी रिपोर्ट में दी थी, इसलिए सरकार उस पर ध्यान देने को बाध्य थी। अत : गवर्नर की काउंसिल ने निम्नलिखित प्रस्ताव पास किया :

"काउंसिल सहित, हिज लार्डशिप को (यानी गवर्नर को—अनु.) संदेह नहीं है कि देशी जनता के श्रमिक वर्ग के प्रति एक बड़ा भारी अन्याय हो रहा है; साहूकारों की लूट-खसोट से क़ानून उनकी रक्षा नहीं करता। उनका ख़्याल है कि आम तौर से हमारी देशी रियाया दीवानी अदालतों को नफ़रत की निगाह से देखती है, क्योंकि वे सूदखोर पूंजीपतियों की लूट का साधन बन गई हैं—एक ऐसी लूट का जिस पर सहसा यकीन नहीं होता। मौजूदा क़ानून जिस तरह से अमल में लाए जा रहे हैं, उससे अंगरेज़ी सरकार के प्रति व्यापक असंतोष और घृणा ही उत्पन्न हो सकती है। लेजिस्लेटिव काउंसिल का ध्यान इस ओर खींचा जाता है, और रेवेन्यू कमिश्नर के ख़त की एक नकल उनके पास विचारार्थ भेजी जाती है।"[6]

"आत्म-आलोचना" का यह भाव सहसा उदय होने से यह आशा की जा

सकती थी कि क़ानून को किसानों के अधिक अनुकूल बनाने के लिए फ़ौरन कार्रवाई की जाएगी। लेकिन इस क़िस्म की कोई बात नहीं हुई। कमीशन के शुष्क शब्दों में : "इस विषय पर विचार स्थगित कर दिया गया।"

बारह साल बाद, सरकार ने फिर इस ओर ध्यान दिया। 1870 में उत्तरी डिवीज़न के रेवेन्यू कमिश्नर ने इस ओर से उदासीन सरकार को कड़ी चेतावनी देते हुए, इस बात की याद दिलाई कि :

"खानदेश के पश्चिम में आज वही हालत है, जो संथाल के बग़ावत के वक्त संथाली इलाकों में थी। जोकि अभी तक यहाँ बग़ावत के कोई आसार नज़र नहीं आ रहे हैं, लेकिन संथालों ने भी इस बात की पहले से कोई चेतावनी नहीं दी थी और कानून की मदद से उन्हें लूटने और गुलाम बनाने वाले सूदखोरों से बदला लेने के लिए वे 30 हज़ार की फ़ौज लेकर बीरभूम के मैदानों पर टूट पड़े थे।"[7]

पहाड़ भी शायद अपनी जगह से हिल जाता, लेकिन बंबई की सरकार हिल नहीं सकती थी, खासकर एक ऐसे सवाल पर, जिसका संबंध जनता की भलाई से हो।

इसी बीच किसानों की हालत तेज़ी से गिर रही थी। 1860-70 के अमेरिकी गृह-युद्ध के ज़माने में कपास का भाव आसमान पर चढ़ गया था, लेकिन अब उसके भाव में बेहद मंदी आ गई थी। इसके साथ ही साथ खेती की सभी उपजों का भाव तेज़ी से गिरने लगा। जहाँ तक खेती का सवाल था, एक आम मंदी आ गई। किसानों की नक़द आमदनी में बेहद कमी होने लगी। 1876 में भारी अकाल पड़ा और इससे किसानों की मुसीबतें और बढ़ गईं।

ज़मीन की मालगुज़ारी अच्छे सालों में भी एक ऐसा बोझ थी जिसे संभालना मुश्किल था। लेकिन अब तो उसे अदा करना ही असंभव हो गया। माल महकमे की व्यवस्था अपनी बेअक्ली के लिए इतनी बदनाम थी कि "दक्षिण दंगा कमीशन" ने भी उसकी खिल्ली उड़ाते हुए, एक किस्सा बयान किया :

"कहा जाता है कि एक आदमी एक नदी पार करना चाहता था और उसने जगह-जगह नदी की गहराई का पता लगाया। पानी कहीं तो उसके सिर के ऊपर और कहीं उसके घुटनों तक ही था। उसने सबका औसत हिसाब लगाकर यह देखा कि गहराई उसके डूबने लायक नहीं है, इसलिए उसने नदी पार करने की कोशिश की; और यह कहने की ज़रूरत नहीं कि वह डूब गया।"[8]

फसल हो या नहीं, मँहगी हो मंदी, सरकार की मांग को उन्हें पूरा करना ही पड़ता था। अब तो साहूकारों को भी इसी बात का डर हो गया कि यदि कहीं सरकार ने बकाया मालगुज़ारी की वसूली के लिए किसानों के ख़िलाफ़ पहले ही दावा दायर कर उनकी ज़मीन ले ली, तो वे अपना रुपया वसूल न कर पायेंगे। इसलिए कचहरी में नालिशों, डिग्रियों और बेदखलियों की एक बाढ़-सी आ गई।

क़रीब एक तिहाई किसानों पर कर्ज़ का भारी बोझ था। "दक्षिण दंगा कमीशन" के अनुसार इसका मतलब यही हो सकता था कि इन किसानों की ज़मीनें कभी-न-कभी उनके हाथ से निकल जायेंगी।

किसान अत्यंत क्षुब्ध थे। जो व्यवस्था उन्हें जकड़े थी, उनकी गतिविधि से अभी तक अच्छी तरह परिचित न थे। सरकार के बारे में चाहे उनके मन में दुविधा भी रही हो, लेकिन साहूकारों की कार्रवाइयों को वे अच्छी तरह समझते थे। कर्ज़ बढ़ रहा था, किसानों के खिलाफ़ डिग्रियाँ धड़ाधड़ हो रही थीं, और साहूकार उनकी आँखों के सामने ही उनके घरों और खेतों पर क़ब्जा कर रहे थे और यह सिलसिला खत्म होता दिखाई नहीं देता था। उन्होंने अपने अनुभव से यह जान लिया था कि सरकार की ओर से सहायता की आशा करना व्यर्थ है। अपने खेतों के हाथ से निकल जाने से क्रुद्ध होकर, अहमदनगर और पूना के किसानों ने अपना गुस्सा साहूकारों के तमस्सुकों, दस्तावेज़ों, बयनामों और डिग्रियों पर उतारा।

इन दो जिलों में आसन्न किसान विद्रोह की पहली चेतावनी सिरूर तालुका के कारदेह गाँव में, दिसम्बर 1874 की घटनाओं ने दी थी।

कालूराम मारवाड़ी कारदेह का सबसे बड़ा साहूकार था। उसने कारदेह के एक किसान बाबा साहब देशमुख पर नालिश की और तालेगाँव की अदालत में उसके ख़िलाफ़ डिग्री करा ली। देशमुख का घर निलाम पर चढ़ाया गया और कालूराम ने खुद उसे 150 रुपये में ख़रीद लिया। इतना ही नहीं, उसने घर को गिराना शुरू किया और बाबा साहब देशमुख को घर खाली कर देने को कहा। एक अच्छे भले किसान की तरह बाबासाहब ने कालूराम से प्रार्थना की कि वह घर को न गिराये और यह वादा किया कि वह जब तक उस घर में रहेंगे, उसका किराया देंगे और धीरे-धीरे करके अपना कर्ज़ चुका देंगे। लेकिन कालूराम यह सब सुनने को तैयार न था और वह बाबा साहब को तंग करने से बाज़ न आया।

अब तो बाबा साहब बहुत घबराए। उन्होंने गाँव वालों की एक पंचायत बुलाई। हर आदमी को मारवाड़ी साहूकारों से कुछ-न-कुछ शिकायत थी। उन्होंने यह फ़ैसला किया कि चूंकि कालूराम, सचीराम, प्रताप और शिवराम साहूकार उनको तबाह करने पर तुले हुए हैं, वे उनसे कोई सरोकार नहीं रखेंगे। कहार, नाई और साहूकारों के घर के नौकर तक ने इस बायकाट में गाँव वालों का साथ दिया। गाँव वालों ने अपनी ज़रूरतों के लिए एक अलग दूकान खोली। इस बायकाट से घबराकर साहूकारों ने सिर भाग जाने का फैसला किया। अब बाज़ी किसानों के हाथ थी। वे उन्हें जाने नहीं देना चाहते थे। असबाब से भरी उनकी गाड़ियों को कोई हांकने के लिए तैयार न था। आख़िरकार बड़ी मुश्किल और पुलिस की मदद से ही वे सिरूर भाग सके।[9]

साहूकारों और अफ़सरों ने कारदेह की इस घटना का पूरा महत्व चाहे न

समझा हो, लेकिन किसान एक-दूसरे से राय-मशविरा कर रहे थे और आने वाले संघर्षों की योजनायें बना रहे थे। भीमथारी तालुका के अंदर सूपा में 12 मई को हाट का दिन था। हमेशा की तरह उस दिन भी सैकड़ों किसान वहाँ पर ज़ाहिरा तौर पर सामान लेने के लिए आये थे। लेकिन असल में साहूकारों के ख़िलाफ़ संघर्ष छेड़ने की तैयारी की जा चुकी थी। निश्चय ही, मराठा किसानों ने प्रिंस ऑफ़ वेल्स के आगमन के मौके पर उनके "स्वागत" के लिए यह बहुत ही माकूल इन्तज़ाम कर रखा था।

जैसा कि 'दक्षिण दंगा कमीशन' ने, जिसे बाद में विद्रोह के कारणों की जाँच करने के लिए नियुक्त किया गया था, अपनी रिपोर्ट में लिखा :

"दंगाइयों का मकसद हर हालत में, साहूकारों के पास जो तमस्सुक, डिग्रियाँ बग़ैरह थीं, उन्हें अपने क़ब्जे में लेकर नष्ट कर देना था। ये काग़ज़ात जब बिना आनाकानी के ज़मा भीड़ के हाथों सौंप दिये जाते, तो आगे कोई कार्रवाई नहीं की जाती। लेकिन जहाँ साहूकार उन्हें देने से इंकार करता या अपने को घर में बंद कर लेता, तो वैसी ही हालत में उसे डरा-धमका कर काग़ज़ात हथिया लेने के लिए हिंसा का इस्तेमाल किया जाता।"[10]

सूपा में बग़ावत शुरू होने के चौबीस घंटे के अंदर, चौदह मील दूर खेर गाँव में भी इसी क़िस्म की घटनायें हुईं। इस गाँव में सबसे बड़े साहूकार की भूसा की ढ़ेरियों को चेतावनी के तौर पर जला दिया गया और उसे तमस्सुक, बयनामों और डिग्रियों को भीड़ के सुपुर्द करने पर मजबूर किया गया। उन्हें गाँव के चौक में खुलेआम जला दिया गया।

चंद रोज़ के अंदर, भीमथारी तालुका के चार और गाँवों में भी इसी क़िस्म की बारदातें हुईं। सूपा के किसान विद्रोह ने जो आग जलाई थी, वह बड़ी तेजी से फैल रही थी। इंदापुर और पुरंधर के निकटवर्ती ज़िलों के बहुत से गाँव जल्द ही इस संघर्ष में कूद पड़े।

मारवाड़ी और गुजराती साहूकार गाँवों से भागने लगे। सिरूर तालुका के अंदर बावरा में साहूकारों ने अपने दस्तावेज़ देने से इंकार किया। जब उसके जान पर ही बन आई, तभी जाकर उसने उन्हें समर्पण किया। इस सिलसिले में यह याद रखने की बात है कि दो ही साल पहले, इसी गाँव में कर्ज़दारों ने साहूकार के चाचा को मार डाला था। यह आग गाँवों में और कारदेह में भी फैली। दामरेह में एक साहूकार की टांग तोड़ दी गई। लेकिन धू-धू कर जलते हुए उसके घर के बाहर जमा किसानों ने उसकी जान बचा ली।

जब पूना ज़िले में ये संघर्ष हो रहे थे, अहमदनगर ज़िले के नज़दीकी तालुकों में भी इसी क़िस्म की घटनायें हो रही थीं। 12 मई को सूपा में लड़ाई का बिगुल बजने के पंद्रह दिन के अंदर श्रीगोंदा, पारनेर, नगर और करजाट के तालुकों में

भी संघर्ष हुए।

एक ओर जब किसान एकदम आजिज़ आकर, साहूकारों के दस्तावेज़ों को जला रहे थे और इस प्रकार उनके ऊपर जो अन्याय किये गये थे, उन्हें मिटाने का प्रयत्न कर रहे थे, तो दूसरी ओर सरकार किसानों के ख़िलाफ़ क़दम उठाने की तैयारी कर रही थी। इस काम में उसने बिलकुल सुस्ती नहीं दिखाई। पिछले 25 सालों के दौरान में खुद सरकारी अफ़सरों ने सरकार को बार-बार आगाह किया था और उचित क़दम उठाने की मांग की थी। लेकिन तब सरकार के कानों पर जूँ तक नहीं रेंगी और उसने किसानों के हित में अपनी कानी उंगली तक नहीं हिलाई। लेकिन अब वह एकाएक किसानों पर टूट पड़ी और उनका बेतरह दमन करने लगी। किसानों का यह संदेह कि साहूकारों की "हर हरकत को सरकार उचित समझती है", सच ही निकला।[11]

पुलिस के सारे दस्ते "अमन और क़ानून" क़ायम करने के लिए भेजे गये। लेकिन किसान जाग चुके थे और लड़ने पर कमर कस चुके थे। उनके ऊपर इन दस्तों का भला क्या असर होता! बहुत जल्द उनके ख़िलाफ़ फ़ौज भेजनी पड़ी। पैदल फ़ौज की एक टुकड़ी सूपा भेजी गई। पूना घुड़सवार टुकड़ी जो सिरूर में तैनात थी, किसानों के ख़िलाफ़ भेजी गयी। एक दूसरी टुकड़ी श्रीगोंदा भेजी गई। पुलिस और फ़ौज की चौकियाँ जगह-जगह बड़े पैमाने पर क़ायम की गईं, और उनके खर्च के लिए गाँवों पर सामूहिक जुरमाने लगाए गए। धड़ाधड़ गिरफ़्तारियाँ होने लगीं। पंद्रह दिन के ही अंदर, पूना जिले के 559 किसान और अहमदनगर के 392 किसान गिरफ़्तार कर लिए गए।[12] किसानों के पास न तो रक्षा के साधन थे और न वे लड़ाई के लिए ही तैयार थे। फिर भी सरकार उन्हें दमन की चक्की में पीसे डाल रही थी। किसानों का कसूर सिर्फ़ यह था कि वे एक होकर, लेकिन बहुत नर्मी के साथ, साहूकारों का हिसाब चुकता कर देने की कोशिश कर रहे थे।

सरकारी दमन का नतीजा यह हुआ कि जून के पहले हफ़्ते तक ये संघर्ष दबा दिए गए। लेकिन भीतर ही भीतर जो आग सुलग रही थी, वह अब भी कहीं-कहीं भड़क उठती थी। 15 जून को भीमथारी तालुका में मुंधाली नाम की जगह में फिर कुछ जोश दिखाई पड़ा। 22 जुलाई को इसी तालुका के निंबूत गाँव में किसानों ने साहूकार के कागज-पत्र को अपने हाथ में लेकर जला दिया। एक सरकारी कर्मचारी अदालत की डिग्री ज़ारी करने आया, तो किसानों ने उसकी नाक ही काट ली।[13]

"दक्षिण दंगा कमीशन" की रिपोर्ट से किसानों की भावना का परिचय मिलता है। जून और जुलाई में भीमथारी में फिर संघर्ष होने से यह मालूम हो गया कि "सजाओं की एक लम्बी फ़ेहरिस्त और पुलिस की चौकियों की तैनाती से किसानों

को जो कड़ी चेतावनी मिली है, उसने उनकी उग्र भावना को दबा ज़रूर दिया है, लेकिन वह उसे मिटा नहीं सकी है।"[14]

पूना और अहमदनगर के किसान विद्रोह की गूँज दूर-दूर तक फैल गई। इस विद्रोह की ख़बर "इसमें शक नहीं कि देश के हर भाग में पहुँची।" पूना ज़िले से कम से कम एक सौ मील दूर कुकरूर गाँव के किसानों ने भी गुजराती साहूकारों के ख़िलाफ़ एक ऐसा ही आंदोलन शुरू किया। एक सौ से ज़्यादा किसानों ने साहूकार का घर घेर लिया और "घर में जो कागज-पत्र और हिसाब-बही बग़ैरह मिली, उसे जमा करके जला दिया और वे फिर वहाँ से चले गये।[15]

पूना और अहमदनगर के विद्रोह का सक्रिय दौर तीन हफ़्ते तक ही रहा। किसान सरकार के भीषण दमन का सामना करने के लिए तैयार न थे। उनके सामने सिवा इसके कोई रास्ता न था कि वे सक्रिय संघर्ष छोड़ दें। लेकिन संघर्ष के इस तल्ख़ अनुभव के बाद ही उन्होंने यह सीख लिया कि सरकार केवल ज़मींदारों और साहूकारों के स्वार्थ की ही रक्षा करती है।

यह संघर्ष थोड़े ही दिन चला, लेकिन इससे यह नहीं समझना चाहिए कि उसे आम जनता का शक्तिशाली समर्थन नहीं मिला था। सरकार को इस बगावत में भाग लेने वाले लोगों के खिलाफ़ "विश्वासी गवाह" मिलना तक बहुत मुश्किल हो गया था।[16]

साहूकारों के ख़िलाफ़ किसानों के मन में बहुत गुस्सा था, फिर भी वे उनके साथ, जहाँ तक उनकी ज़िंदगी का सवाल था, नर्मी से पेश आये। यह इस बात की मिसाल थी कि उन्होंने अपने ऊपर कितना संयम रखा, और दूसरी बात यह है कि जनता का उन्हें कितना व्यापक समर्थन हासिल था। यह अत्याचारी साहूकारों और सरकार के ख़िलाफ़ एक आम बग़ावत नहीं थी। उनके आंदोलन का मक़सद "एक बहुत निश्चित और व्यावहारिक काम को पूरा करना था यानी दुश्मन के हथियारों को (तमस्सुक और हिसाबखाते को) छीनकर उसे निहत्था बना देना था; और इसके लिए अक्सर शक्ति का प्रदर्शन मात्र ही काफ़ी होता था।"[17] इस सीधे-सादे मक़सद के पीछे यह कच्ची समझदारी थी कि इन तमस्सुकों और दूसरे काग़ज़ातों को नष्ट कर देने से ही साहूकारों के अत्याचार ख़त्म हो जायेंगे। इन संघर्षों के अनुभव के बाद ही किसानों ने यह सीखा कि उनकी शिकायतें तब तक दूर नहीं हो सकतीं, जब तक सरकार की शक्ति को काबू में न किया जाए, क्योंकि अगर साहूकारों के पीछे किसी का ज़ोर था तो सरकार का। साहूकारों के दावों में यदि दम था तो इसलिए कि सरकार उन्हें मानती थी।

सरकार ने जिस तेज़ी और जिस बेरहमी से इस विद्रोह को दबाया, वह गिरफ़्तारियों की तायदाद से ही ज़ाहिर हो जाता है। एक पखवाड़े के अंदर ही दो ज़िलों में, जिनकी कुल आबादी सिर्फ़ 16 लाख थी, लगभग एक हज़ार किसानों

को गिरफ़्तार किया गया।

इस संख्या का महत्व समझने के लिए, हमें इस बात पर ध्यान देना चाहिए कि जब पहला असहयोग आंदोलन अपने शिखर पर था (शुरू 1922 में), तो 30,000 आदमियों को गिरफ़्तार किया गया था; दूसरे असहयोग आंदोलन के दस महीनों में (मार्च, 1931 में गाँधी-इरविन समझौते तक), सरकारी रिपोर्टों के अनुसार 60,000 और कांग्रेसी हलकों के अनुसार 90,000 आदमियों को सज़ायें दी गयी थीं।[18] यदि असहयोग आंदोलनों के लम्बे दौर को देखा जाए और इस बात पर विचार किया जाए कि वे कुल मिलाकर 250 ज़िलों में फैले हुए थे, तो यह जानकर शायद लोगों को ताज्जुब होगा कि 1875 में पूना और अहमदनगर ज़िलों में हुई गिरफ़्तारियों की तायदाद (समय और भौगोलिक विस्तार की दृष्टि से), कांग्रेस द्वारा चलाये गये सबसे बड़े असहयोग आंदोलन में हुईं गिरफ़्तारियों से कहीं ज़्यादा थी।

इस विद्रोह में जो तमस्सुक जलाये गये, उनकी राख समय बीतने के साथ-साथ पूरे देश में फैली और उसने भारतीय किसानों की अत्यंत ही ज़ोरदार मांग को यानी "किसानों के कर्ज़े मंसूख़ करो" की मांग को शक्तिशाली बनाया। किसानों के हितों की रक्षा के प्रश्न पर अंगरेज़ शासक जो शिथिलता और निष्क्रियता दिखाते थे, उसे एक हद तक दूर करने में यह विद्रोह सफल हुआ। मराठा किसानों ने अपनी मांगों को पूरा कराने के लिए जो ज़ोरदार आंदोलन किया, उसके कारण ही 1879 में "दक्षिण कृषक सहायता क़ानून" लागू किया गया। इस क़ानून ने बेदख़ली और सूदखोरी पर कुछ हद तक रोक लगाई।

कुछ लोगों को ताज्जुब हो सकता है कि जब साहूकारों ने किसानों को कठिनाइयों से उबरने में सहायता दी थी, तो वे कृतज्ञ होने के बदले इस कदर साहूकारों के खिलाफ़ क्यों हो गये थे। कमीशन ने खुद इस सवाल को उठाया। उसके सामने जो साहूकार आये, उन्होंने यह भाव प्रकट किया क वे सर्वथा निर्दोष थे और किसानों ने उनके साथ सरासर अन्याय किया। इस सिलसिले में कमीशन ने कहा : "जब कर्ज़ ऐसी हालत में दिया जाता है कि कर्ज़ लेने वाले को यह ख़्याल हो कि उसके साथ बुरा सलूक किया जा रहा है, उसे सताया जा रहा है, उसके ऊपर एक बड़ा भारी बोझ लादा जा रहा है, और इस परिस्थिति से निकलने का उसके सामने कोई रास्ता नहीं है, तभी बैर या विरोध की भावना पैदा होती है और हमारे सामने जो मिसाल मौजूद है, उसमें यह भावना ही हिंसा का कारण बनी।"[19]

साहूकार उन बेचारी विधवाओं की तरह नहीं थे, जो ज़िंदगी भर कौड़ी-कौड़ी बचाकर ज़रूरतमंद पड़ोसियों को आना-पाई उधार देती हैं। वे शोषक और लोभी सूदखोर थे, जिन्हें विदेशी शासन की मदद करने के बदले में किसानों को लूटने की खुली छूट दे दी गई थी। अगर क्रुद्ध किसानों ने अपना गुस्सा सबसे पहले उन्हीं पर उतारा, तो इसमें ताज्जुब की कोई बात नहीं थी।

एक और प्रश्न है, जिसका सामयिक महत्व है और जिसका पूना और अहमदनगर के विद्रोह ने बहुत साफ़ जवाब दिया है। बहुतों ने किसानों पर कर्ज़ का कारण यह बताया है कि वे शादी-विवाह, मृत्यु-संस्कार और पर्व-त्यौहार, आदि अवसरों पर बेहिसाब ख़र्च करते हैं। दूसरे, जिन्हें किसानों की इस कमज़ोरी पर उतनी जलन नहीं है, यह वजह बताते हैं कि किसान सुस्त और आलसी हैं और अपने काम में चुस्त और होशियार नहीं हैं। कमीशन ने मौके पर पहुँच कर गहरी छानबीन की थी और इस प्रश्न की बहुत विस्तार से परीक्षा की थी। इस विषय में उसका निर्णय आज भी इतना महत्वपूर्ण है कि उसे यहाँ पूरा देना उचित होगा।

''कमीशन को छानबीन के बाद जो तथ्य मिले हैं, उनसे मालूम होता है कि विवाह और दूसरे उत्सवों पर किसानों के ख़र्च को उनके कर्ज़-ग्रस्त होने का एक कारण मानकर, उस पर ज़रूरत से ज़्यादा ज़ोर दिया गया है। किसानों की आमदनी का ख़्याल करते हुए, बेशक इन मौकों पर यह ख़र्च बेहिसाब समझा जा सकता है, लेकिन ऐसे मौके आते ही कितने हैं! और अगर एक साल को न लेकर, कई सालों के दौरान में होने वाले ख़र्च की कुल रकम ली जाए, तो यह उससे ज़्यादा नहीं होगी जो उसकी हैसियत के एक आदमी के लिए सामाजिक और पारिवारिक खुशी के मौकों पर ख़र्च करना मुनासिब माना जाना चाहिए। किसान के हिसाब-खाते में ख़र्चे की मद में शादी-विवाह आदि पर ख़र्च की जाने वाली रक़म यों तो महत्वपूर्ण होती है; लेकिन अपने आपमें वह शायद ही कभी कर्ज़ों की बुनियादी वजह होती हो। जिन अफ़सरों ने किसानों पर कर्ज़ के बोझ का कारण इस खर्चे को बताया है, उन्होंने ऐसे मौकों पर किये जाने वाले खर्च को शायद बहुत बढ़ा-चढ़ा कर आंका है और कर्ज़ के दूसरे कारणों को नज़रअंदाज कर दिया है। यह बहुत स्वाभाविक है, क्योंकि विवाह या ऐसे ही अवसरों पर कुनबियों (किसानों) का ख़र्च देखा जा सकता है। एक साधारण स्थिति का कुनबी (किसान) विवाह के अवसर पर 50 रुपये से 75 रुपये तक ख़र्च करता है। यह एक ऐसी रक़म है, जिसे 24 रुपया सैकड़ा सूद पर भी वह आसानी से चुका सकता था अगर खेती से उसका औसत फ़ायदा, दूसरे कर्जों के मद में पहले ही न निकल जाता और अगर साहूकार उसके साथ अच्छा सलूक करता और नर्मी से पेश आता। अनाज और दूसरी ज़रूरतों, बीज, बैल और सरकारी मालगुज़ारी के लिए, थोड़ा-थोड़ा कर, बार-बार लिए जाने वाले रुपये ने किसानों के कर्ज़ को, कभी-कदा पड़ने वाली शादी से कहीं ज़्यादा, बढ़ाया है।''[20]

कमीशन ने एक क़दम आगे बढ़कर पूरी माल व्यवस्था को ही किसानों के कर्ज़-ग्रस्त होने का कारण बताया है। उसने इन शब्दों में अपना निष्कर्ष रखा :

''यह स्पष्ट है कि एक ऐसी माल-व्यवस्था जो किसी ज़िले के किसानों पर, साल की फ़सल का ख़्याल किए बिना ही, हर साल वही मालगुज़ारी लगाती है, किसानों को कर्ज़ लेने पर मज़बूर करेगी। जिन सालों में फ़सल मारी जाती है,

उन्हें उधार लेना ही पड़ता है। अगर मालगुज़ारी अच्छी फसल वाले साल में हुए मुनाफे से बहुत कम रखी जाए, तो भी किसानों को कर्ज़ लेने की जरूरत रहती है; क्योंकि अगर किसान इतना समझदार भी हो कि वह किसी अच्छे वर्ष की बचत को अगले वर्ष के लिए रखना चाहे, तो महाजन उसे रखने नहीं देता है।"[21]

संदर्भ

1. "दक्षिण दंगा कमीशन की रिपोर्ट", (पार्लियामेंट के कागज़ात, खंड 58, 1878) पृ. 2; हम उसे संक्षेप में "रिपोर्ट" ही कहेंगे। सरकारी कागज़ात में कहे गये "दंगा" शब्द से किसान संघर्षों के प्रति शासकों की नफ़रत और हिकारत की भावना ज़ाहिर होती है।
2. उपरोक्त रिपोर्ट, पृ. 10।
3. उपरोक्त रिपोर्ट, पृ. 16।
4. उपरोक्त रिपोर्ट, पैरा 70-77।
5. उपरोक्त रिपोर्ट, पृ. 16।
6. उपरोक्त रिपोर्ट, पृ. 16-17।
7. एस. एस. थार्नबर्न, "पंजाब के मुसलमान और महाजन", (लंदन, 1884) पृ. 64।
8. कमीशन की रिपोर्ट, पृ. 24।
9. "ज्ञान चक्षु" के संपादक के नाम एक यात्री का पत्र; तारीख 27 जनवरी, 1875; कमीशन की रिपोर्ट के पहले पृष्ठ पर इस पत्र का हवाला दिया गया है।
10. कमीशन की रिपोर्ट, पृ. 2।
11. उपरोक्त रिपोर्ट, पृ. 3।
12. उपरोक्त रिपोर्ट।
13. उपरोक्त रिपोर्ट।
14. उपरोक्त रिपोर्ट।
15. उपरोक्त रिपोर्ट।
16. उपरोक्त रिपोर्ट।
17. उपरोक्त रिपोर्ट, पृ. 4।
18. पट्टाभि सीता मैय्या "भारतीय राष्ट्रीय कांग्रेस का इतिहास" दूसरा भाग, पृ. 876
19. कमीशन की रिपोर्ट, पृ. 33।
20. उपरोक्त रिपोर्ट, पृ. 20।
21. उपरोक्त रिपोर्ट, पृ. 21।

मोपला विद्रोह (1836-1869)

यह एक ताज्जुब की बात है कि पूरी उन्नीसवीं सदी में मोपला लोगों ने बार-बार विद्रोह किया। एर्नाड ज़िले के तीन तालुके, पश्चिमी वल्लुवानाद और उत्तरी पान्नानी इस विद्रोह के मुख्य केन्द्र थे। इन इलाकों में अधिकतर मोपला किसान ही बसते थे। सरकार रिपोर्टों में मोपला बग़ावतों के बारे में यह कहा गया है कि मुसलमानों ने मज़हबी जोश में आकर हिन्दुओं के खिलाफ़ हिंसा का यह तांडव रचा था। उन्हें साम्प्रदायिक दंगों का नाम देकर उड़ा देने की कोशिश की गई। इस साम्प्रदायिक आवरण के पीछे जो सत्य है, वह यह है कि इन तीन तालुकों में किसानों की बहुत बड़ी संख्या मोपला लोगों की है (अरब से जो मुसलमान आकर बस गये थे,उनके वंशज और वे मलयाली जिन्होंने इस्लाम ग्रहण कर लिया था)। लेकिन इस इलाके में ज़मींदार (जेन्मी) हर जगह हिन्दू हैं। ये ज़मींदारियाँ या तो नम्बूदरी ब्राह्मणों की हैं, या राजाओं की या फिर हिन्दू देवस्थानों की।

पहला मोपला विद्रोह 1836 में हुआ था। इसके बाद के 18 वर्षों में कुल मिलाकर 22 विद्रोह हुए। 1849 के विद्रोह में मोपला किसान अंत तक लड़ते रहे। जब तक दम में दम था, उन्होंने हथियार नहीं डाला। एक जगह जमकर लड़ाई हुई और 64 मोपला बहादुर पुलिस और फ़ौज का मुक़ाबला करते हुए मारे गये। चंद साल बाद 1851 और 1852 में यह आग फिर भड़की।

इन बग़ावतों के बार-बार भड़क उठने से और उनकी उग्र भावना से सरकार बहुत चिंतित थी, और उसनेसदर अदालत के मि. स्ट्रेंज को विद्रोह के कारणों की पूरी जांच करने के लिए अंगरेज़ी सरकार को चुनौती देना एक असाधारण बात थी। स्ट्रेंज अंगरेज़ अफ़सरों के विचारों और दृष्टिकोण से बंधा हुआ था और उसने अपनी रिपोर्ट में लिखा कि ये 'बलवे' मोपला किसानों की धर्मान्ध और अपराधी प्रवृत्ति के कारण हुए। उसनेयह सुझाव दिया कि सरकार उन्हें कुचलने के लिए सख़्त कार्रवाई करे।

स्ट्रेंज की राय पर बहुत जल्द अमल किया गया। 1854 के इंडिया ऐक्ट नं. 23 और नं. 24 पास किए गये। इस क़ानून के मातहत पुलिस को संकटकाल

के लिए और अधिक अधिकार दिए गए और उसकी तायदाद बढ़ा दी गई। मोपला लोगों के लिए छुरी रखने की मनाही कर दी गई। इस क्षेत्र के कलक्टर मि. कोनोली ने 1854 में उन्हें निरस्त्र करना शुरू किया। अगले वर्ष जनवरी तक उसने किसानों के 7,561 छुरे ज़ब्त कर लिए। इसी सिलसिले में मोपला किसानों को बड़ी संख्या में गिरफ़्तार किया गया और उन्हें सज़ायें दी गईं।[1]

अंगरेज़ शासकों ने सोचा कि उन्होंने एक बड़ा काम कर लिया और कुछ समय के लिए संतुष्ट हो गये। मोपला किसानों को निरस्त्र कर दिया गया था और उनके नेताओं को जेलों में डाल दिया गया था। लेकिन मोपला किसानों ने सरकार के अन्याय को माफ नहीं किया था। किसानों को जेंमियों तथा महाजनों के अत्याचारों से बचाना तो दूर, उल्टे सरकार नेउनके हथियार छीन लिए थे और उनके नेताओं को गिरफ़्तार कर लिया था। वे ख़ास कर कलक्टर कोनोली से नाराज़ थे, क्योंकि उनकी दृष्टि में वही इस हिंसक दमन का प्रतीक था।

11 सितम्बर, 1855 को मोपला किसानों के एक दल ने कोनोली के मकान पर धावा किया और उसे मार डाला। पुलिस और फ़ौज के दस्ते उनकी घात में छिपे थे; और इसके पहले कि मोपला किसान भाग सकें, उन्हें घेर लिया गया। मोपला बहादुरों ने उनका हिम्मत से मुक़ाबला किया। लेकिन वे चारों ओर से घिर चुके थे और उनके लिए निकलने का कोई रास्ता न था। उनके लिए कोई उम्मीद न थी, लेकिन सरकार के प्रति उनके मन में इतनी गहरी घृणा थी कि वे उसकी फ़ौज के आगे घुटने टेकने को तैयार न थे। पुलिस और फ़ौज को उन्हें "दबाने और वश में करने में" सात दिन लग गये। जब तक उनमें से एक भी आदमी जिंदा रहा, लड़ाई चलती रही और उन्होंने हथियार नहीं डाला।

दमन का चक्र और तेज़ी से चलाया जाने लगा। मोपला विद्रोह को "शांत करने" के उद्देश्य से 1856 का इंडिया ऐक्ट नं. 20 पास किया गया। यह दमन मोपला किसानों के उग्र विरोध को कुचलने में और उसे फिर उभड़ने से रोकने में सफल हुआ, लेकिन कुछ समय के लिए ही। जैसा "भारत का कैम्ब्रिज इतिहास" को मानना पड़ा कि मोपला किसानों के हिंसात्मक कार्यों को कुचलने के लिए सरकार ने जो कार्रवाई की थी, उसका स्थायी और दीर्घकालीन प्रभाव "निराशाजनक ही था।"[1]

उन्नीसवीं सदी के छठे दशक के अंतिम और सातवें दशक के आरंभिक वर्षों में, खेती की हर उपज का मूल्य बहुत नीचे गिर गया। कपास की कीमत, जो अमेरिकी गृहयुद्ध के समय बहुत ऊपर चढ़ गई थी, सबसे पहले गिरी। इसके बाद खेती की हर पैदावार की कीमत घटने लगी। इस मंदी ने मोपला किसानों को एक गंभीर संकट की स्थिति में डाल दिया। इस परिस्थिति में उनके लिए सरकारी मालगुज़ारी की लम्बी-चौड़ी मांगों को पूरा करना असंभव था। दूसरी ओर महाजन

किसानों पर असल औरसूद की अदायगी के लिए बेतरह दबाव डाल रहे थे। दीवानी अदालतों में किसानों के ऊपर धड़ाधड़ नालिशें हो रही थीं, और उन पर महाजनों का क़ब्ज़ा क़ायम होता जा रहा था। ज़मीन से बेदख़ल किए गए मोपला किसानों का असंतोष बढ़ रहा था। स्ट्रेंज की सिफ़ारिश पर सरकार ने जो दमन की कार्रवाई की, उससे मोपला किसानों का दुख तो क्या कम होता, उनका मानवोचित गुस्सा और भी भड़क उठा। 1873 में किसानों ने एकदम आजिज़ आकर बग़ावत कर दी। 1880 में दोबारा बग़ावत हुई।

मोपला बग़ावतों को दबाने के लिए सरकार नेजो सख़्त कार्रवाई की थी, उसके बावजूद इन बग़ावतों के बार-बार भड़क उठने से मजबूर होकर सरकार ने इन बग़ावतों के कारणों की अच्छी तरह जाँच और छानबीन करने के लिए मि. लोगन को नियुक्त किया।

स्ट्रेंज की पहली जाँच और मि. लोगन की इस दूसरी जाँच के बीच 25 साल गुज़र चुके थे। इसी दौरान में, 1860 में नील के किसानों की हड़ताल और 1875 में मराठा किसान-विद्रोह के सिलसिले में जो तहकीकात हुए थे, उन्होंने कई सरकारी अफ़सरों के दृष्टिकोण को कुछ हद तक बदल दिया था। अंगरेज़ों के आने से पहले मालाबार में समाज का जो ढ़ांचा था और अंगरेज़ों के आने के बाद उसमें जो परिवर्तन हुआ था, लोगन ने उनका विशद अध्ययन किया। ई. एम. एस. नमबूद्रीपाद की राय में मोपला बग़ावतों पर लोगन की रिपोर्ट और "मलाबार मैनुअल" का इतिहास संबंधी अध्याय, जो उसनेसरकार के आदेश पर तैयार किया था, 'कृषि समस्या पर दो क्लासिक दस्तावेज़ हैं।"[2] मलाबार में कृषि-सुधार के समर्थकों को इन दोनों दस्तावेज़ों से अपने मत की पुष्टि के लिए प्रचुर सामग्री मिली है।

लोगन की रिपोर्ट और स्ट्रेंज की रिपोर्ट एक दूसरे से बहुत ही भिन्न किस्म की है। "मोपला लोगों के मज़हबी जोश" पर हमला करने के बजाय, लोगन ने अंगरेज़ी शासन में मोपला किसानों के प्रति जो अन्याय किए गये थे, उनके प्रति ध्यान आकर्षित किया। इन सब तथ्यों का अच्छी तरह अध्ययन करने के बाद, वह इन नतीजों पर पहुंचा[3] :

(1) अंगरेज़ न्याय-शास्त्रियों ने मलाबार की भूमि व्यवस्था को नहीं समझा था। वे अंगरेज़ी सामंती व्यवस्था और भूमि पर स्वतंत्र, निरपेक्ष अधिकार की धारणायें लेकर मलाबार में आये और उन्होंने ज़मीन की माल्कियत से संबंध रखने वाले पुराने देशी शब्दों को एक नये और विदेशी अर्थ में प्रयुक्त किया।

(2) मलाबार में भूमि पर स्वतंत्र और निरपेक्ष अधिकार न था। ज़मीन का मालिक अकेले जेन्मी ही न था, उसके साथ दो और मालिक थे, काश्तकार और खेतिहर मज़दूर। इन दोनों किसान वर्गों का भी ज़मीन पर हक़ समझा जाता था। ज़मीन पर जेन्मी का इतना ही अधिकार था कि वह जेन्मी-भोगम् के रूप में ज़मीन

की उपज का एक तिहाई भाग ले ले। यह जेन्मी-भोगम् अंगरेज़ी माने में लगान न था। जेन्मी उसे बढ़ा नहीं सकता था और न वह काश्तकार को ज़मीन से बेदख़ल कर सकता था।

(३) अदालतों के उन फ़ैसलों में, जिनके मुताबिक जेन्मी ज़मीन के पूरे मालिक बना दिए गये थे और उन्हें यह अधिकार दिया गया था कि वे चाहे जब किसानों को बेदखल कर दें और चाहे जितना लगान लगायें, कानून का ग़लत मतलब लगाया गया था।

(4) सामाजिक और राजनीतिक दृष्टि से भी इन फ़ैसलों में एक भयंकर ग़लती की गई थी। मोपला बग़ावतों की असली वजह यही थी कि इन फ़ैसलों से मोपला किसानों के अंदर बहुत बेचैनी पैदा हुई।

इन निष्कर्षों के प्रकाश में, उसने सरकार से सिफ़ारिश की कि अंगरेज़ों के आने से पहले की स्थिति फिर से क़ायम की जाए, किसानों का ज़मीन पर निश्चित अधिकार हो, लगान की पुरानी दरें फिर से क़ायम की जायें और क़ानून के मुताबिक 6'उचित कार्रवाई'' के बाद बेदख़ली होने की सूरत में, खेत में जो तरक्की की गई हो, उसके लिए किसानों को मुआवज़ा दिया जाए।

वही सरकार, जिसने स्ट्रेंज की सिफ़ारिश पर मोपला किसानों का दमन करने में ज़रा भी सुस्ती न दिखाई, अब लोगन की सिफ़ारिशों को अमल में लाने में टालमटोल करने लगी। 1883 और 1885 के बीच पाँच बार किसानों के असंतोष भड़क उठे थे और इसके लिए फ़ौरन मुनासिब कार्रवाई करना ज़रूरी हो गया था। लेकिन सरकार ने बस इतना ही किया कि 1887 का ऐक्ट नं. 1 पास कर दिया, जिसके अनुसार बेदख़ल किये गये किसानों को, काश्त के सालों में उन्होंने ज़मीन में जो तरक्की की हो उसके लिए, कुछ मुआवज़ा मिल सकता था। इस विषय में भी क़ानून बहुत साफ़ न था और मुआवजा देनेकी ज़िम्मेदारी से बचने के रास्ते निकल सकते थे। बेदख़ली के हमले से किसानों की हिफ़ाजत के लिए क़ानून में कोई बंदोबस्त नहीं था। इसके साथ ही ''चार तालुकों को, जहाँ तक संभव था, पूरी तरह निरस्त्र कर दिया गया।''

1894 में एक जोरदार बग़ावत हुई लेकिन तब भी सरकार ने लोगन की किसी सिफ़ारिश को मानने और उस अमल करनेकी कोशिश नहीं की। उल्टे सड़कें बनाई जाने लगीं, ताकि पुलिस और फ़ौज के लिए इस पूरे इलाके का गश्त लगाना आसान हो जाए। मोपला बच्चों की विशेष शिक्षा का प्रबंध करने का एक बहुत नेक ऐलान किया गया। उनका इरादा यह मालूम होता था कि जब बड़े-बूढ़े और पुराने कट्टर लोग मर जायें, तो उनके बाद आने वाली नई पीढ़ी अधिक शांत और विनीत हो, ताकि उसे सहज ही वश में रखा जा सके। लेकिन इस इरादे में भी वे बहुत सफल न हो सके।

1896 में फिर बग़ावत हुई और उसने मोपला किसानों को और भी क्षुब्ध कर दिया, साथ ही लड़ाई के मैदान में, उनकी अडिग हिम्मत को और भी बढ़ाया। "भारत का कैम्ब्रिज इतिहास" ने घटनाओं का इन शब्दों में वर्णन किया है :

"विद्रोहियों ने एक मंदिर में, जो 1849 के हत्याकांड में उनके लिए पवित्र हो चुका था, मोर्चेबंदी की और वहां, जो मौत वे चाहते थे और जैसी मौत उन्हें चाहिए थी, उन्हें मिली। मंदिर में लाशों का अंबार लग गया और खून की धारा बह निकली।...99 आदमियों में सक ुल 96 खेत रहे।" और फिर बड़े आत्म-संतोष की भावना से "इतिहास" ने लिखा कि "बाकी जो तीन बचे उन्हें वस्तुत : शिकायत की कोई जगह न मिल सकी।"

पहली मोपला बग़ावत 1836 में हुई थी, लेकिन उन्नीसवीं सदी के अंत तक भी यह आग बुझाई न जा सकी थी। 1921 में एक बार यह शोला फिर भड़का। 1921 के बाद, पूरे देश में जो महान किसान आंदोलन उठ और ज़ोर पकड़ रहा था, यह मोपला-आंदोलन भी उसके विशाल प्रवाह में मिल गया।

सन्दर्भ

1. जेम्स बर्गेस, "आधुनिक भारत का इतिवृत्त" : 1494-1894।
2. "भारत का कैम्ब्रिज इतिहास", (कैम्ब्रिज, 1932) खंड 6, पृ. 38।
3. ई. एम. एस. नम्बूद्रीपाद "केरल का किसान आंदोलन", पृ. 2।
4. उपरोक्त, पुस्तक, पृ. 3-4।

निष्कर्ष

उन्नीसवीं सदी के उत्तरार्द्ध के किसान-संघर्षों के इस संक्षिप्त वर्णन से कुछ बहुत महत्वपूर्ण निष्कर्ष निकलते हैं।

1. इससे यह मालूम होता है कि किसानों ने जंगी लड़ाइयों की एक शानदार विरासत पाई है। हर नये विद्रोह ने भारतीय किसानों की सबसे ज़रूरी मांगों पर, विशेष रूप से ज़मींदारों और साहूकारों के अत्याचारों को अंत करने की मांग पर, ध्यान केन्द्रित किया। इन संघर्षों ने उनकी मांगों को एक जीवित शक्ति प्रदान की और यह दिखा दिया कि इन मांगों को लेकर ही किसानों ने इतने दिनों से अपनी आशाओं और आकांक्षाओं को संजोया था। जब तक ये आकांक्षाएँ पूरी नहीं होतीं, किसानों के संघर्ष चलते ही रहेंगे।

2. हर संघर्ष ने किसानों की चेतना को पुष्ट किया और उसे एक अधिक उन्नत और परिपक्व धरातल पर पहुंचाया। इन कटु संघर्षों के ज़रिए ही, किसानों ने यह समझा कि उनके प्रत्यक्ष शत्रु, ज़मींदारों और साहूकारों के पीछे असली ताकत, सरकार की संगठित सत्ता ही थी; और सरकार इस संघर्ष में तटस्थ न रहकर, उनके ऊपर जुल्म ढ़ानेवालों को सीधी और खुली मदद देती थी।

ऐसे समय में जब कि भारत में राजनीतिक पार्टियों का अस्तित्व तक न था, जिस हिम्मत और बहादुरी के साथ इन किसानों ने जंगी संघर्षों का झंडा उठाया, उससे मालूम होता है कि उनकी शिकायतें ख़्याली नहीं, बहुत ठोस थीं और उन्होंने अपने ऊपर ढ़ाये जाने वाले जुल्म को खत्म करने का मजबूत इरादा कर लिया था। यही नहीं, इससे उन लोगों की नीचता और मूर्खता का भी पर्दाफ़ाश हो जाता है जो आज के लड़ाकू किसान संघर्षों को विदेशी एजेंटों की कार्रवाई बताकर बदनाम करना चाहते हैं। संथाल किसानों, नीलहे किसानों, मराठा या मोपला किसानों को ऐसे वीरतापूर्ण संघर्षों के मैदान में कूद पड़ने के लिए न तो किसी विदेशी एजेंट ने तैयार किया था और न कोई विदेशी एजेंट ऐसा करने में सफल ही हो सकता था।

3. यद्यपि इन संघर्षों की एक सीमा थी और वे अधिकतर छिटपुट और स्वत

:स्फूर्त थे, फिर भी उनकी सफलतायें कम न थीं। संथाल विद्रोह का फल यह हुआ कि संथाल परगना नाम की एक अलग इकाई क़ायम हुई और सरकार को विवश होकर एक अल्पसंख्यक जाति के रूप में उनकी विशेष स्थिति को स्वीकार करना पड़ा। जो लोग यह समझते हैं कि संथाल ''आदिवासी'' हैं और उनका निस्तार इसी में है कि वे अपने अधिक ''सभ्य'' बंगाली और बिहारी पड़ोसियों के साथ घुल-मिल जायें, उन्हें यह समझ लेना चाहिए कि अपने को श्रेष्ठ बताने का उनका दावा कितना खोखला है।

नीलहे किसानों की हड़ताल का फल यह हुआ कि किसानों का यह अधिकार कि वे अपने खेत में चाहे जो फसल बोयें, मान लिया गया और नीलहे साहबों को पबना, बोगरा और बरासात से अपना बोरिया-बिस्तर बांधकर चंपारन और भारत के दूसरे भागों में शरण लेनी पड़ी। इस हड़ताल से इन ज़िलों के किसान उन तकलीफों से बच गये, जो बीसवीं सदीके शुरू में चंपारन ज़िले के नीलहे किसानों को तब भोगनी पड़ी थी, जब कि अंगरेज़ मालिकों ने इस चौपट उद्योग के घाटे को किसानों के सिर पर डाल दिया था।

मराठा किसान विद्रोह से विवश होकर साम्राजी शासकों ने वह पहला क़ानून बनाया, जिससे कुछ हद तक सूदखोरी और बेदख़ली के ख़िलाफ़ किसानों के हितों की रक्षा होती थी, और जिससे कर्ज़ के बदले में ज़मीन का किसानों के हाथ से निकल जाना कुछ मुश्किल हो गया। 1879 का ''दक्षिण कृषक सहायता कानून'' प्रत्यक्ष ही इस विद्रोह का परिणाम था।

किसानों को क़दम-क़दम पर लड़ना पड़ा और उन्हें जो आंशिक सफलतायें, अधिकार और सुविधायें मिलीं, वह सहज ही नहीं मिल गयी थीं, बल्कि उसके लिए किसानों को अपने शहीदों के रूप में मूल्य चुकाना पड़ा था और किसानों पर जुल्म ढ़ानेवालों के अनिच्छुक हाथों से उन्हें छीनना पड़ा था।

यह भी याद रखने की बात है कि किसानों के जबर्दस्त संघर्ष ने अपने शासन के स्थायित्व में अंगरेज़ों के विश्वास को डिगा दिया था। इस देश में असंतोष की जो आग सुलग रही थी, उसके विषय में ए. ओ. ह्यूम ने कई जिल्दों में एकत्र की हुई सामग्री को देखा था। वह इस बात को अच्छी तरह समझते थे कि जनशक्ति के ये अलग-अलग शोले यदि एकाकार होकर ज्वालामुखी बन गये, तो अंगरेज़ी शासन के लिए इससे ज़्यादा घातक और कोई चीज़ नहीं होगी। इस संभावना को रोकने के लिए कुछ न कुछ करना ज़रूरी था। और उन्होंने भारतीय राष्ट्रीय कांग्रेस की स्थापना इसी उद्देश्य से की थी। ह्यूम के काग़ज़ात में एक स्मृतिपत्र मिला था, जिसमें उनसे लिखा था :

''इन तथ्यों को जाननेके बाद मुझे यह मानना पड़ा'' कि एक ख़ौफनाक बग़ावत का ख़तरा हमारे सामने था। मुझे सात बड़ी-बड़ी जिल्दें दिखाई गईं...जिनमें

तीस हज़ार से ज़्यादा आदमियों के बयान थे और वे बयान ज़िला, परगना, शहर और गाँव के मुताबिक अलग-अलग दर्ज थे—और उनसे यह मालूम होता था कि ये ग़रीब आदमी मौजूदा हालत से बिल्कुल नाउम्मेद हो चुके थे, उन्होंने समझ लिया था कि वे भूखों मर जायेंगे और इसलिए वे कुछ न कुद करना चाहते थे। वे एक-दूसरे का साथ देने को तैयार थे, और वे कुछ न कुछ करने जा रहे थे और इस कुछ न कुछ का मतलब था हिंसा...। यह भी सोचा गया कि जैसे किसी पत्ते पर पानी की बूँदेंएक में मिल जाती हैं, वैसे ही हर जगह छोटे-छोटे दल बड़े दलों में मिलने लगेंगे...और जहाँ ये दल शक्तिशाली हुए कि शिक्षित वर्ग के कुछ थोड़े से लोग, जो सरकार से बुरीतरह और शायद बिना वजह चिढ़े हुए हैं, सब ओर से निराश होकर इस आंदोलन में शामिल हो जाएंगे, कहीं-कहीं उसका नेतृत्व करेंगे, उसे एक सूत्र में बांधेंगे और राष्ट्रीय विद्रोह के रूप में, उसका संचालन करेंगे।" (सर विलियम वेडरबर्न, "भारतीय राष्ट्रीय कांग्रेस के पिता, ए. ओ. ह्यूम," (1913 पृ. 80-81।)

जनता के व्यापक असंतोष और विशेष रूप से विद्रोही किसानों के दृढ़ संघर्षों से घबरा कर ह्यूम साहब भारतीय कांग्रेस की स्थापना की अपनी योजना लेकर, उस समय भारत के बाइसराय डफरिन के पास गये। योजना यह थी कि कांग्रेस के अंदर असंतुष्ट बुद्धिजीवी वर्ग को आकर्षित किया जाए और कांग्रेस एक वैधानिक और राजभक्त विरोधी दल की तरह काम करे। अंगरेज़ों के मन में एक आम बग़ावत का हौआ समाया हुआ था और इसलिए वे इस बात का प्रयत्न कर रहे थे कि किसान-संघर्ष और बुद्धिजीवियों का आंदोलन—ये दोनों धारायें एक में मिल कर एक राष्ट्रीय विद्रोह का रूप न लेने पायें।

इस प्रकार हम देखते हैं कि लड़ाकू किसानों ने ही जनता की मांगों को उठाया और उन्हें पूरा करने के लिए संघर्ष किया, न कि उन 'विनम्र' और 'मधुर-भाषी' लोगों ने, जिन्होंने 1885 में बडत्रे जोर-शोर से भारतीय राष्ट्रीय कांग्रेस को खड़ा किया। किसान-संघर्षों की वास्तविक सफलताओं के बारे में इससे अधिक और क्या कहा जा सकता है कि उनके कारण ही कांग्रेस की बुनियाद पड़ी और इस तरह उन्होंने भारत के भावी इतिहास पर अपनी अमिट छाप डाली। इसमें ताज्जुब ही क्या है कि प्रथम महायुद्ध के अंत तक, जब तक कि कांग्रेस में किसानों को लाने की ज़रूरत नहीं समझी गई, वह दया की भीख मांगने वाले भाषण-कर्ताओं की एक पार्टी बिनी रही, जिनका काम मंच पर खड़े होकर व्याख्यान देना ही था।

4. यद्यपि इन संघर्षों में योजना और संगठन का अभाव न था, फिर भी कुल मिलाकर देखने से यह मालूम होता है कि उनमें शोषण के ख़िलाफ़ किसानों का गुस्सा आप-से-आप भड़क उठा था। जब अकाल, मंदी, बेहिसाब दमन, या ज़मीनों के ज़बरिया नीलाम किये जाने के कारण, या इसी तरह के और दूसरे कारणों

से, किसानों की तकलीफें बहुत बढ़ जाती और बर्दाश्त के बाहर हो जाती थीं, तो वे क्रुद्ध होकर दुश्मनों पर वीरता के साथ हमला कर बैठते थे। लेकिन परिस्थिति उनके लिए इतनी प्रतिकूल थी कि उनके संघर्ष अधिक दिनों तक न चल पाते थे। अपने दुश्मनों के बारे में किसानों की समझ अभी कच्ची थी और किसान संगठनों को बनाने, चलाने और उन्हें व्यापक रूप देने की उनकी शक्ति सीमित थी। इसलिए ये बगावतें स्वयं-स्फूर्त थे और उनका रूप छिटपुट संघर्षों जैसा ही था। वे एक ऐसे संगठित और सतत विकासमान किसान आंदोलन का आधार प्रस्तुत न कर पाए, जो उनकी आकांक्षाओं को पूरा कर सकता और उनके संघर्ष की पूर्ण सफलता का मार्ग प्रशस्त कर सकता।

इन सबके बावजूद, इनकिसान बग़ावतों ने भारतीय किसानों के भावी संघर्षों के लिए आवश्यक रिहर्सल का काम पूरा किया है।

परिशिष्ट

मैसूर का किसान विद्रोह (1830-31)

जेम्स बर्गेस की पुस्तक, "आधुनिक भारत का इतिवृत्त; 1494-1894" (एडिनबरा, 1913) में मैसूर के 1830-31 के किसान विद्रोह का जो संक्षिप्त वर्णन दिया गया है, उससे यह स्पष्ट है कि यह 19वीं सदी के पूर्वार्द्ध का एक अत्यंत सफल किसान विद्रोह था।

1830 के शुरू में मैसूर के एक डिवीजन, नगर के किसानों ने 'हथियार उठाया और सदर मल्ला नाम से एक किसान राज कायम किया।" लेफ़्टिनेंट रॉकफोर्ड के कमान में मैसूर घुड़सवार और पैदल फ़ौज की एक कंपनी इस विद्रोह को दबाने के लिए भेजी गई। यह फ़ौज 3 मार्च को ज़िले में दाख़िल हुई और उसने कमानदुर्ग पर कब्जा कर लिया। इसके बाद होनाली नामक स्थान में एक मुठभेड़ हुई और अंगरेज़ी फ़ौज चन्द्रगुटी और बेदनूर को अपने अधिकार में कर लिया। इन शहरों के हाथ से निकल जाने पर भी किसान गाँवों में मुकाबला करते रहे। 1830 के पूरे साल में ऐसी छिटपुट लड़ाइयाँ फ़ौज और किसानों के बीच चलती रहीं।

1831 में किसानों ने फाथपथ के मैदान में एक पूरी डिवीजन को हरा दिया। इस डिवीजन के कमांडर इवांस ने सिमोगा में अपनी सेना को फिर एकत्र कर नगर पर चढ़ाई की और आखिरकार 12 जून को उस पर कब्ज़ा कर लिया। जेम्स बर्गेस ने इस विद्रोह के परिणाम का इन शब्दों में वर्णन किया है :

"सुलह और समझौते की घोषणायें की गईं और किसानों की बहुत सी शिकायतें दूर कर दी गईं। मैसूर के राजा, कृष्ण उदयर के हाथ से राजनीतिक शक्ति छीन ली गई (3 अक्टूबर को) और राज्य के शासन के लिए एक कमिश्नर को और उसकी सहायता के लिए चार सुपरिंटेंडेंटों को नियुक्त किया गया।"

खंड-2

ग़दर पार्टी के इन्कलाबी नेता

गदर पार्टी की स्थापना

19वीं सदी के आखिरी और 20वीं सदी के शुरू के सालों में हजारों बूढ़े और नौजवान सिख किसान जीविका की तलाश में विदेशों को निकल गए थे। उनके पास जमीन के छोटे-छोटे टुकड़े थे उनसे जीविका जुटाना बड़ा ही कठिन हो गया था, इसलिए देश को छोड़कर उन्होंने दूर-दूर के देशों की यात्राएँ कीं।

उस ज़माने में आर्थिक संकट गहरा होता जा रहा था। डेढ़ शताब्दी के साम्राज्यवादी शोषण का असर पूरे तौर से प्रगट हो रहा था। भारतीय अर्थव्यवस्था जर्जर हो गई थी। उसके फिर सँभलने की आशा बहुत कम दिखाई देती थी। शहरी दस्तकारियाँ मिट गई थीं और ग्रामोद्योग नष्ट हो चले थे। लोगों का जीवन अधिकाधिक ज़मीन पर आश्रित होता जा रहा था। जमीन का छोटे-छोटे टुकड़ों में बँटवारा हो रहा था; किसानों की बेदखलियाँ तेज़ी से बढ़ रही थीं। खेतीबारी गिरती जा रही थी। साथ ही साथ कर्ज और जमीन के लगान का बोझ बढ़ता जा रहा था। जो बचा था वह अकालों की बलि चढ़ गया। खेती करना मानो जुआ खेलना था।

हताश होकर केंद्रीय पंजाब के साहसी किसान बाहर निकल पड़े। हजारों ने अपनी ज़मीनें रेहन रख दीं, पशु और अन्य औज़ारों को बेच दिया, या कर्ज लिया और अपनी जन्मभूमि से विदा हुए।

बीसवीं सदी ज्यों-ज्यों आगे बढ़ी, ऐसे लोगों की संख्या भी बढ़ती गई। वे बर्मा, मलाया, सिंगापुर, हांगकांग, शंघाई और चीन के अन्य भागों, तथा आस्ट्रेलिया तक पहुँच गए। हृष्ट-पुष्ट थे ही, पुलिस या चौकीदारी का काम उन्हें आसानी से मिल जाता था; कुछ लोग व्यापारी और ठेकेदारी का काम करने लगे। देश में जितना कमाते थे वहाँ उससे ज्यादा कमाने लगे। इसलिए संतोष भी वहाँ अनुभव करने लगे। पर इन देशों के निवासी इन लोगों को विदेशी दमन और शोषण की मशीन का ही एक अंग समझते थे। इसलिए घृणा करते थे।

समाचार मिला कि अमरीका में और अच्छी तनख्वाहें मिलती हैं, और वहाँ

और अधिक कमाया जा सकता है। जो सौभाग्यशाली लोग वहाँ पहले पहुँच गए थे, उन्होंने अपने रिश्तेदारों और दोस्तों को लिखा। विदेशों की ओर जानेवाली यह जनधारा पूर्व की ओर और दूर बढ़ी। प्रथम महायुद्ध के आरंभ होने से पहले, अमरीका और कनाडा में 15 हजार से अधिक भारतीय जा बसे। ज्यादातर तादाद इनमें सिखों की ही थी।

गुलामी का अभिशाप

अमरीका में मिल-मालिक और किसान अच्छी मजदूरी देते थे। हर एक आदमी दो से लगाकर तीन डालर (छह से लगाकर नौ रुपया) प्रतिदिन कमा लेता था। काम करने की ताक़त इनमें अधिक थी और रहन-सहन उनका साधारण था, अतएव अमरीका के मज़दूरों की अपेक्षा इन लोगों को नौकर रखना सस्ता पड़ता था। प्रतियोगिता और संघर्ष होना लाज़मी था। लेकिन जमाना अच्छा था, युद्ध से चोट खाई हुई आर्थिक व्यवस्था सँभलती जा रही थी, इसलिए अधिक झगड़ा नहीं खड़ा हुआ।

पर सन् 1907 में आर्थिक संकट आया।बेकारी और तनख्वाहों में कटौती की हिलोर आई। मज़दूर सभाओं में संगठित अमेरिकन मज़दूर इस पूँजीवादी प्रहार के ख़िलाफ़ जोरों से लड़े, पर भारतीय मज़दूरों ने ऐसा नहीं किया। एक तो वे असंगठित थे; दूसरे वे पैसा पैदा करने के स्वार्थ से बँधे हुए थे। हड़ताल तोड़ने के लिए फैक्टरियों के मालिक अक्सर उसका फायदा उठाते। टैकोमा (ओरीगन) की रेलवे हड़ताल के टूट जाने पर अमेरिकन मज़दूर भारतीयों से और भी अधिक घृणा करने लगे। भारतीय-विरोधी भावना जड़ पकड़ने लगी। बेकारी की वजह से अमेरिकन मजूदरों में से कुछ ने गुंडागिरी और लूटपाट शुरू कर दी। विल्हम, एबर्ट, सेंटजॉन, टेकोमा और अन्य स्थानों की भारतीय बस्तियों पर हमले हुए, लूटमार मची। पुलिस को सूचना दे दी जाती थी, पर भारतीयों की मदद करने में वह भी आनाकानी करती थी।

आर्थिक संकट के समाप्त होने पर यह लूटपाट और मारकाट बंद हो गई। पर भारतीय-विरोधी आंदोलन जारी रहा। यह बात नहीं थी कि अमेरिकन मज़दूर सिर्फ हिंदुस्तानियों से ही नाराज थे। उतने ही नाराज वे यूरोपियन और एशियाई देशों के प्रवासियों से भी थे। पर ये दूसरे लोग आज़ाद देशों के रहनेवाले थे। उनकी सरकारें, उनके हितों की रक्षा करती थीं। कैलीफोर्निया निवासी जापानियों की बस्ती

में जब एक बार लूट-पाट हुई, तो जापानी सरकार के प्रतिनिधि ने अपने नागरिकों को एक डॉलर के नुकसान के एवज़ में दस डॉलर दिलवाए थे। पर हिंदुस्तानियों के मामले में ब्रिटिश प्रतिनिधि और राजदूत किसी प्रकार की भी मदद देने को तैयार नहीं थे। इस बात को देखकर वहाँ के हिंदुस्तानियों में पहली बार यह ख्याल जागा कि वे गुलाम हैं।

अमरीका में हिंदुस्तानियों की बस्तियाँ अधिकांशतः कैलीफोर्निया, औरगन, और वाशिंगटन में थीं। 'आलुओं के बादशाह' बाबा ज्वालासिंह, उनके साझीदार बाबा वसाखासिंह, और संतोषसिंह, बाबा सोहनसिंह भखना, बाबा केसरसिंह, और काशीराम आदि बहुत से प्रवासी भारतीय काफी पैसा पैदा कर रहे थे। उन्होंने देखा कि इतने पर भी उन्हें आदर नहीं मिलता। हर जगह उनका अनादर होता था—उनसे घृणा की जाती थी। होटलों में, और ट्रेनों में, पार्कों और थियेटरों में, उनके साथ भेदभाव बरता जाता था। हर जगह नोटिस लगे रहते थे कि, "हिंदुओं और कुत्तों को अंदर आने की इजाजत नहीं।" एक गोरे ने बाबा सोहनसिंह भखना के साथ एक ही मेज पर बैठने से इनकार कर दिया। एक दूसरे ने बाबा केसरसिंह से कहा, "काम देने की बजाय तुम्हें गोली मार देनी चाहिए !" कुछ और लोग उनसे हिंदुस्तानी आबादी पूछकर डंक सा मारते ! "तीस करोड़ ! बाप रे !! आदमी हैं या भेंड़ें।" इसी तरह की और भी बातें सुननी पड़ती थीं। इसमें संदेह नहीं कि अमरीकन मजदूर आंदोलन के अंदर और बाहर हिंदुस्तान के बहुत से हमदर्द और दोस्त भी थे। लेकिन वे भी जवाब देते थे, "हम क्या करें ! अमरीकन लोग गुलामी से घृणा करते हैं, और तुम गुलाम हो।"

प्रवासी भारतीयों ने जो अब तक नहीं समझा था, उसे अब समझ लिया। हर भारतीय के दिल पर अमिट अक्षरों में अंकित हो गया "हम गुलाम हैं।"

कनाडा में भी हालत अच्छी नहीं थी। कनाडा के अधिकारियों ने पहले अस्वस्थ स्थान होंडूरस के विषय में विज्ञापन निकाला कि वहाँ की जमीन, "पृथ्वी में सबसे अच्छी है, वहाँ बसने के लिए विदेशों से लोग आएँ।" पर बाबा भगवानसिंह, बलवंत सिंह और संत तेजासिंह के प्रतिनिधि मंडल ने जाकर जब उस 'स्वर्ग' को देखा तो 'नर्क' से भी बदतर पाया। भारतीयों ने 'सरकारी खर्चे' या किसी शर्त पर वहाँ बसने से इनकार कर दिया।

परदेशियों के संबंध में 1910 में कनाडा में एक बड़ा काला कानून पास हुआ। इसके अनुसार कोई एशियावासी अपने देश में जब तक कनाडा का सीधा टिकट न ले और उसके पास दो सौ डालर न हों, तब तक वह कनाडा में प्रवेश नहीं कर सकता था। इस क़ानून का उद्देश्य भारतीयों को ही रोकना था। उनके पास खुद के अपने जहाज़ तो थे नहीं कि वे सीधे कनाडा पहुँच जाते इसलिए घूम फिर कर ही वे कनाडा जा सकते थे। यह उनकी गुलामी की सजा थी।

विद्रोह का जन्म

गुलाम देश में पैदा होने की वजह से उन्हें पग-पग पर अपमान उठाना पड़ रहा था। अमरीकन प्रजातंत्र में उन्होंने राजनीतिक समानता देखी। उन्होंने देखा कि आम लोगों के अधिकारों की वहाँ इज्जत की जाती है। लोग काफी आजादी से रहते हैं।

उनके दिलों में अपने प्रति असंतोष की आग धधक उठी। राष्ट्रीय अपमान की भावना और अमरीकन प्रजातंत्र की नई तस्वीर ने उस आग को भड़काया। उन्होंने अपने चारों ओर के देशों में खास तौर से आयरलैंड, चीन, मिश्र और टर्की में उठते हुए नए-नए राष्ट्रीय आंदोलनों को देखा। हरदयाल और बरकत उल्लाह ऐसे बुद्धिजीवी क्रांतिकारी अलग-अलग छिटपुट ढंग से काम करते थे। उनका झुकाव अराजकवाद की ओर था। इसी ज़माने में वे इन लोगों के संपर्क में आए। शीघ्र ही कैलीफोर्निया स्टॉक्टन, और कनाडा के वेन्कूवर के गुरुद्वारे क्रांतिकारी कार्रवाई का जबरदस्त अड्डे बन गए।

कैलीफोर्निया के खेतों में, ओटोमन और वाशिंगटन के फैक्टरियों में, तथा सैकड़ों मील की दूरी पर बिखरी हुई भारतीय बस्तियों में एक नई भावना का जन्म हुआ। इस भावना का नाम था ब्रिटिश शासन के ख़िलाफ़ विद्रोह !

इस नई जाग्रति को संगठित रूप देने का समय आ गया था।

ग़दर पार्टी की स्थापना

यह काम बाबा सोहनसिंह भखना ने प्रारंभ किया। वह उस समय अस्ट्रोरिया के एक चीड़ के कारखाने में काम करते थे। 14 मार्च 1913 को वहाँ एक मीटिंग हुई। ऑरिगन और वाशिंगटन के कारख़ानों के 40 प्रतिनिधियों समेत 120 व्यक्तियों ने उसमें भाग लिया। इस मीटिंग के निर्णयों की पुष्टि करने के लिए 1 नवंबर 1913 को सैन फ्रांसिस्को में एक और बड़ी सभा हुई। इन दो मीटिंगों में 15,000 डॉलर जमा किए गए और 'हिंदी-एसोसिएशन' नामक एक सभा स्थापित की गई। यह भी तय किया गया कि 1857 के ग़दर की स्मृति में सभा का 'गदर' नाम का पत्र हिंदी, उर्दू, मराठी और गुरुमुखी में प्रकाशित किया जाए। बाद में इसी पत्र के नाम के कारण सभा का सुप्रसिद्ध नाम 'ग़दर पार्टी' पड़ा।

ग़दर पार्टी के संस्थापकों में प्रधान थे बाबा सोहनसिंह भखना, बाबा

ज्वालासिंह, बाबा वसाखासिंह, बाबा संतोखसिंह, बाबा कर्त्तारसिंह सराबा, केसरसिंह, पृथ्वीसिंह, बाबा करमसिंह चीना, भानसिंह कनैडियन, शेरसिंह लालसिंह, ऊधमसिंह कसैल, संतसिंह गोविंद और हरनामसिंह टुंडीलाट आदि। इन नामों को लेते ही देश की स्वतंत्रता के लिए लड़ी गई अनेक लड़ाइयों और अलौकिक बलिदानों की गाथाएँ स्मरण हो आती हैं।

जिस प्रस्ताव के द्वारा ग़दर पार्टी की नींव डाली गई थी, उसी प्रस्ताव के द्वारा यह भी निश्चित किया गया था कि ब्रिटिश साम्राज्य को उखाड़ कर उसकी जगह पूर्ण समानता और स्वतंत्रता के आधार पर एक राष्ट्रीय प्रजातंत्र की स्थापना ही इस पार्टी का उद्देश्य है। दुनियाँ में जहाँ कहीं भी गुलामी के ख़िलाफ़ लड़ाई चले उसमें हिस्सा लेना ग़दर पार्टी के सदस्य का पुनीत कर्तव्य ठहराया गया।

पहले चुनाव में बाबा सोहनसिंह भखना और स्वर्गीय हरदयाल को क्रमशः पार्टी का सभापति और मंत्री चुना गया। बाबा ज्वालासिंह और बाबा केसरसिंह को उपसभापति, कंसीराम को ख़ज़ाँची, करीमबक्स और मुंशीराम को संगठन-मंत्री नियुक्त किया गया, अधिकांश संस्थापक सदस्यों की एक संगठन समिति और गुप्त तथा राजनीतिक कामों को चलाने के लिए तीन आदमियों की एक छोटी कमेटी भी चुनी गई। बाबा कर्त्तारसिंह सराबा, बाबा हरनाम सिंह, और श्री जगतराम को नियुक्त किया गया कि 'गदर' निकालने में वे श्री हरदयाल की मदद करें।

1918 तक पार्टी का केंद्रीय दफ़्तर 436 हिल स्ट्रीट, सैनफ्रांसिस्को में रहा। आगे चलकर यही स्थान 'युगांतर आश्रम' के नाम से प्रसिद्ध हुआ। पाँच वर्ष बाद सन् 1918 में, 4 वुडस्ट्रीट में पार्टी का अपना दफ्तर बन गया।

पहली नवंबर 1913 को 'गदर' का पहला अंक प्रकाशित हुआ। उसमें साम्राज्यवाद-विरोधी विद्रोह की आग का संदेश था। प्रत्येक अंक में 'ब्रिटिश राज का कच्चा चिट्ठा' प्रकाशित होने लगा। देश की आज़ादी के सैनिकों के लिए, उसमें सिर्फ मौत और शहादत की पुकार होती थी, फिर भी धड़ाधड़ उसके सदस्य बनने लगे। शीघ्र ही पार्टी की सदस्यता 5 हजार तक पहुँच गई। अख़बार और पार्टी के लिए चंदे की वर्षा होने लगी। हजारों भारतीय मज़दूरों के खून और पसीने की कमाई की एक-एक पाई बड़ी कीमती थी। नेता इसे समझते थे। उन्होंने खुद भी अपना सब कुछ दे डाला, और गुज़र लायक थोड़ा सा भत्ता लेकर काम करना शुरू कर दिया।

कनाडा, मलाया, जापान, चीन, फिलिप्पाइन, फिजी, अर्जेंटाइना, और यहाँ तक कि हिंदुस्तान तक 'गदर' का संदेश पहुँचा। इन जगहों में भी संगठन फैलने लगा। कुछ महीनों में ही केवल अमरीका और कनाडा में पार्टी की 62 शाखाएँ खुल गईं।

ग़दर पार्टी के नौजवानों ने शीघ्र ही अन्य देशों में–ज़ारकालीन रूस, चीन और आयरलैंड के–स्वतंत्रता के सैनिकों से संबंध जोड़ लिया। एक बार युगांतर आश्रम के 25 क्रांतिकारियों सिर्फ दो डालर रोज पर बसर करते देखकर उनके एक मित्र ने कहा : "यदि हिंदुस्तान के सपूत इस प्रकार मिलकर रह सकते हैं, काम कर सकते हैं, और लड़ सकते हैं, तो वह दिन दूर नहीं जब भारत आज़ाद होगा !" तो उनके गर्व का क्या कहना था।

ग़दर पार्टी एक छोटा षड्यंत्र नहीं था। वह एक जबरदस्त आंदोलन था।

ब्रिटिश सरकार इसे खूब समझती थी। उसने सोचा कि अगर इसे प्रारंभ में ही खत्म न किया गया तो उसके लिए भयंकर खतरा होगा। उसने अपने जासूसों को ग़दर पार्टी में भेजना शुरू किया। गुरुद्वारों के ग्रंथी (पुरोहित) बनने के लिए उसने अपने आदमी भेजे, और उनसे नेताओं के ख़िलाफ़ फ़तवा दिलवाया ! अमरीका के गंदे से गंदे लोगों से उसने मदद ली, और यहाँ तक कि वहाँ के भारतीय-विरोधी आंदोलन को उसने और उभारा और मदद दी।

मार्च 1914 में श्री हरदयाल को अमरीका से निकाल भगाने के इरादे से 'खतरनाक विदेशी' कहकर गिरफ़्तार कर लिया गया। पार्टी ने उनकी जमानत दे दी और उन्हें स्विट्जरलैण्ड भेज दिया। कहने की आवश्यकता नहीं कि वह जमानत जब्त कर ली गई।

इसके बाद श्री हरदयाल का पार्टी से संपर्क टूट गया। किंतु, अमरीका में संगठन और उसकी शक्ति बढ़ती ही रही। हर रोज़ पार्टी शक्तिशाली बनती जाती थी। उधर यूरोप के ऊपर युद्ध के बादल मँडराने लगे थे।

कोमागाटा मारू की घटना

कनाडा में विदेशियों के प्रवेश को रोकनेवाले 1910 के काले कानून का प्रभाव भारत से जानेवाले नए प्रवासियों पर ही नहीं पड़ता था। उसका मतलब यह भी था कि जो भारतीय देश छोड़कर बर्मा, मलाया, सिंगापुर और चीन पहुँच गए थे, अब वह आगे नहीं जा सकते थे; या लौट आएँ या वहीं पड़े रहें। लेकिन वे जाते कहाँ; वे तो अपना सब कुछ बेचकर या गिरवी रखकर विदेशों के लिए निकले थे। कनाडा में बसनेवाले भारतीयों की पत्नियाँ, माताएँ और बहनें वहाँ पर पहुँची। उन्हें बहुत दिनों तक तट पर ही रोके रखा गया और फिर जहाजों में चढ़ाकर घर लौटा दिया गया। हर जगह के हिंदुस्तानियों में इसके खिलाफ़ जोरदार आवाज़ उठी थी पर लंदन के भारतमंत्री ने इस संबंध में भारतीयों के एक प्रतिनिधि मंडल से मिलने

से भी इंकार किया।

कनाडियन सरकार ने समझा कि मामला शांत हो गया। लेकिन उन्हें क्या मालूम था कि जो लोग जीविका कमाने के लिए सब कुछ छोड़-छाड़कर इतनी दूर तक आए थे, वे चुपचाप नहीं जा सकते। कनाडा की चुनौती का जवाब वे देंगे। अमरीका और कनाडा मे जगह-जगह पैसा जमा होने लगा। हांगकांग में बाबा गुरुदीपसिंह ने कोमागाटा मारू नाम का एक जहाज किराए पर ले लिया। 14 अप्रैल 1914 को कलकत्ता और सिंगापुर से 400 यात्रियों को लेकर यह जहाज कनाडा की ओर चल पड़ा। 23 मई तक यह जहाज वेंकूवर पहुँचा। कनाडा की सरकार के नए क़ानून की सब शर्तें पूरी थीं फिर भी इन यात्रियों को कनाडा में उतरने से रोका गया और हुक्म निकाला गया कि जहाज फिर वापिस हिंदुस्तान चला जाए।

कोमागाटा मारू के यात्रियों ने इस हुक्म को मानने से इंकार कर दिया। संघर्ष प्रारंभ हो गया। कई दिन बीत गए। खाने की सामग्री समाप्त हो गई। यहाँ तक कि जहाज पर पानी भी न बचा। इतने से भी कनाडा सरकार संतुष्ट न हुई।

यात्रियों की दृढ़ता को देखकर उसने चेतावनी दी कि शक्ति का प्रयोग किया जाएगा। कनाडा के सिपाहियों ने 'कोमागाटा मारू' को घेर लिया और खबर भेजी कि जहाज हटाया नहीं जाएगा, तो गोली चलाई जाएगी।

कनाडा और अमरीका के प्रवासी भारतीयों में एक-एक बच्चा अपने देश के यात्रियों के अधिकारों की रक्षा के लिए उठकर खड़ा हो गया। 22,000 डालर जमा करके जहाज का बाकी किराया अदा कर दिया गया। हर स्थान पर विरोध में मीटिंगें और प्रदर्शन हुए। कनाडियन लोगों तक ने बल-प्रयोग का विरोध किया। क्रोध पहले ही आखिरी सीमा तक पहुँच गया था। उसी समय खबर मिली कि यदि जहाज नहीं हटेगा, तो उस पर गोलाबारी की जाएगी। बेंकूवर के गुरुद्वारे में चार हजार भारतीयों की एक सभा हुई। वातावरण गर्म था। निश्चय किया कि ईंट का जवाब ईंट से ही दिया जाए, और यदि कोमागाटा मारू पर गोलाबारी हो, तो सारे शहर में आग लगा दी जाए। इससे कनाडियन सरकार सहम कर ठहर गई।

लेकिन यात्री उसी अवस्था में रहे। जहाज पर अन्न नहीं बचा, पानी नहीं बचा और अब आगे कुछ करना असंभव हो गया। 23 जुलाई को मजबूर होकर कोमागाटा मारू लौट चला। कनाडियन सरकार यात्रियों का सारा खर्चा अदा करने पर राजी हो गई।

लौटता हुआ कोमागाटा मारू विद्रोह का ज्वालामुखी बन गया। विदेश जाने के लिए उसके यात्री पहले ही सब कुछ दाँव पर लगा चुके थे। अब उनमें एक

ही संकल्प था—ब्रिटिश साम्राज्य का नाश करके अपनी मातृभूमि की प्रतिष्ठा और स्वतंत्रता प्राप्त करना। उन्हीं यात्रियों में एक नौजवान था गुरुमुखसिंह।

इन यात्रियों की मदद करने के लिए ग़दर पार्टी ने कुछ उठा न रखा था पर अपने देशवासियों के प्रति इस अमानुषिक और अपमानजनक व्यवहारों को देखकर उसके सदस्यों का धैर्य जाता रहा। वर्षों पहले जो घृणा की चिनगारी उनके हृदय में लग चुकी थी वह ज्वालामुखी बनकर ऊपर आ गई। जिस सरकार ने कोमागाटा मारू का अपमान किया है, उसे कायम रहने का कोई अधिकार नहीं है।

मातृभूमि की ओर

ग़दर पार्टी ने विदेशों में भारतीयों को संगठित करने के अलावा और भी बहुत कुछ किया था। स्वतंत्रता की भावना ने थोड़े ही काल में ही इन प्रवासियों के दृष्टिकोण को बदल दिया था। अपने-अपने स्वार्थ के लिए परस्पर प्रतियोगिता अब नहीं थी। उसके स्थान पर था, आदर्शों के लिए भाईचारा और एकता का भाव। हड़ताल तोड़ने के दिन बीत चुके थे। अब वे स्वयं मज़दूर सभाओं में सम्मिलित होते थे। आपसी झगड़े लज्जाजनक समझे जाने लगे। अब वे कुछ डालरों के लिए न लड़कर किसी और बड़े उद्देश्य के लिए एक होकर लड़ रहे थे। अमरीकन उन्हें आदर की दृष्टि से देखने लगे। उन अमरीकनों में से तीन, जिसमें एक महिला थी, उनके साथ लड़ने के लिए भारत भी आए। ब्रिटिश सरकार ने उन्हें गिरफ़्तार करके फिर अमरीका वापिस भेज दिया। फैक्टरियों के मालिक भी अब आँखें मलते हुए पूछते थे : ''इन हिंदुस्तानियों को हो क्या गया है ?''

हिंदुस्तान की जनता में साम्राज्यवाद विरोधी प्रचार करने के उद्देश्य से ग़दर पार्टी के तीन सदस्य 1913 में ही भारत भेजे गए थे। ग़दर पार्टी के सदस्य जानते थे कि ब्रिटिश साम्राज्य के खिलाफ़ वास्तविक संग्राम तो हिंदुस्तान में ही होना है। अमरीका के संघर्षों को वे उस लड़ाई की केवल भूमिका समझते थे। कोमागाटा मारू की घटना ने उनके दिलों में आग लगा दी। युद्ध के बादल गड़गड़ा रहे थे। उन्होंने कहा कि यही मौक़ा है।

अमरीका में जगह-जगह सभाएँ होने लगीं। आनेवाले स्वतंत्रता-संग्राम के लिए हजारों सैनिक भरती हुए।

बाबा सोहनसिंह भखना कोमागाटा मारू पर अमरीका से भारत के लिए रवाना हो गए। एक दूसरा दल जिसमें बाबा कर्त्तारसिंह, बाबा ज्वालासिंह, बाबा करमसिंह, बाबा रूरसिंह तथा श्रीयुत जगतराम आदि थे, युद्ध छिड़ते ही हिंदुस्तान की ओर चल दिया। काम का वक्त आ गया था। पार्टी ने सदस्यों को हुक्म दिया कि वे सब हिंदुस्तान के लिए कूच कर दें।

घर की ओर यात्रा आरंभ हो गई। हजारों व्यक्तियों ने अपनी बड़ी-बड़ी

नौकरियाँ और लाखों डालरों के व्यापार को, जिसे उन्होंने वर्षों की अनवरत परिश्रम से जमा किया था, लात मार दी। अब उनकी सबसे अधिक मूल्यवान संपत्ति थोड़े से हथियार थे जिन्हें लेकर वे मातृभूमि की ओर लौट रहे थे।

हिंदुस्तान की परिस्थिति के विषय में उन्हें बहुम कम ज्ञान था। उनके दिमाग में एक ही विचार था कि आज से अधिक अच्छा मौका कभी हाथ न आएगा। हो सकता है कि सब मर जाएँ, पर आजादी की लड़ाई आरंभ करके ही वे मरेंगे।

जापान से बरकत-उल्लाह ने, शंघाई में मथुरासिंह ने और हांगकांग में भगवानसिंह ने ग़दर पार्टी की स्थापना की थी। रास्ते में जहाँ-जहाँ से वे निकले, चीन और जापान, हांगकांग और सिंगापुर, सभी जगह के भारतीय प्रवासियों में उन्होंने सशस्त्र क्रांति का मंत्र फूँक दिया। इन जगहों से भी बहुत से लोग उनके साथ शामिल हो गए।

गुर्जरसिंह और सच्चरसिंह इन्हीं लोगों में से आए थे। उनका जहाज कुहरे में छिपे उस भयानक द्वीप अंडमान के पास से गुजरा। साम्राज्यवादी अत्याचारों के उस प्रतीक को देखकर, उनकी आँखों में कब्रनुमा कोठरियों के अंदर बंद हथकड़ियों में बँधे परदेश के सिंहों के चित्र घूम गए। आँखों में आँसू और दिल में दृढ़ संकल्प भरकर उन्होंने फिर अपने प्रण को दोहराया कि, "माँ ! हम तेरी बेड़ियाँ काटने के लिए ही स्वदेश लौट रहे हैं।" उस उत्साह और जोश में यह कौन सोच सकता था कि अगले वर्ष उन्हें भी इन्हीं कोठरियों में जाना पड़ेगा।

देश पहुँचते ही गोलियों से स्वागत

भारत सरकार को इन क्रांतिकारियों की पहले से ही सूचना थी। रामचंद्र जैसे उसके जासूस ग़दर पार्टी में उच्च पदों तक पहुँच गए थे। इसके अलावा पार्टी ने अपने उद्देश्यों और कार्रवाइयों को गुप्त रखने का भी कभी प्रयत्न नहीं किया था; अपने जोश और अनुभवहीनता के कारण, हिंदुस्तान लौटने के फैसले को भी वे गुप्त न रख सके थे। जासूस उनके पीछे थे। हांगकांग से विशेष रूप से वे उनके (क्रांतिकारियों के) पीछे लग गए थे। कलकत्ता में, सरकार ने उनके स्वागत का और 'बिना किराए की' विशेष फौजी ट्रेनों में सफर कराने का प्रबंध कर रखा था।

कोमागाटा मारू 27 सितंबर को हुगली पहुँचा, और 29 सितंबर को 11 बजे

बजबज में किनारे लगा। हांगकांग और सिंगापुर में उसके यात्रियों को उतरने नहीं दिया गया था। कहना व्यर्थ है कि इन यात्रियों ने भारत सरकार की विशेष ट्रेनों में सवार होने से इंकार कर दिया। संघर्ष हुआ, पुलिस ने गोली चलानी शुरू की। 18 आदमी गोली के शिकार हुए, और 31 गिरफ्तार करके जेलों में डाल दिए गए। सिर्फ साठ को ट्रेनों में सवार किया जा सका। तीस, जिसमें बाबा गुरुदीपसिंह भी थे, भाग निकले। बजबज के शहीदों के नाम आज भी पंजाब के अमर राष्ट्रीय गीतों में गूँजते हैं, उसका राग कभी पुराना नहीं हो सकता।

जब यह खबर अन्य प्रवासियों को जो शंघाई, हांगकांग, पंजाब और रंगून में थे लगी, तो उनके क्रोध की आग में घी पड़ गया। पर अब वे समझ गए थे कि सावधानी से काम करना चाहिए। उन्हें जो चीनी क्रांतिकारी मिले, उन्होंने भी सावधानी से सब कुछ करने की सलाह दी। अपने हथियार जिन्हें वे अपनी संपत्ति से भी प्यारा समझते थे, समुद्र में फेंक देने पड़े। कुछ लोगों ने बर्मा द्वारा भारत में प्रवेश करने की चेष्टा की।

लेकिन होशियारी से काम करने का विचार काफी देर में आया था और तब भी उस पर सबने अमल नहीं किया था। सौ आदमियों का जो पहला दल आया, उसमें से उतरते-उतरते बाबा सोहनसिंह भखना गिरफ्तार हो गए। तोशा मारू नामक जहाज के 173 यात्री भी, जिनमें ग़दर पार्टी के अधिकांश नेता थे, भारत पहुँचते ही गिरफ्तार कर लिए गए। बाद में इनमें से 73 आदमी रिहा कर दिए गए, और सौ को मांटगुमेरी और मुल्तान सेंट्रल जेलों में बंद कर दिया गया।*

इस काल में लगभग 3,125 प्रवासी भारत लौटे। उनमें से करीब एक हजार को जेल भेज दिया गया या नजरबंद कर दिया गया। बाद में और लोग भी आए। पिछले महायुद्ध के पहले दो वर्षों में करीब 8 हजार देशभक्त भारत लौटे (ग़दर पार्टी के 12,000 सदस्य थे)। 400 को जेलों में डाल दिया गया, लगभग 2,500 नज़रबंद कर दिए गए।

इन प्रवासियों के लिए भारत सरकार ने पहले से ही विशेष काले कानून

---

* एक बार मुल्तान जेल में इन बंदियों को, पंजाब के गर्वनर माईकेल ओ' डायर के सामने एक लाइन में खड़ा किया गया। गर्वनर ने उपहास करते हुए कहा, "अच्छा आपका कहना है कि पंजाब आपका है ?" तुरंत जवाब मिला, "सिर्फ पंजाब नहीं, सारा हिंदुस्तान हमारा है। तुम एक दिन देखोगे कि इस भूमि पर हमीं शासन करेंगे" कोई आश्चर्य नहीं यदि इन लोगों को जिक्र करते हुए ओडायर ने अपनी एक किताब में लिखा कि : "पूरे प्रांत की क्या हालत हुई होती अगर यह दल अपनी मनमानी करने पाता; इसकी कल्पना भर से दिल काँप उठता है।"

बना लिए थे। उन कानूनों का अंधाधुंध प्रयोग किया गया। क्रांतिकारियों ने जो योजनाएँ बनाई थीं, फूलने फलने के पहले ही वे मुरझा गईं।

सशस्त्र विद्रोह की योजना

इन घटनाओं के बाद सरकार समझी कि ग़दर पार्टी खत्म हो गई है। लेकिन, यह भ्रम था।

छह हजार से अधिक प्रवासी लौट आए थे; पुलिस उनमें से केवल आधे लोगों का पता लगा पाई थी। कुछ थोड़े से लोग अपने घर चले गए। लेकिन बाकी रणक्षेत्र में डटे रहे, आजादी और विद्रोह का संदेश लेकर जनता के बीच काम करने लगे। पं. जगतराम पुलिस और फ़ौज की आँखों के सामने से कलकत्ते में भाग गए थे, सरकार पृथ्वीसिंह रावलपिंडी में रेल से गायब हो गए थे। बाबा गुरुमुखसिंह ने नजरबंदी के हुक्म की अवहेलना की और काम करने लगे। बाबा करमसिंह चीना की तरह बहुत से लोग नजरबंदी में भी काम करते रहे। उनकी असली योजना भंग हो गई। दल भी तितर-बितर हो गया था, किंतु इन निर्भीक वीरों ने पुनः एक दूसरे से संपर्क स्थापित किया और फिर काम शुरू कर दिया।

उनका खयाल था कि भारतीय सेनाओं में विद्रोही विचार भरे बिना ब्रिटिश शासन को नहीं उलटा जा सकता। इस काम में सफलता की भी पूरी आशा थी। आखिर सेना में भी तो उन्हीं की तरह सीधे-सादे देशभक्त किसान होते हैं। वे उन्हीं के पिता, पुत्र, भाई या अन्य रिश्तेदार होते हैं। आवश्यकता सिर्फ़ इतनी थी कि उनकी आँखों के सामने का पर्दा उठा दिया जाए। सेना में असंतोष पहले से ही था। ब्रिटिश सरकार के इशारे पर मेसोपोटामियाँ, फ्रांस आदि अपरिचित देशों में जाकर खून बहाना उन्हें पसंद नहीं था। उनका ख्याल था कि पहले थोड़े से दृढ़ संकल्पी क्रांतिकारी विद्रोह का झंडा उठाएँ; तो उनके पीछे बहुत से लोग उमड़ पड़ेंगे। शचींद्रनाथ सान्याल, बी.जी. पिंगले तथा रासबिहारी बोस आदि द्वारा बंगाल तथा युक्त प्रांत के पुराने क्रांतिकारियों से संपर्क स्थापित किया गया। षड्यंत्रकारी कार्य का इन दलों को ज्यादा अनुभव था। लेकिन ये लोग कॉलेज के विद्यार्थियों तथा मध्यमवर्गीय युवकों से आगे, बाहर के लोगों से नहीं मिल सके थे। ग़दर पार्टी के क्रांतिकारी पहले व्यक्ति थे, जो क्रांतिकारी विचारों को फ़ौजों और किसानों में लेकर गए।

शीघ्र ही उन्हें सफलता मिली। चार-चार, पाँच-पाँच सदस्यों के छापेमार दलों

का संगठन हो गया। उनके साहित्य का चारों तरफ प्रचार होने लगा। छोटे-छोटे गुरुद्वारे क्रांतिकारियों के बड़े अड्डे बन गए। बहुत से गाँवों में क्रांतिकारी सपूतों को आश्रय देने के लिए किसानों ने खुले आम पुलिस की अवहेलना की और उससे टक्कर ली।

फ़ौज में किए गएं प्रचार कार्य का महत्व अधिक था। 19 वर्षीय कर्त्तारसिंह सराबा, जो उड़ीसा के रेवेनशा कालेज के विद्यार्थी थे, आदर्श क्रांतिकारी संगठनकर्ता निकले। साइकिल से सौ-सौ मील लंबा सफर करके वह इस चौकी से उस चौकी जाते और क्रांतिकारी विचारों का प्रचार करते। उत्तर में बन्नू से बनारस तक एक भी ऐसा फौज़ी केंद्र न था जहाँ वह न गए हों, और क्रांतिकारी संदेश न पहुँचाया हो। होशियारी और युक्ति उनमें इतनी थी, कि जब अफ़सरी पोशाक पहनकर वह फौजी क्षेत्रों में घुसते तो पहरेदार तक फ़ौजी सलामी देते, और वह निर्भय होकर बैरकों में चले जाते। असंतुष्ट सिपाहियों से जाकर वह कहते, ''यदि एक दिन मरना ही है, तो अपने देश की स्वतंत्रता के लिए, क्रांतिकारी झंडे को उठाकर क्यों नहीं मरा जाए।'' फीरोजपुर, रावलपिंडी और लाहौर के दस्तों ने विद्रोह करने का आश्वासन दे दिया। मेरठ, लखनऊ, फैजाबाद, कानपुर, इलाहाबाद आदि के सिपाहियों में भी आग भड़कने लगी। दूर ढाका और जबलपुर के केंद्र भी अछूते नहीं रहे।''

फ़ौजों के असंतोष के अलावा, दक्षिणी पूर्वी पंजाब के मुसलमान किसानों में बड़ी बेचैनी फैल रही थी। ऐसा लगने लगा कि उचित अवसर आ पहुँचा है।

21 फरवरी 1915 विद्रोह की तिथि नियुक्त की गई।

दिसंबर में ही वातावरण गर्म हो चला था। फौज और पुलिस की चौकियों पर हमले तथा क्रांतिकारी कार्यों के लिए अर्थ प्राप्त करने के लिए सरकारी खज़ानों, डाक और रेलवे स्टेशनों की लूटपाट शुरू हो चुकी थी। गिरफ़्तारियाँ की गई थी, फिर भी सरकार काफी घबराई हुई थी। अधिकारियों ने केंद्रीय सरकारों को लिखा : इस समय इन क्रांतिकारियों पर मुक़दमा चलाना उचित नहीं है। वकीलों की बहस, आदि के कारण, इनके मुकदमे बहुत दिन तक खिंचते जाएँगे और उसका असर अच्छा नहीं होगा।

19 दिसंबर को केंद्रीय सरकार से प्रार्थना की गई कि इस परिस्थिति को सँभालने के लिए एक विशेष आर्डिनेंस बनाया जाए।

21 फरवरी पास आ रही थी। तैयारियाँ जोरों से शुरू हुईं। लाहौर को केंद्र बनाकर दूर-दूर तक चारों ओर काम का जाल बिछा दिया गया। अमृतसर में एक प्रेस और लोहादबड्डी और झाबेवाल में बम फैक्टरियाँ स्थापित कर दी गई। हथियार जमा कर लिए गए। जगत को काबुल भेजा गया और झाँसी के पंडित परमानंद

को बंगाल। चार रंग का झंडा बनाया गया। क्रांतिकारी वर्दियाँ और चिन्ह तैयार कर लिए गए। ब्रिटिश सरकार के खिलाफ युद्ध प्रारंभ करने के संबंध में एक घोषणा भी लिख दी गई।

परिस्थिति अनुकूल जान पड़ रही थी। ब्रिटिश फौज का अधिकांश भाग फ्रांस के मोर्चे पर था। युद्ध का पूरा असर पड़ने लगा था। भाव तेजी से बढ़ चले थे। तरह-तरह की अफवाहें उड़ रही थीं। कहा जाने लगा कि महाप्रभु जगबन्धु जो भारत की आजादी के लिए 13 साल से हिमालय में तपस्या कर रहे थे, अपनी तपस्या पूरी करके नीचे लौट रहे हैं। देश की आजादी का दिन आ गया। कलकत्ता में कानाफूसी हो रही थी कि पंजाब में कोई भारी घटना होनेवाली है।

क्रांतिकारियों ने अपनी योजना बड़ी होशियारी से बनाई थी। उनके आँकड़े और सब सूचनाएँ सही थीं। बस, काम इतना ही रह गया था कि किसी एक रात को शहरों और फौजी बस्तियों पर हमला शुरू कर दिया जाता, और सिपाहियों की मदद से शस्त्रागारों कर कब्जा कर लिया जाता। राजबंदियों को जेलों से रिहा कर देने, और सरकारी खजानों पर कब्जा कर लेने के बाद सभी क्रांतिकारी दलों को फिर पंजाब लौट आना था। तब वे इतने शक्तिशाली हो जाते कि आगामी एक वर्ष तक उनकी लड़ाई जारी रखी जा सकती थी और फिर यह उम्मीद थी कि एक प्रांत में क्रांति का झंडा लहराने लगे तो सारा देश उठ खड़ा होगा !

योजना थी कि क्रांति पंजाब की फौजी बस्तियों से शुरू होकर पूर्व की ओर बढ़ेगी। 1857 के ग़दर के बाद, देश-व्यापी विद्रोह की यह सबसे व्यापक और सुसंगठित योजना थी।

योजना पर वज्रपात

योजना तैयार हो चुकी थी। देशभर के क्रांतिकारी पंजाब पर आँख लगाए हुए थे कि यकायक वज्रपात हुआ।

18 फरवरी की रात में तथा दूसरे दिन सुबह प्रांत के सभी प्रधान नगरों को गोरे सिपाहियों से भरी हुई लारियों ने घेर लिया। हर प्रमुख स्थान पर पुलिस और फ़ौज तैनात हो गई। सड़कों पर गश्त शुरू हो गई। फ़ौजी बस्तियों के शस्त्रागारों पर ब्रिटिश सैनिक बैठा दिए गए। पहरा सख्त हो गया, और कड़ा फौजी अनुशासन लागू कर दिया गया। देखनेवाले इन भीषण तैयारियों को देखते और

आश्चर्य से सोचते कि यह किसलिए किया जा रहा है।

सरकार का हमला शुरू हो गया था। ग़दर पार्टी में घुसे हुए कृपालसिंह नामक जासूस ने पुलिस को सारी योजना की पहले ही खबर दे दी थी। क्रांतिकारियों ने 19 फरवरीको फिर आखिरी प्रयत्न किया। किंतु अवसर हाथ से निकल चुका था। सारी योजना फिर प्रगट हो गई।

11 तारीख की सुबह जब युवक सराबा क्रांतिकारियों के जत्थे लेकर फीरोजपुर पहुँचा तब उसके ओजपूर्ण भाषण भी हतोत्साहित सिपाहियों को उठा न सके। सिपाहियों ने चुपचाप पहरे के उन गोरे सिपाहियों की ओर इशारा कर दिया। बहुत से लोग तो रो पड़े।

ऐसा मालूम होने लगा कि सब किया किराया खत्म हो गया। वर्षों से जिन स्वप्नों की सँजोया था उनमें कुछ भी सार न निकला। महीनों का परिश्रम निष्फल गया। एक क्षण के लिए कर्त्तार जैसे आदमी की आँखों में भी जो हार और पस्त-हिम्मती का नाम भी नहीं जानता था आँसू भर आए।

क्रांतिकारियों की छानबीन शुरू हो गई थी। अगले दो सप्ताहों तक पंजाब में आतंक का राज रहा। 200 से ऊपर गिरफ्तारियाँ हुई। कर्त्तारसिंह सराबा से विदेश चले जाने के लिए कहा गया, पर उन्होंने कहा जब मेरे और साथी जेल में हों, तो ऐसी बात की मैं कल्पना भी नहीं कर सकता। वजीराबाद के सिपाहियों के बीच से बाद में उन्हें गिरफ़्तार कर लिया गया।

पिंगले मेरठ में 12वीं घुड़सवार सेना की बस्तियों में गिरफ़्तार हो गए। ओ'डायर ने अपनी किताब में लिखा है, "उसके पास इतने बम निकले थे, कि वे एक पूरी रेजीमेंट का सफाया का देने के लिए काफी थे।"

जगतराम की गिरफ़्तारी पेशावर में हुई।

गवर्नमेंट ने समझा कि अब शांति स्थापित हो गई है। फिर भी निकल भागे हुए क्रांतिकारियों से 1915 तक उसकी मुठभेड़ें और संघर्ष होता रहा।

मुक़दमों का स्वाँग

गिरफ़्तार क्रांतिकारियों पर मुक़दमें शुरू किए गए। अपने पक्ष को मजबूत बनाने के लिए सरकार ने पूरी तैयारियाँ कर ली थी।

लेजिस्लेटिव असेम्बली में शीघ्रतापूर्वक भारत रक्षा के नाम से एक कानून पास करा लिया गया। उसमें सबसे महत्वपूर्ण बात यह थी कि क्रांतिकारियों के मुक़दमे के लिए विशेष न्यायालयों की स्थापना की गई। इन न्यायालयों के फैसले के ख़िलाफ़ अपील नहीं हो सकती थी। पंजाब में भी एक विशेष न्यायालय की स्थापना की गई। शिवनारायण शर्मा इसके एक मात्र भारतीय सदस्य थे।

27 मार्च 1915 को लाहौर में प्रथम लाहौर षडयंत्र का मुक़दमा शुरू हुआ।

लाहौर सेंट्रल जेल की बैरक नंबर 16 मुक़दमे की जगह निश्चित की गई। ऊँचे मंच पर, साम्राज्यवादी न्याय के प्रतीक बनकर विशेष न्यायालय के सदस्य आसीन हुए। उनके दाईं तरफ, सरकारी वकील पिटमैन, अपने अन्य सहयोगियों और सी.आई.डी. अफसरों के साथ था। बाईं तरफ हथकड़ीबंद 65 क्रांतिकारी थे, जिन पर 'सम्राट के विरुद्ध युद्ध के षड्यंत्र का'' अभियोग लगाया गया था।

इन अभियुक्तों में ऐसे लोग भी थे जो भारतीय भूमि पर पैर रखने के पहले ही गिरफ्तार कर लिए गए थे। कलकत्ता में बाबा सोहनसिंह भखना आदि जिन लोगों को गिरफ्तार कर लिया गया था, उन्हें भय दिखाया गया, लालच दिया गया, पर उनमें अपने साथियों के साथ कौन विश्वासघात कर सकता था ! अभियुक्तों में से कुछ लड़ाई करते हुए पकड़े गए थे, कुछ ऐसे थे जो अमरीका से लौटने के बाद अपने घर के दर्शन तक नहीं कर सके थे। 60 वर्ष के बूढ़े बाबा मानसिंह, बाबा निधनसिंह, बाबा केसरसिंह; 20 वर्ष के नवयुवक सराबा, पृथ्वीसिंह, और गुरुमुखसिंह के साथ खड़े हुए थे। उनमें प्रांत के हर कोने के आदमी थे।

अभियुक्त पहले से ही जानते थे कि मुक़दमा तो केवल एक स्वाँग है। वे अपनी सफाई भी किसी से नहीं दिलाना चाहते थे। वे कहते थे कि ''उन लोगों से क्या न्याय की प्रार्थना करना, जिन्हें हम उखाड़ फेंकना चाहते हैं !''

फिर भी न्याय का ढकोसला दिखलाने के लिए सरकार ने अभियुक्तों के

लिए नौ वकील कर दिए। अधिकांश अभियुक्त अंग्रेजी तक न जानते थे, इसलिए अदातल की कार्यवाही समझने में भी असमर्थ थे। जो लोग अंग्रेजी जानते भी थे, वे मुकदमे की ओर से पूरी तौर से उदासीन थे।

इतने पर भी मुक़दमा चलता रहा; सरकारी वकील मनमानी करते रहे। अभियुक्तों को पहचानने के लिए वे उनकी ओर इशारा तक कर देते थे। और जब ज्वालासिंह ने इस पर आपत्ति की, तो उन्हें 30 कोड़े मारने का हुक्म दिया गया। भखना के नंबरदार आलासिंह ने कचहरी में पुलिस सब-इंस्पेक्टर की तरफ इशारा करके कहा था कि, "सरकार, आपके हुक्म के मुताबिक ही मैं कहूँगा।" इसी तरह कई और गवाहों ने भी कहा। साफ़ था कि गवाहों से जोर-जबरदस्ती से बातें कहलाई जा रही हैं; पर ध्यान देनेवाला कौन था।

अभियुक्तों के वकीलों की बात सुनिए। एक दिन बाबा केसरसिंह ने एक वकील से यों ही कहा कि उन्हें तो जहाज पर ही गिरफ्तार कर लिया गया था, अतएव उनके खिलाफ़ विद्रोह का जुर्म कैसे लगाया जा सकता है। यह सुनकर वकील रघुनाथ सहाय ने जो उन लोगों की पैरवी कर रहा था, आश्चर्य से आँखें फाड़कर कहा, "आप ख्वाब किस दुनियां का देख रहे हैं ? फाँसी के लिए तैयार हो जाइए।"

हर आदमी जानता था कि मुक़दमें में क्या होनेवाला है।

महीनों बीत गए। 400 गवाह सरकार की तरफ से और 229 गवाह सफाई की तरफ से पेश किए गए। लेकिन अभियुक्त बैठे-बैठे अपने पुराने संस्मरणों को याद करते, हँसते, और मुक़दमे का मजाक बनाते। न्यायालय का अध्यक्ष कभी-कभी घंटी बजाकर उन्हें रोकता पर जब वे न सुनते तो फिर काम चालू कर देता।

मुक़दमा समाप्त होनेवाला था। पैंसठों आदमियों की सभा हुई। तय किया गया कि कलकत्ता की घटना के बाद, जो संघर्ष जारी रहा, उसका पूर्ण उत्तरदायित्व सात व्यक्ति अपने ऊपर ले लें; इसी के अनुसार बयान दाखिल कर दें। हर आदमी इन सात आदमियों में अपना नाम रखना चाहता था। इसलिए काफी जद्दोजहद हुई। सब जानते थे कि इनमें से कोई भी न बचेगा, पर साम्राज्यवादियों को सीधा और कड़ा जवाब देना भी जरूरी था।

जजों ने अपने कान खोले। नवयुवक कर्त्तारसिंह सराबा कह रहा था : "हम पर ग़लत अभियोग लगाया गया है। हमने षड्यंत्र नहीं रचा। हमारी तो इस देश के शासकों को खुली चुनौती थी। हमें अपनी चुनौती पर गर्व है।" उसने बताया कि हमारी गुलामी का परिणाम है कि देश इतनी गरीबी और अधोगति की अवस्था में है, और विदेशों में हमें इतना घृणित और सम्मानहीन समझा जाता है। उसने ग़दर पार्टी के जन्म और विकास की कथा सुनाई, राष्ट्रीय क्रांति

की भावना का उदय का इतिहास बताया, और कोमागाटा मारू की गाथा को फिर स्मरण कराया। निर्भीकतापूर्ण वह अपनी असफल क्रांति के विषय में बोलता ही गया। उसे कोई अफ़सोस नहीं था। उसने बताया था कि आज देश में ऐसी ज्योति जग गई है, जो कभी नहीं बुझ सकती। वह ब्रिटिश साम्राज्य को भस्म करके ही बुझेगी।

जज मंत्र-मुग्ध होकर उनकी वाणी सुन रहे थे। सराबा के गर्व से चमकते हुए सुंदर मुख की ओर देखते ही रह गए। उसके बयान के खत्म होते ही एक जज ने कहा, "तुम जानते हो कि इसका क्या अर्थ है ?" फौरन जवाब मिला, "हाँ, सिर्फ़ मृत्यु !" उसने अपने बयान में रत्ती भर भी परिवर्तन करने से इनकार कर दिया। जजों ने उसको फिर एक बार सोचने का मौक़ा देने के लिए, उस दिन की अदालती कार्यवाही वहीं स्थगित कर दी।

दूसरे दिन फिर अदातल जुड़ी। सराबा ने पिछले दिन कहा था, वही फिर कहा। एक शब्द भी वापिस नहीं लिया। बहुत समझाया गया। उसने कहा, "मैंने कोई पाप नहीं किया। गुलाम का अधिकार है कि वह विद्रोह करे।"

कर्त्तार और उनके साथियों की आवाज़ सिर्फ जजों के लिए नहीं थी, बल्कि देश की संपूर्ण जनता के लिए थी। मुक़दमे की कार्यवाही गुप्त रूप से होती थी। न कोई दर्शक और न अभियुक्तों के रिश्तेदार ही वहाँ आ सकते थे। सेंसर द्वारा स्वीकृत रिपोर्टें ही अखबारों में छप सकती थीं। मगर वे जानते थे कि सत्य छिपाए नहीं छिपता। सब बातें एक दिन अवश्य प्रगट हो जाएँगी।

सराबा तथा उसके अन्य साथियों के बयान दर्ज कर लिए गए।

जज अपना फैसला तैयार करने के लिए पहाड़ चले गए। अभियुक्त भेज दिए गए जेल की कोठरियों में। हथकड़ियों और बेड़ियों से बँधे हुए, वे विराने कोठरियों में दिन गिनने लगे। कोठरियों में भी उन्हें तालों में बंद रखा जाता था।

13 सितंबर को उन्हें आखिरी बार फिर बैरक नं. 16 में लाया गया। फ़ैसला सुनाया जानेवाला था।

24 व्यक्तियों को फाँसी की सजा दी गई; उनकी जायदादें भी जब्त कर ली गईं। इन्हीं में कर्त्तारसिंह सराबा (लुधियाना), जगतसिंह (लाहौर), हरनामसिंह (सियालकोट), पिंगले, बख्शीसिंह (अमृतसर), सूरायनसिंह (अमृतसर), सुरजनसिंह (अमृतसर) आदि थे, जिन्हें बाद में फाँसी पर लटका दिया गया। सोहनसिंह भखना (अमृतसर), निधानसिंह चुग्गा (फीरोजपुर), परमानंद (झाँसी), जगतराम (होशियारपुर), हरनामसिंह टुंडीलाट (होशियारपुर), पृथ्वीसिंह (अंबाला), नंदसिंह (लुधियाना) आदि को आजन्म कालेपानी की सजा मिली।

अन्य 26 व्यक्तियों को भी आजन्म कारावास और जायदाद की जब्ती की

सजाएँ दी गईं। उनमे थे ज्वालासिंह (अमृतसर), वसाखासिंह (अमृतसर), रूरसिंह (फीरोजपुर), ऊधमसिंह कसेल (अमृतसर) जो बाद में काबुल में मारे गए, गुरुमुखसिंह (लुधियाना), शेरसिंह (अमृतसर), मदनसिंह गागा (लाहौर)। अन्य छह को भिन्न-भिन्न म्याद की लंबी सजाएँ दी गईं। बाक़ी लोगों को रिहा कर दिया गया। रिहा होते ही जेल के दरवाजे पर उन्हें फिर मुक़दमें के सिलसिले में गिरफ्तार कर लिया गया। इन्हीं में बाबा गुज्जरसिंह थे, जिन्हें आगे चलकर आजन्म कारावास का दंड मिला।

फाँसी का दंड जिन लोगों को मिला था, उनमें से 15 को जहाज से उतरने के पहले ही गिरफ्तार कर लिया गया था। बाकी लोगों से सिर्फ़ तीन सशस्त्र मुठभेड़ में एक पुलिसवाले की हत्या के दोषी थे।

फाँसी के दिन उन अभियुक्तों की कोठरियों के सामने पानी की बाल्टियाँ रख दी गईं। उनसे कहा गया कि वे नहा लें, और भगवान से प्रार्थना कर लें। उनमें से हर आदमी पहले फाँसी पर चढ़ना चाहता था। सहानुभूति दिखाने के लिए जो लोग आए, उनसे उन्होंने सिर्फ इतना ही कहा, "देश की स्वतंत्रता के लिए मर जाने से अच्छी और कौन सी मौत होगी।" वे मृत्यु की प्रतीक्षा करने लगे। पर वह न आई। दूसरे दिन सुपरिंटेंडेंट ने बताया कि उनकी फाँसी रोक दी गई है।

उन दिनों एक तरफ ओ'डायर का आतंक छाया हुआ था, दूसरी ओर टोड़ी प्रतिक्रियावादियों का बड़ा ज़ोर था। सर सुंदरसिंह मजीठिया और सरदार बहादुर गज्जामसिंह जैसे टोड़ी सिखों ने कहा कि ग़दर पार्टी के इन लोगों ने सिखों के उज्ज्वल इतिहास में कलंक का टीका लगा दिया है। सिख धर्म के अकाल तख्त से उन्होंने घोषित करवा दिया कि ये लोग सिख नहीं रह गए। लेकिन इतनी लंबी और सख्त सज़ाओं को देखकर आम जनता के दिल हिल गए थे। अनेकों प्रतिबंधों और सेंसरों के बावजूद चारों ओर से उनकी सज़ा को मंसूख करने की माँग उठने लगी। सत्रह आदमियों को फाँसी की सजा आजन्म कारावास में बदल दी गई।

किंतु लाहौर सेंट्रल जेल में तूफान उठता ही रहा। साधारण कैदियों तक की आँखें आँसुओं से भर आती थी। कर्त्तारसिंह सराबा को अभी भी फाँसी की सजा मिलनी थी।

19 नवंबर 1915 को प्रातःकाल कर्त्तारसिंह और उनके छह साथियों को बाहर लाया गया। हँसते, गाते हुए वे फाँसी पर झूल गए, और साम्राज्यवादी हत्यारों को उन्होंने दिखा दिया कि भारतीय क्रांतिकारी अपने देश के लिए किस प्रकार मर मिटना जानते हैं।

फाँसी के पहले कर्त्तारसिंह से फिर कहा गया कि वह सम्राट से दया की

अपील करे। कर्त्तारसिंह ने जवाब दिया, ''यदि मुझे और भी कई जीवन मिलें, तो मैं उन सबको भी अपने देश की स्वतंत्रता पर बलि चढ़ा दूँगा।''

भारत रक्षा विधान कानून के अंतर्गत जो विशेष न्यायालय बना था, उसके द्वारा कुल मिलाकर 9 मुक़दमों का फैसला किया गया। पंजाब, युक्तप्रांत, बंगाल और बर्मा के 28 क्रांतिकारियों को फाँसी पर लटका दिया गया, और बहुतों को आजन्म कारावास का दंड दिया गया। डा. हरनामसिंह और सोहनलाल पाठक तथा 4 अन्य साथियों को मांडले षड्यंत्र केस में फाँसी दे दी गई।

सोहनलाल जब फाँसी के तख्ते पर चढ़ रहे थे, तब उनसे कहा गया कि पश्चाताप करने और सम्राट से दया की प्रार्थना करने का अब भी अवसर है। उन्होंने मुस्कराकर और शांतिपूर्वक जवाब दिया, ''तुमने इतना अत्याचार और जुल्म किया है; क्षमा तुमको माँगनी चाहिए।''

इसी काल में लाहौर सेंट्रल जेल में 39 राजबंदियों को फाँसी पर लटका दिया गया। और उनके रिश्तेदारों को उनका शव तक देने से इनकार किया गया। इन्हीं में एक थे अमर शहीद काशीराम।

कनाडा की ग़दर पार्टी के नेता दलवंतसिंह को सिंगापुर जेल में फाँसी पर चढ़ा दिया गया। डा. मथुरासिंह को मेशेद (ईरान) के राजदूतावास में फाँसी लगा दी गई।

सर माईकेल ओ'डायर ने लिखा है, ''विभिन्न षड्यंत्रों से संबंधित 175 अभियुक्तों को विशेष न्यायालय के सामने लाया गया। उनमें से 38 को मृत्यु दंड दिया गया, (जिनमें से 18 के मृत्यु दंड की सजा को मंसूख करके आजन्म कारावास में बदल दिया गया) 58 को आजन्म कारावास और शेष 58 को कई-कई वर्षों की छोटी-बड़ी सजाएँ दी गईं।''

जनवरी के आखिरी दिनों में 130 बलूच रेजीमेंट ने रंगून में विद्रोह कर दिया था। वह सफल न हो सका। बाद में फरवरी 1915 में, 5वीं पैदल फौज ने पूरे एक सप्ताह तक सिंगापुर के किले पर अपना कब्जा रखा। जापानी और जार की रूसी फौजों की मदद से ही अंग्रेजी फौजें उसे दबा सकी थीं। उस विद्रोह को सैकड़ों आदमियों के खून में डुबोया गया था।

कुछ साधारण मुकदमें चले, और कुछ का कोर्ट-मार्शल हुआ। षड्यंत्र में जिन सिपाहियों ने भाग लिया था, उन्हें मेरठ में गोली मार दी गई। 7वीं राजपूत रेजीमेंट के कुछ लोगों को दिल्ली में फाँसी दे दी गई। रिसाला नं. 23 के 12 व्यक्तियों को जिनके नेता हवलदार लछमनसिंह थे, अंबाला जेल में मौत के घाट उतारा गया था। इन्हीं में एकमात्र मुसलमान अभियुक्त अब्दुल्ला थे। सी.आई.डी. ने हर युक्ति का प्रयोग किया और चाहा कि वह अपने 'काफ़िर' साथियों को धोखा दे दे। लेकिन उनके मुँह से एक ही जवाब मिला, ''अपने इन साथियों के साथ जाने से ही मेरे

लिये स्वर्ग का दरवाज़ा खुलेगा।"*

विद्रोह असफल हुआ। पंजाब खून से नहा गया। हजारों व्यक्ति फाँसी और गोली का शिकार हुए। वे वीरों की भाँति मरे। न किसी ने आँसू बहाए, और न प्रशंसा में गीत गाए।

एक ऐसे युग में जब कि भारतीय नेता 'औपनिवेशिक स्वराज से' अधिक की बातचीत भी नहीं करते थे, ग़दर पार्टी के इन इनक़लाबियों ने पूर्ण स्वतंत्रता के लिए सशस्त्र क्रांति का झंडा उठाया था। यह बहुत बड़ी बात है।

विद्रोह को खून में डुबा दिया गया, किंतु जो आग उसने लगा दी थी, वह अब भी जल रही है।

---

* 1916 में बर्मा में निरंजनसिंह, नारायणसिंह, पहलियाराम, और पालसिंह को सूली पर चढ़ा दिया गया था।

अंबाला जेल में जिन 12 लोगों को फाँसी दी गई वे थे : इंदरसिह, इंद्रसिंह, बुधसिंह, मोतासिंह, भगतसिंह, गूजरसिंह, जेठासिंह, तारासिंह, वधावासिंह, अब्दुल्ला, लछमनसिंह और बूतासिंह।

लाहौर जेल में निम्न 28 व्यक्तियों को फाँसी दी गई थी : बलवंतसिंह, अर्जुनसिंह, उत्तमसिंह, ईशरसिंह, रंगासिंह, वीरसिंह, रूढ़सिंह, ध्यानसिंह, चंदासिंह, जीवनसिंह, ध्यानसिंह, जगतसिंह, जीवनसिहं, लालसिंह, रूरसिंह, आत्मासिंह, बटासिंह, हरनामसिंह, कालासिंह, चंदनसिंह, प्रेमासिंह, गंधासिंह, इंदरसिंह, बुतासिंह, जावंदसिंह, रामरख, मौलवी अब्दुल्ला अली।

पहले केस में निम्न व्यक्तियों को फाँसी की सजा दी गई थी : हिरदयराम मंदी, रामसरन, रूलियासिंह, खुशालसिंह, वसावासिंह, कालासिंह, सावनसिंह, बलवंतसिहं, भाई परमानंद (जिन्हें बाद में आजन्म कारावास मिला), इंदरसिंह, बिशनसिहं, इजारासिंह, मंगलसिंह, बिशनसिंह, चुहरसिंह, मानसिंह, रोडासिंह, इंदरसिंह, कालासिंह, गुरुदितसिंह, प्यारासिह, दीवानासिंह, किरपालसिंह, सरकसिंह, इंद्रसिंह, लालसिंह, केहरसिंह, जावंदसिंह।

अंडमान के नर्क में

10 दिसंबर को अंडमान के पोर्ट ब्लेयर बंदरगाह पर एक जहाज आया। उससे अट्ठारह राजबंदी उतरे। हाथों में हथकड़ियाँ थीं, पैरों में बेड़ियाँ; उनमें 90 साल के बुड्ढों से लेकर 22 साल तक के नौजवान थे। कानून के अनुसार चालीस साल से अधिक उम्रवाले लोगों को आजन्म कारावास की सजा नहीं दी जा सकती है। पर इस मामले में उस कानून पर भी अमल नहीं किया गया।

लाहौर षड्यंत्र के 'खतरनाक' बंदियों का यह पहला दल था।

जेल के द्वार पर जेलर मिला; उसने इन नए लोगों को ऊपर से नीचे तक देखा और ताना देता हुआ बोला, "राज लेनेवाला लोग। राज माँगता राज। राज नहीं कोल्हू मिलेगा।" थके-माँदे बंदियों ने गोल-मटोल मोटे जेलर की ओर देखा, और बड़े जोर से हँस पड़े। अरे; पहले ही दिन उस द्वीप के राजाधिराज का ऐसा अपमान। जेलर बारी का मुँह गुस्से से लाल हो गया। वह काँपने लगा। भारत सरकार ने उसे ठीक ही लिखा था—इनका ग़रूर तोड़ना ही पड़ेगा। बंदियों को तिमंजले अंडमान जेल की भिन्न-भिन्न 740 कोठरियों में बंद कर दिया गया।

राजबंदी जानते थे कि अंडमान नर्क है। उससे जूझने का संकल्प भी वे कर चुके थे।

पहले ही दिन उन्होंने कोल्हू में जानवर की तरह जुतने से इनकार कर दिया। जेलर जान-बूझकर मुस्कराया, और बोला कि तुम्हें आसान काम दिया जाएगा। इसके बाद उन्हें रस्सी बनाने के लिए न छटाक नारियल के रेशे दिए गए। जेलर जानता था कि इतना काम यह लोग नहीं कर सकेंगे; और हुआ भी वैसा ही। झाँसी के परमानंद को सफाई देने के लिए बुलाया गया। पंडित परमानंद के चेहरे पर मुस्कराहट देखकर बारी जल गया, और गाली देकर उन्हें मार बैठा। आत्मरक्षा में परमानंद का भी हाथ उठ गया। उन पर बहुत से लोग एकदम टूट पड़े। वार्डरों ने मारते-मारते बेहोश कर दिया। उसके बाद उन्हें एक सेल में बंद कर दिया गया।

दूसरे दिन परमानंद को कोठरी से निकाला गया। बदन से खून निकल रहा

था, कपड़े चिथड़े-चिथड़े हो गए थे। इस पर भी एक मेजर मुरे नामक सुपरिंटेंडेंट के हुक्म पर, उन्हें फिर कोड़ों की मार लगाई गई।

सभी साथियों ने हड़ताल कर दी। चीफ कमिश्नर देखने आया, और एक-एक को कोड़े मारने की धमकी दे गया। हर एक बंदी की तख्ती पर लिख दिया गया, ''छह महीने की तन्हाई, डंडा-बेड़ी, सूखा खाना, और एक हफ्ते तक हथकड़ीबंद खड़े रहने की सजा।''

इस वक्त ग़दर पार्टी के राजबंदियों के और दल भी अंडमान आ गए। वे भी इस लड़ाई में शामिल हो गए पर बारी और मुरे कड़े से कड़े आदमी को सीधा करने का ऐलान कर चुके थे। लड़ाई जारी रही। कैदियों को जानबूझकर भूखा रखा जाने लगा। बीमारियों की फिक्र करना बंद कर दिया गया। प्यासों को पानी तक न दिया गया। हमेशा शांत रहने वाले साधु प्रकृति के बाबा केसरसिंह तक ने 'अंडमान के तीन अत्याचारियों' की कथा गाई। इस लड़ाई की खबर आखिरकार भारत सरकार को भी मिली।

दिल्ली के बड़े साहिबों ने मुरे और बारी की रिपोर्ट पढ़ी और इन क्रांतिकारियों को 'भेड़ियों का दल' कहकर अपने मन को दिलासा दी। उन्होंने तय किया कि इस मामले में हस्तक्षेप न किया जाए।

अंडमान में आतंक और बढ़ा। इतवार को काम न करना, हुक्म की तामील न करना समझा जाने लगा। अन्याय की शिकायत करने का अर्थ ''जेल के उत्तरदायित्वपूर्ण अधिकारियों पर बुरी नियत से बेबुनियाद इलजाम लगाना'' हो गया। साबुन के अभाव में, मिट्टी आदि से बाल धोना, जेल के अनुशासन को भंग करना माना गया। हर हालत में कड़ी सजा दी जाती थी। हथकड़ियाँ, बेड़ियाँ, तन्हाई, सूखी रोटी और पानी उनके लिए रोज की चीजें हो गईं। सबको मालूम था कि किस तरह आशुतोष लाहिड़ी जैसे हृष्ट-पुष्ट आदमी को पहले क्रमशः कमजोर बनाया गया, और फिर एक दिन पूरा काम न करने के दंड में कोड़ों से मारा गया। फिर भी किसी ने हिम्मत नहीं हारी। सभी और अधिक जोर से लड़ाई लड़ रहे थे।

60 वर्षीय बाबा मानसिंह की मृत्यु हो गई। उन्हें एक दिन बहुत मारा गया था, जिसके दो दिन बाद वह मर गए। एक के बाद एक, बहुत से लोग शहीद हुए। बुधासिंह, रामरख, रुलियासिंह, नंदसिंह, केहरसिंह, संतसिंह, रोडासिंह सभी ने अपने प्राण दे दिए, पर अपनी लड़ाई जारी रखी !

इस प्रकार चार साल गुजर गए। बाबा सोहनसिंह भखना ने तीन बार भूख हड़ताल की, सरदार पृथ्वीसिंह ने 15 दिन भूख हड़ताल की और बीस महीने तन्हाई काटी। बाबा ज्वालासिंह वर्षों तक कठघरे में बंद रहे। बाबा रूरसिंह हफ्तों दीवाल से बँधे खड़े रहे। युवक गुरुमुखसिंह ने भी इन सब यातनाओं को सहा, पर सिर

न झुकाया। सबको अलग-अलग बंद रखा गया। पर सबने लड़ाई जारी रखी और वीरतापूर्वक यातनाएँ सहीं। इन सूरमा क्रांतिकारियों की यह कथा, सहन शक्ति और वीरता की अलौकिक गाथा है।

जेल के हर आदमी ने देखा कि ये मुट्ठी भर लोग, अंडमान के अत्याचारी शासकों के जुल्मों के खिलाफ़ अपनी जान तक की बाजी लगा रहे हैं। उनके मुँह से यकायक निकल जाता "शाबास बमवालों।"

आखिर बमवालों की जीत हुई। कुछ पंजाबी सिपाहियों के जरिए उनकी खबर हिंदुस्तान में आई। विरोध का तूफान आ गया। अंडमान जेलों को बंद कर देना पड़ा।

जुलाई 1921 में उनको हिंदुस्तान के लिए रवाना किया गया। जहाज की खिड़की से वे बाहर उत्सुकतापूर्वक देखते, आँसू भरकर जननी जन्मभूमि का अभिनंदन करते। उनके आठ शहीद साथियों का शरीर अंडमान में ही रह गया था।

फिर भारतभूमि में

इन क्रांतिकारियों को हिंदुस्तान भेज दिया गया था। पर उन सबको एक स्थान पर रखना खतरनाक समझा गया। इसलिए उनको हजारीबाग, यरवदा, नागपुर, वेलोर, कोयम्बटूर आदि देश की विभिन्न जेलों में रखा गया।

इसी समय जब कि इनका तबादला इधर से उधर किया जा रहा था, सरदार पृथ्वीसिंह और बाबा गुरुमुखसिंह चलती ट्रेन से कूद कर निकल भागे। इसी बीच में उनके 15 साथी, जिनमें वसाखासिंह भी थे, युद्ध की समाप्ति पर रिहा कर दिए गए।

भारतीय जेलों में भी उन्हें अपनी लड़ाई जारी रखनी पड़ी। कोयम्बटूर में उन्होंने मोपला-विद्रोह के निर्दयतापूर्ण दमन के दृश्य देखे। रोज कुछ नौजवान फाँसी पर चढ़ा दिए जाते थे; जो छोटे-छोटे बच्चे गिरफ्तार करके लाए जाते थे, उन तक को जेल में भूखा रखा जाता था। सहानुभूति से ये पंजाबी वीर रो पड़ते थे। अपने राशन में से उन्होंने उनको खाना दिया। सिर्फ इसी मनुष्यता के काम के कारण बाबा ज्वालासिंह को 30 कोड़ों की सजा दी गई। यरवदा जेल में, सिख राजबंदियों को नई पगड़ी दिलाने के लिए भी उन्हें भूख हड़ताल करनी पड़ी। लाहौर सेंट्रल जेल में भगतसिंह और उनके साथियों ने जो प्रसिद्ध भूख हड़ताल की थी, उसमें ऐसी कई और लड़ाइयों के विजेता वीर बाबा सोहनसिंह भखना भी शामिल हो गए थे। उनकी वृद्ध जर्जर अवस्था को देखकर भगतसिंह ने उनसे बहुत प्रार्थना की कि वह भूख हड़ताल न करें, पर वह न माने। उन्होंने उत्तर दिया, ''क्या हुआ यदि शरीर बुड्ढा हो गया है। क्रांतिकारी कभी बुड्ढा नहीं होता।'' और डेढ़ मास तक उन्होंने भूख हड़ताल की।

साल बीतने लगे। आजन्म कारावास के 14 साल भी कट गए। पर सरकार ने उन्हें रिहा करने से इनकार कर दिया। इन राजबंदियों की रीढ़ तोड़ने की सरकार की इच्छा 14 साल में भी पूर्ण न हो सकी थी। पर बाबा सोहनसिंह भखना ने हिम्मत न हारी। उन्होंने कहा, ''ऐसे जीते रहने से क्या लाभ।'' और एक महीने के बाद 1930 में सरकार उन्हें रिहा करने के लिए मजबूर हुई।

शीघ्र ही उन्हें कांग्रेस आंदोलन में गिरफ्तार कर लिया गया। जेल से छूटते ही, उन्होंने फिर राजनीतिक बंदियों की रिहाई, विशेष रूप से अपने पुराने साथियों की रिहाई के लिए आंदोलन करना शुरू किया। इसी बीच में नंदसिंह और चुहरसिंह ने आमरण अनशन प्रारंभ कर दिया। चुहरसिंह रिहा होने के कुछ दिनों बाद ही मर गए। सारे प्रांत में सनसनी फैल गई। आखिरकार बीस-बीस साल के बाद इन इनक़लाबियों को पंजाब की विभिन्न जेलों से छोड़ा जाने लगा। उनमें बहुत से जिंदगी भर के लिए बेकार हो गए थे।

लेकिन वर्षों के बाद लौटने पर बाहर की दुनिया उनके लिए नई हो गई थी। यह मेरठ और कानपुर षड्यंत्रों तथा कीर्ति-किसान पार्टी की दुनिया थी। प्रथम असहयोग आंदोलन, महान अकाली आंदोलन और नवीन कम्युनिस्ट पार्टी ने बाहर की दुनिया को दूसरे ही ढाँचे में ढाल दिया था। यह वह युग था जब दूसरा भद्र अवज्ञा आंदोलन, तथा किसानों, मजदूरों और विद्यार्थियों की बड़ी-बड़ी हड़तालें और लड़ाइयाँ शुरू हो गई थीं।

विजयिनी रूसी क्रांति ने मॉस्को को संसार भर के क्रांतिकारियों का तीर्थ बना दिया था। अमरीका की ग़दर पार्टी ने भी अपने प्रतिनिधि किसान-मजदूरों के इस पहले राज को भेजे। उसकी महान समाजवादी व्यवस्था में उन्होंने एक नई सभ्यता का जन्म देखा, जो अमेरिकन पूँजीवादी प्रजातंत्र की तरह संकुचित नहीं थी। उन लोगों ने भी कम्युनिज़्म को अपना लिया।

महान संगठनकर्त्ता और अथक परिश्रम करनेवाले क्रांतिकारी योद्धा, बाबा संतोषसिंह हिंदुस्तान आए। पंजाब में उन्होंने पहले क्रांतिकारी मजदूर पत्र 'कीर्ति' की नींव डाली, और 1929 तक स्वयं उसे चलाते रहे। सन् 1929 में वह तपेदिक के शिकार हो गए। उनके बाद तो मॉस्को के प्राच्य-विश्वविद्यालय से शिक्षित बहुत से नवयुवक हिंदुस्तान आने लगे। एक नए संसार का निर्माण करना ही इन नौजवान ग़दरवादियों का उद्देश्य था।

संघर्ष फिर प्रारंभ हुआ

इस प्रकार के नए वातावरण में ये लोग छूटे। जब वे जेल गए थे तो युवा या प्रौढ़ थे, पर अब उनके वृद्ध शरीरों पर असंख्य लड़ाइयों के अनंत यातनाओं के निशान बन चुके थे। उनके शरीर जर्जर हो गए थे, पर इस वृद्धावस्था में भी वे विश्राम नहीं चाहते थे। वे कहते थे जब तक देश गुलाम है तब तक विश्राम कैसा।

बाबा सोहनसिंह भखना को घर पर भी शांति न मिली। उनका घर अब एक टूटा-फूटा ढाँचा मात्र रह गया था, जहाँ कभी-कभी उनकी पत्नी आँसू बहाने चली जाती थीं। पर, क्रांति की राह अब उनकी आँखों के सामने पहले से और अधिक स्पष्ट हो गई थी। वह जानते थे कि हिंदुस्तान में उनकी क्रांति किन कारणों से असफल हो गई थी, और उससे बड़ी रूसी क्रांति क्यों सफल हुई। उन्होंने कहा, "क्रांतिकारी मर जाता है, पर वृद्ध कभी नहीं होता।" यह कहकर वे सब लाल झंडे के नीचे जमा हो गए।

यहाँ उन्हें अपने पुराने साथी ही नहीं मिले, वरन् बहुत से नवयुवक भी दिखाई दिए, जिनकी अवस्था उनसे आधी या उससे भी कम रही होगी। फिर भी सच्चे क्रांतिकारियों की तरह, ये तपे हुए क्रांतिकारी उन नौजवानों के साथ काम करने लगे। उनके जीवन का एक नया अध्याय शुरू हुआ।

बाबा सोहनसिंह भखना ने अपने इलाक़े में कांग्रेस का संगठन किया, और वह प्रांतीय कांग्रेस कमेटी के सदस्य चुने गए। मीलों पैदल चलकर उन्होंने किसान सभाओं का संगठन किया। इस वृद्धावस्था में भी अमृतसर (1938) में लाठी-चार्ज का मुक़ाबला किया। इसी प्रकार किसानों की सेवा के उपलक्ष्य में वह अखिल भारतीय किसान सभा के सभापति चुने गए।

बाबा ज्वालासिंह ने प्रांत भर के किसानों को जाग्रत किया। जगह-जगह उन्होंने किसान संगठन बनाए, नीली बार जैसे पिछड़े हुए सामंतवादी हिस्से में भी लाल झंडा गाड़ दिया, और पंजाब के किसान आंदोलन की सेवा करते हुए भी वह शहीद हो गए।

बाबा रूरसिंह ने फ़ीरोजपुर के किसानों और कलिसा राज के काश्तकारों को जगाया, और एक के बाद एक उनकी लड़ाइयाँ लड़ीं और जीतीं। पिछले चुनाव में मोगा तहसील की जनता ने उनको निर्विरोध प्रांतीय असेम्बली में भेजा।

बाबा केसरसिंह ने बाबा शेरसिंह के साथ किसानों की लड़ाइयों और पार्टी के मुखपत्र 'कीर्ति' को चलाया और साम्राज्यवादी दमन के खिलाफ़ वीरतापूर्वक संघर्ष किया। 1939 के प्रसिद्ध लाहौर मोर्चे में सबसे पहले उन्हीं को पकड़ा गया था। उनके जीवन के 33 से अधिक वर्ष जेल में कटे हैं।

देशभक्त-परिवार-सहायक-समिति के संस्थापक बाबा वसाखासिंह सन् 1921 से ही राजबंदियों के अधिकारों की रक्षा के लिए लड़ते रहे हैं; और उनके परिवारों की सहायता करते रहे हैं। एक समय अकाल तख्त के वह जत्थेदार बनाए गए थे और आज पंजाब के किसान उन्हें सबसे अधिक प्यार करते हैं, और इज्जत देते हैं।

कोमागाटा मारू और अंडमान की लड़ाइयों के वीर बाबा गुरुमुखसिंह ने अफ़गानिस्तान में कांग्रेस की नींव डाली थी। वह पृथ्वीसिंह के साथ काबुल जेल

की अँधेरी कोठरी से भाग निकले थे और वैसी हालत में हिंदुस्तान लौट आए थे। आज उनका नाम सिखों के बच्चे-बच्चे की जबान पर है।

अंडमान की लड़ाइयों के वीर सरदार पृथ्वीसिंह को कौन नहीं जानता। उन्होंने कम से कम आधे दर्जन बनावटी नामों से विभिन्न प्रांतों में स्वतंत्रता की लौ जगाई है। बाबा शेरसिंह, बाबा हरनामसिंह टुंडीलाट, बाबा लालसिंह ने अपने प्रांत के राष्ट्रीय आंदोलन को जिस परिश्रम और निर्भीकता से खड़ा किया है, उसे देखकर बड़े से बड़े नौजवान भी शर्म खाते हैं।

बाबा हरनाम कोमागाटा मारू, इंदरसिंह वकी, और बाबा गुज्जरसिंह आज सबसे बड़े किसान योद्धा हैं। दिन और रात के अथक परिश्रम से अपने क्षेत्रों में उन्होंने जबरदस्त किसान-आंदोलन खड़ा किया है।

इन्हीं के उनके पुराने साथी, ग़दर पार्टी के संस्थापक इनक़लाबी, काम कर रहे हैं, जिन्होंने 1914 में अधिकांश साथियों के गिरफ़्तार हो जाने के बाद भी झंडा कायम रखा था। द्वितीय अकाली षड्यंत्र (1925) के बाबा करमसिंह चीना का नाम इनमें सर्वोपरि है। 'देशसेवक' नामक प्रथम सिख-क्रांतिकारी पत्र की उन्होंने स्थापना की और कीर्ति-किसान आंदोलन को आगे बढ़ाया। उन्हीं के एक साथी हैं, अकाली आंदोलन के नेता बाबा भागसिंह कनैडियन, जिन्होंने सन् 20 में सिख लीग बनाई थी, और सन् 30 में दोआबा के किसानों का संगठन किया था। बाबा भगवानसिंह भी उन्हीं में से हैं, जिन्होंने सन 1925 में 'शहीदी जत्था' बनाया था, और साम्प्रदायिक दंगों की आग को शांत करने के लिए सारे हिंदुस्तान का दौरा किया था। हिंदू-मुस्लिम एकता संबंधी उनके कार्य का तमाम देशभक्तों ने और पंडित नेहरू तक ने सराहना की थी। बाबा संतसिंह गांदीविंद भी उन्हीं में से हैं। जनता को समाजवाद का मंत्र सुनाने में वह सबसे पहले थे।

बाबा संतोखसिंह और बाबा ज्वालासिंह के अलावा ईशरसिंह मरदाना, बाबा निधनसिंह चुगा, करमसिंह धूत, मदनसिंह गग्गा और इंदरसिंह, सूरसिंह आदि अन्य साथी भी हैं जिन्होंने वृद्ध और अस्वस्थ अवस्था में भी अपनी लड़ाई जारी रखी और प्राणों की बाजी लगा दी, पर उस झंडे को नहीं झुकने दिया, जिसे उनके शहीद साथियों ने ऊँचा उठाया था।

आज भी ये साथी देशभक्ति और आत्म-त्याग की ऐसी परंपरा बना रहे हैं जो संसार के किसी भी देश के लिए गर्व की वस्तु हो सकती है।

कम्युनिज़्म की ओर

1939 में द्वितीय महायुद्ध शुरू हुआ। इन बाबाओं पर साम्राज्यवादी हमेशा ही नज़र रखते थे। पहली बार जब ये रिहा किए गए थे तब से उनके तीन या चार साल ही बाहर बीते होंगे। जून 1940 में दमन शुरू हुआ तो उन्हें फिर गिरफ़्तार कर लिया गया। इस बार उन्हें देवली नज़रबंद कैंप में भेज दिया गया। वहाँ उनकी भेंट हिंदुस्तानी कम्युनिस्ट पार्टी के कुछ नेताओं से हुई।

लाल झंडे और समाजवाद को ये इनक़लाबी बाबा पहले ही स्वीकार कर चुके थे। देवली में उन्होंने समाजवादी सिद्धांतों का गंभीर अध्ययन किया, और अपने पिछले कामों की आलोचना-प्रत्यालोचना की। अपना सारा जीवन उन्होंने मातृभूमि की आज़ादी के लिए लड़ते हुए बिता दिया था। पिछले अनुभव से उन्हें इस बात की आवश्यकता महसूस हुई कि सभी क्रांतिकारी एक साथ मिलकर काम करें, और एक अनुशासित क्रांतिकारी सेना बनाएँ। अपमानजनक गुलामी के कारण वे क्रांतिकारी लड़ाई में कूदे थे। उद्देश्य को पूर्ण करने के लिए वे दृढ़ प्रतिज्ञ थे। देश की जनता के प्रति उनके हृदय में अगाध प्रेम था। सोवियत का उन पर गहरा प्रभाव था। पिछले वर्षों में पंजाब के किसानों के बड़े-बड़े आंदोलनों का उन्होंने नेतृत्व किया था। अतएव कम्युनिस्ट पार्टी की ओर झुकना और उसमें शामिल हो जाना ही उनके लिए स्वाभाविक था। बाबा सोहनसिंह भखना ने पार्टी में शामिल होते वक्त कहा, ''मेरी सारी जिंदगी का यही स्वाभाविक तर्क और परिणाम है।''

देवली की प्रसिद्ध भूख हड़ताल के वक्त साथियों ने उन्हें बहुत समझाया, पर वह उसमें शामिल हुए बिना न माने। कुछ बाबा लोग तो पानी भी छोड़ना चाहते थे। पार्टी की आज्ञा देकर ही उन्हें रोका गया। देवली नज़रबंद कैंप तोड़ दिया गया, पर नौकरशाही ने उन्हें रिहा करने से इनकार कर दिया। इनक़लाबी बाबाओं को सबसे बाद में छोड़ा गया। बाबा रूरसिंह तो अभी अक्टूबर 45 में छोड़े गए हैं।

सरदार पृथ्वीसिंह वर्षों तक गुप्त रूप से काम करते रहे थे। बाद में 1939 में गाँधीजी की सलाह से उन्होंने आत्मसमर्पण किया। रिहाई के कुछ दिनों तक

वह गाँधीजी के आश्रम में रहे। 1942 में फिर गिरफ़्तार हुए, जिससे फिर 1943 में छूटे। अपने अन्य साथियों की तरह वह भी आज पार्टी में हैं।

पर महान क्रांतिकारी, बाबा गुरुमुखसिंह अभी भी जेल में बंद हैं। उन्हें सन् 1939 में गिरफ़्तार किया गया था। अमानुषिक यातनाओं के लिए प्रसिद्ध लाहौर किले की सबसे खराब कोठरी में उन्हें रखा गया, पर उन्होंने उसका भी बहादुरी से मुकाबला किया। सी.आई.डी. उन पर जेल से भागने का एक और 'षड्यंत्र' रचने का अभियोग लगाना चाहती थी। इसी से उन्हें लाहौर के किले में रखा गया था। पर एक भी सी.आई.डी. ऑफिसर की हिम्मत न हुई कि उनसे सवाल-जवाब कर सके। अंत में नौकरशाही ने निश्चित किया कि आजन्म कारावास के शेष वर्षों को पूरा करने के लिए बाबा गुरुमुखसिंह को अंडमान भेज दिया जाए। मुक़दमा चलाने में उन्हें डर था कि गुरुमुखसिंह को ब्रिटिश शासन का पर्दाफाश करने का मौक़ा न मिल जाए।

बाबा गुरुमुखसिंह ने अंडमान में फिर एक महान ऐतिहासिक भूख हड़ताल का नेतृत्व किया। लंबी भूख-हड़ताल में उनकी विजय हुई तथा उनके साथियों को फिर हिंदुस्तान भेज दिया गया। तब से आज तक यह वीर पंजाब के जेलों में घुल रहा है। आज भी बाबा गुरुमुखसिंह जेल की यातनाओं से लड़ रहे हैं। जेल के अधिकारी अब भी उनसे डरते हैं।

17 साल बीत गए हैं, पर पंजाब सरकार उन्हें नहीं छोड़ती। यूनियनिस्ट जितना उनसे घबराते हैं, उतना अन्य किसी से भी नहीं।

उनके एक दूसरे साथी बाबा सच्चासिंह हजारीबाग जेल में तेरहवाँ वर्ष पूरा कर रहे हैं।

यह है ग़दर पार्टी और अमर शहीद सराबा के साथियों की कथा, जो पंजाब के सिख किसानों की मातृभूमि में एक वीरतापूर्ण और करुण गाथा बन गई है। बीस से लगाकर तैंतीस-तैंतीस साल इन इनक़लाबियों ने जेलों में बिताए हैं। अपने देश की आज़ादी के लिए उन्होंने सब कुछ बलिदान कर दिया है, हर प्रकार की यातनाएँ झेली हैं। वे हमारे देश की जनता की अदम्य भावना की साक्षात् मूर्ति हैं। उन जैसे वीरों पर दुनिया के किसी भी देश को अभिमान होगा।

खंड-3

तरुण के स्वप्न

तरुण के स्वप्न

एक उद्देश्य की सिद्धि के लिए, एक सन्देश के प्रचार के लिए हमने पृथ्वी पर जन्म ग्रहण किया है। सूर्य यदि संसार को आलोक से जगमगाने के लिए उदित होता है, गन्ध वितरण के लिए यदि उपवन में फूल खिलते हैं, अमृतमय जलदान के लिए यदि नदी समुद्र की ओर दौड़ी जाती है, तो हम भी यौवन का पूर्णानन्द और उल्लास लेकर एक सत्य की प्रतिष्ठा के लिए संसार में आये हैं। हमें उस गूढ़ उद्देश्य का आविष्कार करना होगा जिससे हमारा व्यर्थ जीवन सार्थक बने, ध्यान, चिन्ता और कर्ममय जीवन की अभिज्ञता द्वारा हमें उसका आविष्कार करना ही होगा।

हम यौवन की बाढ़ में लीन होते जा रहे हैं, संसार को आनन्द का आस्वाद देने के लिए, क्योंकि हम आनन्द-स्वरूप हैं। आनन्द के मूर्तिमान प्रतीक की तरह हम संसार में विचरण करेंगे। अपने आनन्द में हम हँसेंगे, साथ ही दुनिया को भी दिवानी बना देंगे। हम जिस तरफ़ घूम पड़ेंगे, निरानन्द का अन्धकार लजाकर भाग जाएगा। हमारे जीवनदायी स्पर्श के प्रभाव से रोग, शोक, ताप भाग खड़े होंगे।

इस दुःखपूर्ण, वेदना-जर्जर नरलोक को हम आनन्द-सागर से ओत-प्रोत कर देंगे।

हम आशा, उत्साह, त्याग, ओज लेकर आये हैं। हम सृष्टि करने आये हैं, क्योंकि सृष्टि में ही आनन्द है। बुद्धि, तन-मन-प्राण देकर हम सृष्टि करेंगे। हमारे अन्दर जो कुछ सत्य है, सुन्दर है, शिव है, उसे अपने सृष्ट पदार्थ में पूर्णरूप से झलका देंगे। आत्मदान में जो आनन्द है, उस आनन्द से हम विभोर होंगे। उस आनन्द का आस्वाद पाकर पृथ्वी भी धन्य होगी।

लेकिन इससे ही हमारे दान का, कर्म का अन्त न होगा। क्योंकि—

जोतो देवो प्रान बोहे जावे प्रान
फूरावे ना आर प्रान;
एतो कोथा आछे एतो गान आछे
एतो प्रान आछे मोर,

एतो सूख आछे एतो साध आछे
प्रान होए आछे भोर

अनन्त आशा, असीम उत्साह, अपरिमेय तेज और अदम्य साहस लेकर हम आये हैं, तभी तो हमारा जीवन श्रोत कभी रुँध नहीं सकता। अविश्वास और निराशा के पर्वत सामने अड़ जाएँ, सम्पूर्ण मानव जाति की शक्ति प्रतिकूल होकर आक्रमण करे, तब भी हमारी आनन्दमयी गति चिरकाल तक अक्षुण्ण रहेगी।

हमारा एक विशेष धर्म है, हम उसी धर्म का अनुसरण करते हैं। जो नवीन है, जो सरस है, जिसका स्वाद दुनिया ने आज तक नहीं चखा, हम उसी के उपासक हैं। हम पुरातन में नवीन का, जड़ में चेतन का, प्रौढ़ में यौवन का, बन्धन में असीम का उद्‌भाव करते हैं। हम इतिहास से प्राप्त पुरानी अभिज्ञता को हर समय, हर हालत में मानने को तैयार नहीं हैं। हम अनन्त पथ के यात्री हैं, मगर अपरिचित पथ से ही हमें प्रेम है, अज्ञात भविष्य ही हमारे लिए प्रियतर है। हम चाहते हैं, "the right to make blunders", हम भूल करने का अधिकार चाहते हैं और इसीलिए हमारे स्वभाव के प्रति सबकी सहानुभूति नहीं है, बहुतों की नज़र में हम संसारत्यक्त और भाग्यहीन हैं।

इसी से हमें आनन्द है; यहीं हम गर्वीले हैं। क्योंकि यौवन हमेशा हर जगह संसार से अलग और लक्ष्मी से विलग है। हम अतृप्त आकांक्षा की उन्मादना से दौड़ते हैं, समझदारों के उपदेश सुनने की हमें फुर्सत भी नहीं है। भूल करें, भ्रम में पड़ें, गिर पड़ें, तो भी हम उत्साह से वंचित न होंगे, पीछे कदम न रखेंगे। हमारी ताण्डव लीला का अन्त नहीं है क्योंकि हमारी गति अविराम है, वह कभी नहीं थमती।

हम देश देश में स्वतंत्रता के इतिहास की रचना करते रहते हैं। हम शान्ति का जल छिड़कने यहाँ नहीं आये हैं, विवाद छेड़ने, संग्राम का संवाद देने, प्रलय की सूचना देने, हम आये हैं, आते हैं। जहाँ बन्धन है, जहाँ अहम्मन्यता है, कुसंस्कार और संकीर्णता है, वहीं हम खड्‌गहस्त उपस्थित हैं। हमारा एकमात्र काम है, मुक्तिपथ को सर्वदा काँटों से रहित रखना ताकि मुक्तिसेना बिना बाधा जाती-आती रहे।

हमारे लिए मनुष्य जीवन एक अखण्ड सत्य है। फिलहाल हम जो स्वाधीनता चाहते हैं, उस स्वाधीनता के बिना जीवन धारण करना एक विडम्बना है। जिसकी प्राप्ति के लिए हमने युग-युग में हँसते-हँसते अपना ख़ून दिया है, वह सर्वतोमुखी है। जीवन के हर एक क्षेत्र में, हर तरफ मुक्तिवाणी का प्रचार करने हम आये हैं। चाहे समाजनीति हो, अर्थनीति हो, राष्ट्रनीति हो या धर्मनीति हो, जीवन के प्रत्येक भाग में हम सत्य के प्रकाश में आनन्द का उच्छ्‌वास देखना चाहते हैं, हम उदारता

के मौलिक सिद्धान्तों की स्थापना चाहते हैं।

अनादिकाल से हम मुक्ति का सन्देश सुना रहे हैं, स्वतन्त्रता का गान गा रहे हैं। बचपन से ही मुक्ति की आकांक्षा हमारी रग-रग में बहने लगती है। पैदा होते ही हम जो रो उठते हैं, हमारा वह रोना पार्थिव बन्धनों के प्रति विद्रोह प्रदर्शित करने के लिए है। बचपन में रोना ही हमारा बल रहता है, किन्तु यौवन के द्वार पर पहुँचते ही हमें भुजाओं और बुद्धि की सहायता मिलती है। इन भुजाओं और बुद्धि की सहायता से हमने क्या नहीं किया? फिनसिया, असीरिया, बोबिलोनिया, मिस्र, ग्रीस, रोम, टर्की, इंगलैण्ड, रूस, जर्मनी, चीन, जापान, हिन्दुस्तान—चाहे जिस देश का इतिहास पढ़कर देखो, देखोगे कि हर देश के इतिहास के प्रत्येक पृष्ठ पर हमारी कीर्ति ज्वलन्त अक्षरों में लिखी हुई है। हमारी सहायता से सम्राट् सिंहासन पर बैठे और हमारे संकेत से सभय सिंहासन छोड़कर भाग खड़े हुए। जिस तरह हमने एक तरफ प्रेम के आँसुओं से ताजमहल निर्माण किया है, उसी तरह दूसरी तरफ अपने हृदय के रक्त से पृथ्वी को रंजित किया है। हमारी संयुक्त शक्ति लेकर समाज, राष्ट्र, साहित्य, कला, विज्ञान, युग-युग में, देश-देश में उन्नत हुआ है। फिर हमने जब कराल मूर्ति धारण कर ताण्डवनृत्य आरंभ किया है, उसके एक-एक पद विक्षेप से कितने समाज, कितने साम्राज्य, धूल में मिल गए हैं।

इतने दिन बाद हमने अपनी शक्ति पहचानी है, अपना धर्म जाना है। अब कौन हमारा शासन कर सकता है? कौन हमारा शोषण कर सकता है? नव जागरण के युग में सबसे बड़ी बात, सबसे बड़ी आशा, तरुणों का आत्मप्रतिष्ठा-लाभ है। इसी से तो जीवन के हर क्षेत्र में यौवन का रक्तिम आभास दिखलायी पड़ेगा। यह तरुणों का आन्दोलन जितना सर्वतोमुखी है, उतना ही विश्वव्यापी है। आज पृथ्वी के सब देशों में—विशेषकर जहाँ बुढ़ापे की ठण्डी छाया दिखलायी पड़ती है, वहाँ, तरुण समाज सर ऊँचा कर सदर्प खड़ा हुआ है। ये किस दिव्यालोक से पृथ्वी को उद्भासित करेंगे, कौन कह सकता है?

हे युवा हृदयो! उठो! वह देखो ऊषा की किरणें छिटक रही हैं।

दूसरा ज्येष्ठ 1330 (बँगला)

देश की पुकार

डेढ़ सौ वर्ष पहले बंगाली ने विदेशी को भारत के हृदय में प्रवेश करने का मार्ग दिखलाया था। उस पाप का प्रायश्चित बीसवीं सदी के बंगाली को करना होगा। बंगाल के नर-नारियों को भारत का लुप्त गौरव वापस लाना होगा। किस तरह

यह कार्य सुसम्पन्न हो सकता है यही बंगाल की प्रधान समस्या है।

राष्ट्रीय आन्दोलन के प्रवर्त्तक महात्मा गांधी के अबंगाली होने पर भी यह आन्दोलन बंगाल में जितना फैला है, किसी भी प्रान्त में नहीं फैला। बिहार, यू. पी., मध्य प्रदेश, बम्बई देखने के बाद मुझे यह अभिज्ञता प्राप्त हुई है।

राष्ट्रीय जीवन के अन्य क्षेत्रों में अग्रणी न होने पर भी मेरा दृढ़ विश्वास है कि स्वराज्य संग्राम में बंगाल का स्थान सबसे आगे है। मेरे मन में जरा भी सन्देह नहीं है कि भारत में स्वराज्य प्रतिष्ठित होगा और उसका भार प्रधान रूप से बंगाली को ही वहन करना पड़ेगा। अनेक दुःख करते हैं कि काश वे मारवाड़ी या भाटिया क्यों न हुए? किन्तु मैं प्रार्थना करता हूँ कि बंगाली हमेशा बंगाली ही रहे।

गीता में कृष्ण ने कहा है, "स्वधर्मे निधनं श्रेयः पर धर्मो भयावहः"। मैं इसी उक्ति में विश्वास करता हूँ। बंगाली के लिए स्वधर्म का त्याग आत्महत्या के समान पाप है। भगवान ने हमें आर्थिक सम्पदा नहीं दी, पर हमारे प्राणों में सम्पदा भर दी है। धन के लिए यदि प्राणों की सम्पदा खोना पड़े तो हमें धन नहीं चाहिए।

बंगाली को यह याद रखना चाहिए कि भारतवर्ष—भारत ही क्यों, पृथ्वी पर उसका एक विशेष स्थान है और उसी स्थान के उपयुक्त कर्त्तव्य उसके सामने हैं। बंगाली को स्वाधीनता प्राप्त करना होगा और उसी के साथ-साथ नवीन भारत गढ़ना होगा। साहित्य, विज्ञान, संगीत, शिल्प-कला, शौर्य-वीर्य, क्रीड़ा-कुशलता, दया-दाक्षिण्य इन सबकी सहायता से नवीन भारत बनाना होगा। राष्ट्रीय जीवन की सर्वतोमुखी उन्नति करने की शक्ति और राष्ट्रीय शिक्षा का समन्वय करने की प्रवृत्ति सिर्फ बंगाली में ही है।

मेरा विश्वास है कि बंगाली का अपना एक वैशिष्ट्य है। शिक्षा, दीक्षा, स्वभाव, चरित्र सबमें इस वैचित्र्य की झलक रहती है। बंगाल के प्राकृतिक दृश्य में भी वैशिष्ट्य लक्षित होता है। यहाँ की मिट्टी, जल, आकाश, शस्यश्यामला धरती, साल वृक्ष आवेष्टित पुष्करिणी में क्या अपना वैशिष्ट्य नहीं है? और प्रकृति की यह विशेषता क्या बंगाली के चरित्र को वैशिष्ट्य नहीं देती? ऐसी नरम मिट्टी में जन्म लेने के कारण ही बंगाली के प्राण इतने सरस हैं। प्राकृतिक सौंदर्य के बीच लालित-पालित होने के कारण ही वह सुन्दर का उपासक है। सुजला, सुफला, शस्यश्यामला, जन्मभूमि का अन्न जल सेवन करके ही बंगाली काव्य और साहित्य में ऐसा अपूर्व सर्जन कौशल दिखला सका है।

पिछले दो-तीन वर्षों में जागरण की जो बाढ़ आयी थी, उसमें इस समय उतार दिखलाई पड़ता है, किन्तु चढ़ाव में अब अधिक विलम्ब नहीं है। बंगाल के राष्ट्रीय स्रोत में फिर भीषण चढ़ाव आनेवाला है। उस बाढ़ के स्पर्श से बंगाल के

प्राण फिर जग पड़ेंगे। बंगाली सर्वस्व को टेक पर रखकर फिर स्वाधीनता के लिए पागल हो उठेंगे। देश फिर स्वाधीनता के लिए वद्धपरिकर होगा।

इस नव जागरण का स्वरूप क्या होगा यह कौन कह सकता है? इस नव यज्ञ का पुरोहित कौन होगा, यह भी कौन बतला सकता है? जो भाग्यवान पुरुष इस यज्ञ का पौरोहित्य ग्रहण करेंगे वे इस समय कहाँ रमे हुए हैं, यह भी कौन कह सकता है। इस आन्दोलन का नेतृत्व महात्मा जी ग्रहण करेंगे या अन्य कोई मनीषी उनके आसन पर बैठेंगे भी यह हम नहीं जानते।

किन्तु इन सब प्रश्नों के उत्तर के लिए बैठे रहने से नहीं होगा। उस नव जागरण के लिए अभी से हम सबको प्रस्तुत होना होगा। ध्यान, धारणा, चिन्ता, कर्म, त्याग, योग इन सबमें रत रहते हुए हमें साधना के लिए प्रस्तुत होना होगा।

बंग-जननी फिर तरुण संन्यासियों का दल चाहती है। भाइयो! कौन-कौन आत्म-बलि के लिए प्रस्तुत है। आओ! माँ से अभी तुम्हें सिर्फ दुःख, कष्ट, अनाहार, दारिद्र्य और जेल मिलेगी। यदि ये सब तकलीफें चुपचाप नीलकण्ठ की तरह पी जा सको, तो तुम बढ़े चले आओ। माँ को तुम सबकी जरूरत है और यदि स्वदेश सेवा में प्राण विसर्जन भी करने पड़ें तो स्वर्ग द्वार तुम्हारे लिए खुला है। सचमुच अगर तुम वीर सन्तान हो तो बढ़े आओ।

ऐ युवादल! तुम्हीं ने देश-देश में मुक्ति के इतिहास की रचना की है। आज इस विश्व-व्यापी जागरण की वेला में, जब कि स्वाधीनता की वाणी चारों तरफ ध्वनित हो रही है, क्या सिर्फ तुम्हीं सोते रहोगे? तुम्हीं ने तो चिरकाल से जीवन-मृत्यु को गुलाम बना रखा है, तुम्हीं ने तो सब देशों में आत्मदान की नींव पर राष्ट्रीय मन्दिरों का निर्माण किया है। तुम्हीं ने तो सब दुःख और अत्याचार को सानन्द ग्रहण कर बदले में सेवा और भक्ति अर्पित की है। तुम लाभ की आकांक्षा नहीं रखते, स्वाधीनता के मन्त्र से दीक्षित होकर सैनिक की तरह हँसते-हँसते मृत्यु का आलिंगन करते हो। तुम्हारा शौर्य, वीर्य और चरित्र बल देखकर ही माता वसुन्धरा ने तुम्हारे शुभ्र ललाट पर विजय कुंकुम लगाया है।

हे बंगाली युवक! आज स्वदेश सेवा के पुण्य यज्ञ में सम्मिलित होने के लिए तुम्हारा आह्वान करता हूँ। तुम जहाँ जिस हालत में हो चले आओ। चारों तरफ माँ का मंगल शंख गूँज रहा है। वह देखो पूर्वाकाश में भारत के भाग्य देवता तरुण तपन के रूप में उदय हो रहे हैं। स्वाधीनता का पुण्य प्रकाश पाकर चीन, जापान, टर्की, मिस्र तक विश्व-परिषद् में उच्चतम स्थान पर पहुँच गए हैं। क्या अब भी तुम मोह निद्रा में सोते रहोगे?

उठो! जागो! अब देर करने से काम नहीं चलेगा। अठारहवीं शताब्दी में विदेशी वणिकों को घर का दरवाज़ा दिखलाकर तुम्हारे पूर्व पुरुषों ने जो पाप किया

था, बीसवीं शताब्दी में उसी पाप का प्रायश्चित करना होगा। भारत की नव जागृत राष्ट्रीय आत्मा मुक्ति के लिए हाहाकार कर रही है। इसीलिए कहता हूँ, तुम सब चले आओ। भइया दूज की राखी बाँधकर, मातृ-मन्दिर में दीक्षा लेकर, प्रतिज्ञा करो कि माँ की कालिमा दूर करोगे। भारत को फिर स्वाधीनता के सिंहासन पर बैठाओगे और सर्वस्वहारा भारत लक्ष्मी के लुप्त गौरव और सौन्दर्य का पुनरुद्धार करोगे।

11 पौष 1332 (बँगला)

सौ बात की एक बात

मनुष्य जीवन में बचपन, यौवन, प्रौढ़त्व और बार्द्धक्य है, उसी प्रकार राष्ट्रीय जीवन में भी यही सिलसिला दिखलाई पड़ता है। मनुष्य मरता है और मृत्यु से निकल कर नवजीवन लाभ करता है। किन्तु व्यक्ति और राष्ट्र में फर्क सिर्फ इतना है कि सब राष्ट्र मृत्यु के बाद फिर जी नहीं उठते। जिस राष्ट्र के अस्तित्व की कोई सार्थकता नहीं रह जाती, जिस राष्ट्र के प्राणों में कोई तत्त्व नहीं रह जाता, वह जाति दुनिया से लोप हो जाती है अथवा कीड़ों-पतंगों की तरह किसी प्रकार जीती रहती है किन्तु इतिहास में नामोल्लेख के सिवा उसका निदर्शन कहीं नहीं रहता।

भारत की कई बार मृत्यु हुई और उसने फिर-फिर नवजीवन लाभ किया, इसका कारण यही है कि भारत के अस्तित्व की सार्थकता थी और आज भी है। भारत का एक सन्देश है जो उसे विश्व परिषद् को सुनाना है, भारत की शिक्षा (culture) में ऐसा कुछ है, जो विश्व मानव के लिए अत्यन्त प्रयोजनीय है, जिसका ग्रहण किये बिना विश्व-परिषद् का उत्कर्ष नहीं हो सकता। सिर्फ यही नहीं; विज्ञान, कला, साहित्य, व्यवसाय, वाणिज्य, सभी क्षेत्रों में हमारा राष्ट्र दुनिया को कुछ देगा, कुछ सिखाएगा। इसीलिए भारतीय मनीषियों ने अन्धकारपूर्ण युगों में भी स्थिर भाव से भारत का ज्ञान दीप जलाये रखा था। हम उन्हीं की सन्तान हैं, हम क्या अपना राष्ट्रीय कर्त्तव्य पूरा किये बिना ही मर जायेंगे?

मनुष्य देह पंच भूतों में मिल जाने पर भी आत्मा कभी नहीं मरती, इसी प्रकार राष्ट्र की मृत्यु होने पर भी उसकी शिक्षा-दीक्षा-सभ्यता रूपी आत्मा अमर है। राष्ट्र की सर्जन शक्ति जब लुप्त हो जाए तब समझना होगा कि राष्ट्र मौत के घाट आ लगा है। आहार, निद्रा, सन्तानोत्पादन ही उस समय उसका दैनिक कर्त्तव्य हो जाता है और पुराने जमाने से चलती आयी परिपाटी की लकीर को

पीटना ही उसकी नीति हो जाती है। इस अवस्था में पड़कर भी कोई-कोई राष्ट्र फिर जी उठता है—यदि उसके अस्तित्व की सार्थकता रहती है। जिस समय अन्धकारमय युग आकर राष्ट्र को घेर लेता है, उस समय भी वह किसी-न-किसी तरह अपनी शिक्षा-दीक्षा और सभ्यता को बचाये रखता है और अन्य राष्ट्र में मिलकर अस्तित्व हीन नहीं हो जाता। इसके बाद भाग्य या भगवान के इंगित पर फिर नव जागरण होता है, अन्धकार धीरे-धीरे नष्ट हो जाता है, सुप्त जाति फिर आँखें मलकर उठकर खड़ी होती है, फिर उसकी सर्जन शक्ति जागृत हो जाती है। सहस्र दलकमल की तरह राष्ट्र के प्राण फिर खिल जाते हैं तथा वह नवीन रूप से, नवीन भावों से, नवीन-नवीन दिशाओं में आत्मप्रकाश लाभ करता है। इस प्रकार के अनेक जन्म और मृत्यु के बीच में से भारतीय जाति होती चली आयी है। क्योंकि भारतीय जाति का एक mission है, भारतीय सभ्यता का एक उद्देश्य है, जो आज भी सफल नहीं हुआ है।

भारत के इस mission में जिसका विश्वास है, वही भारतीय जीवित है। भारत के पैंतीस करोड़ प्राणी जीवित की तरह जीवित हैं, यह सच नहीं है। जो युवक यह समझते हैं, अनुभव करते हैं वे ही जीवित हैं।

जन्मभूमि से दूर जेल की कोठरी में महीने पर महीने काट रहा था, उस समय बार-बार मेरे मन में यह प्रश्न उठता था—"किसके लिए, किस उद्दीपना से उद्दीप्त हो कारावास के बोझ से न दबकर हम और भी शक्तिमान हो रहे हैं?" इस प्रश्न का आत्मा जो उत्तर देती, वह यह था—"भारत का एक mission है, एक गौरवमय भविष्य है, उस भावी भारत के उत्तराधिकारी हमी हैं। नवीन भारत के इतिहास की रचना हमी ने की है और करेंगे। इसी विश्वास के बल पर हम सब दुःख, यातना सहते हैं, वास्तविकता को आदर्श के आघात से चूर-चूर कर डालते हैं। इसी अटल अचल विश्वास के कारण ही भारतीय युवकों की शक्ति मृत्युंजयी है।"

यही 'श्रद्धा,' ऐसा आत्म विश्वास जिसमें है, वही व्यक्ति सर्जक है, वही व्यक्ति देश-सेवा का प्रकृत अधिकारी है। संसार में जितने भी महान कार्य हैं, वे सब मनुष्य हृदय के आत्मविश्वास और सर्जन शक्ति पर अवलम्बित हैं।

जिसका अपने राष्ट्र में विश्वास नहीं है, अपनी आत्मा में विश्वास नहीं है, वह किस वस्तु की सृष्टि कर सकता है? भारतीय में अनेक दोष हैं, किन्तु एक गुण है जिससे उसके सब दोष दब जाते हैं, जिसके कारण वह दुनिया में आदमी गिना जाता है। उसमें आत्म विश्वास है, भाव प्रवणता है, कल्पना शक्ति है, इसीलिए वह वर्तमान जीवन की सभी वास्तविक त्रुटियों, अक्षमताओं, असफलताओं को अग्राह्य कर महान् आदर्श की कल्पना कर सकता है। उसी आदर्श के ध्यान में मगन हो सकता है, जो असाध्य है उसके साधन की चेष्टा कर सकता है। इसी

कल्पना शक्ति और आत्मविश्वास के कारण भारत ने कितने ही साधकों को जन्म दिया है और देगा। इसी कारण दुःख, कष्ट और अत्याचार से उसका मेरुदण्ड कभी नहीं टूटेगा। जो जाति आदर्शवादी है वह अपने आदर्श के लिए यंत्रणा और क्लेश को सानन्द सह सकती है।

बहुत से समझते हैं suffering में सिर्फ कष्ट ही है, पर यह सच नहीं है। Suffering में जिस प्रकार कष्ट है, उसी प्रकार अपार आनन्द भी है। किन्तु जो इस आनन्द को महसूस नहीं कर सकता, उसके लिए कष्ट ही कष्ट है। वह दुःख और कष्ट से अभिभूत हो जाता है। किन्तु जिसने दुःख और कष्ट में भी एक अनिर्वचनीय आनन्द का आस्वाद पाया है, उसके लिए suffering गौरव की चीज़ है। वह कष्ट और यातना से मुमूर्षु न होकर और भी शक्तिमान और महान हो उठता है। अब सवाल होता है, 'यह आनन्द का स्रोत कहाँ है?' मैं समझता हूँ इस आनन्द की उत्पत्ति आदर्श के प्रति अनुराग से होती है। जो व्यक्ति किसी महान् आदर्श को निस्वार्थ भाव से चाहने के कारण दुःख और यन्त्रणा पाता है, उसके लिए वह दुःख और यन्त्रणा अर्थहीन–बेमतलब नहीं होती। उसके लिए तो दुःख आनन्द के रूप में रूपान्तरित होता है। वही आनन्द अमृत की तरह उसकी रग-रग में शक्ति का संचार करता है। वही जीवन का वास्तविक अर्थ समझ सकता है, आदर्श के चरणों में सर्वस्व समर्पण कर सकता है, वही जीवन-रस का आस्वाद पा सकता है।

पिछले अप्रैल में इनसिन जेल में एक रसियन उपन्यास पढ़ते-पढ़ते ठीक इसी भाव की उपलब्धि हुई। उपन्यास लेखक ने रसियन जाति को लक्ष्य कर अपने नायक द्वारा कहा है–There is still much suffering in store for the people, much of their blood will yet flow, squeezed out by the hands of greed but for all that, all my suffering, all my blood is a small price for that which is already stirring in my breast, in my mind, in the marrow of my bones! I am already rich as a star is rich in golden rays. And I well bear all, will suffer all because there is within me a joy which no one, which nothing can ever stifle ! In this joy there is a world of strength ! (यानी; भाग्य में अभी भी अनेक कष्ट हैं, लोभी और अत्याचारियों के निष्पेषण से अभी हमारा रक्त और भी बहेगा। तब भी जो सत्य मेरे चित्त में, हृदय में, अस्थि-मज्जा में स्पन्दित है, उसे पाने के लिए यदि मुझे दुःख कष्ट भोगना पड़े, मुझे अपना रक्त देना पड़े तो मैं समझूँगा कि बहुत कम दाम में महान् सम्पदा मिल गयी। सुनहरी किरणों से मण्डित तारे के समान अलभ्य सम्पदा मुझे मिली। इसीलिए मैं सम्पूर्ण कष्ट यन्त्रणा सहन करूँगा, सम्पूर्ण दुःख कष्ट को अपने हृदय में खींच लूँगा, क्योंकि मैंने अपने भीतर जो आनन्द पाया है उसे कोई भी पार्थिव पदार्थ दबाकर नहीं रख

सकता, यही आनन्द अनन्त शक्ति का समुद्र है।)

नीलकण्ठ शिव को आदर्श मान जो व्यक्ति कह सकता है कि मेरे हृदय में आनन्द का झरना खुला है, इसीलिए मैं संसार के सब दुःख कष्टों को अपने हृदय में खींचकर रख सकता हूँ, जो व्यक्ति कह सकता है कि मैं सम्पूर्ण यातनाओं को भोगने को तैयार हूँ क्योंकि इनसे मुझे सत्य का आभास होता है, वहीं व्यक्ति साधना में सिद्ध हुआ है।

हमें इसी साधना में सिद्ध होना होगा। जो नवीन भारत की सृष्टि करना चाहते हैं, उन्हें सिर्फ देते रहना पड़ेगा—जीवन भर देते रहना पड़ेगा, अपना सर्वस्व लुटाकर कंगाल हो जाना होगा, बिना किसी प्रतिदान की इच्छा किये। अन्त में जीवनदान देकर जीवन की प्रतिष्ठा करना होगा। जो ऐसे साधक होंगे उनकी सम्पदा होगी उनका अपना आत्मविश्वास, आदर्शानुराग और आनन्द बोध।

कुछ दिन हुए छात्र-जीवन के एक बन्धु से मुलाकात हुई, उसने मुझसे अनेक निराशा व्यंजक और अविश्वासपूर्ण प्रश्न किये। उसके प्रश्न का मर्म यही था कि हमारे देश का कुछ न होगा। कई प्रश्न का उत्तर पाकर फिर उसने पूछा, कौंसिलों में जाकर, सरकारी कार्य में अड़ंगा लगाकर, मंत्रियों को भगाकर क्या होगा? मैंने उत्तर दिया, यह सब न किया जाए तो क्या होगा? फिर उसके अविश्वास और अश्रद्धा के भाव को लक्ष्य कर मैंने कहा, "देखो! तुम्हारी उम्र मुझसे कम है, आदर्श की प्रेरणा से तुम लोग असहयोग आन्दोलन में आये हो। मेरा आदर्शवाद बड़ों के साथ बढ़ता चला जा रहा है, पर तुम्हारा आदर्श दिन-दिन क्षीण हो रहा है।" तब उसने स्वीकार किया कि पिछले वर्षों से नाना प्रकार के आघातों के कारण उसमें यह भावान्तर हुआ है।

यह अस्वीकार नहीं किया जा सकता कि पिछले दो वर्षों से अविश्वास और अश्रद्धा का भाव फैला हुआ है। इस कारण हमारी कार्यकारी शक्ति लँगड़ी हो गयी है, किन्तु अब इस जंजाल से अलग होने का समय आ गया है। अपने भीतर के शत्रु से बड़ा और शत्रु कौन होगा ? इसलिए सबसे पहले इस गृहशत्रु को ही भगाना होगा ? तभी हम बाहर के शत्रु पर विजय प्राप्त कर सकेंगे। हमें दुर्जय आत्मविश्वास प्राप्त करना होगा। हमें आदर्श में विश्वास, अपनी शक्ति में विश्वास, भारत के गौरवमय भविष्य में विश्वास करना होगा। इसी विश्वास की प्रेरणा से उद्बुद्ध होकर हमें विश्वविजयी बनना होगा।

बंगाल की वर्तमान अवस्था देखने से दो बातें आशाप्रद मालूम होती हैं—(1) व्यायाम चर्चा और भूपर्यटन की स्पृहा, (2) युवकों की जागृति। एक समय बंगाली कापुरुष समझा जाता था, वह अपवाद अब नहीं रहा। जो बंगाली के परम शत्रु हैं वे भी अब उसे बदनाम नहीं कर सकते। यह बदनामी किसने की थी और कैसे मिटी यह सब जानते हैं। किन्तु शारीरिक दुर्बलता अभी भी है। इस कमी

को दूर करना होगा। हर्ष है कि बंगाली इस कमी को दूर करने के लिए वद्धपरिकर हुए हैं और प्रान्त भर में समितियाँ खुल रही हैं। कमजोरी का यह लांछन यदि हमेशा के लिए मिटाना है तो बंगाली को राष्ट्रीय दृष्टि से सबल और वीर्यवान् होना होगा। कुछ विश्वविजयी पहलवान पैदा करने से ही कुछ न होगा। क्योंकि इस तरह के पहलवानों की शक्ति और शौर्य से राष्ट्रीय गौरव की वृद्धि होने पर भी साधारण बंगाली की शक्ति नहीं बढ़ेगी। जाति बलवान है या नहीं यह देखने के समय उसके दो-चार पहलवानों को देखने से काम नहीं चलता, यह भी देखना होता है कि सर्वसाधारण का क्या हाल है।

बंगाली में आजकल भ्रमण का शौक बढ़ रहा है, यह सबसे अधिक आनन्द की बात है। बंगाली तैराकी में, साइकिल पर विश्व भ्रमण करने में उत्साह दिखलाने लगा है। अपरिचित देश देखने, अपरिचितों से मिलने की जो व्याकुलता है इसी से जातिगठन और साम्राज्य सृष्टि होती है। जो जाति अपनी परिमित सीमा के बाहर नहीं जाना चाहती उसका पतन अवश्यम्भावी है। दूसरी तरफ जो जाति वाधा-विघ्न पारकर, प्राणों की माया त्यागकर, देश-विदेशों का भ्रमण करती है, उसकी दिन-दिन शारीरिक, मानसिक उन्नति तो होती ही है, साथ ही साथ उसका साम्राज्य भी बढ़ता जाता है। कवि डी. एल. राय ने जिस समय गाया था–"आमार एई देशे ते जोन्म, जेन एई देशे ते मोरि", उस समय उन्होंने हमारे सामने भ्रान्त आदर्श उपस्थित किया था। अब यह कहने का समय आया है कि–

"आमि जाबोना जाबोना, जाबोना घोरे
बाहिर कोरेछे पागल मोरे।"

घर का कोना छोड़कर अब हमें विश्व में विचरण करना होगा। अपने देश को भी प्रत्यक्ष रूप से अच्छी तरह देखना होगा फिर देश की सीमा छोड़कर विदेशों में भ्रमण करना होगा तथा अपरिचित देश का आविष्कार करना होगा। जो जाति इस प्रकार के कार्य कर सकती है, उसका शारीरिक बल, साहस, चरित्र बल, ज्ञान और अभिज्ञता बढ़ती है, साथ ही साथ व्यवसाय तथा साम्राज्य बढ़ता है। ब्रिटिश जाति जो इतनी उन्नत है और इतना बड़ा विशाल साम्राज्य गठित कर सकी है, भ्रमणेच्छा उसका एक प्रधान कारण है। साम्राज्य प्रतिष्ठा की इच्छा न रखते हुए भी विदेश भ्रमण से हमारा हृदय विशाल होगा, आत्म विश्वास बढ़ेगा, बुद्धि का विकास होगा, इसमें किसे सन्देह है? भू पर्यटन का यदि पूरा फायदा उठाना हो तो अमेरिकन धनियों की तरह विश्व भ्रमण न कर कुछ कष्ट सहकर पैदल, घोड़े या साइकिल पर विश्व भ्रमण करना चाहिए।

एक अन्य आशाप्रद लक्षण यह है कि सब जिलों के युवकों में चांचल्य पाया जाता है। यह चांचल्य ही जीवन शक्ति का परिचायक है। तरुणों में जीवन

आ गया है, वे अब अपना कर्त्तव्य समझने लगे हैं, इसी कारण असंख्य स्थानों पर युवक समितियों के अधिवेशन होते दिखलाई पड़ते हैं। बीच-बीच में सुना जाता है कि वे काम करने के लिए तैयार हैं किन्तु अभी उन्हें ठीक रास्ते का पता नहीं चलता। नेता न पाने पर और पथ न पहचानने पर भी युवक जाग पड़े हैं, अपना कर्त्तव्य और दायित्व समझने की चेष्टा कर रहे हैं, यह मामूली बात नहीं है। मेरा यही कहना है कि यदि तलाश करने पर भी नेता न मिलेगा तो क्या तुम चुप बैठे रह सकोगे? तुम लोग ही नेता बनाकर काम में लग जाओ। नेता आकाश से नहीं गिरता, काम करते-करते ही नेता हो उठता है। अब "कः पंथा" कहकर बैठे रहने से काम नहीं चलेगा। अपनी विवेक-बुद्धि के प्रकाश में तुम अपना रास्ता खुद ही खोज लो। तुम समस्या को जितना जटिल समझते हो उतनी नहीं है। हम लोगों का आदर्श यही है कि हम एक सर्वांग सुन्दर जाति बनाना चाहते हैं जो जाति ज्ञान और कर्म में, शिक्षा और धर्म में संसार की सर्वश्रेष्ठ स्वाधीन जाति के बराबर खड़ी हो सके। इसीलिए राष्ट्रीय जीवन के प्रत्येक क्षेत्र में जागरण लाना होगा। किसी भी तरफ से लापरवाही नहीं दिखलाई जा सकती। जिसकी जैसी शक्ति हो, जिसकी जिस तरफ अभिरुचि हो उसे अपने लिए वैसा ही कार्य-क्षेत्र चुन लेना चाहिए। जिसकी जैसी जन्म-जात या भगवत् दत्त क्षमता है, उसे उसी को विकसित करना चाहिए और उसे ही देश माता के चरणों पर अर्पण करना चाहिए।

पिछले बीस वर्षों में बंगाल में अनेक साधक, कवि साहित्यिक, वैज्ञानिक नेता हुए। उनमें अनेक अपना कर्त्तव्य पूरा कर देशवासियों को रुला स्वर्ग सिधार गये। उनके रिक्त स्थान अभी तक खाली पड़े हैं, यह कुछ कम लज्जा की बात नहीं है। बंगाली को यदि बचे रहना है तो उसे ऐसे मनुष्यों का सर्जन करना होगा जो इन रिक्त स्थानों का अधिकांश पूरा कर सकें। जो जाति वस्तुतः जीवित है, उस जाति में ऐसे महत्त्वपूर्ण स्थान इस प्रकार शून्य नहीं पड़े रहते। महापुरुषों के स्वर्गवास के बाद अन्य मनीषी उन स्थानों को भर देते हैं। जो जाति एकमन होकर जीवन के विभिन्न क्षेत्रों की साधना में लगी रहती है, उस जाति में किसी भी तरफ उपयुक्त मनुष्य का अभाव नहीं होता। बंगाल की साधना अभी पूर्ण और सर्वांग सुन्दर नहीं हुई, इसीलिए किसी महापुरुष के जाने के बाद उनके रिक्त स्थान की पूर्ति नहीं होती। सर्वांग सम्पन्न जाति का आदर्श सामने रखकर जातीय साधना में प्रवृत्त न होने से वह साधना कभी भी विजय युक्त और साफल्य मण्डित नहीं होती। राष्ट्रीय जीवन के अनेक क्षेत्र हैं, सभी क्षेत्रों में जाति को पूर्ण करना होगा। जब जागृति की बाढ़ आएगी, तब वह जीवन के सभी क्षेत्रों पर अधिकार कर लेगी। तरुण बंगाल को स्वावलम्बी होना होगा, बाहरी शक्ति पर निर्भर न होकर अपना भरोसा करना होगा। नवीन जाति की सृष्टि का उत्तरदायित्व आज युवकों पर है। इतना

बड़ा दायित्वपूर्ण कार्य सफल बनाने के लिए प्राणों की बाजी लगाकर साधना में प्रवृत्त होना होगा। बड़ी प्रसन्नता की बात है कि चारों तरफ इस साधना का विपुल आयोजन चल रहा है। इस विराट् यज्ञ में हमी निश्चेष्ट रहेंगे, यह हो ही नहीं सकता। इसीलिए कहता हूँ, हे तरुण दल! आओ, हम भी यह वाणी उच्चरित करें—

"मंत्रम् वा साधयेयम् शरीरम् पातयेयम्।"

आश्विन 1333 (बँगला)

पत्रावली

मेरा देश

(माण्डले की जेल से दक्षिण कलकत्ता सेवक समिति के सहकारी सम्पादक श्री. अनाथ बंधु दत्त को लिखा हुआ पत्र)

माण्डला जेल
दिसम्बर, 1926

सविनय निवेदन,

आपका 9 नवम्बर का पत्र यथा समय मिला। उत्तर देने में विलम्ब हुआ, कुछ ख्याल न कीजिएगा। अपनी इच्छा के अनुसार ही चलता तो पत्र नहीं लिखता, क्योंकि राजबन्दी के साथ सम्बन्ध रखना वांछनीय नहीं समझा जाता। किन्तु आप पत्रोत्तर की प्रतीक्षा करते होंगे और उत्तर पाकर सन्तुष्ट होंगे, यही समझ कर उत्तर देने बैठा हूँ।

आपने सामूहिक रूप से मुझे याद किया, मेरे स्वास्थ्य के लिए शुभ कामना की, मेरी रिहाई की कामना की तथा मेरे प्रति अपने हृदय का प्रेम प्रदर्शित किया, इसके लिए मेरी आन्तरिक कृतज्ञता स्वीकार कीजिए। स्वदेश सेवक इससे बढ़कर और क्या पारितोषिक चाह सकता है? आपका पत्र पाकर और अखबार में आपकी सभा का विवरण पढ़कर मैं आनन्दित हुआ, यह कहना न होगा। तब भी मैं समझता हूँ इस तरह का आनन्द उपभोग करना, मन की सर्वोच्चता प्रकट नहीं करता। क्या करूँ? स्वदेश सेवी होने की स्पर्द्धा रखने पर भी मैं मनुष्य हूँ। अपनत्व और ममता का निदर्शन पाकर कौन सुखी नहीं होता? प्रेम और ममता पाने की आकांक्षा पर विजय पा लेना या उससे आगे बढ़ जाना बहुत अच्छा है तथा उच्च स्वदेश सेवी के लिए हर तरह के प्रतिफल की आकांक्षा पर विजय प्राप्त कर लेना उचित है किन्तु यह अवस्था अभी तक मेरे लिए आदर्श ही है। हृदय पर हाथ रखकर बोलते समय मुझे भी Alexander Selkirk की भाषा में कहना होगा, बीच-बीच में मेरे भी मन में होता है–

"My friends do they now and then Send a wish or a thought after me."

आज पूरे चौदह महीने मुझे जेल में हुए। इनमें ग्यारह महीने बर्मा में काटे। समय-समय पर मन में होता है लम्बे चौदह महीने देखते-देखतें चले गये, किन्तु कभी मन में आता है कि न जाने कितने युग से यहाँ हूँ। जेल ही मानो घर द्वार है, यहाँ से बाहर की बात मानो स्वप्न की बात है, मानो यहाँ का एकमात्र सत्य–वास्तविकता, लोहे की गारद और प्रस्तर प्राचीर है। सचमुच यह एक विचित्र दुनिया है। रह-रहकर मन में सोचता हूँ, जिसने जेलखाना नहीं देखा उसने दुनिया का कुछ भी नहीं देखा। उसके सामने दुनिया की बहुत-सी सचाई नहीं आयी। मैं अपने मन का विश्लेषण कर समझ पाता हूँ कि ऐसे विचार ईर्ष्या के कारण नहीं उठते। वस्तुतः जेल में आकर बहुत कुछ सीखा हूँ। बहुत कुछ सत्य जो एक समय छाया के समान था, यहाँ वही स्पष्ट हो गया है तथा अनेक नवीन गम्भीर अनुभूतियों ने मेरे जीवन को सबल और गम्भीर बनाया है। यदि भगवान किसी दिन सुयोग और वाणी देंगे तो वे सब बातें देशवासियों को सुनाऊँगा। जेल में हूँ, इससे दुःखी नहीं हूँ। देश माता के लिए कष्ट सहना गौरव की बात है। Suffering में आनन्द है इसे विश्वास करिए। अगर ऐसा न होता तो आदमी पागल हो जाता, ऐसा न होता तो यातनाओं के बीच में मनुष्य का हृदय आनन्द से भरकर हँसता कैसे? जो वस्तु बाहर से suffering मालूम पड़ती है, भीतर से देखने से वही आनन्दमय मालूम होती है। निश्चय ही वर्ष के 365 दिन और दिन के 24 घण्टों में हमेशा ही यह भाव मेरे हृदय में नहीं रहता, क्योंकि अभी भी हाथों पर बेड़ियों के दाग हैं। किन्तु यह सच है कि उपरोक्त अनुभूति कम या ज़्यादा जिसके हृदय में नहीं है, वह suffering से जीवन को बल युक्त नहीं कर सकता और suffering के बीच में प्रकृतिस्थ नहीं रह सकता।

मुझे दुःख इस बात का है कि इन चौदह महीनों का बहुत-सा समय यों ही बिता दिया। अगर बंगाल की जेल में होता तो साधना के पथ में बहुत कुछ आगे बढ़ पाता। किन्तु यह तो होने को न था। अब इस समय मेरी प्रार्थना यही है कि जिसके हाथ में पताका दो, उसके हाथ में उसे धारण करने की शक्ति दो। जिस समय यहाँ से छुटकारे की कल्पना करता हूँ उस समय जितना आनन्द होता है उससे ज्यादा भय होता है कि तैयारी पूरी होते न होते कर्त्तव्य का आह्वान न आ जाए। तब यही चाहता हूँ कि जब तक तैयार न हो जाऊँ तब तक छुटकारे की बात नहीं उठे। आज मैं बाहर भीतर से तैयार नहीं हूँ इसलिए कर्त्तव्य का आह्वान भी नहीं आया। जिस दिन तैयार हो जाऊँगा, उस दिन एक मुहूर्त के लिए भी यह मुझे अटकाकर न रख सकेगा।

यही भावों का सिलसिला है, इसमें Objective truth है या नहीं, नहीं जानता। जेल में रहते-रहते subjective truth और objective truth एक हो गया है। भाव और स्मृति के सहारे रहते-रहते, भाव और स्मृति ही वास्तविक में परिणत

हो जाती है। मेरी अवस्था बहुत कुछ ऐसी ही हो गयी है। भाव ही मेरे लिए वास्तव सत्य है, क्योंकि एकत्व बोध में ही शान्ति है।

आपने लिखा है, "देश और काल के व्यवधान ने बंगाल के लिए आपको और भी अधिक प्रिय कर दिया है।" और देश काल के व्यवधान ने बंगाल को मेरे सामने कितना सुन्दर, कितना वास्तविक बना दिया है, यह मैं कह नहीं सकता। देशबन्धु ने कहा है, "बंगाल के जल और मिट्टी में एक चिरंतन सत्य है" इस उक्ति की सत्यता यदि यहाँ एक साल नहीं रहता, तो इस प्रकार थोड़े ही समझ पाता। बंगाल के शस्य श्यामल मनोहर क्षेत्र, मधुगन्ध—वह मुकलित आम्र कानन, आरति धूप धूम्राच्छादित मन्दिर, फलकवत् ग्राम्य कुटीर, मेरी आँखों के सामने नाचता रहता है। ओह! ये सब दृश्य कल्पना में भी कितने सुन्दर हैं।

सवेरे या दोपहर को जब मेघों के टुकड़े, आँखों के सामने आ-आकर चले जाते हैं, तब मन में होता है कि विरही यक्ष की तरह मैं भी अपने अन्तरतम प्रदेश का सन्देश वंग माताओं के चरणों में निवेदन करूँ—भेज दूँ। आखिर वैष्णवों की भाषा में लिख भेजता हूँ—

"तोमारेई लागिया फोलंकेर बोझा,
बोहिते आमार सुख।"

सायंकाल के बढ़ते हुए अन्धकार के आक्रमण से जब मार्तण्ड माण्डले के दुर्ग की प्राचीरों के पीछे छिप जाता है, अस्तोन्मुख सूर्य की सुनहली किरणों से जब पश्चिम प्रदेश रंजित हो जाता है और उसी समय जब असंख्य रिक्तमेघ सूर्य की लाल किरणों से रूप बदलकर लाल-लाल दिखलायी पड़ते हैं, उस समय बंगाल के सुहावने सूर्यास्त की याद आती है। इस काल्पनिक दृश्य में भी इतना सौन्दर्य यह पहले नहीं जानता था।

प्रातःकाल की विचित्र वर्णच्छटा जब पूर्वाकाश को रंजित करती है, तब निद्रालस नयनों की पलकों पर आघात करके कोई कहता है, "अन्धे जागो।" उस समय और भी एक सूर्योदय का स्मरण होता है, जिस सूर्योदय में कवि और साधकों ने माँ का दर्शन पाया है।

जाने दो—शायद मैं pedantic हुआ जा रहा हूँ। किन्तु यह pedantry नहीं, वाचालता है। भावों का आदान-प्रदान बन्द होने पर, फिर एकाएक सुयोग मिलने पर जो होता है, उसी का एक दृष्टान्त है। Engine समय-समय पर जैसे अपनी स्टीम बाहर छोड़कर आत्मरक्षा करता है, बस, ऐसी ही मेरी अवस्था है।

सेवक समिति का काम सुचारु रूप से चल रहा है, सुनकर सुखी हुआ। Lansdowne ब्रांच के साथ किसी तरह का मनोमालिन्य न होना चाहिए। आशा है, वे लोग कामकाज ठीक चला रहे होंगे। दक्षिण कलकत्ता सेवाश्रम के Orphanage

के लिए कुछ करें तो बड़ा अच्छा होगा। इसकी विशेष उन्नति नहीं हो रही है, किन्तु यह काम बहुत जरूरी है।

आप लोगों को पहचानने में कष्ट या असुविधा नहीं है। आशा है, आप सब सकुशल होंगे। मेरा प्रीतिसंभाषण और आलिंगन ग्रहण करें। इति–

समाज-सेवा और गृह-शिल्प

(श्री अनिल बन्धु को लिखे गये पत्र का अंश)

माण्डला जेल

सविनय निवेदन,

आपका पत्र पाकर और सब समाचार जानकर आनन्दित हुआ। कार्य समिति के अधिकांश सदस्य सेवाश्रम के कामों में दिलचस्पी नहीं लेते, इससे आप निराश या चिंतित न हों। अधिकांश कार्यकारिणी समितियों की यही हालत है। अपनी सेवा और लगन से ही दूसरों में सेवा और लगन की भावना जगाना होगा। गाँव में दूसरे के दुःख के प्रति समवेदना और आग्रह का भाव जागृत हुए बिना सेवाकार्य संभव नहीं होता। इसके बिना यदि सम्भव भी हो तो सार्थक नहीं होता। आपकी आन्तरिक सेवा और लोकप्रियता के कारण दूसरों के हृदयों में भी वैसे ही भाव जागृत होंगे, यही मेरा विश्वास और आकांक्षा है।

सेवाश्रम-भवन के साथ फुलवारी लगाने लायक जमीन है क्या? महीने में 140 तक का चन्दा आ जाता है सुनकर सुखी हुआ। मकान का किराया क्या है? मकान कितने तल्लों का है तथा कुल कितने कमरे हैं? कारपोरेशन प्राइमरी स्कूल में कितने छात्र हैं और किस जाति के छात्र पढ़ने आते हैं। सेवाश्रम के छात्रों को किस तरह की शिक्षा दी जाती है, इसका विवरण भेजिएगा। सेवाश्रम में नौकर हैं क्या? यदि हैं तो कितने हैं? भोजन कौन बनाता है? बालकों में कितने ताँत और Sewing machine का काम सीखते हैं। बुनने का काम और सीने का (साधारण कोट, कुर्ता आदि) कितने दिन में सिखलाया जा सकता है।

बालकों का average intelligence कैसा है? सेवाश्रम के सम्बन्ध में यथासंभव विवरण भेजिएगा। उसे पढ़कर कुछ परामर्श देने की चेष्टा करूँगा। बालकों के भोजन की क्या व्यवस्था है? बीमारी में चिकित्सा का क्या इन्तजाम है? चिकित्सा और दवा के लिए दाम देने पड़ते हैं कि नहीं? इति–

2

माण्डला जेल

सम्भव है आपने अब तक सुन लिया होगा कि हमारा अनशन व्रत बिलकुल निरर्थक या निष्फल नहीं हुआ। सरकार हमारे धार्मिक अधिकार मानने को बाध्य हुई। अब से बंगाल के बन्दी पूजा (दूर्गापूजा) के खर्च के लिए 30 रुपए एलाउन्स (allowance) पाएँगे, तीस रुपए बहुत कम हैं और इससे हमारा खर्चा पूरा न होगा, किन्तु जिस principle को सरकार अब तक मानना नहीं चाहती थी, उसे अब स्वीकार कर लिया है, यही हमारे लिए सबसे बड़ा लाभ है। रुपए की बात तो सब जगह, सब समय, बिलकुल मामूली बात है ? पूजा करने देने की माँग के सिवा सरकार ने हमारी अन्य माँग स्वीकृत की है। वैष्णव भाषा में कहने जाने पर इसे इस तरह कहना होगा कि "एहि वाह्य"। यानी अनसन व्रत का सबसे बड़ा लाभ अन्तर का विकास और आनन्द लाभ है, माँग स्वीकार करा लेने की बात तो बाहरी लौकिक बात है। Suffering के सिवा मनुष्य कभी भी अपने आन्तरिक आदर्श के साथ अभिन्नता महसूस नहीं कर सकता और कसौटी पर चढ़े बिना मनुष्य कभी स्थिर निश्चित भाव से नहीं कह सकता कि उसके भीतर कितनी अपार शक्ति है। इसी अभिज्ञता के आधार पर मैं अब अपने को और भी अच्छी तरह पहचान सका हूँ तथा अपने पर मेरा विश्वास सौ गुना बढ़ गया है।

Social Service के द्वारा हमें गृहशिल्प-प्रतिष्ठा की चेष्टा करना होगा। Commercial Museum, Bengal Home Industries Association आदि प्रतिष्ठान या दुकान देखने से हमारे मन में नवीन भाव आ सकते हैं। बंगाल गवर्नमेंट द्वारा प्रकाशित शिल्प-विभाग की वात्सरिक रिपोर्ट (Administration Report of the Department of Home Industries) देखने से भी हमारा लाभ हो सकता है। सबसे आवश्यक बात यह है कि जहाँ गृहशिल्प हों, वहाँ जाकर अपनी आँखों से देखने और जानने से ही लाभ हो सकता है। कुटीर-शिल्प के लिए बहुत बड़ी रकम चाहिए, ऐसा मेरा विश्वास नहीं है। सबसे पहले ज़रूरी यह है कि सभा का एक सदस्य ऐसा होना चाहिए, जो सिर्फ इसी विषय में दिलचस्पी रखे, इस विषय की सब बातें जाने और पुस्तकादि पढ़े तथा जहाँ कुटीर-शिल्प चलने की ज़रा भी सम्भावना हो वहाँ जाकर अपनी आँखों से सब कुछ देखे सुने। जब काम चलाने का निश्चय हो जाए तब जिसके जिम्मे काम चलाने का भार हो उसे पहले से उस काम की शिक्षा के लिए उपयुक्त स्थान पर भेजकर शिक्षा दिलवाना चाहिए। पहले से ही Polytechnic Institute में भेजने का प्रयोजन नहीं है। Electroplating का काम

सिखाने की ज़रूरत नहीं है। क्योंकि सिलाई का काम अपने यहाँ सिखाया ही जाता है और Electroplating सिखाने से कोई फायदा नहीं होगा। मुझे जहाँ तक याद है, मैं एक बार वहाँ गया हूँ। Polytechnic के सब कामों में वेत का सामान बनाने और मिट्टी के खिलौने आदि बनाने का काम गृह-शिल्प के ढंग पर चलाया जा सकता है। इसमें भी वेत के काम के बारे में मुझे सन्देह है कि स्त्रियों से यह काम करवाया जा सकेगा या नहीं? अब यदि मिट्टी के खिलौने आदि का काम चलाने का विचार हो तो कोई भी एक आदमी वहाँ जाकर कुछ ही दिनों में सीखकर आ सकता है। इसमें खर्च भी कुछ न बढ़ेगा और जब यह काम शुरू किया जायेगा, तब सिर्फ रंगों में कुछ ख़र्च करना पड़ेगा, इसके सिवा और ख़र्च बहुत कम होगा। सौ बात की एक बात यह है कि एक आदमी को इसी के पीछे हाथ धोकर पड़ जाना होगा, He must become mad over it.

और एक बात बार-बार मेरे मन में आती है, सम्भव है पहले भी इस विषय में लिख चुका हूँ, बटन तैयार करने के सम्बन्ध में। ढाका जिले में अनेक गाँवों में यह काम होता है। गरीब गृहस्थ अपने फुरसत के समय यही काम करते रहते हैं। एक आदमी को बहुत शीघ्र ही यह काम सिखाया जा सकता है। अथवा एक ऐसे आदमी को नियुक्त किया जा सकता है जो यह काम जानता हो और सिखा सकता हो।

अख़बार में विज्ञापन देने से ऐसा आदमी मिल सकता है। मेरा ख्याल है कि पत्थर पर घिसकर बटन तैयार किये जा सकते हैं। छेद करने और गोल काटने के लिए यंत्र की ज़रूरत पड़ेगी। कुछ यंत्र और एक बोरा सीप और घोंघा से ही काम शुरू किया जा सकता है। जिनको सहायता की ज़रूरत है उन्हीं से यह काम शुरू करवाना चाहिए, किन्तु काम चल निकलने पर गरीब गृहस्थ अपनी आय बढ़ाने के लिए यह काम खुद ही करने लगेंगे। समिति सस्ते भाव में raw materials दे और तैयार माल बेचने का प्रबन्ध करे। यह काम शुरू करने पर पहले इसमें काफी समय लगाना होगा। इति—

3

माण्डला जेल

आपने पहले जो कागज़ात भेजे थे, वे सब मिल गये थे। कल पुस्तकालय का सूचीपत्र आदि मिला। समिति का कार्य दिनों दिन बढ़ रहा है, उससे मैं कितना आनन्दित हूँ, यह लिख नहीं सकता।

आप लोगों ने ख़र्चा बाद देकर इतने रुपए जमा कर लिये यह जानकर सुखी हुआ। चरखा, सूता आदि के विषय में आपने जो कुछ लिखा है, उससे मैं सहमत हूँ। तब भी अभी से कोशिश बन्द नहीं करना चाहिए। आपने पहले एक पत्र में लिखा था कि रूई की खेती के लिए एक महाशय अस्सी बीघा जमीन देने को तैयार हैं, वे महाशय अभी भी तैयार हों तो रूई की खेती में पहले-पहले अधिक ख़र्च नहीं पड़ेगा। दो-एक मालियों के वेतन और बीजों के दाम लायक रुपयों का प्रबन्ध करने से साल भर में ही हमें उसका फल मिल जायेगा। कृषि विभाग (Agricultural Department) से यह जान लेना होगा कि किस जाति की रूई के बीज बोने चाहिए। जिन गृहशिल्पों का श्रीगणेश कर चुके हैं, उनमें यदि नुकसान न हो, थोड़ा लाभ भी हो तो चलाते रहिएगा। फिर अधिक लाभ का काम चल जाने पर यह काम बन्द किया जायेगा। इस समय जो शरणागत हैं, उनसे कुछ न कुछ काम अवश्य कराना चाहिए। भीख माँगना छोड़कर जब वे काम करने लगेंगे तब उन्हें लाभजनक व्यवसाय में लगा देने से बहुत उत्तम फल मिलेगा। फिलहाल गृहशिल्प में आर्थिक लाभ न भी हो तो काम करने की तरफ रुचि और dignity of labour की भावना जगाने और बढ़ाने से समाज का बड़ा लाभ होगा। कुटीर शिल्प के सम्बन्ध में यदि आप श्री मदनमोहन वर्मन से मिलें तो बड़ा अच्छा हो।

बड़ी, अचार, चटनी आदि तैयार हों तो ये चीज़ें भी चल सकती हैं। स्त्रियाँ, विशेषकर विधवाएँ यह काम आसानी से कर सकती हैं। किन्तु ये काम सिखाने वाला आदमी मिल सकेगा क्या? बाज़ार में बेचने के लिए इन चीज़ों का बहुत उत्तम होना ज़रूरी है। यदि अच्छी चीज़ तैयार होने की संभावना हो तो इसका experiment किया जा सकता है। Raw materials देकर आप तैयारी माल ले सकते हैं, बिक्री की ज़िम्मेदारी आपकी रहेगी। या वे खुद ही raw materials संग्रह कर माल तैयार कर आपके पास आकर बेच जा सकती है। काम शुरू करने से पहले दुकानदार से बातचीत करना ज़रूरी है कि वे हमारा माल लेंगे या नहीं। Raw materials अच्छा होने से माल अच्छा बनेगा, पर इसमें चोरी की भी सम्भावना है। जो ये काम करेंगी वे ग़रीब होंगी, फिर वे आम, नींबू, तेल, मिर्च आदि पाने पर उन्हें अपने उपयोग में लाने के लिए नहीं ललचाएँगी, यह कौन कह सकता है? फिर यदि वे खुद raw materials लेंगी तो तेल वगैरह सस्ता ले सकती हैं और फलस्वरूप चीज़ बढ़िया तैयार न होगी। इस सम्बन्ध में आप दोनों तरफ़ की बातें सोच समझ कर ही कुछ निर्णय करें। इसके सिवा यह जानना भी ज़रूरी है कि बाज़ार में इन सब चीज़ों के ख़रीदार कैसे हैं? मेरा ख़्याल है कि conscientious recipients नहीं मिलने पर इस काम में सफलता नहीं मिल सकती। ग़रीब भले गृहस्थों द्वारा यह काम चल सकता है। माल तैयार होकर आते ही उसका दाम या मजदूरी चुका देना पड़ेगा और माल को न बिकने तक भण्डार में रखना होगा।

समिति को एक और काम में हाथ लगाना चाहिए। कलकत्ते में प्रेसीडेन्सी और अलीपुर दो जेल हैं। जेल के अस्पताल में यदि कोई हिन्दू मर जाए और उसके सम्बन्धी कलकत्ते में न हों तो उसकी दाह क्रिया उचित रूप से नहीं होती–डोम या मेहतर को पैसे देकर यह काम कराया जाता है। इस काम के लिए मुसलमानों का Burial Association है, जो मुसलमान कैदी के मरने की ख़बर पाते ही उचित व्यवस्था करता है। मृत हिन्दू कैदियों के लिए एक ऐसा organization चाहिए। सेवक समिति क्या इस कार्य का भार ले सकती है? यदि आपकी राय हो तो वसन्त बाबू की मार्फत जेल सुपरिंटेंडेंट को पत्र लिखा जा सकता है कि सेवक समिति इस कार्य का भार लेने के लिए तैयार है। आप यदि इस सम्बन्ध में कोई व्यवस्था न कर सके तो मैं जेल से आने पर इस सम्बन्ध में विशेष प्रयत्न करूँगा। आदमी न होने पर मैंने खुद कई बार यह काम किया है। ऐसे काम में स्वयंसेवक बनने के लिए मैं हमेशा तैयार हूँ।

गृह-शिल्प चलाना चाहते हों तो एक काम आवश्यक है। किसी युवक को कासिम बाजार polytechnic या इसी तरह की दूसरी संस्था में काम सीखने के लिए भेजना होगा। कासिम बाज़ार स्कूल में मिट्टी के खिलौने और देव-देवियों की मूर्तियाँ बहुत अच्छी तैयार होती हैं। सहायता चाहनेवालों को ऐसे काम में लगाया जा सके तो उनके द्वारा तैयार माल बंगाल भर में बिक सकता है। यहाँ पर एक शिल्प और भी प्रचलित है, रंगीन काग़ज़ों से फूल, पेड़, पत्तियाँ, गुलदस्ते, चीनी लालटेन आदि बनाना। ये चीज़ें इतनी सुन्दर होती हैं कि देखने पर एकाएक मन में यह बात नहीं उठती कि ये चीज़ें असली नहीं, बल्कि काग़ज़ की हैं। भले घरों के छोटे बच्चे यह काम कर सकते हैं, यह बिलकुल आसान है।

ढाका ज़िले में कुटीर शिल्प के ढंग पर बटन तैयार होते हैं, वहाँ घर-घर में यह काम होता है, किसी आदमी को वहाँ यह सब देखने के लिए भेजा जा सकता है।

स्वास्थ्य विषयक व्याख्यान और मेजिक लालटेन के प्रदर्शन की व्यवस्था भावानी पुर की तरफ करना अच्छा होगा। जहाँ ग़रीब रहते हैं, वहाँ व्याख्यान की सख्त ज़रूरत है, यदि सम्भव हो तो मेजिक लालटेन आदि ख़रीदने की व्यवस्था कीजिए। प्रदर्शन के लिए तस्वीरें किसी से बनवा लेना शायद अच्छा होगा। इति–

4

(दक्षिण कलकत्ता सेवक समिति के अन्यतम कर्मी श्रीमान् हरिचरण बागची को लिखे हुए पत्र का अंश)

माण्डला जेल
3-7-25

तुम्हारे तीन पत्र यथासमय मिले। उत्तर देने का अवसर नहीं मिला, इसके सिवा शरीर भी ठीक नहीं है। किसी तरह के काम में (लिखने-पढ़ने में भी) मन नहीं लगता। पहले हफ्ते में दो पत्र लिख पाता था, अब सिर्फ़ एक लिख पाता हूँ। फलस्वरूप, उत्तर देने का अवसर न मिलने के कारण दो-तीन महीने की चिट्ठियाँ जमा हो जाती हैं।

Social Service विभाग का प्रधान उद्देश्य होना चाहिए—ग़रीब की सहायता कर उसके द्वारा काम कराना। सिर्फ दान करना Organised Charity का उद्देश्य नहीं हो सकता। प्रतिदान न देकर दान ग्रहण करना आत्म सम्मान के लिए हानिकर है, यही भाव ग़रीब सहायता चाहने वालों के मन में जगाना चाहिए। तब भी यदि कोई सहायता लेकर भी बदले में काम करना न चाहे, तो उसकी सहायता बन्द कर देना अच्छा है। पर इसके पहले दो-एक बातों पर विचार करना ज़रूरी है—

(1) जो सहायता लेता है उसे काम करने की फुर्सत होना चाहिए। यानी यदि कोई विधवा सहायता लेती हो और उसे गृहस्थी के कामों से अवकाश न मिलता हो तो उससे काम करने की जिद्द करना बेकार है। हमें देखना चाहिए कि सहायता पाकर कोई आलस्य में समय तो नहीं बिता रहा है। इसलिए जाँच-पड़ताल करना आवश्यक है। समय और शक्ति रहने पर भी जो काम नहीं करते उनकी सहायता बन्द कर देना चाहिए।

(2) जिनमें शारीरिक बल नहीं है तथा जिनके यहाँ कोई काम करने वाला आदमी न हो, उनसे काम कराने के लिए जिद न करना चाहिए।

(3) काम कराने में vartiey of choice होना चाहिए, क्योंकि सबसे सब काम नहीं हो सकते। पहले सहज काम करवाना चाहिए, फिर ज़रा मुश्किल काम सिखाना चाहिए।

(4) जिनसे काम लेना हो उन्हें काम भी सिखाना चाहिए। अनेक काम ऐसे हैं जिन्हें आदमी जब तक सीख नहीं लेता, करने में सकुचाता है। ऐसे काम आदमी अपने मन से करने के लिए तैयार नहीं होता, किन्तु काम सीख लेने पर करने लगता है।

हम भिक्षुक जाति में परिणत हो गए हैं, इसीलिए भिक्षुक की मनोवृत्ति एक

दिन में नहीं बदल जाएगी। तुम यदि आशा करोगे कि यह मनोवृत्ति एक दिन में बदल जाएगी तो निराश होना पड़ेगा। Social service में असीम धैर्य की ज़रूरत है।

तुम्हारा काम होना चाहिए, raw materials, जैसे—रद्दी काग़ज़, घोंघा, सीप आदि का प्रबन्ध कर देना। जो सहायता ग्रहण करते हैं, वे raw materials से माल तैयार कर देंगे। तैयार माल बेचने की जिम्मेदारी तुम्हारे ऊपर है, उसके लिए तुम लोगों को भिन्न-भिन्न दूकानदारों के साथ ऐसा प्रबन्ध करना चाहिए कि वे चीज़ों को बेच दें। इन सब चीज़ों की विक्री से जो आय होगी, उसमें ख़र्चा बाद देकर जो रकम बची रहेगी उससे आंशिक रूप से सहायता दान का काम चल जाएगा। Public Charity पर हमेशा निर्भर न रहकर स्थायी आय की व्यवस्था करना होगा। हाँ, यह सब काम समय सापेक्ष और व्ययसाध्य है। पुस्तकालय के लिए किताब न ख़रीदकर लेखकों और भले आदमियों से किताबें संग्रह करने का प्रयत्न करो।

अनिल बाबू से कहना कि पुस्तकालय के लिए hap-hazardly पुस्तकें एकत्र न कर, एक method से संग्रह करें। हाँ, बिना दाम जो किताबें मिलें, वे रखी जा सकती हैं। तब भी एक प्रणाली होना चाहिए। पहले बँगला, अंग्रेजी और यूरोपीय साहित्य के प्रसिद्ध लेखकों की किताबें संग्रह करना चाहिए। इसके बाद भारत का इतिहास तथा पृथ्वी के सब देशों का इतिहास संग्रह करो। इसके बाद विज्ञान सम्बन्धी पुस्तक और महापुरुषों की जीवनी संग्रह करो। साथ ही साथ कृषि, राजनीति, वाणिज्य सम्बन्धी पुस्तकें भी संग्रह करना चाहिए। एक साथ सब तरह की पुस्तकें संग्रह की जा सकें तो बहुत अच्छा है। लगभग सभी विषयों की पुस्तकें रखना चाहिए ताकि चाहे जिस तरह की रुचि का आदमी हो, माँगने पर किताब पा सके। रद्दी उपन्यास रखने की ज़रूरत नहीं है, मगर अच्छे उपन्यास अवश्य रखने चाहिए। यानी कम ख़र्च में एक आदर्श पुस्तकालय होना चाहिए।

दूर देश से सूत ख़रीदकर बहुत समय तक weaving depot नहीं चलाया जा सकता। जिनकी सहायता करते हो उनके घर में तथा समिति के सदस्यों के घर में सूत उत्पादन की चेष्टा करना चाहिए। भवानीपुर या उसके आसपास से थोड़ा सूत भी न मिल सका तो तुम्हारा परिश्रम व्यर्थ है। और भी एक बात जान लेना चाहिए कि यदि स्थानीय लोग संस्था के लिए सूत तैयार करने लगें, तो समझना चाहिए कि संस्था के प्रति उनकी वास्तविक सहानुभूति है। स्थानीय सहानुभूति के अभाव में कोई भी प्रतिष्ठान अधिक दिन तक नहीं चल सकता।

ऐसे आदमी भी मिल सकते हैं जो सूत कातेंगे पर बेचेंगे नहीं, किन्तु उनके

काते हुए सूत से धोती साड़ी बनाकर दे सको तो वे सूत कातकर देते रहेंगे। पहले अनेक सूत देकर धोती या साड़ी बनवाते थे। आजकल की हालत मैं नहीं जानता। तब भी मैं समझता हूँ सूत लेकर धोती साड़ी तैयार करवाकर देने की व्यवस्था होनी चाहिए। प्रत्येक सदस्य के घर में सूत काता जाए इसका ध्यान रखना चाहिए। इति—

चरित्र गठन और मानसिक उन्नति

(दक्षिण कलकत्ता सेवक समिति के श्री हरिचरण बागची को लिखे गये पत्र का अंश)

माण्डला जेल

तुमने जो लिखा, ठीक है, वास्तविक कार्यकर्ता का बड़ा अभाव है। तब भी जैसा उपादान मिलता है, उसे लेकर ही काम चलाना पड़ता है। जीवन न देने से जैसे जीवन नहीं पाया जाता, प्रेम किये बिना प्रतिदान में जैसे प्रेम नहीं मिलता, वैसे ही स्वयं आदमी बने बिना आदमी को 'आदमी' नहीं बनाया जा सकता।

राजनीति का स्रोत क्रमशः जिस प्रकार पंकिल होता जा रहा है उससे मन में यही होता है कि कुछ समय तक राजनीति से देश का विशेष उपकार नहीं हो सकता। सत्य और त्याग—ये दो आदर्श राजनीति से जितने ही दूर होते जाते हैं राजनीति की कार्यकारिता का उतना ही ह्रास होता जाता है। राजनैतिक आन्दोलन नदी के स्रोत की तरह कभी स्वच्छ, कभी पंकिल, सभी देशों में हो जाता है। बंगाल में राजनीति की अवस्था जैसी भी हो, तुम उस तरफ़ ध्यान न देकर सेवा कार्य में अग्रसर होते जाओ।

तुम्हारे मन की वर्तमान असन्तोष पूर्ण अवस्था का कारण क्या है, यह तुम समझ सके हो या नहीं, मालूम नहीं, पर मैं समझ सका हूँ। सिर्फ़ काम से मनुष्य का आत्म-विकास सम्भव नहीं हो सकता। बाहरी काम के साथ लिखने-पढ़ने और ध्यान धारणा की भी ज़रूरत है। काम से जैसे बाहर की उच्छृंखलता नष्ट हो जाती है और मनुष्य संयत हो जाता है, उसी प्रकार लिखने-पढ़ने और ध्यान-धारणा से internal diseipline, यानी आन्तरिक संयम प्रतिष्ठित होता है।

भीतर के संयम के बिना बाहर का संयम स्थायी नहीं होता। और एक बात है, व्यायाम से जैसे शरीर की उन्नति होती है, उसी प्रकार साधना से सद्वृत्तियाँ

जागृत होती हैं और भीतरी शत्रुओं का नाश होता है। साधना के उद्देश्य दो हैं–(1) भीतरी शत्रु-भय, काम, स्वार्थपरता पर विजय पाना, (2) प्रेम, शक्ति, बुद्धि, त्याग आदि गुणों का विकास होना।

काम जय का प्रधान उपाय है, स्त्री मात्र में मातृरूप का दर्शन करना और स्त्री मूर्ति (दुर्गा, काली आदि) में भगवान का चिन्तन करना। स्त्री मूर्ति में गुरु या गोविन्द का ध्यान करने से मनुष्य स्त्री मात्र में भगवान देखने का अभ्यस्त हो जाता है। इसीलिए महाशक्ति को मूर्त करते समय हमारे पूर्व पुरुषों ने स्त्री मूर्ति की कल्पना की थी। व्यावहारिक जीवन में स्त्री मात्र को माँ के भाव से देखते रहने से मन क्रमशः पवित्र और शुद्ध हो जाता है।

भक्ति और प्रेम से मनुष्य निस्वार्थ हो जाता है। मनुष्य के हृदय में जब किसी आदर्श के प्रति प्रेम और भक्ति बढ़ती है, तब उसी अनुपात में स्वार्थपरता कम हो जाती है। प्रेम करते-करते भक्त क्रमशः सम्पूर्ण संकीर्णता छोड़कर विश्व में लीन हो जाता है। मनुष्य जिस विषय का अधिक ध्यान करता है, वैसा ही हो जाता है। जो अपने को दुर्बल और पापी समझता है वह दुर्बल हो जाता है। जो हमेशा अपने को पवित्र और शक्तिमान अनुभव करता है वह शक्तिमान और पवित्र हो जाता है। कहा भी है, ''यादृशी भावना यस्य सिद्धिर्भवति तादृशी।''

भय जय करने का उपाय शक्ति-साधना है। दुर्गा, काली आदि मूर्ति शक्ति का रूप विशेष है। शक्ति के किसी भी रूप की मन में कल्पना करने और उससे शक्ति पाने की प्रार्थना करने, उसके चरणों में मन की सम्पूर्ण मलिनता और दुर्बलता बलिदान करने से मनुष्य शक्ति-लाभ कर सकता है। हमारे अन्दर अनन्त शक्ति निहित है। उसी शक्ति को जगाना होगा। पूजा का उद्देश्य है–मन में शक्ति को जगाना। हर एक को शक्ति का ध्यान कर पाँचों इन्द्रियों तथा काम आदि रिपुओं का उसके चरणों पर बलिदान करना चाहिए। पंच प्रदीप का अर्थ है–पाँचों इन्द्रियाँ। पाँचों इन्द्रियों की सहायता से माँ की पूजा होती है। हमारे आँखें हैं, इसीलिए हम रूप की कल्पना करते हैं, नाक है, इसलिए धूपादि सुगन्धित द्रव्य जलाते हैं आदि। बलि का अर्थ है, कामादि रिपुओं की बलि करना। बकरा काम का ही रूप विशेष है।

साधना से एक तरफ़ शत्रुओं का नाश दूसरी तरफ़ सद्वृत्तियों का विकास होता है। रिपुओं के नाश के साथ ही साथ हृदय दिव्य भाव से पूर्ण हो उठता है तथा जैसे ही दिव्य भाव हृदय में प्रवेश करते हैं, दुर्बलताएँ भाग जाती हैं।

रोज (संभव हो तो) इसी प्रकार ध्यान करना। कुछ दिन अभ्यास करने के बाद हृदय को शक्ति मिलेगी, शान्ति भी अनुभव करोगे। स्वामी विवेकानन्द की किताबें पढ़ सकते हो, उनके पत्र और व्याख्यान सब कुछ मिलेंगे। 'पत्रावलि' और व्याख्यान पढ़े बिना और किताबें पढ़ना ठीक नहीं। "Philosophy of Relegion jnan yoga" इस तरह की किताबें पहले मत पढ़ना। इसके बाद साथ-साथ "श्री श्री रामकृष्ण कथामृत" पढ़ सकते हो। रवि बाबू की अनेक कविताओं में काफी inspiration मिलेगा। डी. एल. राय की, मेवाड़ पतन, दुर्गादास आदि किताबें पढ़ने से शक्ति मिलती है। बंकिमबाबू और रमेशदत्त के ऐतिहासिक उपन्यास खूब शिक्षाप्रद हैं। नवीन सेन का 'प्लासी का युद्ध' पढ़ सकते हो। शिखेर बलिदान, शायद श्रीमती कुमुदनी वसु की लिखी हुई अच्छी किताब है। Victor Hugo का Les Mesrables संभवतः पुस्तकालय में होगी, पढ़ना, अच्छी सीख मिलेगी। जल्दी में अभी अधिक किताबों की तालिका नहीं दे सका। समय मिलने पर सोचकर एक तालिका भेजूँगा। इति—

2

माण्डला जेल

स्वास्थ्योन्नति के लिए रोज व्यायाम करो तो बड़ा उपकार होगा। Mullar की 'My System' नामक किताब कहीं से लेकर उसके अनुसार व्यायाम करना अच्छा होगा। मैं मूलर के बताये व्यायाम अक्सर किया करता हूँ, उनसे लाभ पाता हूँ। मूलर के बताये व्यायाम की विशेषताएँ हैं कि (1) कुछ ख़र्च नहीं होता और थोड़ी ही जगह में व्यायाम हो जाता है, (2) व्यायाम में अतिरिक्त परिश्रम नहीं होता इसलिए अधिक परिश्रम से होने वाली क्षति नहीं होती, (3) सिर्फ अंग विशेष की चालना नहीं होती बल्कि सभी मांसपेशियों की कसरत होती है, (4) परिपाक शक्ति बढ़ती है।

मेरा ख़्याल है, हमारे देश में, विशेषकर छात्रों में मूलर के व्यायाम का विशेष प्रचार हो तो बहुत उपकार हो।

रोजमर्रा का काम करके ही सन्तोष कर लेने से कुछ नहीं होगा। इन सब कामों का जो उद्देश्य या आदर्श है, यानी आत्म-विकास-साधन, उसे नहीं भूलना चाहिए। काम करते रहना ही जीवन का मूल उद्देश्य नहीं है, बल्कि काम के बीच में से चरित्र का विकास और चरित्र का सर्वांगीण विकास आवश्यक है। यद्यपि प्रवृत्ति और व्यक्तित्व के अनुसार व्यक्ति को एक तरफ विशेषत्व प्राप्त करना होगा, किन्तु इस विशेषत्व के मूल में सर्वांगीण विकास चाहिए। जिस व्यक्ति की सर्वांगीण उन्नति नहीं होती उसके मन को शांति प्राप्त नहीं होती, वह भीतर से सुखी नहीं होता, उसके मन में एक शून्यता, एक अभाव आखिर तक रह जाता है। इस सर्वांगीण विकास के लिए आवश्यक है, (1) व्यायाम चर्चा, (2) नियमित अध्ययन, (3) दैनिक ध्यान और चिन्तन। कार्य की अधिकता से बीच-बीच में इनकी तरफ से नज़र फिर जाती है या ध्यान रहने पर भी समय नहीं रहता, किन्तु कार्यभार कम होते ही इनकी तरफ़ ध्यान देना चाहिए। दैनिक काम करके ही निश्चिन्त हो

जाने से नहीं चलेगा, उसी में से व्यायाम, पठन-पाठन और ध्यान-चिन्तन के लिए भी समय निकालना होगा। इन तीनों अत्यावश्यक कामों के लिए यदि आदमी प्रति दिन डेढ़-दो घण्टे भी निकाल सके तो बड़ा लाभ हो। मूलर का कहना है कि रोज उसके कहने के अनुसार पन्द्रह मिनट भी व्यायाम में ख़र्च करे तो यथेष्ट है और पन्द्रह मिनट ध्यान चिन्ता में लगावे तो कुल आधा घण्टा हुआ। एक घण्टा पढ़ने के लिए रखा जाए तो कुल डेढ़ घण्टा हुआ, इसमें रोजाना अखबार पढ़ना शामिल नहीं है। फिर जितना ज्यादा समय दे सको, उतना ही लाभ होगा। हर एक को अपनी सुविधा के अनुसार डेढ़ घण्टा निकाल लेना होगा। ध्यान धारणा के सम्बन्ध में पिछले पत्र में कुछ लिखा है, इसीलिए इस पत्र में नहीं लिख रहा हूँ। मैं पुस्तकों की तालिका दे रहा हूँ। ये किताबें सालभर पढ़ने के लिए काफी हैं।

प्राथमिक शिक्षा और उच्च शिक्षा का एक बड़ा फर्क यही है कि प्राथमिक शिक्षा में facts का परिचय रहता है और उच्च शिक्षा में उसके साथ विश्लेषण और व्याख्या जुड़ जाती है। प्राथमिक शिक्षा में ऐन्द्रिक शक्ति पर विशेष निर्भर रहना पड़ता है। उच्च शिक्षा में ऐसी बातें सिखलायी जाती हैं, जिसे छात्र देख नहीं, पर समझ सकता है। और एक बात है सिखाने के समय इन्द्रिय की सहायता जितनी अधिक ली जाएगी, सीखने वाले को सीखने में उतनी ही आसानी होगी। जैसे–बाँसुरी या इसी तरह का बाजा सिखाना हो तो, छात्र यदि बाँसुरी को देखे, छुए, बजाकर उसकी आवाज़ कान से सुने तो बाँसुरी बजाना बहुत शीघ्र जान जाएगा। क्योंकि दृष्टिशक्ति, श्रवण शक्ति, स्पर्श शक्ति को उसने एक साथ काम में लगाया। गोद का बच्चा कोई चीज़ देखते ही उसे छूना चाहता है, खाना चाहता है, उसका कारण यही है कि बालक सब इन्द्रियों से बाहर का ज्ञान प्राप्त करना चाहता है। इसलिए प्रकृति के नियम के अनुसार यदि सब इन्द्रियों से ज्ञान प्राप्त करने का प्रयत्न किया जाए तो बहुत ही शीघ्र फल मिलेगा। गणित मुखस्थ न कराकर यदि हम छात्र को ईंट पत्थर या काठ के टुकड़ों से उसे इस विषय की शिक्षा दें तो वह आसानी से समझ सकता है।

और एक बात है, मानसिक शिक्षा के साथ ही साथ शिल्प शिक्षा की व्यवस्था भी होना चाहिए। खिलौने बनाना, मिट्टी से मानचित्र बनाना, तस्वीर बनाना, रंगों का व्यवहार करना, गाना सिखाना आदि की व्यवस्था भी होनी चाहिए। इससे शिक्षा सर्वांगपूर्ण होगी, यह नहीं बल्कि लिखने-पढ़ने में भी विशेष उन्नति होगी। पाँच तरह की चीज़ें सिखाने से बालकों की बुद्धि बढ़ती है, लिखने-पढ़ने में मन लगता है और वे पढ़ने का नाम सुनते ही भागते नहीं हैं। पाँच तरह की चीज़ न सीखकर यदि 'रट्टू' पढ़ाई ही पढ़ाई जाए तो बालक लिखने-पढ़ने से दूर भागता है और उसकी बुद्धि विकसित नहीं होती। बालक की आँखें, नाक, कान, हाथ यदि उपयोग और जानने की चीज़ पायेंगे तो ये सब इन्द्रियाँ सजग हो जाएँगी, जिसके फलस्वरूप

उसकी बुद्धि और मन जागृत होगा और सब तरह का ज्ञान पाने के कारण लिखने-पढ़ने में उसका मन लगेगा। Manual traning के बिना शिक्षा की जड़ में मट्ठा पड़ जाता है। अपने हाथ से कोई चीज़ बनाने में जो आनन्द मिलता है, वैसा आनन्द पृथ्वी पर कम ही है। सर्जन करने में गम्भीर आनन्द निहित है। इसी joy of creation का, बच्चे अपने हाथ से जब कोई चीज़ तैयार करते हैं, तब अनुभव करते हैं। चाहे बगीचे में पेड़-पौधे लगाकर या मिट्टी के खिलौने बनाकर यानी किसी भी नयी चीज़ को बनाकर बच्चे परम प्रसन्न होते हैं। बच्चे छोटी उम्र में ही इस तरह का आनन्द प्राप्त कर सकें ऐसी व्यवस्था होना चाहिए। इसी प्रकार उनकी Originality या व्यक्तित्व का विकास होगा। वे लिखने-पढ़ने से न डरकर उसका आनन्द उठाना सीखेंगे। विलायत के अधिकांश स्कूलों में बच्चे बागवानी, व्यायाम, डिल खेल, गाना बजाना सीखते हैं, Route march करते हैं, जत्थे बनाकर सड़कों पर घूमते हैं, कथाच्छल से नाना देशों के हाल जानते हैं। बच्चे ये न समझें कि वे लिखना-पढ़ना सीख रहे हैं, बल्कि यह समझें कि वे कहानी सुन रहे हैं या खेल करते हैं। प्रथमावस्था में Text Book की बिलकुल ज़रूरत नहीं है। पेड़, पत्ते, फूलों के बारे में जो कुछ बतलाया जाए वह पेड़, पौधे, फूल आदि सामने रख कर। आकाश, तारे आदि के बारे में जब शिक्षा दी जाए तब मुक्त आकाश के नीचे ले जाकर। जिस चीज़ की शिक्षा दो वह सब इन्द्रियों के सामने उपस्थित हो। भूगोल सिखाने के समय ग्लोब, मानचित्र आदि रहना चाहिए। इतिहास सिखलाने के समय सुविधा अनुसार म्यूजियम आदि में ले जाना चाहिए। मामूली ढंग पर भी विद्यालय हो तो गाने की शिक्षा, Painting, drawing, gardening आदि की शिक्षा देना चाहिए। असल बात यह है कि पाठ्य वस्तु का वास्तविक ज्ञान होना चाहिए, पाठ रट लेना उतना प्रयोजनीय नहीं है।

मैंने प्राथमिक शिक्षा के Principles या नीति के सम्बन्ध में कुछ कहा। Text Book की बात ऐसे ही नहीं कह दी। Text Book का प्रयोजन कम है ही, जो पाठ्य पुस्तकें रखना होगा, उनका Importance खूब कम है, अच्छे अध्यापक के बिना प्राथमिक शिक्षा सफल नहीं हो सकती। शिक्षा को सर्वप्रथम शिक्षा का Fundamental Principles समझना होगा। उसके बाद नवीन शिक्षा प्रणाली चलायी जा सकती। उसे अपने प्रेम और सहानुभूति से विद्यार्थियों की पूरी देख भाल करना होगा। यदि शिक्षक छात्र की अवस्था में अपने आपको नहीं रखेगा तो वह किस तरह छात्रों की Difficulty और भूल भ्रांति समझ सकेगा। और Personality of teacher सबसे मुख्य बात है। शिक्षा के तीन प्रधान उपादान हैं—(1) शिक्षक का व्यक्तित्व, (2) शिक्षा की प्रणाली, (3) शिक्षा का विषय और पाठ्य पुस्तक। शिक्षक में व्यक्तित्व न हो तो किसी तरह की शिक्षा संभव नहीं हो सकती। चरित्रवान व्यक्तित्व सम्पन्न शिक्षक मिलने पर हमें शिक्षा प्रणाली निर्धारित करना होगा। योग्य शिक्षक मिले और शिक्षा

प्रणाली निर्धारित हो जाए तो किसी भी विषय की पुस्तक पढ़ायी जा सकती है।

आशा है, तुम प्रसन्न होगे। इति–

3

तुम्हारा पत्र यथासमय मिला, उत्तर देने में बिलम्ब हुआ, कुछ ख्याल न करना। आशा करता हूँ, तुम मानसिक अशांति दूरकर प्रसन्नचित हो सब काम करते रहोगे। Milton ने कहा है–"The mind is its own place and can make a hell of heaven and a heaven of hell." निश्चय ही इस उक्ति को व्यवहार में लाना हर समय संभव नहीं होता। किन्तु आदर्श को सामने रखे बिना जीवन में आगे बढ़ना असम्भव है। वस्तुतः जीवन की कोई भी अवस्था अशांतिहीन नहीं है, यह बात भूलने से काम नहीं चलेगा।

अपने छुटकारे की बात अब मैं नहीं सोचता, तुम लोग भी मत सोचना भगवान की कृपा से यहाँ मुझे मानसिक शांति मिली है, ज़रूरत होने पर यहाँ सारा जीवन व्यतीत कर सकता हूँ, ऐसी ताकत पा गया हूँ, यही विश्वास होता है। मेरी शुभेक्षा का कोई प्रभाव नहीं है, किन्तु विश्वजननी का शुभाशीर्वाद वर्ग की तरह सर्वदा तुम्हारी रक्षा करें। और मैं क्या लिखूँ? विश्वजननी में विश्वास और भरोसा रखना। तुम उसकी कृपा से सम्पूर्ण विपत्ति और मोह से उत्तीर्ण हो जाओगे। मन में सुख शांति न रहने पर, बाहर का अभाव दूर होने पर भी मनुष्य सुखी नहीं हो सकता। इसलिए संसार के सब काम करते रहने पर भी विश्वजननी के प्रति हृदय को अर्पण करना चाहिए। इति–

4

('आत्म शक्ति' सम्पादक श्रीगोपाल लाल को लिखे हुए पत्र का अंश)

इनसिन जेल

5 अप्रैल, 1937

परम प्रीति भाजनोषु,

आपका 5वीं चैत्र का पत्र पाकर आनन्दित हुआ, आपने अनेक प्रश्न किये हैं क्या उत्तर दूँ, मालूम नहीं। बहुत बातें लिखने की इच्छा होती है, पर लिखी जा सकती हैं क्या?

शरीर के सम्बन्ध में कोई नई बात नहीं कहना है, ''यथा पूर्वम् तथा परम्'' परिणाम क्या होगा मालूम नहीं; अब शरीर की चिन्ता नहीं करता। पिछले महीनों

में मेरे मन की गति कुछ भिन्न धाराओं की तरफ द्रुत वेग से गई है। मेरी यह धारणा बद्धमूल होती जा रही है कि जीवन को सोलहों आना देने के लिए तैयार न होने पर मेरुदण्ड को सीधा रखना मुश्किल है। जीवन प्रभात में यही प्रार्थना हृदय में रखकर अवतीर्ण हुआ था—"तोमार पोता का जारे दाओं तारे बोहिबार दाओ शक्ति।" भविष्य की बात तो नहीं कह सकता पर अभी तक वह शक्ति भगवान देते आ रहे हैं। इसीलिए मैं बहुत सुखी हूँ, बीच-बीच में मन में सवाल होता है, मेरे समान सुखी दुनिया में कितने हैं? इस समय वक्ताकार उन्नत प्राचीर से निकलने की आशा जितनी दूर जा रही है, उसी अनुपात से मेरा चित्त शान्त और उद्वेग शून्य हो रहा है। आत्मस्थ होना और अपने आत्म-विकास के श्रोत में जीवन नौका बहा देने में परम शान्ति है और अधिक समय तक बन्द रहने में भीतरी शान्ति ही एकमात्र सहारा है। अधिक काल तक कारावास में रहने की सम्भावना में मैंने अपूर्व शान्ति पायी है Emerson ने कहा है, We must live wholly from within इसका अक्षर-अक्षर सत्य है और इस सत्य के प्रति मेरा विश्वास दिन-दिन दृढ़ होता जा रहा है।

मेरे समान जिनका जीवन है वे यदि बाहर की घटना से जीवन की सफलता और विफलता निर्धारित करें तो, 'मृत्युरेव न संशयः' जिस काँटे से हमारी (बन्दियों की) हालत वजन की जाती है, वह काँटा बाहर का नहीं भीतर का होना चाहिए। क्योंकि बाहरी हिसाब से तो हमारा जीवन शून्य है। यहीं यदि यवनिका पात हो तो संसार पर तो हमारे जीवन की स्थायी छाप नहीं भी रह सकती है। किन्तु जीवन में यदि और काम न भी कर सकूँ, तो आदर्श को वास्तव द्वारा प्रस्फुटित न कर सकूँ तो भी जीवन व्यर्थ न होगा। महान आदर्श को यदि प्राणों में रखे रहूँ, आदर्श के साथ अपना जीवन मिला दूँ तो मैं सन्तुष्ट हूँ। मेरा जीवन दुनिया की नज़रों में व्यर्थ होने पर भी, मेरी नज़रों में (मालूम होता है भगवान की दृष्टि में भी) व्यर्थ न होगा। दुनिया में सभी चीज़ क्षणभंगुर हैं, सिर्फ़ एक चीज़ अविनाशी है, नष्ट नहीं होती, वह है भाव या आवेश। हमारा आदर्श, हमारी आशा, आकांक्षा, चिन्ताधारा अविनश्वर है। आपको क्या दिवालों से धरकर कोई रख सकता है?

पूर्ण रूप से उत्सर्ग करने के लिए दूसरी तरफ आदर्श को पूर्ण रूप से ग्रहण करना होगा। यानी आदर्श की पूर्ण प्राप्ति के लिए अपना पूर्णोत्सर्ग चाहिए। त्याग और उपलब्धि—renunciation and realisation एक ही चीज़ के दो पहलू हैं। इस समय आदर्श को सम्पूर्णतः उत्सर्ग करने के लिए मेरे प्राण व्याकुल हो उठे हैं।

जिन्होंने इतनी दुर्बलता के बीच में मुझे शक्ति के उच्च शिखर पर आसीन किया है, वे क्या इतनी दया नहीं करेंगे? उपनिषद् में कहा है—"यमेवैष वनुते तेन लभ्यः" अब देखा जाए क्या होगा?

बहुत दिन हुए systemetic study छोड़ने के लिए बाध्य हुआ हूँ, राष्ट्रीयता

की भित्ति स्वरूप जो कुछ मूल समस्याएँ हैं उनके समाधान के लिए लिखना-पढ़ना और गवेषणा शुरू की थी। आजकल वह काम बन्द है। फिर कब शुरू कर सकूँगा मालूम नहीं। बाहर निकलने पर यह काम न कर सकूँगा, इसलिए यहीं काम ख़त्म कर लेना चाहता हूँ। मेरे कारावास का काम शायद अभी तक समाप्त नहीं हुआ इसलिए जाने में विलम्ब हो रहा है।

भगवान आप सबको प्रसन्न रखें तथा उनका आशीर्वाद हमेशा आपको प्राप्त हो यही मेरी प्रार्थना है, इति–

जेल और कैदी

(श्री दिलीप कुमार राय को लिखे गए दो पत्र)

माण्डला जेल

2-5-25

प्रिय दिलीप,

तुम्हारी 24-3-25 की चिट्ठी पाकर आनन्दित हुआ। तुमने शंका की थी कि बीच-बीच में जैसा होता रहता है, चिट्ठियों को भी "double distiletion" के बीच में से आना होगा किन्तु इस बार ऐसा नहीं हुआ इसलिए बहुत प्रसन्न हूँ।

तुम्हारी चिट्ठी हृत्तन्त्री का इस प्रकार कोमल भाव से स्पर्श करती है, चिन्ता और अनुभूति को अनुप्राणित करती है कि मेरे लिए उसका उत्तर देना सुकठिन है। इस चिट्ठी को 'censor' हाथों से गुजर कर जाना होगा यह भी एक असुविधा है। क्योंकि यह कोई नहीं चाहता कि उसके हृदय के गम्भीर भाव दिन के प्रकाश में नग्न पड़े रहें। इसीलिए पत्थर की दीवाल और लोहे के फाटक में बन्द इस समय जो कुछ सोचता हूँ, अनुभव करता हूँ, उसका अनेकांश उपयुक्त समय न आने तक अकथित ही रखना पड़ेगा।

हममें से अनेक बिना कारण और अज्ञात कारण जेलों में बन्द हैं, यह भावना तुम्हारी मार्जित रुचि को आघात करती है, यह सम्पूर्ण स्वाभाविक है। किन्तु जब सब घटनाएँ मन में ही, भीतर ही भीतर हो रही हैं, तब इसे आध्यात्मिक दृष्टि से भी देखा जा सकता है। मैं यह बात नहीं कह सकता कि जेल में रहना ही मैं पसन्द करता हूँ, क्योंकि यह कहना बिलकुल ढोंग होगा। बल्कि मैं यह तब कह सकता हूँ कि कोई भी सभ्य शिक्षित आदमी जेलों में रहना पसन्द नहीं कर सकता। जेल की आबोहवा मनुष्य को विकृत और अमानुष करने के लिए हैं, और मेरा विश्वास है यह बात हर एक जेल के लिए कही जा सकती है।

मेरा विचार है कि जेल में रहने वाले अधिकांश अपराधियों की जेल में नैतिक उन्नति नहीं होती बल्कि वे और भी हीन हो जाते हैं। यह मुझे मानना होगा कि इतने दिन तक जेल में रहने के कारण जेलों में आमूल सुधार होना चाहिए, यह मैं अनुभव करने लगा हूँ और भविष्य में जेलों का सुधार भी मेरे कार्यक्रम का एक अंग होगा। भारतीय जेल-शासन-प्रणाली एक ख़राब प्रणाली (यानी ब्रिटिश प्रणाली) का अनुकरण मात्र है। जिस प्रकार कलकत्ता विश्वविद्यालय एक ख़राब यानी लंदन विश्वविद्यालय का अनुकरण है। जेल संस्कार के लिए हमें अमेरिका के जेलखानों की व्यवस्था का अनुसरण करना चाहिए।

इस परिवर्तन में सबसे आवश्यक है—एक नवीन मनोभाव, कैदियों के प्रति सहानुभूति का भाव होना, अपराधियों की अपराध प्रवृत्ति को मानसिक व्याधि ही मानना होगा। और इसके दूर होने का उपाय हो ऐसी व्यवस्था ही करना होगा। प्रतिषोध मूलक दण्ड विधि को संस्कार मूलक दण्ड विधि के लिए रास्ता छोड़ देना होगा।

मैं नहीं समझता कि यदि मैं स्वयं कैदी न होता तो एक कैदी को सहानुभूति की नज़र से देख सकता और इस विषय में मुझे कुछ भी सन्देह नहीं है कि यदि हमारे आर्टिस्टों और साहित्यिकों में जेल जीवन सम्बन्धी कुछ अभिज्ञता होती तो शिल्प और साहित्य कई अंशों में समृद्ध हो जाता। काजी नजरूल इस्लाम की कविता उनके जेल जीवन की अभिज्ञता की कितनी ऋणी है, शायद यह किसी ने सोचा भी नहीं।

मैं जब स्थिर भाव से सोचता हूँ तो मेरे मन में यह धारणा स्पष्ट हो जाती है कि हमारी भावना और कष्टों के भीतर एक महान् उद्देश्य अपना काम कर रहा है। और यदि यही धारणा हर घड़ी हमारे जीवन में अपना प्रभाव रखती तो हमारा दुःख, कष्ट सब कुछ तिरोहित हो जाता। हाँ! इसीलिए तो आत्मा और शरीर में निरन्तर द्वन्द्व चला करता है।

कैदी की अवस्था में रहते हुए बन्दी के हृदय में साधारणतया एक दार्शनिक भाव उठता है जो उसे बल प्रदान करता है, मैंने भी वहीं पर अपने खड़े होने के लिए स्थान बना लिया है तथा दर्शन के विषय में जो कुछ जाना सुना है वह और जीवन सम्बन्धी जो मेरी धारणा है वह भी इस समय मेरे काम आ रही है। मनुष्य यदि अपने भीतर खोजे तो सोचने लायक बहुत-सी बातें पा सकता है, बन्दी होने पर भी उसे कष्ट नहीं है यदि उसका स्वास्थ्य अक्षुण्ण है। किन्तु हमारा कष्ट तो आध्यात्मिक नहीं है, वह शारीरिक है, आत्मा के तैयार होने पर भी शरीर कभी-कभी दुर्बल हो जाता है।

लोकमान्य तिलक ने जेल में गीता की समालोचना लिखी थी और मैं निःसंदेह कह सकता हूँ कि जेल में वे भीतर से सुखी रहे होंगे, किन्तु इसमें भी मुझे सन्देह नहीं है कि माण्डला जेल में छः साल तक रहना ही उनकी अकाल मृत्यु का कारण

हुआ। यह मुझे मानना होगा कि जिस निर्जनता में मनुष्य को जेल जीवन बिताना पड़ता है, वही निर्जनता मनुष्य को बाहरी वातावरण से दूर कर जीवन की गहनतम समस्याओं पर विचार करने का सुयोग देती है। अपने सम्बन्ध में भी मैं कह सकता हूँ कि साल भर यहाँ रहने के कारण व्यक्तिगत और समष्टिगत अनेक समस्याओं का बहुत कुछ समाधान कर सका हूँ। जो मतामत एक समय नितान्त साधारण तौर से प्रकट किए जाते या सोचे जाते, आज वे स्पष्ट और अपने पूर्ण रूप से मेरे सामने आ गए। और किसी तरफ़ से नहीं, जब तक जेल की मीयाद ख़त्म नहीं होती न सही, मैं आध्यात्मिकी दृष्टि से बहुत कुछ लाभवान हो सकूँगा।

तुमने मेरे कारावास ग्रहण को एक प्रकार का Martyrdom कहा है। बेशक, यह कहना तुम्हारी गम्भीर अनुभूति और प्राणों के महत्त्व का परिचायक है। किन्तु humour और proportion का मुझे थोड़ा बहुत ज्ञान है, इसलिए अपने को Martyr अनुभव करने की स्पर्द्धा नहीं करता। स्पर्द्धा या आत्मदर्प से दूर ही रहना चाहता हूँ। हाँ, इसमें कितना सफल हुआ है, यह तुम्हारे जैसे मित्र ही कह सकते हैं। Martyrdom तो मेरे लिए एक आदर्श हो सकता है।

मेरा विश्वास है कि अधिक समय तक जेल में रहने के लिए सबसे बड़ी मुसीबत यही है कि उसके अनजान में ही बुढ़ौती उसे आ घेरती है। इसलिए इस ओर उसे विशेष ध्यान रखना चाहिए। तुम सोच भी नहीं सकते कि अधिक समय तक जेल में रहने के कारण आदमी कैसे शरीर और मन से बुड्ढा हो जाता है। इसके अनेक कारण हैं, ख़राब खाना, व्यायाम या स्फूर्ति का अभाव, समाज से अलग रहना, अधीनता की शृंखला का भार, मित्रों का अभाव और संगीत का अभाव, संगीत का अभाव सबसे अन्त में उल्लिखित है किन्तु यह बहुत बड़ा अभाव है। अनेक अभावों की पूर्ति तो मनुष्य अपने अन्तर से कर सकता है किन्तु कुछ की पूर्ति बाहर से ही हो सकती है। इन सब बाहरी चीज़ों से वंचित रहना अकाल वार्द्धक्य का मामूली कारण नहीं है। अलीपुर जेल में यूरोपियन कैदियों के लिए सप्ताह में एक दिन संगीत का प्रबन्ध है, पर हमारे लिए नहीं। पिकनिक, संगीत चर्चा, साधारण वक्तृता और खुली जगह में घूमना तथा काव्य साहित्य की चर्चा करना हमारे जीवन को कितना सरस और मधुर बना देता है यह हम साधारण जीवन में अनुभव नहीं कर सकते परन्तु जब हमें जबरन बन्दी बनाकर रखा जाता है, तब समझ में आता है। जब तक जेल में स्वास्थ्यकर और सामाजिक विधि व्यवस्था का प्रबन्ध न होगा, उस समय तक कैदियों के सुधार की बात असंभव है। और तब तक जेल नैतिक उन्नति का साधन न होकर वर्तमान अवनत अवस्था में ही पड़ी रहेगी।

यह लिखना शायद उचित नहीं है कि अपने आदमियों, मित्रों, प्रियजनों और सर्वसाधारण की सहानुभूति से मनुष्य को जेल में भी अत्यन्त सुख होता है। यह भाव कैदी के मन में सूक्ष्म रूप से काम करता है, तब भी मैं अपने मन का विश्लेषण

करके समझ पाता हूँ कि यह भाव कुछ कम वास्तविक नहीं है। यह सहानुभूति प्राप्त करने का भाव साधारण कैदियों और राजनैतिक कैदियों के भाग्य के फर्क को साफ कर देता है। जो राजनैतिक कैदी है, वह जानता है कि छुटकारा पाने पर समाज उसका सहर्ष स्वागत करेगा, किन्तु साधारणतः अपराधी इस तरह की संभावना नहीं देखता। संभव है वह अपने घर के सिवा और कहीं भी सहानुभूति की आशा नहीं कर सकता, इसीलिए सर्वसाधारण को मुँह दिखाने में उसे शर्म मालूम होती है। मेरे Yard में जो कैदी काम करते हैं, उनमें कुछ कैदी कहते हैं कि उनके घरवालों को मालूम ही नहीं कि जेल में हैं। वे शर्म के मारे घर पर किसी तरह का संवाद नहीं भेजते। यह परिस्थिति बड़ी असन्तोषजनक मालूम होती है। सभ्य समाज अपराधियों के प्रति अधिक सहानुभूतिशील क्यों न बने?

जेल जीवन की अभिज्ञता और उससे उठनेवाले विचारों से पन्ने पर पन्ने लिख सकता हूँ। पर एक चिट्ठी का भी तो कहीं अंत होना चाहिए। विशेष शक्ति और उद्यम होता तो इस विषय पर एक पुस्तक लिखने की चेष्टा करता किन्तु ऐसी सामर्थ्य नहीं है।

मैं जेल के कष्ट को शारीरिक न मानकर मानसिक मानने का पक्षपाती हूँ। जहाँ अत्याचार और अपमान का आघात यथासंभव कम हो आता है, वहाँ बन्दी जीवन उतना यंत्रणा दायक नहीं होता। किन्तु इस तरह का सूक्ष्म आघात ऊपरवालों की तरफ से होता है, जेल के अधिकारियों का इसमें कुछ हाथ नहीं रहता। ये जो आघात और उत्पीड़न हैं वे मनुष्य के मन को आघात करने वाले के प्रति और भी विकृत कर देते हैं और इसी से मन में होता है कि ये आघात व्यर्थ हैं। इनसे हम अपना पार्थिव अस्तित्व भूल जाते हैं और अपने हृदय में आनन्दधाम की प्रतिष्ठा करते हैं। इसीलिए ये आघात हमारी स्वप्नाविष्ट आत्मा को जगाकर हमें बल देते हैं, कहते हैं कि हमारे आस-पास की अवस्था कितनी कठोर और निर्मम है।

तुमने कहा, रोज-रोज मनुष्य के आँसू पृथ्वी की नीची से नीची तहों को भिगाते चले जा रहे हैं,—यह दृश्य तुम्हें प्रतिदिन गम्भीर और विषण्ण बना रहा है। किन्तु ये आँसू दुख के ही आँसू नहीं हैं, उनमें करुणाश्रु और प्रेमाश्रु भी हैं। समृद्धतर और प्रशस्ततर आनन्द स्रोत पर पहुँचने की संभावना होने पर आपत्तियों के छोटे-मोटे गढ़ों को पार करने से क्या तुम इनकार कर देते? मैं खुद तो दुखवाद और निराशा का कोई कारण नहीं देखता, बल्कि मन में यही होता है कि दुख और यंत्रणा उन्नततर कर्म और उच्चतर सफलता की प्रेरणा ला देगी। तुम क्या समझते हो कि बिना दुःख कष्ट के जो मिलता है, उसका कुछ मूल्य है?

कुछ दिन पहले तुमने जो किताबें भेजी थीं वे सब मिल गयीं। किन्तु अब

उन्हें वापस नहीं कर सकता, क्योंकि उनके पढ़ने वाले बहुत हो गए हैं। तुम्हारी रुचि जितनी अच्छी है, उस हालत में यह कहना अनावश्यक है कि तुम जो किताबें भेजोगे वे सादर गृहीत होंगी। इति–

2

माण्डला जेल
25-6-25

प्रिय दिलीप,

अन्तिम चिट्ठी के बाद तुम्हारी कुल तीन चिट्ठियाँ मिलीं। चिट्ठियों की तारीखें हैं, 6 मई, 15 मई, 15 जून।

तुम्हारा भेजा हुआ किताबों का पार्सल मिल गया। तुगर्नेव की Smoke नामक किताब नहीं मिली। पार्सल आफिस में खोला गया था, इसलिए सुपरिण्टेण्डेण्ट से इस विषय में कह रखा है। जरूरत होने पर कलकत्ते की C. I. D. से वे पूछेंगे, तुम भी D. I. G. C. I. D. को लिखकर ध्यानाकर्षण कर सकते हो।

Bertrand Russel की "Prospects of Industrial Civilisation" नामक पुस्तक बहरमपुर जेल में कई कैदियों के पास है। मैं जब स्थानान्तरित किया गया तब अनेक इस किताब को अपने पास रखना चाहते थे। इसकी तुम्हें ज़रूरत न होगी, यह समझकर वहीं छोड़ आया था। रसल की किताबों का इतना आदर है कि कोई पाकर देना नहीं चाहता। बहरमपुर के सुपरिंटेंडेंट को लिखा है कि वे तुम्हारे पास किताब भेज दें। तुम भी उन्हें एक पत्र लिख देना, तकादा हो जाएगा। तुम्हारा काम अटक गया इसके लिए बड़ा दुःखी हूँ किन्तु तुम समझ सकते हो कि मैं उस समय नहीं समझ सका था कि तुम्हें इसकी इतनी सख्त ज़रूरत पड़ेगी। "Free Thought and Official Propaganda" मेरे पास नहीं है, यह किताब तुमने मेरे पास नहीं भेजी।

किताब चुन देने के लिए अनेक धन्यवाद। हम लोग सब आशा करते हैं कि जो काम तुमने शुरू किया है, वह भगवान की कृपा से अच्छी तरह चलेगा। तुम्हारे लेख मैं सम्मान सहित पढूँगा, यह कहना न होगा। किताब प्रकाशित करते समय कवर की तरफ़ ध्यान रखना, बंगवाणी में रवीन्द्रनाथ पर लिखा हुआ एक लेख देखा, मैंने अभी उसे पढ़ा नहीं है किन्तु विषय चित्ताकर्षक मालूम पड़ता है।

तुम जानते हो आजकल मेरे मन को क्या आच्छादित किए रहता है। मैं जानता हूँ, हम सब एक ही विषय को सोचते हैं, वह है महात्मा देशबन्धु का देहत्याग। अख़बार में जब यह समाचार पढ़ा तब अपनी आँखों का विश्वास नहीं हुआ किन्तु हाय! संवाद नितान्त सत्य था। मालूम होता है, हमारी जाति का भाग्य

ही फूटा है। जो विचार मेरे मन में आन्दोलित हो रहे हैं, उनको प्रकाशित कर मन को हलका करने की इच्छा होने पर भी मुझे कष्ट को ही संयत करना होगा। जो सब बातें इस समय मन में आ रही हैं वे इतनी पवित्र, इतनी मूल्यवान हैं कि अपरिचित के सामने प्रकट नहीं की जा सकतीं। Censor को अपरिचित न मानूँ यह कैसे हो सकता है? मैं सिर्फ यह कहना चाहता हूँ कि देशबन्धु के न रहने से देश की अपूर्व क्षति तो हुई ही, बंगाल के युवकों का तो सर्वस्व ही चला गया। सचमुच इस घटना ने मुझे स्तम्भित कर दिया।

आज मैं इतना शोकाच्छन्न और विचलित हूँ, साथ ही साथ मनोजगत में उन महात्मा के इतना निकट पहुँच गया हूँ कि उनकी गुणावलि के सम्बन्ध में कुछ भी विश्लेषण करना असम्भव है। मैंने उनके पास रहकर, बिलकुल सहज अवस्था में उनके जो रूप देखे थे, समय आने पर दुनिया को उनका कुछ आभास दे सकूँगा, ऐसी आशा है। मेरे समान उनके बारे में जो अनेक बातें जानते हैं, वे कह सकने पर भी, आज कुछ कह नहीं सकते, चुप हैं, डर होता है कि उनके महत्त्व का पूर्ण परिचय न दे सकने की अक्षमता के कारण उन्हें संकुचित करके न दिखा दें।

तुम जब कहते हो कि खैर कोई कष्ट नहीं है, तब मैं तुमसे एकमत होता हूँ। जीवन में ऐसी ट्रेजडी होती है, जैसी कि हमारे ऊपर आ गयी, किन्तु उसे मैं सानन्द ग्रहण नहीं कर सकता। मैं इतना बड़ा तत्त्व-ज्ञानी या पाखण्डी नहीं हूँ कि कह सकूँ कि मैं सब तरह का दुःख सहर्ष वरण कर सकता हूँ। अनेक ऐसे अभागे हैं—मुमकिन है वे भाग्यवान ही हों—जो मानो सब तरह का दुःख कष्ट भोगने के लिए ही पैदा हुए हैं। अधिक हो या कम, यदि किसी को कटोरे भर दुःख ही पीना पड़े तो अपने आपको भूलकर ही पीना अच्छा है। किन्तु आत्म समर्पण या आत्म निवेदन का यह भाव चीन की दीवार की तरह सब आघातों और कष्टों से रक्षा नहीं भी कर सकता है। हाँ—यह आत्म-समर्पण हमारी सहन शक्ति को बहुत कुछ बढ़ा देता है, इसमें शक नहीं। वरटण्ड ने कहा है, जीवन में ऐसी ट्रेजेडी भी है, जिसके हाथ से मनुष्य छुटकारा ही चाहता है, यहाँ उन्होंने बिलकुल सांसारिक व्यक्ति का मत प्रकट किया है। मेरा अपना विश्वास तो यह है कि जो सिर्फ़ निष्कलंक साधु बनता है या साधुत्व का प्रदर्शन करता है, वह पाखण्डी है और वही इस बात का प्रतिवाद कर सकता है।

जो भावुक या तत्त्व ज्ञानी हैं, उनकी यन्त्रणा सम्पूर्ण रूप से निरविच्छिन्न है, यह समझना ठीक नहीं है। तत्त्व ज्ञानहीनों (abstract point of view से मैं उन्हें तत्त्व ज्ञानहीन कहता हूँ) का भी अपना एक idealism है। उसे वे पूजाहृ समझते हैं, श्रद्धा और प्रेम करते हैं। नाना प्रकार के दुःख और यंत्रणा के साथ युद्ध करते समय वे उसी प्रेमसागर से साहस और भरोसा पाते हैं। यहाँ मेरे साथ जिन्होंने कारावास की यन्त्रणा भोगी हैं, उनमें अनेक ऐसे हैं जो भावुक या दार्शनिक नहीं

हैं। तब भी वे शान्त भाव से यन्त्रणा सहते हैं, वीर की तरह सहते हैं। Technical अर्थ में वे दार्शनिक न हों पर मैं उन्हें सम्पूर्ण रूप से भाव विवर्जित भी नहीं समझ सकता। संभवतः संसार में जो कमियाँ हैं, उन सबके बारे में यही बात कही जा सकती है। सर्वसाधारण के मन में यह धारणा है कि कैदी जब फाँसी के तख़्ते पर ले जाया जाता है, तब उसमें एक तरह की स्नायविक दुर्बलता आ जाती है, सिर्फ़ वे ही वीर की तरह मर सकते हैं जो किसी महान् उद्देश्य की सिद्धि के लिए प्राणोत्सर्ग करते हैं। यह धारणा ठीक नहीं है। इस सम्बन्ध में मैंने कुछ तथ्य संग्रह किए हैं तथा इस सिद्धान्त पर पहुँचा हूँ कि अधिकांश अपराधी साहस के साथ मरते हैं और फाँसी की रस्सी गले में पहनाये जाने के पहले भगवान के चरणों में अपने को निवेदित कर देते हैं। बिलकुल किंकर्त्तव्यविमूढ़ होकर पड़ जानेवाले विशेष दिखलायी नहीं पड़ते। जेल के एक अध्यक्ष ने मुझे बतलाया था कि एक दिन एक कैदी ने फाँसी के तख़्ते की ओर जाते हुए कहा था कि सचमुच उसने हत्या की थी। उससे पूछा गया कि तुम्हें अपने काम के लिए अनुताप है क्या? तो उसने बतलाया कि वह अपने काम के लिए ज़रा भी अनुतप्त नहीं है, क्योंकि जिसकी उसने हत्या की, उसे मार डालने के कारणों से वह सन्तुष्ट था। उसने वीर की तरह फाँसी के तख्ते पर पैर रखा और वीर की तरह प्राण दिए किन्तु उसकी एक नस भी संकुचित नहीं हुई।

अपराधियों के मनस्तत्त्व की आलोचना कर मेरी आँखें खुल गईं। मैं अब सोचता हूँ, साधारणतया उनके प्रति अविचार किया जाता है। उस बार यानी 1922 में मैं जब जेल में था, उस समय एक कैदी मेरे yard में नौकर का काम करता था। उस समय मैं महाप्राण देशबन्धु के साथ एक ही स्थान पर रहता था। देशबन्धु के प्राण बड़े सदय थे, इसीलिए वे सहज भाव से ही कैदी के प्रति आकृष्ट हो गए थे। वह पुराना पापी था, आठ बार सजा भोग चुका था। किन्तु न जाने कैसे वह भी देशबन्धु के प्रति अनुरक्त हो उठा था तथा आश्चर्यदायक शक्ति का परिचय दिया था। छूटने के समय देशबन्धु ने उससे कहा था कि जेल से छूटने पर मेरे साथ बराबर मिला करना, पुराने साथियों के साथ अब मत मिलना। कैदी राजी हो गया था और कहने के अनुसार काम भी किया था। तुम्हें सुनकर आश्चर्य होगा कि वह व्यक्ति एक दिन पुराना दागी था, जेल से आने पर वह उनके घर रहा था, तथा बीच-बीच में अभद्र व्यवहार करने पर भी अब सरल भाव से ही जीवनयापन करता है तथा देशबन्धु के न रहने से जिनकी अपार क्षति हुई है उनमें से वह भी एक है। अनेक कहते हैं कि छोटी और तुच्छ घटना से ही मनुष्य के महत्त्व का विचार करना चाहिए। यह बात सत्य हो तो देश का उन्होंने जो कुछ उपकार किया है, उसे छोड़ भी दिया जाए तो कहा जा सकता है कि वे एक महापुरुष थे।

मैं अपनी असली बात से बहुत दूर आ गया, अब मुझे रुकना होगा। तुम्हारी

चिट्ठी का जवाब पूरा-पूरा नहीं दे सका किन्तु अधिक देर करने से आज की डाक छूट जाएगी। मैं जानता हूँ तुम मेरा पत्र पाने के लिए उद्विग्न होगे। इसलिए यह चिट्ठी आज की डाक से ही छोड़ना होगा। अगले पत्र में और समाचार लिखूँगा। इति–

दलादलि और बंगाल का भविष्य

(श्री भूपेन्द्रनाथ वंद्योपाध्याय को लिखा एक पत्र)

माण्डला जेल

प्रियवरेषु,

आपका 2-5-26 का पत्र पाकर आनन्दित हुआ, उत्तर देने में विलम्ब हुआ, क्षमा करेंगे। इस समय मैं अनेक बातों में अपना मालिक नहीं हूँ, यह तो आप समझते ही होंगे। आपके पत्र से भवानीपुर के सब समाचार पाकर सुखी और दुखी हुए बिना नहीं रह सकता। आज बंगाल में दलादलि और झगड़ा झंझट ही अधिक है और जहाँ पर जितना कम काम है, वहाँ उतना ही अधिक झगड़ा है। भवानीपुर में कुछ काम होता है इसीलिए झगड़ा कुछ कम है, किन्तु जो कुछ भी है निष्पक्ष आदमी उससे म्रियमाण हुए बिना नहीं रह सकता। मैं सिर्फ़ यही सोचता हूँ कि झगड़ा करने के लिए इतने आदमी मिल-मिल जाते हैं, पर मीमांसा कर देने वाला एक भी आदमी बंगाल में नहीं है? इसी दलादलि के कारण बंगाल ने आज अनिलवरण जैसे स्वदेश सेवक को खो दिया। और कितने सेवकों को नहीं खो देगा, कौन जानता है? बंगाली आज अन्धे हो रहे हैं, कलह विवाद में निमग्न हैं, इसीलिए यह बात समझकर भी नहीं समझ पाते। निःस्वार्थ आत्मदान की बात तो अब सुनाई नहीं पड़ती। एक महाप्राण शून्य में मिल गया, अग्निमय प्रकाश से युक्त त्याग की मूर्ति धारण कर वह हमारे सामने आया, उसी दिव्यालोक के प्रभाव से बंगाली ने क्षणभर के लिए स्वर्ग का परिचय पाया; किन्तु फिर वह आलोक भी लुप्त हो गया और बंगाली भी स्वार्थ की तलैया में फँस गए। आज बंगाल भर में अधिकार के लिए कशमकश हो रही है। जिसके पास अधिकार है वह उसे बचाये रखने के लिए प्रयत्नशील है। दोनों पक्ष कहते हैं, देशोद्धार होगा तो हमारे ही द्वारा होगा, नहीं तो नहीं होगा। इन अधिकार-लोभी राजनीतिज्ञों के झगड़ों से अलग रहकर चुपचाप आत्मोत्सर्ग करता रहे, ऐसा स्वदेश सेवी बंगाल में आज नहीं है क्या? अपनी intellectual और spiritual उन्नति की अवहेलना कर जिन्होंने देश सेवा में आत्मनियोग किया है, वे भी यदि क्षुद्रातिक्षुद्र बातों में सबको झगड़ते देखकर निराश होकर राजनीति क्षेत्र से अलग हो जाएँ, इसमें आश्चर्य क्या है? अपने मानसिक

और पारमार्थिक कल्याण को तुच्छ मान जिन्होंने देशहित का व्रत लिया है, वे क्या इन क्षुद्र झगड़े-झंझटों में अपने को डुबा देंगे? जन-सेवा से निराश होकर यदि वे फिर पारमार्थिक कल्याण में मन लगावें तो क्या उनको दोष दिया जा सकता है? आज मैं स्पष्ट समझ रहा हूँ कि समाज की यही हालत रही तो न जाने कितने समाजसेवी अनिलवरण का पथ अवलम्बन करेंगे।

आज बंगाल के अनेक कार्यकर्त्ताओं में व्यवसायी और पटवारी बुद्धि जाग पड़ी है। वे अब कहने लगे हैं, हमें क्षमता दो, पद दो, अथवा हमें कार्यकारिणी का सदस्य बनाओ, नहीं तो हम काम नहीं करेंगे। मैं पूछना चाहता हूँ नरनारायण की सेवा व्यवसाय बुद्धि से, contract से कबसे होने लगी? मैं तो जानता था कि सेवा का आदर्श यही है—

"दाओ दाओ, फिरे नहि चाओ,
थाके जोदि हृदये सोम्बल।"

जो बंगाली इतना जल्द देशबन्धु के त्याग की बात भूल गया, वह कुछ दिन पहले की विवेकानन्द की वीरवाणी भूल जाएगा, इसमें विचित्रता क्या है?

दुख की बात, कलंक की कहानी सोचते-सोचते कलेजा फटने लगता है। प्रतिकार का उपाय नहीं, करने की क्षमता नहीं, इसीलिए अक्सर सोचता हूँ, चिट्ठी-पत्री लिखना बन्द कर दुनिया के साथ का बाहरी सम्बन्ध बिलकुल तोड़ दूँ। सकूँगा तो लोगों की नज़रों से ओझल होकर तिल-तिलकर जीवन देकर इसका प्रायश्चित कर जाऊँगा। इसके बाद यदि ऊपर भगवान हों, यदि सत्य की प्रतिष्ठा हो, तो मेरे हृदय की बात देशवासी एक न एक दिन समझेंगे ही। देश के नाम पर एक इतना बड़ा प्रहसन देखूँगा 'Nero is fiddling while Rome is burning' का एक नवीन उदाहरण आँखों के सामने आयेगा—किसी दिन यह सोचा भी नहीं था।

बहुत कुछ कह गया, हृदय का आवेग दबाकर न रख सका। आप लोगों को बिलकुल अपना समझता हूँ, इसलिए इतनी बातें लिखने का साहस हुआ। आप लोग संगठन-मूलक काम कर रहे हैं, आशा है, आप इस दलादलि के कीचड़ से अलग रहेंगे।

विद्यालय का समाचार पाकर विशेष आनन्दित हुआ। किन्तु मकान की बात पढ़कर बिना दुखी हुए न रह सका। किन्तु यह बात मैं पहले से ही जानता हूँ तथा चण्डीबाबू आदि से इसके परिणाम के सम्बन्ध में कह भी चुका था। मैं हमेशा सोचता कि स्कूल के अधिकारियों ने unbusiness like ढंग से जमीन लीज लेकर मकान बनवाने का काम शुरू कर दिया था, जिसके फलस्वरूप जमींदार को ही फायदा हुआ। जाने दो, अब तो 'गतस्य शोचना नास्ति।" आप लोग ज़रा भी ना

उम्मीद न होकर 'गृह निर्माण' के लिए धन संग्रह कर रहे हैं, यह अत्यन्त आशाप्रद है। आपका प्रयत्न सफल होगा, इसमें मुझे सन्देह नहीं है, क्योंकि, 'नहि कल्याणकृत् कश्चित् दुर्गतिं तात! गच्छति।'

समिति के तमाम समाचार जानकर बहुत सुखी हुआ। आप लोग मेहतर चमार आदि छोटी जाति कहलानेवालों के बालकों के लिए एक विद्यालय खोल सकें तो बहुत अच्छा हो। इस विषय में अमृत के साथ सलाह करिएगा, बहुत दिन हुए मुझे उसका एक पत्र मिला था। दुःख है कि उत्तर न दे सका। आज कुलदा को पत्र लिखा है, आशा है, आगामी सप्ताह अमृत को पत्र लिखूँगा।

कहना न होगा कि मैं रहता तो आप लोगों को अलग न होने देता, हाँ, भिन्न शाखा स्थापित करने का प्रस्ताव मैं अवश्य करता, खैर, जो हुआ सो हुआ। आप लोगों ने Constitution बनाके अच्छा ही किया।

आशा है चावल, चन्दा संग्रह के सम्बन्ध में बालक समिति के साथ आपका तनाव न होगा। एक ही स्थान में यदि अनेक समितियाँ चावल, चन्दा लेना आरंभ कर दें तो गृहस्थ ऊब उठते हैं, यह बात ध्यान रखना चाहिए।

मेरा ख़्याल है कि यदि आप दो एक कार्यकर्ताओं को कासिमबाज़ार पोलिटेकनिक में भेज कर कुछ सिखला ले सकें तो technical शिक्षा की विशेष सुविधा होगी। मैं एक बार कासिमबाज़ार स्कूल गया था, स्कूल मुझे बहुत पसन्द आया, वे कई ऐसी नई चीज़ें सिखलाते हैं जो अन्य स्कूलों में नहीं सिखलायी जातीं, जैसे बेत का काम clay modelling, सिलाई electroplating आदि। मैं जब गया था तब electroplating के लिए मशीनरी ख़रीदी जा रही थी।

आपका भेजा हुआ विद्यालय और समिति का constitution मिला।

स्वास्थ्य विभाग का काम ठीक नहीं हो रहा है, यह बड़े दुःख की बात है, इसका कारण यह है कि जन साधारण को ठीक तरह से आकर्षित नहीं किया जा सका। ठीक ढंग से पुकारने पर जनता बिना प्रत्युत्तर दिये नहीं रह सकती। स्वास्थ्य विभाग के उद्देश्य से दातव्य चिकित्सालय का उद्देश्य बिलकुल भिन्न है। जनता में यदि कर्म-प्रेरणा को जागृत करना है तो प्रेम द्वारा उन्हें अपना बनाना होगा।

संभवतः; आप नहीं जानते कि दक्षिण कलकत्ता सेवाश्रम की त्रुटि के लिए मैं जिम्मेदार हूँ। बाहर रहने के कारण मैं इसे ठीक organise नहीं कर सका। फिर एकाएक गिरफ्तार कर लिया। जिस समय सेवाश्रम कालीघाट में था, उस समय मकान भाड़ा और सहकारी मंत्री का वेतन मैं खुद देता था। सिर्फ़ बालकों के भोजनादि का ख़र्च सर्व साधारण के दान के भरोसे चलता था। सेवाश्रम के संबंध में मेरा clear conscience है, क्योंकि जनता के दिए हुए द्रव्य में से मैंने एक पाई का भी असद्व्यवहार नहीं किया। मेरी गिरफ्तारी के बाद भी जो मैं देता था उसे मेरे बड़े भइया देते आ रहे हैं। किन्तु अब आय बढ़ी है और ख़र्च घटा है

इसलिए पहले जितना रुपया नहीं देना पड़ता। जिस समय मैं दो सौ रुपया ख़र्च किया करता था, उस समय कुछ मित्र कहते थे कि पाँच-सात बालकों के लिए मैं व्यर्थ ही ख़र्च करता हूँ। किन्तु उन्हें नहीं मालूम कि मन की तरंग से ही मैं यह काम नहीं कर रहा हूँ, बल्कि प्रायः 12-14 वर्ष से जो आग मुझे जला रही है, उसी के शमन के लिए मैंने इस काम में हाथ दिया है। मैं कांग्रेस को छोड़ सकता हूँ किन्तु सेवाश्रम का काम छोड़ना मेरे लिए असम्भव है। दरिद्रनारायण की सेवा का ऐसा प्रकृष्ट अवसर कैसे छोड़ा जा सकता है? सेवाश्रम के पीछे कितना इतिहास छिपा हुआ है, सेवाश्रम की कल्पना क्यों और कैसे मेरे दिमाग में आई, कैसे मैं विचारमय जगत् से कर्ममय जगत् में आया, ये सब बातें किसी और समय लिखूँगा। पत्र में लिखने की चेष्टा करूँगा तो पत्र किताब बन जाएगी।

बहुत बातें लिखीं, अब बन्द करूँ। मेरी बात पूछी है क्या उत्तर दूँ। रवि बाबू की एक कविता मुझे बहुत पसन्द है। कवि की भाषा में उत्तर देना क्या धृष्टता हागी? कवियों का आदर इसीलिए अधिक है वे हमारे हृदय की बात अपेक्षाकृत साफ और विकसित रूप से व्यक्त कर सकते हैं—

ए खोनो विहार कोल्प जोगते
जेल खाना (ओरण्य) राजधानी
ए खोनो केवल नीरव भावना
कोर्म विहीन विजन साधना
दिवा निशि सुधु बोसे बोसे सोना
आपन मोर्म वानी

मानुष होते छि पाषाणेर कोले

गोड़ितेछि मोन आपनार मोने
जोग्य होते छि काजे

कोबे प्राण खूलि बोलिते पारिबो
पेयेछि आमार शेष।
तोमरा सोकले एसे मोर पिछे
गुरु तोमादेर सावारे डाकिछे,
आमार जीवने लभिया जीवन
जागरे सकल देश

शरीर अभी उतना अच्छा नहीं है, मगर उसके लिए चिन्ता भी नहीं है। अमृत प्रभृति कैसे हैं? आप लोगों का कुशल समाचार पढ़कर अत्यन्त सुख होगा। पर काम का समय बरबाद कर पत्र लिखने की ज़रूरत नहीं है। मेरा प्रीति पूर्ण नमस्कार स्वीकार कीजिएगा। इति—

हिन्दू-मुस्लिम पैक्ट

माण्डला जेल

मैंने आपका इस्तहार और श्रीयुत् सेन गुप्त लिखित उसका प्रतिवाद पढ़ा है। अब तक श्रीयुत् सेन गुप्त के प्रतिवाद का कोई उत्तर नहीं देखा। पैक्ट के फिर ग्रहण करने की बात उठ हो नहीं सकती। सिराजगंज में जब पैक्ट स्वीकृत हुआ था, तब इसके ख़िलाफ़ एक दल था जो मूक था। देशबन्धु यह जानते थे और उन्होंने एक बार नहीं, बार-बार साफ कह दिया था कि उनका उद्देश्य देश के दो भिन्न सम्प्रदायों के मिलने की एक स्पष्ट भित्ति स्थापित करना है।

इसलिए यदि इस पैक्ट का कुछ अंश या कुछ धाराएँ उद्देश्य साधन के विपरीत या ग्रहण के अयोग्य समझी जाएँ तो उनके परिवर्तन में भी देशबन्धु को आपत्ति नहीं थी। जहाँ तक मुझे याद है शायद कोकनाडा कांग्रेस में उन्होंने यह भी कहा था कि बंगाल पैक्ट इसी समय कांग्रेस ग्रहण कर ले, यह वे नहीं चाहते। उनकी इच्छा थी कि यह पैक्ट अखिल भारतीय कांग्रेस कमेटी द्वारा आलोचित हो।

किन्तु उस समय कांग्रेस उसकी घोर विरोधी थी तथा कांग्रेस के सभ्य उस पैक्ट की आलोचना करने के लिए तैयार नहीं थे। कोकनाडा कांग्रेस के बाद सिराजगंज में यह पैक्ट गृहित हुआ था। मैं वहाँ ही उपस्थित नहीं था किन्तु पैक्ट ग्रहण करने के पहले भी देशबन्धु ने सबको आश्वासन दिया था कि वे किसी तरह के तर्क या समझौते की बात नहीं सुनेंगे सो बात नहीं, बल्कि वे पैक्ट के किसी अंश या धारा के परिवर्तन की ज़रूरत होने पर वैसा करने के लिए तैयार थे।

इसलिए मेरा ख्याल है कि देशबन्धु का अनुरक्त भक्त रहते हुए भी पैक्ट के किसी-किसी अंश के परिवर्तन की माँग की जा सकती है। साथ ही साथ मैं यह भी समझ रहा हूँ कि सिर्फ़ देशबन्धु ही या उनके न रहने पर बंगाल की समस्या का समाधान करने के लिए अखिल भारतीय कांग्रेस कमेटी का ही मुँह ताकने से काम नहीं चलेगा। हिन्दू मुस्लिम समस्या अखिल भारतीय रूप से हल होने पर भी, बंगाल की हिन्दू मुस्लिम समस्या का समाधान बंगाली को ही करना होगा।

समाचार पत्रों के पढ़ने से जहाँ तक सम्भव हो सकता है, घटनाओं के सिलसिले को समझ कर मैंने कुछ दृढ़ धारणाएँ की हैं। उनमें से एक यह है कि वर्तमान विपद संकुल समय में हमें जिस चीज़ का सबसे अधिक अभाव है, वह है, सब विषयों में स्पष्ट दूरदर्शिता। इति–

जेल-मुक्ति के प्रस्ताव का उत्तर

इनसिन सेन्ट्रल जेल
4 अप्रैल, 1927

बड़े भइया !

मिस्टर मोवार्ली के प्रस्ताव के सम्बन्ध में मेरी क्या राय है, यह जानने के लिए निश्चय ही आप लोग उत्कण्ठित हो रहे होंगे और मेरा ख़्याल है इस सम्बन्ध में अपना मतामत प्रकट करने का समय आ गया है। मेरी राय से आप लोगों की राय मिलेगी या नहीं, नहीं जानता। तब भी मेरे मत की चाहे जो भी कीमत क्यों न हो, नीचे की पंक्तियों में उसे प्रकट कर रहा हूँ–

मैंने अत्यन्त संयत होकर मिस्टर मोवार्ली के प्रस्ताव को पढ़ा। उनके प्रत्येक शब्द और प्रत्येक बात पर बार-बार विचार किया और उससे मैं इस नतीजे पर पहुँचा हूँ कि यह तो मानना ही पड़ेगा कि उन्होंने अत्यन्त सावधानी के साथ अपने वक्तव्य के शब्द चुने हैं और खूब सोच-समझकर उन्हें प्रकट किया है। उनके प्रस्ताव के सब पहलुओं को अच्छी तरह सोचने के बाद आज मैं अपना मत प्रकट कर रहा हूँ। इस समय मैं आपको जो कुछ भी लिख रहा हूँ, उसे अनेक बार सोचकर निश्चय किया है। तब भी मुझसे यदि कोई भूल हो गयी हो तो जानने पर उस पर फिर विचार करने के लिए प्रस्तुत हूँ।

पहले ही कह देता हूँ कि मिस्टर मोवार्ली की स्पष्टवादिता की मैं प्रशंसा करता हूँ और सोचता हूँ उनकी ही तरह यदि मैं भी सब बातों को स्पष्ट रूप से व्यक्त न करूँगा तो बड़ा अन्याय होगा, तथा मेरा कर्त्तव्य भी अधूरा रह जाएगा। स्पष्टवादिता में मेरा हमेशा ही विश्वास रहा है और मैं समझता हूँ साफ-साफ कहने से दोनों पक्षों को अन्त में लाभ ही होता है।

मिस्टर मोवार्ली की कई बातों के लिए मैं उन्हें धन्यवाद दिये बिना नहीं रह सकता, खासकर जहाँ पर उन्होंने कहा है कि वे मेरे अतीत कार्य-कलाप और भविष्य की गतिविधि के लिए किसी तरह की स्वीकारोक्ति नहीं चाहते। उन्होंने कहा है

कि मैं यदि प्रतिज्ञा करके कहूँ तो वे मुझे छोड़ देंगे। अन्त में उन्होंने कहा है कि पहले उन्होंने यह प्रस्ताव मेरे सामने इसलिए नहीं रखा, कि ऐसा होने से मन में यह बात मेरे मन में आ सकती थी कि प्रस्ताव स्वीकृत करने के लिए मुझे बाध्य किया जा रहा है। इन अंशों को पढ़कर समझा हूँ कि वे मुझे आत्म-सम्मान विशिष्ट सज्जन पुरुष समझते और निम्नलिखित कारणों के कारण उनके प्रस्ताव में मेरे प्रति जो सम्मानजनक अंश है उसकी उपलब्धि मैंने की है। अन्त में बंगीय कानून सभा के सदस्य की हैसियत से माननीय सभ्य के इस तरह के व्यवहार की प्रशंसा किये बिना भी मुझसे नहीं रहा जाता। क्योंकि मेरा ख्याल है कि कौंसिल के सभ्यों के प्रति आस्था स्थापन कर किसी प्रस्ताव का सर्वप्रथम उनके सामने उपस्थित करने का निदर्शन यह सर्वप्रथम ही है।

मेरा ख्याल है कि मिस्टर मोवार्ली को प्रस्ताव के सम्बन्ध में अपनी तरफ़ से कुछ नहीं कहना है।

सबसे पहले एक विषय के सम्बन्ध में आपके मन में जो धारणा है उसे दूर करना चाहता हूँ। भइया (डॉ. सुनीलचन्द्र बसु) की रिपोर्ट के साथ मेरे मतामत का कुछ सम्पर्क नहीं है। क्योंकि रिपोर्ट लिखने के पहले या बाद, वे क्या लिखेंगे या मेरे लिए क्या सिफारिश करेंगे इस सम्बन्ध में उन्होंने मेरे साथ कोई बात या परामर्श नहीं किया। मुझे यदि वे पहले बतलाते तो मैं अवश्य ही स्विटजरलैण्ड भेजने के प्रस्ताव के अनुमोदन का विरोध करता।

इस तरह का प्रस्ताव भेजने के बाद जब उन्होंने मुझसे इस प्रस्ताव के बारे में कहा था, तभी मैंने सन्देह किया था कि इसका फल अच्छा न होगा, आखिर मेरा सन्देह सत्य सिद्ध हुआ। भइया डाक्टर की हैसियत से मेरे स्वास्थ्य की परीक्षा करने आये थे और डाक्टर की हैसियत से ही उन्होंने अपना मत प्रकट किया था, मेरा ख्याल है कि ऐसा कर उन्होंने समदर्शी चिकित्सक और अभिज्ञ वैज्ञानिक के व्यवहार का ही परिचय दिया, किन्तु उनके इस मत की राजनैतिक व्याख्या कैसी हो सकती है तथा सरकार ही इसे राजनैतिक चाल चलने के लिए किस तरह व्यवहार करेगी, इसका विचार करने की उन्हें कोई ज़रूरत नहीं थी। इसलिए मैं भी उनके इस कार्य की निन्दा नहीं कर सकता। उनके कई रोगी स्विस आरोग्य आश्रम में जाकर रोग मुक्त हुए हैं, यह देखकर उन्होंने मेरे लिए भी वही सिफारिश की जो अन्यान्य यक्ष्मा रोगियों के लिए की थी। जो धनवान रोगी स्विटजरलैण्ड के रहने का और दवा-पानी का ख़र्च सहन कर सकते हैं, उनके लिए यह सुझाव सर्वश्रेष्ठ है। किन्तु यह स्पष्ट है कि इस तरह के किसी प्रस्ताव से मैं अपने को किसी तरह से बाध्य नहीं समझ सकता।

सरकार ने भाई साहब के रोग विवरण को स्वीकार नहीं किया किन्तु स्वास्थ्य प्राप्ति के लिए उनके प्रस्ताव को स्वीकार कर लिया, क्योंकि मिस्टर मोवार्ली ने

कहा है, "सुभाषचन्द्र बोस अधिक पीड़ित नहीं हुए और काम करने से बिलकुल ही लाचार नहीं हुए, यह सभी जानते हैं।" मैं यह जानना चाहता हूँ कि सरकार मुझे कब 'अत्यधिक पीड़ित' और 'काम करने से बिलकुल लाचार' समझेगी? जिस दिन सब चिकित्सक कहेंगे कि मैं रोग से छुटकारा नहीं पा सकता और कुछ महीनों में ही मेरी मृत्यु हो जा सकती है, तब क्या? इसके सिवा वे यदि भइया का दिया हुआ रोग विवरण स्वीकार नहीं करते तो फिर जिससे उसका बाहरी अनुमोदन होता है उसे ग्रहण करने को इतने व्यस्त क्यों हैं? उन्होंने तो यह नहीं कहा कि मुझे घर नहीं जाने दिया जाए या विदेश जाते समय मैं अपने आत्मीय स्वजनों को न देख सकूँ। उन्होंने यह भी नहीं कहा कि मैं जिस जहाज से जाऊँगा, वह किसी भारतीय बन्दरगाह पर लंगर न डाल सकेगा। उन्होंने यह भी नहीं कहा कि स्वास्थ्य ठीक हो जाने पर भी जितने दिन तक आर्डिनेंस रहेगा मैं घर नहीं लौटूँगा। इन सब बातों को देखने से मैं यही समझता हूँ कि सरकार का उद्देश्य मेरे बिगड़े हुए स्वास्थ्य को सुधारने की व्यवस्था करना नहीं है।

मिस्टर मोवार्ली ने वस्तुतः दो बातें कही हैं–(1) या तो मैं जेल में बन्दी रहूँ, (2) या किसी विदेश में जाकर स्वास्थ्य सुधारूँ और अनिश्चित समय तक वहीं रहूँ।

किन्तु क्या सचमुच इन दो के बीच का कोई रास्ता बाकी नहीं बचा है? मेरे मन में होता है, नहीं है। सरकार की इच्छा है कि आर्डिनेंस की अवधि तक यानी 1930 तक, बन्दी रहूँ। किन्तु 1930 में जब इसकी अवधि समाप्त होगी, तब इस पर फिर से विचार नहीं किया जाएगा, यह कौन कह सकता है? पिछले अक्टूबर में सी. आई. डी. पुलिस के सर्वेसर्वा मिस्टर लोमेन के साथ मेरी जो बातचीत हुई थी, वह बिलकुल आशाजनक नहीं है और 1929 में इस आर्डिनेंस को बाकायदा कानून बनाने का आन्दोलन हुआ तो मुझे आश्चर्य न होगा। ऐसा होने पर मुझे स्थायी रूप से विदेश में रहना पड़ेगा। और इस तरह के निर्वासन के लिए मुझे अपने आपको ही उत्तरदायी मानना होगा। यदि इस सम्बन्ध में सचमुच सरकार को कोई इच्छा होती कि मैं कब विदेश से लौटकर आ सकूँगा तो उसका उल्लेख अवश्य होता।

फिर विदेश में मैं किस हद तक स्वाधीन रहूँगा, इसका भी स्पष्ट उल्लेख नहीं है, स्विटजरलैंड के कोने-कोने में जो सी. आई. डी. घूमते हैं, भारत सरकार क्या उनसे मेरी रक्षा कर सकेगी? यह अस्वीकार नहीं किया जा सकता कि राजनैतिक सन्देह में अभियुक्त होने पर मैं जब तक अपना मत बदलकर सरकारी गोयन्दा नहीं हो जाता, तब तक सरकार मुझे सन्देह की दृष्टि से ही देखेगी और यह निश्चय है कि ये सी. आई. डी. पग-पग पर मेरा पीछा करके, मेरे जीवन को दुःसह कर देंगे।

स्विटजरलैण्ड में सिर्फ ब्रिटिश गोयन्दा ही नहीं, बल्कि ब्रिटिश सरकार द्वारा नियुक्त स्विस, इटालियन, फ्रेंच, जर्मन और भारतीय सी. आई. डी. भी हैं, तथा कोई उत्साही सी. आई. डी. मुझे सरकार की नज़रों में दोषों की खान सिद्ध करने के लिए, किसी मिथ्या घटना का वर्णन नहीं भेजेगा, इसका ही क्या प्रमाण है? मैंने पिछले साल मिस्टर लोमेन सें कहा था कि सी. आई. डी. वाले चाहें तो चाहे जिसके विरुद्ध प्रमाण बनाकर उसे चाहे जिस आर्डिनेंस के अनुसार बन्दी बना सकते हैं। यूरोप में ऐसा करना और भी सहज है। यूरोप में जिन्हें सन्देह की नज़र से देखा जाता है, उन्हें स्वदेश लौटने के लिए कितनी असुविधाएँ उठानी पड़ती हैं, यह सब जानते हैं। विलायती पार्लमिन्ट और मन्त्री सभा के कुछ सदस्य प्रयत्न न करते तो लाला लाजपतराय जैसे नेता भी भारत वापस नहीं आ सकते। सरकार की सन्देह दृष्टि जब एक बार मेरे ऊपर पड़ गयी है, तो मेरे भविष्य का क्या होगा, इसका सहज ही अनुमान किया जा सकता है।

मैं जानता हूँ, कि पुलिस के गोयन्दा इस विषय में विशेष तत्पर रहते हैं मैं यूरोप में चाहे जितने शान्त भाव और सावधानी के साथ क्यों न रहूँ, वे मेरे खिलाफ़ भारत सरकार के पास झूठी रिपोर्ट भेजेंगे ही। मेरे चुप रहने पर और कुछ न करने पर भी वे मुझे भयंकर षड्यन्त्र का कर्ता-धर्ता बतलावेंगे, तथा वे क्या रिपोर्ट दे रहे हैं, यह मुझे मालूम भी न होगा। फलस्वरूप उस रिपोर्ट के सम्बन्ध में सच बात बतलाने या मेरे कुछ बोलने की जगह नहीं रहेगी। इस प्रकार सम्भवतः 1929 के पहले ही वे मुझे बड़ा भारी बोलसेविक नेता प्रकट कर देंगे, जिसके कारण भारत लौटने का मेरा रास्ता हमेशा के लिए बन्द हो जाएगा, क्योंकि यूरोपवाले सिर्फ़ बोलसेविक से ही डरते हैं। इसलिए मैं अपनी इच्छा से अपनी जन्मभूमि से निर्वासित होना नहीं चाहता। सरकार भी यदि मेरे दृष्टिकोण से इस पर विचार करे तो मेरी अवस्था समझ सकती है।

यदि बोलसेविक एजेन्ट होने की मेरी इच्छा होती तो सरकार के कहते ही, सबसे पहले मिलने वाले जहाज से मैं यूरोप के लिए रवाना हो जाता, तथा स्वास्थ्य ठीक होने पर बोलसेविक दल में मिलकर समस्त संसार में एक विराट् विद्रोह की सृष्टि के लिए पेरिस से लेनिन ग्राड तक दौड़-धूप करता। किन्तु मेरी ऐसी इच्छा या आकांक्षा नहीं है। जब मैंने सुना कि मुझे भारत, सिंहल और वर्मा लौटकर नहीं आने दिया जाएगा, तब मैंने सोचा कि क्या सचमुच मैं भारत में ब्रिटिश शासन की रक्षा के लिए इतना विपज्जनक हूँ। बंगाल से निर्वासित करके भी सरकार सन्तुष्ट नहीं हुई, अथवा सब कुछ धोखेबाजी है? यदि पहली बात सच है तो ब्यूरोक्रेसी के मुकाबले में मैं भय का कारण बनूँ, यह मेरे लिए श्लाघा की बात है। किन्तु इसके बाद ही जब मैं अपने जीवन और कार्य-कलाप के बारे में सोचता हूँ तो अनुभव करता हूँ एक हिंसा परायन दल मुझे जैसा समझता है, वैसा मैं नहीं हूँ।

मैंने बंगाल के बाहर कोई राजनैतिक कार्य नहीं किया और भविष्य में करूँगा ऐसा भी मन में नहीं सोचता, क्योंकि मैं बंगाल को ही अपना कार्य-क्षेत्र और अपने आदर्श के लिए काफी विस्तृत समझता हूँ। बंगाल सरकार के सिवा अन्य किसी सरकार के पास मेरे विरुद्ध कोई अभियोग है, ऐसा मैं नहीं समझता। तब क्यों मेरे लिए समस्त भारत, सिंहल और वर्मा में प्रवेश करना निषेध बताया गया? सिंहल तो बिलकुल ब्रिटिश उपनिवेश है, कानूनन भारत सरकार की आज्ञा वहाँ चल सकती है, यह सन्देह जनक है।

बंगाल सरकार इस समय मेरी गतिविधि नियंत्रित करना चाहती है। किन्तु जब मैं स्वाधीन था, तभी मेरी गतिविधि क्या थी ? अक्टूबर सन् 1923 से अक्टूबर 1924 तक सिर्फ़ दो बार मैं कलकत्ते से बाहर गया हूँ। एक बार खुलना जिला कांफ्रेंस में, दूसरी बार नदिया जिले के कौंसिल निर्वाचन में खड़े हुए एक उम्मीदवार का समर्थन करने के लिए। 1924 के फरवरी मास से अक्टूबर तक मैं एक बार भी बाहर नहीं गया। सिराजगंज कांफ्रेंस के साथ मुझे नत्थी करने के लिए काफी कोशिश की गयी, इस समय मैं कारपोरेशन के चीफ इक्जीक्यूटिव आफिसर की हैसियत से कारपोरेशन के काम में विशेष व्यस्त था, ठीक कांफ्रेंस के समय कारपोरेशन के धांगड़ो की हड़ताल की संभावना के कारण एक मिनट के लिए भी बाहर जाना संभव नहीं था। सन् 1924 के मई से अक्टूबर तक मैंने जो कुछ किया उसे सब जानते हैं। उस समय सरकार को मेरी गतिविधि का सब हाल मालूम था। मेरी गतिविधि को नियंत्रित करना ही यदि मेरे गिरफ्तार किए जाने का कारण है तो मैं कह सकता हूँ कि मुझे गिरफ्तार करने की कोई ज़रूरत नहीं थी।

मिस्टर मोवार्ली ने एक विषय में हृदयहीनता का परिचय दिया है। सरकार जानती है, प्रायः ढाई वर्ष से मैं निर्वासित हूँ, इस समय में मैं अपने किसी आत्मीय, यहाँ तक कि पिता-माता से भी नहीं मिल सका। सरकार ने प्रस्ताव किया है कि मुझे ढाई-तीन वर्ष विदेश में रहना पड़ेगा, इस समय भी उनके साथ मिलने की कोई सुविधा नहीं मिलेगी। यह मेरे लिए कष्टदायक है, इसमें सन्देह नहीं, किन्तु जो मुझे चाहते हैं उनके लिए तो यह और भी अधिक कष्टदायक है। पूर्वीय लोग अपने आत्मीयों के साथ किस प्रकार अटूट स्नेह सूत्र में बँधे रहते हैं, इसका पश्चिमीय अनुमान भी नहीं कर सकते। मेरा ख्याल है कि इस अज्ञान के कारण ही सरकार ने ऐसी हृदय हीनता का परिचय दिया है। वे सोचते हैं जब कि मेरा विवाह नहीं हुआ, तब मेरा परिवार कहाँ से हो सकता है और किसी के प्रति मेरा प्रेम भी नहीं हो सकता।

पिछले ढाई वर्षों से मुझे कैसे कष्ट भोगने पड़ रहे हैं, सरकार शायद यह भूल गयी। बिना कारण मुझे इतने दिन तक अटका रखा गया है। तब भी मुझसे कहा गया है, अस्त्र-शस्त्र तथा विस्फोटक पदार्थ मँगाने, सरकारी कर्मचारियों की

हत्या करने के षड्यन्त्र के अभियोग का मैं अपराधी हूँ। इस सम्बन्ध में मुझसे कुछ कहने के लिए कहा गया, मेरा कहना है कि मैं निर्दोष हूँ। मेरा विश्वास है कि परलोकगत सर एडवर्ड मार्शल और सरजान साइमन इससे अधिक और कुछ नहीं कह सकते थे। दूसरी बार ये अभियोग मेरे सामने रखे गए तब मैंने पूछा था, इतने आदमियों के रहते हुए पुलिस ने मुझे पकड़ा क्यों? मेरा ख्याल है यही उत्तर सन्तोषजनक है।

मेरी गिरफ्तारी के बाद बंगाल सरकार ने मेरे आश्रितों के लिए तथा घर की रक्षा के लिए किसी तरह का भत्ता नहीं दिया। इसके लिए मैंने बड़े लाट के पास आवेदन भेजा था, पर बंगाल सरकार ने उसे दबाकर रख छोड़ा। इसके बाद अब फिर मुझे तीन साल विदेश में रहने के लिए कहा जा रहा है। यूरोप रहने के समय मुझे अपना ख़र्च स्वयं चलाना होगा। यह प्रस्ताव कैसे युक्तिसंगत है, यह समझ में नहीं आता। 1924 में मेरा स्वास्थ्य जितना अच्छा था, कम-से-कम वैसा ही स्वास्थ्यशाली बनाकर सरकार को मुझे छोड़ना चाहिए। जेल में रहने के कारण मेरे स्वास्थ्य की हानि हुई तो क्या सरकार उसकी क्षतिपूर्ति नहीं करेगी? यूरोप में जब तक मैं स्वस्थ न हो जाऊं, तब तक सरकार को मेरा सब ख़र्च देना चाहिए। सरकार यदि यूरोप जाने के पहले मुझे घर जाने देती, यूरोप में मेरा सब ख़र्च देती और स्वस्थ होते ही मुझे भारत लौटने देती तो मैं उसके व्यवहार को सहृदयता-पूर्ण समझता।

मिस्टर मोवार्ली ने कहा है सरकार और सुभाषचन्द्र बोस; दोनों ही समझते हैं कि आर्डिनेंस की अवधि समाप्त होने तक सरकार सुभाषचन्द्र बोस को अटकाकर रख सकती है। इस विषय में मैं मिस्टर मोवार्ली के साथ सहमत हूँ। मैं जानता हूँ सरकार जितने दिन तक चाहे मुझे अटका कर रख सकती है। आर्डिनेंस के ख़त्म होने पर तीसरे रेगुलेशन या किसी अन्य कानून से मुझे बन्दी बना सकती है। व्यवस्थापिका के सदस्य चाहे जितनी उछल-कूद मचाएँ या शासन सभा के सदस्य सफर ख़र्च क्यों न नामंजूर कर दें, मैं जानता हूँ, सरकार चाहे तो जीवनभर मुझे बन्दी रख सकती है। सरकार मुझे चिरकाल तक बन्दी रखना चाहती है या नहीं, यही मैं जानना चाहता हूँ। देशबन्धु मुझे युवक-वृद्ध कहकर पुकारते थे, वे मुझे निराशावादी कहते थे। हाँ, मैं निराशावादी हो सकता हूँ, क्योंकि ज़्यादातर मैं प्रत्येक घटना का अशुभ ही देखता हूँ। वर्तमान घटना का सबसे ख़राब फल क्या हो सकता है, वह भी मैंने सोचकर देखा है किन्तु तब भी मैंने निश्चय किया है, जन्मभूमि से हमेशा के लिए दूर होने की अपेक्षा जेल में मृत्यु को वरण करना ही अच्छा है। क्योंकि मैं कवि की इस वाणी में विश्वास करता हूँ–

"गौरव का पथ सिर्फ़ मृत्यु की ओर ले जाता है।"

सरकार के प्रस्ताव के पक्ष और विपक्ष में जो कुछ कहना है, मैंने वह सब कहा है। मेरे छुटकारे की संभावना दूर चली गयी इसके लिए कोई दुःख न करे। पिता-माता को सबसे अधिक कष्ट होगा, उनको सान्त्वना दीजिएगा। स्वतंत्रता के पहले व्यक्तिगत और सामूहिक भाव से हमें अनेक कष्ट सहने होंगे। भगवान को धन्यवाद है कि मैं निर्विकार हूँ और हर तरह की अग्निपरीक्षा के लिए प्रस्तुत हूँ। अपनी जाति के समस्त पापों का मैं प्रायश्चित कर रहा हूँ, इसी से मैं तृप्त हूँ। हमारा विचार और आदर्श अमर रहेगा, हमारी स्मृति कभी भी नष्ट न होगी, भविष्य सन्तान हमारी प्रिय कल्पना की उत्तराधिकारिणी होगी, यही विश्वास कर हर तरह की विपत्तियों और कष्टों को सहास्य सहकर जीवन बिता दूँगा। इति–

जीवन-लक्ष्य

(श्री शरचन्द्र बसु को लिखे गए पत्र का अनुवाद)

इनसिन जेल

9 मई, 1927

बड़े भइया!

लम्बा पत्र लिखने की ताकत नहीं है। जब तक पूरी ताकत न आ जाए मुझे उसका इन्तजार करना होगा। सरकारी प्रस्ताव के सम्बन्ध में भइया के साथ मेरी बहुत बातचीत हुई है। मुझे इस तरह की बातचीत का अवसर मिला इसके लिए मैं अत्यन्त आनन्दित हूँ। माननीय स्वराष्ट्र सचिव ने जो सौजन्य दिखलाया उसके लिए उन्हें धन्यवाद है। मेरे साथ अभी तक जो व्यवहार किया जाता था, उससे यह व्यवहार बिलकुल पृथक् है।

27 अप्रैल को भइया ने मुझे सरकार का उत्तर दिखलाया। इस उत्तर से मूल विषय दोनों पक्षों के सामने और भी स्पष्टता से आ गया। 11 अप्रैल को सरकारी शर्तों का मैंने जो उत्तर दिया था, अब मैं फिर सोचकर उसे ही ठीक समझता हूँ।

मेरा जो सिद्धान्त है, वह सहज विचार का फल है। अच्छी तरह सोच-विचार करने से यह सिद्धांत और भी दृढ़ होता है। जीवन को सहज भाव से विचार कर मैं इस सिद्धान्त पर पहुँचा हूँ। अच्छी तरह सोचने पर यह सिद्धान्त और अधिक दृढ़ हुआ है। जेल में मेरे जितने ही अधिक दिन बीतते हैं, मेरे मन में यह धारणा दृढ़ होती है कि जीवन-संग्राम के मूल में मतवाद का संघर्ष, सत्य या मिथ्या का संघर्ष रहता है। कोई-कोई इसे सत्य के विभिन्न पहलुओं का संघर्ष भी कहते हैं। मनुष्य की धारणा ही मनुष्य को चलाती है, ये सब धारणाएँ निष्क्रिय नहीं हैं,

क्रियाशील और संघर्षात्मक हैं। हेगलका Absolute Idea, हेपमेन और शोपेनहार Blind Will और हेनरी 'Iean Vital' के मत से समस्त धारणाएँ ही क्रियाशील हैं। ये सब धारणाएँ खुद ही अपना पथ बना लेती हैं। हम तो मिट्टी के पुतले हैं, भगवान की तेजराशि के कुछ अणु ही हममें हैं। यही समझकर हमें आत्मोत्सर्ग करना होगा।

सांसारिक और शारीरिक सुख-दुख को अग्राह्य कर जो इस भाव से आत्मनिवेदन कर सके उसके जीवन में सफलता अवश्यम्भावी है। एक दिन मेरे आदर्श की विजय होगी, इसका मुझे दृढ़ विश्वास है। इसलिए अपने स्वास्थ्य और भविष्य के सम्बन्ध में मैं कुछ चिन्ता नहीं करता।

सरकारी शर्त के जवाब में मैंने जो कुछ लिखा है उसमें मैंने अपना मत व्यक्त कर दिया है। किसी-किसी समालोचक का कहना है कि अच्छी शर्तें पाने के लिए मैंने चाल चली है। समालोचकों की इस प्रकार की निर्दय समालोचना से मैं दुःखी हूँ। मैंने दूकानदारी या दर मुलाई नहीं की, कूटनीति से मुझे घृणा थी। मैं एक आदर्श लेकर खड़ा हूँ। बस, यहीं सब शेष है ? मैं जीवन को इतना प्रिय नहीं समझता कि उसकी रक्षा के लिए चालाकी का आश्रय लूँ। मूल्य के सम्बन्ध में मेरी धारणा बाज़ार की धारणा से पृथक है। शारीरिक या वैषयिक सुख की कसौटी पर जीवन की सफलता या व्यर्थता का निर्णय किया जा सकता है, इसे मैं नहीं मानता। हमारा संग्राम शारीरिक बल का नहीं है। वैषयिक लाभ प्राप्ति के लिए भी हमारी लड़ाई नहीं है। सेण्टपाल ने कहा है–

''हम रक्त मांस के विरुद्ध संग्राम नहीं करते, हमारा संग्राम उनके विरुद्ध है; जो पृथ्वी के अन्धकार के नायक हैं, हमारा संग्राम उच्च-पद-प्राप्त अन्याय के विरुद्ध है।'' स्वाधीनता और सत्य ही हमारा आदर्श है, रात के बाद जैसे दिन आता है, हमारी कोशिश भी वैसे ही सफल होगी, होगी! हमारा शरीर नष्ट हो सकता है किन्तु अटल विश्वास और दुर्जय संकल्प के बल से हमारी जय अवश्य होगी। हमारे आदर्श की सफलता देखने का सौभाग्य किसे प्राप्त होगा, यह तो भगवान ही जानते हैं। किन्तु अपने सम्बन्ध में मैं कह सकता हूँ, मैं अपना काम किये जाऊँगा, फिर चाहे जो भी हो।

और एक बात कहकर वक्तव्य समाप्त करता हूँ। मैं स्विटजरलैण्ड जाऊँगा या नहीं यह मैं अभी स्थिर नहीं कर सकता। शरीर की वर्तमान समय में जो अवस्था है उसे देखते हुए स्विटजरलैण्ड जाने का परिश्रम मैं कर नहीं सकूँगा। फिलहाल भारत के किसी स्वास्थ्यप्रद स्थान में रहकर मुझे स्वास्थ्यलाभ करना होगा। कितने दिन बाद स्विटजरलैण्ड जाने लायक शक्ति प्राप्त कर सकूँगा कुछ ठीक नहीं। जो भी हो डाक्टरों का मत है कि जब तक मैं ज़रा अच्छा नहीं हो जाता; तबतक स्विटजरलैण्ड जाने का सवाल ही नहीं उठ सकता। और भारत के किसी स्वास्थ्यप्रद

स्थान में रहकर ही यदि मैं स्वास्थ्यलाभ कर सकूँ या इच्छापूर्वक निर्वासन स्वीकार न करूँ तो स्विटजरलैण्ड जाने की ज़रूरत ही क्या है?

साथ ही साथ स्विटजरलैण्ड जाने का निश्चय करने के पहले मुझे अपनी आर्थिक स्थिति के सम्बन्ध में सोचना होगा। परिवारवालों के साथ, विशेषकर माता-पिता के साथ इस सम्बन्ध में बातचीत करना होगा। कुछ ही महीनों में बंगाल की राजनैतिक अवस्था में परिवर्तन हो सकता है तथा बंगाल सरकार की धारणा भी परिवर्तित हो सकती है। किसी तरह का निश्चय करने के पहले इन सब बातों पर विचार कर लेना होगा। जो भी हो, मैं किसी तरह की बन्दिश नहीं चाहता, यदि सरकार किसी तरह की रोक थाम करना चाहे तो आप लोग बातचीत बन्द कर दें। ईश्वर महान् है—कम से कम अपनी सृष्टि से महान् अवश्य है। हम जब उसमें विश्वास करते हैं, तब हमें दुःखी नहीं होना चाहिए।

मेरे प्रति जो अनुरक्त हैं और सहानुभूति पूर्ण हैं, मैं उनके लिए पीड़ा का कारण हूँ, इसके लिए मुझे बड़ा दुःख है। किन्तु यही सोचकर मुझे सांत्वना मिली है कि जो समान रूप से मातृभूमि के प्रति आस्था सम्पन्न हैं, वे समान रूप से दुःख-सुख भोगने के अधिकारी हैं। आशा है, आप लोग सानन्द होंगे। इति—

निवेदन

फेलसल लॉज, शिलांग
10-8-27

श्रद्धापूर्वक निवेदन,

जब मैं उत्तर कलकत्ता के निर्वाचन क्षेत्र से बंगीय व्यवस्थापिका सभा के लिए उम्मीदवार खड़ा हुआ था, तब मुझे माण्डला जेल से 24 सितम्बर को आपके पास आवेदन भेजना चाहिए था, मगर वह आपके पास नहीं पहुँचा। अधिकारियों ने चाहे जिस कारण से हो वह पत्र आपके पास तक नहीं पहुँचने दिया। उन्होंने साधारण आवेदन पत्र को क्यों रोक लिया, यह पूछने पर भी उसका कुछ उत्तर नहीं मिला। इसके बाद अपने निर्वाचन के विषय में व्यक्ति विशेष को मैंने जो पत्र दिए थे, उनमें से भी अधिक अपने लक्ष्य स्थान तक नहीं पहुँचे। जब मैं जेल में था तब एक उच्च कर्मचारी से सुना था कि अधिकारियों की इच्छा है कि मैं जेल में रहकर निर्वाचन का काम न चला सकूँ।

किन्तु मुझे विश्वास है कि मेरा लिखित निवेदन आपके पास न पहुँचने पर भी मेरे आकुल हृदय का मूक निवेदन आपके पास पहुँच गया होगा। इसीलिए मेरा

निवेदन न सुनने पर भी और अति प्रबल योग्य प्रतिद्वन्द्वी होने पर भी मेरे जैसे अयोग्य आदमी को वोट देकर आपने निर्वाचित किया है। माण्डला जेल में रात को दस बजे जब मैंने कई राजबन्दियों के साथ निर्वाचन की सफलता का समाचार सुना, उस समय प्रकट रूप से आपके प्रति कृतज्ञता नहीं जना सका। किन्तु मेरा विश्वास है कि नदी, नद, जंगल पार कर मेरे हृदय की वाणी आपके पास तक पहुँच गई होगी।

आपके प्रति विशेष कृतज्ञता प्रकट करने का कारण यह है कि जिस अवस्था में पड़कर मित्र को उसके मित्र भी पहचान नहीं पाते, ऐसे समय में जब कि मैं अधिकारियों द्वारा लांछित था, उस समय भी आपने अधिकारियों की परवाह न कर मुझे सम्मान के उच्च आसन पर बैठाया। मेरे प्रति ऐसा स्नेह और विश्वास प्रकट कर आपने सिर्फ मुझे ही धन्य नहीं किया बल्कि सभी राजबन्दियों को गौरवमण्डित किया है।

जेल में रहते हुए आपके प्रति अपनी आन्तरिक कृतज्ञता प्रकट करने का अवसर नहीं मिला तथा वर्तमान समस्या के सम्बन्ध में आपका मतामत जानने का सुयोग भी नहीं मिला। सोचा था, जब मुक्ति मिलेगी तभी ये दो कार्य सम्पादन कर सकूँगा। पहले छूटने की बिलकुल आशा नहीं थी, किन्तु जिस दिन अप्रत्याशित भाव से छूटा, उस दिन मैं बीमार और शैयाग्रस्त था। आपके प्रतिनिधि की हैसियत से मेरा जो कर्त्तव्य है उसे जेल से छूटने पर भी मैं आज तक नहीं कर सका। इच्छा न रहने पर भी आपके साथ मुलाकात न करके मुझे यहाँ आना पड़ा। कर्मक्षेत्र में आने में अभी विलम्ब है, पर पहले से अब ज़रा ठीक हूँ, इसलिए निश्चय किया कि कम-से-कम पत्र द्वारा अपना निवेदन प्रकट कर दूँ।

मेरे छुटकारे के बाद आपने मुझे जिस प्रकार अभिनन्दित किया है एवं मेरी आरोग्य-कामना के लिए जो कुछ किया है, उसे मैं भूल नहीं सकता। आपने मुझे सेवा करने का अधिकार देकर धन्य किया है, मेरी एकान्त कामना है कि मैं अपने इस अधिकार का समुचित उपयोग कर सकूँ। आपने मेरे प्रति स्नेह और विश्वास प्रकट कर मुझे सम्मानित किया है।

पूर्णरूप से स्वस्थ होने में विलम्ब होने पर भी आपके आशीर्वाद और शुभ इच्छा के प्रभाव से मैं आरोग्य लाभ कर रहा हूँ। किन्तु शारीरिक आरोग्य प्राप्त करने पर भी मानसिक शान्ति पाना असंभव है। बंगाल की इतनी सुयोग्य सन्तानें जब तक बिना अपराध बन्दी हैं, बिना विचारे जेलों में पीसी जा रही हैं, बंगाल के असंख्य नर-नारी जब तक अपने प्रियजनों के दुःख, कष्ट और लांछना का ख्याल कर असह्य हार्दिक वेदना से दिन-रात छटपटा रहे हैं, बंगाल के असंख्य घर पिता, पुत्र, पति, भाई के बिना श्मशान तुल्य हो रहे हैं, तब तक कौन बंगाली खा-पीकर सुख से सो सकता है? बंगाल के गवर्नर ने मुझे सूचित किया है कि इस बार कौंसिल में उपस्थित

न होने पर भी मेरा नाम सदस्यों की सूची से न काटा जाएगा। मेरे मन में हो रहा है कि कौंसिल की आगामी बैठक में जब राजबन्दियों का प्रश्न उठे तब वहाँ उपस्थित होकर अपना कर्त्तव्य पालन करूँ। चिकित्सकों की अनुमति मिलेगी या नहीं, नहीं जानता, यदि अनुमति मिल गयी तो कलकत्ता आकर अपना कर्त्तव्य पालन करूँगा। कौंसिल की बैठक में उपस्थित हो सकूँगा, इस आशा से प्रस्ताव और कुछ प्रश्न तैयार कर लिये हैं। किन्तु यदि अनुमति न मिली तो जितना जल्द हो सके आरोग्यलाभ कर जन सेवा के लिए कर्मक्षेत्र में आ जाऊँ, इसकी पूर्ण चेष्टा करूँगा। इस समय चारों तरफ़ नव जागरण के लक्षण दिखलाई पड़ रहे हैं। राष्ट्रीय जीवन क्षेत्र में जो बाढ़ आनेवाली है उसका आभास मेरे मन को मिल गया है, अब यही चाहता हूँ कि ठीक समय पर उसके लिए शरीर और मन से प्रस्तुत रहूँ।

किमधिकम्। मेरी श्रद्धांजलि ग्रहण कीजिएगा। इति–

जेल से निवेदन

(निम्नोक्त निवेदन पत्र माण्डला से भेजा गया था, जिसे अधिकारियों ने अटका रखा था)

यथायोग्य सम्मानपूर्वक निवेदन कि–

बंगीय व्यवस्थापिका सभा की सदस्यता के लिए मैं उत्तर कलकत्ता निर्वाचन क्षेत्र से कांग्रेस द्वारा मनोनीत होकर खड़ा हुआ हूँ। जनमत मेरे अनुकूल है यह जानकर, स्वदेश सेवी और शुभाकांक्षियों के उपदेश से मैं देश की सेवा का अधिकतर सुयोग पाने की आशा से सदस्यता के लिए खड़ा हुआ हूँ। किन्तु इसके पहले मुझे, जिस प्रकार आपके सामने उपस्थित होना चाहिए था, उस तरह नहीं हो सकता। किन्तु आशा करता हूँ कि मेरी वर्तमान अवस्था जानकर आप क्षमा कर देंगे।

जेल में रहते हुए निर्वाचन के लिए खड़ा होना चाहिए या नहीं और निर्वाचन के लिए खड़े होने में कुछ सार्थकता है या नहीं, इस पर मैंने अच्छी तरह विचार किया है। राष्ट्रीय महासभा ने भी इस विषय पर विचार किया है। देशबन्धु चितरंजनदास होते तो वे भी मुझे खड़े होने के लिए कहते, ऐसा मेरा विश्वास है। श्री अनिलवरण राय और सत्येन्द्रचन्द्र मित्र महोदय ने पुनर्निर्वाचन के समय जो कुछ कहा था, उससे मेरे कथन का अनुमोदन होता है। सब बातों पर अच्छी तरह विचार कर और समझकर कि निर्वाचन के लिए उम्मीदवार होने में सार्थकता है, मैंने आपके सामने पत्र द्वारा उपस्थित होने का साहस किया है। इस निश्चय पर पहुँचने में जनमत का अनुकूल होना एक बहुत बड़ा कारण है, यह कहना ही होगा।

अगर सुयोग होता और सम्भव होता तो मैं स्वयं आपकी सेवा में उपस्थित होकर अपने राजनैतिक मतामत व्यक्त करता, तथा आपका उपदेश और परामर्श जानना चाहता। किन्तु सरकार द्वारा मैं इस अधिकार से वंचित कर दिया गया हूँ। लगभग दो वर्ष हुए मैं बिना विचार और बिना न्याय जेल में बन्द हूँ। इन दो वर्षों में बहुत अनुरोध करने पर भी सरकार ने मुझे किसी भी अदालत के सामने उपस्थित नहीं किया। यहाँ तक कि अधिकारियों के पास मेरे विरुद्ध क्या अभियोग है और क्या गवाहियाँ हैं यह भी मुझे किसी भी तरह से नहीं बतलाया गया। अपने अपराध के सम्बन्ध में यदि मुझे कुछ कहना पड़े तो मैं यही कह सकता हूँ कि पराधीन जाति की चिर आचरित पद्धति को छोड़कर कांग्रेस के एक साधारण सेवक की हैसियत से स्वदेश सेवा में मन प्राण अर्पण करने का मैंने प्रयास किया है, जिसके फलस्वरूप मैं जेल में ही बन्द नहीं किया बल्कि देश से दूर भेज दिया गया। अपनी मातृभूमि की मिट्टी और जेल से मुझे वंचित कर दिया गया। तब भी मेरे लिए सन्तोष की यही बात मेरा जेल जाना व्यर्थ नहीं हुआ। आज मेरी सम्पूर्ण व्यथा रंजित होकर, गुलाब की तरह खिल गयी है। यहाँ आने के पहले मैं बंगाल को, भारत को प्रेम करता था। किन्तु देश से दूर आने पर प्यारे बंगाल को, प्रिय भारत को हजार गुना अधिक चाहने लगा हूँ। बंगाल का आकाश, बंगाल की वायु, स्वप्न प्रस्तुत, स्मृति आच्छादित बंगाल का मोहन रूप आज मेरे सामने कितना मनोहर, कितना पवित्र, कितना सत्य है, यह मैं कैसे बतलाऊँ ? जिस आन्तरिक आत्मोत्सर्ग का आदर्श लेकर मैं कर्मभूमि में अवतीर्ण हुआ था, निर्वासन की पारसमणि मुझे प्रतिदिन उसके लिए योग्यतर बना रही है। जो चिरंतन सत्य बंगाल की भागीरथी और बंगाल के शस्यश्यामल क्षेत्रों में मूर्त हुआ है, बंगाल के जिस धर्म को बंकिम से लेकर देशबन्धु तक ने साधना द्वारा उपलब्ध किया था, तथा जिसका साहित्य द्वारा प्रकटीकरण किया था, बंगाल का जो भुवनमोहन रूप कितने शिल्पियों, कलाकारों, कवियों और साहित्यिकों की तूलिका और लेखनी का विषय है, आज उसका आभास पाकर मैं कृतकृत्य हूँ। देश की इसी अनुभूति के पुण्य प्रताप से जेल-जीवन के ये दो वर्ष सार्थक हुए हैं। मैं समझ सका हूँ कि माँ के लिए इस प्रकार दुःख, कष्ट का वरण करना कितने गौरव और सौभाग्य की बात है।

इस प्रकार के आवेदन में अपना परिचय देने की विधि बहुत दिन से चली आ रही है किन्तु मेरे पास ऐसा कुछ नहीं है, जिसका परिचय देकर मैं आपकी सहायता पाने का दावा कर सकूँ। पाँच वर्ष पहले जब उत्ताल महोदधि की तरंगों की तरह भारत के प्राण भारतमाता के चरणों में उत्सर्ग होने के लिए उतावले हो रहे थे, उस समय विश्वविद्यालय से निकलकर मैं कर्मक्षेत्र में आया था।

अपने जीवन को पूर्णरूप से विकसित कर माता के चरणों में अंजलि चढ़ा दूँगा और इसी आन्तरिक उत्सर्ग द्वारा जीवन की पूर्णता प्राप्त करूँगा, इसी आदर्श

से मैं अनुप्राणित हुआ था। समाजसेवा और राजनीति का काम मैंने सामयिक रूप से ग्रहण नहीं किया था। इसीलिए पराधीन देश के जीवन में जो विपत और परीक्षा, दुःख और वेदना अवश्यम्भावी है; उसके लिए शरीर और मन से प्रस्तुत होने के लिए हमेशा चेष्टा करता था। इस कोशिश में मैं सफल हुआ या नहीं, अथवा किस हद तक सफल हुआ उसका विचार मेरे देशवासी करेंगे। मेरे इस क्षुद्र किन्तु घटनापूर्ण जीवन के ऊपर से जो-जो तूफान गुजरे हैं, उन्हीं विघ्न और विपत्तियों द्वारा मैंने अपने आपको समझने और पहचानने की चेष्टा की है। यौवन के प्रभात में मैंने जिस कंटकमय पथ का अवलम्बन किया, निश्चय ही उसी पथ पर अन्त तक चल सकूँगा, अज्ञात भविष्य को सामने रखकर जिस व्रत को मैंने ग्रहण किया था, उसका उद्यापन किए बिना विरत नहीं होऊँगा। अपने प्राणों और ज्ञान को निचोड़कर मैंने यही सत्य प्राप्त किया है कि पराधीन जाति का सब कुछ, शिक्षा-दीक्षा, कर्म, सब व्यर्थ है, यदि वह स्वाधीनता प्राप्ति में सहायक और उसके अनुकूल नहीं होता। इसीलिए आज मेरे हृदय के अन्तरतम प्रदेश से निकलकर यह वाणी हमेशा मेरे कानों में प्रतिध्वनित होती रहती है, "स्वाधीनता हीनताय के बांचिते चाय रे, के बांचिते चाय।" मैं हाथ जोड़कर आपसे यह प्रार्थना करता हूँ, आप लोग मुझे आशीर्वाद दें कि स्वराज्य लाभ की पुण्य प्रचेष्टा ही मेरा जप, तप, स्वाध्याय, साधन और मुक्ति का सोपान हो तथा जीवन के अन्तिम क्षण तक मैं भारतीय मुक्ति संग्राम में लगा रहूँ।

आत्मोत्सर्ग के पवित्र और मूर्तिमान विग्रह प्रातः स्मरणीय देशबन्धु के चरणों में मैंने देश सेवा की दीक्षा, शिक्षा ली है। उनके रहते हुए, सब विपत्तियों को तुच्छ मानकर, उनकी पताका लेकर चलता रहा हूँ। उनके न रहने पर उनके लोकोत्तर चरित्र से शिक्षा लेकर उसे हृदय में धारण कर तथा उनके महिमामय जीवन के आदर्श को सामने रखकर एकनिष्ठ भाव से जीवन पथ पर अग्रसर होऊँगा, यही संकल्प मन में कर रखा है। सर्व मंगलमय भगवान मेरी रक्षा करें।

इस समय जो निर्वाचन समस्या है, उसका हल आपके ही ऊपर है। क्योंकि इस निर्वाचन संग्राम में एक प्रवासी राजबन्दी पहाड़, नदी, समुद्र पार रहकर, इतनी दूर से क्या कर सकता है? देश का अकिंचन सेवक होने पर भी आपके लिए तो मैं बिलकुल अपरिचित नहीं हूँ। सबके साथ प्रत्यक्ष परिचय न होने पर भी क्या आपके ऊपर मेरा कोई दावा नहीं है? मैं प्रार्थना करता हूँ, मेरी जय का अर्थ है, राष्ट्रीय महासभा की जय, जनमत की जय, आपकी जय है। इस व्ययसाध्य निर्वाचन संग्राम में आप ही मेरी आशा, भरोसा, सहारा सब कुछ हैं। आपकी सेवा कर कृतार्थ बनूँ यही मेरी आकांक्षा है। मुझे विश्वास है कि आप मुझे सेवा का सुयोग और अधिकार देकर धन्य करेंगे और मैं क्या कहूँ? आप ही देश के मूर्तस्वरूप हैं। वतन से दूर, समुद्र पार निर्वासित बन्दी का श्रद्धापूर्वक अभिवादन स्वीकार कीजिए। इति—

देशबन्धु

(श्री शरत्चन्द्र चट्टोपाध्याय को लिखा गया पत्र)

माण्डला जेल

12-8-25

श्रद्धास्पदेषु।

मासिक वसुमती में आप द्वारा लिखित 'स्मृति कथा' तीन बार पढ़ी, बहुत अच्छी लगी। मनुष्य चरित्र देखने की अन्तर्दृष्टि आपको प्राप्त है, देशबन्धु के साथ घनिष्ठ सम्पर्क और आत्मीयता होने के कारण छोटी-छोटी घटनाओं की जानकारी में से उनका विश्लेषण कर रस और सत्य का आविष्कार करने की क्षमता आप में ही है। साधारण उपकरण के द्वारा भी आप इतनी सुन्दर चीज़ लिख सके हैं!

जो उनके अन्तरंग थे, उनके हृदय में एक गोपन कथा रह गयी। उन गोपन कथाओं में कुछ का उल्लेख कर आपने सिर्फ सत्य की ही प्रतिष्ठा नहीं की है, बल्कि आपने हमारे मन का भार भी हलका कर दिया। सचमुच, "पराधीन देश के लिए सबसे बड़ा अभिशाप यही है कि विदेशियों की अपेक्षा अपने देशवासियों के साथ ही अधिक लड़ाई करनी पड़ती है।" इस उक्ति में जो निष्ठुर सत्य है, उसे राष्ट्र सेवियों ने अच्छी तरह अनुभव किया है और अब भी कर रहे हैं।

आपके लेख में मुझे यह बात सबसे अच्छी लगी कि "अत्यन्त प्रिय, बिलकुल अपने आत्मीय के लिए हृदय में जैसी आग लग जाती है, यह वैसी ही आग है। आज हम लोग जो उनके आस पास थे, उनकी ऐसी हालत हो रही है कि हमारे पास अपना मार्मिक दुःख प्रकट करने लायक भाषा भी नहीं है और दूसरे के सामने यह दुखड़ा रोना अच्छा भी नहीं लगता।" सचमुच हृदय की गूढ़ बात क्या दूसरे से आसानी से कही जा सकती है? हाँ, वे उपहास करें तो उसे सहा जा सकता है। किन्तु यदि वे दुःख का मर्म न समझें तो कितना भीषण कष्ट होता है, तब मन में यही होता है, "अरसिकेषु रस निवेदनम् शिरसि मा लिख।" हमारे हृदय की बात अन्तरंग मित्र के सिवा कौन समझ सकता है?

आपने और एक बात लिखी है, जो मुझे बहुत अच्छी लगी कि "हम देशबन्धु का काम करते थे।" मैं ऐसे आदमियों को जानता हूँ, जो देशबन्धु के मत में विश्वास नहीं करते थे किन्तु उनके हृदय में जो मोहिनी शक्ति थी, उससे मोहित होकर उनके लिए काम किए बिना नहीं रहते थे और वे भी मतामत से रहित होकर सबको प्रेम करते थे। वे कभी भी समाज के वर्तमान विधि निषेध्या परिपाटी से मनुष्य के चरित्र को नहीं देखते थे। मनुष्य की अच्छाई, बुराई जानकर भी उसे प्यार करना चाहिए, यह उनका विश्वास था।

अनेक सोचते होंगे कि हम लोग अन्धे की तरह उनका अनुसरण करते थे, किन्तु उनके प्रधान शिष्यों के साथ उनका सबसे अधिक झगड़ा होता था। अपने सम्बन्ध में मैं कह सकता हूँ, असंख्य विषयों में मेरा उनके साथ झगड़ा हुआ है। किन्तु मैं जानता था कि चाहे जितना झगडूँ, मेरी भक्ति और निष्ठा अटूट रहेगी। तथा उनके प्रेम से मैं कभी वंचित न हो सकूँगा। वे विश्वास करते थे कि चाहे जैसा तूफान क्यों न आये वे मुझे चरणों के पास ही पायेंगे। माँ (बासन्ती देवी) हमारे सब तरह के झगड़े निपटातीं। किन्तु हाय! मचलने, बिगड़ने, रूठने का आधार भी चला गया। आपने एक स्थान पर लिखा है, "आदमी नहीं, संगी साथी नहीं, धन नहीं, हाथ में एक अखबार भी नहीं, जो अत्यन्त छोटे हैं, वे भी बिना गाली-गलौज के बात नहीं करते। देशबन्धु की यह क्या हालत है ?" ओह! उस दिन का चित्र अभी भी मेरे स्मृति पट पर उसी तरह अंकित है। हम लोग गया कांग्रेस के बाद जब कलकत्ता लौटे, उस समय झूठी और अर्द्ध-सत्य बातों से बंगाल के समाचार पत्र रँगे हुए थे। यहाँ तक कि अख़बार वाले हमारा वक्तव्य भी छापना नहीं चाहते थे। उस समय धन की आवश्यकता थी और उसका ठिकाना नहीं था, जिस मकान में भीड़ के मारे जगह नहीं रहती थी, उसी मकान में शत्रु या मित्र कोई आकर झाँकता तक नहीं था। सिर्फ़ हम लोग कुछ आदमी बैठकर, आपस में बातचीत करते। फिर जब उसी मकान का पूर्ण गौरव फिर आया तब बात ही और थी? बाहर के आदमियों ने और पद प्रार्थियों ने आकर जब सभा स्थल पर अधिकार जमा लिया, उस समय हमें, बोलने का अवसर भी नहीं मिला। कितने परिश्रम से, हड्डी तोड़ परिश्रम कर भण्डार में धन संचय किया, फिर किस तरह अपना अख़बार निकला, किस तरह जनमत को अपने अनुकूल बनाया, यह बाहर के आदमियों को नहीं मालूम। शायद कभी मालूम भी न होगा। किन्तु इस यज्ञ के जो होता, ऋत्विक्, प्रधानपुरोहित थे वे पूर्णाहुति के पहले ही कहाँ चले गए? भीतर की आग और बाहर की आग, इन दोनों ज्वालाओं को उनका पार्थिव शरीर सह न सका।

अनेक सोचते हैं, उनके जीवन का उद्देश्य था, स्वदेश सेवा के लिए माँ के चरणों में जीवन उत्सर्ग करना। किन्तु मैं जानता हूँ उनका उद्देश्य इससे भी महान् था। और वे इसमें बहुत कुछ सफल भी हुए थे। 1927 की धर-पकड़ में उन्होंने निश्चय किया था कि एक-एक करके अपने परिवार के प्रत्येक व्यक्ति को जेल भेज देंगे, फिर खुद भी चले जाएँगे। अपने लड़के को जेल भेजे बिना वे दूसरे के लड़के को जेल नहीं भेज सकते थे। हम जानते थे वे शीघ्र ही गिरफ्तार कर लिये जाएँगे। उनकी गिरफ्तारी के पहले उनके पुत्र के जेल जाने की कोई आवश्यकता नहीं, तथा एक मर्द के रहते हुए हम किसी महिला को नहीं जाने देंगे, यह हमारा कहना था। इस पर काफी देर तक बहस हुई, किन्तु किसी तरह का निश्चय न

हो सका, हम लोग किसी भी तरह उनकी बात मानने को तैयार नहीं थे। अन्त में उन्होंने कहा, "यह मेरी आज्ञा है, पालन करना होगा।" अपना प्रतिवाद प्रकट कर हमने आज्ञा शिरोधार्य की।

उनकी बड़ी लड़की विवाहिता थी, उसके ऊपर उनका कोई जोर या अधिकार नहीं था, उसे वे जेल नहीं भेज सके। दूसरी कन्या वाग्दत्ता थी, उसे जेल भेजा जाए या नहीं, इस पर बहस छिड़ी, वे उसे भी भेजना चाहते थे, कन्या भी जेल जाने के लिए अत्यन्त उत्सुक थी किन्तु बाकी सब उसके जेल भेजे जाने के विरुद्ध थे, क्योंकि एक तो उसका शरीर ठीक नहीं था, दूसरे उसका विवाह भी शीघ्र ही होने वाला था। आखिर उन्हें यह बात माननी ही पड़ी। बाकी सबका जेल जाना तय ही था।

बाहर की घटना तो सब जानते हैं; किन्तु इस घटना के मूल में दुनिया की नज़रों से पीछे जो भाव, जो आदर्श, जो प्रेरणा निहित है, उसका पता किसको है?

मेरा विश्वास है कि महापुरुषों का महत्त्व बड़ी-बड़ी घटनाओं की बनिस्पत छोटी-छोटी घटनाओं से विशेष प्रकट होता है। आषाढ़ और श्रावण की वसुमति में मैंने देशबन्धु के सहकर्मियों के लेख ध्यान से पढ़े। अनेक लेख चालू शब्द तथा पुनरुक्ति से परिपूर्ण हैं, सिर्फ़ आपने ही छोटी-छोटी घटनाओं का विश्लेषण कर देशबन्धु का चरित्र अंकित करने की चेष्टा की है। इसीलिए आपका लेख पढ़कर कितना सुखी हुआ, कह नहीं सकता। देशबन्धु के शिष्य और सहकर्मियों से इससे अधिक की आशा करता था किन्तु अच्छा होता यदि वे कुछ न लिखते। बीच-बीच में बिना यह सोचे नहीं रह सकता कि देशबन्धु की अकाल मृत्यु के लिए उनके देशवासी और सहकर्मी भी जिम्मेदार हैं। यदि वे उनके बोझ को कुछ हलका कर देते तो उन्हें इतना अधिक परिश्रम करके आयु क्षीण न करना पड़ता। किन्तु हमारा ऐसा अभ्यास हो गया है कि एक बार जिसको नेता मान लेते हैं, उसके ऊपर इतना भार लाद देते हैं, उनसे इतनी अधिक आशा करते हैं कि किसी भी आदमी के लिए उतना भार वहन करना और आशापूर्ण करना संभव नहीं होता। राजनीति सम्बन्धी सब तरह का दायित्व नेता पर लादकर हम निश्चिन्त होकर बैठना चाहते हैं।

जाने दीजिए, क्या कहते-कहते, क्या कहने लगा। मेरी, मेरी ही क्यों, यहाँ जितने हैं सबकी इच्छा है कि आप 'स्मृति कथा' की तरह देशबन्धु के सम्बन्ध में और भी कुछ लिखिए। आपका भण्डार इतना जल्द रिक्त नहीं होगा, इसलिए लिखने का उपादान नहीं मिलेगा, ऐसी आशंका नहीं है। आप यदि लिखेंगे तो वर्मा में बैठे हुए कई बंगाली राजबन्दी उसे साग्रह पढ़ेंगे।

संभवतः मैं अधिक समय तक यहाँ नहीं रहूँगा किन्तु अब छूटने की विशेष इच्छा नहीं है। बाहर होते ही श्मशान की-सी शून्यता मुझे घेर लेगी, इसकी, कल्पना

करते ही हृदय संकुचित हो जाता है। यहाँ पर सुख, दुःख, स्मृति, स्वप्न में किसी तरह दिन कट रहे हैं। जेल में बन्द रहकर जो ज्वाला अनुभव कर रहा हूँ, उस ज्वाला में कुछ भी सुख नहीं है, यह नहीं कह सकता। जिसको चाहता हूँ, उसको हृदय से चाहने के कारण ही मैं आज उस ज्वाला के भीतर ही शांति पा रहा हूँ। जेल की दीवार से टकराकर क्षत-विक्षत हृदय को भी जो शान्ति मिल जाती है, उसे छोड़कर बाहर की हताशा, शून्यता और दायित्व लेने के लिए मानो मन तैयार नहीं होता।

यहाँ आये बिना मानो मैं समझ नहीं पाता कि बंगाल को कितना चाहता हूँ, शायद रवि बाबू ने जेल में कल्पना कर लिखा था कि–

"सोनार बांगला आमि तोमाय भालो बासि
चिर दिन तोमार आकाश तोमार बातास
आमार प्राणे बाजाय बांसी।"

जब क्षणभर के लिए भी बंगाल का विचित्र रूप मानस चक्षुओं के सामने आ जाता है, तब मन में होता है, अनुभूति के लिए, इतना कष्ट सहकर माण्डला आना सार्थक हुआ। पहले कौन जानता था बंगाल की मिट्टी, बंगाल का आकाश, बंगाल की वायु अपने भीतर इतना माधुर्य भरे हुए है।

क्यों यह पत्र लिख डाला मालूम नहीं। आपको पत्र लिखूँगा यह बात पहले कभी सोची भी नहीं थी। पर आपका लेख पढ़कर जो बातें मन में आयीं उन्हें लिख डाला। और जब लिख डाला है, तब भेज देना ही ठीक है। हम सबका प्रणाम ग्रहण करें। इच्छा हो पत्र का उत्तर दीजिएगा। किन्तु उत्तर पाने के लिए जोर देने का अधिकारी नहीं हूँ, शायद उत्तर दें, इसी आशा से ठिकाना दे रहा हूँ।

C/o D. I. G. I. B. C. I. D.
13. Elysium Row, Calcutta.

(देशबन्धु के जीवन चरित्र लेखक श्री हेमेन्द्रनाथ दास गुप्त को लिखा हुआ पत्र।)

माण्डला जेल
20-1-26

सर्वसाधारण के पढ़ने लायक देशबन्धु चितरंजनदास के सम्बन्ध में कुछ लिखने का साहस अभी भी मेरे अन्दर नहीं है। कभी होगा या नहीं, मालूम नहीं। व्यक्तिगत रूप से मेरे साथ उनका सम्बन्ध इतना घनिष्ठ था कि अन्तरंग के सिवा उनके

सम्बन्ध में और किसी से कुछ कहने की इच्छा नहीं होती। वे इतने बड़े थे और मैं इतना क्षुद्र हूँ कि मुझे भय होता है कि उनकी प्रतिभा कितनी सर्वतोमुखी, हृदय कितना उदार, चरित्र कितना महान था, उसे आज भी हृदयंगम नहीं कर सका हूँ। ऐसी हालत में क्षुद्र हृदय, क्षीण विचार शक्ति और दीन भाषा की सहायता से उन प्रातःस्मरणीय के सम्बन्ध में कुछ लिखना धृष्टता होगी। तब भी इच्छा और सामग्री न रहने पर भी मित्र के अनुरोध से अनेक काम करने पड़ते हैं। इसीलिए प्रिय मित्र हेमेन्द्रनाथ के अनुरोध से यह प्रयास कर रहा हूँ। देशबन्धु के सम्बन्ध में मैं प्रत्यक्ष रूप से जितना जानता हूँ और गम्भीर विवेचन के बाद उनके जीवन और कर्ममय जीवन का गूढ़ अर्थ जहाँ तक समझ सका हूँ, वह लिखने पर एक पुस्तक तैयार हो जाएगी। इतनी बातें लिखने की शक्ति और मन की अनुकूल अवस्था इस समय नहीं है। इसलिए मित्र के अनुरोध की रक्षा के लिए मैं कुछ बातें ही लिखूँगा।

देशबन्धु के वैचित्र्यपूर्ण जीवन की सब बातों से मैं परिचित नहीं हूँ। जीवन चरित्र में जो बातें अब तक छपी हैं, वे भी सम्भवतः मुझे मालूम नहीं। मैं सिर्फ़ तीन वर्ष तक उनके पास था। इस समय में भी कोशिश करने पर बहुत कुछ सीख सकता था किन्तु आँखें रहते हुए क्या हम उनका मूल्य समझते हैं? खासकर देशबन्धु के सम्बन्ध में मेरी धारणा थी कि वे और भी कुछ साल रहेंगे और अपने व्रत का उद्यापन न होने तक कर्मभूमि से अवसर ग्रहण न करेंगे। मुझे जहाँ तक ख्याल है उन्होंने बहुत बार कहा था कि उनके भाग्य में दो साल तक समुद्र पार जेल में रहना लिखा है। जेल के बाद वे फिर ससम्मान लौटेंगे, अधिकारियों के साथ समझौता होगा और वे राजसम्मान पाएँगे, इसके बाद उनकी मृत्यु होगी। उस समय मैंने कहा था कि आपके साथ समुद्र पार चलने के लिए मैं भी तैयार हूँ। यहाँ आने पर बराबर मेरे मन में शंका होती कि कहीं उनकी बात ठीक न निकले, वे भी कहीं यहाँ न भेज दिए जाएँ ? किन्तु हाय इससे भी बढ़कर भयंकर बज्रपात हुआ। हा! भारत का भाग्य!

देशबन्धु के साथ मेरी आखिरी मुलाकात अलीपुर जेल में हुई थी। आरोग्य लाभ और विश्राम के लिए वे शिमला गए थे, मेरी गिरफ्तारी की बात सुनकर वे फौरन शिमला से कलकत्ते आए थे, मुझे देखने के लिए वे अलीपुर में दो बार आए थे, बहरमपुर को बदली होने के पहले उनसे अन्तिम साक्षात् हुआ था। आवश्यक बातें होने पर मैंने उनकी चरणधूलि लेकर कहा, शायद आपके साथ बहुत दिनों तक मुलाकात न हो। उन्होंने अपने स्वाभाविक उत्साह और प्रफुल्लता के साथ कहा, "नहीं! मैं तुम्हें शीघ्र ही छुड़वा लूँगा।" हाय! किसे मालूम था कि अब इस जीवन में उनके दर्शन नहीं होंगे। उस मुलाकात का प्रत्येक दृश्य, प्रत्येक बात, चित्र की तरह मेरे मानस पटल पर अंकित है, आशा है जीवन भर अंकित रहेगी। उनकी

वह शेष स्मृति ही मेरे जीवन का सम्बल है।

जनता पर देशबन्धु के अद्भुत प्रभाव का क्या कारण है? बहुतों ने इस प्रश्न का उत्तर देने का प्रयत्न किया है। मैं अनुचर की हैसियत से उसके कारण का निर्देश करना चाहता हूँ। मैंने देखा कि वे मनुष्य के गुण दोषों की तरफ दृष्टि न देकर उसे प्यार कर सकते थे। वे हृदय के सहज भाव से ही मनुष्य मात्र को स्नेह करते थे, उनका यह स्वाभाविक स्नेह किसी व्यक्ति के गुणावगुण की अपेक्षा नहीं करता था। जिनको हम घृणा से दूर कर देते हैं, उन्हें वे हृदय से लगा सकते थे। न जाने कितने तरह के आदमी उनके पास आते थे और न जाने किन-किन क्षेत्रों में उनका अपार प्रभाव था। उन्होंने चारों तरफ से जन-समाज को आकर्षित किया था और उनका पक्ष समर्थन कर उन्हें विजयी बनाया था। जो उनके अगाध पाण्डित्य के सामने नतमस्तक नहीं होते थे, असाधारण वाग्मिता से वशीभूत नहीं होते थे, अद्भुत भाग्य से चकित न होते थे, वे भी उनके महान् हृदय द्वारा आकृष्ट होते थे तथा उनके जो साथी थे, वे मानों उनके परिवार के ही आदमी थे। वे उनके उपकार और मंगल के लिए सब कुछ करते थे? जीवन दिए बिना जीवन नहीं मिल सकता यह बिलकुल सत्य है। उनके सहकर्मी उनके इशारे पर क्या नहीं कर सकते थे। किसी भी तरह का त्याग, कष्ट, परिश्रम उन्हें विचलित न कर पाता। उनके इशारे पर सहकर्मी सर्वस्व बलिदान करने के लिए तैयार रहते थे। देशबन्धु जानते थे कि अहिंसा संग्राम में अनेक ऐसे अनुचर हैं, जिनका हर अवस्था में विश्वास किया जा सकता है। मैं गर्व के साथ कहता हूँ कि अन्तिम समय तक उनके अनुयायियों ने उनके कहने के अनुसार हर तरह की विपत्तियाँ और कष्ट सहर्ष सहे।

दुःख का विषय है कि देशबन्धु के सुसंयत, कर्त्तव्यपरायण निर्भीक अनुचरों को देखकर अनेक तथाकथित नेता ईर्ष्या करते, शायद वे मन ही मन ऐसे सहकर्मी पाने के लिए लालायित होते। किन्तु ऐसे कर्मियों का मूल्य चुकाने के लिए वे प्रस्तुत नहीं थे, कम से कम मेरा तो यही विचार है। सहकर्मी या अनुचर से हार्दिक स्नेह किए बिना बदले में उसका हृदय नहीं पाया जा सकता। अन्य लोगों की तरह उनके अन्दर अपने और पराये का भेदभाव नहीं था। उनका मकान सबके लिए खुला था, यहाँ तक कि उनके शयन कक्ष में कोई भी जा सकता था। वे अपने अनुचर वृन्द को प्रेम ही नहीं करते थे बल्कि उनके लिए लांछना सहने के लिए भी तैयार थे। एक दिन उनके किसी कुटुम्बी ने एक सहकर्मी के किसी कार्य की निन्दा कर कहा कि 'I hate him' उन्होंने अत्यन्त व्यथित होकर कहा कि यही तो मुश्किल है कि मैं घृणा नहीं कर सकता। यही नहीं बल्कि वे बाहर के आदमियों से अपने आदमियों के लिए झगड़ा भी किया करते थे। मैंने कई बार देखा है कि वे अपने साथियों का जोरदार समर्थन करते थे और उनकी निन्दा का जोरदार प्रतिवाद करते थे।

जो भीतरी बात नहीं जानते वे देशबन्धु की संगठन-शक्ति देखकर विमोहित थे, मोहित होने की बात भी है। देशबन्धु ने जो कुछ कर दिखाया वह भारत की राजनीति में अभूतपूर्व है। मैं निःसंकोच कह सकता हूँ कि उन्होंने पर्वत के समान दृढ़ संगठन किया था, उसके मूल में अनुचर और नायक के प्राणों का संयोग था। इसके सिवा दोष गुण की तरफ ध्यान न देकर मनुष्य मात्र को स्नेह करने के भाव और असाधारण बुद्धिकौशल द्वारा वे भिन्न-भिन्न रुचि और भिन्न-भिन्न पथ के लोगों को एक साथ चला सकते थे। जो उनके दल में नहीं थे या उनके मत का समर्थन नहीं करते थे, वे भी गुपचुप उनकी सहायता करते थे।

अनेक तथाकथित नेताओं ने कहा है कि देशबन्धु के अनुचर और सहकर्मी दासत्वपरायण थे। देशबन्धु के मंत्रणागृह में जो उपस्थित थे, वे इस बात का समर्थन नहीं करेंगे। आलोचना और परामर्श के समय जो निर्भीक और स्पष्टवादी थे उनको मैं दासत्वपरायण कैसे कह सकता हूँ? यहाँ तक कि आलोचना के समय नायक और अनुचर वर्ग में तुमुल विवाद छिड़ जाता, किन्तु वे कभी भी इस तरह के विवाद से मन में भी नाराज नहीं होते। अनेक तो यही कहते हैं कि जो ज्यादा तर्क वितर्क करते, वे उन्हीं की बातें ज्यादा सुनते। यह बात सच है कि मतभेद होने पर भी उनके अनुयायी उच्छृंखल या असंयत नहीं होते। अथवा नेता पर नाराज हो उसकी निन्दा कर विपक्ष में नहीं मिल जाते। देशबन्धु के संघ का प्रधान नियम था संयम और शृंखला। आपस में मतभेद होने पर भी बहुमत द्वारा जो निर्णय हो जाता उसे ही सब मानते। संघ के नियमों को मानकर चलने की शिक्षा इस भारत में नवीन नहीं है। 25 सौ वर्ष पहले भगवान बुद्ध ने भी भारत को यही शिक्षा दी थी। आज तक पृथ्वी भर में सब जगह बौद्ध प्रार्थना के समय कहते हैं–

बुद्धं शरणम् गच्छामि
धर्मं शरणम् गच्छामि
संघं शरणम् गच्छामि।

सचमुच क्या धर्म प्रचार, क्या स्वदेश सेवा संघ और संघानुवर्तिता के बिना कोई भी महान् काम दुनिया में संभव नहीं है।

और भी एक शिकायत मैंने सुनी है कि राजनीति के आवर्त में पड़कर देशबन्धु शिक्षा-दीक्षा में निम्न आदमियों के साथ भी मिलते-जुलते थे। सन् 1921 से जीवन के अन्तिम समय तक वे जिन सहकर्मियों के साहचर्य में आये थे, उन्हें निम्नस्तर का समझते थे या नहीं, मैं नहीं जानता। किन्तु उनकी बातचीत से कभी इस तरह का भाव प्रकट नहीं हुआ। मुमकिन है कि वे अपने मन का भाव छिपा लेते हों। एक घटना मुझे याद है, जेल से छूटने पर छात्रों ने उनके अभिनन्दन के लिए एक आयोजन किया था, सभा में उन्हें जो अभिनन्दन दिया गया था, उसमें उनके त्याग

और देश सेवा का उल्लेख था। युवकों की भक्ति और प्रेम का अर्घ्य पाकर उनका हृदय उद्वेलित हो गया। वे चिरनवीन और चिरयुवा थे, इसीलिए युवक की वाणी उनके हृदय पर फौरन आघात करती थी। वे जिस समय अभिनन्दन पत्र का उत्तर देने उठे, उस समय उनके हृदय में भावों का तूफान उठ रहा था। अपने त्याग और कष्ट की बात भूलकर वे युवकों के कष्ट और त्याग की बात कहने लगे परन्तु अधिक कह न सके, उनका गला रुँध गया। चुपचाप खड़े रहे, आँसुओं की धाराएँ झरझर बहने लगीं। तरुणों का राजा रोने लगा, तरुण भी रोने लगे।

जिनके लिए उनके मन में इतनी समवेदना, इतना प्रेम था, उनको निम्नस्तर का वे कैसे समझ सकते थे, इसकी तो कल्पना भी नहीं की जा सकती।

निश्चय ही जिन्होंने देशबन्धु का काम किया है तथा अब भी कर रहे हैं, उनके भीतर शिक्षा, दीक्षा या आभिजात्य का गर्व नहीं है। आशा है, विनय रूपी परम सम्पदा से वे कभी भी रहित नहीं होंगे।

देशबन्धु का अन्तिम पत्र मुझे पटना से मिला था। वह पत्र सुदूर वर्मा में बैठे हुए मेरे जैसे राजबन्दी के लिए अमूल्य स्मृति निधि है। इस पत्र में यह स्पष्ट मालूम होता है कि अपने सहचर या अनुयायी के पृथक् हो जाने पर उसके लिए उनका हृदय किस प्रकार तड़पा करता था। वह तड़प कितनी तीव्र होती थी इसे वे ही समझ सकते हैं, जो देशबन्धु के हृदय को पहचानते हैं।

सन् 1921 और 1922 में आठ महीने तक देशबन्धु के साथ जेल में रहने का सौभाग्य मुझे प्राप्त हुआ है। इन आठ महीनों में हम दो महीने तक अगल-बगल की दो जेलों में रहा करते थे, तथा दो महीने तक अन्य कई बन्धुओं के साथ सेन्ट्रल जेल के एक बड़े हाल में थे। इस समय उनकी सेवा का कुछ भार मेरे ऊपर था। सरकार की कृपा से आठ महीने तक मैंने उनकी सेवा करने का सुयोग पाया था। यह मेरे लिए अत्यन्त गौरव की बात है, सन् 1921 में गिरफ्तार होने के पहले मैंने सिर्फ तीन-चार महीने उनके अधीन काम किया था। इसलिए तीन-चार मास के कम समय में उनको अच्छी तरह पहचानना मेरे लिए सम्भव नहीं था। पर जब आठ महीने तक सेवा करने का सौभाग्य प्राप्त हुआ, तब मैं उन्हें पहचान सका। अंग्रेजी में कहा जाता है कि "Fameliarity breeds contempt" यानी विशेष घनिष्ठता होने से अश्रद्धा उत्पन्न होती है। किन्तु देशबन्धु के सम्बन्ध में कह सकता हूँ कि उनके साथ घनिष्ठता होने पर उनके प्रति मेरी श्रद्धा सौ गुनी बढ़ गयी। उम्मीद है इस बात का सभी समर्थन करेंगे।

देशबन्धु अविरल रसिकता के अपूर्व भण्डार थे, यह बात जेल में अच्छी तरह समझ पाया। न जाने कितने प्रकार के मनोरंजन द्वारा वे सबको आमोदित करते। प्रेसीडेंसी जेल में हमारे पर पहरे संगीनधारी गोरखा नियुक्त था। एक दिन सवेरे उठकर उन्होंने देखा कि गोरखा के स्थान पर डण्डाधारी उत्तर भारतीय पहरेदार मौजूद

है। उसे देखते ही वे बोले, ''क्यों सुभाष! संगीन की जगह यह बाँस कहाँ से आया? हम क्या इतने निरीह हैं?'' हँसी दिल्लगी के लिए उन्हें कुछ सोचना नहीं पड़ता था, वे स्वभाव से ही रसिक थे।

रसबोध होने पर आदमी प्रतिकूल घटनाओं से कातर नहीं होता बल्कि हर अवस्था में उसका मज़ा लूट सकता है। जेल के सुनसान स्थान में रहने पर ही इसकी सत्यता अच्छी तरह अनुभव होती है।

अंग्रेजी और बँगला के वे प्रकाण्ड पण्डित थे। अंग्रेज कवियों में वे ब्राउनिंग के भक्त थे। ब्राउनिंग की अनेक कविताएँ उन्हें कण्ठस्थ थीं। जेल में वे बार-बार ब्राउनिंग की कुछ कविताओं का पाठ किया करते थे। वे रोजमर्रा के काम में दैनिक साहित्य के अध्ययन द्वारा अनेक मनोरंजक बातों का जिक्र करते, मगर जब तक वे उनकी व्याख्या नहीं करते, हम उसका पूरा मज़ा नहीं उठा सकते।

देशबन्धु ने अपने एक आत्मीय के लिए 9 रुपए सैकड़े पर दस हजार रुपए उधार लिये थे, किन्तु वह समय पर रुपया नहीं चुका सका, इसलिए कर्ज देनेवाले का एटर्नी आवश्यक लिखा-पढ़ी करने उनके पास गया था। उनके पुत्र चित्तरंजन से मालूम हुआ कि यह बात अभी तक उनके परिवार में किसी को भी मालूम न थी तथा जिसके लिए उन्होंने रुपया उधार लिया था, वह उस समय लखपति था किन्तु देशबन्धु ने उससे कुछ न कहकर स्वयं कागजात पर दस्तखत कर दिए। स्त्री-पुत्र आदि को न बतलाकर बहुत-सा फण्ड लेकर उन्होंने औरों की सहायता की थी।

जो देशबन्धु की निन्दा किए बिना खाना नहीं खाते, मैंने उन्हें विपत्ति के समय देशबन्धु का शरणागत देखा है। इस तरह के एक महाशय एक बार दो सौ रुपए के लिए देशबन्धु के पास आए थे और देशबन्धु ने उन्हें चुपचाप रुपया दे दिया था।

आठ महीनों तक साथ रहने के कारण उनके हृदय की सब बातें और अनुभूति जानने का मुझे सुयोग मिला था किन्तु मैंने कभी भी बातचीत, या व्यवहार में निम्नता का चिह्न नहीं देखा। राजनीति क्षेत्र में उनके अनेक शत्रु थे, यह बात वे जानते भी थे, किन्तु किसी के भी प्रति उनके मन में विद्वेष नहीं था। यहाँ तक कि ज़रूरत होने पर वे उनकी सहायता करने में भी कुण्ठित नहीं होते थे।

जेल में देशबन्धु अधिकतर अध्ययन में लगे रहते। भारत की राष्ट्रीयता के सम्बन्ध में पुस्तक लिखने के लिए उन्होंने राजनीति और अर्थनीति की अनेक पुस्तकें मँगायी थीं। सब चीज़ों के एकत्र हो जाने पर उन्होंने पुस्तक लिखना आरम्भ किया था, किन्तु समय की कमी के कारण वे जेल में पुस्तक सम्पूर्ण नहीं कर सके। जेल से बाहर आने पर कर्मक्षेत्र में रहने के कारण वे अपने इस कार्य की पूर्ति नहीं कर सके। जेल में राजनीति और साहित्य के सम्बन्ध में मैंने उनके साथ काफी

आलोचना की थी। उनका विश्वास था कि हमारी राष्ट्रीयता और शिक्षा, दीक्षा के साथ हमारे समाज तत्त्व, राजनीति और दर्शन का भी उद्‌भव होगा। इसीलिए वे विभिन्न वर्ग और श्रेणी में विवाद नहीं चाहते थे और इस विषय में कार्ल मार्क्स के विरोधी थे। अन्तिम समय तक उनका विश्वास था कि भारत के सभी सम्प्रदायों और श्रेणियों में पैक्ट हो जाएगा और सब लोग एकमत होकर स्वराज्य आन्दोलन में योग देंगे। अनेक लोग उनका मजाक उड़ाकर कहते कि पैक्ट से वास्तविक संगठन या मिलन नहीं हो सकता क्योंकि मेल सहानुभूति पर निर्भर करता है, दरमुलाई से मेल नहीं होता। वे कहते कि समझौता किए बिना मनुष्य दुनिया में एक दिन भी नहीं रह सकता तथा मनुष्य या समाज एक दिन भी नहीं टिक सकता। क्या परिवार में, क्या सामाजिक या राजनैतिक जीवन में, विभिन्न रुचि और विचार के आदमियों में समझौता हुए बिना आदमियों का एक साथ रहना बिलकुल असंभव है; पृथ्वी के एक प्रान्त से दूसरे प्रान्त का व्यवसाय वाणिज्य सिर्फ आपसी समझौते के बल पर ही चलता है। उनके बीच में प्रेम की गन्ध भी नहीं रहती, यह कहना अत्युक्ति न होगा।

भारत के हिन्दू नेताओं में इस्लाम का इतना बड़ा हिताकांक्षी और कोई था, यह मैं नहीं जानता। और वहीं देशबन्धु तारकेश्वर सत्याग्रह के सर्वस्व थे। वे हिन्दू धर्म को इतना चाहते थे कि उसके लिए प्राण देने को तैयार थे। किन्तु उनके मन में अहम्मन्यता नहीं थी, इसीलिए वे इस लाभ को भी चाहते थे। मैं जानना चाहता हूँ कितने हिन्दू नेता हृदय पर हाथ रखकर कह सकते हैं कि वे मुसलमान से घृणा नहीं करते ? कितने मुस्लिम नेता हृदय पर हाथ रखकर कह सकते हैं कि हिन्दू से घृणा नहीं करते। देशबन्धु धर्ममत की दृष्टि से वैष्णव थे, किन्तु उनके हृदय में सब धर्मावलम्बियों के लिए स्थान था। पैक्ट द्वारा विवाद मिट जाने पर भी वे यह विश्वास नहीं करते थे कि सिर्फ इसी से हिन्दू-मुसलमानों में प्रेम उत्पन्न हो जाएगा। इसीलिए वे शिक्षा (Culture) द्वारा हिन्दू मुसलमानों में मैत्री स्थापित करना चाहते थे। हिंदू संस्कृति और मुस्लिम संस्कृति में कहाँ पर मेल है, इस विषय पर वे जेल में अक्सर मौलाना अकरम खाँ के साथ आलोचना किया करते थे। मुझे जहाँ तक मालूम है हिन्दू-मुस्लिम सांस्कृतिक मिलन के सम्बन्ध में प्रबन्ध लिखने के लिए मौलाना साहब राजी हो गए थे।

भारत में स्वराज्य होगा वह सिर्फ़ उच्च श्रेणी के लोगों की स्वार्थ सिद्धि के लिए नहीं बल्कि जनसाधारण के उपकार और मंगल के लिए, इस बात का देशबन्धु ने जितने जोरों से प्रचार किया था, प्रथम श्रेणी के अन्य किसी नेता ने ऐसा किया था; यह मैं नहीं जानता। स्वराज्य जनसाधारण के लिए है, यह बात कुछ नई नहीं है। निश्चय ही तीस वर्ष पहले स्वामी विवेकानन्द ने अपनी 'वर्तमान भारत' नामक पुस्तक में इसका उल्लेख किया था, किंतु स्वामी जी की भविष्यवाणी की प्रतिध्वनि

उस समय राजनीति के रंगमंच पर सुनाई नहीं पड़ी थी।

जेल से छूटने के बाद देशबन्धु ने जिन बातों का प्रचार किया था, उन्हें उन्होंने जेल में अच्छी तरह सोच लिया था। समय-समय पर उन सब बातों को लेकर हम लोगों के साथ आलोचना हुआ करती थी। कौंसिल प्रवेश की बात उन्होंने जेल में ही निश्चिन्त की थी, तथा बहुत कुछ तर्क-वितर्क के बाद हम लोगों ने उसका समर्थन किया था। कौंसिल प्रवेश के प्रस्ताव को लेकर उस समय जेल में काफी दलादलि हुई थी। दैनिक अंग्रेजी निकालने का संकल्प भी हम सबने जेल में ही किया था। किन्तु दुःख है कि उनके अनेक महान् संकल्प कार्य रूप में परिणत नहीं हुए।

जेल की एक घटना का उल्लेख किए बिना मैं नहीं रह सकता। कैदियों के प्रति उनका प्रेम! हम जिस समय प्रेसीडेंसी जेल से अलीपुर जेल में आए—उस समय हमारे वार्ड में माथुर नाम का एक कैदी काम करता था। जेल की भाषा में जिसे 'पुराना चोर' कहते हैं, माथुर वही था। उसे चोर कहना अन्याय है, वह डाकू था, आठ-दस बार वह जेलखाने में आ चुका था तथा डाकू की तरह ही उसका अन्तःकरण खूब सरल था। कुछ दिन काम करने के बाद वह देशबन्धु को स्नेह और भक्ति करने लगा। वह उन्हें बाबा कहने लगा। माथुर के प्रति देशबन्धु के हृदय में समवेदना और स्नेह उत्पन्न हुआ। क्रमशः वह हम सबके प्रति खिंचने लगा। रात या दिन में जब वह उनके पैर दबाता तब अपने जीवन की सब बातें कहता। छूटने के समय उन्होंने माथुर से कहा था कि छूटने पर मैं तुम्हें अपने घर पर रखूँगा। माथुर भी इस प्रस्ताव से अपार आनन्दित हुआ और उसने संकल्प किया कि वह ख़राब काम और ख़राब संगति छोड़ देगा।

माथुर के छुटकारे के दिन देशबन्धु ने आदमी भेजकर उसे अपने घर बुलवा लिया। इसके बाद लगभग तीन साल तक वह उनके पास रहा। उनके परिचारक की हैसियत से वह भारत के विभिन्न प्रांतों में घूमा था। दागी चोर होने के कारण पुलिस कुछ समय तक उसके पीछे लगी रही, किन्तु जब देखा कि सचमुच वह देशबन्धु के आश्रय रहने लगा तब पुलिस ने उसका पीछा छोड़ दिया। जमादार प्रायः उसे देखकर कहता, "बच्चा! अब तुम आदमी हो गए।" मेरा विश्वास था कि माथुर का फिर पतन न होगा, किन्तु देशबन्धु के देह त्याग के बाद जब पत्र द्वारा माथुर की खबर जाननी चाही तो सुना कि जब देशबन्धु दार्जिलिंग थे, तभी उनके रसारोड वाले मकान से चाँदी की कुछ चीज़ें लेकर वह लापता हो गया। यह अद्भुत समाचार पढ़कर मुझे Les Miserables की कहानी याद आ गयी। मेरा अभी विश्वास है कि माथुर उनके पास रहता तो उनके व्यक्तित्व के प्रभाव से लोभ के वशीभूत नहीं होता। क्षणिक दुर्बलता के वशीभूत होकर उसने चोरी की थी, किन्तु मेरा विश्वास है कि वे जीवित रहते तो किसी-न-किसी दिन वह

उनके पैरों पर गिर कर रोता हुआ माफी माँगता। अब उसकी क्या हालत होगी सो भगवान जाने। मनुष्य कैसे एक साथ प्रकाण्ड वैरिस्टर, उदार स्नेही, परम वैष्णव, चतुर राजनीतिज्ञ, दिग्विजयी वीर हो सकता है। यह प्रश्न स्वभावतः सबके मन में उठ सकता है। मैंने नृ-तत्त्व विद्या की सहायता से इस प्रश्न का समाधान किया है, पर कृत कार्य हुआ हूँ कि नहीं, नहीं जानता। आर्य, द्रविड़ और मंगोल, इन तीन जातियों के सम्मिश्रण से वर्तमान बंगाली जाति की उत्पत्ति हुई है। प्रत्येक जाति में कुछ गुण विशेष रूप से विकसित होते हैं। इसलिए रक्त का सम्मिश्रण होने से गुणों का विशेष विकास होता है, रक्त सम्मिश्रण के फल से बंगाली की प्रतिभा सर्वतोमुखी है। आर्यों की धर्म-प्रियता और आदर्शवाद, द्राविणों की कला विद्या और भक्तिमत्ता तथा मंगोलों का बुद्धि-कौशल और वास्तववाद बंगाल सागर में मिल गया है। बंगाली एक साथ ही तीक्ष्ण बुद्धि और भावुक, मायावाद विद्वेषी और आदर्शवादी, अनुकरणक्षम और सृष्टिक्षम है, इसका कारण रक्त सम्मिश्रण है। जिस जाति का रक्त व्यक्ति की धमनियों में प्रवाहित होता है, उसके संस्कार व्यक्ति के चित्त में अवस्थित रहते हैं। बंगाली जिस प्रकार एक जाति के रूप में परिणत हुआ है, उसी तरह बंगाली के culture ने भी एक तरह का वैशिष्ट्य लाभ किया है।

बंगाल के साहित्य और इतिहास के साथ जिनका परिचय है, वे स्वीकार करेंगे कि बंगाल की सभ्यता आर्य सभ्यता होने पर भी उसका अपना एक वैशिष्ट्य है। स्वामी दयानन्द ने आर्य-समाज चलाकर उत्तर भारत जय किया, पर वे बंगाल जय नहीं कर सके। और काली भक्त परमहंस देव को बंगाली इतनी श्रद्धा भक्ति क्यों करते हैं ? बंगाल में दाय भाग का प्रचलन क्या है? बौद्ध धर्म सब जगह से विताड़ित होकर अन्त में बंगाल का शरणागत क्यों हुआ? बंगाल में नव्य न्याय की उत्पत्ति क्यों हुई? बंगाल ने शंकर का मायावाद ग्रहण क्यों नहीं किया? बौद्ध धर्म के बंगाल से विताड़ित होने पर शंकर के मायावाद के प्रतिवाद स्वरूप अचिन्त्य भेदाभेद की सृष्टि क्यों हुई? इन सब प्रश्नों पर विचार करने से ही समझा जा सकता है कि बंगाल की संस्कृति में तीन धाराएँ दिखलाई पड़ती हैं–(1) तन्त्र, (2) वैष्णव धर्म, (3) नव्य न्याय और रघुनन्दन की स्मृति। न्याय और स्मृति में बंगाल आर्यावर्त के साथ है, वैष्णव धर्म में बंगाली द्राविणों के साथ है, तन्त्रों में वह तिब्बतीय और पर्वतीय जातियों के साथ है।

न्याय शास्त्र के अनुशीलन ने बंगाली को तार्किक तथा नैयायिक बना दिया। इसी प्रकृति ने विकसित होकर देशबन्धु को बहुत बड़ा बैरिष्टर बना दिया। देशबन्धु ने प्राचीन न्याय शास्त्र पढ़ा था या नहीं, मालूम नहीं, किन्तु पाश्चात्य तर्क शास्त्र का अध्ययन उन्होंने किया था। बड़े भारी नैयायिक की तरह वे बाल की खाल निकालने वाला तर्क कर सकते थे तथा अविराम वाक्य प्रवाह के द्वारा वे शत्रु पक्ष

का विध्वस्त कर सकते थे। दो-तीन सौ वर्ष पहले नदिया में जन्म ग्रहण करते तो निश्चय ही वे बड़े भारी नैयायिक होते।

बंगाल का वैष्णव धर्म और द्वैताद्वैतवाद देशबन्धु को नास्तिकता से खींचकर नीरव वेदान्त के भीतर से प्रेम मार्ग पर ले गया था, दार्शनिक मत के रूप में वे अचिन्त्य भेदाभेदवाद को सबसे शुद्ध मानते थे। वे बहुत कुछ संन्यासी से थे, पर संन्यास उनका धर्म नहीं था। भगवान जिस तरह सत्य है, उसी तरह उनकी लीला भी सत्य है, ब्रह्म सत्य है तो जगत मिथ्या कैसे है? अतएव भगवान को पाने के लिए रूप, रस, गन्ध, स्पर्श, शब्द, किसी का भी वर्जन करना प्रयोजनीय नहीं है। भगवान की लीला अनन्त है और उसमें भी बाहरी दुनिया ही नहीं; भीतरी अन्तर्जगत भी है। वस्तुतः देशबन्धु ने सम्पूर्ण जगत को तथा मनुष्य जीवन को पूर्ण रूप से ग्रहण कर लिया था। द्वैताद्वैत बाद की सहायता से उन्होंने जीवन के सब विरोधों को दूर कर दिया था और धर्म सामंजस्य स्थापित कर लिया था। इसीलिए वैष्णव धर्म उनके जीवन का आश्रय था। वे बातचीत और व्याख्यान आदि में प्रायः कहा करते थे कि अर्थनीति, राजनीति, दर्शन, साहित्य, धर्म इन सबको अलग-अलग देखने से काम नहीं चलेगा, क्योंकि इनका आपस में अंगांगी सम्बन्ध है, तथा एक को भी बाद देने से जीवन पूर्ण नहीं हो सकता।

जिस दार्शनिक तत्त्व ने उनके धर्म सम्बन्धी विरोधों का नाश किया था। उसी ने उनके हृदय में सबके प्रति स्नेह उत्पन्न किया था। उन्होंने अपने जीवन का सामंजस्य कर लिया था।

जेल में वे अपनी निर्विचार वदान्यता की आलोचना सुनकर कहते, "देखो! तुम समझते हो कि मैं कुछ समझता नहीं हूँ, लोग मुझे ठगकर रुपए ले जाते हैं, किन्तु मैं सब समझ सकता हूँ, मेरा काम दिए जाना है, इसलिए मैं दिए जाता हूँ। विचार करने का भार जिनके ऊपर है, वे विचार करेंगे।"

जिस तन्त्र के उपदेश से बंगाली ने शक्ति पूजा सीखी, उसी तन्त्र के फलस्वरूप देशबन्धु असाधारण तेजस्वी थे। निश्चय ही देशबन्धु ने किसी भी दिन तांत्रिक साधना नहीं की थी। किन्तु कुलाचार आदि के बिना शक्तिमान नहीं हुआ जा सकता, इस पर मैं विश्वास नहीं कर सकता। तन्त्र का सार शक्ति पूजा है। जगत का मूल आद्या शक्ति है। जिससे सृष्टि, स्थिति, प्रलय, अथवा ब्रह्मा, विष्णु, महेश्वर हैं। उसी आद्या शक्ति के साधक मातृरूप में इसकी आराधना करते हैं। बंगाली पर तन्त्र का प्रभाव ख़ूब अधिक है, इसलिए वह माँ का अत्यन्त अनुरक्त है, तथा भगवान को मातृरूप में मानता है। पृथ्वी की अन्यान्य जातियाँ (यहूदी, अरब, ईसाई आदि) भगवान को पिता रूप में देखते हैं। भगिनी निवेदिता के कथनानुसार उस समाज में नारी की अपेक्षा पुरुष का प्राधान्य है, इसीलिए वहाँ वाले भगवान को पिता रूप में देखते हैं। दूसरी तरफ जिस समाज में पुरुष की अपेक्षा नारी का प्राधान्य

है, वहाँ के आदमी भगवान को मातृरूप में देखते हैं। जो भी हो, बंगाली भगवान को–सिर्फ़ भगवान को ही क्यों, बंगाल और भारतवर्ष को मातृरूप में ही प्रेम करते हैं, यह सब जानते हैं। देश को हम मातृभूमि कहते हैं।

बंकिमचन्द्र ने लिखा है–

"सुजलां सुफलां मलयज शीतलाम्
शस्य श्यामलाम् मातरम्।"

द्विजेन्द्रलाल ने कहा है–

"ज दिन सुनील जलधि हइते उठिल जननी भारतवर्ष।"

रवीन्द्रनाथ ने भी गाया है–

"ओ आमार जन्मभूमि तोमार पाये ठेकाई माथा।"

देशबन्धु भी मातृरूप के अनुरागी थे। जेल में वे बंकिम बाबू की किताबें पढ़कर सुनाया करते थे। बंकिम लिखित माँ का तीन प्रकार का वर्णन उन्हें बहुत पसन्द था। उनके 'नारायण' पत्र में वैष्णव और शाक्त धर्म की समान रूप से आलोचना हुआ करती थी। दुर्गा पूजा के सम्बन्ध में 'नारायण' में जो कुछ लेख प्रकाशित हुए थे, वे उच्च भावपूर्ण थे।

देशबन्धु के व्यावहारिक जीवन में भी हम तंत्र का प्रभाव देख पाते हैं। वे स्त्री शिक्षा और स्त्री स्वाधीनता में विश्वास करते थे, यह सब जानते थे। शंकर पंथियों के इस कथन में कि 'नारी नरकस्य द्वारम्' उनका बिलकुल विश्वास नहीं था।

उनके गुण बंगाली के गुण थे, उनके दोष बंगाली के दोष थे। उनके लिए सबसे महान् गौरव की बात यही थी कि वे बंगाली थे। जब कोई बंगाली को भाव प्रवण कहकर उसका मज़ाक़ उड़ाता तो वे बहुत व्यथित होते। वे कहते हम भाव प्रवण हैं, यही हमारा गौरव है।

मनुष्य जाति की संस्कृति एक है या अनेक यह प्रश्न अनेक मनुष्य उठाते हैं। कोई कहते हैं संस्कृति में भेद नहीं है, संस्कृति एक ही है, वे अद्वैतवादी हैं। जो कहते हैं संस्कृति में भी जातीयता है, वे अनेक हैं, वे द्वैतवादी हैं। किन्तु देशबन्धु द्वैताद्वैतवादी थे। संस्कृति एक भी है, अनेक भी है। मूलतः मनुष्य जाति की संस्कृति एक है, पर उसका विकास अनेक द्वारा हुआ है। बगीचे में जैसे नाना प्रकार के वृक्ष रहते हैं और उनके तरह-तरह के फूल होते हैं, मानव समाज में भी उसी प्रकार भिन्न-भिन्न तरह की संस्कृति विकसित होती है। प्रत्येक जाति की संस्कृति का विकास होगा तो संसार की मानव जाति की संस्कृति का विकास होगा। राष्ट्र की

संस्कृति का विकास रोककर विश्व की संस्कृति का पूर्ण विकास नहीं किया जा सकता। देशबन्धु का स्वदेश प्रेम विश्व प्रेम का अंग था, किन्तु उन्होंने स्वदेश प्रेम को छोड़कर विश्वप्रेमी बनने का प्रयास नहीं किया।

देशबन्धु अपने स्वदेश प्रेम में बंगाल को भूल नहीं जाते थे। अथवा बंगाल के प्रेम में स्वदेश को नहीं भूल जाते थे किन्तु उनका प्रेम बंगाल की सीमा में बद्ध नहीं था। महाराष्ट्र में श्री वे तिलक महाराज की तरह प्रेम और सहानुभूति पाते थे।

देशबन्धु ने कहा, बंगाल को स्वराज्य संग्राम में अग्रणी होना होगा। 1920 में बंगाल ने स्वराज्य आन्दोलन का नेतृत्व खो दिया। किन्तु सन् 1923 में उसका नेतृत्व उसे फिर मिल गया।

और एक बात देशबन्धु कहा करते थे कि भारतवर्ष का कोई आन्दोलन बंगाल में चलाना हो तो उस पर बंगाल की छाप लगा लेना चाहिए। वे कहते, बंगाल में सत्याग्रह आन्दोलन चलाने के पहले उसे बंगाल के उपयुक्त बना लेना होगा।

जनसाधारण पर ही नहीं पर बड़ों-बड़ों पर उनका आश्चर्यजनक प्रभाव देखकर सब विस्मय विमुग्ध रहते थे। किसी-किसी ने उनके प्रभाव का कारण समझने की चेष्टा भी की। उन्होंने जब जिस बात का संकल्प किया, उसे पूरा किया। ''मंत्रं वा साधयेयम् शरीरं वा पातयेयम्'' यही वाणी उनके हृदय पर अंकित थी। वे दुर्बाध विक्रम से जिस तरफ़ जाते, उन्हें कोई रोक नहीं सकता था। उस समय वे किसी की परवाह नहीं करते, प्रियजनों का आर्त्तनाद और अनुचरों का करुण स्वर भी उन्हें पथ से वापस नहीं ला सकता था। यह दिव्यशक्ति देशबन्धु ने कहाँ से पायी? यह शक्ति क्या साधना द्वारा मिली थी?

मैंने पहले ही कहा है कि शक्ति के साधक होने पर भी उन्होंने तंत्रानुसार शक्ति साधना नहीं की थी। उनके प्राण महान् थे। आकांक्षा भी महान् थी। वे जिस समय जो चाहते थे उसे प्राणपण से चाहते और उसे पाने के लिए प्राणप्रण से लग जाते। नेपोलियन बोनापार्ट ने अल्पस पहाड़ देखकर जैसे एक समय कहा था, "There shall be no Alps" मेरे सामने अल्पस पहाड़ खड़ा नहीं रह सकता ? उसी तरह वे भी बाधा-विघ्न को तुच्छ समझते थे। किस आधार पर 'फारवर्ड' का प्रकाशन और 'कौंसिल-जय' का काम शुरू किया था ! हम लोग असुविधा या बाधा की बात कहते तो वे धमकाकर कहते, 'तुम लोग बिलकुल pessimist हो।' वे अक्सर कहते, "You young-old man!" तुम असमय वृद्ध युवक! वे चिरयुवा, चिरनवीन थे। वे तरुणों की आशा, आकांक्षा को समझते थे। इसीलिए मैंने उन्हें 'तरुणों का राजा' कहा है।

उनके त्याग, पाण्डित्य, बुद्धि कौशल (tact) की बातें देशवासी जानते हैं। उनके अलौकिक प्रभाव का एक कारण और कहकर मैं बस करूँगा। मैंने कहा

है कि वैष्णव धर्म की सहायता से उन्होंने वास्तव जीवन और आदर्श के बीच में एक सामंजस्य स्थापित किया था। वे अनुभूति द्वारा अपने को भगवान की लीला का यंत्र समझते थे। उनके अहंकार का लोप हो गया था और अहंकार का लोप होने पर मनुष्य में दिव्य शक्ति आ जाती है। जीवन के अन्तिम दिनों में यह अवस्था थी कि—"यत्र दास महाशय तत्र जय।"

उन्होंने कितने तरह के आदमियों से कितने तरह के काम करवाने कीं चेष्टाएं कीं, यह शायद देशवासी नहीं जानते। उनके बोए हुए वृक्ष में जब फल आएगा। तब देशवासी जानेंगे। जीवन, मरण, शयन, स्वप्न में उनका एक ही ध्यान था, एक ही चिन्ता थी, स्वदेश सेवा। स्वदेश सेवा ही उनके धर्म जीवन का सोपान था।

देशबन्धु के जीवन की बात कहते हुए यदि एक व्यक्ति का उल्लेख न किया जाएगा तो, कुछ न कहा जाएगा। जो देवी जनसाधारण की दृष्टि से तिरोहित मूर्तिमती सेवा और शान्ति की तरह, छाया के समान देशबन्धु के पार्श्व में रहतीं, उनको बाद देने से देशबन्धु के जीवन में क्या बाकी रह जाएगा। यह कौन कह सकता है? भोग के अत्युंच शिखर पर जिन्होंने हिन्दू रमणी के आदर्श, लज्जा, नम्रता और सेवा को किसी दिन विस्मृत नहीं किया, विपत् के महान् अन्धकार में जिन्होंने पातिव्रत, चित्तस्थैर्य और भगवद्विश्वास का सहारा न छोड़ा, उन्हीं देवी की बात लिखते समय मुझे शब्द नहीं मिलते। देशबन्धु तरुणों के राजा थे और उनकी पतिव्रता साध्वी पत्नी तरुणों की माता। देशबन्धु के देहत्याग के बाद आज वे सिर्फ़ चिररंजन की ही माता नहीं हैं, सिर्फ तरुणों की ही माता नहीं हैं, वे आज समस्त बंगाल की माँ हैं। बंगाली के हृदय का सर्वश्रेष्ठ अर्घ्य आज उनके चरणों पर समर्पित है।

अलीपुर के मामले में अरविन्द बाबू का समर्थन करते हुए देशबन्धु ने कहा था—

He will be looked upon as the poet of patriotism, the prophet of nationalism and the lover of humanity. His words well be echoed and reechoed, etc.

यह क्या आज देशबन्धु के सम्बन्ध में नहीं कहा जा सकता?

अगस्त क्रांति के विद्रोही नेता

अगस्त विप्लव के नायक
बाबू जयप्रकाश नारायण

बयालिस सन्
नौ अगस्त
जिस दिन ललकारा था
भारत ने एक बार
ऊँचा कर शीश भाल
साम्राज्य सत्ता को
युग-युग के शोषण को
"भारत छोड़ दो।"
शृंखला गुलामी की,
आज उन्हें तोड़ दो।
जल उठी अहर्नि
धूम्र नव ज्वलन सी
ज्वाला वह दुर्निवार
लेकर चिरंतन स्वप्न
एक नव भारत के
कोटि युवकों के दल
गह कर तिरंगी ध्वजा
आज फिर बढ़ चले !

भगतसिंह, बिस्मिल की
अपूरित साधें फिर
एक बार जाग उठीं।
जागा सन् सत्तावन,

जाग उठे कोटि जन,
किंतु विद्रोह का
जो कि जन नायक था—
क्रांति का विधायक था
बंदी था कारा में
आज उसे पाने को
भारत के कोटि कण
जाग कर चीख उठे,
सिहर उठे रज्जुपाश,
गूँज उठा नीलाकाश
जयप्रकाश ! जयप्रकाश !!
साम्राज्यी काराएँ !
क्रूर अंतराल में
राष्ट्र की स्वतंत्रता के
अगणित सैनिकों को
बाँधती थीं बार बार
किंतु बाँध पाई नहीं
जीवित विद्रोह को
क्रांति के सेनानी,
वीर जयप्रकाश को,
दैन्य था हजारीबाग ?
दैय था कारागार
पराभूत सैनिक सी
जेल की भीमकाय
दीवानें विनत हुईं
अपनी पराजय पर !
अपनी परवशता पर !!
काँप उठा बार-बार
शून्य सा बंदी लोक।
किंतु कोटि सैनिकों के
हृदय उत्साह में
पाकर प्रतीक्षित स्वप्न
पाकर निज सेनापति
झूम उठे आशा से !

धधक उठी क्रांति ज्वाला
मचल उठे बंदी स्वप्न,
शहीदों के रक्त से,
हहर उठा क्रांति गान,

गोलियों की क्रूर मार,
लाठियों के चिर प्रहार
झुका पाए नहीं शीश
राष्ट्र की सैन्य का
सीखा था जिन्होंने नव
बापू का क्रांति मंत्र,
"करना या मरना है।"

झूम उठे फाँसी के
अगणित तख्ते नवीन,
झूम उठा अगणित
शहीदों की चिताओं पर
एक राग,
एक गान,
मुखरित था अट्टहास,
जय प्रकाश ! जय प्रकाश !!

क्रुद्ध लाहौर का
बंदी दुर्ग लाल-लाल
दृष्टि निक्षेप वक्र
आज कर देखता।
उसी विद्रोही को
और राज्य द्रोही को,
जिसने सिखाया था
भारत को क्रांति राग
मरने का अमर पाठ
जिसने जगाई थी
राष्ट्र की स्वतंत्रता की

साधना सी अमर साध।
त्याग और तपस्या की

फिर भी अपराजित था
अनत था स्वाभिमान !
थक गई शासकों की
क्रूरता भी हारकर
किंतु बुझा पाई नहीं
क्रांतिमय—शक्तिमय
उस महामानव का
आत्मा का चिर प्रकाश
अजय था जय प्रकाश !

झुक गई किंतु उस
जुल्म अरु शोषण की
प्यासी तलवारें वे,
शांति अरु व्यवस्था के
नाम पर रँगा था जिन्हें
देश के सपूतों के
लाल लाल शोणित से !

झुक गया राज्य दंड
खुल गया कारागार
राष्ट्र के करोड़ों जन
उमड़ पड़े एक बार !
पाकर निज नेता नव।
गूँज उठे कोटि कंठ
गूँज उठा श्वास-श्वास,
जय प्रकाश जिंदाबाद !
जिंदाबाद जय प्रकाश !!

जय प्रकाश नारायण

"सारे विश्व में यदि लेनिन के समकक्ष मुझे कोई नजर आता है तो वे भारत के श्रीं जयप्रकाश नारायण ही हैं।—एफ. ब्राकवे"

बिहार ने अनेक महापुरुषों को जन्म दिया है। चंद्रगुप्त, गौतम और अशोक की पुण्य भूमि पाटलिपुत्र अपने अंदर अनेक वीरों और बलिदानों की अमर कहानियों को अपने रजकणों के धूमिल अंचल में छिपाए बैठी है। यहाँ के पुरुष त्याग और कष्टों को सहते हुए भी आत्माभिमान, देशभक्ति और बलिदानों के परंपरागत मार्ग से कभी विचलित नहीं हुए। सन् 1934 के प्रलयंकारी भूकंप ने बिहार के एक चौथाई भाग को नष्ट कर दिया। आहत बिहार कभी इन कष्टों और दैवी कोपों से मार्गच्युत नहीं हुआ। राष्ट्र की पुकार का बिहार ने सदैव समुचित उत्तर दिया। बरुणा की जर्जित कछार पाटलिपुत्र के ध्वंसावशेष और नालंदा की वर्णित ईंटों के ढेर बिहार के अतीत गौरव का गंभीर गान सुनाती हैं, और आनेवाली संतति को आत्मोत्सर्ग के कंटककीर्ण मार्ग पर बढ़ने का आदेश देती हैं।

एक सीधा-सादा देहाती युवक, जिसने 18 वर्ष की आयु तक कभी कोई शहर नहीं देखा था, आनेवाले महान् क्रान्तिकारी भारत के नव राष्ट्र का नेता होगा—कौन जानता था ? जो पहली बार भीड़ से भरी हुई, कलकत्ते की चौड़ी सड़कों पर दौड़ती हुई रिक्शाओं और धड़धड़ाती ट्रामों को देखकर आश्चर्य विसुध होकर स्तब्ध हो गया, उसी पर एक दिन जाग्रत भारत के महान् राजनैतिक विद्रोह का उत्तरदायित्व होगा ? इन प्रश्नों का उत्तर उन दिनों नहीं दिया जा सकता था, पर परिवर्तनशील युग ने आज उन प्रश्नों का उत्तर सरल बना दिया है। अगस्त 42 के महान् जन-आंदोलन से पूर्व भी इस पर कोई संदेह कर सकता है, पर सन् 42 के पश्चात् देश के नव जाग्रत वर्ग ने उन्हें अपना नेता मान लिया है।

श्री जयप्रकाश नारायण का जन्म बिहार के सारण जिले में सिताब-दिआरा नामक एक छोटे-से गाँव में हुआ था। उनकी जन्मतिथि विजयादशमी है। वे सन् 1902 के (नवम्बर) मास में पैदा हुए थे, इनके माता-पिता साधारण अवस्था के थे, उनकी आर्थिक दशा बहुत अच्छी न थी। घर पर साधारण जमींदारी और

खेतीबाड़ी का काम होता था। इनका पालन-पोषण भी सामान्य अवस्था में हुआ और प्रारंभिक शिक्षा भी गाँव में किसान बालकों के साथ ही प्रारंभ हुई। प्रारंभ में जयप्रकाश जी बहुत ही सीधे-सादे और नम्र प्रकृति के बालक थे, जिनसे इनका आनेवाली कुशाग्र बुद्धि और क्रांतिकारी प्रकृति का पता नहीं चलता था। ये अन्य बालकों की भाँति चंचल स्वभाव के न थे, वे गंभीर और शांत भाव से अध्ययन में लीन रहते थे, घर पर इन्हें सब बहुत प्यार करते थे। इन्होंने बहुत देर से बोलना, चलना व अन्य बाल सुलभ चेष्टाओं को सीखा। अतः घर पर लोग इन्हें प्यार से 'बउल जी' कहने लगे, जिसका अर्थ बिहारी भाषा में 'भोला-भाला, बुद्धि में हीन' आदि का द्योतक है। यह नाम इनके घर में और निकटतम संबंधियों में आज तक प्रचलित है।

अपने विद्यार्थी जीवन में जयप्रकाश जी सदैव से एक होनहार और मेधावी विद्यार्थी रहे हैं। गाँव के प्रारंभिक शिक्षण काल में ही वे अपनी कक्षा में सर्वश्रेष्ठ विद्यार्थियों में से एक थे। यद्यपि खेल-कूद व अन्य कार्यों में वे अन्य साथियों से पीछे रहते थे, पर अपनी गंभीर अध्ययनशीलता और शांत परिश्रम के कारण मैट्रिकुलेशन में प्रथम श्रेणी में ही उत्तीर्ण नहीं हुए तथापि स्कॉलरशिप भी प्राप्त किया। इनके पिता जी नहर विभाग के साधारण कर्मचारी थे और वे अधिकतर शाहाबाद जिले में रहे। जयप्रकाश भी अधिकतर पिताजी के पास रहे और उनके बचपन का बहुत-सा भाग यहीं बीता। भाग्य ने जयप्रकाश का सदैव साथ दिया। इनके पिताजी इन्हें अधिक शिक्षा दिलाने के पक्ष में नहीं थे। वे इन्हें मिडिल अथवा अधिक से अधिक मैट्रिक पढ़ाकर ही इनका विद्यार्थी जीवन समाप्त कर देना चाहते थे, पर इनकी कुशाग्र बुद्धि और वजीफों के कारण वे इन्हें लंबी शिक्षा दिलाने को बाध्य हुए। मिडिल तक तो वे गाँव में ही पढ़े, पर इसके बाद गाँव में हाई स्कूल न होने के कारण, इनके पिताजी ने इन्हें पटना शिक्षा प्राप्त करने के लिए भेजा, इन्होंने बी.एन. कालेजिएट हाई स्कूल में नाम लिखाया इनके पिताजी बा. शंभूशरण वर्मा के घनिष्ट मित्र थे अतः उन्हीं की देख-रेख में जयप्रकाश जी ने पटना में शिक्षा प्राप्त की। शंभू बाबू आगे चलकर पटना के प्रसिद्ध वकील हो गए। इनका बाबू अनुग्रहनारायण से अभिन्न संबंध था और वे अधिकतर इनके पास आया करते थे। जयप्रकाश जी का अनुग्रह बाबू से प्रथम परिचय तभी हुआ और जयप्रकाश जी उसी नाते उन्हें आज भी अत्यंत श्रद्धा की दृष्टि से देखते हैं, यद्यपि राजनैतिक क्षेत्र में परस्पर विचारों में उनका गंभीर मतभेद है।

मैट्रिक की परीक्षा में स्कॉलरशिप प्राप्त करने पर इनके पिताजी ने इन्हें आगे पढ़ने की आज्ञा दे दी। अतः पटना में ही इन्होंने पटना कालेज में नाम लिखाया। यह एक ध्यान देने योग्य बात है कि अभी तब जयप्रकाश जी का प्रिय विषय राजनीति और अर्थशास्त्र न होकर विज्ञान था। अतः इन्होंने सांइस साइड लेकर

ही कालेज में नाम लिखाया। इनका कालेज जीवन भी अत्यंत उज्ज्वल है, यद्यपि ये कक्षा में सर्वप्रथम नहीं आते थे, फिर भी एक होनहार विद्यार्थी समझे जाते थे। कालेज जीवन में इनके घनिष्ठ साथियों में पं. सुरेश मिश्र गोगरी (मुंगेर) और रायबहादुर सिंहेश्वर प्रसाद सिंह हैं। इनमें रायबहादुर सिंहेश्वर प्रसाद सिंह आजकल बिहार सरकार के एक ऊँचें ओहदे पर हैं। ये तीनों साथी क्लास के सर्वश्रेष्ठ विद्यार्थियों में थे, पर इनका आपस में परस्पर बड़ा स्नेहपूर्ण संबंध था। ये आपस में सहयोग के लिए सदैव तत्पर रहते थे। इनके अंदर अच्छे विद्यार्थियों में होनेवाली प्रतिस्पर्धा न थी। इसी पारस्परिक स्नेह का प्रभाव था कि सन् 1923 के असहयोग आंदोलन में तीनों ने एक साथ कालेज छोड़ा।

सन् 1920 की इनकी कलकत्ता यात्रा अत्यंत महत्वपूर्ण है, उन दिनों असहयोग आंदोलन की आँधी तीव्र गति से बह रही थी। भारत के राजनैतिक क्षेत्र में महात्मा गाँधी का उदय हुआ था बंगाल उन दिनों राजनैतिक जागृति का प्रतीक था। बंग-भंग स्वदेशी और क्रान्तिकारी आंदोलन का सूत्रपात्र बंग भूमि में ही हुआ था, कलकत्ता विशेष रूप से इन आंदोलनों का केंद्र रहा है। इसका प्रभाव जयप्रकाश के मस्तिश्क पर पड़ा, बंगाली लड़के और लड़कियाँ हजारों की टोलियों में राष्ट्रीय गीत गाते हुए निकल जाते थे। कलकत्ता से वे एक भावना लेकर आए। उन्हीं दिनों सन् 1921 में महात्मा गाँधी जी ने असहयोग आंदोलन छेड़ दिया। इस आंदोलन में समस्त राष्ट्र आँधी में उड़नेवाले शुष्क पत्तों की तरह बह गया। समस्त भारत में एक नई भावना, एक नई जागृति, एक नया उत्साह फैल गया। महात्मा जी ने अपील की, अदालतें बंद हो गईं, हजारों विद्यार्थियों ने सरकारी स्कूलों के बहिष्कार में स्कूल और कालेज छोड़ दिए, सरकारी नौकरियाँ छोड़ दीं। भारत में सुदूर गाँवों के भोले-भाले किसान जिन्हें राजनैतिक जागृति ने स्पर्श भी नहीं किया था, बंदेमातरम् का जागरण मंत्र लेकर तिरंगी ध्वजा की छाया में राष्ट्रीय घोष करते हुए निकल पड़े, 1857 का सुसुप्त भारत जाग उठा। एक अभूतपूर्व दृश्य था !!!

जयप्रकाश जी के कोमल मस्तिष्क पर इसका प्रभाव पड़ना स्वाभाविक था, आठ वर्ष तक गाँव की पाठशाला में इन्होंने स्वतंत्र चिंतन का विकास नहीं किया था, पर पटना में आकर इन्होंने भाषण प्रतियोगिता व अन्य कार्यों में भाग लेने आरंभ कर दिया था और धीरे-धीरे इनके राजनैतिक विचारों का निर्माण हो रहा था। पर असहयोग आंदोलन से पूर्व तक इन्होंने अपने जीवन के उद्देश्य पर निर्णायक विचार नहीं किया था और अपने विचारों को अध्ययन में ही व्यस्त रखा, महात्मा जी की अपील ने इन्हें कठिन परिस्थिति में डाल दिया। एक होनहार विद्यार्थी एक ओर अध्ययन की आकांक्षाएँ और दूसरी ओर राष्ट्र की पुकार—मस्तिष्क और हृदय में अंतर्द्वंद्व था। वे वजीफे से पढ़ते थे, पिताजी ने कठिनता से पढ़ने की आज्ञा दी थी। उन्हीं दिनों मौलाना आजाद पटना आए और स्व. मौलाना मजहरुलहक

साहबा की प्रसिद्ध 'सिंकदर मंजिल' में उनका भाषण हुआ। इनके भाषण का इन पर और इनके साथियों पर गहरा असर पड़ा, जयप्रकाश जी उन व्यक्तियों में न थे जो आवेश में आकर कोई कार्य कर जाते हों और बाद को उसके लिए उन्हें पश्चाताप होता हो। बिहारी युवकों की यह विशेषता है वे भावनाओं में नहीं बहते, परंतु प्रत्येक वस्तु का गंभीर अध्ययन करके उस पर निर्णय देते हैं और फिर प्राण पण से उस पर जुट जाते हैं, वे किसी का अंध अनुकरण नहीं करते और स्वावलंब और स्वतंत्र बुद्धि निर्णय के द्वारा किसी उद्देश्य को अपनाते हैं और यही कारण है कि राजा जनक की पुरातन संस्कृति के विकास से लेकर, आज तक बिहार ने सदैव अनेक महापुरुषों, नेताओं और शहीदों को जन्म दिया है। आज भी देश रत्न डॉ. राजेन्द्रप्रसाद, जयप्रकाश, राजनारायण मिश्र और महेन्द्र गोपे उसी भूमि के रत्न हैं। तो जयप्रकाश ने एक साथ तीनों साथियों ने विद्यालय छोड़ दिया। इसका प्रभाव कालेज पर पड़ा, क्योंकि ये वहाँ के सबसे अच्छे विद्यार्थी समझे जाते थे, और कुछ ही दिनों में लगभग सारा कालेज खाली हो गया।

कालेज छोड़ने के पश्चात् अब जयप्रकाश जी के सामने समस्या पैदा हुई, कि अध्ययन किस प्रकार जारी रखा जाए, उनके हृदय में बृहद् अध्ययन की महत्त्वाकांक्षा थी और वे भविश्य के काल्पनिक चित्र में अपने को राजनैतिक नेता के रूप में नहीं वरन् महान् अंवेषणकारी वैज्ञानिक और रसायन शास्त्री के रूप में पाते थे। असहयोग आंदोलन के दिनों में स्कूल और कालेजों का बहिष्कार करनेवाले विद्यार्थियों के लिए देश व्यापी राष्ट्रीय विद्यालय खुल गए थे, उन्हीं दिनों हिंदू विश्वविद्यालय के विज्ञान विभाग के प्रसिद्ध प्रोफेसर फूलदेव सहाय वर्मा विश्वविद्यालय छोड़कर, बिहार विद्यापीठ में आ गए थे, उन्हीं के प्रयत्नों से विद्यापीछ में विज्ञान की पढ़ाई की व्यवस्था भी हो गई। जयप्रकाश जी ने तुरंत अपना नाम बिहार विद्यापीठ में लिखवा दिया। विद्यापीठ की अध्ययन व्यवस्था कुछ दिनों तक ठीक-ठीक चलती रही पर आंदोलन के शिथिल पड़ने के साथ ही साथ पढ़ाई में शिथिलता आने लगी, अनेक विद्यार्थियों ने विद्यापीठ दोड़ दिया। इधर विद्यापीठ की आर्थिक दशा भी दिन-ब-दिन खराब होती गई और उसका स्वतंत्र संचालन प्रायः असंभव-सा हो गया और अंत में उसे समाप्त भी करना पड़ा। अब जयप्रकाश के सामने अत्यंत दुरूह समस्या खड़ी हो गई, उनकी समस्त स्वर्णिम कल्पनाएँ चूर-चूर हो गईं। उन्हीं दिनों आचार्य प्रफुल्ल चंद्र राय ने बंगाल में बंगाल कैमिकल कम्पनी की स्थापना की थी और देश का ध्यान भारत में रसायन निर्माण की ओर लगा हुआ था। जयप्रकाश जी चाहते थे कि वे भी उन्हीं की तरह विज्ञानाचार्य बनकर बिहार में एक कैमिकल इंडस्ट्री खोलेंगे, पर अब क्या किया जाए विज्ञान की अधूरी पढ़ाई के कारण उनके हृदय को ठेस लगी, पर उनका स्वाभिमानी हृदय यह नहीं चाहता था कि वे फिर सरकारी बहिष्कृति में फिर से दाखिल हों। यह तो तैयिक मैतिंक

पराजय का चिन्ह था परंतु फिर भी वे विज्ञान के अध्ययन को जारी रखना चाहते थे। उनकी आर्थिक दशा भी इतनी अच्छी न थी कि स्वतंत्र रूप से पढ़ाई को जारी रख सकते। कई बार सोचा कि वे राजनैतिक कार्यों में ही जुट जाए पर अध्ययन की प्रबल लालसा ने उन्हें क्रियात्मक राजनीति से कुछ दूर ही रखा।

उनके हृदय में बहुत दिनों से विदेशों में जाकर पढ़ने की एक अस्पष्ट-सी लालसा थी। उन दिनों अनेक युवक इंगलैंड जाकर अध्ययन करते थे पर जयप्रकाश नारायण नहीं चाहते थे, कि एक शोषक और शासित जाति के देश में जाकर किसी भी भारतीय के लिए अध्ययन करना वांछनीय है। उन्हीं दिनों स्वामी सत्यदेव परिवाजक विदेशों का भ्रमण कर अमेरिका से लौटे और उनके व्याख्यानों, लेखों की धूम थी। बिहार के युवकों पर भी उसका यथेष्ट प्रभाव था। उनकी पुस्तकों को पढ़कर जयप्रकाश के हृदय में इच्छा हुई कि मैं भी उनकी भाँति अमेरिका में जाकर विज्ञान का अध्ययन करूँ पर इसके लिए आवश्यक व्यय कहाँ से आए ? अंत में उन्होंने यह निश्चय किया चाहे उसके लिए मुझे मजूरी करनी पड़े और कितने ही कष्ट क्यों न उठाने पड़े मैं अमेरिका अवश्य जाऊँगा और स्वतंत्र रूप से रुपए अर्जित कर अध्ययन करूँगा।

उन्होंने अपने विचारों अपने कुटुंबियों व संबंधियों के सम्मुख रखा उस समय बिहार के सर्व प्रमुख नेता बाबू ब्रजकिशोर प्रसाद को जब इनके उत्साह व विचारों का पता लगा तो उन्होंने इनसे अपनी कन्या प्रभावती के विवाह का प्रस्ताव रखा और साथ ही उनकी विदेश यात्रा में सहयोग देने का पूर्ण वचन दिया। जयप्रकाश जी को इच्छा या अनिच्छा अनेक कारणों से प्रस्ताव करना पड़ा और इनका विवाह प्रभावती देवी से संपन्न हो गया। तत्पश्चात् बाबू ब्रजकिशोर जी के प्रयत्नों से इन्हें विदेश अध्ययन के लिए एक स्कॉलरशिप मिल गई, जो असहयोग के दिनों में छोड़े हुए, विद्यार्थियों को विदेश में स्वावलंब रूप से पढ़ने के लिए जारी किया था, इस प्रकार उन्होंने सन् 1932 में अमेरिका जाने का निश्चय किया।

बाबू ब्रजकिशोर प्रसाद गाँधी जी के निकट भक्तों में थे। जयप्रकाश के अमेरिका जाने के पश्चात् उनकी पत्नी प्रभावती जी ने गाँधी जी के साबरमती आश्रम में बापू के संपर्क में रहने का निश्चय किया और तभी से वे सदैव गाँधी जी के आश्रम में रहती है। बापू उन्हें अत्यंत स्नेह करते हैं, अपनी पुत्री की भाँति। बहिन प्रभावती अत्यंत नम्र, नारी सुलभ सुलज्जता सुकोमलता और शांत गंभीर प्रकृति की हैं ! बापू के सामीप्य से उन्होंने गाँधीजी के विचारों और आदर्शों का गंभीर मनन और अध्ययन किया है और उन्हें अपने जीवन को उन्हीं सिद्धांतों में ढालने का प्रयत्न किया है प्रभावती का महात्मा जी के आश्रम में रहने का निर्णय भी मानो नियति की प्रेरणा थी, मानो वह प्रभावती के रूप में जयप्रकाश को रेशमी बंधन में बाँधना चाहती थी, जिसके द्वारा परोक्ष रूप में गाँधी जी और जयप्रकाश

भी बँध गए दूसरे शब्दों में जयप्रकाश और गाँधीजी के बीच में प्रभावती एक सुकोमल बाँध थी, जिनके द्वारा एक दूसरे से आपस में जुड़े हुए थे। वह बन्धन आज भी उन्हें बाँधे हुए है, यही कारण है कि गाँधीजी और जयप्रकाश का सम्बनध व्यक्तिगत जीवन आज भी अत्यंत स्नेहपूर्ण है।

अमेरिका के लिए सन् 23 में उन्होंने प्रस्थान किया। राह में वे चीन और जापान भी रुके और वहाँ की परिस्थितियों का थोड़ा-सा अध्ययन किया पर अमेरिका पहुँचने में इन्हें विलंब हो गया; इस बीच पढ़ाई प्रारंभ हो चुकी थी, अतः कैलीफोर्निया में पहुँचकर इन्हें विद्यालय में स्थान न मिला। वहाँ वर्ष में पढ़ाई के दो सैशन होते हैं, अतः इन्हें अगले सैशन के लिए 6 माह की प्रतीक्षा करने के लिए बाध्य होना पड़ता, पर इनके पास इतना पर्याप्त धन न था कि वे 6 माह घर बैठकर प्रतीक्षा करते। अतः इन्होंने नौकरी करने का विचार किया। अमेरिका में भारतीयों को मजदूरी के अतिरिक्त कोई नौकरी नहीं मिलती। कैलीफोर्निया की घाटी में भारतीय अनेक प्रकार की मजदूरी करते थे, यहाँ कुछ पंजाबी, और मुसलमान, पठान आजीविका के लिए आ बसे थे। अपनी मातृभूमि से दूर प्रवासी भारतवासियों के हृदय में अपने राष्ट्र के प्रति अत्यंत आर्य भावनाएँ होती हैं। असहयोग आंदोलन का प्रभाव भारत में ही नहीं अन्य देशों में रहनेवाले भारतवासियों पर भी पड़ा। अमेरिका के भारतीय मजदूर भी अपने देश से आनेवाले प्रत्येक व्यक्ति को अत्यंत श्रद्धा की दृष्टि से देखते थे और उनसे मातृभूमि के दुख दर्द की कहानियाँ पूछते थे। एक राष्ट्रीयता का सूत्र उनके सब हृदयों को जोड़े हुए था। अतः जयप्रकाश को वहाँ मजदूरी खोजने में विशेष कष्ट नहीं हुआ। पहले वे कुछ सिखों के साथ कार्य करते रहे पर बाद को इनका परिचय शेरखाँ नामक एक दीर्घाकार और उत्साही पठान से हो गया, वह पठान अत्यंत उग्र राष्ट्रीय विचारों का और हृदय का भी उतना महान् था। जयप्रकाश के विचारों और असहयोग आंदोलन में स्कालरशिप को तिलांजलि देते हुए कालेज छोड़ने की बात जानकर उसके हृदय में उनके लिए बड़ी सहानुभूति उत्पन्न हुई। उसने जयप्रकाश के लिए कम से कम कार्य पर अधिक से अधिक मजदूरी की व्यवस्था की पर जयप्रकाश अधिक से अधिक कार्य करके पढ़ाई के लिए रुपया जुटाना चाहते थे। उन्हें फलों के बगीचे में कार्य मिला और वहाँ पर वे प्रति घंटे 42 सेंट की मजदूरी पर कार्य करते थे। वे दिन में लगभग 10 घंटे कार्य करते थे और कभी भी रविवार व अन्य किसी दिन छुट्टी न मनाते थे। इस प्रकार इन्हें प्रतिदिन 4 डॉलर मिल जाते थे, जो उस समय भारतीय मुद्रा के विनिमय में लगभग 14 रुपए के बराबर था वास्तव में भारतीय माप में अत्यंत ही आकर्षक मजदूरी थी। अपने कठिन परिश्रम और अनवरत उद्योग के कारण जयप्रकाश प्रति माह 80 डालर के बचाने में समर्थ हो सके। पर तीन ही मास पश्चात् फलों की ऋतु समाप्त होने पर कार्य भी समाप्त हो गया और जयप्रकाश

को यूनिवर्सिटी खुलने की प्रतीक्षा में बार्कले Barklay लौटना पड़ा। वहाँ उन्होंने एक छोटा-सा कमरा रहने के लिए किराए पर लिया, वे खाना बनाने से लेकर कपड़े धोने तक का समस्त कार्य अपने ही हाथों से करते थे।

कैलीफोर्निया में अध्ययन के प्रथम 6 माह का tarm समाप्त करने के पश्चात् वे फिर खाली जेब हो गए और उन्होनें किसी ऐसी यूनिवर्सिटी में जाने का विचार किया जहाँ फीस कम हो अतः वे लोवा Lowa यूनिवर्सिटी को चले गए जहाँ कैलिफोर्निया से फीस केवल एक चौथाई थी, पर उसे भी वहन करने के लिए उन्हें (Peach Farm) आडू के बगीचे में कार्य करना पड़ा।

इसके पश्चात् वे विस्कौन्सिन (Wicconsin) यूनिवर्सिटी में दाखिल हुए। वहाँ उनके विचारों का तीव्र गति से निर्माण हुआ। अब तक जयप्रकाश ने जीवन के अनेक कटु अनुभवों को भली-भाँति देखा था। अमेरिका जैसे साधन संपन्न देश में भी कितनी आर्थिक असमानता थी ? यहाँ भी अमेरिका के चंद पूँजीपति उत्पत्ति के साधनों पर अपना एक छत्र अधिकार कर गरीब किसानों और मजदूरों का शोषण करते थे। स्वयं यूनिवर्सिटियों में भी आर्थिक असमानता के आधार पर कितना अंतर था। वहाँ भी मजबूरों के चेहरे पर भी युग-युग में होनेवाली पूँजीवादी शोषण की दैन्य छाया था, जयप्रकाश इन सब के प्रति निरपेक्ष होकर नहीं रह सकते थे। वे धीरे-धीरे क्रियात्मक समाजवाद की ओर बढ़ रहे थे।

अंत में जब ओहियो यूनीवर्सिटी में जब वे विज्ञान में एम.ए. पास करने के लिए प्रविष्ट हुए, तभी उनके साथ एक ऐसी अभूतपूर्व घटना हुई, जिसने उनके सारे जीवन की गति और दिशा को ही बदल दिया वे अमेरिका में विज्ञान के अध्ययन के लिए गए थे और उन्होंने वहाँ गणित, भौतिक शास्त्र, रसायन, ज्योतिष, भूगर्भ, शास्त्र, खगोल शास्त्र आदि अनेक शास्त्रों का गंभीर अध्ययन किया। ओहियो यूनीवर्सिटी में प्रत्येक विद्यार्थी को एक यूरोपियन भाषा बनाना आवश्यक था, अतः इन्होंने जर्मन भाषा सीखने का प्रयास किया। इसी संबंध में उनका संपर्क एक जर्मन प्रोफेसर से हुआ जो पूर्ण रूपेण मार्क्सवादी था। उसने जयप्रकाश को समाज संबंधी अनेक पुस्तकें दी और बतलाया कि जयप्रकाश की देश सेवा की इच्छा एक वैज्ञानिक बनने से पूरी न होगी। विज्ञान मनुष्य के हित का छोटा-सा साधन है पर राष्ट्र की समस्याओं को विज्ञान हल नहीं कर सकता सारे विश्व में सुख और असंतोष की जब आर्थिक असमानता और उनसे उत्पन्न दो वर्ग हैं जो आपस में अपनी सत्ता के लिए सदैव संघर्ष करते हैं। उन्होंने जयप्रकाश को बतलाया कि उनके सामने सर्वप्रथम समस्या अपने देश को विदेशी साम्राज्यवादी शोषण से बचाने की है और अपने देश को स्वतंत्र करना है, पर उनकी समस्या वहीं हल नहीं हो पाती, पूँजीवाद सारे संसार में एक जाल की तरह फैला हुआ है उसे विदेशी अथवा देशी पूँजीवाद से भिन्न नहीं किया जा सकता और राष्ट्र में आदर्श समाज जब तक स्थापित नहीं

हो सकता जब तक देशी और पूँजीवादी शोषण समाप्त होकर एक साम्यवादी समाज की स्थापना न हो जाए जिसमें सर्वहारा (brolctauit) प्राधान्य हो और सत्ता उन्हीं के हाथ में हो।

इन सब बातों का प्रभाव जयप्रकाश के तरुण मस्तिष्क पर गहरा पड़ा, पर हम पहले ही बता चुके हैं, कि जयप्रकाश किसी भी सिद्धांत अथवा आदर्श को आवेश में स्वीकार नहीं करते, वरन् गंभीर अध्ययन और अन्वेषण द्वारा ही किसी निर्णय पर पहुँचते थे यद्यपि मार्क्सवादी सिद्धांतों का प्रभाव उन पर गहरा पड़ा फिर भी उन्होंने समाजवाद का गंभीर अध्ययन करने का निश्चय किया। उन्होंने स्वयं अमेरिका में पूँजीपतियों के शोषण का नग्न चित्र देखा था और एक ही प्रदेश में एक व्यक्ति को विलास और वैभव के साधनों में उन्मत्त देखा था और वहीं दूसरे अमेरिकावासी को मजदूरी और कठिन परिश्रम करके पेट पालते देखा था। उन्होंने स्वयं अपने जीवन में आर्थिक कठिनाइयों को अनुभव किया था और आर्थिक संपन्नता के अभाव में उत्पन्न कठिनाइयों को अनुभव किया था। उन्होंने समाजवाद के पूर्ण और विस्तृत अध्ययन करने के लिए समाज शास्त्र के अध्ययन का निश्चय किया जिस पर समाजवाद आधारभूत था। समाजवाद के अध्ययन की तीव्र लालसा के कारण उन्होंने एकदम एम.ए. में भौतिक विज्ञान छोड़कर समाज शास्त्र विषय ले लिया और उसका गंभीर अध्ययन प्रारंभ किया। सारे जीवन भर विज्ञान का अध्ययन करने के पश्चात् उनकी दिशा एकदम समाजवाद की ओर बढ़ गई और उन्होंने एम.ए. की डिग्री समाज शास्त्र में ही हासिल की। समाज शास्त्र के अध्ययन से उनके समाजवादी विचार और भी दृढ़ हो गए और उन्होंने दृढ़ विचार किया कि उनके जीवन का उद्देश्य अपने देश में एक आदर्श समाजवादी समाज स्थापित करना होगा और वे भी उसके लिए प्राण पत्र से जुट जाएँगे।

समाजशास्त्र में एम.ए. की डिग्री प्राप्त करके ही उन्हें संतोष नहीं हुआ, वे इस विषय में खोज करना चाहते थे और डाक्टर की उपाधि लेकर स्वदेश लौटने के इच्छुक थे इस विषय में उन्होंने गंभीर खोज प्रारंभ की। इनकी अंवेषणात्मक और मौलिक खोज और लेखों के कारण ये यूनीवर्सिटी में बहुत प्रसिद्ध हो गए और यूनीवर्सिटी के सर्वश्रेष्ठ विद्यार्थियों में गणना की जाने लगी पर इसी बीच वे न्यूयार्क (Newyork) गए और बीमार पड़ गए। वे कई मास तक अस्पताल में बीमार रहे स्वस्थ होने पर वे फिर यूनीवर्सिटी में अध्ययन के लिए लौटना चाहते थे पर इसी बीच इनके घर से समाचार मिला कि इनकी माताजी कठिन रोग से पीड़ित हैं। जयप्रकाश अपनी माता को बहुत प्यार करते थे, अतः बाध्य होकर उन्हें पढ़ाई अधूरी छोड़कर ही स्वदेश लौटने का विचार करना पड़ा, अतः वे 1929 में 7-8 वर्षों तक अमरीका में रहकर भारत लौटे।

अमेरिका के अपने लंबे प्रवास में उन्हें अनेक कष्टों का सामाना करना पड़ा,

वे लगभग 8 वर्ष तक अमेरिका में रहे और वहाँ पर उन्होंने लगभग 5 यूनीवर्सिटियों में विभिन्न विषयों का अध्ययन किया। वे 6 माह तो पढ़ते थे और 6 माह तक मजदूरी करके धन अर्जित करते थे, उन्होंने अनेक प्रकार की मजदूरी की। कैलीफोर्निया के फल के बगीचों में वे फलों को तोड़ते, उन्हें साफ करते, सड़े-गले फलों को छाँटते उन पर नमक लगाते और उन्हें पैक करते थे, और खेतों में सिंचाई करते थे। उन्होंने क्रमशः ढलाई का काम, फर्नीचर में वार्निश लगाना, बर्फ बनाना, लाइब्रेरी की पुस्तकों को सँभालना, व्याख्यान देना और यहाँ तक कि कई बार होटलों में बैरे का काम भी किया है पर इससे उन्होंने कभी अपने को गिरा हुआ अनुभव नहीं किया और दृढ़ता से अध्ययन को जारी रखा।

अमेरिका जाने से पूर्व जयप्रकाश जी पूरे गाँधीवादी थे, यहाँ तक कि वे अमेरिका भी अपने साथ गीता और रामचरितमानस ले गए थे और उनका रोज पाठ करते थे, अमेरिका में 4 वर्षों तक वे पूर्ण शाकाहारी रहे। जिस समय वे कैलीफोर्निया में शेरखाँ के पास रहते थे, तब तक उसने अपनी रसोई में कभी माँस नहीं बनने दिया। अमेरिका में बीमार पड़ने पर डाक्टरों के अनेक आग्रह और अनुरोध पर इन्होंने गोश्त खाना स्वीकार किया, पर उन्होंने शराब और धूम्रपान कभी नहीं किया। अमेरिका में अंतिम दिनों में वे कम्युनिस्ट पार्टी के सदस्य रहे और वे वहाँ की कम्युनिस्ट पार्टी के संपर्क में रहे पर उनका वहाँ की कम्युनिस्ट पार्टी से भारतीय प्रश्न पर उनका गहन मतभेद रहा। संयुक्त राष्ट्र की कम्युनिस्ट पार्टी प्रत्येक भारतीय आंदोलन के विरोध में रही है और जयप्रकाश भारत के राष्ट्रीय आंदोलनों और राष्ट्रीय महासभा कांग्रेस के प्रबल समर्थक थे। वे भारत को लौटते हुए इंगलैंड उतरे और वहाँ की कम्युनिस्ट पार्टी के प्रमुख सदस्यों से मिले और वहाँ के जनमत को भारतीय आंदोलन के पक्ष में करने का प्रयत्न किया।

भारत लौटने पर जयप्रकाश महात्मा जी से मिलने गए। उसी वर्ष लाहौर का ऐतिहासिक अधिवेशन पं. जवाहर लाल नेहरू की अध्यक्षता में हुआ। जयप्रकाश जी महात्मा जी के साथ ही लाहौर गए। वहाँ सर्वप्रथम इनका संपर्क नेहरू जी से हुआ। नेहरू जी इनकी प्रतिभा और कार्य क्षमता से बड़े प्रभावित हुए, जयप्रकाश को भारत से राष्ट्रीय क्षेत्र में लाने का बहुत कुछ श्रेय पंडित जवाहरलाल नेहरू को जो भारत के राष्ट्रीय महासभा कांग्रेस के प्रथम सभापति थे, जो समाजवादी प्रवृत्तियों से अत्यंत प्रभावित थे और जो आज भी संकोच नहीं करते। पं. जवाहरलाल नेहरू ने भारत के राष्ट्रीय क्षेत्र में समाजवादियों और नवउदयमान युवकों को संगठित करने का स्तुत्य प्रयास किया। उन्होंने तुरंत भाँप लिया कि जयप्रकाश अपनी योग्यता से अवश्य एक दिन राष्ट्र का भावी नेता होगा। जयप्रकाश जी के हृदय में बड़ी इच्छा थी कि वे भारतवर्ष में समाज शास्त्र की शिक्षा का प्रसार करें और हिन्दू विश्वविद्यालय खोला जाए और वे स्वयं अपने गंभीर अध्ययन और खोजों को

भारतीय विद्यार्थियों के ज्ञानार्जन हेतु लगाएँ। परंतु उस समय के राष्ट्रपति पं. नेहरू के विशेष आग्रह पर उन्होंने अ.भा. कांग्रेस कमेटी के प्रयास से मजदूर विभाग में कार्य करना स्वीकार कर लिया। उन्हीं के प्रयत्नों से वहाँ मजदूर विषयक खोजों का एक उप विभाग खोला गया जिसका संचालन उन्होंने बड़ी योग्यता से किया।

इधर वे कार्य कर ही रहे थे कि भारत में सत्याग्रह छिड़ गया और वह विभाग बंद कर देना पड़ा। इधर उनकी आर्थिक अवस्था बहुत गिर गई थी अतः उन्हें कुछ दिनों तक सेठ घनश्याम बिड़ला के यहाँ प्राइवेट सेक्रेटरी के रूप में कार्य करना पड़ा। इधर उनके गृह संबंधी अनेक बाधाएँ उनको उद्विग्न कर रही थीं। जयप्रकाश जीवन में ये दिन बड़े संघर्ष के थे यद्यपि उनका समस्त जीवन संघर्ष और विपत्तियों का क्रीड़ास्थल रहा है। पर इन घिरे उन्हें विशेष लाभ यह किया कि उन्होंने पूँजीवाद को यथार्थ और नग्न रूप में अनुभव किया और देखा जिससे उनके समाजवादी विचारों के दृढ़ और उनके कार्य क्षेत्र प्रशस्त होने में यथेष्ट सहायता मिली।

इधर गाँधी समझौते के कारण देश के समस्त राजनैतिक कैदी छोड़ दिए गए और गाँधी जी फिर कांग्रेस के मजदूर विभाग में आए परंतु गाँधी जी के राउंड टैबिल कांग्रेस से खाली हाथ लौटने पर लड़ाई फिर छिड़ गई। उस समय कांग्रेस के सभापति सरदार पटेल थे और मंत्री पं. जवाहरलाल नेहरू। गाँधी जी के लौटते ही बंबई में कांग्रेस कार्य समिति की बैठक होनेवाली थी पर लोगों को डर था किसी भी समय गिरफ्तार किए जा सकते हैं। इस बार नौकरशाही आंदोलन छिड़ने से पूर्व ही उसे दबा देना चाहते थे उनका यह भय वास्तव में सत्य निकला। जवाहर जी प्रयाग से रवाना होते ही बम्बई की राह में गिरफ्तार हो गए, नेहरू जानते थे कि अब समस्त नेता गिरफ्तार हो जाएँगे अतः उन्होंने जयप्रकाश को कार्यवाहक मंत्री बनाकर समस्त आंदोलन का भार सौंप दिया। वे बंबई कांग्रेस के मंत्री के रूप में पहुँचे तब तक लगभग समस्त नेता बंदी हो चुके थे और आंदोलन का गुरुतर भार जयप्रकाश के तरुण कंधों पर पड़ गया। उस समय उनकी प्रतिभा देखते ही बनती थी। उन्होंने आंदोलन के समय समस्त भारत का दौरा किया और आंदोलन को जीवित रखा, इसके अतिरिक्त इन्होंने भिन्न-भिन्न प्रांतों में भिन्न-भिन्न भाषाओं में परचे, सर्कुलर इत्यादि छपवाए। इस बुलेटिन से सरकार आतंकित हो गई, प्रांत-प्रांत के सी.आई.डी. जयप्रकाश की खोज कर रहे थे और जयप्रकाश निर्भयता से इधर-उधर घूमकर आंदोलन का संचालन कर रहे थे। जयप्रकाश के सहज न पकड़े जाने का रहस्य यह भी था कि इन्होंने राजनैतिक क्षेत्र में पहली बार क़दम रखा था और पुलिस इन्हें नहीं पहचानती थी। यू.पी., बिहार, महाराष्ट्र, बंबई इत्यादि की पुलिस सरगर्मी से इनकी खोज कर रही थी और इनके पकड़ने के लिए बंबई की पुलिस ने इनाम भी घोषित किया। पर लाख प्रयत्न करने पर भी पुलिस इन्हें पकड़ने में समर्थ न हो सकी।

इन्हीं दिनों भारतीय आंदोलन से उत्पन्न गतिरोध का अध्ययन करने के लिए इंगलैंड से एक पार्लियामेंटरी डेलीगेशन आया, जिसमें से एक सदस्या मिस विलकिंसन थीं, जो आज इंगलैंड के शिक्षा-विभाग की पार्लियामेंटरी सेक्रेटरी हैं। पं. मदनमोहन मालवीय जी उस समय कांग्रेस आंदोलन के डिक्टेटर थे। जयप्रकाश से मालवीय जी ने कहा कि राष्ट्रीय कांग्रेस के प्रतिनिधि होने के नाते हमारा कर्तव्य है, कि हम डेलीगेशन को भारत की वास्तविक स्थिति से अवगत कराने में उनका सहयोग करें और पुलिस के अत्याचारों का विवरण उन तक पहुँचा दें। पर जयप्रकाश जी का मत इसके प्रतिकूल था, वे उनसे किसी प्रकार के सहयोग को प्रस्तुत नहीं थे। मालवीय जी का मत यह था, कि पार्लियामेंट के सदस्यों के साथ रहने पर यदि पुलिस ने उन्हें पहचान भी लिया तो भी वे उन्हें गिरफ्तार करने का साहस न कर सकेंगे, पर जयप्रकाश को इस पर संदेह था जो निर्मूल न था। पार्लियामेंट डेलीगेशन के साथ वे कई स्थानों पर घूमे और अंत में 8 महीने के पश्चात् मद्रास स्टेशन पर पुलिस ने उन्हें बंदी बना लिया। वहाँ से वे नासिक जेल भेज दिए गए। उनकी गिरफ्तारी के बाद आंदोलन धीरे-धीरे शिथिल पड़ता गया और अंत में महात्मा गाँधी को उसे सन् 33 में वापिस लेना पड़ा।

नासिक जेल में ही वस्तुतः अखिल भारतवर्षीय कांग्रेस सोशलिस्ट पार्टी की स्थापना हुई, जेल में इनके साथ बंबई प्रांत के तरुण कार्यकर्ता मि. मसानी, अच्युत पटवर्धन, अशोक मेहता आदि थे जिनके सहयोग और सामीप्य से जयप्रकाश को अपने विचारों को कार्यरूप में परिणत करने का सुअवसर प्राप्त हुआ। यद्यपि इससे पूर्व भी जब ये अ.भा. कांग्रेस कमेटी में मजदूर विभाग के इंचार्ज थे, इन्होंने बिहार सोशलिस्ट पार्टी की स्थापना की थी पर उस पर वृहद रूप से विचार नहीं किया था। बिहार सोशलिस्ट पार्टी की स्थापना में श्री फूलन प्रसाद वर्मा, रामवृक्ष बेनीपुरी, प्रोफेसर अब्दुलबारी इत्यादि का प्रमुख हाथ था, पर वहाँ पार्टी को विशेष सफलता न मिली, क्योंकि अभी तक समाजवादी सिद्धांतों का आलोचनात्मक विश्लेषण और देश में उनकी स्थापना के लिए उपयुक्त वातावरण उत्पन्न नहीं हुआ था।

पर नासिक जेल में तरुण कार्यकर्ताओं ने जयप्रकाश के साथ मिलकर आंदोलन की विफलता से उत्पन्न परिस्थितियों का गंभीर अध्ययन किया। देश के उदीयमान राष्ट्र सेवकों ने अनुभव किया कि आंदोलन की विफलता का मुख्य कारण कांग्रेस में प्रतिक्रियावादी और सुधारवादियों का बढ़ता हुआ प्रभाव है, उन्होंने अनुभव किया कि कांग्रेस के वाम और क्रांतिकारी पक्ष को दृढ़ बनाने के लिए उन्हें एक सूत्र में जोड़ना आवश्यक है। इस चीज की आवश्यकता भारत के एक भाग में ही नहीं समस्त भारत में अनुभव की जा रही थी और राष्ट्र के तरुण कार्यकर्ता गाँधी जी की अहिंसा के घिसे हुए शांतिवादी सिद्धांतों के अतिरिक्त किसी क्रांतिकारी प्रोग्राम को लेकर अग्रगामी दल बनाने के पक्ष में थे। उन्होंने अपनी आँखों से उसी

आँधी और तूफान जैसे प्रबल आंदोलन को शांत होकर नष्ट होते देखा था और कांग्रेस की कार्य-प्रणाली और अप्रगतिशील तत्वों के प्रति तीव्र विराग उत्पन्न हो रहा था। उन्होंने यह भी अनुभव किया कि देश को प्रगतिशील पथ की ओर अग्रसर करने के लिए अंतर्राष्ट्रीय प्रवृत्तियों से सहयोग करना आवश्यक है और समाजवाद की स्थापना भी अनिवार्य प्रतीत होती थी। जयप्रकाश जी ने जेल में ही कांग्रेस समाजवादी दल का घोषणा पत्र तैयार किया, जिसमें उन्होंने स्पष्ट रूप से प्रकट किया कि कांग्रेस समाजवादी दल यह नहीं चाहता कि हमारी स्वतंत्रता का अर्थ केवल इतना न हो कि विदेशी शोषण का स्थान देशी पूँजीपति ले लें बल्कि हमारी स्वतंत्रता पूर्ण आर्थिक और राजनैतिक स्वतंत्रता हो जिसके लिए समाजवाद की स्थापना अनिवार्य प्रतीत होती है, उन्होंने घोषणा पत्र स्पष्ट कर दिया कि कोई भी स्वतंत्रता आंदोलन राष्ट्र के प्रगतिशील वर्गों को साथ लिए बिना सफल नहीं हो सकता और इसके लिए मजदूर, किसानों और विद्यार्थियों का क्रांतिकारी ढंग से संगठन अत्यावश्यक है।

जेल से छूटते ही जयप्रकाश ने अ.भा. कांग्रेस समाजवादी दल की स्थापना के उद्देश्य से समाजवादी कांफ्रेंस करने का विचार किया। मई सन् 34 में पटना में अ.भा. कांग्रेस कमेटी की बैठक हो रही थी, जयप्रकाश ने उपयुक्त अवसर जानकर पटना में ही कांफ्रेंस करने का निश्चय किया, जिसके सभापति आचार्य नरेंद्र देव बनाए गए। इसमें देश भर के समाजवादियों और प्रगतिशील कांग्रेस मैनों ने भाग लिया। इसमें भाग लेनेवालों में अच्युत पटवर्धन, युसूफ मेहरअली, मिसू मसानी, कमला देवी चट्टोपध्याय, श्रीमती सत्यवती, आचार्य नरेंद्र देव, संपूर्णानंद, श्रीप्रकाश, दामोदर स्वरूप सेठ, फरीदुल हक अंसारी आदि प्रमुख थे। इस कांफ्रेंस में एक अ.भा. समाजवादी दल की स्थापना का निश्चय किया गया, जिसके लिए एक संगठन समिति बनाई गई, जिसके जयप्रकाश जी प्रधान मंत्री बनाए गए। यह ध्यान देने योग्य बात है कि उस समय कांग्रेस में दो प्रकार की प्रवृत्तियों और विचारधाराओं का विकास हो रहा था और जिसका उद्गम भी पटना ही था। पटना में कांग्रेस ने आंदोलन को बंद करके असेंबलियों में जाकर, वैधानिक कार्यक्रम को अपनाया पर देश के प्रगतिशील विचारों के नवयुवक इसके विरुद्ध थे। इन्हीं परिस्थितियों में समाजवादी दल की स्थापना हुई, जिसके प्रति सारे राष्ट्र का ध्यान एकदम केंद्रित हो गया। पटना की कांफ्रेंस के कुछ माह ही पश्चात् अक्टूबर सन् 33 में बाकायदा समाजवादी पार्टी की स्थापना हुई। जयप्रकाश ही मंत्रित्व के पद पर स्थित रहे। इन दिनों इनकी संगठन शक्ति का पता चलता था, उन्होंने लगभग प्रत्येक प्रांत और नगर का दौरा किया और कांफ्रेंस में से प्रत्येक प्रगतिशील व्यक्ति को अपने संगठन में सम्मिलित किया। इन्हीं के प्रयत्नों का फल था कि समाजवादी पार्टी कुछ ही दिनों में एक सुदृढ़ अखिल भारतवर्षीय पार्टी बन गई। पार्टी का

उद्देश्य कांग्रेस से स्वतंत्र संस्था खड़ा करने का नहीं था, पर उसी के अंदर रह कर प्रतिगामी तत्त्वों को हटाकर प्रगतिवादियों का एक संगठन करना था।

यद्यपि जयप्रकाश अपने को कम्युनिस्ट कहते थे और वे संयुक्त राष्ट्र की कम्युनिस्ट पार्टी के सदस्य भी रहे थे, पर सब जगह कम्युनिस्टों के रुख से उन्हें भारी निराशा हुई। संयुक्त राष्ट्र की कम्युनिस्ट पार्टी से उनका मतभेद रहा, ब्रिटेन की कम्युनिस्ट पार्टी से भी वे सहमत न हो सके और इसी प्रकार भारत की कम्युनिस्ट पार्टी से भी उनका कई बातों में मतभेद रहा। भारत में मजदूरों का दल तीन भागों में बँटा हुआ था, वे उनमें एकता स्थापित करना चाहते थे। उन्होंने ट्रेड यूनियन कांग्रेस को फिर से संगठित किया और बहुत अंशों तक उसमें सफल हुए। वे कम्युनिस्टों की कांग्रेस विरोधी नीति से बहुत असंतुष्ट थे, परंतु फिर भी वे समस्त समाजवादियों में एकता लाने के इच्छुक थे। धीरे-धीरे रचनात्मक व अन्य कार्यक्रम के बारे में इनका गाँधीजी से तीव्र मतभेद हो गया। गांधीजी तो यह भी नहीं चाहते थे कि विद्यार्थियों को राजनीति में घसीटा जाए और उनका राजनैतिक रूप से संगठन किया जाए व्यक्तिगत जीवन में वे सदैव गाँधीजी को श्रद्धा की दृष्टि से देखते रहे हैं और कांग्रेस के कार्यक्रम से लाख मतभेद होते हुए भी उन्होंने अपने को कांग्रेस का एक अनुशासित सैनिक कहा है।

राष्ट्रीय आंदोलन के इतिहास में जयप्रकाश जी की मुख्य देन किसानों का संगठन है। भारतीय कम्युनिस्टों ने अपना समस्त ध्यान मजदूर आंदोलन तक ही सीमित रखा था और किसानों के संगठन की ओर ध्यान नहीं दिया था पर इन्होंने सर्वप्रथम किसान सभाओं का संगठन किया, जिसका समस्त श्रेय जयप्रकाश ही को दिया जा सकता है। स्वाभाविक रूप से जयप्रकाश का प्रभाव बिहार के किसानों पर सर्वाधिक पड़ा और इसी कारण बिहार में आज भी किसान सभा का सबसे दृढ़ संगठन है।

जयप्रकाश की उत्कट इच्छा समाजवादी एकता की थी। इसके विषय में उन्होंने बड़ा प्रयत्न किया, पर उसमें वे कभी सफल न हुए। इन्होंने एम.एन.एम. व भारतीय कम्युनिस्ट पार्टी के कार्यकर्ताओं से मिलकर एक संगठन के अंदर घुसने की अपील की और एक बिशद समाजवादी कार्यक्रम बनाया। 1935 में जयप्रकाश जी ने सोचा कि कम्युनिस्टों ने अपनी कार्य प्रणाली को बदल दिया है, अतः उन्होंने अपने समाजवादी दल का द्वार कम्युनिस्टों को खोल दिया, पर यह उनकी भूल थी। कम्युनिस्टों ने समाजवादी दल में घुसकर और उसमें फूटकर डालकर अपनी स्थित दृढ़ करने के लिए एक चाल रची थी। उनकी गद्दारी की समस्त कथा और जयप्रकाश जी के एकता के प्रयत्नों का संपूर्ण विवरण उनकी 'समाजवादी एकता' (Socialist unity) में मिल जाता है। पहले रायबादी और फिर कम्युनिस्ट उनके आंदोलन से अलग हो गए और जयप्रकाश अपनी पार्टी के साथ अकेले और युवकों

में कार्य करते रहे। बिहार प्रांत के एक किसान होने के नाते बिहार पर इनका अच्छा प्रभाव पड़ा। यही कारण है कि सन् 42 में बिहार ने जो वीरता पूर्ण भाग लिया है, वह स्वतंत्रता के इतिहास में सदैव स्वर्णाक्षरों में लिखा जाएगा। अगर यह अत्युक्त नहीं है तो हमें साहसपूर्वक यह कहने का अधिकार है कि इसका समस्त गौरव जयप्रकाश को ही है।

सन् 1936 के लखनऊ कांग्रेस अधिवेशन के सभापति राष्ट्रति जवाहरलाल नेहरू बनाए गए। वे जयप्रकाश के व्यक्तित्व के बारे में पहले से ही परिचित थे, अतः उन्होंने उन्हें कार्य समिति के उत्तरदायित्व पूर्ण पद पर ले लिया। जो जयप्रकाश के लिए इतनी छोटी अवस्था में प्राप्त करना एक अभूतपूर्व गौरव था, पर जयप्रकाश कुछ ही मास तक कार्य समिति के सदस्य रहे और तत्पश्चात् उन्होंने इससे त्यागपत्र दे दिया और दुबारा समाजवादी दल का मंत्रित्व ग्रहण किया और फिर पूर्व निश्चित कार्यक्रम के अनुसार कार्य में इनकी प्रतिभा देखते ही बनती थी। नेहरू जी ने कांग्रेस की नीति को प्रगतिशील बनाने में बहुत प्रयत्न किया और जयप्रकाश ने इस कार्य में इनको पूर्ण सहयोग दिया। कांग्रेस के चुनावों के पश्चात् 7 प्रांतों में पद ग्रहण करने का जयप्रकाश जी ने घोर विरोध किया और असेंबलियों से बाहर अपने कार्य को जारी रखा। उन्होंने कहा कि पद ग्रहण करने से कांग्रेस के विद्रोहात्मक और लड़नेवाले तत्त्व समाप्त हो जाएँगे और 50 वर्षों से कांग्रेस के अपने त्याग और तपस्या से प्राप्त किया है, वह नष्ट हो जाएगा।

सन् 1937 में कांग्रेस की नीति के विरुद्ध भी नए विधान के अनुसार सरकार ने इन्टैरिग गवर्नमेंट बनाने का प्रयत्न किया। जयप्रकाश जी ने उसके बिरुद्ध पटना में विशाल प्रदर्शन किया और आप वहीं गिरफ्तार कर लिए गए और आपको तीन माह का कारावास मिला जेल से छूटने के पश्चात् पुनः आप संगठन कार्य में लग गए। इधर सितंबर 1939 में पार्लियामेंट ने भी युद्ध की घोषणा कर दी। यह भारत के लिए अपमान की बात थी कि बिना उसकी इच्छा और सम्मति के बिना ही उसे लड़ाई में घसीट लिया गया। कांग्रेस ने अपने प्रस्ताव द्वारा इंगलैंड से उसके युद्धोदेश्यों को पूछा पर कोई संतोष जनक उत्तर न मिलने, पर समस्त कांग्रेस मंत्रि मंडलों ने इस्तीफे दे दिए। और कोई उपाय न देखकर 93 दफा के अनुसार प्रांतों में गवर्नरी शासन स्थापित हो गया। कांग्रेस के समक्ष अब केवल आंदोलन छेड़ने के अतिरिक्त और कोई मार्ग न रह गया। कांग्रेस का वामपक्ष दल आंदोलन के लिए बड़ा उत्सुक था पर गाँधी जी आंदोलन को टाल रहे थे। सन् 1940 को जमशेदपुर में मजदूरों की एक विराट सभा में युद्ध विरोधी भाषण देने के आरोप में आपको गिरफ्तार कर लिया गया। आप जेल से छूटे ही थे कि आपने युद्ध के विरोध में एक सामूहिक जन आंदोलन के संगठन का विचार किया, भला सरकार चुप क्यों बैठ सकती थी। आप बिहार और संयुक्त प्रांत का दौरा समाप्त कर ज्यों

ही बंबई गए वहाँ युक्त प्रांत की पुलिस की तरफ से जारी किए गए एक वारंट के अंतर्गत पकड़ लिए गए। आप नजरबंद कर देवली कैंप जेल में भेज दिए गए, देवली कैंप में समस्त भारत के भिन्न-भिन्न प्रांतों के लगभग 500 नजरबंद थे। इसमें अधिक कम्युनिस्ट और क्रांतिकारी भी थे। आपने देवली जेल कैंप में ही भारत के भावी आंदोलन और संगठन की विशद रूप रेखा बनाई, वहाँ उन्होंने अंतर्राष्ट्रीय परिस्थितियों का गहन अध्ययन किया। उस समय गाँधी जी का व्यक्तिगत सत्याग्रह चल रहा था जिसकी गतिविधि और रूप से वे असंतुष्ट थे। इनके साथ कई चोटी के कम्युनिस्ट कार्यकर्ता और नेता थे। उनसे वे अंतराष्ट्रीय परिस्थितियों पर गवेषणापूर्ण तर्क किया करते थे। इनकी योग्यता को सब लोग स्वीकार करते थे। थर्ड कम्युनिस्ट इंटरनेशनल के समाजवादी दृष्टिकोण के प्रति इन्होंने गंभीर मतभेद प्रकट किया और इस विषय में इनकी अनेक कम्युनिस्ट कार्यकर्ताओं से बहस होती थी। इन्होंने अपनी स्पष्ट तर्क योग्यता व अध्ययन की स्पष्टता के कारण अनेक कम्युनिस्ट कार्यकर्ताओं को अपनी पार्टी में मिलाने से इनकी योग्यता का स्पष्ट पता लगता है।

जयप्रकाश जी जब से देवली कैंप जेल में आए तभी से वे एक महान् गुप्त आंदोलन का संगठन करने का विचार कर रहे थे। उन्हें विश्वास था कि परिस्थितियों वश कांग्रेस भी उनकी बात मानने को तैयार हो जाएगी। अंतर्राष्ट्रीय परिस्थितियाँ भी भारत को उस निर्णयात्मक आंदोलन के समीप ला रही थी। इन्हीं दिनों भारत सरकार ने इनका एक गुप्त पत्र पकड़ा जिसमें इन्होंने अपने साथियों को गुप्त आंदोलन संगठन करने का आदेश दिया था और गाँधीजी के व्यक्तिगत सत्याग्रह का तीव्र विरोध किया था, इसमें इन्होंने अपने साथियों को सत्याग्रह का प्रतिज्ञापत्र वापिस लेने पर सहानुभूति प्रगट की थी, सरकार ने इनके पत्र का ब्लॉक बनाकर छपवाया, सरकार चाहती तो यह थी कि इस प्रकार वे जयप्रकाश व उनके साथियों के प्रति गाँधीजी और कांग्रेस के हृदय में घृणा का भाव उत्पन्न करने में समर्थ हो जाएँगे पर गाँधीजी ने उस पर एक ऐतिहासिक वक्तव्य दिया जो कभी भुलाया नहीं जा सकता, गाँधीजी ने कहा कि मैं जानता हूँ कि जयप्रकाश मेरी अहिंसा की नीति व सिद्धांत से सहमत नहीं पर इसके लिए उन्हें दोष नहीं दिया जा सकता है। उन्होंने अपने जीवन के अनेक वर्ष अमेरिका में बिताए हैं और विदेशों में ही उन्होंने अध्ययन किया है। यदि ऐसी दशा में उनका दृष्टिकोण और विश्वास विदेशी आंदोलनों से अनुबाधित हुआ है तो वह स्वाभाविक ही है लेकिन एक ऐसी चीज़ स्पष्ट है, उसने जो कुछ किया है वह पूर्ण रूप से राष्ट्र की स्वतंत्रता के लिए चाहे मेरे और उसके तरीके में मतभेद है—पर मैंने एक क्षण भी उसके साहस त्याग और विचारों की दृढ़ता में संदेह नहीं किया, मैं नहीं समझता कि एक विदेशी सत्ता को जो एक युग से भारत पर अत्याचार और हिंसक मनोवृत्तियों को लाद रही है यह

कहने का क्या अधिकार है कि जयप्रकाश को अहिंसा में विश्वास नहीं अतः वे निंदा के योग्य है। उन पत्रों को प्रकाशित कर सरकार ने उन्हें बदनाम करने की चेष्टा की है। यदि उसकी नजरों में सचमुच जयप्रकाश हिंसक मनोवृत्तियों के दोषी हैं, तो सर्वप्रथम अपराधी वे स्वयंव हैं अंग्रेजी शासन के दृढ़ स्तम्भ क्लाइव और हैस्टिव ने निरपराधों के रक्त से होली खेलकर छल कपट और अत्याचारों के बल पर यह शासन स्थापित किया है अतः सबसे पहले अपराधी वे हैं और उन्हें सबसे प्रथम फाँसी दी जानी चाहिए थी।

हम पहले ही बता चुके हैं कि जयप्रकाश के मस्तिष्क में भावी आंदोलन की रूपरेखा तेजी से चक्कर काट रही थी, वे जानते थे कि क्रांति निकट है पर उस क्रांति में वे अपना भाग किस प्रकार दे सकेंगे, वे उस क्रांति में योग भी वरन् उसका पूर्ण संगठन चाहते थे, अतः उन्हें एक युक्ति सूझी और सिद्धि के लिए उन्होंने अपने प्राणों की बाजी लगाने में भी संकोच नहीं किया, उन्होंने जेल से भागने का निश्चय किया पर देहली कैंप जेल से भागना संभव नहीं था अतः उन्होंने लगभग 250 बंदियों के साथ भूख हड़ताल कर दी। उनकी माँगे ये थीं।

(1) उन्हें अपने-अपने जिलों की जेल में बदल दिया जाए।

(2) प्रत्येक को ए क्लास में रखा जाए।

(3) खाने-पीने की सुविधाएँ दी जाएँ।

देहली कैंप में इन बंदियों ने आमरण अनशन से देश में बड़ा भारी प्रदर्शन हुआ। विद्यार्थियों ने कानपुर, गोहाटी, बंबई, करांची आदि शहरों में प्रदर्शन किए, कई जगह लाठी चार्ज हुआ। अंत में 32 दिन की भूख हड़ताल के बाद सरकार झुक गई। असेम्बली में इनके विषय में अनेक प्रश्न पूछे गए, मजदूर नेता श्री जोशी ने जोरदार शब्दों में सरकार की इस नीति की निंदा की। सरकार को इन बंदियों की सब शर्तें मंजूर करनी पड़ीं और इन्हें अपने अपने जिलों की जेल में बदल दिया गया, देवली कैंप जेल तोड़ दी गई। जयप्रकाश नारायण भी हजारीबाग जेल में बदल दिए गए। यह जयप्रकाश की महान् विजय थी यद्यपि इस भूख हड़ताल से उनका स्वास्थ्य काफी गिर गया।

इस समय हमें बरबस नेताजी सुभाष चंद की याद आ जाती है जिन्होंने भारत से भागकर विदेश जाने के लिए कुछ ऐसा ही प्रयत्न किया था, वे कलकत्ता जेल में थे और अपनी रिहाई के लिए उन्हें भूख हड़ताल करनी पड़ी थी ताकि वे रिहा होकर विदेशों को जाने मे समर्थ हो सकें।

अगस्त सन् 42 में जयप्रकाश जी का चिरप्रतीक्षित आंदोलन प्रारंभ हो गया नेता जेलों में ठूँस दिए गए। जनता में अपार जोश था पर आंदोलन की गतिविधि को नियंत्रित करने और संचालन करने की योग्यता रखनेवाला कोई नेता न था। आंदोलन की रूपरेखा जयप्रकाश ने पहले से ही बना रखी थी और उसी पर अपने

कार्यकर्ताओं को चलने का आदेश दिया था। नेताओं की गिरफ्तारी पर सारा आंदोलन समाजवादियों के हाथ में आ गया। समाजवादियों ने आंदोलन चलाने का अपना प्रोग्राम जनता को बतलाया और सारे देश में हजारो पर्चे बँटवाए। हम आज यह गर्व पूर्वक कह सकते हैं कि जयप्रकाश ने पहले से आंदोलन की रूपरेखा न बनाई होती और तैयारी न की होती तो सरकार सन् 42 के आंदोलन को सहज ही कुचलने में समर्थ हो जाती। देशव्यापी आंदोलन चल रहा था और उधर जयप्रकाश अशांत मस्तिष्क से हजारीबाग जेल में बैठे हुए थे। इनके कई साथी पकड़े जा चुके थे और कुछ गुप्त रूप से कार्य कर रहे थे पर इस समय आंदोलन का संचालन करने के लिए इनकी नितांत आवश्यकता थी। उन्होंने जेल से भागने की अनेक योजनाएँ बनाई पर प्रत्येक बार कुछ न कुछ बाधाएँ पड़ जाती थीं और वे सफल न हो पाते थे। इन्होंने जमशेदपुर में मजदूरों और आम जनता की भारी भीड़ पर गोली चलाने से इंकार कर दिया। उनकी उपस्थिति से जयप्रकाश को भागने में बड़ी बाधा पड़ती थी क्योंकि वहाँ उनका पहरा रहता था अतः जयप्रकाश उस दिन भागने में सफल न हो सके। इन्होंने वहाँ से हटने के लिए भी एक चाल चली उन्होंने किसी प्रकार उनसे भूख हड़ताल कराई उसका फल ये हुआ कि वे यहाँ से हटाकर और किसी अज्ञात स्थान में भेज दिए गए।

उन्हीं दिनों उड़ीसा के श्री रामनंदन मिश्र बदलकर हजारीबाग जेल आए। जयप्रकाश जी की उनसे भागने के संबंध में बातचीत हुई और इन्होंने इनके विचारों का पूर्ण समर्थन किया अतः जयप्रकाश जी ने इस सबंध में आवश्यक तैयारियाँ करना प्रारंभ कर दिया। उन्होंने इस संबंध में अपने से क्रांतिकारी विचारवाले बंदियों से बातचीत प्रारंभ की। इन्होंने इस संबंध में एक कमेटी बनाई जिसमें हजारीबाग के सूर्यनारायण सिंह सालिग्राम, रामानंदन मिश्र एवं योगेंद्र शुक्ल आदि लगभग 6 बंदी थे। उन्होंने एक साथ एक दिन भागने का निश्चय किया। जयप्रकाश जी ने धीरे-धीरे धोतियों के सहारे जेल की दीवारों पर चढ़ने का अभ्यास करना प्रारंभ कर दिया। हजारीबाग जेल में ग्रीष्म की ऋतु में राजनैतिक बंदियों के लिए जेल के वार्ड साधारणतः खुले रहते थे पर अगस्त आंदोलन के पश्चात् जयप्रकाश जी सरकोर की नजरों में खतरनाक समझे जाने लगे पर जेल में यह नियम था कि बीमार आदमियों को बंद न रखा जाए। जब किसी वार्ड में कोई व्यक्ति अस्वस्थ हो जाता था तो सारे वार्ड को खुला ही रखा जाता था। सौभाग्य से जयप्रकाश जिस वार्ड में थे उनमें कई व्यक्ति बीमार थे। दीवाली के एक रोज पूर्व उन्होंने भागने का पूर्ण निश्चय कर लिया। त्यौहार के दिन जेल अधिकारियों का ध्यान साधारणतः अन्य कार्यों से हट जाता है। वार्डर भी चौकन्ने नहीं रहते। दैवयोग से उसी दिन श्रीनारायण लहरी बीमार पड़ गए। अतः वार्ड का दरवाजा खुला रहा। इन्होंने विशेष रूप से दीवाली का त्यौहार धूमधाम से मनाया ताकि जेल अधिकारी

वर्ग का ध्यान इस ओर बँट जाए और जयप्रकाश और उनके साथी अपने निर्दिष्ट उद्देश्य में सफल हो सकें।

11 नवंबर सन् 42 को दिवाली की रात्रि को उन्होंने कई आवश्यक वस्तुओं की एक गठरी बनाई जिनमें कुछ पैसे, जूते, खाने-पीने का सामान आदि था। उन्होंने कई धोतियों के रस्से बनाए। दो मेजों को एक दूसरे के ऊपर रखकर फिर उस पर स्टूल रखा और एक दूसरे के कंधे पर पैर रखकर जयप्रकाश मय 5 साथियों के हजारीबाग की प्रसिद्ध जेल की दीवार छलांग गए। उस समय रात्रि के 9 बजे थे और जेल अधिकारी दीवाली की खुशियाँ मनाने में लीन थे और किसी का ध्यान इस ओर नहीं गया कि जेल में एक भयंकर षड्यन्त्र हो रहा है। जयप्रकाश सफलतापूर्वक जेल की दीवार तो पार कर गए पर जल्दी में अपनी गठरी वहीं छोड़ आए जिसके अभाव में उन्हें बड़ा कष्ट उठाना पड़ा। जेल की दीवार से कूदने में जयप्रकाश की पीठ में मामूली सी चोट आ गई जिससे उनका चलना कठिन हो गया पर योगेंद्र शुक्ल ने अपनी बलवान भुजाओं से उन्हें अपनी पीठ पर लाद लिया और जयप्रकाश बाबू को 3 मील इसी प्रकार पीठ पर लाद कर लाया। इसके बाद वे छोटा नागपुर के जंगलों में चलते रहे, जूतों के अभाव में उन्हें बड़ा कष्ट हुआ। राह पगडंडी थी और कंकड़ों और काँटों के चुभने से उनके पैर घायल हो गए और उनमें से रक्त छलकने लगा पर इन्हें रुकना कहाँ था ? उन्होंने अपनी धोती में से टुकड़े फाड़ लिए और पट्टियाँ बनाकर अपने पैरों में बाँध लीं पर यात्रा जारी रखीं इस समय राष्ट्र के लिए उनका त्याग देखते ही बनता था। पास में एक पैसा भी न था, वे भूखे प्यासे छोटा नागपुर के भयानक जंगलों में नंगे पैर तीन दिन और तीन रात निरंतर चलते रहे, 56 मील इसी प्रकार जंगल में भयंकर जीव जंतु शेर चीतों की चिंता न करते हुए वे पैदल चलकर एक साथी के गांव में आए जहां इन्हें पहली बार खाने को कुछ चेवड़ा और गुड़ मिला। वहाँ कुछ दिन रुके और घायल पैरों की मरहमपट्टी कराई, ठीक होने पर वे बैलगाड़ी द्वारा गया को रवाना हो गए। इस संबंध में एक उल्लेखनीय घटना से परिचय करा देना भी आवश्यक प्रतीत होता है। जिस समय जयप्रकाश जी पूर्व निश्चित योजना के अनुसार जेल से भागे और पहले से प्रतीक्षा करते हुए कुछ साथियों को लेकर जा रहे थे तो इन्हें भारतीय शाही विमान सेना के कुछ देशभक्त मिले थे और उन्होंने भेंट से इनसे विमान द्वारा निर्दिष्ट स्थान पर पहुँचने का अनुरोध किया पर इन्होंने उसे स्वयं स्वीकार नहीं किया।

दीवाली के दो तीन रोज बाद तक जेल अधिकारियों को इनके भागने का समाचार न मिला। इन तीन दिनों में तो वे हजारीबाग से 56 मील दूर तक यात्रा कर सुरक्षित स्थान पर पहुँच चुके थे। इनके पीछे इनके साथियों ने जान-बूझकर इस समाचार को जेल अधिकारियों तक न पहुँचने देने का प्रयत्न किया। तीन दिन

बाद केंद्रीय सरकार की तरफ से जयप्रकाशजी के नाम कुछ पत्रादि आए जिन्हें देने के लिए जेल सुपरिंटेंडेंट ने इन्हें अपने पास बुलवाया पर जयप्रकाश तो थे ही नहीं, पहले तो उसे इस बात का विश्वास नहीं हुआ कि जयप्रकाश अंतर्ध्यान हैं पर दूसरे वार्डर ने भी जब इस सत्य की पुष्टि की तब तो सारी जेल मे सन्नाटा छा गया, फौरन 'पगली' (जेल में खतरे की घंटी जिसके द्वारा सब कैदियों को बैरकों में बंद होने का हुक्म दिया जाता है) हुई, सारे वार्डर अपनी-अपनी संगीनें जमाकर जेल के फाटक पर जमा हो गए। समस्त जेल के कैदियों की गिनती हुई तब मालूम पड़ा कि जयप्रकाश ही नहीं 5 अन्य राजनैतिक बंदी भी गायब हैं। जेल सुपरिंटेंडेंट तो भौंचक्का रह गया और चेहरे पर हवाइयाँ उड़ने लगीं। फौरन केंद्रीय सरकार को तार द्वारा इसकी सूचना दी गई और इस संबंध में जाँच होने लगी। जयप्रकाश व उनके साथी भागते समय जेल अधिकारियों को धोखा देने के लिए दीवार पर एक कच्चे मूँज की रस्सी छोड़ गए थे। जाँच करनेवाले कई व्यक्तियों ने समझा कि जयप्रकाश व अन्य लोग इसी रस्सी के सहारे दीवार पर चढ़कर भाग गए पर जाँच करने पर मालूम हुआ कि वह रस्सी इतनी दुर्बल है कि एक आदमी का बोझ भी सहन नहीं कर सकती। इसके पश्चात् जेल सुपरिंटेंडेंट व अन्य कई वार्डर इसी संबंध में मुअत्तिल कर दिए गए और जेल में सख्तियाँ बढ़ गईं।

गया में जाकर उन्होंने अनेक आवश्यक सामान जुटाए जिसमें नए कपड़े, रुपए आदि मुख्य हैं और आंदोलन के संबंध में मुख्य-मुख्य आदेश देकर अपनी टुकड़ियों को तीन भागों में बाँटा, इनमें से योगेंद्र शुक्ल मध्यप्रांत में आंदोलन का संगठन करने के लिए चल दिए। जयप्रकाश बाबू बनारस गए जो उस समय उत्तरी भारतवर्ष और विशेषकर संयुक्त प्रांत के आंदोलन का केंद्र था। वहाँ वे हिंदू विश्वविद्यालय के विद्यार्थियों की बस्ती नगवा में ठहरे, वहाँ वे उन व्यक्तियों से मिले जो उत्तरी भारत में आंदोलन का संचालन कर रहे थे। इनमें श्री मोहनलाल गौतम, आगरे में श्रीराम शर्मा एवं जोधपुर के जी मुख्य थे। इन्होंने आंदोलन की समस्त प्रगति और गतिविधि से उन्हें परिचित कराया। इस संबंध में बनारस में सरदार महनौतसिंह ने आपकी यथेष्ट सहायता की। जयप्रकाश जी इन दिनों दाढ़ी बढ़ा रहे थे और यूरोपियन वेश में रहते थे। आप शीघ्र ही उत्तरी भारत की सत्याग्रह संचालन समिति से मिले, जो नेताओं की अनुपस्थिति में आंदोलन का संचालन कर रही थी और आप भी डिक्टेटर बोर्ड के एक सदस्य बना लिए गए पर शीघ्र ही कई बातों में और कार्यक्रम संबंधी मतभेदों के कारण उन्होंने उससे इस्तीफा दे दिया और बंबई चले गए। बंबई अगस्त आंदोलन का केंद्र था। वहाँ उनके अनेक समाजवादी कार्यकर्ता थे और वहां से समाजवादियों के नेताओं की गिरफ्तारी पर समस्त भारत के आंदोलन का मार्ग प्रशस्त किया था। वहाँ से अच्युत पटवर्धन, राममनोहर लोहिया और अरुणा आसफअली से मिले जो उस समय आंदोलन के प्रमुख कर्णधारों में से थे।

बंबई से वे डा. राममनोहर लोहिया को साथ लेकर बंगाल होते हुए नेपाल गए, वहाँ जाकर उन्होंने 17 अप्रैल सन् 1943 को छापामार गुरिल्ला सैनिकों का एक संगठन बनाया। उन्होंने आजाद हिंद फौज के ढंग पर स्वतंत्र भारतीय सेना का निर्माण किया, जिसके लगभग 500 सदस्य हो गए थे। 17 अप्रैल को सभा प्रमुख कार्यकर्ताओं के सम्मुख इस फौज का संगठन किया था। इसके अधिकतर अफसर और निर्देशक भारतीय सेना के पूर्व अफसर और सैनिक थे। इस फौज का उद्देश्य आंदोलन को सक्रिय रूप से चलाना और नेताजी के नेतृत्व में आजाद हिंदी फौज के भारत में आगमन करने पर उसकी सक्रिय सहायता करना और जनता में विद्रोह करना था। उन्हें विश्वास था कि उधर आसाम की सीमा से आजाद हिंद फौज आक्रमण करेगी और इधर जनता विद्रोह करेगी और उनके गुरिल्ला सैनिक कार्य करेंगे तो विदेशी सत्ता का टिकना एक क्षण भी संभव न होगा। इनकी फौज का चिन्ह तीन तार थे और मोटा स्वाधीनता भोजन और एक राष्ट्र था। इन सैनिकों में कड़ा अनुशासन था और शिक्षा फौज के ढंग से दी जाती थी, इनके प्रयाण गति की प्रथम पंक्ति का अर्थ जो पहाड़ी भाषा में थी, यह था "जीवन क्रांति से पूर्ण है, हमें उसे क्रांति मे बिताना चाहिए।"

नेपाल सरकार को इस गुप्त संगठन का सब पता चल गया और 24 मई को जब ये गुप्त मीटिंग कर रहे थे तो नेपाल की सरकार ने इन्हें गिरफ्तार कर लिया, साथ में डॉ. राममनोहर लोहिया को, श्री श्यामनंदन एम.एल.ए. डा. बैजनाथ और कार्तिकसिंह भी गिरफ्तार कर लिए गए। जेल से आपको छुड़ाने के अनेक प्रयत्न किए गए, पर इस बार सरकार की आप पर कड़ी निगरानी थी और आपका भागना लगभग असंभव था। आपको काल कोठरियों में रखा जाता था। और संगीनों का पहरा रहता था। दो दिन पहले भागने का अंतिम प्रयास भी विफल रहा तो इनकी संगठित की हुई आजाद हिंद सेना ने जेल पर धावा किया और उनको बलपूर्वक छुड़ाकर आजाद कराया। इस आक्रमण में जेल के वार्डरों से खुले रूप में बन्दूकों से लड़ाई हुई। इस लड़ाई में इनकी आजाद हिंद सेना के अफसर ने बड़ी वीरता का परिचय दिया, जो पहले भारतीय फौज का एक हवलदार था। उसकी टाँग में गोली लगी पर वह वीरतापूर्वक डटा रहा और जयप्रकाश को छुड़ा लाया।

जेल से छूटने के पश्चात् आपने सुभाष बाबू से संपर्क स्थापित करने की चेष्टा की, आजाद हिंद फौज उस समय आसाम के मोर्चे पर आ चुकी थी। जिसके प्रथम सेनापति श्री शहनवाज थे। इस उद्देश्य से वे आसाम गए और कुछ साथियों के साथ कूँच करने का विचार किया, पर सीमा पर कठिन पाबंदी होने के कारण वे अपने उद्देश्य में सफल न हो सके। इधर जयप्रकाश जी मलेरिया से पीड़ित हो गए और इन्हें बंगाल लौटना पड़ा। यद्यपि ये स्वयं नेताजी से संपर्क स्थापित न कर सके, तथापि इन्होंने नेताजी को भारतीय जनता का संदेश अवश्य भिजवा दिया।

अपने संदेश में उन्होंने नेताजी को लिखा—

"भारतीय जनता आपके स्वागत को प्रस्तुत है, हम एक ज्वालामुखी के समीप खड़े हैं देखने को तो आंदोलन की तेज गति कुछ धीमी पड़ गई है; पर देश में एक भयंकर विस्फोट होगा पर वह विस्फोट आपके भारत आने तक रुका हुआ है। आपके आक्रमण से शत्रु को एक साथ दो मोर्चे पर युद्ध करना पड़ेगा, हम यथासंभव अपने गुरिल्ला संगठन से शत्रु के सब यातायात साधन नष्ट कर देंगे। इस प्रकार शत्रु का टिकना असंभव हो जाएगा, हम आपके अभिनंदन में प्रस्तुत हैं।" बंगाल में इनकी दशा अधिक दयनीय हो गई, तब इन्हें कलकत्ता आना पड़ा। कलकत्ता में जब एक बार बहुत ही दशा बिगड़ गई, तब आपको एक प्रसिद्ध डाक्टर के पास ले जाया गया और उन्होंने इनकी डाक्टरी परीक्षा की, पर उसे इन्हें देखकर किसी का संदेह नहीं हुआ। इन्होंने दाढ़ी बढ़ा ली थी और धोती कुर्ता पहनते थे, वैसी भी यह इतने दुबले-पतले हो गए थे कि इनका पहचानना कठिन था।

स्वस्थ होने पर फिर वे नेपाल की तराई में आजाद हिंद सेना के शिविर में गए और वहाँ से उन्होंने आंदोलन का नए रूप से संगठन प्रारंभ किया। उन्होंने वहाँ से क्रांतिकारी साहित्य प्रकाशित कराया और जनता को उसके द्वारा आंदोलन के संबंध में अपनी नीति और कार्यक्रम को बतलाया। यहीं से उन्होंने 'स्वतंत्रता के सैनिकों' नामक दो पत्र छपवाए थे। पत्र ये और विशेषकर दूसरा पत्र अत्यंत महत्त्वपूर्ण और ओजपूर्ण था। सन् 42 के क्रांतिकारी सैनिकों के लिए ये पत्र स्वतंत्रता की मानों बाइबिल और गीता था जिनको पढ़कर न जाने कितने हतोत्साह सैनिकों के हृदय उत्साह से उछल पड़े होंगे। इन पत्रों में सन् 42 के आंदोलन की क्रांतिकारी भावना मूर्तिमान हो उठी थी ! ये पत्र भारतवर्ष की स्वतंत्रता के इतिहास में सदैव अमर रहेंगे।

आपने इसके पश्चात् आंदोलन को पुनर्जीवित करने के लिए समस्त भारत का दौरा किया। विशेषकर युक्त प्रांत और बिहार में इन्होंने बहुत अच्छा संगठन किया। बंबई में पहले से ही कई अनेक कार्यकर्ता आंदोलन को चला रहे थे। जिन व्यक्तियों ने उन दिनों आंदोलन को संगठन करने में जयप्रकाश जी की सहायता की उनमें पटना के बाबू गंगा सरनसिंह तथा बाबू श्याम बदनसिंह, भागलपुर के श्री सियाराम सिंह तथा पार्थ ब्रह्मचारी, आरा के श्री सूर्यनाथ चौबे, मुजफ्फरपुर के रामचंद्र शर्मा, पूर्निया के नरसिंह प्रसाद सिंह, गया के कुमार बद्रीनारायण सिंह, मुंगेर के सुरेश पाठक प्रमुख हैं।

आप अनेक बार गिरफ्तार होते बचे हैं, जिस समय सुभाष बाबू की सेना ने मणिपुर और बिशनपुर के क्षेत्रों को जीतकर भारत की सीमा में प्रवेश किया, उस समय आप उनके लिए उपयुक्त वातारण बनाने के लिए समस्त आसाम प्रांत का दौरा कर रहे थे। तब कई बार पुलिस द्वारा गिरफ्तार होते बाल-बाल बचे, बंगाल

में अकाल पीड़ितों की सहायता आपने यथेष्ठ रूप में ही तब भी सी.आई.डी. पुलिस से आप गिरफ्तार होते कठिनता से बचे। इसी प्रकार नेपाल की सीमा पर तो पुलिस ने आपको घेर ही लिया था पर उसी समय बड़ी चतुरता से आप पुलिस की आँखों में धूल झोंककर चले आए। दिल्ली में आपने एक बार पंजाब के कार्यकर्ताओं का एक सम्मेलन बुलाया। पंजाब के आंदोलन में विशेष भाग न लेने पर वे बहुत असंतुष्ट थे आप पंजाब में भी सुचारु रूप से आंदोलन चाहते थे। दिल्ली की पुलिस को पंजाब की पुलिस की सहायता से इसका पता चल गया और उन्होंने एक साथ उस रोज कई मकानों की तलाशी ली सौभाग्य से जयप्रकाश 2 घंटे पूर्व ही दिल्ली की सीमा को छोड़ चुके थे पर पुलिस ने उनके एक कार्यकर्ता श्री बसावनसिंह को गिरफ्तार कर लिया।

12 सितंबर को उन्होंने पंजाब में आंदोलन का संगठन करने के लिए समस्त पंजाब का दौरा प्रारंभ किया, पंजाब की पुलिस को आपके आगमन का पता पहले ही चल चुका था और वह सरगर्मी से आपकी तलाश कर रही थी। 18 सितंबर को जयप्रकाश जी लाहौर की यात्रा कर रहे थे, कि अमृतसर से एक अंग्रेज और दो सिख खुफिया अफसर साधारण वेश उनके डिब्बे में सवार हुए। जयप्रकाश ने दाढ़ी मुड़ा ली थी, पर थोड़ी सी मूँछें अवश्य थीं। वैसे भी ये खद्दर का ही कुर्ता पहने हुए थे, साधारण चप्पलें थीं। हाथ में दैनिक पत्र था, जयप्रकाश को तनिक भी संदेह नहीं हुआ, कि ये सी.आई.डी. के आदमी हैं। उन्होंने उन्हें सैकिंड क्लास के साधारण मुसाफिर समझा, अमृतसर से कुछ दूर चलने पर इनमें से एक सिख अफसर ने अचानक खड़े होकर टिकट दिखलाने को कहा। जयप्रकाश जी ने इन्हें साधारण रेलवे कर्मचारी जानकर दूसरे दर्जे का टिकट दिखा दिया, पर टिकट देखने की बजाय उसने पिस्तौल निकालकर जयप्रकाश जी को हाथ खड़ा करने की चेतावनी दी जयप्रकाश जी हतप्रभ हो गए। इस प्रकार 18 सितंबर को वे अमृतसर और लाहौर के स्टेशनों के बीच पकड़ लिए गए और इन्हें गिरफ्तार कर लाहौर के किले में ले जाया गया।

इनकी गिरफ्तारी से देश में आंदोलन को बड़ा धक्का पहुँचा। इनके कई साथी पहले ही गिरफ्तार हो चुके थे। बाद को इनके साथ हजारीबाग जेल से भागनेवाले शेष चारों साथी भी गिरफ्तार हो गए। सालिग्राम ने तो तंग आकर स्वयं पुलिस को आत्मसमर्पण कर दिया ! योगेंद्र शुक्ल मुजफ्फरपुर में गिरफ्तार कर लिए गए और सूर्यनारायण सिंह काशी में बंदी हुए। कुछ समय पश्चात् पंजाब में कार्यकर्ता रामानंद मिश्र भी पकड़े गए इनकी गिरफ्तारी से इनके बिहार के साथियों को बड़ा धक्का लगा।

लाहौर किले में इन्हें 16 माह तक एक काल कोठरी में रखा गया, उनको पंजाब की पुलिस ने जो भीषण कष्ट दिए, उसको पढ़कर आज भी हृदय रोमांचित

हो उठता है। पहले कुछ दिनों तक तो पुलिस ने विशेष अत्याचार न किए, पर 20 अक्टूबर को विभिन्न प्रांतों में लगभग आधे दर्जन सी.आई.डी. अफसरों को बुलाया गया। इसमें पंजाब, यू.पी., बिहार और आसाम के वे प्रसिद्ध अफसर थे, जिन्होंने पिछले आतंकवादी आंदोलन को दबाने में ख्याति प्राप्त की थी। लाहौर किले में पुलिस ने एक Torture Room यंत्रणा देने का मन बनाया था, जिसमें इन्हें प्रतिरोज बुलाकर कष्ट दिया जाता था। पुलिस के यह क्रूर अफसर इनसे प्रति दिन तरह-तरह के प्रश्न पूछते थे, और धमकियाँ देते थे, जिससे वे इनसे कुछ उगलवा सकें, पर वीर जयप्रकाश इन कष्टों से तनिक भी विचलित नहीं हुए। 20 अक्टूबर से लेकर 50 दिन लगातार उनको विशेषरूप से कष्ट दिया गया। प्रारंभ में प्रतिदिन 8 घंटे और बाद को 24-24 घंटे तक इन्हें Torture Room में ले जाकर कष्ट दिया, पर पुलिस अपने प्रयत्नों में सफल न हुई। यह बातचीत में कांग्रेस और नेताओं को गालियाँ देते थे, और जयप्रकाश को अपशब्द कहते थे, जयप्रकाश के प्रति उनका व्यवहार इतना कटु था, कि ये साधारण माननीय सभ्यता और व्यवहारोपयोगी शिष्टता का भी अतिक्रमण कर जाते थे। लगातार कई-कई दिन तक इन्हें सोने नहीं दिया जाता था। ये जिस कोठरी में रहते थे, वह बड़ी तंग और अँधेरी थी और सीलयुक्त थीं। रात्रि को भी इन्हें बाहर सोने नहीं दिया जाता था। इनके हाथों में सदैव हथकड़ियाँ रहती थीं। रात्रि को मच्छर और खटमल काटते थे। इन्होनें अपने प्रति होनेवाले कटु व्यवहार की शिकायत जेल सुपरिंटेंडेंट से की पर उसने भी कुछ न सुना। अंत में इन्होंने कोई ओर रास्ता न देखकर भूख हड़ताल आरंभ कर दी। इसका प्रभाव यह हुआ कि इनकी हथकड़ियाँ खुल गईं और इन्हें सुबह-शाम अपनी बैरक के इर्द-गिर्द घूमने की आज्ञा मिल गई, पर अत्याचार फिर भी समाप्त नहीं हुए। इन्होंने इस संबंध में भारतीय सरकार के गृह सदस्य को एक पत्र लिखना चाहा पर इन्हें इसकी आज्ञा नहीं मिली।

पूर्णिमा बनर्जी ने इनको छुड़ाने के लिए लाहौर हाईकोर्ट में एक हैबिअस कौर्पस दरखास्त दी, जिस पर प्रसिद्ध बैरिस्टर पारदीवाला बहस करनेवाले थे पर पंजाब की पुलिस ने इन्हें लाहौर में गिरफ्तार कर लिया। इस पर एक दूसरी हैबियस कौर्पस की अर्जी दी गई पर बहस होने के पूर्व ही इन्हें छोड़ दिया गया। स्वयं लाहौर हाईकोर्ट ने पंजाब पुलिस के इस व्यवहार की घोर निंदा की थी, असेम्बली में भी जयप्रकाश जी के प्रति होनेवाले अत्याचारों के विषय में अनेक प्रश्न पूछे गए।

इन सब बातों का यह प्रभाव हुआ कि जयप्रकाश के प्रति होनेवाले अत्याचार समाप्त हो गए। 16 महीने लाहौर के किले में रहने के पश्चात् ये डा. राममनोहर लोहिया के साथ सैंट्रल जेल को बदल दिए गए। युद्ध समाप्त हो जाने के पश्चात् इन्हें छुड़ाने के लिए सारे देश में आंदोलन हुआ। विद्यार्थियों ने जगह-जगह जयप्रकाश दिवस मनाकर इस आंदोलन में प्रमुख भाग लिया। स्वयं महात्मा गाँधी ने वायसराय

को पत्र लिखकर इनको छुड़ाने की माँग की थी। उस पर वायसराय ने इन्हें 'भारत का सबसे खतरनाक व्यक्ति' बताया और इस आधार पर इन्हें छोड़ने से इंकार कर दिया, कि ये और इनकी पार्टी हिंसक मनोवृत्तियों के सबसे समीप रही है। सन् 45 के अंत में इंगलैंड से जो पार्लियामेंटरी शिष्ट मंडल भारत आया, वह स्वयं जयप्रकाश से मिलने आगरा सेंट्रल जेल गया। इस मंडल में श्री सोरेन्सन, श्रीमती निकोल और श्री कौरले ने इनसे मुलाकात की थी और इनके व्यक्तित्व से अत्याधिक प्रभावित हुए थे। जयप्रकाश को छुड़ाने के लिए स्वयं इंगलैंड की मजदूर सभा के पार्लियामेंट के कुछ सदस्यों ने तार दिए थे। अप्रैल सन 46 की कैबिनेट मिशन एक अंतर्कालीन सरकार बनाने के उद्देश्य से भारत आया। 11 अप्रैल को जब उस मिशन की बातचीत भारतीय नेताओं से चल ही रही थी तभी आप 11 अप्रैल को आगरा जेल से डा. राममनोहर लोहिया के साथ रिहा कर दिए गए। आपकी रिहाई से देश के नवयुवकों में फिर से उत्साह की लहर फैल गई। आप आगरा जेल से रिहा होकर, दिल्ली आए। दिल्ली में आपसे मिलने के लिए कैबिनेट मिशन के सदस्य इम्पीरियल होटल आए और वहाँ 13 अप्रैल को इन्होंने मिशन के सदस्यों से लगभग 1 घंटा बातचीत की, जगह-जगह आपका भारी स्वागत किया गया। दिल्ली स्टेशन पर लगभग 20 हजार के विशाल जनसमुदाय ने 'सन् 42 का नेता जयप्रकाश जिंदाबाद' के गगनभेदी नारों के बीच अपने क्रांतिकारी नेता का स्वागत किया। पटना, बनारस और बंबई में उन्होंने एक-एक लाख जनता के बीच भाषण दिए। पटना में आपको 20,000) की थैली भेंट की गई।

आपने जेल से छूटते ही फिर जनता को संगठन का मूल मंत्र बताया। आपने भविष्य के आंदोलन के लिए आवश्यक तैयारी पर अधिक जोर दिया है। आज समस्त देश की आँखें आप पर लगी हुई हैं। जनता जयप्रकाश के रूप में भारत की स्वतंत्रता प्रतिष्ठत की समस्त विद्रोहात्मक प्रवृत्तियों का एकीकरण पाती है। जयप्रकाश ने स्वतंत्रता की ज्वाला को सदैव जलते रखने के लिए बड़े-बड़े कष्ट और खतरों से सामना करने के लिए इन्होंने अनेक त्याग और कष्ट किए जिन्हें राष्ट्र कभी नहीं भूल सकता, आप तो भारत के स्वतंत्रता आंदोलन के इतिहास में आत्मा के उस ज्योतिर्मय प्रकाश के समान अमर रहेंगे जिससे आनेवाले युगों के जर्जित और उत्पीड़ित क्षण भी अनुप्राणित होकर विद्रोही बन जाएँगे और युग युगों से बलिदानों की अविच्छृंखलित परंपरा पर बढ़ते हुए हम अपने उसी निर्दिष्ट मार्ग पर पथ भ्रष्ट न होकर चलते रहेंगे—चलते रहेंगे।

गोलियों की मार से सोए शहीदों की कसम,
सच कहो कल के लिए किसका कफन तैयार हो।

जयप्रकाश : एक अध्ययन

सन् 42 का आंदोलन हमारे स्वतंत्रता के इतिहास में एक अभूतपूर्व घटना है। गाँधीजी ने उसे खुला विद्रोह कहकर संबोधित किया और 'करो या मरो' का अमर मंत्र फूँककर उसमें अनंत गति और संदेश भर दिया। देश का युगों से संचित विद्रोह खुलकर फूट पड़ा, जीवन के किन्हीं अनजाने क्षणों में हमने प्राणों में क्रांति का अमर संदेश फूटते सुना और नवयुवक अपने ही बलिदानों में 'क्रांति की फूटती हुई, बेला में स्वतंत्रता के मार्ग को प्रशस्त करने निकल पड़े। भगतसिंह और चंद्रशेखर, बिस्मिल और लाहिड़ी, रोशन और अशफाक, सान्याल और भगवतीचरण की विद्रोही आत्मा, हजारों फाँसी के तख्ते और शहीदों के खून से रंगी हुई, रंगीन झूमती रस्सियाँ आज फिर एक नए युग की क्रांति के सूत्रपात से सिहर उठी। सिर पर कफन बाँधकर नवयुवकों की टोलियाँ अपने प्राणों को बलिदान करने के उत्साह में फिर कभी न लौटने की प्रतिज्ञा कर अपने-अपने घरों से निकल पड़ीं, प्रत्येक नगर, प्रत्येक ग्राम, प्रत्येक स्थल, प्रत्येक सड़क और प्रत्येक चौराहा क्रांति का स्थल बन गया, भारत के ईंट और पत्थर भी विद्रोही बन गए और उस विद्रोह के स्वरूप हमें मिली विदेशी शासन की लाठियाँ, गोलियाँ, फाँसी के मदमाते तख्ते और जेल की मदमाती बैरकें।

पर कौन जानता था कि इस क्रांति का सूत्रधार तो हजारीबाग जेल की दीवारों में बंद उस स्वतंत्रता आंदोलन का वहीं से संचालन कर रहा है। उसके अंदर तड़प थी। हजारीबाग जेल की ऐतिहासिक दीवारें उसकी आत्मा के उस चमकते हुए, जाज्वल्यमान प्रकाश को बंदी नहीं बना सकती थीं, जिससे सारे भारत की क्रांति को जीवन दान मिल रहा था पर उसने उस जड़ बंधन को भी नष्ट करने की प्रतिज्ञा की। साम्राज्यवादी काराओं को तोड़कर, वह फिर जनता में विद्रोह का संचालन करने के लिए आया। जनता किसी अज्ञात प्रेरणा से आँधी और बाढ़ की तरह एकदम विद्रोह पथ पर बढ़ चली। उसने जयप्रकाश के रूप में अपनी चिरंतन साधों का निराकरण पाया, जनता को एक नया नेता मिला।

सन् 42 ने हमारे सामाजिक, राजनैतिक और हमारे प्रत्येक दृष्टिकोण में एक

क्रांतिकारी परिवर्तन किया, राजनीति में वर्षों से आबद्ध निष्क्रियता की दीवारें टूटकर गिर पड़ीं और पहली बार हमने किसान, मजदूरों के शोषित वर्ग और विद्यार्थियों के नव जाग्रत वर्ग की अंतःशक्ति को अनुभव किया। हमें पहली बार ज्ञात हुआ कि स्वतंत्रता का आंदोलन केवल मध्यवर्ग द्वारा ही नहीं चलाया जा सकता, उसमें इन क्रांतिकारी शक्तियों को संपादित करना परमावश्यक है, जयप्रकाश ने यही बात सन् 32 में हमें बताई थी और समाजवाद दल तभी से उसके लिए प्रयत्नशील था। कांग्रेस ने उस समय उनकी बात न मानी पर समय परिवर्तित हुआ, अंतर्राष्ट्रीय परिस्थितियों और आंतरिक संघर्षों ने गाँधी जी की शांत एवं तपस्वी आत्मा में भी जागरण और विद्रोह का स्वर भर दिया जो 'भारत छोड़ो' के रूप में उनका स्वर फूट पड़ा। गाँधी जी ने युद्ध का आदेश दिया पर देश के आंदोलन की बागडोर आई, जयप्रकाश व उनके साथियों के हाथ में।

जयप्रकाश एक शक्ति हैं, जयप्रकाश एक विद्रोह हैं, युगों की कठोर चट्टानें अपने पीछे कुछ क्रांतिकारी शक्तियों को छोड़ जाती हैं, जयप्रकाश उन्हीं क्रांतिकारी शक्तियों में से एक हैं, जयप्रकाश का जीवन ही संघर्षों में पला है, निर्यात की किसी अज्ञात प्रेरणा की भाँति हमारे राजनैतिक जीवन और आकाश पर जयप्रकाश का उदय हुआ। उसमें शक्ति थी, चकाचौंध थी, आकर्षण था, जादू था, जिसने युवकों को सहज ही में मोह लिया।

एक सहज सुन्दर आकर्षण भरा हुआ चेहरा, आँखें आत्म-योग और विश्वास से चमकती हुई, साम्राज्यवादी काराओं की क्रूर यातनाओं और अज्ञातवास के कष्टों से जर्जित उनकी काया ने—उसे पहली बार जीवन में देखा पर देखकर ही उसे भुला नहीं दिया, हृदय के सुदूर मर्मस्थल पर जैसे एक आघात हुआ और हृदय का समस्त अनुराग समस्त विद्रोह, समस्त शक्तियाँ, समस्त प्रेरणाएँ एक साथ उभर आने को मचल उठीं, अभिनंदन में प्राणों के प्रत्येक स्वर झंकृत हो उठे, प्राणों की प्रत्येक गति उसी स्वर साधना में लीन हो उठी।

जयप्रकाश ने कठिन से कठिन अग्नि परीक्षा काल में भी अपनी क्रांतिकारी प्रवृत्ति को नहीं छोड़ा, उन्होंने जीवन में एक पाठ सीखा है वह है स्वतंत्रता के सैनिक बनकर आत्म बलिदान। उसमें कहीं भी लेशमात्र आत्माभिमान अपने अस्तित्व को स्थापित करने की भावना नहीं, उसमें स्वयं मिटकर साम्राज्यवादी शोषण को मिटा देने की इच्छा भी है। आत्मत्याग, तपस्या और बलिदान में वे किसी नेता से कम नहीं। उनकी संगठन शक्ति का परिचय सन् 32 और 42 के आंदोलन का भार अपने कंधों पर लिया था। आजादी की भावना रखनेवाले प्रत्येक सैनिक को इनका आकर्षक व्यक्तित्व सहज ही अपनी ओर खींच लेता है और कार्य करने की प्रेरणा देता है। एक नेता के समस्त गुण होते हुए भी उन्होंने अपने को कभी स्वतंत्रता के साधारण सैनिक से अधिक नहीं समझा। 22 अप्रैल को पटना की

विशाल सभा में भाषण देते हुए उन्होंने कहा "हम कांग्रेस के विरोधी नहीं, जैसा कि कुछ लोग भूल से समझते हैं हम किन्हीं बातों में कांग्रेस की नीति से मतभेद अवश्य रखते हैं पर हम उसके साधारण सैनिक हैं, हम आज भी कांग्रेस के सैनिक हैं, भूतकाल में रहे हैं और भविष्य में देने का वचन देते हैं। हमारे नेता साम्राज्यवादी शासन से समझौते की बातचीत करते हैं, हम उसमें कोई बाधा नहीं डालना चाहते, पर हम सैकिनों ने तो सदैव लड़ना सीखा है और उसी के लिए हमें संगठित और तैयार रहना चाहिए।" मंत्री मिशन से बातचीत करते हुए उन्होंने कहा कि मैं समझौते के आधार के विषय में क्या कहूँ। मैंने तो सैनिकों की तरह लड़ना सीखा है, हाँ कांग्रेस के नेता जो विचार विनिमय कर रहे हैं उसका मैं पूर्ण रूप से समर्थन करता हूँ।

जयप्रकाश भारत के उन नेताओं में नहीं हैं जिन्हें परिस्थितियों ने खड़ा किया वरन् वे स्वयं अपनी ही प्रतिभा और अध्ययन के कारण लोकप्रिय हो सके हैं। इन्होंने जीवन में प्रत्येक सिद्धांत और प्रत्येक विश्वास का गहन अध्ययन और विश्लेषण किया और तभी उसे अपनाया है, समाजवाद का उन्होंने गंभीर और विस्तृत अध्ययन किया है और उसकी आवश्यकता को पूर्ण रूप से अनुभव करके ही उन्होंने उसे अंगीकार किया और अपने जीवन का ध्येय उसी आदर्शवादी समाजवाद की स्थापना में लगा दिया। उनकी 'समाजवाद ही क्यों' पुस्तक भारत में समाजवाद पर लिखी गई पुस्तकों में से सर्वश्रेष्ठ समझी जाती है। इसमें इन्होंने समाजवाद के प्रत्येक पक्ष पर गवेषणात्मक प्रकाश डाला है और उसकी आवश्यकता बतलाई है। 'ग्रामोद्योग बनाम समाजवाद' में उन्होंने भूमि व उत्पत्ति के साधनों का किस प्रकार राष्ट्रीयकरण हो इस बात पर प्रकाश डाला और सोवियत रूस की प्रणाली के आधार पर भारत में राष्ट्रीयकरण की माँग की है। इन्होंने अपने जीवन में समाजवादी एवं कांग्रेस के वामपक्षीय वर्ग को सदैव संगठित करने का प्रयास किया। पर इसमें उन्हें केवल आंशिक सफलता मिली है 'समाजवादी एकता' नामक पुस्तक में उन्होंने बतलाया है कि किस प्रकार कम्युनिस्टों ने केवल दिखाने को सन् 35 में उनकी नीति को स्वीकार कर लिया और समाजवादी दल में घुसकर उसे समूल नष्ट करने की चेष्टा की, इसी प्रकार राष्ट्रवादियों ने भी गद्दारी की और पार्टी को छोड़ दिया, पर इसका यह अर्थ नहीं कि वे अपनी नीति के विचारों को उन्होंने बदला नहीं, अनुभवों एवं अध्ययन के आधार पर इन्होंने अपनी नीति और कार्यप्रणाली को बदला है। सन् 40 में रामगढ़ कांग्रेस में इन्होंने समाजवाद की रूपरेखा को भारतीय एवं राष्ट्रीय आधार पर सुधारने की चेष्टा की है पर इस प्रस्ताव में समाजवाद की रूपरेखा मन मानी की विचारधारा से भिन्न है जो उन्होंने Sociatisu recamisidred में लिखी है, सन् 34 में वे किसी उस युद्ध के समर्थन में थे जिसमें एक ओर फासिस्ट शक्तियाँ हों और दूसरी और सोवियत रूस, चीन व अन्य

प्रगतिशील शक्तियाँ, वे इस विषय में उस युद्ध के ढाँचे व रूपरेखा पर भी विचार करने को तत्पर न थे पर 1940 का युद्ध प्रारम्भ होने पर उन्होंने ब्रिटेन बनाम भारत पुस्तक में युद्ध विरोधी जन आंदोलन द्वारा ही स्वराज्य प्राप्ति की आवश्यकता पर प्रकाश डाला है।

जयप्रकाश उन विद्रोही शक्तियों में हैं जिनकी अविजित आत्मा ने कभी पराजय स्वीकार नहीं की, जीवन में कठिन से कठिन संघर्ष में भी उन्होंने अपने प्रयत्नों को कभी नहीं छोड़ा और उसके लिए प्रयत्नशील रहे, उसकी दृढ़ता और लगन का ही ये परिणाम था कि ये धन रहित होकर भी अमेरिका गए। वहाँ मजदूरी करके 8 वर्षों तक अध्ययन किया। इन्होंने पैरों पर खड़े होकर अपने ही हाथों से अपने जीवन की राह के रोड़ों को हटाया और निर्दिष्ट मार्ग पर चलते रहे। इनकी अध्ययन शीलता एवं विचार गांभीर्य की स्वीकृति विदेशी पत्रकार भी मानते थे। एक विदेशी पत्रकार ने इन्हें 'भारतीय कांग्रेस का मस्तिष्क' एवं 'भारत के समाजवाद के सबसे अधिक ज्ञाता' कहकर संबोधित किया था। अध्ययन और विचारशील तर्क में ये विशेष रुचि लेते हैं और इसी कारण कभी-कभी वे समय की पाबंदी नहीं रख पाते। इन्होंने स्टैफर्ड क्रिप्स व अन्य मंत्रि मिशन के सदस्यों से 1 घंटे तक समाजवाद पर विचार विमर्श किया।

अपने उद्देश्य की पूर्ति और उसमें अनवरतलीन रहने की चेष्टा में उन्होंने अ.भा. कांग्रेस कमेटी का मंत्रित्व भी त्यागने में संकोच नहीं किया। उन्होंने कुछ दिन तक अ.भा. कांग्रेस कमेटी दफ्तर में भी कार्य किया, पर उन जैसे महान् संगठनशील नेता के लिए वह स्थान उपयुक्त न था, उनके कार्य करने के लिए बाहर किसानों व मजदूरों का विशाल क्षेत्र पड़ा था। नौकरशाही की क्रूर काराओं एवं अनियंत्रित यातनाओं के कारण उनका स्वास्थ्य गिर गया, पर उसकी आत्मा का प्रकाश उज्ज्वल होकर और भी प्रभावित हुआ। ढाई साल की भयावह अत्याचार सहने के पश्चात् उनके स्वरों में उतना ही ओज उतना ही उत्साह और उतनी ही शक्ति है। बंबई में चौपाटी की विशाल सभा में उन्होंने 13 मई को कहा—

"संसार में कहीं भी जनता के बिना संघर्ष, त्याग और कष्टों के आजादी प्राप्त नहीं की और भारत भी उसके लिए अपवाद नहीं हो सकता। हमें अवश्य ही एक अंतिम और निर्णायक युद्ध के लिए तैयारी करनी होगी, आनेवाला युद्ध एक संकीर्ण युद्ध होगा, वह एक महान् संघर्ष होगा, जिसमें किसान, मजदूर, विद्यार्थी, हिंदू और मुसलमान प्रत्येक भाग लेंगे। सन् 42 में हमने एक लड़ाई छेड़ी थी, वह एक महान् युद्ध था। जिसमें कई स्थानों पर ब्रिटेन साम्राज्यवाद की जड़ उखड़ गई थी और जनता ने कई जगह सैकड़ों वर्षों से लदे हुए साम्राज्यी शासन की जड़ों को उखाड़ फेंका था पर हम उसमें असफल रहे इसलिए नहीं कि हममें आवश्यक शक्ति और उत्साह नहीं था, वरन् इसलिए कि हम उसके लिए पूर्ण तैयार न थे।

जनता जानती न थी कि आंदोलन किस प्रकार चलाया जाए। जब हम हमने जनता को यह बताने की चेष्टा की उस समय तक विदेशी सत्ता आंदोलन को आंशिक रूप में दबाने में सफल हो गई। इतना बड़ा संघर्ष यदि पहले से सोचा हुआ और बनाया हुआ होता, तो उस विस्फोट के सम्मुख अंग्रेजी सत्ता टिक नहीं सकती थी। हमें देखना है कि फिर वह गलती न दुहराई जाए। अगर मंत्रि मिशन असफल हुआ तो संघर्ष अनिवार्य हो जाएगा। अतः उसके लिए हमें आवश्यक तैयारी और संगठन अभी से करना चाहिए।''

परिस्थितियाँ बदली हैं, और जयप्रकाश फिर एक बार हमारे बीच में हैं ! जयप्रकाश भारत के वे अमूल्य धन हैं जिसकी कीमत अभी राष्ट्र को पहचानना है। सन् 42 से उभरकर उनकी प्रेरक शक्तियों ने जनता को उन्हें एक महान नेता स्वीकार करने को बाध्य किया है और तपस्या की कसौटी पर वे शुद्ध अभिनंदित व उज्ज्वल होकर निकले हैं, भारत युग युगों तक उनके बलिदानों की मौन स्वीकृति देगा और स्वतंत्र रजकण भी उनके ही बेला में अपने मस्तिष्क को झुका लेंगे।

स्वतंत्रता के सैनिकों के नाम पत्र

साथियों !

सर्वप्रथम मैं उन समस्त वीर साथियों को हार्दिक बधाई देता हूँ जो स्वतंत्रता के उस जनयुद्ध में युद्ध बंदी बनाए गए हैं। ऐसी महान क्रांति इस राष्ट्र में कभी नहीं हुई और न इस लंबे दमन, उत्पीड़ित राष्ट्र में इतना होने की संभावना थी यह युद्ध वास्तविक अर्थों में एक 'खुला विद्रोह' था, जिसे हमारे महान नेता महात्मा गाँधी ने सोचा था।

यह विद्रोह कुछ समय के लिए कुचल दिया गया सा प्रतीत होता है, परंतु आप मुझसे सहमत होंगे कि यह स्थिति केवल क्षण स्थायी है। उससे हम आश्चर्यचकित न हों। वस्तुतः यदि हमारा पहला दौर सफल हो जाता और उस जन शक्ति से साम्राज्यवाद नष्ट हो जाता, तो वास्तव में यह एक आश्चर्य की बात होती। हमारी राष्ट्रीय क्रांति का प्रथम दौर कितना सफल था यह बात तो केवल इस बात से जानी जा सकती है कि स्वयं शत्रु ने स्वीकार किया है कि इस विद्रोह से उसकी सत्ता लगभग खतरे में पड़ गई थी।

पर हमारे इस प्रथम दौर का दमन किस प्रकार किया गया ? क्या शत्रु की सैन्य शक्ति की अनवरत निरंकुशता, लूटमार, हत्याकांड एवं बर्बरता के कारण ही हमारी क्रांति कुचल दी गई ? यह समझना निर्मूल है कि विद्रोह का दमन हो गया, समस्त संसार की क्रांतियों के इतिहास हमें बताते हैं कि क्रांति एक घटना मात्र नहीं होती वरन् एक गति और सामाजिक प्रगति का मार्ग होता है। क्रांति के प्रारंभिक विकासोन्मुख काल में इसकी गति और इसका प्रवाह धीमा होता है। हमारी क्रांति भी आज उसी दिशा में है परंतु शीघ्र ही इसका वेग इतना प्रबल होगा कि उसके सम्मुख ब्रिटिश सत्ता टिक न सकेगी और अंत में विजय हमारी ही होगी। हमारी क्षणिक हार का कारण साम्राज्यवादी लुटेरों की शस्त्रों से सुसज्जित शक्तिशाली सैन्य नहीं वरन् अन्य महत्त्वपूर्ण कारण हैं।

सर्वप्रथम राष्ट्र में कोई ऐसा सुसंगठित संगठन नहीं था, जो राष्ट्र की क्रांतिकारी बिखरी हुई शक्तियों का एकीकरण कर उनका समुचित नेतृत्व कर पाता,

कांग्रेस यद्यपि एक महान् संगठन था परंतु फिर भी उसका स्वर, उस महान क्राँति के अनुरूप शक्तिशाली नहीं था। संगठन के अभाव की कमी इतनी अधिक विद्यमान थी कि क्रांति समय तक भी अनेक प्रमुख कांग्रेस-जन यह न जान पाए कि आंदोलन का कार्यक्रम क्या होगा और जागरण की प्रथम बेला में उन्हें यह बात संदिग्ध प्रतीत होती थी कि जनता के इस आंदोलन का रूप कांग्रेस कार्यक्रम के अनुकूल है अथवा नहीं। इस संबंध में यह खेद की बात है परंतु यह सत्य है कि बहुत से प्रभावशाली कांग्रेस जनों ने अपने मस्तिष्क की वृत्ति को स्वतंत्रता के अंतिम युद्ध के अनुरूप न बनाया। जिस सच्चाई, दृढ़ता और आवश्यकीय दृष्टिकोण को लेकर कांग्रेस के चोटी के नेता महात्मा गाँधी, पं. नेहरू जी, सरदार बल्लभ भाई पटेल एवं राजेंद्रप्रसाद चले थे, उसकी झलक अन्य नेताओं के हृदय और मस्तिष्क में न थी।

द्वितीय उत्थान को प्रथम वेग के समाप्त होने के पश्चात् जनता के समक्ष कोई कार्यक्रम न था। जिन क्षेत्रों में ब्रिटिश राज्य का पूर्ण रूप से मूलोच्छेदन हो गया वहाँ की जनता ने समझा कि उनका समस्त कार्य पूर्ण हो गया और वे भविष्य के विषय में कोई कार्यक्रम न जानने के कारण अपने-अपने घरों को वापिस चले गए, वे नहीं जानते थे कि अब क्या करें। यह अपराध उनका न था, असफलता हमारी हुई क्योंकि हमें उन्हें अगले कदम का कार्यक्रम बतलाना चाहिए था, इसके अभाव में विद्रोह शांत हो गया और निष्क्रियता का युग प्रारंभ हुआ, यह स्थिति उस समय से बहुत पहले ही प्रारंभ हो चुकी थी, जब कि असंख्य ब्रिटिश सैनिकों ने आकर आंदोलन की रही-सही गति को भी नष्ट कर दिया। अब प्रश्न यह है कि जनता के सम्मुख उस द्वितीय दौर के लिए क्या कार्यक्रम रखना चाहिए था। प्रश्न का उत्तर स्वयं उस क्रांति के रूप से ही मिल जाता है। क्रांति एक ध्वंसकारी प्रवृत्ति ही नहीं, वरन् उसके साथ ही साथ यह एक महान् निर्माणकारी शक्ति भी है। कोई भी क्रांति केवल नाशमयी प्रवृत्ति से सफल नहीं हो सकती। हमारी क्रांति ने भी नाश के ध्वसंकारी साधनों द्वारा अनेक क्षेत्रों को हस्तगत कर लिया था, तब एक यथार्थ निर्माणकारी कार्यक्रम की आवश्यकता थी। जिस जनता ने विदेशी सत्ता के शासन संबंधी समस्त साधन एवं शक्तियाँ नष्ट कर दी थीं, वहाँ उसे अपने क्षेत्रों में अपनी क्रांतिकारी सरकार बनाने के साथ-साथ अपनी पुलिस और फौज का भी निर्माण करना चाहिए था। यदि जनता इस प्रकार कार्य करती तो निश्चित रूप से उसके द्वारा रचनात्मक कार्यक्रम को करने का एक विशाल क्षेत्र हमारे सम्मुख होता और उससे क्रांति की लहर निरंतर बढ़ती ही चली जाती और यदि यह उद्वेग और उत्थान अखिल भारतीय होता तो समस्त क्षेत्रों में साम्राज्यी सत्ता ध्वस्त हो जाती और शक्ति जनता के हाथ में आ जाती।

सुसंगठित संगठन का अभाव और राष्ट्रीय क्रांति के कार्यक्रम का पूर्ण ज्ञान

न होना इन्हीं दो कारणों से इस आंदोलन के प्रथम और के पश्चात् ही इसका ह्रास हो गया।

अब प्रश्न उठता है कि अब हम क्या करें ? सर्वप्रथम हमें अपने मस्तिष्क से समस्त निष्क्रियता निकाल देनी चाहिए। और जनता को भी इसी प्रकार का बनाना चाहिए हमें एक संतोष का वातावरण उत्पन्न करना चाहिए, मानो हमें अपने कृत्यों में सफलता मिली हो अथवा भविष्य में सफलता की आशा हो।

इसके अतिरिक्त हमें अपने मस्तिष्क में क्रांति की रूपरेखा सदैव विद्यमान रखनी चाहिए। यह हमारी स्वतंत्रता का अंतिम युद्ध है। अतः हमारा उद्देश्य विजय के अतिरिक्त अन्य कुछ नहीं हो सकता, न इस आधार पर कोई समझौता ही हो सकता है। श्री राजगोपालाचारी जैसे व्यक्तियों का एक राष्ट्रीय सरकार बनाने का प्रयत्न व्यर्थ ही नहीं अपितु इन अर्थों में घातक भी है, कि उससे जनता का ध्यान और मनोवृत्ति वास्तविक युद्ध से हट जाती है। 'भारत छोड़ो' और 'राष्ट्रीय सरकार' के नारों में कोई समानता या समझौता नहीं हो सकता। जो व्यक्ति कांग्रेस-लीग एकता का नारा लगा रहे हैं, वे केवल साम्राज्यवादी हितों की सुरक्षा और प्रचार में हाथ बँटा रहे हैं, एकता का अभाव ही राष्ट्रीय सरकार बनाने में बाधक नहीं परंतु साम्राज्यवादी सत्ता स्वाभाविक रूप से स्वयं अपना अंत नहीं चाहती। श्री चर्चिल ने तो इस विषय में कोई संदेह बाकी छोड़ा ही नहीं है। उन्होंने स्पष्ट रूप से घोषणा कर दी है, कि मैंने सम्राट का मंत्रित्व इसलिए स्वीकार नहीं किया कि मैं नष्ट होते साम्राज्य की बागडोर सँभालूँ और उसका दोष अपने सिर पर लूँ। श्री चर्चिल इतिहास के एक मूर्ख विद्यार्थी हैं, यदि वे समझते हैं कि साम्राज्यवाद स्वयं ही नष्ट हो जाएगा।

साम्राज्यवाद के शब्दों में 'भारत के राजनैतिक जीवन के प्रमुख भागों का मेल' आज के युग की प्रमुख आवश्यकता नहीं है अपितु आवश्यकता समस्त क्रांतिकारी शक्तियों के एकीकरण की है। ये शक्तियाँ कांग्रेस के झंडे के नीचे पहले से ही एकत्र हैं। कांग्रेस और लीग की एकता, इन शक्तियों की वृद्धि की आशा नहीं दिलाती, क्योंकि लीग ने कभी भी स्वतंत्रता व क्रांति के मार्ग पर चलने का विश्वास नहीं दिलाया।

तब हमारा उद्देश्य साम्राज्यवाद के जुए को पूर्णतया उतार फेंकना है और हम इसी उद्देश्य को सदैव सामने रखेंगे, इस पर कोई समझौता नहीं हो सकता। या तो इसमें हमारी जीत होगी या हार। हार हम सकते नहीं। केवल इसीलिए की नहीं कि हम विजय के लिए कटिबद्ध हैं और निरंतर उसके लिए कार्य करते रहेंगे, परंतु इसलिए भी कि संसार की उदीयमान शक्तियाँ आज साम्राज्यवाद और फासिस्टवाद के अनिवार्य अंत को समीप ला रही हैं। आप विश्वास न करें कि इस युद्ध के परिणाम जो शांति परिषद् द्वारा बड़ी कठिनता से निश्चित किए गए

हैं, युद्धोत्तर विश्व के भाग्य का इस बात का निर्णय नहीं किया था कि एशिया और यूरोप के चार साम्राज्य रूस, जर्मनी, आस्ट्रिया और ओटोमैन धूल में मिल जाए और न रूस, जर्मनी और टर्की की क्रांति लायड जार्ज व विलसन की इच्छा से हुई थी।

आज समस्त संसार की जनता लड़ रही हैं, मर रही है और कष्ट झेल रही है और यही बात भारत के लिए सत्य है। उस युद्ध के बाद विश्व के भाग्य का निर्णय चर्चिल, रूजवेल्ट और न हिटलर और तोजो करेंगे। उस ऐतिहासिक कार्य को तो वे जागृत शक्तियाँ करेंगी जिनका हम प्रतिनिधित्व करते हैं। क्या हमें संदेह है कि क्रांतिकारी शक्तियाँ जाग्रत हो रही हैं। क्या हम विश्वास कर सकते हैं। करोड़ों मनुष्य बिना भविष्य के विषय में सोचे बड़ी-बड़ी विपदाओं को झेल रहे हैं ? क्या हम विश्वास कर सकते हैं कि लाखों और करोड़ों मनुष्य उन झूठों से संतुष्ट हैं जिन्हें उनके शासक प्रतिदिन सुनाते हैं ? नहीं ऐसा कभी नहीं हो सकता।

जबकि हमने अपना दृष्टिकोण पूर्ण रूप से विजय के लक्ष्य पर स्थिर कर दिया है तब हमें आगे बढ़ना है। हमें उसके लिए क्या ठोस कार्य करना पड़ेगा ? एक सेनापति युद्ध के हारने एवं जीतने के पश्चात् क्या करता है ? वह अगले युद्ध के लिए सामग्री एकत्रित करता है और युद्ध की आवश्यक तैयारियाँ प्रारंभ करता है। मार्शल रोमेल भी अल अलामीन पर आवश्यक तैयारी व संगठन के लिए अपनी महान् विजय के पश्चात् रुक गया। सिकंदर ने भी तैयारियाँ की थीं और इसी कारण उसने अपनी गंभीर हार को विजय के मुखरित स्वर में बदल दिया। हमारी तो यह हार भी नहीं थी। वस्तुतः हमने लड़ाई की पहली टक्कर में विजय प्राप्त की, क्योंकि देश के अनेक लंबे-चौड़े भागों पर ब्रिटिश साम्राज्य के शासन की जड़ें उखड़ गईं। जनता ने अनुभव के आधार पर यह बात जान ली है, कि ब्रिटिश साम्राज्य के कल पुर्जे पुलिस, मैजिस्ट्रेट, अदालतें और जेलें केवल ताशों के भवन हैं, जो कभी भी ढहाए जा सकते हैं। यह पाठ कभी भुलाया नहीं जा सकता, क्योंकि वे ही हमारे आगामी संग्राम के प्रथम लक्ष्य होंगे।

हमारा तीसरा और सबसे प्रमुख कार्य आज आनेवाले महान् अभियान के लिए आवश्यक तैयारी करना है। हम अपने को संगठित करें और अनुशासन सीखें—यही हमारी आज की प्रमुख आवश्यकता और लक्ष्य है।

आगामी युद्ध ? हम कब अगला कदम उठाने की आशा रखते हैं। कुछ व्यक्ति सोचते हैं कि जन शक्तियाँ आगामी 5 या 6 वर्षों तक नहीं उभर सकतीं। यह अनुमान शांति कालीन माप के अनुसार ठीक हो सकता है, परंतु एक तेजी से बढ़ती हुई, युद्ध और विप्लवों से पूर्ण दुनिया के लिए यह अनुमान गलत है। ब्रिटिश फासिस्टों के बर्बर अत्याचारी लिथलिथगी और हैलट अपने किराए के टट्टुओं के बल पर भले ही कुछ देर के लिए जनता को झुकाने में संभव हो गए हों, पर

वे कहीं भी जनता को अपना शुभ-चिंतक बनाने में सफल नहीं हो सके हैं, समस्त देश में जब कि नाजियों के समान यंत्रणाकारी जेलों के दरवाज़े खुल गए, तभी से जनता के असंतोष एवं प्रतिहिंसा की आग सुलग रही है। जनता को केवल यही समझना है, कि शक्तिशाली तैयारियाँ फिर एक नए उत्साह में प्रकट होकर हमारे, नए आक्रमण का रूप धारण करेगी। जोकि क्रियात्मक अनुशासन एवं एकत्रित शक्तियों द्वारा होगा। आनेवाले क्षण हमारे इस नए अभियान के लिए सहायक होंगे। अंतर्राष्ट्रीय परिस्थितियाँ भी हमारी सहायता को प्रस्तुत ही हो सकती हैं। इसके अतिरिक्त गाँधीजी का निकटवर्ती आमरण अनशन हमारे और जनता के लिए निरंतर एक ऐसी याद है जो जनता को काफी निष्क्रिय, शांत और अनिश्चित न होने की प्रेरणा देती है।

आगामी युद्ध का प्रश्न क्रांति के उस स्थिर और आवश्यक कार्य से जुड़ा हुआ है जिसके द्वारा हमें क्रांतिकारी सरकारों का निर्माण करना होगा और क्रांतिकारी सरकारों के निर्माण का प्रश्न हिंसा और हथियार बंद फौजों को रखने के प्रश्न से जुड़ा हुआ है। मैं इस कारण से इस प्रश्न पर अपने विचार आपके सम्मुख रखना चाहता हूँ ताकि आप समझ सकें कि मेरा मस्तिष्क और मेरे विचार आगामी क्रांति पर गहन प्रकाश डालते हैं।

सबसे पहले मैं समझता हूँ कि मुझे ब्रिटिश अधिकारियों द्वारा इस क्रांति में होनेवाली हिंसा के अभियोग का उत्तर देना चाहिए। मैं स्वीकार करता हूँ, कि जनता ने अत्यंत उत्तेजनात्मक परिस्थितियों में कुछ हिंसा का प्रदर्शन किया, परंतु यह उस उत्थान और व्यक्तिगत एवं सामूहिक अहिंसा के प्रदर्शन के सम्मुख अत्यंत नगण्य था। यह कदाचित् हम नहीं सोचते कि विदेशी सत्ता के हजारों भारतीय और विदेशी नौकर कुछ दिनों तक जनता की दया पर निर्भर थे, जिसने उनके विरोधी कृत्यों के पश्चात् भी उन पर दया का प्रदर्शन किया और उनके जीवन और धन की रक्षा की थी। आप उन हजारों नवयुवकों के विषय में क्या कहेंगे, जिन्होंने शांत और उत्कृष्ट धैर्य के साथ शत्रु की गोलियों को सहा—जिनके हाथों में तिरंगे झंडे थे और मुख पर "इंकलाब जिंदाबाद" के गीत। क्या अंग्रेजों के पास उस नैसर्गिक साहस की प्रशंसा में एक भी शब्द हैं।

प्रत्येक दशा में यह उचित नहीं कि अंग्रेजी सत्ता दूसरी की हिंसा के प्रति इतना अधिक वाद विवाद करे जिसका निर्माण ही स्वयं हिंसा पर आधारभूत है, जो प्रतिदिन अत्यंत क्रूर और हिंसक सेनाओं का निर्माण करती है, जो लाखों मनुष्यों को कुचलकर उनके रक्त का शोषण करती है, हम हिंसा अथवा अहिंसा किसी भी हथियार से लड़ने का निश्चय करें, इससे अंग्रेजों को क्या पड़ी है ? यदि हम अहिंसक क्रांति करें तो क्या अंग्रेज भी इसका उत्तर अहिंसा से ही देंगे ? क्या उन्होंने इससे पूर्व हमारे हजारों अहिंसक सैनिकों को गोलियों से नहीं मारा है ?

हम किसी भी शस्त्र का प्रयोग करें, अंग्रेजों के पास तो हमारे लिए केवल गोलियाँ, लूटमार, बलात्कार और निरंकुशता है। अतः उन्हें इस विषय में चुप रहना चाहिए कि हम उनसे किस प्रकार लड़ते हैं—इसका निर्णय करना तो पूर्णरूप से हमारा काम है।

हम जब इस प्रश्न को अपने दृष्टिकोण से देखते हैं तब हमें बताना होगा कि अहिंसा संबंधी गाँधीजी के विचारों एवं कार्यकारिणी और अ.भा. कांग्रेस कमेटी के विचारों में क्या अंतर है। गाँधीजी किन्हीं परिस्थितियों में भी अहिंसा से हटने के लिए प्रस्तुत नहीं, उनके लिए तो यह जीवन की संपूर्ण विश्वास और आत्मा के गहनतम सिद्धांत का प्रश्न है। कांग्रेस ने पृथक रूप से इस युद्ध के दौरान अनेक बार कहा है कि यदि भारत स्वतंत्र हो जाता और यदि एक अंतर्कालीन राष्ट्रीय सरकार भी बना दी जाती है तब वह आक्रमणकारी राष्ट्रों का हथियारों से सामना करेगी ? पर यदि हम जर्मनी और जापान से शस्त्रों से लड़ सकते हैं तब हमें इंगलैंड से भी उसी प्रकार लड़ने में क्यों संकोच करना चाहिए ? इस प्रश्न का एक ही उत्तर हो सकता है, कि एक स्वतंत्र राष्ट्र में बाकायदा हम अपनी सशस्त्र सैन्य का निर्माण कर सकते हैं, जो आज संभव नहीं पर यदि संभवतः एक क्रांतिकारी सेना का निर्माण हो जाता है अथवा वर्तमान भारतीय सेना या इसका एक अंश विद्रोह कर देता है तब क्या हमारे लिए यह असंगत न होगा कि पहले तो हम उनसे विद्रोह करने को कहें और फिर विद्रोहियों को हथियार डालकर अपने नग्न वक्षस्थल पर अंग्रेजों की गोलियाँ खाने का आदेश दें ?

गांधीजी के विपरीत कांग्रेस के विचारों का मेरा विश्लेषण स्पष्ट और सुनिश्चित है। कांग्रेस राष्ट्र के स्वतंत्र होने पर आक्रांता का हिंसा से मुकाबला कर सकती है। अच्छा, हमने अपने को स्वतंत्र घोषित कर दिया हैं और अंग्रेजों को एक आक्रमणकारी शक्ति भी मान लिया है, हम इस प्रकार बंबई प्रस्ताव के अंतर्गत ही अंग्रेजों से सशस्त्र युद्ध करने में न्यायसंगत है। यदि यह गाँधी जी के सिद्धांतों से मेल नहीं खाता तो यह मेरा अपराध नहीं। कांग्रेस कार्य समिति और अखिल भारतवर्षीय कांग्रेस कमेटी इन दोनों ने स्वयं ही गाँधी जी के अहिंसा संबंधी विचारों के प्रति जहाँ तक इसका युद्ध से संबंध है, अपनी असहमति प्रकट की है, न गाँधी जी को इस प्रस्ताव को कार्यरूप में परिणत कर नेतृत्व करने की अंग्रेजी सत्ता ने आज्ञा दी थी; अतः निम्न विश्लेषण के द्वारा हम उनके प्रति किसी प्रकार भी अश्रद्धालु नहीं होते। हम अपने तर्क और बुद्धि के प्रकाश में इस प्रकार अपना कर्तव्य पूरा करते हैं। जहाँ तक मेरा संबंध है मैं विश्वास करता हूँ कि एक सच्चे कांग्रेसी होने के नाते, मैं अंग्रेज लुटेरों को हथियारों द्वारा निकालने में न्यायसंगत हूँ और न इस प्रश्न से मेरे समाजवाद पर कोई आघात होता है।

मैं निःसंकोच स्वीकार करता हूँ कि यदि वीरों की अहिंसा का एक बड़े रूप

में प्रयोग किया जाए तो हिंसा की आवश्यकता न रह जाएगी, लेकिन जहाँ इस प्रकार की अहिंसा का अभाव है तो मैं नहीं चाहता कि कायरता शास्त्रीय एवं सिद्धांतगत सूक्ष्मताओं के आवरण में प्रकट होकर हमारे आंदोलन को विफल करने में सहायक हो सके।

प्रस्ताव के अंतिम भाग के अनुसार हमें अपनी शक्तियों को संगठित सुशिक्षित और अनुशासनयुक्त बनाना चाहिए। हमें अपने प्रत्येक कार्य में यह बात ध्यान में रखनी चाहिए कि हमारा कदम केवल षड्यंत्रकारी और छुटपुट आतंकवादी नहीं है। हमारा उद्देश्य तो समस्त जाति की सामूहिक क्रांति है। अतः हमें यांत्रिक साधनों के अतिरिक्त गाँवों के किसानों, कारखानों, खानों और रेलवे के मजदूरों और जनता में ठोस कार्य करना चाहिए। हमें उनमें प्रचार करना चाहिए और उनकी कठिनाइयों में उनकी सहायता करनी चाहिए। हमें उनकी वर्तमान माँगों की पूर्ति के लिए उन्हें लड़ने के लिए संगठित करना चाहिए और हमें उन्हें युद्ध के चुने हुए सैनिकों में भर्ती कर यांत्रिक एवं राजनैतिक शिक्षा देनी चाहिए। शिक्षा के पश्चात् कुछ थोड़े से व्यक्ति पूर्ववर्ती हजारों के सम्मुख सफल हो सकते हैं। प्रत्येक जिले, प्रत्येक कस्बे, प्रत्येक तालुके, प्रत्येक थाने और प्रत्येक कारखाने और औद्योगिक क्षेत्र में आगामी युद्ध के लिए मस्तिष्क और हथियारों से लैस हमारे सैनिक तैयार रहें।

इसके अतिरिक्त भारतीय विभिन्न फौजों में कार्य करता है। हमारे लिए स्कूल, कालेज व बाजारों, रियासतों और भारत की सीमा पर कार्यक्षेत्र पड़ा है। मेरे लिए यह संभव नहीं, कि अपनी तैयारियों को और स्पष्ट रूप से बता सकूँ। आज तो इतना ही पर्याप्त होगा कि हमारे लिए महान् कार्यक्षेत्र है और हममें से प्रत्येक को उसके लिए कार्य करना है। बहुत कुछ तो अभी हो रहा है पर बहुत कुछ अभी होना शेष है।

इस कार्य को हमारे नवयुवकों के अतिरिक्त और कौन कर सकता है। हमें आशा है कि हमारे विद्यार्थी जिन्होंने इतना उज्ज्वल उदाहरण हमारे सम्मुख रखा है, अपने उद्देश्य की पूर्ति के लिए और अपनी प्रतिज्ञाओं को निभाने के लिए निरंतर आगे बढ़ेंगे, इसके उत्तरदायी वे स्वयं होंगे।

मैं यहाँ यह स्पष्ट कर देना चाहता हूँ, कि तैयारी से मेरा अर्थ यह नहीं कि हमारा युद्ध अब पूर्णतया रुक गया, छोटी-छोटी टक्करें, सीमाओं के कार्य, हल्की तोड़-फोड़, गुरिल्ला लड़ाई और गश्त जारी रहनी चाहिए। ये कार्य स्वयं एक प्रकार से आगामी आक्रमण के लिए आवश्यक तैयारियों का कार्य करेंगे।

तब हमें जनता में पूर्ण विश्वास के साथ और अपने उद्देश्य की सच्चाई का आधार लेकर आगे बढ़े ! हमारी दृष्टि स्पष्ट हो और हमारा हृदय दृढ़ हो और हमारे कदम मजबूत हों। भारत की स्वतंत्रता का सूर्य क्षितिज में उदय हो चुका है। हमारे अपने अविश्वास, झगड़े, निष्क्रियता और विश्वासघात कहीं उस पर बादल

बनकर न छा जाएँ और हम अपने ही हाथों से निर्मित अंधकार में न डूब जाएँ।

अंत में साथियों ! मैं यह सोचकर अत्यंत प्रसन्न और गर्वित हूँ कि मैं अपनी सेवाओं को फिर एक बार अर्पित कर सकूँगा। आपकी सेवा करने में ! हमारे नेता के अंतिम शब्द (करो या मरो) मेरे मार्गदर्शक होंगे। आपका सहयोग, मेरी शक्ति और आपका अधिकार हमें अवश्य सफलता की ओर ले जाएगा !

भारत के किसी कोने से — **जयप्रकाश नारायण**

अच्युत पटवर्धन

श्री अच्युत पटवर्धन में दो विरोधी वृत्तियों का एक अद्‌भुत सामंजस्य है ! सन् 42 का महान् क्रांतिकारी अच्युत, जिसने बंबई की पुलिस और सी.आई.डी. के छक्के छुड़ा दिए और जिसे लाख प्रयत्न करने पर भी पुलिस न पकड़ सकी, जिसके नाम लेने भर से शासन के अधिकारी काँप उठते थे जिसके आतंक से बंबई के गर्वनर श्री कालविले साहब को सन् 42 में न जाने कितनी रातें बिना नींद के ही काट देनी पड़ी, वही सतारा का वीर अच्युत अपने व्यावहारिक जीवन में संगीत की सुकोमल सृष्टि सा मधुर, विश्व की सुकोमल कल्पना सुन्दर और सुकुमार है। एक सुगठित नाटी सी काया, चंपक-सा वर्ण और अधरों पर खेलनेवाली सहज स्वाभाविक मुस्कान और शिशु का सा भोलापन, यही अच्युत की विशेषता है। गंभीर से गंभीर क्षणों में भी उनके स्पष्ट और चौड़े भाल में चिंता की रेखाएँ नहीं समाती और फूलों की सुकुमार हँसी अक्षय वरदान की तरह उसके मुख पर सदैव क्रीड़ा करती है। संगीत उनके जीवन की साधना है। अपने अज्ञातवास के दीर्घकाल में जब पुलिस और सी.आई.डी. से घिरे रहने पर भी उस भीषण क्रांति के युग में अपने व्यस्त क्रांति के क्षणों में से कुछ क्षण बचाकर वे अपनी प्रिय सितार एवं बेला के सुप्त तारों को जगा देते थे, जिनसे उन्हें सांत्वना मिलती थी, पर उन तारों से मोहमयी झंकार नहीं निकलती थी, पर क्रांति के स्वर फूटते थे, जिन्होंने उठकर समस्त महाराष्ट्र को जगा दिया।

श्री अच्युत पटवर्धन का जन्म 5 फरवरी 1909 को अहमद नगर के ऐतिहासिक स्थान में हुआ। सन 42 में 9 अगस्त को भारत के समस्त नेताओं को गिरफ्तार कर, जिस किले में बंदी बनाया गया था वह स्थान श्री अच्युत के घर से केवल दो मील है। इनके पिता शिवाजी के वंशज हैं और इनके अंदर जो साहस, उत्साह और शौर्य की भावनाएँ हैं वे परंपरागत हैं। इनकी माता अत्यंत रूपवती एवं वीरांगना थीं और अमरावती की रहनेवाली थीं, जहाँ उनके पिता सबसे प्रसिद्ध वकील थे और कहते हैं, कि इन्होंने कई लाख रुपए दान में दिए थे। इनकी माता 16 वर्ष की अवस्था में ही जेल गई थीं। इनको संगीत से बहुत प्यार था।

अच्युत पर इनकी माता की सुंदरता की छाप है और निश्चय रूप से संगीत प्रेम भी इन्होंने अपनी माता से ही प्राप्त किया है। इनके 6 भाई हैं जिनमें सबसे बड़े राव हैं। 6 भाइयों के बीच इनकी केवल एक बहन विजया हैं, स्वाभाविक रूप से ही सब उसे बहुत प्यार करते हैं। वह भी अपने भाई और माता की तरह प्रतिभाशालिनी और सुंदर हैं। सन् 42 के आंदोलन में उसने अपनी परंपरागत मर्यादा की रक्षा के लिए राष्ट्र की पुकार पर कालेज छोड़ दिया, पर क्रांतिकारी कार्यों में अपने भाई की सहायता करने लगी। कुछ दिन तक इसने अपने भाई और जयप्रकाश के प्राइवेट सेक्रेटरी के रूप में भी कार्य किया और अंत में पुलिस द्वारा गिरफ्तार कर ली गई और इन्हें 1 वर्ष का कठोर कारावास मिला, श्री अच्युत के पिता एक प्रसिद्ध व्यक्ति और थ्योसोफिस्ट थे। प्रारंभ से ही अच्युत बड़े लाड़ प्यार से पले थे और बड़े शांत और कोमल स्वभाव के थे। इन्हें प्रारंभ से ही संगीत और पुस्तकों से प्रेम था और स्कूली जीवन में इन्हें खेल-कूद में कोई विशेष रुचि न थी, उस समय यह कल्पना करना भी कठिन था कि एक दिन ये महान क्रांतिकारी होंगे। इनके भाई एक बड़े चंचल स्वभाव के थे और खेलकूद में सबसे आगे रहते थे। पर ये हृदय के बड़े उदार थे और बचपन से ही इनके अंदर राष्ट्रीयता का बीज था। श्री अच्युत के जीवन में अपने भाई का गहरा प्रभाव पड़ा है, जिसे आज वे श्रद्धा के साथ स्वीकार करते हैं उनका कथन है कि आज वे जिस स्थिति में हैं उसका श्रेय श्री राव को है।

जिस समय श्री अच्युत 4 वर्ष के ही थे, तभी उनके पिताजी के एक चाचा ने इन्हें गोद लेना चाहा, वे बहुत धनी थे और उनके कोई संतान न थी वे अच्युत की सुंदरता, सरलता एवं बुद्धि से बहुत प्रभावित हुए और उन्होंने इन्हें गोद लेने का निश्चय कर लिया पर श्री अच्युत इसके विरुद्ध थे, अंत में इस विषय में जब वे किसी प्रकार अपने पिता को संतुष्ट न कर पाए तो इन्होंने घर से भागने का निश्चय कर लिया और जिस दिन इस संबंध में आवश्यक उत्सव होनेवाला था, वे घर से निकल गए और अंत में बड़ी कठिनता से खोज करने पर उनका पता चला। कदाचित् जीवन में भूमिगत रहने का इन्हें यह प्रथम अवसर था।

इनके पिताजी विचारों में थ्योसोफिस्ट थे और इन्होंने अपने जीवन का उद्देश्य ही मनुष्य मात्र की सेवा करना बना लिया था। इनके पिता ने अच्युत व राव को इसी कारण अहमदनगर सोसाइटी हाई स्कूल में दाखिल कराया। यहाँ से हाई स्कूल की परीक्षा पास करने पर उनके पिताजी ने इन्हें बनारस के सैंट्रल हिंदू कालेज में भेजने का विचार किया। जो आजकल प्रसिद्ध हिंदू विश्वविद्यालय के रूप में विद्यमान है। इसको भारत में थ्योसोफिस्ट सोसायटी की स्थापना करनेवाली प्रसिद्ध जन सेविका एवं राष्ट्रीय तारिका श्रीमती ऐनी बेसेंट ने स्थापित किया था। इस कालेज में उस समय श्री जार्ज अरडेल प्रिंसिपल थे। जो एक प्रसिद्ध थ्योसोफिस्ट

थे। सौभाग्य से पटवर्धन बंधुओं को एक प्रसिद्ध प्रोफेसर श्री पी.के. तैलंग भी पढ़ाते थे, जिसके प्रभाव और प्रेरणा से श्री अच्युत ने अपने जीवन में बहुत सी प्रवृत्तियों का विकास किया, श्री तैलंग एक आदर्शवादी प्रोफेसर थे जो अपनी सच्चरित्रता, विचारों की महानता, प्रतिभा और आदर्शवादिता के लिए एक उदाहरण थे। इनके पिता भी एक धुरंधर विद्वान् और बुद्धि बल थे। अपने पिता के पद चिन्हों पर चलकर, श्री तैलंग ने उन समस्त सद्गुणों का विकास किया, जो इनके पिता में विद्यमान थे, इनका व्यक्तित्व एक महात्मा के समान था। मानवता की सेवा इनके जीवन का प्रमुख ध्येय था और वे इसमें सतत लीन रहते थे। वे अपने जीवन के आदर्शों को अपने शिष्यों के अंदर भी उत्पन्न करना चाहते थे। वे एक तत्त्ववेत्ता और ज्ञानी ही नहीं थे, वरन् प्रसिद्ध जनसेवी और भारत की शुभकामना और सेवा में सदैव लीन रहते थे।

श्री अच्युत पटवर्धन पर श्री तैलंग के विचारों का गहरा असर पड़ा और कुछ ही दिनों में वे उनके प्रिय शिष्य हो गए : बनारस में पटवर्धन बंधु डा. ज्ञानचंद के यहाँ रहते थे, डाक्टर ज्ञानचंद कालेज में अर्थशास्त्र के प्रोफेसर थे। ये अच्युत के पिता के परम मित्र थे। यद्यपि वे स्वयं थ्योसोफिस्ट नहीं थे, परंतु थ्योसोफिस्ट विचारों में इनकी बड़ी आस्था थी और वे उसका अध्ययन करते थे। कालेज में अच्युत का विषय अर्थशास्त्र नहीं था, पर डा. ज्ञानचंद से इन्हें अध्ययन की बहुत प्रेरणा मिली। इनके यहाँ कालेज के समस्त प्रोफेसर व अन्य योग्य विद्यार्थी आया करते थे और विचार विनिमय होता था, जिसका अच्युत के तरुण मस्तिष्क पर गहरा प्रभाव पड़ा। डा. ज्ञानचंद को पुस्तकों से अत्यधिक प्रेम था और उनके अध्ययन के कमरे में प्रायः प्रत्येक विषय की नवीन से नवीन पुस्तक भी मिल सकती थी। अच्युत को इस अध्ययन की अत्यधिक सुविधा थी, यह वास्तव में आश्चर्य की बात है कि अच्युत ने थोड़े ही समय में श्री तैलंग के व्यक्तिगत पुस्तकालय का दो बार संपूर्ण अध्ययन कर लिया था। एक और मनोवृत्ति जिसका प्रभाव श्री अच्युत पर तैलंग का पड़ा, वह श्री तैलंग की सुरुचिशीलता है। श्री तैलंग व्यवस्था के विषय में अत्यंत प्रयत्नशील रहते थे, अमुक मेज किस प्रकार रखी जाए, अमुक आलमारी का मुँह किधर हो, पुस्तकों की व्यवस्था और पंक्ति किस प्रकार लगी हो, किस वर्ण के पर्दे किस स्थान पर सुंदर प्रतीत होते हैं, इन सब बातों का निर्णय वे स्वयं करते थे। बाद को अच्युत ने भी इसी भावना का विकास किया। श्री अच्युत का पुस्तकालय अत्यंत धनी है। उन्हें पुस्तकों के प्रति इतना प्रेम है, कि प्रत्येक विषय की पुस्तकें चाहे वह राजनीति से संबंध रखती हो, चाहे मनोविज्ञान कला अथवा संगत से, का संग्रह करना ये अत्यंत आवश्यक समझते हैं। ये अपने कपड़ों पुस्तकों आदि की व्यवस्था स्वयं करते थे, यहाँ तक कि ये भोजन बनाने एवं कपड़े धोने व अन्य साधारण गृह संबंधी कार्यों में विशेष रुचि लेते हैं, भूमिगत

दिनों में भी अपने साथी कार्यकर्ताओं के लिए रसोइए और धोबी का कार्य करना इन्हें अत्यंत प्रिय मालूम पड़ता था।

अपने कालेज जीवन में ही अच्युत ने अपने भाषण शैली का विकास किया था। वे और राव पटवर्धन कालेज के सर्वश्रेष्ठ भाषण देनेवाले विद्यार्थियों में समझे जाते थे। इसके अतिरिक्त कालेज की संस्थाओं व अन्य कारवाइयों में ये प्रमुख रूप से भाग लेते थे। राव तो एक अच्छे स्पोर्ट्समेन भी थे। पढ़ने में एवं कक्षा में सर्वश्रेष्ठ रहते थे, पर अच्युत का स्थान द्वितीय या तृतीय रहता था, राव ने अंतर्विद्यालय भाषण में सर्वश्रेष्ठ उत्तीर्ण होकर वादविवाद रजत ट्राफी प्राप्त की थी और अच्युत का स्थान उस प्रतियोगिता में द्वितीय था। बाद को अच्युत अपनी लोकप्रियता एवं गुणों के कारण अपने कालेज की पार्लियामेंट का अध्यक्ष चुना गया और उस पद को उसने 1 वर्ष तक बड़ी योग्यतापूर्वक निभाया।

बनारस से एम.ए. की डिग्री द्वितीय श्रेणी में प्राप्त करने के पश्चात् वे अध्ययन के लिए इंगलैंड गए। वहाँ उन्होंने अर्थशास्त्र का विशेषरूप से अध्ययन किया। इंगलैंड में इन्होंने समाजवाद का भी अध्ययन किया और जीवन में प्रथम बार इनके समाजवादी विचारों का निर्माण हुआ। इंगलैंड से लौटने पर श्री अच्युत पटवर्धन को बनारस हिंदू यूनिवर्सिटी में अर्थशास्त्र के प्रोफेसर का स्थान प्राप्त हो गया, पर उसके कुछ दिन पश्चात् ही सन्. 30 का सविनय अवज्ञा आंदोलन छिड़ गया। उस समय भी बंबई आंदोलन में अग्रगामी था और समस्त भारत उस समय उसकी की ओर देखता था। आंदोलन छिड़ने पर उनके सब भाइयों ने आंदोलन में क्रियात्मक भाग लिया। सर्वप्रथम राव पकड़ा गया, पर उमाशंकर और कृष्ण मैनन बहुत दिनों तक छिपकर कार्य करते रहे, इसमें उमाशंकर ने आंदोलन में विशेष महत्त्वपूर्ण भाग लिया। कृष्ण मैनन नियमित रूप से कांग्रेस बुलेटिन निकाला करता था, जिससे जनता को समाचार पत्रों के अभाव में सच्ची खबरें मिला करती थीं उस समय देश के समस्त समाचार पत्रों पर प्रतिबंध लग गया था और जनता को सच्चे समाचार ज्ञात न होते थे, इनके ये बुलेटिन समस्त महाराष्ट्र, गुजरात और बंबई में घूमा करते थे, पर कुछ समय पश्चात् ये भी पकड़े गए।

अपने भाइयों की गिरफ्तारी पर अच्युत पटवर्धन स्थिर न रह सके और हृदय में अंतर्द्वंद्व होने लगा, नई प्रोफेसरी मिली थी, पर स्वाभिमानी अच्युत के लिए इस संक्रांति के युग में शांत होकर बैठना, प्रायः असम्भव था, अतः उन्होंने प्रोफेसरशिप से त्याग पत्र दे दिया और आंदोलन में क्रियात्मक भाग लेने के लिए बंबई आए। बंबई में उस समय आंदोलन का संचालन करने के लिए क्रांतिकारी युवकों ने एक संगठन स्थापित किया था, जिसका नाम शैडो केबिनेट था। इस केबिनेट का मुख्य कार्य क्रांतिकारी बुलेटिन प्रकाशित करना और आतंकवादी कार्यों को प्रोत्साहन करना था। उस समय देश में शांतवादी और क्रांतिकारी दोनों आंदोलन साथ ही साथ

चल रहे थे। श्री अच्युत पटवर्धन ने शंकर के कल्पित नाम से बुलेटिन व क्रांतिकारी साहित्य का प्रकाशन प्रारंभ किया। बंबई की पुलिस इस शंकर नामधारी व्यक्ति से बहुत आतंकित हुई। अंत को कई मास के अनवरत प्रयत्नों के पश्चात् पुलिस इन्हें पकड़ने में समर्थ हो सकी।

इन्हें पकड़कर नासिक सेंट्रल जेल में भेज दिया गया। वहाँ इनका संपर्क राष्ट्र के तरुण वर्ग के उत्साही कार्यकर्ताओं व नेताओं से हुआ, जिनमें जयप्रकाश नारायण, अशोक मेहता, मिनू मसानी, श्री जोशी इत्यादि प्रमुख थे। इन सबों के जेल में जाने के पश्चात् आंदोलन शिथिल पड़ गया और उसका तूफान भी बिलकुल शांत हो गया। उसके कुछ दिनों पश्चात् तो आंदोलन इतना धीमा पड़ गया कि गाँधी जी को इसे वापिस लेना पड़ा। देश की विभिन्न जेलों में हजारों और लाखों नवयुवक इस असफलता को देख रहे थे और उसी पर विचार कर रहे थे, सन् 30 में जनता में उत्साह और त्याग की कमी न थी। उस समय भारत एक क्रांति के द्वार पर था, और बड़े से बड़े त्याग के लिए प्रस्तुत था। भगतसिंह, चंद्रशेखर आदि ने अपने रक्त से जो देश में आग लगाई थी, वह अब शांत हो चली थी। ऐसा क्यों हुआ ? जब कि रूस ने जन क्रांति के द्वारा आजादी प्राप्त कर ली, जब कि सनयातसेन भी चीन की स्वतंत्रता प्राप्त करने में सफल हो सके, जबकि टर्की व अन्य स्वतंत्रता प्रिय राष्ट्रों ने अपनी चिर वांछित आकांक्षाओं को सफलीभूत किया, तब भारत अभी तक क्यों गुलामी की जंजीरों में जकड़ा हुआ है ? देश के स्वतंत्रता व क्रांतिप्रिय नवयुवकों ने इस पर गंभीरता से सोचा और विचार किया। पूज्य गाँधी जी ने राष्ट्र की आत्मा को जगाया और उसे जीवन व जागृति प्रदान की। पर बढ़ते हुए राष्ट्र की नवोदित आकांक्षाओं और अंतर्राष्ट्रीय संघर्ष के सम्मुख उनके गाँधीवादी विचार समता नहीं खाते। उनकी शांतिवादी नीति एवं कार्यक्रम तरुण वर्ग के जागृति स्वप्नों एवं प्रेरणाओं से सहयोग नहीं करते। देश को एक क्रांतिकारी प्रोग्राम की आवश्यकता थी। इसके अतिरिक्त कांग्रेस व महात्मा जी का आर्थिक दृष्टिकोण बड़ा अस्पष्ट था। गाँधीजी स्वराज्य के द्वारा रामराज्य लाना चाहते थे पर वह रामराज्य क्या होगा और उसकी रूपरेखा क्या होगी ? यह उन्होंने अभी तक सुस्पष्ट नहीं किया था, वे प्रत्येक वस्तु को आध्यात्मिक रूप देना चाहते थे। सबसे बड़ी दुर्बलता जो कांग्रेस व गाँधी जी की थी वह यह थी कि उनके कार्यक्रम में मजदूरों और विद्यार्थियों के क्रांतिकारी वर्ग को समाहित करने के लिए कोई स्थान न था। गाँधी जी तो चाहते ही न थे कि विद्यार्थी राजनीति में भाग लें। मजदूरों में कांग्रेस ने कार्य किया ही न था, यहाँ तक कि किसानों के लिए भी उन्होंने आर्थिक समानता के आधार पर कोई योजना न रखी थी, आंदोलन की विफलता उन्हें पीड़ित कर रही थी और वे अनुभवों के आधार पर एक नई शक्ति खड़ी करने का निश्चय कर रहे थे, नासिक सेंट्रल जेल में श्री अच्युत पटवर्धन, जयप्रकाश नारायण, मसानी आदि ने

मिलकर एक नए ढंग से कार्य की रूपरेखा बनाई और वहीं समाजवादी दल की प्रथम नींव पड़ी। जेल में अच्युत ने जयप्रकाश के साथ मिलकर कांग्रेस समाजवादी दल का घोषणापत्र भी तैयार किया।

जेल से छूटने पर सन् 34 में श्री अच्युत ने समाजवादी दल की कांफ्रेंस के संगठन में विशेष प्रयत्न किया। इधर कांग्रेस आंदोलन को बंद कर असेम्बलियों में जाने की बात सोच रही थी और उधर अच्युत, जयप्रकाश आदि कांग्रेस के वामपक्षीय तत्त्वों को एकत्र करके एक क्रांतिकारी प्रोग्राम की व्यवस्था में प्रयत्नशील थे। अक्टूबर सन् 34 में बंबई में कांग्रेस का वार्षिक अधिवेशन हुआ। उस समय अच्युत ने कांग्रेस अधिवेशन में बड़े शक्तिशाली शब्दों में समाजवादी दल की स्थापना का उद्देश्य और कार्यक्रम समझाया। उन्होंने स्पष्ट रूप में बताया कि उनका कांग्रेस से किसी प्रकार का विरोध नहीं हैं, वह तो उसे देश की प्रतिनिधि एवं एकमात्र राष्ट्रीय संस्था मानते हैं। "हम सब के त्याग कष्ट एवं रक्त पर ही कांग्रेस की नींव खड़ी हुई है। सामान्य परिस्थितियों में हम एक नई संस्था खड़ा करना न चाहते, पर हम स्पष्ट रूप से देख रहे हैं कि कांग्रेस की वर्तमान नीति राष्ट्र को आगे बढ़ाने में सहायक नहीं हो सकती। असेम्बलियों से हमें आजादी नहीं मिलेगी वरन् राष्ट्र ने अपने अपरमित बलिदानों से जो कुछ प्राप्त किया है हम उसे भी खो बैठेंगे। आज कांग्रेस के कार्यक्रम में किसानों, मजदूरों के लिए कोई विशिष्ट स्थान नहीं। हमें उनके सम्मुख स्वतंत्र भारत का एक स्पष्ट और निश्चित चित्र रखना होगा जिसमें उनकी शक्ति होगी। हमें इन्हें बताना होगा कि स्वतंत्र भारत के आर्थिक जीवन में उनकी आवाज और सत्ता होगी। हमें नव जागृत शक्तियों को जो धीरे-धीरे डट रही हैं अपने में नए रक्त की तरह मिलाना होगा तभी हम आजादी के निकट तेजी से राष्ट्र को ले जा सकते हैं।"

सन् 1936 में लखनऊ में कांग्रेस का अधिवेशन हुआ जिसमें उनके सुमधुर भाषणों से जनता अत्यधिक प्रभावित हुई, इस अधिवेशन के सभापति पं. जवाहरलाल नेहरू थे जिनका दृष्टिकोण समाजवादी था और वे समाजवादी दल के सदस्यों का पूर्ण सहयोग चाहते थे। इन्होंने आचार्य नरेंद्र देव अच्युत पटवर्धन और जयप्रकाशनारायण को कार्य समिति में अनेक निमंत्रण दिया, श्री अच्युत के जीवन में यह अभूतपूर्व घटना थी। इसने उत्तरदायित्व पूर्ण पद को प्राप्त करने का सौभाग्य इतनी कम अवस्था में किसी अन्य को नहीं मिला था। उस समय उनकी अवस्था केवल 30 वर्ष की थी। वस्तुतः अच्युत ने अपनी सेवाओं प्रतिभा और निरपेक्ष दृष्टिकोण के बल पर भी इतना महत्त्वपूर्ण पद प्राप्त किया था पर वे अपनी प्रतिभा के प्रति स्वयं जागरुक (Conscen) न थे। और इन्होंने नम्रतापूर्वक इस महान पद को स्वीकार करने में अपने को अयोग्य पाया और उसे अस्वीकार करने के लिए क्षमा माँगी।

सन् 39 में द्वितीय महायुद्ध छिड़ गया और भारत की बिना सहमति के ही उसे युद्ध में घसीट लिया गया : कांग्रेस के बार-बार कहने पर भी जब ब्रिटेन ने अपने युद्धोद्देश्यों की स्पष्ट घोषणा न की तब बाध्य होकर कांग्रेस मंत्रिमंडलों को इस्तीफे देने पड़े और बाद में गाँधीजी ने सन् 40 में व्यक्तिगत सत्याग्रह प्रारंभ किया।

सन् 40 के व्यक्तिगत सत्याग्रह के संबंध में श्री अच्युत पटवर्धन को फिर जेल जाना पड़ा। वहाँ सौभाग्य से इनका संसर्ग फिर श्री अशोक मेहता से हुआ। इस बार इन्होंने जेल में अपना अधिक समय अध्ययन में व्यतीत किया। उस समय राष्ट्र के सम्मुख सांप्रदायिकता का प्रश्न अत्यंत प्रमुख था जिसने एक समस्या का रूप धारण कर लिया था। सन् 40 में मुस्लिम लीग अपने लाहौर अधिवेशन में पाकिस्तान का प्रस्ताव रखा था और उसे अपना सबसे अंतिम राजनैतिक लक्ष्य बना लिया। मुस्लिम लीग की शक्ति धीरे-धीरे बढ़ रही थी, यद्यपि चुनावों में उसे किसी भी प्रांत में स्पष्ट बहुमत नहीं मिला। जवाहरलाल नेहरू ने मुस्लिम लीग के अध्यक्ष मि. जिन्ना से समझौता करने के अनेक प्रयत्न किए पर वे किसी में सफल नहीं हुए। ऐसी परिस्थितियों में श्री अच्युत पटवर्धन ने सांप्रदायिक समस्या का प्रारंभ विकास और प्रगति सबका गहन अध्ययन किया और अशोक मेहता के सहयोग से अपनी प्रसिद्ध पुस्तक 'भारत में सांप्रदायिक त्रिकोण' (Comrnol Triangle in India) लिखी जो आज भी भारत की सांप्रदायिक समस्या पर लिखी गई सर्वश्रेष्ठ पुस्तकों में से है। इस पुस्तक में उन्होंने सांप्रदायिक समस्या के प्रारंभ और विकास पर प्रकाश डाला है। उन्होंने लिखा है कि ''मुसलमानी शासन काल में जो संघर्ष उपद्रव और लूटमार हुई उसका रूप सांप्रदायिक नहीं था। वे संघर्ष भारत की विभिन्न सत्ताओं में हुए जो सारे भारत में उस समय छोटे-छोटे रूप में फैली हुई थी। उदाहरण के लिए भारत में सबसे अधिक धार्मिक असहिष्णु समझे जानेवाले मुगल सम्राट औरंगजेब को ही लीजिए। उस समय उसके प्रमुख विरोधी शिवाजी थे पर उनका संघर्ष भी (उत्तरीय) महाराष्ट्र की ओर (दक्षिण) भारत की मुगल दो-दो सत्ताओं में था न कि विभिन्न जातियों में। स्वयं औरंगजेब के दरबार में उत्तरी भारत के कई राजपूत व अन्य हिंदू सम्राट स्थान पाते थे और इसी प्रकार शिवाजी का एक प्रसिद्ध सरदार भी मुसलमान था। दक्षिण के कई छोटे-छोटे मुस्लिम शासकों ने औरंगजेब के विरुद्ध शिवाजी का साथ दिया था। इन सब बातों से स्पष्ट है कि संघर्ष सत्ताओं के बीच होता था न कि दो जातियों के बीच में।'' इस प्रकार उन्होंने इतिहास व राजनीति से अनेक उदाहरण व उद्धरण देते हुए यह बात स्पष्ट कर दी है कि सांप्रदायिक समस्या का विकास अंग्रेजों की छत्रछाया में उन्हीं के परिपोषण से हुआ है।

श्री अच्युत पटवर्धन के जेल से छूटने के 6 माह पश्चात् ही सन् 42 की

ऐतिहासिक क्रांति प्रारंभ हुई। भला अच्युत चुप होकर कैसे बैठ सकते थे। सन् 42 के विद्रोह ने उनकी प्रतिभा, नेतृत्व करने की अभिनय कुशलता और संगठन शक्ति का पूर्ण रूप से परिचय दे दिया। अगस्त 42 से अप्रैल 46 तक पूरे 4 वर्ष उन्होंने अविजित रूप से कार्य किया और पुलिस के हाथ न आए। सतारा और बंबई इनका प्रमुख कार्य क्षेत्र था। आज सतारा सन् 42 की क्रांति का असर प्रतीक है। सतारा का नाम लेने से ही स्वतंत्रता के सैनिकों के नत मस्तक भी गर्व और उत्साह से उठ जाते हैं। सन् 42 का बरदौली सतारा भारत के स्वतंत्रता संग्राम का वह स्वर्णिम पृष्ठ है जिसकी ज्योति ने फूटकर समस्त महाराष्ट्र और भारत को जगा दिया। सतारा के 708 गाँवों में जनता ने समानंतर शासन स्थापित कर लिया और 4 वर्षों का ब्रिटिश शासन समाप्त कर दिया गया। विदेशी शासन तब भी स्थापित था पर जनता ने उसका बहिष्कार कर दिया। जनता ने अपनी अदालतें बनाईं, अपनी स्वयंसेवक सेना संगठित की। अदालतें तब भी थीं पर वहाँ कोई नहीं जाता था। गवर्नमेंट के प्रत्येक कार्य का जनता ने बहिष्कार कर दिया यहाँ तक कि भूमिकर देना भी बंद कर दिया। जनता की अपनी सरकार कर वसूल करती थी और जनता का प्रबंध करती थी यहां तक कि डाक ले जाने और लाने का कार्य भी क्रांतिकारियों की अंतर्कालीन सरकार ही करती थी जिसके नेता श्री अच्युत पटवर्धन थे। आपका कार्यक्षेत्र सतारा ही था और वहाँ से आप नियमित रूप से "भारत छोड़ो" बुलेटिन प्रकाशित करते थे। आप कभी-कभी कांग्रेस रेडियो से जनता के नाम संदेश भी ब्राडकास्ट करते थे। सतारा में आपके आंतकवादी कार्यों से सरकार घबरा गई। सन 42 में प्रायः प्रत्येक प्रमुख रेलवे लाइन, टेलीफोन व टेलीग्राफ के तार, पुल और डाकघर ध्वस्त कर दिए। सतारा का संबंध सारे भारत से टूट गया पर जनता की अपनी सरकार समाचारों को इधर-उधर ले जाने का प्रबंध करती थी। क्रांतिकारियों की अपनी पुलिस थी जो जन सरकार के निर्णय को न माननेवालों को दंड देती थी और जनता में कठोर अनुशासन रखती थी। यह फौज पूर्ण रूप से हथियारों से लैस थी। सरकार और उसकी पुलिस ने सतारा के लोगों पर भाँति-भाँति के कष्ट देना प्रारंभ किया। सैकड़ों को पकड़ लिया गया, पीटा गया और कई व्यक्तियों को जीवित अग्नि में जला दिया गया पर सतारा के वीर युवकों ने अंत तक उस अंतर्कालीन क्रांतिकारी सरकार और उसके नेताओं के बारे में कुछ नहीं बताया। निरंतर अत्याचार दमन के पश्चात् भी सतारा के वीर झुके नहीं। गाँव के लोगों में उस क्रांतिकारी संगठन का इतना प्रभाव व आंतक था कि वे जानते थे कि यदि हमने पुलिस को कुछ भी बतलाया तो क्रांतिकारी पुलिस तो हमें दंड देगी ही, इसके अतिरिक्त जनता हमारा पूर्ण बहिष्कार कर देगी और हमारा रहना असफल हो जाएगा।

मई सन् 43 में कई प्रसिद्ध भूमिगत क्रांतिकारी नेता पकड़े गए जिनमें साने

गुरुजी, नानासाहब गोरे और महाराष्ट्र के भगतसिंह समझे जानेवाले श्री शीसलिमाएँ भी सम्मिलित हैं पर नाना पाटिल और अच्युत पटवर्धन अंत तक पुलिस के हाथ न लगे। आश्चर्य की बात तो यह प्रतीत होती है कि वे एक दिन भी चुप होकर न बैठे और निरंतर कार्य करते रहे यहाँ तक कि वे समय पर सतारा के गाँवों में खुलेरूप से भाषण देते थे पर पुलिस पकड़ नहीं पाती थी। अपने भाषणों में महाराष्ट्र के किसानों को वे बार-बार याद दिलाते थे कि "वे शिवाजी के वंशज हैं" वीर शिवाजी ने महाराष्ट्र की उस क्रांतिकारी परंपरा को जीवित किया जिसमें किसी भी अत्याचारी के समक्ष न झुकने का दृढ़ निश्चय था और आज भी हम उसी नीति और आदेशों को लेकर कार्य कर रहे हैं। एक अत्याचारी और क्रूर अंग्रेजी सत्ता हमारे ऊपर बरबस लाद दी गई है। महाराष्ट्र आज फिर अपनी पुरानी प्रतिज्ञा को दोहराता है। और वह तब तक शांत होकर न बैठेगा जब तक कि अंग्रेजी शासन की जड़ें पूर्णरूप से उखड़ नहीं जातीं। आज मुझे गर्व है कि मैं उन्हीं पूज्य शिवाजी के वंश से उत्पन्न हुआ हूँ। मैं आपको विश्वास दिलाता हूँ कि मैं भारत से उस स्वतंत्रता को शीघ्र लाने के लिए अपने प्राणों को होम करने में भी संकोच नहीं करूँगा। भारत गुलाम नहीं रह सकता। वह तो स्वतंत्र होगा ही पर उस स्वतंत्रता की कीमत चुकाने के लिए हमें अभी अनेक निरपराध देशभक्त वीरों का रक्त बहाना पड़ेगा।"

सतारा में जब पुलिस के लाख प्रयत्न करने पर भी पुलिस सतारा के अपराजित वीरों को न दबा सकी तो सरकार ने वहाँ पर सेना का शासन स्थापित किया। हजारों गोरे और काले फौजी सिपाहियों और अफसरों को जनता की भाघनाएँ कुचलने के लिए सतारा भेजा गया। आह ! उन अत्याचारों और कष्टों की स्मृति मात्र से हृदय काँप उठता है जिन्हें महाराष्ट्र के विद्रोही सतारा ने सहन किए। बलिया, जौनपुर, गाजीपुर, बनारस, भागलपुर, आष्टी और चिमूर जहाँ से सन् 42 में स्वतंत्रता की ज्योति फूटी। जनता कभी विस्मृति नहीं कर सकती पर सतारा का इन सबों में विशिष्ट स्थान है। बलिया में अंग्रेजी शासन उखड़ गया पर गरजती हुई तोपों और बमवर्षा के प्रहार से अंग्रेजों ने दुबारा उसे हस्तगत किया पर सतारा अपरिमित कष्टों और हत्याओं को सहन करने के पश्चात् भी अपराजित रहा। अंग्रेजी सत्ता के लिए इससे अधिक लज्जा और पराजय की कौन सी बात हो सकती है कि सतारा के एक छोटे से जिले से वह एक महान क्रांतिकारी को न खोज सकी जिसने 4 वर्ष तक उसी स्थान में रहकर निरंतर अंग्रेजी शासन के विरुद्ध युद्ध जारी रखा और वे थे हमारे अच्युत पटवर्धन।

पर अपने अज्ञातवास के काल में अच्युत अनेक बार गिरफ्तार होते होते बचे पर प्रत्येक बार अपने चेतन मस्तिष्क साहस एवं स्फूर्ति के कारण पुलिस के हाथों से निकल भागे।

एक बार सन् 42 में कुछ भूमिगत क्रांतिकारी एक गुप्त मीटिंग कर रहे थे जिसमें श्री अच्युत पटवर्धन को भी सम्मिलित होना था। पुलिस को किसी प्रकार इस बैठक का पता चल गया और उन्होंने इन सब को गिरफ्तार करने के लिए संपूर्ण तैयारियाँ कर लीं। प्रसिद्ध समाजवादी नेता श्री एस. एम. जोशी को पुलिस ने पकड़ लिया। उनसे कुछ पीछे ही अच्युत कार में आ रहे थे। उन्होंने अत्यंत सावधानी से कार को छोड़ दिया और एक टूटे से ताँगे में जल्दी से एक रोगी की दशा में बैठ गए। उन्होंने छिपकर भागने का प्रयत्न नहीं किया पर उसी राह से जहाँ पुलिस खड़ी थी, अत्यंत चतुरता से उनकी आँखों में धूल डालकर भाग गए। पुलिस ने कल्पना भी न की थी कि अच्युत उन्हीं के सामने एक गंदे और टूटे ताँगे में एक साधारण चादर लपेटकर भाग सकेंगे। पुलिस प्रत्येक कार का पीछा कर रही थी पर अच्युत कहाँ ?

सन् 43 में बंबई की पुलिस ने अच्युत को पकड़ने के लिए 5000 रुपए का पुरस्कार घोषित किया। इसी संबंध में एक प्रसिद्ध पुलिस अफसर और कानिस्टाविल की पार्टी सतारा भेजी गई पर एक माह के अनवरत प्रयत्नों के पश्चात् भी वह अपने प्रयत्नों में सफल न हो सकी और उसे खाली हाथों लौटना पड़ा।

दैवयोग से एक रात जिस गाड़ी से वह पुलिस अफसर निराश होकर लौट रहा था उसी से श्री अच्युत भी लौट रहे थे। सतारा स्टेशन पर वह पुलिस अफसर उसी डिब्बे में चढ़ा जिसमें अच्युत बैठे थे और उन्हीं की सीट पर कुछ दूर बैठ गया। महीनों की व्यर्थ खोज और परेशानी के कारण वह उन्मीलित सा था। उसके पुरस्कार प्राप्ति और पद वृद्धि और उन्नति के स्वप्न चूर-चूर हो गए थे और वह अपनी असफलता पर कुछ खीजा-सा खोया-खोया-सा अपनी सीट पर बैठा था पर कौन जानता था कि जिस अच्युत को पकड़ने के लिए उसने एक माह तक सतारा के एक-एक गाँव को खोज मारा वही निर्भय और वीर अच्युत बड़ी शांत और व्यवस्थित मस्तिष्क से उसी के समीप बैठा हुआ था। नियति का यह कठोर व्यंग्य था।

पुलिस अफसर अपनी असफलता की सूचना पुलिस हैडक्वाटर्स में देने के लिए पूना स्टेशन पर उतर गया पर अच्युत क्रांतिकारी दल की आवश्यक बैठक में भाग लेने के लिए बंबई तक यात्रा करते रहे। वह रात्रि अच्युत के लिए अत्यंत महत्त्व की थी पर अच्युत ने न जाने ऐसे कितने अवसर देखे होंगे। जीवन के विशिष्ट क्षणों में नियति एक रहस्यमय खेल खेलती है, अच्युत के जीवन में वह रात्रि भी कुछ ऐसी ही थी।

बंगाल के भीषण अकाल की सेवा कार्य के लिए श्री अच्युत पटवर्धन और अरुणा आसफअली बंगाल गए। वहाँ उन्होंने कई माह तक बंगाल का दौरा किया और अकाल से उत्पन्न गंभीर परिस्थितियों का विकट अवलोकन और अध्ययन

किया। अच्युत 6 महीने पश्चात् लौट आए। पर इधर आंदोलन काफी शान्त हो गया था। अच्युत ने फिर अपना समय आंदोलन और उसके व्यापक प्रभाव संबंधी प्रश्नों के विचारने और अध्ययन करने में व्यतीत किया। सन् 45 में सरकार ने नेताओं को छोड़ दिया और शिमला के रंगमंच पर राजनैतिक अभिनय हुआ। अच्युत ने उस समय सतारा में एक प्रसिद्ध भाषण दिया जिसमें उन्होंने शिमला कांफ्रेंस की कमजोरियों का दिग्दर्शन कराया। उसी वर्ष बंबई में अ.भा. कांग्रेस महासमिति की प्रसिद्ध बैठक 4 वर्षों के पश्चात् हुई। अच्युत ने इसमें वेष बदलकर छिपे रूप से भाग लिया, अ.भा. कांग्रेस की बंबई में हिंसा और अहिंसा के प्रश्न को फिर उठाया गया और चार वर्षों के अनुभव के आलोक में कांग्रेस की अहिंसा संबंधी नीति को स्थिर करने का प्रयत्न किया गया। अच्युत और अरुणा ने "भारत के किसी अज्ञात स्थान से" मौलाना आजाद को ऐतिहासिक पत्र लिखा जिसमें उन्होंने सन् 42 की क्रांति के ऐतिहासिक कारण और समाजवादियों के न्यायोचित भाग का दिग्दर्शन कराया। उसमें उन्होंने स्पष्ट रूप से बतलाया कि अगस्त क्रांति का संगठन हमारा नैतिक कर्तव्य था और हम चाहते हैं कि हम समाजवादियों को कांग्रेस में उचित स्थान मिले।

अंत में चार वर्षों की निरंतर खोज के पश्चात् अपनी असफलता पर खिन्न नौकरशाही को जनता की उठती हुई आवाज के सम्मुख झुककर अच्युत को छोड़ना पड़ा, उस दिन बंबई की अपार जनता अगस्त क्रांति के विद्रोही नेता श्री अच्युत का भाषण सुनने के लिए चौपाटी के विशाल मैदान में उमड़ पड़ी। प्रान्तीय कांग्रेस ने इस स्वागत समारोह में भाग न लिया पर अगस्त क्रांति सच्चे अर्थों में एक महान क्रांति थी जिसने जन-जन के अंदर स्वतंत्रता की उस महान तड़प को जागृत किया जो युग युगों तक शांत नहीं हो सकती, अगस्त की आँधी में देश बह गया, और स्वतंत्रता की वेदी पर हजारों देशभक्त नवयुवकों ने रक्त की होली खेली, पर उस रक्त सिंचन से स्वंतत्रता की जड़ें मजबूत हो गई और नए भारत के अंदर नई मानवता का उदय हुआ आज भी सतारा गर्वोन्नत मस्तक से सन् 42 की अमर क्रांति का इतिहास दुहरा रहा है और सतारा की वे झोंपड़िया, वृक्ष और पत्थर जिन पर आज भी अत्याचारी पुलिस की गोलियों के निशान मौजूद हैं, उस दृढ़ संकल्प की याद दिला रहे हैं जबकि हमने किसी भी विदेशी सत्ता के सम्मुख न झुकने की प्रतिज्ञा की थी।

डा. राममनोहर लोहिया

एक दुबला-पतला गौरवर्ण तेजस्वी मारवाड़ी बालक, अवस्था में केवल 14 वर्ष परंतु आँखों में विश्वास और तेज, हृदय में युग-युग के स्वप्न छिपाए, गया के कांग्रेस अधिवेशन में प्रतिनिधि के रूप में आया। इतनी कम अवस्था में शायद ही किसी को राष्ट्र की महान् संस्था का प्रतिनिधि बनने का सौभाग्य प्राप्त हुआ हो, लोगों ने इस प्रतिभाशाली बालक को आश्चर्य चकित होकर देखा पर शायद ही किसी ने सोचा हो कि यही बालक एक दिन अपने साहस, बुद्धि एवं उद्योग से भारत के राष्ट्रीय आकाश का एक अमर तारक होगा।

श्री राममनोहर लोहिया का जन्म सन् 1910 ई. में बंबई में एक प्रतिष्ठित एवं साधन संपन्न मारवाड़ी घराने में हुआ। इनकी प्रारंभिक शिक्षा बंबई में ही हुई। बाद में ये अपने पिताजी के पास कलकत्ते चले गए और वहाँ उन्होंने अपनी शिक्षा को जारी रखा। बंगाल के राजनैतिक जागरण का इनकी बालक बुद्धि पर गहरा प्रभाव पड़ा और छोटी अवस्था से ही इनके राष्ट्रीय विचार परिपुष्ट हो गए। जब ये 14 वर्ष के ही थे तभी इन्होंने गया के कांग्रेस अधिवेशन में प्रतिनिधि के रूप में भाग लिया। कलकत्ता यूनिवर्सिटी से सम्मान सहित बी.ए. पास करने के पश्चात् ये उच्च शिक्षा के लिए सन् 30 में जर्मनी गए। जर्मनी उस समय एक ऐतिहासिक क्रांति के युग से गुजर रहा था। जर्मनी में बड़ी तेजी से फासिस्ट शक्तियाँ उभर रही थीं, नाजी पार्टी की स्थापना हो चुकी थी और जर्मन जाति फिर विश्व में शक्तिशाली बनकर साम्राज्यवादी महत्त्वाकांक्षाओं के स्वप्न देख रही थी। जर्मनी की आर्थिक दशा सुधर रही थी और वहाँ के बालक-बालक में महान् जागृति उत्पन्न हो रही थी।

युवक राममनोहर पर जर्मनी की उस क्रांतिकारी दशा का बड़ा प्रभाव पड़ा। उसने वहाँ की राजनैतिक परिस्थितियों का निकट अवलोकन एवं अध्ययन किया औ वहाँ सर्वप्रथम उन्होंने अनुभव किया कि फासिस्ट की नींव घृणा और विद्वेष पर है। उससे किसी जाति विशेष को उभारा जा सकता है संगठित किया जा सकता है पर उससे राष्ट्र की बृहत्तर समस्याओं को सुलझाया नहीं जा सकता। उन्होंने

जर्मनी के अंतर्राष्ट्रीय साहित्य का भी गहन अध्ययन किया और पहली बार उनके हृदय में फासिस्ट शक्तियों एवं उनकी कार्यप्रणाली के प्रति तीव्र विराग उत्पन्न हुआ। इन्होंने प्रतिज्ञा की कि वे जीवन में उन प्रवृत्तियों का विकास करने में योग देंगे जिसके द्वारा अंतर्राष्ट्रीय सहयोग के आधार पर मानव जाति का कल्याण हो। उन्होंने इसके लिए समाजवाद का अध्ययन प्रारंभ किया और प्रथम बार कार्ल मार्क्स की कैपीकठ पुस्तक पढ़ी। समाजवाद का और भी अधिक व्यापक और पूर्ण अध्ययन करने की दृष्टि से उन्होंने यूरोप की अन्य कई भाषाओं का अध्ययन किया जिसमें जर्मनी, फ्रेंच और रूसी भाषाओं का अध्ययन प्रमुख था। इन्होंने लेटिन का भी थोड़ा सा अध्ययन किया पर लेटिन का प्राचीन सांस्कृतिक साहित्य इनकी विचारधारा एवं मनोवेगों के अनुकूल न बैठ सका। इन्होंने बर्लिन यूनिवर्सिटी में अर्थशास्त्र, राजनीति एवं समाजवाद का अध्ययन किया और अपनी गवेषणा पूर्ण खोजों के कारण इन्होंने बर्लिन यूनिवर्सिटी से डाक्टरेट की उपाधि प्राप्त की। जर्मनी के अपने प्रवासकाल में इनका संबंध एक समाजवादी पत्र से रहा जिसके संपादकीय कालम में ये नियमित रूप से लिखते थे। ये प्रारंभ से ही एक बुद्धिमान, होनहार और मेधावी विद्यार्थी रहे थे। बर्लिन यूनिवर्सिटी के सर्वश्रेष्ठ विद्यार्थियों में से एक थे और इसी कारण इन्हें प्रत्येक व्यक्ति आदर की दृष्टि से देखता था।

प्रारंभ में ये अपनी गृह संबंधी परंपराओं के कारण ये अहिंसावादी थे और गाँधी जी के अहिंसा मार्ग और आदर्शों से अत्यंत प्रभावित हुए थे। जर्मनी में जाकर इन्होंने अंतर्राष्ट्रीय साहित्य का अध्ययन किया और इनके समाजवादी विचारों का निर्माण हुआ। इनकी माता प्राचीन विचारों एवं धार्मिक प्रवृत्तियों की हैं और पिता भी सीधे-सादे परंतु राष्ट्रीय विचारों के पुरुष थे। अतः इन्होंने छोटी सी अवस्था ही में गीता और रामायण का पाठ किया था।

सन् 32 में वे जर्मनी से डाक्टर की उपाधि लेकर लौटे। इस समय तक उनके समाजवादी विचारों का निर्माण हो चुका था। और इन्होंने जीवन के कार्य क्षेत्र में इसी सिद्धांत पर चलने का निश्चय किया।

वे सन् 33 में भारत लौटे। उस समय उनके पास पर्याप्त धन न था, यहाँ तक कि वे कलकत्ता तक की यात्रा भी नहीं कर सकते थे। अतः इन्हें मद्रास ही उतरना पड़ा। अब समस्या यह थी कि मद्रास से कलकत्ता किस प्रकार जावें। अंत को बहुत विचार कर ये हिंदू पत्र के कार्यालय में गए और वहाँ इन्होंने संपादक से अपनी कठिनाइयों को बतलाया और इन्होंने पत्र में कुछ लिखकर धन प्राप्त किया और इस प्रकार इन्होंने कलकत्ता की यात्रा की। कलकत्ता में जाकर ही इन्होंने समाजवादी दल से संबंध स्थापित किया और क्रियात्मक राजनीति में जुट गए। समाजवादी दल की स्थापना कुछ ही समय पूर्व हुई थी, अतः उसके संगठन का कार्य बहुत था। इन्होंने सन् 34 व 35 में समाजवादी दल का संगठन किया। इस

संबंध में उन्होंने बंगाल व अन्य प्रांतों का दौरा किया और कांग्रेस में उग्रवादी धाराओं को समाजवादी दल में सम्माहित करने का प्रयत्न किया।

इन्होंने अंग्रेजी साप्ताहिक "कांग्रेस सोशलिस्ट पार्टी" की नींव डाली और अंत तक उसके संपादकीय मंडल में रहे। पत्र की नीति और कार्यप्रणाली स्थिर करने में इन्होंने बड़ा योग दिया।

सन् 34 में पटना में होनेवाले समाजवादी सम्मेलन में इन्होंने भाग लिया। इन्हें कार्य क्षेत्र में लाने का श्रेय जयप्रकाश नारायण को है। सन् 35 में पं. जवाहरलाल नेहरू ने इनकी प्रतिभा का परिचय प्राप्त कर इन्हें अ.भा. कांग्रेस कमेटी की वैदेशिक विभाग के मंत्री जैसे महत्त्वपूर्ण पद पर आसीन किया। वैदेशिक विभाग के मंत्री के रूप में ये चार वर्षों तक रहे। इस बीच इन्होंने इस पद को अत्यंत सावधानी एवं योग्यतापूर्वक निभाया। यह समय भारत के वैदेशिक संबंध की दृष्टि से अत्यंत महत्त्वपूर्ण था। सन् 36 में चीन ने जापान पर आक्रमण किया। चीन और भारत के सांस्कृतिक संबंध को राजनैतिक धागे में पिरोकर विश्व के सम्मुख रखने का श्रेय पं. जवाहरलाल एवं डा. राममनोहर लोहिया को है। जापान के चीन पर आक्रमण करने पर इन्होंने नियमित रूप से भारतीय कांग्रेस की ओर से चीन की सहानुभूति में वक्तव्य प्रकाशित किए, जिनमें इन्होंने चीन के प्रति भारत की व्यापक सहानुभूति का दिग्दर्शन कराया और चीन और भारत की एकता की आवश्यकता पर जोर दिया। 6 जनवरी 1938 को प्रकाशित अपने वक्तव्य में उन्होंने कहा–

"दिन रात जापानी बमों से चीन के निरीह और शांत मनुष्यों का रक्त बहाया जा रहा है। ब्रिटेन के पूँजीवादी हित जापान की संचित पूँजी से इस प्रकार बँधे हुए हैं कि जब तक वह स्वयं अपने ही अस्तित्व को खतरे में डालने के लिए प्रस्तुत न हों तब तक वह उसका निराकरण करने के लिए प्रस्तुत नहीं हो सकता। फासिज्म की विश्वविद्यालय की धमकी का उत्तर ब्रिटेन की शक्ति और हथियारों में नहीं है। तब फिर उस फासिस्ट खतरे से कौन लड़ सकता है ? भारत चीन और अन्य जागृत देशों की स्वतंत्रता आंदोलन ही इस प्रश्न का उत्तर है। सोवियत रूस से निश्चित रूप से स्टेट की आधारभूत नीति में से साम्राज्यवाद को समाप्त कर दिया है। इसी प्रकार सारे विश्व में प्रजातंत्री और समाजवादी शक्तियाँ हैं। इन बिखरी हुई शक्तियों के एकीकरण में ही फासिज्म की उस गर्वपूर्ण उक्ति का उत्तर मिल सकता है। इन्होंने समय-समय पर अ.भा. कांग्रेस कमेटी की ओर से अंतर्राष्ट्रीय समस्याओं पर कांग्रेस के दृष्टिकोण को स्पष्ट करते हुए लेख लिखे। उसका संग्रह "भारत और चीन", "विदेशों में भारतवासी", "नागरिक स्वतंत्रता का संघर्ष" और "भारत की वैदेशिक नीति" आदि नाम से प्रमुख हैं। इन्हीं के प्रयत्नों से अ.भा. कांग्रेस कमेटी के वैदेशिक विभाग में प्रवासी भारतीयों का एक उपविभाग खुला।

आप सन् 38 के पश्चात् जयप्रकाश अधिकाधिक संघर्ष में आए और उनके विचारों से इन्हें बहुत प्रेरणा मिली। उन्हीं के विचारों से प्रभावित होकर इन्होंने सन् 38 में आफिस से त्यागपत्र दिया और समाजवादी दल की ओर से स्वतंत्र रूप से किसानों और मजदूरों में कार्य करने लगे, आपने भी जयप्रकाश के साथ किसान सभाओं के निर्माण एवं संगठन में विशेष प्रयत्न किया।

सन् 39 में युद्ध छिड़ने पर इनके विचारों में संघर्ष उत्पन्न हुआ। इन्होंने जर्मनी में स्वयं जाकर फासिस्ट शक्तियों के खतरे एवं उसकी दूषित वृत्तियों का अध्ययन किया था और उसे वे समूल नष्ट करने के लिए कटिबद्ध थे, पर उसके लिए क्या साम्राज्यवादी शक्तियों की सहायता करनी पड़ेगी ? क्या इस प्रकार एक खतरे को हटाने में हम एक दूसरा खतरा मोल न ले लेंगे ? प्रारंभ में चिंतन के क्षणों में इनके विचार इस विषय में बड़े अस्पष्ट थे। ''फासिज्म विश्व और मानव जाति के लिए एक महान् संकट है जिसके खतरों को मिटाने के लिए विश्व की प्रगतिशील और जागृत शक्तियाँ कटिबद्ध हैं। आज फासिस्ट दैत्यों ने विश्व की प्रतिगामी शक्तियों के बल पर विश्व की संपूर्ण मानवता एवं शांति का अपहरण करने का निश्चय किया है। आज वे शक्तिशाली भी हैं, पर क्या हम सब मिलकर उस खतरे को दूर करने का प्रयत्न न करेंगे ? कुछ लोग कहते हैं कि युद्ध आज दो प्रतिगामी शक्तियों के बीच हो रहा है और हम फासिज्म एवं साम्राज्यवाद में कुछ भेद नहीं पाते हैं ऐसे लोग आनेवाले फासिज्म के खतरे को ठीक-ठीक अनुभव नहीं करते, पर प्रश्न यह है कि जब हम स्वयं परतंत्र हैं तब हम प्रगतिशील और जागृत शक्तियों के साथ कन्धे-से-कन्धा मिलाकर उस सामान्य हित के लिए कैसे लड़ सकते हैं ? इसका उत्तर यह है कि एक महान् उद्देश्य की पूर्ति के लिए जो सारे विश्व के कल्याण और उन्नति को समान बना देता है, हमें इस निष्क्रियता से उठने का मार्ग ढूँढ़ना ही पड़ेगा और छोटे-छोटे सिद्धांतों और उद्देश्यों को आवश्यकतानुसार बदलना पड़ेगा।'' पर उस समय तक उन्हें वह मार्ग स्पष्ट नहीं दिखाई दे रहा था। उसके पश्चात् जयप्रकाश के साथ विचार विनिमय करने पर कुछ युद्ध विरोधी विचार स्पष्ट हो गए और इन्होंने जयप्रकाश के साथ एक सामूहिक युद्ध विरोधी जन आंदोलन संगठित करने का निश्चय किया। सन् 40 में बंबई में युद्ध विरोधी भाषण देने के अपराध में इन्हें दो वर्ष की सजा हुई। 2 वर्ष कारावास भुगतकर जून सन् 42 में छूटे ही थे, कि अगस्त सन् 42 का आंदोलन छिड़ गया। अगस्त 42 के महान् आंदोलन का इन्हें नेतृत्व करने का सौभाग्य मिला। आप नेताओं की गिरफ्तारी के समय बंबई में थे आप 18 माह तक अज्ञातवास (Under Ground) रहे। और प्रारंभ में वे बंबई में श्री अच्युत पटवर्धन एवं अरुणा आसफअली के साथ कार्य करते रहे। बंबई में सबसे महत्त्वपूर्ण कार्य इनकी कांग्रेस रेडियो का संचालन एवं व्यवस्था थी, जिसका यहाँ संक्षिप्त परिचय देना आवश्यक

प्रतीत होता है।

नेताओं की गिरफ्तारी पर एक-एक कर समस्त समाचार पत्र बंद हो गए तथा सरकार की बड़ी पाबंदियों के कारण जनता को देश के ठीक-ठीक समाचार मिलना कठिन हो गया। अतः इन्होंने उषा मेहता एवं बाबू भाई के साथ मिलकर एक रेडियो स्टेशन बनाने की योजना पर विचार किया। इसके अतिरिक्त इन्होंने के. झबेरी के साथ दूसरा व अन्य कई स्टेशन बनाए। डा. लोहिया चाहते थे, कि समस्त रेडियो स्टेशनों के दल एक साथ मिलकर कार्य करें। बाबू भाई और बिट्ठलभाई ने इस संबंध में विशेष कार्य किया। 14 अगस्त को सर्वप्रथम 4234 मीटर पर ब्राडकास्ट किया–रेडियो स्टेशन की संचालिका कुमारी उषा मेहता थीं और भाषण अधिकतर आप ही ब्राडकास्ट करते थे। इन ब्राडकास्टों में वे कांग्रेस नीति का राष्ट्रीय एवं अंतर्राष्ट्रीय दृष्टिकोण से स्पष्टीकरण किया करते थे। इन्होंने 18 अगस्त को अपने भाषण में कहा–

"विश्व के प्रत्येक मनुष्य के लिए कांग्रेस शुभकामना एवं शांति का संदेश भेजती है। यह संदेश उन समस्त रंगीन चेहरेवाली जाति के लिए हैं जो गुलामी की जंजीरों में आबद्ध हैं और जिनकी अपनी सरकारों ने उनके साथ छल किया है," हिन्दुस्तानी अभी तक उन कष्टों को भुला रहे हैं। दुनिया के मनुष्य मात्र को भारत शुभकामना एवं शांति का संदेश देता है। "विश्व को शांतिमय और सुंदर बनाने के लिए प्रत्येक देश का सहयोग एवं प्रत्येक मनुष्य की स्वतंत्र कार्यशक्ति की आवश्यकता है। हमें जर्मनी की औद्योगिक कुशलता एवं संगीत की आवश्यकता है। हमें इंगलैंड की स्वातंत्र्य भावना और उसके साहस की भी आवश्यकता है। हमें चीन के चातुर्य एवं नवीन आशा की आकांक्षा है। हमें रूस की पूर्ण सफलता एवं नूतन विजय की जरूरत है, हमें पुरातन पुरुष के ज्ञान और बालकों की सरलता एवं सादगी की आवश्यकता है और आवश्यकता है समस्त मानव जाति की शांति और अपने गौरव की। भारत का कोई शत्रु नहीं है। हम उस विधान के विरुद्ध लड़ रहे हैं जो मनुष्य को उसके जन्मसिद्ध अधिकार से वंचित रखता है। हम अपने उद्देश्य की पूर्ति अपने शत्रु को मार कर नहीं करना चाहते..." प्रत्येक ब्राडकास्ट होनेवाले भाषण का अंतिम वाक्य होता था। "भारत आपको आनेवाली स्वतंत्रता एवं स्फूर्ति की आशाएँ भेजता है।"

'भारत छोड़ो' नारे का महत्त्व और अर्थ समझाते हुए उन्होंने अपने ब्राडकास्ट में कहा, "पहले हम आंदोलन करते थे, आज हम क्रांति कर रहे हैं। क्रांति में हार या जीत दो ही बातें होती हैं, यह क्रांति एक दल या एक जाति की नहीं, बल्कि सारे भारतवर्ष की है। हम आशा करते हैं कि जब तक अंग्रेजी साम्राज्य जल कर खाक नहीं हो जाता तब तक आप संतुष्ट होकर न बैठे रहेंगे।"

डा. राममनोहर लोहिया के पास समस्त भारत के विशेष संवाददाताओं की

तरफ से समस्त भारत के आंदोलन के समाचार प्राप्त होते रहते थे और उन्हें ये ब्राडकास्टिंग के लिए लिखा करते थे। सर्वप्रथम कांग्रेस रेडियो ने ही चटगाँव के हवाई हमले, जमशेदपुर की हड़ताल, बलिया एवं आष्टी-चिमूर के समाचार जनता को बतलाए।

14 अक्टूबर को उन्होंने जमशेदपुर के उन पुलिस सिपाहियों के लिए ब्राडकास्ट किया। जिन्होंने जनता की शांत भीड़ पर गोली चलाने से इनकार कर दिया था। 12 नवम्बर सन् 42 को पुलिस ने कांग्रेस रेडियो को जब्त कर लिया। उषा मेहता गिरफ्तार कर ली गईं और राममनोहर कलकत्ते को रवाना हो गए। उस समय तक जयप्रकाश हजारीबाग जेल से भागकर आ चुके थे। श्री राममनोहर लोहिया जयप्रकाश से मिले और भावी कार्यक्रम और आंदोलन को संगठित करने पर विचार किया। बंबई से इन्होंने मौरिस हैलट और लार्ड लिनलिथगो को खुले पत्र लिखे, जिसमें उन्होंने उनकी दमन नीति की कठोर निंदा की। डा. राममनोहर उत्तरी भारत में आंदोलन का संगठन कर जयप्रकाश के साथ नेपाल चले गए और वहाँ उन्होंने आजाद हिंद सेना के संगठन का कार्य किया। पर दैवयोग से 24 मई सन् 43 को एक गुप्त बैठक में इन्हें जयप्रकाश व अन्य साथियों सहित गिरफ्तार कर लिया गया पर कुछ ही दिनों पश्चात् आजाद हिंद सेना के प्रयत्नों से ये मुक्त हो गए और इन्हें संगठन का कार्य फिर करना पड़ा। इन्होंने बंगाल, पश्चिमी बिहार, उड़ीसा एवं मध्यप्रांत का दौरा किया और आंदोलन को जागृत करने का प्रयत्न किया। जमशेदपुर के मजदूरों में इन्होंने विशेषरूप से कार्य किया पर सन् 40 में ये बंगाल में गिरफ्तार हो गए और इन्हें जयप्रकाश जी के साथ लाहौर के ऐतिहासिक किले में बंदी बनाया गया। लाहौर में इन्हें जो यंत्रणाएँ जयप्रकाश नारायण के साथ मिलीं वे सब आज स्पष्ट हो गईं और उनका संक्षिप्त परिचय हम पूर्व ही दे चुके हैं। उन्होंने एक अपराजित सैनिक की तरह उन कष्टों को सहा है। अंत में वे जयप्रकाश के साथ लाहौर से आगरा सैंट्रल जेल को भेज दिए गए। जिस समय ये लाहौर किले में थे, इन्हें अपने पिताजी की दुःखद मृत्यु का समाचार मिला। इनके संबंधियों ने इन्हें कुछ समय के लिए पैरोल पर रिहा करने के लिए सरकार को आवेदन पत्र दिया पर सरकार ने ऐसे समय भी लोहिया जैसे क्रांतिकारी को छोड़ने से स्पष्ट इनकार कर दिया। अंत को ये जयप्रकाश नारायण के साथ आगरा सेंट्रल जेल को भेज दिए गए। वहाँ 1 माह रहकर 13 अप्रैल सन् 43 को जयप्रकाश के साथ रिहा कर दिए गए।

राममनोहर लोहिया एक अध्ययन

एक अमेरिकन महिला के शब्दों में श्री राममनोहर लोहिया "स्वेज नहर के पूर्व में सबसे आकर्षक व्यक्ति हैं।" दुबली-पतली क्षीण काया, गौर वर्ण, आँखों में चश्मा, श्वेत खाड़ी के वस्त्रों से सुशोभित, नयनों में बालकों की सी सरलता हृदय में फौलाद की सी दृढ़ता, इन थोड़े से शब्दों में प्रसिद्ध क्रांतिकारी श्री राममनोहर लोहिया का परिचय दिया जा सकता है।

श्री लोहिया एक क्रियात्मक क्रांतिकारी ही नहीं वरन् राष्ट्रीय एवं अंतर्राष्ट्रीय राजनीति के धुरंधर विद्वान् एवं ज्ञाता हैं। अंतर्राष्ट्रीय राजनीति में इनके समान विद्वान्, कांग्रेस समाजवादी दल में तो क्या समस्त भारत में थोड़े ही हैं। यूरोप की तीन भाषाओं के ये विद्वान् हैं। अपने सिद्धांतों और विचारों में वे सदैव दृढ़ और निडर रहते हैं। इनके अदम्य साहस और उत्साह को देखकर श्री बिड़ला ने इन्हें हिंदुस्तान टाइम्स का समस्त कार्यभार सौंप दिया था पर इन्होंने स्पष्ट रूप से उसे अस्वीकार कर दिया क्योंकि वे पूँजीपति के दास होकर अपने सिद्धांतों का हनन कभी सहन नहीं कर सकते थे। कुछ व्यक्तियों ने इनके प्रति यह कहना प्रारंभ कर दिया है कि डा. लोहिया तो एक बुद्धिजीवी हैं, दार्शनिक हैं पर राजनीतिज्ञ नहीं और क्रियात्मक राजनीति में कभी सफल नहीं हो सकते। ऐसे व्यक्ति भूल जाते हैं कि सन् 42 में उन्होंने 18 माह तक अज्ञातवास में रहकर कई प्रांत की सी.आई.डी. पुलिस के छक्के छुड़ा दिए थे और 6 माह तक समस्त प्रांतों का तूफानी दौरा कर आंदोलन का संगठन किया था। एक दिन सहसा ही इन्हें बंदी बनाकर लाहौर किले में ले जाया गया और वहाँ के हृदय द्रावक कष्टों को सहा जिसकी कहानी आज भी नवीन है।

एक अडिग चट्टान की सी दृढ़ता और कठोरता रखते हुए भी श्री लोहिया अपने व्यावहारिक जीवन में अत्यन्त नम्र हैं। जेल से छूटने पर लाहौर किले में अपने प्रति होनेवाली अत्याचार के प्रति कुछ भी अभियोग लगाने में इन्होंने इंकार कर दिया। आज की परिस्थितियों में उन्होंने अपने अज्ञातवास के जीवन का दिग्दर्शन कराना उचित नहीं समझा। यहाँ तक कि उन्होंने प्रेस कांफ्रेंस में भी भाषण देने

की अस्वीकृति दे दी।

सौभाग्य से इनका निकट संपर्क श्री जयप्रकाश जी जैसे महान् क्रांतिकारी और नेता से रहा है। इनकी वक्तव्य कला और तर्क पटुता अद्वितीय है। इनके भाषणों में जयप्रकाश की सी सादगी और सत्य निरूपण नहीं होता वरन् अग्नि की सी तेजस्विता एवं वेग होता है। अपनी स्पष्ट तर्कशीलता एवं गंभीर और विशद अध्ययन के कारण वे सहज ही किसी को अपने विचारों से सहमत कर लेते हैं। इनमें यह विशेषता है कि किसी एक विषय पर बोलते हुए वे विचारों के आवेग में उसकी परिपुष्टि में उस विषय से संबद्ध समस्त सिद्धांतों एवं विचारों का निरूपण कर जाएँगे और इसी कारण एक ही बात पर वे घंटों तक बोलते चले जाते हैं।

श्री राममनोहर लोहिया का स्थान भारत के उदीयमान और जागृत नेताओं में अमर रहेगा। वे उठते हुए भारत की एक शक्ति हैं और मस्तिष्क हैं। एक स्वतंत्र एवं समाजवादी भारत में ही उनका मूल्य ठीक-ठीक आँका जा सकता है। आज के युग और परिस्थितियों में हम उन्हें कितना पहचान सके हैं ये तो आनेवाले क्षण ही बतलाएँगे पर आज तो इतना ही है कि सन् 42 के स्वतंत्रता संग्राम से जो ज्योति फूटी उसमें से कई अपरिचित शक्तियाँ उभरकर जनता के सम्मुख आईं और उनमें से श्री राममनोहर लोहिया भी एक हैं।

अरुणा आसफअली

अरुणा-आसफअली, ये दो शब्द हृदय में न जाने कितना आह्लाद, कितनी स्फूर्ति कितनी ममता और कितना विश्वास भर देते हैं। हिंदू मुस्लिम दोनों की एकता का यह पवित्र प्रतीक नाम हृदय के सुदूर अंतर में एक अमर विश्वास की सृष्टि करता है। भारत की जिन जागृत नारियों ने भारत के मस्तक को ऊँचा उठाने में योग दिया, उनमें अरुणा आसफअली का नाम चिर-स्मरणीय रहेगा। सौंदर्य की प्रतिमा अरुणा अपने सहज और सुकोमल नारीत्व में धधकते हुए अंगारों को छिपानेवाली वीरांगना हैं। श्रीमती सरोजिनी नायडू, विजयालक्ष्मी पंडित, कमला चट्टोपाध्याय, सत्यवती, हंसा मेहता और कर्नल लक्ष्मी आदि जिन भारत की वीर नारियों ने भारतीय स्वतंत्रता की ज्योति को जलाया। उनमें अरुणा आसफअली का एक विशिष्ट स्थान है। अरुणा क्रांति व विद्रोह की वह ज्वलित शक्ति हैं जिनकी प्रतिभा और शक्ति को हमने कुछ विलंब से पहचाना। जीवन के किन्हीं विशिष्ट क्षणों में अंतर में छिपी हुई, विद्रोह वृत्तियाँ उमड़ पड़ती हैं और जीवन में अमर प्रभुत्व छोड़ जाती हैं। यही बात अरुणा के लिए सत्य है। सन् 42 से पहले अरुणा जी के अपूर्व संगठन कौशल, त्याग की भावना, विद्रोही वृत्ति के बारे में बहुत थोड़े से व्यक्ति परिचित थे। अकस्मात् एक तूफान आया जिसके साथ-साथ हमारी प्राचीन नीति, प्राचीन विश्वास, प्राचीन सिद्धांत और कार्य करने के ढंग सब बदल गए। युगों के सड़े-गले सिद्धांत भस्मसात् हो गए और भारतीय राजनीति में एक नई क्रांतिकारी शक्ति का प्रार्दुभाव हुआ। एक नई भावना, एक नया उत्साह, जन-जन के अंदर जाग उठा। युग-युगों से संचित भारत के अंतर का विद्रोह 1857 की बीती यादें लिए एक नए रूप में एक साथ फूट पड़ा। अरुणा आसफअली भी उस अगस्त विस्फोट की चिनगारी हैं, जिसकी चमक से सारा देश चकाचौंध हो गया।

अरुणा आसफअली एक संभ्रान्त और प्रसिद्ध बंगाली परिवार में सन् 1910 में पैदा हुई थीं। पूर्णिमा बनर्जी और अरुणा ये दोनों बहनें भारत के आकाश में आज ज्वलित तारिकाएँ हैं। जब ये छोटी ही थीं, तभी उनके माता-पिता इन्हें लेकर प्रयाग आ गए। इनकी प्रारंभिक शिक्षा प्रयाग में और उच्च शिक्षा कलकत्ता

यूनिवर्सिटी में हुई। कलकत्ता यूनिवर्सिटी में जिस समय ये बी.ए. में पढ़ रही थी, तभी सौभाग्य से इनके साथ श्री आसफअली भी पढ़ते थे। दोनों ही यूनिवर्सिटी के होनहार विद्यार्थी थे। जहाँ वे एक दूसरे के घनिष्ठ संपर्क में आए और उन्होंने एक दूसरे के विचारों को समझने की चेष्टा की। कलकत्ता यूनिवर्सिटी से बी.ए. की परीक्षा पास करने के पश्चात् श्री आसफअली बैरिस्टरी के अध्ययन के लिए इंगलैंड चली गई। वहाँ जाकर उनके जीवन में प्रथम बार राजनीति का प्रवेश हुआ और वे भारत लौटते ही खिलाफत आंदोलन में जुट गई।

अरुणा सर्वप्रथम सन् 30 में जेल गईं। आपको राजनीति में लाने का श्रेय श्रीमती सत्यवती को है। इन्होंने सर्वप्रथम दिल्ली में स्त्रियों का स्वयंसेवक दल संगठित किया। अरुणा-सत्यवती के विचारों, योग्यता और कार्य संलग्नता और उज्ज्वल देश भक्ति से अत्यंत प्रभावित हुईं और इनका पूर्णरूप से हाथ बटाने का निश्चय किया। सन् 30 में इन्होंने दिल्ली में प्रथम भाषण दिया। उन दिनों नमक आंदोलन चल रहा था, हजारों आदमी जेलों में थे। उस ऐतिहासिक भाषण में इन्होंने सन् 1857 के स्वतंत्रता आंदोलन का पूर्ण इतिहास बताया। यूनिवर्सिटी में भी इतिहास अरुणा का प्रिय विषय था और इन्होंने फ्रांस, चीन, रूस आदि की राज्य क्रांतियों का विश्लेषणात्मक अध्ययन किया था। उन्होंने सन् 57 के गदर की समता विश्व की प्रसिद्ध क्रांतियों से दी और उसे स्वतंत्रता का प्रथम युद्ध बतलाया। उन्होंने उन क्रांतियों के ऐतिहासिक कारणों पर भी प्रकाश डाला। सर्वप्रथम अरुणा ने ही निर्भीक स्वरों में सत्याग्रह आंदोलन के कार्यक्रम एवं गाँधीजी की विचारधारा की कटु आलोचना की। उस समय किसी को साहस भी न हो सकता था, कि गाँधीजी की आलोचना कर सके। उन्होंने देश को शक्ति दी थी, जीवन दिया था, पर अरुणा ने अपने राजनैतिक जीवन में अरुणोदय में स्पष्ट शब्दों में कहा था। "आज देश एक क्रांति युग से गुजर रहा है और मैं प्रत्येक भाई और बहिन को उस क्रांति में भाग लेने का आह्वान करती हूँ पर साथ ही मैं भविष्य की निराशाओं से आपको सावधान कर देना चाहती हूँ। आज का संघर्ष एक संघर्ष मात्र है और सन् 57 का संघर्ष एक क्रांति थी। हमें पूर्ण स्वाधीनता की प्राप्ति के लिए फिर एक ऐसी ही क्रांति करनी पड़ेगी, और बलिदानों के लिए अपने को तैयार करना पड़ेगा। आज गाँधीजी ने हमें सत्याग्रह का एक अहिंसात्मक शस्त्र दिया है। मैं नहीं कहती कि इसमें शक्ति नहीं, पर इसकी सफलता हमारे पूर्ण संगठन और संपूर्ण एकता पर निर्भर है, पर विश्व क्रांतियों के इतिहास आपको बतलाएँगे कि किसी राष्ट्र में महान् से महान् जागृति के क्षणों में भी पूर्ण एकता कभी नहीं हुई और प्रत्येक अवसर पर क्रांति के द्वारा हिंसात्मक प्रयोग से आजादी मिली है और भारत भी उसके लिए अपवाद नहीं हो सकता।" उन दिनों कदाचित् इन शब्दों की सत्यता और महानता पर लोगों को विश्वास नहीं किया हो—पर इन शब्दों की छिपी भावना

आज प्रत्येक राष्ट्रप्रेमी नवयुवक के हृदय में विद्यमान है। उन दिनों अरुणा की अंतर्शक्ति और क्रांतिकारी प्रवृत्ति की लोगों ने समझने की चेष्टा चाहे न की हो, क्योंकि उसके लिए उस समय उपयुक्त वातावरण न था, पर आज राष्ट्र बदल गया, आज राष्ट्र का स्वरूप बदला है, आज राष्ट्र की भावनाएँ बदली हैं, आज राष्ट्र में जीवन बदला है और राष्ट्र के कोटि-कोटि मानवों के अंतःकरण में उस क्रांति युग को निकट लाने की दुर्दमनीय साहस और शक्ति भी बदली है और इसी बदले हुए युग में हमारे नेता भी बदले हैं और उसी परवर्तित युग में अरुणा जी राष्ट्र की शत्-शत् आशाओं और विश्वास की अजस्र स्रोत हैं।

कदाचित बात आश्चर्य युक्त है। अरुणा की शक्ति को सर्वप्रथम जनता ने नहीं, पर दिल्ली के चीफ कमिश्नर श्री लावेली साहब ने पहचाना। उस अहिंसा के युग में क्रांति का संदेश सुनानेवाली इस वीर महिला को कार्यक्षेत्र में आते देखकर उनके कान चौकन्ने हो गए और अरुणा जी अविलंब गिरफ्तार कर ली गईं पर इन्होंने सत्याग्रह का प्रतिज्ञापत्र नहीं भरा था। वे फूलों में हार डलवाकर एक विशेष आयोजन के साथ बंदी नहीं बनाई गई थीं, यहाँ तक कि उन्हें गाँधी जी के अहिंसा में भी विश्वास न था, अतः पुलिस ने उन्हें राजनैतिक कारणों की बजाय एक उस रहस्यमय एवं अस्थिर महिला के रूप में गिरफ्तार किया जिसके चरित्र पर पुलिस को संदेह है, जिसके रहने और आजीविका के साधन भी निश्चित नहीं। आज उस अनुचित और अपवित्र बात का स्मरण करके भी हृदय क्रोध और घृणा से भर उठता है। शांति और व्यवस्था की स्थापना के ठेकेदार लाल पगड़ीधारी काले हिन्दुस्तानी सिपाही जो अपनी कालिमा में न जाने कितने अक्षम्य अपराधों को छिपाए बैठे हैं, इतना भी न सोच सके कि अरुणा दीदी एक दिन राष्ट्र की सबसे पवित्र निधि होंगी और उनकी आत्मा के उज्ज्वल प्रकाश को वे किसी प्रकार कलंकित नहीं कर सकते ?

पुलिस ने उनसे सच्चरित्रता की जमानत माँगी, जिसे उन्होंने दृढ़ता से मना कर दिया और वे 1 वर्ष के कारावास के लिए लाहौर महिला जेल में भेज दी गईं। वहाँ उन्होंने अपनी प्रतिभा और सहज स्वाभाविक स्नेह से प्रत्येक महिला राजनैतिक बंदी को मोहित कर लिया और प्रत्येक अरुणा को बहुत प्यार करती थीं। जेल में उन्होंन राजनीति का भी अध्ययन किया, पर कुछ ही दिनों पश्चात् सन् 31 में गाँधी-इर्विन समझौता हो गया और समस्त राजनैतिक महिलाएँ छोड़ दी गईं, पर अरुणा न छोड़ी गईं पर लाहौर जेल की प्रत्येक महिला बंदी ने बिना अरुणा के छूटने से स्पष्ट इंकार कर दिया। जेल अधिकारियों के समक्ष, एक कठिन समस्या थी। सुबह से शाम हो गई, पर एक भी महिला जेल से न निकली। अंत को केंद्रीय सरकार, पंजाब की प्रांतीय सरकार और गाँधी इत्यादि के पास तार भेजे गए। दिल्ली से गाँधीजी व डा. अंसारी ने एक संयुक्त तार द्वारा महिला बंदियों से बिना अरुणा

के ही मुक्त होने का आदेश दिया। लाहौर जेल से कई सौ महिलाएँ आँसू भरे नेत्रों से बाहर निकलीं पर अरुणा दृढ़ थीं। वे आत्मविश्वास के स्वरों से स्नेह का अँचल फैलाए प्रत्येक से विदा ले रही थी, उनकी आँखों में आत्मगौरव का मूक संदेश और देशभक्ति की तीव्र ज्योति थी जो आनेवाले नए युग को क्रांति का संदेश सुना रही थी। अरुणा लाहौर महिला जेल में अकेली रह गईं, उस एकाकीपन में उन्होंने युग-युग के विश्वासों और आदर्शों का एकीकरण किया और उसकी पूर्ति के लिए बलिदानों के संकटपूर्ण मार्ग से कभी विचलित न होने की प्रतिज्ञा की। उधर अरुणा के न छोड़ने पर देशव्यापी विरोध की एक लहर फैली। कई महिलाओं ने जिनमें श्रीमती सत्यवती प्रमुख थीं, प्रसिद्ध नेताओं से उन्हें छुड़ाने के लिए प्रार्थना की, वायसराय को भी अनेक विरोधी पत्र और तार भेजे गए। अंत को कुछ दिनों के पश्चात् वे भी छोड़ दी गईं। यह दृश्य अभूतपर्वू था। लाहौर महिला जेल के द्वार पर हजारों व्यक्तियों और उनके भागे प्रसिद्ध सीमांत नेता अब्दुल गफ्फार खाँ प्रतीक्षित नेत्रों से एक महिला के आने की प्रतीक्षा कर रहे थे। जनता ने विस्फारित नयनों से देखा एक फूल सी कोमल और आशा सी मधुर पग-पग पर स्नेह और करुणा की सुकोमल सृष्टि करती हुई, एक 'अरुण' किरण फूट पड़ी, किसी अज्ञात प्रेरणा से जनता जय-जयकार के गंभीर घोष से फूट पड़ी, पर कौन जानता था कि वही किरण एक दिन देश-व्यापी क्रांति की विप्लवकारी अग्नि को सुलगाने वाली एक चिनगारी बन जाएगी ?

सन् 32 में गोलमेज कांफ्रेंस से गाँधीजी के लौटने के पश्चात् ही समस्त नेता गिरफ्तार कर लिए गए और आंदोलन फिर छिड़ गया। अरुणा भला कब पीछे रह सकती थी। सत्यवती के साथ वे भी गिरफ्तार कर ली गईं। उन्हें इस बार 1 वर्ष का कठोर कारावास और साथ में 200) दंड मिला। पुलिस ने इन दो सौ रुपए के बदले इनकी बहुमूल्य साड़ियों को ले लिया और श्री आसफअली और इनके मकान व अन्य वस्तुओं को हाथ न लगाया। इन साड़ियों के लेने में पुलिस ने अपने न जाने किस उद्देश्य की पूर्ति की। उस बार वे दिल्ली डिस्ट्रिक्ट जेल में एक महिलावार्ड में बंदी बनाई गईं। यहाँ उन दिनों जेल अधिकारियों का राजनैतिक बंदियों से बड़ा दुर्व्यवहार था। इसके विरोध-स्वरूप इन्होंने भूख हड़ताल करने का निश्चय किया, इसमें समस्त राजबंदियों ने योग दिया। अंत को सात दिन की भूख हड़ताल के पश्चात् जेल अधिकारियों ने राजनैतिक बंदियों की माँगों को स्वीकार कर लिया। यह अरुणा की बड़ी विजय थी। उस भूख हड़ताल से पहले भी वे कुछ बीमार थीं, पर उन्होंने निर्भीकता से उपवास रखा, जिससे वे अत्यंत दुर्बल हो गईं, पर जेल अधिकारियों ने इसके फलस्वरूप उन्हें दिल्ली से अम्बाला जेल बदल दिया, जहाँ महिलाओं के लिए अलग जेल या वार्ड न था, अतः उन्हें एक काल कोठरी में रखा गया जहाँ इन्हें किसी से मिलने-जुलने नहीं दिया जाता था।

जेल से छूटने के पश्चात् एक प्रकार से अरुणा ने क्रियात्मक राजनीति से संन्यास ले लिया। इसका यह अर्थ नहीं कि उनके हृदय में पूर्ण उत्साह लगन और क्षमता का अभाव था पर अनुभवों के आधार पर इन्होंने अनेक कटु सत्यों का अनुभव किया। अरुणा ने और राष्ट्र के अनेक सैनिकों ने उस संग्राम में अनेक बलिदान और कष्टों को सहन किया था पर उनका अंतिम परिणाम क्या हुआ ? हम अपने गुलामी के स्थान से एक इंच भी आगे न बढ़े, न हमारे अंदर उस महान् उद्देश्य की प्राप्ति के लिए भावना का ही विकास हुआ। देश जहाँ स्थिर था। वहाँ से भी पीछे हट गया। कांग्रेस ने असेम्बलियों में जाने का निश्चय किया और वह वैधानिक कार्यक्रम में जुट गई पर उसकी क्रांतिकारी शक्तियाँ धीरे-धीरे नष्ट होने लगीं। अरुणा का हृदय वेदना और उदासी से परिलुप्त हो गया। क्या राष्ट्र के अपरमित त्याग केवल इस अवांछनीय उद्देश्य की प्राप्ति के लिए ही थे ! कल तक सरकारी मशीन से टक्कर लेनेवाले कांग्रेसजन उसी घिसी हुई मशीन के कलपुर्जो को चलाने के लिए मंत्रिमंडल बनाकर विभिन्न प्रांतों में बैठ गए। गाँधीजी ने अहिंसा का पालन कांग्रेसजनों के लिए और भी दृढ़ कर दिया। कांग्रेस दिन-ब-दिन किसान, मजदूरों और विद्यार्थियों के क्रांतिकारी वर्ग से दूर हटती गई और हमारा राष्ट्रीय आंदोलन निष्क्रियता की शृंखलाओं मे जकड़ गया। अरुणा इसके प्रति निरपेक्ष होकर नहीं रह सकती थी। इन्होंने उन दिनों राष्ट्रीय व अंतर्राष्ट्रीय साहित्य का भी अध्ययन किया। समाजवाद से भी इन्होंने इन्हीं दिनों परिचय प्राप्त किया पर सत्य तो यह है कि अरुणा समाजवादी या अन्य कोई वादी नहीं। वे ठोस क्रांतिकारी हैं। उनके जीवन का प्रथम और अंतिम उद्देश्य भी क्रांति विद्रोह और बलिदान है, वे एक साधारण सैनिक की भाँति युद्ध भूमि में लड़कर मरना जानती है।

सन् 42 की महान् क्रांति में उन्हें अपनी प्रतिभाओं को प्रकाश में लाने का सुअवसर प्राप्त हुआ। वर्षों से निःसंदेह उनकी आत्मा जाग उठी। 9 अगस्त, सन् 42 भारत की क्रांति के इतिहास में सदैव अमर रहेगा, उस दिन भारत के क्रांति युग का प्रथम प्रभात था। उस भैरव बेला में, उस फूटते हुए प्रभात की अरुण बेला में, उस महान् क्रांति का संदेश दिया था अरुणा ने, वे प्रभात की उस अरुणिम उषा की तरह आई थीं, जिसके अंतर में मध्यान का संदेश छिपा रहता है। उन्होंने जागते हुए भारत को क्रांति का संदेश दिया था। अपनी स्मृति के धुँधले चित्रों में उन्हें टटोलने का प्रयास करता हूँ। बंबई में, हाँ बंबई में 9 अगस्त को गावालिया टैंक के विशाल मैदान में लाखों की क्षुब्ध जनता के सम्मुख तिरंगे झंडे की छाया में उन्होंने राष्ट्र को क्रांति का संदेश दिया था। उस दिन झाँसी की रानी की तरह उन्होंने अपने हाथों से एक ज्वाला सुलगाई थी, जिसने बलिदानों की अमर परंपरा को जीवित किया उसे संगीनों की क्रूर नोंकें और गरजती हुई गोलियों की ज्वाला भी शांत नहीं कर सकती।

उस दिन वे उस महान् क्रांति के कुशल संचालन में लग गईं, बंबई और दिल्ली ही के क्या समस्त भारत के सी.आई.डी. और पुलिस को उन्होंने नीचा दिखा दिया पर वे 4 वर्ष तक निरंतर कार्य करते हुए भी वे न पकड़ी जा सकतीं। वे कुछ दिनों तक बंबई में श्री अच्युत, राममनोहर लोहिया के साथ कार्य करती रहीं, इन्हीं दिनों इनका संसर्ग श्री जयप्रकाश जैसे महान् नेता से हुआ। बंबई में कार्य करते हुए, वे कई बार दिल्ली आईं और उन्होंने दिल्ली में कई माह तक आंदोलन का संचालन किया। उनके साहस की पराकाष्टा केवल इस बात से ही जानी जा सकती है कि वे अज्ञातवास के दिनों में जब सारे भारत की अनुभवी पुलिस इनके पीछे पड़ी हुई थी, वे निर्भयता से बिड़ला मिल्स और दिल्ली क्लाथ मिल्स के मजदूरों में स्वयं जाकर कार्य करती थीं, इसी का प्रभाव है कि आज अरुणा दिल्ली के मजदूरों की एक महान नेता हैं। सन् 1943 के अंतिम दिनों में उन्होंने बंगाल का भी दौरा किया और अकाल पीड़ितों की यथार्थ सहायता की। वे सैंकड़ों मील पैदल चलकर भूखों को अन्न बाँटती थीं और उनकी सहायता करती थीं। इन्होंने दिसम्बर 45 में श्री अच्युत के साथ मौलाना आजाद को एक ऐतिहासिक पत्र लिखा जिसमें उन्होंने अगस्त आंदोलन संबंधी अपने उत्तरदायित्व को स्वीकार किया और उसके औचित्य को समझाने की चेष्टा की थी।

अपने 4 साल के लंबे अज्ञातवास में वे कई बार गिरफ्तार होते-होते बचीं। ये 4 वर्ष अनेक साहसपूर्ण कहानियों और रोमांचकारी घटनाओं से भरे हुए हैं। आज की परिस्थितियों में वे सब स्पष्ट नहीं की जा सकतीं। राममनोहर लोहिया की तरह अरुणा भी आज उन्हें जनता के सम्मुख लाने के लिए प्रस्तुत नहीं हैं, क्योंकि उनसे उनके अनेक साथी और कार्यकर्ता आज भी संकट में पड़ सकते हैं और क्रूर नौकरशाही भविष्य के अंतिम स्वतंत्रता संग्राम में उनसे लाभ उठा सकती है। पर उनके साहस की कुछ घटनाओं का उल्लेख आवश्यक है। 9 अगस्त सन 42 को प्रातः मौलाना आजाद बंबई में ध्वजारोहण करनेवाले थे। प्रातः से पूर्व ही समस्त नेता गिरफ्तार हो गए, लाखों उत्सुक जनता को उन्होंने 'भारत छोड़ो' और 'करो या मरो' का संदेश सुनाया। पुलिस ने बड़ी क्रूरता से लाठी चार्ज आँसू गैस और गोलियों से उस भीड़ को तितर-बितर करना चाहा पर उन्होंने निर्भयता से उसी बीच खड़े होकर जनता को स्थिर रहने का आदेश दिया। "गोलियाँ और दमन हमारी भावना को नहीं कुचल सकते, आज से हमारा स्वतंत्रता संग्राम प्रारंभ हो गया" यही संदेश उन्होंने प्रत्येक व्यक्ति को सुनाया। उन्होंने कांग्रेस के स्वयं सेवकों को जो रैली करने के लिए एकत्र हुए थे। आदेश दिया कि अपने-अपने स्थान पर डटे रहें, फिर उन्हें मार्च का आदेश दिया। आह ! कितना हृदयग्राही दृश्य था, आँसू गैस, गोलियों और लाठियों की चिंता न करते हुए भी एक वीर क्रांतिकारी महिला उन्हें आदेश दे रही थी। कांग्रेस स्वयंसेवकों ने तिरंगे झंडे के अभिवादन

में मार्च किया पर आँसू गैस और कुछ गोलियों के लगने से धराशाही हो गए पर जो उठ सकते थे वे फिर उठे और उन्होंने मार्च करना जारी रखा। अरुणा ने अनेक गोलियाँ लगते-लगते बचीं। कुछ पुलिस अधिकारी राष्ट्रीय तिरंगा ध्वजा को उतारने के लिए बढ़े। अरुणा ने कुछ स्वयंसेवकों को आदेश दिया, कि झंडे की अंतिम साँस तक रक्षा करो। आँसू गैस से प्रायः अंधे स्वयंसेवक दौड़कर टटोलते हुए ध्वज तक पहुँचे। उन्होंने अपने हाथों से ध्वज के आधार को पकड़ लिया। पुलिस ने पैरों में गोलियाँ चलाईं पर वालन्टियर न हटे। अंत में वह निर्दयता से पुलिस ने उनकी मुट्ठियों और कलाइयों पर किर्च भोंक-भोंककर उन लहूलुहान हाथों को हटाया और उस रक्त से सिंचित भूमि पर झंडे को झुकाया।

उनकी गिरफ्तारी के लिए केंद्रीय सरकार ने 5 हजार रुपए का पुरस्कार घोषित किया। सारे प्रांतों की पुलिस ने सरगर्मी से इनकी खोज प्रारंभ की। इनके चित्र सैंकड़ों प्रतिलिपियों में विभिन्न प्रांतों की पुलिस को भेज दी गई। दिल्ली और कलकत्ते में ये अनेक बार गिरफ्तार होते-होते बचीं, पर प्रत्येक बार अपनी चेतनता, मस्तिष्क और चतुरता के कारण बच गईं। एक बार कलकत्ते में किसी मकान में ठहरी हुई थीं। पुलिस को कदाचित् इसका पता चल गया। इनके साथी को भी इस विषय में संदेह हो गया, पर एकदम वे कहाँ जाएँ। इन्हें एक युक्ति सूझी। प्रातः स्टेटसमैन में उन्होंने आवश्यकता स्तंभ में पढ़ा था, कि एक यूरोपियन परिवार को एक यूरोपियन महिला अतिथि की आवश्यकता है। उन्होंने फौरन टैक्सी ली और वहाँ चली गईं। यूरोपियन महिला इनकी सहज सुंदरता और आकर्षणपूर्ण व्यक्तित्व से इतनी प्रभावित हुई कि उसने एक यूरोपियन की बजाय एक हिन्दुस्तानी महिला को रखना स्वीकार कर लिया। पुलिस ने इनके जाने के कुछ देर पश्चात् ही उस मकान पर छापा मारा पर अरुणा कहाँ थी ?

इसी प्रकार एक बार कलकत्ते में अरुणा बीमार पड़ गईं। इनके साथियों ने इनसे एक धनी मित्र के यहाँ रहकर इलाज कराने का आग्रह किया, जिसे अरुणा जी ने बड़ी अनिच्छा से स्वीकार किया। उस धनी व्यक्ति के यहाँ एक बार एक मित्र आया जो एक प्रसिद्ध सरकारी अफसर था और जो अरुणा को पहले से जानता था। घर में उसके संबंध बहुत अच्छे थे अतः वह निःसंकोच अरुणा के कमरे में घुस गया और वहाँ अरुणा को पाकर आश्चर्यचकित हो गया। अरुणा तो पहले स्तंभित हुईं, पर बाद को उन्होंने बड़ी दृढ़ता से उसका सत्कार किया और बैठने के लिए स्थान दिया। अरुणा लगभग आध घंटे तक उससे बातें करती रहीं। अरुणा के सहज आकर्षक व्यक्तित्व और बातों से वह इतना प्रभावित हुआ कि उसने अरुणा के सम्मुख ही स्वीकार किया, वे उसके जीवन के सबसे महत्त्वपूर्ण क्षण है जिनमें उन्होंने भारत की महान् क्रांतिकारी नेता श्री अरुणा से वार्तालाप किया और उस मूक कृतज्ञता को वे जीवनभर स्वीकार करेंगे।

कलकत्ते में वे निर्भयता से अपनी कार में घूमती थी और अपने साथियों और मित्रों को दिए गए समय की दृढ़ता से पालन करती थी। वे धर्मतल्ला या किसी अन्य बड़े बाजार के चौराहे पर किसी बड़ी बिल्डिंग या सिनेमा के पास अपने साथियों को दिए गए समय पर मिलती थीं और उपयोगी सूचना या समाचार प्राप्त कर फिर फौरन अपनी टैक्सी से वापिस चली जाती थीं वे बिजली के समान, इस फुर्ती व कौशल से आती जाती थीं कि उनके मित्र भी आश्चर्य चकित हो जाते थे। अरुणा प्रत्येक समय बड़ी सावधान रहती थी और इसी कारण ये 4 वर्षों के लंबे समय तक भी पुलिस के हाथों नहीं आ सकीं। एक बार ये अपने एक मित्र के यहाँ दिल्ली में ठहरी हुई थीं। रात्रि को एकाएक 4 बजे इनकी नींद खुल गई। आत्मा की किसी मूक पुकार ने इन्हें सावधान होने का आदेश दिया और वे उस स्थान से फौरन ही चल दीं। दैवयोग से दो घंटे बाद ही पुलिस की एक बड़ी पार्टी ने उस मकान पर दिन निकलते ही छापा मारा पर मकान के एक-एक कोने को ढूँढ़ने पर भी अरुणा का पता न चला। अरुणा के जीवन में न जाने ऐसे कितने क्षण आए होंगे।

अपने अज्ञातवास के काल में अरुणा तीन बार गाँधीजी से मिलीं। दो बार तो सेवाग्राम में ही और एक बार जब गाँधी जी यात्रा में थे। उनका यह मिलन अत्यंत रहस्यपूर्ण और रोमांचकारी है।

अपने अज्ञातवास के इस दीर्घकाल में ही इन्होंने माँ को खो दिया, इलाहाबाद के एक पुराने मोहल्ले में इनकी माँ बीमार थी जहाँ सी.आई.डी. और पुलिस का कड़ा पहरा था। पूर्णिमा बनर्जी माँ की सेवा कर रही थीं। अरुणा इलाहाबाद आ गईं पर माँ से न मिल सकती थीं। आह ! कितना ममस्पर्शी दृश्य था, माँ मृत्यु-शय्या पर पड़ी थी पर वे उनसे न मिल सकती थीं। अंत को उन्होंने जीवन का सबसे बड़ा खतरा मोल लेने का निश्चय किया। वे रात्रि के अंधकार में सी.आई.डी. की आँखों से बचती हुई, खिड़की की राह से माँ के कमरे में कूद गईं। उन्होंने अपने ममता भरे स्पर्श से माँ को जगाना चाहा, वे एक अबोध बालिका की भाँति माँ की स्नेहभरी गोद में सो गई और प्यार भरे स्वरों में धीरे से माँ को पुकारा पर उस समय तक माँ संसार से विदा हो चुकी थीं। माँ की निर्जीव काया को अपने आलिंगन में बद्ध कर अरुणा फूट-फूटकर रो पड़ीं। उन्होंने अपने आँसुओं के स्पंदन में माँ का वह उज्ज्वल रूप देखा, जिसे वे जीवन भर नहीं भुला सकतीं। माँ के स्नेह भरे अंचल की मादमयी छाया में जीवन पाकर अरुणा ने अपने जीवन के अनेक स्वप्नों का निर्माण किया था। राजनीति और क्रांति के कठोर कर्तव्य क्षेत्र के परे भी उनका अपना संसार है जिस संसार से अरुणा स्नेह की सुकोमल सृष्टि हैं। जिस संसार में अरुणा पग-पग पर प्यार लुटाती हैं और अपनी ममता के सुकोमल संगीत से स्नेह की वर्षा करती हैं।

अंत को 26 जनवरी सन् 46 को सरकार ने उनका वारंट रद्द कर दिया और समस्त प्रतिबंध हटा लिए गए। वे कलकत्ते में थीं और सर्वप्रथम कलकत्ता की विराट सभा में उन्होंने भाषण दिया। अज्ञातवास के बाद प्रथम बार बोलते हुए इन्होंने कहा—"मैंने इसी कलकत्ता की सड़कों पर भारतवासियों को कुत्ते और चील की तरह कूड़ों से अन्न के दानों को बीनते हुए देखा है। मैंने यहीं के फुटपाथों पर लाज समेटती हुई बालिकाओं को भूख से तड़प-तड़पकर मरते देखा है। मैंने आष्टी और चिमूर में महिलाओं पर अत्याचार होते देखा है। क्या आप आष्टी और चिमूर में अपनी नारियों के प्रति होनेवाले अत्याचारों को सहन कर सकते हैं। यदि नहीं, तो हम सब मिलकर प्रतिज्ञा करें कि हम उस समय तक शांति से नहीं बैठेंगे जब तक विदेशी सत्ता का मूलोच्छेदन न कर दें।

दिल्ली की 50 हजार जनता के सम्मुख पहली बार भाषण देते हुए उन्होंने कहा—"मैं जानती हूँ कि आप आज मेरे रूप में सन 42 की उस भावना का स्वागत कर रहे हैं जिसने जनता में एक नई शक्ति दी थी। सन 42 में हमें एक उद्देश्य को लेकर हजारों सैनिकों की भाँति निकल पड़े थे। ये फूल आप मेरे गले में न डालकर उन मूक और अपरिचित देशभक्तों के गले में डालिए जिन्होंने समस्त खतरों से न डरते हुए हमें शरण दी थी।

4 साल तक बुर्के की दुनिया में रहने के पश्चात् अरुणा एक बार मुक्त वायु में आई हैं। पर आज वे राष्ट्र के लिए अपरचित नहीं हैं। राष्ट्र के कोटि-कोटि मानवों की वे चिरंतन आशा हैं। हजारों-लाखों की जनता के मूक चेहरों में, जो उनके स्वागत के लिए आते हैं, वे राष्ट्र का अमर संदेश पड़ती हैं। उन हजारों आँखों में वे सन् 42 की क्रांति की छाया पाती हैं और उस दृढ़ विश्वास की झलक, जो अगस्त सन 42 के अमर उत्थान से राष्ट्र में जागृत हुई थी।

मौलाना आजाद के नाम अच्युत पटवर्धन एवं अरुणा आसफअली का खुला पत्र

प्रिय मौलाना साहब,

कांग्रेस वर्किंग कमेटी द्वारा 11 दिसंबर सन् 1945 को अहिंसा के सिद्धांत पर जो प्रस्ताव पास हुआ था, उसका हमने ध्यानपूर्वक अध्ययन कर लिया है। बीते हुए तीन सालों में जो दो घटनाएँ घटित हुई हैं, उन घटनाओं पर लागू होनेवाले उसके रूप पर भी हमने विचार कर लिया है। इसके वर्तमान प्रयोग और भविष्य में होनेवाले किसी आंदोलन में जो वास्तव में जनता का आंदोलन होगा उसके प्रभाव का भी विश्लेषण हमने कर लिया है। आपने व्यक्तिगत रूप से इस प्रस्ताव की जो व्याख्या की हैं उससे यह अच्छी तरह मालूम हो जाता है कि यह नीति किस उद्देश्य को लेकर निर्धारित की गई है। क्योंकि इस प्रस्ताव में विगत तीन वर्षों की होनेवाली घटनाओं पर कांग्रेस कार्य समिति के सुचिन्तित विचार समाहित हैं; इसलिए इस विषय में हमारा और हमारे उन सब साथियों का जिनका इन घटनाओं से निकटतम संबंध है यह कर्तव्य हो जाता है कि आपके कारावास काल में धतित और व्यवहृत इन घटनाओं और नीतियों के संबंध में अपनी स्थिति और उत्तरदायित्व के विषय में अपना खुलासा कर दें :

प्रस्ताव के प्रथम वाक्य में ही वर्णित है कि प्रमुख कांग्रेसजनों की गिरफ्तारी के बाद...नेतृत्व विहीन जनता ने स्वयं काम किया, किंतु यह घटनाओं का सही लेखा नहीं है। आपकी गिरफ्तारी के बाद भी विभिन्न प्रांतों के बहुत से प्रमुख कांग्रेसी कार्यकर्ता जो कि कांग्रेस में अपना जिम्मेदार स्थान रखते हैं बंबई में रह गए थे। हममें से कुछ ऐसे भी थे, जिनका गाँधीजी के सत्य और अहिंसा में अटूट विश्वास है। हमने तथा हमारे साथियों ने अपना यह कर्तव्य समझकर कि 8 अगस्त सन् 1942 के प्रस्ताव को उसके कार्यान्वित करने के इच्छुक हजारों कांग्रेस जनों तक पहुँचाना हमारा कर्तव्य है, एक संगठन किया—हमने एक आवश्यकता का भी अनुभव किया कि गुलामी के पट्टे को फेंकती जनता को नेतृत्व की आवश्यकता

है। समय-समय पर अपील, घोषणाएँ, व्याख्याएँ और हिदायतें (जो कि कांग्रेस रेडियो से घोषित होती थीं) अ.भा. कांग्रेस समिति के नाम आपकी गिरफ्तारी के बाद में भी निकलनी प्रारंभ हो गई थीं। यदि हम अपने किए कामों के विषय में ही बोल रहे हैं तो इसका कारण यही है कि जो योजनाएँ और कार्यक्रम हमने कांग्रेस कार्य समिति के नाम पर इस पूरे समय में किए उनकी जिम्मेदारी स्वयं अपने ऊपर ले लें। इस प्रकार के उत्तरदायित्व के ग्रहण करने के हमारे अधिकार का कभी विरोध नहीं किया गया, बल्कि जनता ने हमारा साथ दिया स्वतंत्र होकर कार्य करने की कांग्रेस की पुकार से प्रेरित होकर जो कार्य किए वे निकट अतीत के इतिहास में असाधारण घटना हैं। एक बार जब उन लोगों ने अपना विद्रोही कदम उठा लिया तब उनको यह आवश्यकता प्रतीत हुई कि उन्हें प्रभावशाली और निर्भीक नेतृत्व मिले, इस भीषण कार्य में जिस सीमा तक संगठन करने की उनमें शक्ति थी उन्होंने संगठन किया। एक दफा तो उनकी प्रतिभा ने ब्रिटिश राज्य के संगठन और शक्ति पर विजय प्राप्त कर ली थी, तोड़-फोड़ शासकों पर आक्रमण और सामाजिक बहिष्कार को छोड़ कर बहुत सी हिदायतें दी जाती हैं।

सैद्धांतिक व्यावहारिकता

जहाँ तक अहिंसा का संबंध है कांग्रेस ने मजबूर होकर अपनाया है। समय-समय पर व्यावहारिकता की सीमा में उसने अपने दायरे की व्याख्या की है। भूतकाल में कांग्रेस कार्यसमिति ने गाँधीवादी कथित अहिंसा का अनुगमन करने से साफ इंकार कर दिया है ! इस विचार को सिद्ध करने के लिए रेकॉर्ड में दर्ज हुए प्रस्ताव मौजूद हैं। हम स्वयं गाँधी जी की फिलासफी के सामाजिक मूल्य से पूरी तरह प्रभावित हैं। किंतु हम उसके केवल व्यावहारिक और उदार रूप को ही स्वीकार करते हैं। यदि हम अपने ऊपर शासन करनेवालों को छोड़कर उस विधान से लड़ते जो अन्याय युक्त हैं तो इसका यही अर्थ होता है कि हम अहिंसक हैं जीवन और व्यक्तिगत सम्पत्ति का आदर करना तो अहिंसा भी सिखाती है। कांग्रेसी आज्ञा पत्र ने हमको जो आदेश भेजे हैं उनमें इन्हीं आदेशों पर जोर दिया गया है कि यदि सेना पुलिस अकारण दमन करती है तब सरलता से उस परिस्थिति को दूर नहीं किया जा सकता। प्रतिरोधी के सम्मुख केवल दो मार्ग रह जाते हैं, प्रथम तो यह कि या तो वह पूरी शक्ति से उसका सामना करे या उसके सामने समर्पण कर दे। कठिन से कठिन परिस्थितियों में भी कांग्रेस के नाम पर कलंक लगाने वाले समर्पण कभी नहीं किए। जुलाई सन 1942 के कांग्रेस कार्यसमिति के प्रस्ताव से

हमने अपना मार्ग निर्धारित किया था कि "प्रत्येक आक्रमण का सामना होना चाहिए क्योंकि झुकने का अर्थ होगा भारतीय जनता को कलंकित करना और दासता की बेड़ियों को मजबूत करता है।" कांग्रेस जापानी सरकार या किसी भी विदेशी आक्रमणकारी का डटकर प्रतिरोध करने का इरादा रखती है। पोलैंड के निवासियों ने अपनी आत्मरक्षा के लिए जो प्रतिरोध किया था, उसके विषय में गाँधीजी के सुविदित विचारों का भी हमें ध्यान है कुछ सीमाओं के अंदर ब्रिटिश सरकार को सशस्त्र सहायता देने का प्रस्ताव भी हमें भली भाँति याद है। आपके जेल से छूट जाने के पश्चात् एक्जीक्यूटिव-कौंसिल से सम्मिलित हो जाने के सिद्धांत से भी मालूम होता है कि हमारा कार्य कांग्रेस की नीति के विरुद्ध नहीं है क्योंकि उस समय भी वर्मा और इन्डोनेशिया को विजय करना बाकी था। वरना हमें तो यह नीति साधारण बनानी पड़ेगी जो कार्य ब्रिटेन के साथ मिलकर किया जाता है वह तो सुग्राह्य हो जाता है यदि उसके बिरुद्ध किए जाते हैं तो अक्षतव्य हो जाते हैं, तथापि यह संभव है कि कुछ विशेष परिस्थितियों के भीतर किए जानेवाले कार्यों पर भी निष्पक्ष मतभेद की हर समय गुंजाईश है। जो कुछ हमने कहा वह उन्हीं घटनाओं से संबंध रखता है जो आपकी बलात् नजरबंदी के अर्से में घटित हुई थी।

जनता को आदेश

जितना उत्तरदायित्व प्रस्तुत प्रस्ताव के सिलसिले में आपकी धारणा के अनुसार हमारे ऊपर आता है उसको स्वीकार करने में हमें पीछे नहीं हटना चाहिए। इससे इस सत्य में कुछ कमी नहीं आती कि सर्वव्यापक तात्विक विद्रोह स्वप्रेरित नहीं था। हाँ ! हमने इस विशाल जनशक्ति को कुछ नेतृत्व अवश्य दिया था, क्योंकि उसके अभाव में यह आंदोलन महीनों और हफ्तों व दिनों में भी नहीं चलता। कांग्रेस ने अपने इस निश्चय की घोषणा कर दी थी कि वह अहिंसात्मक रूप से एक व्यापक जन आंदोलन करनेवाली है। "प्रत्येक भारतीय जो स्वतंत्रता की इच्छा रखता है उसके लिए प्रयत्नशील है" उसे अपना नेता स्वयं ही बनना था और अपने को ऐसे पथ पर चालू करना था जहाँ कोई विश्राम स्थान नहीं है। किंतु यह तो स्पष्ट है कि प्रेरणा और संगठन प्रत्येक मनुष्य स्वयं ही प्राप्त नहीं कर सकता। कुछ कांग्रेसजनों और महिलाओं ने इस अभाव की पूर्ति करने का प्रयत्न किया, तथापि अपने सत्य को जान-बूझकर उपेक्षा की है कि आपकी अनुपस्थिति में हम लोगों में से कुछ ने इरादे के साथ निर्देश और नेतृत्व देने का प्रयत्न किया है। आपने निश्चय से कहा है कि नेतृत्व देने का प्रकार कांग्रेस की नीति के विरुद्ध था। तब

हमारे सम्मुख दो कमजोरियाँ आ जाती हैं। प्रथम तो यह कि जो कुछ हुआ उसे हम जनता के स्वप्रेरित विद्रोह का प्रतिफल पुकारें और आपके न्याय को भविष्य में होनेवाली किसी आंदोलन के लिए नसीहत के रूप में स्वीकार कर लें। यह भी हो सकता है कि हम अपने को जिम्मेदार न समझें और चुपचाप आपकी नसीहत मानकर बैठे जाएँ। किन्तु हमारा सत्य हमको इस सरल मार्ग को ग्रहण करने से रोकता है। हमको बार-बार चेतावनी दी गई थी, कि हमारी कार्यवाही को ठुकराया जा सकता है। कांग्रेस उसे स्वीकार नहीं कर सकती, तथापि हम अपने पथ पर विश्वास के साथ चलते रहे और हमने वैधरीति से जनता का प्रतिरोध करने की शक्ति को प्रबल करने का भरसक प्रयत्न किया। हम अपनी अंतर्प्रेरणा से अपने विचारों को पुनः स्वीकार करते हैं और उसके परिणाम भुगतने को तैयार हैं। हमने जनता पर कोई खास व्यवस्था नहीं लादी थी। वर्ना हमने जगह-जगह विद्रोह करनेवाली जनता का अध्ययन किया था और उस अध्ययन के बल पर निष्कर्ष निकाला था हम यथाशक्ति और यथाबुद्धि सुदूर स्थानों पर जनता को लाभान्वित करने का प्रयत्न करते थे। हमारे आदेशों को मानकर सहस्रों लोगों ने अपने जीवन को खतरे में डाला था। यदि हम ऐसे नेतृत्व को अपने ऊपर नहीं लेते तो कायरता होगी। हम अंग्रेजी विधान के विरुद्ध कोई व्यक्तिगत युद्ध नहीं कर रहे थे।

अरुणा आसफअली
अच्युत पटवर्धन

संयुक्त वक्तव्य

श्री जयप्रकाश नारायण, अरुणा आसफअली, अच्युत पटवर्धन एवं डा. राममनोहर लोहिया का सम्मिलित वक्तव्य

मंत्री-मिशन प्रस्तावों को ठुकरा देने की अपील

भारत की जनता इस समय एक महत्त्वपूर्ण निर्णय की प्रतीक्षा में है जो अंतिम रूप से उसके वर्तमान और भविष्य के राजनैतिक प्रयत्नों की दिशा को स्थिर करेगी। अखिल भारतीय राष्ट्रीय कांग्रेस ने गत 60 वर्षों से इस प्रयत्न की रूपरेखा बनाई है और उसका नेतृत्व एवं निर्देशन किया है ओर अनेक संघर्षों द्वारा वास्तविक स्वतंत्रता के उन स्थिर तथ्यों को जन्म दिया और स्थापना की है, जो भारत के करोड़ों मनुष्यों पर अपना प्रभाव डालते हैं। हम जो भी निर्णय करें वे दृढ़ता से हमारी राष्ट्रीयता के आधारभूत सिद्धांतों की कसौटी पर कसकर ही किए जाने चाहिए।

हमारी राष्ट्रीयता के मूलभूत सिद्धांत निम्नलिखित हैं–

(1) विदेशी सत्ता के प्रभुत्व का पूर्णरूप से अंत हो।

(2) प्रत्येक मनुष्य की राजनैतिक और आर्थिक एकता स्थापित की जाए।

(3) प्रजातंत्री शासन प्रणाली द्वारा हमारे राष्ट्रीय एवं आर्थिक संबंधों में उत्तरोत्तर बढ़ती हुई एकता उत्पन्न की जाए।

(4) हमारे आधारभूत प्रारंभिक अधिकारों का एक सामान्य जाब्ता हो, जिसके द्वारा राजनैतिक और आर्थिक क्षेत्र में प्रत्येक नागरिक को समान और एक सा पद प्राप्त हो सके और उस एकता के लिए हमें अपने धार्मिक व प्रादेशिक-मतभेदों को स्थान नहीं देना चाहिए।

क्या हम इन मूलभूत सिद्धांतों पर बिना उनकी हत्या किए दृढ़ता से जमे रहेंगे और अपनी जनता की शक्ति को विश्वास रखते हुए किसी भी मूल्य पर इन आवश्यक सिद्धांतों का हनन न होने देंगे ?

इस प्रकार का निर्णय संभवतः हमें फिर एक बार उन शक्तियों से टक्कर लेने को बाध्य करे जो इन तमाम सामग्रियों से लैस है, जिसका प्रयोग व उस संघर्ष के जागरण काल में करते हैं। अथवा इसके विपरीत हम उन पार्टियों और व्यक्तियों के साथ मिलकर सहयोग और समझौते की भावना से कार्य करने को सहमत हो

जाएँ ? जिन्होंने अब तक हमारा प्रत्येक कदम पर विरोध किया है। इस प्रकार का निर्णय हमें फिर कटुता और झगड़ों की मरुभूमि की ओर ले जाएगा। यह दूसरा रास्ता उन प्रतिरोधक शक्तियों को छिन्न-भिन्न करने के लिए आकर्षित करेगा, जिसे कांग्रेस ने बड़ी कठिनता से प्राप्त किया है।

हम चौराहे पर खड़े हैं और ब्रिटिश मंत्री मिशन के प्रस्तावों पर हम जो भी निर्णय करें, उसका निर्धारण उन आवश्यक सिद्धांतों द्वारा होना चाहिए, जिसने भूतकाल में हमें प्रत्येक संकटकाल में जीवित और उत्साहित रखा है।

स्वतंत्रता के लिए पहला कदम

सर्वप्रथम पूर्ण स्वतंत्रता हमारे उद्देश्य के अनुसार हमारी माँग है, कि परोक्ष या अपरोक्ष रूप से समस्त ब्रिटिश सेनाएँ यहाँ से हटा ली जाएँ। यह विधान असेम्बली के कार्य करने से प्रारंभ ही हो जाना चाहिए। इसके साथ ही ब्रिटिश पूँजीपतियों के हित भी यहाँ से नष्ट कर दिए जाए जिन्होंने एक शताब्दि से भारतीय पूँजीपतियों के साथ मिलकर भारत के भाग्य को नष्ट करने का प्रयत्न किया है।

इसी प्रकार वायसराय का प्रधान शासक तथा सम्राट के प्रतिनिधि के पद अंतःकाल में ही समाप्त हो जाए, जिससे एक सच्ची स्वतंत्रता का उदय हो सके ! रियासतों में नागरिक स्वतंत्रता का अभाव तथा नरेशों द्वारा हिंसात्मक दमन हमारे उस उद्देश्य को नष्ट कर देंगे।

दूसरे हम अपनी आजादी पूर्ण एकता एवं प्रजातांत्रिक ढंग से चाहते हैं। किसी भी समझौते के औचित्य का हमारे पास एक ही मापदंड होना चाहिए—क्या उनसे हमारी एकता दृढ़ होती है ?

केंद्रीय सरकार संसार के किसी भी राष्ट्र में आज केवल पर राष्ट्र नीति एवं सुरक्षा पर नियंत्रण कर एकता को स्थापित नहीं कर सकती। परराष्ट्र नीति विदेशी व्यापार एवं आर्थिक संबंधों में दृढ़ता न होने पर विफल हो सकती है। एक ऐसी केंद्रीय सरकार का निर्माण व्यर्थ होगा जो पर्याप्त अधिकारों के अभाव में स्वयं अपनी प्रभाव शून्यता पर अधिकार रखे।

प्रांतों में अनिवार्य समूहीकरण ब्रिटिश पूँजीपतियों को भारत के आर्थिक जीवन में अपना प्रभाव डालने में सहायता करेगी, जिसे केंद्रीय सरकार भी रोकने में सफल न होगी।

स्वतंत्रता के मूलतत्त्व का निर्माण नए राष्ट्र की प्रजातंत्रीय शक्तियों द्वारा होता है। जब इसका आधार ही अप्रजातंत्रीय ढंगों से हो रहा है, तब स्वतंत्रता मृगतृष्णा रहना ही चाहिए ! हमें भूलना न चाहिए कि जब हजारों कांग्रेसजन जेलों में थे, तभी वर्तमान असेम्बलियों का निर्माण वोटरों द्वारा हुआ था और इसी कारण

एक संग अधिक प्रांतों में मुस्लिम क्षेत्रों में कपट द्वारा वोट प्राप्त किए गए।

ये असेम्बलियाँ इस कारण से भारत की राष्ट्रीयता की सच्ची शक्तियों का तनिक भी प्रतिनिधित्व नहीं करती। ऐसी असेम्बलियों से विधान परिषद का निर्माण प्रजातंत्रवाद का उपहास होगा। अतः इस संबंध में केवल एक ही सही रास्ता यह होगा कि विधान परिषद का निर्माण नए सिरे से बालिग मताधिकार के अनुसार हो। इसके अभाव में परिषद् का प्रजातंत्रीय रूप नष्ट हो जाएगा। जिसके द्वारा हम पूर्ण स्वतंत्रता करने की बात सोच रहे हैं।

ब्रिटिश सरकार ने अपने कर्तव्य को सच्चाई और कर्तव्य परायण्ता से नहीं निभाया। उसने देशी राजाओं से नागरिक अधिकारों की सुरक्षा का वचन न लेकर राष्ट्र की प्रतिगामी शक्तियों को प्रोत्साहित किया है। केवल यही एक उदाहरण उनके दृष्टिकोण पर प्रकाश डालने के लिए पर्याप्त है। इंगलैंड की मजदूर सरकार ने स्पष्ट घोषणा कर दी है, कि घर पर साम्यवाद होने का अर्थ यह नहीं कि विदेशों में हम अपने साम्राज्य को नष्ट कर दें।

प्रांतों में अनिवार्य समूहीकरण के प्रस्ताव से प्रांतीय स्वाधीनता नष्ट हो जाती है। इस प्रकार वैधानिक महल की आधारशिला ही हटा दी गई है। अंतःकालीन सरकार में समानता वे वीटो अधिकार जैसी बुराइयाँ शामिल रहेंगी।

इस परिस्थितियों में मिशन योजना को स्वीकार करना, हमारी राष्ट्रीय शक्तियों को छिन्न-भिन्न करना होगा। कांग्रेस को ये प्रस्ताव करा देने चाहिए और ऐसी परिषद में अपने सदस्यों को भेजने में अपनी असहमति प्रकट कर देनी चाहिए। उन्हें चाहिए कि वे आग्रह करें कि ऐसी परिषद भारत के बालिग स्त्री और पुरुषों के मताधिकार से बननी चाहिए। भारत को वर्षों तक अपनी स्वतंत्रता की प्रतीक्षा करनी होगी, यदि अपनी स्वतंत्रता प्राप्ति के लिए हम अंग्रेजों की सहिच्छा एवं सहयोग पर निर्भर रहें। यह तो स्वयं हमारे आत्मनिर्भर प्रयत्नों द्वारा नीचे से जनता की वैधानिक शक्तियों को प्राप्त करने से प्राप्त होगी।

हमें अपने प्रत्येक गाँव और शहरों के मोहल्ले में एक समानंतर शक्ति खड़ी करनी चाहिए। हमें स्वयं अपने कार्यों और मामलों में उस शक्ति का प्रयोग करना चाहिए और अपने को एक विभिन्न स्वतंत्र राज्य सत्ता के अंतर्गत समझना चाहिए।

एक स्वतंत्र भारत में विदेशी सैनिक के लिए कोई स्थान न रहेगा और न उस पूँजी के लिए जिसे हम अपनी इच्छानुसार प्रयोग न कर सकें। वैधानिक प्रयत्नों का फिर कोई महत्त्व नहीं रह जाएगा। एक नवीन राष्ट्र का जन्म होना ही चाहिए। भारत को स्वतंत्र करने के लिए जन-शक्ति हमारा अस्त्र और कांग्रेस उसकी धारा तथा नोंक है। अतः हम अपने इस अंतिम प्रयत्न के लिए आगे बढ़े और उसके लिए आवश्यक कार्य और संगठन करें, जिससे जनता और उनकी राष्ट्रीय संस्था कांग्रेस की शक्ति इतनी बढ़ जाए, कि हम अपने उद्देश्य की पूर्ति अविलंब कर सकें।

खंड-5

सरदार भगतसिंह व उनके साथी

सरदार भगतसिंह और उनके साथी

सन् 1929-30 का लाहौर षड्यंत्र केस एक अनोखी घटना थी। जिस दिन केन्द्रीय असेम्बली में बम फटा उस दिन से लगाकर भगतसिंह, राजगुरु और सुखदेव की फाँसी के दिन तक सारी जनता की आँखें उस ओर लगी रहीं। सभी जानना चाहते थे कि मौत से न डरने वाले इन वीरों के क्या सिद्धांत हैं, और किस चीज के लिए ये लड़ रहे हैं। किसी और घटना में जनता ने इतनी दिलचस्पी नहीं दिखाई। भगतसिंह और उनके साथियों के बारे में बड़े-बड़े गीत लिखे गए, कविताएँ लिखी गईं—उनकी कथा वीर-गाथा बन गई। बच्चे-बच्चे की जबान पर उनका नाम चढ़ गया।

यह कौन लोग थे जो एकाएक इतने लोकप्रिय बन गए ? उनका उद्देश्य क्या था ? वे इतनी सहानुभूति और प्रशंसा के पात्र कैसे बन गए ? इन प्रश्नों का उत्तर मैं निम्न पृष्ठों में देने की चेष्टा करूँगा।

जहाँ तक मेरा खयाल है, सन् '23 में मेरी भगतसिंह से पहली भेंट हुई थी। उनकी अवस्था मेरे बराबर ही होगी—मेरी अवस्था 15 साल की थी। कानपुर में बटुकेश्वर दत्त ने उनसे मेरा परिचय कराया था। कद लंबा और बदन इकहरा, पहनावा ढीलाढाला और कुछ बेतुका, बहुत सीधा स्वभाव—वे गँवारू युवक से मालूम होते थे, जिसमें चुस्ती और आत्मविश्वास की कमी हो। मैंने सोचा है कि कोई देहाती लड़का। उनके चले जाने पर मैंने बटुकेश्वर दत्त से यही कहा।

कुछ दिनों बाद उनसे मेरी मुलाकात हुई। लंबी बातचीत हुई। नई उम्र, उन दिनों हम लोग क्रांति के सपने देखा करते थे। समझते थे कि बस क्रांति तो होने को ही है—देर कुछ वर्षों की ही है। शायद समझते थे, बस क्रांति दो-चार वर्षों के अंदर आ ही रही है। मगर भगतसिंह की राय कुछ और थी। उनके शब्द तो ठीक-ठीक याद नहीं है, पर इतना याद पड़ता है कि वे कहा करते थे कि देश की अनपढ़ और सीधी-सादी और नासमझ जनता को जगाना बहुत मुश्किल है। उनकी ऐसी बातें सुनकर उनके बारे में मेरा पहला खयाल और दृढ़ हो गया।

पहले भी क्रांति की जो कोशिशें हुई थीं, उनकी चर्चा हम लोग अक्सर किया

करते थे। पहले लाहौर षड्यंत्र केस के शहीदों और ख़ासतौर से सरदार कर्त्तारसिंह का जिक्र करते-करते भगतसिंह का चेहरा चमक उठता था। हम लोगों में से किसी ने कर्त्तारसिंह को नहीं देखा; उन्हें जब फाँसी दी गई थी, उस समय हम लोग गोद खेलते बच्चे थे। परंतु, यह हमें मालूम था कि वे बाबा सोहनसिंह भखना, बाबा रूरसिंह और पृथ्वीसिंह आजाद (आज इन्हें सब सरदार पृथ्वीसिंह के नाम से जानते हैं) के साथी थे और 18 वर्ष की अवस्था में ही क्रांतिकारी गदर पार्टी के नेता बन गए थे। कर्त्तारसिंह एक निर्भय योद्धा और श्रेष्ठ संगठनकर्ता थे–शत्रु भी उनकी प्रशंसा करते थे। मैं तो उनकी पूजा ही करता था। भगतसिंह के मुँह से उनकी कहानियाँ सुनकर, मुझे बड़ा आनंद मिलता था। मेरे हृदय में भगतसिंह के लिए भी जगह हो गई और कानपुर से जाने के पहले वे मेरे घनिष्ठ मित्र बन गए–जबकि उनके दृष्टिकोण का जो मुझे उस समय निराशावादी मालूम होता था, मैं बराबर मज़ाक बनाता।

काकोरी की गिरफ्तारियाँ

1925 में काकोरी केस की धर-पकड़ शुरू हुई। हम लोगों के ऊपर वज्रपात हुआ। कुछ सप्ताहों के अंदर हमारे नेता जेलों में पहुँच गए। गिरफ्तारियों और तलाशियों का ताँता जारी रहा। बहुत से लोग संदेह में पकड़े गए और हवालात में उनको गहरी यंत्रणाएँ दी गईं। गिरफ्तारियों को जो असर हुआ, उसे देखकर मेरा दिल टूट गया। वे व्यक्ति जो हमसे सहानुभूति प्रकट करते नहीं थकते थे, हमारी छाया से भागने लगे। वे नवयुवक जो लंबी-लंबी बातें करते थे हमारी व्यायामशाला को–जिसकों हमने कानपुर में शारीरिक व्यायाम सिखाने और अपनी पार्टी में नए लोगों को लाने के उद्देश्य से स्थापित किया था–छोड़कर भाग चले। सारे प्रांत में आंतक छा गया।

1926 में मैं यूनिवर्सिटी में पढ़ने के लिए इलाहाबाद गया। काकोरी की गिरफ्तारियों से बचे हुए लोगों को लेकर हमने पार्टी को फिर से संगठित करने की कोशिश की। कार्य कठिन था। हमें ऐसा लगने लगा मानो क्रांति दूर, बहुत दूर की चीज हो गई है।

वह असहयोग के बाद का जमाना था। असहयोग आंदोलन की असफलता देखकर बहुत से युवकों ने आतंकवाद का रास्ता पकड़ा था। उधर कांग्रेस गरम और नरम दो दलों में बँट गई थी। स्वराज्य पार्टी नरम दल को गाँधीजी का आशीर्वाद प्राप्त था। इसलिए देश में उसी का बोलबाला था। धारा सभाओं के बाहर राजनीतिक काम बहुत कम होता था। आम सभाएँ बहुत कम होने लगी थीं; और

लोग भी सभाओं में बहुत कम जाते थे। सारे देश में शांति छाई हुई थी—श्मशान की शांति !

इस स्थिति को कैसे खत्म किया जाए, इसके बारे में हमारे साथी तरह-तरह के कार्यक्रमों पर विचार कर रहे थे। देश में समाजवादी साहित्य आने लगा था। सोवियत रूस में नवंबर-क्रांति की विजय और समाजवादी शासन की स्थापना हमारे आँखों के सामने थी। इसके अलावा सोवियत ने साम्राज्यवाद के खिलाफ चीन और तुर्की को जो मदद दी थी, उसने हमें और अधिक प्रभावित किया था। हम उस समाजवादी राज तथा उसके बुनियादी सिद्धांतों और विचारों के बारे में ज्यादा से ज्यादा जानने के लिए उत्सुक हो उठे।

उसी समय हमारे देश में एक घटना और घटी। लेकिन उसका महत्व हम लोग उस समय पूरी तौर पर नहीं समझ पा रहे थे। जबकि सारा देश निराशा के अंधकार में डूबा हुआ था, गिरणी कामगार यूनियन (मज़दूर सभा) के नेतृत्व में बंबई के मज़दूर, कलकत्ता तथा कानपुर के मज़दूर अपनी लड़ाइयाँ लड़ रहे थे। इस नए ढंग की लड़ाई ने सारे देश का ध्यान खींचा था।

हमारा ख़याल था कि आतंकवाद, अर्थात जनता के दुश्मनों के ख़िलाफ़ सशस्त्र कार्रवाई के द्वारा ही जनता को जगाया जा सकता है। पर, अकेले आतंकवाद से हम स्वतंत्रता हासिल नहीं कर सकते हैं, यह भी हमें साफ दिखाई देता था। सवाल यह था कि जब आतंकवादी कार्यों से जनता में आंदोलन की लहर उठेगी तो उसको क्या रूप दिया जाएगा ? और जब ब्रिटिश हुकूमत उठ जाएगी तक हम कैसी सरकार बनाएँगे ?

इस बीच भगतसिंह पंजाब में जोरशोर से काम कर रहे थे। उन्होंने और उनके साथियों ने नौजवान भारत सभा की नींव डाली थी, जिसका उद्देश्य समाजवादी विचारों का प्रचार करना और नौजवानों को सशस्त्र क्रांति की आवश्यकता समझाना था। नौजवान सभा से ही आतंकवादी दल के लिए अच्छे-अच्छे नौजवानों को भी चुन लेना था। आगे चलकर यह सभा बहुत लोकप्रिय हुई। पंजाब के नौजवानों के अंदर उग्र विचारों को फैलाने में इसका सबसे बड़ा हाथ था।

भगतसिंह कुछ समय तक सरदार सोहनसिंह 'जोश' के संपादन में निकलनेवाले समाजवादी पत्र 'कीर्ति' के संपादन-विभाग में भी काम करते रहे।

हिंदुस्तान सोशलिस्ट रिपब्लिकन एसोसिएशन

सन् 28 में एक दिन मैं आश्चर्यचकित रह गया, जब एक नवयुवक ने मेरे कमरे

में प्रवेश किया, और अभिवादन किया। वह नवयुवक भगतसिंह था, लेकिन अब यह वह भगतसिंह नहीं था जिससे दो वर्ष पहले मेरी मुलाकात हुई थी। लंबा और सुडौल, होशियार और चतुर चमकती हुई आँखें–पहले से वह एकदम भिन्न आदमी मालूम पड़ता था। थोड़ी ही देर बात करने के बाद मुझको मालूम हो गया कि भगतसिंह की बुद्धि में कितना विकास हुआ है।

काकोरी षड्यंत्र केस के भगतसिंह और चंद्रशेखर आजाद यही दो नेता बच गए थे। और हमारी पार्टी की बागडोर इन्हीं के हाथों में थी। पार्टी का कार्यक्रम और संगठन नए सिरे से किया गया था, जिसको भगतसिंह ने मुझे समझाया।

हमारे दल का नाम हिंदुस्तान सोशलिस्ट रिपब्लिकन एसोसिएशन हो गया था। उसका उद्देश्य हिंदुस्तान में समाजवादी राज्य स्थापित करना था। पार्टी की एक केंद्रीय कमेटी तथा प्रांतीय और जिला कमेटियाँ भी बनाई गई थीं। प्रत्येक निर्णय इन कमेटियों के द्वारा किया जाता था, और बहुमत की बात हर एक को माननी पड़ती थी।

मगर स्वतंत्रता और समाजवाद को प्राप्त करने के लिए हमारा रास्ता पहले ही वाला था–अर्थात् व्यक्तियों और छोटे-छोटे दलों द्वारा सशस्त्र कार्रवाइयाँ। हमारा विश्वास था कि देश में फैल हुए विधानवाद को इसी तरह ख़त्म किया जा सकता है; इसी प्रकार देश को भय के पंजे से छुटकारा दिलाया जा सकता है। हम लोग सोचते थे खास-खास जगहों पर और कुछ बदमाश अफसरों पर हम लोग वार करेंगे। इससे जनता की पस्ती ख़त्म हो जाएगी और देश में एक नई जाग्रति फैल जाएगी। इस प्रकार जो जन-आंदोलन शुरू होगा उसकी बागडोर हमारा सशस्त्र दल सँभालेगा और उसको समाजवाद के रास्ते पर ले जाएगा।

भगतसिंह के व्यक्तित्व में एक नया तेज़ पैदा हो गया था जिससे हर एक मिलने वाले पर बड़ा असर पड़ता था। उनकी बुद्धि की तेजी के सभी कायल हो जाते थे। भगतसिंह के बोलने में वक्ता के गुण नहीं थे, लेकिन उसमें इतनी सादगी और स्पष्टता थी कि सुननेवाले पर असर होना जरूरी था।

उस दिन हम लोग रात भर बात करते रहे। अँधेरे आसमान में जब सवेरे की लाली फैल गई तो हम लोग टहलने के लिए निकले। हमें ऐसा लगा, मानों हमारे पार्टी के इतिहास में एक नया दिन शुरू हो गया हो। अपना लक्ष्य और उसको प्राप्त करने का रास्ता साफ दिखलाई पड़ने लगा।

उन दिनों हम लोग समाजवाद का यही मतलब समझते थे। उस वक्त के राष्ट्रीय नेताओं पर से हमारा विश्वास उठ गया था; उनके विधानवाद से हम ऊब गए थे और हमारा खयाल था कि हम अपने उदाहरण से नए क़िस्म के नेता तैयार करेंगे। समाजवाद हमारे लिए एक आदर्श था; एक ऐसा आदर्श कि जिसके आधार पर शासन-सत्ता अपने हाथ में लेने के बाद एक नए समाज

का निर्माण किया जाएगा।

पहली बार

सन् 1928 में साइमन कमीशन के आने पर देश भर में हड़तालें हुईं, प्रदर्शन हुए, बंबई के मज़दूरों ने विरोध में एक दिन की आम हड़ताल की। जहाँ-जहाँ भी कमीशन गया, वहाँ-वहाँ असंख्य जन-समूह ने 'साइमन लौट जाओ' का नारा लगाया। ऐसे दृश्य असहयोग आंदोलन के बाद से देखने को नहीं मिले थे।

लाहौर में जब साइमन कमीशन पहुँचा तो पुलिस ने प्रदर्शनकारियों पर लाठियाँ चलाईं। लाला लाजपतराय को गहरी चोट लगी और कुछ हफ्तों के बाद उनकी मृत्यु हो गई। सारे देश में शोक छा गया।

शोक के साथ-साथ लोगों में क्रोध और घृणा का भाव था, जिसमे कुछ पस्त-हिम्मती की पुट थी। दिनदहाड़े, हजारों लोगों की आँखों के सामने देश के एक बूढ़े और आदरणीय नेता को मौत के घाट उतार दिया गया। लोगों ने सोचा दुष्टों को इसकी सजा अवश्य देनी चाहिए।

हमारी पार्टी ने बदला लेने का निश्चय किया। नवंबर 1928 में लाठी चार्ज करनेवाले असिस्टेंट पुलिस सुपरिंटेंडेंट सॉन्डर्स को लाहौर कोतवाली के सामने गोली मार दी गई। लोग इस घटना से उछल पड़े।

यह हमारा पहला वार था—ऐसे ही और हमलों से हम सारे देश को झकझोर कर जगा देना चाहते थे।

असेम्बली में बम

राष्ट्रीय आंदोलन में फिर तेजी आ गई। 1929 के दिसंबर में कलकत्ता में कांग्रेस का अधिवेशन हुआ, जिसमें यह निश्चय हुआ कि यदि एक वर्ष में ब्रिटेन औपनिवेशिक स्वराज नहीं दे तौ पूर्ण स्वतंत्रता की घोषणा कर दी जाए। वर्षों से देश पर छाए हुए निराशा के काले बादल धीरे-धीरे हटने लगे। हर जगह युवक संघ बनने लगे, और बंबई में दूसरी बड़ी हड़ताल शुरू हुई।

हमें ऐसा लगा कि अब आगे एक बड़ी लड़ाई आ रही है। देश में ऐसी आग लग रही थी जैसी कि 1921-22 में लगी थी। हम उस लड़ाई में हिस्सा लेने के लिए तेजी से तैयारियाँ करने लगे—शस्त्र और रुपए जमा किए जा रहे थे, हथियार चलाने

की शिक्षा शुरू कर गई थी। बम बनाना सिखाने के लिए जतीनदास को कलकत्ता से बुलाया गया।

अप्रैल 1929 में बड़े-बड़े अक्षरों में समाचार छपे कि सारे कम्युनिस्ट और मज़दूर नेता गिरफ्तार कर लिए गए हैं। पूरनचंद्र जोशी भी जो उस समय इलाहाबाद यूनिवर्सिटी विद्यार्थी और युवक संघ के नेता थे गिरफ्तार कर लिए गए। उनकी गिरफ्तारी पर विद्यार्थियों ने बहुत बड़ा प्रदर्शन किया।

भगतसिंह और हमारे अन्य साथियों की कम्युनिस्ट नेताओं से पहले भेंट हो चुकी थी। हम लोग उनसे सहानुभूति रखते थे। हम लोगों ने सोचा था कि कम्युनिस्ट पार्टी से संबंध स्थापित करें। योजना यह थी कि कम्युनिस्ट जनता का संगठन करेंगे, और जन-आंदोलन चलाएँगे, और हमारी पार्टी हथियारबंद दस्ते का काम करेगी। किन्तु जब हमें मालूम हुआ कि कम्युनिस्ट हथियारबंद कार्रवाई को हानिकारक समझते हैं, तब हमने अपना विचार बदल दिया। यद्यपि हम लोग कम्युनिस्टों की गिनती क्रांतिकारियों में नहीं करते थे क्योंकि क्रांति का मतलब हम लोग हथियारबंद लड़ाई समझते थे। तब भी कम्युनिस्टों की कई बातें हम लोगों से मिलती-जुलती थीं। साम्राज्यवाद के प्रति उनकी घृणा, विधानवाद का विरोध, खुले विद्रोह की बात तथा समाजवाद के लिए उनका प्रयत्न; यह सभी हमें अच्छा लगता था।

इसलिए कम्युनिस्टों की देश-व्यापी गिरफ्तारियों को हम लोगों ने क्रांतिकारी आंदोलन पर वार समझा। कम्युनिस्ट भी साम्राज्यशाही के दुश्मन थे। उनके ऊपर चोट हमारे ऊपट चोट थी। साम्राज्यशाही एक तरफ लोगों की विधानवादी मनोवृत्ति को पुष्ट करना चाहती थी और दूसरी ओर जनता पर दमनचक्र चला रही थी। हम लोगों ने उनकी नीति का विरोध करने का निश्चय कर लिया।

कुछ दिनों के बाद केंद्रीय असेम्बली में मज़दूर-हित विरोधी ट्रेड्स-डिस्प्यूट बिल पास हुआ। इसके बाद ही असेम्बली भवन में सरकारी मेम्बरों की सीटों के पास बम फटा। भगतसिंह और दत्त घटना-स्थल पर ही पकड़े गए।

एक ओजस्वी वक्तव्य में, जिससे भगतसिंह की क़लम का जोर प्रगट होता था, उन्होंने अपनी जिम्मेदारी को स्वीकार किया, और यह भी बतलाया कि उन्होंने ऐसा क्यों किया है। दोनों आदमियों को कालेपानी की सजा मिली।

उसके बाद ही अचानक हमारी लाहौर की बम फैक्टरी का भेद खुल गया और सुखदेव, किशोरीलाल और अन्य साथी गिरफ्तार कर लिए गए। जयगोपाल ने पुलिस के सामने पार्टी का सारा भेद खोल दिया। हंसराज वोहरा भी मुखबिर बन गया। फिर तो चारों तरफ धर-पकड़ होने लगी। और कई आदमी सरकारी गवाह बन गए। कुछ ही सप्ताह में बिहार, युक्त प्रांत और पंजाब के सक्रिय कार्यकर्ताओं और नेताओं को पुलिस ने पकड़ लिया। अन्य साथी गुप्त हो गए। मैं भी अंतर्ध्यान होना चाहता था कि गिरफ्तार हो गया।

हम लोगों की सारी तैयारी धूल में मिल गई। सारी उम्मीदों पर पानी फिर गया; सबसे अधिक निराशाजनक बात यह थी कि पुलिस के अत्याचारों को न सहने के कारण सात आदमी, जिसमें से दो हमारी केंद्रीय कमेटी के सदस्य थे, मुखबिर हो गए।

मुक़दमें

जुलाई 1929 में हम तेरह आदमियों* को अदालत में पेश किया गया। वहाँ फिर भगतसिंह और दत्त से हमारी मुलाकात हुई। यह भगतसिंह अब पुराने भगतसिंह नहीं थे, जिनकी शारीरिक गठन और ताकत हमारी पार्टी में कहावत बन गई थी। उनका शरीर जर्जर हो चुका था। स्ट्रेचर के ऊपर रखकर वे अदातल में लाए गए। महीनों तक उन्हें और दत्त को पुलिस ने घोर यातनाएँ दी थीं और उस समय वे सभी राजनीतिक बंदियों के साथ मानुषिक व्यवहार की माँग करने के लिए भूख हड़ताल कर रहे थे। उनकी हालत देखकर हम लोगों की आँखें भर आईं।

भगतसिंह और दत्त को आजन्म कारावास की सजा हो चुकी थी, पर अब इस नए मुक़दमे में जो 1929 का लाहौर षड्यंत्र केस कहलाया, वे फिर घसीटे गए।

तीन दिन तक हमने अदालत की कार्यवाही में दिलचस्पी नहीं ली। हम लोगों ने तीन दिन तक मुक़दमे के प्रति अपना रुख तय करने के लिए मीटिंगें कीं। भगतसिंह बहुत कमज़ोर थे इसलिए वे आराम से कुर्सी पर पड़े रहते थे फिर भी उन्होंने उस बहस में खास हिस्सा लिया।

पहली बात जिस पर उन्होंने जोर दिया वह यह थी कि हम लोग अपने दिमाग़ से यह बात निकाल दें कि अब कुछ नहीं हो सकता है। मुक़दमे के ज़रिए भी अपना आंदोलन आगे बढ़ाया जा सकता है। कोशिश यह जरूर की जाए कि जितने लोग बच सकें उनको बचाया जाए, पर सफाई इस तरह से पेश की जाए जिससे ब्रिटिश सरकार के न्याय का पर्दाफाश हो और जनता समझे कि क्रांतिकारियों का लक्ष्य क्या था। अदालत में सिर्फ़ बयान ही न दिया जाए बल्कि जेल में और अदालत के कमरे में हम लोग ऐसे प्रदर्शन करें जिससे लोग समझें कि सरकार कितनी नाचीज़ है और पुलिस और अदालत उसके स्वांग हैं। इस प्रकार हम लोग हवालात में रहकर भी जनता में यह जाग्रति पैदा कर सकते हैं जो बाहर अपने कामों के जरिए हम लोग

---

*विजय सिन्हा और राजगुरु मुकदमा शुरू हो जाने के बाद पकड़े गए थे। भगवानदास माहौर और सदाशिव (जो अब कम्युनिस्ट पार्टी के सदस्य हैं) भुसावल में गिरफ्तार किए गए थे। कुछ अन्य साथियों पर बिहार डकैती के मामले में अलग मुकदमा चलाया गया।

करना चाहते थे।

इन बातों से हम लोगों की हिम्मत फिर बँधी और हम लोगों ने भगतसिंह के प्रस्ताव के अनुसार काम करना तय किया। पहला काम सबने यह किया कि हम भगतसिंह और दत्त द्वारा प्रारंभ की गई भूख हड़ताल में शामिल हो गए। हमारी प्रमुख माँग थी कि सब राजनीतिक बंदियों को एक ही क्लास में रखा जाए, सबको अच्छा खाना मिले, अखबार तथा अन्य पढ़ने की सामग्री और लिखने की सुविधा दी जाए।

भूख हड़ताल

यह भूख हड़ताल 63 दिनों तक चली, और जतींद्रनाथ दास को शहीद बनाकर ख़त्म हुई। देश का कोना-कोना हिल गया।

प्रारंभ में जेल अधिकारियों ने सोचा हड़ताल चलेगी नहीं। दो बंदियों ने कुछ दिनों बाद हड़ताल तोड़ दी तो उनका ख्याल और भी पक्का हो गया। खुद हम लोग मन में डर रहे थे कि हम लोगों से चल सकेगी या नहीं। मैं सोचा करता था कि ज्यादा दिनों तक भूख की मार शायद न सह सकूँगा। इसके पहले हम लोगों ने बड़ी-बड़ी कठिनाइयाँ झेली थी; पुलिस के साथ भिड़न्त होने से हम नहीं डरते थे। पर बहुत दिनों, हफ्तों और महीनों तक भूखे रहने की कल्पना से भयभीत हो जाते थे।

दस दिनों तक कोई खास बात नहीं हुई। भूख बढ़ती जाती थी और साथ-साथ शारीरिक कमजोरी भी बढ़ती जाती थी। कुछ लोगों को एक सप्ताह बाद चारपाई पकड़ लेनी पड़ी। मुक़दमा चल रहा था; और अदालत के कमरे में बैठने में बड़ी तकलीफ होती थी। पर, शुरू में जो डर मालूम हुआ था, अब वह मिट चुका था। भूख हड़ताल करना अब कोई कठिन कार्य नहीं मालूम होता था।

लेकिन असली लड़ाई तो आगे आने वाली थी। दस दिनों के बाद हम लोगों को जबरदस्ती खाना खिलाना शुरू किया गया। उस समय हम सब लोग अलग कोठरियों में बंद थे। कुछ तगड़े नंबरदारों के साथ डाक्टर प्रत्येक कोठरी में जाता था, और फिर भूख-हड़ताली को चटाई पर पटककर, एक रबर की नली जबरदस्ती नाक में डाल दी जाती थी। इस नली के द्वारा जबरदस्ती दूध अंदर डाला जाता था।

हम लोगों ने लाख हाथ पैर पटके पर बेकार। हम लोगों के गले में नीचे दूध उतारना जारी रहा। हम लोगों ने समझा कि हमारी हार हो गई।

तेरहवें रोज़ रात को मुझे खबर मिली कि जतीनदास की हालत खराब है, और

उन्हें अस्पताल ले जाया गया है। कुछ ही घंटे पहले जतीनदास भले चंगे थे, फिर यकायक उनको हो क्या गया ? बाद में उस व्यक्ति ने जो समाचार लाया था—वह जेल का एक अधिकारी था—डरते हुए मुझे बताया कि ज़बरदस्ती दूध पिलाते समय कोई 'गड़बड़ी' हो गई है, और दास बेहोश पड़े हैं।

इस खबर से हम लोगों में मातम छा गया। हम लोगों में से बहुत से लोगों की और स्वयं मेरी भी गिरफ्तारी से पहले कभी जतीनदास से भेंट नहीं हुई थी। पर, जेल में थोड़े ही दिनों में, सब लोग उन्हें चाहने लगे थे। उनका स्वभाव सरल था, पर वे एक नंबर के मज़ाकिया थे और तरह-तरह के चुटकुले और कहानियाँ सुनाकर हम लोगों को हँसाया करते थे।

मैंने जेलर को बुलाया और लड़-झगड़कर जेल अस्पताल में पहुँच गया।

दास चारपाई पर बेहोश पड़े थे; डाक्टर चारों ओर खड़े थे। रात कटने की कोई उम्मीद न थी। पर हालत सँभल गई, लेकिन निमोनिया ने उनको बेतरह कमजोर कर दिया। दवा या पथ्य खाने से दास ने इनकार कर दिया। कमजोरी इतनी थी कि जबरदस्ती कुछ खिलाना असंभव था।

इसके बाद से भूख-हड़ताल दूने जोश से चलने लगी। दास के बाद शिव वर्मा बीमार पड़े और उसके बाद औरों की बारी आई। शीघ्र ही सारा अस्पताल भर गया। अदालत की कार्यवाही स्थगित कर दी गई।

इसके बाद, कौन पहले मरेगा, इसकी हम लोगों में होड़ शुरू हो गई।

हम लोग डाक्टरों को छकाने के लिए तरह-तरह के उपाय निकालने लगे। किशोरी ने लाल मिर्च खाकर गरम पानी पी लिया, जिससे उनके गले में घाव हो गया। अब जबरदस्ती गले में नली नहीं डाली जा सकती थी क्योंकि नली डालते ही बड़े ज़ोर से खाँसी शुरू हो जाती थी और फिर नली को न निकालने पर दम घुट जाने का खतरा था। मैं जबरदस्ती दूध पिलाए जाने के बाद एकाध मक्खी निगल जाता था जिससे सारा खाना बाहर निकल आता था। यह उपाय जब डाक्टरों को मालूम हो गया तो उन्होंने पहरा कड़ा कर दिया।

हमें हराने के लिए जेल के अधिकारियों ने घड़ों में पानी के स्थान पर दूध भर दिया। यह सबसे बड़ा जुल्म था। एक दिन के बाद प्यास बरदाश्त से बाहर होने लगी। हम लोग तरसते हुए घड़े के पास जाते थे, पर दूध देखकर लौट पड़ते थे। मालूम होने लगा कि हम लोग पागल हो जाएँगे। जिस आदमी ने इस उपाय का आविष्कार किया था, यदि वह आदमी उस समय मेरे सामने आ जाता तो मैं उसका गला घोंट देता।

बाहर संत्री बैठा-बैठा हमारी हर एक गतिविधि को देख रहा था।

मुझको अब प्यास बरदाश्त नहीं हो रही थी। मेरा तालू सूख रहा था और जीभ ऐंठी जा रही थी। मैंने संत्री को बुलाया और थोड़ा पानी माँगा। संत्री बोला,

"पानी देने का हुक्म नहीं है।"

मैं पागल हो गया और घड़े को उठाकर दरवाजे पर दे मारा। घड़ा चकनाचूर हो गया। दूध जमीन पर बहने लगा और संत्री का कपड़ा उससे तर हो गया। उसको लगा मेरा दिमाग खराब हो गया है और उसका चेहरा फक हो गया। और सचमुच मेरा हवाश गुम हो गया था।

ठीक यही घटना किशोरी तथा अन्य साथियों के साथ हुई। उन सबों ने इसी प्रकार घड़े को दरवाजे पर दे मारा !

आखिर जेलर ने हमारी बात मान ली। हमारी कोठरियों में पानी लाया गया। मैंने पानी पीया और खूब पीया। नतीजा हुआ कि मैं बीमार पड़ गया, और पानी की एक-एक बूँद कै के साथ निकल गई।

इसी बीच में, दूसरी जेलों के राजनीतिक बंदियों ने सहानुभूति में भूख-हड़तालें शुरू कर दीं। देश में हमारी माँगों का समर्थन करने के लिए एक जबरदस्त आंदोलन उठ खड़ा हुआ। हर स्थान पर आम सभाएँ और प्रदर्शन होने लगे।

कुछ दिनों के बाद मेरठ-षड्यंत्र केस के राजबंदियों ने भी भूख-हड़ताल शुरू कर दी। समुद्र पार तक यह खबरें फैल गईं। इंगलैंड में भी हलचल पैदा हो गई। भारतीय जेलों की हालत पर सारे संसार का ध्यान गया।

भूख हड़ताल के बीच में कई बार भगतसिंह हम लोगों से सलाह करने के बहाने मिले, और सब हालत जानते-समझते रहे। उनकी हालत स्वयं खराब थी फिर भी वे दास और अन्य साथियों के पास बैठते और उन्हें प्रसन्न रखते थे। उनके आने से हम लोगों में नया उत्साह पैदा हो जाता था और उनके आगमन का हम लोग हमेशा उत्सुक होकर इंतज़ार किया करते थे।

शहीद जतींद्र की अंतिम घड़ियाँ

आखिरकार जब जतीनदास मौत के नजदीक पहुँच गए और शिव तथा अन्य साथियों की हालत नाजुक हो गई, तब सरकार झुकी। जेल के नियमों में संशोधन करने के लिए एक कमिटी नियुक्त की गई, जिसमें गैर-सरकारी बहुमत था। कमिटी के लोग हमसे जेल में मिले, और हमें विश्वास दिलाया कि हमारी ज्यादातर माँगें पूरी कर दी जाएँगी। उसी आश्वासन पर हमने हड़ताल तोड़ दी।

पर जतीनदास का बचना असंभव था। न वे बात कर सकते थे न कुछ सुन सकते थे। जिस साथी की बदौलत हम लोगों को जीत हासिल हुई वही हमारे बीच से उठा जा रहा था।

हम सब लोग उसकी चारपाई को घेरे हुए थे। मौत की घड़ी क़रीब थी। मेरा गला रुँधा जाता था। आखिर जतीन चल बसे ! कठोर दिलवाले जेल अधिकारियों की आँखें भी छलछला गईं।

बाहर लाखों आदमी लाश लेने के लिए खड़े थे। लाश जब जेल के फाटक से बाहर निकाली गई तो लाहौर के सुपरिंटेंडेंट पुलिस हैमिल्टन हार्डिंग ने भी अपना टोप उतारकर उस वीर के सामने सिर झुकाया। वह वीर था जिसे ब्रिटिश साम्राज्य की शक्ति भी न झुका सकी।

जिन आश्वासनों पर हमने भूख-हड़ताल तोड़ी थी उनको सरकार ने पूरा नहीं किया। इसके कारण बाद में हमें दो-चार और भूख-हड़ताल करनी पड़ी। इसके बाद जब नए नियम बन गए तो उनका ऐसा अर्थ लगाया जाने लगा कि बहुत से राजनीतिक बंदियों की हालत पहले ही जैसी रही।

लेकिन देश की जनता का ध्यान जेलों की बुरी अवस्था की ओर खींचा जा चुका था, और सरकार के झूठे प्रचार का पर्दाफाश हो चुका था।

भूख-हड़ताल में एक घटना का हमारे ऊपर बड़ा असर हुआ। वह यह थी कि 1915-16 के लाहौर षड्यंत्र केस के वीर ग़दर पार्टी के संस्थापक बाबा सोहनसिंह भखना ने भी, जो उस समय लाहौर सेंट्रल जेल में थे, भूख-हड़ताल शुरू कर दी। अंडमान और अन्य जेलों में वे 14 वर्ष काट चुके थे, और अब उनकी रिहाई का समय आ गया था। हमें सुपरिंटेंडेंट ने बतलाया कि, यदि उन्होंने भूख-हड़ताल जारी रखी, तो उन्हें जो छूट मिलने वाली है, वह नहीं मिलेगी। इसके अलावा बाबाजी बहुत बूढ़े थे और उनका स्वास्थ्य भी अच्छा नहीं था। चौदह साल जेल में रहने से उनका शरीर टूट गया था। और भूख-हड़ताल करने से उनके जान का खतरा था।

भगतसिंह बाबाजी से मिले और भूख-हड़ताल तोड़ देने के लिए उनसे बहुत आग्रह किया पर सब व्यर्थ हुआ। अपनी और बाबाजी की बातचीत को हम लोगों को बताते हुए भगतसिंह की आँखों में आँसू आ गए थे। जब तक हमारी भूख-हड़ताल जारी रही, तब तक बाबाजी ने अपनी भूख-हड़ताल जारी रखी। बाबाजी को जो छूट मिलने वाली थी, वह कम कर दी गई। इसका नतीजा यह हुआ कि उन्हें एक साल और जेल में रहना पड़ा।

व्यक्तित्व और आदर्श

आतंकवादी दादाओं का अवगुण भगतसिंह में एक भी न था। हम लोगों में कई

बार मतभेद पैदा हुए, कई मीटिंगें बड़ी तूफानी रहीं और कई बार भगतसिंह को ऐसे फैसलों पर अमल करना पड़ा, जिनसे कि वह सहमत न थे। उनके स्फूर्तिशील एवं संकल्पी व्यक्तित्व में चंद्रशेखर आज़ाद की तरह की शांति और धैर्यशीलता न थी; इसीलिए कभी किसी साथी को कर्तव्य विचलित होते देखकर वे उस पर उबल पड़ते, डाँट-फटकार देते थे।

अगर उनकी बात किसी को बुरी लगती तो नरमी और साफ-दिली से वह फौरन माँफी माँग लेते थे जिससे शिकायत की गुंजाइश ही नहीं रहती थी। उनका स्वभाव बड़ा प्रेमपूर्ण था। बीमार साथियों की वे बड़ी फिक्र करते थे। बनावटीपन छू तक नहीं गया था। बात साफ कहते थे। इसीलिए उनसे जो आदमी एक बार मिल लेता था वह उन्हें प्राणों से भी अधिक प्यार करने लगता था।

पढ़ने का उन्हें बड़ा चाव था। जेल में ज्यादातर समाजवादी साहित्य पढ़ा करते थे। शायद हम सबमें, सबसे पहले वे ही समाजवादी विचारों की ओर खिंचे थे। पुराने आतंकवादियों की तरह वे धर्मपरायण न थे, बल्कि कट्टर अनीश्वरवादी थे। यह कहना कि वे मार्क्सवादी हो गए, शायद अत्युक्ति होगी। लेकिन समाजवादी साहित्य को पढ़ने से; हम लोगों की आपसी बहसों से और देश की दूसरी घटनाओं से (उन्हीं दिनों शोलापुर में विद्रोह हुआ था और पेशावर में चंद्रसिंह गढ़वाली के नेतृत्व में गढ़वाली सिपाहियों ने निहत्थी जनता पर गोली चलाने से इनकार कर दिया था)। वह अधिकाधिक इस बात पर जोर देने लगे थे कि सशस्त्र विप्लवियों को जन-आंदोलन का एक अंग बनकर कार्य करना चाहिए।

सोवियन यूनियन के प्रति हमारे हृदय में जो प्रेम था, वह अध्ययन से और भी अधिक गहरा हो गया। 1930 में नवंबर क्रांति की वर्षगाँठ के अवसर पर हम लोगों ने सोवियत संघ को एक संदेश भेजा।

अपनी कार्यवाही के द्वारा अपने विचारों का अधिक से अधिक प्रचार करने की जो नीति हमने शुरू में अपनाई थी, उस पर हमने मुकदमें भर अमल करने की कोशिश की। हमारी नीति की सफलता को, तथा हमारे मुकदमें में भारी प्रचार को देखकर सरकार के क्रोध का ठिकाना न था। हमारी रीढ़ तोड़ने के लिए उन्होंने हर मौका ढूँढ़ा। हम भी उनके अपमानजनक हुक्मों को न मानने, और उनकी अदालत और उनकी पुलिस के सामने न झुकने का प्रण कर चुके थे। पुलिस से भिड़ंत भी हुई, और लंबे-लंबे काल के लिए मुकदमें की कार्यवाही स्थगित रही।

इनसे सरकार का और अधिक पर्दाफाश होता था, हमारा प्रचार और अधिक होता था, तथा हमारे लिए जनता की सहानुभूति और अधिक बढ़ती थी।

नौ महीने का मुकदमा चलने के बाद, जब कि बहुत थोड़े से सरकारी गवाहों की ही गवाही हो पाई थी, कार्यवाही यकायक स्थगित कर दी गई, और यह बहाना करके कि शांति और सुरक्षा के भंग होने का खतरा पैदा हो गया है, वायसराय ने

हमारे मुकदमें के लिए एक विशेष ऑर्डिनेंस बनाया, जिसका नाम था, **'लाहौर षडयंत्र केस ऑर्डिनेंस' 1930**। ऐसा ऑर्डिनेंस भी कभी न सुना गया होगा। इसके अनुसार हमारा मुकदमा एक विशेष न्यायालय के सामने होता था, जो आवश्यकता समझने पर हमारी उपस्थिति को भी वर्जित कर सकता था। वकील, गवाह, और अभियुक्त किसी की भी वहाँ आवश्यकता न थी। यह न्यायालय मौत की सजा तक, कोई भी सजा दे सकता था। और इसकी विशेष बात यह थी कि इसके निर्णय के बाद कहीं कोई अपील नहीं हो सकती थी। किसी भी सभ्य कहलाने वाली सरकार ने इस प्रकार के नियम न बनाए होंगे !

सरकार चाहती थी कि अपने मुकदमे को हम किसी भी प्रकार से अपने क्रांतिकारी विचारों के प्रचार का साधन न बना सकें। इसके अलावा एक दूसरी चीज़ ने भी उन्हें परेशाली में डाल दिया था। वह यह थी कि असिस्टेंट सुपरिंटेंडेंट सॉन्डर्स की हत्या के समय जो पुलिस अधिकारी मि. फार्न मौजूद थे, वह भगतसिंह को पहचान नहीं सके थे। मुकदमे ने जनता में जो उत्साह उत्पन्न कर दिया था, उसकी वजह से उनके कुछ महत्त्वपूर्ण गवाह विमुख हो गए थे, कुछ और गवाह बदलने वाले थे और मुखबिरों से भी दो व्यक्ति अपने बयानों को बदल चुके थे।

अगर हमको साधारण कानूनी सुविधाएँ दी गई होतीं, और साधारण कानूनी ढंग से मुक़दमा चलाया गया होता, तो पूरे मुक़दमे के निष्फल हो जाने का पूरा खतरा था।

विशेष न्यायालय में एक पखवारे ही मुकदमा चला होगा कि जिस लड़ाई की हम उम्मीद करते थे वह लड़ाई आ गई। न्यायालय के मुखिया ने हुक्म दिया कि कोर्ट में दाखिल होने के समय नारे लगाने के कारण हम सबको हथकड़ियाँ पहनाई जाएँ। जब हमने यह बताया कि इस बात पर न तो मैजिस्ट्रेट की अदालत में और न हाईकोर्ट में ही कभी कोई आपत्ति उठाई गई, तब पुलिस को बल प्रयोग करने की आज्ञा दी गई।

तभी से बहुत से वकीलों और दर्शकों की उपस्थिति में दर्जनों पुलिस वाले लाठी और डंडे लेकर हम पर टूट पड़े। वे शायद इस आज्ञा की बाट जोह रहे थे। हमने घूँसों से उनका मुकाबला किया, पर विपक्ष भारी था। हमारे सिरों पर, सीनों पर, भुजाओं पर और करीब-करीब सभी जगह प्रहारों की वर्षा की गई। जमीन पर पटक कर हमें लातें मारी गईं, और डंडों से पीटा गया। अदालत से हम लोगों को बलपूर्वक हटाया गया। चोटें आईं, खून से हम लथपथ हो गए। चोटें इतनी गंभीर थीं कि हममें से कुछ साथी तो कुछ दिन तक हिल-डुल भी न सके।

हमने माँग की कि इस हुक्म को वापस लिया जाए, और भविष्य में ऐसा फिर न किया जाए। यह माँग पूरी होने वाली न थी। उस न्यायालय के एकमात्र भारतीय सदस्य जस्टिस आगा हैदर तो इस दृश्य से इतने अधिक विचलित हुए कि

उन्होंने एक वक्तव्य प्रकाशित कराया और बताया कि हथकड़ियों और बल के प्रयोग का हुक्म देने में उनका हाथ बिलकुल न था ! कुछ दिनों बाद ट्रिब्यूनल के उस विशेष न्यायालय का 'पुनर्निर्माण' हुआ। इस 'पुनर्निर्मित' न्यायालय में उनका नाम नदारद था।

और इस प्रकार 'मुक़दमा' आगे चला, बिना अभियुक्तों के, बिना विपक्षी वकीलों के, बिना गवाहों के; और एक ऐसी अदालत के सामने जिसकी न्याय-बुद्धि उसे ग़ैरकानूनी मारपीट करने की आज्ञा देने में असमर्थ थी, और शायद जो सज़ा देने के मामले की कोई स्वतंत्र राय देता। ऐसे न्यायालय से कैसा निर्णय होगा, यह तो पहले ही समझ में आ गया था।

पाँच महीने के स्वांग के बाद, अक्टूबर 1930 को फ़ैसला सुनाया गया। भगतसिंह, राजगुरु और सुखदेव को फाँसी, सात साथियों को कारावास तथा बाकी को लंबी-लंबी कैद की सजाएँ सुनाई गईं। मैं उनमें से था, जिन्हें रिहा कर दिया गया था, क्योंकि मेरे खिलाफ़ सिर्फ दो मुखबिरों के ही सबूत थे; तीसरा मुखबिर अपने बयान से बदल गया था।

जेल से बाहर निकलकर सड़क पर अकेले खड़े-खड़े मैंने ऐसा अनुभव किया, जैसे कि मैं अपने साथियों के बीच से भाग आया हूँ।

देश के लिए भगतसिंह शब्द का क्या अर्थ था, यह मुझे बाहर मालूम हुआ। जहाँ कहीं भी कोई मीटिंग हुई, वहाँ 'भगतसिंह जिंदाबाद' के नारों से आसमान गूँज उठा। 'वंदे मातरम्' के नारे के स्थान पर 'इंकलाब जिंदाबाद' का वह नारा राष्ट्रीय आंदोलन का नारा बन गया, जिसको कि सबसे पहले भगतसिंह ने उठाया था। करोड़ों ज़बानों पर उनका नाम था, और हर जवान के हृदय मे उनकी तस्वीर थी। उनके साथ अपने दीर्घकालीन संबंधों को स्मरण करने पर मेरा सीना फूल उठता था।

भगतसिंह और उनके साथियों को छुड़ाने की उम्मीद अभी भी बाकी थी। सभी को यह आशा थी कि कांग्रेस और सरकार के बीच होने वाले समझौते में लाहौर केस के बंदियों को रिहा कराने, या कम से कम उनकी फाँसी की सजा को मंसूख कराने की शर्त अवश्य होगी। पर, यह आशा व्यर्थ निकली। हम लोग हिंसा के दोषी थे, अतएव कांग्रेसी नेता हमारी रिहाई को 'चाहते हुए भी' गाँधी-इर्विन समझौते में उसे एक शर्त नहीं बना सकते थे।

अप्रैल 1931 में कांग्रेस के कराची अधिवेशन के थोड़े पहले उन लोगों को फाँसी दे दी गई। भगतसिंह की अवस्था उस समय मुश्किल से 24 वर्ष की रही होगी।

उस समय मैं कराची जा रहा था। समाचार सुनकर लोग बच्चों की तरह रोए। भगतसिंह आदि को फाँसी की कल्पना से ही मैं स्तंभित रह गया।

भगतसिंह धूमकेतु की तरह राजनीतिक आकाश में चमके। और जाते-जाते करोड़ों आँखों का तारा बन गए। मौत के सामने भी निर्भीक, साम्राज्यवादी शासन को चकनाचूर करने के लिए अटल, और उसके खंडहर पर स्वतंत्र जन-राज्य की स्थापना करने के लिए दृढ़ प्रतिज्ञ, भगतसिंह, नवीन भारत की आकांक्षाओं और भावनाओं के प्रतीक बन गए।

चंद्रशेखर आज़ाद

चौथी दशाब्दी में जो नवयुवक आतंकवादी आंदोलन में आए, उनके लिए चंद्रशेखर आज़ाद का नाम एक पौराणिक वीर गाथा के समान था।

1925 की काकोरी ट्रेन घटना में उन्होंने भाग लिया था, पर उसके बाद होनेवाली गिरफ्तारियों से वह बच निकले थे। अगर पकड़ जाते तो उन्हें फाँसी ही होती; पर वह एक दिन भी चैन से बैठनेवाले जीव न थे। और उसके बाद, वह दुगुनी शक्ति से भगतसिंह और सुखदेव के साथ पार्टी का पुनर्निर्माण करने में जुटे रहे।

बहुत बातों में वह भगतसिंह के बिलकुल विपरीत ठहरते थे। शांत और दत्तचित्त—आजाद लोहे के बने हुए थे; जब वे किसी सशस्त्र कार्य का नेतृत्व करते होते तो उनका संयम और धैर्य अप्रतिम था। न कभी वह घबराते थे, और न कभी विचलित होते थे। उनमें भगतसिंह की तरह उग्रता नहीं थी, और न उतना विशाल दृष्टिकोण और बौद्धिक धरातल ही। अध्ययन करने का अवसर कम मिला था, अतएव हमारे साथियों में जो नए विचार प्रवेश कर रहे थे, उनका वह देर से ग्रहण कर पाते थे। उन्होंने उन विचारों को स्वीकार किया था, और अपनी पार्टी का नाम बदलकर हिंदुस्तान सोशलिस्ट रिपब्लिकन एसोसिएशन नाम रखने के प्रस्ताव का भी उन्होंने समर्थन किया था, पर मेरा ऐसा खयाल है कि उस समय वह इन सब बातों की तरफ कोई ख़ास ध्यान नहीं देते थे। मूलतः व्यावहारिक व्यक्ति होने के कारण, उनकी दृष्टि में तात्कालिक कार्यों का महत्व अधिक था। और इस अर्थ में, उनके समान साहसी, कार्य संगठन में योग्यतम, और दुर्भेद्य समझी जानेवाली परिस्थितियों में भी कार्य कर दिखानेवाला व्यक्ति कभी नहीं हुआ। सुडौल और सुदृढ़ आज़ाद के पुट्ठे फौलादी थे, शक्ति और स्फूर्ति असाधारण थी। सबसे बड़ी बात यह कि वह बहुत अच्छे निशानेबाज़ थे—पार्टी में सबसे अच्छे। इसलिए आश्चर्य क्या, यदि पंजाब, युक्तप्रांत, बिहार आदि जिन प्रांतों में वह काम करते थे, वहाँ के पुलिस अधिकारी उनके नाम से ही थर-थर काँपते हों। उन लोगों पर किसी अन्य व्यक्ति

का—भगतसिंह तक का इतना अधिक आतंक न था।

इससे यह न समझ लिया जाए कि उनमें मानवीय गुण थे नहीं, वह खून के प्यासे दैत्य ही थे, जैसा कि आतंकित पुलिस उनका चित्र खींचती थी।

आज़ाद प्रसन्न और हँसमुख रहते थे, और चुटीले विनोद पसंद करते थे। इसीलिए उन्हें जाननेवाले लोग न केवल आदर की दृष्टि से देखते थे, बल्कि प्यार भी करते थे। कड़े अनुशासन के वह समर्थक थे और कार्य को पूरा न करने या ढीलढाल डालनेवालों को, वह कभी माफ नहीं करते थे। लेकिन अन्याय तो करते ही न थे। और सबसे बड़ी बात यह कि आजाद हर व्यक्ति में इतना विश्वास जमा देते थे कि ऐसा अनुभव होने लगता था कि जिस काम को उन्होंने उठाया है वह सफल होकर ही रहेगा।

हमारी गिरफ्तारी के बाद, वह पुलिस को वैसे ही चकमा देकर भाग निकले जैसे कि एक बार पहले काकोरी की गिरफ्तारियों के समय किया था, और छिन्न-भिन्न पार्टी को फिर से संगठित करने लगे। दिसंबर 1929 में जो विस्फोट हुआ, जिससे वाइसराय मरते-मरते बचे, उससे पुलिस का यह ख्याल कि परिस्थिति अब भी 'गंभीर और खतरनाक' है, और अधिक पुष्ट हो गया। उन्होंने काफी जाल फैलाया, पर आज़ाद उनके हाथ से निकलकर, एक दुस्साहसपूर्ण योजना लेकर लाहौर पहुँचे—वह योजना यह थी कि जब हम लोगों को अदालत की तरफ ले जाया जाए उस समय पुलिस के हाथों से हमें छुड़ा लिया जाए। योजना सफल हो गई होती, यदि केंद्र में रखा हुआ एक बम वक्त से पहले ही न फूट गया होता। इस समय वह पकड़े जाते-जाते बच गए, और फिर पुलिस ने सुना कि वह दिल्ली में एक सशस्त्र दल का नेतृत्व कर रहे हैं।

इसके बाद पंजाब में बम विस्फोट का ताँता बँध गया, जिनसे कई पुलिस-अफ़सर मारे गए, और बहुत से घायल हुए। इसी समय दिल्ली तथा दूसरे लाहौर षड्यंत्र केस के संबंध में बहुत-सी गिरफ्तारियाँ हुई, इन गिरफ्तारियों में सैकड़ों आदमी पकड़े गए। ऐसी विफलताएँ बड़े-बड़े वीरों को भी पस्त कर देती हैं, पर एक आजाद थे कि न हारे। उनके पकड़ने के लिए हजारों रुपए के इनामों की घोषणा थी। पर एक बार फिर पुलिस को चकमा देकर पार्टी को नवीन रूप में संगठित करने में लग गए।

जब सन् 30 के अंत में छूटने पर मैं उनसे मिला, तो मैंने उनको पहले जैसे ही निडर पाया। अनवरत क्रांतिकारी कार्यों से जो उनका बहुमूल्य समय बचता था, वह अध्ययन में ही बीतता था। उनके विचार पक चुके थे। अंग्रेजी उनकी कमजोर थी इसलिए वह दूसरों से पढ़वाकर चीज़ें समझते थे। सोवियत यूनियन के प्रति उनके हृदय में प्रगाढ़ प्रेम पैदा हो गया था, और क्रांतिकारी शिक्षा के लिए कुछ साथियों को, वह वहाँ भेजना चाहते थे। विफलताएँ उनको झुकाने में विफल हो चुकी थीं,

पर ऐसी अफ़वाह उठ रही थी कि सरकार और कांग्रेस में कोई समझौता होने जा रहा है; और इस प्रकार आज़ाद को और हम सब लोगों को यह नजर आने लगा कि जिस चीज़ की हमें आशा थी वह होने नहीं जा रही है। उनके और उनके साथियों के वीरतापूर्ण कामों और आत्मबलिदानों के बावजूद राष्ट्रीय आंदोलन क्रांतिकारी मार्ग नहीं ग्रहण किया। पेशावर, शोलापुर और चटगाँव की घटनाओं से हमारे दिलों में जो आशा उत्पन्न हो गई थी, वह पूरी नहीं हुई।

इन सब बातों पर आज़ाद ने काफ़ी गहराई से विचार किया। यह बात नहीं कि उनका विश्वास आतंकवाद पर से उठ गया हो, लेकिन इतना साफ हो गया था कि हमारे काम में कहीं कुछ गड़बड़ी अवश्य थी जिसकी वजह से उतना काम और बलिदान करने पर भी पूरे राष्ट्रीय आंदोलन को हम क्रांतिकारी दिशा नहीं दे सके थे। वह भगतसिंह के विचार जानने के लिए उत्सुक थे, और जानना चाहते थे कि जेल में हम लोगों ने क्या सोच-विचार किया है, और हमारे खयालात क्या हैं।

आज़ाद का विचार था कि अधिक से अधिक साथी किसानों-मजदूरों का संगठन तथा अन्य जन-कार्य करने के लिए जाएँ और वह स्वयं तथा कुछ अन्य क्रांतिकारी भविष्य की क्रांति के लिए सशस्त्र क्रांतिकारियों को अस्त्र-शस्त्र की शिक्षा दें। जब आंदोलन के लिए आवश्यक हो तब यह दल सशस्त्र क्रांति करने के लिए तैयार रहे।

इस आधार पर आज़ाद पार्टी को फिर से संगठित करना चाहते थे, पर अपनी योजना को सफल बनाने तक वह जीवित न रहे। पुलिस को एक गद्दार ने सूचना दे दी, और इलाहाबाद के अलफ्रेड पार्क में पुलिस ने उन्हें घेर लिया। बड़ी देर तक गोलियाँ चलने के बाद, जिसमें दो पुलिस अफसर घायल हुए आजाद मारे गए। यह है एक ऐसे व्यक्ति के घटनापूर्ण जीवन का अंत, जो अपने अदम्य साहस, और दृढ़ संकल्प के कारण संपूर्ण उत्तरी भारत में एक ऐतिहासिक पुरुष बन गया।

जेलों के अंदर

लाहौर षड्यंत्र केस में भगतसिंह के साथियों को आजन्म कारावास की सजा हुई थी। उनमें एक साथी महावीर सिंह ने अंडमान की पहली भूख-हड़ताल में प्राण विसर्जन कर दिए। चार साथी—किशोरीलाल, जयदेव, शिव वर्मा और गयाप्रसाद अभी भी सींखचों के भीतर हैं।

ये लोग साढ़े सोलह वर्ष जेल में बिता चुके हैं। उनका जेल-जीवन भूख-हड़ताल और संघर्षों का इतिहास है। जेल में उन्होंने निरंतर अध्ययन किया है,

जिसके कारण उनके अस्पष्ट समाजवादी विचार परिपक्व हो गए हैं। अब वे सब कम्युनिस्ट हो गए हैं। अंडमान को पिछली बड़ी भूख-हड़ताल में राष्ट्रीय नेताओं ने प्रण किया था कि उनको रिहा कराने के लिए कोई प्रयत्न बाकी न रखा जाएगा। आठ साल पहले का किया गया वह प्रण अभी भी पूरा होने को बाकी है।

इन जैसे व्यक्तियों पर हर देश गर्व अनुभव करेगा। बहुत छोटी उम्र में ही, जब कि असली जिंदगी शुरू भी नहीं होती है, इन लोगों ने जिंदगी के सुखों पर लात मार दी। विदेशी शासन से वे बेजार थे, देशभक्त की आग उनके सीने में जल रही थी; देश की पस्त-हिम्मत हालत को वे बर्दाश्त नहीं कर सकते थे। इसीलिए उन्होंने क्रांतिकारी रास्ता अपनाया था। इस काम के लिए ऐसे ही क्रांतिकारियों की जरूरत थी जो हँसते-हँसते फाँसी के तख्ते पर झूल जाते।

इस प्रयास के लिए वे काफी सज़ा उठा चुके हैं। जेल जाते समय के जीवन की पहली सीढ़ी पर थे, और आज अंडमान और क़ब्रनुमा भारतीय जेलों में रहने के बाद समय से पहले ही बूढ़े हो गए हैं। उनमें से एक को तपेदिक हो गया है।

डाकुओं, हत्यारों और बुरे से बुरे कार्य करने पर सजा पानेवाले लोगों को आजन्म कारावास की सजा दी जाती है, तब भी 14 वर्ष के बाद उन्हें रिहा कर दिया जाता है। पर इन चार साथियों को, जिन पर किसी भी सशस्त्र कार्रवाई में भाग लेने का जुर्म पुलिस सिद्ध न कर सकी थी, और जिन्हें एक मुक़दमे का स्वांग रचकर, जहाँ कि वे उपस्थित तक नहीं थे, जेल में डाल दिया गया था, अब तक रिहा नहीं किया गया है। उनका सबसे बड़ा दोष यही है कि वे आज भी इतने ही निडर हैं, जितने कि पहले थे। और जब तक उनमें इतनी निडरता रहेगी, तब तक यदि सरकार का बस चलेगा, तो वे छोड़े नहीं जाएँगे, चाहे मर ही क्यों न जाएँ।

किशोरीलाल

किशोरीलाल से मैं पहली बार लाहौर षड्यंत्र केस में गिरफ्तार होने के बाद मिला था। 10 जुलाई 1929 का दिन था। जिन कैदियों पर मुकदमा चला रहा था उन्हें अदालत ले जाया जा रहा था। हमारे दिल भारी थे—यह सोचकर नहीं कि हमें भारी सजा मिलने की आशा थी, बल्कि यह ख्याल करके कि हमारी पार्टी छिन्न-भिन्न हो रही है। दरवाज़े पर मैंने नाटे और सुडौल किशोरी को देखा, जिनकी शक्ल पर नटखटपन का आभास था, और जो चेहरे को रोबीला बनाने के लिए अक्सर अपनी मूँछे ऐंठा करते थे। उस भीषण परिस्थितियों में उनकी वह मुस्कान अजीब मालूम होती थी, पर उसके बाद के डेढ़ साल में उनके मुँह

पर हमेशा वही मुस्कान बनी रही।

अदालत में बैठे हुए किसी वकील, मजिस्ट्रेट या पुलिस अफसर की शक्ल-सूरत के बारे में कोई हँसी की चीज़ ढूँढ़ लेते, और फिर हम लोगों को सुना देते। हमारे कठघरे से हँसी के फव्वारे छूटते, जिससे अदालत की कार्यवाही में बाधा पड़ती थी। हमारे वकील हमारे इस 'अनुचित' व्यवहार से बुरा मानते थे। हम लोग खुद भी किशोरी को डाँट देते थे; तो उसके बाद वह ऐसा उदास और लंबा मुँह लेकर बैठ जाते कि हमें फिर हँसी आ जाती थी।

वह खुद हम लोगों को भी नहीं छोड़ते थे। हममें से छोटे-बड़े सभी उनकी चुटकियों के शिकार होते थे, पर कभी किसी को कुछ खटका नहीं, सभी हँसते रहते थे, और सबसे ज्यादा वह हँसता था जो उनका शिकार बनता था।

उस मुस्कान के पीछे एक फौलादी संकल्प और जैसा कि मैंने बाद में अनुभव किया, एक कोमल हृदय छिपा हुआ था। हमारी गुप्त बातें जानने के लिए, लाहौर फोर्ट में उनको बड़ी-बड़ी तकलीफें दी गईं, पर पुलिस भी समझ गई कि किसी जोड़ के आदमी से पाला पड़ा है—एक ऐसे आदमी से जिसके साथ कुछ भी करो, पर वह हँसता ही रहेगा।

जून 1930 की एक घटना सुनाने योग्य है। भद्र अवज्ञा आंदोलन चल रहा था। हमारी जेलें कांग्रेसजनों से भरी हुई थीं, जिनमें अधिकांशतः नवयुवक थे। हम लोगों को उनसे दूर अलग रखा गया था। क्योंकि जेल के अधिकारी यह नहीं चाहते थे कि किसी प्रकार से भी उनके और हमारे बीच में संपर्क स्थापित हो ! इतना हमें मालूम हो जाता था कि उन लोगों को मारा जाता है और अन्य दुर्व्यवहार किए जाते हैं। हम उन्हें कैसे मदद कर सकते हैं, इस पर हम लोग अक्सर विचार किया करते थे। लेकिन हम लोग मजबूर थे। हमारे वार्डर और चौकीदार इस तरह रखे गए थे, कि बहुत दिनों के बाद हमें उन घटनाओं के बारे में मालूम हुआ। कोई कार्रवाई करने के पहले यह आवश्यक था कि हम उनके बारे में ताज़े और सही-सही समाचार फिर मिलते।

किशोरी ने हार न मानी। युक्तियाँ निकालने और मित्रता करने में वह चतुर था ही। उसने एक ऐसे कांग्रेसजन के बारे में ख़बर प्राप्त कर ली, जिसको उसी दिन मारा-पीटा, और बेड़ियों में रखा गया था। हमने मीटिंग की। हम जानते थे कि सुपरिंटेंडेंट से बात करने से कुछ फल नहीं निकलेगा, क्योंकि वह तो यह स्वीकार नहीं करेगा कि ऐसी घटना हुई भी है। बात करने से अधिक कुछ करना चाहिए। लेकिन क्या—यह प्रश्न था।

किशोरी ने योजना सुझाई, कि दीवार फाँदकर हम लोग उस कोठरी के सामने पहुँच जाएँ जहाँ वह बंदी था; और वहाँ जोरों से नारे लगाएँ, जिन्हें सुनकर सुपरिंटेंडेंट को आना पड़े। फिर हम लोग प्रमाण सहित अपनी बात उसके सामने रखें और माँग

करें कि यह ग़ैरकानूनी मार-पीट तुरंत बंद की जाए। योजना दुस्साहसपूर्ण और खतरे से खाली न थी, फिर भी उस पर अमल करने की इच्छा हुई।

जो हमने सोचा था, वही हुआ। हमारी कार्रवाई से वार्डर और चौकीदार लोग चकित रहे गए—वे उसके लिए तैयार न थे, अतएव वे हम लोगों को रोकने में समर्थ न हुए, और हम लोग शीघ्र ही उस कांग्रेसजन की कोठरी के पास पहुँच गए।

खतरे की घंटियाँ बजने लगी थीं। चारों तरफ शोर हो गया था कि ''बम केस के राजबंदियों ने विद्रोह कर दिया है।'' बहुत से वार्डरों के साथ जेलर फौरन घटना स्थल पर आ गया। डंडों की वर्षा शुरू हुई। हमने प्रतिरोध किया, पर वे संख्या में बहुत थे और हथियारों से लैस थे। लड़ाई बुरी हुई। अन्य साथियों के साथ किशोरी को भी काफी चोट आई। बाद में इस भय से कहीं अन्य राजनीतिक बंदी विद्रोह न कर बैठें, जेलर ने लड़ाई खत्म कर दी।

एक घंटे के बाद, सुपरिंटेंडेंट हम लोगों से मिला और वादा कर गया कि वह मामले की जाँच करेगा और इस मारपीट के खिलाफ हुक्म निकालेगा। वादा अधिक दिन न चला, पर फ़िलहाल परिस्थिति कुछ अच्छी हो गई।

किशोरी को आजन्म कारावास की सजा मिली और आज दिन तक उसमें वही आशावाद, वही हँसमुख प्रकृति मौजूद है, जिसकी वजह से अपने परिचितों में वह सबसे अधिक लोकप्रिय हो गया था। जेल का अध्ययन उसे कम्युनिज़्म की ओर खींच ले गया है और यही कारण है कि पंजाब सरकार उससे सबसे अधिक घृणा करती है। नौकरशाही और मुनाफ़ाखोर जमींदारों की जूतियाँ चाटनेवाली वह सरकार, जिसका 'सिपाही प्रधानमंत्री' है, जानती है कि कम्युनिज्म जिसके झंडे के नीचे पंजाब के जबरदस्त किसान बढ़ती हुई संख्या में जमा हो रहे हैं, उसका सबसे बड़ा दुश्मन है। वे लोग किशोरी को उस वक्त तक रिहा न करेंगे, जब तक कि मजबूर न हो जाएँगे।

शिव वर्मा

लाहौर षड्यंत्र के अभियुक्तों मे सबसे अधिक मेहनती और गंभीर शिव वर्मा थे। राजनीतिक समस्याओं और बाहर होनेवाली क्रांतिकारी घटनाओं का वह बहुत ध्यान से अध्ययन करते थे। हम जानते थे और हम सबसे अच्छी तरह वह भी जानते थे—कि कम से कम सजा जिसकी उम्मीद उनके लिए की जा सकती थी, वह थी आजन्म कारावास की। इससे भी अधिक सजा उन्हें दी जा सकती थी, क्योंकि हमारी युक्त प्रांतीय पार्टी के प्रधान संगठनकर्ता और केंद्रीय कमिटी के सदस्य थे। मुकदमें

के शुरू में ही एक तरह से हमको जता दिया गया था कि सरकारी पक्ष केंद्रीय कमिटी के सदस्यों के लिए फाँसी की सजा की माँग करेगा। इसलिए शिव का इस प्रकार अध्ययन में लगा रहना हमें अटपटा सा लगता था, और इस बात का अक्सर हम लोग मज़ाक भी बनाया करते थे। अध्ययन के अलावा उन्हें शंतरज का भी बड़ा शौक था।

मुक़दमें के पहले भी मैं कई बार शिव से मिला था। पर उत्सुकता होने पर भी मैं उनके विषय में अधिक न जान सका था—क्योंकि किसी के विषय में अधिक जानने की कोशिश करना हमारे यहाँ मना था। शिव के उसके दुबले-पतले और निर्बल शरीर, सफेद बाल, शांत स्वभाव और एक-एक शब्द को तोलकर धीरे-धीरे बात करने के ढंग को देखकर ऐसा लगता था कि वह हम लोगों के साथ कैसे आ गए। उन्हें देखकर यह विश्वास करना कठिन होता था कि 'बम और पिस्तौलोंवाली पार्टी' के सबसे अधिक सक्रिय सदस्यों में से एक हैं।

उनका जन्म हरदोई जिले के एक गाँव में सन् 1906 में हुआ था। और 15 वर्ष की अवस्था में ही राजनीतिक आंदोलन में वह खिंच आए थे। स्कूल छोड़कर वह असहयोग के बायकाट आंदोलन में कूद पड़े। आंदोलन ख़त्म होने के बाद फिर पढ़ना शुरू किया, लेकिन जन-सेवा का कार्य जारी रखा। सन् 1925 में वह कानपुर आए और शीघ्र ही गुप्त संगठन में सम्मिलित हो गए। उनके काम का ऐसा असर हुआ कि एक साल में ही उनका कालेज कानपुर में हमारे काम का जबरदस्त अड्डा बन गया।

सन् 1925 के काकोरी केस में आतंकवादी आंदोलन के पुराने नेताओं के गिरफ्तार हो जाने के बाद, आंदोलन को चलाते रखने का भार बाहर बचे-खुचे नवयुवकों, अधिकांशतः विद्यार्थियों के कंधों पर आ पड़ा। वे अनुभवहीन, आर्थिक, साधनों से वंचित थे; उसमें से अधिकांश ने रिवाल्वर कभी छुआ तक नहीं था।

जो कुछ सहानुभूति दिखलाने वाले और पुराने मित्र थे, काकोरी के बाद वे भी कतरा कर भागने लगे थे। ऐसी परिस्थितियों में भी इन नौजवानों ने पार्टी को पुनर्संगठित करने का प्रयत्न किया।

शिव वर्मा इन्हीं लोगों में से एक थे, जिन्होंने उस कार्य को पूरा करने में सबसे अधिक भाग लिया था। कार्य करने में शिव वर्मा अथक थे, उनमें उच्च कोटि की शक्ति थी। सन् 1925 के कठोर वज्रपात के बाद यदि युक्त प्रांत में हमारी पार्टी इतनी शीघ्र शक्तिशाली बन सकी थी, तो उसका कारण शिव का काम ही था।

काकोरी केस की गिरफ्तारियों के बाद भी हमारा विश्वास आतंकवाद से डिगा न था। बल्कि उसके बाद तो ऐसा मालूम होता था कि राष्ट्र में जीवन फूँकने के लिए अब यह और भी अधिक आवश्यक हो गया है कि घृणित सरकारी अफसरों के खिलाफ सशस्त्र कार्रवाई की जाए। साथ ही साथ, रूस में नवंबर क्रांति की

सफलता समाजवादी की विजय और हिंदुस्तान के उठते हुए मज़दूर आंदोलन के प्रभाव से भी हम अछूते नहीं बच सके। हमारा ध्यान अधिकाधिक समाजवादी विचारों की ओर आकर्षित हुआ। समाजवाद पर हमें जो भी किताब मिलती उसे हम पढ़ते, और ब्रिटिश राज को मिटाने के बाद किस प्रकार की सरकार कायम की जाए, इस पर विवाद करते।

एक ओर सशस्त्र क्रांति के लिए बहुत ही अनुशासित और सर्वस्व बलिदान करनेवाले सशस्त्र दल की आवश्यकता पर हमारा विश्वास बना हुआ था, दूसरी ओर हमारा आकर्षण समाजवाद की तरफ था। इसीलिए हमने पार्टी का पुनर्संगठन हिंदुस्तान सोशलिस्ट रिपब्लिकन एसोसिएशन के नाम से किया। शिव वर्मा जिन पर नए विचारों का काफी गहरा प्रभाव था, इस परिवर्तन के समर्थकों में से थे।

उन्होंने कालेज छोड़ दिया, और क्रांतिकारी कार्य में जुट गए। हिंदुस्तान सोशलिस्ट रिपब्लिकन एसोसिएशन की केंद्रीय कमिटी के सदस्य, तथा युक्त प्रांत के प्रमुख संगठनकर्ता की हैसियत से उन्होंने जिले-जिले का दौरा किया, और पुराने केंद्रों को मज़बूत बनाया, बहुत से नए केंद्र स्थापित किए।

मई 1929 में वे सहारनपुर में गिरफ्तार हुए। तभी से वह जेल में है।

राजनीतिक बंदियों की दशा सुधारने की माँग के संबंध में जो भूख हड़ताल 63 दिन चली थी, उसमें एक बार तो हमें ऐसा लगता था कि शिव वर्मा सबसे पहले बलि हो जाएँगे। पंद्रह दिन की हड़ताल के बाद उन्हें बुखार और बेहोशी की अवस्था में जेल के अस्पताल में ले जाया गया। उन्हें निमोनिया हो गया था, और हम सब समझते थे कि अब वह नहीं बचेंगे।

कई दिन तक वह चारपाई पर करवटें बदलते रहे; सीने में दर्द की वजह से वह एक क्षण भी न सो सके। डाक्टर ने एक खुराक दवा या कम से कम नींद आने की दवा पी लेने की अनुनय विनय की, पर शिव ने उसे किसी तरह स्वीकार न किया। धीमे स्वर में उन्होंने कहा, "हमने निर्णय किया था कि भूख-हड़ताल में किसी प्रकार की दवा न पीएँगे; मैं उस निर्णय पर अटल रहूँगा।" वह बच कैसे गए, यह हम सबके लिए हमेशा आश्चर्य की बात रही है।

आगामी लड़ाइयों और संघर्षों में भी उन्होंने उसी शांति और साहस का परिचय दिया। अदालत की एक मुठभेड़ में, एक बार पुलिस द्वारा वह इतने पीटे गए कि वहीं बेहोश होकर गिर पड़े। पर अपने निश्चय से उनको कोई डिगा न सका।

एक दूसरे क्षेत्र में भी उन्होंने अपने असाधारण गुण का परिचय दिया था। अदालती कार्यवाही की ओर से हम लोग तो बिलकुल उदासीन थे पर शिव उसको बड़े ध्यान से अध्ययन करते थे, और फिर सरकारी गवाहों से इस तरह जिरह करते थे कि उनकी गवाही की धज्जियाँ उड़ जाती थीं। मुखबिरों के साथ वह इतने तीक्ष्ण व्यंग्यात्मक ढंग से जिरह करते और उनके बयानों में इस प्रकार की उल्टी-सीधी बातें

दिखाते कि गवाहों की मुसीबत हो जाती और दर्शक हँसी के मारे लोट-पोट हो जाते। शीघ्र ही अदालती कार्यवाही खत्म हो गई, और अक्टूबर 1930 में विशेष न्यायालय ने हमारी अनुपस्थिति में फैसला सुना दिया। शिव को आजन्म कारावास की सजा दी गई।

हमारी भूख-हड़ताल के समय सरकार ने जो आश्वासन दिए थे, बाद में वह उन सबसे मुकर गई। इससे अधिक काम करना मुश्किल था। लाहौर केस के सभी कैदियों को 'सी' क्लास में रखा गया, और उनके साथ बड़ी पाशविकत व्यवहार किया गया। अंडमान भेजे जाने के पहले राजमहेंद्री जेल में शिव और जयदेव को साढ़े पाँच महीने की भूख-हड़ताल करनी पड़ी और भी कई बड़ी लड़ाइयाँ लड़नी पड़ीं। अंडमान में उन्होंने नए सिरे से आंदोलन शुरू किया, जिसे वे उस समय तक निरंतर चलाते रहे, जब तक कि सन् 1937 की भूख-हड़ताल और उससे पैदा हुए विशाल जन-आंदोलन के परिणामस्वरूप उन्हें फिर हिन्दुस्तान नहीं ले आया गया।

शिव अंडमान में कम्युनिस्ट हुए, और तब से आज तक कभी वह उस पथ से विचलित नहीं हुए। 1942 में जब फासिस्ट हमारे दरवाज़े पर खड़े थे, तब शिव, जयदेव और गयाप्रसाद ने देशवासियों से एक होने, राष्ट्रीय सरकार प्राप्त करने और आक्रमणकारियों को मार भगाने की जोरदार अपील की थी।

जिस धैर्य के साथ शिव वर्मा ने अपने क्रांतिकारी जीवन के प्रारंभिक दिनों में मुसीबतों और मुकदमों का मुकाबला किया था, उसी धैर्य के साथ जेल में वह अपना जीवन बिता रहे हैं। उन्हें विश्वास है कि एक दिन उनके देशवासी उन्हें रिहा करा लेंगे, और मातृभूमि की स्वतंत्रता के संग्राम में अपना कर्तव्य पूरा करने का उन्हें फिर अवसर मिलेगा।

जयदेव कपूर

जयदेव भी उसी जिले के निवासी हैं, जिसके शिव वर्मा हैं। अवस्था में शिव वर्मा से वह तीन साल छोटे हैं। पर बचपन से ही उनके दोस्त हैं। ज्यों-ज्यों दोनों की अवस्था बढ़ती गई त्यों-त्यों दोस्ती भी बढ़ती गई। एक के बिना दूसरा रह नहीं सकता।

बहुत बातों में दोनों में बड़ी भिन्नता भी है। लंबे, सुडौल, सुपुष्ट, स्फूर्तिवान, खेलों के शौकीन जयदेव और निर्बल, परिश्रमी और शांत और गंभीर शिव वर्मा से बहुत कम समानता दिखाई पड़ती है। लेकिन एक चीज थी, जो दोनों को एक दूसरे के नजदीक लाई। वह थी देश तथा गरीब देशवासियों के लिए दोनों के हृदय में

अपार प्रेम, उसी से प्रेरित होकर दोनों असहयोग आंदोलन में कूद पड़े थे, और बाद में साथ-साथ अपने जिले में भी काम करते रहे।

1925 में जयदेव ने कानपुर के डी.ए.वी. कालेज में प्रवेश किया। और वहीं वह शीघ्र ही आतंकवादी पार्टी के एक सक्रिय सदस्य हो गए। हिंदुस्तान तथा हिंदुस्तान के बाहर घटनाओं के प्रभाव से उनके विचार भी, और लोगों की तरह, समाजवाद की ओर गए। लेकिन वे यहीं तक नहीं रहे। किसानों की हालत का साक्षात् अनुभव करने के लिए उन्होंने लखनऊ और हरदोई जिलों के ग्रामीण क्षेत्रों के किसानों–विशेष रूप से 'पासी' जाति की अछूत जातियों में, जिन्हें 'जरायम पेशा' घोषित कर रखा है–में दौरा किया। गाँवों में उन्होंने जो देखा–किसानों की दीन दशा, सामाजिक हीनावस्था, कानून के संबंध में उनका अज्ञान–उन सबसे उनके विचारों को नई प्रेरणा मिली। वह इस परिणाम पर पहुँचे कि जो क्रांति सब प्रकार के शोषकों का अंत करके जनता के वास्तविक राज की स्थापना नहीं करती वह क्रांति, क्रांति कहलाने योग्य नहीं है।

कुछ दिनों तक वह बनारस हिंदू यूनिवर्सिटी में रहे, जहाँ उनका क्रांति का काम जारी रहा। बाद में उन्होंने यूनिवर्सिटी को भी छोड़ दिया, और पूरा समय काम करने लगे। मई 1929 में, सहारनपुर की बम फैक्टरी में, शिव वर्मा तथा गयाप्रसाद के साथ वह गिरफ्तार कर लिए गए।

मुक़दमें के दौरान हमने जितनी भी लड़ाइयाँ लड़ीं, उन सबमें जयदेव हमारे साथ थे। हर कार्रवाई के लिए चाहे वह भूख-हड़ताल हो, चाहे पुलिस से मुठभेड़; चाहे राजनीतिक बंदियों की सहानुभूति में प्रदर्शन, जयदेव का हाथ सबसे पहले उठता था। और एक बार यदि कोई निर्णय कर लिया गया, तो फिर किसी प्रकार के भी समझौते की बातचीत का वह विरोध करते थे।

एक बार मैजिस्ट्रेट की अदालत में सुनवाई हो रही थी। प्रेमदत्त ने, जो हम लोगों में हमसे छोटे थे, मुखबिर जयगोपाल को जूता फेंक कर मारा। जयगोपाल हमारी पार्टी और हमारे काम का बड़े गंदे ढंग से मजाक बना रहा था। जयगोपाल को चोट नहीं लगी, पर पुलिस की सलाह से मैजिस्ट्रेट ने हुक्म निकाल दिया कि आगे से हमें हथकड़ियाँ पहनाकर रखा जाए।

अदालती कार्यवाही स्थगित हो गई। दूसरे दिन जब हम जेल के फाटक पर लाए गए तो हमें बताया कि हमारे हथकड़ियाँ लगाई जाएँगी।

हमने इनकार किया तो पुलिसवालों ने हम पर हमला कर दिया। जेल के हाते में खुलकर लड़ाई हुई और कमलनाथ, विजय सिन्हा और राजगुरु को गहरी चोटें आईं। एक घंटे की लड़ाई के बाद, पुलिस हममें से सिर्फ पाँच आदमियों को जेल की गाड़ी में ठेलने में सफल हो सकी।

दूसरे दिन हमारे पास यह कहला भेजा गया कि अगर हम हथकड़ियाँ पहनकर

अदालत तक आ जाएँगे, तो वह आज्ञा रद्द कर दी जाएगी। हमारे साथियों में गरम बहस हुई कि अब क्या किया जाए। जयदेव, किशोरी और मैंने किसी भी प्रकार के समझौते का विरोध किया। लेकिन हम अल्पमत में थे। शिव और विजय ने वजनदार तर्क दिया और कहा "कल जेल के अंदर हो कुछ हुआ उसे जनता नहीं जानती। निहत्थे राजबंदियों पर लाठियाँ चलाई गईं। उसका समाचार बाहर नहीं पहुँचा। अगर मजिस्ट्रेट ने हथकड़ियाँ न उतरवाईं, तो हम फिर लड़ेंगे; पर इस बार हमारी लड़ाई अदालत में ही होगी। और तब जनता देखेगी कि कानून के नाम पर किस प्रकार की अमानुषिक कार्रवाइयाँ की जाती हैं; अंत में तर्क की विजय हुई। हथकड़ियाँ पहनते वक्त, सदा हँसते रहनेवाले किशोरी की आँखों में आँसू आ गए।

मजिस्ट्रेट ने जो आश्वासन दिया था, उसे पूरा नहीं किया। हमारी हथकड़ियाँ ज्यों की त्यों लगी रही। हमने देखा कि पुलिस अधिकारियों की आँखें विजय-गर्व से चमक रही हैं। उन्होंने समझा कि अब हमें हरा दिया गया है। लज्जित और आहत जयदेव सिर झुकाए हुए कटघरे में बैठे थे।

दोपहर में खाने के समय हम लोगों के एक-एक हाथ से हथकड़ी उतार ली गई। हमने निश्चय किया कि अब इस हाथ में हथकड़ी नहीं पहनेंगे।

इसके बाद जो घटना घटी, वैसी घटना किसी भी अदालत में शायद कभी न घटी होगी। हमारे एक हाथ में हथकड़ी पड़ी हुई थी, फिर भी 50 से अधिक कांस्टेबिल और इंस्पेक्टर हमारे ऊपर टूट पड़े और गिरते ही हमारे ऊपर डंडों और लातों की वर्षा शुरू हो गई। हमको अदालत के कमरे तक घसीटकर ले जाया गया। और कठघरे में सींखचों पर इस तरह फेंक दिया गया, जैसे कि हम कोई बेजान चीज हों। शिव का सिर फर्श पर इतनी जोर से लगा कि वह बेहोश हो गए। कुछ लोग खून से लथपथ थे। कुछ साथियों के सारे शरीर पर चोटें ही चोटें दिखाई देती थी।

जयदेव, चूँकि हम सबमें तगड़े थे, इसलिए उनकी सबसे अधिक खबर ली गई थी। जमीन पर पटककर खूब निर्दयतापूर्वक मारा गया था। कपड़े चिथड़े-चिथड़े हो गए। माथा सूज गया, फिर भी जयदेव संघर्ष करते रहे। और वैसी हालत में जोरदार भाषण देकर उन्होंने कहा कि जो मजिस्ट्रेट अपनी अदालत में ऐसे अत्याचार करने की इजाजत दे सकता है, उसे इस्तीफा दे देना चाहिए। दर्शकों से उन्होंने अपील की, कि जो दृश्य उन्होंने देखा है, उसे वे कभी न भूलें।

दूसरे दिन हथकड़ियाँ पहनाने की आज्ञा रद्द कर दी गई।

जयदेव के खिलाफ सबूत कम थे, लेकिन सहारनपुर की 'बम फैक्टरी' में उनकी उपस्थिति को ही विशेष न्यायालय ने काफी समझा और उन्हें आजन्म कारावास की सजा दे दी गई।

तबसे आज तक का उनका जेल-जीवन लड़ाइयों की कथाओं से भरा हुआ

है। राजमहेंद्री जेल में साढ़े पाँच महीने तक उन्होंने भूख-हड़ताल की जो पंडित मालवीय तथा अन्य नेताओं के हस्तक्षेप से बाद में तोड़ दी गई। एक बार जेलर से न दबने के कारण उन्हें 30 कोड़े भी लगवाए गए।

अंडमान में जितनी लड़ाइयाँ हुई, उनमें उन्होंने सबसे आगे बढ़कर भाग लिया। कम्युनिस्ट-कंसोलिडेशन* के भी वह प्रमुख संगठनकर्ता थे। कुछ दिनों तक कंसोलिडेशन वे ही मंत्री और उसके मुखपत्र के संपादक भी थे।

हिंदी के जोरदार लेखक, प्रभावशाली वक्ता, और मार्क्सवाद के गंभीर विद्वान जयदेव हमारे स्वतंत्रता आंदोलन के योग्य और सेनानी वीर हैं।

सोलह साल से अधिक हो गए, वह अब भी जेल में हैं। भूख-हड़ताल, मार-पीट आदि की न जाने कितनी अग्नि-परीक्षाओं को वह पार कर चुके हैं। पर उनका मनोबल और उनका शरीर इस्पात की तरह मज़बूत है। सोलह वर्ष पहले की भावुकता चाहे उनमें अब न रही हो—अवस्था के साथ-साथ उनका अनुभव भी परिपक्व हुआ है—पर तेरह साल के बच्चे जयदेव ने जिस उम्र से असहयोग आंदोलन में भाग लिया था, वह अब भी उसी तरह उनमें मौजूद है।

डा. गयाप्रसाद

हिंदुस्तान सोशलिस्ट एसोसिएशन के अधिकांश सदस्य युवक विद्यार्थी थे। लेकिन गयाप्रसाद इसके अपवाद थे। वह विवाहित व्यक्ति थे; डाक्टरी खूब चलती थी। 1921-22 के असहयोग आंदोलन में वह कूद पड़े थे। उसके विफल हो जाने पर जब चारों तरफ पस्त-हिम्मती फैल गई तो उन्होंने खूब सोच-विचार किया। उनके अधिकांश साथी, फिर पुराने ढंग से काम करने लगे थे। लेकिन वे उसी लीक पर न चल सके। वह क्रांतिकारी आतंकवादी आंदोलन में सम्मिलित हो गए।

उन दिनों उनके बड़ी शानदार दाढ़ी थी, जिसकी वजह से उतनी कम अवस्था में वह बड़े बुजुर्ग और 'आदरणीय' लगते थे। कोई कल्पना भी न कर सकता था कि चश्मा लगाए हुए प्रौढ़ लगनेवाला यह व्यक्ति, जो बड़ी गंभीरता पूर्वक मरीज़ों को देखता है, बम और पिस्तौलों के द्वारा ब्रिटिश साम्राज्य का तख्ता उलटने की साजिश कर रहा है। डा. गयाप्रसाद की दाढ़ी और उनकी डाक्टरी व्यवसाय हमारे लिए बड़ी महत्वपूर्ण चीजें थीं—क्योंकि वे न केवल उनके काम में मदद देती थीं,

---

* कम्युनिस्ट-कंसोलिडेशन के सदस्य वे राजबंदी थे, जो कम्युनिज़्म की ओर झुक आए थे, तथा जिन्होंने हिंदुस्तानी कम्युनिस्ट पार्टी के अनुसार चलने का निश्चय कर लिया था।

बल्कि हमारी पार्टी के काम के लिए आड़ का भी काम देती थीं। जहाँ आवश्यक होता था, हम एक दवाखाना कायम कर लेते थे। वही दवाखाना हमारी पार्टी के कार्य का केंद्र होता था।

पंजाब और संयुक्त प्रांत में काम करते-करते, अंत में वह शिव और जयदेव के साथ सहारनपुर में पकड़े गए। इसके बाद जब जेल में मुझसे भेंट हुई, तो देखा दाढ़ी गायब थी।

गयाप्रसाद कुछ मोटे अवश्य थे, पर तगड़े कभी भी न थे, इसीलिए लड़ाइयों में उनको बहुत चोट पहुँचती थी। लेकिन एक बार भी वे घबराए नहीं।

हमारे दल के उच्छृंखल युवकों के लिए तो वह पिता के समान थे। अव्यवस्थित रहन-सहन से उन्हें सख्त घृणा थी। हर तीसरे दिन वह अपनी चादर बदलते, कपड़े धोते और मेज साफ करके सब किताबें और अन्य चीजें करीने से लगा देते। इतना ही नहीं, वह हम सबको भी इसके लिए मजबूर करते, और कई बार तो हमारे काम को स्वयं ही करके हमें लज्जित करने की कोशिश करते। दल में सबसे अधिक उच्छृंखल मैं ही था, अतएव मेरे ऊपर उनकी खास नज़र रहती। कई बार तो उन्हें आता देखकर मैं बैठक से बाहर भाग जाता। और लौटने पर देखता कि मेरी चादर बदल दी गई है और अन्य सब चीजें भी व्यवस्थित ढंग से रख दी गई हैं।

नियमित और व्यवस्थित रूप में कार्य करने की प्रवृत्ति के कारण डाक्टर गयाप्रसाद हम लोगों में सर्वोत्तम मैजेनर थे। रसोई की देखभाल करना, क़ैदी रसोइयों से काम कराने और भाँति-भाँति का भोजन बनवाने का कष्ट-साध्य कार्य को–जिससे मैं दूर भागता था–वह बड़े सुचारु रूप में कर दिखाते थे। उन्हें अपना भोजन पकाने, विशेष रूप से गोश्त बनाने की कला पर बड़ा अभिमान था और उनकी मैनेजरी में हमें मिलता भी भाँति-भाँति का भोजन था। उनका चेहरा उस समय प्रसन्नता और गर्व से खिल उठता था, जब हम कहते थे, "डाक्टर साहब आज तो आपने कमाल कर दिया।"

जेल के डाक्टर जो बहुत बुरे नहीं थे, गयाप्रसाद को बहुत चाहते थे। जब हममें से कोई बीमार हो जाता था, तब गयाप्रसाद न केवल माँ की तरह उसकी देखभाल ही करते थे, वरन् छोटी-छोटी बीमारियों में भी वह जेल के डाक्टरों से सलाह लेते, और उस समय तक चैन न लेते जब तक कि मरीज को उचित दवाई न दे दी जाए। सबसे कठिन कार्य था यह देखना कि दवाई ठीक समय पर मिलती है या नहीं। मरीज चाहे दवा पीना भूल जाए, पर डाक्टर उसे कभी नहीं भूलते थे। वह हमारे लिए मैनेजर, रसोइया, डाक्टर, नर्स एक साथ सभी कुछ थे।

सरकारी पक्ष यह सिद्ध करने में विफल हुआ कि गयाप्रसाद एक भी सशस्त्र कार्य में उपस्थित थे। पर इसकी परवाह कौन करता है। वह एक ऐसी पार्टी के

सक्रिय सदस्य थे, जिसने 'बादशाह के खिलाफ़ विद्रोह किया था।'' इसके अलावा उन्हें एक बम फैक्टरी में पकड़ा गया था। फैसला हुआ—आजन्म कारावास। दूसरे लोगों की तरह उन्हें भी 'सी' क्लास मिला।

तब से जेल-जीवन की सभी लड़ाइयों में वह भाग लेते रहे हैं; अंडमान की सन् 1937 की लंबी भूख-हड़ताल में भी वह आगे थे। आजकल वह सुल्तानपुर जेल में हैं। अंडमान में ही उन्होंने कम्युनिज़्म को अपनाया था, और तबसे, ज्यों-ज्यों समय बीतता गया है उनका विश्वास और भी अधिक दृढ़ होता गया है।

सोलह सालों की मार ने उनके शरीर को जर्जर कर दिया है। एक साल से उन्हें तपेदिक है, और उनकी हालत गंभीर है। उनको रिहा कर देना तो साधारण मनुष्य का तक़ाजा है—पर पंजाब सरकार से और मनुष्यता से क्या संबंध ?

लेकिन पंजाब के टोड़ियों की कब तक चलेगी ? इस प्रश्न का उत्तर तो गयाप्रसाद को देशवासियों को देना है, जिनके लिए वह जीवित रहे हैं, जीवित रहेंगे, और आवश्यकता होने पर प्राण भी दे देंगे।

मैं कम्युनिस्ट कैसे हुआ

फ़रवरी 1930 में आज़ाद की मृत्यु से, हिंदुस्तान सोशलिस्ट रिपब्लिकन एसोसिएशन को ऐसा धक्का लगा कि फिर वह सँभल न सकी। हमारी पार्टी सरकारी दमन ही की वजह से ख़त्म नहीं हुई थी। मूल बात कुछ और थी। आज़ाद एक ऐसे व्यक्ति थे, जिन पर सब लोग विश्वास और श्रद्धा करते थे, इसलिए तमाम असफलताओं और अंदरूनी मतभेदों के बावजूद पार्टी का गठन टूटता नहीं था—एकता बनी ही रहती थी। उनकी मृत्यु के बाद, पस्तहिम्मती बढ़ गई। कैलाशपति जैसे प्रमुख आतंकवादियों की ग़द्दारी से, हमारे साथी पहले से क्षुब्ध थे। इस पर पता चला कि आज़ाद की मृत्यु का कारण भी आतंकवादी पार्टी के एक दूसरे नेता की ग़द्दारी थी। कोई नहीं जानता था कि आगे कौन ग़द्दारी करेगा; न जाने कौन आदमी पुलिस का जासूस निकल आए। संदेह से कोई भी व्यक्ति बचा नहीं था। आपसी विश्वास का अंत हो चुका था। व्यक्तिगत हमले, परस्पर दोषारोपण वातावरण को और भी अधिक ज़हरीला बना दिया था। पुलिस के गुर्गे और भ्रष्ट लोगों के अंदर घुस आने से परिस्थिति और भी खराब हो गई थी। पैसे का दुरुपयोग करना, व्यक्तिगत स्वार्थ क लिए डाके डालना, नैतिक अनाचार, यह सब बहुत अधिक बढ़ गया था।

हिंदुस्तान सोशलिस्ट रिपब्लिकन एसोसिएशन का अंत

इन सब बातों से ऊबकर, अधिकांश लोग राजनीतिक रूप में निष्क्रिय हो चले थे। आतंकवाद पर से अपने साथियों से और यहाँ तक कि स्वतंत्रता की लड़ाई तक से उनका विश्वास डिग गया था। उन्हें ऐसा लगता था कि इस देश में कुछ हो ही नहीं सकता—यहाँ सब ग़द्दार और कायर लोग ही रहते हैं। एक-एक करके वे लोग भी गिरफ्तार हो गए, जो अब तक किसी प्रकार बचे हुए थे। उन सबको लंबी सज़ाएँ हुई; और बाक़ी लोग निराशा और उदासीनता के सागर मे गोते खाने लगे। जिस पार्टी को आज़ाद और भगतसिंह ने वर्षों की निस्वार्थ सेवा के बल पर खड़ा किया था, खून से सींचकर पाला-पोसा था, वह पार्टी भीतरी और बाहरी आघातों से छिन्न-भिन्न हो गई थी। इससे अधिक और क्या इस बात का प्रमाण हो सकता था कि जनता से विलग रहकर व्यक्तिगत आतंकवादी कार्रवाइयाँ करनेवाली मध्यवर्गीय क्रांतिकारियों की पार्टी कामयाब नहीं हो सकती। वे राष्ट्र को न केवल जगाने में ही विफल होती हैं, वरन् उनकी आंतरिक एकता और उनका मनोबल भी उनके नेताओं के व्यक्तित्व पर आश्रित होता है। हमारे जो स्वप्न थे, ज़िंदगी के अनुभव ने उनको चकनाचूर कर दिया।

आतंकवाद में जो थोड़ा बहुत विश्वास बाक़ी था, वह भी धीरे-धीरे खत्म हो चला था। लेकिन रास्ता ही क्या था ?

गाँधी-इर्विन समझौते के बाद

प्रश्न के उत्तर में किसी सीधे-सादे जवाब की गुंज़ाइश नहीं थी। 1930 में एक बार ऐसा जान पड़ा था कि कांग्रेस ने विधानवादी मार्ग छोड़ दिया है, और देश उसके नेतृत्व में क्रांति की ओर बढ़ रहा है। गाँधी-इर्विन समझौते ने सारी आशाओं पर पानी फेर दिया। घोर आशावादी लोग भी उस समझौते को राष्ट्र की विजय नहीं समझ सके थे। उसके बाद ही भगतसिंह, सुखदेव और राजगुरू की फाँसी से पराजय की यह भावना और भी मज़बूत हो गई। चारों और पस्तहिम्मती और उदासी छाई हुई थी। कुछ ही महीने पहले की—शोलापुर, पेशावर और चटगाँव की—घटनाएँ किसी सुदूर अतीत की बातें लगने लगीं।

जिस कांग्रेसजन से भी मेरी भेंट हुई, उसी ने गाँधी-इर्विन समझौते की कड़ी आलोचना की। मुझे लगता था कि कांग्रेस इस समझौते को स्वीकार न करेगी। कराची कांग्रेस में भी मैं यही आशा लेकर पहुँचा था कि समझौता रद्द कर दिया

जाएगा या और कुछ न होगा तो कम से कम अधिकांश प्रतिनिधि उसका डटकर विरोध अवश्य करेंगे। वहाँ सुभाष बोस से मिला तो उन्होंने बताया कि वह उनका विरोध करेंगे। वामपक्षीय कांग्रेसजनों की एक सभा में उन्होंने कहा, "हमारे और ब्रिटिश सरकार के बीच खून से भरे हुए समुद्र और लाशों के बने हुए बड़े पहाड़ खड़े हुए हैं। गाँधीजी ने जिस समझौते पर हस्ताक्षर किए हैं, उसे हमसे कोई भी नहीं मनवा सकता।"

लेकिन आश्चर्य की बात थी कि जब वक्त आया तब वही सुभाष विषय-निर्धारिणी समिति के सामने एक वक्तव्य देकर चुप हो गए। वक्तव्य में उन्होंने समझौते की तो निंदा की पर यह भी स्पष्ट कर दिया कि वह उस प्रस्ताव के विरोध में वोट न देंगे। सरदेसाई* तथा कुछ अन्य लोगों के अलावा, न तो किसी ने कुछ विरोध ही किया और न उसके ख़िलाफ वोट दिया। समझौते का समर्थन करनेवाला प्रस्ताव कांग्रेस के द्वारा स्वीकृत हो गया। मेरी आँखें खुल गईं। मैं समझ गया कि यदि आतंकवाद आज़ादी का रास्ता नहीं है, तो कम से कम वामपक्षीय राष्ट्रीयता भी कोई हल नहीं उपस्थित कर सकती।

कराची की सरदेसाई से मेरी पहली भेंट हुई थी। उस मुलाकात और बातचीत के बाद आतंकवाद से मैंने सदैव के लिए विदा ले ली।

सरदेसाई पहले कम्युनिस्ट थे, जिनसे मेरा घनिष्ट परिचय हुआ। अब तक मैं बहुत से राजनीतिक कार्यकर्ताओं से मिला था, लेकिन आतंकवादी आंदोलन के बाहर मुझे एक भी ऐसा आदमी नहीं मिला, जिससे मिलकर मुझे यह लगता कि इस व्यक्ति ने अपना जीवन एक ही उद्देश्य, एक ही लक्ष्य के लिए अर्पण कर दिया है; यही सच्चा क्रांतिकारी है। सरदेसाई की ओर मैं उनके विचारों की वजह से ही नहीं, उनके व्यक्तित्व की वजह से भी आकर्षित हुआ।

हिंदुस्तान सोशलिस्ट रिपब्लिकन असोसिएशन के बहुत से सदस्यों की तरह मैं भी वर्षों पहले समाजवाद को आखिरी ध्येय के रूप में स्वीकार कर चुका था, और लाहौर षड्यंत्र कांड में गिरफ्तार होने से पहले मैंने कानपुर के मज़ूदर आंदोलन में काम किया था। हड़तालों के समय मज़दूरों ने जिस वीरता का परिचय दिया था, उसे देखकर मैं चकित रह गया था; पर हरिहर नाथ और गोपीनाथ जैसे नेता मुझे प्रभावित नहीं कर सके थे। वे क्रांतिकारी हो सकते हैं, इसकी मैं कल्पना नहीं कर सकता था। इसीलिए जिन आंदोलन के वे नेता थे, वह आंदोलन मुझे क्रांतिकारी आंदोलन न लगकर कांग्रेस आंदोलन का ही एक हिस्सा मालूम हुआ था।

सरदेसाई में मुझे मन चाहा व्यक्ति मिला। कांग्रेस-अधिवेशन के कोलाहल में

---

* कम्युनिस्ट नेता और हिन्दुस्तान कम्युनिस्ट पार्टी की केन्द्रीय समिति के सदस्य।

विस्तार पूर्वक बात करने का मौक़ा नहीं था। फिर भी जो बात हुई, उससे मैं बहुत अधिक प्रभावित हुआ।

जिस चीज़ को धीरे-धीरे मैं समझ रहा था, वही अब पक्की हो गई। थोड़े से आदमी न तो देश को जाग्रत ही कर सकते हैं, और न क्रांति ही। ऐसी क्रांति के लिए जो विदेशी सरकार के पैर उखाड़ दे, यह आवश्यक है कि हम जनता में जमकर काम करें, उसकी माँगों के आधार पर उसके क्रांतिकारी संगठन बनाएँ, और धीरे-धीरे छोटे-छोटे संघर्षों द्वारा जनता को शिक्षा देते हुए, सत्ता पर अधिकार करने के लिए, उसे अंतिम मोर्चे की ओर ले जाएँ।

इस संघर्ष में मज़दूर वर्ग को ही प्रधान भाग लेना था, क्योंकि रेलवे, डाक और अन्य आवश्यक फैक्टरियों आदि महत्वपूर्ण स्थानों में वे ही काम करते हैं। मज़दूर आंदोलन के उस समय जो कर्णधार थे, उनसे ही मजदूर वर्ग की शक्ति की कल्पना करना भारी ग़लती होती। मज़दूर वर्ग क्या कर सकता है, यह उसने साइमन कमीशन के बायकाट और अपनी आर्थिक तथा राजनीतिक लड़ाइयों में दिखा दिया था। उस समय सबसे बड़ा कार्य यह था कि मज़दूर वर्ग को सुधारवादी प्रभाव से छुड़ाया जाए, उनमें क्रांतिकारी विचार भरे जाएँ, और आज़ादी के आंदोलन में उन्हें जो कर्तव्य पूरा करना है, उसके प्रति जागरूक बनाया जाए।

पार्टी में शामिल हुआ

कराची से लौटने के बाद मैंने कानपुर की मज़दूर सभा में काम शुरू किया, और जो भी किताब मिली, पढ़ी। कुछ महीने, मैं एम.एन. राय के संपर्क में भी रहा। उस समय, मैं रायवाद और साम्यवाद में कोई अंतर नहीं समझता था; राय को कम्युनिस्ट ही समझता था। लेकिन बाद में रायवाद का असली रूप मेरे सामने आ गया और मैंने उनसे संबंध विच्छेद कर लिया।

1931 में मैं फिर गिरफ्तार कर लिया गया, और अगले डेढ़ वर्ष के कारावास में मैंने और अधिक अध्ययन किया। कानपुर में सरदेसाई भी गिरफ्तार कर लिए गए, और अनायास ही, उन्हें कुछ हफ्ते के लिए उसी बैरक में रख दिया गया जिसमें मैं था। उनसे बातचीत करने से मेरे विचार और भी स्पष्ट हो गए, और 1933 में जेल से छूटने के बाद मैं पक्का कम्युनिस्ट हो गया।

तब से 12 साल बीत गए हैं। इन बारह सालों में हमारे देश में, तथा बाहर संसार में बड़े-बड़े परिवर्तन हो गए हैं। 1933 में मैं जिस पार्टी का सदस्य बना था, आज वह इस वर्तमान स्थिति तक पहुँच गई है। देश के हर कोने में उसकी शाखाएँ

हैं, किसानों और मज़दूरों में उसके पैर जमे हुए हैं, और राजनीतिक क्षेत्र में वह एक शक्ति बन गई है। दमन उसे मिटाने में विफल रहा, मिथ्या प्रचार उसकी प्रगति नहीं रोक सका। आज उसके अंदर मैं ऐसे नर और नारियों को पाता हूँ, जिनके दिलों में साम्राज्यवाद के विरुद्ध वही घृणा और अपने देशवासियों के लिए वही प्रेम उबल रहा है, जो भगतसिंह और उनके साथियों के दिलों में था। पार्टी के इन सदस्यों में से अधिकांश मामूली किसान और मजदूर वर्ग से आए है, उनमें निःस्वार्थ सेवा की ऐसी भावना है, कि उन्हें साथी कहने में किसी को भी गर्व का अनुभव होगा; उनके साथ काम करने में किसी भी देशभक्त को सम्मान मालूम होगा।

पुराने साथियों से मिलन

गत वर्षों में, मैं अक्सर यह सोचा करता था कि लाहौर केस के मेरे अन्य साथी अंडमान में क्या कर रहे हैं, उन्हें कैसी अग्नि परीक्षाओं से गुजरना पड़ रहा है। उनके मस्तिष्क में कौन से विचार उठा करते हैं। समाचार पत्रों में समय-समय पर जो थोड़े से संवाद छपते थे, उनसे मुझे यह मालूम होता रहता था कि भगतसिंह और आज़ाद की परंपरा को उन्होंने क़ायम रखा है। वे कभी नहीं झुके, राजनीतिक बंदियों के सम्मान को उन्होंने हमेशा बढ़ाया ! मारपीट और कोड़ेबाज़ी से वे दबे नहीं। और उन्हीं में से एक महावीरसिंह था, जिसने अपने प्राणों की आहुति देकर अंडमान के सभी राजनीतिक बंदियों के लिए मानुषिक अधिकार प्राप्त किए। मैं अपने संपर्क स्थापित करना चाहता था; पर रास्ता कोई न था। मेरे पत्र उन तक कभी नहीं पहुँचे।

1938 में मुझे समाचार मिला कि उनमें से सभी लोगों ने कम्युनिज़्म को अपनाया है, और मेरे पुराने साथियों ने ही अडंमान में 'कम्युनिस्ट कंसोलिडेशन' क़ायम करने में सबसे आगे बढ़कर भाग लिया था। मेरी प्रसन्नता का ठिकाना न था। गर्व से छाती फूल गई। वर्षों पहले जिन समाजवादी विचारों ने हमारे बीच में प्रवेश किया था, आखिर उनका फल निकला।

1940 में गिरफ्तार होने पर लखनऊ जिला जेल में जयदेव, शिव और गयाप्रसाद से मेरी मुलाकात हुई। गहन अध्ययन में व्यस्त इन साथियों का साम्यवाद के प्रति विश्वास परिपक्व हो गया था। वे उस दिन की प्रतिक्षा कर रहे थे, जब वे भी राष्ट्रीय आज़ादी के आंदोलन और पार्टी के लिए अपनी सेवाएँ अर्पित करने में समर्थ हो सकेंगे। वे जानते थे कि अभी कुछ वर्षों तक और उन्हें जेल में रहना होगा। फिर भी उनमें हमेशा की तरह उमंग और हमेशा की तरह का विश्वास मौजूद था।

अतीत की बातें हमें याद आने लगीं। उन्होंने मुझे अंडमान के संघर्षों की हृदयभेदी कहानी सुनाई, और मैंने उन्हें कम्युनिस्ट आंदोलन के विकास की कथा। पर कुछ ही दिनों बाद मुझे एक दूसरी जेल में भेज गया। वहीं मेरी उनसे आखिरी भेंट थी। उसके बाद अब तक मुलाकात नहीं हुई। लाहौर में केवल किशोरी से मैं कुछ क्षणों के लिए मिल पाया था।

पार्टी और पार्टी के उद्देश्य के प्रति इन साथियों की अपार निष्ठा है। बाहरी घटनाओं से उन्होंने जीवित संपर्क बनाए रखा है, इसीलिए जहाँ कहीं भी वे रहे, वहाँ अपने साथी कैदियों को समझाते रहे कि किस प्रकार कम्युनिस्ट पार्टी की नीति ही आज़ादी का मार्ग है; उन्होंने अपना अमिट प्रभाव उन कैदियों पर छोड़ा है। उनका विश्वास कभी डिगा नहीं। जब जापानियों ने हिंदुस्तान पर हमला किया, तब यह जानते हुए भी कि उनके छूटने की बहुत कम संभावना है, और यदि फासिस्टों का सपना पूरा हो गया तो उनके साथ क्या सलूक होगा, उन्होंने देशवासियों का आह्वान किया कि अपनी रक्त की आखिरी बूँद तक लेकर मातृभूति की रक्षा में जुटे रहो। आजाद के सुयोग्य शिष्य और भगतसिंह के सच्चे साथियों की तरह उन्होंने आतंकवादी आंदोलन की सर्वोत्तम परंपराओं का पालन किया है और आज भी वे पहले की तरह हैं—उसी प्रकार के उत्साही क्रांतिकारी, जो यह नहीं जानते कि डर किस चिड़िया का नाम है, जो लोगों की घोर जड़ता और अंधेपन के सामने भी उन बातों को कहने से नहीं हिचकते जिन्हें वे सत्य और देश के लिए शिव समझते हैं।

ग़द्दारों की पार्टी

उस जड़ता और अंधेपन की हद क़हाँ तक पहुँच गई है, उसका पता मुझे अभी हाल ही में लाहौर में लगा। कांग्रेस के मंच से राजनीतिक बंदियों की रिहाई की माँग के सिलसिले में जो भाषण होते हैं, उनमें किशोरी, जयदेव, शिव और गयाप्रसाद नाम साफ़ उड़ा दिए जाते हैं। ये सब साथी पंजाब सरकार के ही मेहमान हैं और साढ़े सोलह वर्ष से अधिक जेल काट चुके हैं। आज वहीं हंसराज वोहरा, जिसने अपनी चमड़ी बचाने के लिए भगतसिंह और किशोरी के ख़िलाफ़ गवाही दी थी, और हमारे मुक़दमे में मुखबिरी की थी, हमारे एक साथी से यह कहने की हिम्मत करता है कि तुम कम्युनिस्टों ने अगस्त आंदोलन में ग़द्दारी की और सरकार को मदद दी। आज हमारे देश में कैसे दिन आ गए हैं, यह सब पक्के ग़द्दार के शब्दों से, जिसमें अगर जरा भी लाज होती, तो चुल्लू भर पानी में डूबकर मर जाता, साफ मालूम हो जाता है।

और जब पंडित नेहरू जैसे राष्ट्रीय नेता भी वही बात दुहराते हैं, तब मेरे सामने इन साथियों का चित्र आता है जिन्होंने अपने जीवन का सर्वोत्तम भाग जेलों में बिता दिया है; एक गयाप्रसाद हैं जो आज टी.बी. (तपेदिक) से मरणासन्न हैं; एक शिव वर्मा हैं, जिन्होंने निमोनिया के दर्द से व्याकुल अवस्था में भूख हड़ताल के समय दवा खाने से इनकार कर दिया था और नींद लाने की दवा की खुराक को पीना भी नामंजूर कर दिया था, एक जयदेव हैं, जिन्होंने कोड़ों की असह्य यातना भोगी पर राजनीतिक बंदियों का मान नीचा नहीं होने दिया; एक किशोरी हैं जिन्होंने लाहौर के किले में पुलिस के हाथों घोर यातनाएँ सहीं, पर एक शब्द भी मुँह से न निकला।

क्या यह साथी उसी लक्ष्य के लिए निष्ठावान हैं, जो लक्ष्य ग़द्दारों का है ? ग़द्दारों की पार्टी के सदस्य होना क्या यह लोग पसंद करेंगे ?

पंडित जी सोचें और इन प्रश्नों का उत्तर दें।

●●●